콕콕 정교수

전산세무 2급

공인회계사 · 세무사 **정성진** 지음

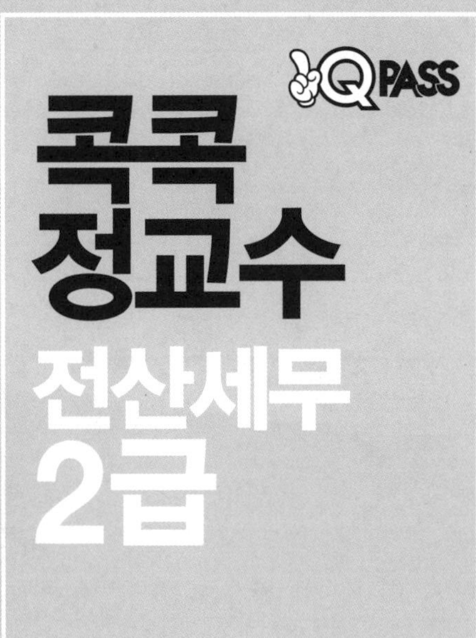

다락원

디지털 혁신이 가속화되는 시대, 세무 업무 또한 예외일 수 없습니다. 전산세무 시스템의 활용은 이제 세무 실무자에게 선택이 아닌 필수이며, 정확하고 신속한 세무처리를 위한 핵심 역량으로 자리잡았습니다.

이에 따라 과거 대비 전산회계·전산세무 응시자가 많이 증가하여 현재 연간 응시자가 20만 명을 넘어섰습니다. 하지만 응시자의 상당 비율은 단순 암기와 요령 위주의 학습으로 인해 공부에 어려움을 느낄 뿐 아니라, 합격했음에도 불구하고 제대로 된 실무 능력을 갖추지 못하는 경우가 너무 많은 것 또한 현실입니다.

이에 이번에 출간하는 〈원큐패스 콕콕 정교수 전산세무 2급〉은 저자의 오랜 공인회계사·대학교수 경험을 바탕으로 학생들이 쉽게 전산세무 2급 자격증을 취득하고 실무 능력을 갖출 수 있도록 책을 구성하였으며 다음과 같은 특징이 있습니다.

〈원큐패스 콕콕 정교수 전산세무 2급 특징〉

1. **이해 중심의 핵심 기출 학습서**
   - 대화식으로 기술되어 이해하기 아주 쉽습니다.
   - 합격에 꼭 필요한 기출 내용만으로 책을 구성하였으며 출제빈도가 높은 핵심내용은 지면에 별도로 표시하였습니다.

2. **단기간 합격을 위한 효율적이고 체계적인 구성**
   - 이론 공부 후 해당 내용을 KcLep에 바로 입력하도록 구성되어 있습니다.
   - 전산회계 1급과 겹치는 내용은 출제 핵심만 요약·기술하였습니다.
   - 한 권으로 「이론」+「실무」+「기출」을 끝낼 수 있습니다.
   - 시험 직전 체크할 수 있는 「핵심체크 & 빈출 130문제」가 별책으로 제공됩니다.

3. **저자 직강 무료 동영상강의**
   - 회계입문(이론 16강), 전산회계 1급 12회 기출문제 풀이, 전산세무 2급 12회 기출문제 풀이, 콕콕 정교수의 찍어주마 강의가 무료 제공됩니다.

전산세무 2급 시험은 전산회계 1급 시험에 「소득세 기본개념과 연말정산」「부가가치세 신고서와 부속명세서」 작성이 추가됩니다. 대학에서 회계원리를 제대로 수강했거나 전산회계 1급 시험에 합격한 학생이라면 하루 3시간 정도 학습으로 1 ~ 2개월이면 충분히 합격할 수 있습니다.

〈원큐패스 콕콕 정교수 전산세무 2급〉에 설명되어 있는 것을 차분히 따라하기만 한다면 여러분의 손에 전산세무 2급 자격증이 쥐어질 것입니다.

공인회계사·세무사 정성진

전산세무 2급 시험안내

시험개요: 시험시간 90분

- 100점 만족(이론 30점, 실무 70점) : 70점 이상 취득 시 합격
- 이론 : 객관식 15문제(문제당 2점)
- 실무 : KcLep 프로그램 입력 총 20문제(문제당 3 ~ 5점)

시험평가범위

- 이론 : 회계원리 5문제(10점), 원가회계 5문제(10점), 부가가치세 3문제(6점), 소득세 2문제(4점)
- 실무 : KcLep 일반전표 입력 5문제(15점), 매입매출전표 입력 5문제(15점), 결산정리 5문제(15점), 부가가치세 신고서 및 부속서류 입력 2문제(점), 부양가족 등록·연말정산 등 3문제(15점)

구분	평가범위
회계원리	모든 부분이 골고루 출제되고 있기 때문에 차변, 대변의 기본원리를 이해한 뒤, 각 계정과목별로 자주 출제되는 내용을 이해한 뒤 일부 내용을 암기해야 함.
원가회계	원가종류, 원가계산, 원가배분, 개별·종합원가계산, 공손이 반복적으로 출제되고 있으며 암기보다는 이해가 중요함.
부가가치세	기본개념, 사업자등록, 세금계산서, 면세 적용 대상, 매입세액불공제, 부가가치세 계산 및 신고 납부가 주로 출제되고 있으며 일정 부분 암기 필요. 이를 바탕으로 KcLep에 부가가치세 확정신고서 및 부속명세서 입력
소득세	소득세 개념과 과세체계, 계산구조, 종합소득의 종류와 수입시기, 소득공제·세액공제, 소득세 원천징수와 신고·납부가 주로 출제되고 있으며 일정 부분 암기 필요. 이를 바탕으로 KcLep에 연말정산 신고서 입력

시험일정

회차	시험일자	회차	시험일자
제124회	2026.01.31(토)	제127회	2026.08.01(토)
제125회	2026.04.04(토)	제128회	2026.10.03(토)
제126회	2026.06.06(토)	제129회	2026.12.05(토)

※ 한국세무사회 국가공인자격시험 사이트(http://license.kacpta.or.kr)에서 인터넷으로 원서 접수

KcLep & 실습데이터 설치

KcLep 수험용 프로그램 설치방법

1. 한국세무사회 국가공인자격시험 사이트(http://license.kacpta.or.kr) 접속

2. 자료실 클릭

한국세무사회 국가공인자격시험	시험안내	원서접수	자격증	알림마당	나의수험정보
	시험개요	개별접수	자격증신청	공지사항	원서접수관리
	시험일정	단체접수	자격조회	자주하는질문	자격증관리
	자격우대사항	접수내역	자격증갱신	자료실	확인서발급

3. KcLep 설치파일 다운로드

공지사항	번호 ↓	제목	파일	등록일	조회
자주하는질문	6	2025년 수험용 프로그램 케이렙(v.2025.08.22.)	↓	2025/08/25	5957
자료실	5	[수동설치] 2025년 수험용 프로그램 케이렙 (v.2025.08.22.)	↓	2025/08/25	1610

4. 설치파일 클릭하여 KcLep 설치하면 바탕화면에서 KcLep 단축아이콘 표시

1. 「cafe.naver.com/eduacc 공지&DATA다운로드」에서 [콕콕정교수 전산세무 2급] 이론+실무+기출 실습데이터의 Data_Install_JS2.zip 파일을 다운로드

2. 압축파일 푼 후 Data_Install_JS2.exe 클릭

3. 데이터 설치 후 생성되는 실습데이터

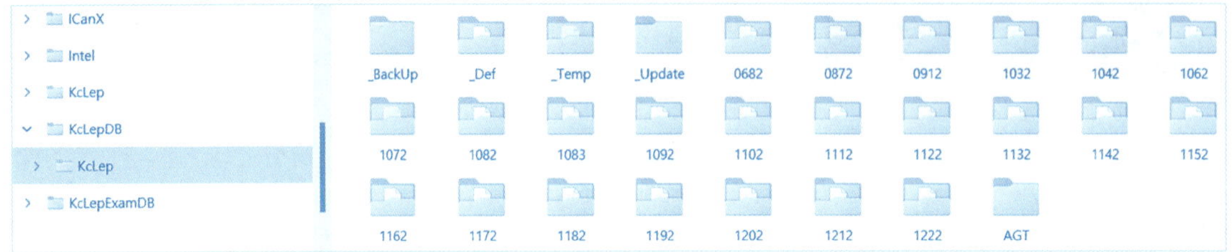

4. 설치한 실습데이터를 KcLep 프로그램에 인식시키기 위해 KcLep 실행 후 "회사등록" 클릭

5. "F4 회사코드재생성" 클릭한 후 "예(Y)" 클릭

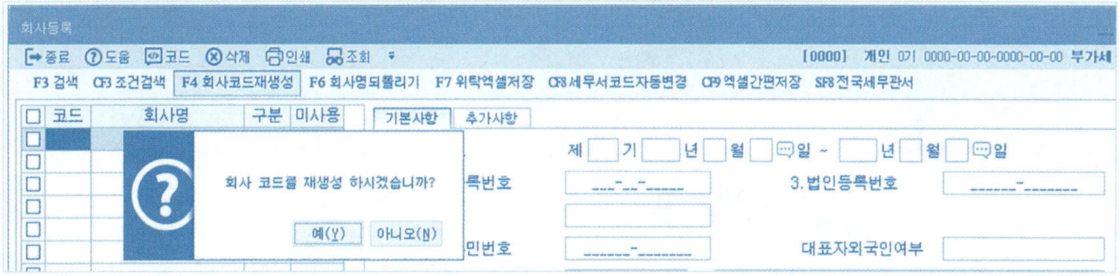

  입력된 데이터를 모두 지우고 실습데이터를 다시 설치하는 법

✔ 기존 데이터 삭제

윈도우 탐색기를 클릭하여 3번에서 살펴봤던 KcLepDB의 폴더들을 모두 삭제(단, 기입력한 데이터를 백업하려면 해당 폴더를 다른 곳에 복사 필요)

✔ 데이터 재설치

다운받았던 Data_Install_JS2.exe 클릭 ⇒ KcLep 실행 ⇒ "회사등록" 클릭 ⇒ "F4 회사코드재생성" 클릭한 후 "예(Y)" 클릭

합격전략 & 진도체크표

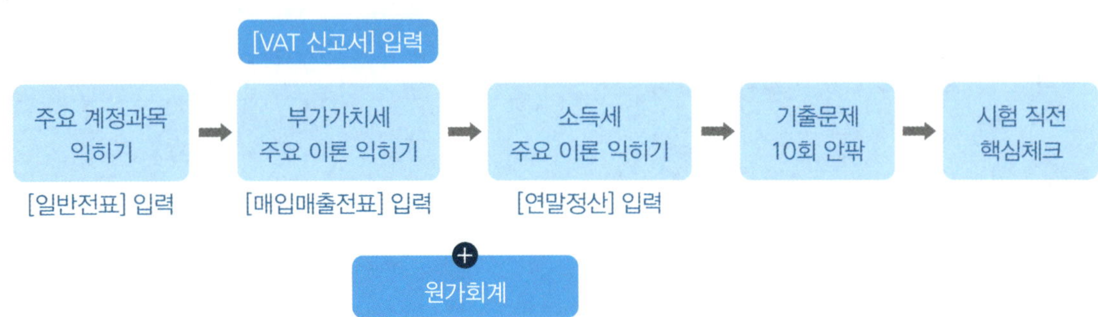

[1단계] 자산·부채·자본·수익·비용 주요 계정과목 익히기 ⇒ 일반전표

자산, 부채, 자본, 수익, 비용 항목 중 전산세무 2급 빈출 문제를 익혀야 합니다. 대부분 내용은 전산회계 1급의 내용을 약간 더 어렵게 출제하는 수준이되 일부 내용은 추가로 학습해야 합니다.

[2단계] 부가가치세 이론 익히기 ⇒ 매입매출전표 ⇒ 신고서 & 부속명세서 입력

부가가치세 이론과 매입매출전표는 전산회계 1급과 거의 유사한 수준입니다. 이를 바탕으로 부가가치세 신고서 및 부속명세서 입력을 반복 연습해야 합니다.

[3단계] 원가회계

전산회계 1급과 대부분 겹치는 내용이나 무려 15점이나 배점되니 대부분 문제를 맞혀야 합니다.

[4단계] 소득세 이론 익히기 ⇒ 연말정산 입력

전산세무 2급에 처음 등장하는 소득세 이론을 익히고 이를 KcLep 연말정산 입력해야 합니다. 이미 전산회계 1급을 합격한 학생이라면 소득세부터 공부하는 게 더 효과적일 수 있습니다.

[5단계] 기출문제 풀이 & 시험 직전 핵심체크

이상 내용을 모두 공부한 뒤 시험 1 ~ 2주 전에 10회 안팎 기출문제를 풀면서 빈출문제에 대한 오답노트를 만들고 시험 직전 3 ~ 4일 전에 부록으로 제공되는 요약집으로 핵심을 다시 한 번 체크해야 합니다.

학교에서 회계원리와 원가회계를 제대로 공부했거나 전산회계 1급을 안정적인 성적으로 합격한 학생이라면 하루 3 ~ 4시간 공부량이면 4 ~ 5주 안에 전산세무 2급을 합격할 수 있습니다.
아래 진도표에 체크하면서 4주만에 합격 플랜을 수립해 보세요.

1주		2주	
Ⅰ-01. 소득세 개념·과세체계	☐	Ⅱ-10. 회계 기본개념·재무제표	☐
Ⅰ-02. 종합소득세 계산구조	☐	Ⅱ-11. 당좌자산	☐
Ⅰ-03. 종합소득 종류	☐	Ⅱ-12. 재고자산	☐
Ⅰ-04. 소득공제와 세액공제	☐	Ⅱ-13. 비유동자산	☐
Ⅰ-05. 소득세 원천징수·신고/납부	☐	Ⅱ-14. 부채	☐
Ⅱ-06. 사원등록	☐	Ⅱ-15. 자본	☐
Ⅱ-07. 급여자료 입력·원천징수이행상황신고서	☐	Ⅱ-16. 수익과 비용	☐
Ⅱ-08. 계속 근무자 연말정산	☐	Ⅱ-17. 기말결산	☐
Ⅱ-09. 중도 퇴사자 연말정산	☐	Ⅱ-18. 회계변경·오류수정	☐

3주		4주	
Ⅲ-19. 부가가치세 개념·사업자등록	☐	Ⅶ-29. 원가회계 개념·원가종류	☐
Ⅲ-20. 부가가치세 과세대상	☐	Ⅶ-30. 원가흐름·원가계산	☐
Ⅲ-21. 영세율과 면세	☐	Ⅶ-31. 보조부문 원가배부(배분)	☐
Ⅲ-22. 세금계산서·재화/용역 공급시기	☐	Ⅶ-32. 개별원가계산	☐
Ⅲ-23. VAT 납부세액 계산	☐	Ⅶ-33. 종합원가계산	☐
Ⅲ-24. 신고/납부·가산세	☐	Ⅶ-34. 공손	☐
Ⅴ-25. 매출전표 입력	☐	기출문제 풀기	☐
Ⅴ-26. 매입전표 입력	☐	핵심체크	☐
Ⅵ-27. VAT 신고서 입력	☐		
Ⅵ-28. VAT 신고서 부속명세서 작성	☐		

1주		2주		3주	
Ⅰ-01. 소득세 개념·과세체계	☐	Ⅱ-06. 사원등록	☐	Ⅱ-13. 비유동자산	☐
Ⅰ-02. 종합소득세 계산구조	☐	Ⅱ-07. 급여자료 입력·원천징수	☐	Ⅱ-14. 부채	☐
Ⅰ-03. 종합소득 종류	☐	ᅠ ᅠ 이행상황신고서		Ⅱ-15. 자본	☐
Ⅰ-04. 소득공제와 세액공제	☐	Ⅱ-08. 계속 근무자 연말정산	☐	Ⅱ-16. 수익과 비용	☐
Ⅰ-05. 소득세 원천징수·신고/	☐	Ⅱ-09. 중도 퇴사자 연말정산	☐	Ⅱ-17. 기말결산	☐
ᅠ ᅠ 납부		Ⅱ-10. 회계 기본개념·재무제표	☐	Ⅱ-18. 회계변경·오류	☐
		Ⅱ-11. 당좌자산	☐	ᅠ ᅠ 수정	
		Ⅱ-12. 재고자산	☐		

4주		5주		6주	
Ⅲ-19. 부가가치세 개념·사업	☐	Ⅵ-27. VAT 신고서 입력	☐	기출문제 풀기	☐
ᅠ ᅠ 자등록		Ⅵ-28. VAT 신고서 부속명세서	☐	핵심체크	☐
Ⅲ-20. 부가가치세 과세대상	☐	Ⅶ-29. 원가회계 개념·원가	☐		
Ⅲ-21. 영세율과 면세	☐	ᅠ ᅠ 종류			
Ⅲ-22. 세금계산서·재화/용역	☐	Ⅶ-30. 원가흐름·원가계산	☐		
ᅠ ᅠ 공급시기		Ⅶ-31. 보조부문 원가배부(배분)	☐		
Ⅲ-23. VAT 납부세액 계산	☐	Ⅶ-32. 개별원가계산	☐		
Ⅲ-24. 신고/납부·가산세	☐	Ⅶ-33. 종합원가계산	☐		
Ⅴ-25. 매출전표 입력	☐	Ⅶ-34. 공손	☐		
Ⅴ-26. 매입전표 입력	☐				

✔ 마지막 당부

- 이론문제 최소 22점(11문제), 실무문제 최소 52점(15문제)을 획득해야 안전하게 합격합니다.
- 전산회계 1급과 달리 계산문제까지 풀 수 있어야 하므로 반드시 이해를 바탕으로 심도 있는 학습을 해야 합니다. 다만 아래 내용은 과감히 포기해도 합격에는 지장이 없습니다.

> 소득세 중 복잡한 이론 내용, 사채할인(할증)발행차금 상각, 유형자산 시가평가, 무상감자·이익소각, 공사진행기준, 부가가치세 유형자산 간주공급, 부수되는 재화·용역 공급, 수정세금계산서 발행, 부가가치세 가산세 중 어려운 내용

전산세무 2급 대비 추가 학습할 내용 리스트 & Pass 가능한 내용

구분	추가되는 내용	Pass해도 합격에 지장 없는 내용
I. 소득세 이론	전체	• 이자소득, 배당소득, 사업소득, 근로소득, 연금소득, 기타소득의 구체적 종류와 수입시기 • Gross-up • 원천징수 세율
II. 근로소득자 연말정산	전체	–
III. 재무회계	• 보수주의 • 지분법적용투자주식 • 만기보유증권 손상차손 • 소매재고법 • 반품가능 상품 • 유형자산 시가 평가, 손상차손 • 충당부채 현재가치 평가 • 무상감자, 이익소각, 출자전환, 주식분할, 주식합병 • 이익잉여금처분계산서 작성 • 광고료, 출판물 구독, 공연입장료 등 특수한 경우 수익인식 • 진행기준 수익인식 • 회계변경, 오류수정	• 대손충당금 환입 • 만기보유증권 손상차손 • 소매재고법 • 유형자산 손상차손 • 충당부채 현재가치 평가 • 사채할인(할증)발행차금 유효이자율법 적용한 구체적 상각금액 계산 • 무상감자, 이익소각, 출자전환, 주식분할, 주식합병 • 진행기준 수익인식 계산문제
IV. 부가가치세	• 부수 재화 또는 용역의 공급 • 수정세금계산서 • 과세/면세 공통 사용 재화의 공급 • 공통매입세액의 안분 • 신용카드매출전표등 발행 세액공제 • 가산세	• 부수 재화 또는 용역의 공급 • 수정세금계산서 • 과세/면세 공통 사용 재화의 공급 • 신고서 작성에 출제 안되는 가산세
V. 매입매출전표	• 예정신고 누락 분 확정신고 반영	• 예정신고 누락 분 확정신고 반영
VI. 부가가치세 신고서 및 부속명세서	전체	–
VII. 원가회계	• 이중배분율법 • 공손	• 상호배분법 계산문제

목차

I 소득세 이론

II 근로소득자 연말정산

III 재무회계

소득세 이론

이 단원은 소득세의 기본 개념을 배우고
향후 근로소득자 연말정산 KcLep 입력을 위한
소득세의 전체적인 기본지식을 익히는 부분입니다.

 **학습방법** **소득세 과세대상 ⇒ 소득세 과세체계**

1. 국가는 어떤 종류의 개인소득에 소득세를 부과하는지 그 종류를 이해하고 일부 빈출 내용은 반드시 암기
해야 합니다.
2. 다음으로 어떤 방식으로 소득세를 부과하는지 그 과세체계를 이해하고 익혀야 합니다.

 **출제빈도** **매회 이론 2문제(총 4점)**

공부량 대비 배점이 낮은 편이나 다음 단원의 연말정산 KcLep 입력을 위한 기초지식만 알아도 1문제는 맞출
수 있으니 빈출 내용 위주로 학습해야 합니다.

소득세 개념과 과세체계	소득세 특징, 납세의무자, 과세기간, 종합과세 Vs 분리과세
종합소득세 계산구조	종합소득금액 계산, 사업소득 이월결손금
종합소득의 종류	금융소득 과세체계, 사업소득 종류와 필요경비, 근로소득 비과세 대상, 기타소득 종류, 수입시기
소득공제와 세액공제	소득공제 종류, 세액공제 공류
소득세 원천징수와 신고·납부	원천징수 대상과 신고납부, 소득세 확정신고

이론 실무

학습내용
공부방향

· 소득세 특징   · 납세의무자   · 과세기간 · 과세체계

1년에 1 ~ 2문제 출제되는데 소득세 특징 중 **열거주의 과세**, 납세의무자 중 거주자와 비거주자의 차이, 과세기간, 종합과세 Vs 분리과세 문제가 번갈아 가면서 출제되고 있음. 어렵지 않으니 출제되면 꼭 맞추어야 함.

정교수 콕콕

핵심체크

소득세특징★★
· 국 세
· 직접세
· 열거주의
· 신고납세
· 개인별과세
· 누진과세

참고

지방세
주소지 관할 시·군·구청에 납부하는 세금을 지방세라고 부름.

핵심체크

유형별 포괄주의
이자소득, 배당소득, 사업소득, 연금소득

---

1 소득세 개념

소득세란 개인이 돈을 벌면 국가에 납부해야 하는 세금으로 전산세무 2급 시험에는 소득세 특징과 납세의무자 개념이 가끔 출제되고 있습니다.

1 소득세 특징

개인이 돈을 벌면 납부해야 하는 소득세는 다음과 같은 특징을 갖고 있습니다.

(1) 국 세

소득세는 소득을 벌어들인 개인의 주소지 관할 세무서에 납부하여 국가 예산으로 쓰이는데 이렇게 국가에 납부하는 세금을 국세라고 합니다.

(2) 직접세

소득세는 소득을 벌어들인 개인이 스스로 납세의무자가 되어 자기 돈으로 세금을 납부하는데, 이렇게 납세의무자와 담세자(세금 부담하는 자)가 같은 세금을 직접세라고 합니다. (참고: 부가가치세는 소비자가 사업자에게 물건 값에 포함해 지급한 세금을 사업자가 대신 납부하는데 이렇게 납세의무자와 담세자가 다른 세금을 간접세라고 부름.)

(3) 열거주의 과세 필수

현행 소득세법은 과세대상으로 세법에 열거한 소득만 과세하고 열거되지 않은 소득은 과세하지 않는데 이를 열거주의 과세라고 합니다. 예를 들면, 중고 가전제품을 사고파는 것을 직업으로 하는 경우에는 사업소득세로 과세하지만, 개인이 일회성으로 판매하는 중고 가전제품에는 소득세를 과세하지 않습니다. 다만, 이자소득·배당소득(금융소득), 사업소득, 연금소득은 열거되지 않았더라도 열거된 소득과 유사한 소득은 과세하는 유형별 포괄주의를 채택하고 있습니다.

[소득세법 예시]

제16조 【이자소득】 - 유형별 포괄주의
1. 국가나 지방자치단체가 발행한 채권 또는 증권의 이자와 할인액 2. 국내에서 받는 예금의 이자 ： 12. 제1호부터 제11호까지의 소득과 유사한 소득으로서 금전 사용에 따른 대가로서의 성격이 있는 것

제21조 【기타소득】 - 열거주의
1. 상금, 현상금, 포상금, 보로금 또는 이에 준하는 금품 2. 복권, 경품권, 그 밖의 추첨권에 당첨되어 받는 금품 ： 26. 종교 관련 종사자가 종교의식 활동과 관련하여 종교단체로부터 받은 소득

(4) 신고납세제도

소득세는 납세의무자가 관할 세무서에 신고하면 특별한 절차 없이 납세의무가 확정되는 세금으로 이를 신고납세제도라고 부릅니다. (참고 : 상속증여세는 납세의무자가 신고하면 세무서가 일일이 신고내역을 조사해서 이를 확정짓는데 이를 정부부과제도라고 부름.)

(5) 개인별 과세 [필수]

소득세는 소득이 있는 개인별로 따로따로 과세합니다. 예를 들어 부부가 돈을 벌면 남편과 아내는 각각 따로 소득세를 신고·납부해야 합니다.

(6) 누진세 과세체계 [필수]

소득세는 소득이 높아질수록 더 높은 세율을 적용하는 초과누진세율을 적용하여 최저 6% ~ 최고 45%의 세율을 적용합니다. 즉, 돈을 제일 아주 적게 벌면 6% 세율을 적용받지만 돈을 많이 벌면 45% 세율을 적용받게 됩니다.

2 납세의무자 [필수]

소득을 벌어들인 개인은 소득세를 신고·납부할 의무를 부담해 이를 납세의무자라고 부르는데 납세의무자는 다음과 같이 거주자와 비거주자로 나뉩니다. 전산세무 2급 시험에 자주 출제되니 그 개념을 꼭 알아야 합니다.

구　　분	내　　용	납세범위
거 주 자	국내에 주소를 두거나 거소를 둔 기간이 1과세기간 중 183일 이상인 자	국내·국외 모든 소득
비거주자	거주자가 아닌 자	국내원천소득

※ 거소를 둔 기간 계산 : 입국하는 날의 다음날 ~ 출국일

핵심체크

납세의무자★★★
· 거주자 : 주소, 183일 이상 거소(국내+국외소득)
· 비거주자 : 국내 소득

참고

· 주소 : 국내에서 생계를 같이 하는 가족, 국내 소재 자산의 유무 등에 따라 판단하는데 통상 주민등록상 주소지가 주소임.
· 거소 : 주소지 외의 장소 중 상당기간에 걸쳐 거주하는 장소로서 주소와 같이 밀접한 일반적 생활관계가 형성되지 아니한 장소

여기서 몇 가지 주의할 점이 있습니다.

첫째, 거주자·비거주자는 국적에 의해 구분하지 않는데 예를 들어 미국 국적자도 입국해 183일이 지나면 소득세법상 거주자가 될 수 있고, 반대로 대한민국 국적자도 영주권을 얻어 미국으로 이민 가면 비거주자가 될 수 있습니다.

둘째, 국외에 근무하는 자가 해외 국적 또는 영주권을 얻고 국내에 생계를 같이하는 가족이 없고 그 직업 및 자산상태에 비추어 다시 입국하여 국내에 거주하리라고 인정되지 아니하는 때에 비거주자로 봅니다.

셋째, 외국 항행 선박·항공기의 승무원은 생계를 같이하는 가족이 거주하는 장소나 그 승무원이 근무기간 외의 기간 중 통상 체재하는 장소가 국내에 있는 때에는 거주자로 봅니다.

정답 및 풀이 ④

영국 시민권자 또는 영주권자도 국내에 입국한 다음날부터 1과세기간 중 183일이 지나면 소득세법상 거주자가 됨.

이론기출 확인문제 | 전산세무 2급, 92회 |

다음은 소득세법상 납세의무자에 관한 설명이다. 가장 틀린 것은?

① 외국을 항행하는 선박 또는 항공기 승무원의 경우 생계를 같이하는 가족이 거주하는 장소 또는 승무원이 근무기간 외의 기간 중 통상 체재하는 장소가 국내에 있는 때에는 당해 승무원의 주소는 국내에 있는 것으로 본다.
② 국내에 거소를 둔 기간은 입국하는 날의 다음날부터 출국하는 날까지로 한다.
③ 거주자란 국내에 주소를 두거나 183일 이상의 거소를 둔 개인을 말한다.
④ 영국의 시민권자나 영주권자의 경우 무조건 비거주자로 본다.

---

3 과세기간 필수

소득세는 과세기간을 임의로 설정하는 것을 허용하지 않고 매년 1월 1일 ~ 12월 31일을 1과세기간으로 하되 다음과 같이 특수한 경우의 예외를 두고 있습니다.

구분	과세기간	구분	과세기간
원칙	1.1 ~ 12.31	사망	1.1 ~ 사망한 날
신규사업자·폐업		출국(해외이주)	1.1 ~ 출국한 날

※ 신규 사업개시·폐업 시는 개업 이전 또는 폐업 이후에도 소득이 발생할 수 있기 때문에 과세기간을 1.1 ~ 12.31로 하는 것임.

핵심체크

과세기간 ★★★
• 원칙 : 1.1~12.31
• 예외 : 사망(1.1~사망일), 출국(1.1~출국일)

다음 중 소득세법상 과세기간에 대한 설명으로 틀린 것은?

① 일반적인 소득세의 과세기간은 1월 1일부터 12월 31일까지 1년으로 한다.
② 거주자가 사망한 경우의 과세기간은 1월 1일부터 사망한 날까지로 한다.
③ 폐업사업자의 사업소득의 과세기간은 1월 1일부터 폐업일까지로 한다.
④ 거주자가 주소 또는 거소를 국외로 이전하여 비거주자가 되는 경우의 과세기간은 1월 1일부터 출국한 날까지로 한다.

정답 및 풀이 ③

사업개시, 폐업의 경우라 하더라도 과세기간은 1.1~12.31 임.

4 납세지

납세지란 소득세 납부 및 관련 업무를 관할하는 세무서를 결정하는 기준이 되는 장소를 말합니다.

구 분	내용	
거 주 자	원 칙 : 주소지	예 외 : 주소지가 없는 경우 거소지
비거주자	원 칙 : 주된 국내사업장 소재지	예 외 : 국내사업장 없으면 국내원천 소득 발생장소

핵심체크

납세지★★
• 거주자 : 주소지
• 비거주자 : 국내사업장 소재지

2 소득세 과세체계

1 분류과세 [필수]

소득세법은 개인 소득을 다음과 같이 3가지로 나누어 각각 따로 분류하여 과세합니다.

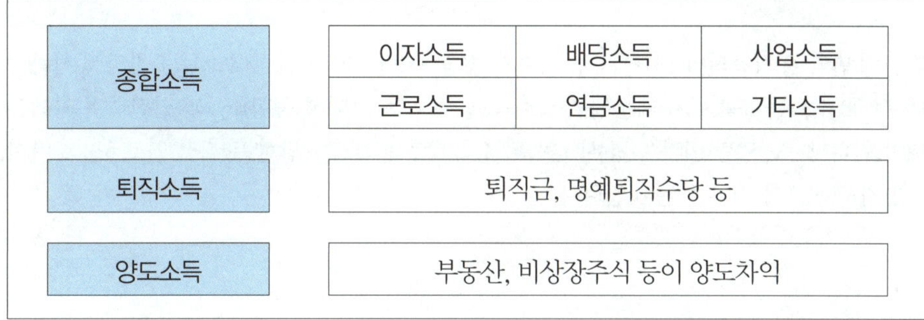

종합소득	이자소득	배당소득	사업소득
	근로소득	연금소득	기타소득

퇴직소득	퇴직금, 명예퇴직수당 등
양도소득	부동산, 비상장주식 등이 양도차익

핵심체크

분류과세★★★
종합소득(이+배+사+근+연+기), 퇴직소득, 양도소득

예를 들어, 홍길동 씨가 한 해 동안에 이자소득 5천만 원과 급여 1억 원을 받은 뒤 연말에 퇴직하면서 퇴직금으로 2억 원을 받았다고 가정하겠습니다.
그렇다면 소득세법은 홍길동 씨의 이자소득 5천만 원과 근로소득 1억 원을 합산하여 종합소득으로 과세하고, 퇴직금 2억 원은 퇴직소득으로 하여 따로 과세합니다. 즉, 종합소득, 퇴직소득, 양도소득으로 나누어 따로 과세를 하는데 이를 분류과세라고 합니다.

2 종합과세

좀 전 설명한 바와 같이 개인이 벌어들인 소득 중 이자소득, 배당소득, 사업소득, 근로소득, 연금소득, 기타소득을 모두 합산하여 과세하는데 이를 종합과세라고 합니다.

3 분리과세 필수

다만, 종합과세 금액이 커질수록 소득세 부담이 커지지 때문에 아래와 같은 소득은 종합하지 않고 따로 떼어내어 과세를 하는데 이를 분리과세하고 합니다.

> • 국내에서 수령하는 연 2,000만 원 이하의 금융소득(이자와 배당금 수령액 합계)
> • 일용근로소득(단기 알바)
> • 연 300만 원 이하의 기타소득금액(기타소득에서 필요경비를 차감한 후 금액)으로 분리과세 신청한 경우
> • 복권당첨금
> • 비실명 이자소득(90% 세율로 징수되므로 무조건 분리 과세하는 것임.)
> • 총수입금액 연 2,000만 원 이하의 주택임대소득으로 분리과세 신청한 경우
> • 연 1,500만 원 이하의 연금저축 수령액 또는 연 1,500만 원 초과 시 분리과세 신청한 경우

※ 주의

• 해외금융소득은 금액에 상관없이 무조건 종합 과세함.
• 총수입금액 연 2,000만 원 이하 주택임대소득과 연 300만 원 이하 기타소득금액은 납세의무자가 종합과세와 분리과세를 선택할 수 있음.

예를 들어 홍길동 씨가 은행에서 1년간 수령 이자가 총 500만 원이고 배당금 수령액은 없다면, 은행은 홍길동 씨에게 이자를 지급할 때 세무서 대신 14%의 소득세를 원천징수한 뒤 홍길동 씨 이름으로 세무서에 대신 납부하게 됩니다. 이것으로 홍길동 씨의 납세의무는 끝나버리는데 "종합하여 과세하지 않고 이를 따로 떼어서 과세한다." 즉, 분리과세라고 부릅니다.

그런데 만약 홍길동씨의 1년간 수령 이자가 총 3,000만 원이라면 금융소득 종합과세 기준금액 2,000만 원을 초과했기 때문에 사업소득, 근로소득 등 다른 종합소득과 합산하여 과세를 해야 합니다. 즉, 일단 이자 수령 시 14%의 소득세를 원천징수 당한 뒤 다음 연도 5월에 다시 종합과세 신고를 해야 하는 것입니다.

다음 중 소득세법에 대한 설명으로 옳지 않은 것은?

① 소득세 과세대상은 종합소득과 퇴직소득 및 양도소득이다.
② 소득세법상 납세의무자는 개인으로 거주자와 비거주자로 구분하여 납세의무의 범위를 정한다.
③ 소득세법은 열거주의 과세방식이나 이자소득, 배당소득, 연금소득 등은 유형별 포괄주의를 채택하고 있다.
④ 종합소득은 원칙적으로 종합과세하고 퇴직소득과 양도소득은 분리 과세한다.

정교수 콕콕

📄 정답 및 풀이 ④

소득세는 종합소득, 퇴직소득, 양도소득으로 분류하여 과세함. 분리과세란 금융소득 연 2,000만원 이하 같이 종합소득에서 따로 떼어서 종합과세 하지 않고 과세하는 것을 말하는 것으로 퇴직소득·양도소득과는 관계없음.

이론기출 확인문제 | 전산세무 2급, 111회 |

거주자 김민재 씨의 소득이 다음과 같을 경우, 종합소득금액은 얼마인가? 단, 이자소득금액은 모두 국내은행의 정기예금이자이다.

• 양도소득금액 : 10,000,000원	• 이자소득금액 : 22,000,000원
• 근로소득금액 : 30,000,000원	• 퇴직소득금액 : 8,700,000원

① 30,000,000원
② 52,000,000원
③ 54,700,000원
④ 74,700,000원

📄 정답 및 풀이 ②

이자소득, 근로소득만 종합소득인데 금융소득(이자＋배당)이 연 2,000만원 초과하므로 종합소득금액은 이자소득금액(22,000,000원)＋근로소득금액(30,000,000원)＝52,000,000원임.

이론기출 확인문제 | 전산세무 2급, 66회 |

다음 중 소득세법상 종합과세대상이 아닌 소득은?

① 국외에서 받은 이자소득(원천징수대상이 아님)이 1,200만 원 있는 경우
② 로또에 당첨되어 받은 3억 원의 복권당첨금
③ 소득세법상 성실신고대상사업자가 업무용 차량을 매각하고 200만 원의 매각차익이 발생한 경우
④ 회사에 근로를 제공한 대가로 받은 급여 2,000만 원

📄 정답 및 풀이 ②

① 국외 금융소득은 금액 관계없이 무조건 종합과세함. ② 복권당첨금은 금액에 상관없이 종합과세하지 않고 무조건 분리과세함. ③ 사업자가 업무용 차량을 매각하면 사업소득으로 종합과세 대상임. ④ 일용직을 제외한 근로소득은 무조건 종합과세함.

[소득세 개념]

난이도 ★★

01 다음 중 소득세의 특징으로 가장 옳은 것은? 필수 　　　　　　　　　　　[2023년, 111회]

① 소득세의 과세기간은 사업자의 선택에 따라 변경할 수 있다.

② 거주자의 소득세 납세지는 거주자의 거소지가 원칙이다.

③ 소득세법은 종합과세제도에 의하므로 거주자의 모든 소득을 합산하여 과세한다.

④ 소득세는 개인별 소득을 기준으로 과세하는 개인 단위 과세제도이다.

난이도 ★★

02 다음 중 소득세법상 납세의무자에 대한 설명으로 가장 옳지 않은 것은? 필수 　　　　[2022년, 104회]

① 비거주자는 국내원천소득에 대해서만 과세한다.

② 거주자는 국내 · 외 모든 원천소득에 대하여 소득세 납세의무를 진다.

③ 거주자는 국내에 주소를 두거나 150일 이상 거소를 둔 개인을 말한다.

④ 거주자의 소득세 납세지는 주소지로 한다.

난이도 ★★

03 다음 중 소득세법상 과세기간에 대한 설명으로 옳지 않은 것은? 필수 　　　　　　　[2022년, 101회]

① 거주자가 사망 또는 국외 이주한 경우를 제외한 소득세의 과세기간은 1월 1일부터 12월 31일까지 1년으로 한다.

② 거주자가 사망한 경우의 과세기간은 1월 1일부터 사망한 날이 속하는 달의 말일까지로 한다.

③ 소득세법은 과세기간을 임의로 설정하는 것을 허용하지 않는다.

④ 거주자가 국외로 이주하여 비거주자가 되는 경우의 과세기간은 1월 1일부터 출국한 날까지로 한다.

04 다음 중 소득세법에 관한 설명으로 옳지 않은 것은? **필수**　　　　　　[2019년, 83회]

① 소득세의 과세기간은 1/1 ~ 12/31일을 원칙으로 하며, 사업자의 선택에 의하여 이를 변경할 수 없다.

② 사업소득이 있는 거주자의 소득세 납세지는 주소지로 한다.

③ 소득세법은 종합과세제도이므로 거주자의 모든 소득을 합산하여 과세한다

④ 소득세의 과세기간은 사업개시나 폐업의 영향을 받지 않는다.

난이도 ★★

05 다음 중 소득세의 특징으로 옳지 않은 것은?　　　　　　[2016년, 66회]

① 소득세는 납세자와 담세자가 동일한 직접세에 해당한다.

② 소득세는 개인별 소득을 기준으로 과세하는 개인단위 과세제도를 원칙으로 한다.

③ 소득세의 과세방법에는 종합과세, 분리과세, 분류과세가 있다.

④ 소득세는 소득금액과 관계없이 단일세율을 적용한다.

난이도 ★★

06 다음 중 종합소득세에 대한 설명으로 틀린 것은? **필수**　　　　　　[2020년, 90회]

① 종합과세 제도이므로 거주자의 모든 소득을 합산하여 과세한다.

② 소득세의 과세기간은 사업개시나 폐업에 의하여 영향을 받지 않는다.

③ 이자, 배당, 사업 및 연금소득을 제외하고는 원칙적으로 열거주의 과세 방식을 적용한다.

④ 거주자의 소득세 납세지는 원칙적으로 주소지로 한다.

[과세체계]

난이도 ★★

07 다음 중 소득세법상 거주자의 종합소득에 해당하지 않는 것은?　　　　　　[2020년, 90회]

① 배당소득　　　　　　　　　　　② 사업소득

③ 기타소득　　　　　　　　　　　④ 퇴직소득

08 거주자 방탄남씨의 소득이 다음과 같을 경우 종합소득금액은 얼마인가? 필수　　　　　　[2019년, 84회]

> • 양도소득금액 : 20,000,000원　　　　　• 근로소득금액 : 30,000,000원
> • 배당소득금액 : 22,000,000원　　　　　• 퇴직소득금액 : 2,700,000원

① 30,000,000원　　　　　　　　　　　② 52,000,000원
③ 54,700,000원　　　　　　　　　　　④ 74,700,000원

09 다음 중 소득세법에 대한 설명 중 올바른 것은?　　　　　　　　　　　[2015년, 62회]

① 거주자의 종합소득에 대한 소득세는 해당 연도의 종합소득과세표준에 6 ~ 35%의 세율을 적용하여 계산한 금액을 그 세액으로 한다.
② 기타소득금액의 연간합계액이 400만 원 이하인 경우에는 종합과세와 분리과세를 선택할 수 있다.
③ 소득세법은 종합과세제도이므로 퇴직소득과 양도소득을 제외한 거주자의 그 밖의 모든 소득을 합산하여 과세한다.
④ 사업소득이 있는 자가 11월 30일에 폐업을 하여 그 이후 다른 소득이 없는 경우에도 소득세의 과세기간은 1월 1일부터 12월 31일까지로 한다.

10 다음 중 소득세법상 과세방법이 다른 하나는? 필수　　　　　　　　　　[2023년, 109회]

① 복권 당첨금
② 일용근로소득
③ 계약금이 위약금으로 대체되는 경우의 위약금이나 배상금
④ 비실명 이자소득

01 ④　① 소득세 과세기간은 1.1 ~ 12.31로 정해져 있으므로 납세의무자가 선택할 수 없음. ② 거주자의 납세지는 주소지가 원칙이며 주소지가 없을 경우 거소지임. ③ 소득세는 종합소득, 퇴직소득, 양도소득으로 분류과세함. 이자, 배당, 사업, 근로, 연금, 기타소득만 종합과세함.

02 ③　거주자는 국내에 주소를 두거나 1과세기간에 183일 이상 거소를 둔 개인임.

03 ②　거주자가 사망한 경우에는 1.1 ~ 사망일까지를 과세기간으로 함.

04 ③　③ 퇴직소득, 양도소득은 합산하지 않고 별도로 분류과세함. ④ 사업개시, 폐업의 경우에도 과세기간은 1.1 ~ 12.31임.

05 ④　소득세는 소득금액이 커질수록 세율이 높아지는 누진세율체계임.

06 ①　퇴직소득, 양도소득은 종합소득과 별도로 분류과세됨.

07 ④　종합소득에는 이자, 배당, 사업, 근로, 연금, 기타소득이 있음.

08 ②　종합소득금액 : 근로소득금액(30,000,000원) + 배당소득금액(22,000,000원) = 52,000,000원. 양도소득과 퇴직소득은 종합과세 되지 않고 따로 분류과세함.

09 ④　① 소득세율은 6 ~ 45%임. ② 기타소득금액 연 300만 원 이하일 경우 종합과세와 분리과세 중 선택 가능함. ③ 연 2,000만 원 이하 금융소득, 일용직 근로소득 등 소득도 종합과세 하지 않고 분리과세됨. ④ 개업, 폐업의 경우도 과세기간은 1.1 ~ 12.31임.

10 ③　① 복권당첨금, ② 일용근로소득, ④ 비실명 이자소득은 무조건 분리과세임.

학습내용 / 공부방향

- 종합소득금액 계산   · 결손금과 이월결손금

총수입금액에서 필요경비를 차감하여 소득금액을 계산하며 총수입금액 보다 필요경비가 더 크면 손실, 즉 결손금이 발생함. 이 내용이 **매년 1~2문제 출제되므로 종합소득금액 계산방법과 결손금 처리 방법을 논리적으로 이해해야 함.**

정교수 콕콕

1 종합소득세 계산절차 필수

종합소득세는 4단계로 [종합소득금액] ⇒ [과세표준] ⇒ [산출세액] ⇒ [납부세액]입니다. 구체적인 내용은 다음과 같습니다.

1단계	종합소득금액	수입금액 − 필요경비
2단계	(−) 종합소득공제 과 세 표 준	인적공제, 공적연금보험료공제, 특별공제(건강보험료공제, 주택관련 공제), 조세특례제한법공제
3단계	(×)세 율 산 출 세 액	6~45%
4단계	(−) 세액공제·감면 결 정 세 액 (−) 기납부세액 자진납부세액	보장성보험료, 연금계좌, 의료비, 교육비, 기부금 등 원천징수세액, 중간예납세액

1 [1단계]종합소득금액 계산 필수

소득세법은 벌어들인 수입에서 이에 소요된 각종 경비를 차감하여 소득금액을 계산하며 각 소득별로 소득금액을 다음과 같이 계산합니다.

먼저 이자와 배당금은 수령하는 데 별다른 비용이 들지 않기 때문에 필요경비를 인정하지 않습니다. 반면 연금은 수령하는 데 비용이 들지 않지만 노후 생활자금에 대한 혜택을 주기 위해 일정액을 필요경비로 인정해 주고 있는데 이를 연금소득공제라고 합니다.

이에 반해 사업소득, 근로소득, 기타소득은 이를 벌어들이는 데 상당한 비용이 발생하며, 현행 소득세법은 이를 필요경비로 차감하고 있습니다. 다만, 근로소득의 경우는 사람마다 씀씀이가 다르기 때문에 필요경비를 계산하기 어려워 연봉이 동일하면 차감하는 경비도 같도록 근로소득공제라는 표에 의해 필요경비를 인정하고 있습니다.

핵심체크

1. 필요경비★★★
- 이자/배당 : ×
- 사업소득 : 장부상 금액
- 근로소득 : 근로소득공제
- 연금소득 : 연금소득공제
- 기타소득 : 실제 금액 또는 일정액 인정

2. 종합소득금액★★★
필요경비 공제 후 소득금액 전체를 합쳐 계산. 단, 분리/비과세 소득은 제외.

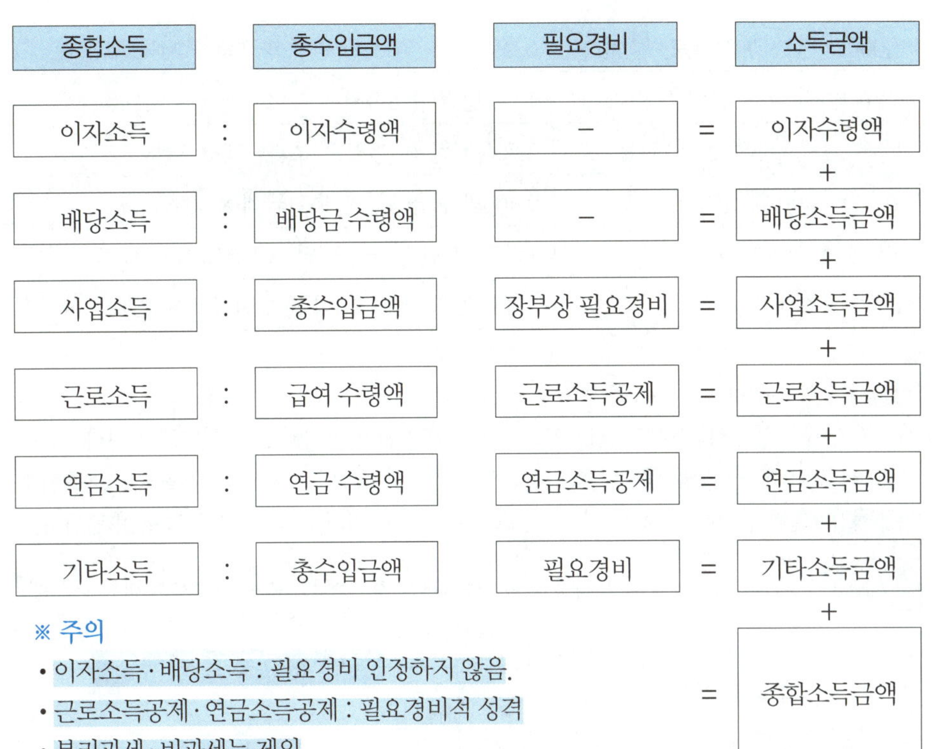

※ 주의
- 이자소득·배당소득 : 필요경비 인정하지 않음.
- 근로소득공제·연금소득공제 : 필요경비적 성격
- 분리과세·비과세는 제외

이렇게 필요경비 공제 후 소득금액 전체를 합치면 종합소득금액이 되는 것입니다. 단, 분리과세 되는 소득과 비과세소득은 종합소득금액에 합산되지 않는다는 점을 주의하시기 바랍니다.

2 [2단계] 과세표준 계산

[1단계]에서 계산된 종합소득금액은 실제 개인이 벌어들인 이익금에 해당합니다. 사실 여기에 세금을 과세하면 되지만, 이 소득으로 소득자 본인과 가족이 생계를 유지하기 때문에 소득세법은 종합소득금액에서 가족 수를 고려한 추가적인 공제를 합니다.

이를 종합소득공제라고 하며 기본공제, 추가공제, 공적연금보험료공제, 건강보험료공제, 노란우산공제, 신용카드공제 등이 있습니다. 종합소득공제에 대한 자세한 내용은 추후 다시 설명하겠습니다.

3 [3단계] 산출세액 계산

우리나라의 세금은 과세표준에 세율을 곱해서 산출세액을 계산하는데 현재 소득세율은 다음과 같이 최저 6% ~ 최고 45%입니다.

과세표준	산출세액
1,400만 원 이하	과세표준 × 6%
1,400만 원 초과 5,000만 원 이하	84만 원 + 1,400만 원 초과금액 × 15%

5,000만 원 초과 8,800만 원 이하	624만 원 + 5,000만 원 초과금액 × 24%
8,800만 원 초과 1.5억 원 이하	1,536만 원 + 8,800만 원 초과금액 × 35%
1.5억 원 초과 3억 원 이하	3,706만 원 + 1.5억 원 초과금액 × 38%
3억 원 초과 5억 원 이하	9,406만 원 + 3억 원 초과금액 × 40%
5억 원 초과 10억 원 이하	1억 7,406만 원 + 5억 원 초과금액 × 42%
10억 원 초과	3억 8,406만 원 + 10억 원 초과금액 × 45%

[산출세액 계산사례]

예를 들어 홍길동이라는 자영사업자가 1년간 2억 5천만 원어치 매출을 했다고 가정하겠습니다. 그리고 이 매출에 1억 3천만 원의 각종 필요경비가 소요되었고, 가족 수를 고려한 종합소득공제가 2천만 원이라 가정하겠습니다. 그러면 홍길동 씨의 과세표준은 1억 원이 됩니다.

과세표준　매출 2억 5천만 원 − 각종 비용 1억 3천만 원 − 종합소득공제 2천만 원 = 1억 원

자, 그럼 이 자영업자의 산출세액을 계산해 보겠습니다. 먼저 과세표준 1억 원을 소득세율 표에 있는 구간대로 나눕니다. 즉, 0원 ~ 1,400만 원, 1,400만 원 ~ 5,000만 원, 5,000만 원 ~ 8,800만 원, 8,800만 원~1억 원으로 나누는 것입니다. 그리고 맨 아래 1,400만 원 부분에는 6%, 그 다음 부분 3,600만 원에는 15%, 다음 3,800만 원 부분은 24%, 맨 위의 부분 1,200만 원에는 35%를 곱하는 것입니다.

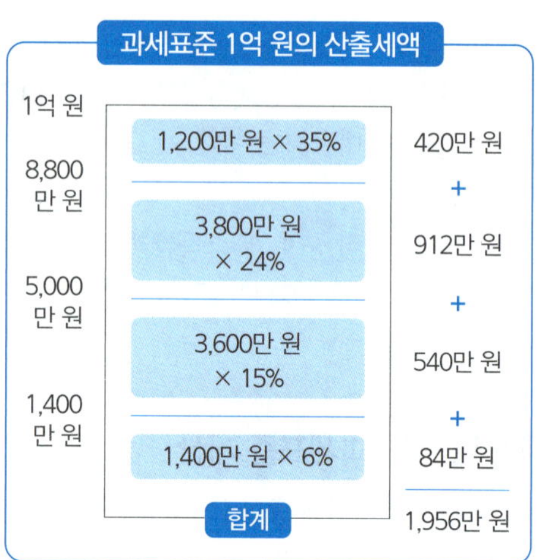

그림을 보면 소득이 높아질수록 세율이 6% ⇒ 15% ⇒ 24% ⇒ 35%로 높아지는 걸 볼 수 있습니다. 이렇게 높은 소득 부분에 높은 세율이 적용되는 걸 누진세(累進稅)라고 부릅니다. 결국 2억 5천만 원어치 팔아서 1억 원의 과세표준이 생긴 홍길동 자영업자에게는 1,956만 원의 소득세가 산출되는 것입니다. 위의 그림과 같이 계산하는 대신 소득세율 표에 있는 공식을 적용하면 홍길동 씨의 산출세액은 다음과 같습니다.

산출세액　1,536만 원 + (1억 원 − 8,800만 원) × 35% = 1,956만 원

4 [4단계] 자진납부세액 계산

홍길동 씨의 산출세액이 1,956만 원 나왔다고 이를 모두 납부할 필요는 없습니다. 왜냐하면 국가에서 일정 부분 세금을 깎아주기도 하고 이미 납부한 세금도 있기 때문인데 이를 각각 세액공제·감면과 기납부세액이라고 부릅니다. 즉, 자진납부세액은 산출세액에서 세액공제·감면과 기납부세액을 차감하여 계산합니다.

(1) 세액공제·감면

근로세액공제, 자녀세액공제, 연금계좌세액공제, 특별세액공제(보장성보험료, 의료비, 교육비, 기부금) 등이 있습니다.

(2) 기납부세액

금융소득(이자·배당)이 연 2천만 원을 초과해서 종합과세 되는 경우에는 수령 시 14%, 자영업자의 경우는 11월에 상반기(1 ~ 6월) 6개월 치에 대해 납부한 중간예납, 근로자의 경우 매달 월급을 받으면서 원천징수 된 금액, 연 300만 원을 초과하여 종합 과세되는 기타소득은 20%로 원천징수 된 금액이 기납부세액에 해당합니다.

| 이론기출 확인문제 | 전산세무 2급, 81회 |

소득세법상의 소득으로서 총수입금액과 소득금액이 같은 것은?

① 이자소득　　　　　　　② 연금소득
③ 근로소득　　　　　　　④ 사업소득

정답 및 풀이 ①

이자·배당소득은 필요경비 인정 않아 총수입금액과 소득금액이 동일함.

| 이론기출 확인문제 | 전산세무 2급, 61회 |

다음 중 소득세법상 각종의 소득금액을 계산하는 경우에 필요경비로 인정받을 수 있는 경우는?

① 이자소득금액을 계산하는 경우에 발생한 차입금에 대한 지급이자
② 연금소득금액을 계산하는 경우에 발생한 은행에 지급한 수수료
③ 근로소득금액을 계산하는 경우에 발생한 업무상 출장비용
④ 사업소득금액을 계산하는 경우에 발생한 사업자 본인의 건강보험료

정답 및 풀이 ④

① 이자소득은 필요경비 인정되지 않음. ② 연금소득은 연금소득공제를 차감하며 별도 필요경비를 인정하지 않음. ③ 근로소득금액은 근로소득공제로 필요경비를 인정하므로 별도 출장비를 경비로 인정하지 않음. ④ 사업자 건강보험료를 장부에 비용으로 기장하면 필요경비로 인정됨.

2 결손금·이월결손금

이자소득, 배당소득, 근로소득, 연금소득, 기타소득은 소득 발생 시 손실이 발생하지 않지만 사업소득은 총수입금액 보다 필요경비가 더 크면 손실이 발생하는데 이를 결손금이라 부릅니다. 결손금이 발생하면 다른 소득과 합산하여 계산한 뒤 그래도 결손금이 남으면 이월하여 추후 발생한 이익에서 공제하는데 이렇게 차후 연도로 넘겨지는 결손금을 이월결손금이라고 부릅니다.

1 결손금 필수

종합과세는 (이자소득금액 + 배당소득금액 + 사업소득금액 + 근로소득금액 + 연금소득금액 + 기타소득금액)으로 계산되기 때문에 만약 사업에서 손실이 발생하면 이 결손금을 타 소득과 합산하여 과세합니다. 다만, 소득세법은 타 소득과 합산하는 순서를 다음과 같이 정해 두었습니다.

구 분	공제 순서
일반적인 사업소득	근로소득금액 ⇒ 연금소득금액 ⇒ 기타소득금액 ⇒ 이자소득금액 ⇒ 배당소득금액
	위 순서로 공제하고 남은 결손금은 다음 과세기간으로 이월
비주거용 부동산임대 사업소득	비주거용 부동산임대 결손금은 타 소득과 합산하지 않고 오로지 비주거용 부동산임대소득하고만 통산해야 하기 때문에 남은 결손금은 다음 연도로 이월

※ 차감 순서에 사업소득이 없는 것은 사업소득에서 결손이 발생했기 때문임.
※ 비주거용 부동산임대 결손금은 타 소득과 통산하지 않지만 주거용 부동산임대 결손금은 타 소득과 통산함.

2 이월결손금 필수

당해 연도에 발생한 결손금이 커서 다른 소득과 합산하고도 남으면 그 결손금은 다음 연도로 넘겨서 다른 소득과 합산하여 소득세 계산을 합니다. 이렇게 다음 연도로 넘겨지는 결손금을 이월결손금이라고 하는데 이월된 결손금은 발생 연도로부터 15년간 다음 순서대로 공제합니다.(단, 2019. 12. 31. 이전 발생 분은 10년)

구 분	공제 순서
일반적인 사업소득	사업소득금액 ⇒ 근로소득금액 ⇒ 연금소득금액 ⇒ 기타소득금액 ⇒ 이자소득금액 ⇒ 배당소득금액
	위 순서로 공제하고 남은 이월결손금은 다음 과세기간으로 이월
비주거용 부동산임대 사업소득	비주거용 부동산임대 이월결손금은 오로지 당해 연도 비주거용 부동산임대소득하고만 통산하고 남은 이월결손금은 다음 연도로 이월

※비주거용 부동산임대 결손금은 타 소득과 통산하지 않지만 주거용 부동산임대 결손금은 타 소득과 통산함.

이월결손금 공제 시 다음 세 가지를 주의해야 합니다.

구 분	공제 순서
당기 결손금 발생 + 이월결손금 있는 경우	당기 발생 결손금을 먼저 공제
여러 차례 이월결손금이 발생한 경우	먼저 발생한 이월결손금부터 순차적으로 공제
장부를 기장하지 않고 추계(추산)하여 계산하는 경우	이월결손금 공제 안됨. (단, 천재지변 등으로 장부 등 멸실로 추계하는 경우는 이월결손금 공제 가능)

※ 추계신고 : 장부 미작성 시 수입금액(매출)의 일정률을 그냥 비용으로 인정하는 제도

3 결손금의 소급공제 필수

이미 공부한 것처럼 당해 연도 발생한 결손금 중 다른 소득과 통산하고 남은 결손금은 이월하여 추후 발생하는 소득금액에서 차감해야 합니다. 다만, 중소기업은 전년도 납부한 소득세에서 돌려받을 수 있는데 이를 결손금의 소급공제라고 합니다. 이러한 결손금 소급공제는 부동산임대업에 대해서는 적용하지 않습니다.

이론기출 확인문제
| 전산세무 2급, 113회 |

다음 중 소득세법상 결손금과 이월결손금에 대한 설명으로 가장 옳지 않은 것은?

① 비주거용 부동산 임대업에서 발생한 이월결손금은 타 소득에서 공제할 수 없다.
② 추계 신고 시에는 원칙적으로 이월결손금을 공제할 수 없다.
③ 해당 과세기간에 일반사업소득에서 결손금이 발생하고 이월결손금도 있는 경우에는 이월결손금을 먼저 다른 소득금액에서 공제한다.
④ 결손금의 소급공제는 중소기업에 한하여 적용 가능하다.

이론기출 확인문제
| 전산세무 2급, 108회 |

소득세법상 다음 자료에 의한 소득만 있는 거주자의 당해 연도 귀속 종합소득금액은 모두 얼마인가?

> • 근로소득금액 : 13,000,000원　　• 양도소득금액 : 20,000,000원
> • 사업소득금액(도소매업) : 25,000,000원
> • 사업소득금액(음식점업) : △10,000,000원
> • 사업소득금액(비주거용 부동산임대업) : △7,000,000원

① 21,000,000원
② 28,000,000원
③ 41,000,000원
④ 48,000,000원

🎯 핵심체크

공제 순서 ★★
• 결손금+이월결손금 : 당기 결손금 먼저 공제
• 여러차례 이월결손금 : 먼저 발생 이월결손금 먼저 공제
• 추계신고 : 이월 결손금 공제 안됨.

🎯 핵심체크

중소기업 결손금 소급공제 ★★
• 당해 연도 결손 시 전년 납부액 환급
• 부동산 임대업 ×

📝 정답 및 풀이 ③

당해 연도 발생한 결손금을 먼저 다른 소득에서 공제하고 그 다음으로 이월결손금을 공제함.

📝 정답 및 풀이 ②

• 비주거용 부동산임대업의 결손금은 타 소득과 합산계산할 수 없으며 비주거용 부동산임대업에서만 공제할 수 있음.
• 사업소득금액(도소매업) 25,000,000원+ 사업소득금액(음식점업) (−)10,000,000원+ 근로소득금액 13,000,000원 = 28,000,000원

02 이론기출 공략하기

난이도 ★

01 다음 중 소득세법상 총수입금액과 소득금액이 동일한 것은? [필수]　　　　　　　　　　　　　　[2016년, 68회]

① 사업소득　　　　　　　　　　　　　② 기타소득
③ 근로소득　　　　　　　　　　　　　④ 이자소득

난이도 ★★★

02 소득세법상 아래의 자료에 의한 소득만 있는 거주자의 종합소득금액을 계산하면 얼마인가? 단, 이월결손금은 전년도의 부동산임대업을 제외한 사업소득에서 발생한 금액이다. [필수]　　　　[2022년, 106회]

> - 부동산임대 이외의 사업소득금액 : 35,000,000원
> - 부동산(상가)임대 사업소득금액 : 15,000,000원
> - 이월결손금 : 50,000,000원
> - 근로소득금액 : 10,000,000원
> - 퇴직소득금액 : 70,000,000원

① 10,000,000원　　　　　　　　　　② 35,000,000원
③ 60,000,000원　　　　　　　　　　④ 80,000,000원

난이도 ★★★

03 거주자 김소희씨의 소득금액은 다음과 같다. 다음의 자료를 이용하여 종합소득금액을 계산하면 얼마인가? [필수]

[2025년, 118회]

> - 근로소득금액 : 4,000,000원
> - 사업소득금액(건설업) : 8,000,000원
> - 사업소득금액(주거용 부동산임대업) : △3,000,000원
> - 사업소득금액(비주거용 부동산임대업) : △1,000,000원
> - 퇴직소득금액 : 5,000,000원

① 8,000,000원　　　　　　　　　　② 9,000,000원
③ 11,000,000원　　　　　　　　　　④ 13,000,000원

난이도 ★★

04 다음 중 소득세법상 종합소득금액에 대한 설명으로 옳은 것은?　　　　　　　　　　　[2022년, 103회]

① 종합소득금액은 이자소득, 배당소득, 사업소득, 근로소득, 퇴직소득, 기타소득, 연금소득을 모두 합산한 것을 말한다.

② 원천 징수된 소득은 종합소득금액에 포함될 수 없다.

③ 부가가치세법상 영세율 적용대상에서 발생하는 매출은 소득세법상 소득금액에서 제외한다.

④ 해당 연도 사업소득에서 발생한 결손금은 해당 연도 다른 종합소득금액에서 공제한다. 단, 부동산임대업을 영위하지 않았다.

난이도 ★★

05 다음 중 소득세법상 결손금과 이월결손금에 관한 내용으로 틀린 것은?　**필수**　　　　[2022년, 101회]

① 이월결손금은 해당 결손금이 발생한 과세기간으로부터 10년간 이월 공제한다.

② 해당 과세기간의 소득금액에 대하여 추계신고를 할 때에는 이월결손금 공제가 원칙적으로 불가능하다.

③ 부동산임대업(주거용 건물 임대업 제외)에서 발생한 이월결손금은 부동산임대업 외의 일반적인 사업소득에서 공제할 수 없다.

④ 해당 과세기간에 결손금이 발생하고 이월결손금이 있는 경우에는 그 과세기간의 결손금을 우선 공제하고 이월결손금을 공제한다.

난이도 ★★

06 다음은 소득세법상 결손금과 이월결손금에 관한 설명이다. 가장 틀린 것은?　　　　　[2020년, 92회]

① 해당 과세기간의 소득금액에 대하여 추계신고를 하거나 추계조사 결정하는 경우에는 예외 없이 이월결손금공제 규정을 적용하지 아니한다.

② 사업소득의 이월결손금은 사업소득, 근로소득, 연금소득, 기타소득, 이자소득, 배당소득의 순서로 공제한다.

③ 주거용 건물 임대 외의 부동산임대업에서 발생한 이월결손금은 타소득에서는 공제할 수 없다.

④ 결손금 및 이월결손금을 공제할 때 해당 과세기간에 결손금이 발생하고 이월결손금이 있는 경우에는 그 과세기간의 결손금을 먼저 소득금액에서 공제한다.

07 다음 중 소득세법상 결손금과 이월결손금에 관한 내용으로 옳은 것은? 필수   [2018년, 81회]

① 사업소득의 이월결손금은 해당 이월결손금이 발생한 과세기간의 종료일부터 15년 이내에 끝나는 과세기간의 소득금액을 계산할 때 최근에 발생한 과세기간의 이월결손금부터 순서대로 공제한다.

② 사업소득의 이월결손금은 사업소득 → 근로소득 → 기타소득 → 연금소득 → 이자소득 → 배당소득의 순서로 공제한다.

③ 주거용 건물 임대 외의 부동산임대업에서 발생한 이월결손금은 타소득에서는 공제할 수 없다.

④ 결손금 및 이월결손금을 공제할 때 해당 과세기간에 결손금이 발생하고 이월결손금이 있는 경우에는 이월결손금을 먼저 소득금액에서 공제한다.

🎯 정답 및 해설

01 ④   이자소득, 배당소득은 필요경비를 인정하지 않기 때문에 총수입금액과 소득금액이 동일함.

02 ①   부동산 이외 사업소득금액(35,000,000원) + 근로소득금액(10,000,000원) + 부동산임대 사업소득금액(15,000,000원) − 이월결손금(50,000,000원) = 10,000,000원

03 ②   • 근로소득금액(4,000,000원) + 사업소득금액(건설업, 8,000,000원) − 사업소득금액(주거용 부동산임대업, 3,000,000원) = 9,000,000원
    • 비주거용 부동산임대업 결손금 20,000,000원은 오로지 추후 비주거용 부동산임대업 사업소득금액과 통산해야 하므로 타 소득과 합산하지 않고 다음 연도로 이월함. 또한 퇴직소득금액은 종합소득이 아님.)

04 ④   ① 종합소득에 퇴직소득은 포함하지 않음. ② 원천징수된 소득도 종합소득에 합산되기도 함. ③ 영세율은 부가가치세가 0원일뿐 소득세는 납부해야 하므로 소득금액에 포함됨. ④ 부동산 임대업이 아닌 사업의 결손금은 근로소득 ⇒ 연금소득 ⇒ 기타소득 ⇒ 이자소득 ⇒ 배당소득 순서로 공제함.

05 ①   이월결손금은 발생 연도부터 15년간 이월하여 공제함.

06 ①   천재지변으로 장부가 멸실되어 추계신고하는 경우에는 이월결손금 공제 가능.

07 ③   ① 이월결손금은 먼저 발생한 것부터 공제함. ② 이월결손금은 사업 ⇒ 근로 ⇒ 연금 ⇒ 기타 ⇒ 이자 ⇒ 배당 순서로 공제함. ④ 결손금과 이월결손금이 같이 있으면 당기 발생한 결손금을 먼저 공제함.

학습내용
공부방향

• 이자소득　• 배당소득　• 사업소득　• 근로소득　• 연금소득　• 기타소득

6가지의 종합소득에 어떤 종류의 소득이 속해 있는지 구별할 줄 알아야 하며 각 소득별 수입시기도 같이 학습해야 함. 2회 시험마다 1 ~ 2문제 출제 될 정도로 소득세 파트 중 출제 비중이 높은 편임.

앞에서 공부한 바와 같이 소득세는 크게 종합소득, 퇴직소득, 양도소득으로 분류되고 종합소득에는 이자소득, 배당소득, 사업소득, 근로소득, 연금소득, 기타소득이 있습니다. 소득세 중 출제 비중이 높으므로 너무 어려운 내용은 패스해도 되지만 기본적인 내용은 꼭 숙지해야 합니다. 다만, 아주 드물게 교재에 없는 내용이 출제될 수도 있는데 그런 문제는 과감히 패스하세요. 자, 그럼 이자소득부터 기타소득까지 어떤 항목들이 과세되는지 자세히 알아보겠습니다.

1 이자소득

1 이자소득 종류 [필수]

이자소득이란 개인이 보유하고 있는 예금, 적금 또는 공사채형 유가증권 등에서 발생하는 이자수입을 말하는데 이자소득의 종류는 다음과 같습니다.

① 국내외에서 받는 예금(적금, 부금, 예탁금과 우편대체 포함)의 이자와 할인액
② 상호저축은행법에 의한 신용계 또는 신용부금의 이익
③ 채권 또는 증권의 이자와 할인액
④ 환매조건부 채권·증권의 매매차익
⑤ 보험기간 10년 미만인 저축성보험의 보험차익[*1]
⑥ 근로자가 퇴직·탈퇴하여 지급받는 직장공제회 초과반환금
⑦ 비영업대금의 이익
⑧ 위에서 열거한 소득과 유사한 소득으로서 금전의 사용에 따른 대가의 성질이 있는 것
⑨ 위 ① ~ ⑧에 해당하는 소득을 발생시키는 거래 또는 행위와 파생상품이 일정한 요건을 충족하여 결합된 경우 해당 파생상품의 거래 또는 행위로부터의 이익

[*1] 보장성보험의 보험차익과 보험기간 10년 이상으로 일정 요건을 만족하는 저축성보험의 보험차익은 과세하지 않음.

정교수 콕콕

핵심체크

이자소득★★
• 예적금 이자
• 채권증권 이자
• 환매조건부 채권 매매차익
• 10년 미만 저축성 보험차익
• 직장공제회 초과반환금
• 비영업대금 이익

참고

• 환매조건부채권 : 일정기간 경과 후에 약정된 이율로 채권을 재매입하기로 하고 채권을 매도함으로써 만기일에 약정 이자와 원금을 상환하는 금융상품
• 직장공제회 초과반환금 : 상호부조 목적으로 설립된 공제조합의 구성원이 공제료(적금)를 납부했다가 탈퇴할 때 납입공제료를 초과하여 받는 반환금 예 교원공제회 적금 이자
• 비영업대금의 이익: 사업과 관련 없이 일시적·우발적으로 금전을 대여하고 받은 이익

📑 **정답 및 풀이 ③**

연금저축을 연금 외로 수령(예를 들어 해약하여 일시금 수령)하면 기타소득으로 과세함. 기타소득에 대해서는 추후 자세히 설명함.

🎯 **핵심체크**

이자 수입시기★
- 원칙 : 지급받는 날
- 예외 : 약정일(기명채권 이자, 환매조건부 매매차익, 직장공제회 초과반환금, 비영업대금이익)

🔍 **참고**

통지예금
예금을 인출할 때 사전 통지가 필요한 예금

다음 중 소득세법상 이자소득이 아닌 것은?

① 직장공제회 초과반환금

② 비영업대금이익

③ 연금저축의 연금계좌에서 연금외 수령하는 일시금

④ 저축성보험의 보험차익(10년 미만)

2 이자소득 수입시기 필수

구 분	수입시기
보통예금·정기예금·적금·부금 이자	실제로 이자를 지급 받는 날 • 원본에 전입하는 뜻의 특약이 있는 이자 : 특약에 의하여 원본에 전입된 날. • 해약으로 지급되는 이자 : 그 해약일 • 계약기간을 연장하는 경우 : 그 연장하는 날
채권 또는 증권의 이자와 할인액	무기명채권 : 그 지급을 받는 날 기명채권 : 약정에 의한 지급일
통지예금의 이자	인출일
채권 또는 증권의 환매조건부 매매차익	약정에 의한 당해 채권 또는 증권의 환매수일·환매도일 (단, 기일전 환매수·환매도하는 경우: 환매수일·환매도일)
저축성보험의 보험차익	보험금·환급금의 지급일 (단, 기일전에 해지하는 경우에는 그 해지일)
직장공제회 초과반환금	약정에 따른 초과이익·반환금 추가이익의 지급일
비영업대금의 이익	약정에 의한 이자지급일 (단, 이자지급일 약정이 없거나 약정 이자지급일전에 이자를 지급 받는 경우 : 그 이자지급일)
유형별 포괄주의 이자소득	약정에 따른 상환일

다음 중 이자소득의 원칙적인 수입시기에 관한 설명으로 맞는 것은?

① 보통예금의 수입시기는 이자를 지급받기로 한 날이다.
② 통지예금의 이자는 통지한 날을 수입시기로 한다.
③ 정기적금의 이자는 실제로 이자를 지급받는 날을 수입시기로 한다.
④ 비영업대금의 이자는 실제로 이자를 지급받는 날을 수입시기로 한다.

정교수 콕콕

📄 **정답 및 풀이** ③

① 보통예금 : 실제 이자 지급받는 날, ② 통지예금 : 인출일, ④ 비영업대금이자: 약정에 의한 이자지급일

2 배당소득

1 배당소득 종류 필수

배당소득이란 개인이 보유하고 있는 주식에서 발생하는 배당금 수입을 말하는데 배당소득의 종류는 다음과 같습니다.

> ① 내국법인, 외국법인으로부터 받는 이익이나 잉여금의 배당 또는 분배금
> ② 의제배당 : 주식 소각 등으로 인하여 주주가 취득하는 금전이 그 주식을 취득하기 위하여 사용한 금액을 초과하는 금액[*1]
> ③ 인정배당 : 법인세법에 따라 배당으로 처분된 금액
> ④ 국내외에서 받는 집합투자기구로부터의 이익
> ⑤ 공동사업에서 발생하는 소득금액 중 손익분배비율에 상당하는 금액[*2]
> ⑥ 위에서 열거한 소득과 유사한 소득으로서 수익배분의 성질이 있는 것
> ⑦ 위 ① ~ ⑥에 해당하는 소득을 발생시키는 거래 또는 행위와 파생상품이 일정한 요건을 충족하여 결합한 경우 해당 파생상품의 거래 또는 행위로부터의 이익

🎯 **핵심체크**

배당소득★★
• 잉여금 분배
• 의제배당
• 인정배당
• 집합투자기구 이익
• 공동사업 투자 분배금

[*1] 의제배당: [예] 주식 1주를 액면 5,000원에 취득한 후 회사가 성장 후 이 주식을 회사에 반납해 소각하면서 50,000원을 수령했다면 의제배당은 45,000원(50,000원 − 5,000원)임. 즉, 주식을 소각하면서 투자의 대가인 배당금을 수령했다고 보는 것임.

[*2] 공동사업자로 경영에 참여하고 받는 소득은 사업소득이며, 공동사업자로 투자만 하고 받는 소득은 배당소득임.

🔍 **참고**

집합투자기구이익
다수로부터 투자 받아 투자자 대신 유가증권 등에 투자하여 그 수익을 나누어 주는 제도, 즉, 펀드 해약(처분)으로 받는 투자이익은 배당소득임.

2 배당소득금액의 계산 : Gross-up 어려우면 Pass

주주는 투자한 회사로부터 배당금을 수령하면서 배당소득세를 납부해야 하는데 투자받은 회사는 법인세를 납부하기 때문에 결과적으로 배당금에는 1차로 법인세, 2차로 배당소득세가 과세되어 이중과세가 됩니다. 이러한 이중과세문제를 완화하기 위해 Gross-up과 배당세액공제제도를 도입하고 있습니다.

즉, 일단 배당소득세를 계산할 때 일단 배당금의 10%를 배당소득금액에 가산하여(gross-up) 산출세액을 계산한 다음, 가산한 배당소득금액의 10%(gross-up 금액)을 세액 공제해주는데 이를 도표로 표시하면 다음과 같습니다. (단, 2027년부터 지급받는 배당소득에는 가산율 11% 적용)

(1) Gross-up 구조

예를 들어 주주가 배당금 100원을 수령하고 주주가 35%의 세율을 적용 받고 다른 소득공제, 세액공제는 없다고 가정하겠습니다.

구분	금액	비고
배당소득금액	110원	100원 + 10원 (100원 × 10%)
산출세액	38.5원	110원 × 35%
배당세액공제	(−)10원	100원 × 10%
납부세액	28.5원	

[소득세 절세액 요약]

구분	금액	비고
늘어나는 소득세	3.5원	10원 × 35%
줄어드는 소득세	10원	100원 × 10%
소득세 절세액	6.5원	

일단 Gross-up으로 10원(배당금 100원 × 10%)을 배당금에 더해 배당소득금액을 110원으로 계산합니다. 가정된 세율 35%를 곱하면 산출세액이 38.5원이 나오고 여기에서 Gross-up 금액 10원을 배당세액공제 하면 납부세액이 28.5원이 나옵니다.

결과적으로 Gross-up 10원으로 인해 소득세는 10원이 줄어드는 반면, 늘어나는 소득세는 3.5원(10원 × 35%)이므로 6.5원의 소득세가 줄어들어 이중과세가 완화되는 것입니다.

(2) Gross-up 적용받기 위한 조건

Gross-up을 적용받으면 주주가 소득세 절세 혜택을 보기 때문에 다음과 같은 3가지 요건을 갖추어야 합니다. 너무 어려우면 과감히 패스해도 전산세무 2급 시험 합격에 지장이 없기는 합니다.

Gross-up 조건
• 내국법인 배당소득
• 법인세 과세된 재원의 배당
• 금융소득종합과세되는 배당

구 분	요 건
배당소득 지급 단계	① 내국법인으로부터의 배당소득 일 것 ② 법인세가 과세된 소득을 재원으로 하는 배당일 것
배당소득 수령 주주 단계	③ 금융소득 종합과세(이자 + 배당소득이 연 2,000만 원 초과)가 적용되는 배당일 것

첫째, 내국법인으로부터 받는 배당에만 적용하고 외국회사로부터 받는 배당에는 적용하지 않습니다. 우리나라 회사에 투자를 권장하기 위한 조건입니다.

둘째, 법인세가 과세된 법인의 소득으로 배당하는 경우에만 적용하는데 Gross-up이 이중과세를 방지하기 위한 제도이기 때문입니다. 가끔씩 법인세가 과세되지 않은 재원으로 배당을 하기도 합니다.

셋째, 금융소득 종합과세가 적용되는 연 2,000만 원을 초과하는 배당소득에만 적용합니다. 연 2,000만 원까지 14%로 낮은 소득세율을 적용받기 때문에 절세혜택이 필요 없다는 뜻입니다.

3 배당소득의 수입시기 _{필수}

구 분	수입시기
무기명 주식	그 지급을 받은 날
잉여금의 처분에 의한 배당	당해 법인의 잉여금 처분결의일
출자공동사업자의 배당	과세기간 종료일
주식 소각등에 따른 의제배당	주식의 소각, 자본의 감소, 자본에의 전입을 결정한 날
인정배당(법인세법에 의해 배당으로 처분된 금액)	당해 사업연도의 결산확정일
집합투자기구로부터의 이익	집합투자기구로부터의 이익을 지급받은 날
배당소득과 유사한 소득	그 지급을 받는 날

3 사업소득

사업소득이란 개인이 계속·반복적으로 아래 사업을 수행함에 따라 발생한 소득을 말합니다.

1 사업소득의 범위 _{필수}

① 농업·임업·어업·광업·제조업, 건설업, 도매 및 소매업 등에서 발생하는 소득
② 부동산임대업에서 발생하는 소득
  • 부동산 또는 부동산상의 권리의 대여로 인하여 발생하는 소득(단, 공익사업과 관련하여 지역권·지상권을 설정하거나 대여함으로써 발생하는 소득은 기타소득임.)
  • 공장재단 또는 광업재단의 대여로 인하여 발생하는 소득
③ 복식부기의무자가 차량 및 운반구 등 감가상각 대상 사업용 유형자산을 양도함으로써 발생하는 소득(단, 복식부기의무자가 아닌 경우에는 과세되지 않음.)

핵심체크
배당 수입시기★
• 원칙: 지급받는 날
• 예외: 잉여금처분 결의일 (잉여금처분 배당), 결산확정일 (인정배당)

② 비과세 또는 과세제외 사업소득 필수

① 곡물 및 기타 식량작물 재배업 소득

② 총수입금액 10억 원 이하의 작물재배업에서 발생하는 소득

③ 논·밭을 작물 생산에 이용하게 함으로써 발생하는 소득(농지 임대소득)

④ 1개의 주택을 소유자의 주택 임대소득(기준시가 12억 원 초과 주택 및 국외 소재 주택의 임대소득은 과세)

⑤ 농가부업소득(일정 규모 이하 축산소득, 그 이외 소득금액 합계액 연 3,000만 원 이하)

⑥ 수도권지역 외의 읍·면 지역에서 발생하는 소득금액 연 1,200만 원 이하 전통주 제조에서 발생하는 소득

⑦ 조림기간 5년 이상인 임목의 벌채 또는 양도로 발생하는 소득금액 연 3,000만 원 이하 금액

③ 사업소득금액 계산

사업소득금액은 벌어들인 총수입금액에서 소요된 필요경비를 차감하여 계산합니다.

사업소득금액 = 총수입금액(비과세소득은 제외) − 필요경비

(1) 총수입금액 어려우면 Pass

총수입금액은 해당 과세기간에 수입하였거나 수입할 금액의 합계액으로 하는데 소득세법은 다음과 같이 특례를 두고 있습니다.

구분	항목
총수입금액 산입하는 항목	① 거래상대방으로부터 받는 장려금 ② 관세환급금등 필요경비로 지출된 세액이 환입된 금액 ③ 사업과 관련하여 무상으로 받은 자산의 가액과 채무의 감소액 (사업과 무관하게 무상으로 받는 가액에는 증여세 과세) ④ 사업과 관련하여 사업용 자산의 손실로 받는 보험차익 (사업과 무관하게 받는 자산 손실 보험금은 과세제외) ⑤ 확정급여형퇴직연금제도의 보험차익과 신탁계약의 이익 ⑥ 재고자산을 가사용으로 소비하거나 종업원 또는 타인에게 지급하는 금액 ⑦ 복식부기 의무자의 사업용 고정자산 매각액
총수입금액 불산입 항목	① 환입된 물품의 가액과 매출에누리 ② 소득세·지방소득세를 환급 받는 금액[*1] ③ 무상으로 받은 자산가액과 채무면제로 인한 부채 감소액 중 이월결손금의 보전에 충당된 금액 ④ 국세환급가산금 등 과오납금의 환급금에 대한 이자[*2] ⑤ 부가가치세의 매출세액[*3] ⑥ 복식부기 의무자 아닌 자의 사업용 고정자산 매각액

(*1) 소득세 환급액 : 소득세는 납부 시 필요경비 인정 안 되므로 환급받아도 총수입금액 아님.

(*2) 과오납 환급이자 : 이자소득으로 과세됨.

(*3) 부가가치세 매출세액 : 소비자에게 받아서 다시 납부해야 하므로 총수입금액이 아님.

이론기출 확인문제 | 전산세무 2급, 102회 |

다음 중 사업소득의 총수입금액에 대한 설명으로 옳지 않은 것은?

① 소득세 또는 개인 지방소득세를 환급받았거나 환급받을 금액 중 다른 세액에 충당한 금액은 총수입금액에 산입하지 아니한다.

② 관세환급금 등 필요경비로 지출된 세액이 환입되었거나 환입될 경우 그 금액은 총수입금액에 산입한다.

③ 거래상대방으로부터 받는 장려금 및 기타 이와 유사한 성질의 금액은 총수입금액에 산입한다.

④ 사업과 관련하여 해당 사업용 자산의 손실로 취득하는 보험차익은 총수입금액에 산입하지 아니한다.

정답 및 풀이 ④

사업과 관련하여 사업용 자산 손실로 취득하는 보험차익은 총수입금액에 산입함. 단, 사업과 무관한 사업용 자산손실의 보험차익은 과세 제외됨.

(2) 필요경비 필수

필요경비는 해당 과세기간의 총수입금액에 대응하는 비용의 합계액으로 사업에 필요하다고 판단되면 인정되는데, 건당 3만 원을 초과하는 필요경비의 경우 반드시 정규증빙(세금계산서, 신용카드매출전표, 현금영수증 등)을 갖추어야 합니다. 다만, 기업업무추진비 목적의 거래처 경조사비는 증빙 없이도 건당 20만 원까지는 필요경비로 인정됩니다. 관련한 소득세법의 자세한 특례는 다음과 같습니다.

핵심체크

필요경비 불포함★★
- 소득세·벌금
- 가사비용
- 일반과세자 VAT 매입세액
- 선급비용
- 사업자 급여/퇴직금
- 업무용승용차 비용 한도초과액
- 사적 기부금

구분	항목
필요경비 산입하는 항목	① 판매한 상품·제품에 대한 원료의 매입가격과 부대비용 ② 사업용 자산에 대한 수선비, 유지비 등 ③ 종업원의 급여 ④ 사업과 관련이 있는 제세공과금 ⑤ 대손금 ⑥ 자산의 평가차손 ⑦ 거래수량 등에 따라 상대편에게 지급하는 장려금 ⑧ 면세사업자의 부가가치세 매입세액 ⑨ 복식부기의무자가 사업용 유형자산의 양도가액을 총수입금액에 산입한 경우 해당 사업용 유형자산의 양도 당시 장부가액 등 ⑩ 일정 범위내의 특례기부금, 일반기부금(자세한 내용은 세액공제 파트 참고)

구분	항목
필요경비 불산입 항목	① 소득세와 개인 지방소득세[*1] ② 벌금·과료·과태료 ③ 가산금과 강제징수비 ④ 가사(家事) 경비와 관련되는 경비 ⑤ 의무의 불이행으로 납부할 세액(가산세 포함) ⑥ 감가상각비 한도 초과금액 ⑦ 부가가치세 매입세액[*2] ⑧ 채권자가 불분명한 차입금의 이자 ⑨ 선급비용 ⑩ 사업 대표자 급여와 퇴직급여[*3] ⑪ 채권자불분명 차입금 이자 ⑫ 초과인출금(사업용 자산 합계액이 부채에 미달하는 금액)에 대한 지급이자 ⑬ 복식부기의무자로서 업무용승용차 관련 비용 중 한도 초과액[*4] ⑭ 특례기부금, 일반기부금에 해당하지 않는 사적인 기부금

(*1) 소득세 납부액: 소득세는 납부 시 필요경비 인정되지 않음.

(*2) 부가가치세 매입세액: 추후 환급 받을 예정이므로 필요경비 아님. 단, 면세사업자는 매입세액 환급이 되지 않으므로 필요경비로 인정됨.

(*3) 대표자 급여: 개인사업자는 스스로 사업주체이므로 급여 지급이 불가능함.

(*4) 복식부기의무자의 사업용 유형자산 양도 시에는 수입금액에 포함시켜 사업소득세가 과세되지만, 부동산(토지·건물)을 양도해 양도차익이 발생하면 양도소득세가 과세됨.

정답 및 풀이 ②

가(기부금), 마(대손금)은 필요경비로 인정되지만 나(가사(家事)경비), 다(벌금), 라(선급비용)은 필요경비로 인정되지 않음.

이론기출 확인문제 | 전산세무 2급, 98회 |

다음 중 해당 과세기간에 전액 필요경비에 불산입하는 항목이 모두 몇 개인지 고르시오.

> 가. 사업과 직접적인 관계없이 무상으로 지급하는 법령에서 정한 기부금
> 나. 가사의 경비와 이에 관련되는 경비　　　다. 벌금, 과료, 과태료
> 라. 선급비용　　　　　　　　　　　　　　　마. 대손금

① 2개　　　　② 3개　　　　③ 4개　　　　④ 5개

---

4 주택의 임대소득

주택의 임대소득 관련 소득세법 규정을 요약하면 다음과 같습니다.

(1) 총수입금액　어려우면 Pass

총수입금액은 해당 과세기간에 수입하였거나 수입할 금액의 합계액으로 하는데 소득세법은 다음과 같이 특례를 두고 있습니다.

구 분	내 용
총수입금액	월세 + 보증금에 대한 간주임대료
선세금 수령	선세금을 계약기간의 월수로 나눈 금액의 각 과세기간의 합계액을 총수입금액으로 계산 : 선세금 × (해당 연도 임대월수 / 계약기간 월수)
간주임대료[*]	3주택 이상을 소유하고 주택보증금 합계액이 3억 원을 초과하는 경우
	간주임대료 = (보증금 − 3억 원) × 적수 × 60% × 정기예금이자율 × (1/365)

[*] 간주임대료: 전세보증금의 이자개념으로 임대사업자의 총수입금액에 산입하는 것이며, 주택 수의 계산은 부부 합산으로 산정함.

(2) 1주택자 임대소득 비과세 필수

> 1개 주택을 소유한 자의 주택 임대소득
>
> (단, 기준시가 12억원 초과하는 주택 및 국외 소재 주택의 임대소득은 과세함.)

(3) 주택임대사업자의 소득세 신고방법 필수

구 분	내 용
분리과세	총수입금액 합계액 연 2,000만 원 이하인 경우 분리과세 선택 가능
	• 과세표준 = 총수입금액 − 필요경비(60%)[*1] − 공제(400만 원)[*2]
	• 산출세액 = 과세표준 × 14%

[*1] 미등록 임대사업자는 필요경비 50%

[*2] 공제 200만 원 적용

이론기출 확인문제　　　　　　　　　| 전산세무 2급, 97회 |

다음 중 소득세법상 부동산임대업에 대한 설명 중 틀린 것은?

① 주거용 건물 임대업에서 발생한 수입금액 합계액이 2천만 원을 초과하는 경우에도 분리과세가 가능하다.

② 1주택 소유자가 1개의 주택을 임대하고 있는 경우 주택의 임대보증금에 대한 간주임대료 계산을 하지 않는다.

③ 주거용 건물 임대업에서 발생한 수입금액 합계액이 2천만 원 이하인 경우 분리과세를 선택할 수 있다.

④ 부동산을 임대하고 받은 선세금에 대한 총수입금액은 그 선세금을 계약기간의 월수로 나눈 금액의 각 과세기간의 합계액으로 한다. (월수계산은 초월산입·말월불산입)

🎯 **핵심체크**

주택임대 총수입금액★★
• 월세+간주임대료
• 간주임대료 : 3주택 이상 + 보증금 3억 초과(부부합산)

🎯 **핵심체크**

주택임대 주의★★
• 1주택 임대 비과세(기준시가 12억 이하)
• 총수입금액 연 2,000만원 이하는 분리과세 선택 가능

📄 **정답 및 풀이 ①**

① ③ 주택 임대사업자의 수입금액 합계액이 연 2,000만원 이하 일 경우에만 분리과세 신청이 가능함. ② 주택 간주임대료는 3주택 이상이면서 보증금 합계 3억원 초과하는 경우에만 계산함.

4 근로소득

근로소득이란 근로자가 근로를 제공하고 받은 일체의 소득을 말하는데 구체적인 종류는 다음과 같습니다.

1 근로소득 종류

구 분	종 류
급 여	• 근로의 제공으로 인하여 받는 봉급, 급료, 보수, 임금, 상여, 수당과 이와 유사한 성질의 급여 • 법인의 주주총회 등의 결의에 의하여 상여로 받는 금액 • 법인세법에 의하여 세무조정 시 상여로 처분된 금액 • 근속수당, 명절휴가비, 연월차 수당, 정근수당, 연가보상비 등
급여성 대가	• 기밀비, 판공비, 교제비 기타 이와 유사한 명목으로 받은 것으로서 업무를 위하여 사용된 것이 분명하지 아니한 금액 • 공로금, 위로금, 학자금, 장학금 기타 유사한 성질의 급여 • 출퇴근 교통비 명목 및 체력단련비 명목으로 지급받는 금액 • 휴가비, 기타 이와 유사한 성질의 급여 • 퇴직 시 퇴직소득에 해당하지 않는 퇴직공로금·퇴직위로금 등
기타 경제적 이익 **필수**	• 사립학교 교직원의 자녀에 대한 등록금 면제액 • 근로자가 부담하여야 할 소득세 등을 사용자가 부담한 경우 그 소득세액 • 출자자인 임원이 사택을 제공받음으로써 얻는 이익 (주주 아닌 임원, 소액주주 임원, 종업원이 제공받는 무상사택은 비과세) • 종업원이 주택의 구입·임차에 소요되는 자금을 저리 또는 무상으로 대여받음으로써 얻는 이익 (단, 중소기업 종업원은 비과세) • 고용관계에 따라 부여 받은 주식매수선택권을 행사하여 얻은 이익 • 종업원등 또는 대학의 교직원이 근속 기간 중 지급받는 직무발명보상금

※ 주식매수선택권 행사이익 : 근무기간 중 행사(근로소득) Vs 퇴직 후 행사(기타소득)

2 비과세 근로소득 **필수**

소득세법에서 규정하고 있는 비과세 근로소득을 예시하면 다음과 같습니다. KcLep의『수당등록 창』에서 확인할 수 있기는 하지만 주요 비과세 금액은 암기하는 게 빠른 문제 풀이에 좋습니다.

핵심체크

근로소득★★★
• 주총 결의 상여
• 법인세법 상여처분
• 대주주인 출자임원의 무상사택 제공
• 주택 구입 등 무상/저리 대여
(중소기업 종업원은 비과세)

핵심체크

주식매수선택권 행사이익
• 근로소득 : 근무기간 중 행사
• 기타소득 : 퇴직 후 행사

① 국민건강보호법, 고용보험법, 국민연금법, 공무원연금법, 사립학교교직원연금법, 군인연금법 또는 근로자퇴직급여보장법에 따라 사용자가 부담하는 부담금
② 고용보험법에 의해 받는 실업급여·육아휴직급여
③ 국외에서 근로를 제공하고 받는 보수 중 월 100만 원 이내 금액(다만, 외항·원양어선 선원 및 해외건설현장 근로자는 월 500만 원 이내 금액)
④ 근로자 본인의 학자금(대학원 포함). 단, 다음 요건을 모두 충족하는 경우에 한하여 비과세(단, 자녀학자금은 과세대상이며 근로장학금은 비과세 대상임.)

> • 사업체의 근무와 관련 있는 교육·훈련을 위하여 받는 것
> • 사업체의 규칙 등에 의하여 정해진 지급기준에 따라 받는 것
> • 교육기간이 6월 이상인 경우 교육 후 교육기간을 초과하여 근무하지 아니한 때에는 지급받은 금액을 반납할 것을 조건으로 받는 것

⑤ 실비변상적 성질의 급여

> • 일직료, 숙직료, 여비로서 실비변상 정도의 금액 및 자가운전보조금 월 20만 원 이내의 금액 (단, 종업원 차량을 회사 업무에 사용하되 자가운전보조금과 유류비 등을 이중으로 지급받으면 과세됨.)
> • 초중등교육법에 의한 교육기관 교원이 받는 연구보조비 중 월 20만 원 이내 금액
> • 근로자가 벽지에 근무함으로 인하여 받는 벽지수당 중 월 20만 원 이내 금액

⑥ 근로자 본인 또는 그 배우자의 출산이나 6세 이하 자녀의 보육과 관련하여 사용자로부터 지급받는 급여로서 자녀 1명당 월 20만 원 이내 금액
⑦ 비과세되는 식사대

> • 식사를 제공받지 않는 근로자가 받는 월 20만 원 이하 식사대
> • 사내급식으로 제공받는 현물식사·음식물, 현금으로 환금할 수 없는 식권

※ 현물로 제공받는 식사는 금액 제한이 없음.

⑧ 연 700만 원 이하의 직무발명보상금
⑨ 생산직 근로자 야간근로수당

> 직전연도 총급여가 3,700만 원 이하로서 월정액급여 260만 원 이하인 생산직 근로자가 수령하는 연 240만 원까지의 야간근로·휴일근로 수당

⑩ 단체순수보장성보험과 단체환급부보장성보험의 보험료 중 1인당 연 70만 원 이하 금액

핵심체크

비과세 근로소득★★★
• 국외근로 월 100만원(건설 월 500만원)
• 자가운전보조금 월 20만 원(별도 지원×)
• 출산/6세 이하 보육비용 월 20만원
• 식대 월 20만원(별도 식사 ×)
• 업무 관련 근로자 본인 학자금(가족 학자금은 과세)
• 생산직 근로자의 연 240만원까지의 야간근로수당

정답 및 풀이 ④

근로자 본인이 요건을 갖춰 받는 학자금은 비과세이나 가족에 대한 학자금은 과세대상 근로소득임.

정답 및 풀이 ④

대주주인 임원이 사택을 무상으로 제공받으면 그 월세를 계산하여 근로소득으로 과세함. 단, 소액주주 임원 또는 주주가 아닌 임원의 사택 무상제공 이익은 과세하지 않음.

정답 및 풀이 ④

주식매수선택권(스탁옵션)을 재직 중에 행사하여 이익 얻으면 근로소득, 퇴직 후에 행사하여 이익을 얻으면 기타소득으로 과세함.

이론기출 확인문제 | 전산세무 2급, 112회 |

다음 중 소득세법상 근로소득과 관련된 내용으로 틀린 것은?

① 식사나 기타 음식물을 제공받지 않는 근로자가 받는 월 20만 원 이하의 식사대는 비과세 근로소득이다.
② 종업원이 지급받은 경조금 중 사회통념상 타당하다고 인정되는 범위 내의 금액은 근로소득으로 보지 않는다.
③ 고용관계에 의하여 지급받은 강연료는 근로소득이다.
④ 근로자의 가족에 대한 학자금은 비과세 근로소득이다.

이론기출 확인문제 | 전산세무 2급, 108회 |

다음 중 소득세법상 비과세되는 근로소득이 아닌 것은?

① 근로자가 출장여비로 실제 소요된 비용을 별도로 지급받지 않고 본인 소유의 차량을 직접 운전하여 업무수행에 이용한 경우 지급하는 월 20만 원 이내의 자가운전보조금
② 회사에서 현물식사를 제공하는 대신에 별도로 근로자에게 지급하는 월 20만 원의 식대
③ 근로자가 6세 이하 자녀보육과 관련하여 받는 급여로서 월 20만 원 이내의 금액
④ 대주주인 출자임원이 사택을 제공받음으로써 얻는 이익

이론기출 확인문제 | 전산세무 2급, 75회 |

다음 중 소득세법상 근로소득의 범위에 해당하지 않는 것은?

① 법인의 주주총회의 결의에 따라 상여로 받는 소득
② 법인세법에 따라 상여로 처분된 금액
③ 근로자가 회사로부터 주택의 구입·임차에 소요되는 자금을 무상으로 대여 받는 이익
④ 법인의 임직원이 고용관계에 따라 부여받은 주식매수선택권을 퇴사 후에 행사함으로 얻은 이익

---

3 근로소득금액 계산

근로소득금액은 과세 대상 총급여에서 다음 표에 의해 계산된 근로소득공제를 차감하여 계산합니다. 전산세무 2급 시험 차원에서는 KcLep에서 자동 계산되므로 개념만 이해하면 충분합니다.

근로소득금액 = 총급여(비과세 제외) − 근로소득공제

[근로소득공제]

총급여	근로소득공제액
500만 원 이하	총급여 × 70%
500만 원 초과 1,500만 원 이하	350만원 + (총급여 − 500만 원) × 40%
1,500만 원 초과 4,500만 원 이하	750만 원 + (총급여 − 1,500만 원) × 15%
4,500만 원 초과 1억 원 이하	1,200만 원 + (총급여 − 4,500만 원) × 5%
1억원 초과	1,475만 원 + (총급여 − 1억 원) × 2%

※ 근로소득공제는 2,000만 원을 한도로 함.

[사례] 총급여 6,500만 원

- 근로소득공제 : 1,200만 원 + (6,500만 원 − 4,500만 원) × 5% = 13,000,000원
- 근로소득금액 : 65,000,000원 − 13,000,000원 = 52,000,000원

4 근로소득의 수입시기 [필수]

구 분	수입시기
급여	근로를 제공한 날
잉여금처분에 의한 상여	당해 법인의 잉여금처분결의일
인정상여(법인세법에 의해 배당으로 처분된 금액)	해당 사업연도 중의 근로를 제공한 날
임원의 퇴직소득 한도 초과로 근로소득으로 보는 금액	지급받거나 지급받기로 한 날

핵심체크

근로소득 수입시기★
- 원칙: 근로 제공일
- 예외: 잉여금처분에 의한 상여(처분결의일)

이론기출 확인문제　　　　| 전산세무 **2급**, 104회 |

다음 중 소득세법상 근로소득의 수입시기로 옳지 않은 것은?

① 인정상여 : 해당 사업연도 중의 근로를 제공한 날
② 급여 : 지급을 받기로 한 날
③ 잉여금 처분에 의한 상여 : 해당 법인의 잉여금처분결의일
④ 임원의 퇴직소득 한도 초과로 근로소득으로 보는 금액 : 지급받거나 지급받기로 한 날

정답 및 풀이 ②

일반적인 급여는 지급받기로 한 날이 아니라 근로를 제공한 날이 수입시기임.

5 연금소득

연금소득은 전산세무 2급 시험에 출제빈도가 낮으니 연금소득의 과세체계만 이해하면 충분합니다.

1 연금소득 종류

연금은 크게 공적연금과 사적연금(연금저축계좌, 퇴직연금계좌)으로 구분됩니다. 평소 공적연금(국민연금 등)에 불입 시 소득공제를 받고 연금저축계좌에 불입 시 세액공제를 받기 때문에 향후 연금 수령 시 연금소득으로 과세됩니다. 또한 퇴직금은 일시금으로 수령하지 않고 퇴직연금계좌에 예치했다가 이를 연금으로 수령하면 이를 연금소득으로 과세하는 것입니다.

구 분	내 용
공적연금	근로의 제공을 기초로 국민연금법, 공무원연금법, 군인연금법, 사립학교교직원 연금법 또는 별정우체국법에 의하여 지급받는 각종 연금(단, 2002.1.1. 이후 불입분으로 지급한 것만 과세)
사적연금	연금계좌(연금저축계좌, 퇴직연금계좌)에서 수령하는 연금

※ 비과세 연금소득: 공적연금에서 수령하는 유족연금, 장애연금 등

2 연금의 과세체계 [필수]

연금을 연금 형태로 일정액을 수령하는 경우에는 연금소득으로 과세되지만 해약 등으로 일시금을 수령하면 퇴직소득 또는 기타소득으로 과세됩니다. 또한 연금으로 불입한 금액은 연금보험료 또는 연금저축공제의 방식으로 소득공제 되는데 이를 요약하면 다음과 같습니다.

구 분		불입 시 공제 여부	수령 단계	
			연금수령	연금외 수령
공적연금		전액 소득공제	연금소득	퇴직소득
사적연금	퇴직연금	연 900만 원 한도 12% 또는 15% 세액공제		
	연금저축 본인불입액 중 공제받은 금액과 그 운용 수익			기타소득

3 연금소득금액 계산

연금소득금액은 종합과세 대상 연금 수령액에서 다음 표에 의해 계산된 연금소득공제를 차감하여 계산합니다. 전산세무 2급 시험 차원에서는 KcLep에서 자동 계산되므로 개념만 이해하면 충분합니다.

> 연금소득금액 = 연금 수령액(분리과세 제외) − 연금소득공제

[연금소득공제]

총연금액	연금소득공제
350만 원 이하	총연금액
350만 원 초과 700만 원 이하	350만원 + (총연금액 − 350만 원) × 40%
700만 원 초과 1,400만 원 이하	490만원 + (총연금액 − 700만 원) × 20%
1,400만 원 초과	630만원 + (총연금액 − 1,400만 원) × 10%

※ 연금소득공제는 900만 원을 한도로 함.

[사례] 총연금 1,200만 원

- 연금소득공제 : 490만 원 + (1,200만 원 - 700만 원) × 20% = 5,900,000원
- 근로소득금액 : 12,000,000원 − 5,900,000원 = 6,100,000원

4 연금소득의 수입시기

구 분	수입시기
공적연금소득	연금을 지급받기로 한 날
연금계좌에서 받는 연금소득	연금 수령한 날
그 밖의 연금소득	해당 연금을 지급받은 날

6 기타소득

1 기타소득 종류 필수

기타소득은 이자소득, 배당소득, 사업소득, 근로소득, 연금소득, 퇴직소득, 양도소득에 해당되지 않는 소득으로서 소득세법에 열거된 다음의 소득을 말합니다.

① 상금·포상금 등의 금품, 복권·경품권 등의 당첨금품, 승마투표권의 환급금
② 광업권·어업권·산업재산권·상표권·영업권, 이와 유사한 자산·권리를 양도하거나 대여하고 받는 금품
③ 물품 또는 장소를 일시적으로 대여하고 받은 금품
④ 저작자·음반제작자 외의 자가 저작권의 양도 또는 사용의 대가로 받는 금품(단, 저작자가 저작권을 양도하면 양도소득임.)
⑤ 계약의 위약 또는 해약으로 인하여 받는 위약금, 배상금, 부당이득 반환 시 지급받는 이자
⑥ 고용관계 없는 자가 다수인에게 강연을 하고 지급받는 강연료

⑦ 라디오 등을 통하여 해설, 계몽, 연기의 심사 등을 하고 받는 보수

⑧ 변호사, 공인회계사 등이 전문 지식을 활용하여 용역을 일시적으로 제공하고 받는 보수

⑨ 재산권에 관한 알선수수료·사례금

⑩ 뇌물·알선수재 및 배임수재에 의하여 받는 금품

⑪ 종업원 또는 대학 교직원이 퇴직한 후에 지급받는 직무발명보상금

⑫ 공익사업 관련 지역권·지상권을 대여하고 받는 소득(단, 지역권·지상권을 양도시는 양도소득임)

⑬ 일시적인 문예창작소득(원고료, 저작권 사용료인 인세)

⑭ 법인세법에 의하여 세무조정 시 기타소득으로 처분된 소득

⑮ 소기업, 소상공인 공제부금의 해지일시금

⑯ 세액공제 받은 연금계좌 납입액과 그 운용수익을 연금 외의 형태로 지급받는 금액

⑰ 퇴직 전에 부여받은 주식매수선택권을 퇴직 후에 행사하거나 고용관계 없이 주식매수선택권을 부여받아 이를 행사함으로써 얻는 이익

⑱ 종교관련 종사자로서의 활동과 관련하여 종교단체로부터 받은 소득(단, 근로소득으로 원천징수하거나 과세표준 확정신고를 한 경우에는 근로소득임.)

연금계좌에 불입해 세액공제 받은 금액 또는 운용실적에 따라 증가된 금액을 연금형태로 지급받으면 연금소득으로 과세함. 연금외 형태, 즉 해약으로 일시금으로 수령하면 기타소득으로 과세하는 것임.

이론기출 확인문제 | 전산세무 **2급**, 102회 |

다음 중 소득세법상 기타소득이 아닌 것은?

① 종교 관련 종사자가 해당 과세기간에 받은 금액(근로소득으로 원천징수하거나 과세표준을 확정 신고한 경우는 제외)

② 연금계좌의 운용실적에 따라 증가된 금액(연금 형태로 지급 받는 경우)

③ 계약의 위반, 해약으로 인하여 받는 손해배상금과 법정이자

④ 공익사업 관련하여 지역권, 지상권의 설정, 대여로 인한 소득

---

2 비과세 기타소득 필수

① 국가유공자등 예우및지원에 관한 법률, 보훈보상대상자 지원에 관한 법률에 따라 받는 보훈급여금·학습보조비 및 북한이탈주민의 보호및정착지원에 관한 법률에 따라 받는 정착금·보로금

② 국가보안법에 따라 받는 상금과 보로금

③ 상훈법에 따른 훈장과 관련하여 받는 상금과 부상

④ 종업원(대학의 교직원)이 퇴직한 후에 지급받거나 대학의 학생이 직무발명보상금으로서 700만 원 이하의 금액

---

3 기타소득금액 계산

기타소득금액은 총수입금액에서 필요경비를 공제하여 계산하는데, 기타소득의 필요경비도 사업소득과 마찬가지로 총수입금액에 대응하여 지출된 비용으로 합니다. 기타소득금액(수입금액 − 필요경비)이 건당 5만 원 이하인 경우 비과세 합니다.

다음과 같이 예외적으로 총수입금액의 일정비율을 그냥 비용으로 인정하는 경우도 있습니다.

① 원 칙 : 실제 지출한 비용
② 예 외 : 일정 금액을 필요경비로 인정 필수

구 분	필요경비율
• 공익법인이 주무관청의 승인을 받거나 순위 경쟁 대회에서 시상하는 상금과 부상 • 주택입주 지체상금	총수입금액의 80%
• 무형자산(광업권, 어업권, 상표권, 영업권 등)의 양도·대여소득 • 원고료, 인세 • 일시적 강연료, 자문료	총수입금액의 60%

핵심체크

기타소득 필요경비★★★
• 80%(주택입주 지체상금)
• 60%(무형자산 양도, 원고료, 강연료)

4 기타소득의 수입시기

구 분	수입시기
일반적인 경우	지급을 받은 날
연금계좌에서 연금 외의 형태로 지급받는 금액	연금외 수령한 날
계약 위약금, 배상금	계약 위약이 확정된 날
법인세법에 의해 기타소득으로 처분된 소득	결산확정일

5 기타소득 과세체계 필수

기타소득 중 다음 분리과세 소득은 분리과세로 납세의무가 종료되지만 나머지 기타소득은 기타소득금액이 연 300만 원을 초과하는 경우에는 종합소득에 합산하여 과세됩니다.

구 분	내 용	원천징수 세율
무조건 종합과세	뇌물 및 알선수재 및 배임수재에 의하여 받는 금품	–
무조건 분리과세	주택복권, 체육복권 등의 당첨소득, 승마투표권과 승차투표권의 환급금, 슬롯머신 등의 당첨금품	20%(3억 원 초과금액은 30%)
	연금저축계좌에서 연금 외의 형태로 지급받는 금액	15%
조건부 분리과세	기타소득금액이 연 300만 원 이하인 경우는 분리과세 또는 종합과세 중 선택	

※ 뇌물은 벌칙 차원에서 높은 소득세를 부과하기 위해 무조건 종합과세 하는 것임.

핵심체크

기타소득 과세체계★★★
• 무조건 종합 : 뇌물
• 무조건 분리 : 복권당첨금, 연금저축 일시금 수령 계좌 연금형태 이외 수령(15%)
• 조건부 분리 : 기타소득금액 연 300만 원 이하

이론기출 확인문제

| 전산세무 **2급**, 102회 |

다음의 기타소득 중 과세방법이 다른 하나는?

① 뇌물, 알선수재 및 배임수재에 의하여 받는 금품
② 복권당첨소득
③ 승마 투표권의 환급금
④ 연금계좌에서 연금 외 수령한 기타소득

03 이론기출 공략하기

[금융소득 : 이자소득, 배당소득]

01 난이도 ★★

다음 중 소득세법상 이자소득으로 볼 수 없는 것은? 필수 [2017년, 73회]

① 사채이자
③ 채권, 증권의 환매조건부 매매차익

② 연금계좌에서 연금외 수령한 소득 중 운용수익
④ 비영업대금의 이익

02 난이도 ★★

다음 중 소득세법상 이자소득으로 볼 수 없는 것은? 필수 [2015년, 63회]

① 국가가 발행한 채권의 이자와 할인액
② 비영업대금의 이익
③ 외국법인이 발행한 채권의 이자와 할인액
④ 계약의 위반을 원인으로 법원의 판결에 의하여 지급받는 손해배상금에 대한 법정이자

03 난이도 ★★★★

다음 중 소득세법상 배당소득 중 Gross-up 적용 대상이 아닌 것은? 어려우면 Pass [2019년, 88회]

① 내국법인으로부터 받는 배당
③ 법인세법에 따라 배당으로 처분된 금액

② 감자·해산·합병·분할로 인한 의제배당
④ 주식발행액면초과액을 재원으로 한 의제배당

[사업소득]

04 난이도 ★★★

다음 중 소득세법상 사업소득 총수입금액에 산입하여야 하는 것은? 필수 [2024년, 114회]

① 부가가치세 매출세액
② 사업과 관련된 자산수증이익
③ 사업용 고정자산 매각액 (복식부기의무자가 아님)
④ 자가생산한 제품을 타 제품의 원재료로 사용한 경우 그 금액

05 사업소득의 총수입금액에 대한 설명이다. 가장 틀린 것은?　　　　　　　　　　　　　　[2020년, 94회]

① 환입된 물품의 가액과 매출에누리는 해당 과세기간의 총수입금액에 산입하지 아니한다.

② 부가가치세의 매출세액은 해당 과세기간의 소득금액을 계산할 때 총수입금액에 산입하지 아니한다.

③ 관세환급금등 필요경비에 지출된 세액이 환급되었거나 환입된 경우에 그 금액은 총수입금액에 이를 산입한다.

④ 거래상대방으로부터 받는 장려금 기타 이와 유사한 성질의 금액은 총수입금액에 이를 산입하지 아니한다.

06 다음의 자료를 이용하여 소득세법상 복식부기의무자의 사업소득 총수입금액을 구하면 얼마인가? 필수

[2023년, 110회]

• 매출액 : 300,000,000원	• 원천징수된 은행 예금의 이자수익 : 500,000원
• 차량운반구(사업용) 양도가액 : 30,000,000원	• 공장건물 양도가액 : 100,000,000원

① 430,500,000원　　　　② 430,000,000원　　　　③ 330,000,000원　　　　④ 300,000,000원

07 소득세법에 따른 사업소득 필요경비에 해당하지 않는 것은? 필수　　　　　　　　　　　[2021년, 96회]

① 해당 사업에 직접 종사하고 있는 사업자의 배우자 급여

② 판매한 상품 또는 제품의 보관료, 포장비, 운반비

③ 운행기록을 작성 비치한 업무용승용차 관련비용 중 업무사용비율에 해당하는 금액(복식부기의무자)

④ 새마을금고에 지출한 기부금

08 다음 중 소득세법상 사업소득금액 계산시 필요경비에 산입되는 항목은? 필수　　　　　　[2018년, 82회]

① 면세사업자가 부담하는 부가가치세 매입세액

② 업무와 관련하여 고의 또는 중대한 과실로 타인의 권리를 침해한 경우에 지급되는 손해배상금

③ 초과인출금에 대한 지급이자

④ 선급비용

09 다음은 기업업무추진비(접대비)에 관한 설명이다. 아래의 빈칸에 각각 들어갈 금액으로 올바르게 짝지어진 것은?

필수 [2023년, 107회 수정]

> 사업자가 한 차례의 접대에 지출한 기업업무추진비 중 경조금의 경우 (가), 그 외의 경우 (나)을 초과하는 적격 증빙 미수취 기업업무추진비는 각 과세기간의 소득금액을 계산할 때 필요경비에 산입하지 아니한다.

	가	나		가	나
①	100,000원	10,000원	②	100,000원	30,000원
③	200,000원	10,000원	④	200,000원	30,000원

난이도 ★★

10 다음은 소득세법상의 주택임대소득에 대한 설명이다. 옳지 않은 것은? **필수** [2021년, 95회 수정]

① 2개의 주택을 소유한 자가 주택을 전세로만 임대하고 받은 전세 보증금에 대해서는 소득세가 과세되지 않는다.
② 주택임대수입이 2,000만원 이하이면 분리과세를 적용한다.
③ 본인과 배우자가 세대를 달리하여 주택을 소유하여도 주택 수를 합산하지 않는다.
④ 1주택자의 기준시가 12억원을 초과하는 주택에 대한 월세임대소득은 소득세를 과세한다.

[근로소득]

난이도 ★★

11 다음 중 소득세법상 과세 대상 근로소득에 해당하지 않는 것은? **필수** [2022년, 105회]

① 주주총회 등 의결기관의 결의에 따라 상여로 받는 소득
② 퇴직할 때 받은 퇴직소득에 속하지 않는 퇴직공로금
③ 사업주가 모든 종업원에게 지급하는 하계 휴가비
④ 임원이 아닌 종업원이 중소기업에서 주택 구입에 소요되는 자금을 저리 또는 무상으로 받음으로써 얻는 이익

난이도 ★★

12 다음 중 비과세 근로소득의 설명이다. 가장 틀린 것은? [2021년, 96회 수정]

① 자가운전보조금 – 월 20만 원 이하의 금액
② 근로자가 제공받는 식대 – 식사를 제공받지 않으며 월 20만 원 이하의 금액
③ 출산·보육수당 – 월 10만 원 이하의 금액
④ 직무발명보상금 – 연 700만 원 이하의 금액

13 난이도 ★
다음 중 과세되는 근로소득으로 보지 않는 것은? 필수 [2019년, 86회]

① 여비의 명목으로 받은 연액 또는 월액의 급여
② 법인세법에 따라 상여로 처분된 금액
③ 사업자가 그 종업원에게 지급한 경조금 중 사회통념상 타당하다고 인정되는 범위 내의 금액
④ 임원·사용인이 주택(주택에 부수된 토지를 포함)의 구입·임차에 소요되는 자금을 저리 또는 무상으로 대여 받음으로써 얻는 이익

14 난이도 ★
다음 중 소득세법상 소득세가 과세되는 것은? 필수 [2019년, 85회]

① 논·밭을 작물 생산에 이용하게 함으로써 발생하는 소득
② 고용보험법에 따라 받는 육아휴직급여
③ 연 1천만 원의 금융소득(국내에서 받는 보통예금이자)
④ 고용보험법에 따라 받는 실업급여

15 난이도 ★
다음의 근로소득 중 소득세법상 비과세 대상이 아닌 것은? 필수 [2017년, 74회 수정]

① 근로자가 제공받는 월 30만 원 상당액의 현물식사
② 고용보험법에 따라 받는 실업급여, 육아휴직급여, 출산 전·후 휴가급여
③ 근로자가 6세 이하 자녀보육과 관련하여 받는 급여로서 월 20만 원 이내의 금액
④ 본인차량을 소유하지 않은 임직원에게 지급된 자가운전보조금으로서 월 20만 원 이내의 금액

16 난이도 ★★★
다음 중 근로소득으로 보지 않는 것은? [2017년, 71회 수정]

① 단체순수보장성보험과 단체환급부보장성보험의 보험료 중 1인당 연 70만 원 이하의 금액
② 법인의 주주총회·사원총회 또는 이에 준하는 의결기관의 결의에 따라 상여로 받는 소득
③ 종업원 또는 대학의 교직원이 퇴직 전에 지급받는 직무발명보상금 중 700만 원 초과금액
④ 근로를 제공함으로써 받는 봉급·급료·보수·세비·임금·상여·수당과 이와 유사한 성질의 급여

17 난이도 ★★
다음 중 소득세법상 비과세 근로소득에 해당하지 않는 것은? [2016년, 67회]

① 고용보험법에 의한 육아휴직수당
② 근로기준법에 의한 연차수당
③ 국민연금법에 따라 받는 사망일시금
④ 국민건강보험법에 따라 사용자가 부담하는 건강보험료

난이도 ★★

18 다음 중 소득세법상 기타소득에 대한 설명으로 옳지 않은 것은? 필수   [2025년, 118회]

① 저작자가 저작권의 양도 또는 사용의 대가로 받는 금품은 기타소득이다.

② 뇌물은 기타소득이다.

③ 고용관계 없이 다수인에게 강연을 하고 강연료로 12만 원을 받았다면 소득세를 과세하지 않는다.

④ 기타소득금액은 해당 과세기간의 총수입금액에서 이에 사용된 필요경비를 공제한 금액으로 한다.

난이도 ★★

19 다음의 일시적·우발적 소득 중 소득세법상 기타소득이 아닌 것은? 필수   [2022년, 104회]

① 복권당첨금   ② 계약의 위약금   ③ 상표권의 양도소득   ④ 비영업대금의 이익

난이도 ★★

20 다음 중 소득세법상 소득의 구분이 다른 하나는 무엇인가?   [2019년, 85회]

① 공장재단의 대여   ② 사무실용 오피스텔의 임대
③ 상가의 임대   ④ 산업재산권의 대여

난이도 ★★

21 다음 중 소득세법상 기타소득에 대한 설명으로 가장 옳지 않은 것은? 필수   [2024년, 115회]

① 「공익법인의 설립·운영에 관한 법률」의 적용을 받는 공익법인이 주무관청의 승인을 받아 시상하는 상금 및 부상과 다수가 순위 경쟁하는 대회에서 입상자가 받는 상금 및 부상의 경우, 거주자가 받은 금액의 100분의 60에 상당하는 금액을 필요경비로 한다.

② 고용관계 없이 다수인에게 강연을 하고 강연료 등 대가를 받는 용역을 일시적으로 제공하고 받는 대가는 기타소득에 해당한다.

③ 이자소득·배당소득·사업소득·근로소득·연금소득·퇴직소득 및 양도소득 외의 소득으로서 재산권에 관한 알선수수료는 기타소득에 해당한다.

④ 이자소득·배당소득·사업소득·근로소득·연금소득·퇴직소득 및 양도소득 외의 소득으로서 상표권·영업권을 양도하거나 대여하고 받는 금품은 기타소득에 해당한다.

난이도 ★★

22 다음 중 소득세법상 과세 방법이 나머지와 다른 하나는 무엇인가? 어려우면 Pass   [2024년, 114회]

① Gross-Up 대상 배당소득 2,400만 원   ② 일용근로소득 5,000만 원
③ 주택임대소득이 아닌 부동산 임대소득 100만 원   ④ 인적용역을 일시적으로 제공하고 받은 대가 800만 원

23 난이도 ★★
다음 중 소득세법상 이자소득 총수입금액의 수입시기(귀속시기)에 대한 설명으로 가장 옳지 않은 것은? 필수

[2020년, 93회]

① 저축성 보험의 보험차익은 보험금 또는 환급금의 지급일이며, 다만 기일 전에 해지하는 경우에는 그 해지일이다.
② 비영업대금의 이익은 약정일 이후 실제 이자지급일이 원칙이다.
③ 채권의 이자와 할인액은 무기명채권은 실제 지급받은 날, 기명채권의 이자와 할인액은 약정에 의한 지급일이다.
④ 금전의 사용에 따른 대가의 성격이 있는 이자와 할인액은 약정에 따른 상환일이다. 다만, 기일 전에 상환하는 때에는 그 상환일이다.

24 난이도 ★★
다음 중 소득세법상 근로소득의 수입시기로 옳지 않은 것은? 필수

[2023년, 110회]

① 잉여금처분에 의한 상여 : 결산일
② 인정상여 : 해당 사업연도 중 근로를 제공한 날
③ 일반상여 : 근로를 제공한 날
④ 일반급여 : 근로를 제공한 날

25 난이도 ★★
다음 중 소득세법상 수입시기로 가장 옳지 않은 것은? 필수

[2024년, 115회]

① 비영업대금의 이익 : 약정에 의한 이자 지급일
② 잉여금 처분에 의한 배당 : 잉여금 처분 결의일
③ 장기할부판매 : 대가의 각 부분을 받기로 한 날
④ 부동산 등의 판매 : 소유권이전등기일, 대금청산일, 사용수익일 중 빠른 날

26 난이도 ★★★
다음 중 소득세법상 근로소득의 수입시기에 대한 설명으로 틀린 것은?

[2015년, 64회]

① 잉여금처분에 의한 상여의 수입시기는 근로를 제공한 날이다.
② 법원의 판결에 의하여 부당해고기간의 급여를 일시에 지급받는 경우, 해고기간에 근로를 제공하고 지급받은 것으로 본다.
③ 급여를 소급인상하고 이미 지급된 금액과의 차액을 추가로 지급하는 경우, 근로제공일이 속하는 연월을 수입시기로 한다.
④ 해당 사업연도의 소득금액을 법인이 신고하거나, 세무서장이 결정·경정함에 따라 발생한 그 법인의 임원 또는 주주·사원, 그 밖의 출자자에 대한 상여는 해당 사업연도 중의 근로를 제공한 날을 수입시기로 한다.

01 ② ② 연금을 해약금액 수령과 같이 연금외 형태로 수령하면 기타소득으로 과세함.

02 ④ ④ 계약위반 손해배상금과 법정이자는 기타소득으로 과세함.

03 ④ Gross-up 조건 : 내국법인 배당, 법인세 과세된 재원으로 배당, 연 2,000만 원 초과 배당
⇒ 주식발행초과금에는 법인세가 과세되지 않으므로 이를 재원으로 한 배당에는 Gross-up 적용하지 않음.

04 ② ① 부가가치세 매출세액은 소비자에게 예수한 금액으로 수입금액이 아님. ③ 복식부기의무자의 사업용 고
정자산 매각만 수입금액에 포함시킴. ④ 자가생산품을 타제품 원재료로 사용하면 실제 매출이 아니므로 수
입금액이 아님.

05 ④ 거래상대방으로부터 장려금을 받으면 수입금액에 포함시켜야 함.

06 ③ • 총수입금액 : 매출액(300,000,000원) + 복식부기자 사업용자산 양도(30,000,000원) = 330,000,000원
• 예금이자에는 이자소득세가 과세되며 공장건물 양도에는 양도소득세가 과세됨.

07 ④ ④ 사업자의 기부금은 필요경비 처리하는데, 새마을금고에 지출한 기부금은 사적기부금이므로 필요경비로
인정되지 않음.

08 ① ① 면세사업자의 매입세액은 공제되지 않으므로 필요경비 처리. ② 중과실로 지급하는 손해배상금. ③ 초과
인출금 이자. ④ 선급비용은 필요경비 불산입.

09 ④ 필요경비로 인정받기 위해서는 건당 3만 원을 초과할 경우 적격증빙(세금계산서 등)이 필요하며, 기업업무추
진비 목적의 거래처 경조사비는 증빙 없이도 건당 20만 원까지는 필요경비로 인정됨.

10 ③ ① 임대보증금에 대한 간주임대료 과세는 3주택 이상이고 보증금 3억 원을 초과할 때 적용함. ②주택임대
소득 총수입금액이 연 2,000만 원 이하일 경우 분리과세 가능함. ③ 간주임대료 계산 시 주택수는 부부합산
으로 계산함. ④ 1주택자의 주택임대소득은 비과세 하되 기준시가 12억 원을 초과하는 고가주택은 과세함.

11 ④ ④ 주택의 구입·임차 자금을 무상 또는 저리로 대여받는 경우 중소기업 종업원은 비과세함.

12 ③ ③ 출산·6세 이하 보육수당 비과세 한도는 자녀 1인당 월 20만 원임.

13 ③ ③ 직원의 결혼등 경조사에 적정 금액을 지급하면 전액 필요경비로 인정됨. ④ 주택 구입·임차 자금의 무상·
저리 비과세는 중소기업 종업원에게만 적용함.

14 ③ ③ 금융소득은 비과세로 열거된 항목 외에는 모두 과세이되 연 2,000만 원 이하일 경우 분리과세됨.

15 ④ ① 현물식사는 금액에 상관없이 전액 비과세 하고 현금 지급할 때는 월 20만 원 한도 비과세임. ④ 본인 차량
을 업무에 사용해야 월 20만 원 자가운전보조금 비과세 적용함.

16 ① 회사가 종업원을 복지를 위해 보장성보험에 가입하면 연 70만 원 이하 보험료는 근로소득세 비과세 적용함.

17 ② 연월차 수당은 근로의 대가이므로 근로소득세 과세대상임.

18 ① ①저작권자 이외의 자가 저작권을 양도하면 기타소득이되, 저작자가 저작권을 양도하면 사업소득세가 과세됨. ③건당 기타소득금액 5만 원 이하일 경우 비과세함. 12만 원 강연료의 기타소득금액 48,000원(12만 원 − 12만 원 × 60%)

19 ④ ④ 비영업대금의 이익은 이자소득임.

20 ④ ① 공장재단의 대여, ② 사무실용 오피스텔 임대, ③ 상가 임대는 사업소득(부동산 임대업)이며 ④ 산업재산권의 대여는 기타소득임.

21 ① ① 공익법인이 시상하는 상금·부상은 80% 경비를 인정함.

22 ② ① 연 2,000만 원 초과 배당소득, ③ 비주거용 임대소득, ④ 일시적 인적용역 소득금액 320만 원(800만 원 − 800만 원 × 60%)은 모두 종합과세 대상. 기타소득금액 연 300만 원 초과하면 무조건 종합과세함. ② 일용직 근로소득은 무조건 분리과세함.

23 ② ② 비영업대금의 이익은 이자지급 약정일이 수입시기임.

24 ① ① 잉여금처분에 의한 상여는 잉여금처분 결의일이 수입시기임.

25 ③ ③ 장기할부판매는 상품을 인도한 날이 수입시기임. 부가가치세의 수입시기와 동일하니 부가가치세 부분 참조.

26 ① ① 잉여금처분에 의한 상여는 잉여금처분 결의일이 수입시기임.

소득공제와 세액공제

학습내용 / 공부방향

· 인적공제 · 신용카드 · 보장성보험료 · 의료비 · 교육비 · 기부금 · 월세세액공제

이론 문제는 거의 출제되지 않지만 매회 연말정산 KcLep 실무문제로 각종 소득공제·세액공제를 입력해야 함. **연말정산 실무문제로 자주 출제되는 항목은 인적공제, 신용카드, 보장성보험료, 의료비, 교육비, 기부금, 월세 세액공제임.**

이미 학습한 바와 같이 종합소득세는 종합소득금액 ⇒ 과세표준(종합소득금액 − 소득공제) ⇒ 산출세액 ⇒ 납부세액(산출세액 − 세액공제) 순서로 계산됩니다. 즉, 소득공제는 종합소득금액에서 차감하여 과세표준이 계산되며, 산출세액에서 세액공제를 차감하여 납부세액을 계산합니다.

전산세무 2급 시험에 소득공제와 세액공제 이론 문제는 거의 출제되지 않으니 추후 연말정산 KcLep 실무문제 입력을 위한 차원에서 주요 빈출 항목 위주로 학습하시기 바랍니다.

정교수 콕콕

1 소득공제 항목

종합소득이 있는 거주자에 대해서는 소득공제로 크게 인적공제, 공적연금보험료공제, 특별공제, 조세특례제한법공제를 차감합니다.

1 인적공제 : 기본공제 + 추가공제

(1) 기본공제 `필수`

기본공제 대상자 수(본인·부양가족) × 150만 원

기본공제는 거주자 본인과 부양가족 1인당 연 150만 원을 공제합니다. 기본공제 받기 위해서는 나이요건과 소득요건을 만족해야 하는데 자세한 내용은 아래와 같습니다.

1) 나이 요건

구 분	기본공제 대상 나이
거주자 본인, 배우자, 장애인	나이 제한 없음
직계비속(의붓자녀 포함), 동거 입양자	20세 이하
본인의 직계존속(父母), 배우자의 직계존속 (장인장모, 시부모)	60세 이상
본인 및 배우자의 형제자매	20세 이하 또는 60세 이상

핵심체크

나이요건★★★
· 나이제한 × : 본인, 배우자, 장애인
· 공제가능 : 20세 이하, 60세 이상
· 해외거주 직계존속 : 공제 ×
· 12.31 기준 판단
· 사망 시 : 사망 전일 기준으로 판단

국민기초생활법에 따른 수급자	나이 제한 없음
해당 과세기간에 6개월 이상 직접 양육한 위탁아동	20세 미만

※ 주의

- 기본공제 대상자 나이 : 당해 연도 과세기간 종료일인 12.31 기준으로 판단. 단, 당해 연도 중 사망한 경우 사망일 전일 상황으로 판단하며 해당 과세기간 중에 요건을 충족하는 날이 하루라도 있으면 공제 적용함.(즉, 당해 연도 중에 20세를 초과한 경우 당해 연도까지는 공제 적용)
- 부양기간 1년 미만 : 당기 중 출생한 자녀와 같이 부양기간 1년 미만의 경우도 월할 계산하지 않고 전체 금액 적용
- 장애인 : 나이 제한은 없으나 소득 요건은 적용받음.
- 취학, 질병의 요양, 근무상 형편 등으로 배우자, 직계비속(입양자), 직계존속과 동거하지 않아도 기본공제 적용함. 단, 직계존속이 해외에 거주하는 경우에는 기본공제 받을 수 없음.
- 형제자매의 배우자는 기본공제 적용하지 않음.

2) 소득 요건

<table>
<tr><td colspan="2" align="center">종합소득금액 + 퇴직소득금액 + 양도소득금액의 합계액 연 100만 원 이하
(단, 비과세, 분리과세 소득 제외)</td></tr>
<tr><td>분리과세
소득</td><td>• 낮은 연봉소득 : 총급여 500만 원 이하 및 일용직 근로소득
• 금융소득(이자 + 배당) : 연 2,000만 원 이하
• 연금소득자 : 연 1,500만 원 이하 연금소득 또는 연 1,500만 원 초과로서 분리과세 선택한 경우
• 연 300만 원 이하 기타소득금액으로 분리과세 신청한 경우
• 복권 당첨금</td></tr>
</table>

(2) 추가공제 필수

근로자 본인과 기본공제 대상자가 아래에 해당할 경우 기본공제에 추가하여 공제합니다.

구분	내용	공제금액
경로우대공제	70세 이상인 자	1인당 100만 원
장애인공제	장애인(상이자 및 중증 치료 환자 포함)	1인당 200만 원
부녀자공제 (종합소득금액 3천만 원 이하)	배우자가 있는 여성(결혼한 여성)	50만 원
	배우자가 없는 여성으로서 부양가족 있는 세대주	
한부모공제	배우자가 없는 자로서 기본공제 대상자인 직계비속 또는 입양자가 있는 경우 (단, 부녀자 공제와 중복 되는 경우 한부모공제만 적용.)	100만 원

※ 과세기간 중 장애가 치유된 자에 대해서는 치유일 전날의 상황으로 판단함.

핵심체크

소득요건★★★
- 종+퇴+양 소득금액: 연 100만원 이하
- 공제가능
총급여 500만원 이하, 일용직 급여, 연 2,000만원 이하 금융소득(이자+배당), 복권당첨금, 연 300만원 이하 기타소득금액

핵심체크

추가공제★★★
- 장애인, 경로우대(70세 이상), 부녀자, 한부모
- 부녀자/한부모 중복 ×

 **정교수 콕콕**

📋 **정답 및 풀이 ①**

① 근로소득금액 5,000,000원이 아니라 총급여 5,000,000원 이하인 경우 기본공제를 적용받을 수 있음. ② 한부모공제는 배우자 없이 자녀를 키우기만 하면 본인 소득금액 크기와 관계없이 적용함.

📋 **정답 및 풀이 ②**

① 항상 부양가족으로 보는 것은 배우자와 직계비속임. ③ 형제자매의 배우자는 공제대상이 아님. ④ 과세기간 종료일 전에 사망한 경우 사망일 전일의 상황으로 판단함.

◎ **핵심체크**

주택관련 공제
- 주택임차차입금 : 원금+이자
- 주택저당차입금 : 이자

🔍 **참고**

- 국민주택규모: 전용면적 85㎡ 이하
- 기준시가: 국토교통부가 매년 1.1자 부동산 가격을 조사하여 발표하는 금액

이론기출 확인문제 | 전산세무 2급, 112회 |

다음 중 소득세법상 종합소득공제에 대한 설명으로 가장 옳지 않은 것은?

① 근로소득금액 5,000,000원이 있는 40세 배우자는 기본공제 대상자에 해당한다.(단, 다른 소득은 없다.)

② 종합소득금액이 35,000,000원이고, 배우자가 없는 거주자로서 기본공제 대상자인 직계비속이 있는 자는 한부모공제가 가능하다.

③ 부녀자공제와 한부모공제가 중복되는 경우에는 한부모공제만 적용한다.

④ 기본공제 대상자가 아닌 자는 추가공제 대상자가 될 수 없다.

이론기출 확인문제 | 전산세무 2급, 119회 |

다음 중 소득세법상 인적공제에 대한 설명으로 옳은 것은?

① 배우자와 직계존속은 항상 생계를 같이하는 부양가족으로 본다.

② 추가공제는 해당 거주자의 기본공제를 적용받는 경우에만 공제할 수 있다.

③ 형제자매의 배우자는 공제대상 부양가족에 포함한다.

④ 과세기간 종료일 전에 사망한 경우 사망일의 상황에 따라 공제여부를 판단한다.

2 (공적)연금보험료 공제

국민연금, 특수직연금(공무원·군인·사학·우체국직원연금)에 거주자 본인이 납입한 보험료 전액이 공제됩니다. 단, 근로자의 경우 회사가 대신 납부해 주는 부분은 공제가 되지 않습니다.

3 특별공제 : 공적보험료 + 주택 임차·저당차입금 관련 ⇐ 근로자만 적용

근로소득이 있는 거주자가 납부한 사회보험료(건강보험료·고용보험료·노인장기요양보험료)와 무주택 근로자가 지급한 전세자금대출 원리금상환액, 장기주택저당차입금 이자상환액도 일정한도 내에서 소득공제가 됩니다.

구분		내용	공제금액
공적 보험료		건강보험료, 고용보험료, 노인장기요양보험료 본인 부담액	전액
주택 관련	주택임차자금 차입금의 원리금 상환액	무주택 세대주가 국민주택규모 주택 임차 위한 차입금의 원금·이자 상환한 경우	상환액의 40%
	장기주택저당차입금 이자상환액	무주택 또는 1주택 소유 세대주가 기준시가 6억원 이하 주택 취득 위한 장기주택저당 차입금의 이자 상환한 경우	전액

4 조세특례제한법공제 : 신용카드 + 주택청약저축

조세특례제한법은 다음 추가 소득공제를 규정하고 있는데 구체적인 계산은 KcLep이 자동계산해 주니 어떤 경우 적용되는지 이론적인 내용만 학습하면 충분합니다.

(1) 신용카드 사용금액에 대한 소득공제 ⇐ 근로자만 적용

근로자 본인 등이 신용카드, 현금영수증 등을 사용하는 경우 사용금액의 일정액을 소득공제하는데 근로자에게만 적용합니다. 다만, 신용카드 공제는 이론문제 보다는 연말정산 실무문제 풀이에 필요한 내용이니 여기서는 대략 학습하고 추후 연말정산 실무문제 입력 시 필요한 내용만 다시 공부하면 충분합니다.

1) 공제대상자

> 근로자 본인, 배우자, 직계존비속

※ 형제자매의 카드 사용은 공제하지 않음.

2) 신용카드 범위

> 신용카드, 현금영수증, 직불카드, 기명식 선불카드, 기명식 선불전자지급수단, 기명식 전자화폐

3) 공제되지 않는 신용카드 사용 `필수`

> - 외국에서 사용한 금액
> - 면세점에서 사용하는 면세물품의 구입금액
> - 보험료, 연금보험료 및 보험계약의 보험료
> - 어린이집, 초·중·고, 대학 수업료 등 교육비(단, 사설학원비는 공제 대상임)
> - 국세, 지방세, 전기료, 수도료, 가스료, 전화료, 아파트 관리비, 도로 통행료 등 공공요금
> - 자동차 리스료, 신규 자동차 구입
> - 상품권 등 유가증권 구입비

4) 공제금액 : 연 300만 원 한도(총급여, 자녀 수에 따라 한도가 다름)

> (전통시장 사용분 + 대중교통 사용분) × 40% + (직불카드 사용분 + 현금영수증 사용분) × 30% + 도서·공연·박물관 등 사용분 × 30% + 신용카드 사용분 × 15% − 총급여 × 25% × 15%

※ 주의

- 총급여의 25%를 초과하여 사용해야 신용카드 공제가 가능하며 자녀수에 따라 한도 차등 적용.

• 연 300만 원 한도 초과 시 전통시장 사용분, 대중교통사용분, 총급여 7,000만 원 이하자의 도서·공연·박물관 등 사용액은 추가로 공제

(2) 주택청약저축 소득공제 ⇐ 근로자만 적용

근로소득이 있는 거주자가 무주택 또는 국민주택 규모 이하이고 기준시가 3억 원 이하 1주택 소유 세대주로서 주택 마련을 위해 장기주택마련저축, 주택청약종합저축 또는 근로자주택마련저축에 가입하고 납입한 금액의 40%(연 300만 원 한도)를 소득공제합니다.

2 세액공제 항목

종합소득이 있는 거주자에 대해서는 자녀세액공제, 출산세액공제, 연금계좌세액공제, 특별세액공제, 월세세액공제를 적용하며, 세액공제 받을 금액이 없는 경우에도 표준세액공제로 일정액을 공제합니다.

1 자녀 세액공제

1명(연 25만 원), 2명(연 55만 원), 3명 이상(연 55만 원 + 2명 초과 1명당 연 40만 원)

※ 단, 7세까지는 아동수당이 지급되므로 자녀세액공제를 적용하지 않음.

2 출산·입양 세액공제

첫째 출산 연 30만 원, 둘째 출산 연 50만 원, 셋째 이상 출산 연 70만 원

3 연금계좌 세액공제 : 연금계좌 납입액의 12% 또는 15%

종합소득이 있는 거주자가 연금계좌에 납입한 금액의 12%에 해당하는 금액을 해당 과세기간의 종합소득 산출세액에서 공제합니다. (단, 종합소득금액이 4,500만 원 이하, 근로소득만 있는 경우에는 총급여액 5,500만 원 이하인 거주자에 대해서는 15%를 적용)

다만, 연금저축계좌에 납입한 금액은 연 600만 원을 한도로 하고 퇴직연금계좌에 납입한 금액을 합할 경우 연 900만 원을 한도로 합니다. 한도 계산을 예로 들며 아래와 같습니다.

연금저축계좌	퇴직연금계좌	공제금액
0원	9,000,000원	9,000,000원
4,000,000원	5,000,000원	9,000,000원
8,000,000원	1,000,000원	7,000,000원
9,000,000원	0원	6,000,000원

※ 개인연금저축 소득공제: 2000.12.31. 이전에는 가입 가능했던 개인연금저축의 불입액에 대해서는 불입액의 40%와 72만원 중 적은 금액을 소득공제함.

4 특별세액공제

근로소득자가 보장성보험료, 의료비, 교육비를 지출하거나 종합소득이 있는 거주자가 기부금을 지출한 경우 다음과 같이 특별히 세액공제를 합니다.

(1) 보장성보험료 세액공제 : 보험료납입액×(12%, 15%) ⇐ 근로자만 적용 필수

구분	공제항목	납입한도	세액공제율
보장성보험	만기에 환급되는 금액이 납입보험료를 초과하지 아니하는 생명보험, 상해보험, 손해보험 등	연 100만 원	12%
장애인전용 보장성보험	장애인을 피보험자 또는 수익자로 하는 장애인전용 보장성보험		15%

※ 나이 또는 소득금액 요건을 지키지 못한 부양가족을 피보험자로 가입한 보장성보험은 공제되지 않음. 예 계약자(근로자), 피보험자(25세 자녀), 수익자(자녀)로 가입하면 공제되지 않음.

(2) 의료비 세액공제 : 공제대상 의료비×(15%, 20%, 30%) ⇐ 근로자만 적용

근로소득자가 본인 및 기본공제 대상자(나이 및 소득제한 없음)를 위하여 의료비를 지출한 경우 일정액을 종합소득 산출세액에서 공제합니다.

1) 공제 가능 Vs 불가능 의료비 필수

공제가능 의료비	공제 불가능 의료비
• 진찰·치료·질병예방을 위해 의료법상 의료기관에 지급한 비용 : 건강검진비, 예방접종, 보철·임플란트·스케일링,라식수술비용 포함 • 치료·요양을 위한 약사법에 따른 의약품(한약 포함) 구입비 • 장애인 보장구 구입 또는 임차비용 • 시력보정용 안경(콘택트렌즈) 구입 비용으로 기본공제 대상자 1명당 연 50만 원 이내 금액 • 보청기 구입 비용 • 모자보건법상 산후조리원 비용으로 출산 1회당 200만 원 이내 금액(총급여 7,000만 원 이하 자에 적용)	• 미용·성형수술비용 • 건강증진 의약품 구입 비용 • 외국 소재 의료기관에 지출한 비용 • 간병인 지급 비용 • 실비보험 등으로 보전받은 금액

핵심체크

보장성보험료세액공제★★★
나이요건 O, 소득요건 O

핵심체크

의료비세액공제★★★
나이요건 ×, 소득요건 ×

핵심체크

공제불가능 의료비★★★
• 미용/성형
• 건강증진
• 외국 의료기관
• 실비보험 보전금액

공제가능 의료비★★★
• 안경 1인당 50만원
• 건강검진비
• 산후조리원 200만원

2) 공제금액 한도

본인·6세 이하·65세 이상·장애인·미숙아 의료비·난임시술비

$+$

일반 기본공제대상자 의료비

$-$

총급여 × 3%

} 연 700만 원 한도

※ 총급여액의 3%를 초과해야 의료비 세액공제를 받을 수 있음.

3) 세액공제율

공제금액 한도 × 15% (미숙아·선천성이상아 20%, 난임시술비 30%)

(3) 교육비 세액공제 : 공제대상 교육비×15% ⇐ 근로자만 적용

근로소득자가 근로자 본인 및 기본공제 대상자(나이·소득 제한 없음)를 위하여 해당 과세기간에 교육비를 지급한 경우 그 금액의 15%에 해당하는 금액을 종합소득 산출세액에서 공제합니다.

1) 공제 가능 Vs 불가능 교육비 [필수]

공제가능 교육비	공제 불가능 교육비
• 유아교육법, 초·중등교육법, 고등교육법, 특별법에 따른 학교에 지급한 교육비※ • 대학 시험 응시수수료 및 입학전형료 • 평생교육법에 의한 평생교육시설, 학점인정 등에 관한 법률에 따른 학위취득과정에 지급하는 교육비 • 국외교육기관에 지급한 교육비 • 취학전 아동의 영유아보육법에 따른 어린이집, 학원 및 체육시설에 지급한 비용 (1주 1회 이상 실시) • 과세기간 종료일 현재 9세 미만 또는 2학년 이하 초등학생의 예능학원 또는 체육시설 교육비 • 취업 후 상환 학자금대출, 일반 상환 학자금대출 등의 원리금 상환액	• 직계존속의 교육비 • 취학 후 학생의 사설학원비 • 소득세 또는 증여세가 비과세되는 장학금 수령액

※ 교육비 범위

• 수업료, 입학금, 보육비용, 수강료, 공납금, 학교 급식비, 방과후학교 수업료
• 중고등학교 학생의 1명당 연 50만 원 한도 교복구입비용
• 초중고등학교 학생의 1인당 연 30만 원 한도 체험학습비

2) 공제 대상금액 한도

구분	세액공제 대상금액 한도
근로자 본인	전 액
장애인 특수교육비 (직계존속 포함)	
기본공제 대상자인 배우자 · 직계비속 · 형제자매 · 입양자	• 취학 전 아동, 초 · 중 · 고등학생 : 1명당 연 300만 원 • 대학생 : 1명당 연 900만 원 • 대학원생 : 공제 안됨.

※ 주의

• 대학원 교육비는 근로자 본인만 공제할 수 있음.

(4) 기부금 세액공제 : 공제대상 기부금×(15%, 30%)

거주자 및 기본공제를 적용받는 부양가족(나이제한 없음)이 해당 과세기간에 지급한 공제한도 내의 기부금에 대하여, 기부금액의 일정액을 해당 과세기간의 종합소득 산출세액에서 공제합니다. (단, 사업자는 기부금을 세액공제 하지 않고 필요경비에 산입함.)

1) 기부금의 종류

구분	내용
특례기부금	• 국가 · 지방자치단체에 무상으로 기증하는 금품 • 국방헌금과 국군장병 위문금품 • 천재지변으로 인한 이재민 구호금품 • 사립학교 등에 지출하는 시설비 · 교육비 · 장학금 · 연구비 • 국공립, 사립학교가 운영하는 병원 등에 지출하는 시설비 · 교육비 또는 연구비 • 사회복지사업을 주된 목적으로 하는 비영리법인으로 기획재정부장관이 지정 · 고시한 법인 • 특별재난지역을 복구하기 위하여 자원봉사를 한 경우 그 용역의 가액(1일 8시간 기준 : 8만 원 인정)
일반기부금	• 종교 보급, 교화를 목적으로 허가를 받은 종교단체에 기부금 • 노동조합 회비 • 무료 · 실비로 이용 가능한 사회복지시설에 지출하는 기부금 • 사회복지 · 학술 등 공익목적으로 지출하는 기부금
정치자금 기부금	근로소득자가 정치자금법에 따라 정당에 기부한 정치자금
고향사랑기부금	거주자가 기부한 고향사랑 기부금

2) 공제 대상금액 한도

구분	기부금 세액공제 한도		공제율
특례기부금	종합소득금액 전액		15% (1천만 원 초과부분 30%)
일반기부금	종교단체 이외	종합소득금액의 30%	
	종교단체	종합소득금액의 10%	
정치자금 기부금	종합소득금액 전액		10만 원 이하 (100/110), 10만 원 초과 (15%, 25%)
고향사랑 기부금	종합소득세 산출세액		10만 원 이하 (100/110), 10만 원 초과 ~ 20만 원 이하(40%), 20만 원 초과 ~ 2천만 원 이하(15%)

(5) 특별세액공제 표준공제

특별세액공제를 적용 받기 위해서는 관련 증빙서류를 제출해야 하는데 이를 제출하지 않을 경우 근로자는 연 13만원, 사업자는 연 7만 원을 표준적으로 세액공제 합니다.

5 월세 세액공제 ⇐ 근로자만 적용 [필수]

12월 31일 현재 총급여 8,000만 원 이하인 무주택 세대주가 국민주택규모 또는 기준시가 4억 원 이하 주택을 임차하고 월세를 지급한 경우 다음 금액을 해당 과세기간의 종합소득 산출세액에서 공제합니다. 단, 이를 적용받기 위해서는 월세 계약자가 근로자 본인 또는 기본공제 대상자이고 임대차 계약서의 주소지로 주민등록을 이전해야 합니다.

구분	세액공제금액
총급여 5,500만 원 이하	월세 (연 1,000만 원 한도) × 17%
총급여 5,500만 원 초과 8,000만 원 이하	월세 (연 1,000만 원 한도) × 15%

6 결혼세액공제 : 50만 원

거주자가 2026.12.31. 이전에 혼인신고를 한 경우 혼인신고를 한 날이 속한 과세기간의 산출세액에서 50만 원을 공제합니다.

3 주요 공제항목의 요약

1 나이·소득금액 요건 적용 여부 [필수]

구분	나이요건	소득금액요건	구분	나이요건	소득금액요건
인적공제	○	○	일반 교육비	×	×
보장성보험료	○	○	장애인 교육비	×	×

🔍 참고

세대주와 배우자가 각기 다른 시군구 주소지에서 각각 월세를 지급하는 경우 이를 합산하여 연 1,000만원 한도내에서 세액공제 받을 수 있음.

◎ 핵심체크

표준공제★
근로자(13만원), 사업자(7만원)

의료비	×	×	기부금	×	○
신용카드	×	○	배우자·장애인 : 나이요건 적용 않음.

2 신용카드 소득공제와 해당 세액공제를 동시에 적용하는 항목

구분	동시 적용
의료비를 신용카드 결제	신용카드 소득공제 + 의료비 세액공제
취학전 아동 교육비를 신용카드 결제	신용카드 소득공제 + 교육비 세액공제
중고생 교복을 신용카드 결제	신용카드 소득공제 + 교육비 세액공제

3 근로자만 적용하는 공제 필수

건강보험료, 주택 임차·저당차입금 관련, 신용카드, 주택청약저축,
보장성보험료, 의료비, 교육비, 월세

※ 사업자는 건강보험료와 기부금을 필요경비로 처리하며 성실신고 확인대상 사업자(업종별로 정해진 고액 매출자)는 의료비, 교육비 공제를 받을 수 있음.

이론기출 확인문제 | 전산세무 2급, 65회 |

소득세법상 근로소득자와 사업소득자(다른 종합소득이 없는 자)에게 공통으로 적용될 수 있는 공제항목을 나열한 것은?

가. 부녀자공제	나. 자녀세액공제	다. 연금계좌 세액공제
라. 기부금세액공제	마. 신용카드소득공제	

① 가, 나, 마　　② 가, 라, 마　　③ 나, 다, 마　　④ 가, 나, 다

이론기출 확인문제 | 전산세무 2급, 109회 |

다음 중 근로소득만 있는 거주자의 연말정산 시 산출세액에서 공제하는 세액공제에 대한 설명으로 틀린 것은?

① 저축성보험료에 대해서는 공제받을 수 없다.
② 근로를 제공한 기간에 지출한 의료비만 공제 대상 의료비에 해당한다.
③ 직계존속의 일반대학교 등록금은 교육비세액공제 대상이다.
④ 의료비세액공제는 지출한 의료비가 총급여액의 3%를 초과하는 경우에만 적용받을 수 있다.

[소득공제]

난이도 ★★

01 다음 중 소득세법상 인적공제에 대한 설명으로 가장 옳은 것은? 필수 　　　　　　[2022년, 105회]

① 기본공제 대상 판정에 있어 소득금액 합계액은 종합소득금액, 퇴직소득금액, 양도소득금액을 합하여 판단한다.

② 배우자가 없는 거주자로서 기본공제대상자인 자녀가 있는 경우에도 종합소득금액이 3천만 원을 초과하는 경우에는 한부모추가공제를 적용받을 수 없다.

③ 형제자매의 배우자는 공제대상 부양가족에 포함한다.

④ 부양기간이 1년 미만인 부양가족에 대한 인적공제는 월할 계산한다.

난이도 ★★

02 다음 중 소득세법상 소득공제 및 세액공제 판단 시점에 관한 내용으로 틀린 것은? 필수 　　　　　　[2022년, 103회]

① 인적공제 나이 판정 시 과세기간 종료일인 12월 31일의 상황으로 보는 것이 원칙이다.

② 과세기간 중 장애가 치유된 자에 대해서는 치유일 전날의 상황에 따른다.

③ 과세기간 중 사망한 자에 대해서는 사망일의 상황에 따른다.

④ 나이 판정 시 해당 과세기간 중에 요건을 충족하는 날이 하루라도 있으면 공제대상자로 한다.

난이도 ★★

03 소득세법상 종합소득공제 중 기본공제에 대한 설명으로 가장 옳지 않은 것은? 필수 　　　　　　[2020년, 91회]

① 종합소득이 있는 거주자(자연인만 해당)에 대해서는 기본공제대상자 1명당 연 100만 원을 곱하여 계산한 금액을 그 거주자의 해당 과세기간의 종합소득금액에서 공제한다.

② 거주자의 배우자로서 해당 과세기간의 소득금액 합계액이 100만 원 이하인 사람은 기본공제대상자에 해당한다.

③ 거주자의 배우자로서 해당 과세기간에 총급여액 500만 원 이하의 근로소득만 있는 배우자는 기본공제대상자에 해당한다.

④ 거주자의 형제자매(장애인 아님)가 기본공제대상자에 해당하기 위해서는 형제자매의 나이가 20세 이하이거나 60세 이상이어야 한다.

04 난이도 ★★

다음 중 소득세법상 근로소득이 있는 거주자의 특별소득공제 대상에 해당하는 것은? [2025년, 120회]

① 개인연금저축
② 국민연금보험료
③ 신용카드등 사용액
④ 장기주택저당차입금이자상환액

[세액공제]

05 난이도 ★★

다음 중 소득세법상 근로소득이 없는 거주자(사업소득자가 아님)가 받을 수 있는 특별세액공제는? **필수**

[2024년, 115회]

① 보험료세액공제
② 의료비세액공제
③ 교육비세액공제
④ 기부금세액공제

06 난이도 ★★

다음 중 소득세법상 소득공제 및 세액공제와 관련된 설명으로 가장 틀린 것은? [2021년, 100회]

① 복권 당첨금(100만 원 초과)만 있는 기본공제대상자에 대해서는 기본공제를 적용받을 수 없다.
② 세부담 최소화 관점에서 한부모공제와 부녀자공제 요건을 모두 충족하는 경우 한부모공제를 적용하는 것이 유리하다.
③ 총급여가 500만 원인 근로소득만 있는 기본공제대상자에 대해서 기본공제를 적용받을 수 있다.
④ 자녀세액공제는 기본공제대상자에 해당하는 자녀 중 8세 이상 자녀에 대하여 적용된다.

07 난이도 ★★

다음 중 소득세법상 특별세액공제에 대한 설명으로 가장 틀린 것은? **필수** [2019년, 87회 변형]

① 의료비는 총급여액의 3%를 초과하지 않는 경우에도 의료비세액공제를 적용받을 수 있다.
② 일반보장성보험료 납입액과 장애인전용보장성보험료 납입액의 공제한도는 각각 100만 원이다.
③ 직계존속의 대학교등록금은 교육비세액공제 대상이 아니다.
④ 근로소득이 있는 거주자가 항목별 특별소득공제·항목별 특별세액공제·월세세액공제를 신청하지 않은 경우 연 13만 원의 표준세액공제를 적용한다.

08 난이도 ★★

다음 중 소득세법상 근로소득과 사업소득이 발생한 경우, 근로소득에 대한 종합소득산출세액을 초과하여 공제받을 수 있는 특별세액공제는? **어려우면 Pass** [2024년, 117회]

① 교육비 세액공제
② 보험료 세액공제
③ 의료비 세액공제
④ 기부금 세액공제

01 ①　② 한부모추가공제는 종합소득금액 제한이 없음. ③ 형제자매의 배우자(예 제수씨)는 공제대상이 될 수 없음. ④ 부양기간이 1년 미만(예 당기 중 출생)도 인적공제를 월할 계산하지 않고 전체금액을 적용함.

02 ③　과세기간 중 사망한 자에 대해서는 사망일 전날의 상황에 따름

03 ①　① 기본공제 대상자는 1인당 연 150만 원을 공제함. ③ 총급여 500만 원 이하는 소득금액 100만 원 이하로 봄.

04 ④　근로자에게 적용되는 특별 소득공제에는 건강·고용보험료, 주택 임차 차입금 원리금 상환액, 장기주택저당 차입금 이자상환액이 있음.

05 ④　① 보험료, ② 의료비, ③ 교육비는 근로자만 공제받을 수 있으며 기부금은 타 소득자도 공제받을 수 있음. 단, 사업자는 기부금을 필요경비로 처리함.

06 ①　① 복권당첨금은 분리과세 소득이므로 종합소득에 포함되지 않으므로 복권당첨금만 있는 자는 종합소득금액이 0원임. ② 한부모공제(100만 원)와 부녀자공제(50만 원)는 중복적용이 안되므로 금액이 더 큰 한부모공제를 적용받는 것이 더 유리함. ④ 8세 미만 자녀는 아동수당이 지급되어 자녀세액공제는 8세 이상부터 적용함.

07 ①　의료비는 총급여의 3%를 초과해야 공제받을 수 있음.

08 ④　교육비, 의료비, 보장성보험료는 근로자만 세액공제 받을 수 있으나 기부금은 사업자도 세액공제 받을 수 있음. 따라서 근로소득에 대한 종합소득산출세액을 초과하여 공제받을 수 있는 세액공제는 기부금 세액공제임.

학습내용 · 원천징수 · 중간예납 · 확정신고

공부방향 원천징수 대상인지 여부와 원천징수 세율, 확정신고 대상 소득인지 여부를 묻는 문제가 3회 시험 마다 1문제 정도 출제되는데 약간의 암기가 필요함

 정교수 콕콕

지금까지 소득세 계산을 위한 내용을 공부했으니 이제 계산된 소득세를 납부해야 합니다. 원칙적으로 소득세는 다음연도 5.1 ~ 5.31에 확정 신고·납부해야 하는데, 세금 납부의 편의와 조기 징수를 위해 세법에는 원천징수와 중간예납 제도를 두고 있습니다. 이를 요약하면 다음과 같습니다.

> 과세기간 중 원천징수 또는 중간예납 ⇒ 다음 연도 5.1 ~ 5.31 확정신고

1 원천징수

1 원천징수 개념

일반 개인의 납세의무 편의와 국가의 세금 조기 징수를 위해 소득을 지급하는 자가 소득을 지급할 때 세무서 대신 세금을 미리 뗀 뒤 납세의무자 대신 세금을 납부하는 것을 원천징수라고 합니다. 예를 들어 은행이 예금주에게 이자를 지급할 때 14%의 이자소득세를 원천징수 하고 예금주 대신 은행이 이자소득세를 관할 세무서에 납부하는 방식입니다.

2 원천징수세액 계산 필수

소득의 지급자가 원천징수 할 때는 다음 방식으로 원천징수세액을 계산하되 원천징수세액이 1천 원 미만인 경우에는 원천징수 하지 않아도 됩니다. (단, 이자소득은 원천징수 해야 함.)

핵심체크

기타소득 원천징수★★★
· 강사료/원고료 : (지급액−지급액×60%)×20%= 8%
· 상금/주택입주지체상금 : (지급액−지급×80%)×20%= 4%

구분	원천징수세액
이자, 배당, 프리랜서 인적용역, 복권 당첨금 등	지급액 × 원천징수 세율
일시적 강사료, 원고료	(지급액 − 지급액 × 60%[*]) × 20%
주무관청 승인을 받은 대회에서 시상하는 상금, 주택입주 지체상금	(지급액 − 지급액 × 80%[*]) × 20%

(*) 기타소득 필요경비율 60% 또는 80% 적용

3 원천징수 세액의 납부 : 다음달 10일 [필수]

원천징수의무자는 원천징수한 소득세를 징수일이 속하는 달의 다음달 10일까지 신고·납부하여야 합니다. 단, 반기별 납부 승인 받은 소규모 사업자(고용인원 20명 이하)는 해당 반기의 마지막 달의 다음달 10일(7월 10일 또는 다음연도 1월 10일)까지 원천징수한 세액을 신고·납부할 수 있습니다. 신고·납부 시 원천징수이행상황신고서를 제출하여야 하는데 납부할 세액이 없는 자도 포함시킵니다.

4 원천징수 세율 [필수]

소득세법은 소득의 종류별로 다음과 같이 원천징수 세율을 정하고 있는데 전산세무 2급 시험에 자주 출제되니 주요 원천징수 세율은 암기하는 것이 좋습니다.

소득종류		원천징수 세율	소득종류		원천징수 세율
이 자 소 득	일반적인 이자소득	14%	근 로 소 득	상용 근로자	간이세액표
	비영업대금이익	25%		일용 근로자	6%
	비실명 이자소득 (금융실명제 위반)	45% (90%)	연 금 소 득	공적연금	간이세액표
	직장공제회 초과반환금	기본세율 (6~45%)		사적연금	수령연령별 3%,4%,5%
배 당 소 득	일반적인 배당소득	14%	기 타 소 득	일반적인 기타소득	20%
	출자공동사업자 배당소득	25%		복권 당첨금 중 3억 원 초과 분	30%
	비실명 배당소득 (금융실명제 위반)	45% (90%)		연금계좌에서 일시금 수령	15%
사업소득		프리랜서 인적용역 3%, 봉사료 5% (일반 사업소득은 원천징수 하지 않음.)			
퇴직소득		기본세율 (6~45%)			

※ 원천징수 할 수 없는 소득

- 일반사업소득 : 원천징수 대신 중간예납 의무 부여
- 기타소득 중 알선수재 및 배임수재에 의하여 받는 금품, 뇌물, 계약의 위약으로 계약금에서 대체된 위약금
- 양도소득 : 원천징수 대신 양도일이 속한 달의 말일부터 2개월 이내에 자진해서 예정신고 의무 부여

◎ 핵심체크

원천징수 납부★★★
- 원칙 : 다음달 10일
- 소규모 사업자 : 반기 마지막 달의 다음달 10일

◎ 핵심체크

원천징수 세율★★★
- 이자소득: 14%(비영업대금이익 25%)
- 배당소득: 14%
- 프리랜서 사업소득 : 3%
- 일용근로자 : 6%
- 기타소득 : 20%
(복권당첨금 중 3억 초과분 30%, 연금계좌 일시금 수령 15%)
- 퇴직소득: 기본세율(6~45%)

원천징수 대상 아닌 것★★★
- 알선(배임)수재 금품, 뇌물
- 일반 사업소득

다음 중 소득세법상 원천징수대상 소득이 아닌 것은?

① 프리랜서 저술가 등이 제공하는 500,000원의 인적용역소득

② 일용근로자가 지급받은 200,000원의 일급여

③ 은행으로부터 지급받은 1,000,000원의 보통예금 이자소득

④ 공무원이 사업자로부터 받은 10,000,000원의 뇌물로서 국세청에 적발된 경우의 기타소득

다음 중 소득세법에서 규정하고 있는 원천징수세율이 가장 낮은 소득은 무엇인가?

① 복권당첨소득 중 3억 원 초과분　　② 비실명 이자소득

③ 이자소득 중 비영업대금이익　　④ 일용근로자의 근로소득

㈜제조라는 제조기업이 4월 15일에 외부강사를 초빙하여 임직원을 위한 특강을 하고 강사료를 4월 20일에 200만 원을 지급하였다. 그 대가를 지급하면서 원천징수할 세액은 얼마인가?(단, 초빙강사의 강사료소득은 기타소득으로 보며, 지방소득세는 제외한다.

① 400,000원　　② 80,000원　　③ 160,000원　　④ 20,000원

5 일용직 근로소득의 과세체계 : 무조건 분리과세

특정 고용주에게 계속 고용되지 않고 일당제로 일하는 근로자는 일반 근로자와 달리 아래와 같이 소득세를 계산하여 원천징수 한 뒤 고용주가 대신 납부하고 무조건 분리과세 합니다. 다만, 일당에서 15만원을 공제하고 세율도 6%를 적용하므로 고액 일당제가 아니라면 소득세를 납부하는 경우는 거의 없습니다. 참고로 일당제란 통상 3개월(건설현장은 1년) 미만 고용되는 경우를 말합니다.

구분	내용
일용직 산출세액	(일당 − 15만 원) × 6%
일용직 납부세액	산출세액 − 일용직 근로세액공제(산출세액 × 55%)

6 원천징수 지급시기 의제

(1) 배당소득 어려우면 Pass

> 잉여금처분에 의한 배당이 미지급 되는 경우 : 처분결의일로부터 3월이 되는 날

(2) 근로소득 필수

근로소득은 매월 급여 지급 시 원천징수 후 회사가 다음 달 10일에 납부한 뒤, 다음 연도 2월에 전년 1년치 근로소득에 대해 연말정산을 하는 것이 원칙입니다.

원칙	매월 원천징수 ⇒ 다음달 10일 원천징수 세액 납부 ⇒ 다음 연도 2월 연말정산	
예외	구 분	지급시기 의제일
	1월부터 11월까지 근로소득을 12월 31일까지 미지급 되는 경우	12월 31일
	12월분 근로소득을 다음연도 2월 말일까지 미지급 되는 경우	2월 말일

이론기출 확인문제 | 전산세무 2급, 116회 |

다음 중 소득세법상 근로소득의 원천징수 시기로 옳지 않은 것은?

① 2024년 05월 귀속 근로소득을 2024년 05월 31일에 지급한 경우 : 2024년 05월 31일
② 2024년 07월 귀속 근로소득을 2024년 08월 10일에 지급한 경우 : 2024년 08월 10일
③ 2024년 11월 귀속 근로소득을 2025년 01월 31일에 지급한 경우 : 2024년 12월 31일
④ 2024년 12월 귀속 근로소득을 2025년 03월 31일에 지급한 경우 : 2024년 12월 31일

2 중간예납

1 중간예납 개념과 납세의무자 필수

사업자는 1년 치 소득세를 한 번에 납부하면 부담되기 때문에 1월 1일부터 6월 30일까지의 소득에 대해 미리 사업소득세를 납부하도록 하는데 이를 중간예납이라고 합니다. 단, 당해 연도 신규사업자와 보험모집인, 분리과세 주택임대소득자는 중간예납 의무가 없습니다.

2 중간예납 신고납부 기한 필수

> 1월 1일 ~ 6월 30일 기간에 대해 당해 연도 11월 30일까지 납부

핵심체크

근로소득 원천징수 의제
• 1월~11월 급여를 12.31까지 미지급: 12월 31일
• 12월 급여를 익년도 2월말까지 미지급: 2월 말일

정답 및 풀이 ④

① ② 급여는 지급 시 원천징수하는 것이 원칙임. ③ 다만, 1월~11월분 급여를 지급하지 않은 경우 당해 연도 12월 31일에 원천징수 해야 함. ④또한 12월분 급여를 다음연도 2월 말까지 지급하지 않는 경우 2월말에 원천징수 해야 함.

핵심체크

중간예납★★★
• 기한 : 1.1~6.30 기간에 대해 11.30까지 납부(단, 신규사업자, 보험모집인, 분리과세 주택임대소득자는 중간예납 ×)
• 원칙 : 전년 납부세액의 1/2 고지납부

③ 중간예납세액 계산 및 납부방법 **필수**

원칙	예외	
전년도 납부세액의 1/2을 관할 세무서에서 고지서 수령하여 납부	당기 중간예납기간의 실적기준으로 신고·납부	
	강 제	복식부기 의무자로 전년도 납부실적 없는 경우
	선 택	가결산 납부세액이 중간예납기준액의 30% 미달 시

※ 중간예납기준액이란 전년도 납부세액을 말하며 중간예납세액이 50만 원 미만일 때는 징수하지 않음.

이론기출 확인문제　　　　　　　　　　　　　　　　　| 전산세무 2급, 80회 |

다음 중 소득세법상 중간예납에 대한 설명으로 옳지 않은 것은?

① 과세기간 중 신규로 사업을 시작한 자는 중간예납 대상자가 아니다.
② 중간예납에 대한 고지를 받은 자는 11월 30일까지 고지된 세액을 납부하여야 한다.
③ 중간예납은 관할 세무서장의 고지에 따라 납부하는 것이 원칙이다.
④ 중간예납추계액이 중간예납기준액의 50%에 미달하는 경우 중간예납추계액을 중간예납세액으로 한다.

---

③ 확정신고·납부

① 종합소득세 확정신고·납부 기한 **필수**

해당 과세기간의 종합소득금액이 있는 거주자는 그 종합소득 과세표준을 그 과세기간의 다음 연도 5월 1일부터 5월 31일까지 납세지 관할 세무서장에게 신고·납부하여야 합니다. (단, 종합소득 과세표준이 없거나 결손금이 있는 거주자도 신고를 하여야 함.)

② 확정신고의 예외 **필수**

다음 어느 하나에 해당하는 거주자는 과세표준 확정신고를 하지 않아도 됩니다. 그 이유는 이미 원천징수로 소득세를 완납하였기 때문에 확정신고를 하더라도 납부할 소득세가 달라지지 않기 때문인데, 단순 암기하지 말고 확정신고로 소득세가 달라지는지 여부로 판단해 보세요.

> • 근로소득만 있는 자
> • 퇴직소득만 있는 자
> • 공적연금소득만 있는 자
> • 원천징수 되는 사업소득만 있는 자
> • 원천징수 되는 기타소득으로서 종교인 소득만 있는 자

- 근로소득과 퇴직소득만 있는 자
- 퇴직소득과 공적연금소득만 있는 자
- 퇴직소득과 원천징수 되는 사업소득만 있는 자
- 퇴직소득과 원천징수 되는 기타소득으로 종교인 소득만 있는 자
- 분리과세이자소득·분리과세배당소득(연 2,000만 원 이하), 분리과세연금소득 및 분리과세기타소득(기타소득금액 연 300만 원)만 있는 자

※ 근로소득(2월 연말정산), 퇴직소득(퇴직 시 원천징수), 공적연금(1월 연말정산)으로 납세의무 종결. 단, 2명 이상으로부터 원천징수 되는 소득이 있는 자는 합산과세로 소득세가 달라지므로 확정 신고의무가 있음.

③ 사업자의 종합소득세 신고 시 첨부서류

복식부기의무 사업자는 사업소득세 계산에 필요한 과세표준확정신고 시 재무상태표, 손익계산서와 그 부속서류, 합계잔액시산표 및 조정계산서를 첨부하지 아니하면 무신고로 봄.

④ 분할 납부 필수

중간예납 또는 확정신고 시 납부할 세액이 1천만 원을 초과하는 자는 아래와 같이 납부할 세액의 일부를 납부기한이 지난 후 2개월 이내에 분할 납부할 수 있습니다.

납부할 세액	분납 가능액
2천만 원 이하 시	1천만 원 초과 금액
2천만 원 초과 시	총세액의 50% 이하 금액

이론기출 확인문제 | 전산세무 2급, 112회 |

다음 중 소득세법상 과세표준 확정신고를 반드시 하여야 하는 경우는?

① 퇴직소득만 있는 경우
② 근로소득과 사업소득이 있는 경우
③ 근로소득과 퇴직소득이 있는 경우
④ 근로소득과 보통예금이자 150만 원(14% 원천징수세율 적용 대상)이 있는 경우

[추가 해설]

① 퇴직소득은 원천징수로 납세의무 종료 ③ 근로소득은 2월 연말정산, 퇴직소득은 퇴직금 지급 시 원천징수로 납세의무가 종료. 또한 근로소득과 퇴직소득은 따로 분류과세 ④ 연 2,000만 원 이하 이자소득은 분리과세로 납세의무 종료

정답 및 풀이 ②

연 2,000만원 초과 금융소득, 연 300만원 초과 기타소득금액은 종합과세 대상이므로 다음연도 5월에 이자+기타소득으로 확정신고 신고해야 함.

이론기출 확인문제　　　　　　　| **전산세무 2급**, 94회 |

다음 중 소득세법상 반드시 종합소득 과세표준 확정신고를 해야 하는 자는?

① 퇴직소득금액 6,000만 원과 양도소득금액 5,000만 원이 있는 자
② 국내 정기예금 이자소득금액 3,000만 원과 일시적인 강연료 기타소득금액 310만원이 있는 자
③ 일용근로소득 1,200만 원과 공적연금소득 2,000만 원이 있는 자
④ 근로소득금액 6,000만 원과 복권당첨소득 5억 원이 있는 자

[추가 해설]

① 퇴직소득은 지급 시 원천징수로 납세의무 종결, 양도소득은 양도일이 속하는 달의 말일부터 2개월 이내 예정신고. 또한 퇴직소득과 양도소득은 따로 분류과세 하므로 확정신고 필요 없음. ③ 일용근로소득은 부조건 분리과세이고 공적연금은 1월에 연말정산으로 납세의무 종결되어 확정신고 필요 없음. ④ 복권당첨소득은 무조건 분리과세 소득, 근로소득은 2월 연말정산 했으므로 확정신고 필요 없음.

[소득세 원천징수]

난이도 ★★

01 다음 중 소득세법상 원천징수대상소득이 아닌 것은?(단, 거주자의 소득으로 한정한다.) 필수   [2020년, 93회]

① 기타소득   ② 퇴직소득

③ 근로소득   ④ 양도소득

난이도 ★★

02 다음 중 소득세법상 원천징수대상 소득인 것은? 필수   [2015년 63회]

① 알선수재 및 배임수재에 의하여 지급받는 300만 원 상당의 금품

② 부동산임대업자가 임차인(간이과세자)으로부터 받는 월 200만 원의 임대료

③ 일용근로자가 지급받는 15만 원 상당의 일급여

④ 3억 원 상당의 뇌물

난이도 ★★

03 소득세법상 원천징수대상 기타소득에 해당하는 것은? 필수   [2015년 65회]

① 알선수재 및 배임수재에 의하여 받는 금품

② 뇌물

③ 법인세법에 따라 기타소득으로 처분된 소득

④ 계약의 위약으로 인하여 받는 위약금으로서 계약금이 위약금으로 대체된 경우

난이도 ★★★

04 다음 중 소득세법상 원천징수대상소득과 원천징수세율이 잘못 짝지어진 것은? 필수   [2018년, 80회]

① 비영업대금의 이익 : 14%   ② 일용근로자 : 6%

③ 복권당첨소득 중 3억 원 초과분 : 30%   ④ 퇴직소득 : 기본세율(6% ~ 45%)

난이도 ★★★

05 다음 소득 중 원천징수 세액(지방소득세액을 제외함)이 가장 낮은 것부터 순서대로 나열한 것은?　　　[2018년, 79회]

> 가. 비영업대금의 이익 : 1,000,000원
> 나. 상장법인의 대주주로서 받은 배당 : 2,500,000원
> 다. 원천징수대상 사업소득에 해당하는 봉사료 수입금액 : 6,000,000원
> 라. 복권 당첨소득 : 1,000,000원

① 가 - 라 - 나 - 다　　　　　　② 나 - 가 - 라 - 다
③ 다 - 라 - 가 - 나　　　　　　④ 라 - 가 - 다 - 나

난이도 ★★

06 다음 중 소득세법상 원천징수에 대한 설명으로 틀린 것은?　　　[2019년, 86회]

① 원천징수의무자는 원칙적으로는 원천징수대상 소득을 지급하는 자이다.
② 모든 이자소득의 원천징수세율은 14%이다.
③ 신고기한 내에 원천징수이행상황신고를 못했더라도 신고불성실가산세는 없다.
④ 원천징수세액은 원천징수의무자가 납부한다.

난이도 ★★

07 거주자 고우진이 교육청에서 주관한 1 : 100 퀴즈 대회에서 우승하여 그 원천징수세액이 40만 원인 경우(지방세 제외) 소득세법상 기타소득총수입금액은 얼마인가?　　　[2016년, 68회]

① 1,000만 원　　　　　　② 200만 원
③ 400만 원　　　　　　④ 800만 원

난이도 ★★

08 소득세법상 일용근로자에 대한 설명이다. 틀린 것은? **필수**　　　[2014년, 60회 수정]

① 일용근로자의 근로소득이 일당(日當)으로 15만 원 이하인 경우에는 부담할 소득세는 없다.
② 일용근로자의 산출세액은 일반근로자와 마찬가지로 근로소득금액에 기본세율(6% ~ 45%)이 적용된다.
③ 일용근로자의 근로소득세액공제는 산출세액의 55%를 공제한다.
④ 일용근로자의 근로소득은 항상 분리과세한다.

09 주어진 자료에 의하여 아래의 일용근로자의 근로소득에 대하여 원천징수할 세액은 얼마인가? `어려우면 Pass`

[2023년, 107회]

근로소득 : 일당 200,000원 × 4일 = 800,000원	근로소득공제 : 1일 150,000원
근로소득세액공제 : 근로소득에 대한 산출세액의 100분의 55	

① 48,000원　　　　② 39,000원　　　　③ 12,000원　　　　④ 5,400원

10 다음 중 소득세법상 원천징수 신고납부절차에 대한 설명 중 옳지 않은 것은?　　　　[2017년, 72회]

① 원천징수의무자는 원천징수한 소득세를 그 징수일이 속하는 달의 다음달 10일까지 신고 납부하여야 한다.

② 반기별 납부 승인 받은 소규모 사업자는 해당 반기의 마지막 달의 다음달 10일까지 원천징수한 세액을 신고 납부할 수 있다.

③ 법인세법에 따라 처분된 배당, 상여, 기타소득에 대한 원천징수세액은 반기별 납부에서 제외된다.

④ 과세미달 또는 비과세로 인하여 납부할 세액이 없는 자는 원천징수이행상황신고서에 포함하지 않는다.

11 다음 중 소득세법상 원천징수시기에 대한 설명으로 잘못된 것은? **필수**　　　　[2025년, 120회]

① 12월분 급여를 다음 연도 2월 말일까지 미지급한 경우 다음 연도 2월 말일에 지급한 것으로 보아 소득세를 원천징수한다.

② 7월분 급여를 12월 31일까지 미지급한 경우 12월 31일에 지급한 것으로 보아 소득세를 원천징수한다.

③ 11월분 급여를 12월 31일까지 미지급한 경우 12월 31일에 지급한 것으로 보아 소득세를 원천징수한다.

④ 1월분 급여를 6월 30일까지 미지급한 경우 6월 30일에 지급한 것으로 보아 소득세를 원천징수한다.

12 다음 중 소득세법상 근로소득 원천징수시기의 특례에 대한 내용으로 틀린 것은? `어려우면 Pass`　　　　[2017년, 71회]

① 법인의 이익 또는 잉여금의 처분에 따라 지급하여야 할 상여를 그 처분을 결정한 날로부터 3개월이 되는 날까지 지급하지 아니한 경우에는 그 3개월이 되는 날에 그 상여를 지급한 것으로 보아 소득세를 원천징수한다.

② 원천징수의무자가 12월분의 근로소득을 다음 연도 2월 말일까지 지급하지 아니한 경우에는 그 근로소득을 다음 연도 2월 말일에 지급한 것으로 보아 소득세를 원천징수한다.

③ 원천징수의무자가 1월부터 11월까지의 근로소득을 해당 과세기간의 12월 31일까지 지급하지 아니한 경우에는 그 근로소득을 다음 연도 1월 말일에 지급한 것으로 보아 소득세를 원천징수한다.

④ 법인의 이익 또는 잉여금의 처분이 11월 1일부터 12월 31일까지의 사이에 결정된 경우에 다음 연도 2월 말일까지 그 상여를 지급하지 아니한 경우에는 그 상여를 다음 연도 2월 말일에 지급한 것으로 보아 소득세를 원천징수한다.

난이도 ★★

13 다음 중 소득세법상 과세표준 확정신고 의무가 있는 자는 누구인가? **필수** [2021년, 100회]

① 분리과세이자소득과 근로소득이 있는 자
② 근로소득과 연말정산 대상 사업소득이 있는 자
③ 공적연금소득과 퇴직소득이 있는 자
④ 근로소득과 일용근로소득이 있는 자

난이도 ★★

14 다음 중 소득세법상 과세표준 확정신고를 하여야 하는 경우는? [2018년, 82회]

① 퇴직소득만 있는 경우
② 근로소득과 퇴직소득이 있는 경우
③ 근로소득과 보통예금이자 150만 원(14% 원천징수세율 적용대상)이 있는 경우
④ 근로소득과 사업소득이 있는 경우

난이도 ★★

15 다음 중 소득세법상 과세표준의 확정신고와 납부에 대한 설명으로 옳은 것은? **필수** [2024년, 117회]

① 공적연금소득과 근로소득이 있는 자로서 각각의 소득을 연말정산한 자는 종합소득세 확정신고 의무가 없다.
② 두 곳 이상의 직장에서 근로소득이 발생된 자가 이를 합산하여 한 곳의 직장에서 연말정산을 했다면 종합소득세 확정신고 의무가 없다.
③ 근로소득이 있는 자에게 연말정산 대상 사업소득이 추가로 발생한 경우, 해당 사업소득을 연말정산 했다면 종합소득세 확정신고 의무가 없다.
④ 금융소득만 3천만 원이 있는 자는 종합소득세 확정신고의무가 없다.

난이도 ★★

16 다음 중 소득세법상 다음연도 5월 31일까지 반드시 종합소득 과세표준 확정신고를 해야 하는 자는 누구인가? **필수** [2018년, 78회]

① 근로소득금액 7,000만 원과 복권당첨소득 1억원이 있는 자
② 퇴직소득금액 5,000만 원과 양도소득금액 8,000만 원이 있는 자
③ 국내 정기예금 이자소득금액 2,400만 원과 일시적인 강연료 기타소득금액 330만 원이 있는 자
④ 일용근로소득 1,500만 원과 공적연금소득 1,000만 원이 있는 자

17 다음 중 소득세법상 신고 및 납부에 대한 설명으로 가장 옳지 않은 것은? 필수　　　　[2018년, 77회]

① 소득세법상 중간예납은 원칙적으로 직전 과세기간의 실적을 기준으로 관할 세무서장이 납세고지서를 발급하여 징수한다.

② 소득세법상 분할납부는 납부할 세액이 1천만 원을 초과하는 경우 중간예납과 확정신고 시 모두 적용된다.

③ 모든 사업자는 과세표준확정신고 시 재무상태표, 손익계산서와 그 부속서류, 합계잔액시산표 및 조정계산서를 첨부하지 아니하면 무신고로 본다.

④ 원천징수세액(이자소득 제외)이 1천 원 미만인 경우와 중간예납 시 중간예납세액이 50만 원 미만인 경우에는 해당 소득세를 징수하지 아니한다.

🎯 정답 및 해설

01 ④　④ 양도소득은 매도·매수자간 거래로 원천징수 할 수 없음.

02 ③　① 알선수재 금품, ② 일반적인 사업소득, ④ 뇌물은 원천징수 할 수 없음. ③ 일용직 급여는 6%로 원천징수 해야 함.

03 ③　③ 법인세법에 의해 기타소득으로 처분된 금액은 원천징수 대상임.

04 ①　① 비영업대금 이익은 원천징수 세율 25%임.

05 ④　가.비영업대금이익 250,000원(100만 원 × 25%), 나.상장법인 배당소득 350,000원(250만 원 × 14%), 다.봉사료 300,000원(600만 원 × 5%), 라.복권당첨금 200,000원(100만 원 × 20%). 라 ⇒ 가 ⇒ 다 ⇒ 나

06 ②　② 이자소득 중 비영업대금 원천징수세율은 25%임.

07 ①　(우승상금 − 우승상금 × 80%) × 20% = 400,000원 ⇒ 우승상금은 10,000,000원. 교육청 우승상금은 80% 필요경비 인정됨.

08 ②　② 일용직 근로소득은 6% 세율 적용함.

09 ④　일용직 원천징수 소득세 : 산출세액((200,000 − 150,000) × 4일 × 6% = 12,000원), 납부세액(12,000 − 12,000 × 55% = 5,400원)

10 ④ ④ 납부할 세액이 없는 자도 원천징수이행상황신고서에 포함해야 함.

11 ④ ① 12월 급여를 다음연도 2월 말까지 지급하지 않은 경우 다음연도 2월 말에 지급한 것으로 보아 원천징수 해야 함. ②③④ 1월 ~ 11월 근로소득을 12월 말까지 지급하지 않는 경우 12월 말에 지급한 것으로 보아 원천징수 해야 함. 따라서 ④ 1월분 급여를 6월 말까지 미지급하면 그냥 더 기다리다가 12월 말까지 지급하지 않으면 12월말에 지급한 것으로 보아 원천징수해야 함.

12 ③ ③ 1월 ~ 11월 근로소득을 12월 말까지 지급하지 않는 경우 12월 말에 지급한 것으로 보아 원천징수 해야 함.

13 ② ② 근로소득과 사업소득을 각각 연말정산 했어도 합산 신고하면 세금이 달라지므로 확정신고를 해야 함.

14 ④ ④ 근로소득과 사업소득을 합산하면 세금이 달라지므로 확정신고를 해야 함.

15 ② ① 공적연금(1월 연말정산, 무조건 종합과세), 근로소득(2월 연말정산) 있는 경우 합산하면 세금이 달라지므로 확정신고 해야 함. ② 두 곳의 근로소득이 모두 연말정산 신고되었으므로 확정신고 필요 없음. ③ 근로소득과 사업소득을 각각 연말정산 했어도 합산 신고하면 세금이 달라지므로 확정신고를 해야 함. ④ 금융소득 연 2,000만 원 초과하는 경우 종합과세 하면 세금이 달라지므로 확정신고 해야 함.

16 ③ ① 근로소득(연말정산), 복권당첨금(무조건 분리과세)로 세금이 달라지지 않으므로 확정신고 필요 없음. ② 퇴직소득(원천징수), 양도소득(예정신고) 했고 두 소득은 따로 분류과세로 세금이 달라지지 않으므로 확정신고 필요 없음. ③ 연 2,000만 원 초과 금융소득과 연 300만 원 초과 기타소득은 종합과세 대상이므로 확정신고 해야 함. ④ 일용근로소득(무조건 분리과세), 공적연금소득(1월 연말정산)으로 세금이 달라지지 않으므로 확정신고 필요 없음.

17 ③ ③ 재무상태표, 손익계산서 등 첨부서류 의무제출은 복식부기 의무자에게만 적용되며 간편장부대상자에게는 적용되지 않음.

II 근로소득자 연말정산

이 단원에서는 소득세 기본지식을 바탕으로
입사한 사원을 KcLep에 등록 후, 급여를 지급하고 매년 연말정산을 KcLep에 입력하는 방법을 배웁
니다.

학습방법 **사원등록 ⇒ 연말정산**

1. 입사한 사원의 인적사항·부양가족을 KcLep에 입력합니다.
2. 사원의 급여내역을 KcLep에 입력합니다.
3. 연말정산을 위한 각종 소득공제, 세액공제 항목을 KcLep에 입력합니다.

출제빈도 **매회 실무 3문제(총 15점)**

연말정산 1문제(10점), 부양가족 등록(3점), 신고서 제출 등(2점)이 출제되는데, 공부량 대비 배점이 높기 때문에 합격을 위해서는 반드시 맞춰야 합니다.

사원등록	공제대상 여부 판단해 부양가족 등록
급여자료 입력과 원천징수이행상황신고서 제출	급여 항목을 과세·비과세 판단하여 입력
계속 근무자 연말정산	소득공제·세액공제 입력하여 근로자 연말정산
중도 퇴사자 연말정산	중도 퇴사 처리 후 연말정산

사원등록

학습내용 · 사원등록 · 부양가족등록

공부방향 2회 시험마다 1문제씩 출제될 정도로 출제빈도가 매우 높은 내용이지만 KcLep 사원등록 메뉴에 주어진 정보만 잘 입력하면 맞출 수 있는 정도로 아주 쉬운 내용임.

 정교수 콕콕

cafe.naver.com/eduacc 전산세무2급 자료실에서 Data_Install_JS2.zip 파일을 다운받아 컴퓨터에 설치 후 회사등록 클릭, F4 회사코드재생성 클릭 후 (주)은마상사 선택

이미 공부한 것처럼 근로소득세는 다음과 같이 크게 4단계로 이루어집니다.

1단계	근로소득금액 계산	총급여 − 근로소득공제
2단계	(−) 소 득 공 제 과 세 표 준	기본공제, 추가공제, 공적연금보험료공제, 특별소득공제, 그밖의 소득공제
3단계	(×)세　　율 산 출 세 액	6 ~ 45%
4단계	(−) 세액감면·공제 (−) 기납부세액 자진납부세액	보험료, 의료비, 교육비, 기부금, 연금저축, 월세 등 매월 원천징수 세액

현행 소득세법은 위의 근로소득세 계산내역이 「근로소득 원천징수영수증」에 표시되는데 전산세무2급 시험은 KcLep을 이용해 「근로소득 원천징수영수증」을 완성하는 실무문제가 자주 출제되고 있습니다. KcLep에서 「근로소득 원천징수영수증」을 완성하는 순서는 다음과 같습니다.

[근로소득 원천징수영수증 완성 순서]

KcLep 기입력		KcLep 추가 입력		근로소득 원천징수영수증 완성
각종 한도, 계산공식, 세율 등	+	• 근로자본인(사원)·부양가족 등록 • 월급여/수당 등 급여내역 입력 • 소득공제/세액공제 내역 입력	⇒	

전산세무2급 시험에서 주로 출제되는 내용은 다음 4가지 유형입니다.

구분	주요 출제내용
출제 유형 1	근로자 본인(사원), 부양가족 현황 등록
출제 유형 2	근로자의 월급여/수당 내역 입력 후 원천징수이행상황신고서 작성
출제 유형 3	중도 퇴사자 급여내역 입력 및 중도 퇴사 정산 후 원천징수이행상황신고서 작성
출제 유형 4	원천징수이행상황신고서 전자신고
출제 유형 5	소득공제·세액공제 세부항목 입력을 통한 계속 근무자 연말정산

핵심체크

빈출 출제 유형★★★
- 부양가족 등록
- 급여 입력 후 원천징수이행
상황신고서 작성
- 원천징수이행상황신고서
전자신고
- 연말정산 입력

전산세무2급 시험은 근로소득세 계산을 위한 데이터만 입력하면 구체적인 계산은 KcLep이 자동으로 계산합니다. 따라서 KcLep에 사원(근로자 본인)·부양가족 현황, 급여내역, 소득공제·세액공제 자료를 KcLep 입력 란에 올바르게 입력하는 방법만 익히면 충분히 풀 수 있습니다.

이번 단원에서는 일단 사원(근로자 본인)과 부양가족 현황을 입력하는 방법을 알아 볼 텐데 전산세무2급에 자주 출제되므로 입력법을 꼭 익혀서 출제되면 반드시 맞춰야 합니다.

1 사원등록 : 근로자 본인 인적사항 등록 필수

다음 기출문제를 통해 KcLep에 근로자 본인의 인적사항 등록방법을 알아보겠습니다.

실무기출 확인문제	(주)은마상사(회사코드:1152)	전산세무 2급, 118회 변형

다음 자료를 보고 당해 연도에 입사한 생산직 근로자 박한별 사원(입사일 2024년 6월 1일, 국내 근무)의 내역이다. 제시된 자료를 이용하여 사번 500번으로 사원등록 하되 박한별씨는 야간근로를 하며 이에 별도의 수당을 지급 받습니다.

관계	성명	주민등록번호	장애인 여부	소득현황
본인	박한별	810505-2027818	부	전년도 총급여 2,700만 원

1 사원등록 메뉴

[원천징수 탭] ⇒ [사원등록] 클릭한 후 「박한별」 사원의 주어진 인적사항을 순서대로 입력합니다.

◎ **핵심체크**

생산직 여부 등록★★
• 생산직 야간근로수당 비과
세 : 생산직등여부 '1.여', 연
장근로비과세 '1.여', 전년도총
급여 입력
• 야간근로수당 비과세 적용
위한 입력

② 사원등록 입력 결과

사원등록 메뉴에는 크게 [기본사항] [부양가족명세] [추가사항] 탭이 있습니다. 「박한별」 사
원의 기본 인적사항은 [기본사항] 메뉴에 입력하는데 입력 결과는 다음과 같습니다.

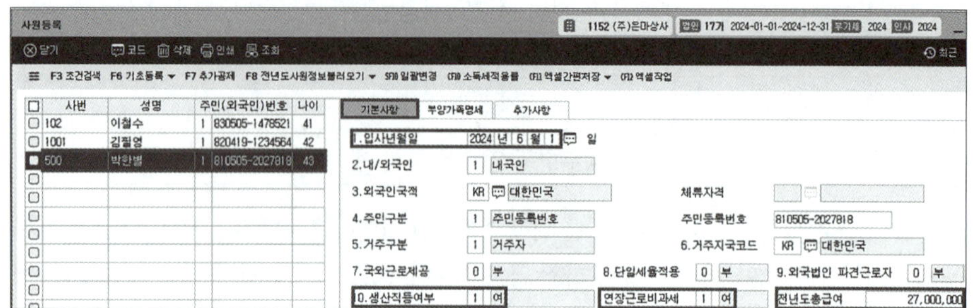

[입력요령]
• 사번 "500", 성명 "박한별" 입력 후 주민번호 여부에 "1:주민등록번호" 클릭. 구체적인 주민
  등록번호는 화면 우측 주민등록번호 칸에 입력
• 입사연월일 "2024. 6. 1", 주민번호 "810505−2027818" 입력.
• 생산직 근로자의 야간근로수당은 일정 조건(전년도 총급여 수준 등) 만족 시 비과세 되므로
  10.생산직등여부 '1.여', 연장근로비과세 '1.여', 전년도 총급여 27,000,000원 입력

② 부양가족 등록 필수

다음 기출문제를 통해 KcLep에 부양가족 등록방법을 알아 볼 텐데 본격적인 KcLep 입력 전
에 인적공제 요건을 다시 한 번 요약·정리하면 다음과 같습니다.

① 인적공제(기본공제, 추가공제) 요건

◎ **핵심체크**

인적공제 등록★★★
• 나이요건 : 20세 이하, 60세
이상
• 경로우대 : 70세 이상
• 장애인: 나이적용 ×
• 부녀자/한부모 : 중복적용 ×
• 해외거주 직계존속 : 기본공
제 ×
• 자녀세액공제 : 8세 ~ 20세
• 연중 사망 시 경로우대 : 사망
시점 현재로 판단

구분		공제요건
기본공제	근로자 본인	• 근로자가 여성인 경우 부녀자공제 추가 고려
	배우자	• 소득요건 ○, 나이요건 ×
	부양가족	• 소득요건 ○, 나이요건 ○ • 직계존비속은 형편상 별거해도 공제 적용하나 해외에 거주하는 직계존속은 공제하지 않음.
추가공제	경로우대	• 70세 이상
	장 애 인	• 소득요건 ○, 나이요건 ×
	부 녀 자	• 종합소득금액 연 3,000만 원 이하인 여성 근로자만 적용
	한 부 모	• 부녀자와 한부모 중복 시 한부모공제만 적용
세액공제	자녀공제	• 자녀세액공제는 8세 ~ 20세만 적용

(1) 나이요건

> 직계비속·입양자 20세 이하, 직계존속 60세 이상, 형제자매 20세 이하 또는 60세 이상

※ 연도 중 사망 시 경로우대 적용 판단 : 연중 사망 시점 현재 69세이면 경로우대 미적용

(2) 소득요건

종합소득금액 + 퇴직소득금액 + 양도소득금액 연 100만 원 이하 (단, 비과세·분리과세 소득, 보유 중인 재산은 제외)	
무조건 분리과세	복권당첨금, 일용근로소득 등
일정액 이하 시 분리과세	• 연 2,000만 원 이하 금융소득(이자+배당) • 연 500만 원 이하 총급여 • 연 300만 원 이하 기타소득금액(수입금액 − 필요경비)

자, 그럼 인적공제 요건을 바탕으로 기출문제를 풀어볼 텐데 아주 자주 출제되므로 꼭 반복 연습해야 합니다.

핵심체크

소득금액 불포함★★★
• 연 2,000만원 이하 이자+ 배당소득
• 복권당첨금
• 일용근로소득
• 연 500만원 이하 총급여
• 연 300만원 이하 기타소득 금액(총수입금액−필요경비)
• 분리과세 사적연금

| 실무기출 확인문제 | (주)은마상사(회사코드:1152) | 전산세무 2급, 115회 변형 |

다음은 영업부 사원 김필영(사번 : 1001)의 부양가족 자료이다. 부양가족은 모두 생계를 함께 하고 있으며 세부담 최소화를 위해 가능하면 김필영이 모두 공제받고자 한다. 본인 및 부양가족의 소득은 주어진 내용이 전부이다. [사원등록] 메뉴의 [부양가족명세] 탭을 작성하시오.(단, 기본공제대상자가 아닌 경우도 기본공제 '부'로 입력할 것)

관계	성명	주민등록번호	장애인 여부	소득현황
본인	김필영	820419−1234564	세대주	총급여 8,000만 원
배우자	최하나	841006−2219118	동거	퇴직소득금액 100만 원
아들	김이온	120712−3035892	동거	소득 없음
딸	김시온	190103−4035455	동거	소득 없음
부친	김경식	450103−1156778	주거형편상 별거	소득 없음, 「국가유공자법」에 따른 상이자로 장애인, 2024.03.08. 사망.
모친	이연화	490717−2155433	주거형편상 별거	양도소득금액 1,000만 원, 장애인 (중증환자)
장모	한수희	511111−2523454	미국 거주	소득 없음
형	김필모	791230−1234574	동거	일용근로소득 720만 원, 「장애인복지법」에 따른 장애인

🎯 핵심체크

공제입력 시 주의할 사항
★★★
• 기본공제 대상이 아닌 경우 기본공제 칸에 "0.부" 클릭
• 자녀세액공제는 8세 이상, 20세 이하만 가능
• 해외 거주 직계존속은 공제 불가능

2 부양가족 등록 결과

[원천징수 탭] ⇒ [사원등록] ⇒ 「김필영」클릭 후 [부양가족명세] 탭 눌러 문제에서 주어진 부양가족의 인적사항을 입력합니다. 부양가족 등록 시 연말정산 관계, 기본공제, 추가공제(부녀자·한부모·경로우대·장애인·위탁 관계) 가능 여부를 입력창에 나타난 정보를 보고 제대로 입력해야 합니다. 다음 내용은 입력 시 특히 주의가 필요합니다.

[부양가족 입력 결과]

연말관계	성명	내/외국인	주민(외국인, 여권)번호	나이	기본공제	부녀자	한부모	경로우대	장애인	자녀	출산입양	위탁관계
0	김필영	내	1 820419-1234564	42	본인							
1	김경식	내	1 450103-1156778	79	60세이상			○	2			
1	이연화	내	1 490717-2155433	75	부							
2	한수희	내	1 511111-2523454	73	부							
3	최하나	내	1 841006-2219118	40	배우자							
4	김이온	내	1 120712-3035892	12	20세이하					○		
4	김시온	내	1 190103-4035455	5	20세이하							
6	김필모	내	1 791230-1234574	45	장애인				1			

[입력요령]
• 부친(김경식) : 당해 연도 사망한 경우 당해 연도까지 공제 가능
• 모친(이연화) : 양도소득금액이 100만 원 초과해 기본공제 불가능
• 장모(한수희) : 해외거주로 공제 불가능
• 배우자(최하나) : 퇴직소득금액 100만 원이 전부로 소득금액 100만 원까지 공제 가능
• 딸(김시온) : 8세 미만으로 자녀세액공제 적용 불가능. "0.부" 선택
• 형(김필모) : 일용근로소득은 무조건 분리과세로 공제 가능

[입력 시 주의사항]

공제 가능 여부 판단	• 종합소득금액 + 퇴직소득금액 + 양도소득금액 합계액이 연 100만 원 초과시 공제 불가능 • 해외 거주 직계존속은 공제 불가능 • 자녀세액공제는 8세 이상, 20세 이하만 적용 가능 • 기본공제가 적용되지 않으면 추가공제(경로우대, 장애인)가 적용되지 않음.
입력 시 주의 사항	• 부양가족 입력 시 연말정산관계는 F2 클릭 후 배우자, 직계존속, 직계비속 등 관계선택 • 주민등록번호 입력 시 중간에 "—"을 입력하지 말고 숫자만 입력할 것. • 기본공제 대상이 아닌 경우 기본공제 칸에 "0.부" 클릭 • 부녀자공제, 한부모, 경로우대, 장애인 여부를 해당 칸에서 선택해 클릭

06 실무기출 공략하기

cafe.naver.com/eduacc 전산세무2급 자료실에서 Data_Install_JS2.zip 파일을 다운받아 컴퓨터에 설치 후 회사등록 클릭, F4 회사코드재생성 클릭 후 아래에 제시된 회사를 선택하여 문제를 푸시오.

난이도 ★★

01 ㈜대동산업(회사코드:1112)을 선택하시오. 필수 　　　　　　　　　　　[2023년, 111회]

다음 자료는 인사부 박한별 사원(입사일 2023년 6월 1일, 국내 근무)의 부양가족과 관련된 내용이다. 제시된 자료만을 이용하여 [사원등록(사번 : 500)]을 하고, 부양가족을 모두 [부양가족명세]에 등록 후 박한별의 세부담이 최소화되도록 기본공제 및 추가공제 여부를 입력하시오. 단, 2023.12.31. 이라는 가정 하에 풀 것.

- 박한별 사원 본인과 부양가족은 모두 내국인이며 거주자이다.
- 기본공제 대상자가 아닌 경우 '부'로 표시한다.

관계	성명	주민등록번호	동거(생계) 여부	장애인 여부	소득현황 및 기타사항
본인	박한별	810505-2027818	-	부	근로소득금액 2,500만 원
배우자	김준호	800525-1056931	부	부	소득 없음, 주거형편상 별거
본인의 아버지	박인수	510725-1013119	여	부	「장애인복지법」상 장애인에 해당함, 소득 없음, 2023년 1월 31일에 사망
아들	김은수	050510-3212685	부	부	분리과세 기타소득 200만 원, 국외 유학 중
딸	김아름	231225-4115731	여	부	소득 없음

02 ㈜천부전자(회사코드 : 1092)을 선택하시오. `필 수` 　　　　　　[2023년, 109회]

다음은 자재부 사원 김경민(사번 : 101)의 부양가족 자료이다. 부양가족은 모두 생계를 함께하고 있으며 세부담 최소화를 위해 가능하면 김경민이 모두 공제받고자 한다. [사원등록] 메뉴의 [부양가족명세]를 작성하시오(단, 기본공제대상자가 아닌 경우에는 입력하지 말 것).

성명	관계	주민등록번호	동거 여부	비고
김경민	본인	650213-1234567	세대주	총급여 : 50,000,000원
정혜미	배우자	630415-2215676	동거	퇴직소득금액 100만 원
김경희	동생	700115-2157895	동거	일용근로소득 550만 원, 장애인(장애인복지법)
김경우	부친	400122-1789545	주거형편상 별거	이자소득 2천만 원
박순란	모친	400228-2156777	주거형편상 별거	소득없음
정지원	처남	690717-1333451	동거	양도소득금액 100만 원, 장애인(중증환자)
김기정	아들	951111-1123456	주거형편상 별거	취업준비생, 일용근로소득 500만 원
김지은	딸	031230-4156870	동거	사업소득금액 100만 원

03 수원산업㈜(회사코드 : 1062)을 선택하시오. 　　　　　　[2023년, 106회]

다음 자료를 바탕으로 [사원등록] 메뉴를 이용하여 사무직 사원 강하나(내국인, 거주자, 여성, 세대주, 배우자 없음)의 [부양가족명세] 탭을 알맞게 수정하시오.

성명	관계	주민등록번호	내/외국인	동거여부	비고
강하나	본인	810630-2548757	내국인	세대주	근로소득 총급여액 3,000만 원
강인우	본인의 아버지	510420-1434568	내국인	주거형편상 별거	양도소득금액 90만 원
유지인	본인의 어머니	540730-2870981	내국인	주거형편상 별거	근로소득 총급여액 500만 원
이민주	본인의 딸	020805-4123451	내국인	동거	소득 없음
이자유	본인의 아들	060505-3123451	내국인	동거	소득 없음
강하늘	본인의 언니	780112-2434522	내국인	동거	소득 없음, 장애인(중증환자)

※ 본인 및 부양가족의 소득은 위의 소득이 전부이다.

04 ㈜이천산업(회사코드:1042)을 선택하시오.　　　　　　　　　　　　　　　　　　　　　[2022년, 104회]

다음은 총무부 사원 강지후(사번:105)의 부양가족 자료이다. 부양가족은 생계를 같이하고 있으며 부양가족공제는 요건이 충족되는 경우 모두 강지후 사원이 적용받기로 한다. 근로자 본인의 소득세가 최소화되도록 [사원등록] 메뉴의 [부양가족명세]를 작성하시오(단, 기본공제대상자가 아닌 경우에는 기본공제 "부"로 입력할 것).

성명	관계	주민등록번호	동거 여부	비고
강지후	본인	741213-1114524	세대주	
정혜미	배우자	751010-2845212	동거	퇴직소득금액 200만 원
김미자	본인의 모친	550203-2346311	동거	일용근로소득 550만 원
강지민	본인의 동생	791010-2115422	질병의 요양으로 일시적 퇴거	장애인(항시 치료를 요하는 중증환자), 양도소득금액 300만 원
강지율	자녀	070505-4842106	동거	원고가 당선되어 받은 일시적인 원고료 100만 원
강민율	자녀	100705-3845722	국외 유학 중	소득 없음

01 대동산업

1. 사원등록

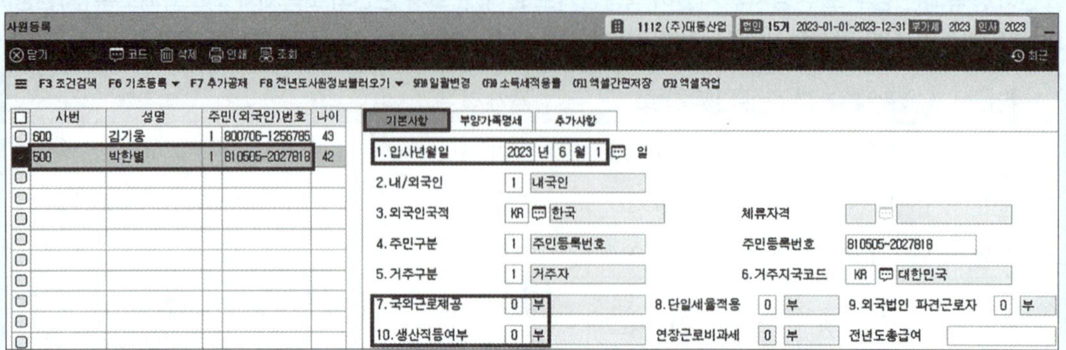

※ 국내 근무 ⇒ 7.국외근로제공 "0.부", 인사부 ⇒ 10.생산직등여부 "0.부"

2. 부양가족등록

사번	성명	주민(외국인)번호	나이
600	김기웅	1 800706-1256785	43
500	박한별	1 810505-2027818	42

연말관계	성명	내/외국인	주민(외국인)번호	나이	기본공제	부녀자	한부모	경로우대	장애인	자녀	출산입양	위탁관계
0	박한별	내	1 810505-2027818	42	본인	○						
3	김준호	내	1 800525-1056931	43	배우자							
1	박인수	내	1 510725-1013119	72	60세이상				○	1		
4	김은수	내	1 050510-3212685	18	20세이하					○		
4	김아름	내	1 231225-4115731	0	20세이하						둘째	

[입력요령]

- 박한별(본인) : 여성근로자로 종합소득금액 3,000만원 이하 ⇒ 부녀자공제란 "1.여" 클릭
- 배우자는 주거형편상 별거해도 공제 대상임.
- 박인수(부) : 장애인복지법 장애인 ⇒ 장애인란 "1:장애인복지법" 선택
- 자녀세액공제 : 8세~20세 적용가능하므로 김은수만 적용
- 김아름(딸) : 당해 연도 출생 ⇒ 출산입양란 "2:둘째" 선택
- 분리과세 기타소득은 분리과세이므로 연 소득금액 100만원 산정에서 제외

02 ㈜천부전자

사번	성명	주민(외국인)번호	나이
15	진도준	1 771030-1224112	46
101	김경민	1 650213-1234567	58

연말관계	성명	내/외국인	주민(외국인)번호	나이	기본공제	부녀자	한부모	경로우대	장애인	자녀	출산입양	위탁관계
0	김경민	내	1 650213-1234567	58	본인							
3	정혜미	내	1 630415-2215676	60	배우자							
6	김경희	내	1 700115-2157895	53	장애인				1			
1	김경우	내	1 400122-1789545	83	60세이상			○				
1	박순란	내	1 400228-2156777	83	60세이상			○				
6	정지원	내	1 690717-1333451	54	장애인				3			
4	김지은	내	1 031230-4156870	20	20세이하					○		

[입력요령]

- 김경희(동생) : 형제자매는 동거해야 공제대상이며 53세이지만 장애인은 나이제한 없음. ⇒ 장애인란 "1:장애인복지법" 선택
- 정지원(처남) : 형제자매는 동거해야 공제대상이며 54세이지만 장애인은 나이제한 없음. ⇒ 장애인란 "3:중증환자등" 선택
- 김지은(딸) : 20세 이하이므로 자녀세액공제 대상 ⇒ 자녀란 "1:여" 선택
- 일용직은 무조건 분리과세, 이자소득 2,000만 원 이하는 무조건 분리과세이므로 연 소득금액 100만원 산정에서 제외
- 기본공제대상자만 입력하고 문제에 단서가 있으므로 공제대상만 입력할 것

03 수원산업㈜

☐	사번	성명	주민(외국인)번호	
☐	104	강하나	1	810630-2548757
☐	125	문지율	1	721010-1187511
☐				

기본사항	부양가족명세	추가사항

연말관계	성명	내/외국인		주민(외국인)번호	나이	기본공제	부녀자	한부모	경로우대	장애인	자녀	출산입양	위탁관계
0	강하나	내	1	810630-2548757	41	본인		○					
1	강인우	내	1	510420-1434568	71	60세이상			○				
1	유지인	내	1	540730-2870981	68	60세이상							
4	이민주	내	1	020805-4123451	20	20세이하					○		
4	이자유	내	1	060505-3123451	16	20세이하					○		
6	강하늘	내	1	780112-2434522	44	장애인				3			

[입력요령]

- 강하나(본인) : 남편 없는 여성 근로자이므로 한부모공제 대상 ⇒ 한부모란 "1:여" 선택. 부녀자공제와 중복적용 되지 않아 금액이 더 큰 한부모공제 선택
- 강하늘(언니) : 형제자매는 동거해야 공제대상이며 44세이지만 장애인은 나이제한 없음. ⇒ 장애인란 "3:중증환자등" 선택
- 근로소득 총급여 연 500만원까지는 기본공제 대상임.

05 ㈜이천산업

☐	사번	성명	주민(외국인)번호	
☐	103	한기홍	1	710501-1223336
☐	105	강지후	1	741213-1114524
☐				

기본사항	부양가족명세	추가사항

연말관계	성명	내/외국인		주민(외국인)번호	나이	기본공제	부녀자	한부모	경로우대	장애인	자녀	출산입양
0	강지후	내	1	741213-1114524	48	본인						
3	정혜미	내	1	751010-2845212	47	부						
1	김미자	내	1	550203-2346311	67	60세이상						
6	강지민	내	1	791010-2115422	43	부						
4	강지율	내	1	070505-4842106	15	20세이하					○	
4	강민율	내	1	100705-3845722	12	20세이하					○	

[입력요령]

- 정혜미(배우자) : 퇴직소득금액 연 100만 원을 초과하므로 기본공제 대상 아님.
- 강지민(동생) : 장애인이지만 양도소득금액이 연 100만 원을 초과하므로 기본공제 대상 아님.
- 일용직은 무조건 분리과세, 일시적 원고료 100만 원은 분리과세 이므로 연 소득금액 100만 원 산정에서 제외.
- 문제에서 요구하므로 기본공제대상자가 아닌 경우에는 기본공제 "부"로 입력.

학습내용 · 급여자료 입력 · 원천징수이행상황신고서

공부방향 2회 시험마다 1문제씩 출제될 정도로 출제빈도가 매우 높은 내용으로 급여항목/공제항목 등록이 핵심 내용이므로 이를 위해 **비과세 급여항목을 확실히 구분할 있어야 함**.

 정교수 콕콕

cafe.naver.com/eduacc 전산세무2급 자료실에서 Data_Install_JS2.zip 파일을 다운받아 컴퓨터에 설치 후 회사등록 클릭, F4 회사코드재생성 클릭 후 ㈜선진테크, ㈜파도상회 선택

사원등록을 했으면 이제 **KcLep**에 총급여 내역을 입력하고 해당 근로자에게 지급된 총급여의 원천징수 내역, 즉, 원천징수이행상황신고서를 작성할 차례입니다.

1 비과세 급여항목 필수

KcLep [급여입력창]은 급여 자료를 입력할 때 과세항목과 비과세항목을 구분 입력하도록 설계되어 있어 **비과세 급여항목을 확실히 구분**할 줄 알아야 합니다. 앞에서 공부했던 비과세 급여항목을 요약하면 다음과 같습니다.

핵심체크

비과세 급여★★★
· 식대 : 현물식사 + 식대수령 시 과세
· 보육수당 : 6세 이하/출산
· 자가운전보조금 : 출퇴근 용도, 유류비등 실비 추가 지급받으면 과세
· 생산직 야간근로수당: 생산직여부, 비과세여부, 전년도 총급여, 월정급여 입력

비과세 급여 항목	내용
월 20만 원 이하 식대	· 별도의 식사를 제공받으면서 식대를 추가로 받으면 과세
월 20만 원 이하 보육수당 및 출산수당	· 6세 이하 자녀 양육 또는 근로자 또는 그 배우자의 출산으로 지급받는 금액 (자녀 1인당 월 20만 원 이내 금액, 부부가 각각 수령 시 모두 비과세)
월 20만 원 이하 자가운전보조금	· 근로자가 자기 소유 차량을 회사 업무에 사용할 경우 적용. 단, 출퇴근 용도에만 차량 이용하거나 유류비 등 비용을 추가로 지급 받으면 과세대상임.
생산직 근로자가 수령하는 야간근로수당 등	· 직전연도 총급여가 3,700만 원 이하로서 월정액급여 260만 원 이하인 생산직 근로자에게 연 240만 원까지 비과세
해외근로소득	· 월 100만 원 이내 금액(건설현장, 원양어선은 월 500만 원)

근로자 본인의 학자금 (본인의 통상 학원비 /자녀 학자금 수령은 과세)	• 3가지 요건을 만족할 경우 비과세 적용 – 업무와 관련 있는 교육　– 회사의 지급기준에 따른 지급 – 교육기간 6개월 이상인 경우 교육 후 교육기간을 초과 　해 근무하지 않을 경우 반환 조건
연구보조비	• 대학 등 교원, 특별연구기관/기업부설연구소 직접 종사자 가 수령하는 월 20만 원 이내 금액

🔍 **참고**

KcLep [수당공제등록] 메뉴에 비과세 한도 금액이 이미 입력이 되어 있어 비과세 금액을 암기할 필요는 없음

2 계속 근무자 급여자료 입력

다음 기출문제를 통해 KcLep에 근로자가 수령하는 급여 내역을 어떻게 입력하는지 알아보겠습니다. 출제 가능성이 매우 높으니 꼭 입력법을 익혀야 합니다.

실무기출 확인문제	(주)선진테크(회사코드:1162)	전산세무 2급, 116회 수정

다음 자료를 바탕으로 내국인이며 거주자인 생산직 사원 임하나(750128-2436815, 세대주, 입사일 : 2024.09.01)의 세부담이 최소화 되도록 [사원등록] 메뉴의 [기본사항] 탭을 이용하여 아래의 내용 중에서 필요한 항목을 입력하고, 9월분 급여자료를 입력하시오.(단, 급여지급일은 매월 말일이며, 사용하지 않는 수당항목은 '부'로 표시할 것)

> 아래 〈자료〉를 통해 임하나의 [사원등록] 메뉴의 [기본사항] 탭에서 다음의 사항을 입력하고 9월분 급여자료를 입력하시오.
> - 10.생산직등여부, 연장근로비과세, 전년도총급여　• 12.국민연금보수월액
> - 13.건강보험보수월액　• 14.고용보험보수월액

🎯 **핵심체크**

급여자료 입력 시 주의 내용
★★★
- 과세/비과세 급여항목 구분 파악
- 등록되어 있지 않은 급여/공제항목 파악

자료

- 국민연금보수월액, 건강보험보수월액, 고용보험보수월액은 1,800,000원으로 신고하였다.
- 별도의 식사는 제공하지 않고 있으며, 식대로 매월 200,000원을 지급하고 있다.
- 출퇴근용 시내교통비로 매월 300,000원을 지급하고 있다.
- 보육수당은 6세 이하 자녀를 양육하는 직원에게 지급하는 수당이다.
- 9월은 업무 특성상 야간근무를 하며, 이에 대하여 별도의 수당을 지급하고 있다.
(→ 임하나 : 국내 근무, 월정액급여 1,800,000원, 전년도 총급여 27,000,000원)
- 2024년 9월 1일 이전의 연장·야간근로수당으로서 비과세되는 금액은 없다.

• 급여 및 제수당 내역은 다음과 같다.

9월 급여 및 제수당		공제항목	
기본급	1,500,000원	국민연금	81,000원
식 대	200,000원	건강보험	63,810원
시내교통비	300,000원	장기요양보험	8,260원
보육수당	100,000원	고용보험	14,400원
야간근로수당	2,200,000원	소득세(100%)	15,110원
		지방소득세	1,510원
		건강보험료정산	125,760원
급여 계	4,300,000원	**공제합계**	309,850원
		지급총액	3,990,150원

1 사원등록 창 추가 입력 필수

이미 공부한 사원등록 내용 중 10.생산직등여부, 연장근로비과세, 전년도총급여, 12.국민연금보수월액, 13.건강보험보수월액, 14.고용보험보수월액을 추가로 입력해야 합니다. [원천징수 탭] ⇒ [사원등록] 클릭한 후 문제에서 주어진 내용을 "임하나 사원"의 [기본사항]에 입력하면 다음과 같습니다.

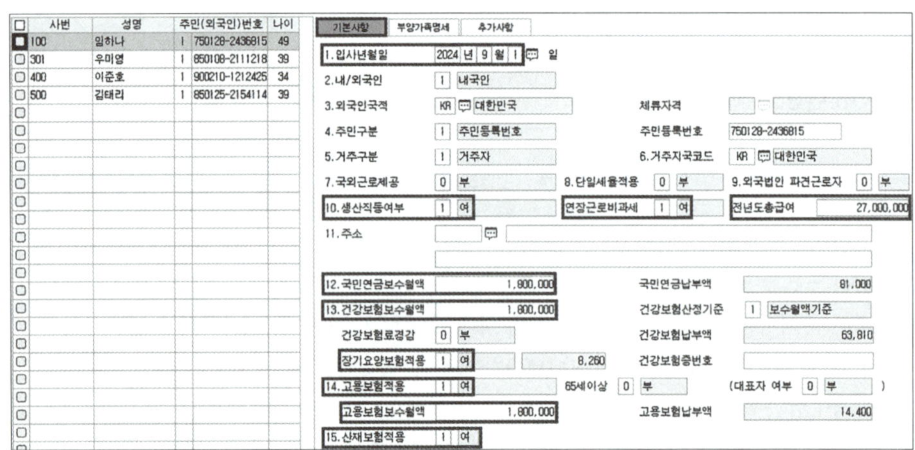

2 급여 및 제수당 입력 필수

[원천징수 탭] ⇒ [급여자료입력] 클릭한 후 문제에서 주어진 급여 지급월 "9월"과 급여지급일 "9월 30일" 입력하면 다음과 같은 급여자료 입력창이 나타납니다.

(1) 급여자료 입력창

왼쪽은 급여항목, 오른쪽은 공제항목인데 여기에 기출문제에서 주어진 급여항목을 과세 · 비과세로 구분 요약하면 아래와 같습니다.

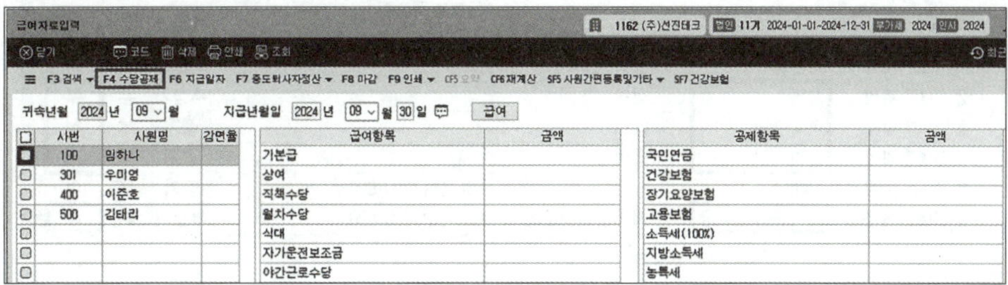

과세 항목		비과세항목		
기본급	시내교통비	식대	보육수당	야간근로수당
1,500,000	300,000	200,000	100,000	2,200,000

그런데 「시내교통비」, 「보육수당」은 입력 메뉴에 없어 신설해야 하며 사용하지 않는 수당항목인 「상여」, 「직책수당」, 「월차수당」, 「자가운전보조금」은 화면에 나타나지 않게 해야 합니다. 이 작업은 [F4 수당공제] 메뉴를 클릭해 수행하는데 아래 입력법을 꼭 익혀야 합니다.

(2) 수당항목 입력 요령 : F4 수당공제 ⇒ 과세/비과세 구분 + 화면 표시 여부

코드	과세구분	수당명	근로소득유형			월정액	사용여부
			유형	코드	한도		

	⇑	⇑	⇑			⇑	⇑
	1:과세 2:비과세	비과세는 반드시 F2 눌러 선택	별도로 입력할 필요 없음			0:부정기 1:정 기	0:부 1:여

- 과세구분 : 1:과세, 2:비과세를 구분하여 입력
- 수당명 : F2 눌러 계정과목 조회하여 클릭. 없으면 직접 입력
- 근로소득유형 : 수당명을 정확히 입력하면 자동으로 입력됨
- 월정액 : 매달 동일 금액이 지급되면 1:정기, 부정기적으로 지급되면 0:부정기 입력
- 사용여부 : 급여입력창에 표시하여 사용하려면 1:여, 화면에서 표시하지 않으려면 0:부 입력

핵심체크

수당항목 등록★★★
- F4 수당공제 클릭 후 과세/비과세 구분 입력
- 사용여부: 0:부, 1:여

(3) 사용하지 않은 수당항목 화면표시 없애기

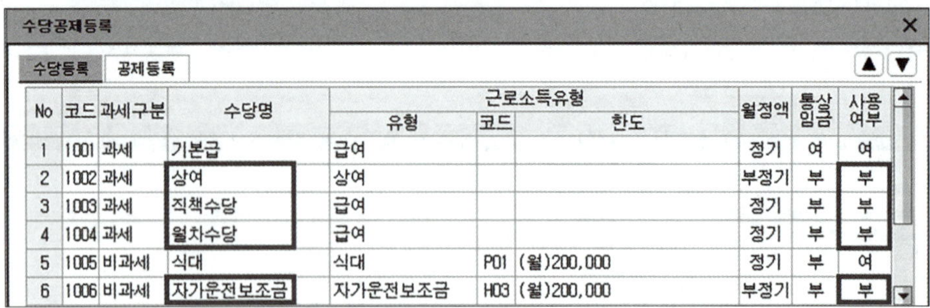

F4 수당공제 창을 열어 "상여, 직책수당, 월차수당, 자가운전보조금" 수당항목 우측 끝의 사용여부를 "0.부"로 바꾸면 급여입력창에 표시되지 않습니다.

(4) 신규 수당항목 등록

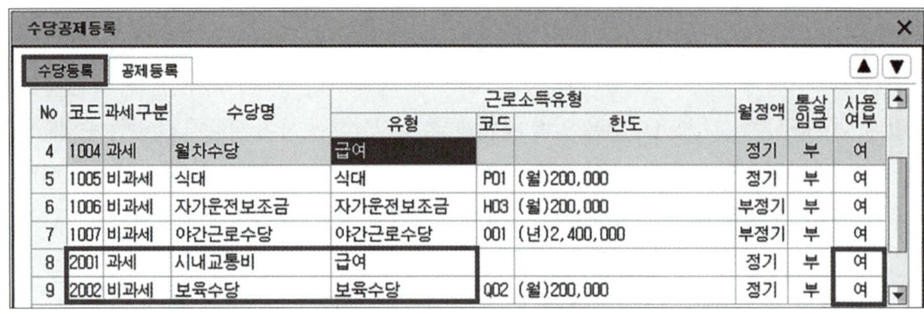

F4 수당공제 창을 열어 맨 밑의 빈칸에 "1:과세, 시내교통비" 입력, "2:비과세, 출산.보육수당(육아수당)" 입력 후 근로소득유형 칸에서 F2 눌러 "보육수당" 클릭 한 뒤 수당항목 우측 끝의 사용여부를 "1.여"로 하면 급여입력창에 "시내교통비, 보육수당" 수당항목이 표시됩니다.

3 공제항목 신규 등록 필수

등록되어 있지 않은 "건강보험료정산" 공제항목을 신규로 등록하여 하는데 F4 수당공제등록 창에서 [공제등록] 탭을 클릭하여 다음과 같이 등록합니다.

핵심체크

공제항목 등록★★★
- F4 공제등록 클릭 후 입력
- 사용여부: 0:부, 1:여

(1) 공제등록 요령

코드	과세구분	수당명	사용여부

⇑   ⇑   ⇑

공제명칭 입력   반드시 F2 눌러 선택   0:부   1:여

- 공제항목명 : "건강보험료정산" 입력
- 공제소득유형 : F2 눌러 "5.건강보험료정산" 클릭
- 사용여부 : 화면에 사용하려면 1:여, 화면에서 표시하지 않으려면 0:부 입력

(2) 공제항목 입력 결과

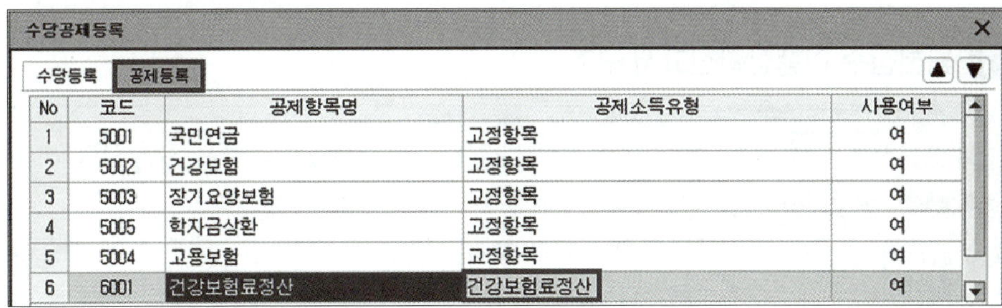

⇑

F2
눌러
선택

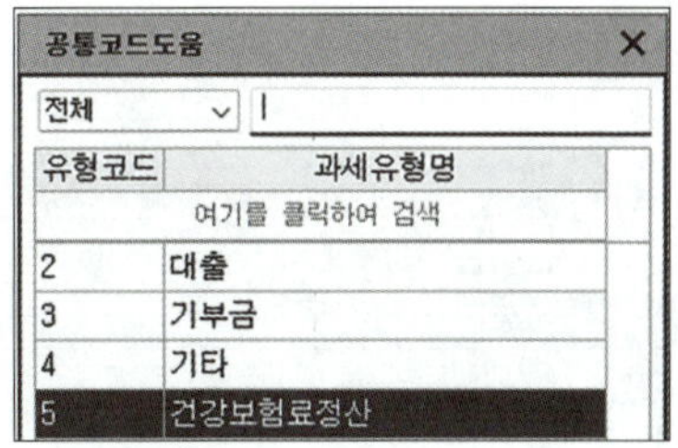

4 급여자료 입력창 최종 결과

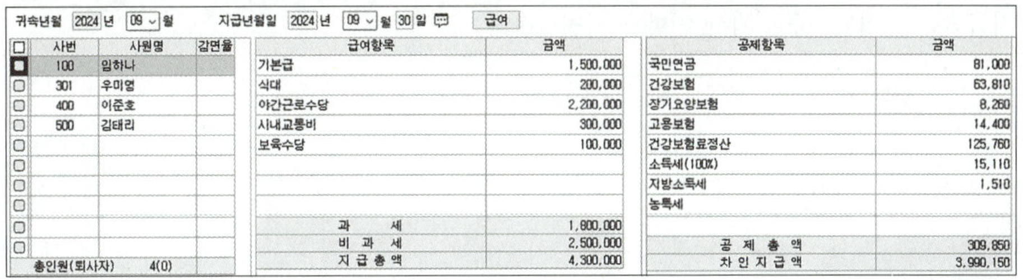

급여지급총액 4,300,000원(과세 1,800,000원/비과세 2,500,000원), 공제총액 309,850원, 차인지급액 3,990,150원이 표시됩니다. KcLep에 표시된 최종 금액이 시험문제에 표시된 금액과 맞는 지 확인하면 됩니다.

3 원천징수이행상황신고서 작성 기초

자, 이렇게 직원들에게 급여를 지급했으면 회사는 다음 달 10일까지 그 지급내역을 세무서에 보고해 하는데 이를 위해 아래와 같이 원천징수이행 상황신고서를 작성해 제출합니다. 기출 문제를 통해 [원천징수이행상황신고서]를 작성해 보겠습니다.

실무기출 확인문제	(주)선진테크(회사코드:1162)	전산세무 2급, 116회

㈜선진테크의 직원 임하나에게 지급한 9월분 급여의 [원천징수이행상황신고서]를 작성하시오.

[원천징수] ⇒ [원천징수이행상황신고서] 클릭하면 아래와 같이 [원천징수이행상황신고서] 창이 열리는데 여기에 임하나에게 지급한 급여 귀속기간 9월, 지급기간 9월을 입력합니다.

1 원천징수 이행상황신고서 구조

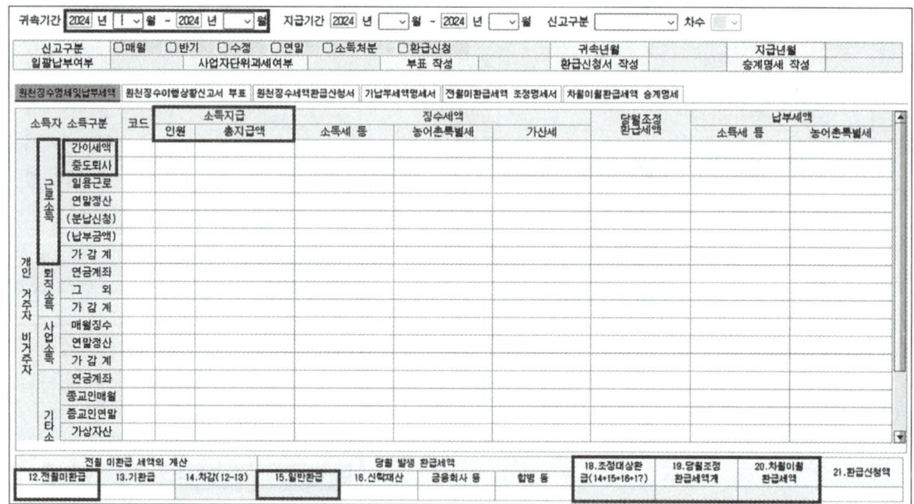

원천징수 이행상황신고서는 회사가 근로자에게 지급하고 원천징수하는 세금 내역이 모두 표시됩니다. 매월 지급되는 급여는 근로소득 칸의 『간이세액』 칸에 표시되고 중도 퇴사 하면서 지급받는 급여는 『중도 퇴사』칸에 표시됩니다.

2 입력 결과 필수

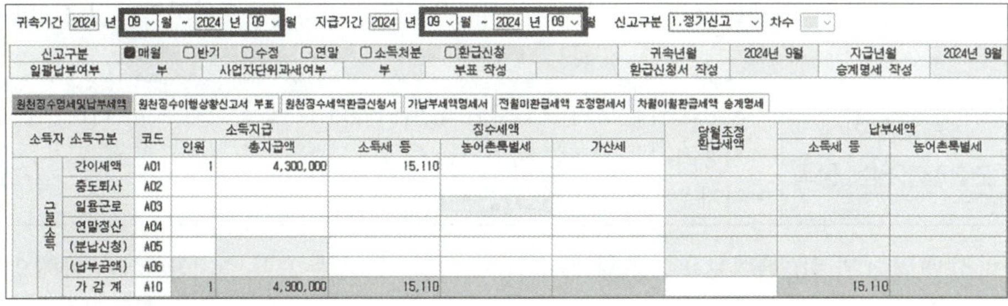

| 귀속기간 2024 년 09 월 ~ 2024 년 09 월 | 지급기간 2024 년 09 월 ~ 2024 년 09 월 | 신고구분 1.정기신고 | 차수 |

신고구분	■매월 □반기 □수정 □연말 □소득처분 □환급신청		귀속년월	2024년 9월	지급년월	2024년 9월
일괄납부여부	부	사업자단위과세여부	부	부표 작성	환급신청서 작성	승계명세 작성

원천징수명세및납부세액 · 원천징수이행상황신고서 부표 · 원천징수세액환급신청서 · 기납부세액명세서 · 전월미환급세액 조정명세서 · 차월이월환급세액 승계명세

소득자 소득구분		코드	소득지급		징수세액			당월조정 환급세액	납부세액	
			인원	총지급액	소득세 등	농어촌특별세	가산세		소득세 등	농어촌특별세
근로소득	간이세액	A01	1	4,300,000	15,110					
	중도퇴사	A02								
	일용근로	A03								
	연말정산	A04								
	(분납신청)	A05								
	(납부금액)	A06								
	가 감 계	A10	1	4,300,000	15,110				15,110	

(1) 귀속기간·지급기간

9월 분 급여를 9월 30일에 지급했으므로 "귀속기간은 9월", "지급기간은 9월" 입력

(2) 총지급액 칸

간이세액 칸에는 9월분 급여로 간이세액표에 의해 지급된 급여 4,300,000원과 원천 징수된 소득세 15,110원이 자동으로 끌려옵니다.

4 원천징수이행상황신고서 작성 심화 어려우면 Pass

㈜파도상회 기출문제를 통해 중도 퇴사자가 있는 좀 더 심화된 [원천징수이행상황신고서]를 작성해 보겠습니다.

| 실무기출 확인문제 | ㈜파도상회(회사코드 : 1132) | 전산세무 2급, 113회 변형 |

다음 자료를 이용하여 2024년 5월 귀속 [원천징수이행상황신고서]를 작성하시오. 단, 아래에 주어진 자료만을 이용하여 [원천징수이행상황신고서]를 직접 작성하고, [급여자료입력] 메뉴에서 불러오는 자료는 무시할 것.

[지급일자 : 2024년 6월 05일]	2024년 5월 귀속 급여대장								(단위:원)
구분	급여내역상세					공제내역상세			
성명	기본급	자격수당	식대	자가운전 보조금	합계	4대보험	소득세	지방 소득세	합계
김성현	2,600,000	–	200,000	200,000	3,000,000	234,000	90,000	9,000	333,000
서지은	2,700,000	300,000	200,000	–	3,200,000	270,000	– 200,000	– 20,000	50,000
합계	5,300,000	300,000	400,000	200,000	6,200,000	504,000	– 110,000	– 11,000	383,000

1. 위 급여내역 중 식대 및 자가운전보조금은 비과세 요건을 충족한다.
2. 5월 귀속 급여 지급일은 2024년 6월 5일이며 전월 미환급세액 190,000원이 있다.
3. 서지은(중도 퇴사자) 관련 사항
   (1) 2024년 5월 31일까지 근무 후 중도 퇴사하였다.
   (2) 2024년 1월부터 4월까지의 총지급액은 12,000,000원이라고 가정한다.
   (3) 소득세 및 지방소득세는 중도 퇴사자 정산이 반영된 내역이며, 5월분 급여에 대해서는 원천징수하지 않았다.

🎯 **핵심체크**

원천징수이행상황신고서 소득 지급칸★★★
비과세인 자가운전보조금(월 20만원) 입력 제외

1 소득지급 칸 `필수`

소득 지급칸에는 비과세를 포함한 총지급액을 기입하되 다음 비과세는 포함시키지 않습니다.

소득지급 칸에 포함하지 않는 항목	• 고용보험법에 따른 실업급여, 육아휴직 급여, 출산전후 휴가급여 등 • 사용자가 부담하는 국민연금 등 • 자가운전보조금(월 20만 원)

※ 식대(월 20만 원), 육아보육수당(월 20만 원) 등 다른 비과세는 모두 총지급란에 포함해 입력해야 함.

2 입력 결과

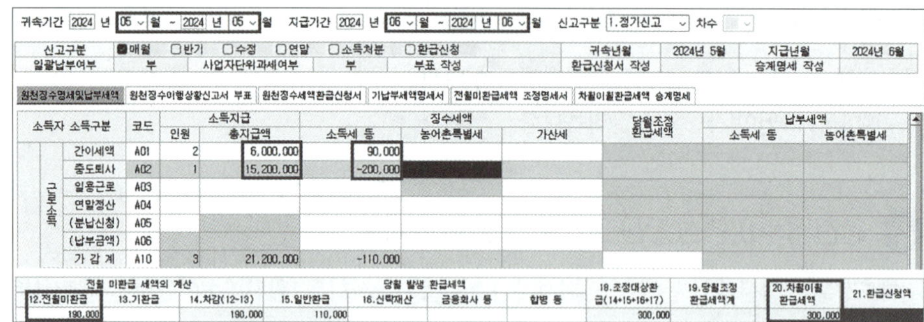

원천징수명세및납부세액 | 원천징수이행상황신고서 부표 | 원천징수세액환급신청서 | 기납부세액명세서 | 전월미환급세액 조정명세서 | 차월이월환급세액 승계명세

소득자 소득구분		코드	소득지급		징수세액			당월조정환급세액	납부세액	
			인원	총지급액	소득세 등	농어촌특별세	가산세		소득세 등	농어촌특별세
근로소득	간이세액	A01	2	6,000,000	90,000					
	중도퇴사	A02	1	15,200,000	-200,000					
	일용근로	A03								
	연말정산	A04								
	(분납신청)	A05								
	(납부금액)	A06								
	가 감 계	A10	3	21,200,000	-110,000					

전월 미환급 세액의 계산			당월 발생 환급세액				18.조정대상환급(14+15+16+17)	19.당월조정환급세액계	20.차월이월환급세액	21.환급신청액
12.전월미환급	13.기환급	14.차감(12-13)	15.일반환급	16.신탁재산	금융회사 등	합병 등				
190,000		190,000	110,000				300,000		300,000	

(1) 총지급액란

1) 귀속기간·지급기간

5월 분 급여를 6월에 지급했으므로 "귀속기간은 5월", "지급기간은 6월" 입력. 문제 지시대로 자료를 불러올 때 기존 자료는 무시하고 모두 신규로 새로 입력해야 함.

2) 총지급액란

비과세 포함 모든 급여항목을 입력하되 "월 20만 원 이내 자가운전 보조금"은 빼고 입력해야 합니다. 또한 간이세액란에는 5월분 급여로 간이세액표에 의해 지급되는 금액을 입력하고 중도 퇴사란에는 퇴사시 까지 지급된 총급여액을 입력

구분	간이세액(5월 급여)	중도 퇴사(총 지급액)
김성현(5월분)	3,000,000 − 200,000(자가운전보조금) = 2,800,000원	−
서지은 • 1 ~ 4월분 • 5월분	 − 3,200,000원	 12,000,000원 3,200,000원
합 계	6,000,000원	15,200,000원

※ 비과세 자가운전보조금은 총지급란에 입력하지 말 것.

(2) 징수세액

구분	내용	금 액
간이세액	서지은에 대한 5월분 원천징수는 하지 않았다고 제시되어 있으므로 소득세 90,000원은 전액 김성현에 대한 간이세액에 해당하는 금액임.	90,000원
중도 퇴사	서지은에 대한 소득세 (−)200,000원은 전액 중도 퇴사에 대한 환급세액임.	−200,000원

(3) 차월이월 환급액

5월 분 급여의 원천징수 환급세액이 110,000원인데 전월 미환급 세금이 190,000원이므로 차월 이월되는 환급세액은 300,000원입니다. (110,000원 + 190,000원 = 300,000원)

5 원천징수이행상황신고서 전자신고 필수

앞에서 작성한 원천징수이행상황신고서를 이제 전자신고 해야 하는데 입력 방법만 알면 충분히 풀 수 있으므로 출제되면 반드시 맞추어야 합니다.

실무기출 확인문제　　　　(주)선진테크(회사코드:1162)　　| 전산세무 2급, 116회 |

다음 자료를 이용하여 이미 작성된 [원천징수이행상황신고서]를 조회하여 마감하고, 국세청 홈택스에 전자신고를 하시오.

[전산프로그램에 입력된 소득자료]

귀속월	지급월	소득구분	신고코드	인원	총지급액	소득세	비고
10월	10월	근로소득	A01	2명	7,000,000원	254,440원	매월(정기)신고

[유의사항]

1. 위 자료를 바탕으로 [원천징수이행상황신고서]가 작성되어 있다.
2. [원천징수이행상황신고서] 마감 → [전자신고] → [국세청 홈택스 전자신고 변환(교육용)] 순으로 진행한다.
3. [전자신고] 메뉴의 [원천징수이행상황제작] 탭에서 신고인구분은 2.납세자 자진신고를 선택하고, 비밀번호는 "123456789"를 입력한다.
4. [국세청 홈택스 전자신고 변환(교육용)] → 전자파일변환(변환대상파일선택) → [찾아보기]에서 전자신고용 전자파일을 선택한다.
5. 전자신고용 전자파일 저장경로는 로컬디스크(C :)이며, 파일명은 "작성연월일.01.t사업자등록번호"다.
6. [형식검증하기] ⇨ [형식검증결과확인] ⇨ [내용검증하기] ⇨ [내용검증결과확인] ⇨ [전자파일제출]을 순서대로 클릭한다.
7. 최종적으로 [전자파일 제출하기]를 완료한다.

◎ **핵심체크**

원천징수이행상황신고서 전자신고★★★
신고서 마감 → 전자신고 파일 작성 → 전자파일 변환 → 전자파일 검증/제출

1 원천징수이행상황신고서 마감

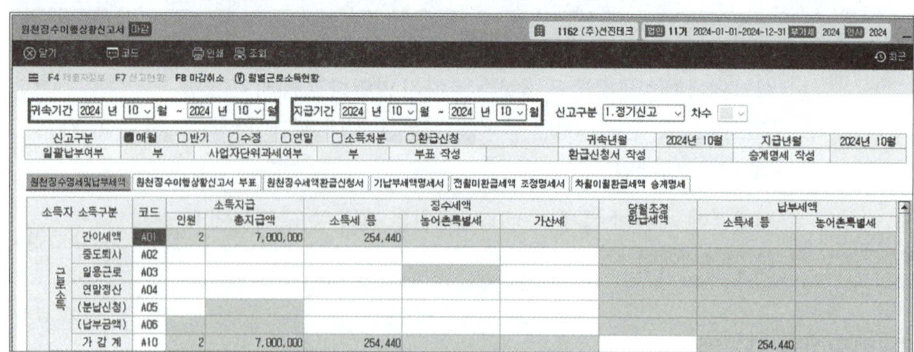

먼저 [원천징수이행상황신고서]를 불러와 귀속기간/지급기간에 10월 입력하고 F8 마감 버튼을 클릭하면 위와 같이 마감됩니다.

2 전자신고 파일 작성

[원천징수이행상황신고서]를 마감했으면 다음으로 전자신고용 파일을 만들어야 하는데 이때 비밀번호는 "123456789" 설정합니다.

(1) 전자신고 메뉴 클릭

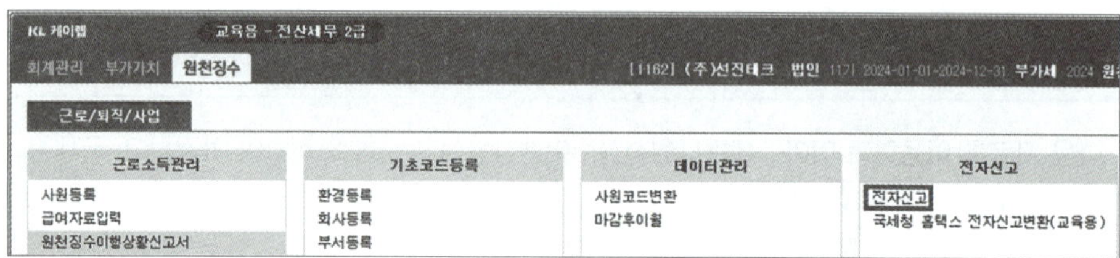

(2) 전자신고 파일 작성

아래 창이 뜨면 "2.납세자자진신고" 클릭 ⇨ 지급기간에 10월을 입력 ⇨ F4 제작 클릭 ⇨ 비밀번호 "123456789"를 두 번 입력 한 뒤 확인 클릭하면 전자신고 파일이 작성됩니다.

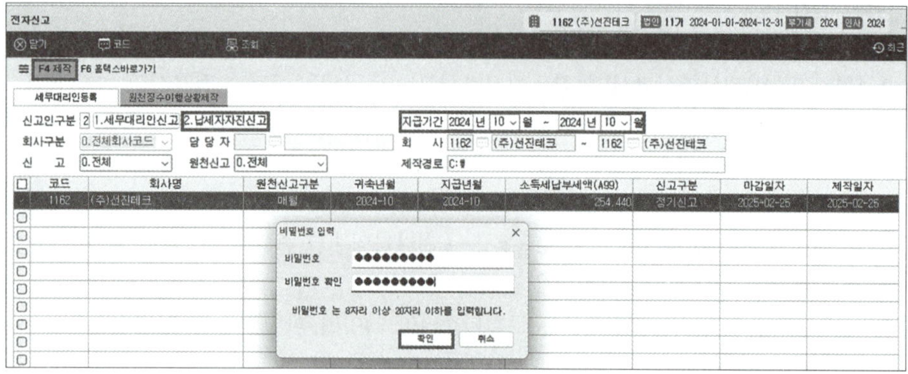

(3) 변환대상 전자파일 선택

[국세청 홈택스 전자신고변환(교육용)] 클릭하여 아래 창을 연 뒤 [찾아보기] 클릭하여 작성
된 전자신고 파일을 불러오면 아래와 같이 화면이 바뀝니다. 파일은 로컬디스크(C :)에 있으
며 파일명은 "20250225.01.t1308153506"입니다.

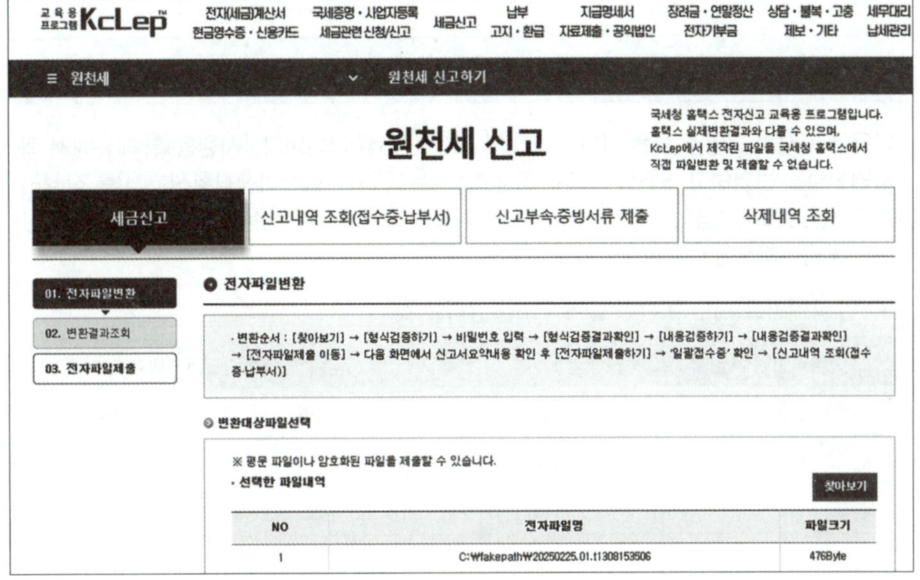

(4) 형식 검증 및 전자파일 제출

1) 형식검증

아래 메뉴를 순차적으로 입력한 뒤 [전자파일 제출]을 클릭합니다. [형식검증하기]에서 요구
하는 비밀번호는 이미 설정한 "123456789"을 입력합니다.

2) 전자파일 제출

최종적으로 [전자파일제출하기] 메뉴를 클릭하면 아래와 같이 전자신고가 완료됩니다.

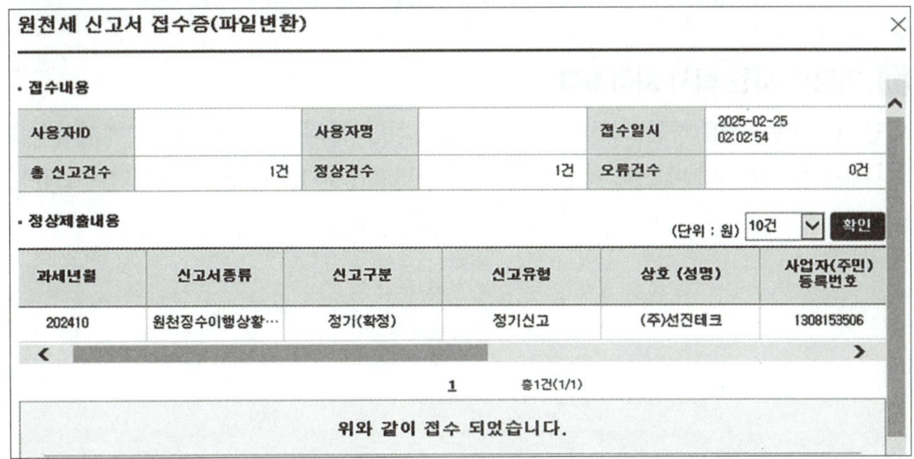

원천세 신고서 접수증(파일변환)

접수내용

사용자ID		사용자명		접수일시	2025-02-25 02:02:54
총 신고건수	1건	정상건수	1건	오류건수	0건

정상제출내용 (단위 : 원)

과세년월	신고서종류	신고구분	신고유형	상호 (성명)	사업자(주민)등록번호
202410	원천징수이행상황…	정기(확정)	정기신고	(주)선진테크	1308153506

1　　총1건(1/1)

위와 같이 접수 되었습니다.

6 중도 퇴사자의 급여자료 입력

가끔씩 직원이 퇴사하는데 다음 기출문제를 통해 KcLep에 중도 퇴사자 급여자료 입력을 알아보겠습니다. 출제 빈도는 높지 않지만 입력이 그렇게 어렵지 않으니 입력법을 기억하기 바랍니다.

실무기출 확인문제	(주)한양상사(회사코드 : 1202)	전산세무 2급, 120회

다음은 퇴사자 이영주 사원(사번 : 130)의 2025년 5월 급여이다. [사원등록] 메뉴에서 퇴사연월일을 반영하고, 5월의 [급여자료입력] 메뉴와 [원천징수이행상황신고서]를 작성하시오. (단, 반드시 [급여자료입력] 메뉴의 [F7 중도 퇴사정산]을 이용하여 중도 퇴사자 정산 내역을 급여자료에 반영할 것).

• 5월 급여자료(이영주 관련 급여자료만 입력할 것)

이름 : 이영주(입사 : 2024년 1월 1일)		지급일 : 2025년 5월 31일	
기 본 급	4,200,000원	국 민 연 금	218,250원
직 책 수 당	500,000원	건 강 보 험	171,930원
식 대	250,000원	장 기 요 양 보 험	22,260원
자 가 운 전 보 조 금	300,000원	고 용 보 험	43,650원
		중 도 정 산 소 득 세	−603,320원
		중 도 정 산 지 방 소 득 세	−60,310원
급여 합계	5,250,000원	공 제 총 액	−207,540원
		차 인 지 급 액	5,457,540원

• 퇴사일은 2025년 5월 30일이고, 5월 급여는 2025년 5월 31일 지급되었다.
• 본인 차량을 업무에 사용하고, 별도 여비를 지급하지 않는다.
• 수당 및 공제항목은 중도 퇴사자 정산과 관련된 부분을 제외하고 추가 및 변경하지 않기로 하며, 사용하지 않는 항목은 그대로 둔다.

※ 사용하지 않은 항목을 '부'로 변경하여 입력한 답안도 정답으로 인정합니다.

1 이영주 사원 퇴사 처리 [필수]

중도 퇴사 처리★★
[사원등록] 메뉴에서 16.퇴사년월일 입력

일단 퇴직하는 이영주 사원을 [사원등록] 메뉴 우측 하단의 「퇴사연월일 입력」칸에 퇴사일을 입력해 퇴사 처리해야 하는데, 퇴사 처리하면 입사년월일 우측에 [퇴사] 표시가 나타납니다.

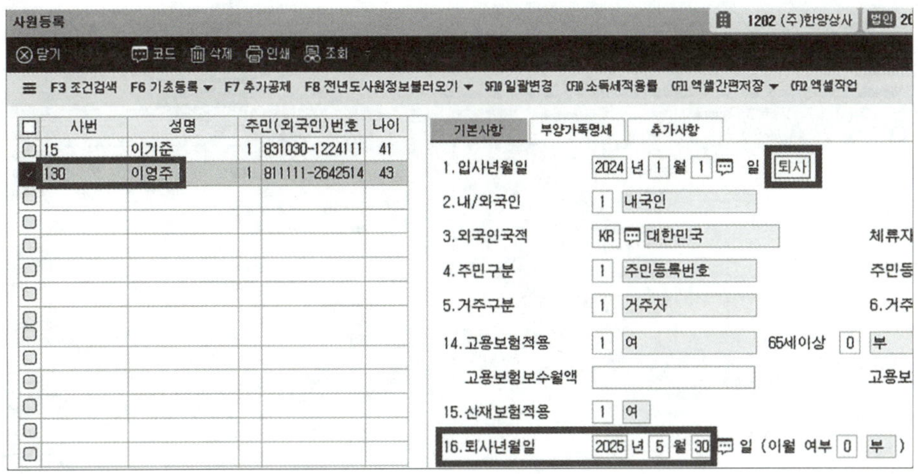

2 중도 퇴사 정산 처리 필수

이영주 사원을 퇴사 처리 한 후 퇴직하는 5월에 급여 지급 시 중도 퇴사 정산해야 하는데 다음과 같이 순서대로 처리해야 합니다.

(1) 1단계 5월(퇴직하는 월) 급여 및 공제항목 입력

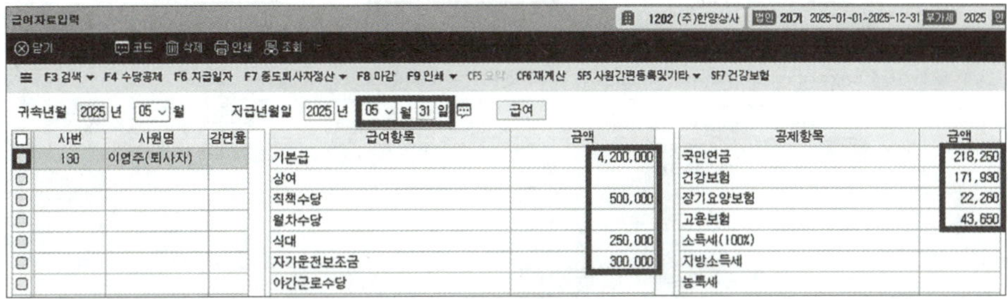

(2) 2단계 중도 퇴사 정산처리

퇴직하는 5월 급여·공제항목을 입력한 후 F7 중도 퇴사자정산 메뉴를 클릭하면 아래 창이 뜨는데 하단의 [급여반영(tab)]을 클릭하면 1월~5월의 급여가 아래와 같이 연말정산되어 중도정산소득세, 중도정산지방소득세가 자동계산 됩니다.

상단의
F7 중도 퇴사자정산
클릭 후

하단의
[급여반영(Tab)]
클릭

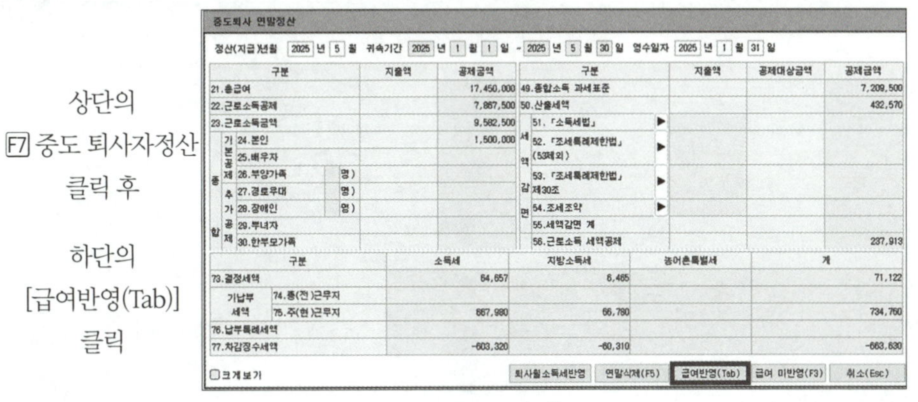

⇩

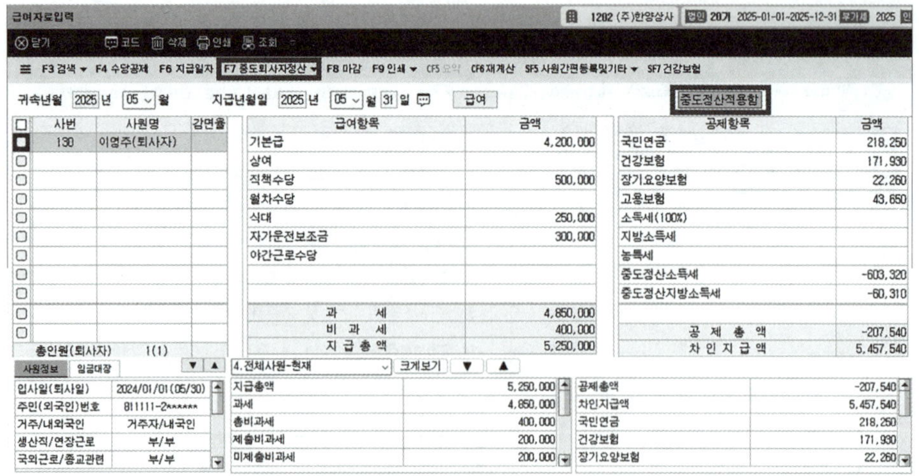

	사번	사원명	감면율	급여항목	금액	공제항목	금액
	130	이영주(퇴사자)		기본급	4,200,000	국민연금	218,250
				상여		건강보험	171,930
				직책수당	500,000	장기요양보험	22,260
				월차수당		고용보험	43,650
				식대	250,000	소득세(100%)	
				자가운전보조금	300,000	지방소득세	
				야간근로수당		농특세	
						중도정산소득세	-603,320
						중도정산지방소득세	-60,310
				과　세	4,850,000		
				비　과　세	400,000	공　제　총　액	-207,540
총인원(퇴사자)		1(1)		지　급　총　액	5,250,000	차　인　지　급　액	5,457,540

사원정보 / 임금대장		4.전체사원-현재　크게보기			
입사일(퇴사일)	2024/01/01 (05/30)	지급총액	5,250,000	공제총액	-207,540
주민(외국인)번호	811111-2******	과세	4,850,000	차인지급액	5,457,540
거주/내외국인	거주자/내국인	총비과세	400,000	국민연금	218,250
생산직/연장근로	부/부	제출비과세	200,000	건강보험	171,930
국외근로/종교관련	부/부	미제출비과세	200,000	장기요양보험	22,260

3 원천징수이행상황신고서 작성

이상 이영주 사원의 퇴사로 급여지급 했으면 이제 원천징수한 내역을 세무서에 보고해야 합니다. [원천징수이행상황신고서] 클릭하여「귀속기간·지급기간」에 5월을 입력하면 다음과 같습니다.

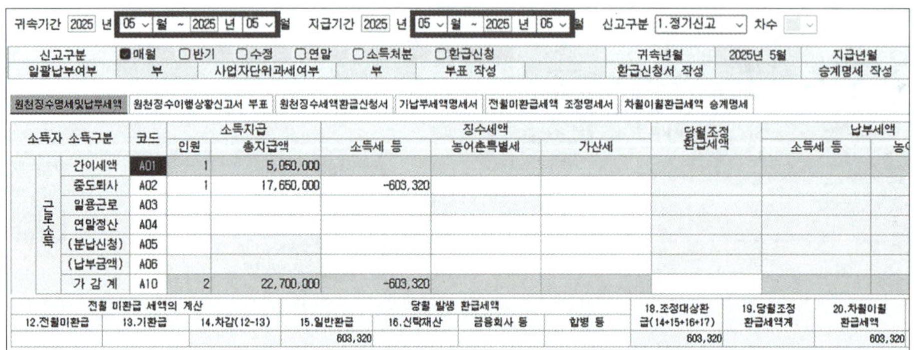

신고구분	■매월　□반기　□수정　□연말　□소득처분　□환급신청				귀속년월	2025년 5월	지급년월
일괄납부여부	부	사업자단위과세여부	부	부표 작성	환급신청서 작성		승계명세 작성

원천징수명세및납부세액 ｜ 원천징수이행상황신고서 부표 ｜ 원천징수세액환급신청서 ｜ 기납부세액명세서 ｜ 전월미환급세액 조정명세서 ｜ 차월이월환급세액 승계명세

소득자 소득구분		코드	소득지급		징수세액			당월조정환급세액	납부세액	
			인원	총지급액	소득세 등	농어촌특별세	가산세		소득세 등	농어
근로소득	간이세액	A01	1	5,050,000						
	중도퇴사	A02	1	17,650,000	-603,320					
	일용근로	A03								
	연말정산	A04								
	(분납신청)	A05								
	(납부금액)	A06								
	가 감 계	A10	2	22,700,000	-603,320					

전월 미환급 세액의 계산			당월 발생 환급세액				18.조정대상환급(14+15+16+17)	19.당월조정환급세액계	20.차월이월환급세액
12.전월미환급	13.기환급	14.차감(12-13)	15.일반환급	16.신탁재산	금융회사 등	합병 등			
			603,320					603,320	603,320

07 실무기출 공략하기

cafe.naver.com/eduacc 전산세무2급 자료실에서 Data_Install_JS2.zip 파일을 다운받아 컴퓨터에 설치 후 회사등록 클릭, F4 회사코드재생성 클릭 후 아래에 제시된 회사를 선택하여 문제를 푸시오.

난이도 ★

01 ㈜중동상회(회사코드 : 1182)를 선택하시오. 필수　　　　　　　　　[2025년, 118회]

다음은 생산직 근로자인 박지은(사번 : 101)과 최수지(사번 : 102)의 3월분 급여내역이다. 아래의 자료를 이용하여 [사원등록], [수당공제등록], [급여자료입력]을 작성하시오(단, [수당공제등록]의 불러온 자료는 무시하고 아래의 자료에 따라 입력하되, 사용하는 수당 외의 항목은 "부"로 체크하고, 월정액은 그대로 둘 것).

1. 박지은 3월 급여내역(3월분 급여는 3월 31일에 지급함

이름	박지은	지급일	3월 31일
기본급	3,000,000원	소득세	107,660원
식대	100,000원	지방소득세	10,760원
자가운전보조금	200,000원	국민연금	150,750원
야간근로수당	200,000원	건강보험	118,750원
자격수당	150,000원	장기요양보험	15,370원
		고용보험	26,800원
		사내대출금원리금상환액	266,560원
급여 합계	3,650,000원	공제 합계	696,650원
		차인지급액	2,953,350원

2. 최수지 3월 급여내역(3월분 급여는 3월 31일에 지급함

이름	최수지	지급일	3월 31일
기본급	1,900,000원	소득세	17,180원
식대	100,000원	지방소득세	1,710원
자가운전보조금	200,000원	국민연금	85,500원
야간근로수당	200,000원	건강보험	67,350원
		장기요양보험	8,720원
		고용보험	15,200원
급여 합계	2,400,000원	공제 합계	195,660원
		차인지급액	2,204,340원

- 식대 : 당사는 현물 식사를 별도로 제공하지 않는다.
- 자가운전보조금 : 본인 명의의 차량을 업무 목적으로 사용한 직원에게 자가운전보조금을 지급하고 있으며, 실제 발생한 교통비를 별도로 지급하지 않는다.
- 야간근로수당 : 정규 업무시간 외에 추가 근무를 하는 경우 매월 20만 원까지 야간근로수당을 지급하며, 생산직 근로자가 받는 연장근로수당 등은 세법상 요건을 갖춘 경우 비과세로 처리한다(직전 과세기간의 총급여액 : 박지은 2,400만 원, 최수지 2,800만 원).
- 요구하는 자격증을 취득하는 경우 자격수당을 지급한다.
- 사내대출금원리금상환액 : 당사는 직원을 대상으로 최저 금리로 사내대출을 해주고 그에 해당하는 원리금을 매달 급여에서 공제함.(공제소득유형 : 대출)

02 ㈜효원상회(회사코드 : 1142)를 선택하시오. 필수 [2024년, 114회]

다음은 영업부 대리 정기준(사번 : 33)의 급여 관련 자료이다. 필요한 [수당공제등록]을 하고 4월분 [급여자료입력]과 [원천징수이행상황신고서]를 작성하시오.

1. 4월의 급여 지급내역은 다음과 같다.

이름 : 정기준		지급일 : 2024년 04월 30일	
기 본 급	2,800,000원	국 민 연 금	153,000원
직 책 수 당	400,000원	건 강 보 험	120,530원
야 간 근 로 수 당	200,000원	장 기 요 양 보 험	15,600원
(비과세) 식 대	200,000원	고 용 보 험	27,200원
(비과세) 자 가 운 전 보 조 금	200,000원	소 득 세	114,990원
(비과세) 출 산 보 육 수 당	200,000원	지 방 소 득 세	11,490원
급여 합계	4,000,000원	공 제 합 계	442,810원
		차 인 지 급 액	3,557,190원

2. 수당공제등록 시 다음에 주의하여 입력한다.
- 수당등록 시 사용하는 수당 이외의 항목은 사용 여부를 "부"로 체크한다. (단, 월정액 여부와 통상임금 여부는 무시할 것)
- 공제등록은 고려하지 않는다.

3. 급여자료입력 시 다음에 주의하여 입력한다.
- 비과세에 해당하는 항목은 모두 비과세 요건을 충족하며, 최대한 반영하기로 한다.
- 공제항목은 불러온 데이터를 무시하고 직접 입력하여 작성한다.

4. 원천징수는 매월하고 있으며, 전월 미환급세액은 601,040원이다.

03 ㈜세아산업(회사코드 : 1082)을 선택하시오. 필수   [2023년, 108회]

다음은 영업부 최철수 과장(사원코드 : 101)의 3월과 4월의 급여자료이다. 3월과 4월의 [급여자료입력]과 [원천징수이행상황신고서]를 작성하시오. (단, 원천징수이행상황신고서는 각각 작성할 것.)

1. 회사 사정으로 인해 3월과 4월 급여는 2023년 4월 30일에 일괄 지급되었다.

2. 수당 및 공제항목은 불러온 자료는 무시하고, 아래 자료에 따라 입력하되 사용하지 않는 항목은 "부"로 등록한다.

3. 급여자료

구 분	3월	4월	비 고
기 본 급	2,800,000원	3,000,000원	
식 대	100,000원	200,000원	현물식사를 별도로 제공하고 있다.
지 급 총 액	2,900,000원	3,200,000원	
국 민 연 금	135,000원	135,000원	
건 강 보 험	104,850원	115,330원	
장 기 요 양 보 험	13,430원	14,770원	
고 용 보 험	23,200원	25,600원	
건 강 보 험 료 정 산	–	125,760원	공제소득유형 : 5.건강보험료정산
장 기 요 양 보 험 정 산	–	15,480원	공제소득유형 : 6.장기요양보험정산
소 득 세	65,360원	91,460원	
지 방 소 득 세	6,530원	9,140원	
공 제 총 액	348,370원	532,540원	
차 인 지 급 액	2,551,630원	2,667,460원	

01 ㈜중동상회

1. 생산직 등록(야간근로수당 비과세 적용) : [사원등록] 창

① 박지은

| 10.생산직등여부 | 1 | 여 | 연장근로비과세 | 1 | 여 | 전년도총급여 | 24,000,000 |

② 최수지

| 10.생산직등여부 | 1 | 여 | 연장근로비과세 | 1 | 여 | 전년도총급여 | 28,000,000 |

2. 사용 않는 수당항목 없애기 : F4 수당공제등록 창

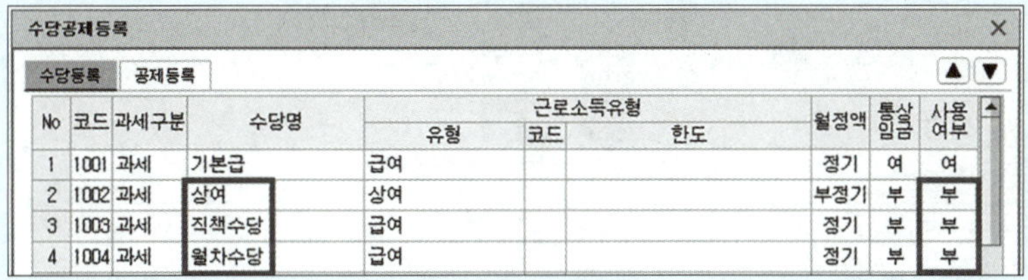

No	코드	과세구분	수당명	근로소득유형 유형	코드	한도	월정액	통상임금	사용여부
1	1001	과세	기본급	급여			정기	여	여
2	1002	과세	상여	상여			부정기	부	부
3	1003	과세	직책수당	급여			정기	부	부
4	1004	과세	월차수당	급여			정기	부	부

3. 수당항목 추가 등록 : F4 수당공제등록 창

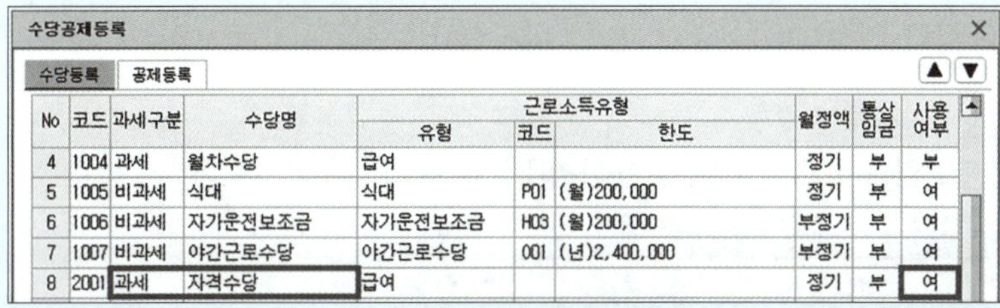

No	코드	과세구분	수당명	근로소득유형 유형	코드	한도	월정액	통상임금	사용여부
4	1004	과세	월차수당	급여			정기	부	부
5	1005	비과세	식대	식대	P01	(월)200,000	정기	부	여
6	1006	비과세	자가운전보조금	자가운전보조금	H03	(월)200,000	부정기	부	여
7	1007	비과세	야간근로수당	야간근로수당	O01	(년)2,400,000	부정기	부	여
8	2001	과세	자격수당	급여			정기	부	여

4. 공제항목 추가 등록 : F4 수당공제등록 창 – 공제소득유형은 "대출" 선택

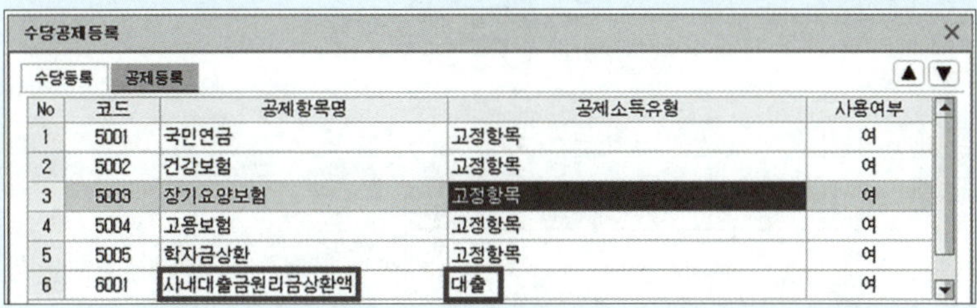

No	코드	공제항목명	공제소득유형	사용여부
1	5001	국민연금	고정항목	여
2	5002	건강보험	고정항목	여
3	5003	장기요양보험	고정항목	여
4	5004	고용보험	고정항목	여
5	5005	학자금상환	고정항목	여
6	6001	사내대출금원리금상환액	대출	여

5. 박지은 : 3월 급여 입력 [급여자료입력] 창

| 귀속년월 2024 년 03 월 | 지급년월일 2024 년 03 월 31 일 급여 |

사번	사원명	감면율	급여항목	금액	공제항목	금액
101	박지은		기본급	3,000,000	국민연금	150,750
102	최수지		식대	100,000	건강보험	118,750
111	류선재		자가운전보조금	200,000	장기요양보험	15,370
			야간근로수당	200,000	고용보험	26,800
			자격수당	150,000	사내대출원리금상환액	266,560
					소득세(100%)	107,660
					지방소득세	10,760
					농특세	
			과 세	3,350,000		
			비 과 세	300,000	공 제 총 액	696,650
총인원(퇴사자)	3(0)		지 급 총 액	3,650,000	차 인 지 급 액	2,953,350

6. 최수지 : 3월 급여 입력 [급여자료입력] 창

| 귀속년월 2024 년 03 월 | 지급년월일 2024 년 03 월 31 일 급여 |

사번	사원명	감면율	급여항목	금액	공제항목	금액
101	박지은		기본급	1,900,000	국민연금	85,500
102	최수지		식대	100,000	건강보험	67,350
111	류선재		자가운전보조금	200,000	장기요양보험	8,720
			야간근로수당	200,000	고용보험	15,200
			자격수당		사내대출원리금상환액	
					소득세(100%)	17,180
					지방소득세	1,710
					농특세	
			과 세	1,900,000		
			비 과 세	500,000	공 제 총 액	195,660
총인원(퇴사자)	3(0)		지 급 총 액	2,400,000	차 인 지 급 액	2,204,340

02 ㈜효원상회

1. 사용 않는 수당항목 없애기 : F4 수당공제등록 창

영업부 직원으로 생산직 등록이 필요 없으며 야간근로수당이 과세대상임.

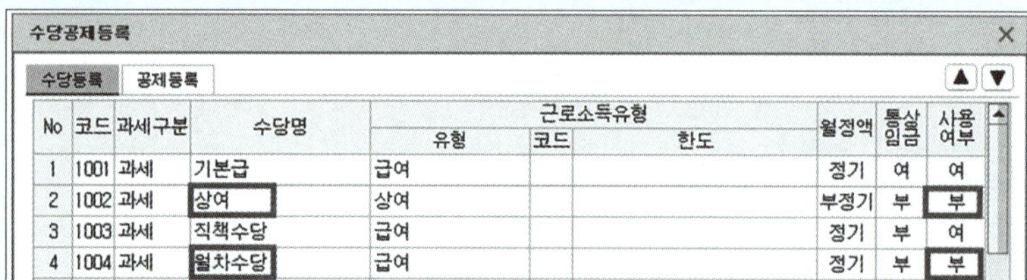

No	코드	과세구분	수당명	근로소득유형 유형	코드	한도	월정액	통상임금	사용여부
1	1001	과세	기본급	급여			정기	여	여
2	1002	과세	상여	상여			부정기	부	부
3	1003	과세	직책수당	급여			정기	부	여
4	1004	과세	월차수당	급여			정기	부	부

2. 수당항목 추가 등록 : F4 수당공제등록 창

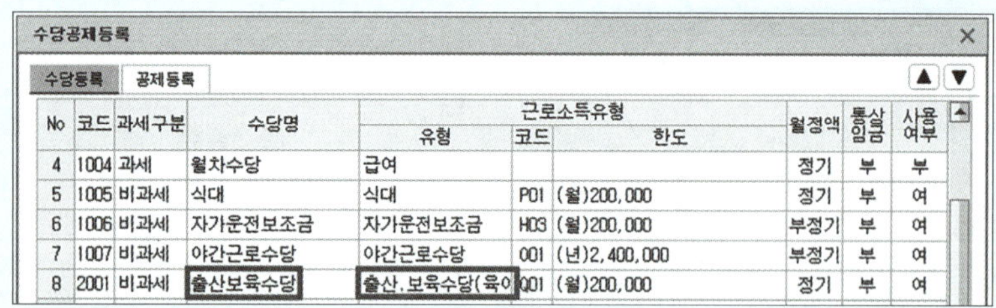

No	코드	과세구분	수당명	근로소득유형 유형	코드	한도	월정액	통상임금	사용여부
4	1004	과세	월차수당	급여			정기	부	부
5	1005	비과세	식대	식대	P01	(월)200,000	정기	부	여
6	1006	비과세	자가운전보조금	자가운전보조금	H03	(월)200,000	부정기	부	여
7	1007	비과세	야간근로수당	야간근로수당	001	(년)2,400,000	부정기	부	여
8	2001	비과세	출산보육수당	출산.보육수당(육아	Q01	(월)200,000	정기	부	여

※ 수당명 "출산보육수당" 입력 후 F2 눌러 근로소득유형 "출산.보육수당(육아수당)" 선택

3. 정기준 : 4월 급여 입력 [급여자료입력] 창

※ 비과세(식대 20만 원 + 자가운전보조금 20만 원 + 출산보육수당 20만 원 = 60만 원)

4. 원천징수이행상황신고서 : 4월 급여

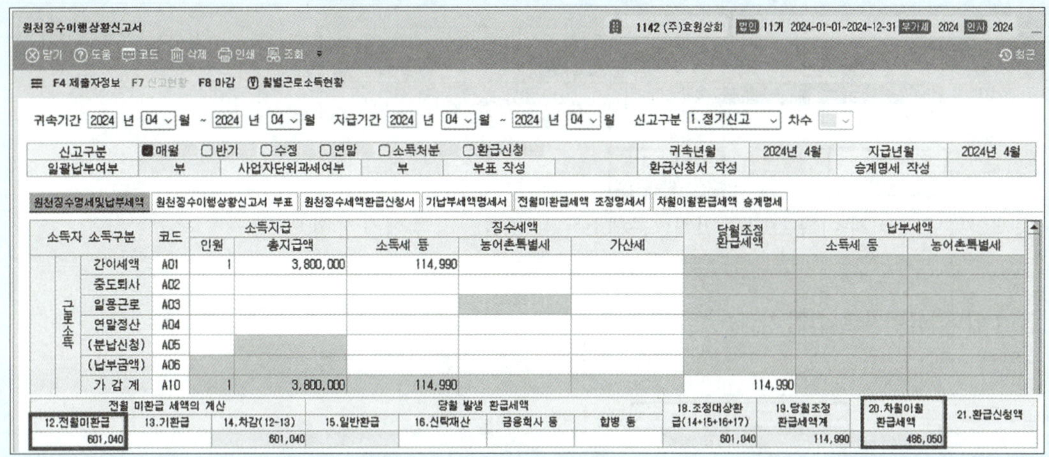

※ 전월 미환급 소득세 601,040원 입력하면 이월되는 환급세액 486,050원 자동 계산됨.

03 ㈜세아산업

1. 사용 않는 수당항목 없애기 : F4 수당공제등록 창

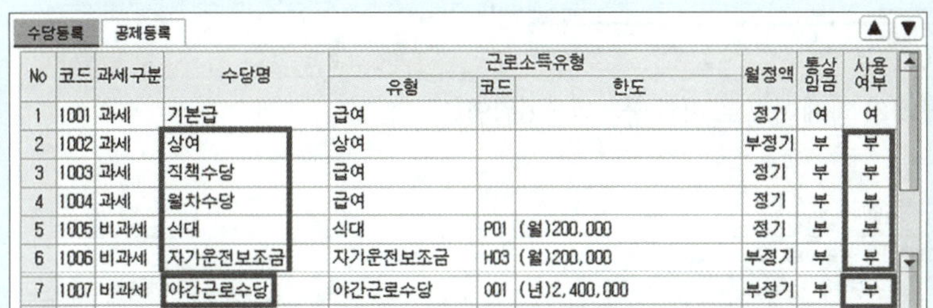

※ 현물식사 + 식대 수령시 식대는 과세이므로 "비과세 식대" 항목 사용 "부"로 설정 후 "과세 식대" 항목 추가
　설정해야 함.

2. 수당항목 추가 : F4 수당공제등록 창

수당공제등록 ×

| 수당등록 | 공제등록 |

No	코드	과세구분	수당명	근로소득유형			월정액	통상임금	사용여부
				유형	코드	한도			
4	1004	과세	월차수당	급여			정기	부	부
5	1005	비과세	식대	식대	P01	(월)200,000	정기	부	부
6	1006	비과세	자가운전보조금	자가운전보조금	H03	(월)200,000	부정기	부	부
7	1007	비과세	야간근로수당	야간근로수당	001	(년)2,400,000	부정기	부	부
8	2001	과세	식대	급여			정기	부	여

※ 최철수 과장의 식대: 과세이므로 1:과세, 식대 항목 추가

3. 공제항목 추가 등록 : F4 수당공제등록 창

수당공제등록 ×

| 수당등록 | 공제등록 |

No	코드	공제항목명	공제소득유형	사용여부
3	5003	장기요양보험	고정항목	여
4	5004	고용보험	고정항목	여
5	5005	학자금상환	고정항목	여
6	6001	건강보험료정산	건강보험료정산	여
7	6002	장기요양보험정산	장기요양보험정산	여

※ 공제항목명(주어진 이름 그대로 입력), 공제소득유형(F2 눌러 주어진 유형 입력)

4. 급여 입력 [급여자료입력] 창

① 3월분

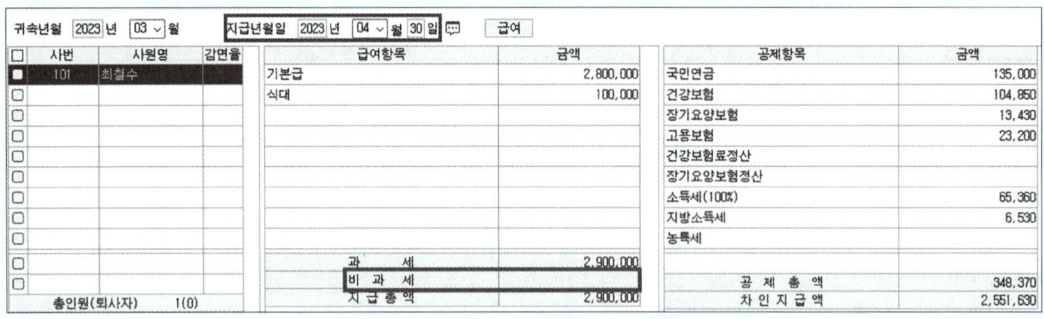

귀속년월 2023년 03월　지급년월일 2023년 04월 30일　급여

사번	사원명	감면율	급여항목	금액	공제항목	금액
101	최철수		기본급	2,800,000	국민연금	135,000
			식대	100,000	건강보험	104,850
					장기요양보험	13,430
					고용보험	23,200
					건강보험료정산	
					장기요양보험정산	
					소득세(100%)	65,360
					지방소득세	6,530
					농특세	
			과　　세	2,900,000		
			비 과 세		공 제 총 액	348,370
총인원(퇴사자)	1(0)		지 급 총 액	2,900,000	차 인 지 급 액	2,551,630

※ 3월 급여도 4월 30일 지급. 식대가 과세이므로 비과세금액은 0원임.

② 4월분

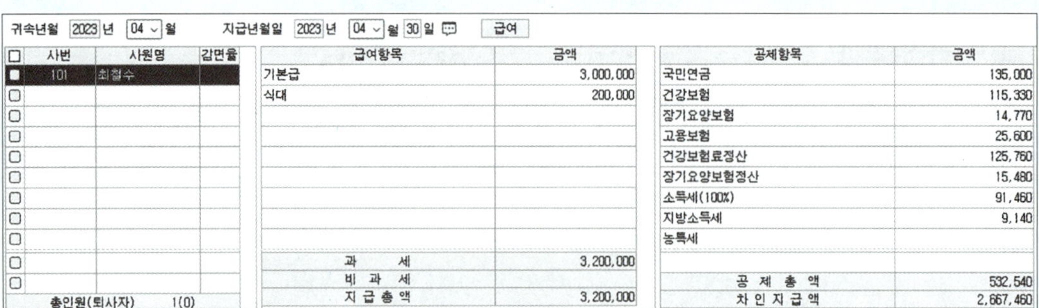

귀속년월 2023년 04월　지급년월일 2023년 04월 30일　급여

사번	사원명	감면율	급여항목	금액	공제항목	금액
101	최철수		기본급	3,000,000	국민연금	135,000
			식대	200,000	건강보험	115,330
					장기요양보험	14,770
					고용보험	25,600
					건강보험료정산	125,760
					장기요양보험정산	15,480
					소득세(100%)	91,460
					지방소득세	9,140
					농특세	
			과　　세	3,200,000		
			비 과 세		공 제 총 액	532,540
총인원(퇴사자)	1(0)		지 급 총 액	3,200,000	차 인 지 급 액	2,667,460

5. 원천징수이행상황신고서

① 3월분

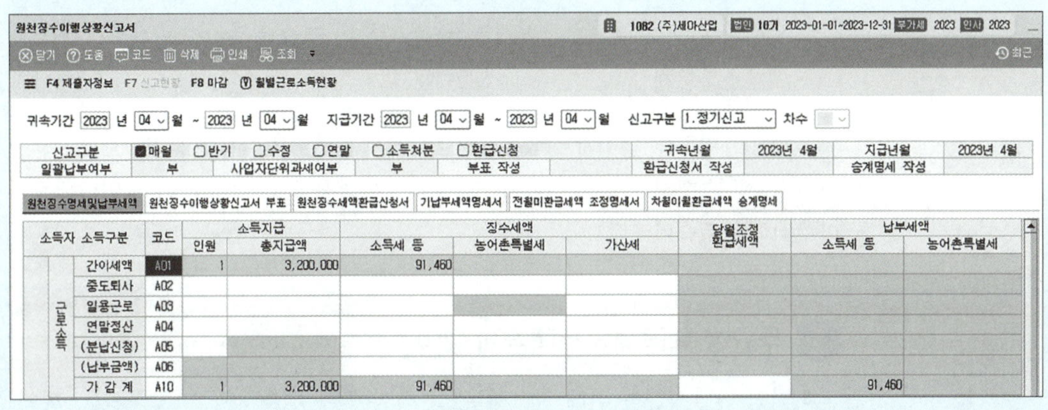

신고구분	☑매월	☐반기	☐수정	☐연말	☐소득처분	☐환급신청		귀속년월	2023년 3월	지급년월	2023년 4월
일괄납부여부	부	사업자단위과세여부		부	부표 작성			환급신청서 작성		승계명세 작성	

원천징수명세및납부세액 원천징수이행상황신고서 부표 원천징수세액환급신청서 기납부세액명세서 전월미환급세액 조정명세서 차월이월환급세액 승계명세

소득자 소득구분		코드	소득지급		징수세액			당월조정환급세액	납부세액	
			인원	총지급액	소득세 등	농어촌특별세	가산세		소득세 등	농어촌특별세
근로소득	간이세액	A01	1	2,900,000	65,360					
	중도퇴사	A02								
	일용근로	A03								
	연말정산	A04								
	(분납신청)	A05								
	(납부금액)	A06								
	가 감 계	A10	1	2,900,000	65,360				65,360	

※ 3월분 급여를 4월에 지급했으므로 지급기간 4월로 입력

② 4월분

신고구분	☑매월	☐반기	☐수정	☐연말	☐소득처분	☐환급신청		귀속년월	2023년 4월	지급년월	2023년 4월
일괄납부여부	부	사업자단위과세여부		부	부표 작성			환급신청서 작성		승계명세 작성	

원천징수명세및납부세액 원천징수이행상황신고서 부표 원천징수세액환급신청서 기납부세액명세서 전월미환급세액 조정명세서 차월이월환급세액 승계명세

소득자 소득구분		코드	소득지급		징수세액			당월조정환급세액	납부세액	
			인원	총지급액	소득세 등	농어촌특별세	가산세		소득세 등	농어촌특별세
근로소득	간이세액	A01	1	3,200,000	91,460					
	중도퇴사	A02								
	일용근로	A03								
	연말정산	A04								
	(분납신청)	A05								
	(납부금액)	A06								
	가 감 계	A10	1	3,200,000	91,460				91,460	

 이론  실무

학습내용 / 공부방향

• 보험료 • 의료비 • 교육비 • 기부금 • 신용카드 • 월세 • 연금저축 등

매 시험마다 10점짜리 큰 문제로 출제되는 매우 중요한 내용으로 주어진 보험료, 의료비 등 공제내역을 KcLep에 입력하는 문제임. 이를 위해 공제 항목별로 공제 가능 여부를 판단하는게 가장 중요하며 KcLep에 빠르게 입력할 수 있도록 최소 5 ~ 10문제 정도 반복연습이 꼭 필요함.

 **정교수 콕콕**

cafe.naver.com/eduacc 전산세무2급 자료실에서 Data_Install_JS2.zip 파일을 다운받아 컴퓨터에 설치 후 `회사등록` 클릭, `F4 회사코드재생성` 클릭 후 ㈜중동상회, ㈜한양상사 선택

앞의 소득세 계산구조 파트에서 공부한 바와 같이 근로소득세는 다음 순서에 따라 계산됩니다.

근로소득금액		과세표준		산출세액		결정세액
총 급 여 (−)근로소득공제	⇨	근로소득금액 (−)소득공제	⇨	과세표준 × 세 율	⇨	산출세액 (−)세액공제

지금까지 사원등록, 급여자료를 등록했으니 이제 KcLep을 이용해 본격적으로 근로소득자의 연말정산을 수행해야 합니다. 이제 소득공제 · 세액공제 항목을 KcLep에 입력해 연말정산을 마무리해 보겠습니다.

1 주요 소득공제 · 세액공제 요약

본격적인 연말정산을 위해 전산세무2급 시험에 자주 출제되는 소득공제 · 세액공제 항목과 KcLep에 입력 시 주의할 점을 요약하면 다음과 같습니다.

1 소득공제 항목 필수

핵심체크

소득공제★★★
• 주택 관련: 금융기관, 금액을 그대로 입력
• 신용카드: 공제 가능 대상금액만 입력

구분	내용	입력 방법
주택임차차입금 원리금상환액	• 무주택 세대주의 국민주택규모 이하 주택(85m²)의 임차차입금 원금 + 이자 상환액	원리금 상환액 전액 입력
장기주택저당 차입금 이자상환액	• 무주택 세대주가 취득 당시 기준시가 6억 원 이하 국민주택규모 주택(85m²)의 장기주택저당차입금 이자상환액	이자상환액 전액 입력
주택마련저축 납입액	• 무주택 또는 국민주택규모(85m²) 이하 소유 세대주의 연 300만 원 이내 청약저축 납입액	납입액 전액 입력

구분	내용	입력방법
신용카드 사용액	• 공제 불가능 : 해외 사용, 각종 보험료 납부, 교육비세액공제 대상 교육비 결제, 신규 자동차 구입, 국세/지방세, 공공요금(전기수도료·아파트관리비·전화료·고속도로통행료 등), 자동차리스료 • 공제가능 : 의료비 사용액, 취학 전 자녀 사설학원비 사용액 • 신용카드, 현금영수증, 직불/선불카드, 도서공연, 전통시장, 대중교통 6가지로 구분	공제대상 카드사용액 전액을 카드종류별로 구분 입력

2 세액공제 항목 [필수]

구분	내용	입력방법
연금저축 납 입 액	• 개인연금저축, 연금저축, 퇴직연금 계좌 납입액	납입액을 3가지로 구분 총금액 입력
보 장 성 보 험 료	• 보장성보험료 납입액 : 연 100만 원 한도 • 피보험자가 본인/기본공제대상자인 것만 공제	공제대상 보험료 전액을 일반·장애인 전용 구분 입력
의 료 비	• 소득요건 ×, 나이요건 × • 공제대상 : 건강진단비, 질병예방비, 라식수술, 임플란트, 장애인보장구(보청기 등), 시력보정 안경/렌즈(1인당 연 50만 원), 산후조리원(200만 원 한도) • 불공제 대상 : 외국 치료비, 미용/성형시술비, 건강증진용 의약품(보약 등), 비보험 의약품 구입	공제대상 의료비 전액을 난임시술/본인·65세 이상/장애인(중증환자 포함)/그 밖 4가지로 구분입력
교 육 비	• 유치원·초중고·대학원 등 정규교육기관의 입학금·등록금·교과서대금, 방과후수업료, 체험학습비(1인당 연 30만 원), 교복(1인당 연 50만 원) • 교육비(장애인 특수교육비 포함) : 소득요건 ×, 나이요건 × • 대학원 : 근로자 본인만 공제 • 직계존속 교육비 : 공제 × • 사설학원비 : 취학 전 아동 사설학원비 및 9세 미만(초등학교 2학년 이하) 예체능 학원비	공제대상 교육비 전액 입력
기 부 금	• 소득요건 ○, 나이요건 × • 특례기부금 : 국방헌금/국군장병위문품, 대한적십자사, 이재민구호금품, 대학장학금, 불우이웃돕기 • 일반기부금 : 종교단체, 인가 받은 일반문화예술단체 • 정치자금기부금 : 10만 원 이하, 초과분을 구분 입력	공제대상 기부금 전액을 정치자금, 특례, 일반(종교 외), 일반(종교) 4가지로 구분 입력

핵심체크

세액공제★★★
• 연금저축/기부금/월세: 주어진 금액 전액 입력
• 보장성보험료/의료비/교육비: 공제 가능 대상금액만 입력

월 세 지 급 액	• 총급여 8,000만 원 이하 무주택 세대주의 국민주택규모(85m²) 이하 임차 월세 지급액 (연 1,000만 원 한도)	공제대상인 경우 월세액 전액 입력
결 혼	혼인 신고 한 해에 50만 원 세액공제(2026년까지 적용)	혼인 시 입력

2 연말정산자료 입력

| 실무기출 확인문제 | ㈜중동상회(회사코드 : 1182) | 전산세무 2급, 118회 변형 |

다음은 류선재(사번 : 111, 입사일 : 2021.01.01.) 사원의 연말정산 관련 자료이다. [연말정산 추가자료입력] 메뉴의 [부양가족] 탭을 입력하고, [신용카드 등] 탭, [의료비] 탭, [연금저축 등] 탭, [연말정산입력] 탭을 작성하시오. (단, 근로자 본인의 세부담이 최소화되도록 한다)

관계	성명	주민등록번호	소득	비고
본인	류선재	901030-1224118	총급여 6,180만 원	세대주
어머니	안현주	620511-2047719	일용근로소득 총급여 3,800만 원	
배우자	임솔	900115-2374239	양도소득금액 150만 원	
아들	류도	150131-3165617	소득 없음, 장애인(복지카드)	초등학생
아들	류진	180121-4165115	소득 없음	유치원생

※ 기본공제대상자가 아닌 경우도 기본공제 "부"로 입력할 것

[연말정산 자료] 모두 국세청 연말정산 간소화 자료에서 확인된 내역임

구분	내용
보험료	• 류선재 : 보장성보험료 940,000원　　• 임솔 : 보장성보험료 1,980,000원 • 류도 : 보장성보험료 1,200,000원(일반 700,000원, 장애인 전용 500,000원)
교육비	• 류선재 : 대학원 박사과정 수업료 4,280,000원 • 류도 : 영어학원비 3,300,000원　　• 안현주 : 고등학교 수업료 2,400,000원
의료비	• 류선재 : 시력보정용 안경 구입비 800,000원(의료비공제용 영수증 수령) • 임솔 : 질병 치료비 3,000,000원 (실손의료보험금 2,500,000원 수령) • 안현주 : 질병 치료비 3,220,000원 (이 중 미용목적 피부과 시술비 1,000,000원 포함) • 류진 : 질병 치료비 1,520,000원 • 모든 의료비는 류선재 신용카드로 결제하였고 상호·사업자번호 입력 생략할 것.

핵심체크

연말정산자료 입력창★★★
• 부양가족 탭: 보장성보험료, 교육비
• 항목별 탭: 의료비, 신용카드, 기부금, 월세, 연금저축

신용카드 등 사용액	• 류선재 : 신용카드 사용액 26,520,000원(전통시장/대중교통/도서 등 사용 분 없음) • 류선재 : 현금영수증 사용액 1,252,000원(전통시장/대중교통/도서 등 사용 분 없음) • 임솔 : 체크카드 사용액 8,823,000원(전통시장/대중교통/도서 등 사용분 없음) • 안현주 : 전통시장 사용액 6,020,000원 • 류선재의 신용카드 사용액은 의료비 지출액이 모두 포함된 금액임.
기부금	• 류선재 금전 기부금 : 국방헌금 1,000,000원(1건), 교회헌금 500,000원(1건), 기부처 상호·사업자번호 입력은 생략할 것.
월 세	• 임대인: 김광일(사업자등록번호 747-46-01155) • 임차인: 류선재 • 주택유형 : 아파트 • 주택계약면적 : 84m² • 월세액 : 20만 원(연간 240만 원) • 임대차계약서상 주소지(주민등록표등본상의 주소지): 서울시 금천구 가산 로 99 • 임대차계약기간: 2023. 7. 1. ~ 2027. 6. 30.
기타	• 류선재 연금저축계좌 : 1,800,000원 (당해 연도 납입분, 삼성생명보험㈜ 계좌번호 : 153-05724-73285)

1 부양가족명세 입력 · 수정 [필수]

[연말정산 추가자료입력] 메뉴의 [부양가족] 탭에 근로자 본인과 부양가족의 인적사항을 입력하여 인적공제가 되도록 해야 하는데 문제에서 주어진 부양가족을 입력하면 다음과 같습니다.

[부양가족 입력 결과]

연말관계	성명	내/외국인	주민(외국인)번호	나이	소득기준 초과여부	기본공제	세대주 구분	부녀자	한부모	경로우대	장애인	자녀	출산입양
0	류선재	내	1 901030-1224118	34		본인	세대주						
2	안현주	내	1 620511-2047719	62		60세이상							
3	임솔	내	1 900115-2374239	34	○	부							
4	류도	내	1 150131-3165617	9		20세이하					1	○	
4	류진	내	1 180121-4165115	6		20세이하							

[입력 시 주의사항]

• 임솔(배우자) : 양도소득금액(연 150만 원)이 연 100만 원 초과해 기본공제대상자 아니므로 0:부 선택
• 안현주(어머니) : 일용근로소득만 있으므로 기본공제 대상자임.
• 류도(아들) : 기본공제를 "5:장애인" 이외 "3:20세 이하"로 입력해도 정답 처리됨.
• 류진(아들) : 8세 미만이므로 자녀세액공제 적용 안되므로 0:부 선택

🎯 핵심체크

자녀칸 입력 시 주의★★★
자녀세액공제는 8세부터 가능하므로 류진(6세)은 자녀칸에 "0:부" 입력

◎ 핵심체크

연말정산자료 입력 칸 입력 시 주의★★★

F3 전체사원 클릭해야 연말정산 할 사원·급여내역이 불려옴.

2 연말정산자료 입력

근로자의 소득공제 · 세액공제 항목은 다음 [연말정산추가자료입력] 메뉴를 클릭 후 입력해야 하는데, 좀 전의 기출문제를 이용해 전산세무2급 시험에 자주 출제되는 항목을 KcLep [연말정산 추가자료입력] 메뉴에 어떻게 입력하는지 알아보겠습니다.

먼저 [연말정산추가자료입력] 탭 클릭 ⇒ [F3 전체사원] 클릭 ⇒ 전직원을 불러온 뒤 해당 사원 [류선재] 선택하여 문제에서 제시한 소득공제 · 세액공제 내역을 입력하면 됩니다.

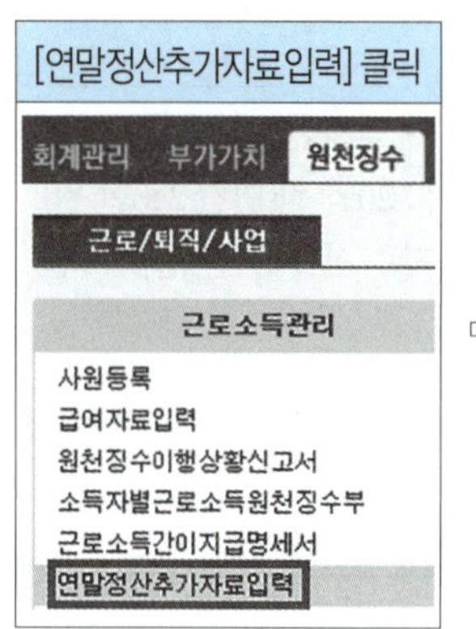

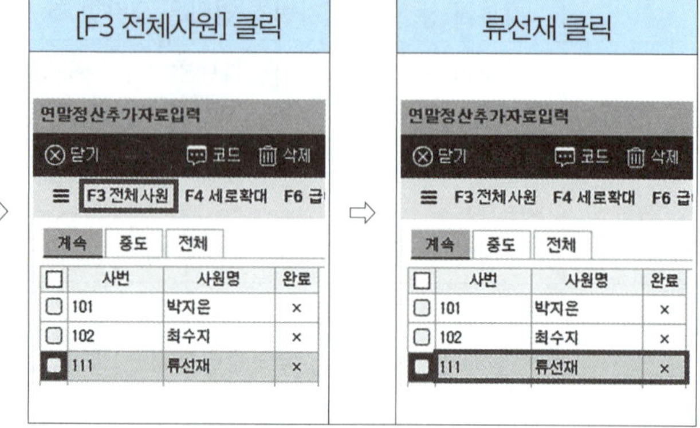

(1) 연말정산 자료 입력창과 국세청 간소화 서비스

[연말정산추가자료입력]을 클릭하면 위와 같은 입력창이 나타나는데 KcLep에 근로소득세 계산을 위한 계산식, 세율, 한도 등이 이미 입력되어 있으므로 아래와 같이 소득공제 · 세액공제 자료를 아래 탭에 입력만 하면 KcLep이 알아서 연말정산을 합니다.

1) 연말정산 자료 입력창

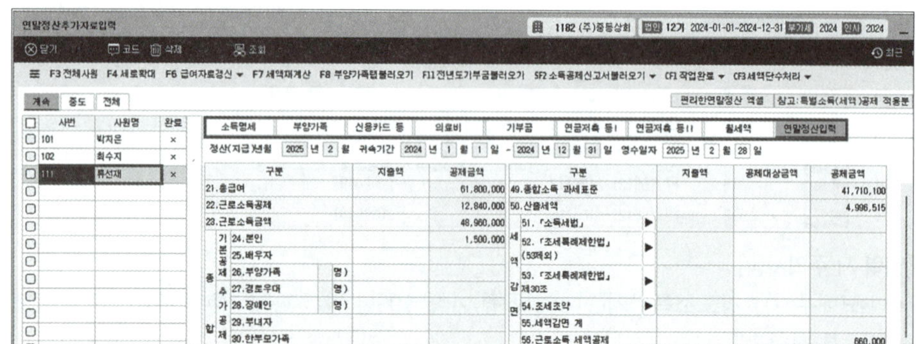

연말정산 추가자료 입력창에는 [소득명세] [부양가족] [신용카드 등] [의료비] [기부금] [연금저축 등Ⅰ] [연금저축 등Ⅱ] [월세액] [연말정산입력], 이렇게 9개의 입력 탭이 있는데 별도 입력 창이 없는 소득공제 · 세액공제 항목들은 [부양가족] 또는 [연말정산입력] 창에 입력하면 됩니다.

2) 국세청 연말정산 간소화 서비스

2006년 12월부터 국세청 홈택스에서 제공하는 「연말정산 간소화서비스」는 근로자 본인 및 부양가족 각 개인별 보장성보험료 납입내역, 교육비 납입내역, 의료비 사용내역, 신용카드 사용내역 등 대부분의 공제 내역을 제공합니다.

(2) 소득공제·세액공제 항목 입력

1) 보험료 세액공제 ⇒ [부양가족] 탭에 각 개인별로 입력 [필수]

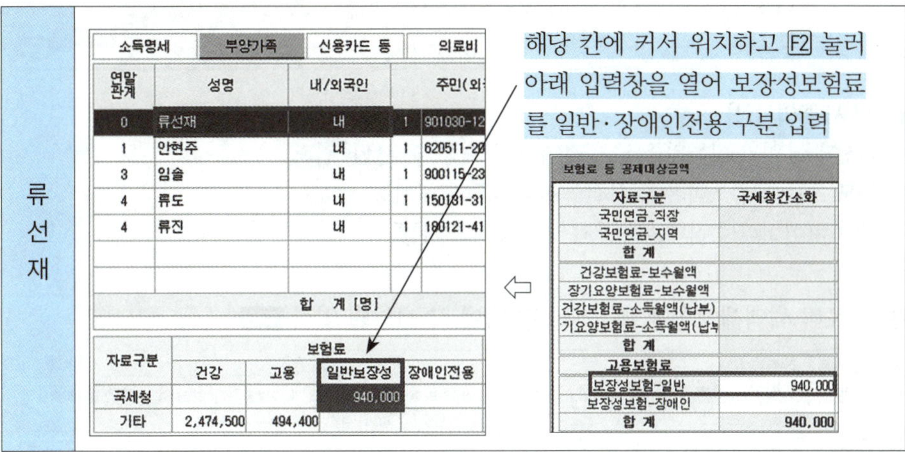

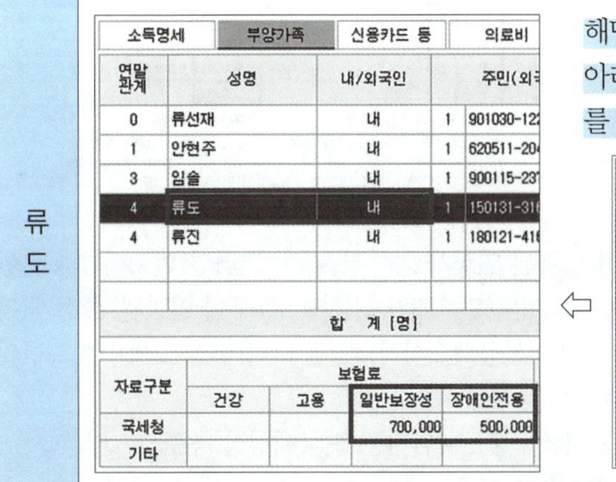

※ 임솔 보장성보험료: 기본공제 대상자가 아니므로 보장성보험료 198만 원은 공제 불가능

핵심체크

보장성 보험료★★★
· 피보험자가 본인·기본공제 대상자인 것만 공제
· 일반보장성/장애인전용 구분 입력

교육비★★★

• 소득요건 O, 나이요건 ×
• 체험학습비 : 1인당 연 30만원
• 교복 : 1인당 연 50만원
• 공제 O : 대학원(근로자 본인), 사설학원비(취학전 아동)
• 공제 X : 직계존속 교육비
• 1.취학전, 2.초중고, 3.대학생, 4.본인으로 구분 입력

의료비★★★

• 소득요건 ×, 나이요건 ×
• 공제 O : 안경 1인당 연 50만원, 건강진단비
• 공제 X : 외국 치료비, 미용·성형, 건강증진용, 비보험 의약품, 실손보험금 수령액

2) 교육비 세액공제 ⇒ [부양가족] 탭에 각 개인별로 입력 필수

	소득명세	부양가족	신용카드 등	의료비	기부금	연금저축 등I	연금저축 등II	월세액	연말정산입력

연말관계	성명	내/외국인		주민(외국인)번호	나이	기본공제	세대주구분	부녀자	한부모	경로우대	장애인	자녀
0	류선재	내	1	901030-1224118	34	본인	세대주					
2	안현주	내	1	620511-2047719	62	60세이상						
3	임솔	내	1	900115-2374239	34	부						
4	류도	내	1	150131-3165617	9	장애인					1	○
4	류진	내	1	180121-4165115	6	20세이하						
합 계 [명]						4					1	

자료구분	보험료				의료비					교육비
	건강	고용	일반보장성	장애인전용	일반	실손	선천성이상아	난임	65세,장애인	일반
국세청			940,000							4,280,000
기타	2,474,500	494,400			500,000 1.전액					4.본인

(왼쪽 세로 레이블: 류선재)

[입력 시 주의사항]

• 류선재(본인) : 대학원 등록비 전액 공제 대상, "4.본인" 입력
• 류도(초등학생) : 취학 후 사설학원비는 공제 불가능
• 안현주(어머니) : 직계존속 교육비는 공제 불가능

3) 의료비 세액세액공제 ⇒ [의료비] 탭에 각 개인별 입력 필수

	사번	사원명	완료
	101	박지은	×
	102	최수지	×
	111	류선재	×

	소득명세	부양가족	신용카드 등	의료비	기부금	연금저축 등I	연금저축 등II	

2024년 의료비 지급명세서

	의료비 공제대상자					지급처			지급명세			
	성명	내/외	5.주민등록번호	6.본인등해당여부	9.증빙코드	8.상호	7.사업자등록번호	10.건수	11.금액	11-1.실손보험수령액	12.미숙아선천성이상아	13.난임여부
	류선재	내	901030-1224118	1	0	5				500,000		X	X
	류진	내	180121-4165115	2	0	1				1,520,000		X	X
	임솔	내	900115-2374239	3	X	1				3,000,000	2,500,000	X	X
	안현주	내	620511-2047719	3	X	1				2,220,000		X	X
합계									7,240,000	2,500,000		

총급여액 ▶ 61,800,000	일반의료비(본인) 500,000	6세이하,65세이상인 건강보험산정특례자 장애인 1,520,000	일반의료비(그 외) 5,220,000	난임시술비 / 미숙아.선천성이상아

[입력 시 주의사항]

• 성명/주민번호 입력 시 F2 눌러 기 입력된 인적사항 불러올 것. 그러면 의료비가 6세 이하·65세 이상·장애인(한도 없음)과 그 이외(연 700만 원 한도)로 구별 입력됨. 류선재(본인 ⇒ 1.본인), 임솔(배우자 ⇒ 3.그밖의 기본공제대상자), 안현주(어머니, 62세 ⇒ 3.그밖의 기본공제대상자), 류진(아들, 6세 ⇒ 2.6세 이하 등)
• 증빙코드 구분 : 안경영수증은 "5.기타영수증", 나머지는 "1.국세청장" 선택
• 류선재 : 안경구입비는 50만 원이 한도임.
• 임 솔 : 나이제한·소득제한 없으므로 소득 있는 배우자 임솔 의료비도 공제 가능, 실손보험 회사에서 보전 받은 금액은 의료비에서 차감하기 위해 별도 입력
• 안현주 : 미용목적 시술비 100만 원은 공제되지 않으므로 100만 원 차감 후 220만 원 입력

4) 신용카드 소득공제 ⇒ [신용카드] 탭에 입력 각 개인별 **필수**

	성명 생년월일	자료 구분	신용카드	직불,선불	현금영수증	도서등 신용	도서등 직불	도서등 현금	전통시장	대중교통	소비증가분 2023년	소비증가분 2024년
☐	류선재	국세청	26,520,000		1,252,000							27,772,000
	1990-10-30	기타										
☐	안현주	국세청							6,020,000			6,020,000
	1962-05-11	기타										
☐	임솔	국세청										
	1990-01-15	기타										
☐	류도	국세청										
	2015-01-31	기타										
☐	류진	국세청										
	2018-01-21	기타										
	합계		26,520,000		1,252,000				6,020,000			33,792,000

[입력 시 주의사항]

- 신용카드공제 : 소득 있는 임솔(배우자)의 신용카드 사용액은 임솔 본인 연말정산 시 공제 받아야 하므로 입력하면 안 됨.
- 신용카드, 직불(체크)카드, 현금영수증, 도서, 전통시장, 대중교통 별로 나누어 입력

5) 기부금 세액공제 ⇒ [기부금] 탭에 입력 **필수**

가. 기부금 입력

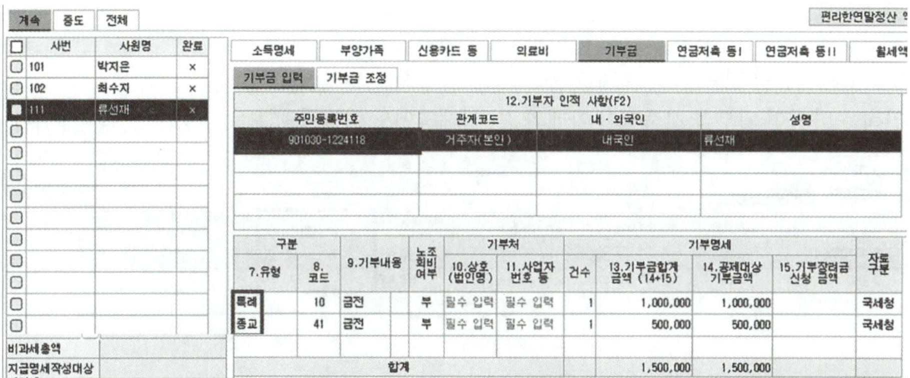

※ 기부자 인적사항 입력 : [주민등록번호] 칸에 커서를 놓고 F2 클릭 후 우측 창에서 기부자 선택

※ 기부내역 입력 : F2 눌러 기부금 종류별로 특례, 일반(종교단체 외), 일반(종교단체), 금전, 현물 등 구분하여 입력

부양가족			
전체 ∨			
연말관계	가족성명	내/외국인	주민(외국인)번호
			여기를 클릭하여 검색
본인	류선재	내국인	901030-1224118
배우자 직계존속	안현주	내국인	620511-2047719
배우자	임솔	내국인	900115-2374239

나. 기부금 조정

입력된 기부금을 당해 연도 연말정산에 반영하기 위해서는 [기부금 조정] 탭을 클릭 후 아래 추가 작업을 수행해야 합니다.

핵심체크

신용카드★★★
- 소득요건 O, 나이요건 ×
- 공제 O : 의료비, 취학 전 사설학원비 결제액
- 공제 X : 해외 사용, 각종 보험료, 공공요금
- 신용카드, 직불/선불카드, 현금영수증, 전통시장, 대중교통 등 구분 입력

핵심체크

기부금★★★
- 소득요건 O, 나이요건 ×
- 특례: 국방헌금, 이재민구호, 대학장학금, 불우이웃돕기
- 일반: 종교단체, 인가 문화예술단체
- F2 눌러 특례, 일반(종교외), 일반(종교)로 구분 입력
 ⇓
[기부금조정] → [공제금액계산] 클릭

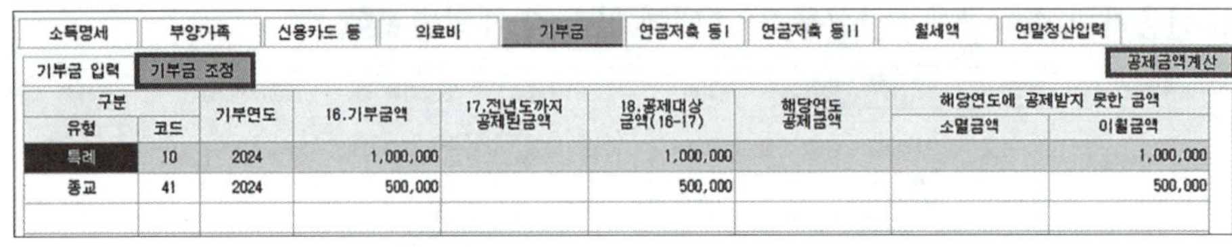

구분		기부연도	16.기부금액	17.전년도까지 공제된금액	18.공제대상 금액(16-17)	해당연도 공제금액	해당연도에 공제받지 못한 금액	
유형	코드						소멸금액	이월금액
특례	10	2024	1,000,000		1,000,000			1,000,000
종교	41	2024	500,000		500,000			500,000

기부금 입력 / 기부금 조정 / 공제금액계산

⇩

[불러오기] ⇒ [공제금액 반영] ⇒ [종료(Esc)] 클릭

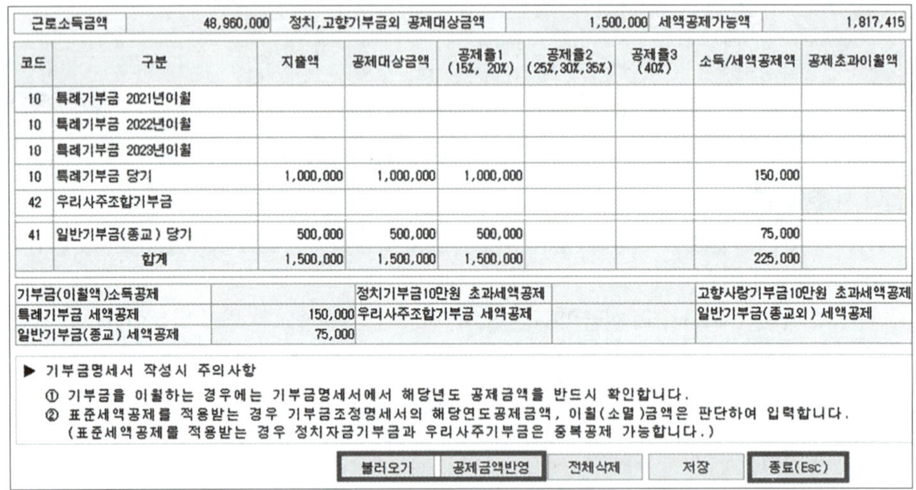

근로소득금액		48,960,000	정치,고향기부금외 공제대상금액			1,500,000	세액공제가능액	1,817,415

코드	구분	지출액	공제대상금액	공제율1 (15%, 20%)	공제율2 (25%,30%,35%)	공제율3 (40%)	소득/세액공제액	공제초과이월액
10	특례기부금 2021년이월							
10	특례기부금 2022년이월							
10	특례기부금 2023년이월							
10	특례기부금 당기	1,000,000	1,000,000	1,000,000			150,000	
42	우리사주조합기부금							
41	일반기부금(종교) 당기	500,000	500,000	500,000			75,000	
	합계	1,500,000	1,500,000	1,500,000			225,000	

기부금(이월액)소득공제		정치기부금10만원 초과세액공제		고향사랑기부금10만원 초과세액공제
특례기부금 세액공제	150,000	우리사주조합기부금 세액공제		일반기부금(종교외) 세액공제
일반기부금(종교) 세액공제	75,000			

▶ 기부금명세서 작성시 주의사항

① 기부금을 이월하는 경우에는 기부금명세서에서 해당년도 공제금액을 반드시 확인합니다.
② 표준세액공제를 적용받는 경우 기부금조정명세서의 해당연도공제금액, 이월(소멸)금액은 판단하여 입력합니다.
   (표준세액공제를 적용받는 경우 정치자금기부금과 우리사주기부금은 중복공제 가능합니다.)

불러오기 / 공제금액반영 / 전체삭제 / 저장 / 종료(Esc)

다. 기부금 입력 완료

입력을 마치면 기부금 지출액이 아래와 같이 [해당연도 공제금액]으로 자동으로 입력됩니다.

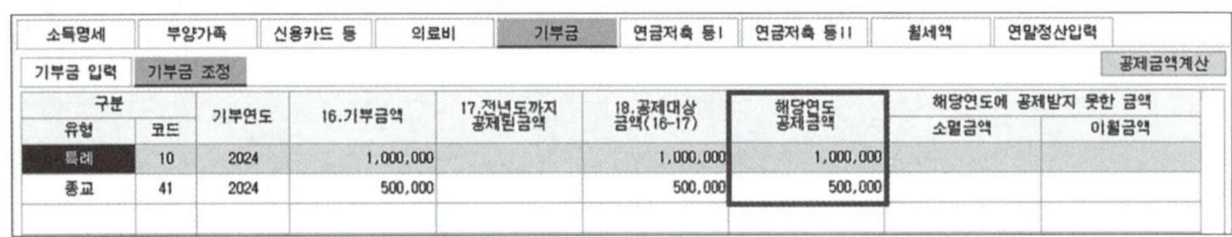

구분		기부연도	16.기부금액	17.전년도까지 공제된금액	18.공제대상 금액(16-17)	해당연도 공제금액	해당연도에 공제받지 못한 금액	
유형	코드						소멸금액	이월금액
특례	10	2024	1,000,000		1,000,000	1,000,000		
종교	41	2024	500,000		500,000	500,000		

기부금 입력 / 기부금 조정 / 공제금액계산

6) 월세 세액공제 ⇒ [월세액] 탭에 입력

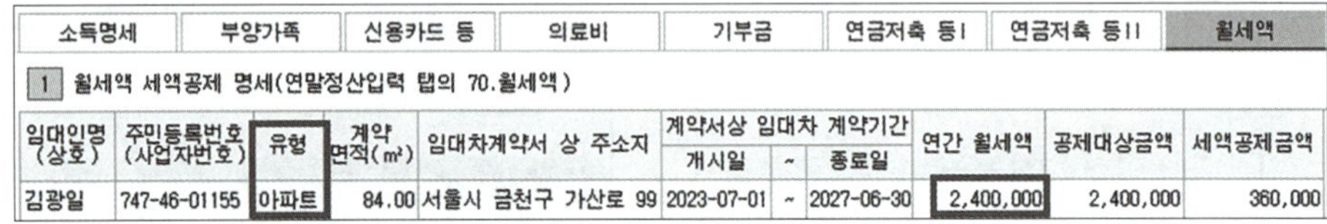

소득명세 / 부양가족 / 신용카드 등 / 의료비 / 기부금 / 연금저축 등I / 연금저축 등II / **월세액**

1 월세액 세액공제 명세(연말정산입력 탭의 70.월세액)

임대인명 (상호)	주민등록번호 (사업자번호)	유형	계약 면적(㎡)	임대차계약서 상 주소지	계약서상 임대차 계약기간 개시일	~	종료일	연간 월세액	공제대상금액	세액공제금액
김광일	747-46-01155	아파트	84.00	서울시 금천구 가산로 99	2023-07-01	~	2027-06-30	2,400,000	2,400,000	360,000

※ 주택유형 : F2 눌러 선택

7) 연금계좌 세액공제 ⇒ [연금저축 I] 탭에 금융기관별 입력 필수

| 소득명세 | 부양가족 | 신용카드 등 | 의료비 | 기부금 | 연금저축 등I | 연금저축 등II | 월세액 | 연말 |

1 연금계좌 세액공제 - 퇴직연금계좌(연말정산입력 탭의 58.과학기술인공제, 59.근로자퇴직연금)

퇴직연금 구분	코드	금융회사 등	계좌번호(증권번호)	납입금액	공제대상금액
퇴직연금					
과학기술인공제회					

2 연금계좌 세액공제 - 연금저축계좌(연말정산입력 탭의 38.개인연금저축, 60.연금저축)

연금저축구분	코드	금융회사 등	계좌번호(증권번호)	납입금액	공제대상금액	소득/세액공제액
2.연금저축	405	삼성생명보험 (주)	153-05724-73285	1,800,000	1,800,000	216,000
개인연금저축						
연금저축				1,800,000	1,800,000	216,000

※ 연금계좌의 종류 선택: 2.연금저축 선택, 금융기관: F2 눌러 금융기관 조회

(3) 연말정산 입력 결과 : F8 부양가족탭불러오기 클릭 필수

이상 소득공제 · 세액공제 내역을 입력한 후 F8 부양가족탭불러오기를 누르면 다음과 같이 연말정산 세금계산이 완성됩니다.

- 총 결정세액 : 179,415원
- 기납부세액 : 5,467,300원
- 환급세액 : 5,287,880원

| 소득명세 | 부양가족 | 신용카드 등 | 의료비 | 기부금 | 연금저축 등I | 연금저축 등II | 월세액 | 연말정산입력 |

정산(지급)년월 2025 년 2 월 귀속기간 2024 년 1 월 1 일 ~ 2024 년 12 월 31 일 영수일자 2025 년 2 월 28 일

구분			지출액	공제금액
21.총급여				61,800,000
22.근로소득공제				12,840,000
23.근로소득금액				48,960,000
종합소득공제	기본공제	24.본인		1,500,000
		25.배우자		
		26.부양가족 3명)		4,500,000
	추가공제	27.경로우대 명)		
		28.장애인 1명)		2,000,000
		29.부녀자		
		30.한부모가족		
	연금보험료공제	31.국민연금보험료	2,781,000	2,781,000
		32.공적연금보험공제 공무원연금		
		군인연금		
		사립학교교직원		
		별정우체국연금		
	특별소득공제	33.보험료	2,968,900	2,968,900
		건강보험료	2,474,500	2,474,500
		고용보험료	494,400	494,400
		34.주택차입금 원리금상환액 대출기관		
		거주자		
		34.장기주택저당차입금이자상		
		35.기부금-2013년이전이월분		
		36.특별소득공제 계		2,968,900
37.차감소득금액				35,210,100
그밖의소득공제	38.개인연금저축			
	39.소기업,소상공인 공제부금	2015년이전가입		
		2016년이후가입		
	40.주택마련저축 소득공제	청약저축		
		주택청약		
		근로자주택마련		
	41.투자조합출자 등 소득공제			
	42.신용카드 등 사용액		33,792,000	6,408,000
	43.우리사주조합	일반 등		

구분			지출액	공제대상금액	공제금액
49.종합소득 과세표준					28,802,100
50.산출세액					3,060,315
세액감면	51.「소득세법」 ▶				
	52.「조세특례제한법」 (53제외) ▶				
	53.「조세특례제한법」 제30조 ▶				
	54.조세조약 ▶				
	55.세액감면 계				
세액공제		56.근로소득 세액공제			660,000
		57.자녀세액공제 ㉮자녀 1명)			150,000
		㉯ 출산.입양 명)			
	연금계좌	58.과학기술공제			
		59.근로자퇴직연금			
		60.연금저축	1,800,000	1,800,000	216,000
		60-1.ISA연금계좌전환			
	특별세액공제	61.보장성보험 일반 1,640,000	1,640,000	1,000,000	120,000
		장애인 500,000	500,000	500,000	75,000
		62.의료비 7,240,000	7,240,000	2,886,000	432,900
		63.교육비 4,280,000	4,280,000	4,280,000	642,000
		64.기부금 1,500,000	1,500,000	1,500,000	225,000
		1)정치자금기부금 10만원이하			
		10만원초과			
		2)고향사랑기부금 10만원이하			
		10만원초과			
		3)특례기부금(전액)	1,000,000	1,000,000	150,000
		4)우리사주조합기부금			
		5)일반기부금(종교단체외)			
		6)일반기부금(종교단체)	500,000	500,000	75,000
		65.특별세액공제 계			1,494,900
		66.표준세액공제			
		67.납세조합공제			
		68.주택차입금			

특 공 제	출연금	벤처 등			69.외국납부 ▶			
	44.고용유지중소기업근로자				70.월세액	2,400,000	2,400,000	360,000
	45.장기집합투자증권저축				71.세액공제 계			2,880,900
	46.청년형장기집합투자증권저축				72.결정세액((50)-(55)-(71))			179,415
	47.그 밖의 소득공제 계			6,408,000	82.실효세율(%) [(72/21)]X100			0.3

구분		소득세	지방소득세	농어촌특별세	계
73.결정세액		179,415	17,941		197,356
기납부 세액	74.종(전)근무지				
	75.주(현)근무지	5,467,300	546,700		6,014,000
76.납부특례세액					
77.차감징수세액		-5,287,880	-528,750		-5,816,630

3 전 근무지 있는 계속 근무자 연말정산

지금까지는 한 회사에 계속 근무하는 경우를 알아봤는데 가끔씩 연중에 회사 퇴직 후 새로운 회사에 재취업 하는 경우가 있습니다. 이럴 경우 전 근무지, 현 근무지 두 곳에서 급여도 받았기 때문에 전 근무지 급여를 추가로 입력하는 절차가 필요한데 기출문제를 통해 KcLep에 입력법을 알아 보겠습니다.

실무기출 확인문제	㈜한양상사(회사코드 : 1202)	│ 전산세무 2급, 120회 │

다음은 이기준(사번 : 15, 입사일 : 2025.6.1.) 사원의 2025년 연말정산 관련 자료이다. 아래의 자료를 이용하여 [연말정산추가자료입력] 메뉴의 [부양가족] 탭, [신용카드 등] 탭, [의료비] 탭, [연금저축] 탭을 입력하여 [연말정산입력] 탭을 완성하시오(단, 근로자 본인의 세부담 최소화를 가정한다).

[자료 1] 전(前)근무지 근로소득원천징수영수증

- 근무기간 : 2025.01.01. ~ 2025.05.31.
- 근무처 : 주식회사 세종(사업자등록번호 : 130-86-61113)
- 소득명세 : 급여 20,000,000원, 상여 5,000,000원(비과세 급여, 비과세 상여 및 감면소득 없음)

세액명세	소득세	지방소득세	공제 보험료 명세		
결 정 세 액	140,000원	14,000원		건 강 보 험 료	407,200원
기 납 부 세 액	420,000원	42,000원		장기요양보험료	106,900원
차감징수세액	- 280,000원	- 28,000원		고 용 보 험 료	252,000원
				국민연금보험료	1,125,000원

[자료 2] 가족사항(모두 생계를 같이 하는 부양가족이며 제시된 자료 외의 다른 소득은 없음)

관계	성명	주민등록번호	소득	비고
본인	이기준	831030-1224111	현근무지 총급여액 65,000,000원	세대주
어머니	편미선	530511-2047718	국내 예금 이자소득 5,000,000원	
배우자	김미진	860115-2374234	일용근로소득 12,000,000원	

| 아들 | 이도진 | 170131-3165611 | 소득 없음 | 초등학생 |
| 아들 | 이시진 | 210121-4165112 | 소득 없음 | 유치원생 |

※ 기본공제대상자가 아닌 경우에는 기본공제를 "부"로 입력할 것

[자료 3] 연말정산자료

국세청 홈택스 및 기타 증빙을 통해 확인된 자료이며, 별도의 언급이 없는 한 국세청 홈택스 연말정산간소화서비스에서 조회된 자료라고 가정한다.

구분	내용
보험료	• 이기준 보장성보험료 : 360,000원 • 이도진 보장성보험료 : 540,000원
교육비	• 이기준 : 정규 교육 과정 대학원 교육비 3,000,000원 • 이도진 : 국내 소재 사립초등학교(교육법상의 정규 교육기관) 수업료 9,000,000원 • 이시진 : 영유아보육법상의 유치원 교육비 2,600,000원
의료비	• 이기준 시력보정용 렌즈 구입비용 : 650,000원(이기준 신용카드 결제) - 구입처 : 신세계백화점(사업자등록번호 210-81-32199) - 의료비 증빙코드는 기타영수증으로 입력할 것 • 편미선 질병 치료비 : 6,000,000원(이기준 신용카드 결제) : 보험업법에 따른 보험회사에서 실손의료보험금 2,500,000원을 지급받음 • 이시진 질병 치료비 : 3,250,000원(이기준 신용카드 결제)
신용카드 등 사용액	• 이기준 신용카드 사용액 : 22,520,000원(전통시장/대중교통/도서 등 사용분 없음) - 이기준 신용카드 사용액은 의료비 지출액이 모두 포함된 금액이다. - 이기준 신용카드 사용액에는 재직 중인 ㈜한양상사의 비용을 본인 신용카드로 결제한 금액 2,000,000원이 포함되어 있다. • 이기준 현금영수증 사용액 : 2,300,000원(전통시장/대중교통/도서 등 사용분 없음) • 김미진 신용카드 사용액 : 26,020,000원(전통시장/대중교통/도서 등 사용분 없음)
기타	• 이기준 개인연금저축(삼성생명) : 3,000,000원(2025년도 납입분, 계좌번호 : 153-05724-72999)

종전 근무지 급여 입력★★★
[소득명세] → 종전 근무지 급여/공제액 입력

1 종전 근무지 급여 내역 입력 : F3 전체사원 불러온 후 이기준 선택 필수

[연말정산추가자료입력] 탭 ⇒ [소득명세] 탭 클릭 후 종(전) 칸에 주식회사 세종에서 수령한 급여내역을 입력하면 다음과 같습니다.

소득명세	부양가족	신용카드 등	의료비	기부금	연금저축 등Ⅰ	연금저축 등Ⅱ	월세액	출산지원금	연말정산입력

	구분		합계	주(현)	납세조합	종(전) [1/2]
소득명세	9.근무처명			(주)한양상사		주식회사 세종
	9-1.종교관련 종사자			부		
	10.사업자등록번호			125-81-55574	___-__-_____	130-86-61113
	11.근무기간			2025-06-01 ~ 2025-12-31	____-__-__ ~ ____-__-__	2025-01-01 ~ 2025-05-31
	12.감면기간			____-__-__ ~ ____-__-__	____-__-__ ~ ____-__-__	____-__-__ ~ ____-__-__
	13-1.급여(급여자료입력)		85,000,000	65,000,000		20,000,000
	13-2.비과세한도초과액					
	13-3.과세대상추가(인정상여추가)					
	14.상여		5,000,000			5,000,000
	15.인정상여					
	15-1.주식매수선택권행사이익					
	15-2.우리사주조합 인출금					
	15-3.임원퇴직소득금액한도초과액					
	15-4.직무발명보상금					
	16.계		90,000,000	65,000,000		25,000,000
공제보험료명세	직장	건강보험료(직장)(33)	2,711,390	2,304,190		407,200
		장기요양보험료(33)	405,240	298,340		106,900
		고용보험료(33)	836,990	584,990		252,000
		국민연금보험료(31)	4,049,950	2,924,950		1,125,000
	공적연금보험료	공무원 연금(32)				
		군인연금(32)				
		사립학교교직원연금(32)				
		별정우체국연금(32)				
세액명세	기납부세액	소득세	8,995,840	8,855,840		140,000
		지방소득세	899,570	885,570		14,000
		농어촌특별세				
	납부특례세액	소득세				
		지방소득세				
		농어촌특별세				

※ 주의 : 기납부세액 입력

세액명세	소득세	지방소득세
결 정 세 액	140,000원	14,000원
기 납 부 세 액	420,000원	42,000원
차감징수세액	− 280,000원	− 28,000원

전근무지 기납부세액 420,000원이고 결정세액이 140,000원이라 280,000원을 환급받았음.
즉, 전근무지 소득세 납부액은 140,000원, 지방소득세는 14,000원 입력해야 함.

2 부양가족 등록

여기부턴 이전에 공부했던 부양가족 등록 내용과 동일하게 입력하면 되는데 [부양가족] 탭에 입력 결과는 다음과 같습니다.

소득명세	부양가족	신용카드 등	의료비	기부금	연금저축 등Ⅰ	연금저축 등Ⅱ

연말관계	성명	내/외국인	주민(외국인)번호	나이	소득기준초과여부	기본공제	세대주구분	부녀자	한부모	경로우대	장애인	자녀	출산입양	혼인세핵
0	이기준	내	1 831030-1224111	42		본인	세대주							
2	편미선	내	1 530511-2047718	72		60세이상				○				
3	김미진	내	1 860115-2374234	39		배우자								
4	이도진	내	1 170131-3165611	8		20세이하						○		
4	이시진	내	1 210121-4165112	4		20세이하								

[입력 시 주의사항]

- 편미선(모) : 이자소득 5,000,000원은 연 2,000만 원 이하로 분리과세이므로 공제 가능
- 김미진(배우자) : 일용근로소득은 무조건 분리과세로 공제 가능
- 이도진(자녀, 8세) : 8세 이상으로 자녀세액공제 대상이므로 "여:1" 입력
- 이시진(자녀, 4세) : 8세 미만으로 자녀세액공제 대상이 아니므로 "부:0" 입력

3 소득공제 · 세액공제 입력

(1) 보험료 세액공제 ⇒ [부양가족] 탭에 각 개인별로 입력

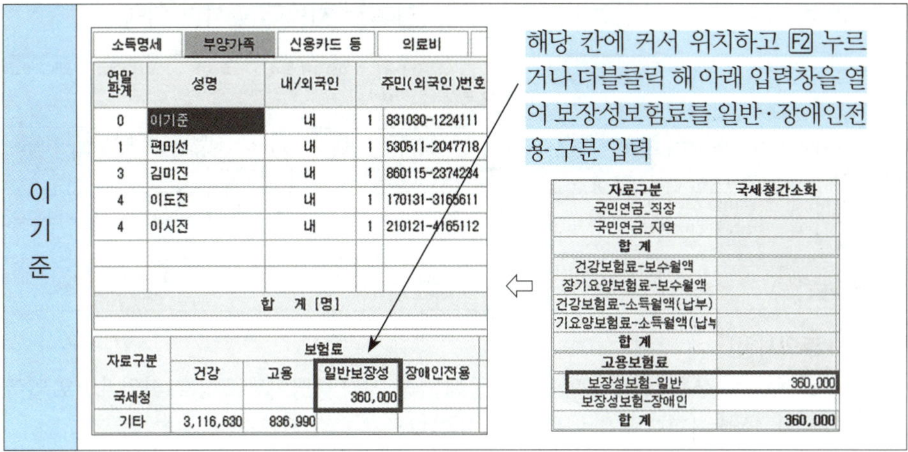

해당 칸에 커서 위치하고 F2 누르거나 더블클릭 해 아래 입력창을 열어 보장성보험료를 일반·장애인전용 구분 입력

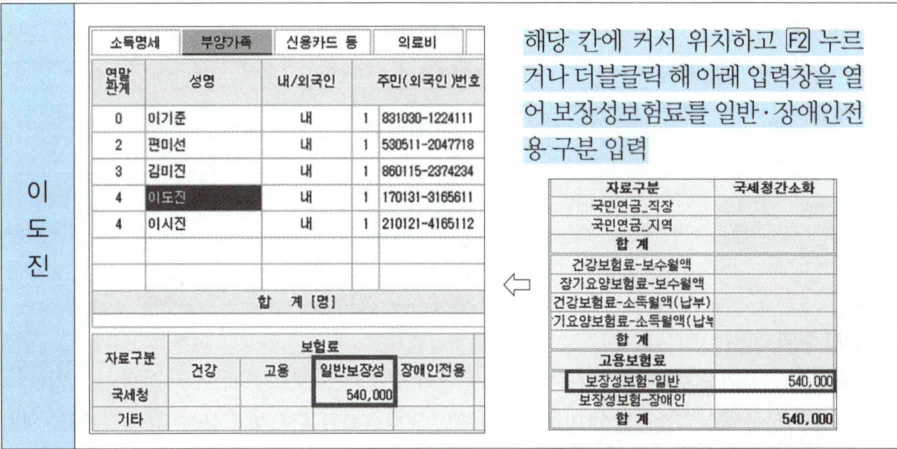

해당 칸에 커서 위치하고 F2 누르거나 더블클릭 해 아래 입력창을 열어 보장성보험료를 일반·장애인전용 구분 입력

※ 국세청 간소화 칸에 이기준(본인) 보장성보험료 360,000원, 이도진(자녀) 보장성보험료 540,000원 입력

핵심체크

보험료 세액공제
[부양가족] 탭에 각 개인별 입력

◎ 핵심체크

교육비 세액공제
[부양가족] 탭에 각 개인별
입력

(2) 교육비 세액공제 ⇒ [부양가족] 탭에 각 개인별로 입력

이기준(본인)	이도진(자녀)	이시진(자녀)
대학원 포함, 전액 공제	초중고 300만원 한도	취학전 300만원 한도

교육비	
일반	
3,000,000	4.본인

교육비	
일반	
3,000,000	2.초중고

교육비	
일반	
2,600,000	1.취학전

◎ 핵심체크

의료비 세액공제
[의료비] 탭에 F2 눌러 각 개인별 입력

(3) 의료비 세액공제 ⇒ [의료비] 탭에 입력, F2 눌러 치료대상 사람 선택

소득명세	부양가족	신용카드 등	의료비	기부금	연금저축 등I	연금저축 등II	월세액	출산지원금	연말정산입력

2025년 의료비 지급명세서

	의료비 공제대상자					지급처			지급명세			
	성명	내/외	5.주민등록번호	6.본인등 해당여부	9.증빙 코드	8.상호	7.사업자 등록번호	10. 건수	11.금액	11-1.실손 보험수령핵	12.미숙아 선천성이상아	13.난임 여부
☐	이기준	내	831030-1224111	1 0	5	신세계백화점	210-81-32199	1	500,000		X	X
☐	편미선	내	530511-2047718	2 0	1				6,000,000	2,500,000	X	X
☐	이시진	내	210121-4165112	2 0	1				3,250,000		X	X
	합계							1	9,750,000	2,500,000		
일반의료비 (본인)		500,000	6세이하,65세이상인 건강보험산정특례자 장애인			9,250,000	일반의료비 (그 외)			난임시술비		
										미숙아.선천성이상아		

[입력 시 주의사항]

- 이기준(본인) : 안경은 1인당 50만원까지 공제 가능. 기타 증빙이므로 상호, 사업자번호 입력
- 편미선(母) : 실손보험수령액은 공제대상이 아니므로 별도 입력

◎ 핵심체크

신용카드 소득공제
[신용카드] 탭에 각 개인별
입력

(4) 신용카드 소득공제 ⇒ [신용카드] 탭에 입력

소득명세	부양가족	신용카드 등	의료비	기부금	연금저축 등I	연금저축 등II	월세액	출산지원금	연말정산입력

	성명 생년월일	자료 구분	신용카드	직불,선불	현금영수증	도서등 신용	도서등 직불	도서등 현금	전통시장	대중교통	합계
☐	이기준	국세청	20,520,000		2,300,000						22,820,000
	1983-10-30	기타									
☐	편미선	국세청									
	1953-05-11	기타									
☐	김미진	국세청	26,020,000								26,020,000
	1986-01-15	기타									
	합계		46,540,000		2,300,000						48,840,000

[입력 시 주의사항]

- 의료비를 신용카드로 결제 : 의료비 세액공제와 신용카드 소득공제 모두 적용
- 신용카드 사용액 : ㈜한양상사 비용 사용금액 2,000,000원은 공제 받을 수 없음. 22,520,000원 − 2,000,000원 = 20,520,000원 입력

(5) 연금계좌 세액공제 ⇒ [연금저축등 I] 탭에 입력

소득명세	부양가족	신용카드 등	의료비	기부금	연금저축 등I	연금저축 등II	월세액	출산지원금

1 연금계좌 세액공제   - 퇴직연금계좌(연말정산입력 탭의 58.과학기술인공제, 59.근로자퇴직연금)

퇴직연금 구분	코드	금융회사 등	계좌번호(증권번호)	납입금액	공제대상금액
퇴직연금					
과학기술인공제회					

2 연금계좌 세액공제		– 연금저축계좌(연말정산입력 탭의 37.개인연금저축, 60.연금저축)			
연금저축구분	코드	금융회사 등	계좌번호(증권번호)	납입금액	공제대상금액
1.개인연금저축	405	삼성생명보험 (주)	153-05724-72999	3,000,000	
개인연금저축				3,000,000	
연금저축					

4 연말정산 입력 결과 : F8 부양가족탭불러오기 클릭

이상 소득공제 · 세액공제 내역을 입력한 후 F8 부양가족탭 불러오기를 누르면 다음과 같이 연말정산 세금계산이 완성됩니다.

- 총 결정세액 : 4,855,843원
- 기납부세액 : 8,995,840원
- 환급세액 : 4,139,990원

| 소득명세 | 부양가족 | 신용카드 등 | 의료비 | 기부금 | 연금저축 등 I | 연금저축 등 II | 월세액 | 출산지원금 | 연말정산입력 |

정산(지급)년월 2026 년 2 월 귀속기간 2025 년 6 월 1 일 ~ 2025 년 12 월 31 일 영수일자 2026 년 2 월 28 일

구분		지출액	공제금액
21.총급여			90,000,000
22.근로소득공제			14,250,000
23.근로소득금액			75,750,000
기본공제 24.본인			1,500,000
25.배우자			1,500,000
26.부양가족	3명)		4,500,000
추가공제 27.경로우대	1명)		1,000,000
28.장애인	명)		
29.부녀자			
30.한부모가족			
연금보험료공제 31.국민연금보험료		4,049,950	4,049,950
32.공적연금보험료공제 공무원연금			
군인연금			
사립학교교직원			
별정우체국연금			
특별소득공제 33.보험료		3,953,620	3,953,620
건강보험료		3,116,630	3,116,630
고용보험료		836,990	836,990
34.주택차입금 원리금상환액 대출기관			
거주자			
34.장기주택저당차입금이자상			
35.특별소득공제 계			3,953,620
36.차감소득금액			59,246,430
그밖의소득공제 37.개인연금저축		3,000,000	720,000
38.소기업,소상공인 공제부금 2015년이전가입			
2016년이후가입			
39.주택마련저축 소득공제 청약저축			
주택청약			
근로자주택마련			
40.투자조합출자 등 소득공제			
41.신용카드 등 사용액		48,840,000	2,500,000
42.우리사주조합 출연금 일반 등			
벤처 등			
43.고용유지중소기업근로자			
44.장기집합투자증권저축			
45.청년형장기집합투자증권저축			
46.그 밖의 소득공제 계			3,220,000
47.소득공제 종합한도 초과액 ▶			

구분		지출액	공제대상금액	공제금액
48.종합소득 과세표준				56,026,430
49.산출세액 ▶				7,686,343
세액감면 50.「소득세법」 ▶				
51.「조세특례제한법」(52제외) ▶				
52.「조세특례제한법」 제30조 ▶				
53.조세조약 ▶				
54.세액감면 계				
55.근로소득 세액공제 ▶				500,000
56.혼인세액공제	부			
57.자녀세액공제 ㉮자녀	1명)			250,000
㉯ 출산.입양	명)			
연금계좌 58.과학기술공제				
59.근로자퇴직연금				
60.연금저축				
60-1.ISA연금계좌전환				
특별세액 61.보장성보험 일반	900,000	900,000	900,000	108,000
장애인				
62.의료비	9,750,000	9,750,000	4,550,000	682,500
63.교육비	14,600,000	14,600,000	8,600,000	1,290,000
64.기부금				
기부금 1)정치자금기부금 10만원이하				
10만원초과				
2)고향사랑기부금 10만원이하				
10만원초과-일반				
10만원초과-재난				
3)특례기부금(전액)				
4)우리사주조합기부금				
5)일반기부금(종교단체외)				
6)일반기부금(종교단체)				
65.특별세액공제 계				2,080,500
66.표준세액공제				
67.납세조합공제				
68.주택차입금				
69.외국납부 ▶				
70.월세액				
71.세액공제 계				2,830,500
72.결정세액((49)-(54)-(71))				4,855,843

구분		소득세	지방소득세	농어촌특별세	계
73.결정세액		4,855,843	485,584		5,341,427
기납부세액	74.종(전)근무지	140,000	14,000		154,000
	75.주(현)근무지	8,855,840	885,570		9,741,410
76.납부특례세액					
77.차감징수세액		-4,139,990	-413,980		-4,553,970

08 실무기출 공략하기

cafe.naver.com/eduacc 전산세무2급 자료실에서 Data_Install_JS2.zip 파일을 다운받아 컴퓨터에 설치 후 회사등록 클릭, F4 회사코드재생성 클릭 후 아래에 제시된 회사를 선택하여 문제를 푸시오.

난이도 ★★

01 ㈜은마상사(회사코드:1152)을 선택하시오. [2024년, 115회]

다음은 회계부서에 재직 중인 이철수(사원코드 : 102) 사원의 연말정산 관련 자료이다. 아래의 자료를 이용하여 [연말정산추가자료입력] 메뉴의 [부양가족] 탭, [신용카드 등] 탭, [의료비] 탭을 입력하여 [연말정산입력] 탭을 완성하시오. (단, 근로자 본인의 세부담 최소화를 가정한다.)

1. 가족사항(모두 거주자인 내국인에 해당함)

성명	관계	주민등록번호	동거 여부	소득금액	비고
이철수	본인	830505-1478521		48,000,000	총급여액(근로소득 외 소득 없음), 세대주
강희영	배우자	840630-2547858	여	10,000,000	양도소득금액
이명수	부친	561012-1587428	여	900,000	부동산임대소득금액 : 총수입금액 20,000,000원, 필요경비 19,100,000원
이현수	아들	140408-3852611	여	−	초등학생
이리수	딸	191104-4487122	여	−	취학 전 아동

※ 기본공제대상자가 아닌 경우도 기본공제 '부'로 입력할 것

2. 연말정산 관련 추가자료

모든 자료는 국세청에서 제공된 자료에 해당하며, 표준세액공제가 더 클 경우 표준세액공제를 적용한다

내 역	비 고
보장성 보험료	• 이철수(본인) : 자동차보험료 300,000원 • 강희영(배우자) : 보장성보험료 200,000원 • 이명수(부친) : 생명보험료 150,000원(만기까지 납입액이 만기환급액보다 큼) • 이현수(아들) : 보장성보험료 350,000원

교육비	• 이철수(본인) : 정규 교육 과정 대학원 교육비 5,000,000원 • 이현수(아들) : 국내 소재 사립초등학교(「초·중등교육법」상의 정규 교육기관) 수업료 8,000,000원, 영어학원비 2,400,000원 • 이리수(딸) : 「영유아보육법」상의 어린이집 교육비 1,800,000원
의료비	• 이철수(본인) : 질병 치료 목적 의료비 1,050,000원 • 이명수(부친) : 질병 치료 목적 국외 의료비 1,500,000원 • 이리수(딸) : 질병 치료 목적 의료비 250,000원
신용카드 사용액	• 이철수(본인) : 신용카드 사용액 32,500,000원 (신용카드사용분 중 전통시장/대중교통/도서 등 사용분은 없음)

02 ㈜도원기업(회사코드:1102)을 선택하시오. 필수   [2023년, 110회]

다음은 회계부서에 재직 중인 김갑용(사원코드 : 101) 사원의 연말정산 관련 자료이다. 다음의 자료를 이용하여 [연말정산추가자료입력] 메뉴의 [부양가족] 탭 및 관련된 탭을 모두 작성하여 연말정산을 완료하시오. (단, 근로자 본인의 세부담 최소화를 가정하고, [연말정산입력] 탭은 직접 입력하지 않음.)

1. 가족사항(모두 거주자인 내국인에 해당함)

성명	관계	주민등록번호	동거 여부	소득금액	비고
김갑용	본인	830505−1478521		65,000,000원	총급여액(근로소득 외의 소득없음), 세대주
강희영	배우자	840630−2547858	여	10,000,000원	근로소득금액
김수필	부친	561012−1587428	여	900,000원	부동산임대소득금액 : 총수입금액 20,000,000원, 필요경비 19,100,000원
김정은	아들	140408−3852611	여	−	초등학생
김준희	딸	191104−4487122	여	−	취학 전 아동

2. 연말정산 관련 추가자료(모든 자료는 국세청에서 제공된 자료에 해당함.)

내 역	비 고
보장성 보험료	• 김갑용(본인) : 자동차보험료 300,000원 • 강희영(배우자) : 보장성보험료 200,000원 • 김수필(부친) : 생명보험료 150,000원(만기까지 납입액이 만기환급액보다 큼.) • 김준희(딸) : 보장성보험료 350,000원

교육비	• 김갑용(본인) : 정규 교육 과정 대학원 교육비 5,000,000원 • 김정은(아들) : 국내 소재 사립초등학교(교육법상의 정규 교육기관) 수업료 8,000,000원, 수학학원비 2,400,000원 • 김준희(딸) : 「영유아보육법」상의 어린이집 교육비 1,800,000원
의료비	• 김갑용(본인) : 시력보정용 안경 구입비용 650,000원 • 김수필(부친) : 질병 치료 목적 의료비 1,500,000원 • 김준희(딸) : 질병 치료 목적 의료비 250,000원
신용카드 사용액	• 김갑용(본인) : 신용카드 사용액 21,500,000원(국세청 자료), 신용카드사용분 중 전통시장/대중교통/도서 등 사용분은 없음
연금저축	• 김갑용(본인) : 2023년 연금저축계좌 납입액 6,000,000원, 계좌번호 : 농협중앙회 301-02-228451, 당해 연도에 가입함

03 ㈜파쇄상회(회사코드 : 1072)을 선택하시오. 필수 [2023년, 107회]

다음은 강희찬(사번 : 500) 사원의 2023년 귀속 연말정산 관련 자료이다. 아래의 자료를 이용하여 [연말정산추가자료입력] 메뉴의 [부양가족](인별 보험료 및 교육비 포함) 탭을 수정하고, [신용카드 등] 탭, [의료비] 탭, [기부금] 탭을 작성하여 연말정산을 완료하시오. 근로자 본인의 세부담이 최소화되도록 하고, 제시된 가족들은 모두 생계를 같이하는 동거가족이다.

1. 가족사항

관계	성명	나이	소득	비고
본인	강희찬	40세	총급여액 6,000만 원	세대주
배우자	송은영	42세	양도소득금액 500만 원	
아들	강민호	9세	소득 없음	첫째, 2023년에 입양 신고함
동생	강성찬	37세	소득 없음	장애인복지법에 따른 장애인

2. 연말정산 자료

다음은 근로자 본인이 결제하거나 지출한 금액으로서 모두 국세청 홈택스 연말정산간소화서비스에서 수집한 자료이다.

내 역	비 고
신용카드 등 사용액	• 본인 : 신용카드 20,000,000원 　재직 중인 ㈜파쇄상회의 비용을 본인 신용카드로 결제한 금액 1,000,000원, 자녀 영어학원비 　1,200,000원, 대중교통이용액 500,000원 포함 • 아들 : 현금영수증 700,000원 　자녀 질병치료 목적 한약구입비용 300,000원, 대중교통이용액 100,000원 포함
보험료	• 본인 : 생명보험료 2,400,000원(보장성 보험임) • 동생 : 장애인전용보장성보험료 1,700,000원
의료비	• 본인 : 2,700,000원(시력보정용 안경 구입비 600,000원 포함) • 배우자 : 2,500,000원(전액 난임시술비에 해당함) • 아들 : 1,200,000원(현금영수증 수취분 질병 치료목적 한약구입비용 300,000원 포함) • 동생 : 3,100,000원(전액 질병 치료목적으로 지출한 의료비에 해당함)
교육비	아들 : 초등학교 수업료 500,000원, 영어학원비 1,200,000원(본인 신용카드 사용분에 포함)
기부금	본인 : 종교단체 기부금 1,200,000원(모두 당해 연도 지출액임)

난이도 ★★

04 ㈜효원상회(회사코드:1142)를 선택하시오. 필수 [2024년, 114회]

다음은 2024.08.01. 홍보부에 입사한 홍상현(사원코드 : 1005, 세대주) 사원의 연말정산 관련 자료이다. 다음 자료를 이용하여 [연말정산추가자료입력] 메뉴의 [소득명세] 탭, [부양가족(보험료, 교육비)] 탭, [신용카드 등] 탭, [의료비] 탭을 작성하여 [연말정산입력] 탭에서 연말정산을 완료하시오. (단, 근로자 본인의 세부담 최소화를 가정한다.)

1. 전(前)근무지 근로소득원천징수영수증

- 근무기간 : 2024.01.01. ~ 2024.07.31.
- 근무처 : 주식회사 두섬(사업자등록번호 : 103-81-62982)
- 소득명세 : 급여 26,000,000원, 상여 1,000,000원(비과세 급여, 비과세 상여 및 감면소득 없음)

세액명세	소득세	지방소득세		건강보험료	905,300원
결정세액	340,000원	34,000원	공제보험료 명세	장기요양보험료	115,900원
기납부세액	460,000원	46,000원		고용보험료	243,000원
차감징수세액	− 120,000원	− 12,000원		국민연금보험료	1,170,000원

2. 가족사항 : 모두 동거하며, 생계를 같이함

성명	관계	주민번호	비고
홍상현	본인	860314−1287653	현근무지 총급여액 15,000,000원
이명지	배우자	860621−2044775	총급여액 6,000,000원
홍라율	자녀	190827−4842416	소득 없음
홍천운	부친	580919−1287035	소득 없음

※ 기본공제대상자가 아닌 경우, 기본공제 "부"로 입력할 것

3. 연말정산추가자료

(안경 구입비용을 제외한 연말정산 자료는 모두 국세청 홈택스 연말정산간소화서비스 자료임.)

항목	내용
보험료	• 홍상현(본인) : 자동차운전자보험료 800,000원 • 이명지(배우자) : 보장성보험료 800,000원 • 홍라율(자녀) : 일반보장성보험료 500,000원
의료비	• 홍상현(본인) : 질병치료비 300,000원, 시력보정용 안경 구입비용 700,000원 (상호 : 모든안경, 사업자등록번호 : 431−01−00574) • 홍라율(자녀) : 질병치료비 400,000원 • 홍천운(부친) : 질병치료비 8,000,000원
교육비	• 홍상현(본인) : 정규 교육 과정 대학원 교육비 7,000,000원 • 홍라율(자녀) : 영유아보육법상 어린이집 교육비 2,400,000원
신용카드 등 사용액	• 홍상현(본인) : 신용카드 사용액 23,000,000원(대중교통 사용분 1,000,000원 포함), 현금영수증 사용액 7,000,000원(전통시장 사용분 4,000,000원 포함) • 홍상현의 신용카드 사용액은 위 의료비 지출액이 모두 포함된 금액이다. • 제시된 내용 외 전통시장/대중교통/도서 등 사용분은 없다.

01 ㈜은마상사

1. 부양가족 등록

	사번	성명		주민(외국인)번호	나이
■	102	이철수	1	830505-1478521	41
☐	500	박한별	1	810505-2027818	43
☐	1001	김필영	1	820419-1234564	42

기본사항	부양가족명세	추가사항

연말관계	성명	내/외국인		주민(외국인, 여권)번호	나이	기본공제	부녀자	한부모	경로우대	장애인	자녀	출산입양
0	이철수	내	1	830505-1478521	41	본인						
1	이명수	내	1	561012-1587428	68	60세이상						
3	강희영	내	1	840630-2547858	40	부						
4	이현수	내	1	140408-3852611	10	20세이하					○	
4	이리수	내	1	191104-4487122	5	20세이하						

2. 소득공제·세액공제 입력 : F3 전체사원 불러온 후 이철수 선택

(1) 보장성 보험료 ⇨ [부양가족] 탭에 각 개인별로 입력

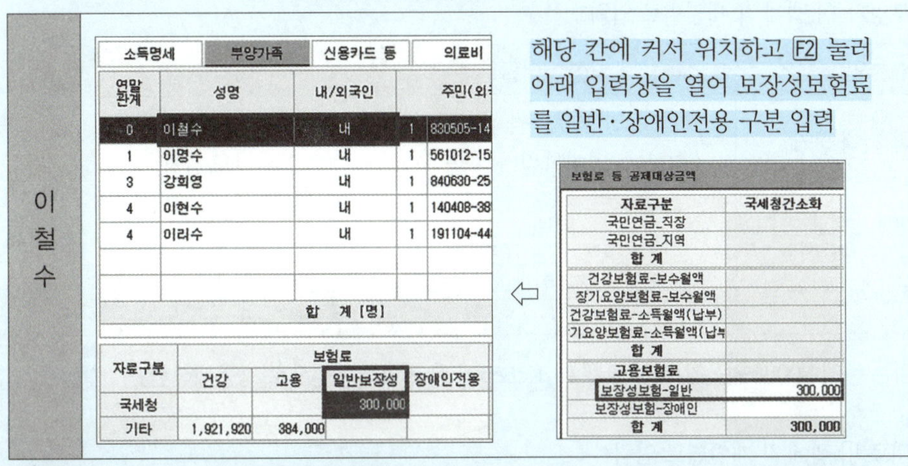

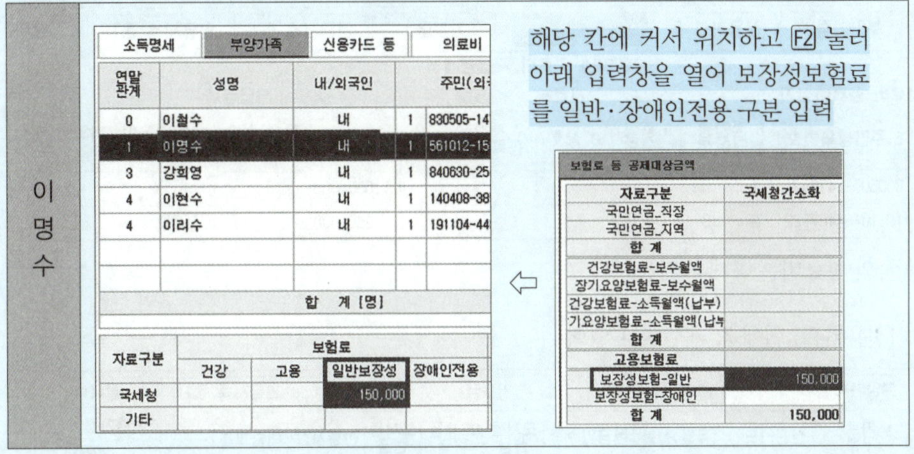

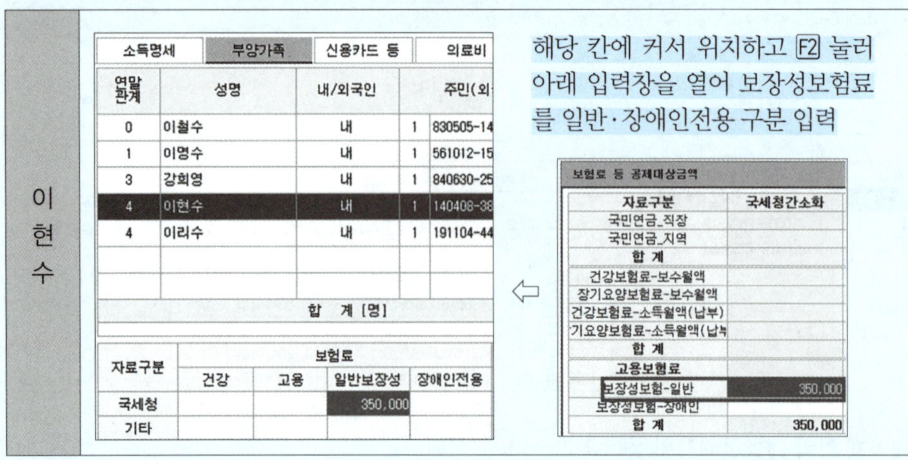

(2) 교육비 ⇨ [부양가족] 탭에 각 개인별로 입력

이철수(본인)	이현수(아들)	이리수(딸)
대학원 포함 전액 공제	초중고 연 300만 원 한도 공제 / 취학 후 영어학원비는 불공제	취학전 연 300만 원 한도 공제

교육비			교육비			교육비	
일반	장애인특수		일반	장애인특수		일반	장애인특수
5,000,000 4.본인			3,000,000 2.초중고			1,800,000 1.취학전	

※ 이현수 교육비는 총액 800만 원을 입력해도 무관. KcLep이 한도 300만 원으로 자동계산함.

(3) 의료비 ⇨ [의료비] 탭에 각 개인별로 입력

소득명세	부양가족	신용카드 등	의료비	기부금	연금저축 등I	연금저축 등II	월

		2024년 의료비 지급명세서										
	의료비 공제대상자			지급처			지급명세					
☐	성명	내/외	5.주민등록번호	6.본인등해당여부	9.증빙코드	8.상호	7.사업자등록번호	10.건수	11.금액	11-1.실손보험수령핵	12.미숙아선천성이상아	13.난임여부
☐	이철수	내	830505-1478521	1	0	1				1,050,000		X	X
☐	이리수	내	191104-4487122	2	0	1				250,000		X	X

※ 이명수(부친) 국외 치료비는 공제 불가능

(4) 신용카드 ⇨ [신용카드] 탭에 각 개인별로 입력

소득명세	부양가족	신용카드 등	의료비	기부금	연금저축 등I	연금저축 등II	월세액

☐	성명 생년월일	자료구분	신용카드	직불,선불	현금영수증	도서등신용	도서등직불	도서등현금	전통시장	대중교통	소비증가분 2023년	2024년
☐	이철수	국세청	32,500,000									32,500,000

| 소득명세 | 부양가족 | 신용카드 등 | 의료비 | 기부금 | 연금저축 등 I | 연금저축 등 II | 월세액 | 연말정산입력 |

정산(지급)년월 2025 년 2 월   귀속기간 2024 년 1 월 1 일 ~ 2024 년 12 월 31 일   영수일자 2025 년 2 월 28 일

좌측

구분			지출액	공제금액
21.총급여				48,000,000
22.근로소득공제				12,150,000
23.근로소득금액				35,850,000
종합소득공제	기본공제	24.본인		1,500,000
		25.배우자		
		26.부양가족 (3명)		4,500,000
	추가공제	27.경로우대 (명)		
		28.장애인 (명)		
		29.부녀자		
		30.한부모가족		
	연금보험료공제	31.국민연금보험료	2,160,000	2,160,000
	32. 공적연금 보험공제	공무원연금		
		군인연금		
		사립학교교직원		
		별정우체국연금		
	특별소득공제	33.보험료	2,305,920	2,305,920
		건강보험료	1,921,920	1,921,920
		고용보험료	384,000	384,000
		34.주택차입금 원리금상환액	대출기관		
		거주자		
		34.장기주택저당차입금이자상		
		35.기부금-2013년이전이월분		
		36.특별소득공제 계		2,305,920
37.차감소득금액				25,384,080
그 밖의 소득공제	38.개인연금저축			
	39.소기업,소상공인 공제부금	2015년이전가입		
		2016년이후가입		
	40.주택마련저축 소득공제	청약저축		
		주택청약		
		근로자주택마련		
	41.투자조합출자 등 소득공제			
	42.신용카드 등 사용액		32,500,000	4,000,000
	43.우리사주조합 출연금	일반 등		
		벤처 등		
	44.고용유지중소기업근로자			
	45.장기집합투자증권저축			
	46.청년형장기집합투자증권저축			
	47.그 밖의 소득공제 계			4,000,000
48.소득공제 종합한도 초과액 ▶				

우측

구분			지출액	공제대상금액	공제금액
49.종합소득 과세표준					21,384,080
50.산출세액					1,947,612
세액감면	51.「소득세법」 ▶				
	52.「조세특례제한법」 (53제외) ▶				
	53.「조세특례제한법」 제30조 ▶				
	54.조세조약 ▶				
	55.세액감면 계				
세액공제	56.근로소득 세액공제				660,000
	57.자녀 세액공제	㉮자녀 (1명)			150,000
		㉯ 출산.입양 (명)			
	연금계좌	58.과학기술공제			
		59.근로자퇴직연금			
		60.연금저축			
		60-1.ISA연금계좌전환			
	특별세액공제	61.보장성보험 일반	800,000	800,000	800,000	96,000
		61.보장성보험 장애인			
		62.의료비	1,300,000	1,300,000	
		63.교육비	9,800,000	9,800,000	9,800,000	1,041,612
		64.기부금			
		1)정치자금기부금 10만원이하			
		1)정치자금기부금 10만원초과			
		2)고향사랑기부금 10만원이하			
		2)고향사랑기부금 10만원초과			
		3)특례기부금(전액)			
		4)우리사주조합기부금			
		5)일반기부금(종교단체외)			
		6)일반기부금(종교단체)			
		65.특별세액공제 계			1,137,612
	66.표준세액공제				
	67.납세조합공제				
	68.주택차입금				
	69.외국납부 ▶				
	70.월세액				
	71.세액공제 계				1,947,612
72.결정세액((50)-(55)-(71))					
82.실효세율(%) [(72/21)]X100					

구분		소득세	지방소득세	농어촌특별세	계
73.결정세액					
기납부세액	74.종(전)근무지				
	75.주(현)근무지	2,351,520	235,080		2,586,600
76.납부특례세액					
77.차감징수세액		-2,351,520	-235,080		-2,586,600

1. 부양가족 등록

☐	사번	성명	주민(외국인)번호	나이
☐	100	김우리	1 801210-1127858	43
☐	101	김갑용	1 830505-1478521	40

	기본사항	**부양가족명세**	추가사항

연말관계	성명	내/외국인	주민(외국인)번호	나이	기본공제	부녀자	한부모	경로우대	장애인	자녀	출산입양
0	김갑용	내	1 830505-1478521	40	본인						
1	김수필	내	1 561012-1587428	67	60세이상						
3	강희영	내	1 840630-2547858	39	부						
4	김정은	내	1 140408-3852611	9	20세이하					○	
4	김준희	내	1 191104-4487122	4	20세이하						

※ 김수필(부친), 김정은(아들), 김준희(딸)이 불공제로 입력되어 있으므로 공제가능으로 변경해야 함.

2. 소득공제·세액공제 입력 : F3 전체사원 불러온 후 김갑용 선택

(1) 보장성 보험료 ⇨ [부양가족] 탭에 각 개인별로 입력 (강희영 보험료는 공제 불가능)

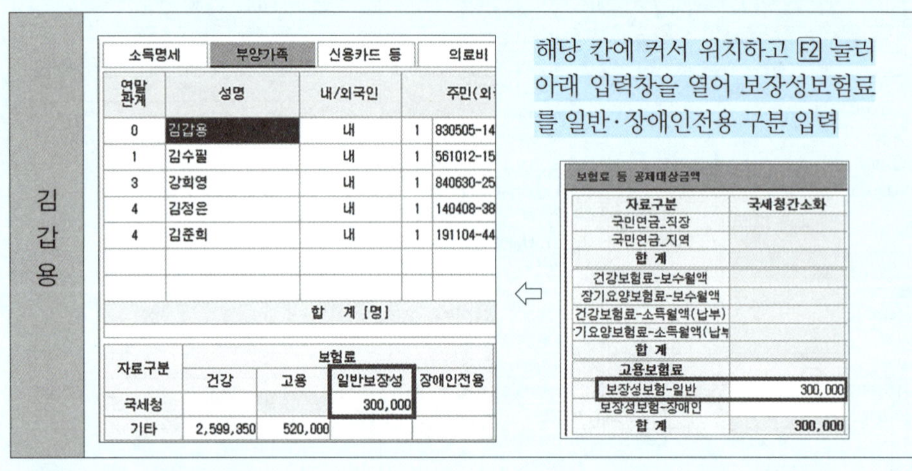

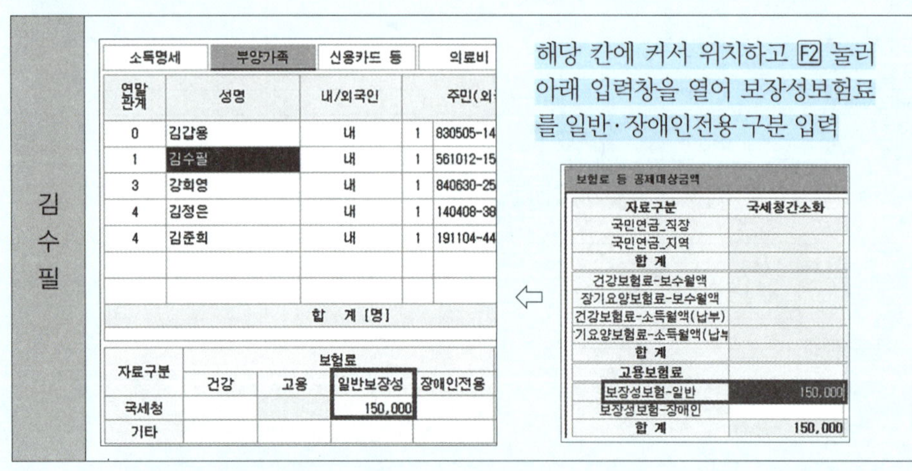

해당 칸에 커서 위치하고 F2 눌러
아래 입력창을 열어 보장성보험료
를 일반·장애인전용 구분 입력

김준희

소득명세	부양가족	신용카드 등	의료비

연말관계	성명	내/외국인		주민(외
0	김갑용	내	1	830505-14
1	김수필	내	1	561012-15
3	강회영	내	1	840630-25
4	김정은	내	1	140408-38
4	김준희	내	1	191104-44
		합 계 [명]		

자료구분	보험료			
	건강	고용	일반보장성	장애인전용
국세청			350,000	
기타				

보험료 등 공제대상금액	
자료구분	국세청간소화
국민연금_직장	
국민연금_지역	
합 계	
건강보험료-보수월액	
장기요양보험료-보수월액	
건강보험료-소득월액(납부)	
기요양보험료-소득월액(납부)	
합 계	
고용보험료	
보장성보험-일반	350,000
보장성보험-장애인	
합 계	350,000

(2) 교육비 ⇨ [부양가족] 탭에 각 개인별로 입력

김갑용(본인)	김정은(아들)	김준희(딸)
대학원 포함 전액 공제	초중고 연 300만 원 한도 공제 / 취학 후 수학학원비는 불공제	취학전 연 300만 원 한도 공제

교육비	
일반	장애인특수
5,000,000 4.본인	

교육비	
일반	장애인특수
8,000,000 2.초중고	

교육비	
일반	장애인특수
1,800,000 1.취학전	

※ 김정은 교육비는 한도 300만 원을 입력해도 무관

(3) 의료비 ⇨ [의료비] 탭에 각 개인별로 입력

소득명세	부양가족	신용카드 등	의료비	기부금	연금저축 등I	연금저축 등II	월세

2023년 의료비 지급명세서

성명	내/외	5.주민등록번호	6.본인등해당여부	9.증빙코드	8.상호	7.사업자등록번호	10.건수	11.금액	11-1.실손보험수령액	12.미숙아선천성이상아	13.납입여부
김갑용	내	830505-1478521	1	0	1			500,000		X	X
김수필	내	561012-1587428	2	0	1			1,500,000		X	X
김준희	내	191104-4487122	3	X	1			250,000		X	X

※ 김갑용(본인) 안경구입비는 50만 원 한도임.

(4) 신용카드 ⇨ [신용카드] 탭에 각 개인별로 입력

소득명세	부양가족	신용카드 등	의료비	기부금	연금저축 등I	연금저축 등II	월세액

내/외관계	성명생년월일	자료구분	신용카드	직불,선불	현금영수증	도서등신용	도서등직불	도서등현금	전통시장	대중교통
내	김갑용	국세청	21,500,000							
0	1983-05-05	기타								

(5) 연금저축 ⇨ [연금저축 등 I] 탭에 가입내역 입력

| 2 연금계좌 세액공제 | | - 연금저축계좌(연말정산입력 탭의 38.개인연금저축, 60.연금저축) | | | | |
연금저축구분	코드	금융회사 등	계좌번호(증권번호)	납입금액	공제대상금액	소득/세액공제액
2.연금저축	190	농협중앙회 및 산하기관	301-02-228451	6,000,000	6,000,000	720,000
개인연금저축						
연금저축				6,000,000	6,000,000	720,000

3. 입력결과 : F8 부양가족탭불러오기 눌러 세금 계산

| 소득명세 | 부양가족 | 신용카드 등 | 의료비 | 기부금 | 연금저축 등Ⅰ | 연금저축 등Ⅱ | 월세액 | 연말정산입력 |

정산(지급)년월 2024 년 2 월 귀속기간 2023 년 1 월 1 일 ~ 2023 년 12 월 31 일 영수일자 2024 년 2 월 29 일

구분				지출액	공제금액		구분			지출액	공제대상금액	공제금액
21.총급여					65,000,000		49.종합소득 과세표준					39,168,150
22.근로소득공제					13,000,000		50.산출세액					4,615,222
23.근로소득금액					52,000,000	세 액 감 면	51. 「소득세법」 ▶					
기 본 공 제	24.본인				1,500,000		52. 「조세특례제한법」 (53제외) ▶					
	25.배우자											
	26.부양가족	3명)			4,500,000		53. 「조세특례제한법」 제30조 ▶					
종 합 소 득 공 제	추 가 공 제	27.경로우대	명)				54.조세조약 ▶					
		28.장애인	명)				55.세액감면 계					
	29.부녀자						56.근로소득 세액공제					660,000
	30.한부모가족					57.자녀 세액공제	㉮자녀	1명)				150,000
	연 금 보 험 료 공 제	31.국민연금보험료		2,925,000	2,925,000			㉯ 출산.입양	명)			
		32. 공적 연금 보험 공제	공무원연금			세 액 공 제	연 금 계 좌	58.과학기술공제				
			군인연금					59.근로자퇴직연금				
			사립학교교직원					60.연금저축		6,000,000	6,000,000	720,000
			별정우체국연금					60-1.ISA연금계좌전환				
특 별 소 득 공 제	33.보험료			3,119,350	3,119,350		특 별 세 액 공 제	61.보장 성보험	일반	800,000	800,000	800,000	96,000
	건강보험료			2,599,350	2,599,350			장애인				
	고용보험료			520,000	520,000		62.의료비		2,250,000	2,250,000	300,000	45,000
	34.주택차입금 원리금상환액	대출기관					63.교육비		14,800,000	14,800,000	9,800,000	1,470,000
		거주자					64.기부금					
	34.장기주택저당차입금이자상						1)정치자금 기부금	10만원이하				
	35.기부금-2013년이전이월분							10만원초과				
	36.특별소득공제 계				3,119,350		2)특례기부금(전액)					
37.차감소득금액					39,955,650		3)우리사주조합기부금					
그 밖 의 소 득 공 제	38.개인연금저축						4)일반기부금(종교단체외)					
	39.소기업,소상 공인 공제부금	2015년이전가입					5)일반기부금(종교단체)					
		2016년이후가입					65.특별세액공제 계					1,611,000
	40.주택 마련저축 소득공제	청약저축					66.표준세액공제					
		주택청약					67.납세조합공제					
		근로자주택마련					68.주택차입금					
	41.투자조합출자 등 소득공제						69.외국납부 ▶					
	42.신용카드 등 사용액			21,500,000	787,500		70.월세액					
	43.우리사주조합 출연금	일반 등					71.세액공제 계					3,141,000
		벤처 등					72.결정세액((50)-(55)-(71))					1,474,222
	44.고용유지중소기업근로자						82.실효세율(%) [(72/21)]X100					2.3
	45.장기집합투자증권저축											
	46.청년형장기집합투자증권저축											
	47.그 밖의 소득공제 계				787,500							

구분		소득세	지방소득세	농어촌특별세	계
73.결정세액		1,474,222	147,422		1,621,644
기납부 세액	74.종(전)근무지				
	75.주(현)근무지	6,643,000	664,300		7,307,300
76.납부특례세액					
77.차감징수세액		-5,168,770	-516,870		-5,685,640

03 ㈜파쇄상회(회사코드:1072)

1. 부양가족 등록

	사번	성명	주민(외국인)번호	나이
☐	105	이현민	1 850120-1245114	38
☑	500	강희찬	1 830130-1710614	40
☐				
☐				
☐				
☐				

기본사항	**부양가족명세**	추가사항

연말관계	성명	내/외국인	주민(외국인)번호	나이	기본공제	부녀자	한부모	경로우대	장애인	자녀	출산입양
0	강희찬	내 1	830130-1710614	40	본인						
3	송은영	내 1	810317-2141611	42	부						
4	강민호	내 1	141225-3014674	9	20세이하					○	첫째
6	강성찬	내 1	860717-1714315	37	장애인				1		

- 강민호(아들), 강성찬(동생)이 불공제로 입력되어 있으므로 공제가능으로 변경해야 함.
- 송은영(배우자) : 양도소득금액이 연 100만 원을 초과하므로 공제 불가능
- 강민호(아들) 입양으로 "출산입양" 첫째로 체크

2. 소득공제 · 세액공제 입력 : F3 전체사원 불러온 후 강희찬 선택

(1) 신용카드 ⇨ [신용카드] 탭에 각 개인별로 입력

계속	중도	전체											편리현

	사번	사원명	완료
☐	105	이현민	×
☑	500	강희찬	×
☐			
☐			
☐			
☐			
☐			
☐			

소득명세	부양가족	**신용카드 등**	의료비	기부금	연금저축 등I	연금저축 등II

내/외관계	성명 / 생년월일	자료구분	신용카드	직불,선불	현금영수증	도서등신용	도서등직불	도서등현금	전통시장	대중교통
내	강희찬	국세청	18,500,000							500,000
0	1983-01-30	기타								
내	송은영	국세청								
3	1981-03-17	기타								
내	강민호	국세청			600,000					100,000
4	2014-12-25	기타								
내	강성찬	국세청								
6	1986-07-17	기타								

- 강희찬(신용카드) : 2,000만 원(총사용액) - 100만 원(법인비용 사용은 공제 안됨) - 50만 원(대중교통 이용액) = 1,850만 원, 자녀 사설학원비 결제액은 신용카드 공제됨.
- 강민호(현금영수증) : 70만 원(총사용액) - 10만 원(대중교통 이용액) = 60만 원

(2) 보장성 보험료 ⇨ [부양가족] 탭에 각 개인별로 입력

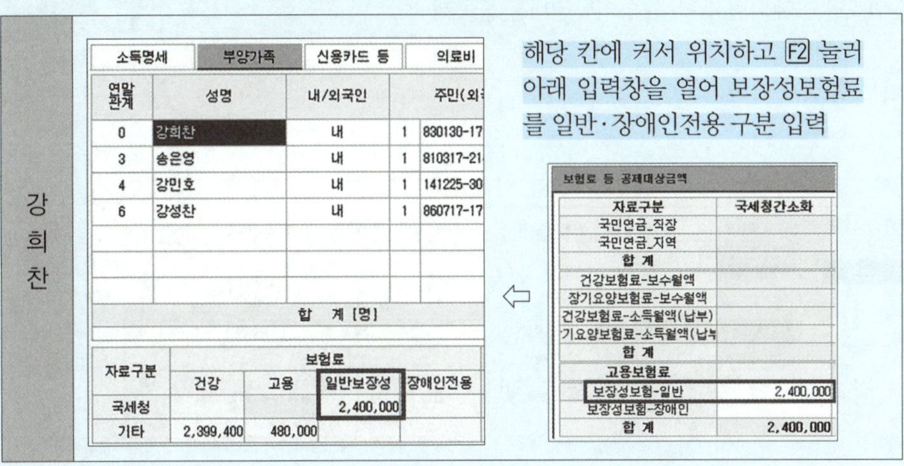

강희찬

소득명세	부양가족	신용카드 등	의료비

연말관계	성명	내/외국인	주민(외
0	강희찬	내 1	830130-17
3	송은영	내 1	810317-21
4	강민호	내 1	141225-30
6	강성찬	내 1	860717-17
		합 계 [명]	

자료구분	보험료		보장성보험	
	건강	고용	일반보장성	장애인전용
국세청			2,400,000	
기타	2,399,400	480,000		

보험료 등 공제대상금액	
자료구분	국세청간소화
국민연금_직장	
국민연금_지역	
합 계	
건강보험료-보수월액	
장기요양보험료-보수월액	
건강보험료-소득월액(납부)	
기요양보험료-소득월액(납부	
합 계	
고용보험료	
보장성보험-일반	2,400,000
보장성보험-장애인	
합 계	2,400,000

※ 보장성보험료 공제 한도 100만 원 입력해도 무방함.

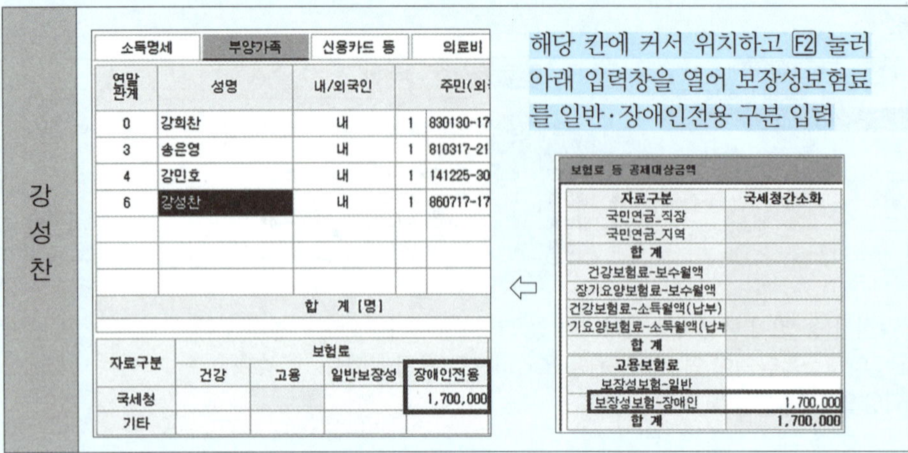

※ 보장성보험료 공제 한도 100만 원 입력해도 무방함.

(3) 의료비 ⇨ [의료비] 탭에 각 개인별로 입력

[입력 시 주의사항]

- 강희찬(본인) : 270만 원 − 안경 50만 원 초과 분 10만 원 = 260만 원
- 송은영(배우자) : 기본공제 대상이 아니어도 의료비는 공제됨. 난임 체크 "1.해당"
- 강민호(아들) : 질병치료 목적 한약도 공제대상임.

(4) 교육비 ⇨ [부양가족] 탭에 각 개인별로 입력

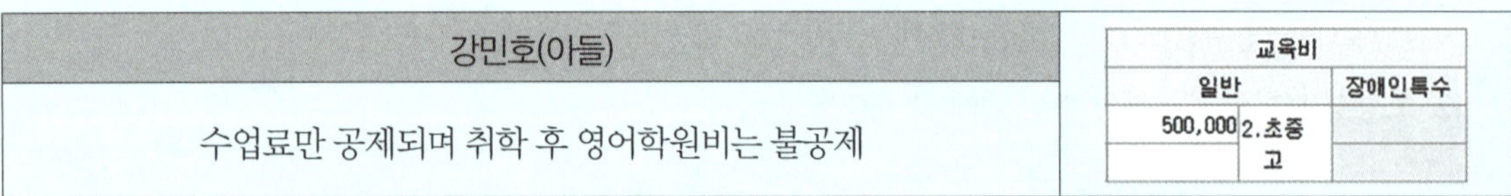

강민호(아들)	교육비	
	일반	장애인특수
수업료만 공제되며 취학 후 영어학원비는 불공제	500,000 2.초중	
	고	

(5) 기부금 ⇨ [기부금] 탭에 입력

① 기부금 입력

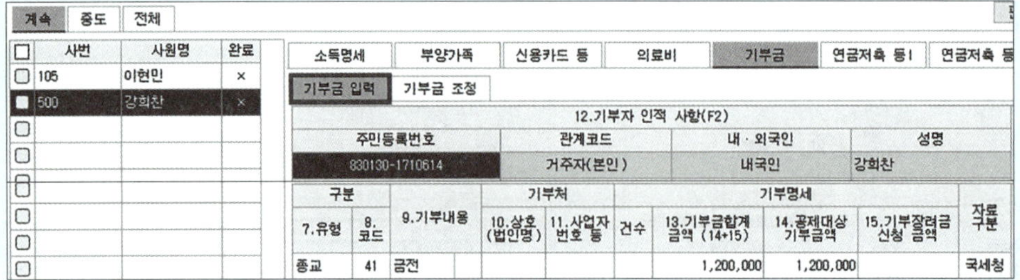

② 기부금 세금계산 반영 : 공제금액계산 클릭 후 [불러오기] ⇒ [공제금액반영] ⇒ [종료] 클릭

소득명세	부양가족	신용카드 등	의료비	기부금	연금저축 등I	연금저축 등II	월세액	연말정산입력

기부금 입력	기부금 조정							공제금액계산

| 구분 | | 기부연도 | 16.기부금액 | 17.전년도까지 공제된금액 | 18.공제대상 금액(16-17) | 해당연도 공제금액 | 해당연도에 공제받지 못한 금액 | |
유형	코드						소멸금액	이월금액
종교	41	2023	1,200,000		1,200,000	1,200,000		

불러오기	공제금액반영	전체삭제	저장	종료(Esc)

3. 입력결과 : F8 부양가족탭불러오기 눌러 세금 계산

소득명세	부양가족	신용카드 등	의료비	기부금	연금저축 등I	연금저축 등II	월세액	연말정산입력

정산(지급)년월 2024 년 2 월 귀속기간 2023 년 1 월 1 일 ~ 2023 년 12 월 31 일 영수일자 2024 년 2 월 29 일

구분			지출액	공제금액
21.총급여				60,000,000
22.근로소득공제				12,750,000
23.근로소득금액				47,250,000
종합소득공제	기본공제	24.본인		1,500,000
		25.배우자		
		26.부양가족 2명)		3,000,000
	추가공제	27.경로우대 명)		
		28.장애인 1명)		2,000,000
		29.부녀자		
		30.한부모가족		
	연금보험료공제	31.국민연금보험료	2,700,000	2,700,000
		32.공적연금보험공제 공무원연금		
		군인연금		
		사립학교교직원		
		별정우체국연금		
	특별소득공제	33.보험료	2,879,400	2,879,400
		건강보험료	2,399,400	2,399,400
		고용보험료	480,000	480,000
		34.주택차입금 원리금상환액 대출기관		
		거주자		
		34.장기주택저당차입금이자상		
		35.기부금-2013년이전이월분		
		36.특별소득공제 계		2,879,400
37.차감소득금액				35,170,600
그 밖의 소득공제	38.개인연금저축			
	39.소기업,소상공인 공제부금	2015년이전가입		
		2016년이후가입		
	40.주택마련저축 소득공제	청약저축		
		주택청약		
		근로자주택마련		
	41.투자조합출자 등 소득공제			
	42.신용카드 등 사용액		19,700,000	945,000
	43.우리사주조합 출연금	일반 등		
		벤처 등		
	44.고용유지중소기업근로자			
	45.장기집합투자증권저축			
	46.청년형장기집합투자증권저축			
	47.그 밖의 소득공제 계			945,000

구분			지출액	공제대상금액	공제금액
49.종합소득 과세표준					34,225,600
50.산출세액					3,873,840
세액감면	51. 「소득세법」 ▶				
	52. 「조세특례제한법」 (53제외) ▶				
	53. 「조세특례제한법」 제30조 ▶				
	54.조세조약 ▶				
	55.세액감면 계				
세액공제	56.근로소득 세액공제				660,000
	57.자녀 세액공제	㉮자녀 1명)			150,000
		㉯ 출산.입양 1명)			300,000
	연금계좌	58.과학기술공제			
		59.근로자퇴직연금			
		60.연금저축			
		60-1.ISA연금계좌전환			
	특별세액공제	61.보장 성보험 일반	2,400,000	2,400,000	1,000,000	120,000
		장애인	1,700,000	1,700,000	1,000,000	150,000
		62.의료비	9,400,000	9,400,000	7,600,000	1,515,000
		63.교육비	500,000	500,000	500,000	75,000
		64.기부금	1,200,000	1,200,000	1,200,000	180,000
		1)정치자금 기부금 10만원이하			
		10만원초과			
		2)특례기부금(전액)			
		3)우리사주조합기부금			
		4)일반기부금(종교단체외)			
		5)일반기부금(종교단체)	1,200,000	1,200,000	180,000
		65.특별세액공제 계			2,040,000
	66.표준세액공제				
	67.납세조합공제				
	68.주택차입금				
	69.외국납부 ▶				
	70.월세액				
	71.세액공제 계				3,150,000
72.결정세액((50)-(55)-(71))					723,840
82.실효세율(%) [(72/21)]X100					1.2

구분		소득세	지방소득세	농어촌특별세	계
73.결정세액		723,840	72,384		796,224
기납부세액	74.종(전)근무지				
	75.주(현)근무지	5,509,000	550,900		6,059,900
76.납부특례세액					
77.차감징수세액		-4,785,160	-478,510		-5,263,670

1. 전 근무지 급여 입력 : F3 전체사원 불러온 후 홍상현 선택 후 종(전) 칸에 입력

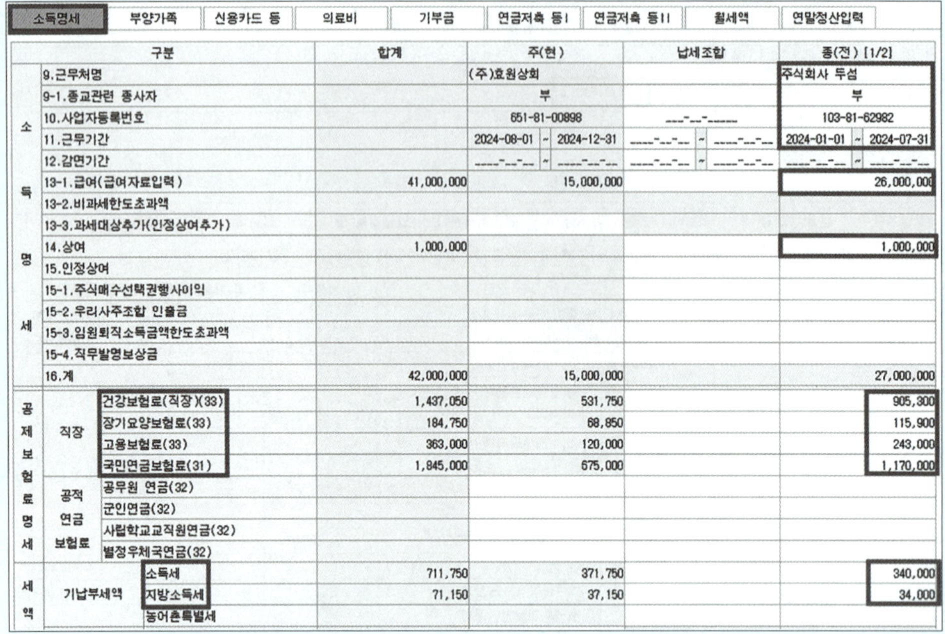

| 소득명세 | 부양가족 | 신용카드 등 | 의료비 | 기부금 | 연금저축 등I | 연금저축 등II | 월세액 | 연말정산입력 |

	구분	합계	주(현)	납세조합	종(전) [1/2]
소득명세	9.근무처명		(주)효원상회		주식회사 두섬
	9-1.종교관련 종사자		부		부
	10.사업자등록번호		651-81-00898	___-__-_____	103-81-62982
	11.근무기간		2024-08-01 ~ 2024-12-31	____-__-__ ~ ____-__-__	2024-01-01 ~ 2024-07-31
	12.감면기간		____-__-__ ~ ____-__-__	____-__-__ ~ ____-__-__	____-__-__ ~ ____-__-__
	13-1.급여(급여자료입력)	41,000,000	15,000,000		26,000,000
	13-2.비과세한도초과액				
	13-3.과세대상추가(인정상여추가)				
	14.상여	1,000,000			1,000,000
	15.인정상여				
	15-1.주식매수선택권행사이익				
	15-2.우리사주조합 인출금				
	15-3.임원퇴직소득금액한도초과액				
	15-4.직무발명보상금				
	16.계	42,000,000	15,000,000		27,000,000
공제보험료명세	직장 건강보험료(직장)(33)	1,437,050	531,750		905,300
	직장 장기요양보험료(33)	184,750	68,850		115,900
	직장 고용보험료(33)	363,000	120,000		243,000
	직장 국민연금보험료(31)	1,845,000	675,000		1,170,000
	공적연금보험료 공무원 연금(32)				
	공적연금보험료 군인연금(32)				
	공적연금보험료 사립학교교직원연금(32)				
	공적연금보험료 별정우체국연금(32)				
세액	기납부세액 소득세	711,750	371,750		340,000
	기납부세액 지방소득세	71,150	37,150		34,000
	기납부세액 농어촌특별세				

2. 부양가족 등록

	사번	성명	주민(외국인)번호	나이
☐	33	정기준	1 680501-1545132	56
■	1005	홍상현	1 860314-1287653	38

| 기본사항 | 부양가족명세 | 추가사항 |

연말관계	성명	내/외국인	주민(외국인, 여권)번호	나이	기본공제	부녀자	한부모	경로우대	장애인	자녀	출산입양
0	홍상현	내	1 860314-1287653	38	본인						
3	이명지	내	1 860621-2044775	38	부						
4	홍라율	내	1 190827-4842416	5	20세이하						
1	홍천운	내	1 580919-1287035	66	60세이상						

※ 이명지(배우자) : 총급여 500만원 초과해 기본공제 불가능

3. 소득공제·세액공제 입력

(1) 보장성 보험료 ⇨ [부양가족] 탭에 각 개인별로 입력

홍상현

| 소득명세 | 부양가족 | 신용카드 등 | 의료비 |

연말관계	성명	내/외국인	주민(외
0	홍상현	내	1 860314-12
1	홍천운	내	1 580919-12
3	이명지	내	1 860621-20
4	홍라율	내	1 190827-48
	합 계 [명]		

자료구분	보험료			
	건강	고용	일반보장성	장애인전용
국세청			800,000	
기타	1,621,800	363,000		

보험료 등 공제대상금액	
자료구분	국세청간소화
국민연금_직장	
국민연금_지역	
합 계	
건강보험료-보수월액	
장기요양보험료-보수월액	
건강보험료-소득월액(납부)	
기요양보험료-소득월액(납부	
합 계	
고용보험료	
보장성보험-일반	800,000
보장성보험-장애인	
합 계	800,000

소득명세	부양가족	신용카드 등	의료비

연말 관계	성명	내/외국인		주민(외
0	홍상현	내	1	860314-12
1	홍천운	내	1	580919-12
3	이명지	내	1	860621-20
4	홍라율	내	1	190827-48
	합 계 [명]			

자료구분	보험료			
	건강	고용	일반보장성	장애인전용
국세청			500,000	
기타				

보험료 등 공제대상금액	
자료구분	국세청간소화
국민연금_직장	
국민연금_지역	
합 계	
건강보험료-보수월액	
장기요양보험료-보수월액	
건강보험료-소득월액(납부)	
기요양보험료-소득월액(납늑	
합 계	
고용보험료	
보장성보험-일반	500,000
보장성보험-장애인	
합 계	500,000

※ 이명지(배우자) : 총급여 500만 원 초과해 기본공제 불가능

(2) 의료비 ⇨ [의료비] 탭에 각 개인별로 입력

소득명세	부양가족	신용카드 등	의료비	기부금	연금저축 등Ⅰ	연금저축 등Ⅱ	월세액

	2024년 의료비 지급명세서											
	의료비 공제대상자					지급처				지급명세		
	성명	내/외	5.주민등록번호	6.본인등 해당여부		9.증빙 코드	8.상호	7.사업자 등록번호	10. 건수	11.금액	11-1.실손 보험수령액	12.미숙아 선천성이상아	13.난임 여부
☐	홍상현	내	860314-1287653	1	0	1				300,000		X	X
☐	홍상현	내	860314-1287653	1	0	5	모든안경	431-01-00574	1	500,000		X	X
☐	홍라율	내	190827-4842416	2	0	1				400,000		X	X
☐	홍천운	내	580919-1287035	2	0	1				8,000,000		X	X
	합계								1	9,200,000			
	일반의료비 (본인)		800,000	6세이하,65세이상인 건강보험산정특례자 장애인		8,400,000	일반의료비 (그 외)			난임시술비			
										미숙아.선천성이상아		

※ 홍상현(본인) : 일반의료비와 안경의료비 증빙이 달라 두 줄로 입력. 안경은 50만 원까지 공제됨.

(3) 교육비 ⇨ [부양가족] 탭에 각 개인별로 입력

홍상현(본인)	홍라율(자녀)
대학원 포함 전액 공제	취학 전 아동 300만 원 한도 공제
<table><tr><td colspan="2">교육비</td></tr><tr><td>일반</td><td></td></tr><tr><td>7,000,000</td><td>4.본인</td></tr></table>	<table><tr><td colspan="2">교육비</td></tr><tr><td>일반</td><td></td></tr><tr><td>2,400,000</td><td>1.취학 전</td></tr></table>

(4) 신용카드 ⇨ [신용카드] 탭에 각 개인별로 입력

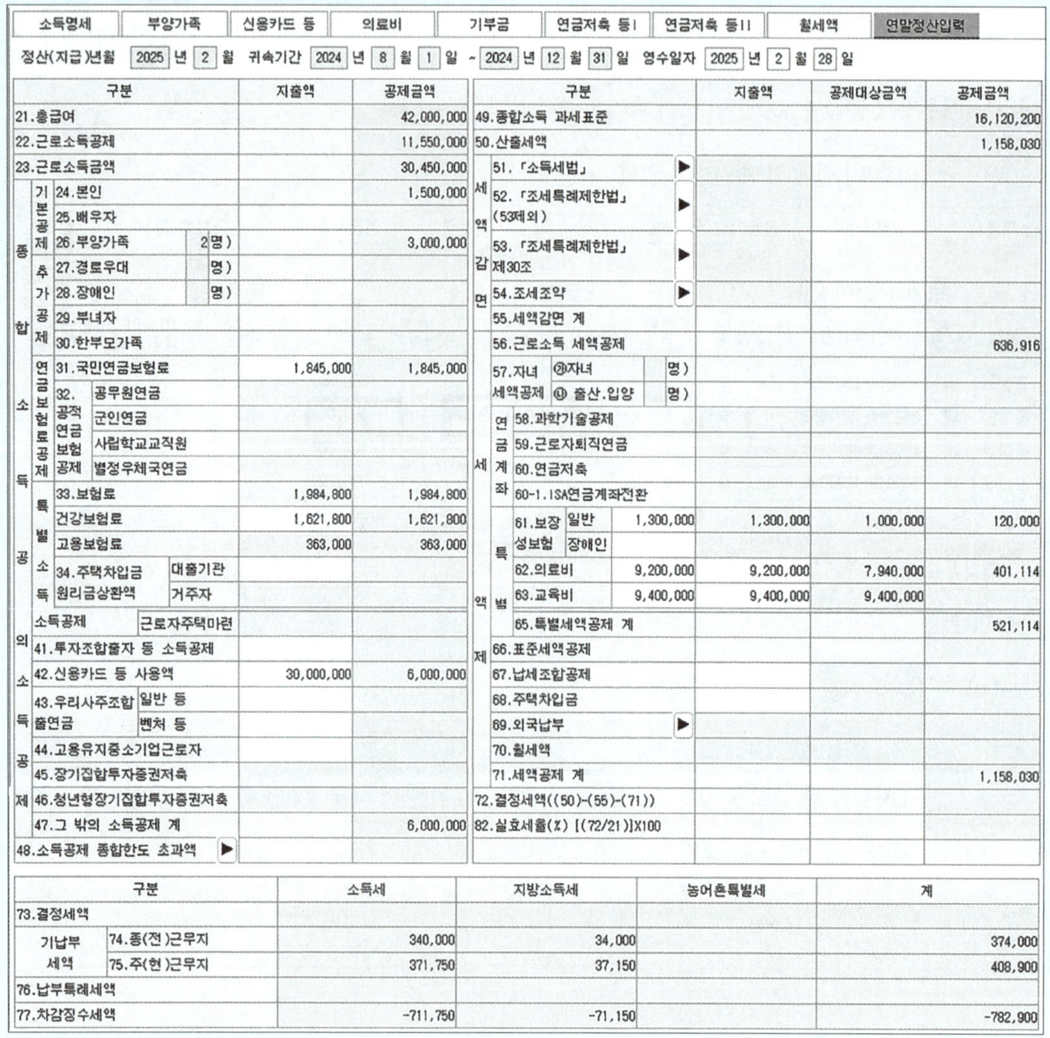

소득명세	부양가족	신용카드 등	의료비	기부금	연금저축 등I	연금저축 등II	월세액

□	성명 생년월일	자료 구분	신용카드	직불,선불	현금영수증	도서등 신용	도서등 직불	도서등 현금	전통시장	대중교통	소비증가분 2023년	소비증가분 2024년
	홍상현	국세청	22,000,000		3,000,000				4,000,000	1,000,000		30,000,000

※ 신용카드 사용액 22,000,000원(23,000,000 − 1,000,000), 현금영수증 사용액 3,000,000원(7,000,000 − 4,000,000)

4. 입력결과 : F8 부양가족탭불러오기 눌러 세금 계산

소득명세	부양가족	신용카드 등	의료비	기부금	연금저축 등I	연금저축 등II	월세액	연말정산입력

정산(지급)년월 2025 년 2 월 귀속기간 2024 년 8 월 1 일 ~ 2024 년 12 월 31 일 영수일자 2025 년 2 월 28 일

구분			지출액	공제금액
21.총급여				42,000,000
22.근로소득공제				11,550,000
23.근로소득금액				30,450,000
종합소득공제	기본공제	24.본인		1,500,000
		25.배우자		
		26.부양가족 2 명)		3,000,000
	추가공제	27.경로우대 명)		
		28.장애인 명)		
		29.부녀자		
		30.한부모가족		
	연금보험료공제	31.국민연금보험료	1,845,000	1,845,000
		32.공적연금보험공제 공무원연금		
		군인연금		
		사립학교교직원		
		별정우체국연금		
	특별소득공제	33.보험료	1,984,800	1,984,800
		건강보험료	1,621,800	1,621,800
		고용보험료	363,000	363,000
		34.주택차입금 원리금상환액 대출기관		
		거주자		
	소득공제	근로자주택마련		
의소득공제	41.투자조합출자 등 소득공제			
	42.신용카드 등 사용액		30,000,000	6,000,000
	43.우리사주조합 출연금 일반 등			
	벤처 등			
	44.고용유지중소기업근로자			
	45.장기집합투자증권저축			
	46.청년형장기집합투자증권저축			
	47.그 밖의 소득공제 계			6,000,000
48.소득공제 종합한도 초과액 ▶				

구분			지출액	공제대상금액	공제금액
49.종합소득 과세표준					16,120,200
50.산출세액					1,158,030
세액감면	51. 「소득세법」 ▶				
	52. 「조세특례제한법」 (53제외) ▶				
	53. 「조세특례제한법」 제30조 ▶				
	54.조세조약 ▶				
	55.세액감면 계				
세액공제	56.근로소득 세액공제				636,916
	57.자녀 세액공제 ㉕자녀 명)				
	㉖ 출산.입양 명)				
	연금계좌 58.과학기술공제				
	59.근로자퇴직연금				
	60.연금저축				
	60-1.ISA연금계좌전환				
	특별세액공제 61.보장성보험 일반	1,300,000	1,300,000	1,000,000	120,000
	장애인				
	62.의료비	9,200,000	9,200,000	7,940,000	401,114
	63.교육비	9,400,000	9,400,000	9,400,000	
	65.특별세액공제 계				521,114
	66.표준세액공제				
	67.납세조합공제				
	68.주택차입금				
	69.외국납부 ▶				
	70.월세액				
	71.세액공제 계				1,158,030
72.결정세액((50)-(55)-(71))					
82.실효세율(%) [(72/21)]X100					

구분		소득세	지방소득세	농어촌특별세	계
73.결정세액					
기납부세액	74.종(전)근무지	340,000	34,000		374,000
	75.주(현)근무지	371,750	37,150		408,900
76.납부특례세액					
77.차감징수세액		-711,750	-71,150		-782,900

09

중도 퇴사자 연말정산

- 사원등록에서 퇴사 처리 • 중도 퇴사자 연말정산 처리

중도 퇴사자 연말정산은 거의 출제되지 않으나 계속 근로자 연말정산 입력법과 크게 다르지 않은데 **[사원등록] 메뉴에서 퇴사 처리**만 잘하면 됨.

---

cafe.naver.com/eduacc 전산세무2급 자료실에서 Data_Install_JS2.zip 파일을 다운받아 컴퓨터에 설치 후 회사등록 클릭, F4 회사코드재생성 클릭 후 ㈜미래전자 선택

지금까지 계속 근무 근로자의 연말정산을 위해 [사원등록] ⇒ [급여자료입력] ⇒ [연말정산 자료입력]을 공부했는데 추가로 살펴볼 내용이 바로 **중도 퇴사자의 연말정산**입니다. 근무하던 임직원이 회사를 **퇴사하면 근로소득세를 미리 확보하기 위해 퇴사일에 미리 연말정산**을 하는데 기출문제를 통해 중도 퇴사자의 연말정산이 KcLep에서 어떻게 이루어지는지 알아보겠습니다.

 정교수 콕콕

◎ 핵심체크

중도 퇴사자 연말정산
퇴사 처리 ⇒ 급여입력 ⇒ 연말정산 입력

실무기출 확인문제   ㈜미래전자(회사코드:0872) | 전산세무 2급, 87회 |

사원코드 150번인 사원 김최고(사무직, 배우자와 부양가족은 없음)는 2019년 3월 31일에 퇴사하였다. 김최고 사원은 퇴사일에 3월분 급여를 받았고 이에 대한 자료는 아래와 같다. 퇴사에 관련된 [급여자료입력]을 입력하고, 중도 퇴사에 대한 연말정산을 실행하여 2019년 4월 10일에 신고해야 할 [원천징수이행상황신고서]를 작성하시오. (단, 그 외의 사원은 없는 것으로 가정한다.)

[사원 김최고의 2019년 3월 급여내역 – 지급일 : 2019년 3월 31일]

1. 지급내역

- 기본급 : 3,500,000원   • 식대 : 120,000원
- 자가운전보조금 : 180,000원   • 야간근로수당 : 300,000원   • 상여금 : 1,200,000원

2. 공제내역

- 국민연금: 157,500원   • 건강보험: 113,050원
- 고용보험: 32,630원   • 장기요양보험: 9,620원

3. 추가사항

김최고 사원은 본인 소유의 차량을 직접 운전하여 출퇴근 및 업무에 사용하고 있으며, 자가운전보조금은 비과세요건을 충족한다. 식대도 비과세 요건을 충족한다.

※ 비과세금액이 2019년 금액으로 KcLep에 표시되더라도 그냥 입력할 것.

1 사원등록 메뉴에서 퇴사 처리

일단 사원등록 메뉴에서 "김최고" 사원을 퇴사처리 해야 합니다. [사원등록] 메뉴를 열어 맨 밑 16번 메뉴에 **퇴사일 "2019년 3월 31일"을 입력**하면 아래와 같이 입사년월일 우측에 [퇴사] 표시가 나타납니다.

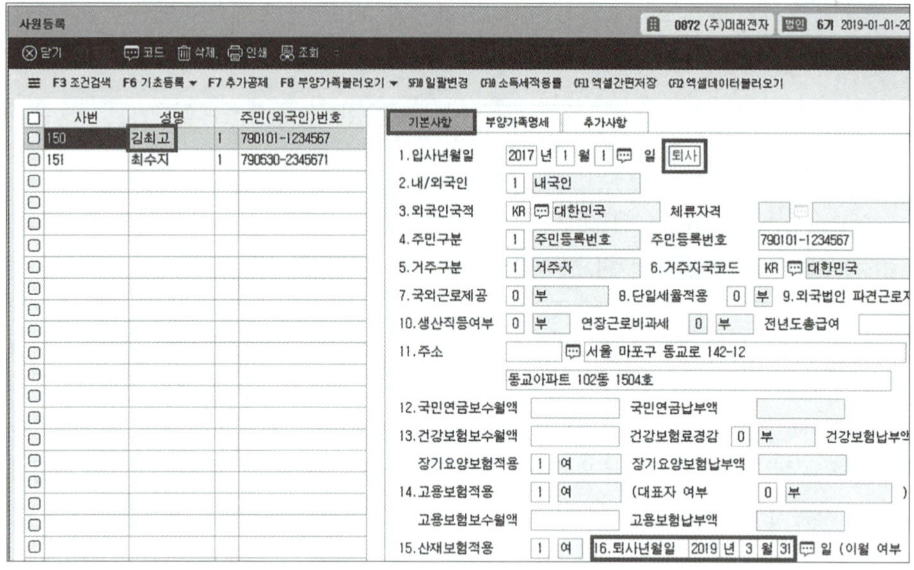

2 퇴사 월의 급여자료 입력과 중도 퇴사 연말정산

다음 단계는 [급여자료입력] 창에 주어진 급여내역/공제내역 입력 후 중도 퇴사 연말정산을 해야 합니다.

(1) 급여자료 입력 : 퇴직하는 3월 급여 지급내역 입력

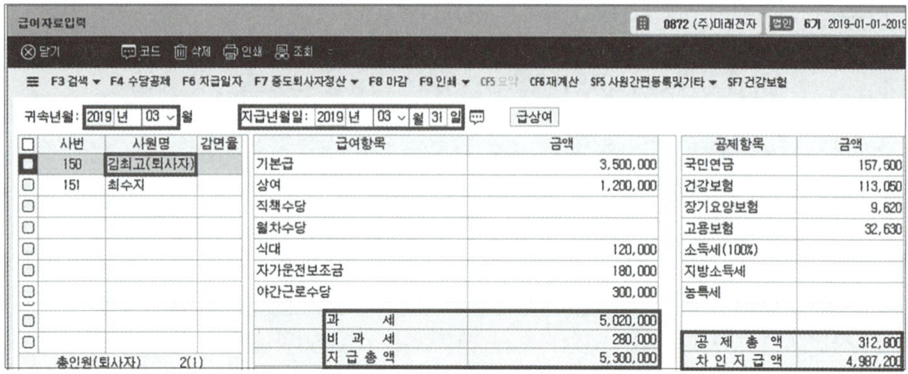

(2) 중도 퇴사자 정산 처리 : F7 중도 퇴사자정산 ⇒ [급여반영] 클릭

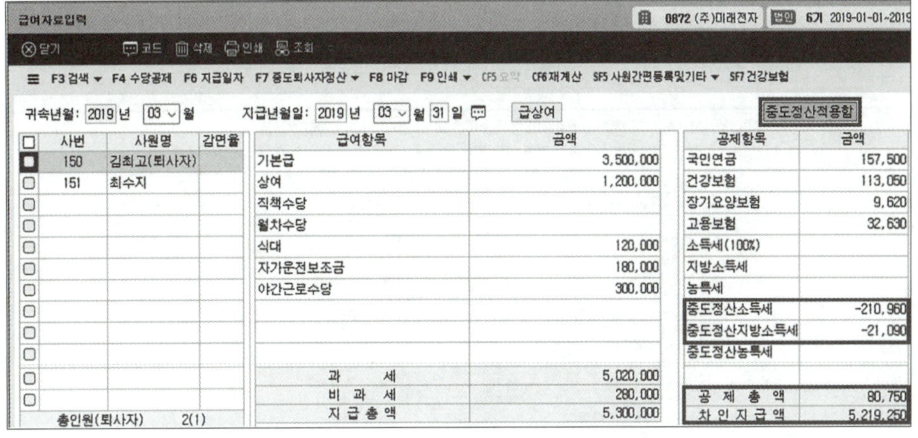

상단의
F7 중도 퇴사자정산
클릭 후

하단의
[급여반영(Tab)]
클릭

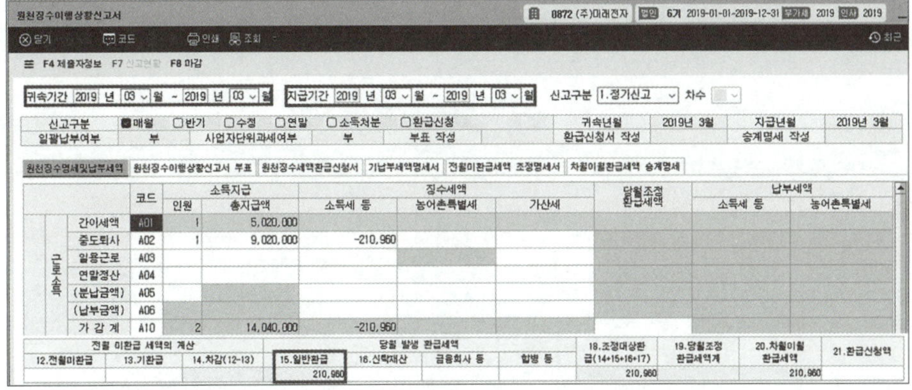

3 원천징수이행상황신고서 작성

핵심체크

연말정산 입력 결과★★★
F8 부양가족탭불러오기 클릭

4️⃣ 중도 퇴사 연말정산 결과 : F8 부양가족탭불러오기 클릭

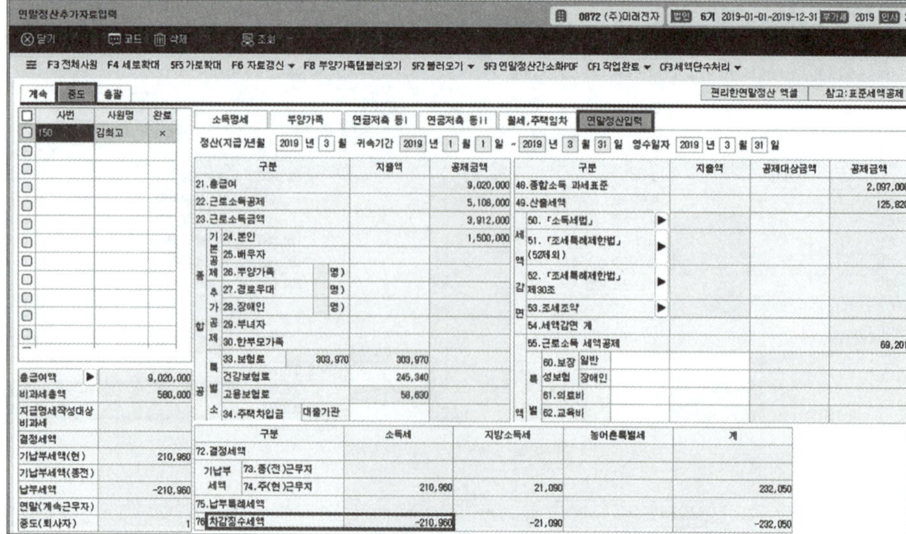

구분	지출액	공제금액		구분	지출액	공제대상금액	공제금액
21.총급여		9,020,000		48.종합소득 과세표준			2,097,000
22.근로소득공제		5,108,000		49.산출세액			125,820
23.근로소득금액		3,912,000		50.「소득세법」 ▶			
기본공제 24.본인		1,500,000	세액	51.「조세특례제한법」 (52제외) ▶			
25.배우자							
추가공제 26.부양가족 (명)				52.「조세특례제한법」 제30조 ▶			
27.경로우대 (명)							
28.장애인 (명)			감면	53.조세조약 ▶			
29.부녀자				54.세액감면 계			
합공제 30.한부모가족				55.근로소득 세액공제			69,201
특별소득공제 33.보험료	303,970	303,970	특별세액 60.보장 일반				
건강보험료		245,340		성보험 장애인			
고용보험료		58,630		61.의료비			
34.주택차입금 대출기관				62.교육비			

구분	소득세	지방소득세	농어촌특별세	계
72.결정세액				
기납부세액 73.종(전)근무지				
74.주(현)근무지	210,960	21,090		232,050
75.납부특례세액				
76.차감징수세액	-210,960	-21,090		-232,050

09 실무기출 공략하기

cafe.naver.com/eduacc 전산세무2급 자료실에서 Data_Install_JS2.zip 파일을 다운받아 컴퓨터에 설치 후 `회사등록` 클릭, `F4 회사코드재생성` 클릭 후 아래에 제시된 회사를 선택하여 문제를 푸시오.

난이도 ★

01 ㈜태풍(회사코드:0682)을 선택하시오. `필수`　　　　　　　　　　　　　　　[2016년, 68회]

관리부 소속인 김수당(사번:101) 사원이 2016년 7월 31일 퇴사하여, 7월 급여 지급 시 중도 퇴사에 대한 연말정산을 실시하였다. 김수당씨의 2016년 7월분의 급여대장을 아래의 내용대로 수당등록 및 공제항목을 추가하여 7월분 급여자료입력을 하고, 7월 급여대장 작성 시 중도 퇴사에 대한 연말정산 금액을 급여대장에 반영하시오.

- 김수당의 급여지급일은 매월 말일이다.
- 7월에 지급할 내역은 다음과 같으며 모두 월정액이다. 비과세로 인정받을 수 있는 항목은 최대한 반영하기로 한다.

− 기 본 급 : 3,000,000원	− 식대 : 100,000원(별도의 식사를 제공함)
− 자격수당 : 200,000원	− 야간근로수당 : 100,000원
− 육아수당 : 100,000원(만9세의 자녀가 있음)	
− 출근수당 : 50,000원(원거리 출·퇴근자에게 지급함)	

- 7월 공제할 항목은 다음과 같다.

− 국민연금 : 180,000원	− 건강보험료 : 121,400원
− 장기요양보험료 : 7,950원	− 고용보험료 : 23,070원
− 주차비 : 100,000원(공제소득유형 : 기타)	

※ 비과세금액이 2016년 금액으로 KcLep에 표시되더라도 그냥 입력할 것.

01 [급여자료 및 F7 중도 퇴사 처리]

이미 퇴사일 2016년 7월 31일이 입력되어 퇴사처리가 되어 있으므로 아래 [급여입력창]에 급여/공제항목만 입력하면 됨.

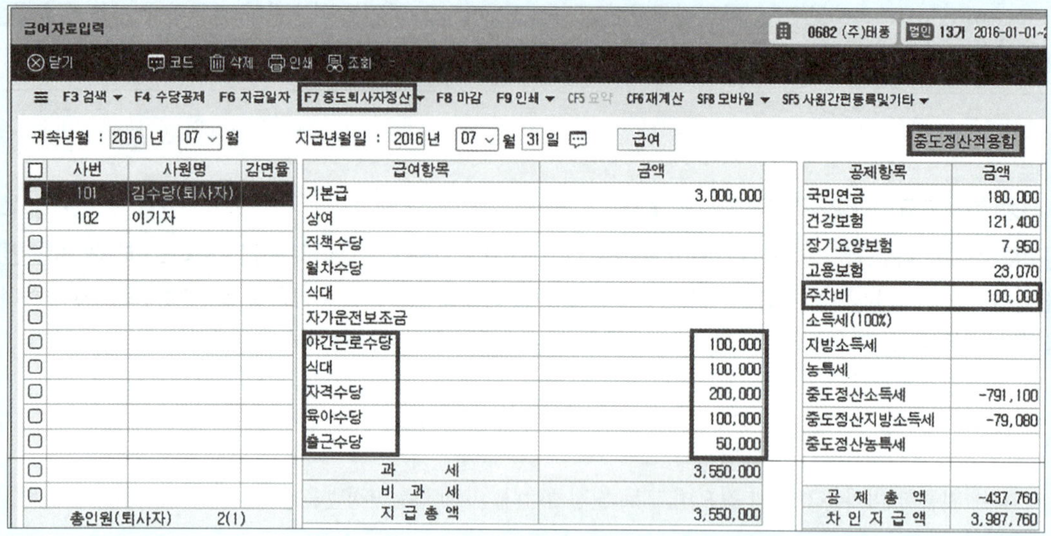

사번	사원명	감면율	급여항목	금액	공제항목	금액
101	김수당(퇴사자)		기본급	3,000,000	국민연금	180,000
102	이기자		상여		건강보험	121,400
			직책수당		장기요양보험	7,950
			월차수당		고용보험	23,070
			식대		주차비	100,000
			자가운전보조금		소득세(100%)	
			야간근로수당	100,000	지방소득세	
			식대	100,000	농특세	
			자격수당	200,000	중도정산소득세	-791,100
			육아수당	100,000	중도정산지방소득세	-79,080
			출근수당	50,000	중도정산농특세	
			과　세	3,550,000		
			비　과　세		공　제　총　액	-437,760
총인원(퇴사자)	2(1)		지　급　총　액	3,550,000	차　인　지　급　액	3,987,760

[입력 시 주의사항]

- 사용하지 않는 수당은 사용 "부"로 표시하란 말이 없으므로 사용치 않은 수당/공제도 그냥 둠.
- 신규 수당항목 등록 : F4 수당공제 클릭 후 식대(비과세), 자격수당(과세), 육아수당(과세), 출근수당(과세)로 등록 ⇒ 별도 식사 제공받는 식대는 과세, 6세 초과 육아수당은 과세
- 신규 공제항목 등록 : F4 수당공제 클릭 후 주차비(유형 기타) 등록

급여 및 공제항목 입력 후 F7 중도 퇴사자정산 클릭 후 아래 급여반영(Tab) 클릭 해 연말정산 마감.

이 단원은 재무회계(회계원리) 전체를 공부하는 분야로 전산회계 1급 대비 대부분 비슷한 내용이지만 일부 내용은 처음 나오거나 심화 내용이 출제되고 있습니다.

 **학습방법**　계정과목별 이론 학습 ⇒ KcLep 입력

계정과목별로 주요 이론 내용을 먼저 학습 한 뒤 곧장 KcLep 입력을 해야 학습에 효과적입니다. 또한 일부 중요 내용은 암기해야 이론 문제를 풀 수 있으니 공부하면서 교재에 표시한 후 시험 직전 집중적으로 체크해야 합니다.

 **출제빈도**　매회 이론 5문제(10점) + 실무 10문제(30점) : 총 40점

실무문제는 기본적인 이론내용만 알아도 풀 수 있는 수준이나 이론문제는 난도 있는 문제가 1~2문제 출제되고 있음. 너무 어려운 내용은 포기하더라도 중요내용은 반드시 익혀야 함.

회계의 기본개념과 재무제표	재무제표 종류·작성원칙·기본가정, 회계정보 특성
당좌자산, 재고자산	현금및현금성자산, 받을어음 추심·할인, 대손충당금 설정·대손발생, 단기매매증권 Vs 매도가능증권, 선급비용, 미수수익, 재고자산 취득원가·단가계산, 특수형태 재고자산 구입, 기말재고자산 평가
비유동자산	유형자산 취득원가, 특수형태 유형자산 취득, 감가상각 이론·계산, 무형자산 이론·감가상각
부채	매입채무 Vs 미지급금, 예수금, 선수금, DC(확정기여형) Vs DB(확정급여형), 우발부채, 사채 개념·상각
자본	자본구성, 주식발행, 유상감자, 자기주식 취득·처분, 현금배당 Vs 주식배당
수익과 비용	수익인식기준, 매출·매출원가 계산, 판관비, 주요 영업외손익 항목
기말결산	매출원가, 감가상각, 대손충당금, 퇴직급여충당부채, 미지급세금, 유가증권 평가, 외화환산, 소모품비, 선급비용, 미수수익, 부가가치세 납부, 계정재분류
회계변경과 오류수정	회계변경(정책변경 Vs 추정변경), 오류수정

10

회계의 기본개념과 재무제표

학습내용
공부방향

• 회계목적　• 재무제표 종류 및 작성원칙　• 회계정보 질적 특성

2 ~ 3회 시험마다 1문제 정도 출제 되는데 주로 재무제표 종류 및 작성원칙 그리고 재무제표 작성 기본가정과 회계정보 질적 특성이 출제되고 있음. 전산회계 1급에 출제 되었던 내용이 거의 그대로 출제되고 있으나 문제의 지문에 일반기업회계기준 문구를 넣어 좀 더 어렵게 출제되고 있음.

정교수 콕콕

1 회계의 기본 개념과 재무보고의 목적

구 분	내 용
회계의 기본개념	회계란 특정 기업에 발생한 경제적 사건(거래)을 식별하여 화폐 금액으로 기록한 뒤, 경제적 자원과 의무(자산, 부채, 자본의 재무상태), 경영성과(수익, 비용), 현금흐름, 자본변동 등을 주주·채권자 등 정보이용자에게 전달하는 일련의 과정
재무보고의 목적	• 재무상태, 경영성과, 현금흐름 및 자본변동에 관한 정보의 제공 • 투자 및 신용의사결정에 유용한 정보를 제공 • 미래 현금흐름 예측에 유용한 정보의 제공 • 경영자의 수탁책임 평가에 유용한 정보의 제공

2 회계의 종류

🎯 핵심체크

재무회계 Vs 원가(관리)회계
• 재무회계: 내부·외부 정보이용자, 재무제표·기타 비재무정보, 과거 정보,
• 원가(관리)회계: 경영자 의사결정, 특수형태 보고서, 과거·미래 정보

구분	재무회계	(원가)관리회계
목적	회사의 재무상태, 경영성과를 외부에 공표	원가계산, 제품 가격 결정 등을 내부 보고
정보이용자	내부(경영자, 근로자), 외부(주주, 잠재적 투자자, 채권자, 신용평가기관 같은 정보중개인, 조세당국, 감독규제기관, 일반대중 등)	내부(경영자, 관리자 등)
보고수단	재무제표(재무상태표, 손익계산서 등)와 기타 수단	특수 형태 보고서
시점	과거 정보	과거 및 미래 정보
회계기준	기업회계기준	없 음

[참고]

① 재무회계 보고 기타 수단에는 경영자 분석 및 전망, 그리고 경영자의 주주에 대한 서한과 같이 재무제표가 아닌 비재무적 정보가 있음. ② 경영자는 재무제표의 작성책임자인 동시에 이용자임. ③ 세무회계는 법인세 계산 관련 정보 제공

다음 중 재무회계 개념체계에 따른 재무보고의 목적에 해당하지 않는 것은?

① 기업 근로자의 근로 성과평가에 유용한 정보의 제공
② 미래 현금흐름 예측에 유용한 정보의 제공
③ 투자 및 신용의사결정에 유용한 정보의 제공
④ 경영자의 수탁책임과 평가에 유용한 정보의 제공

3 재무제표 종류 및 작성 원칙 `필수`

종 류	내 용
재무상태표	일정 시점 현재, 예를 들면 매년 12월 31일자에 기업실체가 보유하고 있는 경제적 자원인 자산과 경제적 의무인 부채, 그리고 자본에 대한 정보를 제공하는 보고서
손익계산서	일정 기간, 예를 들면 1월 1일 ~ 12월 31일의 기업실체의 경영성과를 알려주는 보고서
자본변동표	일정 기간, 자본금, 이익잉여금 등 자본항목이 당기 중에 얼마나 변동이 일어나 기말에 얼마의 잔액이 있는지 알려주는 보고서
현금흐름표	일정 기간 동안 기업실체의 현금유입과 현금유출에 대한 정보를 제공하는 보고서
주석	• 회사의 주요 사업내용, 주주현황 등 회사의 개요 • 재무제표가 일반기업회계기준에 따라 작성되었다는 사실과 재무제표 작성에 적용된 중요한 회계처리 방침(유가증권 평가 방식, 감가상각방법 등) • 4가지 주요 재무제표의 각 계정과목에 대한 구체적인 세부 내역(예 : 차입금에 대한 이자율, 만기일 등 정보)으로 통상 재무제표 이후 맨 뒤에 설명 형태로 추가 • 담보제공 내역, 우발채무와 약정사항 등 정보이용자가 참고할 사항 • 법률적 요구에 의해 작성하는 이익잉여금처분계산서 등이 포함될 수 있음.

※ 주의

① 주당순이익과 같은 주기는 재무제표가 아니라 재무제표에 포함된 일부 내용임. ② 자산, 부채, 자본, 수익, 비용은 중요한 항목은 구분표시 하되, 중요하지 않은 항목은 통합 표시 하고 그 내용을 주석으로 공시 가능. ③ 재무제표에는 기업명, 보고기간종료일 또는 회계기간, 보고통화 및 금액단위가 표시되어야 함.

정교수 콕콕

정답 및 풀이 ①
근로자 성과평가 관련 정보는 재무회계가 아닌 원가·관리회계의 목적임.

핵심체크

재무제표 5가지 종류★★★
재무상태표(특정 시점의 자산·부채·자본 현황), 손익계산서(일정 기간 경영성과), 자본변동표(일정기간 자본변동), 현금흐름표(일정기간 영업활동, 투자활동, 재무활동의 현금흐름), 주석(주기는 재무제표 아님.)

참고

주석 내용
• 회사의 주요 사업내용, 주주현황 등
• 재무제표가 일반기업회계기준에 따라 작성되었다는 사실
• 재무제표 작성에 적용된 중요한 회계처리 방침
• 재무제표의 각 계정과목에 대한 구체적인 세부 내역
• 담보제공 내역, 우발채무와 약정사항 등

🎯 **핵심체크**

재무상태표 구조★★★
• 자산: 유동자산(당좌자산 →
재고자산), 비유동자산(투자자
산 → 유형자산 → 무형자산
→ 기타비유동자산)
• 부채: 유동부채, 비유동부채
• 자본: 자본금, 자본잉여금,
자본조정, 기타포괄손익누계,
이익잉여금

🎯 **핵심체크**

재무상태표 작성기준★★
• 유동성 배열
• 총액표시(순액 ×)
• 양계 연도 표시
• 미결산항목 표시 금지

1 재무상태표

(1) 재무상태표 기본구조

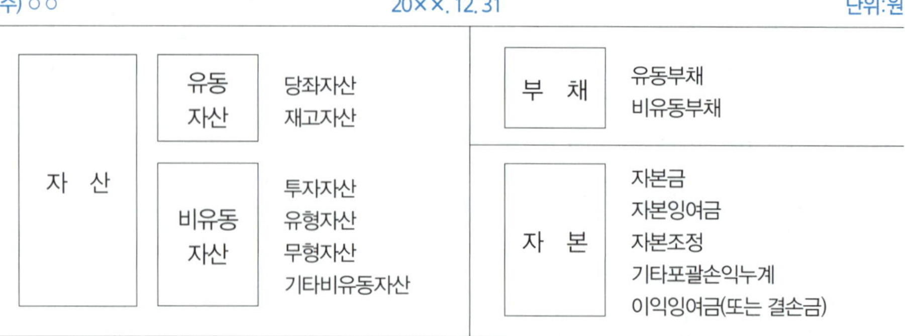

(2) 재무상태표 작성기준 [필수]

> 유동성 구분(1년 또는 영업주기 기준), 유동성배열, 총액표시, 양계연도 표시,
> 미결산 항목 표시 금지

※ 미결산 항목 표시 금지 : 가지급금, 가수금과 같이 미결산 항목은 대여금 등 적절한 계정
으로 표시해야 함.

(3) 재무상태표 특성

재무상태표는 정보이용자들이 기업실체의 유동성, 재무적 탄력성, 수익성과 위험 등을 평가
하는 데 유용한 정보를 제공하여야 합니다. 다만, 재무상태표는 불확실성이나 비용 대비 효익
을 고려하여 모든 자산과 부채를 나타내지 않을 수 있습니다.

(4) 자산, 부채, 자본의 개념

구 분	내용
자산	과거의 거래나 사건의 결과로서 현재 기업실체에 의해 지배되고 미래에 경제적 효익을 창출할 것으로 기대되는 자원
부채	과거의 거래나 사건의 결과로 현재 기업실체가 부담하고 있고 미래에 자원의 유출 또는 사용이 예상되는 의무
자본	기업실체의 자산 총액에서 부채 총액을 차감한 잔여액 또는 순자산으로서 기업실체의 자산에 대한 소유주의 잔여청구권

2 손익계산서

(1) 손익계산서 기본구조

(주) ○○　　　　　　　　20××.1.1~20××.12.31　　　　　　　　단위:원

구분	당기	전기
매　　　　　　출	×××	×××
매　출　원　가	(×××)	(×××)
매　출　총　이　익	×××	×××
판　매비와관리비	(×××)	(×××)
영　업　이　익	×××	×××
영　업　외　수　익	×××	×××
영　업　외　비　용	(×××)	(×××)
법인세차감전순이익	×××	×××
법　인　세　비　용	(×××)	(×××)
당　기　순　이　익	×××	×××

(2) 손익계산서 작성기준 [필수]

> 총액표시, 발생주의(현금주의 아님), 수익·비용 대응원칙, 구분 표시, 양계연도 표시

※ ① 발생주의 회계(기업실체의 경제적 거래나 사건에 대해 관련된 수익과 비용을 그 현금유출입이 있는 기간이 아니라 당해 거래나 사건이 발생한 기간에 인식하는 것) 즉, 현금거래뿐 아니라 신용거래(외상거래) 등과 같이 현금 유출입이 없는 거래를 인식함. ② 구분 표시(매출, 매출총이익, 영업이익, 당기순이익 순서로 표시하되 제조업, 판매업, 건설업 외 업종은 매출총손익의 구분 표시를 생략할 수 있음.)

(3) 수익, 비용의 개념

구분	내 용
수익	기업실체의 경영활동과 관련된 재화의 판매 또는 용역의 제공 등에 대한 대가로 발생하는 자산의 유입 또는 부채의 감소
비용	기업실체의 경영활동과 관련된 재화의 판매 또는 용역의 제공 등에 따라 발생하는 자산의 유출이나 사용 또는 부채의 증가

(4) 포괄손익과 당기순손익의 구분 표시

제공되는 정보의 유용성을 높이기 위해 기업실체의 이익을 당기순이익과 포괄이익으로 구분하여 표시할 수 있습니다. 당기순이익이란 매년 지속적으로 발생하는 영업활동에서 발생한 이익을 말하며 포괄이익이란 소유주와의 자본거래를 제외한 모든 원천에서 발생한 이익을 말하는데, 이를 공식으로 표현하면 다음과 같습니다.

포괄손익 = 당기순손익 + 기타 포괄손익(매도가능증권 평가손익, 해외사업 환산차손익, 현금흐름위험회피 파생상품평가손익, 재평가잉여금 등)

[포괄손익계산서]

(주)○○　　　　　　　　　　20××.1.1~20××.12.31　　　　　　　　　　단위:원

구분	당기	전기
매　　　　　　　　출	×××	×××
:	:	:
당 기 순 이 익	×××	×××
기 타 포 괄 손 익		
· 매 도 가 능 증 권 평 가 이 익	×××	×××
포 괄 당 기 순 이 익	×××	×××

3 현금흐름표 `필수`

현금흐름 정보는 기업실체의 현금지급능력, 재무적 탄력성, 수익성 및 위험 등을 평가하는 데 유용하며, 여러 기업실체의 미래현금흐름의 현재가치를 비교하고 기업가치를 평가하는 데 필요한 기초자료를 제공합니다.

(주)○○　　　　　　　　　　20××.1.1~20××.12.31　　　　　　　　　　단위:원

구분	당기	전기
I. 영업활동으로 인한 현금흐름	×××	×××
II. 투자활동으로 인한 현금흐름	×××	×××
III. 재무자활동으로 인한 현금흐름	×××	×××
IV. 현금의 증가	×××	×××
V. 기초현금	×××	×××
VI. 기말현금	×××	×××

※ 손익계산서는 발생주의로 작성되지만 현금흐름표는 현금주의로 작성됨.

(1) 영업활동 현금흐름

영업활동 현금흐름은 사업활동의 지속, 차입금상환, 배당금지급 및 신규투자 등에 필요한 현금을 외부로부터 조달하지 않고 제품의 생산과 판매활동, 상품과 용역의 구매와 판매활동 및 관리활동 등 자체적인 영업활동으로부터 얼마나 창출하였는지에 대한 정보를 제공합니다.

(2) 투자활동 현금흐름

투자활동 현금흐름은 투자부동산, 비유동자산에 속하는 지분증권, 유형자산 및 무형자산의 취득과 처분활동 등에서 창출한 현금흐름에 대한 정보를 제공합니다.

(3) 재무활동 현금흐름

재무활동 현금흐름은 현금의 차입과 상환 및 금융비용 지급, 신주발행과 배당금의 지급, 재무자산의 취득과 처분, 재무자산의 보유수익에 따른 현금유입 등에 대한 정보를 제공합니다.

4 자본변동표 필수

자본변동표는 일정 기간 동안 발생한 자본의 변동에 대한 정보를 제공하며, 그러한 변동의 원천에는 소유주의 투자와 소유주에 대한 분배, 그리고 포괄이익이 포함되는데, 그 양식은 다음과 같습니다.

(주)○○   20××.1.1~20××.12.31   단위 : 원

구 분	자본금	자본 잉여금	자본조정	기타포괄 손익누계	이익 잉여금
기초금액					
증가·감소					
기말잔액					

5 재무제표 기본요소의 측정 어려우면 Pass

특정 자산·부채를 재무제표에 표시하기 위해서는 얼마로 표시할지 화폐금액을 결정해야 하는데 다음과 같이 3가지 방법이 있습니다.

구 분	내 용
역사적 원가 (취득원가)	자산을 취득하거나 부채를 상환할 때 지급하는 현금 또는 현금등가액
공정가치 (공정가액)	자산 매각이나 부채 상환에 필요한 시장가격 또는 유사한 자산의 시장가격. 단, 시장가격이 없으면 미래 현금흐름을 추정해 그 현재가치로 추정할 수 있음.
순실현가능가치와 이행가액	자산 처분으로 예상되는 수취액에서 비용을 차감하여 순실현가치를 산정하며 부채 상환에 소요될 금액과 비용 합계하여 이행가액 산정

6 재무제표 작성책임

재무제표의 작성과 표시에 대한 책임은 경영진에게 있으며 기업실체 외부의 이해관계자에게 재무제표를 작성하고 보고할 책임 또한 경영진에게 있습니다.

◎ 핵심체크

재무제표 한계
• 과거에 발생한 정보
• 추정에 의한 측정치 포함

▤ 정답 및 풀이 ②

자산, 부채는 상계하지 않고 각각 표시함.(총액주의)

▤ 정답 및 풀이 ②

자산, 부채, 자본, 수익, 비용은 중요한 항목은 구분표시 하되, 중요하지 않은 항목은 통합 표시 할 수 있음.

◎ 핵심체크

재무제표 작성 기본가정
★★★
기업실체가정, 계속기업가정, 기간별 보고가정

---

7 재무제표 정보의 특성과 한계

재무제표를 통해 제공되는 정보는 다음의 예와 같은 특성과 한계를 갖고 있습니다.

> • 재무제표는 화폐단위로 측정된 정보를 주로 제공한다.
> • 재무제표는 대부분 과거에 발생한 거래나 사건에 대한 정보를 나타낸다.
> • 재무제표는 추정에 의한 측정치를 포함하고 있다.
> • 재무제표는 특정 기업실체에 관한 정보를 제공하며, 산업 또는 경제 전반에 관한 정보를 제공하지는 않는다.

이론기출 확인문제 | 전산세무 2급, 90회 |

다음 중 재무제표 작성과 표시에 대한 설명으로 틀린 것은?

① 자산과 부채는 유동성이 높은 계정부터 차례로 배열하여 작성해야 한다.
② 자산과 부채는 원칙적으로 상계하여 순액으로 표시하여야 한다.
③ 수익과 비용은 각각 총액으로 보고하는 것을 원칙으로 한다.
④ 자본금은 발행 주식 수에 액면금액을 곱하여 계산한다.

이론기출 확인문제 | 전산세무 2급, 106회 |

다음 중 재무제표 작성과 표시에 대한 설명으로 틀린 것은?

① 자산과 부채는 1년을 기준으로 하여 유동자산 또는 비유동자산, 유동부채 또는 비유동부채로 구분하는 것을 원칙으로 한다.
② 중요하지 않은 항목이라도 성격이나 기능이 유사한 항목과 통합하여 표시할 수 없다.
③ 자산과 부채는 유동성이 높은 항목부터 배열하는 것을 원칙으로 한다.
④ 자본은 자본금, 자본잉여금, 자본조정, 기타포괄손익누계액, 이익잉여금(또는 결손금)으로 분류된다.

---

4 재무제표 작성 기본가정 필수

기본가정	내용
기업실체의 가정	회계가 보고할 대상은 주주나 채권자로부터 독립된 별도의 특정 기업의 관점에서 재무정보를 측정, 보고하는 것임.

계속기업의 가정	보고 대상인 기업이 목적을 달성하기 위해 계속 존재한다는 가정인데 회사가 곧 청산될 예정이라면 유동성 배열, 원가인식 등의 회계처리가 의미가 없기 때문임. 만약 계속기업을 가정하기 어려운 경우에는 계속기업을 가정한 회계처리방법과는 다른 방법이 적용되어야 하며 이를 적절히 공시하여야 함.
기간별 보고 가정	기업실체의 존속기간을 일정한 기간 단위로 분할하여 각 기간별로 재무제표를 작성하는 것. 일반기업회계기준은 재무제표의 기간별 비교가능성을 제고하기 위하여 전기 재무제표의 모든 계량정보를 당기와 비교하는 형식으로 표시함.

이론기출 확인문제　　　　　| 전산세무 2급, 102회 |

다음 중 재무제표의 기본가정이 아닌 것은?

① 기업실체의 가정 : 기업은 그 자체가 인격을 가진 하나의 실체로서 존재하며 기업실체의 경제적 현상을 재무제표에 보고해야 한다는 가정
② 계속기업의 가정 : 기업이 계속적으로 존재하지 않을 것이라는 반증이 없는 한 실체의 본래 목적을 달성하기 위하여 계속하여 존재한다는 가정
③ 발생주의의 가정 : 기업에 미치는 재무적 효과를 현금이 수취되거나 지급되는 기간에 기록하는 것이 아니라, 그 거래가 발생한 기간에 기록한다는 가정
④ 기간별 보고의 가정 : 기업의 지속적인 경제적 활동을 인위적으로 일정 기간 단위로 분할하여 각 기간마다 보고해야 한다는 가정

---

5 재무정보(회계정보)의 질적 특성 필수

재무정보의 질적 특성이란 재무정보가 유용하기 위해 갖추어야 할 주요 속성을 말하며, 재무정보의 유용성의 판단기준이 되는데 가장 중요한 질적 특성은 신뢰성과 목적적합성(관련성)으로 구성됩니다.
목적적합성과 신뢰성 중 어느 하나가 완전히 상실된 경우 그 정보는 유용한 정보가 될 수 없으며 목적적합성의 정도가 유사하다면 신뢰성이 더 높은 회계처리방법이 선택되어야 하며 신뢰성의 정도가 유사하다면 목적적합성이 더 높은 회계처리방법이 선택되어야 합니다.

1 주요 질적 특성

신 뢰 성	목적적합성(관련성)
중립성, 검증가능성, 표현의 충실성	적시성, 예측가능성, 피드백가치

보수주의
재무제표를 보다 튼튼하게 표시하고자 가능한 자산·수익은 작게, 부채·비용은 높게 회계처리하는 방식. 재고자산의 저가 평가, 우발손실의 인식 등이 이에 해당함.

📄 **정답 및 풀이** ③

재무제표 작성의 기본가정은 기업실체의 가정, 계속기업의 가정, 기간별 보고의 가정임. 발생주의는 재무제표 작성의 기본가정이 아님.

핵심체크

회계정보 특성★★★
• 신뢰성: 중립성, 검증가능성, 표현의 충실성
• 목적접합성: 적시성, 예측가능성, 피드백가치

2 부차적 특성 : 비교가능성 ⇐ 계속성(기간별 비교), 통일성(기업 실체간 비교)

> 회계정보는 기간별 비교하고(계속성), 기업간 비교(통일성)할 수 있도록 동일한 회계기준으로 계속 적용해야 한다.

※ 비교가능성은 목적적합성과 신뢰성 만큼 중요한 질적 특성은 아니지만 목적적합성과 신뢰성을 갖춘 정보가 기업실체간에 비교가능하거나 또는 기간별 비교가 가능할 경우 재무정보의 유용성이 제고될 수 있음. 단, 사업결합 또는 사업중단 등에 의해 영업의 내용이 유의적으로 변경되거나 기업회계기준에 의하여 재무제표 항목의 표시와 분류의 변경이 요구되는 경우, 재무제표 항목의 표시와 분류를 변경함으로써 기업의 재무정보를 더욱 적절히 전달할 수 있는 경우에는 재무제표 항목의 표시와 분류를 계속 적용하지 않고 바꿀 수 있음.

3 재무정보 질적 특성간 상충

목적적합성과 신뢰성은 서로 상충되어 절충이 필요할 수 있습니다. 예를 들어, 유형자산을 역사적원가로 평가하면 검증가능성이 높아 신뢰성은 제고되지만 목적적합성은 저하될 수 있습니다. 질적 특성이 높아지는 회계처리 원칙을 요약하면 다음과 같습니다.

목적적합성 Vs 신뢰성★
• 목적적합성 ⇑: 시가법, 진행기준, 발생주의, 중간 재무제표
• 신뢰성 ⇑: 원가법, 완성기준, 현금주의, 연차보고서

구분	목적적합성 ⇑	신뢰성 ⇑
자산평가방법	시가법	역사적 원가(원가법)
수익인식방법	진행기준	완성기준
손익인식방법	발생주의	현금주의
재무제표 보고시기	분기·반기 재무제표 (중간 재무제표)	결산 재무제표 (연차보고서)

정답 및 풀이 ②

목적적합성에 대한 설명임.

이론기출 확인문제	전산세무 2급, 105회

다음은 회계정보의 질적 특성 중 무엇에 대한 설명인가?

> 회계정보가 정보이용자의 의사결정 목적과 관련 있어야 한다는 것으로서, 회계정보를 이용하지 않고 의사 결정하는 경우와 회계정보를 이용하여 의사 결정하는 경우를 비교했을 때 의사결정의 내용에 차이가 발생하여야 한다는 특성이다.

① 이해가능성 ② 목적적합성
③ 신뢰성 ④ 비교가능성

이론기출 확인문제 | **전산세무 2급**, 119회 |

회계정보의 질적 특성 중 목적적합성과 신뢰성의 사례로 옳지 않은 것은?

	구분	목적적합성	신뢰성
①	수익인식방법	진행기준	완성기준
②	자산의 평가방법	시가법	원가법
③	손익인식방법	발생주의	현금주의
④	정보의 보고시점	결산재무제표	분기, 반기재무제표

이론기출 확인문제 | **전산세무 2급**, 54회 |

일반기업회계기준에서 계속성 원칙을 중요시하는 이유는?

① 중요한 회계정보를 필요한 때에 적시성 있게 제공하기 위함이다.

② 기간별로 재무제표의 비교를 가능하도록 하기 위함이다.

③ 수익과 비용을 적절히 대응하기 위함이다.

④ 기업간 회계처리의 비교가능성을 제고하기 위함이다.

정교수 콕콕

정답 및 풀이 ④

재무제표가 목적 적합하기 위해서는 분기·반기별로 빨리 발표되어야 하고, 신뢰성이 있으려면 회계기간(통상 1년)이 다 끝난 후, 즉 결산재무제표로 발표되어야 함.

정답 및 풀이 ②

기간별 비교를 위해 계속성, 기업간 비교를 위해 통일성이 필요함.

4 재무정보 제약요건 : 중요성과 비용

(1) 중요성

재무정보 제공 시 회계항목의 성격과 크기를 고려하여 정보이용자의 의사결정에 영향을 미치는 중요한 정보는 포함시키되 경우에 따라서는 금액이 작아도 중요한 정보가 될 수 있습니다. 예를 들어 신규 사업부문의 이익수치가 영(0)에 가까울 정도로 극히 작더라도 정보이용자에게는 해당 기업을 평가하는데 중요한 정보가 될 수 있는 것입니다.

(2) 비용 대비 효익

재무정보가 질적 특성을 갖추었다 하더라도 정보 제공에 소요될 사회적 비용이 정보의 사회적 효익을 초과한다면 그러한 정보 제공은 정당화될 수 없습니다.

10 이론기출 공략하기

[회계의 기본개념]

난이도 ★

01 다음 중 재무상태표의 목적을 설명한 것으로 옳지 않은 것은? [2024년 114회]

① 일정시점 현재 기업이 보유하고 있는 경제적 자원에 대한 정보를 제공한다.
② 회계정보이용자들이 기업의 유동성, 재무적 탄력성, 수익성과 위험을 평가하는데 정보를 제공한다.
③ 기업이 보유하고 있는 자산과 부채, 그리고 자본에 대한 정보를 제공한다.
④ 종업원의 실적을 측정하여 근무태도를 평가한다.

[재무제표 종류 및 작성원칙]

난이도 ★

02 다음 중 재무제표에 대한 설명으로 옳지 않은 것은? [2025년, 120회]

① 재무상태표는 일정시점의 재무상태를 보고하는 보고서이다.
② 손익계산서는 일정시점의 경영성과를 보고하는 보고서이다.
③ 현금흐름표는 일정기간동안 영업활동, 투자활동, 재무활동으로 나누어서 현금의 유출과 유입에 관한 정보를 보고하는 보고서이다.
④ 자본변동표는 일정기간동안 소유주의 투자와 분배에 관한 정보를 보고하는 보고서이다.

난이도 ★★

03 다음 중 재무제표 작성에 대한 설명으로 틀린 것은? **필수** [2022년, 101회]

① 재무제표는 경제적 사실과 거래의 실질을 반영하여 기업의 재무상태, 경영성과, 현금흐름 및 자본변동을 공정하게 표시하여야 한다.
② 중요한 항목은 재무제표의 본문이나 주석에 그 내용을 가장 잘 나타낼 수 있도록 구분하여 표시하며, 중요하지 않은 항목은 성격이나 기능이 유사한 항목과 통합하여 표시할 수 있다.
③ 재무제표는 이해하기 쉽도록 간단하고 명료하게 표시하여야 한다.
④ 사업결합 또는 사업중단 등에 의해 영업의 내용이 유의적으로 변경된 경우라도 재무제표의 기간별 비교가능성을 제고하기 위하여 재무제표 항목의 표시와 분류는 매기 동일하여야 한다.

04 다음 중 재무제표의 작성과 표시에 대한 설명으로 틀린 것은? 필수 [2021년, 98회]

① 재무제표는 재무상태표, 손익계산서, 현금흐름표, 자본변동표로 구성되며, 주석을 포함한다.
② 재무제표를 작성할 때 계속기업으로서의 존속가능성을 평가해야 한다.
③ 중요한 항목은 재무제표의 본문이나 주석에 그 내용을 가장 잘 나타낼 수 있도록 통합하여 표시할 수 있다.
④ 재무제표가 일반기업회계기준에 따라 작성된 경우에는 그러한 사실을 주석으로 기재하여야 한다.

난이도 ★★

05 다음 중 재무제표 작성과 표시에 대한 설명으로 틀린 것은? 필수 [2019년, 87회]

① 자산과 부채는 유동성이 높은 항목부터 배열하는 것을 원칙으로 한다.
② 자산은 1년 또는 정상영업주기를 기준으로 유동자산과 비유동자산으로 분류한다.
③ 중요하지 않은 항목은 성격이나 기능이 유사한 항목과 통합하여 표시할 수 있다.
④ 기타포괄손익누계액은 만기보유증권평가손익, 해외사업환산손익 및 현금흐름위험회피 파생상품평가손익 등으로 구분하여 표시한다.

난이도 ★

06 다음 중 유동성배열법에 의한 재무상태표 작성 시 가장 나중에 배열되는 항목은? [2021년, 99회]

① 상품 ② 단기대여금 ③ 임차보증금 ④ 선납세금

난이도 ★★

07 다음 중 재무상태표의 구성요소에 대한 설명으로 틀린 것은? 필수 [2023년, 113회]

① 부채는 유동성에 따라 유동부채와 비유동부채로 구분한다.
② 자산과 부채는 유동성이 큰 항목부터 배열하는 것을 원칙으로 한다.
③ 자산은 유동자산과 비유동자산으로 구분하며 유동자산은 당좌자산과 투자자산으로 구분한다.
④ 자본은 자본금, 자본잉여금, 자본조정, 기타포괄손익누계액 및 이익잉여금(결손금)으로 구분한다.

난이도 ★★

08 다음 중 재무제표 작성과 표시에 대한 설명으로 틀린 것은? [2017년, 74회]

① 자산과 부채는 유동성이 큰 항목부터 배열하는 것을 원칙으로 한다.
② 수익과 비용은 각각 총액으로 보고하는 것을 원칙으로 한다.
③ 제조업, 판매업 및 건설업에 속하는 기업은 매출총손익의 구분표시를 생략할 수 있다.
④ 자산과 부채는 원칙적으로 상계하여 표시하지 않는다.

난이도 ★★

09 다음 중 재무제표의 작성과 표시에 관한 설명으로 가장 옳지 않은 것은?　　　　　[2022년, 104회]

① 재무제표를 작성할 때 계속기업으로서의 존속가능성을 평가해야 한다.
② 재무제표의 작성과 표시에 대한 책임은 경영진에게 있다.
③ 기업은 현금기준회계를 사용하여 재무제표를 작성한다.
④ 재무제표는 원칙적으로 사실에 근거한 자료만 나타내지만, 추정에 의한 측정치도 포함한다.

난이도 ★★

10 다음 중 재무제표의 기본가정에 해당하지 않는 것은?　**필수**　　　　　[2024년, 115회]

① 기업실체를 중심으로 하여 기업실체의 경제적 현상을 재무제표에 보고해야 한다.
② 기업이 계속적으로 존재하지 않을 것이라는 반증이 없는 한, 기업실체의 본래 목적을 달성하기 위하여 계속적으로 존재한다.
③ 기업실체의 지속적인 경제적 활동을 인위적으로 일정 기간 단위로 분할하여 각 기간마다 경영자의 수탁책임을 보고한다.
④ 회계정보가 유용하기 위해서는 그 정보가 의사결정에 반영될 수 있도록 적시에 제공되어야 한다.

난이도 ★★

11 다음 중 보수주의에 대한 설명으로 잘못된 것은?　　　　　[2014년, 59회]

① 우발손실의 인식은 보수주의에 해당한다.
② 보수주의는 재무적 기초를 견고히 하는 관점에서 이익을 낮게 보고하는 방법을 선택하는 것을 말한다.
③ 재고자산의 평가 시 저가법을 적용하는 것은 보수주의에 해당한다.
④ 보수주의는 이익조작의 가능성이 존재하지 않는다.

난이도 ★★

12 다음 중 일반기업회계기준상 보수주의에 대한 예시로 옳지 않은 것은?　**필수**　　　　　[2023년, 112회]

① 재고자산의 평가 시 저가주의에 따른다.
② 회계연도의 이익을 줄이기 위해 유형자산의 내용연수를 임의로 단축한다.
③ 물가 상승 시 재고자산평가방법으로 후입선출법을 적용한다.
④ 우발손실은 인식하나 우발이익은 인식하지 않는다.

난이도 ★★

13 다음 중 회계정보의 질적특성에 대한 설명으로 틀린 것은? 필수 　　　　　[2020년, 92회]

① 목적적합성에는 예측가치, 피드백가치, 적시성이 있다.

② 신뢰성에는 표현의 충실성, 검증가능성, 중립성이 있다.

③ 예측가치는 정보이용자의 당초 기대치를 확인 또는 수정할 수 있는 것을 말한다.

④ 중립성은 회계정보가 신뢰성을 갖기 위해서는 편의 없이 중립적이어야 함을 말한다.

난이도 ★★

14 재무제표정보의 질적 특성인 신뢰성에 대한 내용이 아닌 것은? 　　　　　[2014년, 58회]

① 재무정보가 의사결정에 반영될 수 있도록 적시에 제공되어야 한다.

② 재무정보가 특정이용자에게 치우치거나 편견을 내포해서는 안된다.

③ 거래나 사건을 사실대로 충실하게 표현하여야 한다.

④ 동일사건에 대해 다수의 서로 다른 측정자들이 동일하거나 유사한 측정치에 도달하여야 한다.

난이도 ★★

15 회계정보의 질적특성 중 목적적합성과 신뢰성의 사례로 옳은 것은? 필수 　　　　　[2015년, 45회]

구분	목적적합성	신뢰성
① 자산평가방법	시가법	원가법
② 수익인식방법	완성기준	진행기준
③ 손익인식방법	현금주의	발생주의
④ 재무제표보고시기	결산재무제표	분기, 반기재무제표

01 ④ 종업원의 실적측정은 원가·관리회계의 목적이지 재무회계, 특히 재무상태표의 목적이 아님.

02 ② 손익계산서는 일정시점이 아니라 일정기간의 경영성과를 보고하는 보고서임.

03 ④ 일반기업회계기준에 의하여 재무제표 항목의 표시와 분류의 변경이 요구되거나 사업결합 또는 사업중단 등에 의해 영업의 내용이 유의적으로 변경된 경우에는 재무제표 항목의 표시와 분류를 변경할 수 있음.

04 ③ ③ 중요하지 않은 항목에 한해 통합표시가 가능하며 ④ 재무제표가 일반기업회계기준에 따라 작성되었다는 사실은 주석에 표시되어야 함.

05 ④ 기타포괄손익누계에 포함되는 것은 만기보유증권평가손익이 아니라 매도가능증권평가손익임. 만기보유증권은 시가 평가를 하지 않음.

06 ③ 단기대여금 ⇒ 선납세금 ⇒ 상품 ⇒ 임차보증금 순서로 표시됨. ③ 임차보증금이 가장 나중에 표시됨.

07 ③ ③ 유동자산은 당좌자산과 재고자산으로 구분됨.

08 ③ 제조업, 판매업, 건설업은 매출총손익을 반드시 구분표시 해야 하고, 그 외 업종은 구분표시를 생략할 수 있음.

09 ③ 재무제표는 발생주의로 작성하는 것이 원칙임. 다만, 참고 목적으로 현금주의로 현금흐름표를 작성하고 있음.

10 ④ 재무제표 작성의 기본가정은 ① 기업실체의 가정, ② 계속기업의 가정, ③ 기간별 보고의 가정임. ④ 적시성은 재무정보의 특성인 목적적합성의 한 종류로 재무제표 작성의 기본가정은 아님.

11 ④ 보수주의라 하더라도 이익조작의 가능성이 없는 것은 아님.

12 ② 보수주의는 재무상태를 견고히 하기 위해 가능한 당기순이익을 낮게 보고하는 방법이긴 하지만 유형자산의 내용연수는 한번 정했으면 계속 적용해야 함. 최초 내용연수를 정할 때 짧게 정하는 것은 보수주의에 적합함.

13 ③ 정보이용자의 당초 기대치를 확인, 수정할 수 있는 것은 피드백 가치에 대한 설명임.

14 ① ①은 목적적합성의 한 특성인 적시성에 대한 설명임.

15 ① ② 완성기준은 신뢰성은 높으나 적시에 작성되지 않아 목적적합성이 낮고 진행기준은 적시에 작성되어 목적에 적합하지만 신뢰성은 낮음. ③현금을 입출금한 것만 인식하는 현금주의가 신뢰성은 높으나 발생주의가 논리적으로 수익을 인식하므로 목적에 적합함. ④ 분기 반기에 발표하는 중간재무제표가 적시에 발표되어 목적적합성이 높지만 1년 한번 발표되는 결산재무제표가 좀 더 정확히 발표되므로 신뢰성이 높음.

11 당좌자산

이론 실무

학습내용 · 현금 및 현금성자산 · 유가증권 · 매출채권 · 대손회계 · 선급비용 · 미수수익

공부방향 매회 2 ~ 4문제 출제되고 있으며 이론문제, **일반전표 입력, 기말결산분개 입력, 3가지 유형**으로 출제되고 있음. 대부분 전산회계 1급에서 공부한 내용이므로 정리차원에서 공부하면 충분하며 **유가증권 문제**가 가장 자주 출제되고 있음.

1 당좌자산 개요 필수

이미 전산회계1급에서 공부한 내용이므로 아래 계정과목을 읽으면서 공부한 내용을 상기시킨 뒤 전산세무2급에 주로 출제되는 문제를 복습차원에서 간략히 풀어보면 충분합니다.

계정과목	내용	계정과목	내용
현 금	통화(지폐, 동전), 통화대용증권(자기앞수표, 타인발행 당좌수표 등)	미수수익	발생한 수익 중 아직 받지 못한 부분으로 미수이자가 대표적임.
당좌예금	당좌수표를 발행할 수 있는 예금	미 수 금	회사 본연의 상거래, 즉 상품, 제품의 매출이 아닌 다른 이유로 발생한 받지 못한 채권
보통예금	수시 입출금 예금	소 모 품	구입한 소모성 물품 중 아직 사용하지 않은 부분
단기금융상품	결산일로부터 만기가 1년 이내 도래하는 금융상품	선급비용	미리 낸 비용 중 아직 비용화가 되지 않은 부분
단기매매증권	회계기간 말 기준 1년 이내 처분 예정인 단기시세차익 목적으로 취득한 시장성 있는 주식, 채권	선 급 금	상품, 원재료, 기계 등을 구입하거나 사무실 전세를 얻기 위해 선금 또는 계약금 명목으로 미리 지급한 금액
외상매출금	구두상 외상으로 매출한 금액	가지급금	현금, 예금을 지급하였으나 그 내역을 정확히 알지 못할 때 사용하는 임시계정
받을어음	어음을 받으면서 외상으로 매출한 금액	부가세대급금	재화, 용역을 구입할 때 지급한 매입세액으로 추후 환급받을 금액
대손충당금	미회수된 매출채권 중 회수가 불가능하다고 예상되는 금액	선납세금	이자 수령 시 원천징수, 법인세 중간예납으로 미리 납부한 세금

 정교수 콕콕

핵심체크

주의할 당좌자산★★★
· 매출채권 VS 미수금 : 상거래(상품·제품)에서 미수령액은 매출채권(외상매출금·받을어음), 상거래 이외(유형자산 매각 등)의 미수령액은 미수금
· 가지급금 : 외부 공표 재무상태표는 가지급의 원인을 찾아 "단기대여금" 등 정확한 계정과목으로 표시해야 함.

단기 대여금	빌려준 돈 중 회계기간 종료일 현재 1년 이내에 돌려받을 수 있는 금액	현금과 부족	현금 분실, 현금 지출 후 기록누락 등으로 장부상 현금보다 금고 안의 현금이 적거나 많을 때 사용

2 현금 관련 당좌자산

1 현금 및 현금성자산 필수

구분	내용
현 금	통화(지폐, 동전), 통화대용증권(은행 발행 자기앞수표, 타인 발행한 수표(당좌수표), 우편환증서, 만기도래 타인발행 약속어음, 만기도래 채권이자표, 배당금 지급통지서)
요구불예금	보통예금, 당좌예금
현금성자산	취득일로부터 만기가 3개월 이내로 큰 거래비용 없이 사용이 용이한 금융상품 (양도성 예금증서(CD), 기업어음(CP), 어음관리계좌(CMA), 환매조건부채권(RP))

2 단기금융상품

회계기간 말 기준 1년 이내 만기인 적금, 정기예금

3 현금과부족 : 임시계정

장부 대비 실제 현금의 부족 또는 잉여액이 발생할 때 '현금과부족'으로 처리한 뒤, 그 원인을 밝혀 '현금과부족' 계정과목을 없애는데 부족액의 원인을 끝까지 찾지 못하면 잡손실, 잉여액의 원인을 끝까지 찾지 못하면 잡이익 처리.

4 당좌차월 : 임시계정

당좌차월은 일종의 마이너스 통장으로 은행 잔고가 없어도 약정 한도까지 인출하거나 당좌수표를 발행할 수 있는 당좌예금 계좌를 말하는데, 당좌차월은 곧 갚아야 하므로 회계상으로 단기차입금으로 분류함.

핵심체크

현금성자산 아닌 것 ★★★
우표·수입인지, 만기 미도래 타인발행 약속어음, 선일자수표, 당좌거래개설보증금, 사용이 제한된 예금

핵심체크

당좌수표 수령 Vs 당좌수표 발행 ★★★
• 당좌수표 수령: 차변에 현금 처리
• 당좌수표 발행: 대변에 당좌예금 처리

다음 중 일반기업회계기준상 현금및현금성자산에 포함되지 않는 것은?

① 미국달러화 지폐 $100
② 사용에 제한이 없는 보통예금 5백만 원
③ 만기가 도래하여 현금 회수가 가능한 받을어음 1천만 원
④ 상환일이 1년 내인 단기대여금 1천만 원

3 매출채권(외상매출금, 받을어음) 회수

1 받을어음 추심 [필수]

어음을 보유하다가 만기가 가까워져 오면 거래은행에 어음대금의 회수를 의뢰하는데 이를 어음의 추심위임이라고 하며 은행에 지급하는 추심수수료는 판매비와관리비의 수수료비용으로 처리합니다.

(차) 현금 또는 보통예금	×××	(대) 받을어음(거래처명)	×××
수수료비용(판매관리비)	×××		

핵심체크

받을어음 추심★★★
추심수수료는 수수료비용(판매관리비) 처리

2 받을어음 배서

현금이 부족해 어음을 만기까지 기다리기 어려운 경우에는 이 어음을 다른 회사로 넘길 수 있는데 이를 어음의 배서양도라고 합니다. 어음배서의 KcLep 입력 시 주의할 점은 배서하는 받을어음 거래처는 최초 어음발행 거래처를 입력해야 합니다.

핵심체크

받을어음 배서★★★
받을어음 거래처는 최초 어음발행 거래처를 입력

실무기출 확인문제 | 전산세무 2급, 83회 |

2월 25일, 당사는 1월 10일에 ㈜나라로부터 원재료 1,430,000원(부가세 포함)을 외상으로 구입하였는데, 지급하지 못한 외상매입금을 결제하기 위하여 ㈜필연으로부터 받은 약속어음 1,000,000원을 ㈜나라에게 배서양도하고 잔액을 보통예금계좌에서 지급하였다.

[정답 및 풀이] 일반전표 입력

2.25	(차) 외상매입금((주)나라)	1,430,000	(대) 받을어음((주)필연)	1,000,000
			보통예금	430,000

3 받을어음 할인 필수

보유 중인 어음의 만기 전에 어음을 은행에 팔고 은행이 만기일에 어음대금을 수령하는 제도를 어음할인이라고 하는데, 만기일 전에 어음이 부도가 날 경우 책임이 누구에게 있느냐에 따라 회계처리가 달라집니다.

(1) 매각거래

만기일 전에 부도가 발생해도 어음을 매각한 회사에 책임이 없는 조건의 어음할인으로 이럴 경우 어음의 매각으로 회계처리 하고, 어음 할인 시 은행에 지급한 할인료는 "매출채권처분손실(영업외비용)"이라는 계정과목으로 처리합니다.

| 실무기출 확인문제 | | 전산세무 2급, 121회 |

7월 1일, ㈜성남으로부터 매출대금으로 수령한 약속어음 10,000,000원(만기일 12월 1일)을 기업은행 서초지점에 할인하고 할인비용 500,000원을 차감한 잔액을 보통예금으로 수령하였다. 단, 당해 어음할인은 매각거래로 간주한다.

[정답 및 풀이] 일반전표 입력

7. 1	(차) 보통예금	9,500,000	(대) 받을어음((주)성남)	10,000,000
	매출채권처분손실(영업외비용)	500,000		

(2) 차입거래

만기일 전에 부도가 발생하면 어음을 매각한 회사가 책임지는 조건의 어음할인으로 이럴 경우 어음을 담보로 은행에서 차입한 것이므로 이를 은행 단기차입으로 회계처리 하고, 어음 할인 시 은행에 지급한 할인료는 "이자비용"이라는 계정과목으로 처리합니다.

| 실무기출 확인문제 | | 전산세무 2급, 108회 |

12월 10일, 거래처 한길정공(주)에서 수령한 받을어음 10,000,000원을 거래은행인 국민은행에 할인하고 할인료 500,000원을 차감한 잔액을 당사 보통예금에 입금하였다. (차입거래로 처리할 것.)

[정답 및 풀이] 일반전표 입력

12.10	(차) 보통예금	9,500,000	(대) 단기차입금(국민은행)	10,000,000
	이자비용(영업외비용)	500,000		

4 외화 외상매출금 ^{필수}

(1) 외화 외상매출금 회수 : 외환차손익 발생

<table>
<tr><td>실무기출 확인문제</td><td>전산세무 2급, 112회</td></tr>
</table>

12월 15일, 전기에 발생한 ㈜도담의 외상매출금 $100,000를 회수하고 즉시 전액을 원화로 환가하여 보통예금 계좌에 입금하였다(단, 전기 결산일에 외화자산 및 부채의 평가는 적절히 반영되었으며, 계정과목은 외상매출금을 사용할 것).

전년도 12월 31일(전기 결산일) 기준환율	당해 연도 12월 15일(환가일) 적용환율
1,150원/$	1,250원/$

[정답 및 풀이] 일반전표 입력

12.15	(차) 보통예금	125,000,000	(대) 외상매출금((주)도담)	115,000,000
			외환차익(영업외수익)	10,000,000

- 전기말 외상매출금 평가액 : $100,000 × 1,150원 = 115,000,000원
- 외상매출금 회수액 : $100,000 × 1,250원 = 125,000,000원
- 추가 회수액(외환차익) : 125,000,000 − 115,000,000 = 10,000,000원

(2) 외화 외상매출금 기말 평가 : 외화환산손익 발생

<table>
<tr><td>실무기출 확인문제</td><td>전산세무 2급, 113회</td></tr>
</table>

당해 연도 11월 중 캐나다 ZF사에 수출한 외상매출금 $100,000은 내년도 1월 15일에 외화통장으로 회수될 예정이며, 일자별 기준환율은 다음과 같다. 결산일(12.31) 회계처리 하시오.

수출신고일(11.3) 900원/$,   선적일(11.10) 920원/$,   결산일(12.31) 950원/$

[정답 및 풀이] 일반전표 입력

12.31	(차) 외상매출금(ZF사)	3,000,000	(대) 외화환산이익(영업외수익)	3,000,000

- 평가 전 외상매출금 금액 : $100,000 × 920원(선적일 환율) = 92,000,000원
- 기말 외상매출금 평가액 : $10,000 × 950원 = 95,000,000원
- 외상매출금 증가액 : 95,000,000 − 92,000,000 = 3,000,000원

핵심체크

외환차손익★★
환전해 원화가 더 입금되면 외환차익, 덜 입금되면 외환차손

핵심체크

외화환산손익★★
기말에 환율하락으로 평가손실 본 금액은 외화환산손실, 평가이익 본 금액은 외화환산이익

참고

수출 시 환율★★
선적일 환율 적용

5 부도어음

1월 29일, 제품을 매출하고 ㈜참선원으로부터 수취한 약속어음 2,200,000원이 부도처리 되었다는 것을 거래처 주거래은행으로부터 통보받았다.

[정답 및 풀이] 일반전표 입력

1.29	(차) 부도어음과수표((주)참선원)	2,200,000	(대) 받을어음((주)참선원)	2,200,000

4 대손회계 필수

전산세무 2급의 대손충당금 설정 문제는 전산회계 1급과 거의 비슷한 수준으로 출제되는데 기출문제를 통해 알아보겠습니다.

1 대손충당금 설정

핵심체크

매출채권 대손충당금 설정
★★★
대손상각비 XXX
(판관비)
　／ 대손충당금　XXX

기타채권 대손충당금 설정
★★★
기타의대손상각비 XXX
(영업외비용)
　／ 대손충당금　XXX

결산일 현재 외상매출금과 미수금의 기말잔액에 대해서만 1%의 대손율을 적용하여 보충법에 의해 대손충당금을 설정하시오. 결산일 현재 재무상태표 조회 결과 외상매출금, 대손충당금 잔액은 각각 925,039,000원, 2,220,000원이며 미수금, 대손충당금 잔액은 각각 40,000,000원, 0원이다.

[정답 및 풀이] 일반전표 입력

12.31	(차) 대손상각비(판매관리비)	7,030,390	(대) 대손충당금(외상매출금)	7,030,390
	기타의대손상각비(영업외비용)	400,000	대손충당금(미수금)	400,000

구분	외상매출금	미수금
필요 대손충당금	925,039,000원 × 1% = 9,250,390원	40,000,000원 × 1% = 400,000원
대손충당금 잔액	2,220,000원	－
추가 설정액	7,030,390원	400,000원

• 대손충당금 설정 후 재무제표 표시

재무상태표	
:	
외상매출금	925,039,000
대손충당금	(9,250,390)
:	
미 수 금	40,000,000
대손충당금	(400,000)
:	

손익계산서	
:	
판매관리비	
대손상각비	7,030,390
:	
영업외비용	
기타의대손상각비	400,000
:	

[참고] 대손충당금 환입

> 만약 필요한 대손충당금보다 대손충당금 잔액이 많을 경우에는 오히려 대손충당금을 환입, 즉 줄여야 하는데 기출문제로 알아보겠습니다.

실무기출 확인문제 | 전산세무 2급, 113회 |

당사는 외상매출금과 받을어음에 대하여 기말채권잔액의 2%를 대손예상액으로 추정하여 대손충당금을 설정하기로 한다. 기말결산 분개를 하시오.

- 외상매출금 잔액(615,347,500원), 기말 결산 전 대손충당금 잔액(12,000,000원)
- 받을어음 잔액(131,800,000원), 기말 결산 전 대손충당금 잔액(5,000,000원)

[정답 및 풀이] 일반전표 입력

12.31	(차) 대손충당금(받을어음)	2,364,000	(대) 대손충당금(외상매출금)	306,950
			대손충당금환입(판관비)	2,057,050

- 외상매출금 대손상각비: 615,347,500 × 2% − 12,000,000 = 306,950원
- 받을어음 대손상각비: 131,800,000 × 2% − 5,000,000 = (−)2,364,000원
- 대손충당금 환입액: 2,364,000 − 306,950 = 2,057,050원

② 대손 발생

회수 불가능하다 판단되는 매출채권에 대해 대손충당금을 설정해두었다가 추후 특정 업체가 파산하면 대손충당금과 먼저 상계처리하고 부족한 부분만 추가로 비용 처리하는데 기출문제를 통해 알아보겠습니다.

실무기출 확인문제 | 전산세무 2급, 109회 |

7월 12일, 거래처인 ㈜동방불패의 파산으로 외상매출금 13,000,000원의 회수가 불가능해짐에 따라 대손처리하였다(대손 발생일 직전 외상매출금에 대한 대손충당금 잔액은 4,000,000원이었으며, 부가가치세법상 대손세액공제는 고려하지 않는다).

핵심체크

매출채권 대손충당금 환입
★★★
대손충당금 XXX
　/ 대손충당금환입 XXX
　(판관비)

기타채권 대손충당금 환입
★★★
대손충당금 XXX
　/대손충당금환입 XXX
　(영업외수익)

참고

KcLep 대손충당금 환입 입력
매출채권의 대손충당금 환입은 대변에 대손충당금환입(판관비) 처리(단,기타채권 대손충당금 환입은 영업외수익의 대손충당금 환입 계정 사용)

[정답 및 풀이] 일반전표 입력

| 7. 12 | (차) 대손충당금(외상매출금) | 4,000,000 | (대) 외상매출금((주)동방불패) | 13,000,000 |
| | 대손상각비(판매관리비) | 9,000,000 | | |

[참고] 기타 채권의 대손상각비

| 실무기출 확인문제 | | 전산세무 2급, 63회 |

2월 1일, 당사는 공진상회에 대여한 단기대여금 30,000,000원을 회수불능채권으로 보아 전액 대손처리 하였다.(대손충당금 조회액은 15,000,000원으로 가정할 것.)

[정답 및 풀이] 일반전표 입력

| 2. 1 | (차) 대손충당금(단기대여금) | 15,000,000 | (대) 단기대여금(공진상회] | 30,000,000 |
| | 기타의대손상각비(영업외비용) | 15,000,000 | | |

3 대손 처리된 채권의 회수

매출채권을 받을 수 없을 줄 알고 대손충당금과 상계처리 했는데 업체가 살아나서 매출채권을 갚으면 없앴던 대손충당금을 부활시키고 대손세액공제 받았던 부가세를 다시 부가세예수금으로 살려줘야 합니다. 관련한 실무문제와 이론문제를 각각 풀어 보겠습니다.

| 실무기출 확인문제 | | 전산세무 2급, 117회 |

6월 20일, 전기에 대손 처리한 ㈜대관령에 대한 외상매출금 1,650,000원(부가가치세 포함)이 회수되어 보통예금에 입금되었다. 단, 당시 대손요건을 충족하여 대손세액공제를 받았음.

[정답 및 풀이] 일반전표 입력

| 6. 20 | (차) 보통예금 | 1,650,000 | (대) 대손충당금(외상매출금) | 1,500,000 |
| | | | 부가세예수금 | 150,000 |

| 이론기출 확인문제 | | 전산세무 2급, 94회 |

다음은 ㈜세계산업의 대손충당금과 관련된 내용이다. 거래내용을 확인한 후 당기대손충당금으로 설정한 금액은 얼마인가?

> 가. 기초 매출채권 잔액은 500,000원이고 대손충당금 잔액은 50,000원이다.
> 나. 당기 외상매출금 중에 20,000원이 대손확정되었다.
> 다. 전기 대손처리한 매출채권 중 30,000원이 회수되었다.
> 라. 당기말 대손충당금 잔액은 100,000원이다.

① 20,000원　　　② 30,000원　　　③ 40,000원　　　④ 50,000원

[정답 및 풀이] 정답 ③

당기말 대손충당금(100,000원) = 기초 대손충당금(50,000원) + 당기 추가 설정액(x) − 당기 대손확정액(20,000원) + 전기 대손처리 금액 중 회수액(30,000원)

⇒ 당기 추가 설정액(x) = 40,000원, 이를 t계정에 표시하면 다음과 같습니다.

대손충당금

1.1 기 초	50,000	당기 대손발생	20,000
대손 회수	30,000		
추가 설정	40,000	12. 31 기 말	100,000
합 계	120,000	합 계	120,000

5 유가증권 [필수]

유가증권에는 지분증권(주식)과 채무증권(채권)이 있는데 전산회계 1급과 내용은 비슷하되 지분법적용투자주식, 유가증권의 손상차손이 추가되며 유가증권의 처분손익 계산까지 할 수 있어야 합니다.

1 유가증권의 분류

분　류		내용	구분
단기매매 증권	당좌자산 (유동자산)	회계기간 말 기준 1년 이내 처분 예정인 단기시세차익 목적으로 취득한 시장성 있는 주식, 채권. 단, 시장성이 없어지면 매도가능증권으로 재분류해야 함.	주식, 채권
만기보유 증권	투자자산 (비유동 자산)	만기까지 보유하려고 취득한 채권	채 권
매도가능 증권		단기매매증권, 만기보유증권, 지분법적용 투자주식이 아닌 것으로 회계기간 말 기준 1년 이후 처분 목적인 주식·채권	주식, 채권
지분법적용 투자주식		피투자기업의 주식 20% 이상을 취득하는 등 유의적인 영향력을 갖으면 이를 지분법 적용 투자주식으로 분류	주 식

※ 만기보유증권 : 채무증권으로만 분류됨.

핵심체크

유가증권 종류★★★
· 단기매매증권: 1년 이내 처분 목적 주식, 채권(당좌자산)
· 만기보유증권: 만기까지 보유 목적 채권(투자자산)
· 매도가능증권: 1년 이후 처분 목적 주식, 채권(투자자산)
· 지분법적용투자주식: 지분율 20% 이상 투자한 주식(투자자산)

이론기출 확인문제　　　| 전산세무 2급, 117회 |

다음 중 채무증권으로만 분류되는 유가증권은 무엇인가?

① 단기매매증권　　② 매도가능증권　　③ 만기보유증권　　④ 지분법적용투자주식

정답 및 풀이 ③

채무증권만이 만기가 있음.

2 단기매매증권 VS 만기보유증권

항목	단기매매증권	매도가능증권
취득가액	매입가액 (수수료비용을 영업외비용 처리)	매입가액 + 취득 부대비용 (수수료비용을 취득원가에 가산)
평가손익	영업외손익의 단기매매증권평가손익	기타포괄손익누계의 매도가능증권평가손익
처분손익	처분가액 − 장부가액 (영업외손익의 단기매매증권처분손익)	처분가액 − 취득가액 (영업외손익의 매도가능증권처분손익)
	매도가능증권 처분 시 매도가능증권평가손익(기타포괄손익)을 먼저 상계처리하므로 처분손익은 결국 (처분가액 − 취득가액)으로 계산됨.	
배당금 수령	영업외수익의 배당금수익 (단, 현금이 아닌 주식을 배당 받는 경우 회계처리 하지 않고 수량, 단가만 조정. 자세한 내용은 자본에서 설명)	

실무기출 확인문제 | 전산세무 2급, 120회 |

3월 30일, 당사는 ㈜엘에스의 상장주식 500주를 단기간 내의 매매차익을 목적으로 주당 40,000원에 매입하고, 대금 수수료 20,000원을 포함하여 법인 보통예금 계좌에서 전액 지급하였다.

[정답 및 풀이] 일반전표 입력

3. 30	(차) 단기매매증권	20,000,000	(대) 보통예금	20,020,000
	수수료비용(영업외비용)	20,000		

이론기출 확인문제 | 전산세무 2급, 107회 |

아래의 자료를 이용하여 20x3년 매도가능증권처분손익을 구하면 얼마인가?

- 20x2년 03월 01일 : 매도가능증권 1,000주를 주당 7,000원에 취득하였다.
- 20x2년 12월 31일 : 매도가능증권 1,000주에 대하여 기말 공정가치로 평가하고, 매도가능증권평가이익 2,000,000원을 인식하였다.
- 20x3년 03월 01일 : 매도가능증권 100주를 주당 6,000원에 처분하였다.
- 위 거래 이외에 매도가능증권 관련 다른 거래는 없었다.

① 매도가능증권처분이익 100,000원　　② 매도가능증권처분손실 100,000원
③ 매도가능증권처분이익 200,000원　　④ 매도가능증권처분손실 200,000원

20x2.12.31. 평가이익은 기타포괄손익으로 처리되었다가 처분 시 다시 상계처리 하므로 매도가능증권처분손실은 아래와 같이 (처분가액 − 취득가액)으로 계산됨.

- 처분금액 : 100주 × 6,000원 = 600,000원
- 취득원가 : 100주 × 7,000원 = 700,000
- 처분손실 : 600,000 − 700,000 = 100,000원
- 회계처리 요약
  - 20x2.03.01. : (차) 매도가능증권   7,000,000   (대) 현금 등   7,000,000
  - 20x2.12.31. : (차) 매도가능증권   2,000,000   (대) 매도가능증권평가이익   2,000,000
    (기타포괄)
  - 20x3.03.01. : (차) 현금 등   600,000   (대) 매도가능증권   900,000
    매도가능증권평가이익   200,000
    매도가능증권처분손실   100,000

(1) 단기매매증권 평가이익 발생 시 재무제표 변화

재무상태표		손익계산서
		⋮
단기매매증권 ×××⇑		영업외수익
		단기매매증권평가이익 ×××⇑
⋮		⋮

(2) 매도가능증권 평가이익 발생 시 재무제표 변화

재무상태표		손익계산서
⋮		
매도가능증권 ×××⇑		변동 없음
⋮	기타포괄손익누계	
	매도가능증권평가이익 ×××⇑	

3 만기보유증권

만기가 있는 채권으로 만기까지 보유하려고 취득한 것을 만기보유증권으로 분류하는데 취득 시 발생한 수수료는 취득원가에 가산하며, 만기보유증권은 회계기간 말에 공정가치로 평가하지 않고 상각후원가로 평가하여 재무제표에 표시합니다.

상각후원가의 측정할 때에는 장부금액과 만기액면금액의 차이를 상환기간에 걸쳐 유효이자율법에 의하여 상각하여 취득원가와 이자수익에 가감하는데 자세한 내용은 사채 파트에서 자세히 설명하겠습니다.

이론기출 확인문제 | 전산세무 2급, 121회 |

다음 중 유가증권에 대한 설명으로 옳지 않은 것은?

① 단기매매증권은 주로 단기간 내 매매차익을 목적으로 취득한 유가증권을 의미한다.

② 단기매매증권, 매도가능증권, 만기보유증권은 모두 공정가치로 평가한다.

③ 유가증권은 증권의 종류에 따라 지분증권과 채무증권으로 분류할 수 있다.

④ 단기매매증권과 매도가능증권은 지분증권으로 분류할 수 있으나 만기보유증권은 지분증권으로 분류할 수 없다.

---

4 지분법적용 투자주식

피투자기업에 대하여 유의적인 영향력이 있는 경우 이를 지분법적용 투자주식으로 분류하여야 하는데 유의적인 영향력이란 다음과 같은 경우를 말합니다.

(1) 유의적인 영향력 : 피투자기업의 재무정책과 영업정책에 관한 의사결정에 참여 가능

- 투자기업이 직접 또는 종속기업을 통하여 간접적으로 피투자기업의 의결권 있는 주식의 20% 이상 보유
- 피투자기업의 이사회 또는 이에 준하는 의사결정기구에서 의결권을 행사할 수 있는 경우
- 피투자기업의 재무정책과 영업정책에 관한 의사결정과정에 참여할 수 있는 경우
- 피투자기업의 재무정책과 영업정책에 관한 의사결정과정에 참여할 수 있는 임원선임에 상당한 영향력을 행사할 수 있는 경우
- 피투자기업의 유의적인 거래가 주로 투자기업과 이루어지는 경우

※ 지분율이 50%를 초과할 경우에는 지분법 회계처리 뿐 아니라 연결재무제표까지 작성해야 함.

(2) 지분법 회계처리 어려우면 Pass

지분법적용 투자주식에 대해서는 단기매매증권, 매도가능증권과 달리 지분법을 적용하여 회계 처리해야 하는데, 지분법 회계처리는 전산세무 2급 범위를 넘어서니 개념만 대략 익히고 과감히 패스해도 합격에 전혀 지장이 없습니다.

지분법의 핵심은 지배기업은 취득 시 취득가액을 원가로 인식하고 취득시점 이후 발생한 지분 변동액을 지분법적용 투자주식에 가감하여 보고하는 것입니다. 즉, 회계기간 말에 피투자기업의 순자산 변동액(통상 당기순이익) 중 투자기업의 지분율에 해당하는 금액을 지분법적용 투자주식에 가산해야 합니다. 간단한 사례를 통해 지분법 회계처리를 알아보겠습니다.

지분법 사례 문제

- 20x1년 01월 01일 : ㈜명지는 ㈜대한의 주식 25%를 5,000,000원에 취득하고 현금 지급하였다.
- 20x1년 12월 31일 : ㈜대한의 당기순이익은 10,000,000원이다.
- 20x2년 03월 25일 : ㈜대한은 배당금 5,000,000원 지급을 결의하고 현금 지급하였다.

[정답 및 풀이]

- 20x1년 01월 01일 : (차) 지분법적용 투자주식 5,000,000   (대) 현   금   5,000,000
- 20x1년 12월 31일 : (차) 지분법적용 투자주식 2,500,000   (대) 지분법 이익 2,500,000
  ※ 총 당기순이익 중 지분율 만큼 인식 : 10,000,000 × 25% = 2,500,000
- 20x2년 03월 25일 : (차) 현   금 1,250,000   (대) 지분법적용 투자주식 1,250,000
  ※ 총 배당금 중 지분율 만큼 투자의 회수로 인식 : 5,000,000 × 25% = 1,250,000

5 손상차손의 인식 : 회수가능액 – 장부가액

만기보유증권의 상각후원가 또는 매도가능증권의 취득원가가 그 회수가능액 보다 작은 경우에는 매 회계기간 종료일 마다 평가하여 이를 투자증권(투자자산) 손상차손으로 인식하고 영업외비용으로 처리하여야 합니다. (단, 단기매매증권은 매 회계기간 종료일마다 공정가치로 평가하므로 손상차손을 인식하지 않음.)
지분법적용 투자주식 또한 그 회수가능액이 장부금액 보다 작은 경우에는 이를 손상차손으로 인식해야 하며 손상차손 발생 후 그 가액이 다시 회복되는 경우에는 이를 영업외수익으로 인식하여야 합니다.

핵심체크

유가증권 손상차손
만기보유증권, 매도가능증권, 지분법적용투자주식이 회수가능액 보다 작을 경우 투자증권(투자자산)손상차손(영업외비용) 처리

6 선급비용 필수

선급비용이란 미리 낸 비용 중 아직 비용화가 되지 않은 부분을 회사의 자산으로 처리하는 것을 말합니다. 전산회계 1급과 거의 비슷한 수준으로 출제되는데 기출문제로 확인해 보겠습니다.

핵심체크

선급비용★★★
미리 낸 비용 중 아직 비용화가 되지 않아 돌려 받을 수 있는 자산 예 선급보험료

실무기출 확인문제 | 전산세무 2급, 120회 |

영업부서에서 사용하는 본사 사옥에 대한 건물화재보험료 전액을 납부일에 즉시 비용으로 처리하였다. 결산일(12.31)에 필요한 회계처리를 하시오. (보험료는 월할 계산할 것.)

구분	보장기간	납부일	납부액
영업부 본사 사옥 화재보험료	20x5.08.01. ~ 20x6.07.31.	20x5.08.01.	1,800,000원

[정답 및 풀이] 일반전표 입력

12.31	(차) 선급비용(당좌자산)	1,050,000	(대) 보험료(판매관리비)	1,050,000

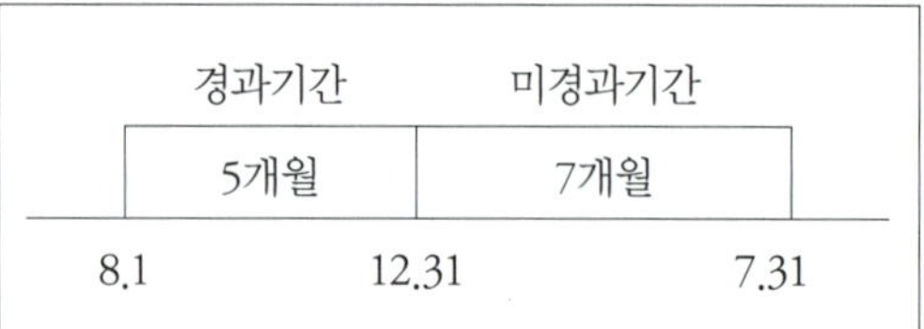

- 최초 보험료(판매관리비) 처리금액 : 1,800,000원
- 미경과 보험료 : 1,800,000×(7개월/12개월) = 1,050,000원

7 미수수익 필수

미수수익이란 발생한 수익 중 아직 받지 못한 부분으로 회사의 자산으로 처리하는 것을 말합니다. 전산회계 1급과 거의 비슷한 수준으로 출제되는데 기출문제로 확인해 보겠습니다.

실무기출 확인문제 | 전산세무 2급, 121회 |

아래의 자료를 이용하여 정기예금의 당기분 경과이자에 대한 기말결산 회계처리를 하시오. (단, 월할 계산할 것.)

- 정기예금액 : 120,000,000원
- 연이자율 : 4.2%
- 예금가입기간 : 20x5.12.01. ~ 20x6.11.30.
- 이자는 만기일(20x6.11.30.)에 일시 수령한다.

[정답 및 풀이] 일반전표 입력

12.31	(차) 미수수익(유동자산)	420,000	(대) 이자수익(영업외수익)	420,000

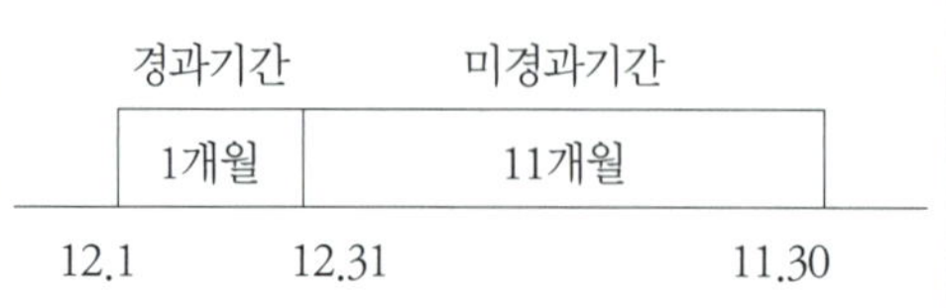

당해 연도 발생한 이자
: 120,000,000원 × 4.2% × (1개월/12개월) = 420,000원

[현금및현금성자산]

난이도 ★

01 다음 중 현금 및 현금성자산에 포함되지 않는 것은? [2025년, 118회]

① 자기앞수표
② 배당금지급통지서
③ 직원가불금
④ 취득 당시 만기일이 3개월 이내인 환매 조건부 채권

난이도 ★★

02 다음 중 일반기업회계기준에 따라 현금 및 현금성자산으로 분류되지 않는 것은? 필수 [2016년, 66회]

① 사용제한기간이 1년 이내인 보통예금
② 환매채(3개월 이내의 환매조건)
③ 취득 당시 상환일까지의 기간이 3개월 이내인 상환우선주
④ 취득 당시 만기가 3개월 이내에 도래하는 채권

[매출채권 · 대손회계]

난이도 ★★

03 (주)세무는 (주)회계로부터 받은 어음(액면가액 10,000,000원)을 9,500,000원에 할인 받고자 한다. 다음의 설명 중 틀린 것은?(단, 단기차입금과 장기차입금을 구분하지 않고 차입금으로 인식한다고 가정) 필수 [2014년, 61회]

① 해당 거래가 매각거래로 분류될 경우 매출채권처분손실을 인식할 것이다.
② 해당 거래가 차입거래로 분류될 경우 이자비용을 인식할 것이다.
③ 해당 거래가 차입거래로 분류될 경우 차입금 계정은 10,000,000원 증가할 것이다.
④ 해당 거래가 매각거래로 분류될 경우 받을어음 계정은 변동이 없을 것이다.

난이도 ★★

04 다음 중 대손금 회계처리에 대한 설명으로 틀린 것은? 필수 [2020년, 91회]

① 모든 채권에서 발생된 대손처리 비용은 판매비와 관리비로 처리한다.
② 매출채권잔액기준법에 의한 대손예상금액은 기말 매출채권 잔액에 대손추정률을 곱하여 산정한다.
③ 전기에 대손된 채권을 회수하는 경우에는 대손충당금을 회복시킨다.
④ 대손발생시 대손충당금 잔액이 있으면 먼저 대손충당금과 상계한다.

05

다음 중 받을어음의 대손충당금을 과대 설정하였을 경우 재무제표에 미치는 영향으로 올바른 것은? [2025년, 113회]

① 자산의 과소계상　　　　　　　　　　② 비용의 과소계상

③ 당기순이익 과대계상　　　　　　　　④ 이익잉여금의 과대계상

06

아래 자료에 의하여 손익계산서에 계상할 대손상각비를 계산하면 얼마인가? 필수　　　　　　　[2017년, 72회]

> • 기초 대손충당금 잔액 : 500,000원　• 7월 15일에 매출채권 회수불능으로 대손처리액 : 700,000원
> • 9월 30일에 당기 이전에 대손 처리된 매출채권 현금 회수액 : 1,000,000원
> • 기말 매출채권 잔액 : 100,000,000원　• 대손충당금은 기말 매출채권 잔액의 2%로 한다. (보충법)

① 1,200,000원　　　　　　　　　　　② 1,000,000원

③ 700,000원　　　　　　　　　　　　④ 500,000원

[유가증권]

07

다음 중 유가증권에 대한 설명으로 옳지 않은 것은?　　　　　　　[2025년, 112회]

① 유가증권은 증권의 종류에 따라 지분증권과 채무증권으로 분류할 수 있다.

② 단기매매증권은 주로 단기간 내 매매차익을 목적으로 취득한 유가증권을 의미한다.

③ 지분증권은 단기매매증권과 매도가능증권으로 분류할 수 있으나, 만기보유증권으로 분류할 수 없다.

④ 보고기간 종료일로부터 1년 이내 만기가 도래하는 만기보유증권의 경우 단기매매증권으로 변경하여 유동자산으로 재분류하여야 한다.

08

다음 중 일반기업회계기준상 유가증권에 대한 설명으로 틀린 것은? 필수　　　　　　　[2022년, 101회]

① 매도가능증권의 취득 시점에 제공한 대가 외의 매입수수료, 이전비용은 수수료로 처리한다.

② 단기매매증권이나 만기보유증권으로 분류되지 않는 유가증권은 매도가능증권으로 분류한다.

③ 매도가능증권을 공정가치로 평가함으로 인해 발생하는 평가손실은 당기손익에 영향을 미치지 않는다.

④ 만기보유증권은 보고기간종료일로부터 1년 내에 만기가 도래하는 경우 유동자산으로 분류할 수 있다.

09 ㈜우연의 단기매매목적으로 취득한 유가증권의 취득 및 처분 내역은 다음과 같다. ㈜우연의 손익계산서에 보고될 유가증권의 평가손익은 얼마인가?(㈜우연의 결산일은 12월 31일이며, 시가를 공정가액으로 본다.) **필수**

[2019년, 87회]

- 02. 15 : 1주당 액면금액이 4,000원인 ㈜필연의 주식 20주를 주당 150,000원에 취득함
- 10. 20 : ㈜필연 주식 중 6주를 220,000원에 처분함
- 12. 31 : ㈜필연의 주식의 시가는 주당 130,000원이었음

① 평가이익 80,000원 　　　　　　　　② 평가이익 420,000원
③ 평가손실 280,000원 　　　　　　　　④ 평가손실 120,000원

10 아래의 자료는 시장성 있는 유가증권에 관련된 내용이다. 이에 대한 설명으로 옳은 것은? [2023년, 109회]

- 20x2년 08월 05일 : A회사 주식 500주를 주당 4,000원에 매입하였다.
- 20x2년 12월 31일 : A회사 주식의 공정가치는 주당 5,000원이다.
- 20x3년 04월 30일 : A회사 주식 전부를 주당 6,000원에 처분하였다.

① 단기매매증권으로 분류할 경우 매도가능증권으로 분류하였을 때보다 20x2년 당기순이익은 감소한다.
② 단기매매증권으로 분류할 경우 매도가능증권으로 분류하였을 때보다 20x2년 기말 자산이 더 크다.
③ 매도가능증권으로 분류할 경우 처분 시 매도가능증권처분이익은 500,000원이다.
④ 매도가능증권으로 분류할 경우 단기매매증권으로 분류하였을 때보다 20x3년 당기순이익은 증가한다.

[기타 당좌자산]

11 다음의 회계상 거래가 20x3년 재무제표에 미치는 영향으로 옳지 않은 것은? **필수** [2023년, 112회]

영업부의 업무용 차량에 대한 보험료(보험기간 : 20x3.07.01.~20x4.06.30.)를 20x3년 7월 1일에 지급하고 전부 비용으로 회계 처리하였다. 20x3년 12월 31일 결산일 현재 별도의 회계처리를 하지 않았다.

① 자산 과대 　　　　　　　　② 비용 과대
③ 당기순이익 과소 　　　　　　　　④ 부채 영향 없음

[매출채권·대손회계]

01 난이도 ★★

01월 31일, 제품 판매대금으로 수령한 약속어음을 하나은행에 할인하고, 할인수수료 85,000원을 차감한 잔액이 보통예금 계좌로 입금되었다. (단, 매각거래로 회계처리 할 것.)　　　　[2024년, 114회]

전 자 어 음

㈜ 효원상회 귀하

금　일천만원정　　　　　　　　10,000,000원

위의 금액을 귀하 또는 귀하의 지시인에게 지급하겠습니다.

지급기일 20x6 03월 31일	**발행일** 20x5년 12월 31일
지 급 지 국민은행	**발행지**
지급장소 신중동역 종합금융센터	**주　소** 경기도 부천시 길주로 284, 805호
	발행인 무인상사㈜

02 난이도 ★★

08월 28일, 제품을 매출하고 ㈜한성사업으로부터 수취한 어음 1,000,000원이 부도처리 되었다는 것을 거래처 주거래은행으로부터 통보받았다.　　　　[2016년, 69회]

03 난이도 ★★

04월 21일, 외상매출금으로 계상한 해외 매출처인 CTEK의 외화 외상매출금 $23,000 전액을 회수와 동시에 즉시 원화로 환가하여 보통예금 계좌에 입금하였다. 환율은 다음과 같다. **필수**　　　　[2023년, 107회]

- 01월 03일 선적일(외상매출금 인식 시점) 적용 환율 : 1,280원/$
- 04월 21일 환가일(외상매출금 입금 시점) 적용 환율 : 1,220원/$

04 난이도 ★★

03월 25일, 거래처인 ㈜동방불패의 파산으로 외상매출금 13,000,000원의 회수가 불가능해짐에 따라 대손 처리하였다(대손 발생일 직전 외상매출금에 대한 대손충당금 잔액은 4,000,000원이었으며, 부가가치세법상 대손세액 공제는 고려하지 않는다). **필수**　　　　[2023년, 109회]

05 난이도 ★★
08월 20일, 전기에 회수불능으로 대손 처리한 외상매출금 2,750,000원(부가가치세 포함)을 회수하여 보통예금 계좌로 입금되었다. 필수 　　　　　　　　　　　　　　　　　　　　　　　　　　　　　　[2025년, 111회]
(단, 당시 대손 요건을 충족하여 대손세액공제를 받았으며, 하나의 전표로 처리할 것.)

[유가증권]

06 난이도 ★★
6월 12일, 단기매매증권으로 분류되는 ㈜단타의 주식 5,000주를 1주당 2,000원에 매입하였다. 매입수수료는 매입가액의 1%이고, 매입 관련 대금은 모두 보통예금 계좌에서 지급하였다. 필수 　　　　　　[2023년, 112회]

07 난이도 ★★
당기말 보유하고 있는 단기매매증권과 매도가능증권의 내역은 다음과 같다. 12.31자로 결산분개 하시오. 필수
[2017년, 72회 변형]

구 분	보유주식수	장부가액	주당 기말공정가치
단기매매증권	2,000주	5,000원	공정가액 : 22,000원
매도가능증권	9,000주	5,000원	공정가액 : 15,000원

(당기말 재무상태표 조회 결과 단기매매증권 53,000,000원, 매도가능증권 132,500,000원임.)

08 난이도 ★★★
8월 10일, 단기매매차익을 얻을 목적으로 전기에 취득하여 보유하고 있던 ㈜연흥의 주식(취득가액 500,000원)을 모두 1,000,000원에 처분하고 대금에서 거래수수료 등 제비용 50,000원을 차감한 잔액이 보통예금 계좌로 입금되었다. 필수 　　　　　　　　　　　　　　　　　　　　　　　　[2024년 113회]

09 난이도 ★★★
7월 1일, 장기투자목적으로 2024년 9월에 취득했던 매도가능증권(취득가액 18,000,000원, 2024년말 공정가액 22,000,000원, 2025년말 공정가액 21,000,000원)를 2026년 7월 1일에 20,000,000원에 매각처분하고 매각수수료 100,000원을 차감한 후 보통예금으로 받았다.(하나의 전표로 처리할 것) 　　　　　　[2020년, 94회 변형]

[기타 당좌자산]

10 난이도 ★★
1월 25일, ㈜죽암전자 장기대여금에 대한 이자 1,500,000원 중 원천징수세액 412,500원을 차감한 잔액 1,087,500원이 보통예금으로 입금되었다. 단, 원천징수세액은 자산으로 처리하시오. 필수   [2025년, 121회]

11 난이도 ★★
1월 20일, ㈜우리로부터 원재료 보관창고로 사용하기 위해 부동산임대차 계약을 하고 계약금 20,000,000원을 보통예금 계좌에서 이체하여 지급하였다.. 필수   [2025년 119회]

12 난이도 ★
1월 21일, 한길상사에 6,000,000원을 6개월 후 회수조건으로 대여하기로 하고 보통예금 계좌에서 이체하였다.   [2017년 74회]

13 난이도 ★★
6월 10일, 당사는 ㈜보영에게 대여한 단기대여금 5,000,000원을 회수불능채권으로 보아 전액 대손 처리하였다. 대손충당금 잔액 조회금액은 3,000,000원 이며 보충법으로 회계처리 하여라. 필수   [2021년 95회]

14 난이도 ★★
8월 21일, 5월 21일에 3개월 후 상환조건으로 ㈜치료상사에 외화로 대여한 $8,000에 대하여 만기가 도래하여 회수한 후 원화로 환전하여 보통예금계좌에 입금되었다.(대여시 환율은 $1 당 1,200원, 회수시 환율은 1$당 1,100원이다) 필수   [2020년 94회]

15 난이도 ★★
9월 1일에, 영업부 차량보험에 가입하고 1년치 보험료 1,200,000원을 납부하였다. 보험료 납부 당시 회사는 전액 보험료로 회계처리 하였다. 12.31자로 결산분개 하시오. (단, 월할 계산할 것.) 필수   [2025년 116회]

16 난이도 ★★
아래의 자료를 이용하여 정기예금의 당기분 경과이자에 대한 기말결산 회계처리를 하시오(단, 월할 계산할 것). 필수   [2024년 113회]

> • 정기예금액 : 30,000,000원   • 예금가입기간 : 당해 연도 04.01 ~ 다음연도 03.31   • 연이자율 : 3.4%
> • 이자는 만기일(다음 연도 03.31.)에 일시 수령한다.

[기출문제 - 이론]

01 ③ 직원가불금은 현금성자산이 아닌 단기대여금임.

02 ① ① 사용제한기간 1년 이내인 보통예금은 단기금융상품으로 분류

03 ④ ④ 어음 할인 시 매각거래는 매출채권처분손실 인식하고 받을어음 제거하므로 매각거래 처리하면 받을어음이 줄어듦.

04 ① ① 매출채권에서 발생한 대손처리 비용은 판매관리비(대손상각비), 상거래 이외(선급금 등)에서 발생한 대손처리 비용은 영업외비용(기타의대손상각비) 처리.

05 ① 대손충당금 과대 설정(매출채권에서 과대 차감해 자산 과소 계상) ⇒ 대손상각비 과대 계상 ⇒ 당기순이익 과소 계상 ⇒ 이익잉여금 과소 계상

06 ① • 7.15 대손상각비 인식 : 200,000원[대손액(700,000원) − 대손충당금잔액(200,000원)]
- 9.30 대손충당금 부활 : 1,000,000원
- 12.31 대손충당금 추가 설정 : 필요액(1억 원 × 2% = 2,000,000원) − 잔액(1,000,000원) = 1,000,000원
- 총 대손상각비 : 7.15(200,000원) + 12.31(1,000,000원) = 1,200,000원

07 ④ ④ 1년 이내 만기가 도래하는 만기보유증권은 유동자산으로 분류하되 만기보유증권 계정과목을 그대로 사용함.

08 ① ① 매도가능증권의 취득비용은 취득원가에 가산함. ③ 매도가능증권평가손실은 기타포괄손익으로 처리하므로 당기순이익은 변함이 없음.

09 ③ 결산일 현재 미처분 주식수 14주(20주 − 6주) 보유. 주당 가격이 150,000원 ⇒ 130,000원으로 하락. 평가손실 14주 × (130,000원 − 150,000원) = 280,000원 발생.

10 ④ • 20x2년 평가: 1주당 4,000원 → 5,000원으로 가격 상승하여 평가이익 발생. ⇒ 단기매매증권 분류 시 영업외수익(단기매매증권평가이익) 처리, 매도가능증권 분류 시 자본 중 기타포괄손익누계 처리. 단기매매증권으로 분류하면 매도가능증권으로 분류할 때 보다 ① 당기순이익이 증가하며, ② 기말자산은 동일함.
- 20x3년 처분 이익 : 매도가능증권으로 분류하는 것이 단기매매증권으로 분류할 때보다 처분이익이 500,000원(1,000,000원 − 500,000원) 더 큼.
  - 단기매매증권일 경우 : 500주 × (6,000원 − 5,000원) = 500,000원
  - 매도가능증권일 경우 : 500주 × (6,000원 − 4,000원) = 1,000,000원

11 ① 20x4년에 해당하는 6개월 치 보험료를 전액 비용처리 : 비용 과대, 당기순이익 과소, 선급비용(자산) 과소 계상됨.

[기출문제 - 실무]

01 일반전표 입력

12.31	(차) 보통예금 매출채권처분손실(영업외비용)	9,915,000 85,000	(대) 받을어음(무인상사(주))	10,000,000

02 일반전표 입력

8. 28.	(차) 부도어음과수표((주)한성사업)	1,000,000	(대) 받을어음((주)한성사업)	1,000,000

03 일반전표 입력

4. 21.	(차) 보통예금 외환차손(영업외비용)	28,060,000 1,380,000	(대) 외상매출금(CTEK)	29,440,000

- 외상매출금 잔액 : $23,000 × 1,280원 = 29,440,000원
- 외상매출금 회수액 : $23,000 × 1,220원 = 28,060,000원
- 미달 회수액(외환차손) : 29,440,000 − 28,060,000 = 1,380,000원

04 일반전표 입력

3. 25.	(차) 대손충당금(외상매출금) 대손상각비(판매관리비)	4,000,000 9,000,000	(대) 외상매출금((주)동방불패)	13,000,000

05 일반전표 입력

8. 20.	(차) 현　금	2,750,000	(대) 대손충당금(외상매출금) 부가세예수금	2,500,000 250,000

- 대손 처리할 때 없앴던 대손충당금 250만원 부활시키고 대손세액공제 받았던 부가가치세를 다시 납부해야 하므로 25만 원은 부가세예수금 처리

06 일반전표 입력

6. 12.	(차) 단기매매증권 수수료비용(영업외비용)	10,000,000 100,000	(대) 보통예금	10,100,000

- 수수료비용 : 5,000주 × 2,000원 × 1% = 100,000원, 단기매매증권 취득수수료는 영업외비용 처리

12. 31.	(차) 단기매매증권평가손실(영업외비용)	9,000,000	(대) 단기매매증권	9,000,000
	매도가능증권평가손실(기타포괄손익누계)	2,500,000	매도가능증권	2,500,000

- 단기매매증권 : 53,000,000원(재무상태표 조회액) − 44,000,000원(기말공정가치, 2,000주 × 22,000) = 9,000,000원(단기매매증권 평가손실), 영업외비용 처리
- 매도가능증권 : 132,500,000원(재무상태표 조회액) − 135,000,000원(기말공정가치, 9,000주 × 15,000) = 2,500,000원(매도가능증권 평가손실), 기타포괄손익 처리

08 일반전표 입력

8. 10.	(차) 보통예금	950,000	(대) 단기매매증권	500,000
			단기매매증권처분이익(영업외수익)	450,000

- 단기매매증권처분 처분수수료는 별도 비용 처리하는 것이 아니라 매각대금에서 곧장 차감하여 처분손익 계산함.
- 처분이익 : 1,000,000 − 500,000 − 50,000 = 450,000원

09 일반전표 입력

7. 1.	(차) 보통예금	19,900,000	(대) 매도가능증권	21,000,000
	매도가능증권평가이익	3,000,000	매도가능증권처분이익	1,900,000
	(기타포괄손익누계)		(영업외수익)	

- 2025년말 매도가능증권평가이익(기타포괄손익누계) : 21,000,000원(2025년 공정가액) − 18,000,000원(2024년 취득원가) = 3,000,000원
- 처분직전 매도가능증권 장부가액 : 21,000,000원
- 2026년 매도가능증권 처분이익 : 20,000,000(처분금액) − 18,000,000(취득금액) − 100,000(수수료) = 1,900,000원
- 매도가능증권평가이익(기타포괄손익누계)은 처분 시 먼저 상계처리 해야 하므로 처분이익에 영향을 미치지 않음.

10 일반전표 입력

1. 25.	(차) 보통예금	1,087,500	(대) 이자수익(영업외수익)	1,500,000
	선납세금(당좌자산)	412,500		

11 일반전표 입력

1. 20.	(차) 선급금((주)우리)	20,000,000	(대) 보통예금	20,000,000

12 일반전표 입력

| 1. 21. | (차) 단기대여금(한길상사) | 6,000,000 | (대) 보통예금 | 6,000,000 |

- 6개월 후 회수조건이므로 단기대여금 처리

13 일반전표 입력

| 6. 10. | (차) 대손충당금(단기대여금)
기타의대손상각비(영업외비용) | 3,000,000
2,000,000 | (대) 단기대여금(㈜보영) | 5,000,000 |

14 일반전표 입력

| 8. 21. | (차) 보통예금
외환차손(영업외비용) | 8,800,000
800,000 | (대) 단기대여금(㈜치료상사) | 9,600,000 |

- 단기대여금 잔액 : $8,000 × 1,200원 = 9,600,000원, 보통예금 입금액 : $8,000 × 1,100원 = 8,800,000원

15 일반전표 입력

| 12. 31. | (차) 선급비용(당좌자산) | 800,000 | (대) 보험료(판매관리비) | 800,000 |

- 미경과 보험료(8개월치, 선급비용) : 1,200,000원 × (8개월/12개월) = 800,000원

16 일반전표 입력

| 12. 31. | (차) 미수수익(당좌자산) | 765,000 | (대) 이자수익(영업외수익) | 765,000 |

- 당해 연도 이자발생액(미수이자) : 30,000,000원 × 3.4% × (9개월/12개월) = 765,000원

재고자산

학습내용
공부방향

• 재고자산 취득원가　• 재고자산 수량/단가 산정방법　• 기말재고 평가

1 ~ 2회 시험마다 1문제가 주로 이론문제로 출제되고 있음. 전산회계 1급에서 공부한 내용을 정리차원에서 공부하되 기말 재고자산평가 부분만 좀 더 깊게 공부하고 계산문제까지 풀 수 있어야 함.

1 재고자산 개요

재고자산은 정상적인 영업과정에서 판매를 위하여 보유하거나 생산과정에 있는 자산 및 생산 또는 서비스 제공과정에 투입될 원재료나 소모품의 형태로 존재하는 자산을 말합니다.

계정과목	내용	계정과목	내용
상 품	구입해 판매하는 물품	제 품	제조해 판매하는 물품
원 재 료	물건의 제조를 위해 구입하는 원료, 재료 등	미 착 품	주문한 상품, 원재료 중 결산일 현재 도착하지 않은 것
재 공 품	공정 중에 있어 완성되지 않은 재고. (재공품은 통상 반제품을 포함하는데 반제품은 현재 상태로 판매 가능한 재공품을 말함.)	매입할인	매입채무를 조기에 갚으면서 할인받은 금액으로 해당 상품, 원재료에서 차감됨.
		매입환출 및 에누리	매입한 상품, 원재료의 결함, 하자로 깎은 물건값으로 해당 상품, 원재료에서 차감됨.

정교수 콕콕

🔍 **참고**

재고자산 개념
재고자산은 반드시 판매 목적이어야 하므로 부동산임대업 회사가 보유중인 토지·건물은 투자자산, 본사·공장으로 사용 중인 토지·건물은 유형자산임.

이론기출 확인문제　　　　　　　| **전산세무 2급**, 118회 |

다음 중 일반기업회계기준상 유형자산이 아닌 것은?

① 사업용 건물을 신축하기 위하여 매입한 토지
② 부동산매매업자가 판매목적으로 매입한 건물
③ 부동산임대업자가 임대목적으로 소유하고 있는 토지와 건물
④ 제품 제조에 사용하기 위해서 취득한 기계장치

📋 **정답 및 풀이** ②

부동산 매매업자의 판매목적 건물은 재고자산임. ① ③ ④는 업무에 사용하는 유형자산임.

2 재고자산 취득원가 필수

재고자산 취득원가는 재고자산의 판매가능 상태가 되기까지 소요된 일체의 비용, 즉 본래 물

핵심체크

재고자산 취득원가★★★
매입가격 + 매입부대비용 −
매입할인 − 매입환출및에누리

참고

KcLep 입력
매입할인, 매입환출과에누리
가 원재료에 대한 것인지, 상품
에 대한 것인지 구별하여 입력
하여야 함.

정답 및 풀이 ③

생산에 투입되기 전에 발생한
보관비용은 취득원가에 가산
하지만 그 이후 보관비용은 당
기 비용 처리해야 함.

건값(매입가격 또는 제조원가)에 각종 운송비용, 수입 시 통관비용 등 매입부대비용을 포함시키고, 매입할인(외상대금 조기상환으로 인한 가격인하), 매입에누리(대량 구매, 하자 등으로 인한 가격인하), 매입환출(매입 반납)은 차감하여 계산합니다.

재고자산 취득원가	매입가격(제조원가) + 매입부대비용(매입운임, 하역료, 보험료, 통관수수료, 수입관세 등) − 매입할인 − 매입환출 − 매입에누리

여기서 두 가지 참고할 사항이 있습니다.

첫째, 주세, 개별소비세, 담배소비세 등의 소비세가 과세되는 물품은 일단 출고할 때 생산자가 세금을 1차로 부담했다가 나중에 소비자에게 판매될 때 구매자로부터 회수되는 일종의 대납금이므로 판매업자가 납부하는 주세 등은 재고자산의 취득원가에 포함되는 부대비용이 아닙니다.

둘째, 해외 수입 시 부담한 수입관세는 취득원가에 가산하지만, 만약 향후 이를 재수출하고 세관에 신고하면 최초 납부한 수입관세를 돌려주는데 이를 관세환급금이라고 합니다. 관세환급이 결정되면 이를 매출원가에서 차감하는 형식으로 표시합니다.

이론기출 확인문제	**전산세무 2급**, 54회

다음 중 재고자산 취득원가에 포함되지 않는 것은?

① 취득과정에서 정상적으로 발생한 하역료
② 제조과정에서 발생한 직접재료원가
③ 추가 생산단계에 투입하기 전에 보관이 필요한 경우 외의 보관비용
④ 수입과 관련한 수입관세

3 기말재고자산 금액 계산

기말재고자산은 다음과 같이 계산되며 그 중 단가 계산방법이 전산세무2급 시험에 주로 출제되고 있습니다.

핵심체크

재고자산 파악방법★★★
• 수량파악: 실지재고조사법,
계속기록법, 혼합법
• 단가계산: 개별법, 선입선출
법, 후입선출법, 평균법

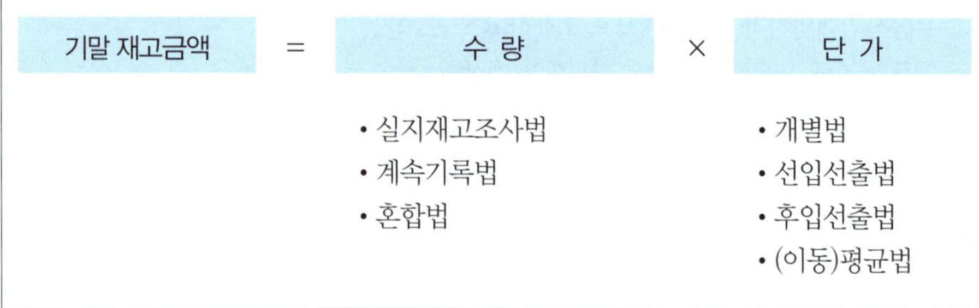

기말 재고금액	=	수 량	×	단 가
		• 실지재고조사법 • 계속기록법 • 혼합법		• 개별법 • 선입선출법 • 후입선출법 • (이동)평균법

1 재고자산 수량 파악방법 [필수]

구분	내용
실지재고 조사법	회계기간 말 또는 특정 시점에 주기적으로 직접 재고자산 수량을 세어보는 방법. 가장 정확한 방법이지만 직접 수량을 세어보기 전까지는 그 수량을 파악할 수 없고 도난당하거나 파손 등으로 없어진 재고자산을 정확히 파악할 수 없는 단점이 있음.
계 속 기 록 법	재고자산을 취득하고 판매할 때마다 장부에 수량을 기록해 장부상으로 수량을 파악하는 방법. 언제든 수량 파악이 가능하지만 실제 수량을 파악할 수 없는 단점이 있음.
혼 합 법	평소 계속기록법을 사용하다가 회계기간 말 또는 특정 시점에 주기적으로 실지재고조사법으로 실제 재고를 조사하는 방법

2 재고자산 단가 계산방법

구분		내용
개 별 법		재고자산을 구입할 때마다 가격을 파악해 각 재고자산에 꼬리표를 붙이는 방법. 이론적으로 가장 정확한 방법이지만 특수기계를 주문 생산하는 경우와 같이 제품별로 원가를 식별할 수 있는 때에 제한적으로 사용함.
선입선출법		'먼저 구입한 재고가 먼저 팔린다.'라는 가정 하에 계산하는 방법으로 실제 물류흐름과 일치하는 방법. 기말재고자산이 현행 원가로 표시되며 수익비용 대응이 부적절함.
후입선출법		'나중에 구입한 재고가 먼저 팔린다.'라는 가정 하에 방법으로 실제 물량 흐름과 불일치하는 방법. 기말재고자산이 과소평가 되며 수익비용 대응이 적절함.
가 중 평균법	총평균법	연간 또는 주기적으로 구입한 재고의 평균으로 기말재고자산 가격을 계산하는 방법으로 기말까지 기다려야 하는 것이 단점
	이동평균법	매입, 매출이 일어날 때 마다 평균단가를 계산하는 방법
	※ 주의 가중평균법 적용 시 수량에 계속기록법을 적용하면 결국 이동평균법이 되는 것이며, 수량에 실지재고조사법을 적용하면 총평균법이 되는 것임.	

🎯 핵심체크

물가상승 시 비교★★★
- 기말재고: 선입선출법〉평균법〉후입선출법
- 매출원가: 후입선출법〉평균법〉선입선출법

🔍 참고

방법 선택
성격, 용도가 유사한 재고자산에는 동일한 단위원가 결정방법을 적용하여야 하며, 성격, 용도의 차이가 있는 재고자산에는 서로 다른 단위원가 결정방법을 적용할 수 있음.

다음 사례문제를 통해 선입선출법, 후입선출법, 총평균법, 이동평균법을 비교 계산해보겠습니다.

사례문제

다음 자료를 이용하여 선입선출법, 후입선출법, 총평균법, 이동평균법에 의한 매출원가와 기말재고금액을 계산하시오.

일 자	적 요	수 량	단 가	일 자	적 요	수 량	단 가
1월 1일	전기이월	200	1,000원	7월 10일	매 출	300	1,400원
1월 5일	매 입	200	1,100원	11월 3일	매 입	200	1,200원

(1) 선입선출법

선입선출법은 먼저 구입한 것이 먼저 판매된다는 가정이므로 7월 10일 매출 300개는 1.1 전기이월 200개, 1월 5일 매입 100개가 판매된 것이고, 기말재고는 1월 5일 매입 100개, 11월 3일 매입 200개가 남은 것입니다.

기초 재고 및 매입	매출원가(300개 판매)	기말재고
01.01 200개(개당 1,000원) ⇒	07.10 200개(개당 1,000원) ⇒	−
+	+	+
01.05 200개(개당 1,100원) ⇒	07.10 100개(개당 1,100원) ⇒	100개(개당 1,100원)
+	+	+
11.03 200개(개당 1,200원) ⇒	−	⇒ 200개(개당 1,200원)
660,000원	310,000원	350,000원

(2) 후입선출법

후입선출법은 나중에 구입한 것이 먼저 판매된다는 가정이므로 7월 10일 매출 300개는 1.5 200개, 전기이월 100개가 판매된 것이고, 기말재고는 11월 3일 매입 200개, 1월 1일 매입 100개가 남은 것입니다.

기초 재고 및 매입	매출원가(300개 판매)	기말재고
01.01 200개(개당 1,000원) ⇒	07.10 100개(개당 1,000원) ⇒	100개(개당 1,000원)
+	+	+
01.05 200개(개당 1,100원) ⇒	07.10 200개(개당 1,100원) ⇒	−
+	+	+
11.03 200개(개당 1,200원) ⇒	−	⇒ 200개(개당 1,200원)
660,000원	320,000원	340,000원

(3) 총평균법

구분	계산 내역	금 액
평 균 단 가	(200개 × 1,000원 + 200개 × 1,100원 + 200개 × 1,200원) ÷ 600개	1,100원/1개
매 출 원 가	300개 × 1,100원	330,000원
기 말 재 고	300개 × 1,100원	330,000원
합 계		660,000원

평균법은 연간 전체 평균으로 재고자산 단가를 계산하기 때문에 평균단가는 1개당 1,100원[200개 × 1,000원 + 200개 × 1,100원 + 200개 × 1,200원)/600개]이며 매출원가는 330,000원(300개 × 평균단가 1,100원), 기말재고액은 330,000원(300개 × 평균단가 1,100원)입니다.

(4) 이동평균법 _{어려우면 Pass}

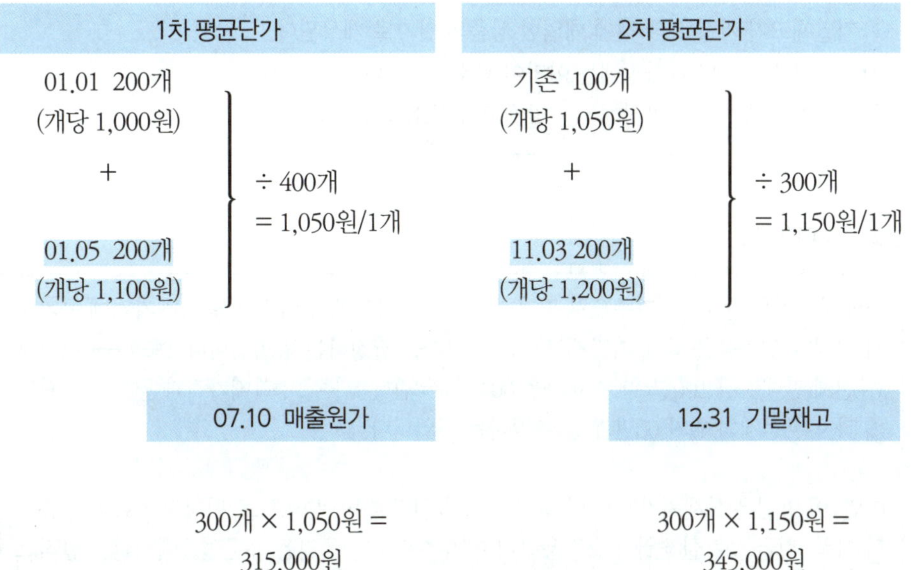

이동평균법은 재고자산을 구입할 때 마다 매번 평균단가를 계산합니다. 사례 문제는 1차로 총 400개(01.01 200개 + 01.05 200개) 단가를 계산하고 2차로 총 300개(기존 100개 + 11.03 200개) 단가를 계산합니다.

(5) 단가계산방법과 매출원가의 관계

재고자산 총매입액은 1월 1일 전기이월 200,000원(200개 × 1,000원), 1월 5일 매입액 220,000원(200개 × 1,100원), 11월 3일 매입액 240,000원(200개 × 1,200원)을 합치면 판매가능액은 총 660,000원입니다. 이 금액을 방법별로 기말재고자산과 매출원가로 분배하면 다음과 같습니다. 표에서 보듯이 총합계는 동일하되 기말재고자산과 매출원가로 분배되는 금액만 차이가 날 뿐입니다.

🔍 참고

총평균법 단가
총매입금액 ÷ 총수량

구분	총매입	총배분액		
		기말재고자산	매출원가	합 계
선입선출법	660,000원	350,000원	310,000원	660,000원
후입선출법	660,000원	340,000원	320,000원	660,000원
총평균법	660,000원	330,000원	330,000원	660,000원
이동평균법	660,000원	345,000원	315,000원	660,000원

- 기말재고 : 후입선출법(340,000원) 〈 이동평균법(345,000원) 〈 선입선출법(350,000원)
- 매출원가 : 선입선출법(310,000원) 〈 이동평균법(315,000원) 〈 후입선출법(320,000원)

이론기출 확인문제　　　　| **전산세무 2급**, 114회 |

재고자산의 단가결정방법 중 후입선출법에 대한 설명으로 바르지 않은 것은?

① 실제 물량흐름과 원가흐름이 대체로 일치한다.
② 기말재고가 가장 오래 전에 매입한 상품의 단가로 계상된다.
③ 물가가 상승한다는 가정에는 이익이 과소계상된다.
④ 물가가 상승한다는 가정에는 기말재고가 과소평가된다.

정답 및 풀이 ①

① 실제 물량흐름은 먼저 구입·제조한 한 것이 먼저 판매함. 즉, 실제 물량흐름과 원가흐름이 일치하는 것은 선입선출법임. ② 후입선출법은 나중에 구입한 것이 먼저 팔리므로 기말재고는 예전에 구입한 것임. ③ ④ 물가 상승 시 비싸게 나중에 구입한 것이 먼저 팔리면 매출원가 과대계상(당기순이익 과소계상), 기말재고 과소 계상됨.

[참고] 소매재고법

> 소매재고법은 판매가격기준으로 평가한 기말재고금액에 구입원가 및 판매가격에 근거하여 산정한 원가율을 곱해 기말재고자산의 원가를 결정하는 방법입니다. 예를 들어 (과자류 전체 판매가격 100만 원 × 원가율 60% = 60만 원)과 같이 판매가격과 원가율만 관리해 과자류 전체의 원가 60만 원을 추정하는 것입니다.
>
> 다만, 이 방법은 실제원가가 아닌 추정에 의한 원가결정방법이므로 원칙적으로 많은 종류의 상품 취급으로 실제원가를 적용하기 어려운 슈퍼마켓 같은 유통업종에서만 제한적으로 쓸 수 있으며 적용 시 이익률이 유사한 동질적인 상품군별로 적용해야 합니다.

4 특수 형태의 재고자산 구입

회사 판매목적 재고자산은 모두 회사 창고에 쌓여 있을 것으로 생각할 수 있지만 다음과 같은 특수한 경우가 있습니다. 전산세무 2급 시험에 자주 출제되니 암기하지 말고 이해를 바탕으로 기억해야 합니다.

핵심체크

특수형태 기말재고 포함 여부
★★★
시용품(포함), 위탁품(포함), 할부판매(불포함), 선적지 인도조건 매입(포함), 도착지 인도조건 매입(불포함), 저당상품(포함), 반품률 높은 상품(반품률 추정 가능: 불포함, 반품률 추정 불가능: 포함)

구분		내용	기말재고 포함 여부
구입의사 표시 안된 시송품(시용품)		시용품이란 고객이 시험 삼아 사용 중인 재고로 고객의 구입 의사표시 전까지는 판매 회사 소유임.	포 함
수탁자 보관 중 적송품(위탁품)		위탁품이란 타인에게 물건의 판매를 부탁한 것으로 위탁받은 자가 판매하기 전까지는 판매 회사 소유임.	포 함
할부판매상품		1년 이상 장기간 대금을 받더라도 재고 인도시점에 고객 소유가 되므로 판매회사 소유 아님.	불포함
운송 중 미착상품	선적지 인도조건 매입	선적과 동시에 소유권이 구매자에게 넘겨지는 조건	포 함
	도착지 인도조건 매입	구매자에게 도착해야 소유권이 구매자에게 넘겨지는 조건	불포함
저당상품		금융기관 차입 시 담보로 제공한 저당상품은 단순히 저당만 잡힌 상태이므로 담보제공자의 재고자산에 포함해야 함.	포 함
반품률 높은 상품	반품률 추정 가능	판매된 것으로 보아 재고자산에서 제외	불포함
	반품률 추정 불가능	구매자 인수 수락 시 또는 반품기간 종료 시 재고자산에서 제외	포 함

※ 저당상품(금융기관 차입 시 담보로 제공한 저당상품은 단순히 저당만 잡힌 상태이므로 담보제공자의 재고자산임.), 반품률 높은 상품(반품률 추정 가능한 경우에는 상품 인도 시 판매된 것으로 보아 재고자산에서 제외하고, 반품률을 추정할 수 없는 경우에는 구매자가 인수를 수락하거나 반품 종료기간 종료 시 재고자산에서 제외함.)

이론기출 확인문제

| 전산세무 2급, 119회 |

아래의 자료에서 기말재고자산에 포함해야 할 금액은 얼마인가? 단, 창고재고금액은 고려하지 않는다.

- 도착지 인도조건으로 매입한 미착상품 : 4,000,000원
- 담보로 제공한 저당상품 : 6,000,000원
- 기말 현재 구매자의 구매의사표시가 없는 시송품 : 3,000,000원
- 고객에게 인도된 할부로 판매하는 상품(대금이 전액 회수되지는 않았다.) : 2,000,000원

① 9,000,000원　　② 10,000,000원　　③ 8,000,000원　　④ 7,000,000원

🔍 참고

운송 중 미착상품
- 선적지 인도조건: 판매자(기말상품에 불포함), 매입자(기말상품에 포함)
- 도착지 인도조건: 판매자(기말상품에 포함), 매입자(기말상품에 불포함)

📄 정답 및 풀이 ①

- 도착지 조건 매입: 도착해야 기말재고에 포함됨.
- 단순 담보제공: 기말재고에 포함
- 시송품: 구입의사 표시 전까지는 기말재고 포함
- 할부판매: 대금 미회수 여부 관계없이 기말재고 불포함

: 저당상품(6,000,000) + 구입의사 없는 시송품(3,000,000) = 기말재고 9,000,000원

| 전산세무 2급, 95회 |

이론기출 확인문제

기말 재고자산을 확인하기 위하여 창고에 있는 재고자산을 실사한 결과 창고에 보관중인 재고자산의 가액은 2,000,000원으로 확인이 되었다. 이외에 재고자산과 관련된 자료는 다음과 같다. 정확한 기말재고액을 계산하시오.

항 목	금 액	비 고
미착상품	150,000원	선적지 인도조건으로 매입하여 운송중인 상품
시송품	500,000원	40%는 소비자가 매입의사를 표시함
장기할부판매	250,000원	할부판매에 따라 고객에 인도하였으나 대금이 모두 회수되지 않음
적송품	400,000원	수탁자로부터 75% 판매되었음을 통지 받음

① 2,350,000원　　② 2,550,000원　　③ 2,700,000원　　④ 2,800,000원

---

5 기말재고자산 평가

실제 파악된 기말재고자산과 장부상 재고자산이 다를 수 있는데 첫째, 도난, 분실 등으로 인해 수량이 없어지는 재고자산감모손실, 둘째, 유행이 지나는 등의 이유로 그 가치가 떨어지는 재고자산평가손실이 있습니다.

1 재고자산 감모손실 : 수량 감소 `필수`

감모의 원인	회 계 처 리	
정상 감모손실	원가성 인정 → 매출원가	
	(차) 매출원가　　×××　(대) 제 품　　×××	
비정상적 감모손실	원가성 불인정 → 영업외비용	
	(차) 재고자산감모손실　×××　(대) 제 품　　×××	
	(영업외비용)　　　　　　　　（적요 8. 타계정으로 대체)	

2 재고평가손실 : 가치 하락 `필수`

재고자산은 원칙적으로 취득원가를 장부금액으로 하는데 시가가 취득원가보다 낮은 경우에는 예외적으로 시가를 장부금액으로 하는 저가법을 적용합니다. 진부화, 손상 등의 사유로 재고자산 가격이 장부상 취득가액 보다 하락해 그 가치가 떨어지는 재고자산평가손실이 발생하면 일반기업회계기준은 다음과 같이 재고자산평가손실이라는 계정과목으로 매출원가에 가산하고 이를 해당 재고자산에서 차감하여 표시하도록 규정하고 있습니다.

| 분개 | (차) 재고자산평가손실(매출원가) ××× (대) 재고자산평가충당금 ××× |

재무상태표	손익계산서
: 재　고　자　산　××× 재고자산평가충당금　(×××) :	: 매출원가 　재고자산평가손실　××× :

다만, 원재료의 저가법 적용 시 원재료를 투입하여 완성할 제품의 시가가 원가보다 높을 때는 해당 원재료에 대하여 저가법을 적용하지 않습니다. 결과적으로는 이익이 발생되기 때문입니다. 다음은 재고자산의 시가가 원가 이하로 하락하는 사례를 요약한 것이니 참고만 하세요.

[참고] 재고자산 시가가 원가 이하로 하락하는 이유

- 손상을 입은 경우
- 완성하거나 판매하는 데 필요한 원가가 상승한 경우
- 진부화하여 정상적인 판매시장이 사라지거나 기술 및 시장 여건 등의 변화에 의해서 판매가치가 하락한 경우
- 보고기간말로부터 1년 또는 정상영업주기 내에 판매되지 않았거나 생산에 투입할 수 없어 장기체화된 경우

이론기출 확인문제
| 전산세무 2급, 60회 |

다음은 일반기업회계기준상 재고자산에 대한 설명이다. 괄호 안에 들어갈 내용으로 옳은 것은?

> 재고자산은 이를 판매하여 수익을 인식한 기간에 (㉠)(으)로 인식한다. 재고자산의 시가가 장부금액 이하로 하락하여 발생한 평가손실은 재고자산의 차감계정으로 표시하고 (㉡)에 가산한다. 재고자산의 장부상 수량과 실제 수량과의 차이에서 발생하는 감모손실의 경우 정상적으로 발생한 감모손실은 (㉢)에 가산하고 비정상적으로 발생한 감모손실은 (㉣)(으)로 분류한다.

	㉠	㉡	㉢	㉣
①	매출원가	영업외비용	영업외비용	매출원가
②	매출원가	매출원가	매출원가	영업외비용
③	영업외비용	매출원가	매출원가	영업외비용
④	영업외비용	영업외비용	영업외비용	매출원가

정교수 콕콕

🔍 **참고**

평가손실 회복

평가손실을 초래했던 상황이 해소되어 새로운 시가가 장부금액 보다 상승한 경우 최초 장부금액을 초과하지 않는 범위 내에서 평가손실을 환입하여 매출원가에서 차감함.

📄 **정답 및 풀이 ②**

㉠ 재고자산평가손실은 재고자산 차감계정으로 표시하고 ㉡ 매출원가에 포함시키며, 정상감모손실은 ㉢ 매출원가, 비정상감모손실은 ㉣ 영업외비용 처리.

결산일 현재 재고자산을 실사 평가한 결과는 다음과 같다. 제품의 수량감소는 감모손실로서 비정상적으로 발생된 것이다. 감모손실과 관련한 결산정리사항만 입력하시오.

구분	장부상내역			실사내역		
	단위당 취득원가(원)	수량(개)	평가액(원)	단위당 시가(원)	수량(개)	평가액(원)
제 품	10,000	8,000	80,000,000	10,000	7,900	79,000,000
재공품	5,000	4,500	22,500,000	5,000	4,500	22,500,000

정답 및 풀이

비정상감모(제품) 1,000,000원
(80,000,000 – 79,000,000)은
영업외비용 처리

[정답 및 풀이] 일반전표 입력

12.31	(차) 재고자산감모손실(영업외비용)　1,000,000	(대) 제 품　　　　　　　1,000,000 (적요8.타계정으로 대체)

6 재고자산 타용도 사용 : 타계정대체

상품, 제품 등 재고자산은 통상 판매되어 매출원가로 인식되지만 가끔씩 기부되거나 직원 복지용으로 사용되기도 합니다. 이렇게 재고자산이 다른 용도로 사용되는 것을 타계정대체라고 하며 KcLep 입력 시 반드시 "적요 8. 타계정으로 대체"를 입력해야 합니다.

참고

적요입력
제품을 타 용도로 사용하면
KcLep 입력 시 "적요8. 타계
정으로 대체액 손익계산서 반
영분" 반드시 입력

4월 15일, 회사가 제조한 제품(제조원가 1,000,000원)을 무상으로 지방자치단체에 기부하였다.

[정답 및 풀이] 일반전표 입력

4. 15	(차) 기부금(영업외비용)　1,000,000	(대) 제 품　　　　　　　1,000,000 (적요8.타계정으로 대체액 손익계산서 반영분)

7 재고자산의 재무제표 주석 표시

재고자산 관련 다음의 사항은 재무제표의 주석으로 기재해야 합니다.

- 재고자산의 원가결정방법
- 재고자산을 총액으로 보고한 경우 그 내용
- 재고자산의 저가법 적용기준 및 평가 내용
- 담보로 제공한 재고자산의 종류와 금액

12 이론기출 공략하기

[재고자산 개요·취득원가]

난이도 ★

01 **다음 중 재고자산의 종류에 대한 설명이 틀린 것은?** [2014년, 58회]

① 기업의 경우 판매를 목적으로 소유하고 있는 상품

② 제조기업의 경우 제품 생산을 위해 소유하고 있는 원료, 재료, 제품, 재공품

③ 부동산매매업의 경우 판매 목적으로 소유하고 있는 토지, 건물 등

④ 부동산임대업의 경우 소유하고 있는 토지, 건물

난이도 ★

02 **다음 중 재고자산의 취득원가에 포함되지 않는 것은?** 필수 [2023년, 107회]

① 부동산매매업자가 부동산(재고자산)을 취득하기 위하여 지출한 취득세

② 컴퓨터를 수입하여 판매하는 소매업자가 컴퓨터를 수입하기 위하여 지출한 하역료

③ 가전제품 판매업자가 가전제품을 홍보하기 위하여 지출한 광고비

④ 제품 제조과정에서 발생하는 직접재료원가

[재고자산 수량·단가 산정]

난이도 ★

03 **다음 중 재고자산에 대한 설명으로 틀린 것은?** 필수 [2021년, 96회]

① 재고자산이란 정상적인 영업과정에서 판매를 목적으로 하는 자산을 말한다.

② 재고자산의 수량을 결정하는 방법에는 계속기록법, 실지재고조사법, 혼합법이 있다.

③ 재고자산의 단가결정방법에는 개별법, 선입선출법, 후입선출법, 가중평균법이 있다.

④ 가중평균법 적용 시 계속기록법을 적용한 평균법을 총평균법이라 하고, 실지재고조사법을 적용한 평균법을 이동 평균법이라 한다.

04 **다음 중 재고자산의 단가결정방법에 대한 설명으로 틀린 것은?** 필수 [2021년, 98회]

① 선입선출법은 기말재고자산이 가장 최근 매입 분으로 구성되어 기말재고자산 가액이 시가에 가깝다.

② 개별법은 실무에 적용하기 쉬우며 가장 정확한 단가산정방법이다.

③ 후입선출법은 매출원가가 가장 최근 매입 분으로 구성되므로 수익·비용의 대응이 선입선출법보다 적절히 이루어진다.

④ 평균법에는 총평균법과 이동평균법이 있다.

난이도 ★★

05 **다음과 같은 특징이 있는 재고자산의 평가방법으로 옳은 것은?** 필수 [2021년, 99회]

> • 기말재고자산이 최근에 매입한 단가가 적용되므로 시가에 가깝게 표시된다.
> • 현재의 수익에 과거의 원가가 대응된다.
> • 물가가 상승하는 상황에서는 당기순이익이 과대계상 된다.

① 선입선출법   ② 후입선출법   ③ 이동평균법   ④ 총평균법

난이도 ★★

06 **물가가 하락한다고 가정할 경우 당기순이익이 가장 적게 계상되는 재고자산의 평가방법은 무엇인가?** 필수

[2020년, 90회]

① 선입선출법   ② 후입선출법   ③ 총평균법   ④ 이동평균법

난이도 ★★

07 **물가가 지속해서 상승하는 경제 상황을 가정할 때, 다음 중 당기순이익이 가장 적게 계상되는 재고자산 평가방법은 무엇인가?**

[2024년, 111회]

① 선입선출법   ② 총평균법   ③ 이동평균법   ④ 후입선출법

08 난이도 ★★
다음은 재고자산에 대한 설명이다. 가장 옳지 않은 것은? 필수　　　　　　　　[2020년, 91회]

① 할부판매상품의 경우 대금이 모두 회수되지 않더라도 상품의 판매시점에서 판매자의 재고자산에서 제외한다.
② 재고자산의 매입원가는 매입금액에 매입운임, 하역료 및 보험료 등 취득과정에서 정상적으로 발생한 부대원가를 가산한 금액이다.
③ 선적지 인도조건인 경우 판매되어 운송 중인 상품은 판매자의 재고자산에 포함된다.
④ 재고자산의 장부상 수량과 실제 수량과의 차이에서 발생하는 감모손실의 경우 정상적으로 발생한 감모손실은 매출원가에 가산한다.

09 난이도 ★★
다음의 자료를 이용하여 기말재고자산에 포함해야 할 총금액을 계산하면 얼마인가? 단, 창고 재고 금액은 고려하지 않는다.　　　　　　　　[2024년 116회]

- 반품률이 높지만, 그 반품률을 합리적으로 추정할 수 없는 상태로 판매한 상품 : 2,000,000원
- 시용판매 조건으로 판매된 시송품 총 3,000,000원 중 고객이 구매의사표시를 한 상품 : 1,000,000원
- 담보로 제공한 저당상품 : 9,000,000원　　　• 선적지 인도조건으로 매입한 미착상품 : 4,000,000원

① 15,000,000원　　　　② 16,000,000원　　　　③ 17,000,000원　　　　④ 18,000,000원

10 난이도 ★★★
다음 자료를 기초로 하여 매출원가를 계산하면 얼마인가? 필수　　　　　　　　[2018년, 78회]

항 목	금 액	비　　고
기 초 재 고 액	100,000원	–
당 기 매 입 액	500,000원	도착지 인도조건의 미착상품 30,000원 포함
기 말 재 고 액	50,000원	창고보유분
시　송　품	30,000원	고객이 매입의사를 표시 한 금액 10,000원
적　송　품	100,000원	60% 판매완료

① 430,000원　　　　② 440,000원　　　　③ 450,000원　　　　④ 460,000원

[재고자산 기말 평가]

11 다음 중 재고자산에 대한 설명으로 옳지 않은 것은? 필수　　　　　　　　　　　　　　　　　[2018년, 81회]

① 재고자산은 이를 판매하여 수익을 인식한 기간에 매출원가로 인식한다.

② 재고자산의 시가가 장부금액 이하로 하락하여 발생한 평가손실은 재고자산의 차감계정으로 표시하고 영업외비용으로 처리한다.

③ 재고자산의 장부상 수량과 실제 수량과의 차이에서 발생하는 감모손실의 경우 정상적으로 발생한 감모손실은 매출원가에 가산한다.

④ 재고자산의 장부상 수량과 실제 수량과의 차이에서 발생하는 감모손실의 경우 비정상적으로 발생한 감모손실은 영업외비용으로 분류한다.

12 다음 중 재고자산평가손실로 처리해야 하는 변동사항인 것은?　　　　　　　　　　　　　　　[2018년, 77회]

① 분실　　　　　　　② 가치하락　　　　　　　③ 도난　　　　　　　④ 파손

13 다음의 자료는 ㈜아주상사의 기말재고자산 내역이다. 재고자산감모손실이 매출총이익에 미치는 영향을 바르게 설명한 것은? 필수　　　　　　　　　　　　　　　　　　　　　　　　[2022년, 105회]

> • 장부상 기말재고 : 1,000개
> • 실사에 의한 기말재고 : 950개
> • 단위당 원가 : 1,500원(시가 : 1,700원)
> • 재고자산감모손실의 5%는 비정상적으로 발생하였다.

① 매출총이익이 71,250원 감소한다.　　　　　② 매출총이익이 75,000원 감소한다.

③ 매출총이익이 76,500원 감소한다.　　　　　④ 매출총이익이 85,000원 감소한다.

12 실무기출 공략하기

---

01 난이도 ★★★ **필수**

기말에 파악된 제품의 재고현황은 다음과 같다. 제품과 관련한 감모손실을 [일반전표입력] 메뉴에 입력하시오.

[2025년 120회]

구분	금액	비고
장부상 재고	2,000원/개 × 10,000개	확인된 감모손실 중 85%는 정상감모손실로 파악되었다.
실사상 재고	2,000원/개 × 8,750개	

---

02 난이도 ★★

9월 05일, 제품 생산에 투입할 원재료로 사용하기 위해 구입하여 보관 중인 미가공 식료품을 수재민을 도와주기 위하여 지방자치단체에 무상으로 기부하였다. 단, 취득원가는 2,000,000원이며, 시가는 2,100,000원이다. **필수**

[2024년 113회]

---

03 난이도 ★★

11월 11일, ㈜태양산업으로부터 구매한 상품을 제조부서의 소모품으로 모두 사용하였다. 해당 상품의 구매가는 900,000원, 판매가는 1,200,000원이며, 비용으로 처리한다.

[2021년, 99회]

---

04 난이도 ★★

1월 30일, 당사가 생산한 제품(원가 50,000원, 시가 80,000원)을 경리과 직원에게 복리후생 목적으로 제공하였다(단, 부가가치세법상 재화의 공급의제에 해당하지 아니함).

[2024년 111회]

---

05 난이도 ★★

4월 1일, 원재료로 사용하기 위해 구입한 부품(취득원가 : 700,000원)을 생산공장의 기계장치를 수리하는데 사용하였다. 수리와 관련된 비용은 수익적 지출로 처리하시오.

[2014년, 61회]

[기출문제 - 이론]

01 ④ 부동산임대업이 소유하고 있는 토지, 건물은 판매용이 아닌 투자부동산임.

02 ③ 가전제품 판매 홍보 비용은 판매관리비 중 광고선전비로 처리함.

03 ④ 평균법 적용 시 매입/매출시 마다 계속기록법을 이용하면 이동평균법이 되고, 결산기말에 실지재고조사법을 이용하면 총평균법이 되는 것임.

04 ② 개별법은 가장 정확한 단가산정방법이지만 실무적으로 적용하기 어렵다.

05 ① 먼저 구입한 재고가 먼저 판매되는 선입선출법에 대한 설명임.

06 ① 당기순이익이 가장 적으려면 매출원가가 제일 커야함. ⇒ 물가 하락 시 매출원가가 제일 크려면 비싸게 먼저 구입한 재고가 팔려야 하므로 선입선출법이 정답임.

07 ④ 물가 상승 시 후입선출법은 비싸게 구입한 재고를 먼저 판매하므로 매출원가는 높아지고 당기순이익은 작아짐.

08 ③ 선적지 인도조건인 경우에는 상품이 선적된 시점에 소유권이 매입자에게 이전되기 때문에 판매자의 재고자산이 아님.

09 ③ 반품율 추정 불가능 상품(2,000,000원) + 시용(송)품 중 구매의사 표시 하지 않은 상품(3,000,000원 − 1,000,000원) + 담보 제공 상품(9,000,000원) + 선적지 인도조건 미착상품(4,000,000원) = 17,000,000원

10 ④ 기초재고 100,000원 + (당기매입 500,000원 − 미착상품 30,000원) − 기말재고자산(창고보유 50,000원 + 시송품중 고객매입의사 미표시분 20,000원 + 적송품중 미판매분 40,000원) = 460,000원

11 ② 재고자산 평가손실은 매출원가에 가산한다.

12 ② 재고자산 평가손실은 가치하락에 의한 것임. 분실, 도난, 파손은 재고자산감모손실임.

13 ① 재고자산 감모손실은 50개임.(1,000개 − 950개). 50개 중 95%가 정상감모이므로 이를 매출원가에 가산해야 함. 50개 × 95% × 1,500원(원가) = 71,250원. 매출원가에 71,250원이 가산되므로 매출총이익이 71,250원 감소함.

[기출문제 – 실무]

01 일반전표 입력

12.31	(차) 재고감모손실(영업외비용)	375,000	(대) 제 품	375,000
			(적요8.타계정으로 대체액 손익계산서 반영분)	

- 감모금액 : 장부금액 20,000,000원(10,000개 × 2,000원) − 실사금액 17,500,000원(8,750개 × 2,000원) = 2,500,000원
- 비정상감모금액 : 2,500,000원 × 15%(1 − 85%) = 375,000원
- 비정상감모금액은 재고감모손실(영업외비용) 처리 하되 "적요8.타계정으로 대체액 손익계산서 반영분" 입력 해야 함.

02 일반전표 입력

9.5	(차) 기부금(영업외비용)	2,000,000	(대) 제 품	2,000,000
			(적요8.타계정으로 대체액 손익계산서 반영분)	

03 일반전표 입력

11.11	(차) 소모품비(제조원가)	900,000	(대) 상 품	900,000
			(적요8.타계정으로 대체액 손익계산서 반영분)	

04 일반전표 입력

1. 30.	(차) 복리후생비(판매관리비)	50,000	(대) 제 품	50,000
			(적요8.타계정으로 대체액 손익계산서 반영분)	

05 일반전표 입력

4. 1.	(차) 수선비(제조원가)	700,000	(대) 원 재 료	700,000
			(적요8.타계정으로 대체액 손익계산서 반영분)	

13

비유동자산

학습내용 / 공부방향

· 투자자산   · 유형자산 취득/처분   · 감가상각   · 무형자산   · 기타비유동자산

매 시험마다 2~3문제가 이론·실무문제로 출제되는 출제빈도가 높은 부분임. 전산회계 1급에서 공부한 내용을 정리차원에서 공부하되 **매도가능증권 취득·평가, 유형자산 취득·감가상각, 무형자산 취득·감가상각**이 주로 출제되고 있음. 정액법·정률법은 간단한 계산문제까지 풀 수 있어야 함.

 정교수 콕콕

비유동자산은 회계연도말 기준으로 1년 이후에 현금화가 가능한 자산으로 크게 투자자산, 유형자산, 무형자산, 기타의비유동자산이 있습니다. 이미 전산회계1급에서 공부한 내용이지만 좀 더 문제가 어렵게 출제되므로 아래 계정과목을 읽으면서 공부한 내용을 상기시킨 뒤 전산세무2급에 주로 출제되는 문제를 복습차원에서 풀어보면 충분합니다.

① 투자자산

계정과목	내용	계정과목	내용
장기금융상품	회계기간 말 기준 만기 1년 넘는 장기성예금, 사용제한된 특정현금과예금	장기대여금	회계기간 말 기준으로 1년 이후 회수되는 대여금
매도가능증권	회계기간 말 기준 1년 이후 처분 목적인 주식, 채권으로 단기매매증권, 만기보유증권이 아닌 것	퇴직연금운용자산	확정급여형(DB) 퇴직연금에 가입하고 회사가 외부 금융기관에 예치 중인 금융자산
만기보유증권	만기까지 보유하려고 취득한 채권	투자부동산	시세차익이나 임대료를 받기 위해 취득한 토지, 건물
지분법적용주식	지분율 20% 이상 소유해 경영에 영향을 미칠 수 있는 투자주식		

① 특정현금과예금

마음대로 인출 불가능한 금융상품으로 은행 차입시 담보 제공한 예금, 어음수표 발행을 위한 당좌예금개설보증금이 대표적 사례임.

2 매도가능증권 [필수]

(1) 취득 시 수수료 : 취득원가에 가산

(차) 매도가능증권 ×××	(대) 현금 등 ×××

(2) 기말평가손익 : 기타포괄손익누계(자본항목) 처리

주가 상승 시	(차) 매도가능증권 ××× 　　　　(대) 매도가능증권평가이익(기타포괄손익누계) ×××
주가 하락 시	(차) 매도가능증권평가손실(기타포괄손익누계) ××× 　　　　(대) 매도가능증권 ×××

※ 기말 매도가능증권 평가 시 기존 매도가능증권평가손익 잔액을 먼저 없애야 함.

실무기출 확인문제 | 전산세무 2급, 121회 |

일반기업회계기준에 따라 당해 연도 말 현재 보유 중인 매도가능증권(전년도 중 취득)에 대하여 결산일의 회계처리를 하시오. (단, 매도가능증권은 비유동자산으로 가정함).

주식 수	1주당 취득원가	전년도말 1주당 공정가치	당해연도 말 1주당 공정가치
1,000주	50,000원	80,000원	45,000원

[정답 및 풀이] 일반전표 입력

12.31	(차) 매도가능증권평가이익(394)	30,000,000	(대) 매도가능증권	35,000,000
	매도가능증권평가손실(395)	5,000,000		

- 전년도말 매도가능증권 평가이익 : 1,000주 × (80,000원 − 50,000원) = 30,000,000원
- 당해 연도말 매도가능증권평가손실 : 주가 하락 80,000원 ⇒ 45,000원 (1주당 35,000원 하락)

당해 연도 하락액	1,000주 × (80,000원 − 45,000원) = 35,000,000원
최초 취득 대비 하락액	35,000,000 − 30,000,000(기존 매도가능증권평가이익) = 5,000,000원

- 매도가능증권평가손실 최종 잔액

1,000주 × (최종 공정가치 45,000원 − 최초 취득가액 50,000원) = 5,000,000원

(3) 매도가능증권 처분 시 : 매도가능증권평가손익(기타포괄손익누계) 잔액 먼저 제거

매도가능증권 처분 시에는 기타포괄손익누계에 있는 매도가능증권평가손익 잔액을 먼저 없애면서 매도가능증권처분손익을 계산해야 함.

◎ 핵심체크

매도가능증권 취득·평가
★★★
취득비용(취득원가에 가산), 평가손익(기타포괄손익누계)

🔍 참고

매도가능증권 평가
- 기말 평가 시 기존에 있는 매도가능증권평가손익(기타포괄손익누계) 잔액을 먼저 제거
- 매도가능증권평가손익 잔액: 최종 평가액 − 최초 취득가액

4월 11일, 당사가 보유 중인 매도가능증권을 12,000,000원에 처분하고 처분대금은 보통예금 계좌로 입금 받았다. 해당 매도가능증권의 취득가액은 10,000,000원이며, 전년도 말 공정가치는 11,000,000원이다.

[정답 및 풀이] 일반전표 입력

4. 11	(차) 보통예금	12,000,000	(대) 매도가능증권		11,000,000
	매도가능증권평가이익	1,000,000	매도가능증권처분이익		2,000,000
	(기타포괄손익누계)		(영업외수익)		

- 기존 매도가증권평가손실(기타포괄손익누계잔액) : 11,000,000 − 10,000,000 = 1,000,000
- 매도가능증권 처분이익 : 처분가액(12,000,000) − 최초 취득가액(10,000,000) = 2,000,000

2 유형자산

유형자산은 재화의 생산, 용역의 제공, 타인에 대한 임대 또는 자체적으로 사용할 목적으로 보유하는 물리적 형체가 있는 자산으로서, 1년을 초과하여 사용할 것이 예상되는 자산을 말합니다.

계정과목	내용	계정과목	내용
토 지	영업, 제조활동에 사용할 대지 등	구축물	교량, 궤도, 갱도, 정원설비 및 기타의 토목설비 또는 공작물 등
건 물	건물, 냉난방, 전기, 통신 및 기타의 건물부속설비 등	기계장치	기계장치·운송설비(콘베어, 호이스트, 기중기 등)와 기타의 부속설비 등
건설중인 자산	• 유형자산의 건설을 위한 재료비, 노무비 및 경비(건설을 위하여 지출한 도급금액 등 포함) • 유형자산을 취득하기 위하여 지출한 계약금 및 중도금		
기 타	차량운반구, 선박, 비품, 공기구 등		

1 유형자산 취득원가 : 취득금액 + 정상가동까지 필요한 각종 부수비용 필수

- 취득세, 등록세 등 취득 관련 재세공과금
- 취득에 필요한 각종 거래비용 및 환급 불가 관세 등
- 의무적으로 구입하는 국공채의 매입금액과 현재가치의 차액
- 외부 운송 및 취급 비용 · 중개수수료 등 전문가 수수료
- 자산해체, 부지 원상복구 비용 등 · 자본화 대상인 차입금 이자비용
- 설치/조립비용 및 설치장소 준비 비용
- 설계와 관련하여 전문가에게 지급하는 수수료
- 시운전비 등 검사비용 (단, 시운전 과정에서 발생된 시제품의 순매각금액은 취득원가에서 차감)

(1) 국공채 취득비용

국·공채 취득 시 손해 보는 금액은 유형자산 취득에 필요한 비용이므로 취득원가에 가산하며, 취득해 보유 중인 국·공채는 단기보유 목적이라면 단기매매증권, 장기보유 목적이라면 만기보유증권으로 처리합니다.

실무기출 확인문제 | 전산세무 2급, 121회 |

8월 15일, 업무용승용차를 구입하기 위하여 액면금액 1,800,000원의 10년 만기 무이자부 국공채를 액면금액으로 취득하고 대금은 보통예금 계좌에서 지급하였다. 당 회사는 해당 국공채를 만기까지 보유할 예정이며, 보유할 수 있는 의도와 능력이 충분하다. 구입 당시 만기보유증권의 공정가액은 800,000원이다.

[정답 및 풀이] 일반전표 입력

8. 15	(차) 만기보유증권(181)	800,000	(대) 보통예금	1,800,000
	차량운반구	1,000,000		

(2) 자본화 대상 차입금 이자비용

유형자산을 취득하기 위한 차입금에서 발생한 이자는 기간비용 처리하는 것이 원칙이지만, 건물을 의도된 용도로 사용하는데 1년 이상 기간이고 건물 완공 전까지 발생한 차입이자는 예외적으로 건물 취득원가에 가산할 수 있음. 이를 '이자비용을 자본화 한다.' 라고 부르기도 함.

실무기출 확인문제 | 전산세무 2급, 120회 |

8월 30일, 신축중인 본사건물을 건설하기 위해 장기차입금 이자 2,500,000원을 보통예금 계좌에서 이체하여 지급하였다. 본사건물은 내년도 1월 31일 완공 예정이며, 해당 지출은 자본화 요건을 충족한 것으로 본다.

[정답 및 풀이] 일반전표 입력

8. 30	(차) 건설중인자산	2,500,000	(대) 보통예금	2,500,000

특수형태 유형자산 취득
★★★
• 건물 취득 후 구건물 철거: (취득가액 + 철거비용)이 토지 취득원가
• 사용 중 건물 철거: 건물 잔존가액(유형자산처분손실), 철거비용(당기 비용)
• 부동산 현물출자/무상취득: 부동산 공정가치가 취득원가
• 동종자산 교환(처분손익 미인식) Vs 이종자산 교환(처분손익 인식)

2 특수한 형태의 유형자산 취득

구분	내　용
토지, 건물 일괄 취득	총취득가액을 공정가치로 안분계산
건물 취득 후 구건물 철거 신축	취득가액 + 철거비용(부산물 매각 대금 차감)이 토지 취득원가임.
사용중인 건물 철거 후 신축	철거하는 건물 잔존가액을 유형자산처분손실 처리. 철거비용은 당기비용(영업외비용) 처리.
토지 구획비용	토지원가에 가산
부동산 현물출자 **필수**	현물출자란 신주 발행 시 부동산으로 자본금을 납입하는 것으로 출자하는 부동산의 감정평가액이 출자금액임. 즉, 현물출자 부동산의 공정가치가 부동산의 취득가액임. 예를 들어 감정평가액 1,000,000원 짜리 토지를 현물출자하고 액면가 5,000원 주식 100주 발행 시 다음과 같의 회계처리함. (차) 토 지　1,000,0000　(대) 자 본 금　500,000 　　　　　　　　　　　　주식발행초과금　500,000
무상 취득 **필수**	기증받은 부동산 공정가치가 취득원가
정부보조금으로 취득	정부보조로 유형자산을 무상 또는 낮은 대가로 취득한 경우에는 취득일의 공정가치를 취득원가로 함. 정부보조금은 취득자산에서 차감하는 형식으로 표시했다가 추후 감가상각 시 감가상각비와 상계 처리. 해당 유형자산을 처분하는 경우에는 그 잔액을 처분손익 처리.
동종자산 교환 **필수**	제공한 자산의 장부가액이 취득원가 → 처분손익 미인식 사용 중인 비품(장부가액 500,000원)을 타사의 비품(공정가치 400,000원)과 교환하였다. (차) 비 품(신)　500,000　(대) 비 품(구)　500,000
이종자산 교환	제공한 자산의 공정가격이 취득원가 → 처분손익 인식 사용 중인 비품(장부가액 500,000원)을 타사의 기계장치(공정가치 400,000원)와 교환하였다. (차) 기계장치　400,000　(대) 비 품　500,000 　　　유형자산처분손실　100,000 　　　(영업외비용)

다음 중 일반기업회계기준에 따른 유형자산에 대한 설명으로 옳지 않은 것은?

① 취득원가는 구입원가 또는 제작원가 및 경영진이 의도하는 방식으로 자산을 가동하는 데 필요한 장소와 상태에 이르게 하는 데 직접 관련되는 원가로 구성된다.

② 취득세, 등록면허세 등 유형자산의 취득과 직접 관련된 제세공과금은 당기비용으로 처리한다.

③ 새로운 상품과 서비스를 소개하는 데 소요되는 원가(예 : 광고 및 판촉활동과 관련된 원가)는 유형자산의 원가를 구성하지 않는다.

④ 건물을 신축하기 위하여 사용 중인 기존 건물을 철거하는 경우 그 건물의 장부금액은 제거하여 처분손실로 반영하고, 철거비용은 전액 당기비용으로 처리한다.

3 수익적 지출 VS 자본적 지출 **필수**

구분	내용	회계처리
수익적 지출	당초 성능회복이나 유지를 위한 지출 (용광로 내화벽돌 교체, 항공기 좌석 교체, 기계장치 벨트 교체 등) : 소액 지출	당기 비용 처리
자본적 지출	유형자산 증설, 개량, 대체, 구조변경, 생산능력 증대, 내용연수 연장, 상당한 원가절감 또는 품질향상과 같이 향후 수년간 그 가치가 유지되는 수선 (엘리베이터, 고가의 냉난방 장치 설치, 빌딩의 피난시설 설치, 증설·확장, 사용용도 변경 등) : 거액 지출	유형자산에 가산

다음 중 유형자산의 취득 이후 지출에 대한 설명으로 가장 옳지 않은 것은?

① 유형자산의 인식기준을 충족하는 경우에는 자본적 지출로 처리하고, 충족하지 못한 경우에는 수익적 지출로 처리한다.

② 본래의 용도를 변경하기 위한 지출은 자본적 지출에 해당한다.

③ 자산의 원상회복, 수선유지를 위한 지출 등은 자본적 지출에 해당한다.

④ 건물 벽의 도장, 파손된 유리창 대체, 일반적인 소액 수선비는 수익적 지출에 해당한다.

정교수 콕콕

정답 및 풀이 ②

취득 관련 취득세, 등록면허세 등은 취득원가에 가산해야 함.

핵심체크

자본적 지출 Vs 수익적 지출
★★★
· 자본적 지출(가치 증가 거액 지출): 취득원가 가산
· 수익적 지출(현상 유지 소액 지출): 당기 비용 처리

정답 및 풀이 ③

자산의 원상회복, 수선비 지출은 수익적 지출로 당기 비용 처리

다음 중 자본적 지출 항목을 수익적 지출로 잘못 회계 처리한 경우 재무제표에 미치는 영향으로 옳은 것은?

① 자산이 과소계상 된다.　　② 당기순이익이 과대계상 된다.

③ 부채가 과소계상 된다.　　④ 자본이 과대계상 된다.

3 유형자산 감가상각

1 감가상각 개념

감가상각이란 유형자산 취득원가를 내용연수에 걸쳐 합리적이고 체계적인 방법으로 비용으로 인식하는 과정입니다. 감가상각은 유형자산이 사용가능한 시점부터 시작하며 한번 선택한 상각방법은 계속 적용하되, 합리적인 변경사유가 있는 경우 변경이 가능합니다. 단, 토지, 건설중인자산, 투자부동산은 감가상각을 하지 않음을 주의해야 합니다.

2 감가상각 방법 필수

> 정액법, 정률법(체감잔액법), 연수합계법, 이중체감법, 생산량비례법

유형자산의 감가상각방법은 자산의 경제적효익이 소멸되는 형태를 반영한 합리적인 방법이어야 하는데, 전산세무2급 시험차원에서는 감가상각방법의 개념을 이해한 뒤, 정액법, 정률법, 연수합계법은 간단한 계산문제까지 풀 수 있어야 합니다.

구분	계 산 방 법
정 액 법	(취득원가 − 잔존가치) ÷ 내용연수
정 률 법	미상각잔액(취득원가 − 감가상각누계액) × 상각률
연수합계법	(취득원가 − 잔존가치) × (잔여내용연수/내용연수합계)
이중체감법	미상각잔액(취득원가 − 감가상각누계액) × ((1/내용연수) × 2배)
생산량비례법	(취득원가 − 잔존가치) ÷ (당기 생산량/총추정생산량)

유동자산의 감가상각방법 중 정액법, 정률법 및 연수합계법 각각에 의한 3차연도 말 감가상각비가 큰 금액부터 나열한 것은?

- 기계장치 취득원가 : 1,000,000원 (1월 1일 취득)
- 잔존가치 : 취득원가의 10%
- 내용연수 : 5년
- 정률법 상각률 : 0.4

① 정률법 〉 정액법 = 연수합계법치
② 정률법 〉 연수합계법 〉 정액법
③ 연수합계법 〉 정률법 〉 정액법
④ 연수합계법 = 정액법 〉 정률법

[참고] 사용 중단 유형자산의 감가상각

구분	내용
사용을 중단하고 처분예정	사용을 중단한 시점의 장부금액으로 표시하고 이를 투자자산으로 재분류하고 감가상각 하지 않음.
장래에 사용 재개 예정	감가상각을 하되 그 감가상각비를 영업외비용 처리

④ 유형자산 처분·폐기

① 유형자산 처분 `필수`

구분	내용				
처분가액 〉 장부가액	(차) 현 금 등	×××	(대) 기계장치 등	×××	
	감가상각누계액	×××	유형자산처분이익	×××	
처분가액 〈 장부가액	(차) 현 금 등	×××	(대) 기계장치 등	×××	
	감가상각누계액	×××			
	유형자산처분손실	×××			

이론기출 확인문제

전년도 1월 1일 10,000,000원에 기계장치를 취득하여 사용하다가 당해 연도 6월 30일 4,000,000원에 처분하였다. 해당 기계장치의 처분 시 발생한 유형자산처분손실을 계산하면 얼마인가? (단, 내용연수 5년, 잔존가액 1,000,000원, 정액법(월할상각)의 조건으로 당해 연도 6월까지 감가상각이 완료되었다고 가정할 것.)

① 2,400,000원
② 3,300,000원
③ 5,100,000원
④ 6,000,000원

정교수 콕콕

📑 정답 및 풀이 ④

- 3차연도말 정액법 상각비 : (1,000,000 − 100,000) × (1/5) = 180,000
- 3차연도말 정률법 : (1,000,000 − 400,000 − 240,000) × 40% = 144,000원
- 3차연도말 연수합계법 상각비 : (1,000,000 − 100,000) × (3/15) = 180,000원

🎯 핵심체크

사용 중단 유형자산★
- 처분예정: 투자자산으로 분류 후 감가상각 중지
- 사용 재개예정: 감가상각해 영업외비용 처리

🔍 참고

유형자산 처분
유형자산 처분 시 유형자산의 재평가와 관련하여 인식한 기타포괄손익누계액의 잔액이 있다면 그 잔액을 먼저 제거하고 유형자산처분손익을 계산하여야 함.

📑 정답 및 풀이 ②

- 연간 감가상각비: (1천만원 − 1백만원)÷5 = 180만원
- 감가상각누계액: 전년 180만원+당해연도 90(180만원6개월/12개월) = 270만원
- 장부가액: 1천만원−270만원 = 730만원
- 처분손실: 730만원−400만원 = 330만원

2 유형자산 폐기

> 잔존 장부가액(취득가액 − 감가상각누계액)과 폐기비용을 유형자산처분손실로 처리

5 유형자산의 시가 평가 [필수]

1 유형자산 시가 평가 기본원칙

유형자산은 원가모형이나 재평가모형 중 하나를 선택하여 매년 계속 동일한 방법을 적용해야 합니다. 원가모형은 유형자산을 취득원가로 인식하되 그 가치가 현저히 하락한 경우 손실만 인식하는 방법이고, 재평가모형은 유형자산을 매 회계기간말 마다 공정가치로 평가하는 방법입니다. 전산세무2급 시험차원에서는 원가모형의 개념만 파악해도 합격에는 충분하며 재평가모형은 과감히 패스하거나 참고로만 학습하세요.

2 원가모형 : 유형자산 손상차손 인식

> 유형자산의 경제적 가치가 장부가액 보다 현저히 하락한 경우 재무제표상 금액을 회수가능액으로 조정하는 것을 유형자산손상차손(영업외비용)이라고 하며, 손상차손누계액은 유형자산에서 차감하는 형태로 표시함.

(1) 회계처리

> (차) 유형자산손상차손(영업외비용) ××× (대) 손상차손누계액 ×××

(2) 재무제표 표시

재무상태표		손익계산서
:		:
기계장치 ×××		영업외비용
감가상각누계액 (×××)		유형자산손상차손 ××× ⇑
손상차손누계액 (×××)		:
:		

[참고] 재평가모형

재평가모형은 주기적으로 토지, 건물 등의 공정가치(감정평가액, 개별공시지가 등)를 평가하여 이를 장부가액으로 표시합니다. 즉, [취득가액 − 감가상각누계액] = 공정가치가 되도록 조정하므로 유형자산 가치 변동을 다음과 같이 처리됩니다.

• 가치 상승 시 :

(차) 유형자산 ××× (대) 재평가차익(기타포괄손익누계) ×××

※ 당기 이전에 재평가손실이 있는 경우 이를 우선 상계 처리함.

• 가치 하락 시

(차) 재평가손실(영업외비용) ××× (대) 유형자산 ×××

※ 당기 이전에 재평가차익(기타포괄손익누계)이 있는 경우 이를 우선 상계 처리함.

※ 유형자산별로 선택적 재평가를 한다면 유형자산이 서로 다른 기준으로 평가되기 때문에 유형자산을 재평가 할 때는 해당 자산이 포함되는 유형자산 분류 전체를 재평가함.

🔍 참고

재평가이익(기타포괄)
재평가모형 적용 시 평가손실은 당기비용으로 인식하지만 재평가이익은 보수적인 차원에서 기타포괄손익누계로 처리하여 당기이익에 포함시키지 않음.

6 무형자산

1 무형자산 개념·종류

(1) 무형자산 요건

무형자산으로 인식되기 위해서는 ① 식별가능하고 ② 독점적으로 통제가능하며 ③ 미래 경제적 효익이 존재해야 하며 대표적인 무형자산은 다음과 같습니다.

(2) 무형자산 취득원가

구분	내용
무형자산 취득원가	구입가격(매입할인과 리베이트를 차감하고 수입관세와 환급받을 수 없는 제세금을 포함)에 무형자산을 의도한 목적에 사용할 수 있도록 준비하는 데 직접 관련되는 원가를 가산하여 산정
다른 자산과 교환으로 취득	교환으로 제공한 자산의 공정가치로 무형자산의 원가 측정
무형자산 취득 후 지출	무형자산의 미래경제적효익을 실질적으로 증가시킬 가능성이 높으면 자본적 지출, 그렇지 않으면 당기 비용 처리

무형자산 종류★★★
영업권(타인으로부터 구입한 경우만 허용), 산업재산권(특허권, 실용신안권, 상표권, 의장권), 개발비, 소프트웨어, 임차권리금, 광업권, 어업권

(3) 무형자산 종류 필수

계정과목	내용
영 업 권	특정 기업을 인수, 합병 할 때 그 가치를 인정해 장부상 금액 보다 더 지급한 금액. 일반기업회계기준은 타인으로부터 구입한 영업권만 인정하며 회사 내부적으로 창출한 영업권(자가 창설 영업권)은 인정되지 않음.
산업재산권	일정 기간 독점적으로 사용할 수 있는 특허권, 실용신안권, 의장권, 상표권, 상호권 등
개 발 비	신제품이나 신기술을 개발하면서 발생한 비용으로 무형자산의 요건을 갖춘 경우에만 제한적으로 인정
기　타	컴퓨터소프트웨어, 임차권리금, 광업권, 어업권, 저작권, 라이선스와프랜차이즈

2 개발비 필수

(1) 연구단계와 개발단계의 구분

구분	내용
연구단계	새로운 지식을 얻고자 하는 활동, 연구결과를 탐색·평가·최종 선택 및 응용하는 활동, 여러 가지 대체안 탐색 활동, 새로운 재료·장치, 제품·공정 등에 대한 여러 가지 대체안을 제안·설계·평가 및 최종 선택하는 활동
개발단계	생산 전의 시작품(모형) 설계·제작·시험하는 활동, 새로운 기술과 관련된 공구·금형·주형 등 설계, 상업적 생산목적이 아닌 소규모의 시험공장 설계·건설·가동 활동, 새로운 제품·공정·시스템 및 용역 등에 대하여 최종적으로 선정된 안을 설계·제작·시험하는 활동

(2) 개발비의 구분

연구단계 구분
연구단계, 개발단계 구분 할 수 없으면 모두 연구단계로 보아 당기비용 처리

연구단계 비용	: 경상연구개발비(당기비용)
개발단계 비용	성공가능성이 낮은 경우: 경상연구개발비(당기비용) 성공가능성이 높고 미래경제효익이 있는 경우: 개발비(무형자산)

3 무형자산 상각 필수

무형자산 상각★★★
• 상각방법: 통상 정액법
• 상각기간: 20년
• 잔존가치 0원
• 직접 차감

법령 또는 계약에서 따로 정한 경우를 제외하고는 무형자산 사용 가능한 때부터 20년 이내 기간 동안 합리적인 방법을 이용하여 상각하되 특별한 경우를 제외하고는 잔존가치를 0으로 합니다. 다만, 합리적인 상각방법을 정할 수 없는 경우에는 정액법을 이용하며 다음과 같이 판매관리비 중 무형자산상각비로 처리합니다. 다만, 무형자산 상각비는 유형자산처럼 감

가상각누계액을 설정해 무형자산에서 차감하는 형식으로 표시할 수도 있지만 무형자산에서 직접 차감할 수도 있습니다.

또한 다음 2가지를 주의해야 합니다.
- 사용 중지 무형자산 : 사용을 중지하고 처분을 위해 보유하는 무형자산은 사용을 중지한 시점의 장부금액으로 표시하고 이를 투자자산으로 재분류하고 상각하지 않습니다.
- 무형자산의 공정가치 증가 : 무형자산의 공정가치가 증가해도 취득원가로 감가상각 합니다.

이론기출 확인문제 | 전산세무 **2급**, 117회 |

다음 중 무형자산에 대한 설명으로 옳은 것은?

① 무형자산 창출을 위한 내부 프로젝트를 연구단계와 개발단계로 구분할 수 없는 경우 그 프로젝트에서 발생한 지출은 모두 연구단계에서 발생한 것으로 본다.
② 내부적으로 창출한 영업권은 취득일의 공정가치로 자산으로 인식한다.
③ 연구단계에서 발생한 지출은 모두 무형자산으로 인식한다.
④ 무형자산의 상각기간은 어떠한 경우에도 20년을 초과할 수 없다.

정답 및 풀이 ①

②내부 창출 영업권은 무형자산으로 인식 안됨. ③연구단계 지출은 모두 비용 처리 ④관계 법령, 계약으로 20년을 초과하는 경우는 그 기간 적용

실무기출 확인문제 | 전산세무 **2급**, 70회 |

결산 마감 전 영업권(무형자산) 잔액이 3,300,000원이 있으며, 이 영업권은 2년 전 1월 초에 취득한 것이다. 단, 회사는 무형자산에 대하여 5년간 월할 균등상각하고 있으며, 상각기간 계산시 1월 미만 의 기간은 1월로 간주한다.

[정답 및 풀이] 일반전표 입력

12.31	(차) 무형자산상각비(판매관리비)	1,100,000	(대) 영업권	1,100,000

[참고] 유형자산 상각 Vs 무형자산 상각 필수

참고

연간 상각액
3,300,000 ÷ 3년 = 1,100,000
(지금까지 2년간 상각했으므로 남은 기간은 3년임.)

구분	유형자산 상각	무형자산 상각
감가상각 방법	정액법, 정률법, 연수합계법, 생산량비례법, 이중체감법	좌 동 (합리적인 방법이 없으면 정액법)
잔존가액	처분시 예상되는 금액	원칙적으로 0
내용연수	경제적인 내용연수	좌 동 (법령·계약에 따로 정함 없으면 20년 이내 기간)
상각누계액 표시	유형자산에서 차감 표시	유형자산에서 차감 표시 또는 직접 차감 중 선택 가능

7 기타 비유동자산 [필수]

비유동자산 중 투자자산, 유형자산, 무형자산이 아닌 것으로 전산세무2급 시험차원에서는 임차보증금만 알면 충분합니다.

계정과목	내용	계정과목	내용
임차보증금	전세보증금으로 맡긴 돈	전신전화가입권	전화개설 보증금
전 세 권	전세보증금을 다른 채권에 우선하여 돌려받을 권리	부도어음과수표	부도 처리된 어음, 수표를 관리하기 위한 임시 계정
장기미수금	상거래 이외에서 발생한 채권으로 회계기간 말 기준 1년 이후 회수 가능액		

[유형자산 취득]

난이도 ★★

01 다음 중 유형자산의 취득원가에 포함되는 요소를 모두 고른 것은? 필수   [2020년, 88회]

> ㄱ. 설계와 관련하여 전문가에게 지급하는 수수료   ㄴ. 매입관련 운송비
> ㄷ. 설치장소 준비를 위한 지출   ㄹ. 취득세   ㅁ. 재산세

① ㄴ, ㄷ, ㅁ   ② ㄱ, ㄴ, ㄷ, ㄹ

③ ㄴ, ㄷ, ㄹ, ㅁ   ④ ㄱ, ㄴ, ㄷ, ㄹ, ㅁ

난이도 ★★

02 다음 중 유형자산에 대한 설명으로 틀린 것은? 필수   [2022년, 105회]

① 유형자산은 재화의 생산, 용역의 제공, 타인에 대한 임대 또는 자체적으로 사용할 목적으로 보유하는 물리적 형체가 있는 자산을 말한다.

② 유형자산은 1년을 초과하여 사용할 것이 예상되는 자산이다.

③ 정부보조 등에 의해 유형자산을 무상 또는 공정가치보다 낮은 대가로 취득한 경우 그 유형자산의 취득원가는 취득일의 공정가치로 한다.

④ 다른 종류의 자산과의 교환으로 취득한 유형자산의 취득원가는 교환을 위하여 제공한 자산의 장부가액으로 측정한다.

난이도 ★★★

03 다음 중 유형자산에 대한 설명으로 틀린 것은?   [2020년, 91회 변형]

① 유형자산은 재화와 용역 등의 생산 및 판매관리 활동에 사용하기 위한 비화폐성자산이다.

② 유형자산의 취득 시 국공채를 매입하는 경우 매입가액을 자산가액에 합산한다.

③ 유형자산을 현물출자 시 유형자산의 취득원가는 취득하는 자산의 공정가치로 한다.

④ 동종자산을 교환하는 경우에는 유형자산의 처분손익(교환손익)을 인식하지 않는다.

04 다음 중 유형자산에 대한 설명으로 가장 옳지 않은 것은? 필수 [2018년, 77회]

① 유형자산의 취득원가는 당해 자산의 제작원가 또는 매입가액에 취득부대비용을 가산한 가액으로 한다.
② 새로운 건물을 신축하기 위하여 사용 중이던 기존건물을 철거하는 경우에는 기존건물의 장부가액은 새로운 건물의 취득원가에 가산한다.
③ 유형자산의 감가상각은 감가상각대상금액을 그 자산의 내용연수 동안 합리적이고 체계적인 방법으로 각 회계기간에 배분하는 것이다.
④ 제조설비의 감가상각비는 제조원가를 구성하고, 연구개발 활동에 사용되는 유형자산의 감가상각비는 무형자산의 인식조건을 충족하는 자산이 창출되는 경우 무형자산의 취득원가에 포함된다.

난이도 ★★

05 다음은 자본적 지출과 수익적 지출에 대한 설명이다. 틀린 것은? 필수 [2019년, 86회]

① 엘리베이터 설치 등 자산의 가치를 증대시키는 지출은 자본적 지출로 처리한다.
② 증축, 개축 등 자산의 내용 연수를 연장시키는 지출은 자본적 지출로 처리한다.
③ 파손된 유리 교체 등 자산의 원상복구를 위한 지출은 수익적 지출로 처리한다.
④ 건물의 도색 등 자산의 현상유지를 위한 지출은 자본적 지출로 처리한다.

난이도 ★★

06 유형자산을 보유하고 있는 동안 발생한 수익적 지출을 자본적 지출로 잘못 회계 처리한 경우, 재무제표에 미치는 효과로 가장 올바른 것은? 필수 [2024년, 116회]

① 자산의 과소계상
② 부채의 과대계상
③ 당기순이익의 과대계상
④ 매출총이익의 과소계상

[유형자산 감가상각]

난이도 ★★

07 다음 중 감가상각대상 자산이 아닌 것은? 필수 [2019년, 54회]

① 일시적으로 사용중지 상태인 기계장치
② 할부로 구입한 차량운반구
③ 사옥으로 이용하기 위해 건설중인 건물
④ 정부보조금으로 취득한 기계장치

08 다음 중 유형자산의 감가상각에 대한 설명으로 옳지 않은 것은? 필수 　　　　　[2025년, 119회]

① 감가상각방법은 해당 자산으로부터 예상되는 미래경제적효익의 소멸 형태에 따라 선택하고, 소멸 형태가 변하지 않는 한 매기 계속 적용한다.

② 감가상각방법 중 체감잔액법과 연수합계법은 자산의 내용연수 동안 감가상각액이 매 기간 증가하는 방법이다.

③ 내용연수 도중 사용을 중단하고 처분 예정인 유형자산은 사용을 중단한 시점의 장부금액으로 표시한다.

④ 내용연수 도중 사용을 중단하였으나, 장래사용을 재개할 예정인 유형자산에 대해서는 감가상각을 하되, 그 감가상각액은 영업외비용으로 처리한다.

난이도 ★★

09 다음 중 차량운반구의 감가상각비와 감가상각누계액이 과소 계상되었을 경우 재무제표에 미치는 영향으로 옳은 것은? 필수 　　　　　[2025년, 112회]

① 자산의 과소계상　　　　　　　　　② 비용의 과대계상

③ 당기순이익의 과대계상　　　　　　④ 이익잉여금에는 영향이 없다.

난이도 ★★

10 제조부서에서 사용하는 비품의 감가상각비 700,000원을 판매부서의 감가상각비로 회계 처리할 경우, 해당 오류가 당기손익에 미치는 영향으로 옳은 것은?(단, 당기에 생산한 제품은 모두 당기 판매되고, 기초 및 기말재공품은 없는 것으로 가정한다.)　　　　　[2023년, 108회]

① 제품매출원가가 700,000원만큼 과소 계상된다.

② 매출총이익이 700,000원만큼 과소 계상된다.

③ 영업이익이 700,000원만큼 과소 계상된다.

④ 당기순이익이 700,000원만큼 과소 계상된다.

난이도 ★★

11 다음 중 모든 감가상각방법이 선택가능하다면 일반적으로 첫 해에 회사의 이익을 가장 많이 계상할 수 있는 방법은? 필수 　　　　　[2015년, 63회]

① 정률법　　　　　　　　　　　　　② 이중체감법

③ 연수합계법　　　　　　　　　　　④ 정액법

12 기계장치의 감가상각관련 자료가 다음과 같을 때 제2기의 결산 시에 계상하여야 할 감가상각비와 감가상각누계액을 바르게 표시한 것은? 필수 [2013년, 57회]

- 취득일 : 제1기 1월 1일
- 취득원가 : 2,000,000원
- 내용연수 : 10년
- 정률법 상각율 : 10%
- 상각방법 : 정률법

	감가상각비	감가상각누계액		감가상각비	감가상각누계액
①	200,000원	300,000원	②	180,000원	380,000원
③	200,000원	400,000원	④	180,000원	180,000원

난이도 ★★

13 당해 연도 10월 1일 ㈜한국은 기계장치를 5,000,000원에 취득하였다. 기계장치의 내용연수는 3년, 잔존가치는 500,000원으로 추정되었으며, 연수합계법으로 상각한다. ㈜한국이 결산일인 12월 31일에 계상하여야 할 감가상각비는 얼마인가?(단, 월할상각 할 것) [2013년, 111회]

① 416,666원 ② 562,500원 ③ 625,000원 ④ 750,000원

난이도 ★★

14 다음 자료를 통해 20x4년 12월 31일 결산 후 재무제표에서 확인 가능한 정보로 올바른 것은? 필수 [2024년, 114회]

- 20x2년 1 월 1일 기계장치 취득
- 매입가액　20,000,000원　• 취득에 직접적으로 필요한 설치비　300,000원
- 20x2년 발생한 소모품 교체비　600,000원　• 20x2년 발생한 본래 용도를 변경 위한 개량비　4,000,000원
- 내용연수는 6년, 정액법으로 매년 정상적으로 상각함(월할 계산할 것), 잔존가치는 없음.

---

① 기계장치의 취득원가는 24,000,000원으로 계상되어 있다.

② 손익계산서에 표시되는 감가상각비는 4,150,000원이다.

③ 재무상태표에 표시되는 감가상각누계액은 8,300,000원이다.

④ 상각 후 기계장치의 미상각잔액은 12,150,000원이다.

[매도가능증권·유형자산 처분]

난이도 ★★★

15 당해 연도 12월 31일 ㈜순양은 영업부가 사용하던 승합자동차를 중고차 매매 중개사이트를 이용하여 8,000,000원에 처분하고, 중고차 매매 중개사이트의 중개수수료 150,000원을 차감한 후 7,850,000원을 지급받았다. 다음은 처분한 승합자동차 관련 자료로 아래의 감가상각방법에 의하여 감가상각하였다. 아래의 자료를 이용하여 계산한 유형자산처분손익은 얼마인가? [2023년, 107회]

구분	사용부서	취득가액	잔존가액	취득일	감가상각방법	내용연수
승합자동차	영업부	15,000,000원	0원	전년도 1.1.	정액법	5년

① 유형자산처분이익 1,000,000원 　　　　② 유형자산처분이익 850,000원
③ 유형자산처분손실 1,000,000원 　　　　④ 유형자산처분손실 1,150,000원

난이도 ★★★

16 다음 자료를 보고 당해 연도에 인식할 처분손익을 구하시오. [2013년, 56회]

- 전년도 기말 매도가능증권 1,000주, 주당공정가치 7,000원
- 전년도 기말 매도가능증권평가이익 2,000,000원
- 당해 연도 7월 1일 500주를 주당 6,000원에 처분하였다.

① 처분이익 1,000,000원 　　　　② 처분이익 500,000원
③ 처분손실 500,000원 　　　　④ 처분손실 1,000,000원

[무형자산]

난이도 ★★

17 다음 중 일반기업회계기준의 무형자산에 속하지 않는 것은? 필수 [2016년, 67회]

① 산업재산권 　　　　② 저작권
③ 라이선스와 프랜차이즈 　　　　④ 임차보증금

난이도 ★★

18 다음 중 무형자산의 인식요건이 아닌 것은? [2015년, 63회]

① 식별가능성 　　　　② 검증가능성
③ 통제가능성 　　　　④ 미래의 경제적 효익의 유입가능성

19 다음 중 무형자산에 대한 설명으로 옳지 않은 것은? 필수 　　　　　　[2025년, 121회]

① 다른 자산과의 교환으로 취득하는 경우 교환으로 제공한 자산의 공정가치로 원가를 측정한다.

② 내부적으로 창출한 영업권은 자산으로 인식하지 않는다.

③ 공정가치가 증가하는 경우 원가와의 차액 부분을 반영하여 상각한다.

④ 상각은 자산이 사용가능한 때부터 시작한다.

20 다음 중 무형자산에 대한 설명으로 옳은 것은? 필수 　　　　　　[2024년, 117회]

① 무형자산 창출을 위한 내부 프로젝트를 연구단계와 개발단계로 구분할 수 없는 경우 그 프로젝트에서 발생한 지출은 모두 연구단계에서 발생한 것으로 본다.

② 내부적으로 창출한 영업권은 취득일의 공정가치로 자산으로 인식한다.

③ 연구단계에서 발생한 지출은 모두 무형자산으로 인식한다.

④ 무형자산의 상각기간은 어떠한 경우에도 20년을 초과할 수 없다.

21 다음 중 무형자산에 대한 설명으로 옳지 않은 것은? 　　　　　　[2023년, 111회]

① 무형자산의 재무제표 표시방법으로 직접법만을 허용하고 있다.

② 무형자산 상각 시 잔존가치는 원칙적으로 '0'인 것으로 본다.

③ 무형자산은 유형자산과 마찬가지로 매입가액에 취득 관련 부대 원가를 가산한 금액을 취득원가로 처리한다.

④ 무형자산의 상각기간은 독점적·배타적인 권리를 부여하고 있는 관계 법령이나 계약에 정해진 경우를 제외하고는 20년을 초과할 수 없다.

13 실무기출 공략하기

[비유동자산 취득]

01 난이도 ★★

8월 2일, ㈜은마상사의 사옥으로 사용할 토지를 비사업자로부터 다음과 같이 매입하였다. 그 중 토지 취득 관련 지출은 다음과 같다. 취득세는 현금으로 납부하고 토지대금과 등기수수료, 중개수수료는 보통예금 계좌에서 이체하였다. 필수 [2023년, 109회]

• 토지가액	300,000,000원	• 토지 관련 취득세	13,000,000원
• 토지 취득 관련 법무사 등기수수료	300,000원	• 토지 취득 관련 중개수수료	2,700,000원

02 난이도 ★★

8월 20일, 당사는 공장신축용 토지를 취득한 후 취득세 18,000,000원과 지방채 12,000,000원(액면가 12,000,000원, 공정가치 10,500,000원, 만기 5년, 무이자부)을 보통예금 계좌에서 지급하였다.(단, 지방채는 매도가능증권으로 분류할 것) 필수 [2024년, 116회]

03 난이도 ★★

8월 30일 ㈜경기로부터 토지(공정가치 7,000,000원)를 증여받고 취득세로 280,000원을 현금으로 지출하였다. 단, 하나의 전표로 입력할 것. 필수 [2025년, 122회]

04 난이도 ★

9월 19일, 영업부에서 사용할 업무용 차량의 취득세 1,250,000원을 보통예금 계좌에서 납부하였다. 필수 [2023년, 111회]

05 난이도 ★

4월 30일, 본사 건물 신축공사를 위한 장기차입금의 이자비용 2,500,000원을 보통예금 계좌에서 지급하였다. 해당 지출은 차입원가 자본화 요건을 충족하였으며, 신축공사 중인 건물은 내년도 2월 28일에 완공될 예정이다. 필수 [2023년, 110회]

06 난이도 ★★

3월 1일, 비사업자인 김갑수로부터 토지와 건물을 70,000,000원에 일괄 취득함과 동시에 당좌수표를 발행하여 전액 지급하였다. 토지와 건물의 공정가치는 아래와 같다. [2015년, 63회]

• 토지의 공정가치 : 60,000,000원	• 건물의 공정가치 : 40,000,000원

07 난이도 ★★

5월 6일, 영업부 사무실로 사용하기 위하여 4월 2일에 아래와 같이 ㈜명당과 체결한 부동산임대차계약에 따라 임대차계약서상의 보증금 20,000,000원 중 잔금 18,000,000원을 보통예금 계좌에서 송금하여 지급하고, 사무실의 임차를 개시하였다.(단, 4월 2일 지급한 계약금은 선급금으로 회계처리 하였음.) 필수 [2023년, 111회]

부동산임대차계약서

제 1 조 임대차계약에 있어 임차인은 보증금을 아래와 같이 계약금과 잔금으로 나누어 지급하기로 한다.

보증금	일금	이천만원정	(20,000,000원)
계약금	일금	이백만원정	(2,000,000원)은 계약 시에 지불하고 영수함.
잔금	일금	일천팔백만원정	(18,000,000원)은 05월 06일에 지불한다.

08 난이도 ★★★

당사는 재평가모형에 따라서 유형자산을 인식하고 있다. 당해 연도 말에 보유하고 있던 토지에 대한 감정평가를 시행한 결과는 아래와 같이 평가액이 산정되었다. 유형자산의 재평가손익을 반영하시오.

• 당해 연도 1월 20일 토지 매입금액 : 150,000,000원(장부가액)
• 당해 연도 12월 31일 토지 감정평가액 : 190,000,000원

[유형자산 감가상각]

09 난이도 ★★

기말 현재 보유하고 있는 감가상각자산 중 일부 내용이다. 20×1년의 감가상각비 관련 회계처리를 기말에 처리 하시오. (단, 월할상각할 것.) 필수

[2019년, 86회 변형]

- 자산종류: 차량운반구
- 전기말감가상각누계액: 2,500,000원
- 내용연수: 5년
- 사용부서: 영업부
- 취득일: 20x0년 7월 1일
- 잔존가치는 2,000,000원
- 취득가액: 20,000,000원
- 감가상각방법: 정액법

10 난이도 ★★

기말 현재 보유하고 있는 제조부문의 감가상각대상자산은 다음과 같다. 제시된 자료 외 감가상각대상자산은 없다고 가정한다. 고정자산 등록은 생략하고 감가상각비를 계산하여 전표만 입력한다. 필수

[2013년, 55회]

계정과목	취득원가	잔존가치	내용연수	전기말 감가상각누계액	취득연월일	상각방법	상각률
기계장치	80,000,000원	취득원가의 5%	5년	18,000,000원	전년도 7.20	정률법	0.451

[유형자산 폐기/처분]

11 난이도 ★★

7월 13일, 사용 중인 공장건물을 새로 신축하기 위해 기존건물을 철거하였다. 철거 당시 건물의 취득가액은 300,000,000원(철거 당시 감가상각누계액 250,000,000원)이며, 건물철거비용으로 8,000,000원을 보통예금 계좌에서 지출하였다. 단, 건물철거비용은 간이과세자로부터 영수증을 수취하였으며, 가산세는 고려하지 말 것. 필수

[2013년, 55회]

12 난이도 ★★

다음 자료를 이용하여 유형자산처분손익을 계산하시오. (부가가치세와 처분시점까지 당기 감가상각비는 고려하지 말 것.) 필수

7월 9일, 비품으로 사용하던 복사기(취득가액 3,500,000원, 처분 시 감가상각누계액 2,150,000원)를 (주)중고유통에 1,000,000원에 처분하였다. 대금 중 600,000원은 현금으로 받고 잔액은 월말에 받기로 하다.

[무형자산 감가상각]

난이도 ★★

13 당해 연도 4월 15일에 취득한 영업권의 취득원가는 54,000,000원이다. 영업권에 대한 12월 말 결산 회계처리를 하시오. 회사는 무형자산에 대하여 5년간 월할 균등 상각하고 있으며, 상각기간 계산 시 1월 미만은 1월로 간주한다.

필수

[2024년, 117회]

[매도가능증권 기말평가]

난이도 ★★

14 아래의 내용을 참고하여 당해 연도 말 현재 보유 중인 매도가능증권(비유동자산)에 대한 결산 회계처리를 하시오. (단, 매도가능증권과 관련된 전년도의 회계처리는 적절하게 수행함.) **필수**

[2024년, 116회]

주식명	전년도 취득가액	전년도말 공정가치	당해 연도 말 공정가치
엔비디아듀	1,000,000원	800,000원	2,000,000원

난이도 ★★

15 3월 24일, 회사가 보유하고 있던 매도가능증권(투자자산)을 다음과 같은 조건으로 처분하고 대금은 현금으로 회수하였다.(단, 전기의 기말평가는 일반기업회계기준에 따라 처리하였다.)

[2020년, 88회]

취득가액	시가(전기 12월 31일 현재)	당기 처분가액	비고
28,000,000원	24,000,000원	26,000,000원	시장성이 있다.

[기출문제 - 이론]

01 ② 재산세(ㅁ)는 보유 중 세금이므로 취득원가가 아니라 판매관리비에 속하는 세금과공과, 즉 당기 비용임.

02 ④ 이종자산 교환 시 취득원가 : 제공하는 자산의 공정가치 ⇒ 교환손익을 인식하게 된다.

03 ② 국공채의 매입가액과 현재가치와의 차액을 해당 자산가액에 합산한다.

04 ② 건물 신축을 위해 사용 중이던 기존건물을 철거하는 경우 기존건물의 장부가액은 유형자산처분손실로 인식하고 철거비용은 전액 당기비용으로 처리한다.

05 ④ 건물의 도색 등 자산의 현상유지를 위한 지출은 수익적 지출로 처리한다.

06 ③ 수익적 지출(비용)을 자본적지출(자산)으로 처리하면 자산 과대계상, 비용 과소계상 ⇒ 당기순이익 과대계상 ⇒ 자본 과대계상됨.

07 ③ 건설중인자산은 완공전이라 감가상각 할 수 없다.

08 ② ② 체감잔액법(정률법), 연수합계법은 감가상각액이 매 기간 감소함. ③ ④ 사용중단 유형자산은 처분예정이면 감가상각을 중단하고 사용 재개예정이면 감가상각비를 영업외비용 처리함.

09 ③ 감가상각비(비용) 과소 계상 ⇒ 당기순이익 과대계상 ⇒ 이익잉여금(자본) 과대계상, 감가상각누계액 과소계상 ⇒ 유형자산에서 차감되는 금액 감소하여 유형자산 장부가액(자산) 과대 계상

10 ① 제조원가인 감가상각비를 판매관리비로 회계처리 ⇒ 제조원가 과소 계상되어 제품매출원가가 과소 계상 ⇒ 매출총이익 증가 ⇒ 판매관리비가 증가하여 영업이익 및 당기순이익의 변동은 없음.

11 ④ 정률법, 이중체감법, 연수합계법은 모두 초기에 감가상각비가 크므로 초기 이익이 줄어든다.

12 ② 제1기 감가상각비 : 200,000원[2,000,000원 × 10%], 제2기 감가상각비 : 180,000원[(2,000,000원 − 200,000원) × 10%] ⇒ 제2기 감가상각누계액 380,000원(1기 200,000원 + 2기 180,000원)

13 ② (5,000,000원 − 500,000원) × [3년/(1 + 2 + 3)] × 3개월/12개월 = 562,500원

14 ④ ① 취득원가: 매입가액(20,000,000원) + 설치비(300,000원) + 20 × 2년 용도변경 개량비(4,000,000원) = 24,300,000원
② 20x4년 감가상각비(정액법) : 24,300,000원(취득원가) ÷ 6년 = 4,050,000원
③ 감가상각누계액 : 1년 감가상각비(4,050,000원) × 3년(20x2년 ~ 20x4년) = 12,150,000원
④ 미상각잔액(장부가액) : 취득가액(24,300,000원) − 감가상각누계액(12,150,000원) = 12,150,000원

15 ④   • 정액법 연간 감가상각비 3,000,000원. 전년도 + 당해연도, 2년치 감가상각 누계액 6,000,000원 ⇒ 처분 시 장부가액 9,000,000원 (15,000,000원 − 6,000,000원)
      • 유형자산처분금액 : 7,850,000원 (8,000,000원 − 150,000원)
      • 유형자산처분손실 : 1,150,000원 (9,000,000원 − 7,850,000원)

16 ②   • 총취득가액 : 전년도 기말평가액(1,000주 × 7,000원) − 매도가능증권평가이익(2,000,000원) = 5,000,000원
      • 1주당 취득가액 : 5,000,000원 ÷ 1,000주 = 5,000원
      • 매도가능증권 처분이익 : 500주 × (6,000원 − 5,000원) = 500,000원
      • 매도가능증권은 중간의 평가손익이 기타포괄손익누계(자본)으로 처리했다가 처분 시 기타포괄손익누계를 먼저 상계하므로 (매각금액 − 취득금액)으로 매도가능증권처분손익이 계산된다.

17 ④   임차보증금은 기타비유동자산이며 임차권리금이 무형자산임.

18 ②   무형자산의 인식요건은 식별가능성, 통제가능성, 미래 경제효익 가능성임.

19 ③   무형자산의 공정가치가 또는 회수가능액이 증가하더라도 무형자산 상각은 최초 원가에 기초하여 상각한다.

20 ①   ② 내부적으로 창출된 영업권은 무형자산으로 인식할 수 없음. ③ 연구단계에서 발생한 지출은 모두 당기 비용 처리함. ④ 법령/계약에 의해 정한 경우는 20년을 초과하여 무형자산을 상각할 수 있음.

21 ①   무형자산의 재무제표 표시는 직접법(무형자산에서 상각비 직접 차감), 간접법(무형자산에서 상각누계액 차감 표시) 모두 가능함.

[기출문제 - 실무]

01 일반전표 입력

8. 2.	(차) 토지	316,000,000	(대) 현금	13,000,000
			보통예금	303,000,000

- 토지 취득원가 : 취득금액 및 부대비용 모두 취득원가에 가산

  토지가액(300,000,000원) + 취득세(13,000,000원) + 등기수수료(300,000원) + 중개수수료(2,700,000원) = 316,000,000원
- 현금 지급(취득세 13,000,000원), 나머지(316,000,000원 − 13,000,000원 = 303,000,000원)는 보통예금 지급

02 일반전표 입력

8. 20.	(차) 토지	19,500,000	(대) 보통예금	30,000,000
	매도가능증권(178)	10,500,000		

- 토지 취득원가 가산 : 취득세(18,000,000원) + 지방채 손실액(12,000,000 − 10,500,000= 1,500,000원) = 19,500,000원
- 매도가능증권 계상액 : 10,500,000원(지방채 공정가치)

03 일반전표 입력

8. 30.	(차) 토지	7,280,000	(대) 자산수증이익(영업외수익)	7,000,000
			현금	280,000

- 토지를 무상기증 받으면 공정가치로 회계처리, 납부한 취득세는 토지가액에 가산

04 일반전표 입력

9. 19.	(차) 차량운반구	1,250,000	(대) 보통예금	1,250,000

05 일반전표 입력

4. 30.	(차) 건설중인자산	2,500,000	(대) 보통예금	2,500,000

※ 완공 전 건물은 건설중인자산 계정과목 사용

06 일반전표 입력

3. 1	(차) 토지	42,000,000	(대) 당좌예금	70,000,000
	건물	28,000,000		

- 토지, 건물 일괄취득 시 공정가치로 안분계산함. 토지 42,000,000원[70,000,000×(6천만 원/1억 원)], 건물 28,000,000원[70,000,000×(4천만 원/1억 원)]

07 일반전표 입력

5. 6.	(차) 임차보증금((주)명당)	20,000,000	(대) 선급금((주)명당)	2,000,000
			보통예금	18,000,000

08 일반전표 입력

12. 31.	(차) 토지	40,000,000	(대) 재평가차익(기타포괄손익누계)	40,000,000

- 토지를 재평가하여 가격이 상승하면 이를 당기순이익에 포함시키지 않기 위해 기타포괄손익누계로 처리하는 것임. 매도가능증권평가이익과 동일한 논리임.

09 일반전표 입력 : 영업부 감가상각비는 판매관리비 처리

12.31	(차) 감가상각비(판매관리비)	3,600,000	(대) 감가상각누계액(차량운반구)	3,600,000

- 취득은 20x0년 전년도이므로 20x1년은 1년치 감가상각 해야 함.
- 20x1년 정액법 감가상각비 : (20,000,000원 − 2,000,000원) ÷ 5년 = 3,600,000원

10 일반전표 입력

12.31	(차) 감가상각비(제조원가)	27,962,000	(대) 감가상각누계액(기계장치)	27,962,000

- 정률법 감가상각액 : (80,000,000원 − 18,000,000원) × 45.1% = 27,962,000원

11 일반전표 입력

7. 13.	(차) 감가상각누계액(건물)	250,000,000	(대) 건물	300,000,000
	유형자산처분손실(영업외비용)	58,000,000	보통예금	8,000,000

- 유형자산처분손실 : 잔존 장부가액 50,000,000원(300,000,000원 − 250,000,000원) + 철거비용 8,000,000원 = 58,000,000원

12 일반전표 입력

7. 9.	(차) 감가상각누계액(비품)	2,150,000	(대) 비품	3,500,000
	현금	600,000		
	미수금((주)중고유통)	400,000		
	유형자산처분손실(영업외비용)	350,000		

- 처분 시 장부가액: 3,500,000원(취득가액) − 2,150,000원(감가상각누계액) = 1,350,000원
- 처분손실 : 1,350,000원(장부가액) − 1,000,000원(처분가액) = 350,000원

13 **일반전표 입력**

12.31	(차) 무형자산상각비(판매관리비)	8,100,000	(대) 영업권(무형자산)	8,100,000

- 무형자산상각비 : 54,000,000원 ÷ 5년 × (9개월 / 12개월) = 8,100,000원

14 **일반전표 입력**

12.31	(차) 매도가능증권(178, 투자자산) 1,200,000	(대) 매도가능증권평가손실(기타포괄손익누계)	200,000
		매도가능증권평가이익(기타포괄손익누계)	1,000,000

- 전년도말 매도가능증권평가손실 : 취득가액(1,000,000원) − 공정가치(800,000원) = 200,000원
  매도가능증권 평가 시 기존의 매도가능증권평가손실 잔액을 먼저 없애야 함.
- 당해 연도 상승액 : 당해 연도말 공정가치(2,000,000원) − 전년도말 공정가치(800,000원) = 1,200,000원
- 매도가능증권 평가이익 잔액 : 당해 연도말 공정가치(2,000,000원) − 최초 취득가액(1,000,000원) = 1,000,000원

15 **일반전표 입력**

3. 24	(차) 현금	26,000,000	(대) 매도가능증권(178, 투자자산)	24,000,000
	매도가능증권처분손실(기타포괄)	2,000,000	매도가능증권평가손실(기타포괄)	4,000,000

- 기존 매도가능증권평가손실(기타포괄손익누계잔액) : 28,000,000원 − 24,000,000원 = 4,000,000원
  매도가능증권 처분 시 기존의 매도가능증권평가손실 잔액을 먼저 없애야 함.
- 처분손실 : 처분가액(26,000,000원) − 최초 취득가액(28,000,000원) = 2,000,000원

학습내용
- 매입채무 Vs 미지급금 · 예수금/미지급세금 등 · 퇴직급여충당부채 · 퇴직연금 · 장단기차입금
- 사채 · 충당부채 Vs 우발부채

공부방향
매회 2 ~ 3문제 출제되는데 대부분 전산회계1급 수준이되 차입금의 이자계산, 사채 발행, 사채할인(할증)발행차금 상각, 사채 상환 부분은 심화내용까지 출제되고 있음.

정교수 콕콕

핵심체크

부채 개념★★★
과거 거래 결과로 현재 기업실체가 부담하고 있고 미래 자원 유출 또는 사용이 예상되는 의무

정답 및 풀이 ①

② 정상주기 내 소멸 예상되면 보고기간 종료일부터 1년 이내 결제되지 않아도 유동부채로 분류함. ③ 미지급금은 일반적 상거래 이외에서 발생한 지급기일이 도래한 확정채무임. ④ 지출시기, 금액이 불확실해도 충당부채로 인식함.

---

1 부채 개념 ^{필수}

부채는 과거의 거래나 사건의 결과로 현재 기업실체가 부담하고 있고 미래에 자원의 유출 또는 사용이 예상되는 의무로 1년을 기준으로 유동부채와 비유동부채로 나뉩니다.

다만, 정상적인 영업주기 내에 소멸할 것으로 예상되는 매입채무와 미지급비용 등은 보고기간종료일로부터 1년 이내에 결제되지 않더라도 유동부채로 분류하며, 당좌차월, 단기차입금 및 유동성장기차입금 등은 보고기간종료일로부터 1년 이내에 결제되어야 하므로 영업주기와 관계없이 유동부채로 분류합니다.

이론기출 확인문제　　　　　　　　　　| 전산세무 2급, 102회 |

다음 중 부채에 관한 설명으로 옳은 것은?

① 부채는 보고기간 종료일로부터 1년 이내에 만기상환(결제)일이 도래하는지에 따라 유동부채와 비유동부채로 분류한다.
② 정상적인 영업주기 내에 소멸할 것으로 예상되는 매입채무와 미지급비용 등이 보고기간 종료일로부터 1년 이내에 결제되지 않으면 비유동부채로 분류한다.
③ 미지급금은 일반적으로 상거래에서 발생한 지급기일이 도래한 확정채무를 말한다.
④ 부채의 채무액이 현재 시점에서 반드시 확정되어 있어야 한다.

---

2 유동부채 ^{필수}

이미 전산회계1급에서 공부한 내용이므로 아래 계정과목을 읽으면서 공부한 내용을 상기시킨 뒤 전산세무2급에 주로 출제되는 문제를 복습차원에서 풀어보면 충분합니다. 유동부채는 주로 실무문제로 출제되고 있습니다.

계정과목		내용	계정과목	내용
매입채무	외상매입금	원재료, 상품을 구두상 외상으로 구입하면서 갚아야 할 빚	미지급금	건물, 기계장치 등 상거래 이외 거래에서 발생한 부채
	지급어음	원재료, 상품을 어음을 발행해 주고 외상으로 구입하면서 갚아야 할 빚	선수금	상거래에서 상품, 제품을 판매하기 전에 계약금 명목으로 미리 받은 돈
미지급비용		이미 발생한 관리비, 전기료, 수도료 등의 각종 비용 중 지급하지 못한 부분	미지급세금	회사가 납부할 세금 중 아직 납부하지 않은 금액
예수금		급여 지급 시 원천징수한 소득세, 국민연금 등 상거래 이외 거래로 인해 일시적으로 받아둔 돈	부가세예수금	재화, 용역을 판매할 때 소비자로부터 받아 보관 중 금액으로 추후 납부
선수수익		발생하지 않은 수익을 미리 받은 금액으로 월세 선수령이 대표적 사례임.	가수금	현금 등을 받았으나 수령의 이유를 모를 때 일단 임시로 사용하는 계정과목
단기차입금		회계기간 말 기준으로 1년 이내에 갚아야 할 차입금	당좌차월	은행잔고 초과해 인출하여 발생한 차입금으로 일종의 마이너스 통장금액
유동성장기부채		장기차입금 중 회계기간 말 기준으로 1년 이내 만기가 도래하는 장기차입금을 유동부채로 바꾸는 계정과목	미지급배당금	주주총회에서 배당 결의된 금액 중 아직 지급되지 않은 금액

유동부채 부분은 전산회계1급과 거의 비슷한 수준으로 출제되는데 자주 출제되는 유형의 문제는 다음과 같습니다. 다 아는 내용이라면 구체적으로 공부할 필요 없이 간단히 정답만 확인하고 넘겨도 충분합니다.

빈출 1	유동부채 종류 구분	전산세무 2급, 118회

다음 자료를 이용하여 유동부채에 해당하는 금액의 합계액을 구하면 얼마인가?

- 미지급금 : 3,000,000원
- 외상매입금 : 3,500,000원
- 선수금 : 1,000,000원
- 장기차입금 : 2,000,000원
- 유동성장기부채 : 1,500,000원
- 퇴직급여충당부채 : 2,500,000원

① 7,500,000원　　② 8,000,000원　　③ 8,500,000원　　④ 9,000,000원

핵심체크

유동부채★★★
- 매입채무(원재료, 상품 외상 구입) vs 미지급금(기계장치 등 외상구입)
- 예수금: 급여 지급 시 국민연금, 건강보험료 원천징수액
- 유동성장기부채: 결산일 기준 1년 이내 상환기일 도래한 장기차입금
- 당좌차월: 은행잔고 초과해 인출한 차입금
- 가수금: 이유를 모르는 현금 수령 시 사용하는 임시계정

정답 및 풀이 ④

미지급금(300만원) + 외상매입금(350만원) + 선수금(100만원) + 유동성장기부채(150만원) = 900만원

빈출 2　　외화 외상매입금 상환 시 외환차손익　　| 전산세무 **2급**, 118회 |

10월 1일, ㈜하나의 상품매입대금 197,000,000원 전액을 외환은행의 외화 보통예금 통장에서 송금하여 결제하고 수수료는 현금으로 지급하면서 다음과 같은 거래계산서를 발급받았다. 단, 수수료는 판관비로 처리하기로 하며, 하나의 전표로 처리하시오.

<table>
<tr><td colspan="5" align="center">환전/송금 거래계산서</td></tr>
<tr><td colspan="3">거래일 : 10월 1일</td><td colspan="2">수취인 : ㈜하나</td></tr>
<tr><td align="center">구분</td><td align="center">통화</td><td align="center">외화금액</td><td align="center">환율</td><td align="center">원화금액</td></tr>
<tr><td align="center">외화대체</td><td align="center">USD</td><td align="center">150,000$</td><td align="center">1,300원/$</td><td align="center">195,000,000원</td></tr>
<tr><td colspan="5">적요
당발이체수수료 : 20,000원　　내신외화금액 : USD 150,000　　내신원화금액 : 20,000원</td></tr>
</table>

[정답 및 풀이] 일반전표 입력

10.1	(차) 외상매입금((주)하나)	197,000,000	(대) 보통예금	195,000,000
	수수료비용(판매관리비)	20,000	외환차익(영업외수익)	2,000,000
			현금	20,000

🔍 **참고**

• 기존 외상매입금:
197,000,000원
• 외상매입금 상환액:
195,000,000원
• 수수료비용: 20,000원

빈출 3　　미지급금 발생　　| 전산세무 **2급**, 68회 |

2월 15일, 당사는 매출거래처인 ㈜역삼에 선물을 하기 위해 ㈜홍삼에서 홍삼을 250,000원에 구입하고, 전액 당사의 비씨카드로 결제하였다. (단, 부가가치세는 고려하지 않는다.)

[정답 및 풀이] 일반전표 입력

2. 15	(차) 기업업무추진비(판매관리비)	250,000	(대) 미지급금(비씨카드)	250,000

🔍 **참고**

추후 대금을 비씨카드에 갚으므로 미지급금 거래처는 꼭 비씨카드 선택

빈출 4　　급여 지급 시 예수금 발생　　| 전산세무 **2급**, 106회 |

다음은 4월 급여내역으로서 급여 지급일은 4월 30일이며, 보통예금 계좌에서 지급하였다. (단, 하나의 전표로 처리할 것).

부서	성명	총급여	소득세 등 공제합계	차감지급액
영업부	박유미	2,400,000원	258,290원	2,141,710원
제조부	이옥섭	2,100,000원	205,940원	1,894,060원
합계		4,500,000원	464,230원	4,035,770원

🔍 **참고**

급여(제조원가) 대신 임금(제조원가)도 가능

[정답 및 풀이] 일반전표 입력

4. 30	(차) 급여(판매비와관리비)	2,400,000	(대) 보통예금	4,035,770
	급여(제조원가)	2,100,000	예 수 금	464,230

| 빈출 5 | 예수금 납부 | 전산세무 2급, 112회 변형 |

5월 10일, 4월분 급여 지급 시 원천징수한 소득세 등 합계 464,230원을 보통예금 계좌에서 이체하여 납부하였다.

[정답 및 풀이] 일반전표 입력

| 5. 10 | (차) 예수금 | 464,230 | (대) 보통예금 | 464,230 |

| 빈출 6 | 가수금 발생 | 전산세무 2급, 119회 |

8월 1일, 생산부서 직원들의 작업복을 1,000,000원에 구입하였다. 200,000원은 보통예금 계좌에서 지급하였으며, 나머지 잔액은 대표이사 개인 명의의 보통예금 계좌에서 이체하여 지급하였다. 단, 가수금계정을 사용하며 거래처명을 대표이사로 사용할 것.

[정답 및 풀이] 일반전표 입력

| 8. 1 | (차) 복리후생비(제조원가) | 1,000,000 | (대) 보통예금 | 200,000 |
| | | | 가수금(대표이사) | 800,000 |

🔍 참고

대표이사가 회사에 임시로 빌려 준 돈은 가수금 처리

③ 비유동부채 필수

계정과목	내용	계정과목	내용
사채	회사가 일반 대중에게 자금을 조달하려고 집단적으로 발행하는 채권	장기차입금	금융기관 등에서 빌린 돈 중 회계기간 말을 기준으로 1년 이후에 갚아야 할 차입금
사채할인발행차금	사채를 액면 보다 싸게 발행하면서 발생한 차액	퇴직급여충당부채	전 임직원이 일시에 퇴직한다 가정할 때 지급할 퇴직금 중 아직 지급하지 않음 금액
사채할증발행차금	사채를 액면 보다 비싸게 발행하면서 발생한 차액	임대보증금	건물주가 세입자로부터 받은 전세보증금

비유동부채 중 장기차입금, 퇴직급여충당부채, 퇴직연금, 임대보증금은 전산회계1급과 동일한 내용이지만 전산회계1급에서는 거의 출제 되지 않던 사채는 사채의 발행, 사채할인(할증)발행차금 상각, 사채상환까지 구체적으로 공부해야 합니다.

🎯 **핵심체크**

퇴직급여충당부채★★
• 적 립
퇴직급여 ×××
　/ 퇴직급여충당부채 ×××
• 지 급
퇴직급여충당부채 ×××
　/ 보통예금 등　×××

🎯 **핵심체크**

DC형 퇴직연금★★★
• 임직원 소유 퇴직연금 계좌
로 입금 시 곧장 퇴직급여(비
용) 처리
　• 퇴직급여　×××
　　/ 보통예금 등　×××

🎯 **핵심체크**

DB형 퇴직연금★★★
• 회사 소유 퇴직연금 계좌로
입금 시 퇴직연금운용자산(투
자자산) 처리
　• 퇴직연금운용자산　×××
　　/ 보통예금 등　×××

| 빈출 1 | 퇴직급여충당부채 적립 | 전산세무 2급, 72회 |

퇴직급여충당부채를 설정하기 전 기말 현재 퇴직급여추계액 및 퇴직급여충당부채 잔액은 다음과 같다. 퇴직급여충당부채는 퇴직금추계액의 100%를 설정한다.

구분	퇴직급여추계액	퇴직급여충당부채 잔액
생 산 직	30,000,000원	10,000,000원
본사 사무직	15,000,000원	6,000,000원

• 제조원가(생산직) 퇴직급여충당금 부족액 : 30,000,000(필요액) − 10,000,000(잔액) = 20,000,000
• 판매비와관리비(사무직) 퇴직급여충당금 부족액 : 1500,000(필요액) − 6,000,000(잔액) = 9,000,000

[정답 및 풀이] 일반전표 입력

10.1	(차) 퇴직급여(제조원가)	20,000,000	(대) 퇴직급여충당부채	29,000,000
	퇴직급여(판매관리비)	9,000,000		

| 빈출 2 | 확정기여형(DC형) 퇴직연금 | 전산세무 2급, 119회 |

6월 7일, 영업부서 직원의 당기분 퇴직연금 20,000,000원을 보통예금 계좌에서 이체하였다. 당사는 확정기여형(DC형) 퇴직연금에 가입하였다.

[정답 및 풀이] 일반전표 입력

6. 7	(차) 퇴직급여(판매관리비)	20,000,000	(대) 보통예금	20,000,000

| 빈출 3 | 확정급여형(DB형) 퇴직연금 | 전산세무 2급, 101회 |

6월 9일, 영업부 직원들에 대한 확정급여형(DB형) 퇴직연금 납입액 10,000,000원과 퇴직연금운용수수료 550,000원을 보통예금 계좌에서 이체하였다.

[정답 및 풀이] 일반전표 입력

6. 9	(차) 퇴직연금운용자산	10,000,000	(대) 보통예금	10,550,000
	수수료비용(판매비와관리비)	550,000		

[참고] DB형(확정급여형) 퇴직연금 단계별 회계처리 요약

단 계	회 계 처 리				
퇴직금 발생액 인식	(차) 퇴직급여(비용)	×××	(대) 퇴직급여충당부채	×××	
퇴직연금 예치	(차) 퇴직연금운용자산 수수료비용(비용)	××× ×××	(대) 보통예금	×××	
퇴직금 지급	(차) 퇴직급여충당부채	×××	(대) 퇴직연금운용자산	×××	

빈출 4	외화 장기차입금 상환 시 외환차손익	전산세무 2급, 101회

7월 12일, 뉴욕은행으로부터 전년도에 차입한 외화장기차입금 $50,000를 우리은행 보통예금 계좌에서 이체하여 상환하였다.

> • 전년도 12월 31일 기준환율 : 1,192/$ • 당해 연도 7월 12일 기준환율 : 1,150/$

[정답 및 풀이] 일반전표 입력

(차) 외화장기차입금(뉴욕은행)	59,600,000	(대) 보통예금	57,500,000
		외환차익(영업외수익)	2,100,000

4️⃣ 충당부채 VS 우발부채

1️⃣ 충당부채

충당부채란 과거의 거래로 인한 현재 의무로서 지출의 시기 또는 금액이 불확실하지만 회사의 자산이 미래에 유출될 가능성이 높고 그 금액을 신뢰성 있게 측정할 수 있을 경우 이를 대비해 미리 부채로 인식하는 것을 말합니다. 충당부채는 최초 인식시점의 목적과 용도로만 사용해야 하는데 그 대표적인 사례가 바로 퇴직급여충당부채와 장기제품보증부채입니다.

퇴직급여 충당부채	전 임직원이 일시에 퇴직한다 가정할 때 지급할 퇴직금 중 아직 지급하지 않음 금액을 부채로 인식
	(차) 퇴직급여(제조원가/판관비) ××× (대) 퇴직급여충당부채 ×××
장 기 제품보증부채	제품, 상품을 판매 후 무상 A/S를 대비해 지출 예상액을 부채로 인식
	(차) 제품보증비(제조원가)[*1] ××× (대) 장기제품보증부채[*2] ×××

[*1] 제품보증비를 설정하는 문제는 전산세무2급에 출제된 적은 없으므로 개념만 이해하면 충분함.

[*2] 제품보증충당부채, 판매보증충당부채 등의 계정과목을 사용할 수도 있으나 KcLep은 장기제품보증부채 계정과목을 사용하고 있음.

실무기출 확인문제 | 전산세무 2급, 64회 |

2월 28일, 당사는 제품 판매 후 3년 이내에 발생하는 하자에 대해서는 무상으로 수리하여 주고 있다. 전기말에 장기제품보증부채로 계상한 금액은 50,000,000원이고, 당일 제품의 하자보증에 따른 비용으로 7,000,000원이 당좌수표로 지출되었다.

[정답 및 풀이] 일반전표 입력

2. 28	(차) 장기제품보증부채	7,000,000	(대) 당좌예금	7,000,000

[참고] 충당부채의 현재가치 평가

충당부채의 명목금액과 현재가치의 차이가 중요한 경우에는 의무를 이행하기 위하여 예상되는 지출액의 현재가치로 평가합니다. 또한 충당부채를 현재가치로 평가하여 표시하는 경우에는 장부금액을 기간 경과에 따라 증가시키고 해당 증가 금액은 당기비용으로 인식합니다.

2 우발부채 필수

우발부채란 과거의 거래로 인해 회사의 자산이 미래에 유출될 가능성이 크지 않거나 그 금액을 측정할 수 없는 잠재적인 부채를 말합니다. 그 대표적인 사례가 피소당한 손해배상소송 사건인데, 통상 손해배상 소송은 수년이 지나야 판결이 되기 때문에 당장은 배상 가능성과 금액을 알 수 없습니다.

따라서 우발부채는 재무상태표에 부채로 인식하지 않고 의무를 이행하기 위하여 자원이 유출될 가능성이 아주 낮지 않는 한, 우발부채를 주석에 기재하여 정보이용자에게 알립니다. 다음은 우발부채가 주석으로 공시된 사례입니다.

POSCO 감사보고서 주석 37번

당기말 현재 당사가 피소되어 계류중인 소송사건으로는 근로자 지위 확인 소송 등 25건(소송가액: 392억원)이 있습니다. 당사는 해당 소송사건으로 인한 현재 의무가 존재하지 않는다고 판단하여 충당부채를 인식하지 않았습니다.

[참고] 우발자산 : 자산으로 계상하지 않음

우발자산은 우발부채의 반대개념으로 과거의 거래로 인해 자산이 미래에 유입될 가능성이 있는 잠재적인 자산을 말합니다. 회계는 재무제표를 가급적 보수적으로 작성하기 때문에 우발부채와 달리 우발자산은 자산으로 계상하지 않으며 자원의 유입가능성이 매우 높은 경우에만 주석에 기재합니다.

다음 중 충당부채 및 우발부채에 대한 설명으로 가장 잘못된 것은?

① 충당부채는 최초인식시점에서 의도한 목적과 용도에만 사용하여야 한다.
② 충당부채는 보고기간 말마다 그 잔액을 검토하고, 보고기간 말 현재 최선의 추정치를 반영하여 증감 조정한다.
③ 당해 의무를 이행하기 위하여 자원이 유출될 가능성이 높지 않은 경우에도 충당부채 인식은 가능하다.
④ 우발부채는 부채로 인식하지 아니한다.

정교수 콕콕

정답 및 풀이 ③

자원 유출 가능성이 높지 않은 경우에는 충당부채 인식하지 않음.

5 사채

사채는 출제 빈도가 낮아 과감히 패스해도 전산세무 2급 시험 합격에는 지장이 없지만 사채 발행 형태 정도는 그렇지 어렵지 않으므로 가능하면 학습하길 바랍니다.

1 사채의 개념

사채(社債)란 회사가 일반 대중에게 자금을 조달하려고 집단적으로 발행하는 채권으로 회사채라고 부르기도 하는데 다음은 그 사례입니다. 이 채권은 매년 연 10% 이자를 지급하다가 20X3년 12월 31일이 되면 채권의 액면금액 1억 원을 되돌려 주는 조건입니다.

주식회사 명지패션 제 1회 社債券

- 액면금액 : 100,000,000원
- 발행일 : 20x1년 1월 1일
- 만기일 : 20x3년 12월 31일
- 이자율 : 연 10%

(주)명지패션 대표이사 김명지

---

2 사채 발행형태

여기서 채권 투자자의 가장 큰 관심사는 바로 이자 수령으로 채권 보유자에게 매년 지급되는 액면이자율과 채권이 발행될 당시 시장에서 지급되는 평균적인 이자율인 시장이자율입니다. 사채의 액면이자율이 시장이자율 보다 높은지 낮은지에 따라 다음과 같은 3가지 형태의 채권이 발행됩니다.

핵심체크

사채발행 형태★★
- 액면발행: 액면이자율 = 시장이자율
- 할인발행: 액면이자율 〈 시장이자율
- 할증발행: 액면이자율 〉 시장이자율
- 사채발행비: 사채발행금액에서 차감(할인발행차금 성격)

(1) 액면발행 : 액면이자율 = 시장이자율 _{필수}

1) 액면발행 개념

액면발행은 채권 발행 시 시장이자율과 채권의 액면이자율이 같은 경우로 투자자들은 ㈜명지패션 채권을 구입하던 다른 채권을 구입하던 동일한 이자를 받게 됩니다. 사례의 경우 투자자는 20x1년 1월 1일 100,000,000원을 ㈜명지패션에 지급하고 매년 10%의 이자를 받은 뒤, 20x3년 12월 31일 100,000,000원의 원금을 되돌려 받는 구조입니다.

2) 회계처리

1억 원을 액면발행 하여 회사 보통예금 통장으로 1억 원이 입금되었을 때 회계처리는 다음과 같습니다.

액면발행	(차) 보통예금 100,000,000 (대) 사 채 100,000,000

3) 재무상태표 표시

액면발행 후 재무상태표를 표시하면 다음과 같습니다.

보통예금	100,000,000	사채	100,000,000

(2) 할인발행 : 액면이자율 〈 시장이자율 _{필수}

1) 할인발행 개념

㈜명지패션이 발행하는 채권의 액면이자율 보다 시장의 다른 회사 채권이자율이 더 높다면 투자자들은 다른 회사 채권을 취득하게 됩니다. 예를 들어 ㈜명지패션 채권은 연 10%의 이자를 지급하는데 시장이자율이 연 12%라면 투자자들은 ㈜명지패션 채권을 사지 않거나 사더라도 채권금액 100,000,000원을 다 지급할 이유가 없습니다. 다른 곳에 투자하면 2% 더 많은 이자를 받을 수 있기 때문입니다.

이런 이유로 ㈜명지패션은 액면금액 100,000,000원에서 4,803,662원 정도 깎아서 95,196,338원에 채권을 발행해야 하는데 이를 할인발행이라고 합니다.

2) 사채할인발행차금

㈜명지패션은 사채 발행 시점에 투자자로부터 액면금액 100,000,000원 보다 4,803,662원을 덜 받았음에도 20x3년 12월 31일, 만기일에는 액면금액 100,000,000원을 상환해야 하는데, 이렇게 사채를 할인발행하면서 발생한 차액을 '사채할인발행차금'이라고 부릅니다.

핵심체크

액면발행★★
보통예금 ×××
  / 사 채 ×××

그럼 ㈜명지패션은 만기일에 왜 투자받은 돈 보다 4,803,662원 더 많은 100,000,000원을 지급해야 할까요? 그 이유는 채권 투자자들이 시장에서 다른 채권에 투자했더라면 더 받을 수 있었던 2% 이자를 보상해주기 위해서입니다.

3) 회계처리

사채가 할인발행 되었을 때 회계처리는 다음과 같습니다.

할인발행	(차) 보통예금 95,196,338 (대) 사채 100,000,000
	사채할인발행차금 4,803,662

할인발행★★
보통예금 ×××
사채할인발행차금 ×××
/ 사채 ×××

4) 재무제표 표시

사채 할인발행 후 재무상태표에 사채할인발행차금은 다음과 같이 사채의 차감항목으로 표시됩니다. 즉, 3년 뒤 만기일에 100,000,000원을 갚아야 하지만 사채발행일에는 4,803,000원 만큼 돈을 덜 받았기 때문에 순부채는 95,196,338원(100,000,000 ~ 4,803,662)입니다.

보통예금 95,196,338	사채	100,000,000
	사채할인발행차금	(4,803,662)

실무기출 확인문제 | 전산세무 2급, 114회 |

2월 4일, 액면가액 10,000,000원(5년 만기)인 사채를 9,800,000원에 할인 발행하였으며, 대금은 전액 보통예금 계좌로 입금되었다.

[정답 및 풀이] 일반전표 입력

2. 4	(차) 보통예금	9,800,000	(대) 사채	10,000,000
	사채할인발행차금	200,000		

(3) 할증발행 : 액면이자율 〉 시장이자율 `필수`

1) 할증발행 개념

㈜명지패션이 발행하는 채권의 액면이자율이 시장이자율 보다 더 높다면 투자자들은 다른 채권 보다는 ㈜명지패션 채권을 취득하게 됩니다. 예를 들어 ㈜명지패션 채권은 연 10%의 이자를 지급하는데 시장이자율이 연 8%라면 투자자들은 ㈜명지패션 채권을 살 때 채권금액 100,000,000원 보다 더 많은 금액을 지급하려 할 겁니다. ㈜명지패션이 다른 곳 보다 2% 더 많은 이자를 지급하기 때문입니다.

이런 이유로 ㈜명지패션은 액면금액 100,000,000원 보다 5,154,195원 정도 더 비싼 105,154,195원에 채권을 발행하는데 이를 할증발행이라고 합니다.

2) 사채할증발행차금

㈜명지패션은 사채 발행 시점에 투자자로부터 액면금액 100,000,000원 보다 5,154,195원 더 받았음에도 20x3년 12월 31일, 만기일에는 액면금액 100,000,000원을 상환하는데, 이렇게 사채를 할증발행하면서 발생한 차액을 '사채할증발행차금'이라고 부릅니다.

그럼 ㈜명지패션은 만기일에 왜 투자받은 돈 보다 5,154,195원 더 적은 100,000,000원을 지급 할까요? 그 이유는 ㈜명지패션이 채권투자자들에게 그동안 시장 보다 2% 더 많이 지급했던 이자를 뺀 금액을 돌려주기 때문입니다.

3) 회계처리

사채가 할증발행 되었을 때 회계처리는 다음과 같습니다.

할증발행	(차) 보통예금 105,154,195	(대) 사채 100,000,000
		사채할증발행차금 5,154,195

4) 재무제표 표시

사채 할증발행 후 재무상태표에 사채할증발행차금은 다음과 같이 사채의 가산항목으로 표시됩니다. 결국 3년 뒤 만기일에 100,000,000원을 갚아야 하지만 사채발행일에는 5,154,195원 만큼 돈을 더 받았기 때문에 순부채는 105,154,195원(100,000,000 + 5,154,195)입니다.

		:	
보통예금	105,154,195	사채	100,000,000
		사채할증발행차금	5,154,195
	:	:	

실무기출 확인문제 | 전산세무 2급, 84회 |

1월 2일, 액면가액 100,000,000원(3년 만기)인 사채를 105,000,000원에 할증 발행하였으며 대금은 전액 보통예금으로 입금되었다.

[정답 및 풀이] 일반전표 입력

1. 2	(차) 보통예금	105,000,000	(대) 사채	100,000,000
			사채할증발행차금	5,000,000

(4) 사채발행비

사채 발행에는 증권사 수수료, 광고비, 사채권 인쇄비 등의 "사채발행비"가 발생하는데, 일반기업회계기준은 이러한 사채발행비를 사채의 발행금액에서 차감하도록 규정하고 있습니다. 즉, 액면발행과 할인발행의 경우 이를 사채할인발행차금으로 처리하고, 할증발행의 경우는 사채할증발행차금에서 차감하게 됩니다.

좀 전 사례에서 사채발행비 1,000,000원이 발생했다면 회계처리가 다음과 같이 변합니다.

구분	회계처리			
액면발행	(차) 보통예금	99,000,000	(대) 사채	100,000,000
	사채할인발행차금	1,000,000		
할인발행	(차) 보통예금	94,196,338	(대) 사채	100,000,000
	사채할인발행차금	5,803,662		
할증발행	(차) 보통예금	104,154,195	(대) 사채	100,000,000
			사채할증발행차금	4,154,195

사채발행비 1,000,000원이 없을 때와 비교해 액면발행과 할인발행은 사채할인발행차금이 1,000,000원이 증가했고, 할증발행은 사채할증발행차금이 1,000,000원 감소했습니다.

(5) 사채발행 유형 요약 [필수]

구분	사채발행 유형	내용
액면이자율 = 시장이자율	액면발행	–
액면이자율 〈 시장이자율	할인발행	사채할인발행차금 발생
액면이자율 〉 시장이자율	할증발행	사채할증발행차금 발생

3 사채할인(할증)발행차금 상각 [어려우면 Pass]

사채할인(할증)발행차금 상각은 전산세무2급 시험에 자주 출제되지는 않기 때문에 시간이 없다면 과감히 패스하세요. 다만, 구체적인 사채할인(할증)발행차금 상각의 계산문제는 출제되지 않기 때문에 무조건 암기하기 말고 상각의 기본원리를 바탕으로 학습하면 충분하니 미리부터 포기하지 말고 한번 시도해 보기 바랍니다.

좀 전에 ㈜명지패션이 발행했던 사채할인발행과 사채할증발행 사례로 상각을 알아보겠습니다.

(1) 사채할인발행차금 상각

1) 개념

> • 사채 액면금액 100,000,000원 • 액면이자율 10% • 시장이자율 12%
> • 사채할인발행차금 4,803,662원 • 사채발행시 수령금액 95,196,338원

㈜명지패션은 사채발행 시에 사채할인발행차금을 제외한 95,196,338원을 수령한 뒤 사채 만기일에는 액면금액 100,000,000원을 상환해야 합니다. 즉, 만기일에 사채할인발행차금 4,803,662원을 추가로 더 지급해야 하는데 이는 채권 투자자들이 다른 채권에 투자했더라면 더 받을 수 있었던 2% 이자를 보상해주기 위한 일종의 추가 이자비용 성격입니다.

핵심체크

사채할인(할증)발행차금 상각
유효이자율법

2) 사채할인발행차금 상각

따라서 사채할인발행차금을 추가로 이자비용 처리해야 하는데 일반기업회계기준은 유효이자율법이라는 아래 방법을 통해 사채할인발행차금을 만기까지 3년간 나누어서 이자비용으로 인식하도록 규정하고 있는데 이를 '사채할인발행차금 상각'이라고 합니다.

기 간	유효이자(12%) (장부가액 × 유효이자율) ①	액면이자(10%) (액면금액 × 액면이자율) ②	사채할인발행차금 상각액 (① - ②)	사채장부가액 (액면 – 할인차금잔액)
20x1. 1. 1	–	–		95,196,338
20x1.12. 31	11,423,560	10,000,000	1,423,560	96,619,898
20x2.12. 31	11,594,388	10,000,000	1,594,388	98,214,286
20x3.12. 31	11,785,714	10,000,000	1,785,714	100,000,000
합계	34,803,662	30,000,000	4,803,662	

㈜명지패션은 이자지급일인 매년 12월 31일에 액면이자 10,000,000원(1억 원 × 10%)를 지급해야 하는데, 논리적인 연간 이자비용은 액면이자 10,000,000원이 아닙니다. 논리적으로 연간 이자비용은 사채 잔액(장부가액)에 시장이자율을 곱해 계산해야 합니다. 즉, 사채발행 1년차 회계상 이자비용은 '장부금액(95,196,338원) × 시장이자율(12%) = 11,423,560원"으로 이를 유효이자라고 부릅니다.

여기서 액면이자(10,000,000원)와 유효이자(11,423,560원) 사이에 1,423,560원의 차이가 발생하는데, 이 금액을 '사채할인발행차금 상각액'이라 부르며 다음과 같이 추가 이자비용으로 처리해야 합니다.

1년차	(차) 이자비용 11,423,560	(대) 보통예금 또는 현금 10,000,000
		사채할인발행차금 1,423,560
	장부금액(95,196,338원) × 시장이자율(12%) = 11,423,560원	

동일한 논리로 2년차, 3년차 이자비용 처리를 요약하면 다음과 같습니다.

2년차	(차) 이자비용 11,594,388	(대) 보통예금 또는 현금 10,000,000
		사채할인발행차금 1,594,388
	장부금액(96,619,898원) × 시장이자율(12%) = 11,594,388원	
3년차	(차) 이자비용 11,785,714	(대) 보통예금 또는 현금 10,000,000
		사채할인발행차금 1,785,714
	장부금액(98,214,286원) × 시장이자율(12%) = 11,785,714원	

여기서 두 가지 주의할 점이 있습니다.

첫째, 매년 사채할인발행차금을 상각해 나가면서 사채할인발행차금 총액이 줄어들고 그 만큼 사채장부가액이 증가해 결국 만기일에는 사채 액면금액 100,000,000원만 남게 됩니다. 둘째, 1년차(1,423,560원), 2년차(1,594,388원), 3년차(1,785,714원), 이렇게 사채할인발행차금 상각액은 매년 증가하게 됩니다. 왜냐하면 매년 증가하는 사채 장부가액에 유효이자율(시장이자율)을 곱해 유효이자를 계산한 뒤, 여기에서 액면이자를 차감해 사채할인발행차금을 계산하기 때문입니다.

실무기출 확인문제　　　　　| 전산세무 **2급**, 86회 |

다음에 제시된 자료를 토대로 당초 할인 발행한 사채의 이자비용에 대한 회계처리를 하시오. 단, 하나의 전표로 입력할 것.

구분	금 액	비 고
20x1년 귀속 사채 액면이자	10,000,000	보통예금에서 이체됨. 이자지급일 12.31
20x1년 귀속 사채할인발행차금 상각액	1,500,254	

[정답 및 풀이] 일반전표 입력

| 12.31 | (차) 이자비용 11,500,254 | (대) 보통예금 10,000,000 |
| | | 사채할인발행차금 1,500,254 |

정교수 콕콕

◎ 핵심체크

사채할인발행차금 상각
이자비용　　×××
／ 보통예금　　　×××
　사채할증발행차금　×××

◎ 핵심체크

사채할인발행차금 상각액
매년 증가

🔍 참고

• 총이자비용: 지급한 액면이자(10,000,000원)에 사채할인발행차금 상각액(1,500,254원) 가산

• 사채할인발행차금 상각액: 채권자가 다른 채권에 투자했더라면 더 받을 수 있었던 이자를 보상해주는 개념

📄 **정답 및 풀이 ④**

매년 증가하는 사채장부가액에 유효이자율을 곱해 유효이자를 계산한 뒤, 여기에서 액면이자를 차감해 사채할인발행차금을 계산하기 때문에 사채할인발행차금 상각액은 매년 증가함.

이론기출 확인문제 | 전산세무 2급, 90회 |

다음의 사채를 20x1년 1월 1일 발행하였다. 이자는 매년 말에 지급한다고 가정할 경우 사채와 관련한 다음 설명 중 잘못된 것은?

액면가액	액면이자율	유효이자율	만기	발행가액
100,000원	8%	10%	3년	92,669원

① 20x1년 결산일 현재 사채 장부가액은 사채 액면가액보다 작다.

② 20x1년 현금으로 지급된 이자는 8,000원이다.

③ 20x3년말 이자비용 인식 후 사채할인발행차금 잔액은 0원이다.

④ 사채할인발행차금 상각액은 매년 감소한다.

---

(2) 사채할증발행차금 상각

1) 개념

- 사채 액면금액 100,000,000원
- 액면이자율 10%
- 시장이자율 8%
- 사채할증발행차금 5,154,195원
- 사채발행시 수령금액 105,154,195원

㈜명지패션은 사채발행 시에 사채할증발행차금을 추가한 105,154,195원을 수령한 뒤 사채 만기일에는 액면금액 100,000,000원을 상환합니다. 즉, 만기일에 사채할증발행차금 5,154,195원을 뺀 액면금액만 지급하는데 이는 채권 투자자들에게 다른 채권 보다 더 지급했던 2% 이자를 돌려받는 성격입니다.

2) 사채할증발행차금 상각

따라서 사채할증발행차금을 이자비용에서 차감 처리해야 하는데 일반기업회계기준은 유효이자율법이라는 아래 방법을 통해 사채할증발행차금을 3년간 나누어서 이자비용에서 차감하도록 규정하고 있는데 이를 '사채할증발행차금 상각'이라고 합니다.

기 간	유효이자(8%) (장부가액 × 유효이자율) ①	액면이자(10%) (액면금액 × 액면이자율) ②	사채할증발행차금 상각액 (① − ②)	사채장부가액 (액면 + 할증차금잔액)
20x1. 1. 1	−	−		105,154,195
20x1.12. 31	8,412,335	10,000,000	(−)1,587,665	103,566,530
20x2.12. 31	8,285,322	10,000,000	(−)1,714,678	101,851,852
20x3.12. 31	8,148,148	10,000,000	(−)1,851,852	100,000,000
			(−)5,154,195	

㈜명지패션은 이자지급일인 매년 12월 31일에 액면이자 10,000,000원(1억원 × 10%)를 지급해야 하는데, 논리적인 연간 이자비용은 액면이자 10,000,000원이 아닙니다. 논리적으로 연간 이자비용은 사채 잔액(장부가액)에 시장이자율을 곱해 계산해야 합니다. 즉, 사채발행 1년차 회계상 이자비용은 '장부금액(105,154,195원) × 시장이자율(8%) = 8,412,335원"으로 이를 유효이자라고 부릅니다.

여기서 액면이자(10,000,000원)와 유효이자(8,412,335원) 사이에 1,587,665원의 차이가 발생하는데, 이 금액을 '사채할증발행차금 상각액'이라 부르며 다음과 같이 이자비용에서 차감처리해야 합니다.

1년차	(차) 이자비용　　　　　　　8,412,335　(대) 보통예금 또는 현금　10,000,000 (차) 사채할증발행차금　1,587,665
	장부금액(105,154,195원) × 시장이자율(8%) = 8,412,335원

동일한 논리로 2년차, 3년차 이자비용 처리를 요약하면 다음과 같습니다.

2년차	(차) 이자비용　　　　　　　8,285,322　(대) 보통예금 또는 현금　10,000,000 (차) 사채할증발행차금　1,714,678
	장부금액(103,566,530원) × 시장이자율(8%) = 8,285,322원
3년차	(차) 이자비용　　　　　　　8,148,148　(대) 보통예금 또는 현금　10,000,000 (차) 사채할증발행차금　1,851,852
	장부금액(101,851,852원) × 시장이자율(8%) = 8,148,148원

여기서 두 가지 주의할 점이 있습니다.

첫째, 매년 사채할증발행차금을 상각해 나가면서 사채할증발행차금 총액이 줄어들고 그 만큼 사채장부가액이 감소해 결국 만기일에는 사채 액면금액 100,000,000원이 됩니다.
둘째, 1년차(1,587,665원), 2년차(1,714,678원), 3년차(1,851,852원), 이렇게 사채할증발행차금 상각액은 매년 증가하게 됩니다. 왜냐하면 매년 감소하는 사채장부가액에 유효이자율(시장이자율)을 곱해 유효이자를 계산한 뒤, 액면이자에서 이 유효이자를 차감해 사채할증발행차금을 계산하기 때문입니다.

🎯 핵심체크

사채할증발행차금 상각
이자비용　　　　　　　×××
사채할증발행차금　　×××
／ 보통예금　　　　　×××

🎯 핵심체크

사채할증발행차금 상각액
매년 증가

참고

• 총이자비용: 지급한 액면이자(10,000,000원)에서 사채할증발행차금 상각액(1,601,305원) 차감.

• 사채할증발행차금 상각액: 시장 보다 더 지급한 이자를 차감하는 개념임.

실무기출 확인문제 | 전산세무 2급, 86회 |

다음에 제시된 자료를 토대로 당초 할증 발행한 사채의 이자비용에 대한 회계처리를 하시오. 단, 하나의 전표로 입력할 것.

구분	금 액	비 고
20X1년 귀속 사채 액면이자	10,000,000	보통예금에서 이체됨. 이자지급일 12.31
20X1년 귀속 사채할증발행차금 상각액	1,601,305	

[정답 및 풀이] 일반전표 입력

12.31	(차) 이자비용	8,398,695	(대) 보통예금	10,000,000
	사채할증발행차금	1,601,305		

4 사채의 조기상환 `필수`

사채 발행 후 추후 만기 시점이 되면 액면발행, 할인발행, 할증발행에 관계없이 장부상 사채금액이 모두 액면금액이 되므로, 그 액면금액을 상환하면 됩니다. 그러나 가끔씩은 다음과 같이 만기 이전에 조기상환이 이루어지면서 사채상환이익 또는 사채상환손실이 발생합니다.

핵심체크

사채조기상환★
사채상환손실 또는 사채상환이익 인식

실무기출 확인문제 | 전산세무 2급, 78회 |

4월 25일, 상환일 현재 사채할인발행차금 3,000,000원이 남아 있는 사채(액면가액 50,000,000원) 전액을 62,000,000원에 보통예금계좌에서 이체하여 중도 상환하였다. (다른 사채발행은 없으며, 상환기간까지의 이자는 고려하지 아니한다.)

참고

• 사채장부가액: 액면금액(5천만원) − 할인발행차금(300만원) = 4,700만원
• 상환액: 6,200만원
• 사채상환손실: 4,700만원 − 6,200만원 = 1,500만원

[정답 및 풀이] 일반전표 입력

4. 25	(차) 사채	50,000,000	(대) 보통예금	62,000,000
	사채상환손실	15,000,000	사채할인발행차금	3,000,000

[참고] 사채발행가액의 결정 : 미래 현금흐름의 현재가치 `어려우면 Pass`

앞에서 사채 액면이자율이 시장이자율 보다 낮으면 할인발행 된다고 했는데요. 그럼 구체적인 발행가액은 어떻게 결정될까요? 다만, 이 내용은 전산세무2급 시험에 구체적으로 출제되지 않으므로 개념만 이해하면 충분합니다.

• 현재가치의 개념

사채발행가액을 알기 위해서는 먼저 현재가치의 개념부터 알아야 하는데요, 현재가치란 미래에 유입되는 현금을 당장의 가치로 환산한 값입니다. 예를 들어 은행이자율이 연 10%일 때 복리로 은행에 100만 원을 예금하면 2년 뒤에 얼마를 받을까요?

지금 당장 100만 원을 은행에 예금하면 2년 뒤에는 121만 원(원금 100만 원 + 2년치 이자 20만 원+ 첫해 이자 10만 원의 10% 이자 1만 원)을 받게 됩니다. 이를 수식으로 표현하면 다음과 같습니다.

$$100 \times (1 + 10\%)^2 = 121만\ 원 \quad \Rightarrow \quad \frac{121만\ 원}{(1 + 10\%)^2} = 100만\ 원$$

즉, 지금 당장 100만 원과 2년 뒤 미래가치 121만 원은 가치가 같으며, 이를 달리 표현하면 '미래가치 121만 원을 이자율 10%로 할인하면 현재가치는 100만 원'이 되는 것입니다.

- 사채할인발행 시 발행가격 결정

사채 발행내역	• 사채 액면금액 100,000,000원 • 액면이자율 10% • 시장이자율 12%
발행가격 계산	$\dfrac{10,000,000}{(1 + 12\%)^1} + \dfrac{10,000,000}{(1 + 12\%)^2} + \dfrac{110,000,000}{(1 + 12\%)^3} = 95,196,338원$

사채를 취득하면 1년차 말에 이자 10,000,000원, 2년차 말에 이자 10,000,000원, 3년차 말에 이자+원금 110,000,000원을 받게 되고, 시장이자율이 12%이므로 그 현재가치는 95,196,338원이 사채 발행가액이 되는 겁니다.
즉, 사채의 발행가액은 사채의 미래현금흐름을 사채 발행 당시 시장이자율(유효이자율)로 할인한 현재가치의 합계로 결정되는 것입니다.

[참고] 금융부채 : 차입금, 사채 등 어려우면 Pass

일반기업회계기준은 금융상품 관련 하여 최초 인식 ⇒ 후속 측정 ⇒ 소멸 순으로 다음과 같이 규정하고 있습니다. 전산세무 2급 시험 차원에서는 과감하게 패스해도 상관없으니 한번만 읽어보고 넘기면 충분합니다.

구분	내용
최초 인식	최초 인식 시 공정가치로 측정
후속 측정	사채 등 금융부채는 유효이자율법을 사용하여 상각후원가로 후속 측정, 관련 손익은 유효이자율법을 적용하여 이자비용 인식
소멸	채무자가 현금, 그 밖의 금융자산, 재화 또는 용역을 채권자에게 제공하거나 채권자에게 법적으로 유효하게 면제받는 경우 소멸
	소멸 또는 제3자에게 양도한 금융부채의 장부금액과 지급한 대가의 차액은 당기손익으로 인식

🎯 **핵심체크**

금융부채 처리
• 취득: 공정가치
• 후속측정: 상각후 원가, 유효이자율법 적용
• 소멸: 현금 등 제공(또는 면제), 금융부채 − 장부금액(당기 손익)

14 이론기출 공략하기

[부채 일반]

난이도 ★★

01 다음 중 부채에 대한 설명으로 옳지 않은 것은? 필수 [2025년, 122회]

① 충당부채는 일정한 요건을 충족한 경우에 재무제표에 부채로 인식한다.
② 부채는 보고기간 종료일로부터 1년 이내에 만기상환일이 도래하는지 여부에 따라 유동, 비유동부채로 분류한다.
③ 부채는 과거의 거래나 사건의 결과로 현재 기업실체에 부담이 있고, 미래에 자원의 유출이 예상되는 의무이다.
④ 우발부채는 자원의 유출가능성이 아주 낮은 경우에도 주석에 기재한다.

난이도 ★★

02 다음 중 부채에 대한 설명으로 옳지 않은 것은? 필수 [2017년, 71회]

① 부채는 원칙적으로 1년을 기준으로 유동부채와 비유동부채로 분류한다.
② 일반기업회계기준에는 단기차입금, 매입채무 그리고 사채를 유동부채항목으로 분류하고 있다.
③ 충당부채는 과거 사건이나 거래의 결과에 의한 현재의무로서 자원이 유출될 가능성이 매우 높아야 한다.
④ 우발부채는 부채로 인식하지 않고 주석으로 기재한다.

난이도 ★★★

03 다음 중 금융부채에 대한 설명으로 틀린 것은? [2023년, 109회]

① 금융부채는 최초 인식 시 공정가치로 측정하는 것이 원칙이다.
② 양도한 금융부채의 장부금액과 지급한 대가의 차액은 기타포괄손익으로 인식한다.
③ 금융부채는 후속 측정 시 상각후원가로 측정하는 것이 원칙이다.
④ 금융채무자가 재화 또는 용역을 채권자에게 제공하여 금융부채를 소멸시킬 수 있다.

난이도 ★

04 다음 자료를 이용하여 유동부채에 포함될 금액을 구하면 얼마인가? 필수 [2022년, 106회]

• 외상매입금 100,000,000원	• 선수금 5,000,000원	• 미지급금 3,000,000원
• 퇴직급여충당부채 500,000,000원	• 사채 50,000,000원	

① 655,000,000원
② 158,000,000원
③ 108,000,000원
④ 58,000,000원

05 다음 중 충당부채에 대한 설명으로 가장 옳지 않은 것은? `필수` [2023년, 107회]

① 충당부채의 명목금액과 현재가치의 차이가 중요한 경우에는 의무를 이행하기 위해 예상되는 지출액의 미래가치로 평가한다.

② 충당부채는 최초의 인식시점에서 의도한 목적과 용도로만 사용해야 한다.

③ 충당부채로 인식하기 위해서는 과거 거래의 결과로 현재 의무가 존재하여야 하고, 그 의무를 이행하기 위해 자원이 유출될 가능성이 매우 높아야 한다.

④ 충당부채로 인식하는 금액은 현재의무를 이행하는데 소요되는 지출에 대한 보고기간 말 현재 최선의 추정치여야 한다.

06 다음 중 자산과 부채에 대한 설명으로 틀린 것은? `필수` [2022년, 105회]

① 우발자산은 자산으로 인식한다.

② 부채는 과거의 거래나 사건의 결과로 현재 기업 실체가 부담하고 있고 미래에 자원의 유출 또는 사용이 예상되는 의무이다.

③ 부채는 원칙적으로 1년을 기준으로 유동부채와 비유동부채로 분류한다.

④ 우발부채는 부채로 인식하지 않고 주석으로 기재한다.

07 다음 중 충당부채로 인식할 수 있는 요건이 아닌 것은? [2017년, 72회]

① 과거 사건의 결과로 현재 법적 의무 또는 의제의무가 존재한다.

② 당해 의무를 이행하기 위하여 회사의 자산이 미래에 유출될 가능성이 높다.

③ 지출의 시기 및 금액을 확실히 추정할 수 있다.

④ 당해 의무의 이행에 소요되는 금액을 신뢰성 있게 추정할 수 있다.

08 다음은 충당부채 및 우발부채에 관한 설명이다. 잘못된 것은? [2015년, 65회]

① 충당부채로 인식하기 위해서는 현재 의무가 존재하여야 할 뿐만 아니라, 그 의무의 이행을 위한 자원의 유출 가능성이 매우 높아야 한다.

② 충당부채의 명목금액과 현재가치의 차이가 중요한 경우에는 의무를 이행하기 위하여 예상되는 지출액의 현재가치로 평가한다.

③ 우발부채는 부채로 인식하여야 한다.

④ 현재의무를 이행하기 위하여 소요되는 지출 금액에 영향을 미치는 미래사건이 발생할 것이라는 충분하고 객관적인 증거가 있는 경우에는, 그러한 미래사건을 감안하여 충당부채 금액을 추정한다.

[사 채]

난이도 ★★

09 다음 중 사채에 대한 설명으로 옳지 않은 것은? 필수 [2022년, 103회]

① 사채발행비용은 사채의 발행가액에서 차감한다.

② 액면이자율보다 시장이자율이 클 경우 할증발행한다.

③ 사채할인발행차금은 해당 사채의 액면가액에서 차감하여 기재한다.

④ 사채할인(할증)발행차금은 유효이자율법에 의하여 상각 또는 환입한다.

난이도 ★★★

10 다음 중 사채의 발행에 대한 설명으로 옳지 않은 것은? 필수 [2024년, 118회]

① 사채의 액면이자율이 유효이자율보다 큰 경우에는 발행가액이 할증된다.

② 사채가 할인발행 되는 경우 사채의 장부가액은 매년 감소한다.

③ 사채가 할증발행 되는 경우 액면이자는 매년 일정하다.

④ 사채가 할인발행 되는 경우 유효이자는 만기까지 매년 증가한다.

11 다음 중 사채에 대한 설명으로 틀린 것은? [2020년, 88회]

① 사채의 액면이자율이 시장이자율보다 더 크면 사채는 할증발행 된다.

② 사채발행시 발생한 비용은 발행가액에서 직접 차감한다.

③ 사채할증발행차금은 자본잉여금에 해당한다.

④ 사채할인발행시에 유효이자율법 적용시 기간이 경과함에 따라 사채의 장부가액은 증가한다.

난이도 ★★★

12 다음의 사채를 20x1년 1월 1일 발행하였다. 이자는 매년 말에 지급한다고 가정할 경우 사채와 관련한 다음 설명 중 잘못된 것은? 필수 [2018년, 81회]

액면가액	액면이자율	시장이자율	만기	발행가액
1,000,000원	10%	4%	3년	1,166,505원

① 20x1년 결산일 현재 사채 장부가액은 사채 액면가액보다 크다.

② 20x1년 현금으로 지급된 이자는 100,000원이다.

③ 사채할증발행차금 상각액은 매년 감소한다.

④ 20x3년 말 이자비용 인식 후 사채할증발행차금 잔액은 0원이다.

난이도 ★★

13 다음 중 퇴직연금부담금이 정상적으로 납부된 경우 일반기업회계기준상 퇴직급여에 대한 설명으로 가장 옳은 것은? 필수 [2025년, 121회]

① 확정급여형 퇴직연금제도(DB형)를 설정하는 경우에는 당해 회계기간에 대하여 기업이 납부하여야 할 부담금은 퇴직급여(비용)로 인식한다.

② 확정급여형 퇴직연금제도(DB형)를 설정하는 경우에는 근로자가 직접 적립금을 운용하여 퇴직급여가 장래에 달라지는 제도이다.

③ 확정기여형 퇴직연금제도(DC형)를 설정하는 경우에는 회사는 매년 퇴직급여를 비용으로 회계처리 한다.

④ 확정기여형 퇴직연금제도(DC형)를 설정하는 경우에는 운용되는 자산은 회사가 직접 보유하고 있는 것으로 보아 회계처리를 한다.

14 실무기출 공략하기

[부채 일반]

난이도 ★

01 4월 18일, 직원이 업무용으로 사용하던 자동차를 ㈜인성에 판매하기로 계약하고 계약금 5,000,000원을 만기가 3개월인 ㈜인성에서 발행한 약속어음으로 수령하였다. 필수
[2018년, 76회]

난이도 ★★

02 9월 30일, 장기차입금(우리은행) 70,000,000원을 상환하기로 하고, 이자를 포함하여 70,670,000원을 보통예금 계좌에서 지급하였다. 단, 하나의 전표로 입력할 것.(3점)
[2025년, 122회]

난이도 ★★

03 9월 3일, 미국의 바이든은행으로부터 금년 2월 10일 차입한 단기차입금 $20,000를 보통예금에서 달러로 환전하여 상환하였다. 상환당시 환율은 1$당 1,100원이었고, 차입당시 환율은 1$당 1,200원이었다. 환전수수료등 기타 비용은 없었다. 필수
[2021년, 96회]

난이도 ★★

04 4월 1일, 미국 LA은행으로부터 차입한 외화장기차입금 $20,000와 이자 $800에 대해 보통예금으로 달러를 구입하여 원금과 이자를 지급하였다. 4월 1일의 기준환율은 1,400원/$이다(단, 외화장기차입금을 거래처원장에서 조회한 금액은 26,000,000원임. 하나의 전표로 처리할 것). 필수
[2023년, 111회]

난이도 ★★

05 2월 21일, 제조부서 강하나 과장의 급여가 보통예금에서 지급되었다. 임금과 상여금 계정을 사용하여 분개하기로 하며, 예수금은 하나의 계정으로 처리하시오. 필수
[2025년, 121회]

이름	강하나	지급일	2월 21일
기본급	3,000,000원	소득세	91,460원
식대	100,000원	지방소득세	9,140원
상여	1,000,000원	국민연금	135,000원
		건강보험	106,350원
		장기요양보험	13,770원
급여계	4,100,000원	공제합계	355,720원
		지급총액	3,744,280원

06 2월 24일, 판매부서 사원 유재석의 2월 급여 2,000,000원에 대하여 근로자 부담분 사회보험료(국민연금 100,000원, 건강보험 80,000원, 장기요양보험료 10,000원), 근로소득세 90,000원 및 지방소득세 9,000원을 차감한 나머지 1,711,000원을 보통예금에서 이체하였다. [2016년, 66회]

07 11월 1일, 제2기 예정분 부가가치세 고지금액을 가산세를 포함하여 보통예금 계좌에서 이체하여 납부하였다. (단, 부가세예수금 계정을 사용하고 차액은 잡손실 계정으로 회계처리 한다.) [2024년, 117회]

납부고지서 겸 영수증 (납세자용)

납부번호	분류기호	납부연월	결정구분	세목	발행번호
	0126	2410	7	41	85521897

성명(상호)	㈜어진상사	사업자등록번호	571-85-01094
주소(사업장)	서울시 구로구 안양천로 539길 6		

납부기한	2024년 10월 25일 까지
부가가치세	950,000
계	950,000

납기경과 10. 26.까지	납부지연가산세	28,500
	계	978,500

납기 후 납부시 우측〈납부일자별 납부할 금액〉을 참고하여 기재		
납기경과 10. 27.부터	납부할 금액	978,500

위 금액을 한국은행 국고(수납)대리점인
은행 또는 우체국 등에 납부하시기 바랍니다.
(인터넷 등에 의한 전자납부 가능)

위 금액을 정히 영수합니다. (수납인)

년 월 일
10월 05일 은행

08 결산일 현재 가수금 3,000,000원의 내역이 다음과 같이 확인되었다. [2016년, 68회]

- 명가전자에 대한 거래로 제품매출을 위한 계약금을 받은 금액 : 500,000원
- 명가전자에 대한 외상대금 중 일부를 회수한 금액 : 2,500,000원

09 3월 28일, 남일상사에 대한 외상매입금 15,500,000원 중 7,000,000원은 보통예금 계좌에서 이체하여 지급하였으며 잔액은 대표자 개인 명의의 보통예금 계좌에서 이체하여 지급하였다. (단, 가수금 계정을 사용하고, 거래처는 대표자를 입력할 것). 필수

[2024년, 113회]

10 3월 15일, 업무와 관련된 자산을 취득하는 조건으로 서울시청으로부터 정부보조금 50,000,000원(이 중 50%는 상환의무가 없는 지원금이며, 나머지 50%는 3년후 원금을 상환해야 함)을 받아 보통예금에 입금하였다.

[2021년, 98회]

[퇴직급여충당금/퇴직연금]

11 결산일 퇴직급여충당부채를 설정하기 전 기말 현재 퇴직급여추계액 및 퇴직급여충당부채의 잔액은 다음과 같다. 퇴직급여충당부채는 퇴직급여추계액의 5%를 설정한다. [2013년, 57회]

구분	퇴직급여추계액	퇴직급여충당부채
생산직	100,000,000원	2,000,000원
영업직	200,000,000원	6,000,000원

12 3월 31일, 제조공장의 직원을 위해 확정기여형(DC) 퇴직연금에 가입하고 당월분 납입액 2,700,000원을 보통예금 계좌에서 퇴직연금 계좌로 이체하였다. 필수

[2023년, 108회]

13 6월 11일, 당사는 확정급여형(DB)퇴직연금을 가입하고 있으며, 가입한 퇴직연금에 대한 이자 150,000원이 퇴직연금계좌로 입금되었다.

[2020년, 88회]

14 10월 5일, 당사는 금융기관의 퇴직연금상품에 가입하였으며, 당해 연도 퇴직급여로서 생산직 직원에 대해서는 확정급여형(DB형) 상품으로 25,000,000원, 판매직 직원에 대해서는 확정기여형(DC형) 상품으로 15,000,000원을 보통예금 계좌에서 이체하였다. 단, 하나의 전표로 입력하시오. 필수

[2024년, 118회]

난이도 ★★

15 5월 20일, 생산직 사원인 홍길동이 퇴사하여 퇴직금 16,000,000원 중 퇴직소득세 및 지방소득세 합계액 2,000,000
원을 원천징수하고, 나머지 잔액을 보통예금에서 지급하였다.(퇴직일 현재 장부상 퇴직급여충당부채 계정잔액은
24,000,000원 이다.)　　　　　　　　　　　　　　　　　　　　　　　　　　　　　　　　　　　　[2014년, 59회]

[사채]

난이도 ★★

16 2월 4일, 액면가액 10,000,000원(5년 만기)인 사채를 9,800,000원에 할인 발행하였으며, 대금은 전액 보통예금 계
좌로 입금되었다. 필수　　　　　　　　　　　　　　　　　　　　　　　　　　　　　　　　　　　　[2024년, 114회]

난이도 ★★★

17 3월 1일, 액면가액 10,000,000원의 사채를 발행하여 12,000,000원이 보통예금 계좌로 입금되었다. 사채발행 관련
수수료 2,500,000원은 현금으로 지급하였다.(하나의 전표로 입력하시오.)　　　　　　　　　　　　[2016년, 69회]

난이도 ★★

18 12월 31일, 다음 제시된 자료를 토대로 당초 할인 발행한 사채의 이자비용에 대한 회계처리를 하시오. 단, 하나의 전
표로 입력할 것. 필수　　　　　　　　　　　　　　　　　　　　　　　　　　　　　　　　　　　　[2017년, 72회]

구　분	금　액	비　고
당해 연도 귀속 사채 액면이자	10,000,000	보통예금으로 이체됨. 이자지급일 12.31
당해 연도 귀속 사채할인발행차금 상각액	1,423,760	

난이도 ★★

19 10월 11일, 회사가 발행 중인 사채(액면가액 50,000,000원) 중 액면가 30,000,000원을 30,850,000원에 보통예
금 계좌에서 이체하여 조기에 상환하였다. 당사의 사채할인(할증)발행차금 계정의 잔액은 없었다. 필수

[기출문제 – 이론]

01 ④ 자원이 유출될 가능성이 아주 낮지 않는 한, 우발부채를 주석에 기재함. 즉, 자원 유출 가능성이 낮은 경우에는 주석으로 기재하지 않음.

02 ② 사채는 비유동부채임.

03 ② 소멸 또는 제3자에게 양도한 금융부채의 장부금액과 지급한 대가의 차액은 당기손익으로 인식

04 ③ 외상매입금(100,000,000원) + 선수금(5,000,000원) + 미지급금(3,000,000원) = 108,000,000원

05 ① 충당부채의 명목금액과 현재가치의 차이가 중요한 경우 의무 이행에 예상되는 지출액의 현재가치로 평가

06 ① 우발자산은 자산으로 인식하지 않고 자원의 유입 가능성이 높은 경우에만 주석으로 기재

07 ③ 충당부채는 지출의 시기, 금액은 불확실함.

08 ③ 우발부채는 부채로 인식하지 않고 자원이 유출될 가능성이 아주 낮지 않는 한 그 내용을 주석으로 기재

09 ② 액면 이자율 보다 시장이자율이 더 크면 할인 발행됨

10 ② ① 액면이자율 〉 유효이자율(시장이자율): 시장 보다 높은 이자를 지급하므로 사채는 할증 발행됨. ② 사채 할인 발행 후 매년 사채할인발행차금이 상각되면서 줄어들면 장부가액은 매년 증가함. ③ 사채가 할증 할인 발행 되더라도 매년 액면이자는 동일하게 지급됨. ④ 사채가 할인 발행되면 매년 사채할인발행차금이 줄어들면서 장부가액이 증가하므로 유효이자(장부가액 ×유효이자율)는 매년 증가함.

11 ③ 사채할증발행차금은 자본잉여금이 아니라 사채의 가산 계정과목임.

12 ③ 유효이자율법에 의한 사채할증발행차금 상각액은 매년 증가함.

13 ③ ①② DB(확정급여)형 퇴직연금에 가입하면 회사 소유 퇴직연금운용자산에 지급할 퇴직금을 매년 적립하여 회사가 직접 운용함. ③④ DC(확정기여)형 퇴직연금에 가입하면 임직원 소유 퇴직연금 계좌에 퇴직금을 매년 정산해 지급하고 해당 임직원이 직접 운용함. 즉, 회사는 매년 퇴직급여(비용) 처리함.

[기출문제 - 실무]

01 일반전표 입력

4. 18	(차) 미수금((주)인성)	5,000,000	(대) 선수금((주)인성)	5,000,000

- 상거래 이외로 약속어음 수령 시 미수금 처리, 자동차 인계 전 미리 수령한 계약금은 선수금 처리

02 일반전표 입력

9. 30	(차) 장기차입금(우리은행) 이자비용(영업외비용)	70,000,000 670,000	(대) 보통예금	70,670,000

03 일반전표 입력

9. 3	(차) 단기차입금(바이든은행)	24,000,000	(대) 보통예금 외환차익(영업외수익)	22,000,000 2,000,000

- 환율 하락으로 인한 외환차익: $20,000 × (1,200원−1,100원) = 2,000,000원

04 일반전표 입력

4. 1	(차) 외화장기차입금(우리은행) 이자비용(영업외비용) 외환차손(영업외비용)	26,000,000 1,120,000 2,000,000	(대) 보통예금	29,120,000

- 이자비용 : $800 × 1,400원 = 1,120,000원
- 환율 상승으로 인한 외환차손 : 상환액 28,000,000원($20,000 × 1,400원) − 장기차입금 장부가액(26,000,000) = 2,000,000원

05 일반전표 입력

2. 21	(차) 임금(제조원가) 상여금(제조원가)	3,000,000 1,100,000	(대) 예수금 보통예금	355,720 3,744,280

06 일반전표 입력

2. 24	(차) 급여(판매관리비)	2,000,000	(대) 예수금 보통예금	289,000 1,711,000

07 일반전표 입력

11. 1	(차) 부가세예수금 잡손실(영업외비용)	950,000 28,500	(대) 보통예금	978,500

08 일반전표 입력

12. 31	(차) 가수금(명가전자)	3,000,000	(대) 선수금(명가전자)	500,000
			외상매출금(명가전자)	2,500,000

09 일반전표 입력

3. 28	(차) 외상매입금(남일상사)	15,500,000	(대) 보통예금	7,000,000
			가수금(대표자)	8,500,000

10 일반전표 입력

3. 15	(차) 보통예금	50,000,000	(대) 장기차입금(서울시청)	25,000,000
			정부보조금(보통예금차감)	25,000,000

11 일반전표 입력

12. 31	(차) 퇴직급여(제조원가)	3,000,000	(대) 퇴직급여충당부채	7,000,000
	퇴직급여(판매관리비)	4,000,000		

- 생산직 : 5,000,000원(100,000,000 × 5%) − 2,000,000원 = 3,000,000원 ⇒ 제조원가
- 영업직 : 10,000,000원(200,000,000 × 5%) - 6,000,000원 = 4,000,000원 ⇒ 판매관리비

12 일반전표 입력

3. 31	(차) 퇴직급여(제조원가)	2,700,000	(대) 보통예금	2,700,000

13 일반전표 입력

6. 11	(차) 퇴직연금운용자산(투자자산)	150,000	(대) 이자수익(영업외수익)	150,000

14 일반전표 입력

10. 5	(차) 퇴직연금운용자산(186, 투자자산)	25,000,000	(대) 보통예금	40,000,000
	퇴직급여(판매관리비)	15,000,000		

15 일반전표 입력

5. 20	(차) 퇴직급여충당부채	16,000,000	(대) 예 수 금	2,000,000
			보통예금	14,000,000

16 일반전표 입력

2. 4	(차) 보통예금	9,800,000	(대) 사채	10,000,000
	사채할인발행차금	200,000		

17 일반전표 입력

3. 1	(차) 보통예금	12,000,000	(대) 사채	10,000,000
	사채할인발행차금	500,000	현금	2,500,000

- 본래 사채할증발행차금: 12,000,000(발행가액) − 10,000,000(액면가액) = 2,000,000원
- 사채발행비 반영 : 사채할증발행차금(2,000,000) − 사채발행비(2,500,000) = 500,000원 ⇒ 사채할인발행차금

18 일반전표 입력

12. 31	(차) 이자비용(영업외비용)	11,423,760	(대) 현금	10,000,000
			사채할인발행차금	1,423,760

19 일반전표 입력

10. 11	(차) 사채	30,000,000	(대) 보통예금	30,850,000
	사채상환손실(영업외비용)	850,000		

• 자본의 구성   • 주식발행   • 유상감자   • 자기주식 취득/처분   • 배당   • 이익잉여금처분계산서

매회 1 ~ 2문제 출제되는데 대부분 전산회계1급 수준이되 주식 할인(할증)발행, 자기주식 처분, 감자, 현금배당(주식배당) 부분은 심화내용까지 출제되고 있으므로 개념·원리를 확실히 알고 있어야 함.

 정교수 콕콕

 핵심체크

자본 구성★★★
• 자본금: 액면금액 합계
• 자본잉여금: 주식발행초과금, 감자차익, 자기주식처분이익
• 자본조정: 주식할인발행차금, 자기주식, 감자차손, 자기주식처분손실, 미교부주식배당금
• 기타포괄손익누계: 재평가차익, 매도가능증권평가손익, 해외사업환산손익
• 이익잉여금: 이익준비금, 임의적립금, 이월이익잉여금

1 자본의 구성 [필수]

자본이란 기업의 자산에서 모든 부채를 차감한 후의 잔여지분으로 주주로부터의 납입자본에 기업활동을 통하여 획득하고 유보된 금액을 가산하고, 기업활동으로부터의 손실 및 소유자에 대한 배당으로 인한 주주지분 감소액을 차감한 잔액입니다.

자본의 구성은 이미 전산회계1급에서 대부분 공부한 내용이므로 아래 계정과목을 읽으면서 공부한 내용을 상기시킨 뒤 전산세무2급에 주로 출제되는 문제를 복습차원에서 풀어보면 충분합니다. 그 중 특히 주식할인(할증)발행, 자기주식 취득·처분·소각, 현금배당·주식배당·무상주배당은 그 개념을 명확히 공부하고 기출문제를 꼭 풀어봐야 합니다.

계정과목		내용
자본금		발행 주식 액면금액 합계로 보통주자본금과 우선주자본금으로 구분
자 본 잉여금	주식발행초과금	주식을 발행하면서 액면금액을 초과해서 받은 금액
	감 자 차 익	주식을 액면금액보다 싸게 취득하여 소각하면서 발생한 이익
	자기주식처분이익	자기주식을 취득가액보다 높게 처분하여 발생한 이익
자 본 조 정	주식할인발행차금	주식을 발행하면서 액면금액보다 적게 받은 금액
	자 기 주 식	회사가 발행했던 자신의 주식을 주식시장에서 다시 사들인 주식
	감 자 차 손	주식을 액면금액보다 비싸게 취득하여 소각하면서 발생한 손실
	자기주식처분손실	자기주식을 취득가액보다 낮게 처분하여 발생한 손실
	미교부주식배당금	주식배당이 결의될 때 사용되는 임시계정

기타포괄 손익누계	재평가차익	부동산을 재평가하여 가격이 상승한 금액
	매도가능증권 평가손익	회계기간 말 매도가능증권의 평가이익, 평가손실
	해외사업환산손익	외화로 표시된 재무제표를 원화로 환산하면서 발생한 평가 손익
이 익 잉여금	이익준비금	지급되는 현금배당금의 최소 10%를 법정으로 적립한 금액
	임의적립금	기술개발준비, 시장개척준비 등을 위해 임의로 적립한 이익잉여금
	이월이익잉여금	이익준비금, 임의적립금을 제외한 나머지 이익잉여금으로 주주에게 언제든지 배당될 수 있는 금액

※ 자본변동표 작성 시 계정과목 구분·통합 표시 (중소기업회계기준)

- 자본잉여금 : 주식발행초과금과 기타자본잉여금으로 구분하여 표시한다.
- 자본조정 : 자기주식은 구분하여 표시하고, 기타자본조정은 통합하여 표시할 수 있다.

2 주식발행 : 유상증자

1 주식발행 유형 필수

유 형		회 계 처 리
액면 발행	액면가액 = 발행가액	(차) 보통예금 등 ××× (대) 자본금 ×××
할인 발행	액면가액 〈 발행가액	(차) 보통예금 등 ××× (대) 자본금 ××× 　　주식할인발행차금 ×××
할증 발행	액면가액 〉 발행가액	(차) 보통예금 등 ××× (대) 자본금 ××× 　　　　　　주식할증발행차금 ×××

※ 주식할인차금은 자본활동에서 발생한 손실이므로 자본조정, 주식할증발행차금은 자본활동에서 발생한 이익이므로 자본잉여금 처리함. 단, 주식할인발행차금은 주식발행초과금의 범위 내에서 상계처리하고 잔액은 향후 발생하는 주식발행초과금과 우선적으로 상계함.

2 신주발행비

주식을 발행하려면 등록비, 각종 자문수수료, 주권인쇄비, 인지세 등 각종 비용이 발행하는데 이러한 주식발행비는 발행가액에서 차감합니다. 즉, 주식발행초과금에서 차감하거나 주식할인발행차금에 가산해서 회계 처리하되, 중도에 주식발행을 포기한 경우에는 당기손익으로 인식합니다.

3 현물출자

기업이 현물을 제공받고 주식을 발행한 경우에는 제공받은 현물의 공정가치를 주식의 발행금액으로 합니다. 즉, 현물출자 부동산의 공정가치가 부동산의 취득가액이 됩니다. 예를 들어 감정평가액 1,000,000원 짜리 토지를 현물출자하고 액면가 5,000원 주식 100주 발행 시 다음과 같의 회계처리 해야 합니다.

(차) 토지	1,000,0000	(대) 자본금		500,000
		주식발행초과금		500,000

※ 액면금액 500,000원(5,000주 × 100주), 주식발행초과금 500,000원(감정가액 1,000,000 − 액면금액 500,000)

③ 자기주식은 반드시 구분표시 하여야 함. ④ 기타포괄손익누계는 재평가차액, 매도가능증권평가손익, 해외사업환산손익으로 구성되며 법정적립금, 임의적립금, 미처분이익잉여금은 이익잉여금의 구성 항목임.

이론기출 확인문제

| 전산세무 2급, 91회 |

다음 중 일반기업회계기준에 따른 자본의 표시에 대한 설명으로 옳지 않은 것은?

① 자본금은 보통주자본금과 우선주자본금으로 구분하여 표시한다.
② 자본잉여금은 주식발행초과금과 기타자본잉여금으로 구분하여 표시한다.
③ 자본조정 중 자기주식은 별도 항목으로 구분하여 표시한다.
④ 기타포괄손익누계액은 법정적립금, 임의적립금 및 미처분이익잉여금(또는 미처리결손금)으로 구분하여 표시한다.

실무기출 확인문제

| 전산세무 2급, 90회 |

12월 10일, 유상증자로 신주 10,000주(주당 액면가액 1,000원)를 1주당 2,000원에 발행하여 대금은 보통예금에 입금되었다. 주식 발행과 관련하여 김법무사 수수료 300,000원이 미지급되었다.(단, 현재 주식할인발행차금 500,000원이 있으며, 하나의 전표로 입력할 것.)

[정답 및 풀이] 일반전표 입력

12.10	(차) 보통예금	20,000,000	(대) 자본금	10,000,000
			주식할인발행차금	500,000
			미지급금(김법무사)	300,000
			주식발행초과금	9,200,000

※ 주식발행초과금 발생 총액 : 10,000주 × (2,000 − 1,000) = 10,000,000원
※ 주식발행초과금 : 10,000,000 − 주식할인발행차금(500,000) − 주식발행비(300,000) = 9,200,000원

정교수 콕콕

㈜거성의 20x1년 1월 1일 자본금은 40,000,000원(주식수 40,000주, 액면가액 1,000원)이다. 20x1년 8월 1일 주당 900원에 10,000주를 유상증자하였다. 20x1년 기말 자본금은 얼마인가?

① 49,000,000원　　② 50,000,000원　　③ 53,000,000원　　④ 65,000,000원

정답 및 풀이 ②

4,000만원(기초자본금) + 1,000만원(유상증자, 10,000주×액면 1,000) = 5,000만원

③ 주식 유상감자 _{필수}

발행한 주식을 주주로부터 다시 걷어 들여 소각해 자본금을 줄이는 것을 유상감자라고 부르는데, 감자할 주식을 얼마에 취득하느냐 따라 감자차익 또는 감자차손이 발생합니다.

구분	회 계 처 리			
감자차익 (자본잉여금)	감자하는 주식의 액면가액 보다 더 싸게 주식을 감자하는 경우			
	(차) 자본금	×××	(대) 보통예금 등	×××
			감자차익	×××
감자차손 (자본조정)	감자하는 주식의 액면가액 보다 더 비싸게 주식을 감자하는 경우			
	(차) 자본금	×××	(대) 보통예금 등	×××
	감자차손	×××		

※ 최초 발생 감자차손 : 현금지급액 27,500,000원(5,000주 × 5,500원) − 감자되는 자본금 25,000,000원(5,000주 × 5,000원) = 2,500,000원 ⇒ 기존 감자차익 1,800,000원 먼저 상계처리

핵심체크

유상감자★★
- 소각금액 〈 액면금액
  자본금　　×××
  　/ 보통예금　×××
  　　감자차익　×××

- 소각금액 〉 액면금액
  자 본 금　×××
  감자차손　×××
  　/ 보통예금　×××

참고

감자차익 우선 상계
감자차손 발생하면 감자차익의 범위 내에서 상계처리 후 미상계 된 잔액은 이익잉여금 처분으로 상각함. 그 후 남은 감자차손은 향후 발생하는 감자차익과 우선적으로 상계함.

8월 14일, 당사는 주식의 안정적인 수급을 위하여 보통주 5,000주를 주당 5,500원(액면가 주당 5,000원)에 감자하고 대금은 보통예금 통장에서 지급하였다.

> 감자 전 자본내역 : 감자차익 1,800,000원, 매도가능증권평가이익 8,000,000원

[정답 및 풀이] 일반전표 입력

8. 14	(차) 자 본 금	25,000,000	(대) 보통예금	27,500,000
	감자차익(자본잉여금)	1,800,000		
	감자차손(자본조정)	700,000		

※ 발생한 감자차손 : 현금지급액 27,500,000원(5,000주×5,500원) − 감자되는 자본금 25,000,000원(5,000주×5,000원) = 2,500,000원 ⇒ 기존 감자차익 1,800,000원 먼저 상계처리

참고

감자차손: 발생한 감자차손 (250만원) − 기존 감자차익 (180만원) = 70만원

4 자기주식 _{필수}

자기주식이란 주가 안정이나 경영권 방어 차원에서 회사가 발행했던 자신의 주식을 다시 사들인 주식을 말합니다.

1 자기주식 취득

통상 다른 회사의 주식을 취득하면 단기매매증권이나 만기보유증권으로 처리하지만, 자기주식은 나를 내가 취득한 개념이다 보니 이를 아래와 같이 자본의 차감항목, 즉, 자본조정으로 표시합니다.

회계처리	재무제표 표시
(차) 자기주식 ××× 　　　(대) 보통예금 등 ×××	자 본 금　　××× 자 기 주 식　(×××)

2 자기주식 처분

자기주식을 보유하다가 이를 처분해 손익이 발생하면 이는 정상 영업활동이 아닌 자본활동이기 때문에 자기주식처분이익이 발생하면 자본잉여금으로 처리하고, 자기주식처분손실이 발생하면 자본조정으로 처리합니다. 단, 자기주식처분손실이 발생하면 자기주식처분이익의 범위 내에서 상계처리하고 미상계된 잔액이 있는 경우에는 자본조정의 자기주식처분손실로 회계처리하며 향후 발생하는 자기주식처분이익과 우선적으로 상계합니다.

실무기출 확인문제 　　　　　　　　　　　　　　　| 전산세무 2급, 72회 |

7월 21일, 보유 중인 자기주식(취득가액 9,500,000원)을 ㈜국제상사에게 9,000,000원에 매각하고, 대금은 다음 달에 받기로 하였다. 단, 자기주식 처분시점의 재무상태표상 자기주식처분이익 금액은 300,000원임.)

[정답 및 풀이] 일반전표 입력

7. 21	(차) 미수금((주)국제상사) 자기주식처분이익 자기주식처분손실	9,000,000 300,000 200,000	(대) 자기주식	9,500,000

3 자기주식 소각 : 자본금과 소각

보유 중인 자기주식을 소각해 자본금을 감소시키는 것을 자기주식 소각이라고 부르는데 기출문제를 통해 구체적으로 알아보겠습니다. 다소 어려운 개념이므로 이해하기 어려우면 과감히 포기해서 전산세무2급 시험합격에는 지장 없습니다.

핵심체크

자기주식 표시★★
자본의 차감 표시

핵심체크

자기주식 처분★★
• 처분금액 〉취득금액
보통예금　　　×××
／ 자기주식　　×××
자기주식처분손실 ×××
자기주식처분이익 ×××

• 처분금액 〈 취득금액
보통예금　　　×××
자기주식처분이익 ×××
자기주식처분손실 ×××
／ 자기주식　　×××

참고

처분시점 자기주식처분이익 300,000원을 먼저 없애고 부족액 200,000원을 자기주식처분손실 처리. 상거래 이외 외상대금은 미수금 처리.

다음 중 아래 자료의 거래로 변동이 있는 자본 항목끼리 바르게 짝지어진 것은?

> ㈜한국은 자기주식 300주(주당 액면금액 500원)를 주당 600원에 취득하여 200주는 주당 500원에 매각하고, 나머지 100주는 소각하였다. ㈜한국의 자기주식 취득 전 자본 항목은 자본금뿐이다.

① 자본금, 자본잉여금   ② 자본잉여금, 자본조정

③ 자본금, 자본조정   ④ 자본조정, 기타포괄손익누계액

정교수 콕콕

정답 및 풀이 ③

변동되는 계정과목은 자본금, 자본조정임. 이 문제는 자기주식 관련 이외 자본항목이 없다는 가정이므로 자기주식 소각 시 자본금과 상계처리 해야함.

[정답 및 풀이]

구분	회계처리	
자기주식 취득	300주 × 600원 = 180,000원	
	(차) 자기주식(자본조정) 180,000	(대) 현금 등 180,000
자기주식 처분	자기주식 처분손실 : 200주 × (취득금액 600원 − 액면금액 500원) = 20,000원	
	(차) 보통예금 등 100,000 자기주식처분손실(자본조정) 20,000	(대) 자기주식(자본조정) 120,000
자기주식 소각	• 소각 자본금 : 100주 × 500원(액면금액) = 50,000원 • 감자차손 : 100주 × (취득금액 600원 − 액면금액 500원) = 10,000원	
	(차) 자본금 50,000 감자차손(자본조정) 10,000	(대) 자기주식(자본조정) 60,000

5️⃣ 기타포괄손익누계 [필수]

기타포괄손익누계에는 크게 아래 3가지 항목이 있으며 전산세무2급 시험차원에서는 그 종류만 기억하면 충분합니다.

> • 매도가능증권평가손익 : 회계기간 말 매도가능권의 평가이익, 평가손실
> • 해외사업장의 재무제표 환산손익 : 외화로 표시된 해외 자회사의 재무제표를 원화로 환산하면서 발생한 평가이익, 평가손실
> • 투자부동산의 재평가잉여금 : 투자목적 부동산의 가격 상승분

핵심체크

기타포괄손익누계★★★
매도가능증권평가손익, 재무제표 환산손익, 투자부동산 재평가잉여금

6 이익잉여금 구성 [필수]

이익잉여금은 회사 설립 이후 지금까지 회사가 벌어들인 이익의 누적액에서 배당금을 차감한 잔액인데 향후 주주총회 승인에 따라 주주에게 배당되기도 하고 기술개발 등 목적으로 별도 적립되기도 합니다. 이익잉여금은 크게 다음 3가지로 구성됩니다.

1 이익준비금 : 법정적립금

상법은 매년 지급되는 현금배당금의 10% 이상을 자본금의 1/2에 달할 때까지 이익준비금으로 적립하도록 규정하고 있는데 이를 이익준비금 또는 법정적립금이라 부릅니다. 이렇게 적립된 이익준비금은 향후 결손보전 또는 자본금으로 전입에만 사용 가능합니다.

2 임의적립금

이익잉여금을 기술개발, 시장개척 준비 등의 명목으로 임의 적립할 수 있는데 다음은 해외시장 개척을 위한 이익잉여금 임의 적립 사례입니다.

(차) 이익잉여금	×××	(대) 해외시장개척적립금	×××	

3 미처분이익잉여금

이익잉여금 중 이익준비금, 임의적립금을 제외한 나머지는 주주에게 언제든지 배당될 수 있는 금액인데 이를 미처분이익잉여금이라고 합니다.

7 배당금 지급

이익잉여금을 재원으로 한 배당은 크게 현금배당, 주식배당으로 나뉘는데 다음과 같이 주주총회를 거쳐 주주에게 지급됩니다.

(1) 배당절차

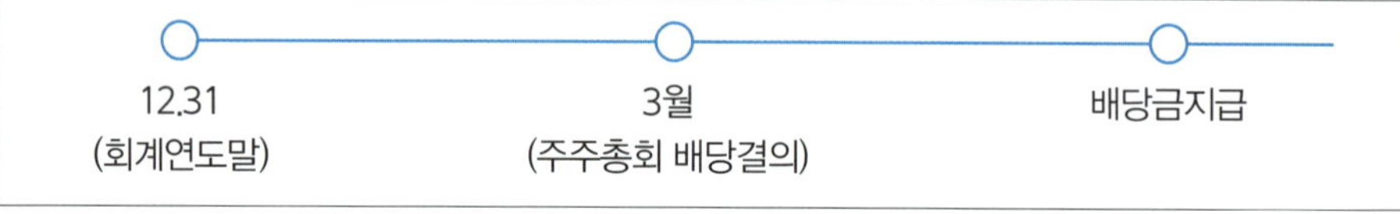

(2) 현금배당

구분	회 계 처 리			
주총 결의시점	(차) 이월이익잉여금	×××	(대) 미지급배당금(부채) 이익준비금	××× ×××
배당금 지급시점	(차) 미지급배당금(부채)	×××	(대) 현 금 등	×××

(3) 주식배당

구분	회 계 처 리
주총 결의시점	(차) 이월이익잉여금 ××× (대) 미교부주식배당금(자본조정) ×××
주식 지급시점	(차) 미교부주식배당금(자본조정) ××× (대) 자본금 ×××

[참고] 무상주 배당(무상증자)

현금배당, 주식배당이 이익잉여금을 재원으로 하여 주식을 발행하는 반면, 무상증자는 자본잉여금 또는 이익준비금을 재원으로 주식을 발행합니다.

자본잉여금 재원	(차) 주식발행초과금 ××× (대) 자 본 금 ×××
이익준비금 재원	(차) 이익준비금 ××× (대) 자 본 금 ×××

이상 공부한 현금배당, 주식배당, 무상증자를 재무제표로 비교하면 아래 그림과 같습니다.

현금배당	주식배당	무상주 배당
현금 ×××↓　｜ 자본금　××× ：　｜　： ｜ 이익잉여금 ××× ↓	현금 ×××　｜ 자본금　××× ↑ ：　｜　： ｜ 이익잉여금 ××× ↓	현금 ×××　｜ 자본금　××× ↑ ：　｜　： ｜ 자본잉여금 ××× ↓
자산 감소, 자본 감소	자본 변동 없음	자본 변동없음

이론기출 확인문제　　　　　　　| 전산세무 2급, 81회 |

배당에 관한 설명으로 옳지 않은 것은?

① 배당은 항상 이익잉여금에서 지급되어야 한다.

② 주식배당 후에는 발행주식수가 증가한다.

③ 현금배당 후에도 자본의 크기는 변동이 없다.

④ 상법상의 중간배당은 회계연도 중 1회에 한하여 정관으로 정하여 진행할 수 있다.

정답 및 풀이 ②

주식배당은 이익잉여금을 자본으로 바뀌므로 주식수는 증가하나 자본총계는 변화 없음.

이론기출 확인문제 | **전산세무 2급**, 120회 |

다음 중 주식 수와 자본총계의 변동에 대한 설명으로 옳지 않은 것은?

	구분	주식 수	자본총계
①	주식분할	증가	변동없음
②	주식배당	증가	증가
③	자기주식 취득	변동없음	감소
④	유상증자	증가	증가

8 기타 참고 사항

1 자본금의 결손보전 〔어려우면 Pass〕

회사에 계속 당기순손실이 발생하여 이월결손금이 누적되면 이를 자본금과 상계 처리하여 이월결손금을 없앨 수 있는데 무상감자의 한 종류입니다. 이를 회계처리하면 다음과 같습니다.

(차) 자 본 금	×××	(대) 이월결손금	×××

2 자기주식의 이익소각 〔어려우면 Pass〕

앞에서 공부한 자기주식 소각은 취득한 자기주식을 자본금과 소각하였는데 자기주식을 자본금이 아닌 이익잉여금과 상계하는 것을 이익소각이라고 부릅니다. 구체적인 회계처리는 아래와 같은데 이해하기 어려우면 과감히 포기해서 전산세무2급 시험합격에는 지장 없습니다.

구분	회 계 처 리			
자기주식 취득 시	(차) 자기주식	×××	(대) 현 금 등	×××
이익소각 시	(차) 이익잉여금	×××	(대) 자기주식	×××

3 출자전환 〔어려우면 Pass〕

은행 같은 채권자에게 대출금을 갚는 대신 주식을 발행해 줄 수 있는데 이를 출자전환이라고 부릅니다. 즉, 부채를 주식으로 바꿔 주면서 빚을 탕감 받는 것을 말하는데 다음은 출자전환한 사례의 회계처리입니다.

<table>
<tr><td colspan="4">장기차입금 10,000,000원을 출자전환 하고 신주 1,000주(액면 5,000원)를 발행하였다.</td></tr>
<tr><td>(차) 장기차입금</td><td>10,000,000</td><td>(대) 자본금</td><td>5,000,000</td></tr>
<tr><td></td><td></td><td>주식발행초과금</td><td>5,000,000</td></tr>
</table>

4 주식병합, 주식분할 필수

발행한 주식을 합쳐 그 주식 수를 줄이는 것을 주식합병, 반대로 발행한 주식을 나누어 그 수를 늘리는 것을 주식분할이라고 합니다. 주식병합 또는 주식분할 하더라도 자본의 변동은 전혀 없고 주식 수만 바뀔 뿐이기 때문에 주식병합, 주식분할에 대한 별도의 회계처리는 없으며 비망기록으로만 남기면 됩니다.

5 이익잉여금 처분내역 입력 `어려우면 Pass`

회사 설립 이후 지금까지 회사가 벌어들인 이익의 누적액이 이익잉여금이며 향후 주주총회 승인 후 배당되거나 기술개발준비금 등으로 적립됩니다. 이를 이익잉여금의 처분이라고 부르는데 그 처분내역이 이익잉여금처분계산서에 표시됩니다. 전산세무2급 시험 중 결산자료 입력 부분에서 아주 가끔 이익잉여금처분계산서 작성 문제가 실무문제로 출제되고 있습니다.

(1) 이익잉여금처분계산서 구조

이익잉여금처분계산서는 [결산/재무제표] ⇒ [이익잉여금처분계산서]를 클릭한 후 아래 서식을 채워야 하는데, 이익잉여금처분계산서는 다음과 같이 크게 4가지 부분으로 구성되어 있습니다.

과 목	계정과목명	당 기	전 기
Ⅰ. 미처분이익잉여금			
Ⅱ. 임의적립금 등의 이입액			
Ⅲ. 이익잉여금 처분액			
Ⅳ. 차기이월 미처분이익잉여금			

(2) 이익잉여금 처분내역 입력

전산세무2급 시험은 이익잉여금처분내역을 이익잉여금처분계산서의 [Ⅲ.이익잉여금처분액] 부분에 입력하는 문제가 아주 가끔씩 출제되는데 기출문제를 통해 알아 보겠습니다. KcLep 실행 후 아무 회사나 불러와 아래 내용을 입력해 봐야 합니다.

핵심체크

주식분할(액면분할), 주식병합
• 주식분할: 주식 수 ⇑, 자본금 불변
• 주식병합: 주식 수 ⇓, 자본금 불변

당기의 이익잉여금 처분은 다음과 같이 결의되었다. 결산을 완성하시오.

- 당기처분 예정일 : 2025년 3월 15일
- 전기처분 확정일 : 2024년 2월 28일
- 보통주 현금배당 : 20,000,000원
- 보통주 주식배당 : 20,000,000원
- 이익준비금 : 현금배당액의 10%
- 사업확장적립금 : 5,000,000원

🔍 **참고**

이익잉여금처분계산서에 입력한 이익잉여금 처분내역을 일반전표로 반영하기 위해서는 화면 상단의 F6 전표추가 클릭해야 함.

[입력결과]

당기처분예정일 2025 년 3 월 15 일	전기처분확정일 2024 년 2 월 28 일			
III. 이익잉여금처분액				47,000,000
1. 이익준비금	0351	이익준비금	2,000,000	
2. 재무구조개선적립금	0354	재무구조개선적립금		
3. 주식할인발행차금상각액	0381	주식할인발행차금		
4. 배당금			40,000,000	
가. 현금배당	0265	미지급배당금	20,000,000	
주당배당금(률)		보통주		
		우선주		
나. 주식배당	0387	미교부주식배당금	20,000,000	
주당배당금(률)		보통주		
		우선주		
5. 사업확장적립금	0356	사업확장적립금	5,000,000	

여기서 한 가지 주의할 점은 처분 예정일의 입력인데 처분할 이익잉여금 내역은 회계연도 종료 후 다음연도 초에 개최되는 주주총회에서 승인 받은 후 처분할 수 있기 때문에 통상 처분 예정일은 주주총회 일자를 입력하면 됩니다. 사례 문제의 처분 예정일은 "2025년 3월 15일" 입니다.

15 이론기출 공략하기

[자본 일반 / 주식발행]

난이도 ★★

01 다음 중 자본에 대한 설명으로 가장 옳지 않은 것은? 필수   [2023년, 110회]

① 자본금은 기업이 발행한 발행주식총수에 1주당 액면금액을 곱한 금액이다.

② 자본잉여금은 주식발행초과금과 기타자본잉여금(감자차익, 자기주식처분이익 등)으로 구분하여 표시한다.

③ 매도가능증권평가손익은 자본조정 항목으로 계상한다.

④ 미처분이익잉여금은 배당 등으로 처분할 수 있는 이익잉여금을 말한다.

난이도 ★★

02 다음 중 재무상태표에 표시될 자본에 대한 설명으로 옳지 않은 것은? 필수   [2025년, 122회]

① 자본금은 보통주자본금과 우선주자본금으로 구분하여 표시한다.

② 자본잉여금은 주식발행초과금과 기타자본잉여금(감자차익, 자기주식처분이익 등)으로 구분하여 표시한다.

③ 주식할인발행차금, 자기주식 등은 기타자본조정으로 통합하여 표시할 수 있다.

④ 이익잉여금은 법정적립금, 임의적립금 및 미처분이익잉여금으로 구분하여 표시한다.

난이도 ★★

03 다음 중 자본 항목의 자본조정으로 분류하는 것은?   [2023년, 111회]

① 자기주식처분손실   ② 주식발행초과금

③ 매도가능증권평가손익   ④ 감자차익

난이도 ★★★

04 다음의 자료를 이용하여 기말 자본잉여금을 구하시오. 단, 기초 자본잉여금은 10,000,000원이며 당기에 발생한 자본 항목의 증감 내역은 아래와 같다. 필수   [2024년, 113회]

• 주식발행초과금 증가 2,000,000원	• 자기주식처분이익 발생 300,000원
• 이익준비금 적립 3,000,000원	• 자본금 증가 5,000,000원

① 12,000,000원   ② 12,300,000원

③ 15,000,000원   ④ 17,000,000원

05 다음은 ㈜법전의 회계연도 말 재무상태표에서 추출한 자본과 관련된 자료이다. 이익잉여금의 합계를 계산한 금액으로 옳은 것은? 필수 [2016년, 68회]

> • 자본금 : 50,000,000원　　• 이익준비금 : 400,000원　　• 감자차익 : 250,000원
> • 자기주식 : 1,000,000원　　• 임의적립금 : 150,000원　　• 주식발행초과금 : 500,000원

① 400,000원　　　② 550,000원　　　③ 800,000원　　　④ 1,050,000원

06 다음 중 자본에 대한 설명으로 옳지 않은 것은? 필수 [2024년, 114회]

① 상법 규정에 따라 자본금의 1/2에 달할 때까지 금전에 의한 이익배당액의 1/10 이상의 금액을 이익준비금으로 적립하여야 한다.
② 주식배당을 하면 자본금 계정과 자본총액은 변하지 않는다.
③ 자본은 주주의 납입자본에 기업활동을 통하여 획득하고 기업의 활동을 위해 유보된 금액을 가산하고, 기업활동으로 인한 손실 및 소유자에 대한 배당으로 인한 주주지분 감소액을 차감한 잔액이다.
④ 현금으로 배당하는 경우에는 배당액을 이익잉여금에서 차감한다.

07 ㈜한국의 당해연도 1월 1일 자본금은 30,000,000원(주식수 30,000주, 액면가액 1,000원)이다. 7월 1일에 주당 1,200원에 10,000주를 유상증자하였다. 기말 자본금은 얼마인가? [2016년, 67회]

① 12,000,000원　　　　　　　② 40,000,000원
③ 50,000,000원　　　　　　　④ 62,000,000원

08 다음 중 자본에 관한 내용으로 틀린 것은? 필수 [2019년, 86회]

① 미교부주식배당금은 주식배당을 받는 주주들에게 주식을 교부해야하므로 부채로 계상한다.
② 자본잉여금은 증자나 감자 등 주주와의 거래에서 발생하여 자본을 증가시키는 잉여금이다.
③ 주식할인발행차금은 주식발행초과금의 범위 내에서 상계 처리한다.
④ 자기주식은 자본에서 차감되는 항목이며, 자기주식처분이익은 자본에 가산되는 항목이다.

09 난이도 ★★★

다음의 거래로 증감이 없는 자본항목은 무엇인가? `필수`　　　　　　　　　　[2021년, 98회]

> ㈜절세는 자기주식 500주(액면금액 주당 200원)를 주당 300원에 취득한 후, 이 중 300주는 주당 400원에 매각하고, 나머지 200주는 소각하였다. 단, ㈜절세의 자기주식 취득 전 자본항목은 자본금뿐이다.

① 자본금　　　　　　② 자본잉여금　　　　　　③ 자본조정　　　　　　④ 기타포괄손익누계액

10 난이도 ★★

다음 중 자본에 대한 설명으로 가장 옳지 않은 것은?　　　　　　　　　　[2025년, 121회]

① 자기주식을 처분하는 경우 처분금액이 장부금액보다 크다면 차액을 자기주식처분이익으로 하여 영업외수익으로 회계처리 한다.
② 주식으로 배당하는 경우 발행주식의 액면금액을 배당액으로 하여 자본금의 증가와 이익잉여금의 감소로 회계처리 한다.
③ 기업이 매입 등을 통하여 취득하는 자기주식은 취득원가를 자기주식의 과목으로 하여 자본조정으로 회계처리 한다.
④ 주식을 이익으로 소각하는 경우에는 주식의 취득원가에 해당하는 이익잉여금을 감소시킨다.

11 난이도 ★★

다음의 회계처리가 재무제표에 미치는 영향은? `필수`　　　　　　　　　　[2018년, 76회]

> 3월 2일 : 주주총회에서 주주에게 현금배당금을 지급하기로 결의하고 같은 날에 경리부서에서 현금으로 지급하였다.

	자산	부채	자본		자산	부채	자본
①	불변	증가	감소	②	감소	불변	감소
③	불변	증가	감소	④	감소	감소	불변

난이도 ★★

12 다음 중 주식배당에 대한 설명으로 가장 옳지 않은 것은? 필수 [2023년, 108회]

① 주식발행 회사의 순자산은 변동이 없으며, 주주 입장에서는 주식 수 및 단가만 조정한다.

② 주식발행 회사의 입장에서는 배당결의일에 미처분이익잉여금이 감소한다.

③ 주식의 주당 액면가액이 증가한다.

④ 주식발행 회사의 자본금이 증가한다.

난이도 ★★

13 다음 중 자본에 영향을 미치는 거래에 해당하지 않는 것은? [2022년, 106회]

① 보통주 500주를 1주당 500,000원에 신규발행하여 증자하였다.

② 정기주주총회에서 현금배당 1,000,000원을 지급하는 것으로 결의하였다.

③ 영업부에서 사용할 비품을 1,500,000원에 구입하고 대금은 현금으로 지급하였다.

④ 직원들에게 연말 상여금 2,000,000원을 현금으로 지급하였다.

난이도 ★★★

14 다음 내용 중 자본의 실질적인 감소를 초래하는 것으로 적합한 것을 모두 묶은 것은? 필수 [2015년, 63회]

> 가. 주주총회의 결의에 의하여 주식배당을 실시하다.
> 나. 주주총회의 결의에 따라 주당 8,000원으로 50,000주를 유상증자하다.
> 다. 이사회 결의에 의하여 중간배당으로 현금배당을 실시하다.
> 라. 결손금 보전을 위해 이익준비금을 자본금에 전입하다.
> 마. 만기보유증권을 매도가능증권으로 재분류에 따른 평가손실이 발생하다.

① 가, 나   ② 나, 다   ③ 다, 라   ④ 다, 마

15 실무기출 공략하기

[주식발행]

01 난이도 ★★

4월 20일, 주주총회에서 결의된 내용에 따라 유상증자를 실시하였다. 1주당 6,000원(액면가액 : 1주당 5,000원)에 10,000주를 발행하고, 대금은 보통예금으로 입금 받았다.(단, 재무상태표에서 주식할인발행차금 잔액을 확인한 결과 잔액은 3,000,000원이다.) 필수

[2024년, 117회]

02 난이도 ★★★

2월 25일, 당사는 보통주(액면가액 주당 5,000원) 10,000주를 주당 4,500원에 발행하고 주식대금은 보통예금 계좌로 납입받았다. 신주발행 당시 주식발행초과금의 잔액은 3,000,000원이며, 신주발행수수료 1,500,000원은 현금으로 지급하였다.(하나의 전표로 입력하시오.) 필수

[2018년, 77회]

[유상감자 / 자기주식]

03 난이도 ★★

12월 13일, 자기주식(취득가액 : 주당 58,000원) 120주를 주당 65,000원에 처분하여 매매대금이 보통예금 계좌로 입금되었다. 처분일 현재 자기주식처분손실 200,000원이 계상되어 있다. 필수

[2024년, 115회]

04 난이도 ★★

10월 11일, 사업축소를 위하여 당사의 주식 2,000주(액면 @5,000원)를 1주당 4,000원에 매입 후 즉시 소각 하고 대금은 현금으로 지급하였다.(하나의 전표로 입력하시오) 필수

[2016년, 69회]

05 난이도 ★★

11월 16일, 1,000,000원에 취득하였던 자기주식을 모두 소각하였다. 자기주식의 소각일 현재 공정가치는 1,200,000원이고, 액면가액은 500,000원이다. 필수

[2016년, 67회]

[배당]

06 난이도 ★★

3월 21일, 정기 주주총회에서 이익배당을 결의하다. 다음은 정기 주주총회 의사록이며, 실제 배당금 지급일은 4월로 예정되었다.(단, 이익배당과 관련된 회계처리를 이월이익잉여금(375) 계정 사용할 것.) 필수 [2024년, 113회]

제2호 의안 : 제12기 이익배당의 건

의장은 제12기 배당에 관한 안건을 상정하고 의안에 대한 설명 및 필요성을 설명하고 그 승인을 구한 바, 만장일치로 찬성하여 다음과 같이 승인 가결하다.

  1) 배당에 관한 사항

    가. 1주당 배당금 : 보통주 1,000원   나. 액면배당률 : 보통주 10%   다. 배당총액 : 100,000,000원

  2) 배당은 현금배당으로 하며, 이익배당액의 10%를 결의일에 이익준비금으로 적립한다.

---

07 난이도 ★★

07월 25일, 이사회에서 07월 12일에 결의한 중간배당(현금배당 100,000,000원)인 미지급배당금에 대하여 소득세 등 15.4%를 원천징수하고 보통예금 계좌에서 지급하였다. (단, 관련 데이터를 조회하여 회계처리할 것.) 필수

[2023년, 109회]

08 난이도 ★★

03월 15일, 정기주주총회에서 주식배당 10,000,000원, 현금배당 20,000,000원을 실시하기로 결의하였다.(단, 이월이익잉여금(코드번호 0375) 계정을 사용하고, 현금배당의 10%를 이익준비금으로 적립한다.) 필수

[2023년, 107회]

난이도 ★★
09 5월 25일, 주식발행초과금 5,000,000원을 자본금에 전입하기로 하고, 액면 5,000원의 주식 1,000주를 발행하여 기존 주주들에게 무상으로 교부하였다. [필수]

[2020년, 94회]

난이도 ★★★
10 4월 10일, 무상증자를 위하여 기타자본잉여금 20,000,000원을 자본금으로 전입하고 무상주 4,000주(액면가액 5,000원)를 발행하였다.

[2012년, 53회]

[기타 내용]

난이도 ★★
11 당해 연도 중에 토지를 취득하였다. 당사는 재평가모형에 따라 유형자산을 인식하고 있으며, 결산일 현재 보유하고 있던 토지에 대한 감정평가를 시행한 결과 다음과 같이 평가액이 산출되어 기말결산 시 유형자산재평가익(손)으로 처리하였다. [필수]

[2016년, 66회]

• 당해 연도 토지 취득가액: 455,000,000원	• 결산일 현재 토지 감정평가액: 600,000,000원

난이도 ★★
12 다음의 이익잉여금 처분명세를 이익잉여금처분계산서에 반영하고 처분내용이 분개(전표)에 반영되도록 하시오.

[2018년, 76회]

• 사업확장적립금 : 5,000,000원	• 현금배당 : 20,000,000원	• 주식배당 : 10,000,000원
• 당기 처분예정일 : 2018년 2월 25일(전기 처분확정일 : 2017년 2월 25일)		
• 회사는 금전배당액의 10%를 이익준비금으로 설정하여야 한다.		

[기출문제 - 이론]

01 ③ 매도가능증권평가손익은 기타포괄손익누계액의 한 종류임.

02 ③ 주식할인발행차금, 자기주식은 통합하여 표시할 수 없고 별도로 표시하여야 함.

03 ① 자기주식처분손실은 자본조정 항목이고 주식발행초과금, 매도가능증권평가손익, 감자차익은 자본잉여금임.

04 ② 기초자본잉여금(10,000,000원) + 주식발행초과금 증가(2,000,000원) + 자기주식처분이익 증가(300,000원) = 12,300,000원, 이익준비금, 자본금은 자본잉여금이 아님.

05 ② 400,000원(이익준비금) + 150,000원(임의적립금) = 550,000원

06 ② 주식배당 하면 이익잉여금 감소하고 자본금이 증가하되 자본총계는 변함이 없음. 즉, 자본금은 증가함.

07 ② 자본금은 액면금액 합계이며 기말자본금 = 기초자본금 + 당기 증가임. 기초자본금(30,000,000원) + 유상증자(10,000주 × 1,000원, 10,000,000원) = 40,000,000원

08 ① 미교부주식배당금은 부채가 아니라 자본조정임.

09 ④ • 취득시점 : (차) 자기주식   150,000   (대) 현금 등   150,000
   • 매각시점 : (차) 현금등   120,000   (대) 자기주식   90,000
                                               자기주식처분이익   30,000
   • 소각시점 : (자) 자본금   40,000   (대) 자기주식   60,000
                   감자차손   20,000
⇒ 자본금, 자본잉여금(자기주식처분이익), 자본조정(자기주식, 감자차손)

10 ① ① 자기주식처분이익은 영업외수익이 아니라 자본잉여금임. ② 주식배당 시 자본금 ⇑, 이익여금 ⇓, ③ 자기주식 취득 시 자본조정 ④ 이익소각 시 (차) 이익잉여금 ××× (대) 자기주식 ×××

11 ② (차) 이월이익잉여금   ×××   (대) 현금   ××× ⇒ 자본 감소, 자산 감소

12 ③ 주식배당을 실시하면 주식수가 증가할 뿐 주당 액면가액이 변동하지는 않음.
   • 배당결의일 : (차) 이월이익잉여금   ×××   (대) 미교부주식배당금 ×××
   • 배당지급일 : (차) 미교부주식배당금 ×××   (대) 자본금   ×××

13 ③ ① 자본금 증가 ② 이익잉여금 감소 ④ 비용증가 → 이익잉여금 감소 → 자본감소

14 ④ 가.(주식배당 : 이익잉여금 감소, 자본금 증가 → 자본 불변), 나.(유상증자 : 자본금 증가), 다.(현금배당 : 이익잉여금 감소 → 자본 감소), 라.(이익준비금 자본전입 : 이익준비금 감소, 자본금 증가 → 자본 불변), 마.(매도가능증권 평가손실 : 기타포괄손익 감소 → 자본 감소)

[기출문제 - 실무]

01 일반전표 입력

4. 18	(차) 보통예금	60,000,000	(대) 자본금		50,000,000
			주식할인발행차금		3,000,000
			주식발행초과금		7,000,000

- 주식발행초과금 최초 발생액 : 10,000주 × (발행가액 6,000원 − 액면가액 5,000원) = 10,000,000원
- 주식할인발행차금 잔액 3,000,000원을 먼저 차감 ⇒ 주식발행초과금 잔액 7,000,000원

02 일반전표 입력

2.25	(차) 보통예금	45,000,000	(대) 자본금		50,000,000
	주식발행초과금	3,000,000	현금		1,500,000
	주식할인발행차금	3,500,000			

- 주식할인발행차금 최초 발생액 : 10,000주 × (발행가액 4,500원 − 액면가액 5,000원) = 5,000,000원
- 주식발행초과금 잔액 3,000,000원을 먼저 차감하고 신주발행비 1,500,000원을 주식할인발행차금으로 추가 인식
- 주식할인발행차금 잔액 : 최초 주식할인발행차금(5,000,000원) − 주식발행초과금(3,000,000원) + 신주발행비(1,500,000원) = 3,500,000원

03 일반전표 입력

12. 13	(차) 보통예금	7,800,000	(대) 자기주식		6,960,000
			자기주식처분손실		200,000
			자기주식처분이익		640,000

- 자기주식 취득가액 : 120주 × 58,000원 = 6,960,000원
- 자기주식처분이익 최초 발생액 : 120주 × (처분가액 65,000원 − 취득가액 58,000원) = 840,000원
- 자기주식처분손실 잔액 200,000원을 먼저 차감 ⇒ 자기주식처분이익 잔액 640,000원

04 일반전표 입력

10.11	(차) 자본금	10,000,000	(대) 현금		8,000,000
			감자차익		2,000,000

- 감자 자본금(2,000주 × 5,000원 = 10,000,000원), 감자차익(2,000주 × (5,000원 − 4,000원) = 2,000,000원)

05 일반전표 입력

11.16	(차) 자본금	500,000	(대) 자기주식		1,000,000
	감자차손	500,000			

06 일반전표 입력

| 3. 21 | (차) 이월이익잉여금 | 110,000,000 | (대) 미지급배당금 | 100,000,000 |
| | | | 이익준비금 | 10,000,000 |

- 이익준비금 : 배당금 총액 1억원 × 10% = 10,000,000원

07 일반전표 입력

| 7. 25 | (차) 미지급배당금 | 100,000,000 | (대) 예수금 | 15,400,000 |
| | | | 보통예금 | 84,600,000 |

- 예수금 : 100,000,000 × 15.4% = 15,400,000원

08 일반전표 입력

3. 15	(차) 이월이익잉여금	32,000,000	(대) 미교부주식배당금	10,000,000
			미지급배당금	20,000,000
			이익준비금	2,000,000

- 이익준비금 : 20,000,000 × 10% = 2,000,000원

09 일반전표 입력

| 5. 25 | (차) 주식발행초과금 | 5,000,000 | (대) 자본금 | 5,000,000 |

10 일반전표 입력

| 4. 10 | (차) 기타자본잉여금 | 20,000,000 | (대) 자본금 | 20,000,000 |

11 일반전표 입력

| 12. 31 | (차) 토지 | 145,000,000 | (대) 재평가차익(기타포괄손익) | 145,000,000 |

12 이익잉여금처분계산서 입력 후 F6 전표추가 클릭

당기처분예정일 2018 년 2 월 25 일 전기처분확정일 2017 년 2 월 25 일

Ⅲ.이익잉여금처분액				37,000,000
1.이익준비금	0351	이익준비금	2,000,000	
2.재무구조개선적립금	0354	재무구조개선적립금		
3.주식할인발행차금상각액	0381	주식할인발행차금		
4.배당금			30,000,000	
가.현금배당	0265	미지급배당금	20,000,000	
주당배당금(률)		보통주		
		우선주		
나.주식배당	0387	미교부주식배당금	10,000,000	
주당배당금(률)		보통주		
		우선주		
5.사업확장적립금	0356	사업확장적립금	5,000,000	

16

수익과 비용

이론　실무

학습내용 / 공부방향

• 수익인식　• 매출원가 계산　• 판매관리　• 영업외손익

매회 1~2문제 정도 출제되는데 대부분 전산회계1급 수준이되 용역의 수익인식, 매출원가 계산은 좀 더 심화수준으로 출제되고 있음. 수익인식은 이론문제, 판매관리비·영업외손익 항목은 주로 실무문제로 출제되고 있음.

1 수익인식기준

1 재화의 수익인식 : 인도시점 [필수]

재화의 판매로 인한 수익은 다음 조건이 모두 충족될 때 인식한다.

- 재화의 소유에 따른 유의적인 위험과 보상이 구매자에게 이전된다.
- 판매자는 판매한 재화에 대하여 소유권이 있을 때 통상적으로 행사하는 정도의 관리나 효과적인 통제를 할 수 없다.
- 수익금액을 신뢰성 있게 측정할 수 있다.
- 경제적 효익의 유입 가능성이 매우 높다.
- 거래와 관련하여 발생했거나 발생할 원가를 신뢰성 있게 측정할 수 있다.

이론기출 확인문제　　　　　　　　| 전산세무 2급, 90회 |

재화의 판매로 인한 수익 인식의 조건에 대한 설명으로 옳지 않은 것은?

① 수익금액을 신뢰성 있게 측정할 수 있다.

② 경제적 효익의 유입 가능성이 매우 높다.

③ 재화의 소유에 따른 유의적인 위험과 보상이 판매자에게 있다.

④ 거래와 관련하여 발생했거나 발생할 원가를 신뢰성 있게 측정할 수 있다.

---

2 특수한 경우의 수익인식기준 [필수]

구분	수익인식 시점
시용 판매 (반품조건부)	구매자가 재화의 인수를 공식적으로 수락한 시점 또는 재화의 반품기간 종료 시점
위탁 판매	수탁자가 해당 재화를 제3자에게 판매한 시점

정교수 콕콕

핵심체크

재화 수익인식: 인도시점
★★★
- 재화 소유 위험이 구매자에 이전
- 판매자는 재화 통제 불가능
- 수익금액/발생원가 측정 가능
- 경제적 효익 유입 가능

정답 및 풀이 ③

재화가 판매되면 소유에 따른 위험과 보상이 구매자에게 이전됨.

핵심체크

특수한 수익인식★★★
시용판매(구매의사 표시 시점, 반품기간 종료시점), 위탁판매(수탁자 판매 시점), 상품권(상품권 회수 시점), (장기)할부판매(인도시점), 선적지 인도조건(선적시점), 도착지 인도조건(도착 후 인수시점), 광고매체수수료(대중에게 전달 시점), 광고제작수수료(진행기준), 수강료(강의기간에 걸쳐), 공연입장료(행사 개최시점), 배당금(권리·금액 확정된 날), 주문형 소프트웨어(진행기준)

상품권 판매	물품 등을 제공 또는 판매하여 상품권을 회수한 시점. 상품권 판매 시에는 선수금(부채) 처리	
(장기) 할부 판매	이자부분을 제외한 판매가격을 판매시점(인도시점)에 수익 인식 (판매가격은 대가의 현재가치로서 수취할 할부금액을 내재이자율로 할인한 금액으로 하며 이자부분은 유효이자율법을 사용하여 가득하는 시점에 수익으로 인식)	
선적 매출	선적지 인도조건	판매자의 선적 시점
	도착지 인도조건	도착지에서 구입자가 인수한 시점
광고료	광고매체수수료(방송사)	방송이 대중에게 전달되는 시점
	광고제작수수료(광고제작사)	광고 제작 진행율에 따라 인식
출판물 구독	금액이 매 기간 동일한 경우	발송기간에 걸쳐 동일 금액 인식
	금액이 매 기간 다른 경우	발송된 품목의 판매금액이 모든 품목의 총 판매금액에서 차지하는 비율만큼 인식
기 타	• 수강료: 강의 기간에 걸쳐 인식 • 공연입장료: 행사가 개최되는 시점에 인식 • 배당금 수익: 배당금 받을 권리와 금액이 확정된 날 • 주문형 소프트웨어 개발: 진행기준	

이론기출 확인문제 | 전산세무 2급, 100회 |

다음 중 수익인식시기에 대한 설명으로 가장 틀린 것은?

① 위탁자가 수탁자에게 해당 재화를 인도한 시점에 수익을 인식한다.
② 수강료는 강의기간에 걸쳐 수익으로 인식한다.
③ 할부판매는 이자 부분을 제외한 판매가격에 해당하는 수익을 판매시점에 인식한다.
④ 광고제작수수료는 광고 제작의 진행률에 따라 인식한다.

이론기출 확인문제 | 전산세무 2급, 119회 |

다음 중 일반기업회계기준상 거래형태별 수익 인식시점으로 가장 옳지 않은 것은?

① 입장권 판매 : 입장권을 판매하는 시점에 수익으로 인식한다.
② 수강료 수익 : 강의 기간에 걸쳐 수익으로 인식한다.
③ 배당금 수익 : 배당금을 받을 권리와 금액이 확정된 날 수익으로 인식한다.
④ 설치 및 검사조건부판매 : 구매자에게 재화가 인도되고 설치와 검사가 완료되었을 때 수익으로 인식한다.

3 용역의 수익인식 : 진행기준 _{필수}

용역의 수익인식은 다음 조건이 모두 충족되어 용역제공거래의 성과를 신뢰성 있게 추정할
수 있을 때 진행기준에 따라 인식한다.

> • 거래 전체의 수익금액을 신뢰성 있게 측정할 수 있다.
> • 경제적 효익의 유입 가능성이 매우 높다.
> • 진행률을 신뢰성 있게 측정할 수 있다.
> • 이미 발생한 원가 및 거래의 완료를 위하여 투입하여야 할 원가를 신뢰성 있게 측정할
>   수 있다.

아래의 경우는 보수주의 관점에서 용역의 수익인식이 달라지니 주의가 필요합니다.

첫째, 이미 발생원가와 추가 추정원가 합계액이 총수익을 초과하면 그 초과액과 이미 인식한
이익을 전액 당기 손실로 인식해야 합니다.
둘째, 용역제공거래 성과를 신뢰성 있게 추정할 수 없고 발생원가의 회수가능성이 높은 경우
에는 발생한 비용의 범위 내에서 회수 가능한 금액을 수익으로 인식해야 합니다.
셋째, 용역제공거래의 성과를 신뢰성 있게 추정할 수 없고 발생원가의 회수가능성이 낮은 경
우에는 수익을 인식하지 않고 발생한 원가를 비용으로 인식해야 합니다.

이론기출 확인문제 | 전산세무 2급, 112회 |

다음 중 용역의 제공으로 인한 수익인식의 조건에 대한 설명으로 틀린 것은?

① 용역제공거래의 성과를 신뢰성 있게 추정할 수 있을 때 진행기준에 따라 인식한다.
② 이미 발생한 원가와 그 거래를 완료하기 위해 추가로 발생할 것으로 추정되는 원가의
   합계액이 총수익을 초과하는 경우에는 그 초과액과 이미 인식한 이익의 합계액을 전액
   당기손실로 인식한다.
③ 용역제공거래의 성과를 신뢰성 있게 추정할 수 없는 경우에는 발생한 비용의 범위 내에
   서 회수 가능한 금액을 수익으로 인식한다.
④ 용역제공거래의 성과를 신뢰성 있게 추정할 수 없고 발생한 원가의 회수가능성이 낮은
   경우에는 수익을 인식하지 않고 발생한 원가도 비용으로 인식하지 않는다.

---

4 공사진행기준 계산문제 _{어려우면 Pass}

진행기준으로 수익을 인식하는 대표적인 사례가 바로 건설 공사계약인데 구체적인 계산문제
는 전산세무 2급 시험에 거의 출제되지 않으니 그 개념만 이해하면 충분합니다.

◎ 핵심체크

용역 수익인식: 진행기준★★★
• 진행률 측정 가능
• 수익금액/발생원가 측정 가능
• 경제적 효익 유입 가능

🔍 참고

용역성과 추정 ×
• 용역성과 추정 × + 발생원
가 회수가능 ○ : 발생 비용 범
위 내에서 회수 가능한 금액
수익 인식
• 용역성과 추정 × + 발생
원가 회수가능 × : 수익 인
식 ×

📄 정답 및 풀이 ④

용역성과 추정할 수 없고 발생
원가 회수가능성 낮은 경우:
수익 인식 않고 발생원가를 비
용으로 인식

🎯 **핵심체크**

공사진행기준
• 공사진행율: 발생원가 ÷ 총원가
• 공사수익: 계약금액 × 공사진행율

이론기출 확인문제 | **전산세무 2급**, 99회 변형 |

㈜건축은 20x1년에 ㈜한국의 사옥을 신축하기로 계약하였다. 총공사계약금은 10,000,000원이며, 공사가 완료된 20x2년까지 ㈜한국의 사옥 신축공사와 관련된 자료는 다음과 같다. ㈜건축이 진행기준에 따라 수익을 인식할 경우 각 연도별 공사수익은 얼마인가?

구분	20x1년	20x2년
당기발생공사원가	1,000,000원	4,000,000원
추가소요추정원가	4,000,000원	–

(1) 공사 진행률 계산

진행기준의 수익을 인식하기 위해서는 먼저 진행률을 계산해야 하는데 상기 기출문제 자료를 이용해 연도별 공사진행률을 계산하면 다음과 같습니다.

구분	20x1년	20x2년
당해 연도 발생원가(①)	1,000,000원	4,000,000원
총원가(②)	5,000,000원	5,000,000원
공사진행율(①/②)	20%	80%

(2) 공사수익 인식 : 누적 공사수익 계산 ⇒ 당기 공사수익 계산

당기 공사수익은 다음과 같이 공사계약금액에 보고기간 종료일 현재의 공사진행률을 적용하여 계산한 누적공사수익에서 전기말까지 인식한 누적공사수익을 차감하여 산출합니다.

구분	20x1년	20x2년
계약금액(①)	10,000,000원	10,000,000원
당해 연도 진행률(②)	20%	80%
당기 공사수익(③=① × ②)	2,000,000원	8,000,000원

(3) 공사손익 계산

구분	20x1년	20x2년
당기 공사수익(①)	2,000,000원	8,000,000원
당기 공사원가(②)	(−)1,000,000원	(−)4,000,000원
당기 공사손익(③=①−②)	1,000,000원	4,000,000원

5 기타의 수익인식

구분	수익인식 시점
이자수익	유효이자율법을 적용하여 발생기준에 따라 인식
배당금수익	배당금을 받을 권리와 금액이 확정되는 시점(통상 주주총회 결의일)
로열티수익	로열티수익은 발생기준에 따라 인식

🔍 **참고**

로열티수익
산업재산권이나 컴퓨터 소프트웨어 등과 같은 무형자산의 사용대가

2 매출액·매출원가 계산

1 매출액 계산 필수

순매출액 = 총매출액 − 매출할인 − 매출환입및에누리

실무기출 확인문제 | 전산세무 2급, 98회 |

8월 15일, ㈜당진으로부터 제품 매출 후 외상매출금 4,830,000원에 대하여 조기 회수에 따른 매출 할인액(할인율 2%)을 차감한 나머지 금액이 보통예금으로 입금되었다.(단, 부가가치세는 고려하지 않는다.)

[정답 및 풀이] 일반전표 입력

8. 15	(차) 보통예금	4,733,400	(대) 외상매출금((주)당진)	4,830,000
	매출할인(406, 제품매출)	96,600		

🔍 **참고**

매출에서 차감
• 매출할인: 매출채권 조기회수로 깎아주는 금액
• 매출환입및에누리: 물품의 하자 등으로 물건값을 깎아주는 금액

📄 **정답 및 풀이**
• 매출할인: 4,830,000원 × 2% = 96,600원
• 매출할인, 매출환입및에누리 KcLep 입력 시 상품, 제품 구분 입력해야 함.

2 매출원가 계산 필수

• 총매출원가 = 기초재고액 + 당기 매입액 − 기말재고액
• 순매출원가 = 총매출원가 − 매입할인 − 매입환출및에누리 − 관세환급금

3 매출총이익 계산

매출총이익 = 매 출 − 매출원가

전산세무 2급 시험 합격을 위해서는 다음 기출문제와 같은 매출액, 매출원가 계산문제까지 풀 수 있어야 하는데 전산회계 1급 보다 좀 더 어려우니 이해를 바탕으로 학습해야 합니다.

🎯 **핵심체크**

매출총이익★★★
• 순매출액: 총매출액 − 매출할인 − 매출환입및에누리
• 순매출원가: 총매출원가(기초+당기매입−기말재고) − 매입할인 − 매입환출및에누리 − 관세환급금
• 매출총이익: 매출 − 매출원가

이론기출 확인문제 | 전산세무 2급, 78회 |

다음 자료를 기초로 하여 매출원가를 계산하면 얼마인가?

항 목	금 액	비 고
기초재고액	100,000원	−
당기매입액	500,000원	도착지 인도조건의 미착상품 30,000원 포함
기말재고액	50,000원	창고보유분
시 송 품	30,000원	고객이 매입의사를 표시 한 금액 10,000원
적 송 품	100,000원	60% 판매완료

[정답 및 풀이] 460,000원
- 당기매입 : 500,000원 − 30,000원(도착지 인도조건 미착상품) = 470,000원
- 기말재고 : 50,000원(창고보유) + 20,000원(시송품 중 미판매분) + 40,000원(적송품 중 미판매분 40%) = 110,000원
- 매출원가 : 기초재고(100,000원) + 당기매입(470,000원) − 기말재고(110,000원) = 460,000원

3 판매비와 관리비 ^{필수}

주요 판매비와관리비★★★
복리후생비(임직원 복지, 회사부담 건강보험료 등), 여비교통비(국내외 출장경비), 기업업무추진비(거래처 선물, 경조사비 등), 세금과공과(재산세, 자동차세, 교통위반과태료 등), 보험료, 차량유지비, 교육훈련비, 도서인쇄비(명함, 책 구입), 소모품비, 수수료비용, 광고선전비

참고

- 판매관리비는 필요한 경우 몇 가지 항목을 일괄하여 표시 가능
- 매출채권이 아닌 미수금, 선급금 등에 대한 대손추산액은 영업외비용의 '기타의 대손상각비' 사용
- 잡비 중 중요한 항목은 별도 계정과목 설정해 구분표시

계정과목	내용	계정과목	내용
급 여	임직원에게 근로의 대가로 지급되는 인건비	수 선 비	건물수선비, 공기구 수선비, 비품 수선비 등
상 여 금	임직원에게 근로의 대가로 지급되는 보너스	보 험 료	산재보험료, 자동차보험료, 화재보험료 등
잡 급	일용직 근로자에게 지급하는 일당	차량유지비	차량유류비, 차량수리비, 주차비, 검사비 등
퇴직급여	퇴직급여란 근로기준법에 따라 1년 이상 근무한 임직원이 퇴직할 때 지급할 퇴직금 중 당해 연도 발생한 금액	임 차 료	임차한 부동산, 집기비품에 지급되는 매월 사용료로 사무실 임차료, 복사기 임차료 등
복리후생비	임직원 복지를 위한 회식비, 경조사비, 피복비, 회사부담 건강보험료, 직원용 식당 운영비 등	교육훈련비	초청 강사료, 위탁교육훈련비, 해외연수비 등
여비교통비	시내교통비, 국내외 출장비, 주차료, 통행료 등	운 반 비	상하차비, 택배비, 배달비 등

기업업무 추진비	회사 업무와 관련하여 거래처 접대를 위한 비용. 거래처를 위한 경조사비도 접대비임.	도서인쇄비	명함제작비, 참고서적 구입비, 신문구독비 등
통 신 비	유무선 전화료, 우편료, 팩스비용, 인터넷비용 등	소모품비	소모성자재, 소모성공구나 비품 중 당해 연도 사용액
수도광열비	상하수도요금, 도시가스요금, 난방용 유류비 등	수수료비용	기장 및 세무자문료, 인터넷 뱅킹수수료 등
전 력 비	한국전력에 납부하는 전기요금	광고선전비	광고선전물 제작비용, 신문·TV 등 광고료, 홍보용 달력 제작 등
세금과공과	자동차세, 재산세, 교통위반 과태료, 협회·조합비, 회사부담 국민연금. 단, 회사부담 건강보험료는 복리후생비임.	대손상각비	회수가 불확실한 매출채권(외상매출금, 받을어음)의 대손추산액 중 당해 연도 보충액
경상 연구개발비	개발단계의 비용 중 자산성이 없는 비용으로 연구원 급여, 시험재료비, 외주연구개발비 등	무형자산 상각비	영업권, 개발비 등 무형자산의 상각비
감가상각비	유형자산의 당해 연도 원가배분액	잡 비	이상 열거한 비용에 포함시키기 어려운 잡다한 항목

4 영업외손익 필수

영업외수익	내용	영업외비용	내용
이자수익	은행 예적금 이자 수령액 등	이자비용	차입금, 당좌차월, 사채 등으로부터 발생한 이자 지급액
배당금수익	보유 중인 주식에서 수령한 배당금	기 부 금	국가, 복지기관 등에 업무와 관계없이 무상으로 기증한 금액
임 대 료	빌려준 부동산 등에서 받은 월세	매출채권 처분손실	외상매출금, 받을어음을 금융기관 등에 할인하여 처분하면서 수수료 지급 등으로 장부가액보다 덜 수령한 금액

핵심체크

주요 영업외손익★★★
· 영업외수익
이자수익, 배당금수익, 임대료, 자산수증이익, 채무면제이익, 잡이익
· 영업외비용
이자비용, 기부금, 재해손실, 잡손실

참고

타계정대체 적요
재고자산을 기부, 복리후생 목적 등으로 타계정대체 하는 경우 반드시 "적요8.타계정으로 대체액 손익계산서 반영분" 입력

단기매매증권평가이익	단기매매증권의 회계기간 말 공정가격(시가)이 취득가액보다 상승하여 발생한 평가이익	단기매매증권평가손실	단기매매증권의 회계기간 말 공정가격(시가)이 취득가액보다 하락하여 발생한 평가손실
외화환산이익	외화의 회계기간 말 환율이 외화를 처음 취득했을 때보다 오른 경우 그 상승 금액	외화환산손실	외화의 회계기간 말 환율이 외화를 처음 취득했을 때보다 하락하여 발생한 손실
외환차익	외화를 실제 은행에서 환전하여 원화를 수령할 때 환율 상승으로 장부가액보다 더 수령한 원화 금액	외환차손	외화를 실제 은행에서 환전하여 원화를 수령할 때 환율 하락으로 장부가액보다 덜 수령한 원화 금액
유형자산처분이익	토지, 건물 등 유형자산을 처분할 때 장부가액보다 높게 처분하여 더 수령한 금액	유형자산처분손실	토지, 건물 등 유형자산을 처분할 때 장부가액보다 낮게 처분하여 발생한 손실
매도가능증권처분이익	매도가능증권을 처분하여 장부금액보다 더 많이 수령한 금액	매도가능증권처분손실	매도가능증권을 처분하여 장부금액보다 덜 수령한 금액
만기보유증권처분이익	만기보유증권을 처분하여 장부금액보다 더 많이 수령한 금액	만기보유증권처분손실	채권과 같은 만기보유증권을 처분하여 장부금액보다 더 적게 수령해 발생한 손실
자산수증이익	외부에서 무상으로 토지 등을 기증받아 생긴 이익	기타의 대손상각비	회수가 불확실한 미수금, 선급금 등 상거래 이외 채권에 대한 대손추산액 중 당해 연도 보충액
채무면제이익	외상매입금, 차입금 등 부채를 탕감받아 생긴 이익	재고자산감모손실	재고자산의 수량, 물량이 감소하여 손해 본 금액 중 원가성이 없는 금액
보험차익	화재보험에 가입 후 화재로 인해 소실된 자산 금액보다 더 많은 보험금을 수령하여 발생한 차익	재해손실	화재, 홍수, 지진 등 불가항력적 사고로 발생한 손실
잡 이 익	위 항목에 해당하지 않으면서 중요하지 않은 수익	잡 손 실	위 항목에 해당하지 않으면서 중요하지 않은 비용

<table>
<tr><td>이론기출 확인문제</td><td>| **전산세무 2급**, 62회 |</td></tr>
</table>

다음 자료를 이용하여 영업이익을 구하시오.

• 매출액 : 30,000,000원	• 매출원가 : 25,000,000원
• 직원회식비 : 200,000원	• 광고선전비 : 200,000원
• 장기대여금의 대손상각비 : 200,000원	• 기부금 : 200,000원
• 임직원급여 : 2,000,000원	• 유형자산처분손실 : 200,000원
• 거래처 접대(업무추진비) : 200,000원	

[정답 및 풀이] 2,400,000원

- 영업외비용 : 장기대여금 대손상각비, 기부금, 유형자산처분손실
- 영업이익 : 매출(30,000,000원) − 매출원가(25,000,000원) − 판매비와관리비(회식비 200,000원 + 광고선전비 200,000원 + 임직원 급여 2,000,000원 + 업무추진비 200,000원) = 2,400,000원

5 법인세비용

12월말 결산 법인의 경우, 회사는 1년 치 벌어들인 이익에 대해 전반기 6개월 치에 대해 중간예납, 나머지 기간에 대해서는 다음 연도 3월에 확정·신고 납부로 법인세를 납부합니다. KcLep은 이렇게 납부하는 법인세를 '법인세등'이라는 계정과목을 사용하며 전산세무2급에서는 주로 기말 결산 정리사항 실기문제로 가끔씩 출제되고 있습니다.

<table>
<tr><td>실무기출 확인문제</td><td>| **전산세무 2급**, 120회 |</td></tr>
</table>

기말 결산을 하면서 법인세 15,700,000원, 법인지방소득세 3,500,000원을 확정하였다. 중간예납세액 7,240,000원은 자산으로 계상되어 있다.

[정답 및 풀이] 일반전표 입력

12. 31	(차) 법인세등	19,200,000	(대) 선납세금	7,240,000
			미지급세금	11,960,000

[수익인식]

난이도 ★★

01 다음 중 재화의 판매로 인한 수익인식의 조건에 대한 설명으로 옳지 않은 것은? 필수 　　[2022년, 105회]

① 수익금액을 신뢰성 있게 측정할 수 있다.
② 경제적 효익의 유입 가능성이 매우 높다.
③ 재화의 소유에 따른 유의적인 위험과 보상이 판매자에게 있다.
④ 거래와 관련하여 발생했거나 발생할 원가를 신뢰성 있게 측정할 수 있다.

난이도 ★★

02 수익에 대한 다음 설명 중 잘못된 것은? 　　[2019년, 82회]

① 수익은 재화의 판매, 용역의 제공이나 자산의 사용에 대하여 받았거나 또는 받을 대가의 공정가치로 측정한다.
② 용역제공거래의 성과를 신뢰성 있게 추정할 수 없고 발생한 원가의 회수가능성이 낮은 경우 발생한 비용의 범위 내에서만 수익을 인식한다.
③ 이자수익은 원칙적으로 유효이자율을 적용하여 발생기준에 따라 인식한다.
④ 성격과 가치가 유사한 재화나 용역간의 교환은 수익을 발생시키는 거래로 보지 않는다.

난이도 ★★

03 다음 중 거래형태별 일반기업회계기준에 따른 수익인식 시기로 옳지 않은 것은? 필수 　　[2025년, 122회]

① 위탁판매 : 수탁자가 적송품을 판매한 시점
② 시용판매 : 고객이 구매의사를 표시한 시점
③ 공연입장료 : 행사의 표를 판매하는 시점
④ 일반적인 상품 및 제품의 판매 : 상품 및 제품을 인도하는 시점

난이도 ★★

04 다음 중 일반기업회계기준상 거래형태별 수익 인식시점으로 가장 올바른 것은? 필수 　　[2024년, 114회]

① 배당금 수익 : 배당금을 수취한 날
② 상품권 판매 : 상품권을 발행한 날
③ 장기할부판매 : 판매가격을 기간별로 안분하여 수익으로 인식한다.
④ 건설형 공사계약 : 공사 진행률에 따라 진행기준에 의해 수익을 인식한다.

05 당사는 기계설비제조업을 영위하고 있다. 거래처로부터 2월 1일에 설비납품주문을 받았고, 2월 20일에 납품하여 설치하였다. 계약조건대로 5일간의 시험가동 후 2월 25일에 매입의사표시를 받았으며, 2월 28일에 대금을 수취하였다. 이 설비의 수익 인식시기는 언제인가? **필수** [2014년, 59회]

① 2월 1일　　　　② 2월 20일　　　　③ 2월 25일　　　　④ 2월 28일

난이도 ★★★

06 ㈜도일건설은 부천시와 주차타워 신축공사 도급계약을 체결하였다. 도급금액은 1,200,000,000원이고 전년도까지 발생된 누적공사원가는 400,000,000원이다. 전년도까지 누적공사진행률이 40%라면 당해 연도 발생된 공사원가가 250,000,000원일 때 다음의 설명 중 옳지 않은 것은? [2025년, 121회]

① 총공사 예정원가는 1,000,000,000원이다.
② 전년도까지 인식한 누적공사수익은 480,000,000원이다.
③ 당해 연도 인식할 공사이익은 300,000,000원이다.
④ 당해 연도말 누적공사진행률은 65%이다.

[계정과목 분류]

난이도 ★★

07 다음 중 판매비와 관리비 항목이 아닌 것은? [2020년, 94회]

① 급여　　　　② 복리후생비　　　　③ 기업업무추진비　　　　④ 기타의 대손상각비

난이도 ★★

08 다음 중 손익계산서상 영업이익에 영향을 미치는 설명은 어떤 것인가? **필수** [2018년, 81회]

① 유형자산의 처분으로 인한 처분손익　　　② 기부금의 지출
③ 사채상환이익　　　　　　　　　　　　　④ 매출채권에 대한 대손상각비

난이도 ★★

09 다음 중 손익계산서에 반영될 영업이익에 영향을 미치지 않는 경우는? [2018년, 77회]

① 무형자산으로 인식하고 있는 개발비에 대한 상각비의 인식
② 재산세 납부로 인한 세금과공과 계상
③ 종업원의 직무능력 향상을 위한 교육훈련비의 지급
④ 단기시세차익 목적으로 보유한 단기매매증권의 평가손실

10 기부금을 영업외비용이 아닌 판매비와 관리비로 회계처리 한 경우 나타나는 현상으로 틀린 것은? 필수

[2016년, 69회]

① 매출총이익은 불변이다.
② 영업이익은 불변이다.
③ 법인세차감전순이익은 불변이다.
④ 매출원가는 불변이다.

[계산문제]

난이도 ★★

11 다음 자료를 이용하여 영업이익을 계산하면 얼마인가? 필수

[2022년, 103회]

• 매출액 : 100,000,000원	• 차량유지비 : 1,000,000원	• 매출원가 : 50,000,000원
• 기부금 : 2,000,000원	• 잡손실 : 1,000,000원	• 기업업무추진비 : 5,000,000원

① 41,000,000원
② 42,000,000원
③ 44,000,000원
④ 49,000,000원

난이도 ★★★

12 다음 자료를 이용하여 손익계산서상 매출원가를 구하면 얼마인가?

[2025년, 120회]

• 기초재고액 : 80,000원	• 매입환출액 : 40,000원	• 당기매입액 : 240,000원
• 매입할인 : 30,000원	• 기말재고액 : 50,000원	• 타계정대체액 : 10,000원(불우이웃 돕기 기부)

① 190,000원
② 200,000원
③ 210,000원
④ 230,000원

난이도 ★★

13 다음 자료를 이용하여 영업외이익(영업외수익 – 영업외비용)을 구하시오. 필수

[2018년, 76회]

• 임원급여 : 3,000,000원	• 기부금 : 300,000원	• 감가상각비 : 500,000원
• 광고선전비 : 600,000원	• 외환차익 : 1,500,000원	• 이자수익 : 400,000원
• 받을어음의 대손상각비 : 700,000원	• 기업업무추진비 : 100,000원	• 유형자산처분손실 : 200,000원

① 800,000원
② 1,000,000원
③ 1,400,000원
④ 1,600,000원

[매출 인식]

난이도 ★★

01　05월 13일, ㈜진아로부터 외상매출금 50,000,000원을 조기 회수함에 따른 제품매출 할인액(할인율 1%)을 차감한 나머지 금액을 보통예금 계좌로 입금 받았다.(단, 부가가치세는 고려하지 말 것.) 필수　　　　[2022년, 106회]

[판매비와관리비]

난이도 ★

02　1월 5일, 영업부에서 거래처와의 관계 유지를 위해 거래처와 식사하고 식사대금 475,000원을 국민카드로 결제하였다. 필수　　　　[2024년, 118회]

난이도 ★

03　6월 17일, 생산부에서 사용할 소모품을 현금으로 구입하고 아래의 간이영수증을 수령하였다. (단, 당기 비용으로 처리할 것.)　　　　[2024년, 114회]

<table>
<tr><td colspan="6" align="center">영수증(공급받는자용)</td></tr>
<tr><td rowspan="4">공급자</td><td>사 업 자 등 록 번 호</td><td colspan="4" align="center">150-45-51052</td></tr>
<tr><td>상　　　　　호</td><td colspan="2">나래철물</td><td>성　　명</td><td>이나래 (인)</td></tr>
<tr><td>사 업 장 소 재 지</td><td colspan="4" align="center">서울시 강남구 도곡동</td></tr>
<tr><td>업　　　　　태</td><td colspan="2">도소매</td><td>종　　목</td><td>철물점</td></tr>
<tr><td colspan="2" align="center">작성년월일</td><td colspan="3" align="center">공급대가 총액</td><td>비고</td></tr>
<tr><td colspan="2" align="center">06.17.</td><td colspan="3" align="center">20,000원</td><td></td></tr>
<tr><td colspan="6" align="center">위 금액을 정히 영수(청구)함.</td></tr>
<tr><td>월일</td><td>품목</td><td>수량</td><td>단가</td><td colspan="2">공급가(금액)</td></tr>
<tr><td>06.17.</td><td>청소용품</td><td>2</td><td>10,000원</td><td colspan="2">20,000원</td></tr>
<tr><td colspan="3" align="center">합계</td><td colspan="3" align="center">20,000원</td></tr>
</table>

04 7월 26일, 제조부 공장건물에 대한 다음의 재산세 고지서를 수령하고, 보통예금 계좌에서 이체하여 지급하였다.

필수 [2025년, 120회]

07월(건물분)			재산세	도시지역분 지방교육세	고지서

전자납부번호 12300-1-12300-123001		구　　분	납기 내 금액	납기 후 금액
		합　　계	1,000,000	1,030,000
납 세 자　　　㈜한양상사		납 부 기 한	7.31.까지	8.31.까지
주 소 지　서울시 마포구 효창원로 98길 1-1		위의 금액을 납부하시기 바랍니다. 7월 10일		
과세대상　서울시 마포구 효창원로 98길 1-2				

05 12월 11일, 경리부서 직원들의 직무교육 목적으로 외부전문강사를 초빙하여 교육한 후 강의료 800,000원에서 원천징수세액(지방소득세 포함) 26,400원을 차감한 금액을 보통예금 계좌에서 지급하였다. (단, 예수금의 경우 소득세와 지방소득세를 합한 전체금액을 기재하시오.) 필수

[2025년, 120회]

06 1월 31일, 생산부의 전직원(생산직 100명)에 대한 건강검진을 한국병원에서 실시하고, 건강검진 비용 10,000,000원을 법인신용카드(하나카드)로 결제하였다.(미지급금으로 회계 처리할 것.) 필수

[2022년, 103회]

07 6월 5일, 세금계산서를 발급할 수 없는 간이과세자인 골목토스트에서 영업부직원들이 먹을 간식용 토스트를 주문하고 현금 결제를 하였으며 아래와 같은 영수증을 받았다.

[2021년, 95회]

상호: 골목토스트			
211-17-12346		오윤성	
서울특별시 마포구 백범로 50		TEL:730-8085	
현금(지출증빙)			
구매일자 06/05/17:06		거래번호 : 150	
상품명	단가	수량	금액
치즈토스트	2,500원	5	12,500원
햄토스트	2,000원	5	10,000원
합　계			22,500원
받은금액			22,500원

08 난이도 ★★

01월 15일, 영업부 김시성 과장에게 출장비로 지급한 600,000원(지급 시 전도금으로 처리함)에 대한 다음의 지출 결의서를 제출받고 잔액은 현금으로 반환 받았다.(단, 거래처 입력은 생략한다.) **필수**   [2021년, 100회]

지 출 결 의 서

• 왕복 항공권 300,000원	• 숙박비 80,000원

09 난이도 ★★

7월 8일, ㈜SG화재에 차량보험료 2,300,000원을 보통예금으로 지급하였다. 이 중에서 650,000원은 판매부서의 업무용 차량에 대한 것이고, 나머지는 제조부서의 차량에 대한 보험료이다.(당기비용으로 처리할 것.) **필수**

[2021년, 95회]

10 난이도 ★★

5월 1일, 공장건물 청소원인 김갑순에게 인건비 500,000원을 현금으로 지급하고 일용직 근로소득으로 신고하였다. 이와 관련된 원천징수세액은 없으며 동 금액은 잡급으로 처리하기로 한다.   [2013년, 56회]

11 난이도 ★★

1월 15일, 영업부에서 사용할 실무서적을 현금으로 구입하고, 다음의 영수증을 수취하였다. **필수** [2024년, 116회]

NO.		**영수증**(공급받는자용)		
공급자	사업자등록번호	145-91-12336		
	상호	대일서점	성명	김대일
	사업장소재지	서울시 강동구 천호대로 1(천호동)		
	업태	도소매	종목	서적
작성일자		금액합계		비고
01. 15.		25,000원		
공급내역				
월/일	품명	수량	단가	금액
1/15	영업전략실무	1	25,000원	25,000원
합계		₩	25,000	

난이도 ★★

12 8월 30일, ㈜경기로부터 토지(공정가치 7,000,000원)를 증여받고 취득세로 280,000원을 현금으로 지출 하였다. 단, 하나의 전표로 입력할 것. 필수

[2025년, 122회]

난이도 ★★

13 5월 6일, 당사는 산불피해 이재민을 돕기 위하여 제품인 컴퓨터 10대를 양양시에 기부하였다. 컴퓨터 원가는 30,000,000원이며 시가는 35,000,000원이다. 필수

[2021년, 97회]

난이도 ★★★

14 2월 15일, 당사가 10%의 지분을 소유하고 있는 ㈜한국으로부터 현금배당 5,000,000원과 주식배당 100주(주당 액면가액 5,000원)를 보통예금 및 주식으로 수령하였다. 배당에 관한 회계처리는 기업회계기준을 준수하였고, 원천징수금액은 없다. 필수

[2021년, 98회]

난이도 ★★

15 7월 12일, 매입거래처인 ㈜배정산업이 당사에 외상매입금 15,000,000원에 대한 상환을 요구하면서 어려운 업계 상황을 고려하여 해당 채무에 대한 40%를 면제해 주기로 하였다. 당사는 잔액을 보통예금 계좌에서 지급하였다. 필수

[2025년, 119회]

난이도 ★★

16 장부상 현금잔액이 실제 보유하고 있는 현금잔액 보다 12,670원이 많으며 그에 대한 원인이 밝혀지지 아니하였다. 영업외비용 중 적절한 계정과목에 의하여 기말결산 회계 처리하시오.

[2016년, 69회]

[기출문제 - 이론]

01 ③　재화가 판매되면 재화의 소유에 따른 위험이 구매자에게 이전 됨.

02 ②　용역제공 거래의 성과를 신뢰성 있게 추정할 수 없고 원가의 회수가능성이 낮으면 수익을 인식하지 않음.

03 ③　공연입장료는 행사가 개최되는 시점에 수익을 인식함.

04 ④　① 배당금 : 배당금 받을 권리·금액이 확정되는 시점, ② 상품권 : 상품권이 회수(사용)되는 시점, ③ 장기할 부판매 : 인도시점이 수익 인식 시점임.

05 ③　조건부 판매는 수탁자가 인수를 수락한 시점에 수익을 인식하므로 매입의사표시를 한 2월 25일이 수익 인식 시기임.

06 ③　① 전년까지 누적공사원가(400,000,000원) ÷ 총공사원가(×) = 40% ⇒ 총공사원가 10억 원
　　　② 전년까지 누적 공사수익 : 도급금액(12억 원) × 40% = 480,000,000원
　　　④ 당해 연도말 누적공사진행율 : (전기까지 누적공사비 4억 원 + 당해 연도 발생 공사비 2.5억 원) ÷ 총공사원가 10억 원 = 65%
　　　③ 당해 연도 공사수익 : 도급금액(12억 원) × 당해연도 공사 진행율 25%(65% − 40%) = 3억 원 ⇒ 공사이익 50,000,000원(공사수익 3억 원 − 공사원가 2.5억 원)

07 ④　기타의 대손상각비는 영업외비용임.

08 ④　매출채권에 대한 대손상각비가 판매관리비이므로 영업이익에 영향을 미침. ① 유형자산 처분손익, ② 지정 기부금, ③ 사채상환이익은 영업외손익임.

09 ④　단기매매증권 평가손실은 영업외비용임.

10 ②　기부금(영업외비용)을 판매관리비 처리하면 영업이익이 줄어듦.

11 ③　영업이익 : 매출(100,000,000원) − 매출원가(50,000,000원) − 판매관리비(차량유지비 1,000,000원 + 기업업무추진비 5,000,000원) = 44,000,000원

12 ①　• 당기 순매입액 : 당기매입(240,000원) − 매입환출(40,000원) − 매입할인(30,000원) = 170,000원
　　　• 매출원가 : 기초재고(80,000원) + 당기순매입(170,000원) − 기말재고(50,000원) = 200,000원
　　　• 순매출원가 : 매출원가(200,000원) − 타계정대체(10,000원) = 190,000원

13 ③　외환차익(1,500,000원) + 이자수익(400,000원) − 기부금(300,000원) − 유형자산처분손실(200,000원) = 1,400,000원

[기출문제 - 실무]

01 일반전표 입력

| 5. 13 | (차) 보통예금 | 49,500,000 | (대) 외상매출금((주)진아) | 50,000,000 |
| | 매출할인(406) | 500,000 | | |

• 매출할인 50,000,000×1% = 500,000원

02 일반전표 입력

| 1. 5 | (차) 기업업무추진비(판매관리비) | 475,000 | (대) 미지급금(국민카드) | 475,000 |

• 영업부서 접대이므로 판매관리비의 기업업무추진비 선택하고 상거래 이외 외상거래 이므로 미지급금 선택(거래처 국민카드 입력), 미지급금 대신 미지급비용도 가능

03 일반전표 입력

| 6. 17 | (차) 소모품비(제조원가) | 20,000 | (대) 현금 | 20,000 |

• 출금전표에 소모품비(제조원가) 20,000원으로 입력해도 됨.

04 일반전표 입력

| 7. 26 | (차) 세금과공과(제조원가) | 1,000,000 | (대) 보통예금 | 1,000,000 |

• 공장 건물 재산세이므로 제조원가의 세금과공과 선택, 납기(7.31) 내인 7.26 납부이므로 100만원 납부

05 일반전표 입력

| 12. 11 | (차) 교육훈련비(판매관리비) | 800,000 | (대) 예수금 | 26,400 |
| | | | 보통예금 | 773,600 |

• 경리과 직원 교육훈련비이므로 판매관리비의 교육훈련비 선택

06 일반전표 입력

| 1. 31 | (차) 복리후생비(제조원가) | 10,000,000 | (대) 미지급금(하나카드) | 10,000,000 |

07 일반전표 입력

| 6. 5 | (차) 복리후생비(판매관리비) | 22,500 | (대) 현금 | 22,500 |

• 출금전표로 입력해도 됨.

08 일반전표 입력

1. 15	(차) 여비교통비(판매관리비)	380,000	(대) 전도금	600,000
	현금	220,000		

09 일반전표 입력

7. 8	(차) 보험료(판매관리비)	650,000	(대) 보통예금	2,300,000
	보험료(제조원가)	1,650,000		

10 일반전표 입력

5. 1	(차) 잡급(제조원가)	500,000	(대) 현금	500,000

• 출금전표로 입력해도 됨.

11 일반전표 입력

1. 15	(차) 도서인쇄비(판매관리비)	25,000	(대) 현금	25,000

12 일반전표 입력

8. 30	(차) 토지	7,280,000	(대) 자산수증이익(영업외수익)	7,000,000
			현금	280,000

• 수증자산은 공정가치(7,000,000)로 하며 취득 시 납부한 취득세(280,000)로 토지 취득원가에 가산함.

13 일반전표 입력

5. 6	(차) 기부금(영업외비용)	30,000,000	(대) 제품	30,000,000
			(8.타계정으로대체액 손익계산서 반영분)	

14 일반전표 입력

2. 15	(차) 보통예금	5,000,000	(대) 배당금수익(영업외수익)	5,000,000

• 현금배당은 배당금수익으로 인식하고 주식배당은 별도 회계처리 없이 수령하는 주식 수량 증가만 기록함.

15 일반전표 입력

7. 12	(차) 외상매입금((주)배정산업)	15,000,000	(대) 보통예금	9,000,000
			채무면제이익(영업외수익)	6,000,000

• 면제받은 채무 : 15,000,000 × 40% = 6,000,000원

16 일반전표 입력

12. 31	(차) 잡손실(영업외비용)	12,670	(대) 현금	12,670

• 출금전표로 입력해도 됨.

17

기말결산

학습내용 / 공부방향

- 매출원가 인식 · 대손충당금 설정 · 감가상각비 · 퇴직급여충당부채 설정 · 법인세등
- 유가증권 평가 · 외화환산 · 선급비용/미수수익 · 부가가치세 납부 · 계정재분류 등

매회 5문제가 출제되는 매우 중요한 내용으로 따로 공부하는 것이 아니라 **이미 공부한 내용을 유형별**로 정리한 뒤 KcLep에 **자동분개, 수동분개 입력법만** 익히면 충분합니다. 공부량 대비 배점이 매우 높으므로 5문제 모두 맞춰야 합니다.

 **정교수 콕콕**

cafe.naver.com/eduacc 전산세무2급 자료실에서 Data_Install_JS2.zip 파일을 다운받아 컴퓨터에 설치 후 `회사등록` 클릭, `F4 회사코드재생성` 클릭 후 ㈜파쇄상회(회사코드:1072) 선택

1 기말결산 방법

1 기말결산 개념

기말결산이란 회계기간 종료 후 매출원가, 감가상각비, 외화환산, 선급비용 등을 정확한 금액으로 재계산하는 절차인데 KcLep에서 기말결산 입력 방법에는 크게 자동분개와 수동분개가 있습니다.

2 KcLep 기말결산 방법

 **핵심체크**

기말 결산분개 ★★★
- 자동분개: 매출원가, 대손상각, 감가상각, 퇴직급여충당부채, 미지급세금
- 수동분개: 유가증권평가, 외화환산, 선급비용, 미수수익, 부가세납부, 계정재분류

자동분개	[결산/재무제표] → [결산자료입력] 창에 결산금액 입력 후 F3 전표추가 클릭으로 분개를 자동으로 입력하는 방법
	매출원가(원재료·재공품·제품 입력), 감가상각비, 대손충당금, 퇴직급여충당부채, 미지급세금
수동분개	일반전표에 12월 31일자로 분개를 입력하는 방법
	유가증권평가, 외화환산, 선급비용, 미수수익, 부가세납부, 계정재분류 등

2 전산세무2급 빈출 기말결산 유형

최근 수년치 기말결산 기출문제를 유형별로 요약하면 다음과 같은데 매회 5문제, 총 15점 배점으로 공부량 대비 출제비중이 아주 높습니다. 유형별 출제유형이 정해져 있어 어렵지 않으니 전산세무 2급 합격을 위해서 빈출 문제는 반드시 맞춰야 합니다.

항 목	출제횟수	항 목	출제횟수	항 목	출제횟수
매출원가 인식 (재고감모손실 인식)	5(4.6%)	미지급세금 인식	7(6.4%)	현금과부족 처리	1(0.9%)
		유가증권 평가	8(7.3%)	부가가치세 납부	7(6.4%)
감가상각	11(10%)	외화환산손익 인식	9(8.3%)	계정 재분류	13(11.9%)
무형자산 상각	4(3.7%)	소모품비 계상	5(4.6%)	재고자산 타계정대체	1(0.9%)
대손충당금 설정	8(7.3%)	선급비용/미지급비용 인식	12(11%)	사채할인(할증) 발행차금 상각	2(1.8%)
퇴직급여충당부채 설정	5(4.6%)	선수수익/미수수익 인식	9(8.3%)	이익잉여금처분계산서 작성	2(1.8%)

3 자동분개 주요 출제유형

1 매출원가/재고자산감모손실 인식 (어려우면 Pass)

| **실무기출 확인문제** | | **전산세무 2급**, 120회 변형 |

결산일 현재 재고자산을 실사 평가한 결과는 다음과 같다. 기말재고자산 관련 결산분개를 하시오(단, 각 기말재고자산의 시가와 취득원가는 동일한 것으로 가정한다).

재고자산	취득단가	장부상 기말재고	실사한 기말재고	수량 차이 원인
원재료	1,500원	6,500개	6,200개	정상감모
제품	15,500원	350개	350개	
상품	10,000원	1,500개	1,000개	비정상감모

핵심체크

매출원가 인식
· 1단계 : 비정상감모 영업외비용 인식
· 2단계 : [결산자료] 입력창에 실사금액 입력

🔍 **참고 비정상감모**

비정상감모손실은 영업외비용 처리함.

"적요8.타계정으로 대체액" 입력하면 매출원가 계산 시 당기 매입액에서 차감표시되어 매출원가에 포함되지 않음.

🔍 **참고 기말재고**

· 상품 : 10,000,000원
· 제품 : 5,425,000원
· 원재료 : 9,300,000원

🔍 **참고 정상감모**

원재료 정상감모손실은 매출원가 처리함.
즉, 줄어든 원재료 실사금액 930만원을 입력하면 정상감모 45만원(1,500원×(6,500개−6,200개))이 자동으로 매출원가로 인식되는 것임.

🔍 **참고 타계정대체 표시**

당기 매입액 밑에 차감 표시되어 매출원가에 포함되지 않고 영업외비용으로 처리됨.

[정답 및 풀이]

[1단계] 비정상 재고감모손실 수동분개(12.31) 입력

(차) 재고자산감모손실(영업외비용)　5,000,000	(대) 상품　　　　　　　　　　5,000,000
	(적요8. 타계정으로 대체액)

※ 상품의 비정상감모는 영업외비용 처리함. 10,000원 × (1,500개 − 1,000개) = 5,000,000원, 재고자산이 판매되지 않고 감모 또는 타 용도로 사용되면 "적요8. 타계정으로 대체액" 반드시 입력.
"적요8.타계정으로 대체액" 5,000,000원을 입력하면 그 금액이 손익계산서 매출원가 계산 시 당기 매입액에서 차감 표시되어 매출원가가 줄어듦.

[2단계] 매출원가 자동분개 입력 : 모두 실사 금액 입력

[결산자료] 입력창의 상품매출원가 부분에 기말 상품 10,000,000원 입력, 제품매출원가 부분에 기말 원재료 9,300,000원, 기말 제품 5,425,000원 입력 후 F3 전표 추가 클릭

※ 기말 상품(10,000원 × 실사수량 1,000개=10,000,000원), 기말 원재료(1,500원 × 실사수량 6,200개=9,300,000원), 기말 제품(15,500원 × 실사 수량 350개=5,425,000원)

이렇게 F3 전표 추가 클릭하면 일반 전표에 다음 기말결산 분개가 자동으로 입력됩니다.

31	00008	결차	0455	제품매출원가	1	제품매출원가 대체	2,213,343,060	
31	00008	결대	0150	제품				2,213,343,060

[3단계] 재고자산 기말결산 후 재무제표 확인

위 비정상 재고감모손실과 기말재고 실사금액을 [결산자료] 입력창에 입력하면 손익계산서와 재무상태표가 다음과 같이 변경됩니다.

	과　목	제 12(당)기 2023년1월1일 ~ 2023년12월31일	
			금액
손익계산서	Ⅰ.매출액		3,648,770,000
	제품매출	3,648,770,000	
	Ⅱ.매출원가		2,313,343,060
	상품매출원가		100,000,000
	기초상품재고액	15,000,000	
	당기상품매입액	100,000,000	
	타계정으로 대체액	(-) 5,000,000	
	기말상품재고액	(-) 10,000,000	
	제품매출원가		2,213,343,060
	기초제품재고액	5,425,000	
	당기제품제조원가	2,213,343,060	
	기말제품재고액	(-) 5,425,000	
	Ⅲ.매출총이익		1,335,426,940

	과　목	제 12(당)기 2023년1월1일 ~ 2023년12월31일	
			금액
재무상태표	② 재고자산		24,725,000
	상품		10,000,000
	제품		5,425,000
	원재료		9,300,000
	재공품		

② 감가상각비 계상 ^{필수}

실무기출 확인문제 | 전산세무 2급, 90회 |

기말 현재 보유하고 있는 제조부의 감가상각자산은 다음과 같다. 감가상각비와 관련된 회계처리를 하시오. (단, 제시된 자료 이외에 감가상각자산은 없다고 가정하고, 월할상각하며 고정자산등록은 생략한다.)

계정과목	취득일자	취득원가	잔존가치	내용연수	상각방법	상각률
기계장치	당해 연도 9.1	30,000,000	0	5년	정률법	0.451

[정답 및 풀이] 자동분개 입력

[결산자료] 입력창의 제품 매출원가 부분의 기계장치 감가상각비 칸에 4,510,000원 입력 후 F3 전표 추가 클릭

| F3 전표추가 | F4 원가설정 | CF4 대손설정 | CF5 결산분개삭제 | F6 잔액조회 | F7 감가상각 | F8 대손상각 | CF8 퇴직충당 |

간 2023 년 01 월 ~ 2023 년 12 월   자동 결산분개 완료

코드	과 목	결산분개금액	결산전금액	결산반영금액	결산후금액
0518	2). 일반감가상각비			4,510,000	4,510,000
0202	건물				
0206	기계장치			4,510,000	4,510,000

③ 무형자산 상각비 계상

실무기출 확인문제 | 전산세무 2급, 115회 |

결산 시 당기 감가상각비 계상액은 다음과 같다.

계정과목	경비구분	당기 감가상각비 계상액
영업권	판매및관리	3,000,000원

[정답 및 풀이] 자동분개 입력

[결산자료] 입력창의 판매비와일반관리비 부분의 무형자산상각비 칸에 3,000,000원 입력 후 F3 전표 추가 클릭

| F3 전표추가 | F4 원가설정 | CF4 대손설정 | CF5 결산분개삭제 | F6 잔액조회 | F7 감가상각 | F8 대손상각 | CF8 퇴직충당 |

간 2023 년 01 월 ~ 2023 년 12 월   자동 결산분개 완료

코드	과 목	결산분개금액	결산전금액	결산반영금액	결산후금액
0840	6). 무형자산상각비			3,000,000	3,000,000
0218	영업권			3,000,000	3,000,000

🔍 참고 감가상각비 계산

정률법 월할 계산 :
30,000,000 × 45.1% × (4개월/12개월) = 4,510,000원

🔍 참고 수동분개(12.31)

감가상각비 4,510,000
(제조원가)
/ 감가상각누계액 4,510,000
(기계장치)

🔍 참고 수동분개(12.31)

무형자산상각비 4,000,000
(판매관리비)
/ 영업권 4,000,000

🔍 **참고 수동분개(12.31)**

대손상각비 2,747,880
(판매관리비)
  / 대손충당금 2,747,880
    (외상매출금)

기타의대손상각비 1,900,000
(영업외비용)
  / 대손충당금 1,900,000
    (단기대여금)

4 대손충당금 설정 필수

실무기출 확인문제 | 전산세무 2급, 120회 |

외상매출금과 단기대여금의 기말잔액에 대해서만 1%의 대손율을 적용하여 보충법에 의해 대손충당금을 설정하시오. (단, 외상매출금과 미수금은 조회하여 회계처리 할 것.)

[정답 및 풀이] 자동분개 입력

- 대손충당금 추가 설정액 계산

계정과목		추가 설정액
외상매출금	판매관리비	474,788,000 × 1% − 2,000,000 = 2,747,880원
단기대여금	영업외비용	190,000,000 × 1% − 0 = 1,900,000원

- [결산자료] 입력 창의 판매관리비 부분 대손상각비의 외상매출금 칸에 2,747,880원, 영업외비용 부분 기타의대손상각비의 단기대여금 칸에 1,900,000원 입력 후 F3 전표 추가 클릭

F3 전표추가 F4 원가설정 CF4 대손설정 CF5 결산분개삭제 F6 잔액조회 F7 감가상각 F8 대손상각 CF8 퇴직충당

간 [2023]년 [01]월 ~ [2023]년 [12]월 자동 결산분개 완료

코드	과 목	결산분개금액	결산전금액	결산반영금액	결산후금액
0835	5). 대손상각			2,747,880	2,747,880
0108	외상매출금			2,747,880	2,747,880
0110	받을어음				
	7. 영업외 비용		58,247,000	1,900,000	60,147,000
	1). 이자비용		18,000,000		18,000,000
0951	이자비용		18,000,000		18,000,000
0954	2). 기타의대손상각			1,900,000	1,900,000
0114	단기대여금			1,900,000	1,900,000

[추가 입력방법] F8 대손상각

대손상각비를 더 쉽게 입력할 수 있는 방법이 F8 대손상각 입력입니다. 해당 칸에 금액 입력 후 [결산반영] ⇒ F3 전표추가를 클릭하면 됩니다. 다만, 주의할 점은 시험문제가 "외상매출금, 단기대여금"에 대해서만 대손충당금을 설정해야 하므로 "받을어음, 선급금" 칸에는 "0원"을 입력해야 합니다.

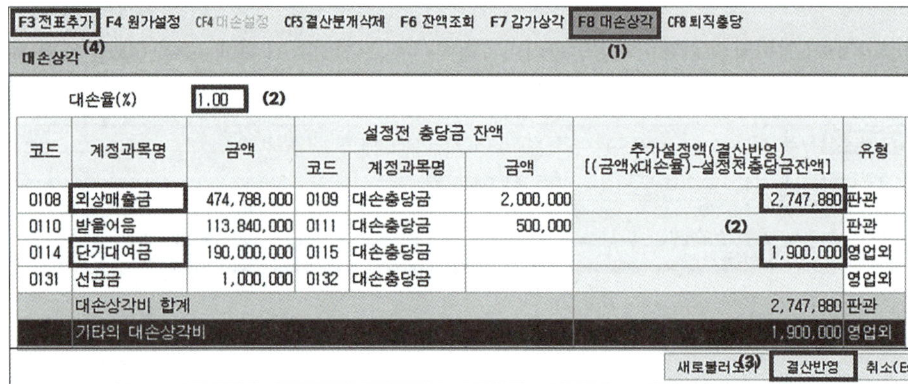

F3 전표추가 F4 원가설정 CF4 대손설정 CF5 결산분개삭제 F6 잔액조회 F7 감가상각 F8 대손상각 CF8 퇴직충당

대손상각 (4)　　　　　　　　　　　　　　(1)

대손율(%) [1.00] (2)

코드	계정과목명	금액	코드	계정과목명	금액	추가설정액(결산반영) [(금액x대손율)−설정전충당금잔액]	유형
			설정전 충당금 잔액				
0108	외상매출금	474,788,000	0109	대손충당금	2,000,000	2,747,880	판관
0110	받을어음	113,840,000	0111	대손충당금	500,000	(2)	판관
0114	단기대여금	190,000,000	0115	대손충당금		1,900,000	영업외
0131	선급금	1,000,000	0132	대손충당금			영업외
	대손상각비 합계					2,747,880	판관
	기타의 대손상각비					1,900,000	영업외

새로불러오(3)　결산반영　취소(E

5 퇴직급여충당부채 설정 [필수]

실무기출 확인문제

| 전산세무 2급, 120회 |

당해 연도 말 퇴직급여추계액 및 설정 전 퇴직급여충당부채액이 다음과 같을 때 퇴직급여충당부채를 설정하시오. 회사는 퇴직급여추계액의 100%를 퇴직급여충당부채로 설정하고 있다.

구분	퇴직급여추계액	설정 전 퇴직급여충당부채액
제조부서	100,000,000원	30,000,000원
영업부서	50,000,000원	20,000,000원

[정답 및 풀이] 자동분개 입력

• 퇴직급여충당부채 추가 설정액 계산

계정과목		추가 설정액
제조부서	제조원가	100,000,000(추계액) − 30,000,000(설정전 잔액) = 70,000,000원
영업부서	판매관리비	50,000,000(추계액) − 20,000,000(설정전 잔액) = 30,000,000원

🔍 **참고 수동분개(12.31)**

퇴직급여(제조원가) 70,000,000
퇴직급여(판관비) 30,000,000
／ 퇴직급여충당부채 100,000,000

• [결산자료] 입력 창의 제품매출원가 부분 퇴직급여(전입액) 칸에 70,000,000원, 판매관리비 부분 퇴직급여(전입액) 칸에 30,000,000원 입력 후 F3 전표 추가 클릭

F3 전표추가 F4 원가설정 CF4 대손설정 CF5 결산분개삭제 F6 잔액조회 F7 감가상각 F8 대손상각 CF8 퇴직충당

간 2023 년 01 ∨ 월 ~ 2023 년 12 ∨ 월 　자동 결산분개 완료

코드	과　　목	결산분개금액	결산전금액	결산반영금액	결산후금액
	3)노 무 비	200,770,000	200,770,000	70,000,000	270,770,000
	1). 임금 외	200,770,000	200,770,000		200,770,000
0504	임금	154,350,000	154,350,000		154,350,000
0507	잡급	46,420,000	46,420,000		46,420,000
0508	2). 퇴직급여(전입액)			70,000,000	70,000,000
	4. 판매비와 일반관리비	2,747,880	729,331,530	30,000,000	759,331,530
	1). 급여 외		327,000,000		327,000,000
0801	급여		295,000,000		295,000,000
0803	상여금		32,000,000		32,000,000
0806	2). 퇴직급여(전입액)			30,000,000	30,000,000

6 미지급세금 인식 [필수]

실무기출 확인문제

| 전산세무 2급, 120회 |

당해 연도 결산을 하면서 법인세 15,700,000원, 법인지방소득세 3,500,000원을 확정하였다. 중간예납세액 3,000,000원은 자산으로 계상되어 있다.

🔍 **참고 수동분개(12.31)**

법인세등 19,200,000
 / 선납세금   3,000,000
  미지급세금 16,200,000

[정답 및 풀이] 자동분개 입력

- 법인세 추가 납부액 : 15,700,000원(법인세) + 3,500,000원(법인지방소득세) − 3,000,000 원(중간예납액) = 16,200,000원
- [결산자료] 입력창의 법인세등 부분의 선납세금 칸에 중간예납세액 3,000,000원, 추가 계상액 칸에 16,200,000원 입력 후 F3 전표 추가 클릭

F3 전표추가 F4 원가설정 CF4 대손설정 CF5 결산분개삭제 F6 잔액조회 F7 감가상각 F8 대손상각 CF8 퇴직충당

간 2023 년 01 ▾ 월 ~ 2023 년 12 ▾ 월   자동 결산분개 완료

코드	과 목	결산분개금액	결산전금액	결산반영금액	결산후금액
0998	9. 법인세등			19,200,000	19,200,000
0136	1). 선납세금		3,000,000	3,000,000	3,000,000
0998	2). 추가계상액			16,200,000	16,200,000

4️⃣ 수동분개 주요 출제유형

1️⃣ 유가증권 평가 필수

| 전산세무 2급, 121회 |

📝 **정답 및 풀이**

매도가능증권평가이익
10,000주 × (14,000원 − 13,250원) = 7,500,000원

문제	당기 말 현재 보유하고 있는 매도가능증권에 대하여 결산일의 회계처리를 하시오. (단, 매도가능증권은 비유동자산으로 가정함.)				
	주식명	취득일	주식수	전기 말 주당 시가	당기 말 주당 시가
	㈜갑	전년도 12.30.	10,000주	13,250원	14,000원
정답	12.31	(차) 매도가능증권 (투자자산)	7,500,000	(대) 매도가능증권평가이익 (기타포괄손익누계)	7,500,000

2️⃣ 외화환산손익 필수

| 전산세무 2급, 121회 |

📝 **정답 및 풀이**

외화환산손실
환율 상승 ⇒ 외화환산손실 :
70,000달러 × (1,420원 − 1,350원) = 4,900,000원

문제	당해 연도 기업은행에서 차입한 외화장기차입금은 70,000달러이다. 차입일의 기준환율은 1달러당 1,350원이고, 기말 현재 기준환율은 1달러당 1,420원이다.			
정답	12.31	(차) 외화환산손실 (영업외비용)	4,900,000	(대) 외화장기차입금 (기업은행)	4,900,000

3-1 소모품비 인식 필수

| 전산세무 2급, 122회 |

📝 **정답 및 풀이**

소모품(자산) 인식
소모품 미사용액 만큼 비용 줄이고 자산 인식

문제	영업부서에서 구입 시 전액 소모품비(판매관리비)로 처리한 소모품 중 미사용액은 3,500,000원이다. (단, 회사는 미사용액에 대하여 자산 처리함.)			
정답	12.31	(차) 소모품(재고자산)	3,500,000	(대) 소모품비(판매관리비)	3,500,000

3-2 선급비용 인식 필수

| 전산세무 2급, 120회 |

| 문제 | 영업부서에서 사용하는 본사 사옥에 대한 건물화재보험료 전액을 납부일에 즉시 비용으로 처리하였다. 결산일에 필요한 회계처리를 하시오(보험료는 월할 계산할 것). |

구분	보장기간	납부일	납부액
영업부 본사 화재보험료	당해연도 8.1. ~ 내년 7.31.	당해 연도 8.1.	1,800,000원

| 정답 | 12.31 | (차) 선급비용(133, 당좌자산) 1,050,0000 (대) 보험료(판매관리비) 1,050,000 |

정답 및 풀이

선급비용(자산)
1,800,000원 × 7개월/12개월 = 1,050,000원

3-3 미지급비용 인식 필수

| 전산세무 2급, 105회 |

| 문제 | 아래의 차입금 관련 자료를 이용하여 결산일까지 발생한 차입금 이자비용에 대한 당해 연도분 미지급비용을 인식하는 회계처리를 하시오. (단, 이자비용은 만기 시에 지급하고, 월할 계산한다.) |

- 금융기관 : 국민은행
- 대출기간 : 당해 연도 05월 01일 ~ 내년도 04월 30일
- 대출금액 : 300,000,000원
- 대출이자율 : 연 2%

| 정답 | 12.31 | (차) 이자비용(영업외비용) 4,000,000 (대) 미지급비용(유동부채) 4,000,000 |

정답 및 풀이

미지급비용
이자비용 : 300,000,000 × 2% × (8개월 ÷ 12개월) = 4,000,000원

3-4 선수수익 필수

| 전산세무 2급, 104회 |

| 문제 | 1년간의 임대료(당해 연도 10월 1일 ~ 내년도 9월 30일) 24,000,000원을 일시에 수령하고 전액을 영업외수익으로 처리하였다. 기말결산 하시오. (단, 임대료의 기간 배분은 월할계산하며, 회계처리 시 음수로 입력하지 말 것.) |

| 정답 | 12.31 | (차) 임대료(영업외수익) 18,000,000 (대) 선수수익(유동부채) 18,000,000 |

정답 및 풀이

미경과 임대료
24,000,000원 × (9개월 ÷ 12개월) = 18,000,000원

3-5 미수수익 필수

| 전산세무 2급, 121회 |

| 문제 | 아래의 자료를 이용하여 정기예금의 당기분 경과이자에 대한 회계처리를 하시오. (단, 월할 계산할 것.) |

- 정기예금액 : 120,000,000원
- 예금가입기간 : 당해 연도 12.01.~내년도11.30.
- 연이자율 : 4.2%
- 이자는 만기일(내년도 11.30.)에 일시 수령

| 정답 | 12.31 | (차) 미수수익(당좌자산) 420,000 (대) 이자수익(영업외수익) 420,000 |

정답 및 풀이

미수수익(자산)
120,000,000원 × 4.2% × (1개월 ÷ 12개월) = 420,000원

📄 **정답 및 풀이**

VAT 납부
매출 시 수령해 둔 "부가세예수금(유동부채) 21,500,000원"과 매입 시 부담했던 "부가세대급금(유동자산) 23,000,000원"을 없애고 나머지 차액을 납부해야 함. 가산세 510,000원은 잡손실(영업외비용), 전자신고세액공제로 줄어든 10,000원은 잡이익(영업외수익) 처리.

부가세 환급액은 100만원은 미수금 처리.

4 부가가치세 납부 필수

| 전산세무 2급, 118회 |

문제	다음은 당해연도 제2기 부가가치세 확정신고와 관련된 내용이다. 12월 31일 부가세예수금과 부가세대급금을 정리하는 회계처리를 하시오. 단, 납부세액(또는 환급세액)은 미지급세금(또는 미수금)으로, 경감공제세액은 잡이익으로, 가산세는 잡손실로 회계처리 한다. • 부가세대급금 : 23,000,000원 • 부가세예수금 : 21,500,000원 • 세금계산서 지연발급 가산세 : 510,000원 • 전자신고세액공제액 : 10,000원

정답	12.31	(차) 부가세예수금 21,500,000 (대) 부가세대급금 23,000,000
		잡손실(영업외비용) 510,000 잡이익(영업외수익) 10,000
		미수금 1,000,000

5-1 계정재분류 1 : 유동성장기부채 필수

| 전산세무 2급, 115회 |

문제	전기에 하나은행으로부터 차입한 장기차입금 중 20,000,000원은 내년도 6월 30일에 상환기일이 도래한다.
정답	12.31	(차) 장기차입금(하나은행) 20,000,000 (대) 유동성장기부채(하나은행) 20,000,000

5-2 계정재분류 2 : 당좌차월

| 전산세무 2급, 108회 |

📄 **정답 및 풀이**

당좌차월
마이너스 통장의 (−) 금액은 단기성 대출이므로 단기차입금으로 계정 재분류

문제	보통예금(푸른은행)의 잔액이 (−)7,200,000원으로 계상되어 있어 거래처원장을 확인해보니 마이너스통장으로 확인되었다.
정답	12.31	(차) 보통예금 7,200,000 (대) 단기차입금(푸른은행) 7,200,000

5-3 계정재분류 3 : 재고자산 타계정대체

| 전산세무 2급, 177회 |

📄 **정답 및 풀이**

재고 타계정대체
적요8. 타계정으로 대체액 반드시 입력

문제	기말 재고자산을 조사한 결과, 원재료 900,000원이 부족하였다. 이는 당사 공장의 기계장치를 수리하는데 부품으로 사용한 것으로 확인되었다. (단, 자산 아닌 비용으로 처리할 것)
정답	12.31	(차) 수선비(제조원가) 900,000 (대) 원재료 900,000 (적요8. 타계정으로 대체액)

 계정재분류 4 : 현금과부족 필수 | 전산세무 **2급**, 122회 |

문제	당기 중 장부상 현금보다 실제 현금이 50,000원이 적어 현금과부족으로 처리했던 금액 중 결산일에 영업부서 직원 식대 간이영수증 30,000원을 발견하였으나, 나머지 금액은 결산일 현재까지도 그 원인 을 알 수 없었다.				
정답	12.31	(차) 복리후생비(판매관리비) 잡손실(영업외비용)	30,000 20,000	(대) 현금과부족	50,000

6 **사채할인(할증)발행차금 상각** 필수 | 전산세무 **2급**, 116회 변형 |

문제	아래에 제시된 자료를 토대로 당초에 할증 발행된 사채의 이자비용에 대한 당해 연도 기말 회계처리를 하시오.(단, 전표는 하나로 입력할 것) • 당해 연도 귀속 사채의 액면이자는 550,000원으로 보통예금에서 이체됨.(이자지급일 : 12월 31일) • 당해 연도 귀속 사채할증발행차금상각액은 215,300원이다.				
정답	12.31	(차) 이자비용(영업외비용) 사채할증발행차금	334,700 215,300	(대) 보통예금	550,000

7 **이익잉여금처분계산서 작성**

실무기출 확인문제 | 전산세무 **2급**, 120회 |

당기의 이익잉여금 처분은 다음과 같이 결의되었다. 이익잉여금처분계산서에 다음의 내용을 입력하고 전표를 추가하시오.

• 당기처분 예정일 : 2024년 3월 25일	• 전기처분 확정일 : 2023년 3월 15일
• 보통주 현금배당 : 30,000,000원	• 보통주 주식배당 : 30,000,000원
• 이익준비금 : 현금배당액의 10%	• 사업확장적립금 : 10,000,000원

[정답 및 풀이] 자동분개 입력

• 이익잉여금처분계산서의 당기처분예정일 2024. 3. 25 입력
• 이익준비금 칸에 3,000,000원, 현금배당의 미지급배당금 칸에 30,000,000원, 주식배당의 미교부주식배당 칸에 30,000,000원, 사업확장적립금 칸에 10,000,000원 입력 후 F6 전표 추가 클릭

정교수 콕콕

📄 **정답 및 풀이**

이자비용
• 액면이자(550,000) − 사채할증발행차금 상각액(215,300) = 334,700원
• 사채할증발행차금상각액은 다른 채권 보다 더 지급하는 액면이자를 돌려받는 성격이므로 액면이자에서 차감 하는 것임.

📄 **정답 및 풀이**

이익준비금
현금배당(30,000,000) × 10% = 3,000,000원

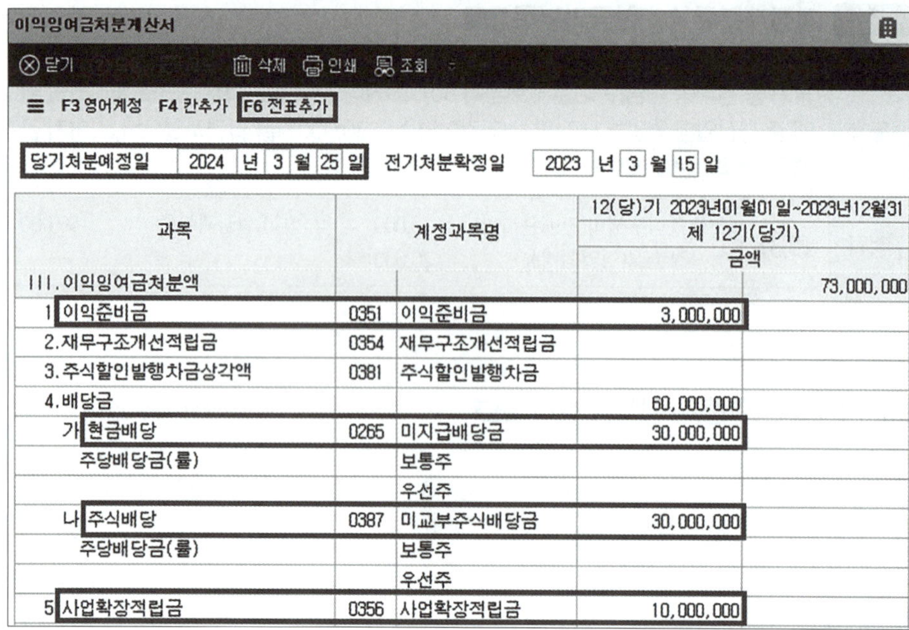

과목		계정과목명	12(당)기 2023년01월01일~2023년12월31 제 12기(당기) 금액	
III. 이익잉여금처분액				73,000,000
1 이익준비금	0351	이익준비금	3,000,000	
2. 재무구조개선적립금	0354	재무구조개선적립금		
3. 주식할인발행차금상각액	0381	주식할인발행차금		
4. 배당금			60,000,000	
가 현금배당	0265	미지급배당금	30,000,000	
주당배당금(률)		보통주		
		우선주		
나 주식배당	0387	미교부주식배당금	30,000,000	
주당배당금(률)		보통주		
		우선주		
5 사업확장적립금	0356	사업확장적립금	10,000,000	

17 실무기출 공략하기

cafe.naver.com/eduacc 전산세무2급 자료실에서 Data_Install_JS2.zip 파일을 다운받아 컴퓨터에 설치 후 회사등록 클릭, F4 회사코드재생성 클릭 후 ㈜미래테크(회사코드 : 1192) 선택

난이도 ★★★

01 결산일 현재 재고자산은 다음과 같다. 결산자료입력을 이용하여 결산을 수행하시오. 필수 [2021년, 119회]

구분	원재료	재공품	제품
금액	82,000,000원	65,000,000원	105,000,000원
비고	선적지 인도기준에 따라 선적되어 매입 운송중인 미착 원재료 2,000,000원 불포함		수탁자가 보관 중인 위탁품 5,000,000원 불포함

난이도 ★★

02 다음은 2025년 제2기 부가가치세 확정신고와 관련된 내용이다. 12월 31일 부가세예수금과 부가세대급금을 정리하는 회계처리를 하시오. 단, 납부세액(또는 환급세액)은 미지급세금(또는 미수금)으로, 경감공제세액은 잡이익으로, 가산세는 잡손실로 회계처리 한다. 필수 [2021년, 119회 변형]

- 부가세대급금 : 22,975,000원
- 세금계산서 지연발급 가산세 : 210,000원
- 부가세예수금 : 25,930,000원
- 전자신고세액공제액 : 10,000원

난이도 ★★

03 다음의 자산 당기 감가상각비를 결산에 반영하시오.(월할상각할 것) 필수 [2024년, 116회 변형]

구 분	취득가액	전기말 상각누계액	상각방법	내용연수	상각율	취득일자
건물(영업부서 사무실)	200,000,000원	12,500,000원	정액법	40	0.025	전년도 7.1
기계장치(제품생산)	50,000,000원	15,650,000원	정률법	8	0.313	전년도 1.1

04

기말 현재 보유 중인 감가상각 대상 자산의 당해 연도 무형자산상각비를 기말결산 하시오. [2025년 122회 변형]

• 계정과목 : 특허권	• 취득원가 : 4,550,000원
• 내용연수 : 7년	• 취득일자 : 전년도 4. 1. • 상각방법 : 정액법

05

당사는 외상매출금과 단기대여금에 대하여 기말 채권잔액의 2%를 대손예상액으로 추정하여 대손충당금을 설정하기로 한다(단, 다른 채권에 대해서는 대손충당금을 설정하지 않음). 필수 [2024년 117회]

06

퇴직급여추계액이 다음과 같을 때 퇴직급여충당부채를 설정하시오. 회사는 퇴직급여추계액의 100%를 퇴직급여충당부채로 설정하고 있다. 필수 [2025년 122회 변형]

구분	퇴직금추계액	설정 전 퇴직급여충당부채 잔액
생산부서	22,000,000원	–
마케팅부서	13,000,000원	–

07

당해 연도에 대한 법인세 45,000,000원, 법인 지방소득세 6,000,000원을 확정하였다. 중간예납세액 10,000,000원, 이자수익에 대한 원천징수세액 1,000,000원이 자산으로 계상되어 있다. 필수 [2024년 114회 변형]

08

결산일 현재 단기매매증권으로 ㈜현대전기의 주식 1,000주(취득일 : 당해 연도 11.30, 주당 취득원가 : 12,550원)를 보유하고 있다. 당해 연도 12월 31일 1주당 공정가치는 15,650원이다. 필요한 회계처리를 하시오. 필수 [2025년 119회]

09 전기에 우리은행에서 차입한 $20,000가 결산일 현재 외화장기차입금으로 남아 있으며, 일자별 기준환율은 다음과 같다. **필수** [2025년 119회]

• 차입일 현재 환율 : 1,450원/$	• 전기말 현재 환율 : 1,200원/$	• 당기말 현재 환율 : 1,500원/$

난이도 ★★

10 10월 3일에 판매부서에서 사용할 화일철 10박스를 200,000원에 구입하고 소모품으로 회계처리 하였다. 결산일 현재 판매부서에는 2박스의 화일철이 남아 있다. **필수** [2025년 118회]

난이도 ★★

11 9월 1일에 영업부 차량보험에 가입하고 1년치 보험료 1,200,000원을 납부하였다. 보험료 납부 당시 회사는 전액 보험료로 회계처리 하였다(단, 월할 계산할 것). **필수** [2024년 116회]

난이도 ★★

12 당해 연도 12월 16일에 차입한 대출금에 대한 이자를 다음 달부터 매월 16일에 지급하기로 하였다. **필수** [2023년 111회]

> 당해 연도 12월 16일부터 내년도 1월 15일까지 1개월 동안 지급되어야 할 이자는 3,100,000원이었으며, 이 중 당해 연도 12월 31일까지의 발생이자는 1,600,000원이었다.

난이도 ★★

13 아래의 자료를 이용하여 정기예금에 대한 당기 기간 경과 분 이자에 대한 회계처리를 하시오(단, 월할 계산할 것). **필수** [2024년 113회]

• 예금금액 : 30,000,000원	• 가입기간 : 당해 연도 04.01. ~ 내년도 03.31.
• 연이자율 : 3.4%	• 이자수령시점 : 만기일(내년도 06.30.)에 일시불 수령

14 당기 중 실제 현금보다 장부상 현금이 10,000원 많아 현금과부족으로 처리했던 금액 중 결산일에 현금 4,000원은 책상 서랍에서 발견되었으나, 나머지 6,000원은 결산일 현재까지도 그 원인을 알 수 없었다. 결산자료를 입력하여 결산을 완료하시오. 필수

[2025년 119회]

15 결산 시 거래처원장 중 보통예금(우리은행)의 잔액이 (−)35,423,800원임을 발견하였다. 보통예금(우리은행) 계좌는 마이너스 통장으로 확인되었다(단, 마이너스 통장은 단기차입금 계정을 사용하고, 음수(−)로 회계처리 하지 말 것). 필수

[2024년 112회]

16 코로나로 인한 특별재난지역에 기부한 제품 15,000,000원에 대한 회계처리가 누락된 것을 기말제품재고 실사 결과 확인하였다.

[2022년 104회]

17 회사는 자금을 조달할 목적으로 사채를 아래와 같이 발행하였다. 이외의 다른 사채는 없다고 가정할 경우 기말 결산 시점의 적절한 회계처리를 하시오. 어려우면 Pass

[2021년 97회]

- 액면가액 10,000,000원의 사채를 당해 연도 1월 1일에 할인발행하였다.(만기 3년)
- 발행가액은 9,455,350원이고, 액면이자율은 연 3%, 유효이자율은 연 5%이다.
- 액면이자는 매년 말 현금으로 지급하며, 유효이자율법을 이용하여 상각한다.
- 원 단위 미만은 절사하기로 한다.

18 2026년 2월 15일에 열린 주주총회에서 미처분이익잉여금으로 현금배당 100,000,000원과 주식배당 10,000,000원을 지급하기로 결의하였다. 처분 예정된 배당내역과 이익준비금(적립률 10%)을 고려하여 당기 이익잉여금처분계산서를 작성하고, 회계처리를 하시오. 단, 당기순이익 금액은 무시한다.

[2022년 101회]

01 기말재고 금액 계산

구분	조정내역	기말재고
원재료	82,000,000 + 2,000,000(선적조건 미착 원재료)	84,000,000원
재공품		65,000,000원
제품	105,000,000 + 5,000,000(미판매 위탁품)	110,000,000원

[결산자료] 입력창의 제품매출원가 부분에 기말 원재료 84,000,000원, 기말 재공품 65,000,000원, 기말 제품 110,000,000원 입력 후 F3 전표 추가 클릭

이렇게 F3 전표 추가 클릭하면 일반 전표에 다음 기말결산 분개가 자동으로 입력됨.

| 31 | 00006 | 결차 | 0455 | 제품매출원가 | 1 | 제품매출원가 대체 | 1,631,300,150 | |
| 31 | 00006 | 결대 | 0150 | 제품 | | | | 1,631,300,150 |

02 일반전표 입력

12.31	(차) 부가세예수금	25,930,000	(대) 부가세대급금	22,975,000
	잡손실(영업외비용)	210,000	잡이익(영업외수익)	10,000
			미지급세금(유동부채)	3,155,000

03 감가상각비 계산

구분		감가상각비
건물	판매관리비	200,000,000 ÷ 40년 = 5,000,000원
기계장치	제조원가	(50,000,000 − 15,650,000) × 0.313 = 10,751,550원

[결산자료] 입력창의 제조원가 부분 기계장치 감가상각비 칸에 10,751,550원, 판매관리비 부분 건물 감가상각비 칸에 5,000,000원 입력 후 F3 전표 추가 클릭

단, 아래와 같이 12.31자 일반전표로 입력해도 무방함.

12.31	(차) 감가상각비(판매관리비)	5,000,000	(대) 감가상각누계액(건물)	5,000,000
	감가상각비(제조원가)	10,751,550	감가상각누계액(기계장치)	10,751,550

04 무형자산 상각비 : 4,550,000 ÷ 7년 = 650,000원

결산자료 입력창의 판매관리비 부분 무형자산상각비의 특허권 칸에 650,000원 입력 후 F3 전표 추가 클릭

단, 아래와 같이 12.31자 일반전표로 입력해도 무방함.

12.31	(차) 무형자산상각비(판매관리비)	650,000	(대) 특허권	650,000

05 대손충당금 추가 설정액 계산

계정과목		추가 설정액
외상매출금	판매관리비	568,347,500 × 2% − 4,000,000 = 7,366,950원
단기대여금	영업외비용	31,500,000 × 2% − 0 = 630,000원

[결산자료] 입력 창의 판매관리비 부분 대손상각비의 외상매출금 칸에 7,366,950, 영업외비용 부분 기타의대손상각비의 단기대여금 칸에 630,000원 입력 후 F3 전표 추가 클릭

※ F8 대손상각 입력 클릭 후 대손율 2% 입력 후 외상매출금칸, 단기대여금칸만 남기고 받을어음, 미수금, 선급금 칸에는 0원 입력 후 [결산반영] ⇒ F3 전표 추가 클릭해도 됨.
단, 아래와 같이 12.31자 일반전표로 입력해도 무방함.

12. 31	(차) 대손상각비(판매관리비)	7,366,950	(대) 대손충당금(외상매출금)	7,366,950
	기타의대손상각비(영업외비용)	630,000	대손충당금(단기대여금)	630,000

06 퇴직급여충당부채 추가 설정액 계산

계정과목		추가 설정액
생산부서	제조원가	22,000,000(추계액) − 0(설정전 잔액) = 22,000,000원
마케팅부서	판매관리비	13,000,000(추계액) − 0(설정전 잔액) = 13,000,000원

[결산자료] 입력 창의 제품매출원가 부분 퇴직급여(전입액) 칸에 22,000,000원, 판매관리비 부분 퇴직급여(전입액) 칸에 13,000,000원 입력 후 F3 전표 추가 클릭

단, 아래와 같이 12.31자 일반전표로 입력해도 무방함.

12. 31	(차) 퇴직급여(제조원가)	22,000,000	(대) 퇴직급여충당부채	35,000,000
	퇴직급여(판매관리비)	13,000,000		

07 자동분개 입력

[결산자료] 입력창의 법인세등 부분의 선납세금 칸에 중간예납세액 11,000,000원, 추가 계상액 칸에 40,000,000원 입력 후 F3 전표 추가 클릭

※ 법인세 추가 납부액 : 45,000,000(법인세) + 6,000,000(법인지방소득세) − 11,000,000(중간예납액) = 40,000,000원

단, 아래와 같이 12.31자 일반전표로 입력해도 무방함.

12. 31	(차) 법인세등	51,000,000	(대) 선납세금	11,000,000
			미지급세금	40,000,000

08 일반전표 입력

12. 31	(차) 단기매매증권(당좌자산)	3,100,000	(대) 단기매매증권평가이익(영업외수익) 3,100,000

※ 주가 상승 ⇒ 단기매매증권 평가이익 : 1,000주 × (15,650 - 12,550) = 3,100,000

09 일반전표 입력

12. 31	(차) 외화환산손실(영업외비용)	6,000,000	(대) 외화장기차입금(우리은행)	6,000,000

※ 환율 적용 : 매년말 외화 환산을 하므로 차입일 환율이 아닌 전년도 연말 환율(1,200원/1$)과 당해 연도 연말 환율(1,500원/1$)을 비교해야 함.
※ 환율 상승 ⇒ 외화환산손실 : $20,000 × (1,500원 - 1,200원) = 6,000,000원

10 일반전표 입력

12. 31	(차) 소모품비(판매관리비)	160,000	(대) 소모품(재고자산)	160,000

※ 사용한 소모품 : 200,000 × 8박스/10박스 = 160,000원

11 일반전표 입력

12. 31	(차) 선급비용(당좌자산)	800,000	(대) 보험료(판매관리비)	800,000

※ 미경과 보험료 : 1,200,000 × 8개월/12개월 = 800,000원

12 일반전표 입력

12. 31	(차) 이자비용(영업외비용)	1,600,000	(대) 미지급비용(유동부채)	1,600,000

13 일반전표 입력

12. 31	(차) 미수수익(당좌자산)	765,000	(대) 이자수익(영업외수익)	765,000

※ 이자 발생액 : 30,000,000 × 3.4% × 9개월/12개월 = 765,000원

14 일반전표 입력

12. 31	(차) 현금 잡손실(영업외비용)	4,000 6,000	(대) 현금과부족	10,000

15 일반전표 입력

12. 31	(차) 보통예금	35,423,800	(대) 단기차입금(우리은행)	35,423,800

16 일반전표 입력

12. 31	(차) 기부금(영업외비용)	15,000,000	(대) 제품(적요8. 타계정으로 대체액)	15,000,000

17 일반전표 입력

| 12. 31 | (차) 이자비용(영업외비용) | 472,767 | (대) 현금 | 300,000 |
| | | | 사채할인발행차금 | 172,767 |

※ 총 이자비용 : 장부가액(9,455,350원) × 유효이자율(5%) = 472,767원

※ 이자 현금지급액 : 액면(10,000,000) × 3% = 300,000원

※ 사채할인발행차금 상각액 : 472,767 − 300,000 = 172,767원

18 이익잉여금처분계산서 작성
- 이익잉여금처분계산서의 당기처분예정일 2026. 2. 15 입력
- 이익준비금 칸에 10,000,000원, 현금배당의 미지급배당금 칸에 100,000,000원, 주식배당의 미교부주식배당 칸에 10,000,000원 입력 후 F6 전표추가 클릭

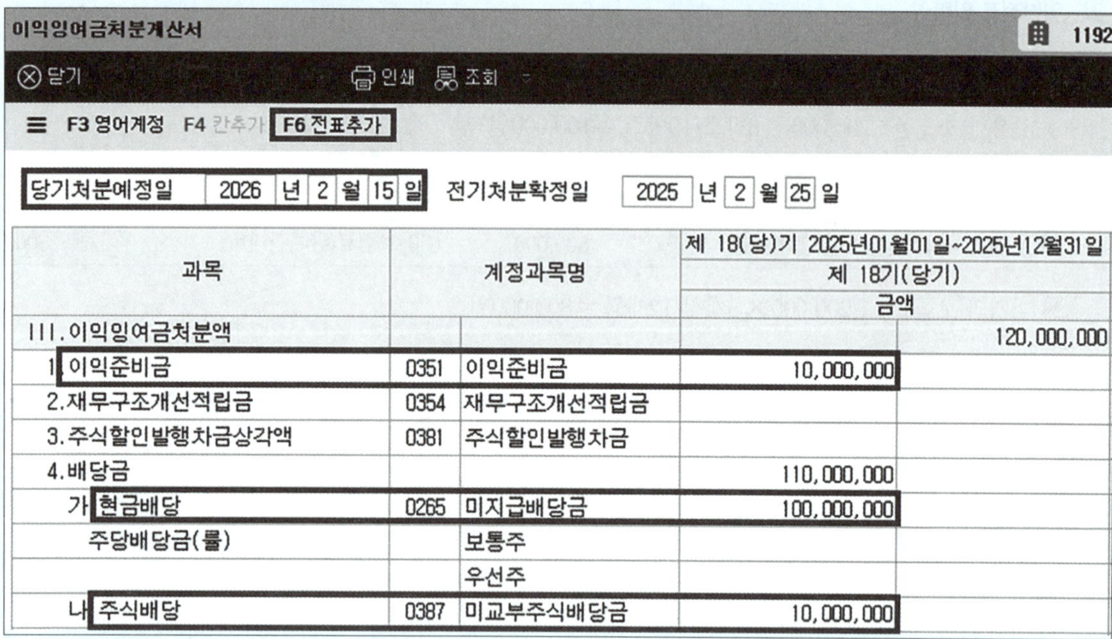

| 과목 | | 계정과목명 | 제 18(당)기 2025년01월01일~2025년12월31일 |
| | | | 제 18기(당기) |
			금액
III. 이익잉여금처분액			120,000,000
1. 이익준비금	0351	이익준비금	10,000,000
2. 재무구조개선적립금	0354	재무구조개선적립금	
3. 주식할인발행차금상각액	0381	주식할인발행차금	
4. 배당금			110,000,000
가. 현금배당	0265	미지급배당금	100,000,000
주당배당금(률)		보통주	
		우선주	
나. 주식배당	0387	미교부주식배당금	10,000,000

18

회계변경과 오류수정

• 회계정책 변경 • 회계추정 변경 • 오류수정

전산회계1급에서는 다루지 않던 내용으로 5 ~ 6회 시험마다 1문제 출제될 정도로 출제빈도는 높지 않은 편이며, **회계변경과 오류수정의 개념과 그 처리방법을 정확히 알고 있어야 풀 수 있음**. 속성으로 공부하는 학생은 과감히 포기해도 합격에는 지장은 없으나 내용은 어렵지 않은 편임.

① 회계변경

① 회계변경의 개념

회사는 재무제표 작성 시 일반기업회계기준이 정하고 있는 유가증권 평가방법, 재고자산평가방법 등 다양한 회계정책을 따라야 합니다. 예를 들어 일단 회사가 재고자산 평가 관련 회계정책을 선입선출법으로 정했다면, 다음으로 재고자산이 진부화 되었는지 대한 회계추정을 통해 재무제표를 작성합니다. 정당한 사유가 없다면 한번 선택된 회계정책과 회계추정은 변경하지 않는데, 회계변경이란 이렇게 회사가 선택한 회계정책과 회계추정을 변경하는 것을 말합니다.

회계정책 변경	회계추정 변경
재무제표의 작성과 보고에 적용하던 회계정책 또는 회계처리 방법을 다른 회계정책으로 바꾸는 것	기업환경의 변화, 새로운 정보의 획득 또는 경험의 축적에 따라 지금까지 사용해오던 회계적 추정치의 근거와 방법 등을 바꾸는 것

② 회계변경 사례 [필수]

회계정책 변경 사례	회계추정 변경 사례
• 재고자산 평가방법의 변경 　예 선입선출법 → 이동평균법 • 유가증권 취득단가 결정방법 변경 　예 후입선출법 → 선입선출법 • 유형자산 평가모형 변경 　예 원가모형 → 재평가모형	• 매출채권의 대손설정비율 변경 • 재고자산의 진부화 여부에 대한 판단 변경 • 금융자산이나 금융부채의 공정가치 변경 • 우발부채의 추정 변경 • 품질보증의무 추정 변경 • 감가상각방법, 내용연수, 잔존가액의 변경

※ 감가상각방법 변경은 회계정책이 아니라 회계추정의 변경임.

 **정교수 콕콕**

◎ **핵심체크**

회계정책 변경
• 회계정책을 다른 회계정책으로 바꾸는 것
• 재고자산 평가방법, 유가증권 취득단가 결정방법, 유형자산 평가모형 변경

◎ **핵심체크**

회계추정 변경
• 회계 추정치 근거와 방법을 바꾸는 것
• 감가상각방법/내용연수/잔존가액, 대손설정비율, 재고자산 진부화 여부 판단, 금융자산/금융부채 공정가치, 우발부채 추정 변경

③ 정당한 회계변경 사유 [필수]

- 일반기업회계기준의 제정, 개정 또는 기존의 일반기업회계기준에 대한 새로운 해석에 따라 회계변경을 하는 경우
- 동종 산업의 대부분 기업이 채택한 회계정책 또는 추정방법으로 변경하는 것이 종전 보다 더 합리적이라고 판단되는 경우
- 합병, 사업부 신설, 대규모 투자, 사업의 양수도 등 기업환경의 중대한 변화로 총자산, 매출액, 제품의 구성 등 회사상황이 현저히 바뀌어 종전 회계정책의 사용이 적절치 않은 경우

※ 단순히 세법의 규정을 따르기 위한 회계변경과 이익조정을 주된 목적으로 한 회계변경은 정당한 회계변경이 아님.

④ 회계변경으로 보지 않은 사례

- 중요성이 낮아 일반기업회계기준을 따르지 않던 항목의 중요성이 커져 일반기업회계기준을 적용하는 경우. 예 품질보증비용을 지출연도의 비용으로 처리하다가 중요성이 커짐에 따라 충당부채 설정법을 적용하는 경우
- 과거에는 없던 새로운 거래에 대하여 회계정책을 선택하거나 회계추정을 하는 경우

⑤ 회계변경 처리방법 [필수]

회계정책 변경	회계추정 변경
소급법 (예외적으로 전진법 적용)	전진법
공시되는 비교 목적의 전기 또는 그 이전의 재무제표는 수정하여 재작성	당기와 당기 이후의 기간에 반영 (변경 효과를 당해 회계연도 개시일부터 적용)

- 회계정책과 회계추정이 동시에 변경되는 경우 회계정책 변경의 누적효과를 먼저 계산하여 소급적용한 후, 회계추정의 변경 효과를 전진적으로 적용함.
- 회계정책의 변경에 따른 누적효과를 합리적으로 결정하기 어려운 경우에는 회계변경을 전진적으로 처리하여 그 효과를 당기와 당기 이후의 기간에 반영
- 회계정책 변경효과와 회계추정 변경효과를 구분하기가 불가능한 경우에는 이를 회계추정의 변경으로 봄.

회계정책 변경은 매우 중요하기 때문에 그 변경 효과를 과거로 소급하여 재무제표를 모두 다시 작성해야 합니다. 반면, 회계추정 변경은 중요도가 높지 않기 때문에 변경 이후 재무제표에만 적용하는 것입니다. 즉, 회계정책의 변경에는 소급법, 회계추정 변경에는 전진법을 적용합니다.

이론기출 확인문제 | **전산세무 2급**, 104회 |

다음 중 회계변경에 대한 설명으로 가장 옳지 않은 것은?

① 회계정책의 변경은 회계방법이 변경되는 것이며, 소급법을 적용한다.
② 회계정책의 변경에 따른 누적효과를 합리적으로 결정하기 어려우면 전진법을 적용한다.
③ 세법개정으로 회계처리를 변경해야 하는 경우 정당한 회계변경의 사유에 해당한다.
④ 회계추정의 변경은 전진적으로 처리하여 그 효과를 당기와 당기 이후의 기간에 반영한다.

> **정교수 콕콕**
>
> 📄 정답 및 풀이 ③
>
> 단순한 세법개정으로 인한 회계처리 변경은 정당한 회계변경이 아님.

이론기출 확인문제 | **전산세무 2급**, 116회 |

다음 중 회계추정의 변경에 해당하지 않는 것은 무엇인가?

① 감가상각자산의 내용연수 변경
② 감가상각방법의 변경
③ 재고자산 평가방법의 변경
④ 재고자산의 진부화 여부에 대한 판단

> 📄 정답 및 풀이 ③
>
> 감가상각방법 변경은 회계추정 변경이며 재고자산 평가방법 변경은 회계정책의 변경임.

② 오류수정

1 오류수정의 개념

오류수정이란 전기 또는 그 이전의 재무제표에 포함된 회계적 오류를 당기에 발견하여 이를 수정하는 것을 말하는데, 재무제표의 신뢰성을 심각하게 손상시키는 중대한 오류와 그렇지 않은 오류로 구분하여 그 처리방법이 달라집니다.

2 오류수정 처리방법 필수

원 칙(중대하지 않은 오류)	예 외(중대한 오류)
당기 일괄처리법	소급법
당기 손익계산서의 영업외손익 중 전기오류수정손익 처리	비교 표시되는 전기재무제표 재작성

- 소급법의 적용을 중대한 오류로 한정한 이유 : 모든 오류수정에 소급법 적용 시 재무제표를 빈번하게 재작성하면 재무제표의 신뢰성의 저하 가능성 방지
- 전기 이전 기간에 발생한 중대한 오류의 수정은 자산, 부채 및 자본의 기초금액에 반영하고 비교재무제표를 작성하는 경우 중대한 오류의 영향을 받는 회계기간의 재무제표 항목은 재작성 해야함.

이론기출 확인문제 | 전산세무 2급, 117회 |

다음 중 일반기업회계기준상 오류수정에 대한 설명으로 옳지 않은 것은?

① 오류수정은 전기 또는 그 이전의 재무제표에 포함된 회계적 오류를 당기에 발견하여 수정하는 것을 말한다.
② 당기에 발견한 전기 또는 그 이전 기간의 오류 중 중대한 오류가 아닌 경우에는 영업외손익 중 전기오류수정손익으로 보고한다.
③ 전기 이전 기간에 발생한 중대한 오류의 수정은 발견 당시 회계기간의 재무제표 항목을 재작성한다.
④ 중대한 오류는 재무제표의 신뢰성을 심각하게 손상시킬 수 있는 매우 중요한 오류를 말한다.

---

3 오류수정 회계처리 어려우면 Pass

공부한 바와 같이 중대하지 않은 오류는 당기 손익계산서의 영업외손익 중 전기오류수정손익 처리하고, 중대한 오류는 소급법을 적용하여 비교 표시되는 전기재무제표 재작성해야 합니다. 기출문제를 통해 각각의 회계처리를 알아볼 텐데 전산세무 2급 시험에 거의 출제되지 않으니 과감히 패스해도 상관없습니다.

(1) 중대하지 않은 오류

실무기출 확인문제 | 전산세무 2급, 64회 |

7월 3일, 본사 건물에 대하여 전년도에 납부 하였던 전기료 중 과오 납부한 금액인 300,000원이 당사 보통예금으로 입금되어 오류를 수정하였다. 중대한 오류가 아니다. (잡이익 계정은 사용하지 마시오.)

[정답 및 풀이] 일반전표 입력

7.3	(차) 보통예금	300,000	(대) 전기오류수정이익(영업외수익)	300,000

(2) 중대한 오류

중대한 오류수정이 발생하면 과거 재무제표를 다시 작성하는 소급법을 따르므로 과거 당기순이익이 바뀌고 당기 기초이익잉여금이 바뀝니다. KcLep에 분개 입력하기 위해서는 KcLep의 설계구조부터 알아봐야 하는데 기출문제를 통해 알아보겠습니다.

본사 건물에 대한 감가상각비가 전년도에 25,000,000원 만큼 과대 계상된 오류를 발견하였다. 본 사항은 중대한 오류로 판단된다.

1) 원칙적인 회계처리

| (차) 감가상각누계액(건물)　25,000,000 | (대) 이월이익잉여금　25,000,000 |

2) KcLep 입력 시 회계처리

KcLep 입력할 분개를 알기 위해서는 먼저 자본변동표의 구조부터 알아야 하는데, 일반전표 입력 후 자동으로 자본변동표가 작성되기 때문입니다.

가. 자본변동표 양식

구분	자본금	자본 잉여금	자본 조정	기타포괄 손익누계액	이익 잉여금	합계
1. 전기말 보고금액						
회계변경 누적효과						
전기오류수정						
전기오류수정이익(370)						
전기오류수정손실(371)						
2. 수정 후 자본						
:	:	:	:	:	:	:
3. 당기말 보고금액						

나. KcLep 입력 회계처리

자본변동표는 위와 같이 전기말 보고된 이익잉여금에 회계변경누적효과(회계정책 변경), 전기오류수정(중대한 오류수정) 내용을 반영해야 하므로, 소급법 적용시 KcLep은 이월이익잉여금 계정과목 대신 전기오류수정이익(370, 자본)이라는 계정과목을 입력해야 합니다.

| (차) 감가상각누계액(건물) 25,000,000 | (대) 전기오류수정이익(370, 자본) 25,000,000 |

정교수 콕콕

📑 정답 및 풀이

소급법은 전년도 오류를 전년도로 소급하여 수정해야 하므로 전년도 과대계상한 감가상각비(판매관리비)를 줄여 손익계산서를 재작성 해야 하며, 당해 연도의 기초이월이익잉여금도 수정해야 함.

난이도 ★★

01 다음 중 회계정책 또는 회계추정의 변경과 관련한 설명으로 틀린 것은? **필수** [2021년, 93회]

① 회계추정의 변경은 소급하여 적용하는 것이 원칙이다.

② 회계정책의 변경과 회계추정의 변경이 동시에 이루어지는 경우 회계정책의 변경에 의한 누적효과를 먼저 계산한다.

③ 회계변경의 효과를 회계정책의 변경과 회계추정의 변경으로 구분이 불가능한 경우 회계추정의 변경으로 본다.

④ 회계정책의 변경을 반영한 재무제표가 더 신뢰성 있고 목적 적합한 정보를 제공한다면 회계정책을 변경할 수 있다.

난이도 ★★

02 다음 중 회계변경으로 인정되는 정당한 사례로 적절하지 않은 것은? **필수** [2023년, 109회]

① 일반기업회계기준의 제·개정으로 인하여 새로운 해석에 따라 회계변경을 하는 경우

② 기업환경의 중대한 변화에 의하여 종전의 회계정책을 적용하면 재무제표가 왜곡되는 경우

③ 동종산업에 속한 대부분의 기업이 채택한 회계정책 또는 추정방법으로 변경함에 있어서 새로운 회계정책 또는 추정방법이 종전보다 더 합리적이라고 판단되는 경우

④ 정확한 세무신고를 위해 세법 규정을 따를 필요가 있는 경우

난이도 ★★

03 다음 중 일반기업회계기준에 따른 회계변경에 대한 설명으로 옳지 않은 것은? [2021년, 100회]

① 매기 동일한 회계정책 또는 회계추정을 사용하면 비교가능성이 증대되어 재무제표의 유용성이 향상된다.

② 회계정책의 변경과 회계추정의 변경을 구분하기가 불가능한 경우에는 회계추정의 변경으로 본다.

③ 회계정책 변경을 소급하여 적용하는 경우에는 그 변경의 효과를 당해 회계연도 개시일부터 적용한다.

④ 회계추정의 변경은 기업환경의 변화, 새로운 정보의 획득 또는 경험의 축적에 따라 지금까지 사용해오던 회계적 추정치의 근거와 방법 등을 바꾸는 것을 말한다.

난이도 ★★

04 회계변경에 대한 다음의 설명 중 틀린 것은? [2021년, 96회]

① 매출채권의 대손추정률을 변경하는 것은 회계추정의 변경에 해당한다.

② 회계정책의 변경과 회계추정의 변경이 동시에 이루어지는 경우는 회계정책의 변경에 의한 누적효과를 먼저 적용한다.

③ 회계정책의 변경과 회계추정의 변경을 구분하기가 불가능한 경우에는 이를 회계정책의 변경으로 본다.

④ 이익조정을 주된 목적으로 한 회계변경은 정당한 회계변경으로 보지 아니한다.

05 다음 중 회계추정의 변경에 해당하지 않는 것은? 필수 [2021년, 98회]

① 재고자산 평가방법을 후입선출법에서 선입선출법으로 변경하는 경우
② 기계설비의 감가상각 대상 내용연수를 변경하는 경우
③ 매출채권에 대한 대손추정률을 변경하는 경우
④ 비품의 감가상각방법을 정률법에서 정액법으로 변경하는 경우

06 회계변경과 관련한 다음 설명 중 잘못된 것은? 필수 [2012년, 53회]

① 회계추정은 기업환경의 불확실성하에서의 미래의 재무적 결과를 사전적으로 예측하는 것이다.
② 유가증권 취득단가 산정방법의 변경은 회계추정 변경에 해당한다.
③ 회계정책 변경을 전진적으로 처리하는 경우에는 그 변경의 효과를 당해 회계연도 개시일부터 적용한다.
④ 회계정책의 변경과 회계추정의 변경이 동시에 이루어지는 경우에는 회계정책의 변경에 의한 누적효과를 먼저 계산한다.

07 다음 회계처리 내용 중 오류수정으로 볼 수 없는 것은? 필수 [2015년, 64회]

① 전기 미수수익의 과다계상
② 이동평균법에서 총평균법으로 유가증권 평가방법의 변경
③ 전기 기말재고자산의 과다계상
④ 전기 상품매출의 누락

08 다음 중 회계정책, 회계추정의 변경 및 오류에 대한 설명으로 옳지 않은 것은? 필수 [2024년, 115회]

① 회계정책의 변경은 기업환경의 변화, 새로운 정보의 획득 또는 경험의 축적에 따라 지금까지 사용해 오던 회계적 추정치의 근거와 방법 등을 바꾸는 것을 말한다.
② 회계추정의 변경은 전진적으로 처리하여 그 효과를 당기와 당기 이후의 기간에 반영한다.
③ 회계변경의 효과를 회계정책의 변경효과와 회계추정의 변경효과로 구분하는 것이 불가능한 경우 회계추정의 변경으로 본다.
④ 회계추정 변경의 효과는 당해 회계연도 개시일부터 적용한다.

01 ① 회계추정의 변경은 전진적으로 처리하는 것이 원칙임.

02 ④ 세법 규정을 따르기 위한 회계변경은 정당한 사유에 해당하지 않음.

03 ③ 회계정책 변경은 소급하여 처리하는 경우에는 전기 재무제표를 재작성해야 함.

04 ③ 회계정책의 변경과 회계추정의 변경을 구분하기가 불가능한 경우에는 이를 회계추정의 변경으로 봄.

05 ① 재고자산 평가방법의 변경은 회계정책의 변경에 해당함.

06 ② 유가증권 취득단가 산정방법의 변경은 회계정책의 변경임.

07 ② 유가증권의 평가방법을 이동평균법에서 총평균법으로 변경하는 것은 오류수정이 아니라 회계정책의 변경임.

08 ① 회계정책 변경이란 재고자산 평가방법, 유가증권 취득단가 결정방법과 같이 회계처리 방법을 변경하는 것을 말하며, 매출채권의 대손설정비율 변경, 감가상각 내용연수 변경 등과 같이 회계적 추정치를 변경하는 것은 회계추정의 변경임.

Ⅳ 부가가치세

이 단원은 부가가치세 기본 개념을 배우고
향후 매입매출전표 KcLep 입력을 위한 기본지식을 익히는 부분입니다.

 **학습방법**　**부가가치세 과세체계 ⇒ 과세대상, 계산, 신고·납부**

1. 부가가치세를 어떤 식으로 과세하는지 과세체계를 익힙니다.
2. 과세대상, 영세율·면세를 구분하여 학습합니다.
3. 매출세액과 매입세액을 계산한 뒤 신고·납부 방법을 학습합니다.

 **출제빈도**　**매회 이론 3문제(총 6점)**

공부량 대비 출제빈도가 낮은 편이니 매입매출전표 KcLep 입력을 위한 기초지식만 알아도 1 ~ 2문제는 맞출 수 있으니 빈출 내용 위주로 학습해야 합니다.

부가가치세 개념과 사업자등록	부가세 특징, 간이과세자, 사업자 등록·정정, 총괄납부 Vs 사업자단위
부가가치세 과세대상	실질공급 Vs 간주공급
영세율과 면세	영세율·면세 특징, 면세 대상·포기
세금계산서와 재화·용역의 공급시기	세금계산서 필요적 기재사항, 전자세금계산서, 발급시기, 세금계산서 발급면제, 재화·용역 공급시기
부가가치세 납부세액 계산	수출시 환율적용, 대손세액공제, 매입세액불공제, 의제매입세액공제, 공통매입세액 안분
신고·납부와 가산세	과세기간, 예정고지 납부, 확정신고, 부가세 환급, 신용카드매출전표 세액공제, 가산세

19

부가가치세 개념과 사업자등록

학습내용
공부방향

- 부가가치세 특징 - 납세의무자 - 간이과세자 - 사업자등록

2 ~ 3회 시험마다 1문제 정도 출제되는데 내용은 전산회계1급과 동일하되 조금더 어렵게 출제되는데 전산세무2급에는 주로 간이과세와 사업자등록 문제가 집중 출제되고 있음. 간이과세자는 세부내용까지 출제되므로 좀 더 깊게 공부해야 함.

1 부가가치세 개념

부가가치세(VAT, Value Added Tax)란 사업자가 재화나 용역을 생산, 유통하는 과정에서 창출한 부가가치에 10%를 과세하는 세금입니다. 다음은 1,000원 짜리 커피재료를 구입해 소비자에게 3,000원에 판매하는 커피전문점의 부가가치세 흐름입니다.

[커피 판매과정의 부가가치세 흐름도]

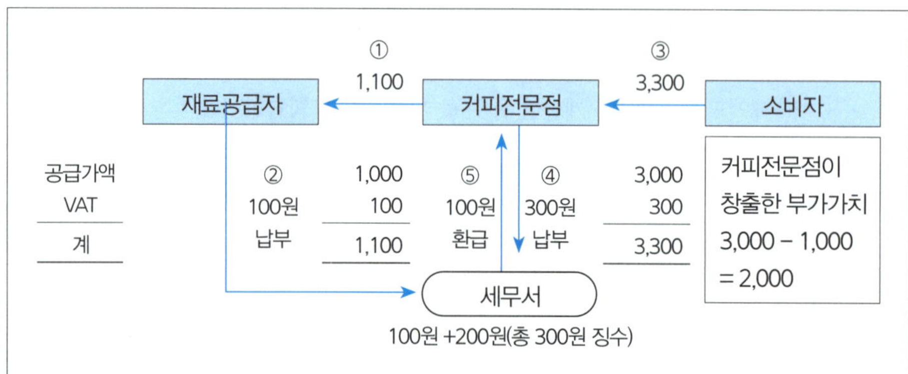

1 커피전문점의 부가가치세 계산구조 : 전단계세액공제법

매 출 세 액	3,000원 × 10%	300원
매 입 세 액	1,000원 × 10%	(100원)
납 부 세 액		200원

핵심체크

부가세 특징★★★
전단계세액공제법, 일반소비세, 간접세, 국세, 다단계거래세, 비례세율, 소비지국과세

2 우리나라 부가가치세 특징 필수

전단계세액공제법, (일반)소비세, 간접세, 국세, 다단계거래세, 단일세율(비례세율), 소비지국과세

2 부가가치세 납세의무자 : 사업자

소비자로부터 징수한 부가가치세의 납세의무자는 사업자인데 사업자의 특성과 종류를 요약하면 다음과 같다.

1 사업자 특성 [필수]

> 사업성(계속, 반복성), 독립성, 영리목적 여부 불문

이론기출 확인문제 | 전산세무 2급, 121회 |

다음 중 부가가치세에 대한 설명으로 옳지 않은 것은?

① 부가가치세는 학교와 같은 비영리단체는 납세의무자가 될 수 없다.
② 부가가치세는 재화나 용역이 최종소비자에게 도달할 때까지의 모든 거래 단계마다 부가가치세를 과세하는 다단계 거래세이다.
③ 부가가치세는 국제 거래되는 무역상품에 대한 이중과세 방지를 위해 소비지국과세원칙을 채택하고 있다.
④ 부가가치세는 납세의무자와 실질적인 담세자가 일치하지 않는 간접세이다.

---

2 사업자 종류 [필수]

과세사업자	• 일반과세자 : 개인, 법인 • 간이과세자 : 직전 연도 공급대가(공급가액＋VAT) 1억 400만 원 미만 개인사업자
면세사업자	• 부가가치세 신고납부 의무 없고 세금계산서 대신 계산서 발행

※ 주의
- 직전 과세기간에 신규로 사업을 시작한 개인사업자 : 사업개시일부터 그 과세기간 종료일까지의 공급대가를 합한 금액을 12개월로 환산하여 적용하며 간이과세 기준(1억 400만 원) 판단
- 당해 연도 신규 개인사업자 : 사업 시작 연도의 공급대가 합계액이 연 1억 400만 원 미달될 것으로 예상되면 간이과세자로 사업자 등록 후 최초 과세기간에 간이과세 적용 가능

🔍 **참고**

수입부가가치세
재화 수입의 경우에는 사업자가 아니어도 수입부가가치세가 과세됨.

📄 **정답 및 풀이 ①**

부가세는 소비자가 납부하는 것을 사업자가 대신 납부하는 것이므로 영리목적이 없는 국가, 비영리단체도 사업자가 될 수 있음.

◎ **핵심체크**

사업자 종류★★★
일반과세자(개인, 법인), 간이과세자(직전 연도 공급대가 1억 400만원 미만 개인사업자), 면세사업자

🔍 **참고**

- 간이과세자의 직전연도 공급대가 4,800만원 미만이면 세금계산서 발급 불가
- 영세율 사업자도 간이과세 적용 가능

3 간이과세자

(1) 간이과세자 불가한 경우 [필수]

- 법인
- 간이과세가 적용되지 아니하는 다른 사업장을 보유하고 있는 사업자
- 둘 이상의 사업장이 있는 사업자로서 그 둘 이상의 사업장의 직전 연도의 공급대가의 합계액이 1억 400만 원 이상인 사업자
- 직전 연도의 공급대가의 합계액이 4천 800만 원 이상인 부동산임대업 또는 과세유흥장소 경영사업자
- 광업, 제조업, 도매업·상품중개업, 부동산매매업, 변호사·변리사·공인회계사·세무사·손해사정인업·건축사업·기술사업·수의사업·의사업·약사업 등 전문서비스업, 건설업, 일반과세자로부터 양수한 사업, 전기·가스·증기·수도업, 전문·과학·기술서비스업 등

직전 연도 공급대가(공급가액 +VAT) 연 1억 400만원 미만 개인사업자만 간이과세자 가능. 단, 직전 연도 공급대가 4,800만원 이상 부동산임대업, 과세유흥업은 간이과세 적용 불가

이론기출 확인문제 | 전산세무 2급, 122회 |

다음의 빈칸에 들어갈 금액을 옳게 나열한 것은?

부가가치세법상 직전 연도의 공급대가의 합계액이 (㉠)에 미달하는 개인사업자는 간이과세를 적용받을 수 있다. 다만, 부동산임대업의 사업자는 직전 연도의 공급대가의 합계액이 (㉡) 이상인 경우는 간이과세자를 적용받을 수 없다.

	㉠	㉡		㉠	㉡
①	104,000,000원	48,000,000원	②	104,000,000원	36,000,000원
③	80,000,000원	48,000,000원	④	80,000,000원	36,000,000원

(2) 간이과세자 부가가치세 계산 [필수]

간이과세자는 과세기간을 1.1 ~ 12.31을 적용하여 다음 연도 1월 25일까지 신고·납부하는 등 그 절차도 간단해지는데, 직전 연도 공급대가 금액이 1억 400만 원 미만인 음식점을 가정할 때 간이과세자는 다음과 같이 부가가치세를 계산합니다. 즉, 일반과세자에 비해 음식점업 부가가치율 15%를 곱하기 때문에 부가가치세가 대폭 낮아지게 되는 것입니다.

납부세액	매출세액(공급대가 × 업종별 부가가치율 15% × 10%) − 매입세액(매입한 공급대가 × 0.5%)

※ 간이과세자는 공급대가를 과세표준으로 하여 업종별 부가가치율과 10%를 곱하여 납부세액을 계산하되, 공급받은 공급대가에 0.5%를 곱한 금액을 차감하여 계산함.

※ 업종별 부가가치율은 업종에 따라 다르며 15% ~ 40%임.

※ 간이과세자는 의제매입세액과 대손세액공제를 적용받을 수 없음.

1) 예정부과와 납부

관할 세무서장은 간이과세자의 직전 과세기간(1.1 ~ 12.31) 납부세액의 50%를 1.1 ~ 6.30(예정 부과기간)의 납부세액으로 결정하여 예정 고지한 후 7.25까지 징수하여야 합니다. 단, 징수하여야 할 금액이 50만 원 미만인 경우는 예정고지 징수하지 않습니다.

또한 사업부진 등으로 예정부과기간의 공급대가 또는 납부세액이 직전 과세기간 공급대가의 1/3에 미달하는 때에는 예정부과 기간의 부가가치세를 7.25까지 신고·납부 가능합니다.

2) 신고납부

1.1 ~ 12.31(과세기간)의 부가가치세에서 예정고지 받아 납부한 부가가치세를 공제한 후 다음연도 1.25까지 납부하여야 합니다. (단, 폐업한 경우에는 폐업일이 속한 달의 다음달 25일까지 신고납부하여 함.) 다만, 간이과세자의 해당 과세기간에 대한 공급대가의 합계액이 4,800만 원 미만이면 부가가치세 납부의무를 면제합니다.

3) 부가가치세 환급 불가

간이과세자는 업종별 부가가치율을 곱해 부가가치세를 확 낮춰주기 때문에 매입세액이 매출세액보다 더 크더라도 환급받을 수 없습니다.

이론기출 확인문제　　　　　　　| 전산세무 2급, 119회 |

다음 중 부가가치세법상 간이과세자에 대한 설명으로 옳은 것은?

① 법인도 신규 법인에 한해서는 간이과세자가 가능하다.
② 간이과세자도 의제매입세액 공제를 받을 수 있다.
③ 간이과세자는 해당 과세기간에 대한 공급대가가 4,800만 원 미만인 경우 납부 의무가 면제된다.
④ 간이과세자의 경우 납부세액은 공급가액에 업종별부가가치율을 곱한 후 다시 10퍼센트를 곱하여 계산한다.

---

(3) 일반과세자의 간이과세자로 전환

일반과세자의 공급대가가 연 1억 400만 원 미만이 되면 과세유형이 일반과세자에서 간이과세자로 자동 전환됩니다. 다만, 관할 세무서장은 변경되는 과세기간 개시 20일 전까지 그 사실을 통지하여야 하는데 통지에 시간이 걸리므로 간이과세의 적용은 다음 연도 7월 1일 자로 시작합니다.

즉, 간이과세 적용은 다음 해의 7월 1일부터 그 다음 해의 6월 30일까지입니다.

(4) 간이과세자의 일반과세자로의 전환 및 간이과세 포기

1) 간이과세자의 일반과세자로 전환

간이과세자의 공급대가가 연 1억 400만 원 이상이 되면 과세유형이 간이과세에서 일반과세로 자동 전환됩니다. 다만, 관할 세무서장은 변경되는 과세기간 개시 20일 전까지 그 사실을

◎ 핵심체크

간이과세자 신고·납부★★★
• 과세기간: 1.1~12.31
• 예정납부: 직전 연도 납부세액의 50% 고지 받아 납부 (단, 50만원 미만인 경우 예정고지 ×)
• 확정신고: 다음 연도 1.25 (단, 폐업 시 폐업일이 속하는 달의 다음달 25일까지 신고납부)
• 해당 과세기간 공급대가 합계액 4,800만원 미만 시 납부의무 면제

📄 정답 및 풀이 ③

① 법인은 신규여도 간이과세 불가 ② 간이과세는 의제매입세액공제 불가 ④ 간이과세자 납부세액은 공급대가×업종별부가가치율×10%로 계산함.

◎ 핵심체크

일반과세 ⇔ 간이과세★★
다음 해 7.1 ~ 그 다음 해 6.30

통지하여야 하는데 통지에 시간이 걸리므로 일반과세의 적용은 다음 연도 7월 1일 자로 시작합니다.

즉, 일반과세 적용은 다음 해의 7월 1일부터 그 다음 해의 6월 30일까지입니다.

2) 간이과세 포기

또한 간이과세자 중 영세율을 적용받기 위해 일반과세를 적용받고 싶은 사업자는 일반과세를 적용받으려는 달의 전달 마지막 날까지 '간이과세포기신고서'를 제출할 수 있습니다. 다만, 한 번 포기하면 일반과세 적용받는 날로부터 3년이 되는 날이 속하는 과세기간까지 일반과세를 적용받아야 합니다.

단, 예외적으로 직전 연도 공급 대가 합계액이 4,800만 원 이상이 되어 세금계산서를 발급할 수 있게 되는 경우에는 3년 이전이라도 간이과세를 다시 적용 받을 수 있으며, 이 때는 과세기간 개시 10일 전까지 관할 세무서에 신고하여야 합니다.

이론기출 확인문제 | 전산세무 2급, 118회 |

다음은 2025년 1월에 간이과세자로 카페를 개업한 최민준씨의 연도별 공급대가이다. 일반과세자로 변경되는 시점으로 옳은 것은?

> • 2025년 : 70,000,000원   • 2026년 : 90,000,000원   • 2027년 : 120,000,000원

① 2027년 1월 1일   ② 2027년 7월 1일   ③ 2028년 1월 1일   ④ 2028년 7월 1일

[요약] 일반과세 Vs 간이과세 필수

구분	일반과세	간이과세
과세기간	1기(1~6월), 2기(7~12월)	1.1 ~ 12.31
기준금액	공급대가 1억 400만 원 이상	공급대가 1억 400만 원 미만
매출세액	공급가액 × 10%	공급대가 × 업종별 부가가치율 × 10%
매입세액	매입가액 × 10%	매입한 공급대가 × 0.5%
부가가치세 신고	1년 2회	1년 1회
부가가치세 납부면제	납부면제 없음	공급대가 4,800만 원 미만 납부 면제
부가가치세 환급	환급 가능	환급 불가
세금계산서	의무발행	공급대가 4,800만 원 미만은 발급 불가

3 사업자등록

사업자는 사업장마다 사업개시일로부터 20일 이내에 사업장 관할 세무서에 사업자등록을 신청하는 것이 원칙이며 신규사업자는 사업개시 전이라도 신청 가능합니다. 다만, 다른 세무서에 신청해도 유효하며 사업장 관할 세무서는 신청일로부터 2일 이내에 신청자에게 발급해야 합니다.

1 사업자등록증 포함 내용

상호, 대표자명, 사업장 소재지, 사업의 종류(업태, 업종), 사업자단위 적용 여부,
일반과세자 여부, 단독사업자/공동사업자 여부

2 사업장 필수

구분	사업장	구분	사업장
제 조 업	최종 제품 완성 장소	건설업, 운수업, 부동산매매업	법인(등기부상 소재지), 개인(업무총괄 장소)
광 업	광업사무소 소재지		
무인자동판매기	업무 총괄 장소	부동산 임대업	부동산의 등기부상 소재지

※ 주의
- 사업장 두지 않은 경우 : 사업자의 주소 또는 거소
- 사업장 아닌 곳 : 제품 포장만 하는 곳, 하치장(보관장소), 전시장(단, 직매장은 사업장임)

| 전산세무 2급, 102회 |

다음 중 부가가치세법상 업종별 사업장에 대한 설명으로 옳지 않은 것은?

① 부동산임대업을 영위하는 개인은 그 부동산의 등기부상의 소재지를 사업장으로 한다.
② 제조업을 영위하는 개인은 최종 제품을 완성하는 장소를 사업장으로 한다(다만, 따로 제품의 포장만을 하는 장소는 제외).
③ 건설업을 영위하는 법인은 각 건설 현장 사무소를 사업장으로 한다.
④ 부동산매매업을 영위하는 법인은 법인의 등기부상 소재지를 사업장으로 한다.

◎ 핵심체크

사업자등록★★★
사업개시일로부터 20일 이내 사업장 마다 신청(사업개시 전 가능)

◎ 핵심체크

사업장★★
제조업(제품 완성장소), 무인자판기(업무총괄장소), 건설업·부동산매매업(법인 등기부상 소재지), 부동산임대업(부동산 등기부상소재지)

📄 정답 및 풀이 ③

건설업의 사업장은 현장 소재지가 아니라 법인의 등기부상의 소재지임.

3 주사업장총괄납부 Vs 사업자단위 과세 [필수]

구분	주사업장 총괄납부	사업자단위과세
개념	주사업장에서 부가가치세 납부만 총괄하고 신고 등 의무는 각 사업장 마다 이행	주사업장에서 신고 · 납부 등 모든 의무 총괄
사업자등록	사업장마다 사업자등록	주사업장에만 사업자등록
주사업장	법인은 본점 또는 지점, 개인은 주사무소	법인은 본점, 개인은 주사무소

※ 총괄납부 · 사업자 단위 과세 등록 신청/포기 : 해당 과세기간 개시 20일 전 까지 본점 또는 주사무소 관할 세무서

이론기출 확인문제 | 전산세무 2급, 117회 |

다음 중 부가가치세법상 주사업장총괄납부와 사업자단위과세제도에 대한 설명으로 옳지 않은 것은?

① 법인의 경우 총괄납부제도의 주사업장은 분사무소도 가능하다.
② 총괄납부의 신청은 납부하려는 과세기간 종료일 20일 전에 신청하여야 한다.
③ 사업자 단위로 본점 관할세무서장에게 등록 신청한 경우 적용 대상 사업장에 한 개의 등록번호만 부여된다.
④ 사업자단위과세를 적용할 경우 직매장반출은 재화의 공급의제에서 배제된다.

---

4 사업자등록 정정신고

신청일 당일	신청일로부터 3일 이내
· 상호 변경 · 통신판매업자의 사이버몰의 명칭 또는 인터넷 도메인이름을 변경	· 법인의 대표자 변경 · 사업의 종류 변경 · 사업장 이전으로 주소 변경 · 상속으로 사업자의 명의가 변경되는 경우 · 공동사업자의 구성원 또는 출자지분 변경 · 임대인, 임대차 목적물 및 그 면적, 보증금, 임차료 또는 임대차기간이 변경되거나 새로운 상가 건물의 임차 · 사업자단위 과세사업자의 사업자단위 적용 사업장 변경, 종된 사업장 신설/이전/휴업/폐업

5 사업의 휴업·폐업 신고

사업자등록을 한 사업자가 휴업 또는 폐업을 하거나 사업자등록을 한 자가 사실상 사업을 시작하지 않게 되는 경우에는 지체 없이 사업자등록증을 첨부하여 휴업(폐업)신고서를 관할 세무서장에게 제출해야 합니다.

6 사업자 미등록 시 불이익 : 미등록가산세(공급가액의 1%), 매입세액 불공제

사업개시일로부터 20일 이내에 사업자등록을 하지 아니한 경우에는 사업 개시일부터 등록한 날의 직전일까지의 공급가액 합계액의 1%가 가산세로 부과되며, 매입세액을 공제 받을 수 없습니다. (타인의 명의로 사업자등록을 하는 경우에도 그 타인 명의의 사업 개시일부터 실제 사업을 하는 것으로 확인되는 날의 직전일까지의 공급가액 합계액의 1%가 가산세로 부과됨.)

이론기출 확인문제 | **전산세무 2급**, 78회 |

다음은 ㈜대한의 법인등기부등본상의 기재사항들이다. 부가가치세법상 사업자등록 정정사유가 아닌 것은?

① ㈜대한에서 ㈜민국으로 상호변경
② ㈜대한의 대표이사를 A에서 B로 변경
③ ㈜대한의 자본금을 1억원에서 2억원으로 증자
④ ㈜대한의 사업종류에 부동산 임대업을 추가

정답 및 풀이 ③

자본금 변경은 사업자등록증 변경사유가 아님.

[부가가치세 개념]

01 난이도 ★

다음 중 우리나라 부가가치세법의 특징에 대한 설명으로 옳지 않은 것은? 필수 [2024년, 114회]

① 전단계세액공제법
② 간접세
③ 소비행위에 대하여 과세
④ 생산지국 과세원칙

[간이과세자]

02 난이도 ★★★

다음 중 부가가치세법상 간이과세를 적용 받을 수 있는 사업자는? 단, 보기 외의 다른 소득은 없다.　[2016년, 70회]

① 당기에 사업을 개시한 패션 악세사리(재생용 아님) 도매 사업자 김정수씨
② 직전 년도의 임대료 합계액이 3,000만 원인 부동산 임대사업자 장경미씨
③ 직전 년도의 공급대가가 1억 5천만 원에 해당하는 의류 매장을 운영하는 박민철씨가 사업확장을 위하여 당기에
　　신규로 사업을 개시한 두 번째 의류 매장
④ 직전 년도의 공급가액이 1억 5천 원(부가가치세 1,500만원 별도)인 한식당을 운영하는 이영희씨

03 난이도 ★★★

다음 중 부가가치세법상 간이과세자에 대한 설명으로 가장 틀린 것은? 필수 [2024년, 112회]

① 간이과세자란 원칙적으로 직전 연도의 공급대가의 합계액이 1억 400만 원에 미달하는 사업자를 말한다.
② 직전 연도의 공급대가의 합계액이 4,800만 원 이상인 부동산임대사업자는 간이과세자로 보지 않는다.
③ 간이과세자는 세금계산서를 발급받은 재화의 공급대가에 1%를 곱한 금액을 납부세액에서 공제한다.
④ 직전 연도의 공급대가의 합계액이 4,800만 원 미만인 간이과세자는 세금계산서를 발급할 수 없다.

04 난이도 ★★★

부가가치세법상 일반과세자와 간이과세자에 대한 설명으로 옳지 않은 것은? 필수 [2022년, 102회]

① 간이과세자도 예정부과기간에 예정신고를 하여야 하는 경우가 있다.
② 일반과세자는 세금계산서 관련 가산세를 부담하지만, 간이과세자는 세금계산서 관련 가산세가 적용되는 경우가 없다.
③ 일반과세자는 법정요건이 충족되는 경우 면세 농산물 등에 대한 의제매입세액공제특례가 적용될 수 있으나, 간
　　이과세자는 의제매입세액공제특례를 받을 수가 없다.
④ 일반과세자는 매입세액이 매출세액을 초과하면 환급세액이 발생하지만, 간이과세자는 매출세액이 공제세액보
　　다 작아도 환급세액이 없다.

난이도 ★★

05 다음 중 일반과세자와 간이과세자의 비교 설명으로 틀린 것은?　　　　　　　　　　　　　　　[2020년, 94회]

① 일반과세자의 과세표준은 공급가액이다.

② 간이과세자의 과세표준은 공급대가이다.

③ 일반과세자는 매입세액이 매출세액보다 클 경우 환급세액이 발생할 수도 있다.

④ 간이과세자는 공제세액이 매출세액보다 클 경우 환급세액이 발생할 수도 있다.

난이도 ★★★

06 다음은 부가가치세법상 간이과세제도에 대한 설명이다. 틀린 것은? 필수　　　　　　　　[2016년, 68회]

① 간이과세를 포기하고 일반과세자에 관한 규정을 적용받으려는 경우에는 일반과세를 적용받고자 하는 달의 전달 마지막 날까지 '간이과세포기신고서'를 제출하여야 한다.

② 간이과세를 포기하고 일반과세자가 되더라도 언제든지 간이과세자에 관한 규정을 적용받을 수 있다.

③ 당해 과세기간 공급대가가 4,800만 원에 미달하는 경우 납부의무를 면제한다.

④ 직전연도 공급대가 4,800만 원 미만 간이과세자의 경우 세금계산서를 발행할 수 없으며 간이과세자가 발행하는 증빙은 영수증으로 취급한다.

난이도 ★★

07 다음 부가가치세법상 간이과세자에 대한 설명 중 틀린 것은?　　　　　　　　　　　　　　[2013년, 54회]

① 간이과세자에 대하여는 그 공급대가를 과세표준으로 한다.

② 간이과세자의 1기 과세기간은 1월 1일부터 6월 30일까지이다.

③ 간이과세자가 일반과세자에 관한 규정을 적용받으려는 경우에는 그 적용받으려는 달의 전달 마지막 날까지 세무서장에게 신고하여야 한다.

④ 간이과세자도 영세율이 아닌 한 부가가치세율은 10%를 적용한다.

[사업자등록]

난이도 ★★

08 다음 중 부가가치세법상 납세지에 대한 설명으로 틀린 것은? 단, 예외 사항은 없는 것으로 한다. 필수 [2022년, 106회]

① 광업 : 광업사무소의 소재지

② 제조업 : 최종제품을 완성하는 장소

③ 부동산임대업 : 사업에 관한 업무를 총괄하는 장소

④ 법인 건설업 : 법인의 등기부상 소재지

09 다음 중 현행 부가가치세법에 대한 설명으로 가장 옳지 않은 것은? 필수   [2025년, 122회]

① 부가가치세 납세의무자는 영리목적 유무와 관계없이 과세대상 재화·용역을 공급하는 사업자와 과세대상 재화를 수입하는 자이다.

② 폐업의 경우 해당 과세기간 개시일부터 폐업일까지를 과세기간으로 보며, 폐업일이 속하는 달의 다음달 25일까지 부가가치세를 신고·납부해야 한다.

③ 직매장과 하치장은 부가가치세법상 사업장으로 보지 않는다.

④ 사업자등록 신청은 원칙적으로 사업장마다 사업개시일부터 20일 이내에 해야 한다.

10 부가가치세법상 사업자등록과 관련된 설명 중 틀린 것은?   [2021년, 98회]

① 신규로 사업을 시작하려는 자는 사업 개시일 이전이라도 사업자등록을 신청할 수 있다.

② 사업자등록의 신청을 받은 관할세무서장은 신청일부터 3일 이내에 사업자등록증을 신청자에게 발급하는 것이 원칙이다.

③ 휴업 또는 폐업을 하는 경우 지체 없이 사업장 관할 세무서장에게 신고하여야 한다.

④ 과세사업을 경영하는 자가 면세사업을 추가할 경우에는 면세사업자등록 신청을 별도로 할 필요가 없다.

11 다음은 부가가치세법상 사업자 단위 과세제도에 대한 설명이다. 가장 틀린 것은? 필수   [2020년, 92회]

① 사업장이 둘 이상 있는 경우에는 사업자 단위과세제도를 신청하여 주된 사업장에서 부가가치세를 일괄하여 신고와 납부, 세금계산서 수수를 할 수 있다.

② 주된 사업장은 법인의 본점(주사무소를 포함한다) 또는 개인의 주사무소로 한다. 다만, 법인의 경우에는 지점(분사무소를 포함한다)을 주된 사업장으로 할 수 있다.

③ 주된 사업장에 한 개의 사업자등록번호를 부여한다.

④ 사업장 단위로 등록한 사업자가 사업자 단위 과세 사업자로 변경하려면 사업자 단위 과세 사업자로 적용받으려는 과세기간 개시 20일 전까지 변경등록을 신청하여야 한다.

12 다음 중 부가가치세법상 주사업장 총괄납부제도에 대한 설명으로 틀린 것은? 필수   [2018년, 77회]

① 사업장이 둘 이상 있는 경우에는 주사업장 총괄납부를 신청하여 주된 사업장에서 부가가치세를 일괄하여 납부하거나 환급받을 수 있다.

② 주된 사업장은 법인의 본점(주사무소를 포함한다) 또는 개인의 주사무소로 한다. 다만, 법인의 경우에는 지점(분사무소를 포함한다)을 주된 사업장으로 할 수 있다.

③ 주된 사업장에 한 개의 등록번호를 부여한다.

④ 납부하려는 과세기간 개시 20일 전에 주사업장 총괄 납부 신청서를 주된 사업장의 관할 세무서장에게 제출하여야 한다.

01 ④ 부가가치세는 소비지국과세원칙임. 즉, 수출품에는 영세율을 적용해 부가가치세를 부과하지 않음.

02 ② ① 도매업은 간이과세 적용 불가 ② 공급대가 4,800만 원 미만 부동산임대업은 간이과세 적용 가능 ③ 기존 사업장이 간이과세 기준을 넘는 일반과세자이므로 추가 신규사업장도 일반과세 적용 ④ 간이과세 기준은 공급가액이 아닌 공급대가로 이영희씨 공급대가는 1억 6,500만 원(1억 5,000만 원 + 1,500만 원)으로 간이과세 기준금액 1억 400만 원을 초과하므로 간이과세 적용 불가

03 ③ 간이과세자는 세금계산서를 발급받은 재화의 공급대가에 0.5%를 곱한 금액을 납부세액에서 공제함.

04 ② ① 사업부진 등으로 예정부과기간(1.1 ① 6.30)의 납부세액이 직전 과세기간 공급대가의 1/3에 미달 시 7.25까지 예정고지액으로 납부하지 않고 예정신고·납부 가능 ② 공급대가 4,800만 원 이상 간이과세자는 세금계산서 발급이 가능해 관련 규정 위반 시 가산세가 부과됨. ③ 간이과세자는 의제매입세액 공제를 받을 수 없음. ④ 간이과세자는 매출세액 보다 매입세액이 더 커도 환급이 불가능함.

05 ④ 간이과세자는 매입세액이 매출세액 보다 크더라도 환급이 되지 않음.

06 ② 간이과세자를 포기한 날부터 3년이 되는 날이 속하는 과세기간까지는 간이과세자를 적용 받을 수 없으며 예외적으로 직전 연도 공급대가 합계액이 4,800만 원 이상이 되는 경우에는 3년 이전이라도 간이과세를 다시 적용받을 수 있음.

07 ② 간이과세자의 과세기간은 1.1 ~ 12.31임.

08 ③ 부동산임대업의 납세지는 부동산의 등기부상 소재지이며 부동산매매업은 등기부상소재지(법인), 개인(업무 총괄 장소)임.

09 ③ 하지장은 단순 보관장소로 사업장이 아니자만 직매장은 판매가 이루어지므로 사업장임.

10 ② 신청일부터 2일 이내에 신청자에게 발급하여야 함.

11 ② 사업자단위 과세는 법인의 경우 본점만 주된 사업장이 가능함.

12 ③ 주사업장총괄납부는 납부만 총괄할 뿐 각 사업장별로 신고하며 사업자등록도 각각 해야 함.

20

부가가치세 과세대상

학습내용
공부방향

• 재화의 공급   • 간주공급   • 용역의 공급   • 재화의 수입

3 ~ 4회 시험마다 1문제씩 출제되는 내용으로 전산회계1급과 내용은 비슷하되 난도는 훨씬 높으며, 주로 실질공급과 간주공급이 집중적으로 출제되고 있으므로 그 개념을 명확히 알고 있어야 함.

정교수 콕콕

◎ 핵심체크

VAT 과세대상★★★
재화의 공급, 용역의 공급, 재화의 수입

🔍 참고

화폐·유가증권★★
화폐대용증권(수표·어음·상품권), 유가증권(주식·채권)은 과세대상 재화가 아님.

◎ 핵심체크

VAT 실질공급★★★
• 과세 ○ : 매매계약, 가공계약, 교환계약, 경매, 수용, 현물출자
• 과세 × : 국세징수법 공매, 민사집행법 경매, 세금 물납, 단순 담보제공, 국가 무상제공, 사업 포괄양도

부가가치세 과세대상에는 크게 3가지, 재화의 공급, 용역의 공급, 재화의 수입이 있습니다. 하나씩 설명하겠습니다.

1 재화의 공급

1 재화종류

- 유체물 : 상품·제품·기계·건물 등
- 무체물 : 전기, 가스, 열 등 자연력
- 재산가치 있는 권리 : 지상권, 영업권, 광업권, 특허권, 저작권, 선하증권(운송화물의 선적을 증명하고 추후 그 물품의 인도를 청구할 수 있는 증명서) 등

2 재화의 실질공급과 간주공급

(1) 실질공급 필수

구분	내용
과 세 ○	매매계약, 가공계약, 교환계약, 기타(경매·수용·현물출자)
과 세 ×	국세징수법에 의한 공매, 민사집행법에 의한 경매, 세금 물납, 단순 담보제공(질권, 저당권, 양도담보), 국가에 무상제공, 사업 포괄양도, 임치물의 반환이 수반되지 않는 창고증권의 양도, 신탁재산의 소유권 이전(위탁자 ⇔ 수탁자), 위탁가공을 위한 원자재의 대가 없는 국외 반출, 화재 등으로 망실

[참고] 출자지분의 반환

출자지분을 타인에게 양도하거나 현금으로 반환하는 경우에는 재화의 공급에 해당하지 않지만, 출자지분을 현물로 반환하는 경우에는 재화의 공급에 해당함.

다음 중 부가가치세법상 재화의 공급에 해당하는 것은?

① 담보의 제공　　　　　　　② 사업용 상가건물의 양도
③ 사업의 포괄적 양도　　　　④ 조세의 물납

📋 **정답 및 풀이 ②**

상가건물의 양도는 실질공급에 해당하지만, 담보제공, 사업포괄양도, 조세물납은 재화공급이 아님.

(2) 간주공급

사업자가 매입세액을 전액 돌려받은 상태에서 소비자에게 이 물건을 팔지 않고 다른 용도로 사용하면 세무서는 부가가치세를 한 푼도 징수할 수 없게 됩니다. 부가가치세법은 이런 폐단을 막기 위해 '자가공급, 개인적 공급, 사업상증여, 폐업시 잔존재화', 네 가지 종류의 간주공급 제도를 두어 실제 공급이 이루어지지 않더라도 부가가치세를 징수하고 있습니다.

1) 간주공급 종류 `필수`

종류	내용
자가공급	매입세액공제 받은 재화를 부가가치세를 납부하지 않는 면세사업에 전용, 비영업용 소형승용차에 사용(트럭에 사용하면 과세하지 않음.), 판매목적 타사업장에 반출하는 경우
개인적 공급	매입세액공제 받은 재화를 사적으로 사용하여 매출이 발생하지 않는 경우. 단, 직원 복리후생 등 목적의 사용은 제외.
사업상 증여	매입세액공제 받은 재화를 거래처에 접대 등으로 무상 증여해 매출이 발생하지 않은 경우. 단, 광고선전비 등으로 사용은 제외.
폐업 시 잔존재화	매입세액공제 받은 재화를 팔지 않고 사업을 폐업하는 경우

🎯 **핵심체크**

VAT 간주공급★★★
매입세액공제 받은 후 자가공급, 개인적 공급, 사업상 증여, 폐업 시 잔존재화

가. 자가공급(면세전용) `필수`

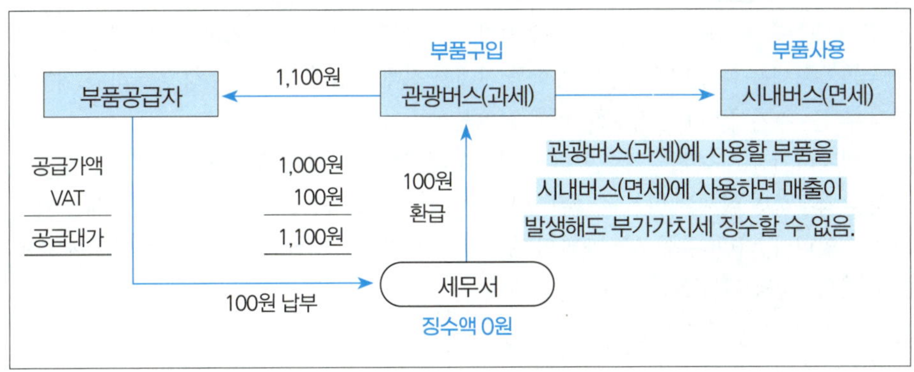

관광버스(과세)와 시내버스(면세)를 동시에 운영하는 회사가 관광버스 사용목적 부품을 구매한 뒤 매입세액공제를 받았다고 가정하겠습니다. 그럼 세무서 입장에서는 징수했던 부가가치세 100원을 다시 돌려줬기 때문에 추후 관광버스가 매출을 일으켜야 10% 부가가치세를 징수할 수 있습니다.

그런데 이 부품을 시내버스(면세)에 사용하면 시내버스가 매출을 일으켜도 면세이므로 부가가치세를 징수할 수 없게 됩니다. 이를 방지하기 위해 자기의 과세사업과 관련하여 생산하거나 취득한 재화를 매입세액공제 받은 뒤 면세사업 및 부가가치세가 과세되지 않는 재화/용역을 공급하는 사업에 사용하면 실제 재화가 공급된 것이 아니지만 이를 과세하는 간주공급제도를 두고 있는 것입니다.

나. 개인적공급 필수

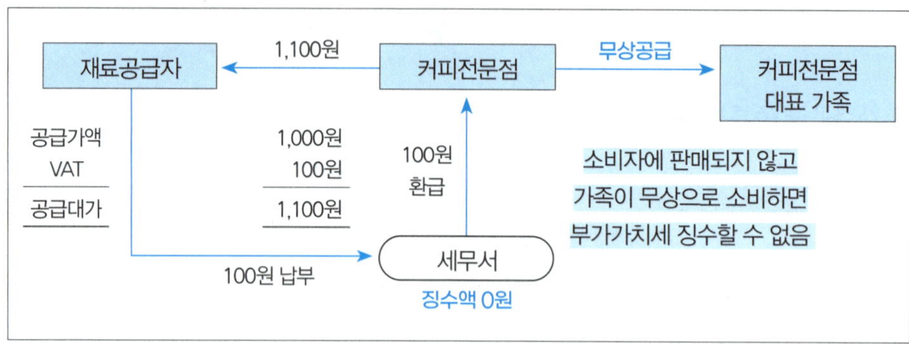

커피전문점을 운영하는 사업자가 커피 원두 등 재료를 구매한 뒤 매입세액공제를 받아 100원을 환급 받은 뒤, 그 커피를 사업자 가족에게 무상 공급했다고 가정하겠습니다. 그럼 추후 매출이 발생하지 않아 부가가치세 100원을 환급해 준 세무서 입장에서는 부가가치세를 징수할 수 없게 됩니다.

이를 방지하기 위해 매입세액공제 받은 재화를 사업자가 개인적 목적이나 그 밖의 다른 목적을 위하여 사용하는 것으로 그 대가를 받지 아니하거나 시가 보다 낮은 대가를 받는 경우에는 실제 재화가 공급된 것이 아니지만 이를 공급으로 봐서 부가가치세를 과세하는 것입니다.

다. 사업상증여 필수

조금 전 개인적 공급과 마찬가지로 사업자가 재화를 구매한 뒤 매입세액공제를 받아 부담했던 부가가치세를 환급 받은 뒤, 그 재화를 거래처 접대 등의 목적으로 무상 공급하면 세무서 입장에서는 부가가치세를 징수할 수 없습니다.

이를 방지하기 위해 매입세액공제 받은 재화를 사업자가 자기 고객이나 불특정 다수에게 증여하는 경우하면 실제 재화가 공급된 것이 아니지만 이를 공급으로 봐서 부가가치세를 과세하는 것입니다. 다만, 증여하는 재화의 대가가 주된 거래인 재화의 공급에 대한 대가에 포함되는 경우는 간주공급으로 과세하지 않습니다.

[주의] 간주공급으로 보지 않는 경우

구분		내용
개인적 공급	직원복지 증진 등	• 종업원에게 무상으로 지급하는 작업복·작업모·작업화 • 직장체육, 직장연예와 관련해 사용되는 재화 • 1인당 연간 10만 원 이내 경조사용, 설날·추석/창립기념일/생일 등과 관련하여 지급되는 재화 (1인당 10만 원 초과분은 간주공급으로 과세)
사업상 증여	광고선전 등	• 사업을 위해 무상으로 제공되는 견본품 • 광고선전 목적으로 배포되는 광고선전품 • 특별재난구역에 무상으로 공급하는 물품 • 자기적립마일리지등으로만 전부를 결제받고 공급하는 재화

라. 폐업 시 잔존가치 `필수`

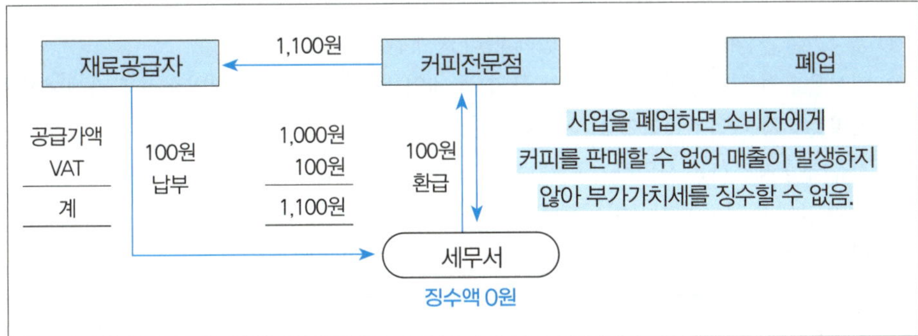

구입한 재료의 매입세액공제를 받은 사업자가 갑자기 폐업하면 세무서는 부가가치세를 징수할 수 없게 됩니다. 따라서 세법은 사업자가 폐업할 때 자기생산·취득재화 중 남아 있는 재화는 자기에게 공급하는 것으로 보아 부가가치세를 과세합니다. (또한 사업 개시일 이전에 사업자등록을 신청한 자가 사실상 사업을 시작하지 아니하게 되는 경우에도 간주공급으로 과세합니다.)

2) 간주공급의 주의할 점 `필수`

첫째, 간주공급 과세금액은 취득원가가 아니라 판매가격인 시가입니다.

둘째, 간주공급의 공통적 특징은 매입세액을 공제받은 뒤 판매하지 않고 다른 용도로 사용함에 따라 소비자로에게 실제 판매되지 않아 매출세액을 징수할 수 없기 때문에 실제 공급이 아님에도 과세되는 것입니다. 단, 판매목적 타사업장 반출은 매입세액공제를 받지 않아도 간주공급으로 과세됩니다.

셋째, 간주공급은 실제 공급된 것이 아니기 때문에 세금계산서를 발급하지 않습니다. 단, 판매목적 타사업장 반출의 경우는 세금계산서를 실제 공급이므로 세금계산서를 발급합니다. 이상 간주공급의 특징을 정리하면 다음과 같습니다.

[간주공급 요약]

구분		매입세액 불공제분	과세표준	세금계산서 발급의무
자가공급	면세전용	불포함	시가	×
	비영업용 소형승용차에 사용	불포함	시가	×
	판매목적 타사업장 반출	포 함	취득가액	○
개인적공급		불포함	시가	×
사업상증여		불포함	시가	×
폐업시 잔존재화		불포함	시가	×

이론기출 확인문제 | 전산세무 2급, 86회 |

다음 중 부가가치세법상 과세대상인 재화의 공급으로 보는 것은?

① 공장건물, 기계장치가 국세징수법에 따라 공매된 경우
② 택시운수업을 운영하는 사업자가 구입 시 매입세액공제를 받은 개별소비세 과세대상 소형승용차를 업무목적인 회사 출퇴근용으로 사용하는 경우
③ 컴퓨터를 제조하는 사업자가 원재료로 사용하기 위해 취득한 부품을 동 회사의 기계장치 수리에 대체하여 사용하는 경우
④ 회사가 종업원에게 사업을 위해 착용하는 작업복을 제공하는 경우

---

3 간주공급 추가 학습 (어려우면 Pass)

(1) 유형자산의 간주공급

건물, 기계장치 같은 유형자산은 매년 감가상각 되므로 매입세액 공제 받은 후 자가공급(면세전용), 개인적 공급 등 간주공급이 되더라도 다음과 같이 매년 5% 또는 25%를 차감한 잔액이 간주 공급됩니다.

건물, 구축물	기타 감가상각자산(기계장치, 차량운반구 등)
취득가액 × (1 − 5% × 경과 과세기간 수)	취득가액 × (1 − 25% × 경과 과세기간 수)

※ 경과 과세기간 수 계산 : 1기(1.1−6.30), 2기(7.1−12.31)가 1과세 기간이며, 취득일 과세기간은 포함하고, 간주공급일 과세기간은 제외하여 경과 과세기간을 계산함.

[사례] 2024.9.5. 취득, 2025.4.1. 폐업 : 2024년 2기만 인정 ⇒ 경과과세기간 수는 1기간임.

아래의 자료를 이용하여 부가가치세법상 폐업 시 잔존재화의 과세표준을 구하면 얼마인가?

- 감가상각자산 : 기계장치　　• 취득일자 : 20x0.04.02.　　• 폐업일자 : 20x1.06.01.
- 취득가액 : 54,000,000원 (부가가치세 5,400,000원 별도)
- 취득 당시 매입세액공제 받음

① 13,500,000원　　② 20,000,000원　　③ 27,000,000원　　④ 48,600,000원

정답 및 풀이 ③

• 기계장치 간주공급은 과세기간 당 25% 체감율을 적용하고 취득일 과세기간은 포함하고 간주공급일 과세기간은 제외함.
즉, 20X0.1기, 20X0.2기, 총 2기간이 경과기간임.
• 공급가액 : 54,000,000원 × (1 – 25%×2) = 27,000,000원

(2) 판매목적 타사업장 반출 간주공급

이 내용은 꽤 난도가 있어 전산세무2급 시험에 계산문제로는 출제되지 않으므로 그 개념만 이해하면 충분합니다.

1) 개념

통상 재화는 공장에서 제조한 뒤 도심지역의 대리점(직매장)으로 배송 후 대리점(직매장)에서 판매가 이루어집니다. 예를 들어, 어떤 제품의 취득/제조원가 10,000원(VAT 1,000원), 판매가액 20,000원(VAT 2,000원)이라 가정할 때 실제 대리점이 판매하는 시점을 공급시가로 보면 다음과 같은 결과가 발생합니다.

구분	공 장	대리점(직매장)
매 출 세 액	–	2,000원
매 입 세 액	(1,000원)	–
납 부 세 액 (환급세액)	환급세액 1,000원	납부세액 2,000원
결 과	확정신고기한 후 30일 이내 환급	예정신고, 확정신고기한에 납부

현재 부가가치세는 매 예정신고기한, 확정신고기한 마다 납부해야 하지만, 환급은 확정신고기한에만 받을 수 있습니다. 즉, 징수는 빨리, 환급은 늦게 해주는 것이죠. 만약 이런 구조에서 대리점으로 재화가 이동될 때 이를 재화의 공급으로 보지 않는다면 어떻게 될까요?
결과적으로 대리점이 먼저 부가가치세를 납부하고 공장은 더 늦게 환급 받아 자금부담이 발생하게 됩니다.

2) 타사업장 반출 간주공급 특징

이를 막기 위해 공장에서 대리점으로 재화가 이동될 때 이를 재화의 공급으로 보는 것입니다. 단, 판매목적 타사업장 반출 시 과세금액은 취득원가인데 이를 요약하면 다음과 같습니다.

구분	공 장	대리점(직매장)
매 출 세 액	1,000원	2,000원
매 입 세 액	(1,000원)	(1,000원)
납 부 세 액 (환급세액)	–	납부세액 1,000원
결 과	환급세액을 차감하여 순액만 납부해 자금 부담 경감	

타사업장 반출을 간주공급을 보면 공장은 매출세액 1,000원이 발생하고 대리점은 매입세액 1,000원이 발생함에 따라 (공장+대리점)의 총 부담 부가가치세는 1,000원이 되어 자금부담이 줄어듭니다. 타사업장 반출 간주공급의 특징은 다음 두 가지가 있습니다.

첫째, 타사업장으로 재화 반출 시 세금계산서를 발급해야 합니다.
둘째, 과세금액은 시가가 아니라 취득금액입니다.
셋째, 주사업장 총괄납부 또는 사업자단위과세를 채택한 사업자에게는 적용하지 않습니다.

핵심체크

판매 목적 타업장 반출★
• 세금계산서 발급해야 함.
• 주사업장총괄납부, 사업자 단위 사업자에게는 적용 않음.

2 용역의 공급 필수

핵심체크

용역 무상공급★★★
• 고용관계 근로제공: 용역공급 아님.
• 용역 무상공급: 간주공급 아님.
• 특수관계인에 부동산 무상임대: 간주공급 과세

구분		내용
용역 공급		역무를 제공하는 것, 시설물, 권리 등 재화를 사용하게 하는 것
	사례	• 공인회계사의 장부작성 대행 서비스, 건설용역, 숙박업, 부동산 임대업 등 • 건설업자가 건설자재의 전부 또는 일부를 부담하는 경우 • 상대방으로부터 인도받은 재화에 주요 자재를 전혀 부담하지 않고 단순히 가공만 하여 주는 경우 • 산업, 상업상 또는 과학상의 지식, 경험 등의 정보를 제공하는 것
용역 무상공급		• 고용관계에 따라 일하는 경우는 용역의 제공이 아니라 단순한 근로의 제공임. • 용역을 무상으로 제공하는 경우는 간주공급으로 보지 않음. • 특수관계인에게 사업용 부동산의 무상 임대용역은 간주공급으로 과세

다음 중 부가가치세법상 용역의 공급에 해당하지 않는 것은

① 상표권의 양도　　　　　　　　　② 부동산임대업의 임대
③ 특허권의 대여　　　　　　　　　④ 건설업의 건설용역

정답 및 풀이 ①

부동산임대업, 특허권 대여, 건설용역은 용역의 공급이지만 상표권 양도는 재화(무체물)의 공급임.

3 재화의 수입

다음과 같은 수입물품을 국내에서 반입하는 수입을 하면 공항 또는 항구의 수입 물품을 조사하는 세관장이 수입하는 물품에 10%의 수입 부가가치세를 과세합니다.(단, 용역의 수입에 대해서는 부가가치세를 과세하지 않음.)

- 외국으로부터 국내에 도착한 물품(외국 선박에 의하여 공해(公海)에서 잡힌 수산물 포함)으로서 수입신고가 수리되기 전의 것
- 수출신고가 수리된 물품 (단, 수출신고가 수리된 물품으로서 선적(船積)되지 아니한 물품을 보세구역에서 반입하는 경우는 제외)

핵심체크

용역의 수입★★★
부가가치세 과세하지 않음.

4 부수 재화 또는 용역의 공급 　어려우면 Pass

전산세무2급에 거의 출제되지 않으니 과감히 패스해도 되지만 논리적으로 이해하면 그렇게 어렵지 않으니 한번 정도를 읽어보기 바랍니다.

구분	과세여부	
주된 거래에 부수되는 공급	거래 관행상 주된 거래에 통상 부수하여 공급되거나 해당 대가가 주된 거래에 대한 대가에 통상 포함되는 경우	
	부수되는 공급을 주된 거래에 포함된 것으로 보아 과세 여부 결정	
	주된 거래가 과세인 경우 : 부수 거래도 과세	예 어학용 CD에 부수된 설명 책자
	주된 거래가 면세인 경우 : 부수 거래도 면세	예 어학용 도서에 부수된 CD
주된 사업에 부수되는 공급	주된 사업과 관련하여 우발적, 일시적으로 발생하는 부산물	
	부수되는 공급을 별도의 공급으로 보되, 부수 공급의 과세는 주된 사업의 과세, 면세 여부를 따름.	
	출판사(면세)가 일시적으로 업무용 트럭 판매 : 부수 사업이므로 면세	

📋 **정답 및 풀이** ③

부수 재화·용역은 주된 거래의 과세여부를 따름. 조경공사는 과세이므로 부수되는 수목도 과세임.(①), TV는 과세이므로 부수되는 A/S 용역도 과세임.(②), 은행 업무는 면세이므로 부수되는 차량 매각도 면세임(③), 피아노는 과세이므로 부수되는 의자로 과세임(④)

이론기출 확인문제 | **전산세무 2급**, 101회 |

다음은 부가가치세법상 부수 재화 및 부수 용역의 공급에 관한 사례이다. 다음 중 부가가치세가 면세되는 것은?

① 조경공사업체가 조경공사에 포함하여 수목을 공급하는 경우

② TV를 판매한 업체가 그 A/S 용역을 제공하는 경우

③ 은행에서 업무에 사용하던 차량을 매각한 경우

④ 악기 도매업자가 피아노와 함께 피아노 의자를 공급한 경우

20 이론기출 공략하기

[재화의 실질공급/간주공급]

난이도 ★★★

01 다음 중 부가가치세법상 과세대상인 재화가 아닌 것끼리 짝지은 것은? **필수** [2019년, 84회]

㉠ 지상권	㉡ 영업권	㉢ 특허권
㉣ 선하증권	㉤ 상품권	㉥ 주식

① ㉠, ㉡　　　　② ㉢, ㉥　　　　③ ㉤, ㉥　　　　④ ㉡, ㉣

난이도 ★★

02 다음 중 부가가치세법상 재화의 공급에 해당하는 거래는? **필수** [2023년, 109회]

① 과세사업자가 사업을 폐업할 때 자기생산 취득재화가 남아있는 경우
② 사업장별로 그 사업에 관한 모든 권리와 의무를 포괄적으로 승계시키는 경우
③ 법률에 따라 조세를 물납하는 경우
④ 각종 법에 의한 강제 경매나 공매에 따라 재화를 인도하거나 양도하는 경우

난이도 ★★

03 다음 중 부가가치세법상 재화의 공급에 해당하지 않는 것은? [2022년, 104회]

① 자가공급　　　　② 외상판매　　　　③ 사업상 증여　　　　④ 담보제공

난이도 ★★

04 부가가치세 과세대상에 대한 다음 설명 중 잘못된 것은? [2014년, 59회]

① 재화의 수입은 수입한 자가 사업자인 경우에만 세관장에 관세징수의 예에 의하여 부가가치세를 징수할 수 있다.
② 수표, 어음 등의 화폐대용증권은 재화로 보지 않는다.
③ 숙박업은 용역의 공급에 해당한다.
④ 사업용자산을 물납하는 경우 과세거래로 보지 않는다.

05 다음 중 부가가치세법상 재화 또는 용역의 공급으로 보지 않는 것은? [필수]　　　　　　　　[2020년, 93회]

① 채무불이행으로 담보물이 채무변제에 충당된 경우

② 사업자가 폐업할 때 당초 매입세액이 공제된 자기생산 취득재화 중 남아있는 재화

③ 사업자가 당초 매입세액이 공제된 자기생산 취득재화를 사업과 직접적인 관계없이 자기의 개인적인 목적으로 사용하는 경우

④ 질권, 저당권 또는 양도담보의 목적으로 동산, 부동산 및 부동산상의 권리를 제공하는 경우

난이도 ★★

06 다음 중 부가가치세법상 재화의 공급의제(재화의 공급으로 보는 특례)에 해당하는 것은? 단, 일반과세자로서 매입 시 매입세액은 전부 공제받았다고 가정한다. [필수]　　　　　　　　[2023년, 110회]

① 자기의 다른 과세사업장에서 원료 또는 자재 등으로 사용 소비하기 위해 반출하는 경우

② 사용인에게 사업을 위해 착용하는 작업복, 작업모, 작업화를 제공하는 경우

③ 무상으로 견본품을 인도 또는 양도하거나 불특정다수에게 광고선전물을 배포하는 경우

④ 자동차 제조회사가 자기 생산한 승용자동차(2,000cc)를 업무용으로 사용하는 경우

난이도 ★★

07 다음 중 부가가치세법상 재화공급의 특례에 해당하지 않는 것은?(단, 아래의 보기에서는 모두 구입 시 정상적으로 매입세액공제를 받았다고 가정한다.) [필수]　　　　　　　　[2019년, 88회]

① 자기의 과세사업을 위하여 구입한 재화를 자기의 면세사업에 사용하는 경우

② 직접 제조한 과세재화(1인당 연간 10만원 이내)를 직원 생일선물로 제공하는 경우

③ 과세사업자가 사업을 폐업할 때 잔존하는 재화

④ 특정거래처에 선물로 직접 제조한 과세재화를 제공하는 경우

난이도 ★★★

08 부가가치세법상 간주공급(공급의제)의 과세표준 산출시 감가상각자산에 적용하는 상각률을 5%로 적용해야 하는 것은?　　　　　　　　[2018년, 77회]

① 건물　　　　　　② 차량운반구　　　　　　③ 비품　　　　　　④ 기계장치

난이도 ★★★

09 다음 중 부가가치세법상 과세대상인 재화의 공급으로 보는 것은?　　　　　　　　[2017년, 74회]

① 공장건물이 국세징수법에 따라 공매된 경우

② 자동차운전면허학원을 운영하는 사업자가 구입 시 매입세액공제를 받은 개별소비세과세대상 소형승용차를 업무 목적인 회사 출퇴근용으로 사용하는 경우

③ 에어컨을 제조하는 사업자가 원재료로 사용하기 위해 취득한 부품을 동 회사의 기계장치 수리에 대체하여 사용하는 경우

④ 컨설팅회사를 운영하는 사업자가 고객에게 대가를 받지 않고 컨설팅용역을 제공하는 경우

난이도 ★★★

10 다음 중 부가가치세법상 용역의 공급에 해당하지 않는 것은? [2022년, 103회]

① 건설업의 경우 건설업자가 건설자재의 전부 또는 일부를 부담하는 것

② 자기가 주요 자재를 전혀 부담하지 아니하고 상대방으로부터 인도받은 재화를 단순히 가공만 하는 것

③ 상업상 또는 과학상의 지식·경험 또는 숙련에 관한 정보를 제공하는 것

④ 자기가 주요 자재의 전부 또는 일부를 부담하고 상대방으로부터 인도받은 재화를 가공하여 새로운 재화를 만드는 가공계약에 따라 재화를 인도하는 것

난이도 ★★

11 다음 중 부가가치세법상 재화 또는 용역의 공급으로 보지 않는 것은? 필수 [2018년, 76회]

① 법률에 따라 조세를 물납하는 경우

② 사업자가 폐업할 때 당초 매입세액이 공제된 자기생산 취득 재화 중 남아있는 재화

③ 사업자가 당초 매입세액이 공제된 자기생산 취득재화를 사업과 직접적인 관계없이 자기의 개인적인 목적으로 사용하는 경우

④ 특수관계인에게 사업용 부동산 임대용역을 무상으로 제공하는 경우

[부수 재화 또는 용역의 공급]

난이도 ★★★

12 다음 중 부가가치세법에 따른 과세거래에 대한 설명으로 틀린 것은? 어려우면 Pass [2023년, 108회]

① 자기가 주요 자재의 일부를 부담하는 가공계약에 따라 생산한 재화를 인도하는 것은 재화의 공급으로 본다.

② 사업자가 위탁가공을 위하여 원자재를 국외의 수탁가공 사업자에게 대가 없이 반출하는 것은 재화의 공급으로 보지 아니한다.

③ 주된 사업과 관련하여 용역의 제공 과정에서 필연적으로 생기는 재화의 공급은 주된 용역의 공급에 포함되는 것으로 본다.

④ 사업자가 특수관계인에게 사업용 부동산의 임대용역을 제공하는 것은 용역의 공급으로 본다.

01 ③ 화폐대용증권(수표·어음·상품권), 유가증권(주식, 채권)은 부가가치세 과세대상이 아니지만, 재산가치 있는 권리(지상권, 영업권, 특허권, 선하증권)는 부가가치세 과세대상임.

02 ① 폐업 시 잔존재화는 간주공급에 해당. 단, 사업의 포괄양도, 조세 물납, 강제 경매·공매는 재화의 공급으로 보지 않음.

03 ④ 담보제공은 재화의 공급이 아님.

04 ① 재화의 수입은 수입한 자가 사업자인지 여부를 불문하고 과세함.

05 ④ 질권, 저당권 또는 양도담보의 목적의 자산 이전은 재화의 공급이 아님.

06 ④ 매입세액 공제를 받은 자기생산·취득재화를 비영업용 승용자동차로 사용하거나 그 자동차의 유지를 위하여 사용하는 경우 간주공급에 해당함. 단, 사용인이 작업복으로 사용하거나 견본품 또는 불특정 다수에게 배포하는 광고선전물은 간주공급에 해당하지 않음.

07 ② 1인당 10만 원 이내의 직원 복지 증진을 위한 사용은 간주공급에 해당하지 않음.

08 ① 건물은 상각률 5%, 기타 유형자산(차량운반구, 비품, 기계장치 등)은 25% 상각률을 적용함.

09 ② 국세징수법에 따른 공매(①), 제조용 원재료를 회사 기계 수리에 사용(③), 용역의 무상제공(④)은 재화의 공급이 아니지만, 매입세액공제 받은 소용승용차를 회사 출퇴근용으로 사용하면(②) 간주공급에 해당함.

10 ④ 자기가 주요 자재의 전부 또는 일부를 부담하고 상대방으로부터 인도받은 재화를 가공하면 재화의 공급임.

11 ① 조세의 물납(①)은 재화의 공급이 아니지만, 폐업 시 잔존재화(②), 재화의 개인적 공급(③), 특수관계인에게 용역의 무상공급(④)은 과세대상임.

12 ③ 주요 자재의 일부를 부담하는 가공계약은 재화의 공급(①), 주된 사업에 필연적으로 생기는 재화의 공급은 주된 용역에 포함되는 것이 아니라 별도의 공급으로 보되, 과세·면세 여부는 주된 사업의 과세·면세 여부를 따름 .(③), 특수관계인에게 부동산 임대용역 제공은 용역의 공급(④)은 과세대상이지만 위탁가공을 위한 원자재의 대가 없는 국외 반출(②)은 과세대상이 아님.

21

영세율과 면세

학습내용 / **공부방향**

• 영세율　• 면세

2~3회 시험마다 1문제씩 출제되며 전산회계 1급에 비해 내용은 비슷하되 지문이 다소 어렵게 출제됨. **영세율과 면세의 구분**은 매입매출전표 입력에도 꼭 필요하기 때문에 **개념을 명확히 공부 후 면세 대상은 꼭 암기** 해야 함.

1 영세율

부가가치세는 소비되는 장소에서 부과되는 소비지국 과세원칙의 특징이 있습니다. 예를 들어 미국에 수출되는 재화에 10%의 부가가치세를 과세해 보낸 뒤, 미국에서 부가가치세를 또 부과하면 재화의 가격이 너무 비싸집니다. 이런 이유로 우리나라와 미국은 상호면세 협정을 맺고 수출하는 재화에는 0%의 세율을 적용하고 있습니다.

1 영세율 특징 필수

소비지국 과세원칙(국제적 이중과세 방지), 수출촉진(외화 획득), 완전면세(수출업자는 부가가치세를 전혀 부담하지 않음.)

※ 상호주의 : 영세율 적용 시 사업자가 비거주자 또는 외국법인이면 그 해당 국가에서 대한민국의 거주자 또는 내국법인에 대하여 동일하게 면세하는 경우에만 영세율을 적용함.

2 영세율 적용대상 필수

구분	내용
재화의 수출	• 직수출 : 내국물품의 외국으로 반출 • 내국수출 : 내국신용장 또는 구매확인서에 의한 재화 공급 • 대행위탁수출 : 중계무역 방식 수출, 위탁판매수출, 외국인도수출, 위탁가공무역 방식 수출
용역의 국외공급	국내에 사업장이 있는 사업자가 국외에서 제공하는 용역
외국 항행용역	선박 또는 항공기에 의하여 여객이나 화물을 국내에서 국외로, 국외에서 국내로 또는 국외로 수송하는 경우
기타 외화 획득	우리나라에 상주하는 외교공관, 주한미군 등에 공급하여 외화를 받는 경우

※ 대행위탁 수출의 수출대행 수수료 : 일반과세(10%) 적용

◎ 핵심체크

영세율 특징★★★
소비지국 과세, 수출촉진, 완전면세

◎ 핵심체크

영세율 대상★★★
재화 수출(직수출, 내국수출), 용역 국외공급, 외국 항행용역, 기타 외화 획득

🎯 핵심체크

내국수출★★★
내국신용장, 구매확인서

🔍 참고

수출대행수수료
일반세율(10%) 적용

🎯 핵심체크

영세율 사업자 의무★★★
부가가치세 신고, 세금계산
서 발행

📝 정답 및 풀이 ④

① 상호주의에 의해 비거주자
도 영세율 적용 가능 ②영세율
은 0% 세율을 적용할 뿐 신고
납부 의무는 있음. ③수출품에
는 수산물도 포함됨.

📝 정답 및 풀이 ④

수출대행수수료는 단순 알선
이므로 일반과세(10%) 적용

(1) 내국수출 Vs 직수출

수출품에 사용될 부품 등을 수출업체에 판매해서 수출에 간접적으로 기여하는 내국수출에도 영세율을 적용하는데 이 때 내국신용장 또는 구매확인서가 발급됩니다. 내국신용장이란 수출물품을 제조하는데 소요되는 원자재를 국내에서 원활히 조달하기 위해 국내공급업자를 수익자로 하여 발행하는 은행의 지급확약서입니다. 이에 반해 직수출은 곧장 해외에 판매하여 외화를 획득하는데 이 사례를 그림으로 표시하면 다음과 같습니다.

(2) 대행위탁수출의 수출대행수수료

대행위탁수출에도 영세율이 적용되지만 대행업체가 수령하는 수출대행수수료는 단순한 수출 알선이기 때문에 영세율 아닌 일반세율(10%) 적용됩니다.

3 영세율 사업자의 의무 필수

구분	내용
부가가치세 신고의무	완전면세라 하더라도 부가가치세는 신고해야 함.
세금계산서 발행의무	직수출은 세금계산서 발행 의무가 없지만 내국수출은 국내 사업자 간 거래이므로 세금계산서를 발행해야 함.

이론기출 확인문제 | 전산세무 2급, 120회 |

다음 중 부가가치세법상 영세율에 대한 설명으로 가장 옳은 것은?

① 비거주자는 어떠한 경우에도 영세율을 적용받을 수 없다.
② 영세율이 적용되면 부가가치세의 납세의무가 면제된다.
③ 재화의 수출은 내국물품을 외국으로 반출하는 것으로서 내국물품에는 대한민국 선박에 의해 채집된 수산물을 제외한다.
④ 국내에 해당 사업장이 있는 사업자가 국외에서 공급하는 용역에 대하여는 영세율을 적용한다.

이론기출 확인문제 | 전산세무 2급, 98회 |

다음 중 부가가치세법상 영세율 적용대상이 아닌 것은?

① 사업자가 내국신용장 또는 구매확인서에 의하여 공급하는 수출용 재화
② 수출업자와 직접 도급계약에 의한 수출재화임가공용역
③ 국외에서 공급하는 용역
④ 수출업자가 타인의 계산으로 대행위탁수출을 하고 받은 수출대행수수료

2 면 세

의사와 같은 부가가치세 면세 사업자는 진료로 벌어들이는 수입에 부가가치세 부과하지 않아 환자의 부담을 줄여주고 있습니다. 다만, 면세사업자는 부가가치세 신고·납부 의무가 없다보니 면세사업자의 각종 재화·용역 구입 시 부담한 부가가치세도 돌려받지 못합니다.

1 면세 특징 필수

> 역진성 완화(소비자의 부가가치세 부담 완화), 부분 면세(매출 시 부가가치세는 면제되지만 매입 시 부담한 매입세액을 돌려받지 못함.)

2 면세 적용대상 필수

구분	내용
기초생활 필수품	• 미가공 식료품(국내산, 외국산)　　　• 국내산 비식용 농축수임산물 • 수돗물(전기, 가스는 과세)　　• 연탄, 무연탄(유연탄, 갈탄, 착화탄은 과세) • 여성용 생리대, 영유아 기저귀·분유 • 여객운송용역(지하철, 버스, 일반 기차) 단, 항공기, 우등고속버스, 고속철도, 전세버스, 택시, 특수자동차, 유람선은 과세 • 주택과 이에 부수되는 토지의 임대 용역(면적 관계없이 면세이며 사무실 등 사업용 임대용역은 과세) • 국민주택 공급과 국민주택 건설용역(국민주택규모 이하만 면세)
국민후생	• 의료보건용역(미용성형, 비타민·파스 등 일반의약품은 과세이며 동물치료는 대부분 면세임) • 교육용역(주무관청 인허가 받은 경우에 한하며, 무도학원, 자동차학원은 과세)
문화 관련	• 도서(도서대여, 실내 도서열람 용역 포함), 신문, 잡지, 관보, 뉴스통신 및 방송(단, 광고는 과세) • 예술창작품, 예술행사, 문화행사 또는 아마추어 운동경기 입장료 • 도서관, 과학관, 박물관, 미술관, 동물원, 식물원 입장료
부가가치 구성요소	• 토지의 공급(토지의 임대는 과세) • 금융·보험용역 : 대출이자, 보험료 등 • 저술·작곡·강연, 학술연구, 국선변호 등 인적 용역(단, 변호사, 회계사 등 전문직의 인적용역은 과세)
기 타	• 우표(수집용 우표 제외), 인지, 증지, 복권 및 공중전화 • 종교, 자선, 학술, 구호 등 공익 목적 단체가 공급하는 재화·용역 • 국가, 지방자치단체가 공급하는 재화·용역 • 국가, 지방자치단체 등에 무상으로 공급하는 재화·용역

◎ 핵심체크

면세 특징★★★
역진성 완화, 부분 면세

◎ 핵심체크

면세 적용 대상★★★
• 기초생활필수품: 미가공식료품, 수돗물, 연탄, 생리대/기저귀/분유, 여객운송용역, 주택 임대, 국민주택 공급
• 국민후생: 의료보건용역, 허가받은 교육용역
• 문화: 도서, 신문, 방송, 예술창작품, 도서관/박물관
• 부가가치 구성: 토지 공급, 금융보험용역, 인적용역(저술/학술연구/국선변호)
• 기타: 우표, 복권

◎ 핵심체크

면세 안되는 대상★★★
고급운송(항공기, 우등고속, 고속철도, 전세버스, 택시), 미용성형, 일반의약품, 자동차학원, 광고, 토지 임대, 전문직 인적용역, 수집용 우표

다음 중 부가가치세가 면세되는 재화·용역의 공급에 해당하는 개수는?

> • 신문(광고는 제외)　　• 주택임대용역　• 단순한 의약품의 판매　• 우표(수집용 우표 제외)
> • 복권　　• 영유아용 기저귀　　• 토지의 매매　　• 항공기에 의한 여객운송용역

① 4개　　　　② 5개　　　　③ 6개　　　　④ 7개

다음 중 부가가치세법상 면세에 해당하는 것은 모두 몇 개인가?

> 가. 시외우등고속버스 여객운송용역　　　나. 토지의 공급
> 다. 자동차운전학원에서 가르치는 교육용역 라. 제작 후 100년이 초과된 골동품
> 마. 식용으로 제공되는 외국산 미가공식료품　바. 형사소송법에 따른 국선변호인의 국선 변호

① 5개　　　　② 4개　　　　③ 3개　　　　④ 2개

3 면세 포기 [필수]

(1) 면세 포기 대상 : 면세품의 영세율 적용

면세사업자가 면세 물품을 수출하거나 학술연구단체(기술연구단체)로서 무상·실비로 재화
를 공급하는 경우에는 면세를 포기하여 매입 시 부담한 매입세액을 환급 받을 수 있습니다.
면세를 포기하려면 세무서에 신고하고 지체 없이 사업자등록증을 정정해야 합니다. 다만, 면
세포기는 신고사항이지 세무서장의 승인사항은 아닙니다.

(2) 면세포기 기간: 3년

면세의 포기를 신고한 사업자는 신고한 날부터 3년간 부가가치세를 면제받지 못하며 그 후
다시 면세적용신고서를 제출하지 아니하면 계속하여 면세를 포기한 것으로 봅니다.

다음 중 부가가치세법상 영세율과 면세에 대한 설명으로 가장 옳지 않은 것은?

① 국내 거래에는 영세율이 적용되지 않는다.
② 면세의 취지는 부가가치세의 역진성을 완화하기 위함이다.
③ 국외에서 공급하는 용역에 대해서는 영세율을 적용한다.
④ 상가 부수 토지를 매각하는 경우에도 부가가치세가 면제된다.

21 이론기출 공략하기

[영세율과 면세 특징]

난이도 ★★

01 다음 중 부가가치세법상 영세율과 면세제도에 관한 설명으로 옳지 않은 것은? [2020년 90회]

① 면세사업자가 영세율을 적용받기 위해서는 면세를 포기하여야 한다.

② 국내거래도 영세율 적용대상이 될 수 있다.

③ 면세제도는 부가가치세 부담이 전혀 없는 완전면세형태이다.

④ 면세의 포기를 신고한 사업자는 신고한 날로부터 3년간 면세 재적용을 받지 못한다.

난이도 ★★

02 다음 중 부가가치세법상 면세포기에 관한 설명으로 잘못된 것은? 필수 [2017년 74회]

① 영세율 적용대상인 재화 또는 용역을 공급하는 면세사업자도 면세포기를 함으로써 매입세액을 공제받을 수 있다.

② 면세의 포기를 신고한 사업자는 신고한 날로부터 3년간 면세 재적용을 받지 못한다.

③ 면세포기는 과세기간 종료일 20일 전에 면세포기신고서를 관할세무서장에게 제출하여야 한다.

④ 면세사업 관련 매입세액은 공제받지 못할 매입세액으로 매입원가에 해당한다.

난이도 ★★

03 다음은 부가가치세법상 면세에 관한 설명이다. 틀린 것은? 필수 [2017년 75회]

① 면세제도는 부가가치세 부담이 전혀 없는 완전면세형태이다.

② 면세사업자는 부가가치세법상 사업자가 아니다.

③ 면세제도는 부가가치세의 역진성 완화에 그 취지가 있다.

④ 영세율 적용의 대상이 되는 경우 및 학술연구단체 또는 기술연구단체가 공급하는 경우에 한하여 면세포기를 할 수 있다.

난이도 ★★

04 다음 중 부가가치세법상 영세율에 대한 설명으로 옳지 않은 것은? 필수 [2024년, 117회]

① 사업자가 비거주자인 경우에는 그 해당 국가에서 대한민국의 거주자에 대하여 동일하게 면세하는 경우에만 영세율을 적용한다.

② 영세율이 적용되는 사업자는 부가가치세 납세의무가 면제된다.

③ 국내에서 계약과 대가의 수령이 이루어지지만 영세율이 적용되는 경우도 있다.

④ 내국물품을 외국으로 반출하는 것은 수출에 해당하므로 영세율을 적용한다.

[영세율]

05 난이도 ★★
다음 중 부가가치세법상 영세율 적용을 받을 수 없는 사업자는? 필수 [2021년 97회]

① 중계무역방식의 수출업자
② 위탁판매수출의 수출업자
③ 수출품 생산 후 외국으로 반출하는 사업자
④ 수출을 대행하는 수출업자

06 난이도 ★★
다음 중 부가가치세법상 영세율 적용 대상거래가 아닌 것은? 필수 [2021년 95회]

① 재화의 수출
② 국내사업자의 용역의 국외공급
③ 내국신용장에 의해서 공급하는 수출재화임가공용역
④ 국가·지방자치단체·지방자치단체조합이 공급하는 재화 또는 용역

[면세]

07 난이도 ★★
다음 중 면세의 범위에 해당하지 않는 것은? 필수 [2019년 85회]

① 외국에서 생산된 식용으로 제공되지 아니하는 농산물로서 미가공 된 것
② 시외버스에 의한 여객운송 용역
③ 금융·보험용역으로서 자금의 대출 또는 어음의 할인
④ 주무관청의 허가를 받은 교습소가 제공하는 교육 용역

08 난이도 ★★
다음 중 부가가치세법상 면세 대상이 아닌 것은? 필수 [2023년 109회]

① 항공법에 따른 항공기에 의한 여객운송용역
② 도서, 신문
③ 연탄과 무연탄
④ 우표, 인지, 증지, 복권

09 난이도 ★★
다음 중 부가가치세법상 부가가치세가 과세되는 재화 또는 용역의 공급에 해당하는 것은? 필수 [2024년, 116회]

① 박물관에 입장하도록 하는 용역
② 고속철도에 의한 여객운송 용역
③ 도서 공급
④ 도서대여 용역

10 다음 자료를 이용하여 부가가치세가 과세되는 토지의 임대면적을 구하면 얼마인가? [2025년, 119회] (어려우면 Pass)

> • 주택과 점포로 겸용되는 1층 건물을 임대하고 있다. (건물은 도시지역 안에 소재하고 있음.)
> • 주택 면적 : 60m², 점포 면적 : 140m², 건물의 부수토지 면적 : 1,000m²

① 60m²　　　　② 140m²　　　　③ 300m²　　　　④ 700m²

정답 및 해설

01 ③ 면세는 매출 시 부가가치세는 면제되지만 매입 시 부담한 매입세액을 환급받지 못하는 부분면세임.

02 ③ 면세포기는 정해진 신청기한 없이 원할 때 언제든지 할 수 있으며 세무서장의 승인도 필요없는 신고사항임.

03 ① 면제는 부분 면세제도임.

04 ② ① 비거주자에 대해서는 상호주의에 의해 영세율을 적용함. ② 영세율은 0% 세율이 적용될뿐 부가세 신고납부 의무는 있음. ③ 내국신용장, 구매확인서에 의한 내국수출도 영세율 적용됨. ④ 직수출에 영세율을 적용함.

05 ④ 수출을 대행하는 수출업자의 대행위탁 수수료는 일반과세(10%)를 적용 받음.

06 ④ 국가, 지자체에 공급하는 재화는 면세 대상임.

07 ① 식용이 아닌 것은 국내산만 면세 대상임.

08 ① 항공기 여객운송용역은 과세 대상임.

09 ② 일반 대중교통만 면세이고 고속철도(KTX, SRT) 여객운송용역은 과세대상임.

10 ④ • 주택에 부수되는 토지의 임대는 면세이나 점포(일반건물)에 부수되는 토지의 임대는 과세임.
    • 주택 부수토지 최대 한도 : 주택 면적의 5배 ⇒ 60m² × 5배 = 300m²
    • 주택 부수토지 : 1,000m² × 주택면적(60m²) / 총면적(주택 60m² + 점포 140m²) = 300m²
    • 점포 부수 토지 : 1,000m² − 300m² = 700m²

22

세금계산서와 재화·용역의 공급시기

학습내용 / 공부방향

• 세금계산서 • 수정세금계산서 • 공급시기

1 ~ 2회 시험마다 1문제씩 출제될 정도로 출제 빈도가 매우 높은 내용으로 전산회계1급과 내용은 비슷하되 난도는 훨씬 높으므로 세금계산서 발행과 부가가치세 공급시기에 대해 그 개념을 명확히 알고 있어야 함.

정교수 콕콕

핵심체크

세금계산서 필요적 기재사항
★★★
① 공급하는 자의 등록번호/성명 ② 공급받는 자의 등록번호 ③ 작성 연월일 ④ 공급가액/부가가치세액

참고

• 작성연월일: 필요적 기재사항은 공급연월이 아니라 작성연월일임.
• 공급받는자: 상호는 임의적 기재사항임.

1 세금계산서

세금계산서는 매출하는 사업자가 두 장을 발행하여 한 장은 공급하는 자가, 나머지 한 장은 공급받는 자가 각각 나누어 갖습니다.

1 세금계산서 기재사항 필수

다음은 세금계산서 양식인데 세금계산서의 기재 내용은 반드시 기재하여야 하는 필요적 기재사항과 기재하지 않아도 되는 임의적 기재사항으로 나뉩니다.

전자세금계산서 ①				승인번호 20240202-41000094-70120519 ②			
공급자 등록번호	130-81-25029	종사업장번호		**공급받는자** 등록번호	158-81-15887	종사업장번호	
상호(법인명)	㈜중동상회	성명	황재하	상호(법인명)	㈜정성상회	성명	이재규
사업장주소	서울시 강동구 천호대로 1005			사업장주소	경기도 남양주시 경춘로 1037, (금곡동)		
업태	도소매, 제조	종목	전자제품	업태	도소매	종목	플라스틱 제품
이메일 ③	④			이메일	dothebest@daum.net		
				이메일			

작성일자	공급가액	세액	수정사유
2026/02/02	100,000,000	10,000,000	해당 없음

월	일	품목	규격	수량	단가	공급가액	세액	비고
02	02	플라스틱 제품				100,000,000	10,000,000	

합계금액	현금	수표	어음	외상미수금	
110,000,000	50,000,000		60,000,000		이 금액을 (**청구**) 함

테두리 친 4곳은 반드시 기재해야 하는 필요적 기재사항으로 누락 시 세금계산서의 효력이 없습니다.

구분	내용
필요적 기재사항	①공급하는 자의 등록번호와 성명(명칭) ②공급받는 자의 등록번호 (공급받는 자가 사업자가 아닌 경우 고유번호 또는 주민등록번호) ③ 작성 연월일 ④공급가액과 부가가치세액
임의적 기재사항	공급하는 자의 주소, 공급받는 자의 상호·성명·주소, 공급하는 자와 공급받는 자의 업태·업종, 공급품목, 단가와 수량, 공급연월일 등

이론기출 확인문제　　　　　　　　　　　| 전산세무 2급, 91회 |

다음 중 세금계산서의 필요적 기재사항이 아닌 것은?

① 작성연월일　　　② 공급가액　　　③ 공급받는 자의 등록번호　　　④ 공급품목

정답 및 풀이 ④

공급품목은 임의적 기재사항임.

---

2 세금계산서 보관 및 합계표 제출 `어려우면 Pass`

세금계산서를 발급한 공급자 및 수령한 공급받는 자는 세금계산서 원본을 5년간 보관하여야 하며 세금계산서 발급 및 수령한 내역을 세금계산서 합계표에 집계하여 해당 예정신고 또는 확정신고 할 때 관할 세무서에 제출하여야 합니다. 이를 어길 경우 다음과 같이 가산세가 부과됩니다.

구분	내용	가산세율
지연제출 가산세	예정신고 시 누락한 금액을 확정신고 시 제출하여 지연제출 한 경우	공급가액의 0.3%
미제출 가산세	공급시기가 속한 과세기간의 확정신고기한 까지 합계표를 제출하지 아니한 경우	0.5%

3 특수한 경우의 세금계산서

(1) 매입자발행 세금계산서

매출자가 사업자의 소재불명, 연락두절 등이 사유로 세금계산서를 발급하지 않는 경우 매입자가 관할 세무서의 확인을 받아 스스로 매입 세금계산서를 발행할 수 있는데 이를 매입자발행 세금계산서라고 부릅니다.

🎯 **핵심체크**

매입자발행 세금계산서
건당 5만원 이상, 과세기간 종료일로부터 1년 이내 세무서장에게 거래사실 확인 후 발급

발행 절차	거래 건당 공급대가 5만 원 이상인 거래에 대해 대금 결제내역 등 증빙서류를 첨부하여 공급시기가 속하는 과세기간 종료일로부터 1년 이내에 관할 세무서장에게 거래사실 확인을 받아야 함.

(2) 판매 목적 타사업장 반출 시 세금계산서

사업자는 사업장마다 사업자등록을 해야 하는데 A 사업장에서 B 사업장으로 재화를 옮길 경우 이를 판매로 보고 A 사업장은 세금계산서를 발급해 10% 부가가치세를 납부하고 B 사업장은 이를 매입으로 처리한 뒤 다시 10%를 환급 받습니다. 번거롭지만 재고의 이동을 확실히 파악하고 통제하려고 판매 목적 타사업장 반출에도 세금계산서를 발급하도록 하고 있습니다.

4 세금계산서 발급시기

(1) 원칙 : 재화·용역의 공급시기 `필수`

(2) 예 외

다음 어느 하나에 해당하는 경우에는 재화·용역의 공급시기 이전 또는 이후에 세금계산서를 발급 할 수 있습니다.

1) 공급 시기 전 발급(선 세금계산서) : 세금계산서 발급 시점

대가 수령 없는 공급(장기할부판매 등)에 대하여 세금계산서를 선발급 하거나 공급시기 전에 대가 수령분에 대해 세금계산서를 발행, 또는 선발급 후 7일 이내 대금 수령하는 경우에는 그 세금계산서를 발급한 때를 재화·용역의 공급시기로 봄.

2) 공급 시기 후 발급 : 월합계 세금계산서(다음달 10일) `필수`

다음 어느 하나에 해당하는 경우에는 재화 또는 용역의 공급일이 속하는 달의 다음 달 10일(그 날이 공휴일 또는 토요일인 경우에는 바로 다음 영업일)까지 세금계산서를 발급할 수 있습니다.

- 거래처별로 달의 1일부터 말일까지의 공급가액을 합하여 해당 달의 말일을 작성 연월일로 하여 세금계산서를 발급하는 경우
- 거래처별로 달의 1일부터 말일까지의 기간 이내에서 사업자가 임의로 정한 기간의 공급가액을 합하여 그 기간의 종료일을 작성 연월일로 하여 세금계산서를 발급하는 경우
- 관계 증명서류 등에 따라 실제거래사실이 확인되는 경우로서 해당 거래일을 작성 연월일로 하여 세금계산서를 발급하는 경우

5 전자세금계산서

(1) 전자세금계산서 의무발급 대상

- 모든 법인사업자
- 직전연도 사업장별 재화 및 용역의 공급가액(면세공급가액 포함) 합계액이 8,000만 원 이상인 개인사업자 (단, 전자세금계산서 의무발급 대상이 아닌 개인사업자도 원하면 전자세금계산서 발급 가능)

[참고] 개인사업자의 전자세금계산서 발급 대상 통지

개인사업자의 특정 연도 공급가액이 연 8,000만 원을 넘으면 관할 세무서장은 개인사업자에게 전자세금계산서 발급 의무가 발생하기 1개월 전까지 그 사실을 통지하여야 합니다. 사례를 통해 알아보겠습니다.

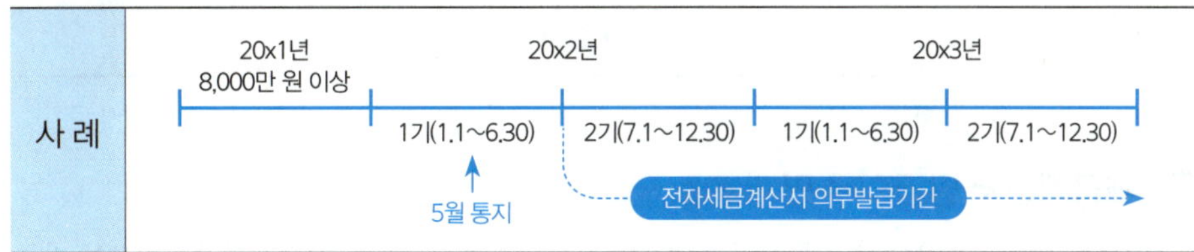

- 관할 세무서장의 파악 : 20x2년 초
- 개인사업자에게 통지 : 20x2년 5월 중
- 전자세금계산서 의무 발급기간 : 20x2년 7월 1일부터

(2) 전자세금계산서 발급명세 전송

전자세금계산서를 발급한 경우 발급일 다음 날까지 '전자세금계산서 발급명세'를 국세청장에게 전송해야 하며 이를 제출한 경우 종이세금계산서를 5년간 보관해야 하는 의무와 세금계산서합계표 제출의무가 면제됩니다. (전자세금계산서 발급명세 지연전송 시 공급가액의 0.3%가 가산세로 부과됨)

이론기출 확인문제
| 전산세무 2급, 71회 |

다음은 부가가치세법상 전자세금계산서에 대한 설명이다. 틀린 것은?

① 전자세금계산서 발급의무자가 전자세금계산서를 지연전송한 경우 공급가액의 1% 가산세가 적용된다.

② 월합계로 발급하는 세금계산서는 재화 및 용역의 공급일이 속하는 달의 다음달 10일까지 세금계산서를 발급할 수 있다.

③ 전자세금계산서를 발급한 사업자가 국세청장에게 전자세금계산서 발급명세를 전송한 경우에는 세금계산서의 보존의무가 면제된다.

④ 직전 연도의 사업장별 공급가액의 합이 8,000만 원 이상인 개인사업자는 전자세금계산서를 발행하여야 한다.

핵심체크

전자세금계산서 의무발급 대상★★★
- 모든 법인사업자
- 직전연도 사업장별 재화/용역 공급가액(면세공급가액 포함) 합계액 8,000만원 이상 개인사업자

참고

전자세금계산서 의무 발급대상이 된 개인사업자는 그 이후 공급가액이 연 8,000만원 미만이 되더라도 계속 전자세금계산서를 발급해야함.

참고

전자세금계산서 발급대상자가 종이세금계산서 발급 시 가산세 : 공급가액의 1%

정답 및 풀이 ①

전자세금계산서 발급명세 지연전송 가산세는 공급가액의 0.3%임.

6 영수증 발급 대상 사업

다음과 같이 주로 최종 소비자를 상대하는 다음 업종은 세금계산서를 발급하는 대신, 공급받는 자가 표시되지 않는 영수증(신용카드매출전표, 현금영수증 등)을 발급할 수 있습니다. 다만, 아래와 같이 그 규모에 따라 고객이 요구할 경우 세금계산서를 발급해야 하는 업종과 무조건 영수증을 발급하는 업종으로 나뉩니다.

구분	대상 사업
상대방이 세금계산서 발급을 요구할 경우 세금계산서를 발급해야 하는 사업	소매업, 음식점업, 숙박업, 변호사, 회계사 등 전문직종, 전세버스 여객운송용역 등
상대방이 세금계산서 발급을 요구해도 영수증을 발급해야 하는 사업	간이과세자 중 신규사업자 및 직전연도 공급대가 합계액이 4,800만 원 미만, 목욕·이발·미용업, 무도학원, 자동차운전학원, 일반 여객운송용역 등

7 세금계산서 발급의무 면제 `필수`

다음의 경우에는 편의상 세금계산서를 발급하지 않아도 되는 경우인데 전산세무 2급에 자주 출제되니 꼭 익혀야 합니다.

- 택시, 노점상, 무인자동판매기
- 목욕·이발·미용업(단, 상대방이 요구 시 영수증은 발급해야 함.)
- 소매업(단, 상대방이 요구 시 세금계산서를 발급해야 함.)
- 재화의 간주공급(자가공급, 개인적공급, 사업상증여, 폐업 시 잔존재화)
- 부동산 임대보증금에 대한 간주임대료
- 해외 직수출(단, 내국신용장에 의한 내국 수출은 세금계산서를 발급해야 함.)
- 신용카드 또는 체크카드로 결제하는 경우

이론기출 확인문제 | 전산세무 2급, 118회 |

다음 중 부가가치세법상 세금계산서 발급 의무가 면제되지 않는 경우는?

① 구매확인서에 의해 공급되는 재화
② 미용업자가 공급하는 재화 또는 용역
③ 택시운송사업자가 공급하는 재화 또는 용역
④ 부동산임대업자의 부동산임대용역 중 간주임대료

◎ 핵심체크

상대방이 세금계산서 발급 요구해도 영수증 발행하는 사업자
목욕·이발·미용업, 일반 여객운송용역, 간이과세자 중 신규사업자 및 직전연도 공급대가 합계액이 4,800만 원 미만

◎ 핵심체크

세금계산서 발급의무 면제
★★★
재화 간주공급(자개사폐), 부동산 임대보증금에 대한 간주임대료, 해외 직수출, 신용카드/체크카드 결제 매출, 택시, 노점상, 무인자동판매기, 목욕·이발·미용업

🔍 참고

· 재화 간주공급, 임대보증금 간주임대료 : 실제 공급이 아니므로 세금계산서 발급이 면제
· 신용카드/체크카드 매출 : 매출 내역이 국세청에 통보되어 별도 세금계산서 발행 필요 없음.

📄 정답 및 풀이 ①

내국신용장/구매확인서에 의한 내국수출은 국내간 거래로 세금계산서 발급해야 함.

부가가치세법상 재화 또는 용역의 공급이 다음과 같을 경우 세금계산서 발급 대상에 해당하는 공급가액의 합계액은 얼마인가? 단, 아래의 금액에 부가가치세는 포함되어 있지 않다.

- 내국신용장에 의한 수출액 : 25,000,000원
- 외국으로 직수출액 : 15,000,000원
- 일반과세자의 부동산 임대용역 : 12,000,000원
- 일반과세자의 부동산임대보증금에 대한 간주임대료 : 350,000원
- 견본품 무상제공(장부가액 : 4,000,000원, 시가 : 5,000,000원)

① 37,000,000원　　② 37,350,000원　　③ 42,000,000원　　④ 42,320,000원

8 수정세금계산서 또는 수정전자세금계산서 （어려우면 Pass）

세금계산서에 기재사항을 착오로 잘못 적거나 세금계산서 발급 이후 기재사항을 수정할 사유가 발생하면 다음과 같이 수정 세금계산서를 발급해야 합니다.

구분	수정세금계산서 발급	
	작성일	발급방법
공급한 재화가 환입된 경우	재화가 환입된 날	비고란에 처음 세금계산서 작성일을 덧붙여 적은 후 붉은색 글씨 또는 음(陰)의 표시로 수정세금계산서 발급
계약의 해제된 경우	계약 해제일	비고란에 처음 세금계산서 작성일을 덧붙여 적은 후 붉은색 글씨 또는 음(陰)의 표시로 수정세금계산서 발급
공급가액에 추가 또는 차감된 경우	증감 사유가 발생한 날	추가되는 금액은 검은색 글씨로 쓰고, 차감되는 금액은 붉은색 글씨 또는 음(陰)의 표시로 수정세금계산서 발급
필요적 기재사항 등이 착오로 잘못 적힌 경우 단, 과세표준 또는 세액을 경정할 것을 미리 알고 있는 경우는 제외	당초 작성일	처음 발급한 세금계산서를 붉은색 글씨 또는 음(陰)의 표시로 발급하고, 수정세금계산서는 검은색 글씨로 작성하여 발급

정교수 콕콕

📄 **정답 및 풀이 ①**

내국신용장에 의한 수출액 (2,500만원) + 일반과세자 부동산 임대용역(1,200만원) = 3,700만원

직수출, 임대보증금 간주임대료는 세금계산서 발급 대상이 아니며, 견본품 무상제공은 과세대상이 아님

🎯 **핵심체크**

수정세금계산서 작성일
- 당초 작성일 : 필요 기재사항 착오기재
- 사유 발생일 : 계약해제, 공급재화 환입

필요적 기재사항 등이 착오 외의 사유로 잘못 적힌 경우	당초 작성일	재화나 용역의 공급일이 속하는 과세기간에 대한 확정신고기한 다음 날부터 1년 이내에 세금계산서를 작성하되, 처음에 발급한 세금계산서의 내용대로 세금계산서를 붉은색 글씨로 쓰거나 음(陰)의 표시를 하여 발급하고, 수정하여 발급하는 세금계산서는 검은색 글씨로 작성하여 발급
착오로 전자세금계산서 이중 발급한 경우	당초 작성일	처음에 발급한 세금계산서의 내용대로 음(陰)의 표시를 하여 발급
면세 등 발급대상이 아닌 거래 등에 대하여 발급한 경우	당초 작성일	처음에 발급한 세금계산서의 내용대로 붉은색 글씨로 쓰거나 음(陰)의 표시를 하여 발급
세율을 잘못 적용하여 발급한 경우	당초 작성일	처음에 발급한 세금계산서의 내용대로 세금계산서를 붉은색 글씨로 쓰거나 음(陰)의 표시를 하여 발급하고, 수정하여 발급하는 세금계산서는 검은색 글씨로 작성하여 발급
재화 또는 용역을 공급한 후 공급시기가 속하는 과세기간 종료 후 25일 이내에 내국신용장이 개설되었거나 구매확인서가 발급된 경우	당초 작성일	내국신용장 등이 개설된 때에 그 작성일은 처음 세금계산서 작성일을 적고 비고란에 내국신용장 개설일 등을 덧붙여 적어 영세율 적용분은 검은색 글씨로 세금계산서를 작성하여 발급하고, 추가하여 처음에 발급한 세금계산서의 내용대로 세금계산서를 붉은색 글씨로 또는 음(陰)의 표시를 하여 작성하고 발급

수정세금계산서 문제는 수정세금계산서의 작성일을 당초 작성일로 할 것인지, 아니면 사유가 발생한 날로 작성할 것인지 구분하는 것이 핵심입니다.

예를 들어 착오로 이중 발행하거나 발급 대상이 아닌 거래에 세금계산서를 발행한 경우는 처음부터 잘못되었으므로 당초 작성일을 수정세금계산서의 작성일로 하고, 계약이 해제되는 경우에는 후발적 사유이므로 계약해제일을 수정세금계산서 작성일로 하는 것입니다.

아래의 세금계산서 발급 및 오류내용에 따른 수정세금계산서를 발급하시오.

세금계산서 발급내용				
작성연월일	품목	공급가액	세액	비고
20x5. 05. 31.	제품판매	3,000,000원	90,000원	영수필

오류발견내용
20x5년 7월 15일에 제품판매(공급가액 3,000,000원(부가세 별도)) 세금계산서의 세액이 공급가액의 10%가 아님을 발견했다.

[1단계] 착오로 기재한 공급가액·세액을 (−)표기로 삭제

작성일자	공급가액	세액	수정사유	비고	
20x5.05.31.	−3,000,000	−90,000			

월	일	품목	규격	수량	단가	공급가액	세액	비고
5	31	제품판매				−3,000,000	−90,000	

[2단계] 수정세금계산서를 검은색으로 새로 발급

작성일자	공급가액	세액	수정사유	비고	
20x5.05.31.	3,000,000	300,000			

월	일	품목	규격	수량	단가	공급가액	세액	비고
5	31	제품판매				3,000,000	300,000	

2 재화·용역의 공급시기

전산회계 1급에 비해 다양한 경우의 공급시기가 모두 출제 될 수 있으므로 무조건 외우지 말고 논리를 바탕으로 학습하기 바랍니다.

1 재화의 공급시기

(1) 원 칙 필수

- 재화 이동이 필요한 경우 : 재화의 인도 시점
- 재화의 이동이 필요하지 않은 때 : 재화가 이용 가능하게 되는 때

정교수 콕콕

📄 정답 및 풀이

[1단계] 착오 수정
착오로 기재한 공급가액·세액을 (−)로 표기하여 삭제

[2단계] 신규 발행
수정세금계산서를 당초 발급일자를 발행일로 하여 검은색으로 새로 발급

◎ 핵심체크

재화 공급시기★★★
재화 인도시점 또는 재화의 이용 가능시점

---

(2) 기타 특수한 경우 필수

종류	공급시기	종류	공급시기
현금·외상·할부 판매	재화가 인도되거나 이용 가능하게 되는 때	자가공급, 개인적 공급	재화를 사용하거나 소비하는 때
상품권 판매	상품권이 회수되면서 재화가 실제 인도되는 시점	사업상증여	재화를 증여하는 때
재화의 공급으로 보는 가공	가공된 재화의 인도시점	폐업 시 잔존재화	폐업일
반환조건부, 동의조건부, 조건부 및 기한부 판매	조건이 성취되거나 반환기한이 경과되는 시점	수출하는 재화	수출재화의 선(기)적일
장기할부판매, 완성도기준지급조건부, 중간지급조건부 공급	대가의 각 부분을 받기로 한 때	원양어업, 위탁판매수출	수출재화의 공급가액이 확정되는 때
전력 등 공급단위를 구획할 수 없는 재화의 계속적 공급		보세구역 안에서 보세구역 밖의 국내에 재화를 공급하는 경우	수입신고 수리일
판매목적의 타사업장으로 반출	재화를 반출하는 때	외국인도수출, 위탁가공무역방식의 수출	외국에서 해당 재화가 인도되는 때
무인판매기를 이용한 재화 공급	무인판매기에서 현금을 꺼내는 때	위탁판매 또는 대리인에 의한 매매	수탁자 또는 대리인이 공급하는 때

이론기출 확인문제 | 전산세무 2급, 91회 |

부가가치세법상 재화의 공급시기에 관한 설명이다. 틀린 것은?

① 재화의 이동이 필요하지 않은 경우 : 재화의 공급이 확정되는 때

② 상품권 등을 현금 또는 외상으로 판매하고 그 후 그 상품권 등이 현물과 교환되는 경우 : 재화가 실제로 인도되는 때

③ 사업자가 자기의 과세사업과 관련하여 생산하거나 취득한 재화로서 자기의 고객에게 증여하는 경우 : 재화를 증여하는 때

④ 2회 이상으로 분할하여 대가를 받고 해당 재화의 인도일의 다음 날부터 최종 할부금 지급기일까지의 기간이 1년 이상인 장기할부판매의 경우 : 대가의 각 부분을 받기로 한 때

다음 중 부가가치세법상 공급시기로 옳지 않은 것은?

① 내국물품을 외국으로 수출하는 경우 : 수출 재화의 선적일

② 폐업 시 잔존재화의 경우 : 폐업하는 때

③ 위탁판매의 경우(위탁자 또는 본인을 알 수 있는 경우에 해당) : 위탁자가 판매를 위탁한 때

④ 무인판매기로 재화를 공급하는 경우 : 무인판매기에서 현금을 꺼내는 때

정교수 콕콕

정답 및 풀이 ③

위탁품은 수탁자가 판매하는 시점이 공급시기임.

2 용역의 공급시기

(1) 원 칙 필수

> 역무제공 완료 시점 또는 시설물, 권리 등 재화가 사용되는 때

핵심체크

용역 공급시기★★★
역무제공 완료 시점 또는 재화가 사용되는 때

(2) 기타 특수한 경우 필수

종류	공급시기
장기할부조건부, 완성도기준지급조건부, 중간지급조건부, 그 밖의 조건부, 공급단위를 구획할 수 없는 계속적 공급	대가의 각 부분을 받기로 한 때
부동산 임대보증금에 대한 간주임대료	예정신고기간 종료일 또는 과세기간 종료일
부동산 임대용역을 둘 이상의 과세기간에 걸쳐 계속적으로 제공하고 그 대가를 선불로 받는 경우	예정신고기간 종료일 또는 과세기간 종료일
폐업 전에 공급한 용역의 공급시기가 폐업일 이후에 도래하는 경우	폐업일

핵심체크

간주임대료 공급시기★★★
예정신고기간/과세기간 종료일

[세금계산서]

01 난이도 ★★

다음 중 재화의 간주공급(재화 공급의 특례)으로서 세금계산서 발급대상인 것은?(단, 과세거래에 해당한다고 가정하며, 해당 사업장은 주사업장 총괄납부 또는 사업자단위과세 제도의 적용을 받지 않는다.) **필수** [2020년 94회]

① 면세사업전용
② 직매장 반출(판매목적 타사업장 반출)
③ 개인적공급
④ 사업상증여

02 난이도 ★★★

다음 중 세금계산서에 대한 설명으로 가장 올바르지 않은 것은? [2023년 108회]

① 소매업을 영위하는 사업자가 영수증을 발급한 경우, 상대방이 세금계산서를 요구할지라도 세금계산서를 발행할 수 없다.
② 세관장은 수입자에게 세금계산서를 발급하여야 한다.
③ 면세사업자도 재화를 공급하는 경우 계산서를 발급하여야 한다.
④ 매입자발행세금계산서 발급이 가능한 경우가 있다.

03 난이도 ★★★

다음 중 부가가치세법에서 정한 재화 또는 용역의 공급시기에 공급받는 자가 사업자등록증을 제시하고 세금계산서 발급을 요구하는 경우에도 세금계산서를 발급할 수 없는 사업자는? **필수** [2018년 80회]

① 소매업
② 음식점업
③ 전세버스운송사업
④ 항공여객운송사업

04 난이도 ★★

다음 중 부가가치세법상 세금계산서 발급의무 면제대상이 아닌 것은? [2017년 73회]

① 국외제공용역
② 보세구역내에서의 국내업체간의 재화공급
③ 무인판매기를 이용하여 재화를 공급하는 자
④ 부동산임대용역 중 전세금 또는 임대보증금에 대한 간주임대료

05 부가가치세법상 재화 또는 용역의 공급이 아래와 같을 경우 세금계산서 발급 대상에 해당하는 공급가액의 합계액은 얼마인가? 필수 [2019년 87회]

> - 내국신용장에 의한 수출 : 25,000,000원
> - 부동산임대보증금에 대한 간주임대료 : 350,000원
> - 외국으로의 직수출액 : 15,000,000원
> - 견본품 무상제공(장부가액 : 4,000,000원, 시가 : 5,000,000원)

① 25,000,000원

② 25,350,000원

③ 30,000,000원

④ 30,350,000원

06 다음 중 개인사업자의 부가가치세법상 전자세금계산서 의무발급대상자 기준금액으로 옳은 것은? [2025년, 122회]

① 직전 연도의 사업장별 총수입금액이 1억 원 이상

② 직전 연도의 사업장별 총수입금액이 8천만 원 이상

③ 직전 연도의 사업장별 총수입금액이 5천만 원 이상

④ 직전 연도의 사업장별 총수입금액이 4천 8백만 원 이상

07 다음은 부가가치세법상 전자세금계산서에 대한 설명이다. 틀린 것은? 필수 [2016년 68회]

① 전자세금계산서는 원칙적으로 발급일의 다음날까지 국세청에 전송해야 한다.

② 후발급특례가 적용되는 경우 재화나 용역의 공급일이 속하는 달의 다음달 10일까지 세금계산서를 발급할 수 있다.

③ 전자세금계산서 발급대상 사업자가 적법한 발급기한 내에 전자세금계산서 대신에 종이세금계산서를 발급한 경우 공급가액의 1%의 가산세가 적용된다.

④ 당해 연도의 사업장별 재화와 용역의 공급가액의 합계액이 8,000만 원 이상인 개인사업자는 반드시 전자로 세금계산서를 발행하여야 한다.

[수정세금계산서]

08 난이도 ★★★

다음 중 부가가치세법상 아래의 수정세금계산서 발급 방법에 대한 수정세금계산서 발급 사유로 옳은 것은? 필수

[2024년 113회]

수정세금계산서 발급 방법
사유 발생일을 작성일로 적고 비고란에 처음 세금계산서 작성일을 덧붙여 적은 후 붉은색 글씨로 쓰거나 음의 표시를 하여 발급

① 착오로 전자세금계산서를 이중으로 발급한 경우
② 계약의 해제로 재화 또는 용역이 공급되지 아니한 경우
③ 필요적 기재사항 등이 착오 외의 사유로 잘못 적힌 경우
④ 면세 등 세금계산서 발급 대상이 아닌 거래 등에 대하여 세금계산서를 발급한 경우

[공급시기]

09 난이도 ★★

다음 중 부가가치세법상 세금계산서 수수에 대한 설명으로 옳지 않은 것은? 필수

[2025년, 120회]

① 세금계산서는 원칙적으로 재화 또는 용역의 공급시기에 발급하여야 한다.
② 재화를 단기할부판매로 공급하는 경우에는 대가의 각 부분을 받기로 한 때 각각 세금계산서를 발급해야 한다.
③ 사업자가 재화 또는 용역의 공급시기가 되기 전에 세금계산서를 발급하고 그 세금계산서 발급일로부터 7일 이내에 대가를 받으면 해당 세금계산서를 발급한 때를 공급시기로 본다.
④ 수탁자가 재화를 인도하는 경우에는 위탁자의 명의로 세금계산서를 발급하고 비고란에 수탁자의 사업자등록번호를 부기한다.

10 난이도 ★★

다음 중 부가가치세법상 세금계산서 발급시기에 대한 설명으로 가장 틀린 것은? 필수

[2025년, 119회]

① 기한부 판매의 경우 기한이 지나 판매가 확정되는 때에 세금계산서를 발급하여야 한다.
② 재화의 공급시기 전에 대가의 일부를 받은 때에 그 대가의 전부에 대하여 세금계산서를 발급할 수 있다.
③ 재화의 이동이 필요하지 아니한 경우 재화가 이용가능하게 되는 때에 세금계산서를 발급하여야 한다.
④ 거래처별로 달의 1일부터 말일까지의 기간 내에서 사업자가 임의로 정한 기간의 공급가액을 합하여 그 기간의 종료일을 작성연월일로 하여 재화의 공급일이 속하는 달의 다음 달 10일까지 세금계산서를 발급할 수 있다.

11 다음 중 부가가치세법상 재화 및 용역의 공급시기에 대한 설명으로 옳지 않은 것은? 필수 　　[2022년 105회]

① 장기할부판매 : 대가의 각 부분을 받기로 한 때
② 내국물품 외국반출(직수출) : 수출재화의 선(기)적일
③ 무인판매기를 이용하여 재화를 공급하는 경우 : 재화가 인도되는 때
④ 완성도기준지급조건부 : 대가의 각 부분을 받기로 한 때

12 다음 중 부가가치세법상 용역의 공급시기에 대한 설명으로 틀린 것은? 　　[2023년 109회]

① 임대보증금의 간주임대료는 예정신고기간 또는 과세기간의 종료일을 공급시기로 한다.
② 폐업 전에 공급한 용역의 공급시기가 폐업일 이후에 도래하는 경우 폐업일을 공급시기로 한다.
③ 장기할부조건부 용역의 공급의 경우 대가의 각 부분을 받기로 한 때를 공급시기로 한다.
④ 용역의 대가의 각 부분을 받기로 한 때 대가를 받지 못하는 경우 공급시기로 보지 않는다.

13 다음 중 부가가치세법상 재화 및 용역의 공급시기에 대한 설명으로 옳지 않은 것은? 　　[2021년 97회]

① 완성도기준지급조건부 판매 : 대가의 각 부분을 받기로 한 때
② 폐업시 잔존재화 : 폐업하는 때
③ 내국물품 외국반출(직수출) : 수출재화의 공급가액이 확정되는 때
④ 반환조건부 판매 : 조건이 성취되거나 기한이 지나 판매가 확정되는 때

14 다음 중 부가가치세법상 재화의 공급시기에 대한 내용이다. 잘못된 것은? 　　[2017년 70회]

① 상품권 등을 현금으로 판매하고 그 후 그 상품권 등이 현물과 교환되는 경우 : 재화가 실제로 인도되거나 이용 가능하게 되는 때
② 내국신용장에 의한 재화의 공급 : 재화를 인도하는 때
③ 재화의 공급으로 보는 가공의 경우 : 가공된 재화를 인도하는 때
④ 전력이나 그 밖에 공급단위를 구획할 수 없는 재화를 계속적으로 공급하는 경우 : 예정신고기간 또는 과세기간 종료일

01 ② 재화의 간주공급은 실제 공급이 아니므로 세금계산서 발급의무가 면제됨. 단, 판매목적 타사업장 반출은 세금계산서 발급 대상임.

02 ① 소매업은 상대방이 요구 시 세금계산서를 발급해야 함.

03 ④ 목욕·이발·미용업, 무도학원, 자동차운전학원, 여객운송용역은 상대방이 요구해도 세금계산서를 발급할 수 없고 영수증을 발급해야 함.

04 ② 보세구역 내에서 국내업체가 거래는 세금계산서를 발행하여야 함.

05 ① 세금계산서 발급대상 공급은 25,000,000(내국신용장 수출)원임. 직수출, 간주임대료은 세금계산서 발행 대상이 아니며, 견본품 무상제공은 과세대상 자체가 아님.

06 ② 직전 연도 사업장별 재화·용역의 공급가액(면세공급가액 포함) 합계액이 8,000만 원 이상인 개인사업자는 다음 연도 7.1 부터 전자세금계산서를 발급해야 함.

07 ④ 전자세금계산서 의무 발급 대상 개인사업자는 당해 연도가 아니라 직전 연도의 공급가액 합계액이 8,000만 원 이상인 경우임.

08 ② ② 계약 해제된 경우에는 계약해제일을 수정세금계산서 작성일로 하고, ① 착오 이중발급, ③ 필요적 기재사항 착오, ④ 발급대상이 아닌 발급의 경우는 당초 작성일을 수정세금계산서의 작성일로 함.

09 ② 단기할부판매는 재화의 인도시점이 공급시기 이며 장기할부판매(1년 이상 장기, 2회 이상 대금 수령)인 경우는 대가의 각 부분을 받기로 한 때가 공급시기임.

10 ② 재화의 공급시기 전에 대가의 일부를 받은 때에 그 받은 대가에 대하여 세금계산서를 발급할 수 있다.

11 ③ 무인판매기를 이용하여 재화를 공급하는 경우는 무인판매기에서 현금을 인출하는 때가 공급 시기임.

12 ④ ④ 용역의 대가를 받기로 한 때 대가를 받지 못해도 공급시기로 보는 것임.

13 ③ ③ 직수출은 수출재화의 선적일(기적일)이 공급시기임.

14 ④ ④ 전력과 같이 공급단위를 구획할 수 없는 경우는 각 대가를 받기로 한 때가 공급시기임.

23

부가가치세 납부세액 계산

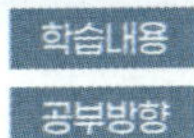

· 과세표준   · 대손세액공제   · 매입세액 불공제   · 의제매입세액공제   · 공통매입세액 안분계산

3 ~ 4회 시험마다 1문제씩 출제되며 전산회계 1급에는 거의 출제되지 않던 대손세액공제, 의제매입세액공제, 공통매입세액 안분계산이 가끔씩 출제되고 있음. 매입세액불공제 항목은 반드시 숙지해야 하지만 어려운 내용은 개념만 이해하고 과감히 패스해도 합격에는 지장이 없음.

1 부가가치세 계산구조

부가가치세는 다음 서식과 같이 매출세액(공급가액 × 10%)에서 매입세액(매입가액 × 10%)을 차감하는 구조로 계산되는데, 공급가액은 본래 물건값이며 (공급대가 = 공급가액 + 부가가치세)입니다. 즉, (공급대가 ÷ 1.1 = 공급가액)으로 계산됩니다.

핵심체크

VAT 공급대가★★★
공급가액+VAT = 공급대가 ⇔
공급대가÷1.1 = 공급가액

핵심체크

매출세액★★★
과세(10%) + 영세율(0%) + 예정신고누락분 ± 대손세액

핵심체크

매입세액★★★
세금계산서 수취분+예정신고누락분+그밖의 공제매입세액
－공제받지못할 매입세액

[부가가치세 신고서]

구분				금액	세율	세액
과세표준 및 매출세액	과세	세금계산서 발급분	(1)		10/100	
		매입자발행 세금계산서	(2)		10/100	
		신용카드·현금영수증 발행분	(3)		10/100	
		기타(정규영수증 외 매출분)	(4)		10/100	
	영세율	세금계산서 발급분	(5)		0/100	
		기 타	(6)		0/100	
	예정 신고 누락분		(7)			
	대손세액 가감		(8)			
	합계		(9)		㉮	
매입세액	세금계산서 수 취 분	일 반 매 입	(10)			
		수출기업 수입분 납부유예	(10-1)			
		고정자산 매입	(11)			
	예정 신고 누락분		(12)			
	매입자발행 세금계산서		(13)			
	그 밖의 공제매입세액		(14)			
	합계 (10)−(10−1)+(11)+(12)+(13)+(14)		(15)			
	공제받지 못할 매입세액		(16)			
	차감계 (15)−(16)		(17)		㉯	
납부(환급)세액 (매출세액㉮−매입세액㉯)					㉰	

매출세액 부분은 크게 과세에 10%, 영세율에 0%를 곱한 뒤, 예정신고누락분과 대손세액을 가감하게 되어 있습니다. 그리고 매입세액 부분은 크게 세금계산서 수취분 등에서 공제받지 못할 매입세액을 차감해서 계산합니다.

2 과세표준 및 매출세액

부가가치세는 판매하는 재화와 용역의 공급가액에 10%를 곱하기 때문에 물건값, 즉 공급가액이 과세표준이 되는데, 여기에 일반과세는 10%, 영세율은 0% 세율을 곱하면 매출세액이 계산됩니다.

전산세무 2급 시험에는 과세표준의 간단한 계산, 공급된 것과 유사하지만 과세표준에 포함되지 않는 항목을 묻는 문제가 가끔씩 출제되는데 무조건 외우지 말고 이해를 바탕으로 학습해야 합니다.

1 재화·용역 공급 시 과세표준

(1) 일반적인 경우 `필수`

구분		과세표준 가액
실질공급	금전을 받는 경우	그 대가(금전가액)
	금전 이외 대가를 받는 경우	공급한 재화·용역의 시가
간주공급	자가공급, 개인적 공급, 사업상증여, 폐업시 잔존재화	시 가
	판매목적 타사업장 반출	취득원가
	감가상각 대상 자산	• 건물/구축물 : 취득가액 × (1−5% × 경과 과세기간 수) • 기타자산 : 취득가액 × (1−25% × 경과 과세기간 수)

(2) 공급형태별 과세표준

구분	과세표준 가액
외상판매·할부판매	공급한 총금액
장기할부판매, 완성도기준지급, 중간지급조건부, 계속적으로 재화·용역을 공급하는 경우	계약에 따라 받기로 한 대가의 각 부분
둘 이상의 과세기간에 걸쳐 계속적으로 용역을 제공하기로 하고 선불로 받은 경우	선불 받은 금액 × $\dfrac{\text{과세대상기간 월수}}{\text{계약기간의 전체 월수}}$

(3) 과세표준(공급가액)에 포함하지 않는 항목 [필수]

매출 이후 매출할인, 매출에누리가 발생하거나 매출이 취소되는 경우와 같은 특수한 경우는
부가가치세 과세표준에 포함시키지 않습니다.

- 매출할인 : 공급대가를 약정기일 전에 회수하여 공급가액에서 할인해 준 금액
- 매출환입 : 매출 후 환입된 재화의 가액
- 매출에누리 : 재화·용역을 공급할 때 품질, 수량, 인도조건, 결제방법 등 조건에 따라 일
  정액을 깎아 주는 금액
- 공급받는 자에게 도달 전에 파손·훼손되거나 멸실한 재화의 가액
- 재화·용역의 공급과 직접 관련되지 않은 국고보조금과 공공보조금
- 공급에 대한 대가의 지급 지체로 받는 연체이자
- 반환 조건으로 용기대금·포장비용을 공제한 금액으로 공급하는 경우의 용기대금과 포
  장비용

위에 열거된 항목들은 실질적인 공급으로 보지 않기 때문에 과세표준에 포함하지 않지만 아
래 항목들은 실질적인 공급이므로 과세표준에 포함시켜야 10%의 부가가치세를 과세해야 합
니다.

과세표준에 포함되는 항목	• 대가를 받은 용기대금 • 재화 공급 시 대가를 받은 운송비, 포장비, 보험료 등 • 할부판매 시 할부금에 포함되어 있는 이자상당액

[참고] 과세표준에서 차감하지 않는 항목 : 별도 비용 등으로 처리

- 대손금 : 외상 매출 이후 대금결제를 받지 못하면 '대손세액'이라는 이름으로 매출세액
  에서 직접 차감하고 있음.
- 금전 지급 판매장려금 : 일종의 광고선전비이므로 과세표준에서 차감하지 않고 비용
  으로 처리함. (단, 현물로 판매장려물품을 지급하면 간주공급에 해당하므로 과세표준
  에 포함)
- 하자보증금 : 하자보증기간이 끝나면 반환되는 예치금이므로 과세표준에서 차감하지
  않음.

이론기출 확인문제 | 전산세무 2급, 107회 |

다음은 제1기 매출 관련 자료이다. 부가가치세 매출세액은 얼마인가?

• 총매출액 : 20,000,000원	• 매출에누리액 : 3,000,000원	• 판매장려금 : 1,500,000원

① 150,000원　　　② 300,000원　　　③ 1,550,000원　　　④ 1,700,000원

정교수 콕콕

🎯 핵심체크

과세표준 불포함 ★★
매출할인, 매출환입및매출에
누리, 도달 전 파손, 연체이자,
반환조건 용기대금, 재화 공급
관련 없는 국고보조금

🔍 참고

- 연체이자 : 매출이 아닌 이
자소득이므로 부가세 과세하
지 않음.
- 반환조건 용기대금 : 반환
조건이면 맥주 값에 상자 값
이 불포함이므로 부가세 과세
하지 않음.
- 국고보조금 : 보조금이 해당
재화와 직접 연관 없다면 부가
가치세를 과세하지 않음.

🎯 핵심체크

과세표준 포함 ★★
대가 받은 용기대금/운송비/
포장비, 할부금에 포함되어 있
는 이자

🎯 핵심체크

별도 비용등 처리 ★★
대손금(매출세액에서 차감 표
시), 금전 지급 판매장려금(별
도 비용), 하자보증금(보증기간
종료 후 반환)

📄 정답 및 풀이 ④

[총매출액(2,000만원) − 매출
에누리(300만원)]×10% =
170만원,
현금 지급 판매장려금은 별
도 비용임.

정답 및 풀이 ③

장기할부판매 대금에 포함된 이자는 과세표준에 포함, 현금 지급 판매장려금은 별도 비용 처리하되 현물 판매장려물품은 간주공급이므로 과세표준에 포함해야 함.

공급가액(1억원, 할부이자 포함) + 판매장려물품(100만원) = 1억 100만원

핵심체크

수출 시 환율 적용★★★
• 원칙: 선적일 환율
• 예외: 공급시기 전 환가(환가한 금액), 공급 시기 이후 환가(선적일 환율)

정답 및 풀이 ①

$50,000 × 1,000원(선적일 환율 적용) = 5,000만원

핵심체크

마일리지로 결제
제3자로부터 보전받은 금액을 과세표준에 포함

다음 자료는 2기 확정신고기간의 자료이다. 부가가치세 과세표준은 얼마인가?

구분	금액	비 고
세금계산서 발급 제품매출	100,000,000원 (공급가액)	• 할부판매, 장기할부판매의 이자 상당액 2,000,000원 포함 • 현금으로 지급한 판매장려금 1,000,000원 불포함 • 제품으로 지급한 판매장려금 시가 1,000,000원(공급가액) 불포함

① 99,000,000원   ② 100,000,000원   ③ 101,000,000원   ④ 102,000,000원

(4) 외화 수령 시 <필수>

구분		과세표준 가액
원칙	선적일이 공급시기	선적일 환율로 환가한 금액
예외	공급시기 도래 전에 외화 수령 해 원화로 환가한 경우	그 환가한 금액
	공급시기 전 외화 수령해 계속 보유 또는 공급 시기 이후 외화 수령해 환가한 경우	선적일 기준환율 (재정환율)로 환산한 금액

당사 제품 $50,000를 수출하기 위하여 11월 20일에 선적하고 대금은 12월 10일에 수령하였다. 수출 관련 과세표준은 얼마인가?

11월 20일 기준환율	1,000원/$	12월 10일 기준환율	1,100원/$
11월 20일 대고객매입율	1,050원/$	12월 10일 대고객매입율	1,200원/$

① 50,000,000원   ② 55,000,000원   ③ 50,500,000원   ④ 60,000,000원

(5) 마일리지로 결제 받는 경우

최근 인터넷쇼핑몰 등에서 적립된 마일리지로 결제하는 경우가 있는데 다음 사례를 통해 어떻게 과세표준이 산정되는지 알아보겠습니다.

사례	의류매장 사업자가 10만 원짜리 가방을 매출하면서 다음과 같이 결제를 받았다. 의류매장은 추후 대한항공으로부터 3만 원을 보전 받는다.

해당 매장 마일리지 1만 원	대한항공 마일리지 4만 원	신용카드 결제 5만 원

이 거래에서 사용된 해당 의류매장의 마일리지 1만 원을 "자기적립 마일리지"라고 부르고 대한항공의 마일리지 4만 원을 "제3자 적립 마일리지"라고 부릅니다. 자기적립 마일리지는 공짜로 사용되고 제3자 적립 마일리지는 업체 간 협의에 따라 일정 금액을 보상받습니다. 이 경우 부가가치세법은 마일리지로 매출이 발생할 경우 다음과 같이 과세 합니다.

[마일리지 매출 과세표준]

구분	과세표준
자기적립 마일리지 매출	과세표준에 포함하지 않음.
제3자 적립 마일리지 매출	제3자로부터 보전 받는 금액을 과세표준에 포함

즉, 위 의류매장의 10만 원짜리 의류 매출의 과세표준은 대한항공에서 보전 받는 3만 원, 신용카드사결제 5만 원, 총 8만 원입니다.

(6) 부당행위계산 부인 적용 시

특수관계인에게 아래와 같이 무상 또는 낮은 금액으로 재화·용역을 공급하여 조세를 부담을 부당하게 감소시킬 것으로 인정되는 경우에는 "시가"를 과세표준으로 봅니다.

- 특수관계인에게 재화의 공급에 대하여 부당하게 낮은 대가를 받거나 대가를 받지 아니한 경우
- 특수관계인에게 용역의 공급에 대하여 부당하게 낮은 대가를 받는 경우
- 특수관계인에게 사업용 부동산 임대용역을 무상으로 제공하는 경우

(7) 특수한 경우 과세표준

구분	과세표준
부동산 임대용역	임대료 + 관리비 + 간주임대료
재화의 수입	관세 과세가격(수입가격) + 관세 + 개별소비세 + 주세 + 교육세 + 농어촌특별세 + 교통·에너지·환경세
과세/면세 공통 사용 재화의 공급	$공급가액 \times \dfrac{직전\ 과세기간\ 과세공급가액}{직전\ 과세기간\ 총공급가액}$

2 대손세액공제

(1) 개념

외상 매출 후 부가가치세를 납부한 뒤 매출채권의 일부 또는 전부가 대손 되어 관련 부가가치세를 회수할 수 없는 경우에는 대손이 확정된 날이 속하는 과세기간의 매출세액에서 기존에 납부한 부가가치세를 차감하는데 이를 대손세액공제라고 합니다.

(2) 대손세액공제 인정되는 사유 [필수]

• 부도발생일로부터 6개월 이상 지난 어음 또는 수표 채권 (단, 채무자 재산에 저당권 설정한 경우 제외)
• 부도발생일로부터 6개월 이상 지난 중소기업 외상매출금 (단, 채무자 재산에 저당권 설정한 경우 제외)
• 채무자의 파산, 강제집행, 형의 집행, 사업의 폐지, 사망, 실종 또는 행방불명으로 회수할 수 없는 채권
• 회수기일이 6개월 이상 경과한 30만 원 이하의 소액채권
• 상법 등에 따라 소멸시효가 완성된 채권
• 회수기일이 2년 이상 지난 중소기업 외상매출금, 미수금(단, 특수관계인에 대한 채권은 제외)
• 회생계획인가의 결정 또는 법원의 면책결정에 따라 회수불능으로 확정된 채권

(3) 대손세액공제 신청금액과 절차 [필수]

구분	내용
대손세액공제액	대손금액(부가가치세 포함) × (10/110)
신청절차	대손세액공제는 대손이 확정된 날이 속하는 과세기간의 확정신고 시에만 신청 가능 (예정신고 시에는 적용받을 수 없음.)
	재화·용역의 공급일로부터 10년이 지난날이 속하는 과세기간에 대한 확정신고기한 까지 적용받을 수 있음.
	대손세액공제는 간이과세자는 신청할 수 없으며, 대여금은 대상 아님.

(4) 대손세액 가산액

대손세액공제 받은 매출채권의 전부 또는 일부를 회수한 경우에는 회수한 대손금액에 관련된 대손세액을 회수한 날이 속하는 과세기간의 매출세액에 더해야 합니다.

이론기출 확인문제 | 전산세무 2급, 111회 |

다음 중 부가가치세법상 대손세액공제에 대한 설명으로 가장 옳지 않은 것은?

① 대손 사유에는 부도발생일부터 6개월 이상 지난 어음·수표가 포함된다.
② 회수기일이 6개월 이상 지난 채권 중 채권가액이 30만 원 이하인 채권은 대손사유를 충족한다.
③ 재화를 공급한 후 공급일부터 15년이 지난 날이 속하는 과세기간에 대한 확정신고기한까지 대손사유로 확정되는 경우 대손세액공제를 적용한다.
④ 대손세액은 대손이 확정된 날이 속하는 과세기간의 매출세액에서 뺄 수 있다.

3 매입세액

매입세액이란 사업자가 구매할 때 부담했던 부가가치세로 추후 신청을 통해 돌려받는데 크게 다음과 같이 구성됩니다. 전산세무 2급 시험 차원에서는 의제매입세액공제, 공통매입세액 안분은 개념 정도만 익히고 공제받지 못할 매입세액은 매우 중요하므로 확실히 알고 있어야 합니다.

세금계산서 수취분 + 신용카드 매출전표 및 현금영수증 수취분 + 의제매입세액
− 공제받지 못할 매입세액

1 신용카드 매출전표, 현금영수증 수취분 필수

일반사업자로부터 매입 시 수령한 신용카드 매출전표는 매입세액공제를 받을 수 있지만 다음과 같이 세금계산서를 발행할 수 없는 사업자가 교부한 신용카드 매출전표이기 때문에 이를 수령하더라도 매입세액공제 받을 수 없습니다.

매입세액 불공제	• 간이과세자 중 신규사업자 및 직전 연도 공급대가 합계액이 4,800만 원 미만이 발행한 신용카드 매출전표 등 • 목욕·이발·미용업, 일반 여객운송 사업자가 발행한 신용카드 매출전표 등

핵심체크

공제불가능 신용카드전표★
• 직전 연도 공급대가 합계액이 4,800만원 미만 간이사업자가 발행한 신용카드 매출전표
• 간이과세자인 신규사업자

2 의제 매입세액공제 어려우면 Pass

(1) 개념

음식점 같은 사업자는 면세인 미가공 농·축·수산물을 매입해 과세인 음식을 판매하기 때문에 10%의 매출세액은 납부하되 차감하는 매입세액이 0원입니다. 이렇게 부가가치세 부담이 크기 때문에 음식점 사업자가 구입한 농·축·수산물의 일정률을 그냥 매입세액으로 공제하는데 이를 의제매입세액이라고 합니다.

(2) 적용요건

과세사업자가 미가공 식료품, 국내 생산 미가공 농·축·수·임산물을 원재료로 하여 과세 대상 재화·용역을 공급하는 경우로서 면세농산물 등을 공급받은 사실을 증명하는 서류를 납세지 관할 세무서장에게 제출해야 합니다. (단, 제조업을 경영하는 사업자가 농어민으로부터 면세농산물등을 직접 공급받는 경우에는 의제매입세액 공제신고서만 제출하면 됨.)

핵심체크

의제매입세액공제★
• 공제율: 개인 음식점(9/109), 제조업(개인, 중소기업, 4/104)
• 면세농산물 공급받은 증빙서류 제출해야 함. (단, 제조업 사업자가 농어민으로터 직구입 시는 신고서만 제출)
• 농산물 구입 부수비용은 제외
• 간이과세자는 적용 ×

🔍 **참고**

의제매입세액 공제한도
법인사업자 50%, 개인사업자
(음식점업: 과세표준 2억원 이
하 75%, 과세표준 2억원 ~ 4
억원 70%, 과세표준 4억원 초
과 60%, 그 외 업종: 과세표준
4억원 이하 65%, 과세표준 4
억원 초과 55%)

📝 **정답 및 풀이** ②

① ③ 간이과세자, 면세사업자
는 의제매입세액공제 적용 ×
④ 미가공 농산물로 음식물 판
매 않는 소매업은 의제매입세
액공제 적용 ×

---

(3) 의제매입세액 공제율

업종		공제율	
음식점업	개인사업자	과세표준 2억 이하	9/109
		과세표준 2억 초과	8/108
	법인사업자		6/106
	과세유흥장소		2/102
제조업	개인사업자 (과자점, 도정업, 떡류)		6/106
	중소기업, 개인사업자		4/104
그 외			2/102

(4) 공제한도

해당 과세기간에 해당 사업자가 면세농산물 등과 관련하여 공급한 과세표준 ×
공제한도율 × 공제율

(5) 주의 사항

- 의제매입세액공제는 면세농산물을 공급받거나 수입하는 날이 속하는 과세기간에 적용.
- 간이과세자는 의제매입세액을 적용받을 수 없음.
- 의제매입세액의 공제대상이 되는 매입가액은 운임 등의 부수비용을 제외한 금액으로 함.
- 의제매입세액 공제받은 농산물 등을 그대로 양도하거나 부가가치세가 면제되는 재화
  또는 용역을 공급하는 사업에 소비할 때에는 공제한 금액을 납부세액에 가산하거나 환
  급세액에서 공제하여야 함.

이론기출 확인문제　　　　　　　　　　　　| **전산세무 2급**, 118회 |

다음 중 부가가치세법상 의제매입세액공제를 적용받을 수 있는 사업자는?

① 빵을 판매하는 간이과세자　　　　　　② 한정식집을 운영하는 법인사업자
③ 수산물을 판매하는 면세사업자　　　　④ 소매업을 운영하는 일반과세자

---

3 공제받지 못할 매입세액 [필수]

아무리 세금계산서 등 적격증빙을 갖췄다 하더라도 다음의 지출은 매입세액공제를 받을 수
없습니다. 매입세액 불공제 항목은 매입·매출전표 입력에도 꼭 필요한 지식으로 출제빈도가
높으며 전산회계 1급과 거의 비슷한 수준으로 출제되고 있습니다.

구분	내용
세금계산서, 신용카드 매출전표, 현금영수증 미수취	적격증빙 미수취 또는 필요적 기재사항을 갖추지 못한 경우
매입처별 세금계산서 합계표 미 제출 또는 부실 기재	합계표를 제출하지 않거나 필요적 기재사항을 기재하지 않은 경우
사업자등록 신청 전 지출	사업자등록 전에 지출한 매입세액은 불공제하되 과세기간 종료 후 20일 이내 등록 신청한 경우는 인정
사업과 직접 관련이 없는 지출	사업주 집에서 필요한 물품 구매나 사업주 식구들의 외식 비용 등
면세사업 관련 지출	면세 매출에는 부가가치세가 징수되지 않으므로 이를 위한 과세 지출을 하면 매입세액 불공제
기업업무추진비 관련 지출	접대, 교제, 사례 등 업무와 관련이 있는 자와 업무를 원활하게 진행하기 위하여 지출한 금액
토지 취득 및 조성을 위한 지출	토지의 공급은 면세이므로 토지 취득, 형질변경, 택지조성 등을 위한 과세 지출을 하더라도 매입세액 불공제
비영업용 소형승용차 관련 지출 (개별소비세 과세대상)	비영업용 소형승용차 구입, 임차, 유지(유류비, 수리비) 관련 지출 [공제요건] • 9인승 이상 또는 1,000cc 이하 • 승용차를 영업에 직접 이용하여 매출 발생 : 택시업, 차량리스업, 운전면허학원 등

🎯 핵심체크

매입세액 불공제★★★
• 세금계산서 등 미수취
• 매입처별 세금계산서 합계표 미제출/부실기재
• 업무무관 지출
• 면세사업 관련 지출
• 기업업무추진비 관련 지출
• 토지 취득/조성 위한 지출
• 비영업용소형승용차 (1,000CC 초과)

이론기출 확인문제

| 전산세무 2급, 113회 |

다음 중 부가가치세법상 공제하지 아니하는 매입세액이 아닌 것은?

① 토지에 관련된 매입세액

② 사업과 직접 관련이 없는 지출에 대한 매입세액

③ 기업업무추진비 및 이와 유사한 비용 지출에 대한 매입세액

④ 세금계산서 임의적 기재사항의 일부가 적히지 아니한 지출에 대한 매입세액

📄 정답 및 풀이 ④

세금계산서 필요적 기재사항이 제대로 갖추어지지 않으면 매입세액공제 받을 수 없지만 임의적 기재사항은 제대로 갖추어지지 않아도 공제받을 수 있음.

④ 공통매입세액의 안분 _{어려우면 Pass}

(1) 개념

과세사업과 면세사업에 공통으로 사용되어 실지 귀속이 불분명한 매입을 한 경우 면세사업에 관련된 매입세액을 구분 계산한 뒤, 과세사업 부분 매입세액만 공제하는데 이를 공통매입세액의 안분계산이라고 합니다. 전산세무 2급 시험 차원에서는 그 개념만 이해하면 충분합니다.

(2) 면세사업에 관련한 매입세액

$$공통\ 매입세액 \times \frac{해당\ 과세기간의\ 면세공급가액}{해당\ 과세기간의\ 총공급가액}$$

예정신고 시 안분 계산한 공통매입세액은 확정신고 시 다음과 같이 정산하여야 합니다.

$$면세\ 관련\ 매입세액 = 공통\ 매입세액 \times \frac{해당\ 과세기간의\ 면세공급가액}{해당\ 과세기간의\ 총공급가액} - 기\ 불공제\ 매입세액$$

(3) 안분계산 하지 않고 전액 매입세액공제 하는 경우

- 해당 과세기간의 총공급가액 중 면세공급가액이 5% 미만인 경우의 공통매입세액 (단, 공통매입세액이 500만 원 이상인 경우는 안분계산 해야 함.)
- 해당 과세기간 중의 공통매입세액이 5만 원 미만인 경우의 매입세액
- 재화를 공급하는 날이 속하는 과세기간에 신규로 사업을 개시하여 직전 과세기간이 없는 경우

(4) 공통매입세액의 재계산

1) 개념

감가상각자산을 취득하여 과세와 면세에 공통으로 사용하는 경우 위에서 알아본 바와 같이 공통매입세액을 안분기준에 따라 면세 부분 매입세액을 계산하여 불공제 합니다. 다만, 감가상각 자산은 여러 기간에 따라 사용함에 따라 최초 공통매입세액 안분기준 비율이 추후 변동되면 확정 신고 시 이를 재계산해야 합니다.

2) 재계산 요건

- 감가상각 대상 자산이어야 함.
- 면세공급가액의 비율이 5% 이상 증가 또는 감소한 경우

3) 재계산 방법

가. 건물 또는 구축물

해당 재화의 매입가액 × (1 − 5% × 경과된 과세기간의 수) × 증가되거나 감소된 면세
공급 비율

나. 그 밖의 감가상각자산

해당 재화의 매입가액 × (1 − 25% × 경과된 과세기간의 수) × 증가되거나 감소된 면세
공급 비율

(4) 사 례

㈜명지는 2.1 과세사업과 면세사업에 같이 사용하기 위해 기계장치를 11,000,000원(VAT 포함)에 취득하였다. ㈜명지의 과세사업과 면세사업의 공급가액은 다음과 같을 때 공통매입세액의 재계산을 하시오.

구분	과세공급가액	면세공급가액	합계	면세 비율
1기	6억 원	4억 원	10억 원	40%
2기	8억 원	12억 원	20억 원	60%

[정답 및 풀이]

- 면세비율 : 1기(4억 원/10억 원 = 40%), 2기(12억 원/20억 원 = 60%)
- 20x1년 1기 면세 부분 매입세액 : 1,000,000원(공통매입세액) × 40% = 400,000원(불공제)
- 20x1년 2기 면세 부분 매입세액 재계산 : 1,000,000원(공통매입세액) × (1 − 25% × 1기간) × (60% − 40%) = 150,000원(불공제)

[과세표준 및 매출세액]

난이도 ★★★

01 다음 중 부가가치세법상 과세표준에 포함되는 것은? [2022년, 103회]

① 할부판매의 이자상당액
② 매출에누리액
③ 환입된 재화의 가액
④ 재화를 공급한 후의 그 공급가액에 대한 할인액

난이도 ★★★

02 다음 중 부가가치세 공급가액에 포함되지 않는 것은? 필수 [2018년, 78회]

① 할부판매 및 장기할부판매의 이자상당액
② 대가의 일부로 받은 운송보험료
③ 특수관계인에게 공급하는 재화 또는 부동산임대 용역
④ 공급받는 자에게 도달하기 전에 공급자의 귀책사유로 인하여 파손, 훼손 또는 멸실된 재화의 가액

난이도 ★★★

03 다음은 부가가치세법에 따른 대손세액공제를 설명한 것이다. 가장 틀린 것은? 필수 [2020년, 93회]

① 재화나 용역을 공급한 후 그 공급일로부터 5년이 지난 날이 속하는 과세기간에 대한 확정신고기한까지 대손이 확정되어야 한다.
② 채무자의 파산·강제집행·사업의 폐지, 사망·실종·행방불명으로 인하여 회수할 수 없는 채권은 대손사유의 요건을 충족하여 대손세액공제를 적용받을 수 있다.
③ 대손세액공제는 일반과세자에게만 적용되고 간이과세자는 적용하지 아니한다.
④ 부가가치세 확정신고서에 대손세액공제(변제)신고서와 대손사실 등을 증명하는 서류를 첨부하여 관할세무서장에게 제출하여야 한다.

[매입세액]

난이도 ★★

04 다음 중 부가가치세법상 의제매입세액공제에 대한 설명으로 옳은 것은? 필수 [2023년, 107회]

① 법인 음식점은 의제매입세액공제를 받을 수 없다.
② 간이과세자는 의제매입세액공제를 받을 수 없다.
③ 면세농산물 등을 사용한 날이 속하는 예정신고 또는 확정신고 시 공제한다.
④ 일반과세자인 음식점은 농어민으로부터 정규증빙 없이 농산물 등을 구입한 경우에도 공제받을 수 있다.

05 다음 중 연매출 2억인 개인음식점(과세유흥장소 아님)을 운영하는 과세사업자의 부가가치세법상 의제매입세액 공제율로 옳은 것은? [2018년, 77회]

① 2/102　　　　② 6/106　　　　③ 8/108　　　　④ 9/109

06 다음 중 부가가치세법상 공제되는 매입세액이 아닌 것은? [2020년, 93회]

① 전자세금계산서 의무발급 사업자로부터 발급받은 전자세금계산서로서 국세청장에게 전송되지 아니하였으나 발급한 사실이 확인되는 경우 당해 매입세액
② 매입처별세금계산서합계표를 경정청구나 경정 시에 제출하는 경우 당해 매입세액
③ 예정신고 시 매입처별 세금계산서합계표를 제출하지 못하여 해당 예정신고기간이 속하는 과세기간의 확정신고 시에 제출하는 경우 당해 매입세액
④ 공급시기 이후에 발급받은 세금계산서로서 해당 공급시기가 속하는 과세기간에 대한 확정신고기한 이 지난 후 발급 받은 경우 당해 매입세액

07 다음 중 부가가치세법상 납부세액 계산 시 공제대상 매입세액에 해당되는 것은? 필수 [2019년, 88회]

① 대표자의 개인적인 구입과 관련된 부가가치세 매입세액
② 공장부지 및 택지의 조성 등에 관련된 부가가치세 매입세액
③ 렌트카업의 영업에 직접 사용되는 승용자동차 부가가치세 매입세액
④ 거래처 체육대회 증정용 과세물품 부가가치세 매입세액

08 부가가치세법상 일반과세사업자가 다음과 같이 과세사업용으로 수취한 매입세액 중 매입세액이 공제되지 않는 것은? [2019년, 85회]

① 일반과세사업자로부터 컴퓨터를 구입하고 법인카드로 결제한 후 공급가액과 세액을 별도로 기재한 신용카드매출전표를 받았다.
② 직전연도 공급가액이 4,800만 원 미만인 간이과세자로부터 소모품을 매입하고 공급가액과 세액을 별도로 기재한 사업자지출증빙용 현금영수증을 발급받았다.
③ 원재료를 6월 30일에 구입하고 공급가액과 세액을 별도로 기재한 세금계산서(작성일자 6월 30일)를 수취하였다.
④ 공장의 사업용 기계장치를 수리하고 수리비에 대하여 공급가액과 세액을 별도로 기재한 전자세금계산서를 받았다.

09 다음 중 부가가치세법상 매입세액공제가 가능한 경우는? **필수** [2024년, 116회]

① 면세사업과 관련된 매입세액 ② 기업업무추진비 지출과 관련된 매입세액

③ 토지의 형질변경과 관련된 매입세액

④ 제조업을 영위하는 사업자가 농민으로부터 면세로 구입한 농산물의 의제매입세액

난이도 ★★★

10 다음 중 부가가치세법상 공통매입세액 안분 계산을 생략하는 경우를 고르시오. [2024년, 114회]

> 가. 해당 과세기간 중 공통매입세액이 5만원 미만인 경우
> 나. 해당 과세기간의 총공급가액 중 면세공급가액이 5% 미만이면서, 공통매입세액은 5백만원 이상인 경우
> 다. 해당 과세기간 중 공통매입세액이 없는 경우

① 가 ② 다 ③ 가, 다 ④ 가, 나, 다

[납부세액]

난이도 ★★

11 컴퓨터를 제조하여 판매하는 ㈜백두산의 다음 자료를 이용하여 부가가치세법상 납부세액을 계산하면 얼마인가?
필수 [2019년, 86회]

> • 매출처별세금계산서합계표상의 공급가액은 10,000,000원이다.
> • 매입처별세금계산서합계표상의 공급가액은 5,000,000원이다. 이중 개별소비세 과세대상 소형 승용자동차의 렌트비용과 관련한 공급가액은 100,000원이다.
> • 모든 자료 중 영세율 적용 거래는 없다.

① 410,000원 ② 490,000원 ③ 500,000원 ④ 510,000원

난이도 ★★★

12 다음 자료는 2기 예정신고기간의 자료이다. 부가가치세 과세표준은 얼마인가?(단, 제시된 자료 이외는 고려하지 말 것) [2021년, 98회]

> • 발급한 세금계산서 중 영세율 세금계산서의 공급가액은 2,000,000원이다. 그 외의 매출 및 매입과 관련된 영세율 거래는 없다.
> • 세금계산서를 받고 매입한 물품은 공급가액 15,500,000원, 부가가치세 1,550,000원이다. 이 중 거래처 선물용으로 매입한 물품(공급가액 500,000원, 부가가치세 50,000원)이 포함되어 있다.
> • 납부세액은 2,500,000원이다.

① 40,000,000원 ② 40,500,000원 ③ 42,000,000원 ④ 45,000,000원

01 ①　② 매출에누리, ③ 환입된 재화, ④ 공급가액 할인액은 과세표준에 포함하지 않음.

02 ④　공급자에게 도달 전 공급자 귀책으로 파손된 것은 과세표준에 포함하지 않음.

03 ①　대손세액공제는 재화·용역을 공급한 후 그 공급일로부터 10년이 지난 날이 속하는 과세기간에 대한 확정신고 기한까지 확정하여야 함.

04 ②　① 법인 음식점도 6/106을 적용함. ③ 면세농산물을 구입한 날이 속하는 과세기간에 적용함. ④ 정규증빙 없이 매입세액공제를 받을 수 있는 것은 제조업이 농민으로부터 농산물을 구입한 경우임.

05 ④　과세표준 2억 원 이하 개인사업자인 음식점의 매입세액공제율은 9/19임.

06 ④　공급시기 이후에 발급받은 세금계산서는 해당 공급시기가 속하는 과세기간에 대한 확정신고기한까지 발급받은 경우만 공제 가능함.

07 ③　승용차로 직적 매출을 발생시키는 렌트카업, 택시업 등은 소형승용차 취득시 매입세액공제를 받을 수 있음.

08 ②　세금계산서를 발급할 수 없는 직전 연도 공급가액이 4,800만 원 미만인 간이과세자로부터 매입한 물품은 현금영수증을 수취하더라도 매입세액공제를 받을 수 없음.

09 ④　①②③ 면세사업·기업업무추진비·토지 형질 변경 관련 매입세액은 공제되지 않음. ④ 제조업 사업자가 농민으로부터 직접 구입한 경우에는 의제매입세액 신고서만 제출해도 공제됨.)

10 ③　공통매입세액 안분계산이 생략되는 경우는 면세공급가액 비율이 5% 미만이면서 공통매입세액이 500만 원 미만인 경우(가), 공통매입세액이 5만 원 미만인(나) 경우임. 또한 공통매입세액이 없는 경우에도 안분계산을 할 필요가 없음.

11 ④
- 매출세액 : 10,000,000원 × 10% = 1,000,000원
- 매입세액 : [5,000,000원 − 100,000원(비영업용 소형승용차)] × 10% = 490,000원
- 납부세액 : 매출세액(1,000,000원) − 매입세액(490,000원) = 510,000원

12 ③
- 매입세액 : 총매입세액(1,550,000원) − 거래처선물 매입세액(50,000원) = 1,500,000원
- 납부세액(2,500,000원) = 매출세액(×) − 매입세액(1,500,000원)에서 매출세액은 4,000,000원 ⇒ 일반 과세표준은 4,000,000원 ÷ 10% = 40,000,000원
- 과세표준 : 일반 과세표준 40,000,000원 + 영세율 과세표준 2,000,000원 = 42,000,000원

 이론  실무

학습내용 · 예정신고 · 조기환급 · 신용카드매출전표 등 발행 세액공제 · 가산세

공부방향 3 ~ 4회 시험마다 1문제씩 출제되며 전산회계 1급에 비해 다소 어렵게 출제되지만 **신고·납부**에 대한 정확한 개념만 잡으면 쉽게 맞출 수 있음.

 **정교수 콕콕**

🎯 **핵심체크**

VAT 신고납부기한★★★
1기 예정(4.25), 1기 확정
(7.25), 2기 예정(10.25), 2기
확정(다음 연도 1.25)

🎯 **핵심체크**

VAT 특수한 경우 과세기간
★★★
· 신규사업자: 사업개시일~
당해 과세기간 종료일
· 폐업: 과세기간 개시일~폐
업일(폐업일 속한 달의 다음
달 25일 이내 신고/납부)
· 간이과세자: 1.1~12.31

🎯 **핵심체크**

VAT 예정신고 고지납부
★★★
· 대상: 개인사업자, 소규모법
인(직전 과세기간 공급가액 1
억 5천만원 미만)
· 고지납부: 직전 과세기간(6
개월) 납부세액의 1/2을 고지
받아 납부(단, 그 금액이 50만
원 미만 시 예정고지 ×)
· 예정신고기간 실적이 직전
과세기간 대비 1/3에 미달, 예
정신고기간 분에 대해 조기환
급 받으려는 경우 직접 신고
납부 가능

① 부가가치세 신고·납부

① 일반적인 경우 필수

과세기간	신고·납부 대상기간		신고·납부 기한
1기(1.1~6.30)	예정신고	1.1 ~ 3.31	4.25
	확정신고	4.1 ~ 6.30	7.25
2기(7.1~12.31)	예정신고	7.1 ~ 9.30	10.25
	확정신고	10.1 ~ 12.31	다음연도 1.25

※ 주의
- 신규사업자: 사업개시일부터 당해 과세기간 종료일까지를 과세기간으로 함.
- 폐업 시: 과세기간 개시일 ~ 폐업일까지를 과세기간으로 폐업일 속하는 달의 다음달 25일 이내 신고/납부
- 간이과세자: 1.1 ~ 12.31을 과세기간으로 함.

② 예정신고기간에 대한 고지서 납부 필수

개인사업자와 소규모 법인(직전 과세기간 공급가액이 1억 5천만원 미만)은 예정신고기간에 대해서 직접 신고·납부하지 않고 세무서에서 직전 과세기간(6개월) 납부세액의 1/2을 고지받아 납부하고 예정 고지된 세액은 다음 확정신고 시 기납부세액으로 차감합니다. (단, 금액이 50만 원 미만 또는 간이과세자에서 해당 과세기간 개시일 현재 일반과세자로 변경된 경우에는 예정 납부 없이 확정 납부만 함.)

다만, 예정신고기간 실적이 직전 과세기간 대비 1/3에 미달하거나 예정신고기간 분에 대해 조기환급을 받으려는 경우에는 고지 받아 납부하지 않고, 직접 신고·납부할 수 있습니다.

③ 확정신고·납부

예정고지 납부한 세액과 조기환급을 받을 환급세액 중 환급되지 아니한 세액은 확정신고 시 납부세액에서 차감합니다. 또한 매입·매출처별 세금계산서 합계표, 영세율첨부서류, 신용카드매출전표등 수령명세서, 건물 등 감가상각자산 취득명세서 등을 제출하여야 합니다.

4 간이과세자 [필수]

간이과세자는 1.1 ~ 12.31을 과세기간으로 하여 다음연도 1.25까지 신고·납부하며 전반기 (1~6월)에 대해서는 직전 연도 납부세액의 1/2을 고지 받아 납부합니다. (단, 간이과세를 포기한 경우에는 포기신고일이 속한 달의 다음 달 25일 이내에 간이과세 기간에 대한 부가가치세 신고·납부를 해야 함.)

핵심체크
- 간이과세자 예정신고 납부: 직전 연도 1/2 고지 받아 납부

다음 중 부가가치세법상 신고와 납부에 대한 설명으로 옳은 것은?

① 예정신고를 한 사업자는 이미 신고한 과세표준과 납부한 납부세액 또는 환급받은 세액은 각 과세기간의 확정신고에 대한 과세표준과 납부세액 또는 환급세액을 신고할 때 신고하지 아니한다.
② 모든 법인사업자는 예정신고기간의 과세표준과 납부세액을 관할 세무서장에게 신고해야 한다.
③ 신규로 사업을 시작하는 자에 대한 최초의 예정신고기간은 그 날이 속하는 과세기간의 개시일로부터 사업 개시일까지로 한다.
④ 모든 개인사업자는 예정신고를 하고 예정신고기간의 납부세액을 납부할 수 있다.

정답 및 풀이 ①

②직전 과세기간 공급가액 합계액 1.5억원 미만 법인사업자는 예정신고 않고 고지받아 납부 ③신규사업자 예정신고기간은 사업개시일~예정신고기간 종료일 ④개인사업자는 사업부진(1/3 미달), 조기환급 받으려는 경우만 예정신고 가능

다음은 계속사업자인 ㈜국민의 과세매출에 대한 공급가액 자료이다. 부가가치세 예정고지 대상기간으로 옳은 것은?

2025년				2026년				2027년	
1월~3월	4월~6월	7월~9월	10월~12월	1월~3월	4월~6월	7월~9월	10월~12월	1월~3월	4월~6월
1억 원	8천만 원	1억 원	2억 원	7천만 원	6천만 원	1억 원	6천만 원	8천만 원	1억 원

① 2025년 제2기 예정
② 2026년 제1기 예정
③ 2026년 제2기 예정
④ 2027년 제1기 예정

정답 및 풀이 ③

법인은 직전 과세기간 공급가액 1.5억원 미만인 경우 예정고지 가능.

공급가액
- 25년 1기 : 1억+0.8억 = 1.8억
- 25년 2기 : 1억+2억 = 3억
- 26년 1기 : 0.7억+0.6억 = 1.3억
- 26년 2기 : 1억+0.6억 = 1.6억

⇒ 26년 1기 공급가액이 1.5억 이하이므로 26년 2기 예정기간에 대해 고지납부 가능

---

2 부가가치세 환급

1 일반환급 : 확정신고 기한 경과 후 30일 이내 [필수]

일반적인 부가가치세 환급은 예정신고 때는 환급해주지 않고 확정신고 기한 경과 후 30일 이내 환급해주고 있습니다. 예정신고 시의 미환급액은 확정신고 시 납부세액에서 차감됩니다.

핵심체크

VAT 환급★★★
- 일반환급: 확정신고기한 경과 후 30일 이내
- 조기환급: 예정·확정·조기 환급신고기한 후 15일 이내

◎ 핵심체크

조기환급 사유 ★★
영세율 적용, 사업설비 취득,
재무구조개선계획 이행

2 조기환급 : 예정·확정·조기환급신고기한 경과 후 15일 이내 [필수]

아래의 경우에는 자금이 필요한 사업주에게 보다 빨리 부가가치세를 돌려주기 위해 예정신고
기한, 확정신고기한 또는 조기환급 신고기한 경과 후 15일 이내 조기환급을 받을 수 있습니다.

- 영세율을 적용하는 경우
- 사업설비(감가상각 대상 유형자산 및 무형자산)를 신설, 취득, 확장 또는 증축하는 경우
- 관할 법원의 회생계획인가 등 재무구조개선계획을 이행 중인 때

(1) 예정신고기한, 확정신고기한에 대한 조기환급

예정신고, 확정신고서에 환급내용을 신고하면 예정신고기한, 확정신고기한 종료 후 15일 이
내에 조기환급을 받습니다.

(2) 조기환급신고기간에 대한 조기환급

조기환급기간은 예정신고기간(전반기 3개월) 또는 과세기간 최종 3개월(후반기 3개월) 중에
서 매월 또는 매 2개월을 말하며, 조기환급신청은 조기환급기간 종료일로부터 25일 이내에
신청을 해야 합니다. 이렇게 조기환급을 신청하면 신고기간 경과 후 15일 이내에 조기환급이
이루어집니다. 다음은 2기(7~12월)에 대한 매 2개월 조기환급 사례입니다.

[조기환급 사례]

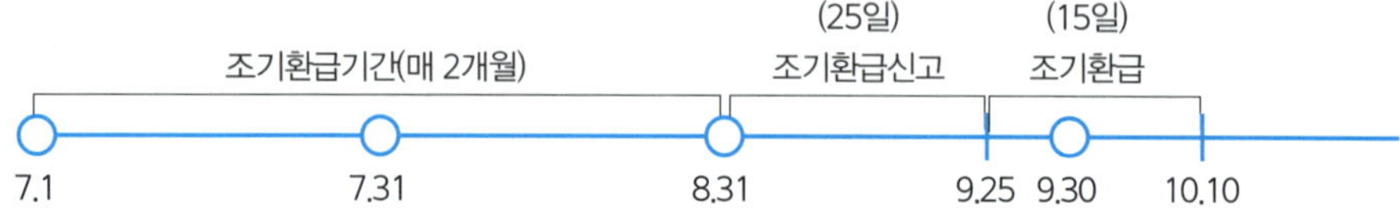

부가가치세 일반환급은 확정
신고기한 경과 후 30일 이내,
조기환급은 예정·확정·조기
환급신고기한 경과 후 15일
이내임.

| 이론기출 확인문제 | 전산세무 2급, 111회 |

다음 중 부가가치세법상 환급에 대한 설명으로 가장 옳지 않은 것은?

① 각 과세기간별로 그 과세기간에 대한 환급세액을 확정 신고한 사업자에게 그 확정 신고
기한이 지난 후 25일 이내에 환급하여야 한다.
② 재화 및 용역의 공급에 영세율을 적용받는 경우 조기환급 신고할 수 있다.
③ 조기환급 신고의 경우 조기환급 신고기한이 지난 후 15일 이내에 환급할 수 있다.
④ 사업 설비를 신설·취득·확장 또는 증축하는 경우 조기환급 신고할 수 있다.

3 신용카드 매출전표 등 발행 세액공제

1 대상 사업자 필수

주로 사업자가 아닌 최종소비자에게 재화·용역을 공급하는 다음 사업자가 부가가치세가 과세되는 재화·용역을 공급하고 신용카드매출전표, 현금영수증, 직불카드영수증, 선불카드영수증 등을 발급 하거나 전자적 결제수단에 의해 대금을 결제 받는 경우 일정 금액을 납부할 세액에서 공제합니다.

> • 간이과세자
>
> 직전연도 공급대가 합계액 4,800만 원 미만 또는 신규사업자로 최초의 과세기간에 있는 자
>
> • 영수증 발급 개인사업자(직전 연도 공급가액 합계액이 사업장 기준 10억 이하)
>
> 소매업, 음식점업, 숙박업, 목욕·이발·미용업, 여객운송업, 변호사·회계사 등 전문직 업종 등

2 공제금액 필수

다음 금액을 공제하되 세액공제액이 해당 금액을 차감하기 전의 납부할 세액을 초과하는 때에는 그 초과하는 부분은 없는 것으로 봅니다. 즉, 세액공제로 인한 환급은 하지 않습니다.

> 발급액 또는 결제금액 × 1.3% (연간 1,000만 원 한도)

※ 2027.1.1. 부터는 공제율 1%, 한도 500만 원 적용 예정

이론기출 확인문제	전산세무 2급, 107회

다음 중 부가가치세법상 신용카드매출전표 등 발급에 대한 세액공제에 관한 설명으로 틀린 것은?

① 법인사업자와 직전 연도의 재화 또는 용역의 공급가액의 합계액이 사업장별로 10억 원을 초과하는 개인사업자는 적용 대상에서 제외한다.

② 신용카드매출전표 등 발급에 대한 세액공제금액은 각 과세기간마다 500만 원을 한도로 한다.

③ 공제대상 사업자가 현금영수증을 발급한 금액에 대해서도 신용카드매출전표 등 발급에 대한 세액공제를 적용한다.

④ 신용카드매출전표 등 발급에 대한 세액공제금액이 납부할 세액을 초과하면 그 초과하는 부분은 없는 것으로 본다.

🎯 **핵심체크**

신용카드 매출전표 발행 세액공제 대상 사업자★★
• 간이과세자: 직전연도 공급대가 4,800만원 미만
• 영수증 발급 개인사업자: 직전연도 공급가액 10억 이하(소매업, 음식점업 등 일부 업종만 적용)
• 법인, 사업장별 10억 초과 개인사업자는 적용 ×

🎯 **핵심체크**

신용카드 매출전표 발행 세액공제★★
발급액×1.3%(연 1,000만 원 한도)

📄 **정답 및 풀이 ②**

신용카드매출전표 세액공제는 연 1,000만원을 한도로 함. 각 과세기간별로 한도를 적용하는 것이 아님.

🎯 핵심체크

암기 필요한 가산세★
· 세금계산서 가공 발급(3%)
· 과소신고(10%), 납부지연
(1일 0.022%), 가산세 감면
(1~3개월 이내 75%)

4 가산세

다음 각 호의 어느 하나에 해당하는 가산세가 발생하면 그 금액을 납부세액에 더하거나 환급세액에서 빼야 합니다. 전산세무 2급 시험 차원에서는 가산세는 과감히 포기해도 합격에는 지장이 없습니다.

KcLep 부가가치세 신고서 입력 메뉴 중 가산세 명세표에 대부분 가산세율이 모두 주어져 있기 때문에 가산세율을 암기할 필요는 없습니다. 다만, 신고·납부 관련 가산세와 가산세 감면은 가산세 명세표에 주어지지 않기 때문에 이론 문제 뿐 아니라 KcLep 부가가치세 신고서 입력을 위해서라도 반드시 암기해야 합니다.

1 사업자 미등록 가산세

내용	가산세
사업개시일로부터 20일 이내에 사업자등록을 신청하지 않거나 타인 명의로 사업자 등록한 경우	미등록, 타인명의 등록 기간 공급가액 × 1%

2 세금계산서 불성실 가산세

구분	내용	가산세
부실기재	필요적 기재사항의 전부 일부가 기재되지 않거나 사실과 다르게 기재된 경우	공급가액 × 1%
지연발급	세금계산서의 발급시기가 지난 후 해당 재화 또는 용역의 공급시기가 속하는 과세기간에 대한 확정신고 기한까지 세금계산서를 발급하는 경우	
미발급	세금계산서의 발급시기가 지난 후 해당 재화 또는 용역의 공급시기가 속하는 과세기간에 대한 확정신고 기한까지 세금계산서를 발급하지 아니한 경우	2%
	적법한 발급 기한 내에 전자세금계산서 대신 (종이) 세금계산서를 발급한 경우	1%
가공발급	재화 또는 용역을 공급하지 아니하고 세금계산서를 발급한 경우	3%
지연수취	세금계산서 수취 시기가 지난 후 재화 또는 용역의 공급 받은 시기가 속하는 과세기간에 대한 확정신고 기한까지 세금계산서를 수취하는 경우	0.5%

③ 전자세금계산서 발급명세 가산세

구분	내용	가산세
지연전송	전자세금계산서 발급명세를 예정신고 시 누락하고 확정신고 시에 지연하여 제출하는 경우	공급가액 × 0.3%
미전송	공급시기가 속한 과세기간의 확정신고기한 까지 전자세금계산서 발급명세를 전송하지 아니한 경우	0.5%

④ 세금계산서합계표 가산세

구분	내용	가산세
매출처별세금계산서 합계표 불성실	미제출, 기재내용 누락 및 부실기재	공급가액 × 0.5%
	지연제출(예정분을 확정 시 제출)	0.3%
매입처별세금계산서 합계표 불성실	미제출, 기재내용 누락 및 부실기재	0.5%

⑤ 영세율 과세표준 신고불성실 가산세

내용	가산세
영세율 매출을 누락 또는 과소신고한 경우	무신고·과소신고 영세율 과세표준 × 0.5%

⑥ 신고·납부 관련 가산세 `어려우면 Pass`

구분	내용	가산세
무신고	법정신고기한까지 과세표준 신고를 하지 아니한 경우	무신고 납부세액 × 20% (부정 시 40%)
과소신고·초과환급	납부할 세액을 적게 신고하거나 환급받을 세액을 더 많이 신고한 경우	과소납부세액 × 10%(암기) (부정 시 40%)
납부지연	법정신고기한까지 세금을 적게 납부하지 않거나 초과하여 환급받은 경우	미납세액 × 0.022% × 미납일수

⑦ 가산세 감면 `어려우면 Pass`

과소신고(초과환급) 가산세는 납세의무자가 법정신고기한 경과 후 자진해서 수정신고하면 아래와 과소신고 가산세를 감면해 줍니다.

가산세 감면율	법정신고기한 경과 후 1개월 이내 90%, 1개월 ~ 3개월 이내 75%(암기), 3 ~ 6개월 이내 50%

- 전자세금계산서 미발급 가산세: 9,000,000원×1% = 90,000원

- 법인이 전자세금계산서 대신 종이계산서를 발행하면 공급가액의 1%가 가산세임.

- 과소 신고 VAT: 330만원 × 10/110 = 30만원

- 과소신고 가산세: 300,000원×10%×(1 − 75%) = 7,500원

- 지연납부가산세: 300,000원×0.022%× 90일 = 5,940원

예를 들어 2026년 2기 예정신고기간에 발생한 매출은 2026.10.25.까지 신고해야 하는데 이를 빼먹고 신고했다가 2026년 2기 확정신고기한인 2027.1.25.에 자진신고를 하면 딱 3개월 늦게 신고가 이루어져 과소신고 가산세의 75%를 감면받습니다.

실무기출 확인문제 | 전산세무 2급, 121회 |

㈜옥이전자의 제1기 부가가치세 확정신고(4.1 ~ 6.30) 시 가산세를 계산하시오.

> 종이세금계산서 발급분 과세 매출 : 공급가액 9,000,000원, 세액 900,000원

실무기출 확인문제 | 전산세무 2급, 100회 |

㈜동수전자의 제1기 부가가치세 확정신고(4.1 ~ 06.30) 시 가산세를 계산하시오. 확정신고 납부일은 7월 24일이다.

> 3월 발생한 신용카드 매출전표 발급분 매출 3,300,000원(공급대가)이 1기 예정신고 시 단순 누락되어 이를 확정 신고 시 반영하기로 한다.

※ 주의

- 1기 예정신고 시 매출 누락 : 과소신고 가산세 (과소 신고세액의 10%), 3개월 이내 자진 신고 시 75% 감면
- 4월 25일 납부할 VAT를 7월 24일 납부 : 지연일수 총 90일

> 4월 → 5일, 5월 → 31일, 6월 → 30일, 7월 → 24일 : 5 + 31 + 30 + 24 = 90일

난이도 ★★★

01 다음 중 부가가치세법에 따른 신고와 납부에 대한 설명으로 틀린 것은? 필수   [2023년 108회]

① 모든 사업자는 예정신고기간의 과세표준과 납부세액을 관할 세무서장에게 신고해야 한다.

② 간이과세자에서 해당 과세기간 개시일 현재 일반과세자로 변경된 경우 예정고지가 면제된다.

③ 조기에 환급을 받기 위하여 신고한 사업자는 이미 신고한 과세표준과 납부한 납부세액 또는 환급받은 세액은 신고하지 아니한다.

④ 폐업하는 경우 폐업일이 속한 달의 다음 달 25일까지 과세표준과 세액을 신고해야 한다.

난이도 ★★

02 다음 중 부가가치세법상 환급에 관한 설명으로 옳지 않은 것은? 필수   [2022년 101회]

① 예정신고 시 일반환급세액은 환급되지 않는다.

② 조기환급은 조기환급신고기한 경과 후 15일 이내에 관할 세무서장이 신고한 사업자에게 환급하여야 한다.

③ 조기환급을 신고할 때에는 조기환급기간의 매출은 제외하고 매입만 신고할 수 있다.

④ 사업자가 사업 설비를 취득하였다면 조기환급을 신고할 수 있다.

난이도 ★★

03 다음 중 부가가치세법상 환급과 관련된 설명으로 가장 틀린 것은? 필수   [2021년 99회]

① 납세지 관할세무서장은 환급세액을 원칙적으로 확정신고기한이 지난 후 30일 이내에 환급하여야 한다.

② 납세지 관할세무서장은 조기환급세액이 발생하는 경우 조기환급신고기한이 지난 후 20일 이내에 환급하여야 한다.

③ 조기환급신고는 개인사업자와 법인사업자 구분 없이 가능하다.

④ 법인사업자의 예정신고기간의 환급세액은 조기환급 대상에 해당하지 않는 경우 확정신고 시 납부할 세액에서 차감된다.

난이도 ★★★

04 부가가치세법상 조기환급기간이라 함은 예정신고기간 중 또는 과세기간 최종 3개월 중 매월 또는 매2월을 말한다. 다음 중 조기환급기간으로 적절하지 않은 것은?   [2018년 80회]

① 7월   ② 7월 ~ 8월   ③ 9월 ~ 10월   ④ 11월

05 다음 중 부가가치세법상 신용카드 등의 사용에 따른 세액공제에 대한 설명으로 옳지 않은 것은? 필수

[2021년, 100회]

① 음식점업을 하는 간이과세자는 신용카드 등의 발급금액 또는 결제금액의 2.6%를 납부세액에서 공제한다.
② 직전 연도의 공급대가의 합계액이 4천 8백만 원 미만인 간이과세자는 업종을 불문하고 신용카드 등의 사용에 따른 세액공제를 적용받을 수 있다.
③ 사업장별 직전 연도 재화 또는 용역의 공급가액의 합계액이 10억 원을 초과하는 개인사업자는 제외한다.
④ 연간 공제금액의 한도액은 1천만 원이다.

난이도 ★★

06 다음 중 부가가치세법상 신용카드 매출전표 발행에 따른 세액공제에 대한 설명으로 잘못된 것은? [2017년, 76회]

① 음식점업 또는 숙박업을 하는 간이과세자의 경우 발급금액 또는 결제금액에 1.3퍼센트를 곱한 금액을 납부세액에서 공제한다.
② 신용카드매출전표 등 발행세액공제의 각 과세기간별 한도는 1,000만 원이다.
③ 직전 연도의 재화 또는 용역의 공급가액의 합계액이 사업장을 기준으로 10억 원을 초과하는 개인사업자는 신용카드매출전표 등 발행세액공제를 적용할 수 없다.
④ 법인사업자는 신용카드매출전표 등 발행세액공제를 적용받을 수 없다.

난이도 ★★★

07 다음은 부가가치세법상 가산세에 대한 설명이다. 빈칸에 들어갈 내용으로 알맞은 것은? [2024년 110회]

> 사업자가 재화 또는 용역을 공급하지 아니하고 세금계산서를 발급하는 경우 그 세금계산서에 적힌 공급가액의 (   )를 납부세액에 더하거나 환급세액에서 뺀다.

① 1% ② 2% ③ 3% ④ 10%

01 ① 개인사업자와 직전 과세기간 공급가액 합계액이 1억 5천만 원 미만 법인사업자는 예정신고 하지 않고 직전 과세기간(6개월)의 1/2을 고지받아 납부함.

02 ③ ① 부가가치세 환급은 확정신고 시만 가능. ② 조기환급은 조기환급신고기한 후 15일 이내 이루어짐. ③ 조기환급 신고는 매출세액과 매입세액을 모두 포함하여 신고함. ④ 조기환급은 영세율, 사업설비 취득, 재무구조개선계획 시 가능함.

03 ② 조기환급은 조기환급신고기한 지난 후 15일 이내 이루어짐.

04 ③ 조기환급기간은 예정신고기간 또는 과세기간 최종 3개월 중 매월 또는 매2개월을 말함. 따라서 7월(①), 7월 ~ 8월(②), 11월(④)은 조기환급기간으로 가능하지만 9월은 예정신고기한, 10월은 과세기간 최종 3개월에 속하므로 9월 ~ 10월(③)로 조기환급기간을 정할 수는 없음.

05 ① 신용카드 매출전표 등 발행 세액공제는 업종에 관계없이 1.3%를 적용함. (2027년 부터는 1%)

06 ② 신용카드 매출전표 등 발행 세액공제 한도는 과세기간별이 아니라 연간으로 1,000만 원임.

07 ③ 세금계산서를 가공 발행한 경우 가산세는 공급가액의 3%임.

V 매입매출전표 입력

부가가치세가 없는 거래는 일반전표에 입력하고
일반과세 영세율 면세와 같이 부가가치세가 관련된 거래는 매입매출전표에 입력을 해야 합니다.

 **학습방법**   ## 계정과목 기초지식 + 부가가치세 지식 ⇒ 매입매출전표

1. 일반과세, 영세율, 면세를 구분합니다.
2. 일반전표 입력법을 바탕으로 매입매출전표 입력을 익힙니다.

 **출제빈도**   ## 매회 실무 5문제(총 15점)

공부량 대비 배점이 아주 높을 뿐 아니라 매입매출전표 유형별로 익히면 어렵지 않게 맞출 수 있으니 일반과세, 영세율, 면세 지식을 바탕으로 반복적인 KcLep 입력으로 익혀야 합니다.

매출전표 입력	매출전표 2문제, 매입전표 3문제가 출제됩니다.
매입전표 입력	

25 매출전표 입력  

학습내용 / 공부방향

· 11.과세 · 12.영세 · 14.건별 · 16.수출 · 17.카과 · 22.현과

매 시험마다 실무문제로 1 ~ 2문제 출제됨. 전산회계 1급과 거의 동일 수준의 내용이니 전산회계 1급 공부를 마친 학생은 본문 내용을 모두 읽지 말고 곧장 기출문제 입력 후 정답만 맞춰 보면 충분함.

 **정교수 콕콕**

cafe.naver.com/eduacc 전산세무2급 자료실에서 Data_Install_JS2.zip 파일을 다운받아 컴퓨터에 설치 후 [회사등록] 클릭, [F4 회사코드재생성] 클릭 후 ㈜중동상회(회사코드 : 1182) 선택

매입매출전표 입력은 전산회계 1급 내용과 거의 동일하니 전산세무 2급에만 있는 내용만 추가 학습하면 충분합니다. 매출전표 유형별로 KcLep에 입력 후 입력 결과를 꼭 맞춰 보기 바랍니다.

1 매입매출전표 입력 창

아래 매입매출전표 입력창은 전산회계 1급과 동일한 내용이니 이미 잘 아는 학생은 공부하지 말고 곧장 세부 유형별 매출전표 입력으로 넘어가기 바랍니다.

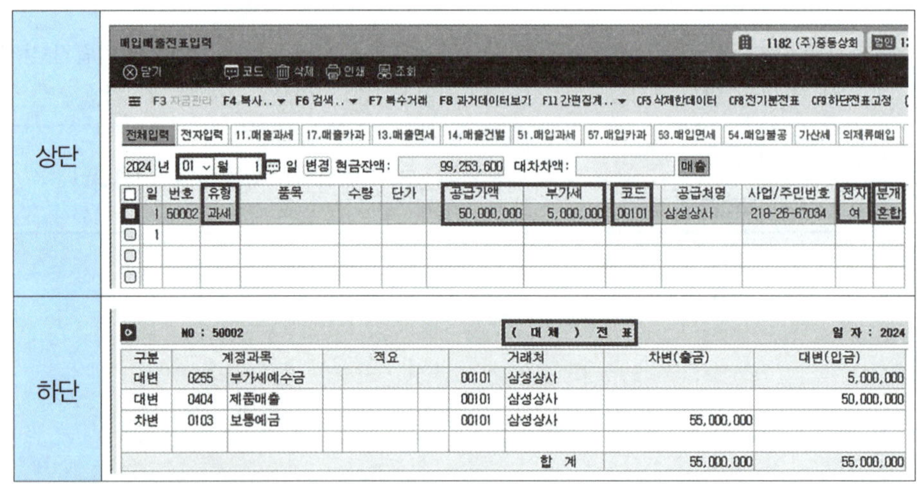

상단

일	번호	유형	품목	수량	단가	공급가액	부가세	코드	공급처명	사업/주민번호	전자	분개
1	50002	과세				50,000,000	5,000,000	00101	삼성상사	218-26-67034	여	혼합

NO : 50002　　　(대 체) 전 표　　　일 자 : 2024

하단

구분	계정과목		적요	거래처		차변(출금)	대변(입금)
대변	0255	부가세예수금		00101	삼성상사		5,000,000
대변	0404	제품매출		00101	삼성상사		50,000,000
차변	0103	보통예금		00101	삼성상사	55,000,000	
					합 계	55,000,000	55,000,000

부 가 세 유 형

	매출						매입					
11.과세	과세매출	16.수출	수출	21.전자	전자화폐	51.과세	과세매입	56.금전	금전등록	61.현과	현금과세
12.영세	영세율	17.카과	카드과세	22.현과	현금과세	52.영세	영세율	57.카과	카드과세	62.현면	현금면세
13.면세	계산서	18.카면	카드면세	23.현면	현금면세	53.면세	계산서	58.카면	카드면세		
14.건별	무증빙	19.카영	카드영세	24.현영	현금영세	54.불공	불공제	59.카영	카드영세		
15.간이	간이과세	20.면건	무증빙			55.수입	수입분	60.면건	무증빙		

[입력순서]

> 날짜 ⇒ 거래 유형 ⇒ 공급가액·부가세 ⇒ 코드·공급처·사업자번호 ⇒
> 전자세금계산서 여부 ⇒ 분개 유형(무조건 3.혼합) ⇒ 전표(분개) 완성

매출전표는 11.과세, 12.영세, 14.건별, 16.수출, 17.카과, 22.현과가 주로 출제되고 있습니다. 거래별로 어떤 유형을 선택하는지가 매출전표 입력의 핵심이니 단순히 암기하지 말고 이해를 바탕으로 "매출 거래"가 주어지면 어떤 유형인지를 바로 고를 수 있어야 합니다.

지금부터 기출문제를 통해서 주요 매출전표 출제 유형을 알아보겠습니다.

2 11.과세 : (전자)세금계산서 발행 매출

1 제품매출 [필수]

(전자)세금계산서를 발행하는 매출은 무조건 "11.과세" 유형으로 입력해야 합니다.

| 실무기출 확인문제 | ㈜중동상회(회사코드 : 1182) | 전산세무 2급, 120회 변형 |

2월 2일, ㈜정성상회에 제품을 공급하고 아래와 같은 전자세금계산서를 발급하였다. 대금은 계약금으로 받은 20,000,000원과 ㈜정성상회가 배서양도 받은 ㈜한일무역 발행 약속어음(만기일 2월 15일) 60,000,000원과 보통예금 30,000,000원으로 지급받았다.

<table>
<tr><td colspan="4" align="center">전자세금계산서</td><td>승인번호</td><td></td></tr>
<tr><td rowspan="4">공급자</td><td>등록번호</td><td colspan="2">130-81-25029</td><td>종사업장번호</td><td></td><td rowspan="4">공급받는자</td><td>등록번호</td><td colspan="2">158-81-15887</td><td>종사업장번호</td><td></td></tr>
<tr><td>상호(법인명)</td><td colspan="2">㈜중동상회</td><td>성명</td><td>황재하</td><td>상호(법인명)</td><td colspan="2">㈜정성상회</td><td>성명</td><td>이재규</td></tr>
<tr><td>사업장주소</td><td colspan="4">서울시 강동구 천호대로 1005</td><td>사업장주소</td><td colspan="4">경기도 남양주시 경춘로 1037(금곡동)</td></tr>
<tr><td>업태</td><td colspan="2">도소매, 제조</td><td>종목</td><td>전자제품</td><td>업태</td><td colspan="2">도소매</td><td>종목</td><td>플라스틱 제품</td></tr>
</table>

작성일자	공급가액	세액	수정사유
02/02	100,000,000	10,000,000	해당 없음

월	일	품목	규격	수량	단가	공급가액	세액	비고
02	02	플라스틱 제품				100,000,000	10,000,000	

합계금액	현금	수표	어음	외상미수금	
110,000,000	50,000,000		60,000,000		이 금액을 (**청구**) 함

[정답 및 풀이] 유형 : 11.과세 선택

	(차) 선수금((주)정성상회]	20,000,000	(대) 상품매출	100,000,000
2. 2.	받을어음((주)한일무역)	60,000,000	부가세예수금	10,000,000
	보통예금	30,000,000		

◎ **핵심체크**

매입매출전표 입력 순서
★★★
거래유형 선택 ⇒ 공급가액/부가세 ⇒ 거래처 ⇒ 세금계산서 여부 ⇒ 분개유형 3.혼합 입력 ⇒ 전표 완성

◎ **핵심체크**

11.과세★★★
세금계산서 발행하는 과세 매출

🔍 **참고**

매출전표 입력
2.2 입력 ⇒ 유형 11.과세 입력 ⇒ 공급가액 100,000,000원 입력 ⇒ F2 눌러 거래처 ㈜정성상회 선택 ⇒ 전자세금계산서 이므로 "1:여" 선택 ⇒ 분개 3.혼합 입력 ⇒ 차변 (선수금 20,000,000원, 받을어음: ㈜한일무역 60,000,000원, 보통예금 30,000,000원 입력), 받을어음 발행처가 ㈜한일무역이므로 거래처 반드시 ㈜한일무역 선택

일	번호	유형	품목	수량	단가	공급가액	부가세	코드	공급처명	사업/주민번호	전자	분개
2	50001	과세				100,000,000	10,000,000	00165	(주)정성상회	158-81-15887	여	혼합

구분		계정과목	적요	거래처		차변(출금)	대변(입금)
대변	0255	부가세예수금		00165	(주)정성상회		10,000,000
대변	0404	제품매출		00165	(주)정성상회		100,000,000
차변	0259	선수금		00165	(주)정성상회	20,000,000	
차변	0110	받을어음		00167	(주)한일무역	60,000,000	
					합 계	110,000,000	110,000,000

2 유형자산 처분 : (전자)세금계산서 발행 처분 [필수]

유형자산처분은 회계처리상은 영업외손익이지만 부가가치세 과세대상이므로 세금계산서를 발행하는 경우 '11.과세'로 매입매출전표를 입력해야 합니다.

실무기출 확인문제	㈜중동상회(회사코드 : 1182)	전산세무 2급, 117회

2월 18일, 공장에서 사용하던 화물용 트럭(취득가액 18,000,000원, 감가상각누계액 6,000,000원)을 10,500,000원(부가가치세 별도)에 랜드로바(비사업자)에게 매각하고 전자세금계산서를 발급하였으며 매각 대금은 2월 15일에 선수금으로 1,800,000원을 받았고 잔액은 2월 18일에 보통예금 계좌로 입금 받았다.

<table>
<tr><td colspan="6" align="center">전자세금계산서</td><td colspan="2">승인번호</td><td colspan="3"></td></tr>
<tr><td rowspan="4">공급자</td><td>등록번호</td><td colspan="2">130-81-25029</td><td>종사업장번호</td><td></td><td rowspan="4">공급받는자</td><td>등록번호</td><td colspan="2">680101-1240854</td><td>종사업장번호</td><td></td></tr>
<tr><td>상호(법인명)</td><td colspan="2">㈜중동상회</td><td>성명</td><td>황재하</td><td>상호(법인명)</td><td colspan="2"></td><td>성명</td><td>랜드로바</td></tr>
<tr><td>사업장주소</td><td colspan="4">서울시 강동구 천호대로 1005</td><td>사업장주소</td><td colspan="4"></td></tr>
<tr><td>업태</td><td colspan="2">도소매, 제조</td><td>종목</td><td>전자제품</td><td>업태</td><td colspan="2"></td><td>종목</td><td></td></tr>
<tr><td colspan="2" align="center">작성일자</td><td colspan="2" align="center">공급가액</td><td colspan="2" align="center">세액</td><td colspan="5" align="center">수정사유</td></tr>
<tr><td colspan="2" align="center">02.18.</td><td colspan="2" align="center">10,500,000</td><td colspan="2" align="center">1,050,000</td><td colspan="5" align="center">해당 없음</td></tr>
<tr><td>월</td><td>일</td><td colspan="2">품목</td><td>규격</td><td>수량</td><td>단가</td><td>공급가액</td><td colspan="2">세액</td><td>비고</td></tr>
<tr><td>02</td><td>18</td><td colspan="2">화물용 트럭 판매</td><td></td><td>1</td><td>10,500,000</td><td>10,500,000</td><td colspan="2">1,050,000</td><td></td></tr>
<tr><td colspan="2" align="center">합계금액</td><td colspan="2" align="center">현금</td><td align="center">수표</td><td align="center">어음</td><td colspan="2" align="center">외상미수금</td><td colspan="3" rowspan="2" align="center">이 금액을 (청구) 함</td></tr>
<tr><td colspan="2" align="center">11,550,000</td><td colspan="2" align="center">11,550,000</td><td></td><td></td><td colspan="2"></td></tr>
</table>

[정답 및 풀이] 유형 : 11.과세 선택

2. 18.	(차) 감가상각누계액(차량운반구)	6,000,000	(대) 차량운반구	18,000,000
	선수금(랜드로바)	1,800,000	부가세예수금	1,050,000
	보통예금	9,750,000		
	유형자산처분손실(영업외비용)	1,500,000		

- '11.과세'를 입력하면 KcLep은 무조건 '제품매출'로 대변 분개가 입력되므로 이를 처분되는 '차량운반구'로 바꿔줘야 함. 또한 차변에 감가상각누계액도 입력해 없애야 함.

- 미수금 : 처분가액 10,500,000 + VAT 1,050,000 − 1,800,000(선수금) = 9,750,000원
- 차량운반구 장부가액 : 취득가액 18,000,000 − 감가상각누계액 6,000,000 = 12,000,000원
- 유형자산 처분손실 : 처분가액 10,500,000 − 장부가액 12,000,000 = 1,500,000원

일	번호	유형	품목	수량	단가	공급가액	부가세	코드	공급처명	사업/주민번호	전자	분개
18	50001	과세				10,500,000	1,050,000	00170	랜드로바		여	혼합

구분		계정과목	적요	거래처		차변(출금)	대변(입금)
대변	0255	부가세예수금		00170	랜드로바		1,050,000
대변	0208	차량운반구		00170	랜드로바		18,000,000
차변	0209	감가상각누계액		00170	랜드로바	6,000,000	
차변	0259	선수금		00170	랜드로바	1,800,000	
차변	0103	보통예금		00170	랜드로바	9,750,000	
차변	0970	유형자산처분손실		00170	랜드로바	1,500,000	
					합 계	19,050,000	19,050,000

③ 12.영세 : (전자)세금계산서 발행 내국수출 [필수]

내국신용장, 구매확인서를 통한 내국 수출은 영세율 적용으로 부가가치세를 납부하지 않지만 세금계산서를 발행해야 합니다. 내국 수출은 '12.영세' 선택하여 매입매출전표를 입력해야 합니다.

실무기출 확인문제	㈜중동상회(회사코드 : 1182)	전산세무 2급, 121회 변형

7월 17일, 당사는 수출회사인 ㈜방방곡곡에 내국신용장에 의해 제품을 판매하고 영세율전자세금계산서를 발급하였다. 대금 중 1,800,000원은 현금으로 받고, 나머지는 외상으로 하였다.

전자세금계산서

	등록번호	130-81-25029	종사업장번호		공 급 받 는 자	등록번호	120-81-50045	종사업장번호	
공 급 자	상호(법인명)	㈜중동상회	성명	황재하		상호(법인명)	(주)방방곡곡	성명	왕홍보
	사업장주소	서울시 강동구 천호대로 1005				사업장주소	경기도 하남시 미사강변중앙로 7		
	업태	도소매, 제조	종목	전자제품		업태	서비스	종목	광고대행

작성일자	공급가액	세액	수정사유
07/17	18,000,000	0	해당 없음

월	일	품목	규격	수량	단가	공급가액	세액	비고
07	17	제품	set	10	1,800,000	18,000,000	0	

합계금액	현금	수표	어음	외상미수금	
18,000,000	1,800,000			16,200,000	이 금액을 (청구) 함

📑 **정답 및 풀이**

매출전표 입력

2.18 입력 ⇒ 유형 11.과세 입력 ⇒ 공급가액 10,500,000원 입력 ⇒ F2 눌러 거래처 랜드로바 선택 ⇒ 전자세금계산서 이므로 "1 : 여" 선택 ⇒ 분개 3.혼합 입력 ⇒ 대변, '제품매출'을 '차량운반구'로 변경, 18,000,000원 입력 ⇒ 차변, 감가상각누계액(차량운반구) 6,000,000원 입력 ⇒ 차변, 선수금 1,800,000원 입력 ⇒ 차변, 보통예금 9,750,000원 입력 ⇒ 차변, 유형자산처분손실 1,500,000원 입력

🎯 **핵심체크**

12.과세★★★
내국신용장·구매확인서에 의한 내국 수출

🔍 **참고**

매출전표 입력

7.17 입력 ⇒ 유형 12.과세 입력 ⇒ 공급가액 18,000,000원 입력 ⇒ F2 눌러 거래처 ㈜방방곡곡 선택 ⇒ 영세율 전자세금계산서 이므로 "1:여" 선택 ⇒ 분개 3.혼합 입력 ⇒ 차변, 현금 1,800,000원 입력 ⇒ 차변, 외상매출금 16,200,000원 입력

[정답 및 풀이] 유형 : 12.영세 선택

| 7. 17. | (차) 현금 | 1,800,000 | (대) 제품매출 | 18,000,000 |
| | 외상매출금 | 16,200,000 | | |

- 내국신용장(Local L/C), 구매확인서에 의한 내국 수출은 영세율 적용으로 부가세 예수금 계정이 나타나지 않음.
- 공급가액 18,000,000원 입력한 뒤, 영세율 구분의 말풍선( )을 눌러 '3번. 내국신용장·구매확인서에 의하여 공급하는 재화' 선택

일	번호	유형	품목	수량	단가	공급가액	부가세	코드	공급처명	사업/주민번호	전자	분개
17	50002	영세				18,000,000		00164	(주)방방곡곡	120-81-50045	여	혼합

영세율구분	3	내국신용장 · 구매확인서에 의하	서류번호	

구분		계정과목		적요		거래처	차변(출금)	대변(입금)
대변	0404	제품매출			00164	(주)방방곡곡		18,000,000
차변	0101	현금			00164	(주)방방곡곡	1,800,000	
차변	0108	외상매출금			00164	(주)방방곡곡	16,200,000	
						합 계	18,000,000	18,000,000

🎯 **핵심체크**

14.건별★★★
정규증빙 발급하지 않는 매출

4 14.건별 : 무증빙 매출 필수

간이영수증 같은 정규증빙으로 매출하는 경우 '14.건별' 선택하여 매입매출전표를 입력해야 합니다.

실무기출 확인문제	**㈜중동상회(회사코드 : 1182)**	**전산세무 2급**, 113회

7월 28일, 비사업자인 개인에게 영업부 사무실에서 사용하던 에어컨(취득원가 2,500,000원, 감가상각누계액 1,500,000원)을 1,100,000원(부가가치세 포함)에 판매하고, 대금은 보통예금 계좌로 받았다. (단, 별도의 세금계산서나 현금영수증을 발급하지 않았으며, 거래처 입력은 생략할 것.)

[정답 및 풀이] 유형 : 14.건별 선택

| 7. 28. | (차) 보통예금 | 1,100,000 | (대) 비품 | 2,500,000 |
| | 감가상각누계액(비품) | 1,500,000 | 부가세예수금 | 100,000 |

- '14.건별'를 입력하면 KcLep은 무조건 '제품매출'로 대변 분개가 입력되므로 이를 처분되는 '비품'으로 바꿔줘야 함. 또한 차변에 감가상각누계액도 없애야 함.
- 비품 장부가액: 취득가액 2,500,000원 − 감가상각누계액 1,500,000원 = 1,000,000원
- 유형자산 처분손실: 처분가액 1,000,000원 − 장부가액 1,000,000원 = 0원

🔍 **참고**

매출전표 입력

7.28 입력 ⇒ 유형 14.건별 입력 ⇒ 공급가액 칸에 1,100,000원 입력하면 공급가액 1,000,000원, 부가세 100,000원으로 자동 입력됨 ⇒ 거래처 없으므로 입력하지 않음. ⇒ 분개 3.혼합 입력 ⇒ 대변, '제품매출'을 '비품'으로 변경, 2,500,000원 입력 ⇒ 차변, 감가상각누계액(비품) 1,500,000원 입력 ⇒ 차변, 보통예금 1,100,000원 입력

	일	번호	유형	품목	수량	단가	공급가액	부가세	코드	공급처명	사업/주민번호	전자	분개
■	28	50001	건별				1,000,000	100,000					혼합

구분		계정과목		적요		거래처	차변(출금)	대변(입금)
대변	0255	부가세예수금						100,000
대변	0212	비품						2,500,000
차변	0213	감가상각누계액					1,500,000	
차변	0103	보통예금					1,100,000	
						합 계	2,600,000	2,600,000

⑤ 16.수출 : 해외 직수출

해외에 직접 수출하는 하는 경우 '16.수출' 선택하여 매입매출전표를 입력해야 합니다.

| 실무기출 확인문제 | ㈜중동상회(회사코드 : 1182) | 전산세무 2급, 118회 |

6월 20일, 미국 A사에게 제품을 $30,000에 중계무역 방식으로 수출하였다. 대금은 다음과 같이 받기로 하고, 선적한 당일 $18,000가 보통예금에 입금되었다. (단, 이와 관련하여 적용된 환율은 아래의 표와 같다. 6월 20일의 회계처리를 하시오.)

판매대금	대금수령일	결제방법	비고
$18,000	6월 20일	외화통장으로 입금	선적일
$12,000	7월 15일	외화통장으로 입금	잔금청산일
기준환율	• 6월 20일 : 1$당 1,200원	• 7월 15일 : 1$당 1,300원	

[정답 및 풀이] 유형 : 16.수출 선택

6. 20.	(차) 보통예금	21,600,000	(대) 제품매출	36,000,000
	외상매출금	14,400,000		

- 해외 직수출은 영세율이므로 부가세예수금이 나타나지 않음.
- 수출 시 선적일 환율로 공급가액 계산 : $30,000 × 1,200원 = 36,000,000원
- 보통예금 원화 입금액 : $18,000 × 1,200원 = 21,600,000원

일	번호	유형	품목	수량	단가	공급가액	부가세	코드	공급처명	사업/주민번호	전자	분개
20	50001	수출				36,000,000		00174	미국A사			혼합

영세율구분 [2] 🔲 중계무역 · 위탁판매 · 외국인도 수출신고번호 [ ]

구분		계정과목		적요		거래처		차변(출금)	대변(입금)
대변	0404	제품매출				00174	미국A사		36,000,000
차변	0103	보통예금				00174	미국A사	21,600,000	
차변	0108	외상매출금				00174	미국A사	14,400,000	
						합 계		36,000,000	36,000,000

⑥ 17. 카과 : 신용카드로 과세 매출 필수

카드로 부가가치세 과세 매출 시 '17.카과' 선택하여 매입매출전표를 입력해야 합니다.

| 실무기출 확인문제 | ㈜중동상회(회사코드 : 1182) | 전산세무 2급, 94회 |

9월 28일, 당사가 사용하던 아래와 같은 프린터(프린터 취득원가 4,000,000원, 감가상각누계액 800,000원)를 강원상사에 중고로 판매하고 대금 2,750,000원(부가가치세 포함)을 강원상사 소유의 우리카드로 결제 받았다.

매출전표 입력
9.28 입력 ⇒ 유형 17.카과
입력 ⇒ 공급가액 칸에
2,750,000원 입력하면 공급
가액 2,500,000원, 부가세
250,000원으로 자동 입력됨
⇒ F2 눌러 거래처 강원상사
선택 ⇒ 분개 3.혼합 입력 ⇒
대변, '제품매출'을 '비품'으로
변경, 4,000,000원 입력 ⇒
차변, 감가상각누계액(비품)
800,000원 입력 ⇒ 차변, 미수
금 2,750,000원 입력, 거래처
를 반드시 우리카드로 변경
⇒ 차변, 유형자산처분손실
700,000원 입력

◎ 핵심체크

22.현과★★★
현금영수증 발행하면서 과세
재화·용역 매출

[정답 및 풀이] 유형 : 17.카과 선택

9. 28.	(차) 감가상각누계액(비품)	800,000	(대) 비품	4,000,000
	미수금(우리카드)	2,750,000	부가세예수금	250,000
	유형자산처분손실(영업외비용)	700,000		

- '17.카과'를 입력하면 KcLep은 무조건 '제품매출'로 대변 분개가 입력되므로 이를 처분되는 '비품'으로 바꿔줘야 함. 또한 차변에 감가상각누계액도 없어야 함.
- 비품 장부가액 : 취득가액 4,000,000원 − 감가상각누계액 800,000원 = 3,200,000원
- 유형자산 처분손실 : 처분가액 2,500,000원 − 장부가액 3,200,000원 = 700,000원

일	번호	유형	품목	수량	단가	공급가액	부가세	코드	공급처명	사업/주민번호	전자	분개
28	50003	카과				2,500,000	250,000	00147	강원상사	806-01-02024		혼합

구분		계정과목	적요		거래처	차변(출금)	대변(입금)
대변	0255	부가세예수금		00147	강원상사		250,000
대변	0212	비품		00147	강원상사		4,000,000
차변	0213	감가상각누계액		00147	강원상사	800,000	
차변	0120	미수금		99602	우리카드	2,750,000	
차변	0970	유형자산처분손실		00147	강원상사	700,000	
					합 계	4,250,000	4,250,000

7️⃣ 22.현과 : 현금영수증 발급하는 과세 매출 필수

현금영수증을 발급하는 부가가치세 과세 매출 시 '22.현과' 선택하여 매입매출전표를 입력해야 합니다.

실무기출 확인문제	㈜중동상회(회사코드 : 1182)	전산세무 2급, 113회

7월 16일, 비사업자인 랜드로바에게 제품을 판매하고 대금은 현금으로 받아 아래의 현금영수증을 발급하였다.

현금영수증

- **거래일시** : 07/16

- **거래금액**

공급가액	부가세	봉사료	총 거래금액
480,000	48,000	0	528,000

- **가맹점 정보**

상호	㈜중동상회
사업자번호	130-81-25029
대표자명	황재하

[정답 및 풀이] 유형 : 22.현과 선택

| 7. 16. | (차) 현금 | 528,000 | (대) 제품매출 | 480,000 |
| | | | 부가세예수금 | 48,000 |

일	번호	유형	품목	수량	단가	공급가액	부가세	코드	공급처명	사업/주민번호	전자	분개
16	50001	현과				480,000	48,000	00170	랜드로바			혼합

구분		계정과목		적요		거래처		차변(출금)	대변(입금)
대변	0255	부가세예수금			00170	랜드로바			48,000
대변	0404	제품매출			00170	랜드로바			480,000
차변	0101	현금			00170	랜드로바		528,000	
						합 계		528,000	528,000

⑧ 수정세금계산서 발행

매출로 발행한 세금계산서 중 잘못된 내용을 수정하여 재발행하는 것이 수정세금계산서인데 전산회계 1급에는 종종 출제되는데, 전산세무 2급에는 거의 출제되지 않습니다. 그리 어렵지 않으니 수정 입력법을 익히기 바랍니다.

실무기출 확인문제　　㈜중동상회(회사코드 : 1182)　　| 전산세무 2급, 69회 |

9월 5일, ㈜방방곡곡에 7월 17일에 외상 판매하였던 제품 중 10개(1개당 공급가액 80,000원, 부가가치세 8,000원)가 불량품으로 판명되어 반품됨에 따라 반품 전자세금계산서를 발급하였다. 대금은 외상매출금과 상계처리하기로 하였다.

[정답 및 풀이] 유형 : 11.과세 선택 후 수정할 금액을 (−)로 입력

| 9. 5. | (차) 외상매출금 | (−) 880,000 | (대) 제품매출 | (−) 800,000 |
| | | | 부가세예수금 | (−) 80,000 |

- 반품 금액: 10개 × 80,000원 = 800,000원, 반품 부가세 : 80,000원
- 반품 또는 매출 취소 시 회계상 분개는 (−) 분개를 끊지 않지만 KcLep 입력 시 매입매출전표에 (−) 금액으로 입력해야 함.

☐	일	번호	유형	품목	수량	단가	공급가액	부가세	코드	공급처명	사업/주민번호	전자	분개
☐	5	50006	과세				-800,000	-80,000	00164	(주)방방곡곡	120-81-50045	여	혼합

구분		계정과목		적요		거래처		차변(출금)	대변(입금)
대변	0255	부가세예수금			00164	(주)방방곡곡			-80,000
대변	0404	제품매출			00164	(주)방방곡곡			-800,000
차변	0108	외상매출금			00164	(주)방방곡곡		-880,000	
						합 계		-880,000	-880,000

정교수 콕콕

🔍 **참고**

매출전표 입력
7.16 입력 ⇒ 유형 22.카과 입력 ⇒ 공급가액 칸에 528,000원 입력하면 공급가액 480,000원, 부가세 48,000원으로 자동 입력됨 ⇒ F2 눌러 거래처 랜드로바 선택 ⇒ 분개 3.혼합 입력 ⇒ 차변, 현금 528,000원 입력

◎ **핵심체크**

수정세금계산서★
수정되는 금액을 (−)로 입력

📄 **정답 및 풀이**

매출전표 입력
9.5 입력 ⇒ 유형 11.과세 입력 ⇒ 공급가액 칸에 (−)800,000원 입력 ⇒ 부가세 칸에 (−)80,000원 입력 ⇒ F2 눌러 거래처 ㈜방방곡곡 선택 ⇒ 전자세금계산서이므로 "1:여" 선택 ⇒ 분개 3.혼합 입력 ⇒ 차변, 외상매출금 (−)880,000원 입력

25 실무기출 공략하기

cafe.naver.com/eduacc 전산세무2급 자료실에서 Data_Install_JS2.zip 파일을 다운받아 컴퓨터에 설치 후 [회사등록] 클릭, [F4 회사코드재생성] 클릭 후 ㈜중동상회 선택

난이도 ★★

01 11월 2일, ㈜중동상회는 (주)달라자동차에 아래와 같은 전자세금계산서를 발급하였다. 제품 대금은 (주)달라자동차에게 지급해야할 미지급금(8,000,000원)과 상계하기로 상호 협의하였으며 잔액은 보통예금 계좌로 입금 받았다..

필수   [2024년, 115회]

전자세금계산서					승인번호			
공급자	등록번호	130-81-25029	종사업장번호		**공급받는자**	등록번호	111-81-12144	종사업장번호	
	상호(법인명)	㈜중동상회	성명	황재하		상호(법인명)	㈜달라자동차	성명	김달려
	사업장주소	서울시 강동구 천호대로 1005				사업장주소	서울 서초구 강남대로 265		
	업태	제조	종목	전자제품		업태	제조	종목	자동차

작성일자	공급가액	세액	수정사유	비고
11.02	10,000,000	1,000,000		

월	일	품목	규격	수량	단가	공급가액	세액	비고
11	02	전자제품				10,000,000	1,000,000	

합계금액	현금	수표	어음	외상미수금	이 금액을 (청구) 함
11,000,000	3,000,000			8,000,000	

난이도 ★★★

02 1월 16일, 업무용으로 사용하던 승용차를 티아이전자에 25,000,000원(부가가치세 별도)에 처분하고 전자세금계산서를 발급하였다. 대금 중 부가가치세는 현금으로 받고 나머지는 전액 티아이전자가 발행한 약속어음으로 수취하였다. 차량운반구 취득가액은 50,000,000원, 처분일 현재 감가상각누계액은 20,000,000원 이다. **필수**

[2025년 121회 변형]

03 난이도 ★★

7월 8일, 수출업체인 ㈜정밀상사에 제품(공급가액 22,000,000원)을 동일자로 받은 구매확인서에 의해 납품하고 영세율전자세금계산서를 발급하였다. 대금은 전액 다음 달 말일에 입금될 예정이다. 단, 서류번호입력은 생략한다. 필수

[2025년 122회]

04 난이도 ★★★

12월 28일, 비사업자인 개인 소비자에게 사무실에서 사용하던 비품(취득원가 1,200,000원, 감가상각누계액 960,000원)을 275,000원(부가가치세 포함)에 판매하고, 대금은 보통예금 계좌로 받았다(별도의 세금계산서나 현금영수증을 발급하지 않았으며, 거래처 입력은 생략한다). 필수

[2023년 108회]

05 난이도 ★★★

9월 25일, 당사가 생산한 제품(장부가액 2,000,000원, 시가 3,000,000원, 부가가치세 별도)을 생산부 거래처인 ㈜하나에 선물로 제공하였다(단, 제품과 관련된 부가가치세는 적정하게 신고 되었다고 가정한다). 어려우면 Pass

[2022년 103회]

06 난이도 ★★

11월 30일, 미국 A사에 $60,000(수출신고일 11월 27일, 선적일 11월 30일)의 제품을 직수출하였다. 수출대금 중 $30,000는 11월 30일에 보통예금 계좌로 받았으며, 나머지 잔액은 12월 5일에 받기로 하였다. 일자별 기준환율은 다음과 같다. (단, 수출신고필증은 정상적으로 발급받았으며, 수출신고번호는 고려하지 말 것.) 필수

[2025년 121회 변형]

일자	11월 27일	11월 30일	12월 05일
기준환율	1,350원/$	1,310원/$	1,295원/$

07 난이도 ★★

5월 29일, 당사는 ㈜대한에게 전자제품을 2,200,000원(부가가치세 포함)에 공급하였으며 ㈜대한은 결제대금을 신용카드(하나카드)로 결제하였다. 필수

[2019년 84회]

08 3월 30일, 서경상사에게 제품을 판매하고 다음의 현금영수증을 발급하였다. `필수` [2025년 119회]

<table>
<tr><td colspan="4" align="center">현금영수증</td></tr>
<tr><td colspan="4">● 거래일시 : 03-30</td></tr>
<tr><td colspan="4">● 거래금액</td></tr>
<tr><td>공급가액</td><td>부가세</td><td>봉사료</td><td>총 거래금액</td></tr>
<tr><td>100,000</td><td>10,000</td><td>0</td><td>110,000</td></tr>
<tr><td colspan="4">● 가맹점 정보</td></tr>
<tr><td>상호</td><td colspan="3">㈜미래테크</td></tr>
<tr><td>사업자번호</td><td colspan="3">863-12-01136</td></tr>
<tr><td>대표자명</td><td colspan="3">서경덕</td></tr>
<tr><td>주소</td><td colspan="3">경기도 수원시 영통구 월드컵로 120</td></tr>
</table>

09 8월 2일, ㈜한일무역에 부가가치세가 면제되는 제품을 2,000,000원에 판매하고 전자계산서를 발급하였다. 판매대금은 10월 16일에 보통예금으로 입금될 예정이다. [2020년 90회]

10 9월 15일, ㈜방방곡곡에 7월 17일에 외상으로 판매한 제품의 공급계약이 해제되어 아래와 같이 수정전자세금계산서를 발급하였다. `필수` [2025년 122회]

전자세금계산서					승인번호		

공급자	등록번호	130-81-25029	종사업장번호		공급받는자	등록번호	120-81-50045	종사업장번호	
	상호(법인명)	㈜중동상회	성명	황재하		상호(법인명)	㈜방방곡곡	성명	왕홍보
	사업장주소					사업장주소			
	업태		종목	전자제품		업태		종목	

작성일자	공급가액	세액	수정사유	비고
09.15.	-3,000,000	-300,000		

월	일	품목	규격	수량	단가	공급가액	세액	비고

합계금액	현금	수표	어음	외상미수금	이 금액을 (청구) 함
-3,300,000				-3,300,000	

01 유형 : 11.과세, 전자세금계산서 발행하면서 부가가치세 과세 대상 매출

유형: 11.과세, 공급가액: 10,000,000원, 부가세: 1,000,000원, 거래처: ㈜달라자동차, 전자: 여, 분개: 혼합				
11. 2.	(차) 보통예금 미지급금	3,000,000 8,000,000	(대) 제품매출 부가세예수금	10,000,000 1,000,000

02 유형 : 11.과세, 전자세금계산서 발행하면서 부가가치세 과세 대상 매출

유형 : 11.과세, 공급가액 : 25,000,000원, 부가세 : 2,500,000원, 공급처명 : 티아이전자, 전자 : 여, 분개 : 혼합				
1. 16.	(차) 감가상각누계액(차량운반구) 미수금 현금 유형자산처분손실	20,000,000 25,000,000 2,500,000 5,000,000	(대) 차량운반구 부가세예수금	50,000,000 2,500,000

- '11.과세'를 입력하면 KcLep은 무조건 '제품매출'로 대변 분개가 입력되므로 이를 처분되는 '차량운반구'로 바꿔줘야 함. 또한 차변에 감가상각누계액도 없애야 함.
- 상거래 이외로 받을어음을 받으면 미수금 계정과목 선택
- 기계장치 장부가액: 취득가액 50,000,000원 − 감가상각누계액 20,000,000원 = 30,000,000원
- 유형자산 처분손실: 처분가액 25,000,000원 − 장부가액 30,000,000원 = 5,000,000원

03 유형 : 12.영세, 구매확인서에 의한 내국 수출

유형 : 12.영세, 공급가액 : 22,000,000원, 부가세 : 0원, 공급처명 : ㈜정밀상사, 전자 : 여, 분개 : 혼합 ③ 내국신용장·구매확인서에 의해 공급하는 재화				
7. 8.	(차) 외상매출금	22,000,000	(대) 제품매출	22,000,000

04 유형 : 14.건별, 무증빙에 의한 과세 매출

유형 : 14.건별, 공급가액 : 250,000원, 부가세 : 25,000원, 공급처명 : −, 전자 : −, 분개 : 혼합				
12. 28.	(차) 감가상각누계액(비품) 보통예금	960,000 275,000	(대) 비품 부가세예수금 유형자산처분이익	1,200,000 25,000 10,000

- '14.건별'를 입력하면 KcLep은 무조건 '제품매출'로 대변 분개가 입력되므로 이를 처분되는 '비품'으로 바꿔줘야 함. 또한 차변에 감가상각누계액도 없애야 함.
- 비품 장부가액: 취득가액 1,200,000원 − 감가상각누계액 960,000원 = 240,000원
- 유형자산 처분이익: 처분가액 250,000원 − 장부가액 240,000원 = 10,000원

05 유형 : 14.건별, 무증빙에 의한 간주매출

유형 : 14.건별, 공급가액 : 3,000,000원, 부가세 : 300,000원, 공급처명 : ㈜하나, 전자 : −, 분개 : 혼합	
9. 25.	(차) 기업업무추진비(제조원가) 2,300,000 (대) 부가세예수금 300,000 제 품 2,000,000 (적요 8.타계정으로 대체액)

- 제품을 접대 목적으로 제공하면 간주매출이므로 시가의 10%를 부가세로 납부해야 함. 이 때 공급가액은 시가이므로 공급가액 칸에 3,000,000원 입력.
- 기업업무추진비(제조원가) : 제품 장부가액(2,000,000원) + 간주공급 부가가치세(300,000원) = 2,300,000원
- 제품을 판매 이외 기업업무추진비 등으로 사용하면 반드시 '적요 8.타계정으로 대체액" 반드시 입력

06 유형 : 16.수출, 해외에 외화 수령하면서 직수출

유형 : 16.수출, 공급가액 : 78,600,000원, 부가세: −, 공급처명 : 미국 A사, 전자 : −, 분개 : 혼합 영세율구분 : ① 직접수출(대행수출 포함)	
11. 30.	(차) 보통예금 39,300,000 (대) 제품매출 78,600,000 외상매출금 39,300,000

- 공급가액: $60,000 × 1,310원 = 78,600,000원 (직수출은 선적일 환율 적용)
- 보통예금: $30,000 × 1,310원 = 39,300,000원, 외상매출금: $30,000 × 1,310원 = 39,300,000원

07 유형 : 17.카과, 신용카드로 부가가치세 과세 매출

유형 : 17.카과, 공급가액 : 2,000,000원, 부가세 : 200,000, 공급처명 : ㈜대한, 전자 : −, 분개: 혼합 신용카드사 : 하나카드 입력	
5. 29.	(차) 외상매출금(하나카드) 2,200,000 (대) 제품매출 2,000,000 부가세예수금 200,000

- 외상대금을 추후 하나카드에서 지급받으므로 거래처를 반드시 하나카드로 변경해야 함.

08 유형 : 22.현과, 현금영수증 발행하면서 부가가치세 과세 매출

유형 : 22.현과, 공급가액 : 100,000원, 부가세 : 10,000, 공급처명 : 서경상사, 전자 : −, 분개 : 혼합	
3. 30.	(차) 현금 110,000 (대) 제품매출 100,000 부가세예수금 10,000

- 분개 유형을 '현금'으로 하고 입금전표로 입력해도 무방함.

09 유형 : 13.면세, 면세품 판매

유형 : 13.면세, 공급가액 : 2,000,000원, 부가세 : −, 공급처명 : ㈜한일무역, 전자 : −, 분개 : 혼합			
8. 2.	(차) 외상매출금　　2,000,000	(대) 제품매출	2,000,000

• 면세는 부가가치세가 과세되지 않으므로 KcLep에 부가세예수금이 나타나지 않음.

10 유형 : 11.과세, 전자세금계산서 발행하면서 발생한 과세매출을 일부 취소

유형 : 11.과세, 공급가액 : (−)3,000,000원, 부가세 : (−)300,000원, 공급처명 : ㈜방방곡곡, 전자 : 여, 분개 : 혼합			
9. 15.	(차) 외상매출금　　(−)3,300,000	(대) 제품매출　　(−)3,000,000 　　　부가세예수금　　(−)300,000	

매입전표 입력

이론　실무

학습내용 ·51.과세　·52.영세　·53.면세　·54.불공　·55.수입　·57.카과　·61.현과

공부방향 매 시험마다 실무문제로 3 ~ 4문제 출제됨. 전산회계 1급과 거의 동일 수준의 내용이니 전산회계 1급 공부를 마친 학생은 본문 내용을 모두 읽지 말고 곧장 기출문제 입력 후 정답만 맞춰 보면 충분함.

정교수 콕콕

cafe.naver.com/eduacc 전산세무2급 자료실에서 Data_Install_JS2.zip 파일을 다운받아 컴퓨터에 설치 후 회사등록 클릭, F4 회사코드재생성 클릭 후 ㈜중동상회 선택

① 51.과세 : (전자)세금계산서 수취하는 지출

핵심체크

51.과세★★★
세금계산서 수취하는 과세
매입 : 일반비용 지출, 원재료 매입

① 일반 비용 지출 필수

(전자)세금계산서를 수취하는 매입 또는 지출은 "51.과세" 유형으로 입력해야 합니다.

실무기출 확인문제　　　　　| 전산세무 2급, 118회 |

1월 6일, 새로 출시한 상품 홍보를 위하여 판매부서에서 광고대행사인 ㈜방방곡곡에게 홍보물(영상콘텐츠) 제작을 의뢰하여 배포하고 전자세금계산서를 발급받았다. 대금은 2월 말일에 지급하기로 하였다. (단, 부채 계정은 미지급금 계정을 사용할 것.)

전자세금계산서					승인번호				
공급자	등록번호	120-81-50045	종사업장번호		공급받는자	등록번호	130-81-25029	종사업장번호	
	상호(법인명)	㈜방방곡곡	성명	황홍보		상호(법인명)	(주)중동상회	성명	황재하
	사업장주소	경기도 하남시 미사강변중앙로 7				사업장주소	서울특별시 강동구 천호대로 1005		
	업태	서비스	종목	광고대행		업태	도소매 외	종목	전자제품

작성일자	공급가액	세액	수정사유	비고
01.06.	1,600,000	160,000	해당 없음	

월	일	품목	규격	수량	단가	공급가액	세액	비고
1	16	광고대행수수료				1,600,000	160,000	

합계금액	현금	수표	어음	외상미수금	
1,760,000				1,760,000	이 금액을 (청구) 함

[정답 및 풀이] 유형 : 51.과세 선택

1. 6.	(차) 광고선전비(판매관리비)	1,600,000	(대) 미지급금	1,760,000
	부가세대급금	160,000		

- '51.과세'를 입력하면 KcLep은 무조건 '원재료'로 차변 분개가 입력되므로 이를 해당 비용 인 '광고선전비(판매관리비)'로 교체해야 함. 판매부서 비용이므로 판매관리비(833) 처리.
- 상거래(상품, 원재료 매입) 이외 매입 시 외상이므로 미지급금 처리

일	번호	유형	품목	수량	단가	공급가액	부가세	코드	공급처명	사업/주민번호	전자	분개
6	50001	과세				1,600,000	160,000	00164	(주)방방곡곡	120-81-50045	여	혼합

구분		계정과목	적요	거래처		차변(출금)	대변(입금)
차변	0135	부가세대급금		00164	(주)방방곡곡	160,000	
차변	0833	광고선전비		00164	(주)방방곡곡	1,600,000	
대변	0253	미지급금		00164	(주)방방곡곡		1,760,000
					합 계	1,760,000	1,760,000

2 원재료 매입 _{필수}

(전자)세금계산서를 수취하는 매입 또는 지출은 "51.과세" 유형으로 입력해야 합니다.

실무기출 확인문제 | 전산세무 2급, 116회 |

9월 11일, 아래의 세금계산서를 제2기 부가가치세 예정신고 시 누락하였다. 반드시 제2기 부 가가치세 확정신고서에 반영되도록 입력 및 설정한다.

<table>
<tr><td colspan="20" align="center">세금계산서</td></tr>
<tr>
<td rowspan="8">공
급
자</td>
<td>사업자
등록번호</td>
<td colspan="9">1 5 8 – 8 1 – 1 5 8 8 7</td>
<td rowspan="8">공
급
받
는
자</td>
<td>사업자
등록번호</td>
<td colspan="8">1 3 0 – 8 1 – 2 5 0 2 9</td>
</tr>
<tr>
<td>상호(법인명)</td>
<td colspan="3">㈜정성상회</td>
<td>성명(대표자)</td>
<td colspan="5">이재규</td>
<td>상호(법인명)</td>
<td colspan="3">㈜중동상회</td>
<td>성명(대표자)</td>
<td colspan="4">황재하</td>
</tr>
<tr>
<td>사업장 주소</td>
<td colspan="9">경기도 남양주시 경춘로 1037, (금곡동)</td>
<td>사업장 주소</td>
<td colspan="8">서울특별시 강동구 천호대로 1005</td>
</tr>
<tr>
<td>업태</td>
<td colspan="4">도매업</td>
<td>종목</td>
<td colspan="4">플라스틱제품</td>
<td>업태</td>
<td colspan="4">도소매 외</td>
<td>종목</td>
<td colspan="3">전자제품</td>
</tr>
</table>

작성		공급가액										세액								비고
월	일	공란수	백	십	억	천	백	십	만	천	백	십	일	십	억	천	백	십	만	천	백	십	일
09	11					1	0	0	0	0	0	0					1	0	0	0	0	0

월	일	품목	규격	수량	단가	공급가액	세액	비고
09	11	원재료				1,000,000	100,000	

합계금액	현금	수표	어음	외상미수금	이 금액을 (청구) 함
1,100,000				1,100,000	

[정답 및 풀이] 유형 : 51.과세 선택

9. 11.	(차) 원재료	1,000,000	(대) 외상매입금	1,100,000
	부가세대급금	100,000		

🔍 참고

매입전표 입력
1.6 입력 ⇒ 유형 51.과세 입력 ⇒ 공급가액 1,600,000원 입 력 ⇒ 부가세 160,000원 입력 ⇒ F2 눌러 거래처 ㈜방방곡곡 선택 ⇒ 전자세금계산서 이므 로 "1 : 여" 선택 ⇒ 분개 3.혼합 입력 ⇒ 차변, 판매부서 비용이 므로 광고선전비(판매관리비) 입력 ⇒ 대변, 미지급금 입력

📋 **정답 및 풀이**

매입전표 입력
9.11 입력 ⇒ 유형 51.과세 입력 ⇒ 공급가액 1,000,000원 입력 ⇒ 부가세 100,000원 입력 ⇒ F2 눌러 거래처 ㈜정성상회 선택 ⇒ 종이 세금계산서 이므로 "0:부" 선택 ⇒ 분개 3.혼합 입력 ⇒ 대변, 외상매입금 입력 ⇒ [SF5 예정누락분] 클릭하여 "예정신고누락분 확정신고" 입력

🎯 **핵심체크**

예정신고누락분을 확정신고에 반영★★
[SF5 예정누락분] 클릭하여 "예정신고누락분 확정신고" 입력

일	번호	유형	품목	수량	단가	공급가액	부가세	코드	공급처명	사업/주민번호	전자	분개
11	50004	과세				1,000,000	100,000	00165	(주)정성상회	158-81-15887		혼합

구분		계정과목	적요	거래처	차변(출금)	대변(입금)
차변	0135	부가세대급금		00165 (주)정성상회	100,000	
차변	0153	원재료		00165 (주)정성상회	1,000,000	
대변	0251	외상매입금		00165 (주)정성상회		1,100,000
				합 계	1,100,000	1,100,000

※주의 : 예정신고 누락분을 확정 신고에 반영하는 KcLep 입력법 ⇐ 빼먹지 말고 반드시 입력

아래 화면에서 9.11일 전표 선택 후 ☰ 눌러 [SF5 예정누락분]을 클릭하거나 Shift + F5 눌러 [예정신고누락분 확정신고] 창에 확정신고 개시연월 '당해연도 10월' 입력

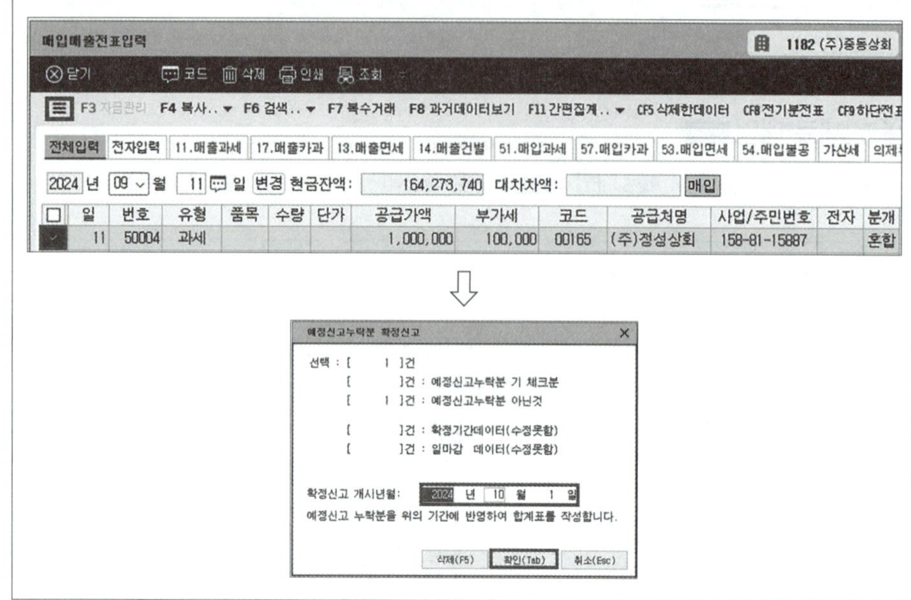

2 52.영세 : 내국신용장 · 구매확인서에 의한 내국 수입 필수

🎯 **핵심체크**

52.영세★★★
내국신용장·구매확인서에 의해 세금계산서를 수취하는 내국 수입

내국신용장·구매확인서에 의해 (전자)세금계산서를 수취하는 내국 수입은 "52.영세" 유형으로 입력해야 합니다.

실무기출 확인문제 | 전산세무 2급, 118회 |

11월 1일, 만나상사로부터 수출용 원재료(공급가액 5,000,000원)를 매입하고 구매확인서에 의하여 영세율전자세금계산서를 발급받았다. 대금은 11월 1일 현재 지급되지 않았다.

[정답 및 풀이] 유형 : 52.영세 선택

11. 1.	(차) 원재료	5,000,000	(대) 외상매입금	5,000,000

• 내국신용장, 구매승인서를 통한 내국 수입은 영세율이므로 부가세대급금이 발생하지 않음.

□	일	번호	유형	품목	수량	단가	공급가액	부가세	코드	공급처명	사업/주민번호	전자	분개
■	1	50001	영세				5,000,000		00116	만나상사	312-21-53725	여	혼합

□	일	번호	유형	품목	수량	단가	공급가액	부가세	코드	공급처명	사업/주민번호	전자	분개
■	1	50001	영세				5,000,000		00116	만나상사	312-21-53725	여	혼합

구분	계정과목		적요		거래처		차변(출금)	대변(입금)
차변	0153	원재료			00116	만나상사	5,000,000	
대변	0251	외상매입금			00116	만나상사		5,000,000
					합 계		5,000,000	5,000,000

3 53.면세 : 면세품 구입 ^{필수}

토지, 꽃 등 면세품 구입하면서 (전자)계산서를 수취하는 경우 "53.면세" 유형으로 입력해야
합니다.

실무기출 확인문제 | 전산세무 2급, 117회 |

2월 15일, 영업부서 거래처 직원의 경조사가 발생하여 화환을 주문하고, 다음 계산서를 발급
받았다.

전자계산서			승인번호				
공급자	등록번호	158-81-15887	종사업장번호	공급받는자	등록번호	130-81-25029	종사업장번호	
	상호(법인명)	㈜정성상회	성명		상호(법인명)	㈜중동상회	성명 황재하
	사업장주소	경기도 남양주시 경춘로 1037, (금곡동)			사업장주소	서울특별시 강동구 천호대로 1005	
	업태	도소매업	종목 화훼 등		업태	도소매 외	종목 전자제품

작성일자	공급가액	수정사유	비고
02.15.	100,000		

월	일	품목	규격	수량	단가	공급가액	세액비고
02	15	화환		1	100,000	100,000	

합계금액	현금	수표	어음	외상미수금	이 금액을 (청구) 함
100,000				100,000	

[정답 및 풀이] 유형 : 53.면세 선택

2. 15.	(차) 기업업무추진비(판매관리비)	100,000	(대) 미지급금	100,000

정교수 콕콕

🔍 참고

매입전표 입력
11.1 입력 ⇒ 유형 52.영세 입
력 ⇒ 공급가액 5,000,000원
입력 ⇒ F2 눌러 거래처 만나
상사 선택 ⇒ 전자세금계산서
이므로 "1:여" 선택 ⇒ 분개
3.혼합 입력 ⇒ 대변, 외상매
입금 입력

🎯 핵심체크

53.면세★★★
면세품 구입하면서 계산서
수취

매입전표 입력

2.15 입력 ⇒ 유형 53.면세 입력 ⇒ 공급가액 100,000원 입력 ⇒ F2 눌러 거래처 ㈜정성상회 선택 ⇒ 전자계산서 이므로 "1:여" 선택 ⇒ 분개 3.혼합 입력 ⇒ 대변, 미지급금 입력

- 꽃은 면세품이므로 53.면세 선택하며 세금계산서가 아닌 계산서를 수취함.
- '53.면세'를 입력하면 KcLep은 무조건 '원재료'로 차변 분개가 입력되므로 이를 해당 비용인 '기업업무추진비(판매관리비)'로 교체해야 함. 영업부 비용이므로 판매관리비 처리
- 상거래(상품, 원재료 매입) 이외 매입 시 외상이므로 미지급금 처리

□	일	번호	유형	품목	수량	단가	공급가액	부가세	코드	공급처명	사업/주민번호	전자	분개
■	15	50001	면세				100,000		00165	(주)정성상회	158-81-15887	여	혼합

구분	계정과목		적요		거래처		차변(출금)	대변(입금)
차변	0813	기업업무추진비		00165	(주)정성상회		100,000	
대변	0253	미지급금		00165	(주)정성상회			100,000
						합 계	100,000	100,000

54.불공★★★

매입세액 불공제 되는 과세 구입: 사업무관 지출, 비영업용 소형승용차, 기업업무추진비, 토지 취득

4 54.불공 : 매입세액 불공제 항목 구입 [필수]

아래 항목은 취득 시 매입세액이 공제되지 않는데 이러한 매입세액 불공제 항목 지출 시 "54.불공" 유형으로 입력해야 합니다.

매입세액 불공제	• 사업 무관(대표이사 개인용도 사용 등) 지출 • 기업업무추진비(거래처 식사·선물 등) 관련 지출 • 토지 조성 및 취득을 위한 지출 • 비영업용 소형승차(1,000cc 초과) 구입, 임차, 유지(유류비, 수리비) 관련 지출

1 비영업용 소형승용차 관련 비용

실무기출 확인문제 | 전산세무 2급, 118회 |

6월 5일, 당사는 제품 홍보를 확대할 목적으로 사용할 개별소비세가 과세되는 소형승용차(2,000cc)를 ㈜달라자동차에서 구입하고, 전자세금계산서를 수취하였다. 대금 중 3,100,000원은 현금으로 지급하고 나머지는 미지급하였다.

<table>
<tr><td colspan="6" align="center">전자세금계산서</td><td colspan="2">승인번호</td><td colspan="3"></td></tr>
<tr><td rowspan="4">공
급
자</td><td>등록
번호</td><td colspan="2">111-81-12144</td><td>종사업장
번호</td><td></td><td rowspan="4">공
급
받
는
자</td><td>등록
번호</td><td colspan="2">130-81-25029</td><td>종사업장
번호</td><td></td></tr>
<tr><td>상호
(법인명)</td><td colspan="2">㈜달라자동차</td><td>성명</td><td>김달려</td><td>상호
(법인명)</td><td colspan="2">㈜중동상회</td><td>성명</td><td>황재하</td></tr>
<tr><td>사업장
주소</td><td colspan="4">서울 서초구 강남대로 265</td><td>사업장
주소</td><td colspan="4">서울특별시 강동구 천호대로 1005</td></tr>
<tr><td>업태</td><td colspan="2">제조</td><td>종목</td><td>자동차</td><td>업태</td><td colspan="2">제조, 소매</td><td>종목</td><td>전자제품</td></tr>
<tr><td colspan="3" align="center">작성일자</td><td colspan="3" align="center">공급가액</td><td colspan="2" align="center">세액</td><td colspan="3" align="center">수정사유</td></tr>
<tr><td colspan="3" align="center">06.05.</td><td colspan="3" align="center">21,000,000</td><td colspan="2" align="center">2,100,000</td><td colspan="3" align="center">해당 없음</td></tr>
<tr><td>월</td><td>일</td><td align="center">품목</td><td>규격</td><td>수량</td><td>단가</td><td colspan="2">공급가액</td><td colspan="2">세액</td><td>비고</td></tr>
<tr><td>06</td><td>05</td><td>승용차(2,000cc)</td><td></td><td>1</td><td>21,000,000</td><td colspan="2">21,000,000</td><td colspan="2">2,100,000</td><td></td></tr>
<tr><td colspan="3" align="center">합계금액</td><td align="center">현금</td><td align="center">수표</td><td align="center">어음</td><td colspan="2" align="center">외상미수금</td><td colspan="3" rowspan="2" align="center">이 금액을 (청구) 함</td></tr>
<tr><td colspan="3" align="center">23,100,000</td><td align="center">3,100,000</td><td></td><td></td><td colspan="2" align="center">20,000,000</td></tr>
</table>

[정답 및 풀이] 유형 : 54.불공 선택

| 6. 5. | (차) 차량운반구 | 23,100,000 | (대) 미지급금 | 20,000,000 |
| | | | 현금 | 3,100,000 |

- 2,000cc 승용차(단순 업무 사용 목적)은 매입세액공제를 받을 수 없으므로 부가세 2,100,000원을 차량 취득원가에 가산해야 함.
- '54.불공'을 입력하면 KcLep은 무조건 '원재료'로 차변 분개가 입력되므로 이를 해당 계정인 '차량운반구'로 교체해야 함.

일	번호	유형	품목	수량	단가	공급가액	부가세	코드	공급처명	사업/주민번호	전자	분개
5	50001	불공				21,000,000	2,100,000	00169	(주)달라자동차	111-81-12144	여	혼합

불공제사유	3	⑤⑨개별소비세법 제1조제2항제3호에 따른 자동차 구입·유지 및 임차

구분		계정과목	적요		거래처		차변(출금)	대변(입금)
차변	0208	차량운반구			00169	(주)달라자동차	23,100,000	
대변	0253	미지급금			00169	(주)달라자동차		20,000,000
대변	0101	현금			00169	(주)달라자동차		3,100,000
						합 계	23,100,000	23,100,000

2 기업업무추진비 지출

실무기출 확인문제 | 전산세무 2급, 116회 |

2월 16일, 가공육선물세트를 구입하여 영업부 거래처에 접대를 목적으로 제공하고 아래의 전자세금계산서를 수취하면서 대금은 보통예금 계좌에서 지급하였다.

<table>
<tr><td colspan="6" align="center">전자세금계산서</td><td colspan="2">승인번호</td><td></td></tr>
<tr><td rowspan="4">공
급
자</td><td>등록
번호</td><td colspan="2">158-81-15887</td><td>종사업장
번호</td><td></td><td rowspan="4">공
급
받
는
자</td><td>등록
번호</td><td colspan="2">130-81-25029</td><td>종사업장
번호</td><td></td></tr>
<tr><td>상호
(법인명)</td><td colspan="2">㈜정성상회</td><td>성명</td><td>황홍보</td><td>상호
(법인명)</td><td colspan="2">㈜중동상회</td><td>성명</td><td></td></tr>
<tr><td>사업장
주소</td><td colspan="3">경기도 남양주시 경촌로 1037, (금곡동)</td><td>사업장
주소</td><td colspan="3">서울특별시 강동구 천호대로 1005</td><td></td></tr>
<tr><td>업태</td><td>도소매업</td><td>종목</td><td colspan="2">화훼 등</td><td>업태</td><td>도소매 외</td><td>종목</td><td colspan="2">전자제품</td></tr>
<tr><td colspan="2">작성일자</td><td colspan="2">공급가액</td><td colspan="2">세액</td><td>수정사유</td><td colspan="4">비고</td></tr>
<tr><td colspan="2">02.16.</td><td colspan="2">7,100,000</td><td colspan="2">710,000</td><td></td><td colspan="4"></td></tr>
<tr><td>월</td><td>일</td><td colspan="2">품목</td><td>규격</td><td>수량</td><td>단가</td><td>공급가액</td><td colspan="2">세액</td><td>비고</td></tr>
<tr><td>02</td><td>16</td><td colspan="2">가공육 선물세트 1호</td><td></td><td>100</td><td>71,000</td><td>7,100,000</td><td colspan="2">710,000</td><td></td></tr>
<tr><td></td><td></td><td colspan="2"></td><td></td><td></td><td></td><td></td><td colspan="2"></td><td></td></tr>
<tr><td colspan="2">합계금액</td><td colspan="2">현금</td><td>수표</td><td>어음</td><td>외상미수금</td><td colspan="4" rowspan="2">이 금액을 (영수) 함</td></tr>
<tr><td colspan="2">7,810,000</td><td colspan="2">7,810,000</td><td></td><td></td><td></td></tr>
</table>

[정답 및 풀이] 유형 : 54.불공 선택

| 2. 16. | (차) 기업업무추진비(판매관리비) | 7,810,000 | (대) 보통예금 | 7,810,000 |

🔍 참고

매입전표 입력
6.5 입력 ⇒ 유형 54.불공 입력 ⇒ 공급가액 21,000,000원 입력 ⇒ F2 눌러 거래처 ㈜달라자동차 선택 ⇒ 전자세금계산서 이므로 "1:여" 선택 ⇒ 분개 3.혼합 입력 ⇒ 불공제 사유 3번 선택 ⇒ 차변, '원재료'를 '차량운반구'로 변경 ⇒ 대변, 미지급금 20,000,000원 입력 ⇒ 대변, 현금 3,100,000원 입력

🔍 참고

매입전표 입력

2.16 입력 ⇒ 유형 54.불공 입력 ⇒ 공급가액 7,100,000원 입력 ⇒ F2 눌러 거래처 ㈜정성상회 선택 ⇒ 전자세금계산서 이므로 "1:여" 선택 ⇒ 불공제 사유 4번 선택 ⇒ 분개 3.혼합 입력 ⇒ 차변, '원재료'를 '기업업무추진비(판매관리비)'로 변경 ⇒ 대변, 보통예금 7,810,000원 입력

- 기업업무추진비(접대비)는 매입세액공제를 받을 수 없으므로 부가세 710,000원을 기업업무추진비에 가산해야 함.
- '54.불공'을 입력하면 KcLep은 무조건 '원재료'로 차변 분개가 입력되므로 이를 해당 계정인 '기업업무추진비(판매관리비)'로 교체해야 함.

일	번호	유형	품목	수량	단가	공급가액	부가세	코드	공급처명	사업/주민번호	전자	분개
16	50001	불공				7,100,000	710,000	00165	(주)정성상회	158-81-15887	여	혼합

불공제사유	4	⌨ ④기업업무추진비 및 이와 유사한 비용 관련

구분		계정과목	적요	거래처	차변(출금)	대변(입금)
차변	0813	기업업무추진비		00165	(주)정성상회	7,810,000	
대변	0103	보통예금		00165	(주)정성상회		7,810,000
				합 계	7,810,000	7,810,000

3 토지 관련 지출

1월 15일, 회사 사옥을 신축하기 위해 취득한 토지의 중개수수료에 대하여 부동산중개법인으로부터 아래의 전자세금계산서를 수취하였다.

전자세금계산서				승인번호				

공급자	등록번호	150-81-41213	종사업장번호		공급받는자	등록번호	130-81-25029	종사업장번호	
	상호(법인명)	㈜하나	성명	오미진		상호(법인명)	㈜중동상회	성명	황재하
	사업장주소	경기도 남양주시 경춘로 1037, (금곡동)				사업장주소	서울특별시 강동구 천호대로 1005		
	업태	서비스	종목	부동산중개		업태	도소매 외	종목	전자제품

작성일자	공급가액	세액	수정사유	비고
01-15	10,000,000원	1,000,000원	해당 없음	

월	일	품목	규격	수량	단가	공급가액	세액	비고
01	15	토지 중개수수료				10,000,000원	1,000,000원	

합계금액	현금	수표	어음	외상미수금	이 금액을 (청구) 함
11,000,000원					

[정답 및 풀이] 유형 : 54.불공 선택

1. 15.	(차) 토지	11,000,000	(대) 미지급금	11,000,000

- 토지 중개수수료는 취득원가에 가산해야 하며 토지는 면세품으로 매입세액공제를 받을 수 없어 부가세를 취득원가에 가산해야 함. 즉, 토지 가액은 11,000,000원임.
- '54.불공'을 입력하면 KcLep은 무조건 '원재료'로 차변 분개가 입력되므로 이를 해당 계정인 '토지'로 교체해야 함.
- 상거래(상품, 원재료 매입) 이외 매입 시 외상이므로 미지급금 처리

일	번호	유형	품목	수량	단가	공급가액	부가세	코드	공급처명	사업/주민번호	전자	분개
15	50002	불공				10,000,000	1,000,000	00163	(주)하나	150-81-41213	여	혼합

불공제사유	6	⑥토지의 자본적 지출 관련

구분	계정과목		적요	거래처		차변(출금)	대변(입금)
차변	0201	토지		00163	(주)하나	11,000,000	
대변	0253	미지급금		00163	(주)하나		11,000,000
					합 계	11,000,000	11,000,000

5 55.수입 : 세관에 수입 부가세 납부 [필수]

세관장이 발행하는 수입세금계산서에 의한 부가가치세 납부는 "55.수입" 유형으로 입력해야 합니다.

실무기출 확인문제
전산세무 2급, 121회

2월 3일, 생산공장에서 사용할 목적으로 플라스틱 사출기(기계장치)를 중국으로부터 인천세관을 통하여 수입하고, 수입전자세금계산서를 수취하였다. 부가가치세는 보통예금으로 지급하였다. 부가가치세와 관련된 회계처리만 입력하시오.

수입전자세금계산서					승인번호				
세관명	등록번호	121-83-00561	종사업장번호		공급받는자	등록번호	130-81-25029	종사업장번호	
	세관명	인천세관	성명	김흥관		상호(법인명)	㈜중동상회	성명	황재하
	세관주소	인천광역시 중구 서해대로 339 (항동7가)				사업장주소	서울특별시 강동구 천호대로 1005		
수입신고번호						업태	도소매 외	종목	전자제품

작성일자	공급가액	세액	수정사유	비고
02.19.	42,400,000	4,240,000		

월	일	품목	규격	수량	단가	공급가액	세액	비고
02	19	사출기(기계장치)		10	4,240,000	42,400,000	4,240,000	

합계금액	46,640,000

[정답 및 풀이] 유형 : 55.수입 선택

2. 16.	(차) 부가세대급금	4,240,000	(대) 보통예금	4,240,000

- '55.수입'을 입력하면 공급가액은 분개에 입력되지 않고 환급받을 부가가치세만 분개에 입력됨.
- 수입부가세는 추후 제품 판매 시 환급받으므로 부가세대급금 처리됨.

🔍 **참고**

매입전표 입력
2.16 입력 ⇒ 유형 55.수입 입력 ⇒ 공급가액 42,400,000원 입력 ⇒ F2 눌러 거래처 인천세관 선택 ⇒ 전자세금계산서 이므로 "1:여" 선택 ⇒ 분개 3.혼합 입력 ⇒ 대변, 보통예금 입력

◎ **핵심체크**

57.카과★★★
카드로 과세 재화·용역 구입

	일	번호	유형	품목	수량	단가	공급가액	부가세	코드	공급처명	사업/주민번호	전자	분개
☐	19	50002	수입				42,400,000	4,240,000	00175	인천세관	121-83-00561	여	혼합

구분		계정과목		적요		거래처		차변(출금)	대변(입금)
차변	0135	부가세대급금			00175	인천세관		4,240,000	
대변	0103	보통예금			00175	인천세관			4,240,000
				합 계				4,240,000	4,240,000

6 57.카과 : 신용카드로 부가가치세 과세 구입

신용카드로 과세되는 재화·용역을 구입하는 지출은 "57.카과" 유형으로 입력해야 합니다.

실무기출 확인문제 | 전산세무 2급, 117회 |

1월 4일, 제조부문이 사용하는 시설장치의 원상회복을 위한 수선을 하고 수선비 330,000원을 전액 국민카드로 결제하고 다음의 매출전표를 수취하였다. (부채계정은 미지급금 사용 할 것.)

매 출 전 표

카드종류		거래종류	결제방법
국민카드		신용구매	일시불
가맹점 : 모타(주)		거래일시	품명
		01. 04.	시설장치수선
전표제출	금액	/ AMOUNT	300,000
	부가세	/ VAT	30,000
	합계	/ TOTAL	330,000
대표자	박수리	TEL	02-2673-0001
가맹점번호	123456	사업자번호	101-86-60120
주소		서울시 송파구 충민로 66	

[정답 및 풀이] 유형 : 57.카과 선택

1. 4.	(차) 수선비(제조원가)	300,000	(대) 미지급금(국민카드)	330,000
	부가세대급금	30,000		

- '57.카과'를 입력하면 KcLep은 무조건 '원재료'로 차변 분개가 입력되므로 이를 해당 계정인 '수선비(제조원가)'로 교체해야 함. 제조부문 수선비이므로 제조원가 선택
- 국민카드에 대금을 갚아야 하므로 미지급금 거래처 국민카드 선택

일	번호	유형	품목	수량	단가	공급가액	부가세	코드	공급처명	사업/주민번호	전자	분개
4	50002	카과				300,000	30,000	00149	모타(주)	101-86-60120		혼합

신용카드사 　99601　💬국민카드　　　　　봉사료

구분	계정과목		적요	거래처		차변(출금)	대변(입금)
차변	0135	부가세대급금		00149	모타(주)	30,000	
차변	0520	수선비		00149	모타(주)	300,000	
대변	0253	미지급금		99601	국민카드		330,000
					합 계	330,000	330,000

🔍 참고

매입전표 입력
1.4 입력 ⇒ 유형 57.카과 입력 ⇒ 공급가액 300,000원 입력 ⇒ 부가세 30,000원 입력 ⇒ F2 눌러 거래처 모타(주) 선택 ⇒ 분개 3.혼합 입력 ⇒ 차변, '원재료'를 '수선비(제조원가)'로 변경 ⇒ 대변, 미지급금 입력, 단, 거래처 국민카드 입력

🎯 핵심체크

61.현과★★★
현금영수증 수취하면서 과세 재화·용역 구입

7️⃣ 61.현과 : 현금영수증 받으며 부가가치세 과세 구입

현금영수증을 수취하면서 부가가치세 과세되는 재화·용역 구입 시 '61.현과' 선택하여 매입매출전표를 입력해야 합니다.

실무기출 확인문제　　　　　　　　　　　| 전산세무 2급, 121회 |

11월 20일, 서경상사에서 제조부 사원들을 위해 공장에 비치할 목적으로 온풍기를 1,936,000원(부가가치세 포함)에 구입하고, 대금은 보통예금 계좌에서 이체하여 지급한 후 현금영수증(지출증빙용)을 수취하였다. (단, 자산으로 처리할 것.)

현금영수증

● **거래일시** : 11-20

● **거래금액**

공급가액	부가세	봉사료	총 거래금액
1,760,000	176,000	0	1,936,000

● **가맹점 정보**

상호	서경상사
사업자번호	863-12-01136
대표자명	조만수
주소	경기도 부천시 길주로 284

[정답 및 풀이] 유형 : 61.현과 선택

11. 20.	(차) 비품	1,760,000	(대) 보통예금	1,936,000
	부가세대급금	176,000		

- '61.현과'를 입력하면 KcLep은 무조건 '원재료'로 차변 분개가 입력되므로 이를 해당 계정인 '비품'으로 교체해야 함.

참고

매입전표 입력
11.20 입력 ⇒ 유형 61.현과
입력 ⇒ 공급가액 1,760,000
원 입력 ⇒ 부가세 176,000
원 입력 ⇒ F2 눌러 거래처 서경
상사 선택 ⇒ 분개 3.혼합 입력
⇒ 차변, '원재료'를 '비품'으로
변경 ⇒ 대변, 보통예금 입력

핵심체크

62.현면★★★
현금영수증 수취하면서 면세
재화·용역 구입

일	번호	유형	품목	수량	단가	공급가액	부가세	코드	공급처명	사업/주민번호	전자	분개
20	50002	현과				1,760,000	176,000	00153	서경상사	863-12-01136		혼합

구분		계정과목	적요		거래처	차변(출금)	대변(입금)
차변	0135	부가세대급금		00153	서경상사	176,000	
차변	0212	비품		00153	서경상사	1,760,000	
대변	0103	보통예금		00153	서경상사		1,936,000
				합 계		1,936,000	1,936,000

8 62.현면 : 현금영수증 받으며 부가가치세 면세품 구입

현금영수증을 수취하면서 부가가치세 면세되는 재화·용역 구입 시 '62.현면' 선택하여 매입
매출전표를 입력해야 합니다.

실무기출 확인문제 | 전산세무 2급, 116회 |

8월 20일, ㈜정성상회에서 한우갈비세트(부가가치세 면세 대상) 1,800,000원을 현금으로 결
제하고 현금영수증(지출증빙용)을 수취하였다. 이 중 600,000원 상당은 복리후생 차원에서 당
사 공장 직원에게 제공하였고, 나머지는 영업부서 직원에게 제공하였다.

[정답 및 풀이] 유형 : 62.현면 선택

8. 20.	(차) 복리후생비(제조원가)	600,000	(대) 현금	1,800,000
	복리후생비(판매관리비)	1,200,000		

• 공장직원 600,000원 ⇒ 제조원가, 영업부서 1,200,000원 ⇒ 판매관리비

일	번호	유형	품목	수량	단가	공급가액	부가세	코드	공급처명	사업/주민번호	전자	분개
20	50012	현면				1,800,000		00165	(주)정성상회	158-81-15887		혼합

구분		계정과목	적요		거래처	차변(출금)	대변(입금)
차변	0511	복리후생비		00165	(주)정성상회	600,000	
차변	0811	복리후생비		00165	(주)정성상회	1,200,000	
대변	0103	보통예금		00165	(주)정성상회		1,800,000
				합 계		1,800,000	1,800,000

참고

매입전표 입력
8.20 입력 ⇒ 유형 62.현면 입
력 ⇒ 공급가액 1,800,000
원 입력 ⇒ F2 눌러 거래처 ㈜
정성상회 선택 ⇒ 분개 3.혼
합 입력 ⇒ 차변, '원재료'를 '
복리후생비'로 변경, 제조원
가 600,000원, 판매관리비
1,200,000원 ⇒ 대변, 보통예
금 입력

9 수정세금계산서

실무기출 확인문제 | 전산세무 2급, 101회 |

7월 31일, ㈜정밀상사로부터 공급받았던 원재료 중 품질에 문제가 있는 일부를 반품하
였다. (회계처리는 외상매입금 계정과 상계하여 처리하기로 하며, 분개 금액은 (−)로 표시
할 것.)

핵심체크

수정세금계산서★
수정되는 금액을 (−)로 입력

전자세금계산서

공급자	등록번호	312-86-61980	종사업장번호		공급받는자	등록번호	130-81-25029	종사업장번호	
	상호(법인명)	㈜정밀상사	성명	김동북		상호(법인명)	㈜중동상회	성명	황재하
	사업장주소	인천시 계양구 작전동 60-8				사업장주소	서울특별시 강동구 천호대로 1005		
	업태	제조, 도소매	종목	전자제품		업태	제조, 소매	종목	전자제품

작성일자	공급가액	세액	수정사유
07. 31.	− 3,000,000원	− 300,000원	일부 반품

월	일	품목	규격	수량	단가	공급가액	세액	비고
7	31	원재료				− 3,000,000원	− 300,000원	

합계금액	현금	수표	어음	외상미수금	
− 3,300,000원				− 3,300,000원	이 금액을 (청구) 함

[정답 및 풀이] 유형 : 51.과세 선택 : 반품 금액을 (−)로 입력

7. 31.	(차) 원재료	(−) 3,000,000	(대) 외상매입금	(−) 3,300,000
	부가세대급금	(−) 300,000		

일	번호	유형	품목	수량	단가	공급가액	부가세	코드	공급처명	사업/주민번호	전자	분개
31	50007	과세				-3,000,000	-300,000	00156	(주)정밀상사	312-86-61980	여	혼합

구분	계정과목		적요	거래처		차변(출금)	대변(입금)
차변	0135	부가세대급금		00156	(주)정밀상사	-300,000	
차변	0153	원재료		00156	(주)정밀상사	-3,000,000	
대변	0251	외상매입금		00156	(주)정밀상사		-3,300,000
					합 계	-3,300,000	-3,300,000

[참고] 매입세액 불공제 항목의 신용카드·현금영수증 지출 – 반드시 일반전표 입력

이미 공부한 것처럼 "비영업용 소형승용차, 기업업무추진비" 등을 세금계산서를 수취하면서 지출하면 "54.불공"으로 입력하지만, 이러한 불공제 항목을 신용카드·현금영수증으로 지출하면 매입매출전표가 아닌 일반전표로 입력하도록 KcLep이 설계되어 있습니다. 아주 가끔 출제되고 있으니 주의해야 합니다.

실무기출 확인문제

영업부서 직원이 거래처 접대를 위하여 식사하고 법인명의 하나카드로 550,000원(부가가치세 포함)을 결제하였다.

[정답 및 풀이] 일반전표 입력

(차) 기업업무추진비(판관비)	550,000	(대) 미지급금(하나카드)	550,000

정답 및 풀이

매입전표 입력
7.31 입력 ⇒ 유형 51.과세 입력 ⇒ 공급가액 (−)3,000,000원 입력 ⇒ F2 눌러 거래처 ㈜정밀상사 선택 ⇒ 전자 "1 : 여" 선택 ⇒ 분개 3.혼합 입력 ⇒ 대변, 외상매입금 입력

핵심체크

매입세액 불공제 항목의 신용카드·현금영수증 지출 일반전표 입력

26 실무기출 공략하기

cafe.naver.com/eduacc 전산세무2급 자료실에서 Data_Install_JS2.zip 파일을 다운받아 컴퓨터에 설치 후 **회사등록** 클릭, **F4 회사코드재생성** 클릭 후 ㈜어진상사 선택

난이도 ★★

01 9월 11일, 아래와 같이 케이상사와 체결한 계약서에 따라 로봇(기계장치)을 인도받아 시험가동을 완료하고 잔금을 보통예금 계좌에서 이체하여 지급하고 전자세금계산서(공급가액 20,000,000원, 세액 2,000,000원)를 발급받았다. 계약금은 4월 2일에 보통예금에서 이체하였다. **필수**　　　　　　　　　　　[2025년 120회]

다관절 로봇 공급계약서

제2조 위 공급계약의 총 계약금액은 22,000,000원(VAT 포함)으로 하며, 아래와 같이 지불하기로 한다.

계약금	일금　이백만 원정(2,000,000원)은 계약 시에 지불한다.
잔금	일금　이천만 원정(20,000,000원)은 09월 30일 내에 제품 인도 후 시험가동이 완료된 때에 지불한다.

난이도 ★★

02 10월 31일, 구매확인서에 의하여 천안(주)로부터 수출용 원재료(공급가액 6,000,000원)를 매입하고 영세율전자세금계산서를 발급받았다. 대금은 보통예금 계좌에서 지급하였다. **필수**　　　　　　　　　[2025년 118회]

03 10월 30일, 천안(주)로부터 원재료 매입(공급가액 20,000,000원, 부가세 별도)하고 전자세금계산서를 발급받았다. 대금 중 30%는 현금으로 지급하고 잔액은 다음 달에 지급하기로 하였다. **필수**　　　　　　　[2025년 122회]

난이도 ★★

04 8월 1일, 영업부서에서 사용하는 개별소비세 과세대상 자동차(7인승, 2,500cc)의 수리비를 전자세금계산서로 다음과 같이 발급받았다. 대금은 보통예금 계좌에서 2,000,000원을 지급하고 나머지는 외상으로 하였다. (단, 자동차 수리비를 차량유지비로 처리할 것.) **필수**　　　　　　　[2025년 122회]

<table>
<tr><td colspan="6" align="center">전자세금계산서</td><td colspan="2">승인번호</td><td></td></tr>
<tr><td rowspan="4">공급자</td><td>등록
번호</td><td>312-23-71052</td><td>종사업장
번호</td><td></td><td rowspan="4">공급받는자</td><td>등록
번호</td><td>571-85-01094</td><td>종사업장
번호</td><td></td></tr>
<tr><td>상호
(법인명)</td><td>토탈상사</td><td>성명</td><td>김뻐름</td><td>상호
(법인명)</td><td>㈜어진상사</td><td>성명</td><td>김세종</td></tr>
<tr><td>사업장
주소</td><td>서울 강남구 강남대로 256</td><td colspan="2"></td><td>사업장
주소</td><td colspan="3">서울특별시 구고구 안양천로 539길 6</td></tr>
<tr><td>업태</td><td>도소매</td><td>종목</td><td>자동차</td><td>업태</td><td>제조 외</td><td>종목</td><td>전자제품</td></tr>
</table>

작성일자	공급가액	세액	수정사유	비고
08-01	2,500,000	250,000		

월	일	품목	규격	수량	단가	공급가액	세액	비고
08	01	차량수리비				2,500,000	250,000	

05 10월 29일, 업무용승용차를 파리상사㈜로부터 운용리스 조건으로 리스 하였다. 영업부서에서 사용하고 임차료 1,800,000원의 전자계산서를 발급받았다. 대금은 다음 달 5일에 지급하기로 하였다. (단, 리스료는 임차료 계정 과목을 사용할 것. 필수

[2025년 120회 변형]

06 7월 30일, 경영지원팀 직원들이 야근 식사를 하고 다음과 같은 종이세금계산서를 수취하였다. 제2기 부가가치세 예정신고 시 해당 세금계산서를 누락하여 제2기 확정신고 기간의 부가가치세신고서에 반영하려고 한다. 반드시 해당 세금계산서를 제2기 확정신고 기간의 부가가치세신고서에 반영할 수 있도록 입력 및 설정하시오(단, 외상대 금은 미지급금으로 처리할 것). 필수

[2022년 102회]

<table>
<tr><td colspan="23" align="center">세금계산서</td></tr>
<tr><td rowspan="4">공급자</td><td>사업자
등록번호</td><td>3</td><td>1</td><td>2</td><td>-</td><td>8</td><td>1</td><td>-</td><td>3</td><td>4</td><td>3</td><td>1</td><td>0</td><td rowspan="4">공급받는자</td><td>사업자
등록번호</td><td colspan="7">5 7 1 - 8 5 - 0 1 0 9 4</td></tr>
<tr><td>상호(법인명)</td><td colspan="5">㈜북경</td><td>성명(대표자)</td><td colspan="6">박일문</td><td>상호(법인명)</td><td colspan="3">㈜어진상사</td><td>성명(대표자)</td><td colspan="3">김세종</td></tr>
<tr><td>사업장 주소</td><td colspan="12">서울시 구로구 안양천로 100</td><td>사업장 주소</td><td colspan="6">서울특별시 구로구 안양천로 539길 6</td></tr>
<tr><td>업태</td><td colspan="4">음식</td><td>종목</td><td colspan="7">중식</td><td>업태</td><td colspan="3">제조외</td><td>종목</td><td colspan="3">전자제품</td></tr>
</table>

작성		공급가액											세액									비고
월	일	공란수	백	십	억	천	백	십	만	천	백	십	일	십	억	천	백	십	만	천	백	십	일
7	30						1	4	0	0	0	0	0				1	4	0	0	0	0	0

월	일	품목	규격	수량	단가	공급가액	세액	비고
07	30	야근식대		1		1,400,000원	140,000원	

합계금액	현금	수표	어음	외상미수금	이 금액을 (**청구**) 함
1,540,000원				1,540,000원	

07 7월 15일, 회사 사옥을 신축하기 위하여 취득한 토지의 부동산중개수수료에 대하여 ㈜대명으로부터 아래의 전자세금계산서를 수취하였다. 필수

[2024년 115회]

전자세금계산서					승인번호	20240715-10454645-53811338		
공급자	등록번호	738-85-01775	종사업장번호		공급받는자	등록번호	571-85-01094	종사업장번호	
	상호(법인명)	㈜대명	성명	오미인		상호(법인명)	㈜어진상사	성명	김세종
	사업장주소	서울시 금천구 시흥대로 198-11				사업장주소	서울특별시 구고구 안양천로 539길 6		
	업태	서비스	종목	부동산중개		업태	제조도소매	종목	전자제품

작성일자	공급가액	세액	수정사유
07/15	10,200,000	1,020,000	해당 없음

월	일	품목	규격	수량	단가	공급가액	세액	비고
07	15	토지 중개수수료				10,200,000	1,020,000	

합계금액	현금	수표	어음	외상미수금	이 금액을 (청구) 함
11,220,000원					

08 8월 28일, 해외거래처인 INSIDEOUT로부터 제품 생산에 필요한 원재료를 수입하면서 인천세관으로부터 아래의 수입전자세금계산서를 발급받고, 부가가치세는 현금으로 납부하였다(단, 재고자산에 대한 회계처리는 생략할 것). 필수

[2025년 122회 변형]

수입전자세금계산서					승인번호	20240828-11324560-11134567		
세관명	등록번호	135-82-12512	종사업장번호		공급받는자	등록번호	571-85-01094	종사업장번호	
	세관명	인천세관	성명	김세관		상호(법인명)	㈜어진상사	성명	김세종
	세관주소	인천광역시 미추홀구 항구로				사업장주소	서울특별시 구고구 안양천로 539길 6		
	수입신고번호					업태	제조 외	종목	전자제품

납부일자	과세표준	세액	수정사유	비고
08/28	5,400,000	540,000	해당 없음	

월	일	품목	규격	수량	단가	공급가액	세액	비고
08	28	수입신고필증 참조				5,400,000	540,000	

합계금액	5,940,000

09 9월 2일, 사내 행사를 위하여 영업부 직원들에게 제공할 다과류를 구입하고 법인카드(신한카드)로 결제하였다.

필수 [2025년 120회 변형]

> 09.02.(화) 09 : 30 : 51
>
> **1,100,000원**
>
> 정상승인 | 일시불
>
> **결제정보**
>
> 카드　　　　신한카드(1504-4123-4512-1111)
>
> **결제금액**　　　　　　　　　**1,100,000원**
>
> 공급가액　　　　　　　　　　1,000,000원
>
> 부가세　　　　　　　　　　　　100,000원
>
> **가맹점 정보**
>
> 가맹점명　　　　　　　　　　파리상사㈜
>
> 업종　　　　　　　　　　　　　도소매
>
> 사업자등록　　　　　　　234-81-02653
>
> 번호　　　　　　　　　　　　　오나라
>
> 대표자명
>
> 주소　　　　　　　서울시 서초구 명달로 105

10 8월 5일, 생산부 직원들의 단합을 위한 회식을 하고 식사비용 275,000원(부가가치세 포함)을 현금으로 지급하였으며, 일반과세자인 ㈜북경으로부터 지출증빙용 현금영수증을 적법하게 발급받았다. **필수**　[2025년 119회]

㈜북경

312-81-34310　　　　　　　　　　　　　　　박일문
서울시 구로구 안양천로 100　　　　　　TEL : 031-117-2727

현금영수증(지출증빙용)

구매 08/05　　17:27　　　　　　　　　　거래번호 : 11511

상품명	수량	단가	공급가액
오리고기			250,000
	과세물품가액		250,000원
	부가가치세액		25,000원
	합계		275,000원
	받은금액		275,000원

11 11월 3일, ㈜베아에서 10월 1일에 구입한 기계장치에 하자가 있어 반품하고 아래와 같이 수정세금계산서를 발급 받았으며 대금은 전액 미지급금과 상계처리하였다(단, 분개는 음수(−)로 회계처리할 것).　　　　[2023년 108회]

<table>
<tr><td colspan="4" rowspan="2">수정전자세금계산서</td><td>승인번호</td><td colspan="3">20231103-00054021-00000086</td></tr>
<tr><td rowspan="4">공
급
받
는
자</td><td>등록번호</td><td>571-85-01094</td><td>종사업장번호</td></tr>
<tr><td rowspan="4">공
급
자</td><td>등록번호</td><td>416-81-81833</td><td>종사업장번호</td><td>상호(법인명)</td><td>㈜어진상사</td><td>성명</td><td>김세종</td></tr>
<tr><td>상호(법인명)</td><td>㈜베아</td><td>성명</td><td>한만군</td><td>사업장주소</td><td colspan="3">서울특별시 구고구 안양천로 539길 6</td></tr>
<tr><td>사업장주소</td><td colspan="3">경북 칠곡군 석적읍 강변대로 220</td><td>업태</td><td>제조도소매</td><td>종목</td><td>전자제품</td></tr>
<tr><td>업태</td><td>도소매</td><td>종목</td><td>기타 기계 및 장비</td><td colspan="4"></td></tr>
<tr><td>작성일자</td><td colspan="2">공급가액</td><td colspan="2">세액</td><td>수정사유</td><td colspan="2"></td></tr>
<tr><td>11-03</td><td colspan="2">−30,000,000원</td><td colspan="2">−3,000,000원</td><td>재화의 환입</td><td colspan="2">당초 작성일자(20241001), 당초 승인번호</td></tr>
<tr><td>월</td><td>일</td><td>품목</td><td>규격</td><td>수량</td><td>단가</td><td>공급가액</td><td>세액</td><td>비고</td></tr>
<tr><td>11</td><td>03</td><td>기계장치</td><td></td><td></td><td></td><td>−30,000,000원</td><td>−3,000,000원</td><td></td></tr>
<tr><td colspan="2">합계금액</td><td colspan="2">현금</td><td>수표</td><td>어음</td><td>외상미수금</td><td colspan="2" rowspan="2">이 금액을 (청구) 함</td></tr>
<tr><td colspan="2">−33,000,000원</td><td colspan="2"></td><td></td><td></td><td>−33,000,000원</td></tr>
</table>

01 유형 : 51.과세, 전자세금계산서 수취한 기계장치 취득

유형 : 51.과세, 공급가액 : 20,000,000원, 부가세 : 2,000,000원, 공급처명 : 케이상사, 전자 : 여, 분개 : 혼합				
9. 11.	(차) 기계장치 　　부가세대급금	20,000,000 2,000,000	(대) 선급금 　　보통예금	2,000,000 20,000,000

※ 4월 2일 지급한 계약금은 이미 선급금 처리되어 있으므로 9월 11일 잔금일에 상계 처리

02 유형 : 52.영세, 구매확인서에 의한 내국 수입

유형 : 52.영세, 공급가액 : 6,000,000원, 부가세 : –, 공급처명 : 천안(주), 전자 : 여, 분개 : 혼합				
10. 31.	(차) 원재료	6,000,000	(대) 보통예금	6,000,0000

03 유형 : 51.과세, 전자세금계산서 수취한 원재료 매입

유형 : 51.과세, 공급가액 : 20,000,000원, 부가세 : 2,000,000원, 공급처명 : 천안(주) 전자 : 여, 분개 : 혼합				
10. 30.	(차) 원재료 　　부가세대급금	20,000,000 2,000,000	(대) 현금 　　외상매입금	6,600,000 15,400,000

※ 현금지급액 : 22,000,000원 × 30% = 6,600,000원

04 유형 : 54.불공, 비영업용 소형승용차 취득, 유지비용은 매입세액 불공제임.

유형 : 54.불공, 공급가액 : 2,500,000원, 부가세 : 250,000원, 공급처명 : 토탈상사, 전자 : 여, 분개 : 혼합 불공제사유 : ③ 개별소비세법 제1조 제2항 제3호에 따른 자동차 구입·유지 및 임차				
8. 1.	(차) 차량유지비(판매관리비)	2,750,000	(대) 보통예금 　　미지급금	2,000,000 750,000

※ 1,000cc 초과 소형승용차 취득, 유지 관련 부가세는 매입세액 불공제로 취득원가 또는 비용에 가산함.

05 유형 : 53.면세, 전자계산서 수취한 리스료 지급

유형 : 53.면세, 공급가액 : 1,800,000원, 부가세 : –, 공급처명 : 파리상사㈜, 전자 : 여, 분개 : 혼합				
10. 29.	(차) 임차료(판매관리비)	1,800,000	(대) 미지급금	1,800,000

06 유형 : 51.과세, 종이세금계산서 수취한 비용 지출

유형 : 51.과세, 공급가액 : 1,400,000원, 부가세 : 140,000원, 공급처명 : ㈜북경, 전자 : 부, 분개 : 혼합				
7. 30.	(차) 복리후생비(판매관리비) 　　부가세대급금	1,400,000 140,000	(대) 미지급금	1,540,000

※ 종이세금계산서 수취했으므로 '전자 : 부' 선택
※ Shift + F5 눌러 [예정신고누락분 확정신고] 창에 확정신고 개시연월 '2024년 10월' 입력

07 유형 : 54.불공, 면세인 토지 중개수수료는 매입세액 불공제임.

유형 : 54.불공, 공급가액 : 10,200,000원, 부가세 : 1,020,000원, 공급처명 : ㈜대명, 전자 : 여, 분개 : 혼합			
	불공제사유 : ⑥ 토지의 자본적 지출 관련		
7. 15.	(차) 토지	11,220,000	(대) 미지급금 11,220,000

※ 토지 중개수수료는 취득원가에 가산해야 하며 관련 부가세는 매입세액불공제로 취득원가에 가산됨.

08 유형 : 55.수입, 수입 시 세관에 지급한 부가세 인식

유형 : 55.수입, 공급가액 : 5,400,000원, 부가세 : 540,000원, 공급처명 : 인천세관, 전자 : 여, 분개 : 혼합			
8. 28	(차) 부가세대급금	540,000	(대) 현금 540,000

09 유형 : 57.카과, 신용카드로 과세 대상 취득

유형 : 57.카과, 공급가액 : 1,000,000원, 부가세 : 100,000원, 공급처명 : 파리상사(주), 전자 : −, 분개 : 혼합			
9. 2.	(차) 부가세대급금 복리후생비(판매관리비)	100,000 1,000,000	(대) 미지급금(신한카드) 1,100,000

※ 상거래(원재료, 상품) 이외 외상 구입이므로 미지급금 처리

※ 영업부 직원에게 지출하므로 판매관리비 처리

※ 카드대금을 신한카드에 지급하므로 미지급금 거래처를 신한카드로 변경해야 함.

10 유형 : 61.현과, 현금영수증 수취한 과세 대상 지출

유형 : 61.현과, 공급가액 : 250,000원, 부가세 : 25,000원, 공급처명 : ㈜북경, 전자 : −, 분개 : 혼합			
8. 5.	(차) 부가세대급금 복리후생비(제조원가)	25,000 250,000	(대) 현금 275,000

11 유형 : 51.과세, 전자세금계산서 수취한 기계 매입 반품으로 취소

유형 : 51.과세, 공급가액 : (−)30,000,000원, 부가세 : (−)3,000,000원, 공급처명 : ㈜베아, 전자 : 여, 분개 : 혼합			
11. 3.	(차) 기계장치 부가세대급금	(−) 30,000,000 (−) 3,000,000	(대) 미지급금 (−) 33,000,000

부가가치세 신고서 및 부속서류 입력

이 단원은 부가가치세 이론 부분에서 공부한 내용을 바탕으로 KcLep에서 부가가치세 신고서와 그 부속서류를 작성하는 내용입니다.
매출세액, 매입세액 관련 기본 지식만 있어도 상당 부분 맞출 수 있는 내용입니다.

 **학습방법** **부가가치세 신고서 작성 ⇒ 부속명세서 작성**

1. 매출세액 : 일반과세, 영세율을 구분하여 매출세액 입력하고 마지막으로 대손세액공제를 KcLep 서식에 입력합니다.
2. 매입세액 : 세금계산서 수취, 신용카드전표·현금영수증 수취, 매입세액불공제를 KcLep 서식에 입력합니다.
3. 부속명세서 : 주어진 내용을 부가가치세 부속명세서에 입력합니다.

 **출제빈도** **매회 실무 2문제(총 10점)**

공부량 대비 배점이 아주 높을 뿐 아니라 입력법만 익히면 어렵지 않게 맞출 수 있으니 일반과세·영세율, 매입세액 공제·불공제 지식을 바탕으로 반복적인 KcLep 입력으로 익혀야 합니다.

부가가치세 신고서 작성 및 전자신고	매회 1문제 6점으로 출제됨.
부가가치세 신고서 부속명세서 작성	공제받지 못할 매입세액명세서, 대손세액공제신고서, 신용카드매출전표등 발행금액집계표 등 9가지 정도 부속명세서가 매회 돌아가면서 4점짜리로 1문제씩 출제됨.

부가가치세 신고서 작성 및 전자신고

학습내용 · 부가가치세 신고서 작성 · 전자 신고
공부방향 부가가치세 신고서 입력(5점) 1문제, 전자신고(2점) 1문제, 총 7점 만점으로 출제되는 것이 보통임.
매출세액, 매입세액, 대손세액공제, 예정신고 누락, 가산세 등 부가가치세 계산구조를 체계적으로 이해
해야 하는데, 암기하지 말고 **논리를 바탕으로 체계적으로 학습**해야 함.

 **정교수 콕콕**

 **핵심체크**

부가가치세 신고서 입력 순서
★★★
[매출세액] ⇒ [매입세액] ⇒
[가산세 등 기타정보]

cafe.naver.com/eduacc 전산세무2급 자료실에서 Data_Install_JS2.zip 파일을 다운받아
컴퓨터에 설치 후 회사등록 클릭, F4 회사코드재생성 클릭 후 ㈜한양상사(회사코드:1202), ㈜효
원상회(회사코드:1142) 선택

1 부가가치세 신고서 작성 필수

지금까지 공부한 부가가치세 이론 내용을 바탕으로 부가가치세 신고서를 작성하는 해야 하
는데 [매출세액 정보 입력] ⇒ [매입세액 정보 입력] ⇒ [가산세 등 기타정보 입력] 순서로 이
루어집니다. 주로 확정신고 부가가치세 신고서 작성문제가 매년 5점짜리 문제로 거의 비슷하
게 출제되니 반드시 맞춰야 합니다. 아래 문제로 학습 후 단원평가문제와 기출문제로 꼭 실
전 연습을 해야 합니다.

실무기출 확인문제 ㈜한양상사(회사코드 : 1202) | 전산세무 2급, 120회 변형 |

다음 자료를 이용하여 ㈜한양상사의 당해 연도 제1기 확정신고기간의 부가가치세신고서만을
작성하시오. (단, 불러오는 데이터 값은 무시하고 문제에 제시된 자료만 새로 입력하고 부가가
치세 신고서 외의 부속서류 및 과세표준명세 입력은 생략한다.)

매출 자료	1. 전자세금계산서 발급분 과세 매출 : 공급가액 180,000,000원, 세액 18,000,000원 2. 구매확인서에 의한 영세율 매출 : 공급가액 20,000,000원, 세액 0원 3. 사업상증여 해당 금액 : 공급대가 44,000,000원 4. 당기 제1기에 대손세액공제요건이 충족된 외상매출금 : 11,000,000원(부가가치 세 포함) 5. 제1기 예정신고 시 누락된 세금계산서, 매출 공급가액 30,000,000원 (종이세금계 산서 발급분) 있음. 단, 부당 과소신고 아님.

<table>
<tr><td rowspan="9">매 입
자 료</td><td colspan="3">1. 전자세금계산서를 발급받은 매입내역</td></tr>
<tr><td>구분</td><td>공급가액</td><td>세액</td></tr>
<tr><td>일반 매입</td><td>150,000,000원</td><td>15,000,000원</td></tr>
<tr><td>사업 무관 매입(고정자산 아님)</td><td>10,000,000원</td><td>1,000,000원</td></tr>
<tr><td>기계장치 구입</td><td>15,000,000원</td><td>1,500,000원</td></tr>
<tr><td>합계</td><td>175,000,000원</td><td>17,500,000원</td></tr>
</table>

2. 신용카드 사용분 매입내역

구분	공급가액	세액
일반 매입	16,000,000원	1,600,000원
고정자산 매입	2,000,000원	200,000원
합계	19,000,000원	1,900,000원

기 타 자 료

1. 예정신고 미환급세액은 1,000,000원이고 확정신고 시 환급받기로 하였다.
2. 예정신고 누락분은 확정신고 시에 반영하기로 한다.
3. 해당 법인은 홈택스를 통해 전자적인 방법으로 부가가치세 신고를 직접 한다.
4. 1기 확정신고 납부기한은 4월 25일이고 1기 확정신고·납부는 7월 24일에 이루어졌다.

[부가가치세] ⇒ [부가가치세 신고서] 클릭하여 문제에서 주어진 정보를 [매출세액 정보 입력] ⇒ [매입세액 정보 입력] ⇒ [가산세 등 기타정보 입력] 순서로 정확히 입력해야 합니다.

[정답 및 풀이]

1. 과세표준 및 매출세액 입력

부가가치세 신고서 입력창에 확정신고기간 4.1 ~ 6.30 입력한 뒤 문제에서 주어진 매출내역을 차례대로 입력하면 다음과 같습니다.

매 출 세 액

일반과세

조회기간	2025년 4월 1일 ~ 2025년 6월 30일		신고구분	1.정기신고

구분				정기신고금액		
				금액	세율	세액
과세표준및매출세액	과세	세금계산서발급분	1	(1) 180,000,000	10/100	18,000,000
		매입자발행세금계산서	2		10/100	
		신용카드·현금영수증발행분	3		10/100	
		기타(정규영수증외매출분)	4	(2) 40,000,000		4,000,000
	영세	세금계산서발급분	5	(3) 20,000,000	0/100	
		기타	6		0/100	
	예정신고누락분		7	(4) 30,000,000		3,000,000
	대손세액가감		8			(5) -1,000,000
	합계		9	270,000,000	㉮	24,000,000

종이세금계산서 발행★★
전자세금계산서 미발행 가산
세: 공급가액×1%

풀이

공급가액
44,000,000원(공급대가) ÷
1.1 = 40,000,000원(공급
가액)

핵심체크

예정신고 누락 매출★★
• 과소신고가산세: 과소신고
VAT×10%×(1−감면율)
• 지연납부가산세: 지연납부
VAT×0.022%×일수

(1) 전자세금계산서 발급분

전자세금계산서 발급분은 「과세」−「세금계산서발급분」칸에 공급가액 180,000,000원을 입력하면 부가가치세 18,000,000원이 자동으로 입력됩니다. ㈜한양상사는 법인이므로 반드시 전자세금계산서를 발행해야 하므로 만약 종이세금계산서를 발행했다면 이는 세금계산서 미발급가산세(공급가액 × 1%) 부과 대상이니 기억하세요.

(2) 사업상증여 해당 금액

사업상증여는 간주공급이고 세금계산서가 발행되지 않는 거래입니다. 「과세」−「기타(정규영수증외매출분)」칸에 공급가액 40,0000,000원을 입력하면 부가가치세 4,000,000원이 자동으로 입력됩니다.

(3) 구매확인서에 의한 영세율 매출

구매확인서에 의한 영세율 매출은 「영세」−「세금계산서발급분」칸에 공급가액 20,000,000원을 입력하면 부가가치세 0원으로 자동 입력됩니다.

(4) 예정신고 누락분

예정신고 누락 매출은 신고서 칸에 직접 입력 할 수 없습니다. 입력 화면의 우측 "7.매출(예정신고누락분)" 입력 칸에 예정신고 기간에 세금계산서 발행·누락분 30,000,000원을 「과세」−「세금계산서」칸에 입력합니다.

		구분		금액	세율	세액
7.매출(예정신고누락분)						
예정누락분	과세	세금계산서	36	30,000,000	10/100	3,000,000
		기타	37		10/100	
	영세	세금계산서	38		0/100	
		기타	39		0/100	
		합계	40	30,000,000		3,000,000

단, 예정신고 누락분은 종이세금계산서를 발행했으므로 전자세금계산서 미발급가산세(공급가액 × 1%) 부과 대상일 뿐 아니라 부가가치세가 과소신고 되므로 과소신고 가산세와 지연납부 가산세가 부과 됩니다.

(5) 대손세액 가감

기존 외상매출금 중 소멸시효가 완성되어 회수가 불가능한 부가가치세는 확정 신고 시 대손세액으로 돌려받아야 하기 때문에 받지 못한 부가가치세 (−)1,000,000원을 "세액 칸"에 입력해야 합니다. 문제에서는 부가가치세 포함 금액이 주어졌으므로 공급대가를 1.1로 나누고 10%를 곱해야 공급가액이 계산됩니다. ⇒ 11,000,000원(공급대가) ÷ 1.1 × 10% = 1,000,000원(부가가치세)

대손세액공제는 반드시 확정 신고 기간에만 신청 가능함을 기억해 주세요.

2. 매입세액 입력

다음으로 매입내역을 차례대로 입력하면 다음과 같습니다.

일반과세						
조회기간	2025 년	4 월	1 일 ~ 2025 년 6 월 30 일	신고구분		1.정기신고

매입세액	세금계산서 수취분	일반매입	10	(1) 160,000,000		16,000,000
		수출기업수입분납부유예	11			
		고정자산매입	12	(1) 15,000,000		1,500,000
	예정신고누락분		13			
	매입자발행세금계산서		14			
	그 밖의 공제매입세액		15	(2) 18,000,000		1,800,000
	합계(10)-(11)+(12)+(13)+(14)+(15)		16	193,000,000		19,300,000
	공제받지못할매입세액		17	(3) 10,000,000		1,000,000
	차감계 (16-17)		18	183,000,000	⑭	18,300,000

(1) 세금계산서 수취분

전산세금계산서 수취 분 중 기계장치 구입액은 "고정자산 매입 칸"에 입력하고 나머지 금액은 "일반매입 칸"에 입력하되, 부가가치세 신고서는 "공제가능액"과 "공제불가능액"을 모두 입력한 뒤 "공제받지 못할 매입세액"을 차감하는 구조입니다.

따라서 「일반매입 칸」에는 "일반매입 150,000,000원 + 사업 무관 일반매입 10,000,000원, 총 160,000,000원"을 입력하고, 「고정자산매입」칸에는 공급가액은 15,000,000원, 부가가치세는 1,500,000원 입력해야 합니다. 즉, 세금계산서 수취 분에는 총액을 입력하고 사업과 직접 관련 없는 지출 등은 잠시 뒤 하단의 「공제받지 못할 금액」칸에 입력해야 합니다.

(2) 그 밖의 공제매입세액 : 신용카드 매입 등

이 칸에는 세금계산서 이외의 신용카드전표, 현금영수증 등을 수취한 금액을 입력해야 하는데, 신고서 칸에 직접 입력 할 수 없습니다. 입력 화면의 우측 "14.그 밖의 공제매입세액" 입력칸에 신용카드 「일반매입 칸」에 공급가액 16,000,000원, 세액 1,600,000원, 「고정매입 칸」에 공급가액 2,000,000원, 세액 200,000원을 입력해야 합니다.

14.그 밖의 공제매입세액						
신용카드매출 수령금액합계표	일반매입	44		16,000,000		1,600,000
	고정매입	45		2,000,000		200,000
의제매입세액		46			뒤쪽	
재활용폐자원등매입세액		47			뒤쪽	
과세사업전환매입세액		48				
재고매입세액		49				
변제대손세액		50				
외국인관광객에대한환급세액		51				
합계		52		18,000,000		1,800,000

(3) 공제받지 못할 매입세액 그림

이 칸에는 매입금액 중 공제받지 못할 매입세액을 입력해야 하는데, 신고서 칸에 직접 입력 할 수 없습니다. 입력 화면의 우측 "16.공제받지못할매입세액" 입력 칸에 사업과 직접 관련 없이 지출한 공급가액 10,000,000원, 부가가치세 1,000,000원을 입력합니다.

구분		금액	세율	세액
16.공제받지못할매입세액				
공제받지못할 매입세액	53	10,000,000		1,000,000
공통매입세액면세등사업분	54			
대손처분받은세액	55			
합계	56	10,000,000		1,000,000

3. 기타 입력 사항 : 경감공제세액, 예정신고 미환급세액, 가산세

이제 마지막으로 신고서 맨 밑 하단을 입력할 차례입니다. 주어진 문제에서는 예정신고 미환급세액, 전자신고세액공제, 그리고 가산세를 입력해야 하는데, 가산세 문제가 다소 난도가 있으므로 꼼꼼히 학습해야 합니다.

(1) 예정신고 미환급세액

부가가치세 일반환급은 확정신고 시에만 신청 가능합니다. 문제에서 주어진 「예정신고 미환급세액」 칸에 1,000,000원을 입력하면 됩니다.

(2) 전자신고세액공제

전자신고세액공제는 반드시 암기를 해야 하는데 10,000원입니다.
「경감공제세액」 – 「신용카드매출전표등 발행공제등」 클릭 후 "18.그 밖의 경감·공제세액" 의 「전자신고 및 전자공지 세액공제」 칸에 10,000원을 입력하면 됩니다.

18.그 밖의 경감·공제세액				
전자신고 및 전자고지 세액공제	57			10,000
전자세금계산서발급세액공제	58			
택시운송사업자경감세액	59			
대리납부세액공제	60			
현금영수증사업자세액공제	61			
기타	62			
합계	63			10,000

(3) 가산세

가산세 입력 칸에 마우스 커서를 가져가면 가산세를 입력할 수 있는 "가산세명세 창"이 뜹니다. 대부분 가산세는 "가산세명세 창"에 가산세율이 입력되어 있어 공급가액만 입력하면 가산세가 자동 계산되니 과소신고 가산세율 10% 이외에는 가산세율을 암기할 필요는 없습니다.

가. 빈출 가산세

구분	가 산 세
전자세금계산서 대신 종이세금계산서 발급 가산세	공급가액 × 1%
전자세금계산서 지연전송 가산세	공급가액 × 0.3%
세금계산서 지연수취 가산세	공급가액 × 0.5%
과소·초과환급 가산세	과소 신고세액 × 10% (부당신고 40%)
납부지연 가산세	과소 납부세액 × 0.022% × 미납일수
영세율 과세표준 신고불성실 가산세	공급가액 × 0.5%

나. 가산세 감면

다음 두 가지 가산세는 법정신고 기한 지난 후 일정 시간 내에 자진해서 수정 신고하면 가산세를 감면해 주는데, 전산세무 2급 시험에 자주 출제되니 1개월~3개월, 75% 감면율은 꼭 암기해야 합니다.

구분	감 면
과소·초과환급 가산세	법정신고기한 지난 후 1개월 이내 수정신고한 경우 90%,
영세율과세표준 신고불성실 가산세	1개월 ~ 3개월 이내 75%, 3개월 ~ 6개월 이내 50% 감면

다. 가산세 입력 결과

문제에서는 3가지 가산세가 부과되는데 이를 계산하면 다음과 같습니다. 3개월 이내 자진 신고 시 과소신고 가산세 75% 감면을 꼭 기억해 주세요.

가산세 종류	계산 내역	
전자세금계산서 미발급	예정신고 시 종이세금계산서 발행 공급가액(30,000,000) × 1% = 300,000원	
과소신고	예정신고 시 과소신고 부가가치세	누락 매출 30,000,000 × 10% = 3,000,000원
	1기 예정신고분이므로 4월 25일 까지 신고하여야 하는데 이를 확정신고로 7월 24일에 신고하므로 90일 후 자진 신고임. ⇒ 3개월 이내 자진 신고이므로 가산세를 75% 감면 받을 수 있음.	
	3,000,000원 × 10% × (1 − 75%) = 75,000원	
납부지연	3,000,000원 × 0.022% × 90일 = 59,400원	

※ 납부지연 가산세 칸을 클릭하면 뜨는 팝업 창에 당초 예정신고 납부기한과 실제 납부하는 확정 납부일을 입력하면 미납일수와 가산세가 자동 계산됨.

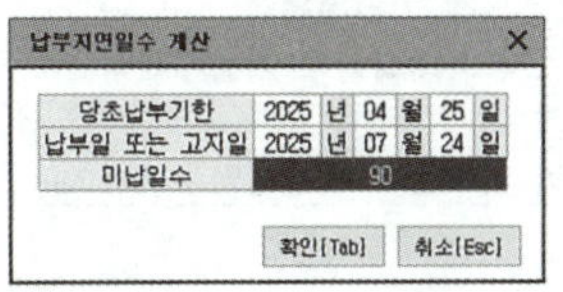

참고

가산세율 암기
과소신고 가산세율 10% 이외는 모두 KcLep 입력 시 "가산세명세표"에 있으므로 암기할 필요 없음.

핵심체크

과소신고/영세율과표 가산세 감면율★★
법정신고기한 지난 후 1~3개월 이내 75%

핵심체크

종이세금계산서 발급 가산세 ★★
62번.지연발급등 칸에 입력 (64.미발급등 칸에 입력해도 무방)

참고

미납일수 계산
4월(5일) + 5월(31일) + 6월(30일) + 7월(24일) = 90일

3가지 가산세를 부가가치세 신고서의 "가산세명세 창"에 입력하면 다음과 같습니다.

25.가산세명세

구분		번호	금액	세율	세액
사업자미등록등		64		뒤쪽	
세금 계산서	지연발급 등	65	30,000,000	1/100	300,000
	지연수취	66		5/1,000	
	미발급 등	67		뒤쪽	
전자세금 발급명세	지연전송	68		3/1,000	
	미전송	69		5/1,000	
세금계산서 합계표	제출불성실	70		5/1,000	
	지연제출	71		3/1,000	
신고 불성실	무신고(일반)	72		뒤쪽	
	무신고(부당)	73		뒤쪽	
	과소·초과환급(일반)	74	3,000,000	뒤쪽	75,000
	과소·초과환급(부당)	75		뒤쪽	
납부지연		76	3,000,000	뒤쪽	59,400

이상 매출내역, 매입내역, 기타내역을 모두 입력하면 다음과 같은 부가가치세 신고서가 완성됩니다.

일반과세

조회기간 | 2025 년 4 월 1 일 ~ 2025 년 6 월 30 일 | 신고구분 | 1.정기신고

구분				정기신고금액		
				금액	세율	세액
과세표준및매출세액	과세	세금계산서발급분	1	180,000,000	10/100	18,000,000
		매입자발행세금계산서	2		10/100	
		신용카드·현금영수증발행분	3		10/100	
		기타(정규영수증외매출분)	4	40,000,000		4,000,000
	영세	세금계산서발급분	5	20,000,000	0/100	
		기타	6		0/100	
	예정신고누락분		7	30,000,000		3,000,000
	대손세액가감		8			-1,000,000
	합계		9	270,000,000	㉮	24,000,000
매입세액	세금계산서 수취분	일반매입	10	160,000,000		16,000,000
		수출기업수입분납부유예	11			
		고정자산매입	12	15,000,000		1,500,000
	예정신고누락분		13			
	매입자발행세금계산서		14			
	그 밖의 공제매입세액		15	18,000,000		1,800,000
	합계(10)-(11)+(12)+(13)+(14)+(15)		16	193,000,000		19,300,000
	공제받지못할매입세액		17	10,000,000		1,000,000
	차감계 (16-17)		18	183,000,000	㉯	18,300,000
납부(환급)세액(매출세액㉮-매입세액㉯)					㉰	5,700,000
경감 공제 세액	그 밖의 경감·공제세액		19			10,000
	신용카드매출전표등 발행공제등		20			
	합계		21		㉱	10,000
소규모 개인사업자 부가가치세 감면세액			22		㉲	
예정신고미환급세액			23		㉳	1,000,000
예정고지세액			24		㉴	
수시부과세액			25		㉵	
사업양수자의 대리납부 기납부세액			26		㉶	
매입자 납부특례 기납부세액			27		㉷	
신용카드업자의 대리납부 기납부세액			28		㉸	
가산세액계			29		㉹	434,400
차가감하여 납부할세액(환급받을세액)㉰-㉱-㉲-㉳-㉴-㉵-㉶-㉷-㉸+㉹			30			5,124,400

4. 과세표준명세 작성

◎ 핵심체크

과세표준명세 작성
F4 과표명세 클릭 후 과세표준
금액, 면세 매출액 입력

| 실무기출 확인문제 | 전산세무 **2급**, 122회 |

㈜한양상사(회사코드:1202)의 1기 확정 신고기간의 과세표준명세를 작성하시오. 전자계산서 발급분 면세 매출액은 1,000,000원, 세액 0원이라 가정할 것.

[정답 및 풀이]

좀 전 부가가치세 신고서 입력했던 ㈜한양상사의 1기 확정신고기간 문제에 위 과세표준명세 작성문제가 추가되었다 가정하겠습니다. 그럼 다음과 같이 F4 과표명세 메뉴를 클릭 후 아래와 같이 과세표준 금액 270,000,000원, 면세 매출액 1,000,000원을 입력하면 됩니다. 거의 출제되지 않으니 참고로 알아 두세요.

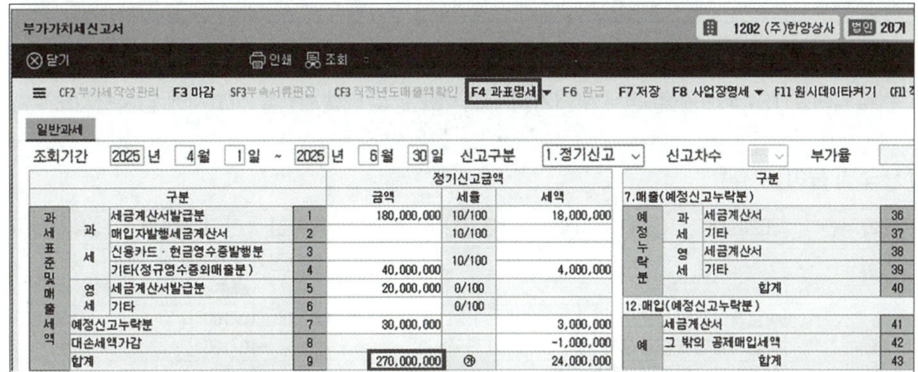

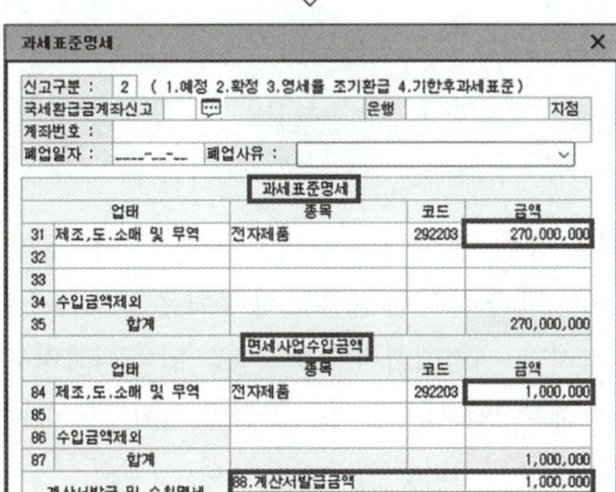

[참고] 부가가치세 신고서 입력 중 추가 학습할 내용

> 아래 내용은 자주 출제되지 않지만, 생각보다 어렵지 않기 때문에 한 번 학습하길 권합니다. 다만, 시간이 너무 없는 학생들은 과감히 패스해도 전산세무 2급 합격에는 지장이 없습니다.

1 부동산 임대업의 부가가치세 신고 입력

부동산임대 사업자는 수령하는 월세·관리비에 대해서는 세금계산서를 발행하고 보증금에 대한 간주임대료에 대해서는 세금계산서를 발행하지 않습니다. 즉, 월세·관리비 수령액은「과세」-「세금계산서 발급분」칸에, 간주임대료는「과세」-「기타(정규영수증외 매출분)」칸에 입력합니다.

실무기출 확인문제 | 전산세무 2급, 99회 |

부동산 임대법인 (주)문래전자의 2기 확정기간(10.1 ~ 12.31)의 월세 수령액 13,300,000원, 간주임대료 181,478원 일 경우 부가가치세 과세표준 및 매출세액을 신고서에 입력하시오.

[정답 및 풀이]

조회기간	2024 년 10 월 1 일 ~ 2024 년 12 월 31 일		신고구분		1.정기신고

구분				정기신고금액	
			금액	세율	세액
과세표준및매출세액	과세	세금계산서발급분 1	13,300,000	10/100	1,330,000
		매입자발행세금계산서 2		10/100	
		신용카드·현금영수증발행분 3		10/100	
		기타(정규영수증외매출분) 4	181,478		18,147
	영세	세금계산서발급분 5		0/100	
		기타 6		0/100	
	예정신고누락분 7				
	대손세액가감 8				
	합계 9		13,481,478	㉮	1,348,147

2 매입매출전표 입력을 통한 예정신고 누락분 자동 입력 `어려우면 Pass`

앞선 사례 문제에서 살펴본 바와 같이 예정신고 시 누락분을 부가가치세 신고서에 입력하는 칸이 따로 있었습니다. 하지만, 매입매출전표에 입력한 뒤 부가가치세 신고서에 자동 반영하는 방법도 있습니다. 전산세무 2급 시험에 아주 가끔 출제되기도 하는데 과감히 패스해도 합격에는 지장이 없지만, 차분히 학습하면 아주 쉽습니다.

실무기출 확인문제 | 전산세무 2급, 99회 |

아래 예정신고 누락분을 매입매출전표에 입력 후 불러오는 방법으로 ㈜평화전자의 2기 확정기간(10.1 ~ 12.31)의 부가가치세 확정신고서에 반영하시오.

- 매 출 : 9월 25일, 동일상사에게 제품을 현금으로 매출하고 발급한 현금영수증 4,070,000원(부가가치세 포함) 누락분 반영

[정답 및 풀이]

1. 예정신고 시 누락한 매출 입력

2024년 09월 25일 변경	현금잔액:	277,214,979	대차차액:	매출

□	일	번호	유형	품목	수량	단가	공급가액	부가세	코드	공급처명	사업/주민번호	전자	분개
□	25	50001	현과	제품			3,700,000	370,000	00131	동일상사	169-12-00199		혼합

구분	계정과목	적요	거래처	차변(출금)	대변(입금)
대변	0255 부가세예수금	제품	00131 동일상사		370,000
대변	0404 제품매출	제품	00131 동일상사		3,700,000
차변	0101 현금	제품	00131 동일상사	4,070,000	

2. 예정신고 거래를 확정신고에 반영한다는 표시

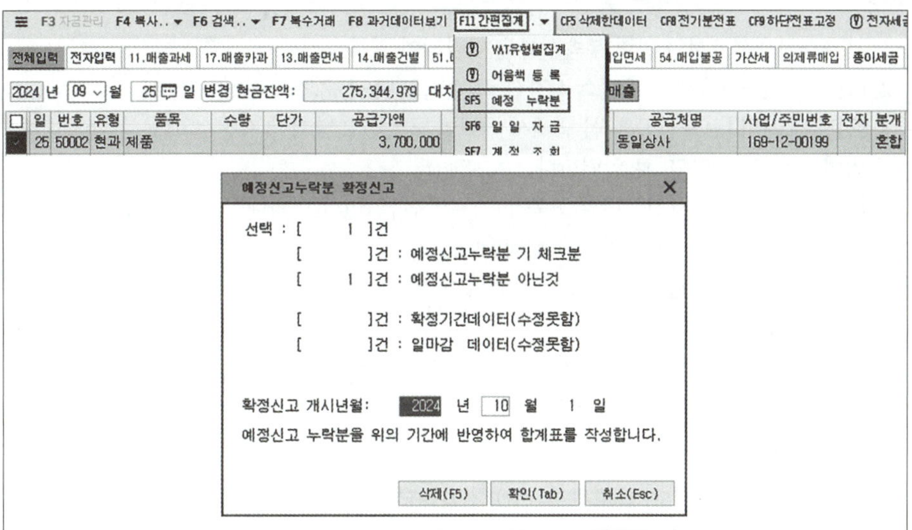

3. 확정신고 부가가치세 신고서 확인

조회기간 2024 년 10 월 1 일 ~ 2024 년 12 월 31 일	신고구분 1.정기신고	신고차수	부가율 100	확정

구분			금액	세율	세액	구분			금액	세율	세액
				정기신고금액							
과세표준및매출세액	과세	세금계산서발급분 1		10/100		7.매출(예정신고누락분)					
		매입자발행세금계산서 2		10/100		예정누락분	과세	세금계산서 33		10/100	
		신용카드·현금영수증발행분 3		10/100				기타 34	3,700,000	10/100	370,000
		기타(정규영수증외매출분) 4					영세	세금계산서 35		0/100	
	영세	세금계산서발급분 5		0/100				기타 36		0/100	
		기타 6		0/100				합계 37	3,700,000		370,000
	예정신고누락분 7		3,700,000		370,000	12.매입(예정신고누락분)					
	대손세액가감 8					예	세금계산서 38				
	합계 9		3,700,000	㉑	370,000		그 밖의 공제매입세액 39				
							합계 40				

이제 부가가치세 신고서 입력 메뉴에 확인신고기간(10.1 ~ 12.31)을 입력하면 위에 입력한 예정신고 기간 누락분이 입력된 것을 확인할 수 있습니다.

참고

먼저 예정신고 시 누락한 매출 (9.25) 거래를 매입매출전표에 입력한 뒤, 이를 확정신고에 반영한다는 표시를 해야 합니다.

참고

매입매출전표를 입력한 후 날짜 앞에 체크박스를 클릭한 후 [F11 간편집계] 중 [SF5 예정 누락분]을 클릭한 뒤, 확정신고 개시년월을 2024년 10월로 입력하고 [확인]을 누릅니다.

핵심체크

부가가치세 전자신고★★★
전자신고(전자신고 제작) →
국세청 홈택스 전자신고변환
(교육용) → 전자파일 변환(파
일선택 → 형식검증 → 전자
파일 제출)

2 부가가치세 전자신고

부가가치세 신고서 다음으로 전산세무 2급 시험에 자주 출제되는 것이 바로 부가가치세 전자신고입니다. 전자신고는 절차대로 KcLep 메뉴를 절차대로 클릭만 하면 되기 때문에 출제되면 반드시 맞춰야 합니다. 기출문제를 통해 입력 절차를 알아보겠습니다.

| 실무기출 확인문제 | ㈜효원상회(회사코드:1142) | 전산세무 2급, 114회 |

다음의 자료를 이용하여 제1기 부가가치세 예정신고기간(1월 1일 ~ 3월 31일)의 [부가가치세신고서] 및 관련 부속서류를 전자신고 하시오.

1. 부가가치세신고서와 관련 부속서류는 마감되어 있다.
2. [전자신고] → [국세청 홈택스 전자신고변환(교육용)] 순으로 진행한다.
3. [전자신고]의 [전자신고제작] 탭에서 신고인 구분은 2.납세자 자진신고를 선택하고, 비밀번호는 "12345678"로 입력한다.
4. [국세청 홈택스 전자신고변환(교육용)] → 전자파일변환(변환대상파일선택) → [찾아보기]에서 전자신고용 전자파일을 선택한다.
6. 전자신고용 전자파일 저장경로는 로컬디스크(C:)이며, 파일명은 "enc작성연월일.101.v사업자등록번호"이다.
7. 최종적으로 [전자파일 제출하기]를 완료한다.

[정답 및 풀이]

[부가가치세] − [전자신고] 클릭한 후 아래 절차대로 입력해야 합니다.

1. 부가가치세신고서 및 부속서류 마감 확인

먼저 ㈜효원상회의 [부가가치세신고서] 메뉴를 클릭하여 예정신고 기간(1.1~3.31) 입력 한 뒤 다음과 같이 신고서가 마감된 것을 확인합니다. (화면 좌측 위에 마감 표시가 되어 있음.)

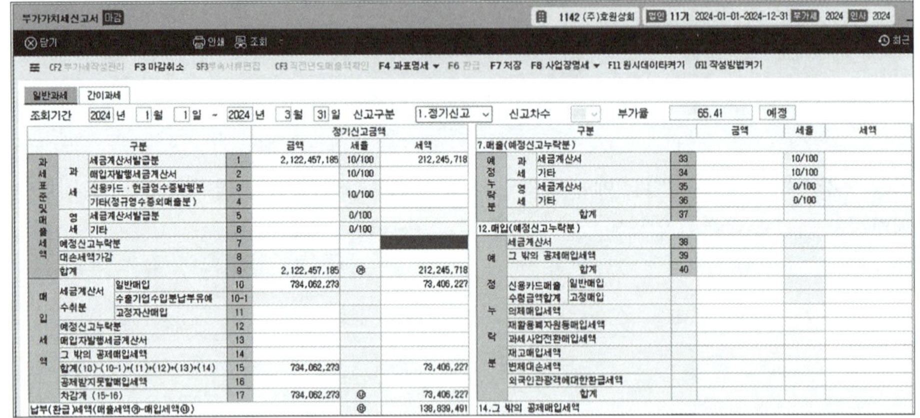

부가가치세신고서 [마감]　1142 (주)효원상회　법인 11기 2024-01-01-2024-12-31 부가세 2024 인상 2024

조회기간 2024 년 1 월 1 일 ~ 2024 년 3 월 31 일　신고구분 1.정기신고　신고차수　부가율 65.41　예정

	구분			금액(정기신고금액)	세율	세액
과세표준및매출세액	과세	세금계산서발급분	1	2,122,457,185	10/100	212,245,718
		매입자발행세금계산서	2		10/100	
		신용카드·현금영수증발행분	3		10/100	
		기타(정규영수증외매출분)	4			
	영세	세금계산서발급분	5		0/100	
		기타	6		0/100	
	예정신고누락분		7			
	대손세액가감		8			
	합계		9	2,122,457,185	㉮	212,245,718
매입세액	세금계산서수취분	일반매입	10	734,062,273		73,406,227
		수출기업수입분납부유예	10-1			
		고정자산매입	11			
	예정신고누락분		12			
	매입자발행세금계산서		13			
	그 밖의 공제매입세액		14			
	합계(10)-(10-1)+(11)+(12)+(13)+(14)		15	734,062,273		73,406,227
	공제받지못할매입세액		16			
	차감계 (15-16)		17	734,062,273	㉯	73,406,227
납부(환급)세액(매출세액㉮-매입세액㉯)					㉰	138,839,491

	구분		금액	세율	세액
7.매출(예정신고누락분)					
예정누락분	과세	세금계산서	33	10/100	
		기타	34	10/100	
	영세	세금계산서	35	0/100	
		기타	36	0/100	
	합계		37		
12.매입(예정신고누락분)					
예정누락분	세금계산서		38		
	그 밖의 공제매입세액		39		
	합계		40		
	신용카드매출수령금액합계	일반매입			
		고정매입			
	의제매입세액				
	재활용폐자원등매입세액				
	과세사업전환매입세액				
	재고매입세액				
	변제대손세액				
	외국인관광객에대한환급세액				
	합계				
14.그 밖의 공제매입세액					

2. 전자신고 데이터 제작

[전자신고] 클릭 ⇒ 1월 ~ 3월 입력 ⇒ 신고인 구분 입력 ⇒ [F4 제작] 클릭 ⇒ 비밀번호 12345678 입력 후 [확인] 클릭

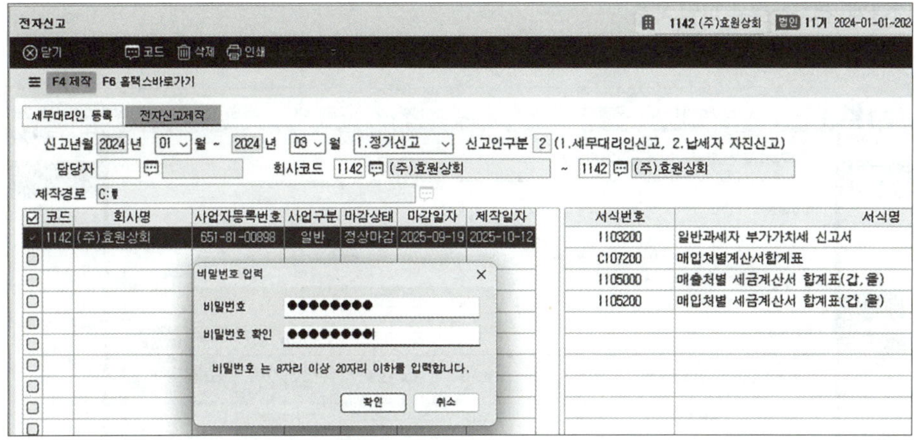

3. 가상 국세청홈택스에서 부가가치세 신고

전자신고 데이터를 제작 완료하면 로컬디스크(C:)에 "enc작성연월일.101.v사업자등록번호"로 파일이 생성됩니다. 이제 이 데이터로 가상 국세청홈택스에 부가가치세를 신고해야 합니다.

[1단계] 전자신고용 파일 불러오기

[F6 홈택스 바로가기]를 클릭한 후 [변환대상 파일선택] 화면에서 [찾아보기] 메뉴 클릭해 이미 작성한 전자신고 데이터를 로컬디스크(C:)에서 불러옵니다.

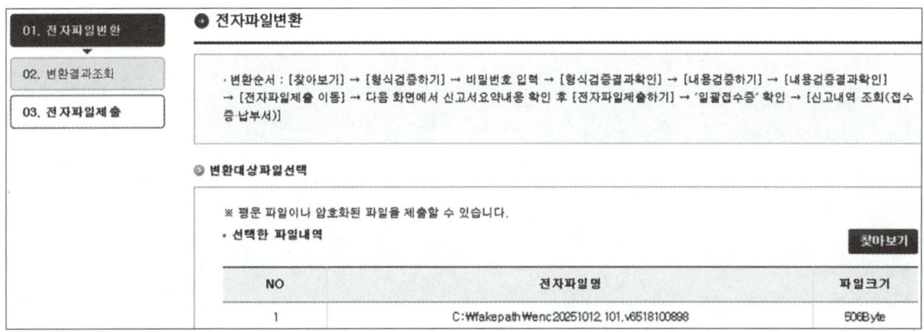

[2단계] 전자신고용 파일 변환

아래 박스 안의 메뉴를 [형식검증하기] ⇒ [형식검증결과확인] ⇒ [내용검증하기] ⇒ [내용검증결과확인] 순서로 각각 항목을 눌러 내용을 입력하면 다음과 같이 파일의 형식이 검증됩니다.

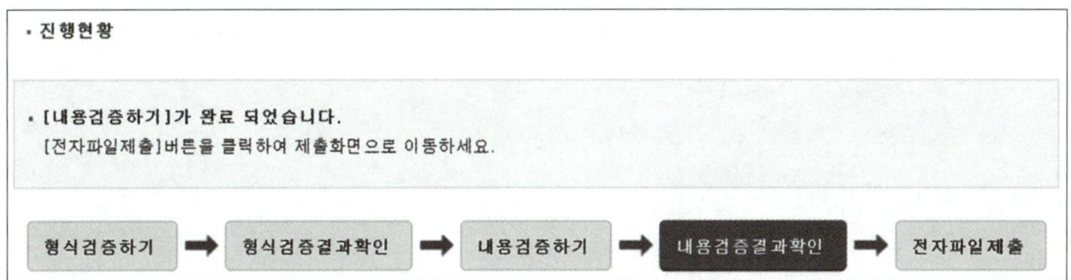

[3단계] 전자신고용 파일 제출

마지막으로 [전자파일제출] 메뉴를 클릭하면 다음과 같이 제출이 완료됩니다.

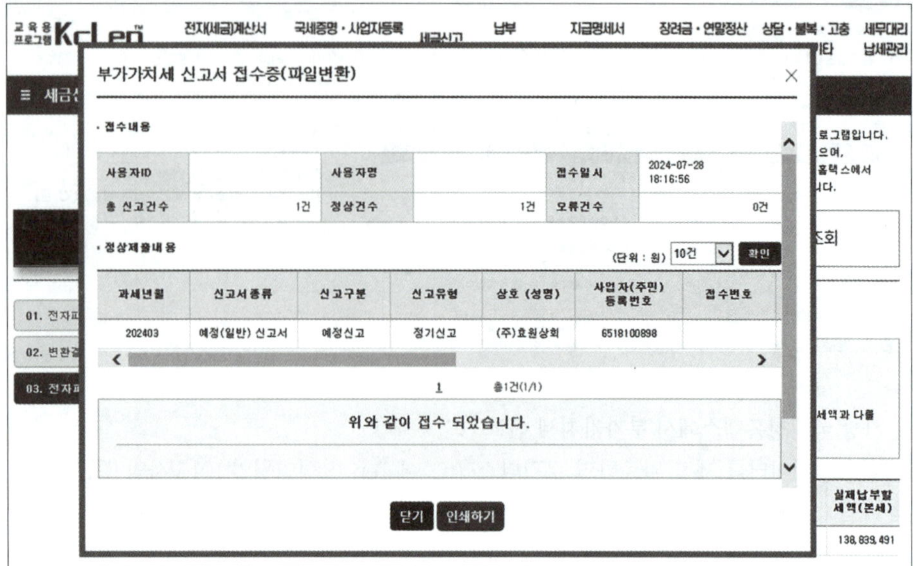

실무기출 공략하기

cafe.naver.com/eduacc 전산세무2급 자료실에서 Data_Install_JS2.zip 파일을 다운받아 컴퓨터에 설치 후 `회사등록` 클릭 후 아래 제시된 회사를 선택하여 문제를 푸시오.

[1] **㈜옥이전자(회사코드 : 1212)를 선택하시오.** [2025년, 121회]

난이도 ★★★

01 다음의 자료를 이용하여 제1기 부가가치세 확정신고(4.1~6.30)의 [부가가치세 신고서]를 작성하시오. 단, 불러오는 자료는 무시할 것. `필수`

매 출 자 료	• 세금계산서 발급분 : 공급대가 550,000,000원, 모두 전자세금계산서 발급분이다. • 현금영수증 매출 발행분 : 공급대가 33,000,000원 • 대손이 확정된 외상매출금(공급대가 2,200,000원)에 대하여 대손세액공제를 적용한다.
매 입 자 료	• 수취한 매입세금계산서는 공급가액 200,000,000원, 세액 20,000,000원이다. : 이 중 고정자산 세금계산서 수취분은 공급가액 10,000,000원, 세액 1,000,000원이고, 이 고정자산은 개별소비세 과세대상 승용차 관련 매입분이다. • 현금영수증 상품 매입분 : 공급가액 20,000,000원, 세액 2,000,000원 • 제1기 예정신고 시 누락된 공제가능한 신용카드매출전표(일반매입) : 공급가액 5,000,000원, 세액 500,000원
유 의 사 항	• 매출자료 중 전자세금계산서 지연전송분 : 공급가액 8,000,000원, 세액 800,000원 • 예정신고 누락분은 확정신고 시 반영하기로 한다. • 해당 법인은 홈택스 사이트를 통해 전자적인 방법으로 부가가치세 신고를 직접 한다. • 세부담 최소화를 가정한다. • 불러온 자료는 무시하고 문제에 제시된 자료만 직접 입력한다. • 부가가치세 신고서 이외의 과세표준명세 등 기타 부속서류의 작성은 생략한다.

02 다음 자료를 이용하여 제2기 확정 부가가치세 신고서 및 관련 부속서류를 전자신고 하시오. 필수

> • 부가가치세 신고서와 관련 부속서류는 마감되어 있다.
> • [전자신고] → [국세청 홈택스 전자신고변환(교육용)] 순으로 진행한다.
> • 전자신고용 전자파일 제작 시 신고인 구분은 "2.납세자 자진신고"로 선택하고, 비밀번호는 "13001300"으로 입력한다.
> • 전자신고용 전자파일 저장경로는 로컬디스크(C:)이며, 파일명은 "enc작성연월일.101.v사업자등록번호"이다.
> • 최종적으로 국세청 홈택스에서 [전자파일 제출하기]를 완료한다.

---

[2] ㈜시완산업(회사코드:1122)를 선택하시오. [2023년, 112회]

난이도 ★★

01 다음 자료를 이용하여 제1기 예정신고기간(01.01. ~ 03.31.)의 [부가가치세신고서]를 작성하시오.(단, 기존에 입력된 자료 또는 불러오는 자료는 무시하고, 부가가치세 신고서 외의 부속서류 작성은 생략할 것) 필수

매출 자료	• 전자세금계산서 발급분 : 공급가액 350,000,000원 세액 35,000,000원 • 현금영수증 발급분 : 공급가액 12,000,000원 세액 1,200,000원 • [부동산임대공급가액명세서]에서 계산된 간주임대료 과세표준 금액 : 287,600원 (단, 임대료에 대한 전자세금계산서는 적법하게 발급되었음.)

매입
자료
	• 전자세금계산서 수취분 일반매입 : 공급가액 110,000,000원 세액 11,000,000원
	  (업무용 토지취득 관련 법무사비용 공급가액 350,000원, 세액 35,000원이 포함되어 있음.)
	• 전자세금계산서 수취분 고정자산매입 : 공급가액 40,000,000원 세액 4,000,000원
	  (개별소비세 과세 대상 업무용승용차(5인승, 1,995cc) 매입액임.)
	• 신용카드 일반매입액 : 공급가액 50,000,000원 세액 5,000,000원
	  (접대 관련 카드사용분 공급가액 5,000,000원 세액 500,000원이 포함되어 있음.)

기타 자료	• 매출 및 매입에 대한 전자세금계산서는 적법하게 발급되었다. • 전자신고세액공제는 고려하지 않는다.

02 **제1기 확정 부가가치세신고서의 [전자신고]를 수행하시오.** `필수`

1. 부가가치세 신고서와 관련 부속서류는 마감되어 있다.
2. [전자신고]→[국세청 홈택스 전자신고변환(교육용)] 순으로 진행한다.
3. [전자신고]에서 전자파일 제작 시 신고인 구분은 2.납세자 자진신고로 선택하고, 비밀번호는 "13001300"으로 입력한다.
4. [국세청 홈택스 전자신고변환(교육용)]에서 전자파일변환(변환대상파일선택) 〉 → `찾아보기`
5. 전자신고용 전자파일 저장경로는 로컬디스크(C:)이며, 파일명은 "enc작성연월일.101.v6098140259"이다.
6. `형식검증하기` ➡ `형식검증결과확인` ➡ `내용검증하기` ➡ `내용검증결과확인` ➡ `전자파일제출` 을 순서대로 클릭한다.
7. 최종적으로 `전자파일 제출하기` 를 완료한다.

[3] **㈜파쇄상회(회사코드:1072)를 선택하시오.** `필수` [2023년, 107회]

아래 자료만을 이용하여 제1기 부가가치세 확정신고기간(04.01. ~ 06.30.)의 [부가가치세신고서]를 작성하시오 (단, 기존에 입력된 자료 또는 불러온 자료는 무시하고, 부가가치세신고서 외의 부속서류 작성은 생략할 것).

매출 자료	• 전자세금계산서 발급분 과세 매출액 : 600,000,000원(부가가치세 별도) • 신용카드매출전표 발급분 과세 매출액 : 66,000,000원(부가가치세 포함) • 현금영수증 발급분 과세 매출액 : 3,300,000원(부가가치세 포함) • 중국 직수출액 : 400,000위안

일자별 환율	4월 10일 : 수출신고일	4월 15일 : 선적일	4월 20일 : 환가일
	180원/위안	170원/위안	160원/위안

매입 자료	• 세금계산서 수취분 매입액(일반매입) : 공급가액 400,000,000원, 세액 40,000,000원 (이 중 접대 물품 관련 매입액(공급가액 8,000,000원, 세액 800,000원)이 포함되어 있으며, 나머지는 과세 재고자산의 구입액임.) • 정상적으로 수취한 종이세금계산서 예정신고 누락분 : 공급가액 5,000,000원, 부가가치세 500,000원
기타 자료	• 매출자료 중 전자세금계산서 지연발급분 : 공급가액 23,000,000원, 세액 2,300,000원 • 부가가치세 신고는 신고기한 내에 당사가 직접 국세청 홈택스에서 전자신고한다. • 세부담 최소화를 가정한다.

[4] ㈜중동상회(회사코드 : 1182)를 선택하시오. 필수 　　　　　　　　　　　　[2025년, 118회]

당사는 직전 과세기간의 공급가액이 100,000,000원으로서, 소규모 영세법인사업자에 해당하여 예정 부가가치세 신고를 하지 않았다고 가정한다. 다음의 자료를 보고 제2기 확정 부가가치세 신고서를 작성하시오. 부가가치세 신고서 이외의 과세표준명세 등 기타부속서류의 작성은 생략한다. 단, 제시된 자료 이외의 거래는 없다.

매 출 자 료	• 전자세금계산서 발급 과세 매출액 : 400,000,000원(부가세 별도) • 현금영수증 매출액 : 55,000,000원(부가세 포함) • 직수출액 : 100,000,000원 • 전년도 제1기 확정신고 시 대손세액공제를 받았던 외상매출금 11,000,000원(부가세 포함)을 전액 　회수하였다.
매 입 자 료	• 세금계산서 일반 매입액 : 300,000,000원(부가세 별도)
기 타 자 료	• 제2기 예정고지세액(소규모영세법인) : 2,000,000원 • 당사가 직접 부가가치세 전자신고를 수행하였다.

[5] ㈜시완산업(회사코드:1122)를 선택하여 가산세 명세만 작성하시오. 필수 　　　　　　[2023년, 111회]

아래 자료만을 이용하여 제2기 부가가치세 확정신고기간(10.01 ~ 12.31)의 [가산세 명세]를 작성하시오(단, 기존에 입력된 자료 또는 불러온 자료는 무시하시오.)

• 영세율 세금계산서 발급분 : 50,000,000원(종이 세금계산서 발급)
• 예정신고 시 누락한 과세매출액 : 공급가액 20,000,000원, 세액 2,000,000원 (부당 과소신고에 해당하지 않음.), 예정신고 누락분은 확정신고 시 반영하며 확정신고 및 납부일은 내년도 1월 25일임.

[1] ㈜옥이전자(회사코드 : 1212)

01 1기 확정신고 부가가치세 신고서

조회기간 2025년 4월 1일 ~ 2025년 6월 30일 신고구분 1.정기신고

정기신고금액

구분		No.	금액	세율	세액
과세표준및매출세액	과세 세금계산서발급분	1	500,000,000	10/100	50,000,000
	매입자발행세금계산서	2		10/100	
	신용카드·현금영수증발행분	3	30,000,000	10/100	3,000,000
	기타(정규영수증외매출분)	4		10/100	
	영세 세금계산서발급분	5		0/100	
	기타	6		0/100	
	예정신고누락분	7			
	대손세액가감	8			-200,000
	합계	9	530,000,000	㉮	52,800,000
매입세액	세금계산서수취분 일반매입	10	190,000,000		19,000,000
	수출기업수입분납부유예	11			
	고정자산매입	12	10,000,000		1,000,000
	예정신고누락분	13	5,000,000		500,000
	매입자발행세금계산서	14			
	그 밖의 공제매입세액	15	20,000,000		2,000,000
	합계(10)-(11)+(12)+(13)+(14)+(15)	16	225,000,000		22,500,000
	공제받지못할매입세액	17	10,000,000		1,000,000
	차감계 (16-17)	18	215,000,000	㉰	21,500,000
납부(환급)세액(매출세액㉮-매입세액㉰)				㉯	31,300,000
경감공제세액	그 밖의 경감·공제세액	19			10,000
	신용카드매출전표등 발행공제등	20			
	합계	21		㉳	10,000
소규모 개인사업자 부가가치세 감면세액		22		㉻	
예정신고미환급세액		23		㉴	
예정고지세액		24		㉵	
수시부과세액		25		㉶	
사업양수자의 대리납부 기납부세액		26		㉷	
매입자 납부특례 기납부세액		27		㉸	
신용카드업자의 대리납부 기납부세액		28		㉹	
가산세액계		29		㉺	24,000
차가감하여 납부할세액(환급받을세액)㉰-㉳-㉻-㉴-㉵-㉶-㉷-㉸-㉹+㉺		30			31,314,000
총괄납부사업자가 납부할 세액(환급받을 세액)					

12.매입(예정신고누락분)

구분		No.	금액	세율	세액
예정누락분	세금계산서	41			
	그 밖의 공제매입세액	42	5,000,000		500,000
	합계	43	5,000,000		500,000
	신용카드매출수령금액합계 일반매입		5,000,000		500,000
	고정매입				
	의제매입세액				
	재활용폐자원등매입세액				
	과세사업전환매입세액				
	재고매입세액				
	변제대손세액				
	외국인관광객에대한환급세액				
	합계		5,000,000		500,000

14.그 밖의 공제매입세액

구분		No.	금액	세율	세액
신용카드매출수령금액합계표	일반매입	44	20,000,000		2,000,000
	고정매입	45			
의제매입세액		46		뒤쪽	
재활용폐자원등매입세액		47		뒤쪽	
과세사업전환매입세액		48			
재고매입세액		49			
변제대손세액		50			
외국인관광객에대한환급세액		51			
합계		52	20,000,000		2,000,000

16.공제받지못할매입세액

구분	No.	금액	세율	세액
공제받지못할 매입세액	53	10,000,000		1,000,000
공통매입세액면세등사업분	54			
대손처분받은세액	55			
합계	56	10,000,000		1,000,000

18.그 밖의 경감·공제세액

구분	No.	금액	세율	세액
전자신고 및 전자고지 세액공제	57			10,000

25.가산세명세

구분		No.	금액	세율	세액
사업자미등록등		64		뒤쪽	
세금계산서	지연발급 등	65		1/100	
	지연수취	66		5/1,000	
	미발급 등	67		뒤쪽	
전자세금	지연전송	68	8,000,000	3/1,000	24,000

[풀이]

1. 과세표준 및 매출세액

- 전자세금계산서 발행 매출 : 「과세」 − 「세금계산서발급분」 칸에 500,000,000원 입력
- 현금영수증 발행 매출 : 「과세」 − 「신용카드·현금영수증발행분」 칸에 30,000,000원 입력
- 대손세액 : 대손된 VAT 200,000원을 「대손세액가감」 칸에 (−)200,000원 입력

2. 매입세액

- 세금계산서 수취분 : 「세금계산서발급분」 칸에 일반매입 190,000,000원(VAT 19,000,000원), 고정자산 매입 10,000,000원(VAT 1,000,000원) 입력 ⇒ 개별소비세 대상 비영업용 소형승용차는 매입세액 불공제대상으로 세금계산서 수취분에 입력했다가 「공제받지못할 매입세액」 칸에 다시 입력해야 함.
- 예정신고 누락분 : 신용카드 매출전표 일반매입액 5,000,000원을 화면 우측의 "12.매입(예정신고누락분)"의 「신용카드매출 수령금액합계」 − 「일반매입」 칸에 입력
- 그밖의 공제매입세액 : 현금영수증 발행 매입액 20,000,000원을 화면 우측의 "14.그밖의 공제매입세액"의 「일반매입」 칸에 입력
- 공제받지못할 매입세액 : 개별소비세 대상 비영업용 소형승용차 구입액 10,000,000원(VAT 1,000,000원)을 화면 우측의 "16.공제받지못할 매입세액"의 「공제받지못할 매입세액」 칸에 입력

3. 기타정보 입력

- 전자신고세액공제 : 전자신고세액공제 10,000원을 화면 우측의 "18.그밖의 경감·공제세액"의 「전자신고 및 전자고지 세액공제 칸에 입력
- 매출 중 전자세금계산서 지연전송분 : 공급가액 8,000,000원을 화면 우측의 "25.가산세명세"의 「지연전송」 칸에 입력. 가산세 24,000원이 자동 입력됨.

전자신고(전자신고 제작) → 국세청 홈택스 전자신고변환(교육용) → 전자파일 변환(파일선택 → 형식검증 → 전자파일 제출)

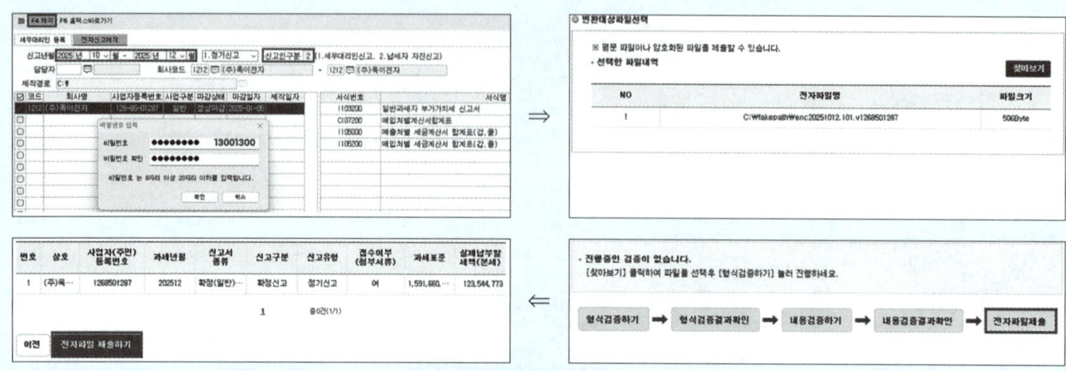

[2] ㈜시완산업(회사코드:1122)

01 1기 예정신고 부가가치세 신고서

일반과세	간이과세					
조회기간	2023 년 1 월 1 일 ~ 2023 년 3 월 31 일 신고구분			1.정기신고		

구분				정기신고금액		
				금액	세율	세액
과세표준및매출세액	과세	세금계산서발급분	1	350,000,000	10/100	35,000,000
		매입자발행세금계산서	2		10/100	
		신용카드 · 현금영수증발행분	3	12,000,000	10/100	1,200,000
		기타(정규영수증외매출분)	4	287,600		28,760
	영세	세금계산서발급분	5		0/100	
		기타	6		0/100	
	예정신고누락분		7			
	대손세액가감		8			
	합계		9	362,287,600	㉮	36,228,760
매입세액	세금계산서수취분	일반매입	10	110,000,000		11,000,000
		수출기업수입분납부유예	10-1			
		고정자산매입	11	40,000,000		4,000,000
	예정신고누락분		12			
	매입자발행세금계산서		13			
	그 밖의 공제매입세액		14	45,000,000		4,500,000
	합계(10)-(10-1)+(11)+(12)+(13)+(14)		15	195,000,000		19,500,000
	공제받지못할매입세액		16	40,350,000		4,035,000
	차감계 (15-16)		17	154,650,000	㉰	15,465,000
납부(환급)세액(매출세액㉮-매입세액㉰)					㉺	20,763,760

14.그 밖의 공제매입세액				금액	세율	세액
신용카드매출수령금액합계표	일반매입		41	45,000,000		4,500,000
	고정매입		42			
외제매입세액			43		뒤쪽	
재활용폐자원등매입세액			44		뒤쪽	
과세사업전환매입세액			45			
재고매입세액			46			
변제대손세액			47			
외국인관광객에대한환급세액			48			
합계			49	45,000,000		4,500,000

구분		금액	세율	세액
16.공제받지못할매입세액				
공제받지못할 매입세액	50	40,350,000		4,035,000
공통매입세액면세등사업분	51			
대손처분받은세액	52			
합계	53	40,350,000		4,035,000

[풀이]

1. 과세표준 및 매출세액

- 전자세금계산서 발행 매출 :「과세」−「세금계산서발급분」칸에 350,000,000원 입력
- 현금영수증 발행 매출 :「과세」−「신용카드·현금영수증발행분」칸에 12,000,000원 입력
- 간주임대료 : 세금계산서 발급 대상이 아니므로 과세표준 287,600원을「과세」−「기타(정규영수증외매출분)」칸에 입력

2. 매입세액

- 세금계산서 수취분 :「세금계산서발급분」칸에 일반매입 110,000,000원(VAT 11,000,000원), 고정자산 매입 40,000,000원(VAT 4,000,000원) 입력 ⇒ 토지 취득 관련 법무사비용(350,000원)과 개별소비세 대상 비영업용 소형승용차(40,000,000원)는 매입세액 불공제대상으로 세금계산서 수취분에 입력했다가「공제받지못할 매입세액」칸에 다시 입력해야 함.

- 그밖의 공제매입세액 : 신용카드 일반매입액 45,000,000원을 화면 우측의 "14.그밖의 공제매입세액"의「일반매입」칸에 입력 ⇒ 접대 관련 지출은 매입세액 불공제대상이기 때문에 입력 시 45,000,000원(50,000,000원 − 5,000,000원)만 입력해야 함. 신용카드·현금영수증으로 매입세액 불공제 지출을 하면 매입세액 공제 칸에 입력 자체를 하지 않음.
- 공제받지못할 매입세액 : 토지 취득 관련 법무사비용(350,000원)과 개별소비세 대상 비영업용 소형승용차(40,000,000원)을 화면 우측의 "16.공제받지못할 매입세액"의「공제받지못할 매입세액」칸에 입력

02 1기 확정 신고 부가가치세 신고서 전자신고

전자신고(전자신고 제작) → 국세청 홈택스 전자신고변환(교육용) → 전자파일 변환(파일선택 → 형식검증 → 전자파일 제출)

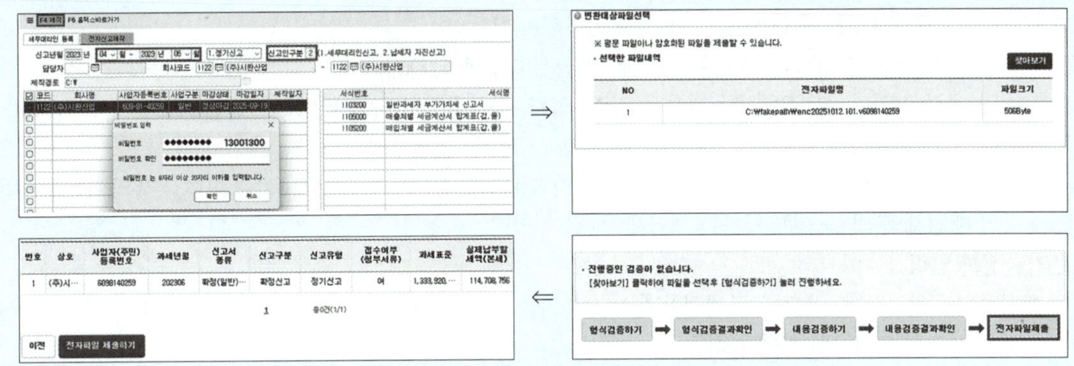

[3] ㈜파쇄상회(회사코드 : 1072), 1기 예정신고 부가가치세 신고서

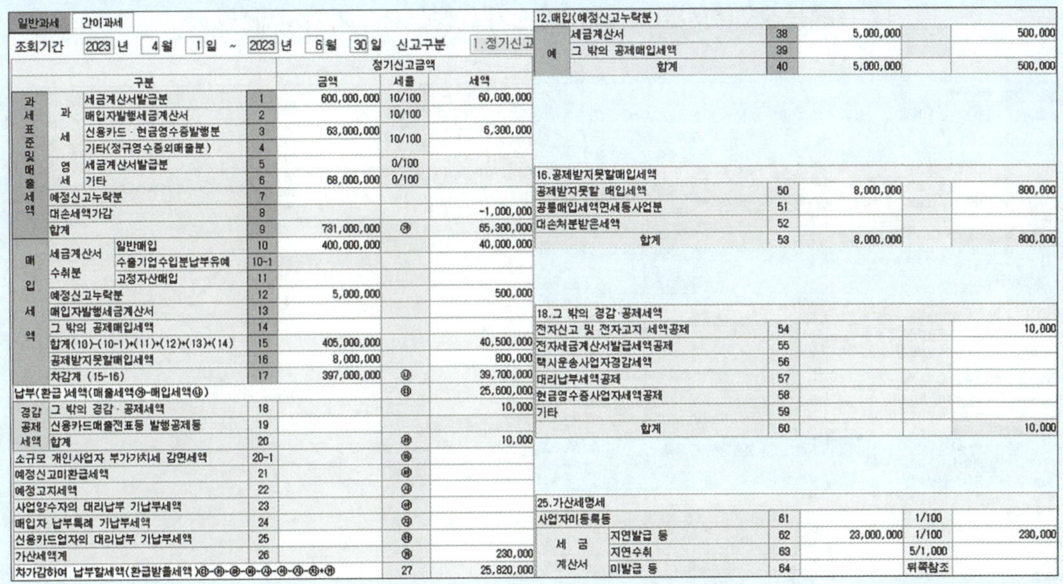

일반과세 / 간이과세

조회기간 2023 년 4 월 1 일 ~ 2023 년 6 월 30 일 신고구분 1.정기신고

구분				금액	세율	세액
과세표준및매출세액	과세	세금계산서발급분	1	600,000,000	10/100	60,000,000
		매입자발행세금계산서	2		10/100	
		신용카드·현금영수증발행분	3	63,000,000	10/100	6,300,000
		기타(정규영수증외매출분)	4			
	영세	세금계산서발급분	5		0/100	
		기타	6	68,000,000	0/100	
	예정신고누락분		7			
	대손세액가감		8			~1,000,000
	합계		9	731,000,000	㉓	65,300,000
매입세액	세금계산서수취분	일반매입	10	400,000,000		40,000,000
		수출기업수입분납부유예	10-1			
		고정자산매입	11			
	예정신고누락분		12	5,000,000		500,000
	매입자발행세금계산서		13			
	그 밖의 공제매입세액		14			
	합계(10)-(10-1)+(11)+(12)+(13)+(14)		15	405,000,000		40,500,000
	공제받지못할매입세액		16	8,000,000		800,000
	차감계 (15-16)		17	397,000,000	㉴	39,700,000
납부(환급)세액(매출세액㉓-매입세액㉴)					㉵	25,600,000
경감공제세액	그 밖의 경감·공제세액		18			10,000
	신용카드매출전표등 발행공제등		19			
	합계		20		㉷	10,000
소규모 개인사업자 부가가치세 감면세액			20-1		㉸	
예정신고미환급세액			21		㉹	
예정고지세액			22		㉺	
사업양수자의 대리납부 기납부세액			23		㉻	
매입자 납부특례 기납부세액			24		㉼	
신용카드업자의 대리납부 기납부세액			25		㉽	
가산세액계			26		㉾	230,000
차가감하여 납부할세액(환급받을세액)㉵-㉶-㉷-㉸-㉹-㉺-㉻-㉼+㉾			27			25,820,000

12.매입(예정신고누락분)

	구분	번호	금액	세액
예	세금계산서	38	5,000,000	500,000
	그 밖의 공제매입세액	39		
	합계	40	5,000,000	500,000

16.공제받지못할매입세액

구분	번호	금액	세액
공제받지못할 매입세액	50	8,000,000	800,000
공통매입세액면세등사업분	51		
대손처분받은세액	52		
합계	53	8,000,000	800,000

18.그 밖의 경감·공제세액

구분	번호	금액	세액
전자신고 및 전자고지 세액공제	54		10,000
전자세금계산서발급세액공제	55		
택시운송사업자경감세액	56		
대리납부세액공제	57		
현금영수증사업자세액공제	58		
기타	59		
합계	60		10,000

25.가산세명세

	구분	번호	금액	세율	세액
	사업자미등록등	61		1/100	
세금계산서	지연발급 등	62	23,000,000	1/100	230,000
	지연수취	63		5/1,000	
	미발급 등	64		뒤쪽참조	

[풀이]

1. 과세표준 및 매출세액

- 전자세금계산서 발행 매출 : 「과세」 – 「세금계산서발급분」 칸에 600,000,000원 입력
- 신용카드/현금영수증 발행 매출 : 「과세」 – 「신용카드·현금영수증발행분」 칸에 63,000,000원 입력 (신카드 공급가액 60,000,000원 + 현금영수증 공급가액 3,000,000원 = 63,000,000원)
- 직수출 : 세금계산서 발급하지 않으므로 "영세–기타" 칸에 입력. (직수출은 선적일이 공급시기이므로 선적일 환율로 환산, 400,000위안 × 170원 = 68,000,000원)
- 대손세액 : 대손된 VAT 200,000원을 「대손세액가감」 칸에 (−)1,000,000원 입력

2. 매입세액

- 세금계산서 수취분 : 「세금계산서발급분」 칸에 일반매입 400,000,000원(VAT 40,000,000원) 입력 ⇒ 접대 관련 물품 매입액 8,000,000원(VAT 800,000원)은 매입세액 불공제대상으로 세금계산서 수취분에 입력했다가 「공제받지못할 매입세액」 칸에 다시 입력해야 함.
- 예정신고 누락분 : 예정신고 때 수령한 세금계산서 매입액 5,000,000원(VAT 500,000원)을 화면 우측의 "12. 매입(예정신고누락분)"의 「세금계산서」 칸에 입력, 정상적으로 발급받았으나 예정신고 때 단순 누락한 경우 별도 가산세 없음.
- 공제받지못할 매입세액 : 접대 관련 물품 매입액 8,000,000원(VAT 800,000원)을 화면 우측의 "16.공제받지 못할 매입세액"의 「공제받지못할 매입세액」 칸에 입력

3. 기타정보 입력

- 전자신고세액공제 : 전자신고세액공제 10,000원을 화면 우측의 "18.그밖의 경감·공제세액"의 「전자신고 및 전자고지 세액공제 칸에 입력
- 매출 중 전자세금계산서 지연발급분 : 공급가액 23,000,000원을 화면 우측의 "25.가산세명세"의 「지연발급」 칸에 입력. 가산세 230,000원이 자동 입력됨.

[4] ㈜중동상회(회사코드 : 1182), 2기 확정신고 부가가치세신고서

일반과세	간이과세					

조회기간	2024 년 10 월 1 일 ~ 2024 년 12 월 31 일 신고구분	1.정기신고

	구분			정기신고금액		
				금액	세율	세액
과세표준및매출세액	과세	세금계산서발급분	1	400,000,000	10/100	40,000,000
		매입자발행세금계산서	2		10/100	
		신용카드·현금영수증발행분	3	50,000,000	10/100	5,000,000
		기타(정규영수증외매출분)	4			
	영세	세금계산서발급분	5		0/100	
		기타	6	100,000,000	0/100	
	예정신고누락분		7			
	대손세액가감		8			1,000,000
	합계		9	550,000,000	㉮	46,000,000
매입세액	세금계산서 수취분	일반매입	10	300,000,000		30,000,000
		수출기업수입분납부유예	10-1			
		고정자산매입	11			
	예정신고누락분		12			
	매입자발행세금계산서		13			
	그 밖의 공제매입세액		14			
	합계(10)-(10-1)+(11)+(12)+(13)+(14)		15	300,000,000		30,000,000
	공제받지못할매입세액		16			
	차감계 (15-16)		17	300,000,000	㉯	30,000,000
납부(환급)세액(매출세액㉮-매입세액㉯)					㉰	16,000,000
경감공제세액	그 밖의 경감·공제세액		18			10,000
	신용카드매출전표등 발행공제등		19			
	합계		20		㉱	10,000
소규모 개인사업자 부가가치세 감면세액			20-1		㉲	
예정신고미환급세액			21		㉳	
예정고지세액			22		㉴	2,000,000
사업양수자의 대리납부 기납부세액			23		㉵	
매입자 납부특례 기납부세액			24		㉶	
신용카드업자의 대리납부 기납부세액			25		㉷	
가산세액계			26		㉸	
차가감하여 납부할세액(환급받을세액)㉰-㉱-㉲-㉳-㉴-㉵-㉶-㉷+㉸			27			13,990,000

18.그 밖의 경감·공제세액				
전자신고 및 전자고지 세액공제	54			10,000
전자세금계산서발급세액공제	55			
택시운송 사업자경감세액	56			
대리납부세액공제	57			
현금영수증사업자세액공제	58			
기타	59			
합계	60			10,000

[풀이]

1. 과세표준 및 매출세액
   • 전자세금계산서 발행 매출 : 「과세」－「세금계산서발급분」 칸에 400,000,000원 입력
   • 직수출 : "영세－기타" 칸에 100,000,000원 입력
   • 현금영수증 발행 매출 : 「과세」－「신용카드·현금영수증발행분」 칸에 50,000,000원 입력
   • 대손세액 : 대손공제 받았던 VAT가 회수되었으므로 「대손세액가감」 칸에 (＋)1,000,000원 입력

2. 매입세액
   • 「세금계산서발급분」 칸에 일반매입 300,000,000원(VAT 30,000,000원) 입력

3. 기타정보 입력
   • 전자신고세액공제 10,000원, 예정고지세액 2,000,000원 입력

[5] ㈜시완산업(회사코드:1122), 2기 부가가치세 확정신고 가산세명세서 작성

25.가산세명세						
사업자미등록등		61		1/100		
세 금 계산서	지연발급 등	62	50,000,000	1/100	500,000
	지연수취	63		5/1,000	
	미발급 등	64		뒤쪽참조	
전자세금 발급명세	지연전송	65		3/1,000	
	미전송	66		5/1,000	
세금계산서 합계표	제출불성실	67		5/1,000	
	지연제출	68		3/1,000	
신고 불성실	무신고(일반)	69		뒤쪽	
	무신고(부당)	70		뒤쪽	
	과소·초과환급(일반)	71	2,000,000	뒤쪽	50,000
	과소·초과환급(부당)	72		뒤쪽	
납부지연		73	2,000,000	뒤쪽	40,480
영세율과세표준신고불성실		74		5/1,000	
현금매출명세서불성실		75		1/100	
부동산임대공급가액명세서		76		1/100	
매입자 납부특례	거래계좌 미사용	77		뒤쪽	
	거래계좌 지연입금	78		뒤쪽	
신용카드매출전표등수령명세서미제출·과다기재		79		5/1,000	
합계		80			590,480

[풀이]

1. 종이세금계산서 발급 ⇒ 세금계산서 지연발급 등
   • 「62.세금산서 지연발급 등」 칸에 50,000,000원 입력하면 500,000원 가산세 자동 계산. 「64.미발급등」 칸에
     입력해도 무방

2. 과소신고 가산세(3개월 이내 자진신고로 75% 감면)
   • 2,000,000원(VAT) × 10% × (1 － 75%) = 50,000원 입력

3. 납부지연 가산세
   • 2,000,000원 입력 ⇒ 예정신고 납부기한(10.25), 확정신고 납부일(다음연도 1.25) 입력 ⇒ 40,480원 자동입력

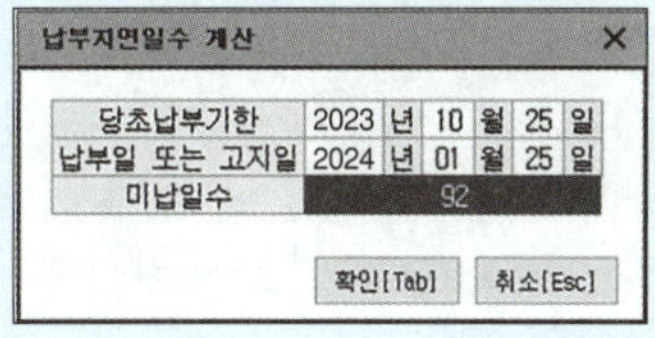

28 부가가치세 신고서 부속명세서 작성 

학습내용

- 공제받지 못할 매입세액명세서
- 신용카드매출전표등 발행금액집계표
- 수출실적명세서와 영세율매출명세서
- 건물등 감가상각자산 취득명세서
- 대손세액공제신고서
- 신용카드매출전표등 수령명세서(갑)(을)
- 내국신용장·구매확인서 전자발급명세
- 부동산임대공급가액명세서
- 의제매입세액공제신고서
- 재활용폐자원세액공제

공부방향

전산세무 2급 시험문제에서 주어진 실무문제 내용을 부속서류에 입력만 하면 맞출 수 있는 대부분 쉬운 내용임. 다만, **부속서류의 내용을 체계적으로 이해할 필요가 있으니 꼼꼼히 KcLep에 직접 입력을** 해봐야 함.

정교수 콕콕

핵심체크

공제받지 못할 매입세액명세서★★★

- 공제받지못할매입세액명세서: 매입세액불공제, 면세 공급가액 입력
- 공통매입세액의정산내역: 공통매입세액, 총공급가액, 면세공급가액 입력

cafe.naver.com/eduacc 전산세무2급 자료실에서 Data_Install_JS2.zip 파일을 다운받아 컴퓨터에 설치 후 [회사등록] 클릭, [F4 회사코드재생성] 클릭 후 아래에 제시된 회사 선택

1 공제받지 못할 매입세액명세서 작성 [필수]

공제받지 못할 매입세액명세서는 크게 두 가지 유형으로 출제되고 있는데 첫째, 공제받지 못할 매입 내역을 입력하는 문제, 둘째 과세·면세 공통매입세액을 안분 계산하는 문제입니다. 1년에 1문제, 3 ~ 4점짜리로 출제되는데 공제받지 못할 매입 내역과 공통매입세액을 안분하는 방법을 명확히 알고 있어야 합니다.

실무기출 확인문제　　㈜파쇄상회(회사코드:1072)　　| 전산세무 2급, 117회 변형 |

다음 자료를 이용하여 제2기 확정신고기간의 [공제받지못할매입세액명세서](「공제받지못할 매입세액 내역」 및 「공통매입세액의정산내역」)를 작성하시오. (단, 불러온 자료는 무시하고 직접 입력할 것.)

1. 매출 공급가액에 관한 자료 구분

구분	과세사업	면세사업	합계
7월~12월	450,000,000원	150,000,000원	600,000,000원

2. 매입세액(세금계산서 수취분)에 관한 자료

구분	① 과세사업 관련			② 면세사업 관련		
	공급가액	매입세액	매수	공급가액	매입세액	매수
10월~12월	225,000,000원	22,500,000원	11매	50,000,000원	5,000,000원	3매

과세사업 관련 매입 중 회사의 업무용으로 사용하기 위하여 차량(배기량 2,500cc, 5인용, 승용)을 21,500,000원(부가가치세 별도)에 구입하고 세금계산서 1매를 받았다.

3. 총공통매입세액(7~12월) : 15,000,000원

※ 2기 예정신고 시 공통매입세액 중 불공제매입세액 : 250,000원

[정답 및 풀이]

1. 공제받지 못할 매입세액 입력

[부속명세서 Ⅰ] ⇒ [공제받지못할매입세액명세서] 클릭 ⇒ [공제받지못할매입세액] 탭 클릭

문제에서 주어진 내용 중 매입세액이 공제되지 않는 항목은 다음 2가지입니다.

- 비영업용 소형승용차 취득 : 공급가액 21,500,000원, 1매
- 면세사업 관련 세금계산서 수취 : 공급가액 50,000,000원, 3매

위 2가지 매입세액 불공제 항목을 [공제받지못할매입세액명세서]의 해당 칸에 금액, 매수를 입력하면 다음과 같습니다.

조회기간 2023 년 10 월 ~ 2023 년 12 월　　구분　2기 확정

공제받지못할매입세액내역	공통매입세액안분계산내역	공통매입세액의정산내역	납부세액또는환급세액재계산

매입세액 불공제 사유	세금계산서		
	매수	공급가액	매입세액
①필요적 기재사항 누락 등			
②사업과 직접 관련 없는 지출			
③개별소비세법 제1조제2항제3호에 따른 자동차 구입·유지 및 임차	1	21,500,000	2,150,000
④기업업무추진비 및 이와 유사한 비용 관련			
⑤면세사업등 관련	3	50,000,000	5,000,000

2. 공통 매입세액 안분 정산

[부속명세서 Ⅰ] ⇒ [공제받지못할매입세액명세서] 클릭 ⇒ [공통매입세액의정산내역] 탭 클릭

과세사업과 면세사업에 공통으로 사용하는 매입세액은 과세사업에 대한 부분만 매입세액 공제가 가능하기 때문에 이를 안분 계산해야 합니다. 안분 할 때는 과세와 면세의 매출액(공급가액)으로 계산하는데, 1차로 예정신고 기간에 계산하고 2차로 확정신고 기간에 정산하는 절차로 진행됩니다.

참고

공제받지못할매입세액 탭 입력
조회기간(10~12월 입력), ③에 비영업용 소형승용차 매입 1매, 21,500,000원, ⑤에 면세사업등 관련 매입 3매, 50,000,000원 입력

참고

공통매입세액
과세부분에 사용되는 매입세액만 공제 ⇒ 과세매출액, 면세매출액으로 안분계산

(1) 공통 매입세액 정산

구분	정산내역
예정신고기간	공통매입세액 중 불공제매입세액 : 250,000원
확정신고기간	• 2기 면세비율 : 150,000,000원(면세공급가액) ÷ 600,000,000원(총 공급가액) = 25% • 2기 불공제 매입세액 : 총공통매입세액(7 ~ 12월) 15,000,000원 × 25% = 3,750,000원 • 2기 확정신고기간 추가되는 불공제매입세액 : 3,750,000원(총금액) - 250,000원(예정기간 불공제액) = 3,500,000원

(2) 공통매입세액 정산내역 입력 결과

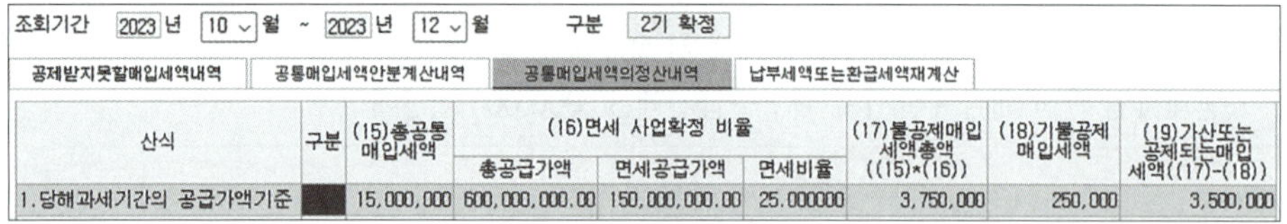

② 신용카드매출전표등 발행금액집계표, 신용카드매출전표등 수령명세서 (갑)(을) 작성 [필수]

신용카드매출전표등 발행금액집계표는 사업자가 재화·용역을 공급하면서 신용카드매출전표, 현금영수증을 발급한 경우 이를 집계하는 서식입니다. 3점짜리로 1년에 1문제 정도 출제되는데, 메뉴를 클릭해 순서대로 입력만 하면 쉽게 맞출 수 있습니다.

실무기출 확인문제　　　㈜중동상회(회사코드 : 1182)　　　| 전산세무 2급, 118회 변형 |

다음은 제2기 부가가치세 예정신고기간(7월 1일 ~ 9월 30일)의 신용카드 매출, 매입자료이다. 아래 자료를 이용하여 [신용카드매출전표등발행금액집계표] 및 [신용카드매출전표등수령명세서(갑)]를 작성하시오. (단, 매입처는 모두 일반과세자이며, 매입세액공제 가능한 사항만 반영한다.)

1. 신용카드 매출

거래일자	거래내용	공급가액	부가가치세	합계	비고
7월 10일	제품매출	2,000,000원	0원	2,000,000원	영세율 매출
8월 20일	제품매출	4,000,000원	400,000원	4,400,000원	일반과세 매출
9월 30일	제품매출	1,000,000원	0원	1,000,000원	면세 매출

※ 8월 20일 매출 중 전자세금계산서를 발급하고 신용카드로 결제받은 1,100,000원이 포함되어 있음.

2. 신용카드 매입

거래일자	상호	사업자번호	공급가액	부가가치세	비고
7월 12일	우리	315-21-12311	90,000원	9,000원	영세율 매출과 관련된 소모품 구입
8월 13일	㈜만물	415-80-51339	70,000원	7,000원	일반과세 매출과 관련된 소모품 구입
9월 14일	㈜종합	515-85-12344	50,000원	5,000원	면세 매출과 관련된 소모품 구입

※ 7월 12일 거래는 사업용카드, 8월 13일/9월 14일 거래는 현금영수증을 발급 받았음.

[정답 및 풀이]

1. 신용카드매출전표등 발행금액집계표 작성

[신용카드매출전표등 발행금액집계표] 메뉴를 클릭한 후 2기 예정신고기한(7월 ~ 9월)을 입력한 후 신용카드, 현금영수증으로 매출한 내역을 과세분과 면세분으로 구분하여 총액(VAT 포함) 금액으로 입력합니다. (단, 세금계산서와 신용카드매출전표가 동시에 발급된 경우에는 "3.신용카드매출전표등 발행금액 중 세금계산서 교부내역" 칸에 입력)

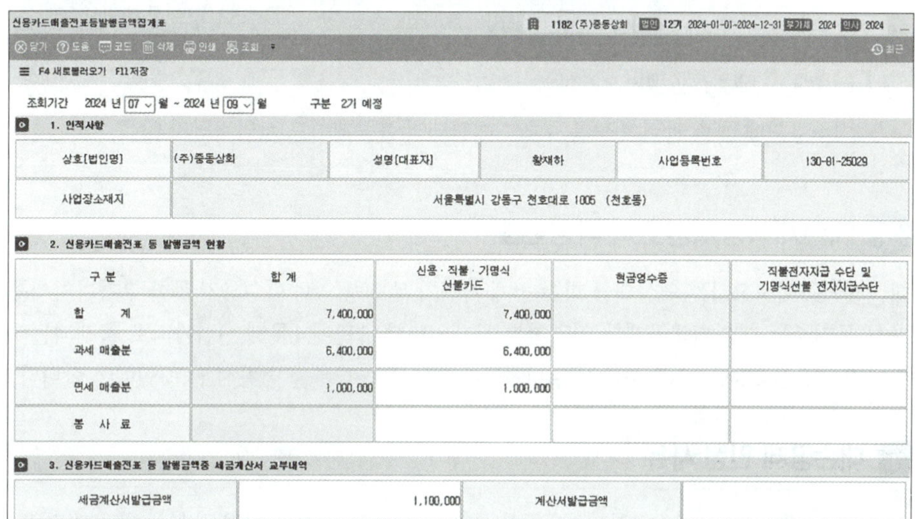

2. 신용카드매출전표등수령명세서(갑)(을) 작성

(1) 신용카드매출전표등 수령명세서에 입력하지 않는 거래 : 매입세액 불공제 항목

신용카드매출전표등 수령명세서는 매입세액공제가 되는 항목만 입력해야 하므로 수취한 신용카드매출 전표 중 다음과 같이 매입세액공제를 받을 수 없는 거래는 입력하지 않습니다.

입력 하지 않는 항목	• 매입세액 불공제분 : 사업 무관, 비영업용 소형승용차, 기업업무추진비, 면세 관련 등 • 간이과세자 발급 분 : 신규사업자 및 직전 연도 공급대가 합계액 4,800만원 미만 • 영수증만 발급 가능한 업종의 발급 분: 목욕·이발·미용업, 일반 여객운송업(전세버스 제외), 입장권 발행업 • 세금계산서와 신용카드매출전표를 동시에 수취한 경우

🔍 참고

신용카드매출전표등 발행금액집계표
신용카드, 현금영수증 매출내역을 과세, 면세로 구분하여 총액(VAT 포함) 입력

🔍 참고

신용카드매출전표등수령명세서(갑)(을)
• 매입세액공제 되는 항목만 입력
• 현금영수증/사업용신용카드 등 종류 구분 입력

(2) 신용카드, 현금영수증으로 매입한 내역 입력

신용카드, 현금영수증으로 구입한 내역을 거래일자 순서로 입력하는데 사용하는 카드의 종류를 다음과 같이 4가지로 구분하여 입력합니다.

1.현금 : 현금영수증	2.복지 : 화물운전자 복지카드	3.사업 : 사업용신용카드	4.신용 : 임직원 카드

신용카드매출전표등수령명세서(갑)(을)　　　　　　　　　　　1182 (주)중동상회　법인 12기

⊗닫기 ⑦도움 □코드 🗑삭제 🖶인쇄 🔍조회 ▾

☰ F3 일괄변경　F4 불러오기　F7 마감　F8 작성일자　F11저장

조회기간 : 2024 년 07 ∨ 월 ~ 2024 년 09 ∨ 월　　　구분 2기 예정

2. 신용카드 등 매입내역 합계

구분	거래건수	공급가액	세액
합　계	2	160,000	16,000
현금영수증	1	70,000	7,000
화물운전자복지카드			
사업용신용카드	1	90,000	9,000
그 밖의 신용카드			

3. 거래내역입력

No	□	월/일	구분	공급자	공급자(가맹점) 사업자등록번호	카드회원번호	그 밖의 신용카드 등 거래내역 합계 거래건수	공급가액	세액
1	□	07-12	사업	우리	315-21-12311	1001-2002-3003-5001	1	90,000	9,000
2	■	08-13	현금	(주)만물	415-80-51339		1	70,000	7,000

※ 9월 14일 면세 매출 관련 소모품 구입 : 매입세액 불공제이므로 입력하지 않음.

3️⃣ 대손세액공제신고서 작성 [필수]

대손세액공제신고서는 외상대금 회수 전에 거래처 부도 등으로 회수하지 못한 부가가치세를 다시 돌려주는 대손세액공제를 입력하는 문제입니다. 1년에 1문제, 3점짜리로 출제되는데 주어진 내용을 그대로 입력하되 대손세액공제가 안되는 경우를 명확히 알고 있어야 합니다.

1️⃣ 대손공제 인정 사유

- 부도발생 : 부도발생일로부터 6개월 이상 지난 어음 또는 수표 채권 및 부동 발생 이전의 중소기업 외상매출금 (단, 채무자의 재산에 저당권을 설정한 경우는 제외)
- 채무자의 파산, 강제집행, 형의 집행, 사업의 폐지, 사망, 실종 또는 행방불명으로 회수할 수 없는 채권
- 회수기일이 6개월 이상 경과한 30만 원 이하의 소액채권
- 상법 등에 따라 소멸시효가 완성된 채권(외상매출금·미수금 3년 등)
- 회생계획인가의 결정 또는 법원의 면책결정에 따라 회수불능으로 확정된 채권

2️⃣ 부도어음의 대손 인정 시점 : 부도발생일로부터 6개월이 경과한 날이 속하는 과세기간의 확정신고 시점

사례	2026.6.11. 부도 발생 시 6개월이 지난날인 2026.12.12.이 대손확정일이므로 2기 확정신고 시 대손공제 가능

③ 대손세액공제 환급

기존에 대손세액공제를 받은 후 해당 거래처가 외상대금을 갚을 경우 대손세액공제명세서에 (−)로 입력하여 과거 대손세액공제 받은 것을 취소함.

실무기출 확인문제　　　　㈜선진테크(회사코드:1162)　　　| 전산세무 2급, 116회 변형 |

다음 자료는 2024년 제2기 확정신고 시의 대손 관련 자료이다. 해당 자료를 이용하여 2024년 제2기 확정신고 시의 [대손세액공제신고서]를 작성하시오. (단, 모든 거래는 부가가치세 과세대상에 해당함.)

대손 확정일	당초 공급일	계정과목	대손금	매출처 상호	대손사유
2024.10.05.	2023.5.3.	미수금 (유형자산매각대금)	11,000,000원	㈜가경	파산종결 결정공고
2024.10.24.	2021.10.10.	외상매출금	22,000,000원	㈜용암	소멸시효완성
2024.05.19. (부도발생일)	2024.4.8.	받을어음	16,500,000원	㈜개신	부도발생 (저당권설정 안 됨)
2024.12.19. (부도발생일)	2024.8.25.	받을어음	13,200,000원	㈜비하	부도발생 (저당권설정 안 됨)
2024.12.29	2023.05.01	단기대여금	50,000,000원	㈜진천	파산종결 결정공고

[정답 및 풀이] (부속명세서 Ⅰ) ⇒ (대손세액공제신고서) 클릭

대손일자	내용	매출처	대손 여부
10.05	파산선고 받은 유형자산 매각대금 미수금	㈜가경	O
10.24	소멸시효 완성 외상매출금	㈜용암	O
05.19	5.19 부도 발생이므로 대손확정일은 6개월 후인 11.20일이며 2기 확정기간에 있고 별도 저당권이 설정되어 있지 않아 대손세액공제 가능함.	㈜개신	O
12.19	부도 12.19 발생 6개월 후는 다음연도 6.20일이므로 당해 연도 2기 확정기간에는 공제 받을 수 없음.	㈜비하	X
12.29	대여금은 대손세액공제 대상이 아님.	㈜진천	X

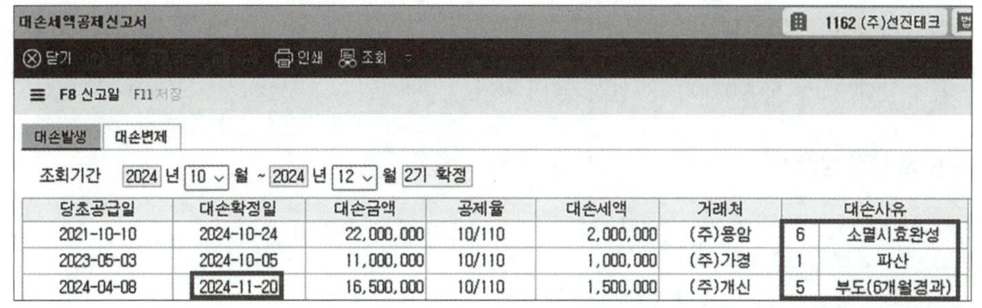

대손세액공제신고서　　　　　　　　　　　　　🏢 1162 (주)선진테크

⊗ 닫기　　　　🖶 인쇄　🔍 조회

≡　F8 신고일　F11 저장

| 대손발생 | 대손변제 |

조회기간　2024 년 10 월 ~ 2024 년 12 월 2기 확정

당초공급일	대손확정일	대손금액	공제율	대손세액	거래처		대손사유
2021-10-10	2024-10-24	22,000,000	10/110	2,000,000	(주)용암	6	소멸시효완성
2023-05-03	2024-10-05	11,000,000	10/110	1,000,000	(주)가경	1	파산
2024-04-08	2024-11-20	16,500,000	10/110	1,500,000	(주)개신	5	부도(6개월경과)

🔍 참고

대손세액공제신고서
· 부도어음 대손확정일: 부도발생일 6개월 다음날
(5.19+6개월+1일= 11.20)
· 대여금: 대손세액공제 대상 아님.

수출실적명세서 환율★★★
• 일반: 선적일
• 공급전 환가: 환가일
• 공급전 외화 수령해 선적일
이후 환가: 선적일

④ 수출실적명세서와 영세율매출명세서 작성 [필수]

수출실적명세서 작성의 핵심은 수출 시 수령하는 외화 금액을 언제 날짜의 환율로 환산하는 지 명확히 아는 것입니다. 1년에 1문제, 각 2점짜리로 출제되는데 환율만 잘 적용해 입력만 하면 쉽게 맞출 수 있습니다.

실무기출 확인문제	㈜대동산업(회사코드:1112)	전산세무 2급, 111회

다음 자료를 보고 제1기 예정신고기간의 [수출실적명세서]와 [영세율매출명세서]를 작성하시오(단, 매입매출전표입력은 생략할 것).

거래처	수출신고번호	선적일	환가일	통화	수출액	적용환율 선적일	적용환율 환가일
제임스사	13065-22-065849X	2023.01.31.	2023.01.25.	USD	$100,000	₩1,000/$	₩1,080/$
랜덤기업	13075-20-080907X	2023.02.20.	2023.02.23.	USD	$80,000	₩1,050/$	₩1,070/$
큐수상사	13889-25-148890X	2023.03.18.	–	JPY	¥5,000,000	₩800/100¥	–

[정답 및 풀이]

1. 외화 수령금액의 환산

(1) 적용 환율

구분		적용 환율
원 칙	일반적인 경우	선적일 환율
예 외	공급시기 전에 외화 수령 해 원화로 환가한 경우	환가일 환율
	공급시기 전에 외화 수령 해 계속 보유하거나 선적일 이후 외화 수령해 환가한 경우	선적일 환율

일본 엔화 환율
1¥당 8원으로 입력해야 함.

(2) 사례의 외화 환산

거래처	외화금액	구분	적용 환율 시 점	적용 환율 환율	환산금액
제임스사	$ 100,000	선적 전 환가	환가일	₩1,080/$	108,000,000
랜덤기업	$ 80,000	선적 후 환가	선적일	₩1,050/$	84,000,000
큐수상사	¥ 5,000,000	선적 후 미 환가	선적일	₩8/1¥	40,000,000

2. 수출실적 명세서

[부속명세서 Ⅰ] ⇒ [수출실적명세서] 클릭

조회기간	2023 년 01 ∨ 월 ~ 2023 년 03 ∨ 월	구분 : 1기 예정	과세기간별입력

구분	건수	외화금액	원화금액
⑨합계	3	5,180,000.00	232,000,000
⑩수출재화[=⑫합계]	3	5,180,000.00	232,000,000
⑪기타영세율적용			

No	□	(13)수출신고번호	(14)선(기)적일자	(15)통화코드	(16)환율	(17)외화	(18)원화	거래처코드	거래처명
1	□	13065-22-065849X	2023-01-31	USD	1,080.0000	100,000.00	108,000,000	00801	제임스사
2	□	13075-20-080907X	2023-02-20	USD	1,050.0000	80,000.00	84,000,000	00802	랜덤기업
3	□	13889-25-148890X	2023-03-18	JPY	8.0000	5,000,000.00	40,000,000	00901	큐수상사

(금액 / 전표정보 are spanning headers: 금액 covers (17)외화 and (18)원화; 전표정보 covers 거래처코드 and 거래처명)

3. 영세율매출명세서

[부속명세서 Ⅰ] ⇒ [영세율매출명세서] 클릭

조회기간	2023 년 01 ∨ 월 ~ 2023 년 03 ∨ 월	1기 예정

부가가치세법 / 조세특례제한법

(7)구분	(8)조문	(9)내용	(10)금액(원)
		직접수출(대행수출 포함)	232,000,000
		중계무역·위탁판매·외국인도 또는 위탁가공무역 방식의 수출	
	제21조	내국신용장·구매확인서에 의하여 공급하는 재화	
		한국국제협력단 및 한국국제보건의료재단에 공급하는 해외반출용 재화	
		수탁가공무역 수출용으로 공급하는 재화	
	제22조	국외에서 제공하는 용역	
(11) 부가가치세법에 따른 영세율 적용 공급실적 합계			232,000,000
(12) 조세특례제한법 및 그 밖의 법률에 따른 영세율 적용 공급실적 합계			
(13) 영세율 적용 공급실적 총 합계(11)+(12)			232,000,000

5 내국신용장·구매확인서 전자발급명세 작성

내국신용장·구매확인서 전자발급명세는 내국수출 시 입력하는 서식으로 전산세무 2급에는 거의 출제되지 않으니 구매확인서 이해 차원에서 학습하기 바랍니다.

실무기출 확인문제　　㈜대동산업(회사코드:1112)　　| 전산세무 2급, 83회 변형 |

당사는 ㈜대구에게 수출용 원자재를 공급하고 구매확인서를 받았다. 2기 예정 부가가치세 신고시 내국신용장·구매확인서전자발급명세서와 영세율매출명세서를 작성하시오.

외화획득용원료·기재 구매확인서

※구매확인서번호 : PKT201900712222

구매자　(상호) ㈜대구　　　　　　　　(사업자등록번호) 102-81-42945

구매원료의 내용 : 원자재

(3) HS부호	(4)품명 및 규격	(5)단위수량	(6)구매일	(7)단가	(8)금액	(9)비고
6885550000	At	100 DPR	2024-07-31	USD 2,500	287,500,000원	
TOTAL		100 DPR			287,500,000원	

위의 사항을 대외무역법 제18조에 따라 확인합니다.　확인일자(2024년 8월 8일)

확인기관　　　　　　한국무역정보통신

[정답 및 풀이]

1. 수출실적 명세서구람

[부속명세서 Ⅰ]　⇒　[내국신용장·구매확인서 전자발급명세] 클릭

조회기간 2024 년 07 월 ~ 2024 년 09 월　구분 2기 예정

2. 내국신용장·구매확인서에 의한 공급실적 합계

구분	건수	금액(원)	비고
(9)합계(10+11)	1	287,500,000	
(10)내국신용장			
(11)구매확인서	1	287,500,000	

[참고] 내국신용장 또는 구매확인서에 의한 영세율 첨부서류 방법 변경(영 제64조 제3항 제1의3호)
▶ 전자무역기반시설을 통하여 개설되거나 발급된 경우 내국신용장·구매확인서 전자발급명세서를 제출하고 이 외의 경우 내국신용장 사본을 제출함
➡ 2011.7.1 이후 최초로 개설되거나 발급되는 내국신용장 또는 구매확인서부터 적용

3. 내국신용장·구매확인서에 의한 공급실적 명세서

	(12)번호	(13)구분	(14)서류번호	(15)발급일	품목	거래처명	(16)공급받는자의 사업자등록번호	(17)금액	전표일자	(18)비고
□	1	구매확인서	PKT201900712222	2024-07-31	원자재	(주)대구	102-81-42945	287,500,000		

2. 영세율매출명세서

[부속명세서 Ⅰ]　⇒　[영세율매출명세서] 클릭

조회기간 2024 년 10 월 ~ 2024 년 12 월　2기 확정

부가가치세법　조세특례제한법

(7)구분	(8)조문	(9)내용	(10)금액(원)
	제21조	직접수출(대행수출 포함)	
		중계무역·위탁판매·외국인도 또는 위탁가공무역 방식의 수출	
		내국신용장·구매확인서에 의하여 공급하는 재화	287,500,000
		한국국제협력단 및 한국국제보건의료재단에 공급하는 해외반출용 재화	
		수탁가공무역 수출용으로 공급하는 재화	
	제22조	국외에서 제공하는 용역	
(11) 부가가치세법에 따른 영세율 적용 공급실적 합계			287,500,000
(12) 조세특례제한법 및 그 밖의 법률에 따른 영세율 적용 공급실적 합계			
(13) 영세율 적용 공급실적 총 합계(11)+(12)			287,500,000

6 건물 등 감가상각자산취득명세서 작성 필수

건물 등 감가상각자산 취득명세서는 취득한 유형자산, 무형자산의 내역을 입력하는 서식으로 1년에 1문제, 3점짜리로 출제되는데 주어진 내용만 서식에 제대로 입력하기만 하면 쉽게 맞출 수 있습니다.

다음의 자료를 이용하여 ㈜대동산업의 제2기 부가가치세 확정신고기간에 대한 [건물등감가상각자산취득명세서]를 작성하시오(단, 아래의 자산은 모두 감가상각 대상에 해당함).

취득일	내용	공급가액	상호	비고
		부가가치세액	사업자등록번호	
10.04.	회계부서의 컴퓨터 및 프린터 교체	20,000,000원	현대상사	종이세금계산서 수취
		2,000,000원	183-64-00059	
11.11.	생산부서의 보관창고 신축공사비	100,000,000원	㈜세기상사	전자세금계산서 수취
		10,000,000원	104-86-25286	
11.20.	업무용승용차 (1,500cc) 구입	15,000,000원	㈜부전상사	전자세금계산서 수취
		1,500,000원	220-81-60348	
12.14.	영업부서의 에어컨 구입	10,000,000원	㈜형제상사	법인 신용카드 결제
		1,000,000원	211-88-16677	

[정답 및 풀이]

> [부속명세서 Ⅰ]　⇒　[건물등감가상각자산취득명세서] 클릭

조회기간　2023 년 10 월 ~ 2023 년 12 월　구분 2기 확정

취득내역

감가상각자산종류	건수	공급가액	세 액
합　　계	4	145,000,000	14,500,000
건물 · 구축물	1	100,000,000	10,000,000
기 계 장 치			
차 량 운 반 구	1	15,000,000	1,500,000
기타감가상각자산	2	30,000,000	3,000,000

거래처별 감가상각자산 취득명세

No	월/일	상호	사업자등록번호	자산구분	공급가액	세액	건수
1	10-04	현대상사	183-64-00059	기타	20,000,000	2,000,000	1
2	11-11	(주)세기상사	104-86-25286	건물,구축물	100,000,000	10,000,000	1
3	11-20	(주)부전상사	220-81-60348	차량운반구	15,000,000	1,500,000	1
4	12-14	(주)형제상사	211-88-16677	기타	10,000,000	1,000,000	1

🔍 참고

자산 구분
프린터, 에어컨은 자산구분을
4.기타 선택

7 부동산임대공급가액명세서 작성 필수

부동산임대공급가액명세서는 임대기간, 보증금, 월세 등 부동산 임대내역을 입력하는 서식으로 1년에 1문제, 3점짜리로 출제되고 있습니다.

| 실무기출 확인문제 | ㈜대동산업(회사코드:1112) | 전산세무 2급, 111회 |

다음 자료를 바탕으로 ㈜대동산업의 제2기 확정신고기간(2023.10.01.~2023.12.31.)의 [부동산임대공급가액명세서]를 작성하시오(단, 간주임대료에 대한 정기예금 이자율은 2.9%로 가정한다).

동수	층수	호수	면적(㎡)	용도	임대기간	보증금(원)	월세(원)	관리비(원)
2	1	103	100	사무실	2021.11.01. ~2023.10.31	50,000,000	2,000,000	500,000
					2023.11.01. ~2025.10.31	60,000,000	2,000,000	500,000

• 위 사무실은 ㈜대국(608-85-17433)에게 2021.11.01. 최초로 임대를 개시하였으며, 계약기간 만료로 2023.11.01. 임대차계약을 갱신하면서 보증금만 인상하기로 하였다.
• 월세와 관리비 수입은 모두 정상적으로 세금계산서를 발급하였으며, 간주임대료에 대한 부가가치세는 임대인이 부담하고 있다.

[정답 및 풀이]

> [부속명세서 Ⅰ] ⇒ [부동산임대공급가액명세서] 클릭

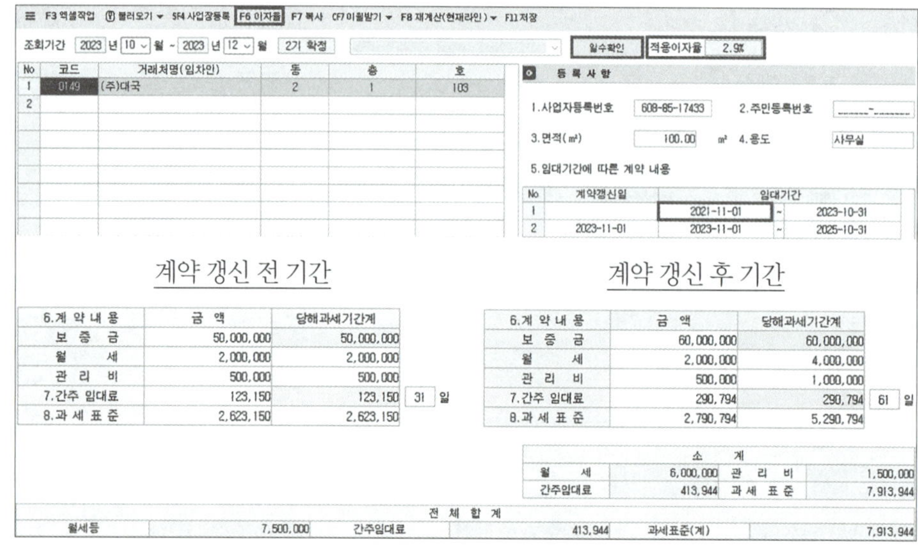

계약 갱신 전 기간

6.계약내용	금액	당해과세기간계	
보 증 금	50,000,000	50,000,000	
월 세	2,000,000	2,000,000	
관 리 비	500,000	500,000	
7.간주 임대료	123,150	123,150	31 일
8.과 세 표 준	2,623,150	2,623,150	

계약 갱신 후 기간

6.계약내용	금액	당해과세기간계	
보 증 금	60,000,000	60,000,000	
월 세	2,000,000	4,000,000	
관 리 비	500,000	1,000,000	
7.간주 임대료	290,794	290,794	61 일
8.과 세 표 준	2,790,794	5,290,794	

소 계			
월 세	6,000,000	관 리 비	1,500,000
간주임대료	413,944	과 세 표 준	7,913,944

전 체 합 계					
월세등	7,500,000	간주임대료	413,944	과세표준(계)	7,913,944

- 이자율 : [F6 이자율] 메뉴를 클릭하여 아래 화면에서 이자율을 수정할 수도 있음.

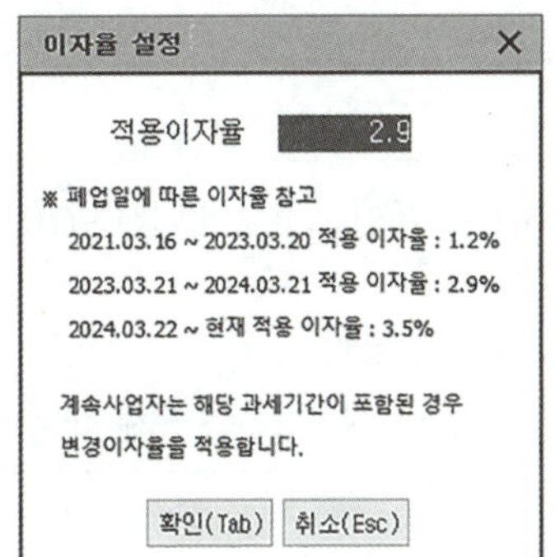

- 일수 확인 : [일수확인] 메뉴를 클릭하면 아래와 같이 1년 365일 적용된 것을 확인할 수 있음.

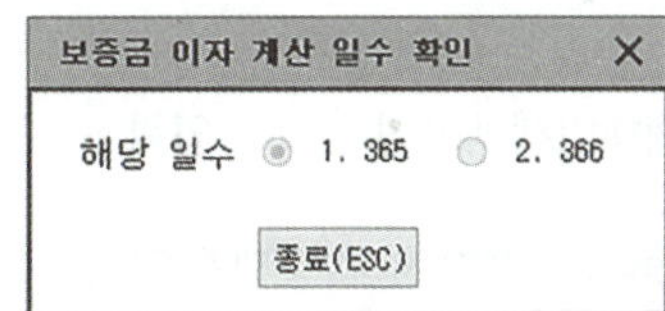

8 의제매입세액공제신고서 작성 [필수]

의제매입세액공제는 농산물 같은 면세품을 구입하여 과세 재화·용역을 공급할 경우 세부담을 줄여주기 위해 실제 매입세액이 없지만 일부 금액을 매입세액 공제해주는 제도입니다. 농산물 구입내역을 의제매입세액공제신고서에 제대로 입력하기 위해서는 의제매입세액 공제율 등 몇 가지 주의할 사항이 필요하며, 1년에 1문제, 3점짜리로 출제되고 있습니다.

| 실무기출 확인문제 | ㈜파도상회(회사코드:1132) | 전산세무 2급, 113회 |

이 문제에 한정하여 ㈜파도상회는 음식점업만을 영위하는 법인으로 가정한다. 다음 자료를 이용하여 2024년 제1기 확정신고기간(2024.04.01.~2024.06.30.)에 대한 의제매입세액공제신고서를 작성하시오.

1. 매입자료

취득일자	공급자	사업자등록번호 (주민등록번호)	물품명	수량	매입가액	구분
2024.04.10.	은성	752-06-02023	야채	250개	1,020,000원	계산서
2024.04.30.	㈜이두식자재	872-87-85496	생닭	300마리	1,830,000원	신용카드
2024.05.20.	김어부	650321-1548905	갈치	80마리	790,000원	농어민 매입

2. 제1기 예정분 과세표준은 80,000,000원이며, 확정분 과세표준은 95,000,000원이다.

3. 제1기 예정신고 시 의제매입세액 75,000원을 공제받았다.

4. 위 자료 1의 면세 매입 물품은 모두 과세사업인 음식점업에 직접 사용하였다.

[정답 및 풀이]

[부속명세서 I]　⇒　[의제매입세액공제신고서] 클릭

---

1. 의제매입세액공제 신고서 입력 시 주의할 점

- 주요 의제매입세액 공제율 암기 : 음식점업(법인 6/106, 개인 과표 2억 이하 9/109, 과표 2억 초과 8/108), 제조업(중소기업 4/104, 그외 2/102)
- 농어민으로부터 직접 매입한 면세품은 의제매입세액 공제 불가
   : 단, 제조업이 농어민으로부터 면세농산물 등을 직접 공급받는 경우는 공제 가능

2. 농산물 매입내역 입력

은성과 ㈜이두식자재로부터 매입한 면세품을 취득일자, 증빙종류, 물품명, 수량, 매입가액 등을 순서대로 입력합니다. 매입세액 공제율은 6/106(법인 음식점)을 선택합니다. (단, 음식점 법인이 김어부로부터 직접 구입한 갈치(면세품)는 공제대상이 아니므로 입력을 하지 않음. 제조업이 농어민으로부터 직접 구입한 경우에만 의제매입세액공제가 가능함.)

(1) 은성으로부터 매입 입력

조회기간 2024 년 04 월 ~ 2024 년 06 월 1기 확정　관리용 = 신고용

| 관리용 | 신고용 | ※농.어민으로부터의 매입분에 대한 자료 입력시 주민등록번호, 품명, 수량은 |

공급자	사업자/주민등록번호	취득일자	구분	물품명	수량	매입가액	공제율	의제매입세액	건수
은성	752-06-02023	2024-04-10	계산서	야채	250	1,020,000	6/106	57,735	1
(주)이두식자재	872-87-85496								

(2) ㈜이두식자재로부터 매입 입력

조회기간 2024 년 04 월 ~ 2024 년 06 월 1기 확정　관리용 = 신고용

| 관리용 | 신고용 | ※농.어민으로부터의 매입분에 대한 자료 입력시 주민등록번호, 품명, 수량은 |

공급자	사업자/주민등록번호	취득일자	구분	물품명	수량	매입가액	공제율	의제매입세액	건수
은성	752-06-02023	2024-04-30	신용카드등	생닭	300	1,830,000	6/106	103,584	1
(주)이두식자재	872-87-85496								

(3) 의제매입세액 입력 결과

	매입가액 계	의제매입세액 계	건수 계
계산서 합계	1,020,000	57,735	1
신용카드등 합계	1,830,000	103,584	1
농·어민등 합계			
총계	2,850,000	161,319	2

3. 의제매입세액 한도 계산

의제매입세액은 법인의 경우 과세표준의 50%를 한도로 하므로 이를 위해 [1기 과세표준 입력] ⇒ [1기 면세 매입금액 입력] ⇒ [예정신고에 공제받은 의제매입세액] 순서로 입력하면 확정신고 기간의 공제받을 수 있는 의제매입세액이 계산됩니다.

가. 과세기간 과세표준 및 공제가능한 금액등 (1) | 불러오기 **(2)**

| 합계 | 과세표준 | | 대상액 한도계산 | | B.당기매입액 | 공제대상금액 [MIN (A,B)] |
	예정분	확정분	한도율	A.한도액		
175,000,000	80,000,000	95,000,000	50/100	87,500,000	4,175,000	4,175,000

나. 과세기간 공제할 세액

| 공제대상세액 | | 이미 공제받은 금액 | | **(3)** | 공제(납부)할세액 (C-D) |
공제율	C.공제대상금액	D.합계	예정신고분	월별조기분	
6/106	236,320	75,000	75,000		161,320

(1) 과세표준 입력

> 의제매입세액공제는 과세표준의 일정율을 한도로 하므로 1기 예정, 확정분 과세표준 입력

(2) 당기 매입액과 1기 의제매입세액

구분	내용	금 액
예정신고 기간	75,000(예정신고기간 의제매입세액공제액) ÷ (6/106)	1,325,000
확정신고 기간	1,020,000(은성 매입분) + 1,830,000((주)이두식자재 매입분)	2,850,000
합 계		4,175,000
⇓		
제1기 의제매입세액	4,175,000원(1기 매입액) × (6/106) = 236,320원	

(3) 확정신고기간 의제매입세액

> 236,320원 − 75,000원(예정신고기간 의제매입세액) = 161,320원

⑨ 재활용폐자원 세액공제 신고서 작성

재활용폐자원 세액공제 신고서는 재활용 사업자가 증빙 없이 구입한 폐자원을 매입세액공제 받기 위해 입력하는 서식입니다. 최근 수년 간 출제된 적이 없지만 내용이 쉬워 한번만 입력해 보면 맞출 수 있는 문제입니다.

실무기출 확인문제 ㈜파도상회(회사코드:1132) | 전산세무 2급, 71회 변형 |

㈜파도상회를 재활용폐자원을 수집하는 사업자로 가정하고 다음 자료에 의하여 2기 확정신고기간의 재활용폐자원세액공제 신고서를 작성하시오. 단, 공제(납부)할 세액까지 정확한 금액을 입력할 것.

거래 자료	공급자	사업자번호	거래일자	품명	수량(KG)	취득금액	증빙	건수
	은성	752-06-02023	2024.10.6	고철	200	4,650,000	영수증	1

🔍 **참고**

1기 면세 매입세액
- 1기 예정 면세매입액(x) × (6/106)=75,000원 이므로
- 1기 예정 면세매입액: 75,000÷(6/106) = 1,325,000원

🔍 **참고**

이미 공제받은 금액
예정신고 시 75,000원 공제받았으므로 이미 공제받은 예정신고분에 75,000원 입력

◎ **핵심체크**

재활용폐자원 세액공제신고서★
재활용폐자원(3/103), 중고자동차(10/100)

취득 일자	• 은성은 간이과세사업자이다. • 매입매출전표 입력은 생략하며, 예정신고기간 중의 재활용폐자원 신고한 금액은 10,000원이다. • 2기 과세기간 중 재활용 관련 매출액과 세금계산서 매입액은 다음과 같다.

구분	매출액	매입공급가액(세금계산서)
예정분	58,000,000원	43,000,000원
확정분	63,000,000원	52,000,000원

[정답 및 풀이]

[부속명세서 Ⅰ]　⇒　[재활용폐자원세액공제신고서] 클릭

1. 재활용폐자원 세액공제 핵심내용

재활용폐자원 세액공제란 폐자원 수집을 돕기 위해 매입세액공제가 되지 않는 면세사업자, 간이과세자, 개인으로부터 구입한 재활용폐자원(폐지·고철 등), 중고자동차에 대해 일정액을 매입세액을 공제 해주는 제도입니다. (단, 재활용품을 취득하면서 세금계산서를 수취한 경우에는 매입세액공제가 되므로 재활용폐자원 세액공제를 적용하지 않음.)

실무 문제를 풀기 위해서는 공제율을 기억해야 합니다.

	재활용폐자원	매입가액 × 3/103
재활용폐자원 세액공제금액	중고자동차	매입가액 × 10/100

2. 재활용폐자원 매입내역 입력

먼저 은성에서 구입한 고철 내역을 순서대로 입력하되, 매입세액 공제율은 3/103(재활용폐자원 공제율)을 선택합니다.

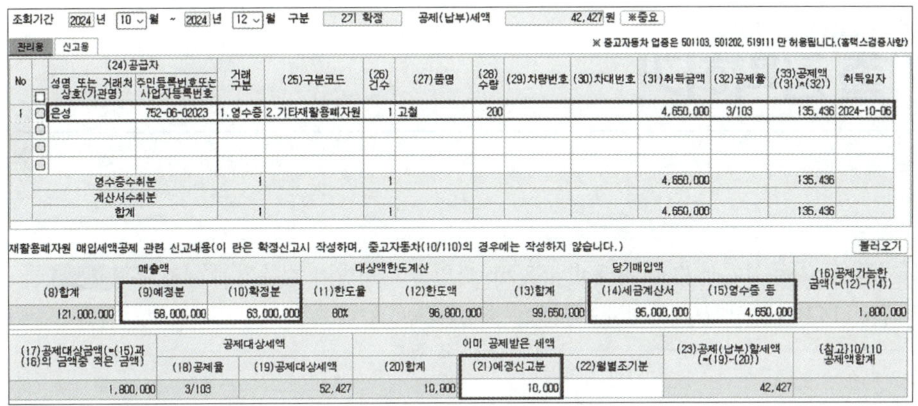

(1) 한도 계산

재활용폐자원 매입세액 공제대상 한도	과세기간 동안 공급한 재활용 관련 과세표준 × 80% 세금계산서 수취한 재활용 매입액

다음으로 한도 계산을 해야 하는데 세금계산서를 수취한 재활용 매입액은 재활용폐자원 세액공제를 받을 수 없기 때문에 한도 계산 시 차감합니다. 다만, 이 한도계산은 예정, 확정기간의 매출액을 입력하기만 하면 자동으로 계산됩니다.

(2) 공제할 세액 계산

52,427원 − 10,000원(예정신고기간 공제액) = 42,427원

예정신고 기간에 공제받는 10,000원을 입력하면 확정신고 기간에 공제받을 수 있는 42,427원이 자동으로 계산됩니다.

28 실무기출 공략하기

cafe.naver.com/eduacc 전산세무2급 자료실에서 Data_Install_JS2.zip 파일을 다운받아 컴퓨터에 설치 후 `회사등록` 클릭 후 아래 ㈜효원상회(회사코드 : 1142)를 선택하여 문제를 푸시오.

난이도 ★★

01 다음 자료를 이용하여 제1기 확정 부가가치세 과세기간의 신용카드매출전표등발행금액집계표를 작성하시오. (단, 아래의 거래 내역만 있고 전표입력은 생략할 것.) `필수`　　　　　　　　　　　　　　　　[2023년, 107회]

일 자	거 래 내 역
4월 7일	㈜태진상사에 제품 6,600,000원(부가가치세 포함)을 공급하고 전자세금계산서를 발급하였다. 대금은 자금 사정으로 인해 10일 후에 신용카드로 결제를 받았다.
5월 13일	나래철물에게 제품 880,000원(부가가치세 포함)을 판매하고 대금 중 절반은 신용카드로 결제를 받고 나머지 절반은 현금영수증을 발급하였다.

난이도 ★★★

02 다음의 자료를 이용하여 제2기 예정 신고기간의 신용카드매출전표등수령명세서(갑)(을)을 작성하시오. `필수`
[2023년, 108회 변형]

- 모든 거래는 일반과세자와의 거래이다.　　　· 매입매출전표입력은 생략한다.
- 현금지출은 사업자번호를 기재한 지출증빙용 현금영수증을 수령하였다.
- 사업용신용카드는 신한카드(카드번호:8708-0812-4511-1123)를 사용한다.

거래일자	증빙	공급자	사업자등록번호	공급가액	부가가치세	내용
7월 25일	현금영수증	나래철물	150-45-51052	45,000원	4,500원	사무실 청소용품 구매
7월 30일	사업용신용카드	㈜벽돌갈비	123-81-98766	380,000원	38,000원	거래처 식사 접대 지출
8월 10일	사업용신용카드	(주)겨울	603-81-21666	150,000원	15,000원	놀이동산 입장권 (직원 야유회 목적) 구입
8월 14일	사업용신용카드	㈜벽돌갈비	123-81-98766	250,000원	25,000원	영업팀 회식비 지출
9월 5일	사업용신용카드	(주)현대	464-88-00366	70,000원	7,000원	업무용자동차 주유비 결제 (2,000cc, 5인승 승용차)

03 다음 자료를 보고 제2기 확정신고 기간의 [공제받지못할매입세액명세서](「공제받지못할매입세액내역」 및 「공통매입세액의정산내역」)를 작성하시오(단, 불러온 자료는 무시하고 직접 입력할 것). _{필수}　　[2024년, 115회 변형]

---

1. 매출 공급가액에 관한 자료

구분	과세사업	면세사업	합계
7월 ~ 12월	350,000,000원	50,000,000원	400,000,000원

2. 매입세액(세금계산서 수취분)에 관한 자료

구분	① 과세사업 관련			② 면세사업 관련		
	공급가액	매입세액	매수	공급가액	매입세액	매수
10월 ~ 12월	100,000,000원	10,000,000원	11매	3,000,000원	300,000원	3매

3. 총공통매입세액(7 ~ 12월) : 5,500,000원

※ 2기 예정신고시 공통매입세액 중 불공제매입세액 : 187,500원

---

04 다음의 자료를 이용하여 제1기 부가가치세 확정신고기간(4월 ~ 6월)에 대한 [대손세액공제신고서]를 작성하시오.

_{필수}　　[2023년, 108회 변형]

• 대손이 발생된 매출채권은 아래와 같다.

공급일자	거래상대방	계정과목	공급대가	비고
2024.01.05	㈜구중상사	외상매출금	11,000,000원	부도발생일(2024. 03. 31.)
2023.09.01	㈜인용	받을어음	7,700,000원	부도발생일(2023. 11. 01.)
2021.05.10	㈜재영	외상매출금	5,500,000원	상법상 소멸시효 완성(2024. 05. 10.)
2023.01.15	은성상회	단기대여금	2,200,000원	자금 차입자의 사망(2024. 06. 25.)

• 전기에 대손세액공제 (사유 : 전자어음부도, 당초공급일 : 2023.01.05, 대손확정일자 : 2023.10.01.)를 받았던 매출채권(공급대가 : 2,750,000원, 매출처 : ㈜영등포상사, 126−81−78527)을 2024.05.10.에 회수하였다.

05 아래의 자료를 이용하여 제1기 부가가치세 확정신고기간의 [수출실적명세서]와 [영세율매출명세서]를 작성하시오. (단, 거래처코드와 거래처명은 조회하여 불러올 것) 필수

[2025년, 121회 변형]

거래처	수출신고번호	선적일	환가일	통화	수출액	기준환율	
						선적일	환가일
BOB	11133−77−100066X	2024.04.15.	2024.04.10.	USD	$80,000	₩1,350/$	₩1,300/$
ORANGE	22244−88−100077X	2024.05.30.	2024.06.07.	EUR	€52,000	₩1,400/€	₩1,410/€

06 다음의 자료를 이용하여 제1기 확정신고기간에 대한 [건물등감가상각자산취득명세서]를 작성하시오. (단, 모두 감가상각자산에 해당함) 필수

[2025년, 122회 변형]

일자	내 역	공급가액	부가가치세	상호	사업자등록번호
04/08	생산부가 사용할 공장건물 구입 (전자세금계산서 수령, 보통예금으로 지급)	500,000,000원	50,000,000원	진산㈜	189−81−54211
05/12	생산부 공장에서 사용할 포장용 기계 구입 (전자세금계산서 수령, 보통예금으로 지급)	60,000,000원	6,000,000원	㈜서부상사	157−81−54121
06/22	영업부 환경개선을 위해 에어컨 구입 (전자세금계산서 수령, 법인카드로 결제)	8,000,000원	800,000원	㈜유지전자	121−81−26892

07 다음 자료를 바탕으로 제2기 확정신고기간(10.01 ~ 12.31)의 부동산임대공급가액명세서를 작성하시오. (단, 간주임대료에 대한 정기예금 이자율은 1.2%로 가정한다) 필수

[2025년, 120회 변형]

동수	층수	호수	면적(㎡)	용도	임대기간	보증금(원)	월세(원)	관리비(원)
1	2	201	120	사무실	2022.12.01 ~ 2024.11.30	30,000,000	1,700,000	300,000
					2024.12.01 ~ 2026.11.30	50,000,000	1,700,000	300,000

- 위 사무실은 헤이중고차상사(870−81−54127)에게 2022.12.01. 최초로 임대를 개시하였으며, 2년 경과 후 계약기간이 만료되어 2024.12.01. 임대차계약을 갱신하면서 보증금만 인상하기로 하였다.
- 월세와 관리비에 대해서는 정상적으로 세금계산서를 발급하였으며, 간주임대료에 대한 부가가치세는 임대인이 부담하고 있다.

08 해당 회사는 제조업을 영위하는 중소기업 법인이며 의제매입세액공제 대상이 되는 재화를 생산, 판매하는 것으로 가정한다. 다음의 자료를 이용하여 제1기 부가가치세 확정신고기간(04.01. ~ 06.30.)에 대한 [의제매입세액공제신고서]를 작성하시오. 필수

[2025년, 119회 변형]

(1) 매입자료

취득일자	공급자	사업자등록번호 (주민등록번호)	물품명	수량	매입가액	구분
2024.05.15.	향미상사	606-15-32508	야채	1	39,000,000원	계산서
2024.05.31.	은성상회	131-04-85413	과일	1	28,600,000원	현금영수증
2024.06.15.	김길동	701213-1617851	쌀	1	13,000,000원	농어민 매입
2024.12.05	나래철물	150-45-51052	식품포장재	10	1,500,000원	현금영수증

(2) 제1기 예정신고 시 과세표준(1월 ~ 3월)은 60,000,000원이며, 제1기 확정신고 시 과세표준(4월~6월)은 100,000,000원이다.

(3) 법인의 의제매입세액공제한도는 과세표준의 50%이다.

(4) 제1기 예정신고 시 의제매입세액공제액은 없다고 가정한다.

(5) 위의 (1) 매입자료의 면세 매입 물품은 모두 과세사업인 제조업에 직접 사용하였다.

09 다음 자료를 이용하여 제2기 예정신고 기간(07.01 ~ 09.30)에 대한 재활용폐자원세액공제신고서를 작성하되 아래 가정에 따르시오. 어려우면 Pass

[2012년, 53회]

거래일자	공급처명	품명	공급가액(원)	관련증빙
07.15	삼해상사	고철	3,498,000	계산서
07.19	(주)한대전자	비철	1,590,000	세금계산서
08.24	원장전자	고철	795,000	영수증

상호	사업자번호(주민등록번호)	대표자
삼해상사	117-04-98722	황우진
(주)한대전자	121-81-63053	김대준
원장전자	121-18-44635	홍만규

[가정]
- 재활용폐자원세액공제신고서 작성대상이 되는 거래만을 매입매출전표에 입력하되, 모두 현금거래로 간주하고 계정과목은 원재료를 사용한다.
- 재활용폐자원세액공제신고서는 매입매출전표입력에서 재활용폐자원매입세액 적요 설정 후 자동 불러오기로 한다.

01 [부속명세서 Ⅰ] ⇒ [신용카드매출전표등 발행금액집계표] 클릭

조회기간 2024 년 04 월 ~ 2024 년 06 월   구분 1기 확정

1. 인적사항

상호[법인명]	(주)효원상회	성명[대표자]	오미자	사업등록번호	651-81-00898
사업장소재지	경기도 용인시 처인구 경안천로 2-7 (마평동)				

2. 신용카드매출전표 등 발행금액 현황

구 분	합 계	신용·직불·기명식 선불카드	현금영수증	직불전자지급 수단 및 기명식선불 전자지급수단
합 계	7,480,000	7,040,000	440,000	
과세 매출분	7,480,000	7,040,000	440,000	
면세 매출분				
봉 사 료				

3. 신용카드매출전표 등 발행금액중 세금계산서 교부내역

세금계산서발급금액	6,600,000	계산서발급금액	

※ 신용·직불·기명식선불카드 : 6,600,000원 + 880,000원 × 50% = 7,040,000원

※ 현금영수증 : 880,000 × 50% = 440,000원

02 [부속명세서 Ⅰ] ⇒ [신용카드매출전표등 수령명세서(갑)(을)] 클릭

조회기간 : 2024 년 07 월 ~ 2024 년 09 월   구분 2기 예정

2. 신용카드 등 매입내역 합계

구분	거래건수	공급가액	세액
합 계	2	295,000	29,500
현금영수증	1	45,000	4,500
화물운전자복지카드			
사업용신용카드	1	250,000	25,000
그 밖의 신용카드			

3. 거래내역입력

No		월/일	구분	공급자	공급자(가맹점) 사업자등록번호	카드회원번호	그 밖의 신용카드 등 거래내역 합계 거래건수	공급가액	세액
1	☐	07-25	현금	나래철물	150-45-51052		1	45,000	4,500
2	☐	08-14	사업	(주)벽돌갈비	123-81-98766	8708-0812-4511-1123	1	250,000	25,000

※ 거래처 식사 접대(7.30), 입장권 발행(8.10), 비영업용승용차 유지(9.5) 관련 신용카드 사용은 매입세액공제가 되지 않으므로 입력하지 않음.

03 1. [부속명세서 Ⅰ] ⇒ [공제받지 못할 매입세액명세서] 클릭 ⇒ [공제받지 못할 매입세액] 탭 클릭

조회기간 2024 년 10 월 ~ 2024 년 12 월   구분 2기 확정

공제받지못할매입세액내역 | 공통매입세액안분계산내역 | 공통매입세액외정산내역 | 납부세액또는환급세액재계산

매입세액 불공제 사유	세금계산서		
	매수	공급가액	매입세액
①필요적 기재사항 누락 등			
②사업과 직접 관련 없는 지출			
③개별소비세법 제1조제2항제3호에 따른 자동차 구입·유지			
④기업업무추진비 및 이와 유사한 비용 관련			
⑤면세사업등 관련	3	3,000,000	300,000
⑥토지의 자본적 지출 관련			

※ 면세사업 관련 매입세액(300,000원)은 공제되지 않음.

2. [부속명세서 Ⅰ] ⇒ [공제받지 못할 매입세액명세서] 클릭 ⇒ [공통매입세액의 정산내역] 탭 클릭

조회기간 2024 년 10 월 ~ 2024 년 12 월		구분 2기 확정						
공제받지못할매입세액내역	공통매입세액안분계산내역	공통매입세액의정산내역	납부세액또는환급세액재계산					

산식	구분	(15)총공통 매입세액	(16)면세 사업확정 비율			(17)불공제매입 세액총액 ((15)×(16))	(18)기불공제 매입세액	(19)가산또는 공제되는매입 세액((17)-(18))
			총공급가액	면세공급가액	면세비율			
1. 당해과세기간의 공급가액기준		5,500,000	400,000,000.00	50,000,000.00	12.500000	687,500	187,500	500,000

※ 불공제 매입세액 : 총공통매입세액(5,500,000) × 면세비율(12.5%) − 예정신고 불공제액(187,500) = 500,000원

04 [부속명세서 Ⅰ] ⇒ [대손세액공제신고서] 클릭

대손발생	대손변제

조회기간 2024 년 04 월 ~ 2024 년 06 월 1기 확정

당초공급일	대손확정일	대손금액	공제율	대손세액	거래처		대손사유
2023-09-01	2024-05-02	7,700,000	10/110	700,000	(주)인용	5	부도(6개월경과)
2021-05-10	2024-05-10	5,500,000	10/110	500,000	(주)재영	6	소멸시효완성
2023-01-05	2024-05-10	-2,750,000	10/110	-250,000	(주)영등포상사	7	대손금 회수

※ ㈜구중상사 외상매출금(11,000,000원) : 부도발생일(2024.3.31)로부터 6개월이 지난 2024.10.1(대손확정일)에 대손공제 가능하므로 1기 확정신고기간에는 대손세액공제 안됨.

※ ㈜인용 받을어음(7,700,000원) : 부도발생일(2023.11.01)로부터 6개월이 지난 2024.5.2.(대손확정일)에 대손공제 가능하므로 1기 확정신고기간에 대손세액공제 됨.

※ 은성상회 단기대여금(2,200,000원) : 단기대여금은 대손세액공제 대상이 아님.

※ 대손금 회수 : 대손확정일 칸에 회수일 2024.05.10. 입력, 금액은 (−)2,750,000원 입력하고 대손사유는 공란으로 해도 정답 처리.(입력한다면 7.직접입력 클릭 후 대손금 회수로 입력)

05 1. [부속명세서 Ⅰ] ⇒ [수출실적명세서] 클릭

조회기간 2024 년 04 월 ~ 2024 년 06 월 구분 : 1기 확정 과세기간별입력

구분	건수	외화금액	원화금액
⑨합계	2	132,000.00	176,800,000
⑩수출재화[=⑫합계]	2	132,000.00	176,800,000
⑪기타영세율적용			

No	□	(13)수출신고번호	(14)선(기) 적일자	(15)통화코드	(16)환율	금액		전표정보	
						(17)외화	(18)원화	거래처코드	거래처명
1	□	11133-77-100066X	2024-04-15	USD	1,300.0000	80,000.00	104,000,000	00178	BOB
2	□	22244-88-100077X	2024-05-30	EUR	1,400.0000	52,000.00	72,800,000	00179	ORANGE

※ BOB : 환가일 환율(1,300원) × $80,000 = 104,000,000원

※ ORANGE : 선적일 환율(1,400원) × €52,000 = 72,800,000원

2. [부속명세서 Ⅰ] ⇒ [영세율매출명세서] 클릭

조회기간 2024 년 04 월 ~ 2024 년 06 월 1기 확정

부가가치세법	조세특례제한법

(7)구분	(8)조문	(9)내용	(10)금액(원)
	제21조	직접수출(대행수출 포함)	176,000,000
		중계무역·위탁판매·외국인도 또는 위탁가공무역 방식의 수출	
		내국신용장·구매확인서에 의하여 공급하는 재화	
		한국국제협력단 및 한국국제보건의료재단에 공급하는 해외반출용 재화	
		수탁가공무역 수출용으로 공급하는 재화	
(11) 부가가치세법에 따른 영세율 적용 공급실적 합계			176,000,000
(12) 조세특례제한법 및 그 밖의 법률에 따른 영세율 적용 공급실적 합계			
(13) 영세율 적용 공급실적 총 합계(11)+(12)			176,000,000

※ 직수출 칸에 수출금액 176,800,000원 입력(104,000,000원 + 72,800,000원)

06 **[부속명세서 I]** ⇒ **[건물등감가상각자산취득명세서]** 클릭

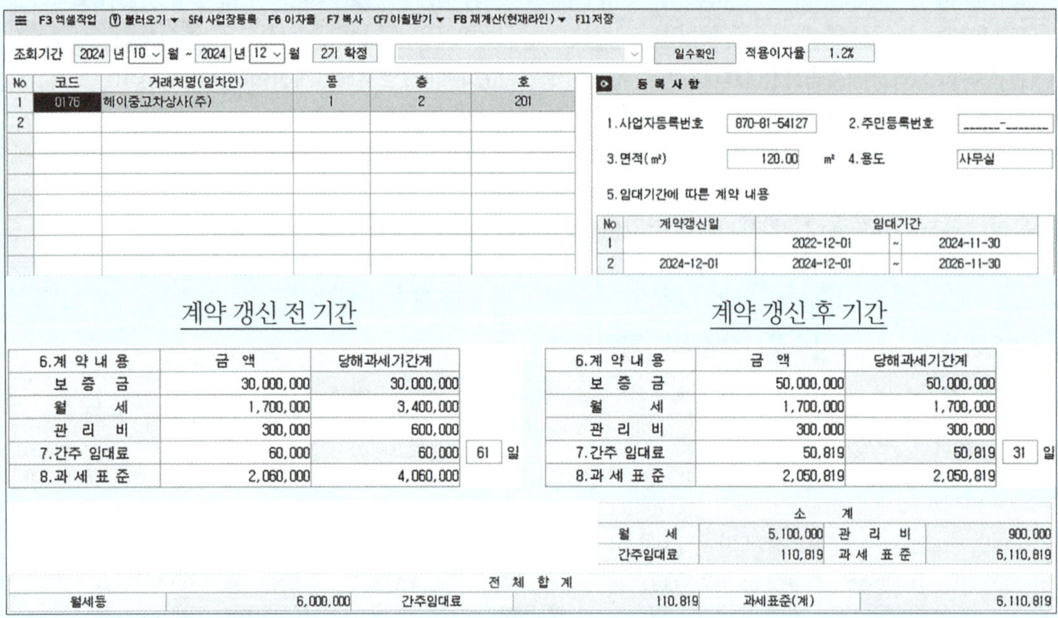

조회기간 2024 년 04 월 ~ 2024 년 06 월   구분 1기 확정

취득내역

감가상각자산종류	건수	공급가액	세액	비고
합 계	3	568,000,000	56,800,000	
건물 · 구축물	1	500,000,000	50,000,000	
기 계 장 치	1	60,000,000	6,000,000	
차 량 운 반 구				
기타감가상각자산	1	8,000,000	800,000	

거래처별 감가상각자산 취득명세

No	월/일	상호	사업자등록번호	자산구분	공급가액	세액	건수
1	04-08	진산(주)	189-81-54211	건물,구축물	500,000,000	50,000,000	1
2	05-12	(주)서부상사	157-81-54121	기계장치	60,000,000	6,000,000	1
3	06-22	(주)유지전자	121-81-25892	기타	8,000,000	800,000	1

07 **[부속명세서 I]** ⇒ **[부동산임대공급가액명세서]** 클릭

≡ F3 엑셀작업 ▼ ⓣ 불러오기 ▼ SF4 사업장등록 F6 이자율 F7 복사 CF7 이월받기 ▼ F8 재계산(현재라인) ▼ F11 저장

조회기간 2024 년 10 월 ~ 2024 년 12 월 2기 확정   일수확인 적용이자율 1.2%

No	코드	거래처명(임차인)	동	층	호
1	0176	헤이중고차상사(주)	1	2	201
2					

등 록 사 항

1.사업자등록번호 870-81-54127   2.주민등록번호 ________-_______

3.면적(㎡) 120.00 ㎡ 4.용도 사무실

5.임대기간에 따른 계약 내용

No	계약갱신일	임대기간
1		2022-12-01 ~ 2024-11-30
2	2024-12-01	2024-12-01 ~ 2026-11-30

계약 갱신 전 기간

6.계 약 내 용	금 액	당해과세기간계	
보 증 금	30,000,000	30,000,000	
월 세	1,700,000	3,400,000	
관 리 비	300,000	600,000	
7.간주 임대료	60,000	60,000	61 일
8.과 세 표 준	2,060,000	4,060,000	

계약 갱신 후 기간

6.계 약 내 용	금 액	당해과세기간계	
보 증 금	50,000,000	50,000,000	
월 세	1,700,000	1,700,000	
관 리 비	300,000	300,000	
7.간주 임대료	50,819	50,819	31 일
8.과 세 표 준	2,050,819	2,050,819	

소 계			
월 세	5,100,000	관 리 비	900,000
간주임대료	110,819	과 세 표 준	6,110,819

전 체 합 계

월세등	6,000,000	간주임대료	110,819	과세표준(계)	6,110,819

※ [F6 이자율] 클릭하여 이자율을 1.2%로 변경해야 함.

08 **[부속명세서 I]** ⇒ **[의제매입세액공제신고서]** 클릭

1. 향미상사로부터 매입 입력

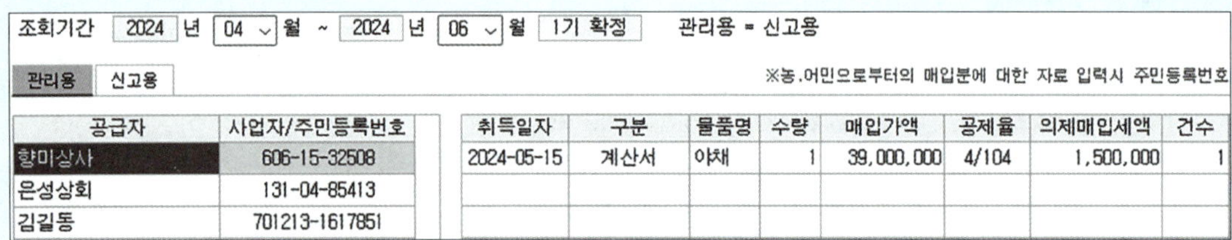

조회기간 2024 년 04 월 ~ 2024 년 06 월 1기 확정   관리용 = 신고용

관리용 신고용   ※농.어민으로부터의 매입분에 대한 자료 입력시 주민등록번호

공급자	사업자/주민등록번호	취득일자	구분	물품명	수량	매입가액	공제율	의제매입세액	건수
향미상사	606-15-32508	2024-05-15	계산서	야채	1	39,000,000	4/104	1,500,000	1
은성상회	131-04-85413								
김길동	701213-1617851								

2. 은성상회로부터 매입 입력

| 조회기간 | 2024 년 | 04 ∨ 월 ~ | 2024 년 | 06 ∨ 월 | 1기 확정 | 관리용 = 신고용 |

| 관리용 | 신고용 | ※농.어민으로부터의 매입분에 대한 자료 입력시 주민등록번호 |

공급자	사업자/주민등록번호	취득일자	구분	물품명	수량	매입가액	공제율	의제매입세액	건수
향미상사	606-15-32508	2024-05-31	신용카드등	과일	1	28,600,000	4/104	1,100,000	1
은성상회	131-04-85413								
김길동	701213-1617851								

3. 김길동(농어민)으로부터 매입 입력

| 조회기간 | 2024 년 | 04 ∨ 월 ~ | 2024 년 | 06 ∨ 월 | 1기 확정 | 관리용 = 신고용 |

| 관리용 | 신고용 | ※농.어민으로부터의 매입분에 대한 자료 입력시 주민등록번호 |

공급자	사업자/주민등록번호	취득일자	구분	물품명	수량	매입가액	공제율	의제매입세액	건수
향미상사	606-15-32508	2024-06-15	농어민매입	쌀	1	13,000,000	4/104	500,000	1
은성상회	131-04-85413								
김길동	701213-1617851								

※ 제조업 법인이 농어민으로부터 직접 매입한 경우 의제매입세액공제 가능. 중소기업 제조업은 의제매입세액 공제율 4/104 적용

4. 의제매입세액 입력 결과

	매입가액 계	의제매입세액 계	건수 계
계산서 합계	39,000,000	1,500,000	1
신용카드등 합계	28,600,000	1,100,000	1
농·어민등 합계	13,000,000	500,000	1
총계	80,600,000	3,100,000	3

| 면세농산물등 | 제조업 면세농산물등 |

가. 과세기간 과세표준 및 공제가능한 금액등 [불러오기]

과세표준			대상액 한도계산		B. 당기매입액	공제대상금액 [MIN (A,B)]
합계	예정분	확정분	한도율	A.한도액		
160,000,000	60,000,000	100,000,000	50/100	80,000,000	80,600,000	80,000,000

나. 과세기간 공제할 세액

공제대상세액		이미 공제받은 금액			공제(납부)할세액 (C-D)
공제율	C.공제대상금액	D.합계	예정신고분	월별조기분	
4/104	3,076,923				3,076,923

※ 식품포장재는 의제매입세액 공제 대상이 아님.

※ 예정신고기간에 대한 과세표준 60,000,000원, 확정 신고기간에 대한 과세표준 100,000,000원 입력하고 예정신고 시 의제매입세액 공제액이 없으므로 「이미 공제받은 예정신고분」 금액에 0원 입력

09 [매입매출전표] ⇒ [재활용폐자원세액공제신고서]

1. 매입매출전표 입력

㈜한대전자로부터 비철 매입은 세금계산서를 수령해 매입세액공제를 받을 수 있으므로 재활용폐자원 세액공제 신청을 할 수 없음.

(1) 삼해상사로부터 매입 입력

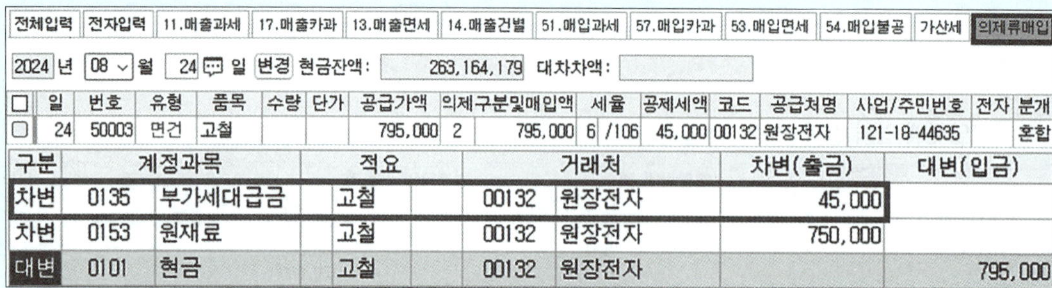

| 전체입력 | 전자입력 | 11.매출과세 | 17.매출카과 | 13.매출면세 | 14.매출건별 | 51.매입과세 | 57.매입카과 | 53.매입면세 | 54.매입불공 | 가산세 | 의제류매입 |

2024 년 07 월 15 일 변경 현금잔액: 99,433,282 대차차액:

□	일	번호	유형	품목	수량	단가	공급가액	의제구분및매입액	세율	공제세액	코드	공급처명	사업/주민번호	전자	분개
□	15	50002	면세	고철			3,498,000	2 3,498,000	6 /106	198,000	00101	삼해상사	117-04-98722		혼합

구분		계정과목	적요		거래처		차변(출금)	대변(입금)
차변	0135	부가세대급금	고철		00101	삼해상사	198,000	
차변	0153	원재료	고철		00101	삼해상사	3,300,000	
대변	0101	현금	고철		00101	삼해상사		3,498,000

※ 의제류매입 : 매입매출전표에서 [의제류매입] 메뉴를 클릭하여 의제구분을 "2.재활용"으로 입력 ⇒ 자동으로 재활용 공제율(6/106) 적용 ⇒ 재활용폐자원 세액공제 금액이 "부가세대급금"으로 자동으로 분개가 입력되어 매입세액공제 받을 수 있게 됨.

(2) 원장상사로부터 매입 입력

| 전체입력 | 전자입력 | 11.매출과세 | 17.매출카과 | 13.매출면세 | 14.매출건별 | 51.매입과세 | 57.매입카과 | 53.매입면세 | 54.매입불공 | 가산세 | 의제류매입 |

2024 년 08 월 24 일 변경 현금잔액: 263,164,179 대차차액:

□	일	번호	유형	품목	수량	단가	공급가액	의제구분및매입액	세율	공제세액	코드	공급처명	사업/주민번호	전자	분개
□	24	50003	면건	고철			795,000	2 795,000	6 /106	45,000	00132	원장전자	121-18-44635		혼합

구분		계정과목	적요		거래처		차변(출금)	대변(입금)
차변	0135	부가세대급금	고철		00132	원장전자	45,000	
차변	0153	원재료	고철		00132	원장전자	750,000	
대변	0101	현금	고철		00132	원장전자		795,000

2. 재활용폐자원세액공제신고서 작성

조회기간 2024 년 07 월 ~ 2024 년 09 월 구분 2기 예정 공제(납부)세액 243,000 원

| 관리용 | 신고용 |

No		(24)공급자 성명 또는 거래처 상호(기관명)	주민등록번호또는 사업자등록번호	거래 구분	(26)건수	(27)품명	(28)수량	(31)취득금액	(32)공제율	(33)공제액 ((31)*(32))	취득일자
1	□	삼해상사	117-04-98722	2.계산서	1	고철		3,498,000	6/106	198,000	2024-07-15
2	□	원장전자	121-18-44635	1.영수증	1	고철		795,000	6/106	45,000	2024-08-24

※ 조회기간(7 ~ 9월)을 입력하면 매입매출전표에서 의제구분을 "2.재활용"으로 입력 ⇒ 입력했던 내용이 자동으로 불려옴.

VII 원가회계

원가회계는 제품 가격결정 등을 위해 제품 생산에 소요된 각종 원가를 집계 계산하는 회계입니다.

 **학습방법**

1. 원가회계를 처음 접하면 어렵게 느껴질 수 있으므로 반드시 이해를 위주로 공부하되 시간이 없을 경우 계산문제는 과감히 패스하고 출제빈도가 높은 내용 위주로 학습해야 합니다.
2. 전산회계 1급과 대부분 중복되는 내용이되 일부 난도 있는 내용이 추가되니 시간이 없으면 과감히 패스하세요.

 **출제빈도**　　**매회 이론 5문제(총 10점)**

공부량 대비 배점이 높고 이미 전산회계 1급에서 대부분 공부한 내용이므로 빈출내용 위주로 학습하여 5문제 중 4문제는 맞춰야 합니다.

원가회계의 기본개념과 원가의 종류	원가구성(기본원가, 가공원가), 원가종류
원가의 흐름과 원가계산	당기원재료비·당기총제조원가·당기제품제조원가, 제조원가명세서 Vs 손익계산서
보조부문 원가배부(배분)	원가배부 기준, 직접배부법·단계배부법·상호배부법
개별원가계산	제조간접비 배부, 배부차이 조정
종합원가계산	완성품 환산량 계산, 종합원가계산 Vs 개별원가계산
공손	공손 개념, 공손 수량 계산

29

원가회계의 기본개념과 원가의 종류

학습내용
공부방향

• 원가회계 개념　• 원가의 구성　• 원가의 종류

1~2회 시험마다 1문제씩 출제되는 내용으로 전산회계1급과 내용 및 유형은 동일하되 난도만 약간 높은 수준으로 이해를 바탕으로 개념만 잡으면 쉽게 풀 수 있음.

정교수 콕콕

🎯 핵심체크

재무회계 Vs 원가관리회계 ★
• 재무회계: 외부정보 이용자, 재무제표, 과거 지향적
• 원가회계: 내부정보 이용자, 특수목적 보고서, 미래지향적

1 원가회계 Vs 재무회계

구분	재무회계	원가·관리회계
정보이용자	외부정보 이용자(주주·채권자 등)	내부정보이용자(경영자 등)
목 적	외부 정보이용자의 의사결정에 유용한 정보의 제공	원가관리, 제품가격 결정 등의 내부 관리적 의사결정에 필요한 정보 제공
보고수단	재무제표(재무상태표, 손익계산서 등)	특수목적 보고서 (원가계산서, 원가분석표 등)
이용정보	이미 발생한 회계정보(과거 지향적)	과거·미래를 포함한 모든 정보(미래 지향적)
보고주기	정기(회계기간 종료 후)	수시(필요시마다 작성)

🎯 핵심체크

원가구성 ★★★
• 총제조원가=직접재료비+직접노무비+제조간접비
• 기본원가(직접원가)=직접재료비+직접노무비
• 가공원가(전환원가)=직접노무비+제조간접비

2 원가의 구성 필수

원가는 크게 다음과 같이 구성되어 있는데, 전산회계시험에 자주 출제되는 아주 중요한 공식이므로 이해 후 반드시 암기해야 합니다.

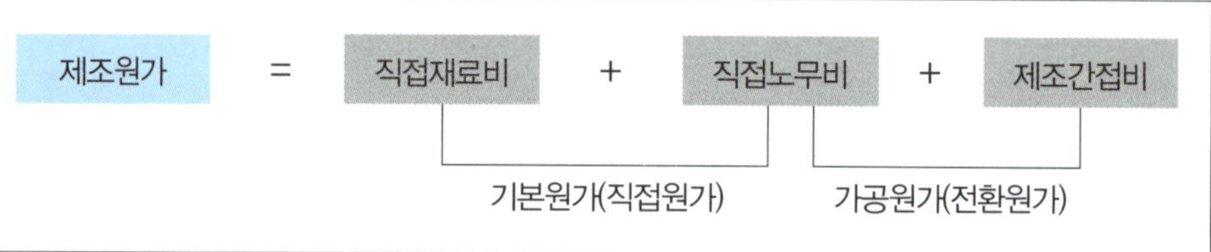

1 원가 추적 가능성에 따른 구분 : 직접원가 Vs 간접원가

구분	내용	
직접원가	특정 제품에 얼마나 소요되는 지 추적이 가능한 비용	직접재료비, 직접노무비
간접원가	특정 제품에 얼마나 소요되는지 직접 추적이 되지 않는 비용	제조간접비(간접재료비, 간접노무비, 각종 제조경비)

2 원가 기본성에 따른 구분 : 기본원가(직접원가) Vs 가공원가(전환원가)

구분	내용	
기본원가	제품 생산에 기본적으로 꼭 필요한 원가	직접재료비, 직접노무비
가공원가	가공을 위해 필요한 비용	직접노무비, 제조간접비(간접재료비, 간접노무비, 각종 제조경비)

이론기출 확인문제 | 전산세무 **2급**, 98회 |

다음 중 원가계산 항목이 아닌 것은?

① 생산시설 감가상각비   ② 생산직 근로자 인건비
③ 생산시설 전기요금   ④ 영업용 차량 유지비

이론기출 확인문제 | 전산세무 **2급**, 108회 |

다음의 ㈜광명의 원가 관련 자료이다. 당기의 가공원가는 얼마인가?

> • 직접재료 구입액 : 110,000원   • 직접재료 기말재고액 : 10,000원
> • 직접노무원가 : 200,000원   • 고정제조간접원가 : 500,000원
> • 변동제조간접원가는 직접노무원가의 3배이다.

① 900,000원   ② 1,100,000원   ③ 1,300,000원   ④ 1,400,000원

📄 **정답 및 풀이 ④**

영업용차량 유지비는 제조원가(직접재료비, 직접노무비, 제조간접비)가 아니라 판매비와 관리비임.

📄 **정답 및 풀이 ③**

• 제조간접비: 고정제조간접비(50만원) + 변동제조간접비[직접노무원가(20만원)×3] = 110만원
• 가공원가: 직접노무비(20만원) + 제조간접비(110만원) = 130만원

이론기출 확인문제 | 전산세무 2급, 119회 변형 |

다음의 원가 자료를 이용하여 직접재료원가를 계산하면 얼마인가?

> • 총제조원가 : 4,000,000원 　　• 직접노무원가 : 제조간접원가의 2배
> • 제조간접원가 : 총제조원가의 25%

① 1,000,000원　　② 1,500,000원　　③ 2,000,000원　　④ 2,500,000원

③ 원가의 종류 [필수]

1 통제가능성에 따른 분류 : 통제가능원가 Vs 통제불능원가

구분	내용
통제가능원가	경영자가 원가를 발생시킬 것인가 말 것인가를 마음대로 결정할 수 있는 원가
통제불능원가	경영자 의사와 관계없이 발생하는 원가

2 의사결정 관련성 따른 분류 : 매몰원가 Vs 기회비용

구분	내용	종류
매몰원가	이미 지출해서 회수할 수 없는 비용 (일명 Sunk Cost라고 부름) **사례** 물리치료사 자격시험을 위해 관련 수험서를 25,000원에 구입하여 공부하다가 진로를 세무회계분야로 변경하면서 전산세무회계 자격증 수험서를 새로 구입한 하였다. ⇒ 물리치료사 수험서 25,000원이 매몰원가	비관련원가
기회원가 (기회비용)	자원을 현재 용도 이외의 다른 용도에 사용했을 때 포기해야 하는 대안들 중 이익이 가장 큰 대안의 이익 **사례** 전산세무회계시험에 대비하여 관련 책을 5만원에 구입하여 학습하기 시작하였다. 그리고 전산세무회계시험에 대비하기 위하여 150만원을 벌 수 있는 아르바이트를 포기하였다. ⇒ 포기한 아르바이트 급여 150만원이 기회원가임.	관련원가

3 조업도 변화(원가행태)에 따른 분류

구분	내용	
변동 원가	조업도 변동에 따라 총원가가 증가 또는 감소하는 원가	직접재료비, 직접노무비
	단위당 원가 / 총원가 — 조업도(생산량)	
변동 원가	생산량 변동에 상관없이 총원가가 일정액으로 정해진 원가	월세(임차료), 재산세, 공장 감가상각비
	총원가 / 단위당 원가 — 조업도(생산량)	

구분	준변동원가(혼합원가)	준고정원가(계단원가)
내용	고정적인 기본비용을 지출하고 생산량 이 늘어나면 그에 비례해 추가로 발생 하는 원가	일정 생산량을 넘어서면 추가적인 고 정비 지출이 발생하는 경우
	전기요금, 통신요금	임차 면적 증가에 따라 추가로 임차료 지급하는 경우
	총원가 — 조업도(생산량)	총원가 — 조업도(생산량)

🎯 핵심체크

조업조에 따른 원가종류(원가행태)★★★
· 변동원가: 직접재료비, 직접노무비
· 고정원가: 임차료, 감가상각비, 재산세
· 준변동원가(혼합원가): 전기요금, 통신요금
· 준고정원가(계단원가): 추가 공장 임차료

정답 및 풀이 ③

변동원가, 고정원가, 준변동원가, 준고정원가가 조업도에 따른 분류, 즉 원가행태에 따른 분류임.

정답 및 풀이 ②

② 그래프는 고정원가로 임차료(월세)가 그 사례임. 즉, 조업도(작업량)와 관계없이 총원가는 변함이 없지만 단위당 원가는 감소함.

정답 및 풀이 ①

이미 발생한 과거의 원가는 매몰원가로 의사결정과 관련 없는 비관련 원가임.

이론기출 확인문제 | 전산세무 2급, 113회 |

다음 중 제조원가의 분류로 잘못 구성된 것을 고르시오.

① 추적가능성에 따른 분류 : 직접재료원가, 간접재료원가, 직접노무원가, 간접노무원가

② 제조원가의 요소에 따른 분류 : 직접재료원가, 직접노무원가, 제조간접원가

③ 원가행태에 따른 분류 : 재료원가, 노무원가, 제조간접원가

④ 발생형태에 따른 분류 : 재료원가, 노무원가, 제조경비

이론기출 확인문제 | 전산세무 2급, 96회 |

다음의 그래프가 나타내는 원가에 대한 설명으로 틀린 것은?

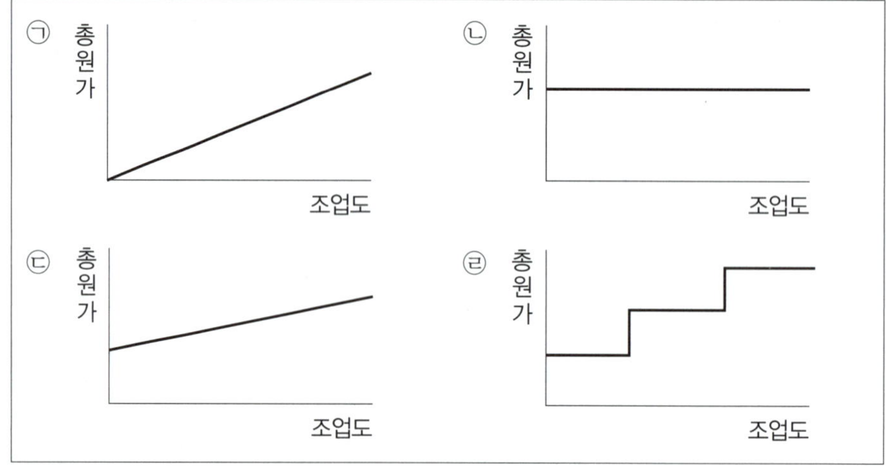

① ㉠은 조업도의 변동에 따라 원가총액이 비례적으로 변화하는 변동비에 대한 그래프이다.

② ㉡은 단위당 원가가 일정한 고정비에 대한 그래프이다.

③ ㉢은 변동원가와 고정원가가 혼합된 준변동원가에 대한 그래프이다.

④ ㉣은 일정한 범위의 조업도 내에서는 일정한 금액이 발생하지만 그 범위를 벗어나면 원가발생액이 달라지는 준고정비를 나타낸다.

이론기출 확인문제 | 전산세무 2급, 111회 |

다음 중 의사결정 관련성에 따른 원가분류에 대한 설명으로 가장 옳지 않은 것은?

① 관련원가는 이미 발생한 과거의 원가로서 의사결정과정에 영향을 주지 못하는 원가이다.

② 기회원가는 차선의 대체안을 선택할 경우 얻을 수 있었던 기댓값을 의미한다.

③ 회피가능원가는 특정 대체안을 선택할 경우 발생되지 않는 원가이다.

④ 차액원가는 두 의사결정 대체안 간의 총원가의 차액, 즉 증분원가이다.

다음 중 변동원가와 고정원가에 대한 설명으로 가장 옳은 것은?

① 고정원가는 조업도 증감에 반비례하여 총원가가 증감하는 원가이다.

② 변동원가는 조업도와 관계없이 총원가가 일정한 원가이다.

③ 준변동원가는 조업도의 변화에 관계없이 총원가가 일정한 고정원가와 조업도에 비례하여 총원가가 증가하는 변동원가의 두 부분으로 구성된 원가를 의미한다.

④ 준고정원가는 특정 범위를 벗어나도 총원가가 일정한 원가이며, 혼합원가라고도 한다.

정교수 콕콕

정답 및 풀이 ③

① 고정원가는 조업도와 관계없이 총원가 일정함. ② 변동원가는 조업도에 따라 총원가 변함. ④ 특정 범위를 벗어나도 총원가 일정한 것은 고정원가임. 또한 준고정원가의 또 다른 이름은 계단원가임.

[원가회계 개념]

난이도 ★

01 다음 중 원가회계의 목적과 거리가 먼 것은? 필수 　　　　[2024년 113회]

① 내부 경영 의사결정에 필요한 원가 정보를 제공하기 위함이다.

② 원가통제에 필요한 원가 정보를 제공하기 위함이다.

③ 손익계산서상 제품 원가에 대한 원가 정보를 제공하기 위함이다.

④ 이익잉여금처분계산서상 이익잉여금 처분 정보를 제공하기 위함이다.

[원가의 구성]

난이도 ★★

02 다음 자료에 의하여 제조원가에 포함될 금액은 얼마인가? 필수 　　　　[2020년 91회]

• 간접 재료비 : 250,000원	• 제조 공장 화재보험료 : 50,000원
• 제조 공장장 급여 : 85,000원	• 영업부 건물 화재보험료 : 80,000원
• 제조 기계 감가상각비 : 75,000원	• 영업부 여비 교통비 : 20,000원
• 제조 공장 임차료 : 120,000원	• 영업부 사무실 임차료 : 100,000원

① 495,000원　　　　② 580,000원　　　　③ 600,000원　　　　④ 660,000원

난이도 ★★

03 다음 제조원가에 대한 설명 중 틀린 것은? 필수 　　　　[2021년 97회]

① 직접재료비와 직접노무비의 합은 기초원가(기본원가)이다.

② 직접노무비와 제조간접비의 합은 가공원가(전환원가)이다.

③ 제조원가는 직접재료비, 직접노무비, 제조간접비로 구분된다.

④ 생산근로자의 식대와 판매근로자의 식대는 모두 제조원가이다.

04 난이도 ★★

원가구성요소의 분류상 해당 항목에 포함되는 내용 중 틀린 것은? [2019년 86회]

	기본원가	가 공 비	제조원가		기본원가	가 공 비	제조원가
①	직접노무비	제조간접비	직접재료비	②	직접재료비	제조간접비	직접노무비
③	직접노무비	직접재료비	간접노무비	④	직접노무비	간접재료비	간접노무비

05 난이도 ★★

다음 자료를 이용하여 직접노무원가를 계산하면 얼마인가? **필수** [2022년 107회]

> • 직접원가(기초원가) 400,000원 • 가공원가 500,000원 • 당기총제조원가 800,000원

① 100,000원　　　　② 200,000원　　　　③ 300,000원　　　　④ 400,000원

06 난이도 ★★★

다음의 원가자료를 이용하여 기초(기본)원가를 계산하면 얼마인가? **필수** [2025년 119회]

> • 직접재료원가는 당기총제조원가의 40%이다. • 제조간접원가는 직접노무원가의 50%이다.
> • 당기총제조원가는 15,000,000원이다.

① 9,000,000원　　　　② 10,000,000원　　　　③ 11,000,000원　　　　④ 12,000,000원

[원가의 종류]

07 난이도 ★★

다음 중 변동비에 대한 설명으로 옳은 것만 선택한 것은? **필수** [2025년 120회]

> 가. 조업도의 증가에 따라 단위당 원가는 감소한다.
> 나. 조업도의 증감에 따라 원가 총액이 증감한다.
> 다. 조업도 대비 단위당원가를 나타내는 그래프는 우하향하는 형태로 나타난다.
> 라. 조업도 대비 총변동비를 나타내는 그래프는 우상향하는 형태로 나타난다.
> 마. 전력비, 기계장치 감가상각비, 생산직원의 인건비 등이 대표적인 변동비의 예시이다.
> 바. 단위당 원가는 조업도의 변동에 관계없이 일정하다.

① 가, 나, 다, 라　　　② 가, 나, 라, 마　　　③ 나, 다, 마　　　④ 나, 라, 바

08 난이도 ★★

다음 중 원가의 분류기준에 대한 설명으로 옳지 않은 것은? [2022년 105회]

① 원가 발생형태에 따른 분류 : 재료원가, 노무원가, 제조간접원가

② 원가행태에 따른 분류 : 변동원가, 고정원가, 준변동원가, 준고정원가

③ 원가의 추적가능성에 따른 분류 : 제조원가, 비제조원가

④ 의사결정과의 관련성에 따른 분류 : 관련원가, 비관련원가, 기회원가, 매몰원가

09 난이도 ★★

다음 중 원가행태에 따른 분류로 볼 수 없는 것은? [2018년 81회]

① 고정비　　　　② 직접비　　　　③ 변동비　　　　④ 준고정원가

10 난이도 ★★

다음 중 원가의 개념에 대한 설명으로 가장 옳지 않은 것은? 필수 [2023년 111회]

① 기회원가 : 자원을 다른 대체적인 용도로 사용할 경우 얻을 수 있는 최대금액

② 매몰원가 : 과거의 의사결정으로 이미 발생한 원가로서 의사결정에 고려하지 말아야 하는 원가

③ 회피가능원가 : 특정한 대체안을 선택하는 것과 관계없이 계속해서 발생하는 원가

④ 관련원가 : 여러 대안 사이에 차이가 나는 원가로서 의사결정에 직접적으로 관련되는 원가

11 난이도 ★★★

다음의 자료에서 '매몰원가'와 최선의 방안 선택에 따른 '기회원가'는 얼마인가? 어려우면 Pass

[전산세무 1급 2023년 110회]

㈜백골은 10년 전에 취득한 기계장치(취득가액 25,000,000원)의 노후화를 경쟁력 저하의 원인으로 판단하고 아래와 같은 처리방안을 고려하고 있다.

구분	소프트웨어만 변경	장비까지 변경	그대로 사용
기대 현금유입	20,000,000원	80,000,000원	4,000,000원
기대 현금유출	10,000,000원	50,000,000원	1,000,000원

	매몰원가	기회원가		매몰원가	기회원가
①	25,000,000원	50,000,000원	②	25,000,000원	30,000,000원
③	25,000,000원	10,000,000원	④	3,000,000원	10,000,000원

12 다음에 제시된 원가의 행태에 따른 분류와 그래프를 가장 적절하게 표시한 것은? 필수   [2025년, 120회]

> 산업용 전력요금(고압 A) = 기본요금 9,810원 + 전력량요금 138.9원/kwh

① 준고정원가

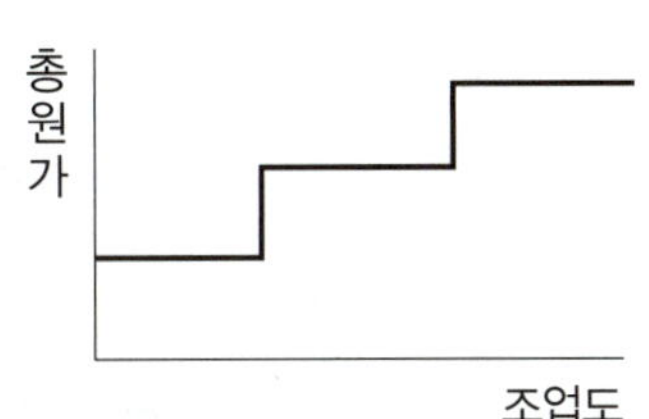

② 고정원가

③ 준변동원가

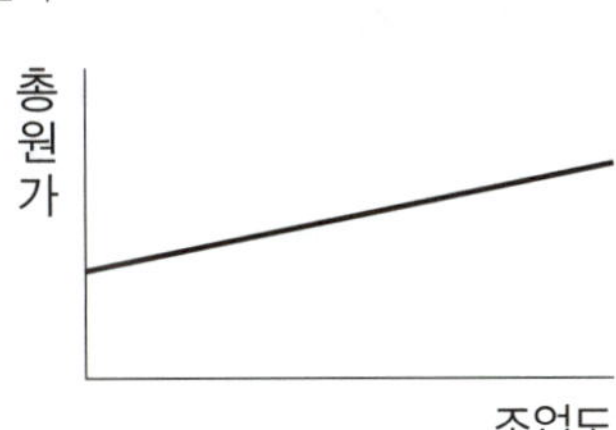

④ 변동원가

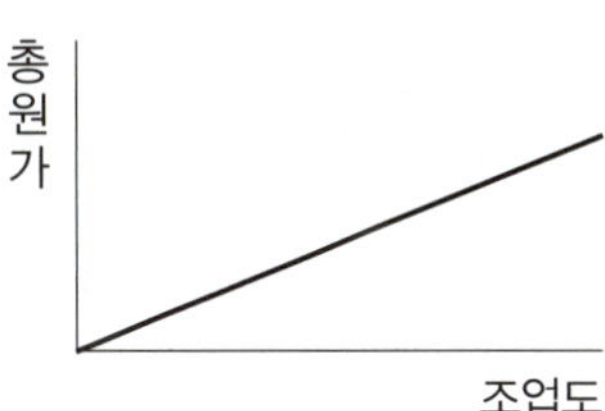

13 다음 중 아래의 그래프가 표시하는 원가행태로 가장 적절한 것은? 필수   [2025년, 118회]

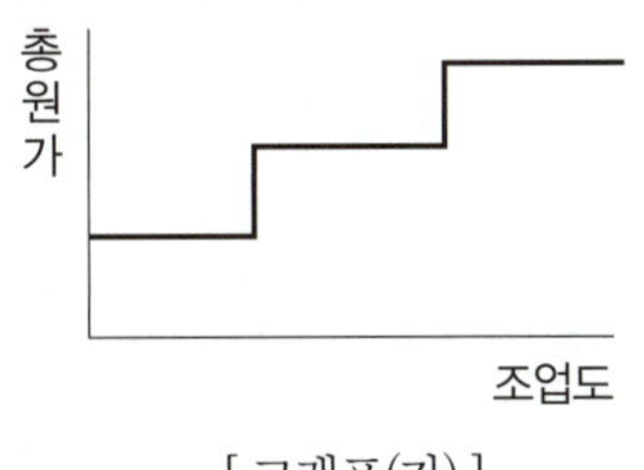

[그래프(가)]

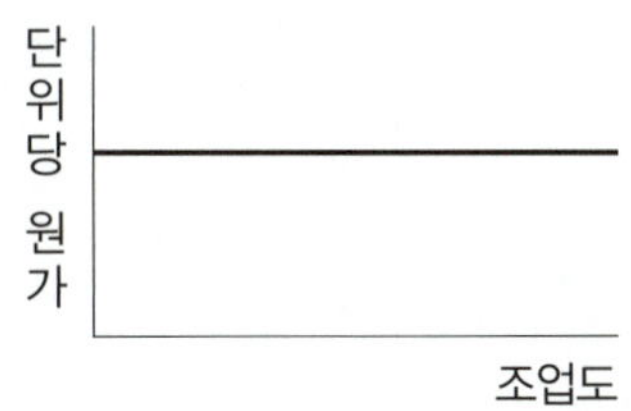

[그래프(나)]

① 그래프(가) : 변동원가   ② 그래프(나) : 준고정원가
③ 그래프(가) : 준고정원가   ④ 그래프(나) : 고정원가

14 다음의 그래프는 조업도에 따른 원가의 변화를 나타낸 것이다. 변동원가에 해당하는 그래프만 짝지은 것은? 필수

[2020년, 93회]

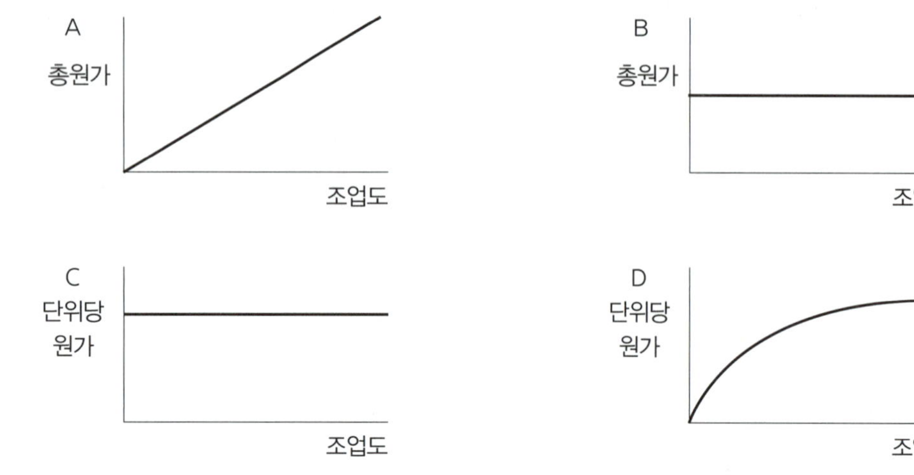

① A, C　　　　② A, D　　　　③ B, C　　　　④　B, D

15 공장에 설치하여 사용하던 기계가 고장이 나서 처분하려고 한다. 취득원가는 2,000,000원, 고장시점까지의 감가상각누계액은 1,500,000원이다. 동 기계를 바로 처분하는 경우 600,000원에 처분 가능하며 100,000원의 수리비를 들여 수리하는 경우 800,000원에 처분할 수 있다. 이 때 매몰원가는 얼마인가? [2019년 88회]

① 100,000원　　　　② 500,000원　　　　③ 600,000원　　　　④ 800,000원

16 다음 중 공장에서 사용하는 제품 제조용 전기요금에 대한 원가행태로 옳은 것은? [2024년, 117회]

① 변동원가, 가공원가　　　② 변동원가, 기초원가　　　③ 고정원가, 가공원가　　　④ 고정원가, 기초원가

01 ④ 이익잉여금처분계산서상 이익잉여금 처분 정보의 외부 이해관계자에게 전달하는 것은 재무회계의 목적임.

02 ② 영업부 건물 화재보험료, 영업부 여비교통비, 영업부 사무실 임차료는 제조원가 아님. 즉, 제조원가 : 간접재료비(250,000원) + 제조공장 화재보험료(50,000원) + 제조 공장장 급여(85,000원) + 제조기계 감가상각비(75,000원) + 제조공장 임차료(120,000원) = 580,000원

03 ④ 판매근로자의 식대는 판매관리비이므로 제조원가 아님.

04 ③ 가공비는 직접노무비, 제조간접비이므로 ③의 가공비에는 직접재료비가 들어갈 수 없음.

05 ①
- 총제조원가 = 직접재료비 + 직접노무비 + 제조간접비이므로
- 총제조원가(800,000원) = 직접재료비(x) + 가공원가(500,000원)에서 직접재료비는 300,000원임.
- 직접원가(400,000원) = 직접재료비(300,000원) + 직접노무비(y)에서 직접노무비는 100,000원임.

06 ④
- 직접재료비 : 당기총제조원가(15,000,000원) × 40% = 6,000,000원
- 당기총제조원가(15,000,000원) = 직접재료비(6,000,000원) + 직접노무비(x) + 제조간접비($0.5x$) ⇒ 직접노무비는 6,000,000원
- 기초원가 : 직접재료비(6,000,000원) + 직접노무비(6,000,000원) = 12,000,000원

07 ④ (가)변동비는 조업도 증가에 따라 단위당 원가 변하지 않음. (나)변동비는 조업도 변화에 따라 총원가 증(감)함. (다)변동비 그래프는 조업도 증가에 따라 단위당 원가는 평행함. (라)변동비 그래프는 조업도 증가에 따라 총원가는 우상향함. (마) 전력비, 기계 감가상각비는 고정비임. (바)변동비는 조업도에 관계없이 단위당 원가 일정함. ⇒ 맞는 표현은 (나), (라), (바)

08 ③ 원가를 추적가능성에 따라 분류하면 직접원가, 간접원가임.

09 ② 원가행태에 따라 분류하면 변동비, 고정비, 준변동비, 준고정비임. 직접비는 원가의 추적가능성에 따른 분류임.

10 ③ 특정 대체안을 선택하는 것과 관계없이 발생하는 원가는 회피불가능원가임.

11 ③ • 최적방안 : 순현금유입이 가장 큰 "장비까지 변경"하는 것이 최적의 선택임.

구분	소프트웨어만 변경	장비까지 변경	그대로 사용
기대 현금유입	20,000,000원	80,000,000원	4,000,000원
기대 현금유출	10,000,000원	50,000,000원	1,000,000원
순유입	10,000,000원	30,000,000원	3,000,000원

    • 매몰원가 : 매몰원가란 이미 발생한 회수 불가능 비용이므로 기계장치 취득원가 25,000,000원이 매몰원가임.
    • 기회원가 : 기회원가란 어떤 안을 선택함에 따라 놓치는 이익을 말함. 즉, "장비까지 변경"을 선택하면 "소프트웨어만 변경"하는 안의 현금 순유입 "10,000,000원"을 놓치게 되므로, 10,000,000원이 "장비까지 변경"을 선택할 경우의 기회원가임.

12 ③ 조업도 관련 없이 기본요금(고정비) 있고 사용량에 따라 추가 비용이 발생하면 준변동원가(혼합원가)임.

13 ③ 그래프(가)는 계단원가(준고정원가), 그래프(나)는 변동원가 그래프임.

14 ① 변동원가는 조업도가 증가하면 총원가가 증가하며(A), 단위당 원가는 조업도와 관계없이 일정함(C).

15 ② 매몰원가란 이미 발생한 비용이므로 잔액 500,000원[취득원가(2,000,000원) − 감가상각비(1,500,000원)]이 매몰원가임.

16 ① 전기요금은 제조간접비(가공원가, 전환원가)이며 사용량에 따라 증가하는 변동원가임.

30

원가의 흐름과 원가계산

학습내용 / 공부방향

- 원가계산 계산문제 • 제조원가명세서 Vs 손익계산서 • 원가계산 흐름

매 시험마다 1문제씩 반드시 출제되는데 구체적인 원가계산 문제까지 풀 수 있어야 하는데 **전산회계 1급과 난도가 비슷한 수준임.** 원재료 투입 ⇒ 최종 제품 완성까지 그 흐름을 바탕으로 **이해 위주의 학습**을 해야 함.

1 재고자산의 흐름

원가계산 과정을 이해하기 위해서는 원재료가 투입되어 제품으로 완성될 때까지 재고자산 흐름부터 알아야 합니다. 자, 그럼 머릿속에 재고자산 흐름을 상상하면서 책을 보길 바랍니다.

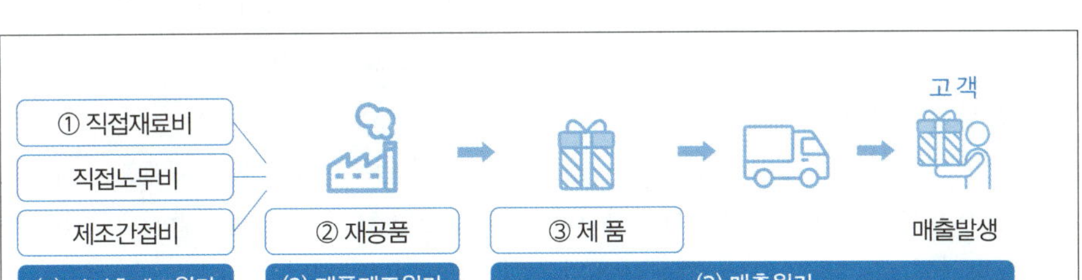

1단계	2단계	3단계	4단계
원재료 투입	재공품 작업	제품 완성	매출원가 계산
원재료(직접원재료, 간접원재료) 투입을 시작으로 직접노무비, 제조간접비를 집계하여 당기 총제조원가 계산	각종 작업을 가하기 시작하면 원재료가 ② 재공품으로 바뀜	재공품이 최종적으로 완성되면 드디어 ③ 제품으로 완성. ⇒ 제품제조원가 계산	완성된 제품이 팔리면 매출원가로 바뀜 ⇒ 매출원가 계산

2 원가계산 필수

1 당기 총제조원가 계산

당기 총제조원가	직접재료비 + 직접노무비 + 제조간접비

정교수 콕콕

핵심체크

재고흐름★★★
원재료 ⇒ 재공품 ⇒ 제품 ⇒ 매출원가

핵심체크

총제조원가★★★
직접재료비+직접노무비+제조간접비

당기 총제조원가는 직접재료비, 직접노무비, 제조간접비를 합쳐 계산되는데 각 금액이 어떻게 계산되는지 구체적인 계산 사례로 알아보겠습니다.

(1) 원재료 계정

원재료는 제품 제조에 직접 추적 가능한지에 따라 직접재료와 간접재료로 나뉘는데 다음 사례를 통해 직접재료비와 간접재료비가 어떻게 흘러가는지 알아보겠습니다. 단, 이해 차원에서 모든 원재료를 직접재료라 가정하겠습니다.

이론기출 확인문제 | **전산세무 2급**, 102회 변형 |

다음의 원가 자료를 이용하여 직접재료비를 계산하면 얼마인가? 단, 당기 원재료는 모두 직접재료라 가정할 것.

> • 기초원재료 : 500,000원　• 기말원재료 : 50,000원　• 당기원재료 매입 : 1,200,000원

---

1) 직접재료비 계산

회계기간이 1월 1일 ~ 12월 31일이라면 1월 1일, 창고에 있는 기초원재료로 제조를 시작해서 중간에 부족한 원재료를 추가 매입합니다. 그리고 12월 31일, 창고에 기말원재료가 남게 되는데 당기에 사용한 원재료를 계산하면 다음과 같습니다.

직접재료비	기초직접재료 재고액 ＋ 당기 매입액 － 기말직접재료 재고액

이 공식으로 기출문제를 풀어보면 당기 원재료비는 1,650,000원입니다. [500,000원(기초원재료) ＋ 1,200,000원(당기 원재료 매입) － 50,000원(기말원재료)] 이 중 당기 간접재료비는 없다고 가정했으므로 직접재료비는 1,650,000원입니다.

2) T계정 표시

원재료의 흐름을 T계정에 표시하면 아래와 같은데 당기 원재료 사용액 중 직접재료비 1,650,000원, 간접재료비 0원이므로 원재료의 흐름을 T계정에 표시하면 다음과 같습니다. 원재료 당기 사용액 중 직접재료비는 재공품으로 이동됩니다.

원재료 T계정

1. 1. 기초원재료	500,000원	당기 사용액	1,650,000원	
당기 매입	1,200,000원	－ 직접재료비	1,650,000원	⇒ 재공품으로 이동
		－ 간접재료비	0원	
		12.31 기말원재료	50,000원	⇒ 재무상태표로 이동

자, 그럼 이상 공부한 내용을 바탕으로 직접재료비 관련한 좀 더 응용된 기출문제를 풀어 보겠습니다.

㈜연우가 당해 연도에 사용한 원재료는 500,000원이다. 당해 연도 기초 원재료 재고액이 기말 원재료 재고액 보다 50,000원 적을 경우, 당해 연도 원재료 매입액은 얼마인가?

① 450,000원   ② 500,000원   ③ 550,000원   ④ 600,000원

※ 주의

「기초원재료 + 당기 원재료 매입액 − 기말원재료 = 당기 원재료비」 공식을 종이 위에 써놓고 기초원재료는 x, 기말원재료는 기초원재료 보다 50,000원 크므로 $(x + 50,000원)$으로 표시해 보고 그 의미를 음미해 보기 바랍니다. 너무 어려우면 과감히 포기해도 전산세무 2급 시험 합격에는 지장이 없기는 합니다.

(2) 노무비 계정 〔어려우면 Pass〕

노무비는 제품제조에 직접 추적 가능한지에 따라 직접노무비와 간접노무비로 나뉘는데 전산세무 2급 시험에서는 직접노무비 금액이 그냥 주어집니다. 다만, 다음과 같이 노무비 지급내역에 대한 문제가 전산회계 1급 시험에서 출제된 적이 있으니 참고만 하세요.

다음 자료를 이용하여 5월 노무비 발생액을 계산하면 얼마인가?

- 노무비 전월 선급액 : 500,000원   ・ 노무비 당월 지급액 : 1,000,000원
- 당월 선급액과 당월 미지급액은 없다.

당월말 노무비 지급액	전월말 노무비 미지급액 + 당월 노무비 발생액 − 전월 노무비 선급액 − 당월말 노무비 미지급액

당월말 노무비 지급액(1,000,000원) = 전월말 노무비 미지급액(0원) − 전월 노무비 선급액(500,000원) + 당월 노무비 발생액(x) − 당월말 노무비 미지급액(0원)을 계산하면 당월 노무비 발생액은 1,500,000원입니다. 잘 이해가 안가면 과감히 패스하세요.

이렇게 발생한 노무비를 T계정에 표시하면 다음과 같습니다. 단, 모두 직접노무비라 가정하겠습니다.

📄 정답 및 풀이 ③

・ 기초원재료(x) + 당기 원재료 매입액(y) − 기말원재료(x+50,000원) = 당기 원재료비(500,000원)

・ $x + y - x - 50,000 = 500,000$원에서 당기 원재료 매입액($y$)은 550,000원임.

◎ 핵심체크

직접노무비 지급액★
전월말 노무비 미지급액+당월 노무비 발생액−전월 노무비 선급액−당월말 노무비 미지급액

노무비 T계정

당기발생액	1,500,000원	직접노무비	1,500,000원	⇒ 재공품으로 이동
		간접노무비	0원	

(3) 제조간접비 계정

제조간접비는 직접재료비, 직접노무비 이외 제품제조에 발생한 간접재료비, 간접노무비, 각종 경비들인데 일정한 기준으로 배부를 합니다. 재공품으로 배부한 제조간접비가 2,000,000원이라 가정하면 다음과 같이 T계정이 표시됩니다.

제조간접비 T계정

간접재료비	×××	재공품으로 배부	2,000,000원	⇒ 재공품으로 이동
간접노무비	×××			
간접경비	×××			

2 당기 제품제조원가 계산

(1) 당기 제품제조원가 계산

회계기간이 1월 1일부터 12월 31일이라면 1월 1일에 있던 기초재공품 금액과 당기에 추가로 투입한 총제조원가에서 대부분은 제품으로 완성되고, 미완성 금액은 기말재공품으로 남게 되는데, 이를 수식으로 요약하면 다음과 같습니다.

당기 제품제조원가	기초재공품 + 당기 총제조원가 − 기말재공품

※ 재공품 : 12.31 기말 현재 작업이 완료되지 않아 공정 중에 남아 있는 미완성품

이상 공부한 내용을 기출문제를 통해 확인해 보겠습니다.

이론기출 확인문제	전산세무 2급, 102회 변형

다음은 ㈜부경의 제조원가와 관련된 자료이다. 당기제품제조원가는 얼마인가?

- 직접재료비 1,650,000원 ・ 직접노무비 1,500,000원 ・ 제조간접비 : 2,000,000원
- 기초재공품재고 400,000원 ・ 기말재공품재고 : 500,000원

[정답 및 풀이]

① 당기 총제조원가 계산 : 5,150,000원

직접재료비(1,650,000) + 직접노무비(1,500,000) + 제조간접비(2,000,000) = 5,150,000원

② 당기 제품제조원가 계산 : 5,050,000원

기초재공품(400,000) + 당기 총제조원가(5,150,000) − 기말재공품(500,000) = 5,050,000원

(2) T계정 표시

재공품의 흐름을 T계정에 표시하면 아래와 같은데 기말재공품은 재무상태표의 재공품으로 이동되고 당기 제품제조원가는 제품계정으로 이동합니다.

재공품 T계정

1. 1. 기초재공품 400,000원	당기 제품제조원가 5,050,000원	⇒ 제품으로 이동
당기 총제조원가 5,150,000원		
− 직접재료비 1,650,000		
− 직접노무비 1,500,000		
− 제조간접비 2,000,000	12.31 기말재공품 500,000원	⇒ 재무상태표로 이동

재공품의 흐름을 T계정에 표시하면 위와 같은데 당기에 완성한 제품제조원가 5,050,000원은 당기 완성제품으로 이동하고 기말재공품 500,000원은 재무상태표로 이동합니다.

3 매출원가 계산

(1) 당기 매출원가 계산

당기 중 만들어진 제품에 전기에서 넘어온 기초 제품을 더한 뒤, 팔리지 않은 기말 제품을 빼면 나머지는 당기에 판매된 제품의 원가, 즉 당기 제품 매출원가입니다. 이를 수식으로 표시하면 다음과 같습니다.

당기 매출원가	기초 제품 + 당기 제품제조원가 − 기말제품

 핵심체크

당기 매출원가★★★
기초제품+당기 제품제조원가−기말제품

이상 공부한 내용을 기출문제를 통해 확인해 보겠습니다.

정답 및 풀이 4,700,000원

기초제품(15만원) + 당기 제품
제조원가(505만원) − 기말제
품(50만원)

다음은 ㈜부경의 제조원가와 관련된 자료이다. 당기 매출원가를 계산하면 얼마인가?

> • 당기 제품제조원가 5,050,000원   • 기초제품 150,000원   • 기말제품 : 500,000원

(2) T계정 표시

제품의 흐름을 T계정에 표시하면 아래와 같은데 기말제품은 재무상태표의 제품으로 이동되고 당기 매출원가는 손익계산서로 이동합니다.

제품 T 계정

1. 1. 기초제품	150,000원	당기 매출원가 4,700,000원 ⇒ 손익계산서로 이동
당기 제품제조원가	5,050,000원	12.31 기말제품 500,000원 ⇒ 재무상태표로 이동

3️⃣ 원가계산의 흐름

이상 설명한 원가의 흐름을 요약하면 다음과 같은데, 무조건 암기하지 말고 좀 전 공부한 원가의 흐름을 머릿속에 떠올리면서 이해 위주로 정리하기 바랍니다.

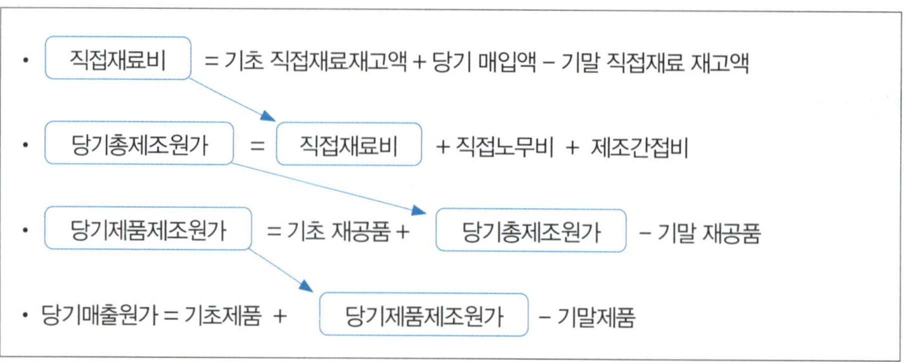

제조원가명세서 Vs 손익계산서★★★
• 제조원가명세서: 기초원재료, 기말원재료, 기초재공품, 기말재공품, 총제조원가, 제품제조원가
• 손익계산서: 기초제품, 제품제조원가, 기말제품, 매출원가

4️⃣ 제조원가명세서 Vs 손익계산서 필수

좀 전 공부한 원가 흐름을 일목요연하게 요약한 표가 바로 제조원가명세서이고 매출원가를 표시한 표가 바로 손익계산서인데, 좀 전 풀어본 계산문제를 두 표에 표시하면 다음과 같습니다. 전산세무 2급 시험에 자주 출제되니 두 표의 차이를 명확히 이해하고 있어야 합니다.

[제조원가명세서]

• 재료비	1,650,000
– 기초재료재고액	500,000
– 당기재료매입액	1,200,000
– 기말재료재고액	(50,000)
• 노무비	1,500,000
• 제조경비	2,000,000
• 당기총제조원가	5,150,000
• 기초재공품재고액	400,000
• 기말재공품재고액	(500,000)
• 당기제품제조원가	5,050,000

[손익계산서]

• 매출액		×××
• 매출원가		(4,700,000)
– 기초제품	150,000	
– 당기제품제조원가	5,050,000	
– 기말제품	(500,000)	
• 매출총이익		×××
• 당기순이익		×××

이론기출 확인문제 | 전산세무 2급, 111회 |

다음 중 제조원가명세서에 대한 설명으로 가장 옳지 않은 것은?

① 제조원가명세서에는 기말 제품 재고액이 표시된다.
② 판매비와관리비는 제조원가명세서 작성과 관련이 없다.
③ 당기총제조원가는 직접재료원가, 직접노무원가, 제조간접원가의 합을 의미한다.
④ 제조원가명세서의 당기제품제조원가는 손익계산서의 당기제품제조원가와 일치한다.

정답 및 풀이 ①

• 제조원가명세서 : 기초/기말 원재료, 기초/기말 재공품, 당기총제조원가 ⇒ 당기제품제조원가 계산
• 손익계산서 : 기초/기말 제품, 당기제품제조원가 ⇒ 매출원가 계산
• 기말제품 재고액은 제조원가명세서가 아니라 손익계산서에 표시됨.

이론기출 확인문제 | 전산세무 2급, 119회 |

다음 설명 중 옳은 것은?

① 기말재공품이 기초재공품보다 크다면 당기총제조원가가 당기제품제조원가보다 크다.
② 기본원가는 직접노무원가와 제조간접원가의 합을 의미한다.
③ 제조원가명세서에는 기말 제품 재고액이 표시된다.
④ 당기총제조원가는 직접재료원가, 직접노무원가, 가공원가의 합을 의미한다.

정답 및 풀이 ①

② 기본원가=직접재료비+ 직접노무비
③ 기말제품은 손익계산서에 표시됨.
④ 총제조원가=직접재료비+ 직접노무비+제조간접비

※ 주의

기초재공품 + 당기 총제조원가 − 기말재공품 = 당기 제품제조원가이므로 (기초재공품 〈 기말재공품)이면 등호 좌측과 등호 우측이 같아지기 위해서는 (당기 총제조원가 〉 당기 제품제조원가) 이어야 합니다. 무조건 암기하지 말고 수식을 종이에 써놓고 의미를 음미해 보기 바랍니다. 다만, 너무 어려우면 과감히 포기해도 전산세무 2급 합격에는 지장이 없습니다.

5 제조원가 흐름과 T계정 _{어려우면 Pass}

원가계산에서 마지막으로 다룰 내용은 원가의 흐름을 T계정에 표시해 보면서 원가가 계정과 목별로 어떻게 흘러가는지 점검하는 것입니다. 전산세무 2급에 종종 출제 되니 암기하지 말고 원가의 흐름을 따라 이해해야 합니다.

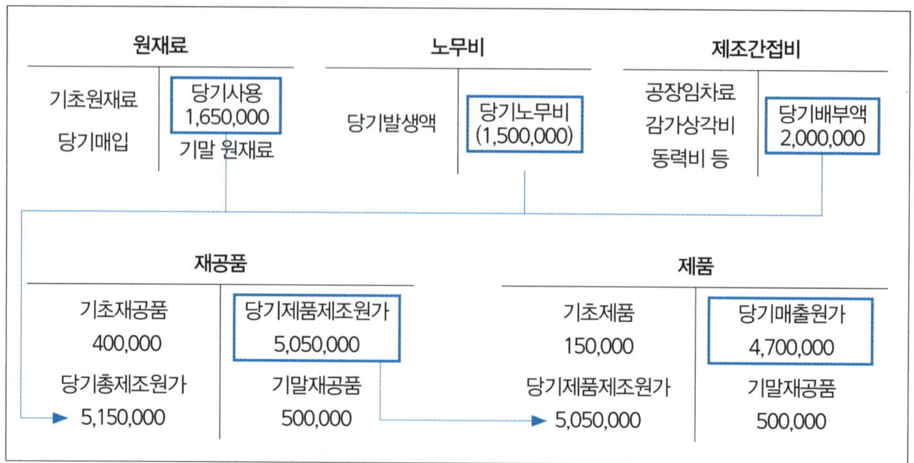

[1단계] 원재료비, 노무비, 제조간접비 : 당기 총제조원가 집계

원재료비 당기 사용액(원재료 T계정의 대변), 당기 노무비(노무비 T계정의 대변), 제조간접비 배부액(제조간접비 T계정이 대변)이 재공품 T계정의 차변으로 옮겨져 당기 총제조원가로 대체됩니다.

[2단계] 재공품 : 당기 제품제조원가 집계

재공품 T계정의 대변금액은 제조가 완료된 제품금액으로 제품 T계정의 차변으로 옮겨져 당기 제품제조원가로 대체됩니다.

[3단계] 제품 : 당기 매출원가 집계

제품 T계정의 대변금액은 판매된 제품으로 손익계산서의 매출원가 계정의 차변으로 대체됩니다.

이론기출 확인문제 | 전산세무 2급, 115회 |

다음 중 원가 집계과정에 대한 설명으로 옳지 않은 것은?

① 당기제품제조원가(당기완성품원가)는 원재료 계정의 차변으로 대체된다.
② 당기총제조원가는 재공품 계정의 차변으로 대체된다.
③ 당기제품제조원가(당기완성품원가)는 제품 계정의 차변으로 대체된다.
④ 제품매출원가는 매출원가 계정의 차변으로 대체된다.

30 이론기출 공략하기

[원가계산]

01 난이도 ★★

다음은 제조원가 및 재고자산에 관한 자료이다. 매출원가는 얼마인가? 필수   [2020년 90회]

구분	기초재고	기말재고
재공품	500,000원	2,000,000원
제 품	1,000,000원	2,000,000원
당기 총제조원가는 10,500,000원이다.		

① 6,000,000원
③ 8,000,000원
② 7,000,000원
④ 9,000,000원

02 난이도 ★★

삼일㈜는 악기를 제조하고 있는 회사로써 당기 원가는 다음과 같다. 당기말 제품재고액은 얼마인가? [2019년 85회]

1. 재무상태표금액

구 분	전기말	당기말
원재료	0원	0원
재공품	150,000원	110,000원
제품	130,000원	( )

2. 제조원가명세서와 손익계산서상의 금액

- 직접노무비 : 100,000원
- 제조간접비 : 50,000원
- 직접재료비 : 160,000원
- 제품매출원가 : 280,000원

① 160,000원
③ 200,000원
② 180,000원
④ 220,000원

난이도 ★★★

03 가구를 제작하여 판매하는 ㈜튼튼이 당해 연도 가구 제작에 사용한 원재료는 800,000원이다. 당해 연도말 원재료 재고액이 당해 연도 초 원재료 재고액 보다 70,000원 크다면 당해 연도의 원재료 매입액은 얼마인가? **필수**

[2025년, 121회]

① 660,000원
② 730,000원
③ 800,000원
④ 870,000원

난이도 ★★★

04 다음의 자료를 이용하여 당기 말 제품 재고액을 계산하면 얼마인가?

[2019년 86회]

- 당기 말 재공품은 전기와 비교하여 45,000원이 증가하였다.
- 전기 말 제품 재고는 620,000원이었다.
- 당기 중 발생원가집계 : 직접재료비(360,000원), 직접노무비(480,000원), 제조간접비(530,000원)
- 당기 손익계산서상 매출원가는 1,350,000원이다.

① 640,000원
② 595,000원
③ 540,000원
④ 495,000원

난이도 ★★★

05 아래의 자료에 따라 당월의 기말제품재고액을 구하면 얼마인가? **필수**

[2021년 95회]

- 당월 기초 대비 기말재공품재고액 감소액 : 380,000원
- 전월 기말제품재고액 : 620,000원
- 당월 발생한 총제조원가 : 3,124,000원
- 당월 제품매출원가 : 3,624,000원

① 120,000원
② 260,000원
③ 500,000원
④ 740,000원

06 난이도 ★★★

아래의 제조원가명가명세서에 대한 설명으로 다음 중 틀린 것은?　　　　　　　[전산세무 1급, 2022년 102회]

제조원가명세서		
Ⅰ. 재료비		85,000,000원
기초원재료재고액	25,000,000원	
(　　　　)	?　　원	
기말원재료재고액	10,000,000원	
Ⅱ. 노무비		13,000,000원
Ⅲ. 제조경비		20,000,000원
Ⅳ. (　　　　)		?　　원
Ⅴ. 기초재공품재고액		?　　원
Ⅵ. 합계		130,500,000원
Ⅶ. (　　　　)		3,000,000원
Ⅷ. (　　　　)		?　　원

① 당기원재료매입액은 70,000,000원이다.　　　　② 당기제품제조원가는 133,500,000원이다.
③ 기초재공품재고액은 12,500,000원이다.　　　　④ 당기총제조원가는 118,000,000원이다.

[제조원가명세서 Vs 손익계산서]

07 난이도 ★★

다음 중 제조원가명세서의 구성요소가 아닌 것은? 필수　　　　　　　　　　　[2024년, 117회]

① 기초제품재고액　　　　② 기말원재료재고액　　　　③ 당기제품제조원가　　　　④ 기말재공품재고액

08 난이도 ★★

다음 중 제조원가명세서에 대한 설명으로 가장 옳지 않은 것은? 필수　　　　　　　[2022년 105회]

① 당기제품제조원가는 손익계산서상 제품 매출원가 계산에 직접적인 영향을 미친다.
② 제조원가명세서상 기말 원재료재고액은 재무상태표에 표시되지 않는다.
③ 당기총제조원가는 직접재료원가, 직접노무원가, 제조간접원가의 총액을 의미한다.
④ 당기제품제조원가는 당기에 완성된 제품의 원가를 의미한다.

09 난이도 ★★

다음 중 제조원가명세서의 당기 제품제조원가에 영향을 미치지 않는 회계거래는?　　　[2025년, 118회]

① 당기에 투입된 원재료를 과대계상 하였다.　　　　② 기말의 제품을 과대계상 하였다.
③ 당기의 기초재공품원가를 과소계상 하였다.　　　　④ 공장 직원의 임금을 판매관리비로 계상하였다.

난이도 ★★

10 다음 중 제조원가명세서와 손익계산서 및 재무상태표의 관계에 대한 설명으로 옳지 않은 것은? **필수** [2024년 115회]

① 제조원가명세서의 기말원재료재고액은 재무상태표의 원재료 계정에 계상된다.
② 제조원가명세서의 기말재공품의 원가는 재무상태표의 재공품 계정으로 계상된다.
③ 제조원가명세서의 당기제품제조원가는 재무상태표의 매출원가에 계상된다.
④ 손익계산서의 기말제품재고액은 재무상태표의 제품 계정 금액과 같다.

난이도 ★★★

11 다음 중 원가 집계과정에 대한 설명으로 틀린 것은? **필수** [2022년 106회]

① 당기제품제조원가(당기완성품원가)는 재공품 계정의 차변으로 대체된다.
② 당기총제조원가는 재공품 계정의 차변으로 대체된다.
③ 당기제품제조원가(당기완성품원가)는 제품 계정의 차변으로 대체된다.
④ 제품매출원가는 매출원가 계정의 차변으로 대체된다.

🎯 정답 및 해설

01 ③　• 당기제품제조원가 : 기초재공품(500,000원) + 당기총제조원가(10,500,000원) − 기말재공품(2,000,000원) = 9,000,000원
　　　　• 매출원가 : 기초제품(1,000,000원) + 당기 제품제조원가(9,000,000원) − 기말제품(2,000,000원) = 8,000,000원

02 ③　• 당기총제조원가 : 직접재료비(160,000원) + 직접노무비(100,000원) + 제조간접비(50,000원) = 310,000원
　　　　• 당기제품제조원가 : 기초재공품(150,000원) + 당기총제조원가(310,000원) − 기말재공품(110,000원) = 350,000원
　　　　• 당기제품매출원가(280,000원) = 기초제품(130,000원) + 당기제품제조원가(350,000원) − 기말제품(x)
　　　　　⇒ 기말제품은 200,000원

03 ④　기초원재료(x) + 당기원재료매입액(y) − 기말원재료($x + 70,000$원) = 800,000원 ⇒ $x + y - x - 70,000$원 = 800,000원 이므로 y(당기원재료매입액)는 870,000원임.

04 ② • 당기총제조원가 : 직접재료비(360,000원) + 직접노무비(480,000원) + 제조간접비(530,000원) = 1,370,000원

• 당기제품제조원가 : 기초재공품(x) + 당기총제조원가(1,370,000원) − 기말재공품(x + 45,000원) ⇒ x + 1,370,000 − x − 45,0000원이므로 당기제품제조원가는 1,325,000원임.

• 당기제품매출원가(1,350,000원) = 기초제품(620,000원) + 당기제품제조원가(1,325,000원) − 기말제품(x) ⇒ 기말제품은 595,000원임.

05 ③ • 당월제품제조원가 = 당월초재공품(x) + 당월총제조원가(3,124,000원) − 당월말재공품(x − 380,000원) ⇒ x + 3,124,000원 − x + 380,000원에서 당월 제품제조원가는 3,504,000원임.

• 당월제품매출원가(3,624,000원) = 당월초제품재고액(620,000원) + 당월제품제조원가(3,504,000원) − 당월말제품재고액(x) ⇒ 당월말제품재고액은 500,000원임.

06 ② ① 재료비(85,000,000원) = 기초원재료(25,000,000원) + 당기원재료매입액(x) − 기말원재료(10,000,000원)이므로 당기 원재료매입액은 70,000,000원임.

④ 당기총제조원가 : 재료비(85,000,000원) + 노무비(13,000,000원) + 제조경비(20,000,000원) = 118,000,000원 ⇒ Ⅳ.칸에 당기총제조원가 118,000,000원이 기재 되어야 함.

③ Ⅳ(당기총제조원가, 118,000,000원) + Ⅴ(기초재공품) = 130,500,000원이므로 기초재공품은 12,500,000원임.

② 당기제품제조원가 : 기초재공품(12,500,000원) + 당기총제조원가(118,000,000원) − 기말재공품(3,000,000원) = 127,500,000원

07 ① 기초/기말제품 재고액은 손익계산서에 표시됨. 제조원가명세서에는 표시되지 않음.

08 ② 제조원가명세서상 기말원재료는 재무상태표의 원재료 재고액에 표시됨.

09 ② 기말제품을 과대계상하면 매출원가에 영향을 미칠 뿐 제품제조원가에는 영향을 미치지 않음. 즉, 기말제품은 제조원가명세서에 표시되지 않음. 당기 제품제조원가는 기초재공품, 기말재공품, 당기제품제조원가(원재료비, 노무비, 제조간접비)에 의해 영향을 받음.

10 ③ 제조원가명세서의 당기제품제조원가는 손익계산서에 계상됨.

11 ① 당기제품제조원가는 재공품계정의 대변에서 제품계정의 차변으로 대체됨.

<table>
<tr><td colspan="4" align="center">재공품</td><td colspan="4" align="center">제품</td></tr>
<tr><td>기초재공품</td><td>×××</td><td>당기제품제조원가</td><td>×××</td><td>기초제품</td><td>×××</td><td>당기매출원가</td><td>×××</td></tr>
<tr><td>당기총제조원가</td><td>×××</td><td>기말재공품</td><td>×××</td><td>당기제품제조원가</td><td>×××</td><td>기말제품</td><td>×××</td></tr>
</table>

31

보조부문 원가배부(배분)

학습내용 · 원가배부(배분) 개념과 배부기준 · 보조부문 원가배부(배분) 계산

공부방향
1～2회 시험마다 1문제씩 출제될 정도로 출제빈도가 높은데 **전산회계 1급 대비 보조부문 원가배부 계산문제**가 좀 더 자주 출제될 뿐 내용은 거의 비슷함. 암기하지 말고 이해를 바탕으로 **계산문제까지 풀 수 있어야 함.**

 정교수 콕콕

1 원가배부(배분) 개념

공장임차료, 공장감독자 급여 같은 제조간접비는 일단 발생 금액을 집계한 뒤, 추후 원가 계산 시 일정한 기준에 따라 제조간접비를 여러 제품에 배부하는데 이를 원가배부라고 합니다.

2 원가부문

원가배부를 공부하려면 먼저 원가가 발생하는 장소, 즉 원가부문을 알아야 하는데 원가발생은 크게 제조부문과 보조부문에서 발생합니다. 예를 들어 자동차 생산을 생각해 보면 먼저 철판을 절단해(절단부서) 자동차 차체를 만들고, 여기에 엔진, 범퍼, 타이어 등 각종 부품을 조립해(조립부서) 자동차를 만듭니다. 그리고 수선부문, 전력부문, 설비부문 등은 절단부서와 조립부서 등 제조부문을 간접 지원합니다.

보조부문	제조부문
수선부문, 전력부문, 설비부문 등	절단부문, 조립부문 등

3 원가배부(배분) 순서

핵심체크

보조부문 원가배부(배분)
보조부문(수선, 전력)에서 발생한 원가를 제조부문(절단, 조립)에 배부하는 과정

부문별 공통원가 집계	→	보조부문 원가의 제조부문 배분	→	각 제조부문 원가를 각 제품별 배분

[1단계] 공통원가 집계
제조부문(절단, 조립)과 보조부문(수선, 전력)에 발생하는 감독자 급여, 기계장치 감가상각비 등의 제조간접비를 각 부문별로 집계합니다.

[2단계] 보조부문의 원가배부(배분)
보조부문에서 발생한 공통원가를 적정 배부기준으로 제조부문(조립, 절단부문)에 배부합니다.

[3단계] 제조부문의 원가배부(배분)

조립, 절단과 같은 제조부문에 집계된 공통원가를 각 제품별로 배분합니다.

[참고]

이번 단원에서는 보조부문 원가를 제조부문에 배부하는 내용을 집중적으로 학습하고 다음 단원에서는 제조부문 원가를 각 제품에 배분하는 내용을 학습하겠습니다.

4 원가배부(배분) 기준 필수

공통원가를 배분하는 기준은 크게 다음 3가지가 있습니다.

구분	내용
인과관계 기준	원가와 특정 활동과의 합리적인 인과관계를 근거로 원가를 배분하는 방법으로 가장 이상적임.
수혜기준	공통 부문으로부터 받은 경제적 효익에 따라 공통 원가 배분
부담능력기준	이익이 많은 부문에 더 많은 공통 원가 배분

이 중 인과관계기준이 전산세무 2급 시험에 종종 출제되는데 주요 인과관계 배부기준은 다음과 같습니다. 전산세무 2급 시험에 가끔 출제되는데 인과관계를 잘 이해하면 충분히 풀 수 있습니다.

[인과관계기준 원가배부(배분) 기준]

비용 종류별	배부기준
건물 감가상각비	면적
공장 임차료, 재산세	점유 면적
기계 감가상각비	기계사용시간
전기요금	전기사용량
운반비	운반무게·횟수
수선비	수선횟수
복리후생비	종업원 수

보조부문별	배부기준
구매부문	주문횟수
동력부문	사용량
노무관리부문	종업원 수
검사부문	검사수량·시간
식당부문	종업원 수
건물관리부문	면적
공장인사관리부문	종업원 수

이론기출 확인문제 | 전산세무 2급, 103회 |

다음 중 공통부문원가를 각 부문에 배부하는 기준으로 가장 적합하지 않은 것은?

① 건물감가상각비 : 건물점유면적 ② 종업원복리후생부문 : 각 부문의 종업원 수
③ 기계감가상각비 : 기계점유면적 ④ 전력부문 : 전력사용량

5 보조부문 원가배부(배분) 방법

전산세무 2급 시험 차원에서 보조부문 원가를 배부하는 다음 3가지 배부방법의 개념뿐 아니라 계산문제까지 숙달되게 풀 수 있어야 하는데, 다음 사례를 통해 구체적인 계산방법을 알아보겠습니다.

이론기출 확인문제 | **전산세무 2급**, 105회 변형 |

보조부문 제조간접원가를 제조부문에 배분하고자 한다. 직접배부법, 단계배부법, 상호배부법에 의해 보조부문 제조간접원가를 배분한 후 조립부문과 절단부문의 총제조간접원가를 계산하시오. (단, 단계배부법 적용 시 설비부분 먼저 배부할 것.)

제공부문＼사용부문	보조부문		제조부문	
	설비부문	전력부문	조립부문	절단부문
설비부문 공급	–	200시간	600시간	200시간
전력부문 공급	200kw	–	400kw	400kw
자기부문 원가	1,000,000원	400,000원	600,000원	500,000원

---

1 직접배부법 필수

직접배부법은 보조부문 상호 간 용역 수수관계를 완전히 무시하고, 보조부문이 제조부문에 제공한 용역제공비율에 따라 보조부문 원가를 제조부문에 직접 배부합니다. 이를 도식화 하면 아래와 같습니다.

(1) 배부 흐름

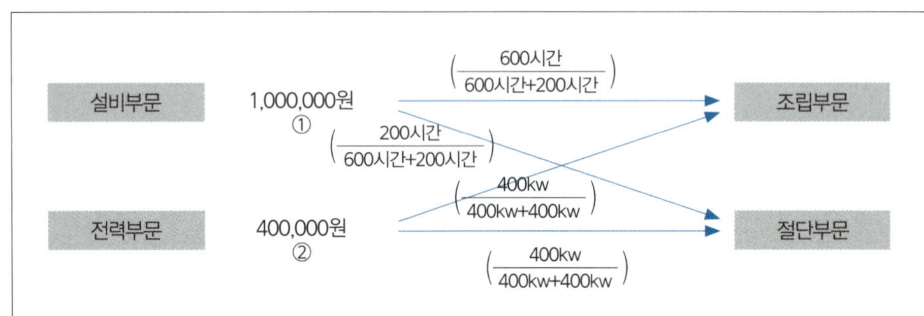

1) 설비부문 : 1,000,000원 배부
- 조립부문 : 1,000,000원 × (600시간/800시간) = 750,000원
- 절단부문 : 1,000,000원 × (200시간/800시간) = 250,000원

2) 전력부문 : 400,000원 배부
- 조립부문 : 400,000원 × (400kw/800kw) = 200,000원
- 절단부문 : 400,000원 × (400kw/800kw) = 200,000원

---

(2) 배부결과

구분			조립부문	절단부문	계
배부 전 원가			600,000원	500,000원	
보조부문 원가배부	설비부문	1,000,000	(600시간) 750,000원	(200시간) 250,000원	(800시간) 1,000,000원
	전력부문	400,000	(400kw) 200,000원	(400kw) 200,000원	(800kw) 400,000원
배부 후 원가			1,550,000원	950,000원	2,500,000원

(3) 장단점

장점	가장 간단함.
단점	보조부분 상호 간 용역수수 관계가 무시되어 정확한 원가계산이 어려움.

2 단계배부법 필수

단계배부법은 보조부문원가의 배부순서를 정하여 그 순서에 따라 단계적으로 보조부문원가를 다른 보조부문과 제조부문에 배부하는 방법입니다. 보통 우선 순위가 높은 부문 원가를 먼저 배부하는데 위 기출문제의 단서조항에 설비부문을 먼저 배부하라고 했으므로 [1단계] 설비부문을 조립, 절단, 전력부문에 배부합니다. [2단계]로 전력부문을 조립부문과 절단부문에 배부합니다. 이를 도식화 하면 아래와 같습니다.

(1) 배부 흐름

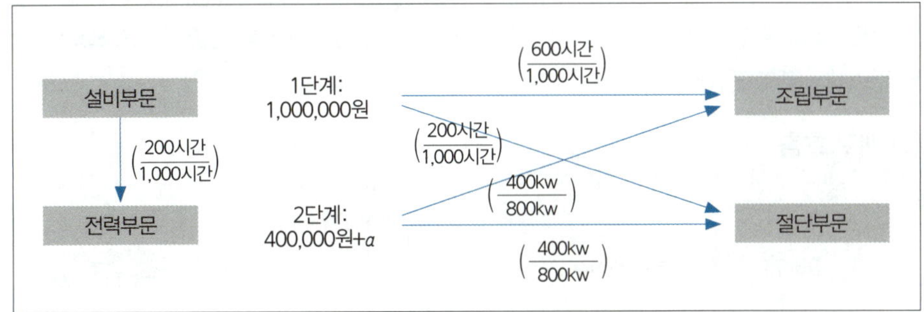

[1단계] 설비부문 : 1,000,000원 배부
- 전력부문 : 1,000,000원 × (200시간/1,000시간) = 200,000원
- 조립부문 : 1,000,000원 × (600시간/1,000시간) = 600,000원
- 절단부문 : 1,000,000원 × (200시간/1,000시간) = 200,000원

🎯 **핵심체크**

단계배부법 ★★★
- 정해진 순서로 단계적으로 보조부문원가를 다른 보조부문과 제조부문에 배부
- 장점: 직접배부법 보다는 좀 더 정교
- 단점: 배부 순서를 잘못 정할 경우 오히려 직접배부법 보다 왜곡된 배부

[2단계] 전력부문 : 400,000원(원래 금액) + 200,000원(설비부문에서 배부 받은 금액), 총 600,000원 배부

- 조립부문 : 600,000원 × (400kw/800kw) = 300,000원
- 절단부문 : 600,000원 × (400kw/800kw) = 300,000원

(2) 배부결과

구분			전력부문	조립부문	절단부문	계
배부 전 원가			400,000원	600,000원	500,000원	
보조부문 원가배부	설비부문	1,000,000원	(200시간) 200,000원	(800시간) 600,000원	(200시간) 200,000원	(1,000시간) 1,000,000원
	전력부문	600,000원(*)	–	(400kw) 300,000원	(400kw) 300,000원	(800kw) 600,000원
배부 후 원가			–	1,500,000원	1,000,000원	2,500,000원

(3) 장단점

장점	보조부문원가를 제조부문뿐 아니라 다른 보조부문에 배부하기 때문에 직접배부법 보다는 좀 더 정교한 방법임.
단점	보조부문간 용역수수를 일부만 반영하며 배부 순서를 잘못 정할 경우 오히려 직접배부법 보다 왜곡된 배부가 될 수 있음.

3 상호배부법 `어려우면 Pass`

직접배부법, 단계배부법의 단점을 보완하여 보조부분 간 용역 수수관계를 상호 완벽히 반영하는 방법으로 다음과 같이 요약할 수 있습니다. 단, 계산문제는 거의 출제되지 않으므로 개념만 이해하면 충분합니다.

(1) 배부 흐름

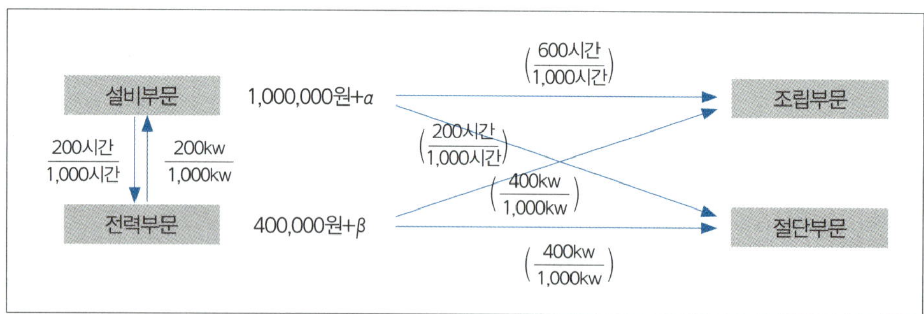

상호배부법은 설비부문과 전력부문의 상호 배부를 완벽히 고려해야 하기 때문에 다음과 같이 연립방정식을 풀어야 합니다. 이를 위해서는 상당한 시간이 소요되어 전산세무 2급 시험에 상호배부법 계산문제 거의 출제되지 않고 개념, 장단점을 묻는 문제만 출제되고 있습니다.

(2) 보조부문의 상호관계를 고려한 배부

1) 설비부문의 제조간접비

: 설비부문 제조간접비(x) = 1,000,000원 + 전력부문 제조간접비(y) × (200시간/1,000시간)

$\Rightarrow x = 1,000,000$원 $+ 0.2y$

2) 전력부문의 제조간접비

: 전력부문 제조간접비(y) = 400,000원 + 설비부문 제조간접비(x) × (200kw/1,000kw)

$\Rightarrow y = 400,000$원 $+ 0.2x$

2)번 함수의 x자리에 1)번 함수를 넣고 아래 연립방정식을 풀면 다음과 같습니다.

$y = 400,000$원 $+ 0.2 \times (1,000,000$원 $+ 0.2y)$ $\Rightarrow$ $y = 400,000$원 $+ 200,000$원 $+ 0.04y$
$\Rightarrow$ $0.96y = 600,000$원 $\Rightarrow$ y(전력부문 제조간접비) = 625,000원

- y(전력부문 제조간접비) = 625,000원
- x(설비부문 제조간접비) = 1,125,000원 $\Leftarrow$ $x = 1,000,000$원 $+ 0.2 \times 625,000$원

(3) 보조부문 제조간접비의 제조부문 배부

1) 설비부문 : 1,125,000원 배부

- 전력부문 : 1,125,000원 × (200시간/1,000시간) = 225,000원
- 조립부문 : 1,125,000원 × (600시간/1,000시간) = 675,000원
- 절단부문 : 1,125,000원 × (200시간/1,000시간) = 225,000원

2) 전력부문 : 625,000원 배부

- 설비부문 : 625,000원 × (200kw/1,000kw) = 125,000원
- 조립부문 : 625,000원 × (400kw/1,000kw) = 250,000원
- 절단부문 : 625,000원 × (400kw/1,000kw) = 250,000원

(4) 배부 결과

구분		설비부문	전력부문	조립부문	절단부문	계
배부 전 원가		−	−	600,000원	500,000원	
보조부문 원가배부	설비부문 1,125,000원(*)	−	(200시간) 225,000원	(600시간) 675,000원	(200시간) 225,000원	(1,000시간) 1,125,000원
	전력부문 625,000원(*)	(200kw) 125,000원	−	(400kw) 250,000원	(400kw) 250,000원	(1,000kw) 625,000원
배부 후 원가		−	−	1,525,000원	975,000원	2,500,000원

🔍 참고

(*)배부 전 원가
설비부문, 전력부문의 배부대상 제조간접비는 본래 제조간접비 1,000,000원과 400,000원이 아닌 상호 배부 후 금액 1,125,000원과 625,000원임.

(5) 장단점 `필수`

장점	보조부분 간 용역 수수관계를 상호 완벽히 반영하는 가장 정확한 방법임.
단점	시간과 노력이 많이 소요되어 실무상 거의 사용하지 않음.

4 직접배부법, 단계배부법, 상호배부법 결과 요약 `필수`

구분	보조부문		제조부문		합계
	설비부문	전력부문	조립부문	절단부문	
직접배부법			1,550,000원	950,000원	2,500,000원
단계배부법	1,000,000원	400,000원	1,500,000원	1,000,000원	2,500,000원
상호배부법			1,525,000원	975,000원	2,500,000원

어느 방법을 이용하든 제조부문인 조립부문, 절단부문에 배부된 보조부문의 원가총액은 2,500,000원으로 모두 동일합니다. 따라서 직접배부법, 단계배부법, 상호배부법 중 어떤 방법을 사용하더라도 순이익은 동일하게 됩니다.

이론기출 확인문제 | 전산세무 **2급**, 113회 |

다음 중 보조부문원가의 배분 방법에 대한 설명으로 옳은 것은?

① 직접배분법은 보조부문 상호간의 용역수수관계를 전혀 인식하지 않아 항상 가장 부정확하다.

② 상호배분법은 보조부문 상호간의 용역수수관계를 가장 정확하게 배분하므로 가장 많이 이용된다.

③ 단계배분법은 보조부문 상호간의 용역수수관계를 일부 인식하며 배분 순서에 따라 결과가 달라진다.

④ 단계배분법은 우선순위가 낮은 부문의 원가를 우선순위가 높은 부문과 제조부문에 먼저 배분한다.

정답 및 풀이 ③

① 단계배부법의 배부 순서가 잘못될 경우 직접배부법 보다 부정확할 수 있어 직접배부법이 가장 부정확하다고 말하기는 어려움. ② 상호배부법은 시간·비용이 많이 소요되어 실무상 거의 사용하지 않음. ④ 단계배부법은 우선 순위가 높은 부문 원가를 먼저 배부함.

각 부문의 용역수수관계와 원가 발생액이 다음과 같을 때, 단계배분법(가공부문의 원가부터 배분)에 따라 보조부문원가를 제조부문에 배분한 후 3라인에 집계되는 제조원가를 구하시오.

소비부문 제공부문	보조부문		제조부문	
	가공부문	연마부문	3라인	5라인
가공부문	–	50%	30%	20%
연마부문	20%	–	35%	45%
발생원가	400,000원	200,000원	500,000원	600,000원

① 690,000원
③ 760,000원
② 707,500원
④ 795,000원

정답 및 풀이 ④

• 가공부문 3라인 배부: 40만원×30%=12만원
• 가공부문 연마부문에 배부: 40만원×50%=20만원
• 연마부문 원가: 20만원(기존)+20만원(배부)=40만원
• 연마부문 3라인 배부율: 35%/(35%+45%)=43.75%
• 연마부문 3라인 배부: 40만원×43.75%=17만 5,000원
• 3라인 원가: 50만원(기존)+12만원(가공부문 배부)+17만5,000원(연마부문 배부)=79만 5,000원

[참고] 단일배분율법 Vs 이중배분율법

보조부문의 제조간접비를 하나의 배부기준으로 배부할 것인지, 변동비와 고정비를 구분하여 배부할 것인지에 따라 단일배분율법과 이중배분율법으로 나눌 수 있습니다. 전산세무 2급 시험 차원에서는 간단히 개념만 이해하면 충분합니다.
• 단일배분율법 : 변동비와 고정비를 구분하지 않고 하나의 배부기준으로 제조부문에 배부
• 이중배분율법

구분	배부방법
변동비	각 부문의 실제 사용량을 기준으로 배부
고정비	보조부문이 제공하는 용역의 최대 사용가능량을 기준으로 배부

핵심체크

이중배분율법★
• 변동비: 실제 사용량 기준 배부
• 고정비: 최대 사용가능량 기준 배부

보조부문에서 발생한 변동제조간접원가는 3,000,000원, 고정제조간접원가는 4,000,000원이 발생했다. 이중배부율법에 의해 보조부문의 제조간접원가를 제조부문에 배부할 경우 조립부문에 배부할 제조간접원가는 얼마인가?

구분	실제기계시간	최대기계시간
절삭부문	250시간	600시간
조립부문	500시간	400시간

① 2,600,000원
③ 3,400,000원
② 3,000,000원
④ 3,600,000원

정답 및 풀이 ④

• 변동제조간접비의 조립부문 배부: 300만원×500시간/(250+500)=200만원
• 고정제조간접비의 조립부문 배부: 400만원×400시간/(600+400)=160만원
• 조립부문 제조간접비 : 200만원+160만원=360만원

이론기출 공략하기

[원가배부(배분) 개념]

난이도 ★

01 제조간접원가를 각 부문에 배부하는 기준으로 가장 적합하지 않은 것은? [2020년 90회]

① 건물관리부문 : 사용면적
② 노무관리부문 : 종업원 수
③ 검사부문 : 검사수량, 검사시간
④ 구매부문 : 기계시간

난이도 ★

02 다음 중 부문공통비와 배부기준의 연결이 가장 옳지 않은 것은? 필수 [2025년, 120회]

	부문공통비	배부기준		부문공통비	배부기준
①	운반비	부문별 운반거리	②	간접노무비	부문별 직접노동시간
③	전력비	부문별 전력소비량	④	기계의 감가상각비	부문별 면적

[보조부문 원가배부(배분) 방법]

난이도 ★★

03 다음 중 보조부문 원가의 배분방법에 대한 설명으로 가장 옳지 않은 것은? 필수 [2022년 101회]

① 보조부문 원가의 배분방법 중 보조부문간의 용역수수관계를 완벽하게 고려하여 정확하게 계산하는 방법은 상호배분법이다.
② 단계배부법은 우선순위가 높은 보조부문의 원가를 우선순위가 낮은 보조부문에 먼저 배부하고, 배부를 끝낸 보조부문에는 다른 보조부문원가를 재배부하지 않는 방법이다.
③ 직접배분법은 보조부문 간에 일정한 배분순서를 결정한 다음 그 배분순서에 따라 보조부문 원가를 단계적으로 배분하는 방법이다.
④ 단계배분법은 보조부문 상호 간의 용역수수관계를 일부만 반영하는 방법이다.

04 다음 중 보조부문원가를 배분하는 방법에 대한 설명으로 옳지 않은 것은? `필수`　　　　[2024년, 116회]

① 상호배분법은 보조부문 상호 간의 용역수수관계를 완전히 반영하는 방법이다.

② 단계배분법은 보조부문 상호 간의 용역수수관계를 전혀 반영하지 않는 방법이다.

③ 직접배분법은 보조부문 상호 간의 용역수수관계를 전혀 반영하지 않는 방법이다.

④ 상호배분법, 단계배분법, 직접배분법 중 어떤 방법을 사용하더라도 보조부문의 총원가는 제조부문에 모두 배분된다.

05 보조부문에서 발생한 원가도 생산과정에서 반드시 필요한 원가이므로 제품원가에 포함시키기 위하여 제조부문에 배분되어야 한다. 이때 보조부문 원가 행태에 따른 배분방법으로는 단일배분율법과 이중배분율법이 있다. 다음 중에서 이중배분율법의 장점만 짝지은 것은?　　　　[2020년 94회]

> A. 원가 배분절차가 복잡하지 않아 비용과 시간이 절약된다.
> B. 원가부문 활동에 대한 계획과 통제에 더 유용한 정보를 제공할 수 있다.
> C. 원가발생액과 원가대상 사이의 인과관계가 더 밀접해질 수 있다.
> D. 배분과정에서 발생할 수 있는 불공정성이 감소하기 때문에 더 공정한 성과평가가 이루어질 수 있다.

① A, B, C　　　　② A, C, D　　　　③ B, C, D　　　　④ A, B, C, D

06 다음 중 보조부문원가의 배분방법에 대한 설명으로 옳지 않은 것은?　　　　[2020년 91회]

① 직접배분법은 보조부문간 용역수수관계를 전혀 고려하지 않는 배부방법이다.

② 단계배분법은 배분순위를 고려한 배부방법이다.

③ 직접배분법은 가장 정확성이 높은 배부방법이다.

④ 단계배분법과 상호배분법은 보조부문 상호 간의 용역제공관계를 고려한다.

[보조부문 원가배부(배분) 계산]

07 다음의 자료를 이용하여 직접배분법에 따라 보조부문의 제조간접원가를 배분한다면 제조부문 B에 배분된 보조부문원가는 얼마인가? **필수**　　　　　　　　　　　　　　　　　　　　　　[2024년, 117회]

구분		보조부문		제조부문		합계
		X	Y	A	B	
자기부문 발생액		100,000원	300,000원	500,000원	750,000원	1,650,000원
제공 횟수	X	–	100회	400회	600회	1,100회
	Y	400회	–	300회	300회	1,000회

① 210,000원　　　　② 400,000원　　　　③ 850,000원　　　　④ 960,000원

08 ㈜정원은 각각 두 개의 제조부문 A1, A2와 보조부문 Z1, Z2를 운영하고 있다. 보조부문의 제조부문에 대한 용역제공 비율은 다음과 같다. Z1의 원가는 830,000원, Z2의 원가는 680,000원일 때 단계배부법에 따른 Z2의 배분 대상 원가는 얼마인가? 단, Z1의 원가를 먼저 배부하는 것으로 가정한다. **필수**　　　　[2021년 99회]

사용부문 제공부문	제조부문		보조부문	
	A1	A2	Z1	Z2
Z1	50%	40%	0%	10%
Z2	30%	20%	50%	0%

① 228,900원　　　　② 381,500원　　　　③ 763,000원　　　　④ 898,000원

09 ㈜부천은 두 개의 제조부문 '대한'과 '민국', 그리고 두 개의 보조부문 'R', 'M'을 두고 있다. 각 보조부문 'R'과 'M'의 당월 배분 전 원가가 각각 1,500,000원과 2,400,000원이라면, 상호배분법에 따라 제조부문 '민국'에 배분될 보조부문의 원가는 얼마인가? **어려우면 Pass**　　　　[2025년, 121회]

사용부문 제공부문	보조부문		제조부문	
	R	M	대한	민국
R	–	0.5	0.2	0.3
M	0.2	–	0.5	0.3

① 1,020,000원　　　　② 1,710,000원　　　　③ 1,800,000원　　　　④ 2,190,000원

01　④　④ 구매부분은 주문횟수, 주문수량으로 배부하는 것이 합리적임.

02　④　기계감가상각비는 기계 사용시간으로 배부하는 것이 합리적임.

03　③　③ 보조부문간 배수순서를 결정해 배부하는 방법은 직접배부법이 아니라 단계배부법임.

04　②　단계배분법은 순서를 정해 보조부문 원가를 다른 보조부문에 배부를 하므로 보조부문 상호간 용역수수관계를 일부는 반영함.

05　③　A.이중배분율법에 의한 보조부문 원가배분은 복잡해서 시간과 비용이 많이 소요됨.

06　③　가장 정확성이 높은 방법은 상호배부법임.

07　①　• X보조부문 배부: 100,000원 × [600시간/(400시간+600시간)] ＝ 60,000원
　　　　• Y보조부문 배부: 300,000원 × [300시간/(300시간+300시간)] ＝ 150,000원
　　　　　　　　　　계　　　　　　　　　　　　210,000원

08　③　• Z2 보조부문 자체 원가 :　　　　　　680,000원
　　　　• Z1 ⇒ Z2로 배부원가 : 830,000원 × 10%/100% ＝ 83,000원
　　　　　　　　　　계　　　　　　　　　　763,000원

09　②　• R ＝ 1,500,000원 + 0.2 × M, M ＝ 2,400,000원 + 0.5R ⇒ R ＝ 1,500,000원 + 0.2 × (2,400,000원 + 0.5R)
　　　　　⇒ R ＝ 2,200,000원, M ＝ 3,500,000원
　　　　• 민국에 배부되는 보조부문 원가 : 0.3R + 0.3M ⇒ 0.3 × 2,200,000원 + 0.3 × 3,500,000원 ＝ 1,710,000원

학습내용 · 개별원가계산 개념   · 제조간접비 실제배부 Vs 예정배부

공부방향 거의 매회 시험마다 1문제씩 출제되는데 개별원가계산의 개념은 가끔식 출제되고 **주로 제조간접비 배부 문제가 계산문제로 자주 출제되고 있음.** 난이도는 전산회계 1급과 내용과 거의 비슷한 수준임.

 정교수 콕콕

 핵심체크

개별원가계산★★★
· 다품종 소량생산, 주문생산: 조선업, 건설업, 기계제조업, 항공기
· 직접원가 집계: 작업지시서
· 총원가: 직접재료비+직접노무비+제조간접비 배부액
· 제품별 정확한 원가계산

1 개별원가계산 개념 필수

개별원가계산은 개별 제품별로 원가를 계산할 필요가 있을 때 사용하며, 통상 다품종 소량생산이나 주문생산에 적합해 조선업, 건설업, 기계제조업, 항공기 원가계산에 사용됩니다. 각 제품별로 정확한 원가계산과 손익분석이 가능한 장점이 있습니다.

2 개별원가계산 방법

1 개별원가계산 순서

개별원가계산은 작업지시서에 따라 직접재료비, 직접노무비를 먼저 집계합니다. 그런 다음 제조간접비를 배부해야 하는데 먼저 제조간접비를 집계한 후 배부기준을 선정하여 배부합니다.

> 직접원가(직접재료비, 직접노무비) 집계 ⇒ 제조간접비 집계(보조부문 → 제조부문) ⇒ 제조간접비 배부기준 선정 ⇒ 제조간접비 배부

2 직접재료비 · 직접노무비 집계 : 작업지시서

개별원가계산은 매일의 작업지시서(작업원가표)에 투입하는 직접재료 수량·단가와 직접 노무시간, 시간당 임금 등을 기록하므로, 작업지시서를 확인하면 개별제품의 직접재료비, 직접노무비를 계산할 수 있습니다. 다만, 직업지시서 관리에 시간과 노력이 많이 듭니다.

3 제조간접비 배부

작업지시서에 집계된 직접재료비, 직접노무비에 배부된 제조간접비를 더하면 총원가가 계산되는데 제조간접비 배부방법에는 다음 2가지가 있습니다.

핵심체크

실제개별원가계산 Vs 정상개별원가계산★★
· 실제개별원가: 실제 발생 제조간접비 배부
· 정상개별원가: 제조간접비 예정배부

구분	내용
실제개별원가계산	실제 발생한 직접재료비, 직접노무비에 실제 발생한 제조간접비를 배부하여 제품 원가를 계산하는 방법. 기말에야 제조간접비가 배부되므로 원가계산이 늦어짐.
정상개별원가계산	실제 발생한 직접재료비, 직접노무비에 제조간접비는 예정배부액을 사용하여 제품원가를 계산하는 방법으로, 평준화원가계산이라고 부르기도 함. 필요할 때 원가계산 가능.

이론기출 확인문제　　　| 전산세무 2급, 122회 |

다음 중 개별원가계산의 특징에 대한 설명으로 옳지 않은 것은?

① 제조지시서를 통해 개별 제품별로 제조를 지시한다.
② 다품종 소량생산에 적합하다.
③ 제조간접비 배부율로 무엇을 사용하는지에 따라 실제개별원가계산과 정상개별원가계산으로 구분할 수 있다.
④ 정유업, 시멘트공업에 적합하다.

📄 **정답 및 풀이** ④

정유업, 시멘트공업은 종합원가계산에 적합함.

3　실제개별원가계산 : 제조간접비 실제 배부　[필수]

1　개념

이 방법은 실제 발생한 제조간접비를 기간별(월별, 분기별 등)로 집계한 후 그 기간 종료 시점에 미리 정해진 배부기준에 따라 배부하는 방법인데, [1단계] 실제 배부율 계산 ⇒ [2단계] 제조간접비 실제 배부 순서로 이루어집니다.
전산세무 2급 시험에 자주 출제되니 계산문제까지 풀 수 있어야 합니다.

2　제조간접비 배부 : 배부기준의 실제 발생액 × 실제 배부율

기출문제를 통해 실제원가계산의 구체적인 내용을 알아보겠습니다.

🎯 **핵심체크**

실제개별원가계산★★★
• 실제 배부율: 실제 제조간접비÷배부기준
• 장점: 간편함
• 단점: 제조간접비 집계까지 시간 소요, 월별 제품단가 차이 발생

캠핑카를 생산하여 판매하는 ㈜붕붕은 고급형 캠핑카와 일반형 캠핑카 두 가지 모델을 생산하고 있다. 모델별 제조와 관련하여 당기에 발생한 원가는 각각 아래와 같다. ㈜붕붕은 직접재료원가를 기준으로 제조간접원가를 배부하고 있으며, 당기의 실제 제조간접원가는 2,400,000원이다. 고급형 캠핑카와 일반형 캠핑카의 당기총제조원가를 계산하시오.

구분	고급형 캠핑카	일반형 캠핑카	합계
직접재료원가	1,800,000원	1,200,000원	3,000,000원
직접노무원가	1,000,000원	600,000원	1,600,000원

[1단계] 제조간접비 실제배부율 계산

위 기출문제의 배부기준은 직접재료원가이므로 제조간접비 실제배부율은 다음과 같습니다.

제조간접비 실제배부율	전체 제조간접비 ÷ 직접재료비
	2,400,000원(제조간접비) ÷ 3,000,000원(직접재료비) = 0.8원/직접재료비 1원

[2단계] 제조간접비 배부

구분	고급형 캠핑카	일반형 캠핑카	합 계
직접재료원가	1,800,000원	1,200,000원	3,000,000원
직접노무원가	1,000,000원	600,000원	1,600,000원
제조간접비 배부	1,440,000원 1,800,000원(직접재료비) × 0.8원	960,000원 1,200,000원(직접재료비) × 0.8원	2,400,000원
총제조원가	4,240,000원	2,760,000원	

❸ 장·단점

장점	제조간접비, 배부기준이 모두 실제 발생한 수치로 적용하기는 간편함.
단점	기간이 종료되어 실제 수치가 집계되기 전까지는 제조간접비를 배부할 수 없으며 계절별 생산량 차이가 클 경우 월별 제품단가가 달라짐.

4 정상개별원가계산 : 제조간접비 예정 배부(배분) ^{필수}

1 개념

실제배부법의 단점을 보완하기 위해 고안된 방법으로 미리 배부기준을 정한 뒤 필요 할 때마다 제조간접비를 배부하는데, [1단계] 예정배부율 계산 ⇒ [2단계] 제조간접비 예정배부 ⇒ [3단계] 배부차이 조정 순서로 이루어집니다. 전산세무 2급 시험에 자주 출제되니 계산문제까지 풀 수 있어야 합니다.

2 제조간접비 배부 : 배부기준의 실제 발생액 × 예정 배부율

기출문제를 통해 실제원가계산의 구체적인 내용을 알아보겠습니다.

이론기출 확인문제	전산세무 2급, 113회

다음은 정상원가계산을 채택하고 있는 ㈜서울의 원가 관련 자료이다. ㈜서울은 직접노동시간에 비례하여 제조간접원가를 배부한다. 제조간접원가 배부액을 구하시오.

- 제조간접원가 예산 : 39,690,000원
- 예산 직접노동시간 : 90,000시간
- 실제 제조간접원가 : 44,100,000원
- 실제 직접노동시간 : 70,000시간

[1단계] 제조간접비 예정배부율 계산

위 기출문제의 배부기준은 직접노동시간이므로 제조간접비 예정배부율은 다음과 같습니다.

제조간접비 예정배부율	39,690,000원(제조간접비 예산) ÷ 90,000시간(직접 노동시간 예산) = 441원/직접노동시간

[2단계] 제조간접비 배부

70,000시간(실제 직접노동시간) × 441원 = 30,870,000원

3 장·단점

장점	실제 제조간접비가 집계되지 않더라도 배부기준만 집계되면 언제든 제조간접비 배부 가능하며 월별 생산량 차이가 크더라도 매월 제품단가가 비슷해짐.
단점	배부된 제조간접비가 실제 발생액이 아니어서 차이 발생

핵심체크

정상개별원가계산 ★★★
- 예정 배부율: 제조간접비 예산÷배부기준
- 장점: 언제든 배부 가능
- 단점: 실제 발생액과 차이 발생. 배부차이 조정해야 함.

4 배부차이 발생

정상개별원가계산은 제조간접비를 사전에 예정배부하기 때문에 나중에 실제 제조간접비가 집계되면 차이가 발생하게 됩니다. 이 차이를 조정해야 하는데 기출문제를 통해 자세히 알아보겠습니다.

이론기출 확인문제 | 전산세무 2급, 112회 |

㈜한국은 제조간접원가를 직접노무시간 기준으로 배부하고 있으며 제조간접원가 배부율은 시간당 2,000원이다. 제조간접원가 실제 발생액이 18,000,000원이고, 실제 직접노무시간이 10,000시간이 발생한 경우 제조간접원가 배부차이는 얼마인가?

[정답 및 풀이]

구분	계산내역	금액
예정배부액	10,000시간(실제 직접노무시간) × 2,000원(예정배부율)	20,000,000원
실제발생액		18,000,000원
과대배부액		2,000,000원

배부차이의 응용문제로 다음과 같은 문제가 출제되기도 하니 약간 변형된 문제도 풀 수 있어야 합니다.

이론기출 확인문제 | 전산세무 2급, 115회 |

다음의 자료를 이용하여 직접노무시간당 제조간접원가 예정배부율을 구하시오.

- 제조간접원가 실제 발생액 : 6,000,000원
- 실제 직접노무시간 : 50,000시간
- 제조간접원가 배부차이 : 400,000원(과대배부)

[정답 및 풀이]

예정배부액	6,000,000원(제조간접비 실제발생액) + 400,000원(과대배부) = 6,400,000원
예정배부율	6,400,000원(예정배부액) ÷ 50,000시간(실제 직접노무시간) = 128원

5 배부차이 조정

이렇게 제조간접비를 과대 또는 과소배부되면 아래와 같은 3가지 방법으로 그 차이를 조정하고 있습니다. 전산세무 2급 시험에 가끔 그 방법을 묻는 문제가 출체되니 개념은 알고 있어야 합니다.

종 류	내용
비례배분법	배부차이를 기말재공품, 제품, 매출원가 금액에 비례하여 가감
매출원가조정법	배부차이를 전액 매출원가에 가감
영업외손익법	배부차이를 전액 영업외손익으로 처리

이론기출 확인문제

| **전산세무 2급**, 97회 |

다음 중 제조간접비 배부차이 조정방법에 해당하지 않는 것은?

① 비례배부법　　　② 직접배분법　　　③ 매출원가조정법　　　④ 영업외손익법

◎ 핵심체크

제조간접비 배부차이 조정
★★★
• 비례배분법: 기말재공품, 제품, 매출원가에 가감
• 매출원가조정법: 매출원가에 가감
• 영업외손익법: 영업외손익 처리

📄 정답 및 풀이 ②

직접배분법은 보조부문 원가 배분 방법 중 하나임.

[개별원가계산 개념]

난이도 ★★

01 다음 중 개별원가계산과 종합원가계산에 대한 설명으로 옳지 않은 것은? [2024년 115회]

① 개별원가계산은 주문받은 개별 제품별로 작성된 작업원가표에 집계하여 원가를 계산한다.

② 종합원가계산은 개별 제품별로 작업원가표를 작성하여 원가를 계산한다.

③ 개별원가계산은 각 제조지시서별로 원가계산을 해야 하므로 많은 시간과 비용이 발생한다.

④ 조선업, 건설업은 개별원가계산이 적합한 업종에 해당한다.

난이도 ★★

02 다음 중 개별원가계산에 대한 설명만 선택한 것은? 필수 [2025년 119회]

> 가. 항공기 제조, 선박 제조, 특수기계 제조업 등이 대표적인 적용 업종이다.
> 나. 작업원가표를 작성하여 원가를 집계한다.
> 다. 다품종 소량생산을 하는 기업에 적합한 원가계산방법이다.
> 라. 기말재공품의 평가가 필요하다.
> 마. 상대적으로 원가계산과정이 복잡하나 정확성은 높다.
> 바. 원가를 재료원가와 가공원가로 분류한다.

① 가, 나, 다, 라, 마, 바 ② 나, 다, 라, 바

③ 가, 나, 다, 마 ④ 나, 라, 마, 바

난이도 ★★

03 다음은 실제개별원가계산과 정상개별원가계산에 대한 설명이다. 틀린 것은? 필수 [2020년 91회]

① 실제개별원가계산과 정상개별원가계산 모두 직접재료비와 직접노무비는 실제발생액을 개별작업에 직접 부과한다.

② 실제개별원가계산은 일정기간 동안 실제 발생한 제조간접비를 동일기간의 실제 배부기준 총수로 나눈 실제배부율에 의하여 개별제품에 배부한다.

③ 정상개별원가계산은 개별작업에 직접 부과할 수 없는 제조간접비를 예정배부율을 이용하여 배부한다.

④ 원가계산이 기말까지 지연되는 문제를 해결하고자 실제개별원가계산이 도입되었다.

난이도 ★★

04 시계를 제작하여 판매하는 ㈜똑딱은 두 가지 종류의 시계를 제작하고 있다. 제조와 관련하여 발생한 직접원가는 아래와 같고, 직접노무원가를 기준으로 제조간접원가를 배부하고 있다. 실제제조간접원가는 2,500,000원이다. 산업용 시계의 총제조원가를 계산하면 얼마인가? 필수 [2025년 120회]

구분	산업용 시계	가정용 시계	합계
직접재료원가	800,000원	200,000원	1,000,000원
직접노무원가	3,500,000원	1,500,000원	5,000,000원

① 4,800,000원 ② 5,050,000원 ③ 6,050,000원 ④ 6,300,000원

난이도 ★★

05 제조간접원가는 기계작업시간을 기준으로 예정 배부한다고 가정할 때, 다음 자료에 의해 제조간접원가 배부액과 제조원가를 계산하면 얼마인가? [2025년 121회]

- 제조간접원가 총액(예정) : 2,000,000원
- 실제기계작업시간 : 10,000시간
- 예정기계작업시간 : 8,000시간
- 직접재료원가 : 5,000,000원
- 직접노무원가 : 3,500,000원

	제조간접원가 배부액	제조원가		제조간접원가 배부액	제조원가
①	1,600,000원	10,100,000원	②	2,000,000원	10,500,000원
③	2,500,000원	10,500,000원	④	2,500,000원	11,000,000원

난이도 ★★★

06 당사는 2개의 제조부문을 가지고 제품 A와 B를 생산·판매하고 있으며 당해 제조부문별 예산제조간접원가는 제조부문1이 1,024,000원, 제조부문2는 3,000,000원이다. 제품 A의 생산량은 300개, 제품 B의 생산량은 400개이다. 제품 1개당 생산에 투입된 직접노동시간은 다음과 같다. 직접노동시간을 기준으로 제조부문1의 노동시간당 예정배부율은 얼마인가? 필수 [2025년 118회]

직접노동시간	제품A	제품B
제조부문1	4시간	5시간
제조부문2	6시간	5시간

① 285원 ② 292원 ③ 320원 ④ 340원

07 ㈜미래는 정상원가계산을 채택하고 있고, 제조간접원가를 직접노무시간을 기준으로 배부하고 있다. 다음은 ㈜미래의 원가 관련 자료이다. 제조간접원가의 배부차이를 계산하면 얼마인가? **필수**　　　　　　　[2025년 122회]

• 제조간접원가 예산 : 5,000,000원	• 실제 제조간접원가 : 6,000,000원
• 예산 직접노무시간 : 1,000시간	• 실제 직접노무시간 : 1,200시간

① 1,000,000원 과소배부　　　　　　　　　　② 1,000,000원 과대배부

③ 1,200,000원 과대배부　　　　　　　　　　④ 배부차이 없음

08 ㈜한국은 직접노무시간을 기준으로 제조간접원가를 예정배부하고 있다. 당기 초 제조간접원가 예산은 2,000,000원이며, 예정 직접노무시간은 200시간이다. 당기말 현재 실제 제조간접원가는 2,500,000원이 발생하였으며, 제조간접원가 배부차이가 발생하지 않았다면 실제 직접노무시간은 얼마인가? **필수**　　　　[2023년 110회]

① 160시간　　　　　　② 200시간　　　　　　③ 250시간　　　　　　④ 500시간

09 ㈜한국은 제조간접비를 직접노무시간을 기준으로 배부하고 있으며, 제조간접비 배부차이는 400,000원(과대)이다. 당기의 실제 직접노무시간은 35,000시간이고, 당기 말 현재 실제 제조간접비 발생액은 1,000,000원이다. 직접노무시간당 제조간접비 예정배부율은 얼마인가?　　　　　　　[2021년 100회]

① 30원　　　　　　② 35원　　　　　　③ 40원　　　　　　④ 60원

10 다음 중 제조간접원가 배부차이 조정 방법에 해당하지 않는 것은? **필수**　　　　　　　[2024년 114회]

① 매출원가조정법　　　② 단계배분법　　　③ 비례배분법　　　④ 영업외손익법

01 ② 작업원가표(작업지시서)를 작성해 원가계산 하는 것은 개별원가계산임.

02 ③ ・개별원가 특징 : (가)항공기, 선박 등 제조, (나)작업원가표, (다)다품종 소량생산, (마)원가계산 복잡/정확
・종합원가 특징 : (라)기말재공품 평가, (바)재료비와 가공원가로 구분

03 ④ 원가계산이 기말까지 지연되는 문제를 해결하기 위해 예정배부하는 정상개별원가계산방법이 도입된 것임.

04 ③ ・제조간접비 배부율 : 2,500,000원(실제 제조간접비) ÷ 5,000,000원(직접노무원가) = 0.5원/직접노무원가
・산업용 시계 제조간접비 배부 : 3,500,000원(직접노무원가) × 0.5원 = 1,750,000원
・산업용 시계 총제조원가 : 직접재료비(800,000원) + 직접노무비(3,500,000원) + 제조간접비(1,750,000원) = 6,050,000원

05 ④ ・제조간접비 예정배부율 : 2,000,000원(제조간접비 예산) ÷ 8,000시간(예정 기계작업시간) = 250원/기계작업시간
・제조간접비 예정 배부액 : 10,000시간(실제 기계작업시간) × 250원 = 2,500,000원
・총제조원가 : 직접재료비(5,000,000원) + 직접노무비(3,500,000원) + 제조간접비(2,500,000원) = 11,000,000원

06 ③ ・제조부문1 직접노동시간 : 제품A(300개 × 4시간) + 제품B(400개 × 5시간) = 3,200시간
・제조부문1 예정배부율 : 1,024,000원(제조부문1 제조간접비예산) ÷ 3,200시간 = 320원

07 ④ ・제조간접비 예정배부율 : 제조간접비 예산(5,000,000원) ÷ 직접노무시간 예산(1,000시간) = 5,000원/직접노무시간
・제조간접비 예정배부액 : 실제 직접노무시간(1,200시간) × 5,000원 = 6,000,000원
・제조간접비 실제 발생액 : 6,000,000원
・배부차이 : 실제 발생액(6,000,000원) − 배부액(6,000,000원) = 0원, 배부차이 없음.

08 ③ ・제조간접비 실제발생액 : 2,500,000원
・제조간접비 배부차이가 없으므로 예정배부액은 2,500,000원임.
・제조간접비 예정배부율 : 2,000,000원(제조간접비 예산) ÷ 200시간(예정 직접노무시간) = 10,000원/직접노무시간
・제조간접비 예정배부액 : 실제 직접노무시간(x) × 10,000원(예정배부율) = 2,500,000원이므로 실제 직접노무시간은 250시간임.

09 ③ ・제조간접비 실제발생액 : 1,000,000원
・제조간접비 예정배부액 : 1,000,000원(실제발생액) + 400,000원(과대배부) = 1,400,000원
・제조간접비 예정배부율 : 1,400,000원(예정배부액) ÷ 35,000원(실제 직접노무시간) = 40원

10 ② 제조간접비 배부차이 조정방법은 비례배분법, 매출원가조정법, 영업외손익법이 있음.

학습내용 / 공부방향

• 종합원가계산 개념 • 완성품 환산량 • 종합원가계산 단위당원가

매회 시험마다 1문제씩 출제되는 매우 중요한 내용으로 **종합원가계산 개념과 완성품환산량**을 중심으로 한 계산문제가 자주 출제되고 있음. 전산회계 1급에는 완성품환산량 계산문제만 출제되었지만 **전산세무 2급**에는 단위당 원가계산까지 출제되니 이해를 바탕으로 좀 더 꼼꼼하게 학습해야 함.

정교수 콕콕

핵심체크

종합원가계산★★★
• 동종제품 대량생산, 주문생산: 철강업, 화학약품제조업, 석유정제업, 식품가공업, 시멘트산업 등
• 공정별로 원가 집계+완성품 환산량 계산
• 원가집계: 직접재료비+ 가공비
• 원가집계 쉽고 공정별 원가통제 가능

---

1 종합원가계산 개념 [필수]

종합원가계산은 **동종 제품을 대량으로 생산하는 경우에 적합한 원가계산방법**으로 컨베이어벨트를 지나는 연속적인 생산공정을 통하여 제품을 생산하는 **철강업, 화학약품제조업, 플라스틱산업, 석유정제업, 제지업, 식품가공업, 시멘트산업** 등에 주로 사용됩니다. **원가 집계가 쉽고 공정별 원가통제가** 가능한 장점이 있습니다.

2 종합원가계산 방법

종합원가계산은 공정에서 발생한 총원가를 생산량으로 나누어 1개당 원가를 계산하는데 라면을 생산하는 사례를 통해 설명하겠습니다.

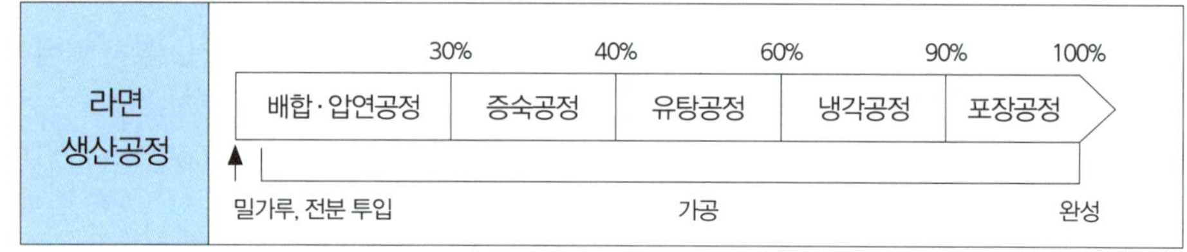

1 원가집계 : 직접재료비, 가공비 [필수]

종합원가계산은 컨베이어벨트 위를 제품이 지나가고 공정을 한두 명의 근로자가 관리하는 구조이기 때문에 원가를 크게 **직접재료비와 가공비로 나누어** 원가를 집계합니다.

구분	내용
직접재료비	투입된 밀가루, 전분
가 공 비	작업자 급여, 기계 감가상각비, 공장임차료, 공장전기료 등

2 생산량 : 완성품 환산량

다음은 생산량을 집계할 차례인데 종합원가계산에서는 단순한 생산량이 아니라 완성품환산량으로 수량을 계산합니다. 완성품환산량이란 완성 정도를 고려한 수량의 개념인데 다음 사례를 통해 설명을 하겠습니다.

> 라면 1,000개 분 밀가루를 투입하여 아래와 같이 작업을 진행하였다. 완성품 환산량을 계산하시오. (밀가루는 공정 초기에 투입되며 가공비는 공정 전반에 걸쳐 균등하게 발생함.)
>
> | 작업현황 | 완성품 900개, 기말재공품 100개(90% 가공 완료) |
> | --- | --- |

(1) 직접재료비 완성품 환산량 : 1,000개

직접재료(밀가루)는 공정 초기에 모두 투입되므로 기말에 100개가 미완성되었더라도 완성도 기준으로 판단할 때 직접재료비의 완성품환산량은 1,000개입니다.

(2) 가공비 완성품 환산량 : 990개

가공비는 공정 전반에 걸쳐 발생하는데 완성된 900개는 가공이 모두 끝났고 기말재공품 100개는 90%의 작업을 완료했으므로 가공비 차원에서 기말재공품은 90개만큼 완성된 셈입니다. 즉, 가공비의 완성품환산량은 990개입니다. (900개 + 100개 × 90%)

3 종합원가계산 순서 필수

종합원가계산은 다음 순서로 이루어지는데 전산세무 2급 시험에 가끔 출제되니 암기하지 말고 흐름을 이해해야 합니다.

> 물량흐름 파악 ⇒ 완성품환산량 계산 ⇒ 원가집계 ⇒ 완성품환산량 단위당 원가계산 ⇒ 완성품 · 기말재공품 원가계산

이론기출 확인문제　　　　　　　　| 전산세무 2급, 87회 |

종합원가계산의 흐름을 바르게 나열한 것은?

> 가. 물량의 흐름을 파악한다.
> 나. 완성품과 기말재공품 원가를 계산한다.
> 다. 재료원가와 가공원가의 완성품환산량 단위당 원가를 구한다.
> 라. 재료원가와 가공원가의 기초재공품원가와 당기총제조원가를 집계한다.
> 마. 재료원가와 가공원가의 완성품환산량을 계산한다.

① 가 → 나 → 다 → 라 → 마　　　② 가 → 마 → 라 → 다 → 나
③ 가 → 라 → 마 → 다 → 나　　　④ 나 → 가 → 다 → 라 → 마

🔍 **참고**

완성품 환산량
완성 정도를 고려한 수량의 개념

📄 **정답 및 풀이** ②

물량흐름 파악 ⇒ 완성품 환산량 계산 ⇒ 완성품 환산량 단위당 원가 계산 ⇒ 완성품/기말재공품 원가 계산

4 개별원가계산 Vs 종합원가계산 순서 [필수]

구분	개별원가계산	종합원가계산
생산형태	다품종 소량생산	소품종 대량생산
원가집계단위	작업지시서(작업원가표)	공정별 집계
주요업종	조선, 건설, 기계제조, 항공기 등	철강, 화학약품, 플라스틱, 석유정제, 제지, 식품가공, 시멘트 등
원가계산핵심	제조간접비 배부	완성품환산량 계산
원가흐름가정	불필요	선입선출, 평균법 가정
원가구분	직접재료비, 직접노무비, 제조간접비	직접재료비, 가공비

📝 정답 및 풀이 ④

작업원가표에 의한 정확한 원가계산은 개별원가 계산임. 종합원가 계산은 원가집계 쉽지만 정확한 원가계산은 어려움.

이론기출 확인문제 | 전산세무 2급, 117회 |

다음 중 종합원가계산 제도에 대한 설명으로 옳지 않은 것은?

① 완성품환산량이란 일정기간에 투입한 원가를 그 기간에 완성품만을 생산하는 데 투입하였다면 완성되었을 완성품 수량을 의미한다.
② 동종제품, 대량생산, 연속생산의 공정에 적합한 원가계산제도이다.
③ 정유업, 화학공업, 시멘트공업에 적합하다.
④ 원가의 정확성이 높으며, 작업원가표를 주요 원가자료로 사용한다.

---

5 선입선출법에 의한 종합원가계산

선입선출법은 '먼저 입고된 것이 먼저 출고'되므로 이를 종합원가계산에 적용하면, 기초재공품을 먼저 가공하여 완성하고, 그 다음으로 당기에 신규 투입한 물량을 가공합니다. 즉, 기말재공품은 모두 당기에 투입한 것이 남게 되는데, 선입선출법은 현실적인 물량 흐름과 일치하는 방법입니다. 다음 기출문제를 통해 선입선출법 원가계산을 해 보겠습니다.

🎯 핵심체크

선입선출법 완성품환산량
★★★
· 재료비: 당기 투입수량
· 가공비: 기초재공품×당기 작업률 + 당기투입&당기완성 + 기말재공품×당기 작업률

이론기출 확인문제 | 전산세무 2급, 97회 변형 |

다음 자료를 이용하여 선입선출법을 적용한 기말재공품원가를 구하시오. 당기완성품은 1,200개이며 기말재공품은 400개(완성도: 50%)이다. 재료비는 공정초기에 모두 발생하며 가공비는 공정 전체에 균일하게 발생한다.

구분	수량	재료비	가공비	합 계
기초재공품원가	500개[*1]	500,000원	300,000원	800,000원
당기총제조원가	1,100개	660,000원	540,000원	1,200,000원

(*1) 기초재공품의 완성도는 40%이다.

1 작업물량 흐름 및 완성품 환산량 [필수]

물량 흐름				완성품 환산량		
				재료비	가공비	
기초재공품	500개 (40%) →	완성		0개	300개	(60% 작업)
당기 착수	1,100개	완성		700개	700개	(100% 작업)
총작업수량	1,600개	기말 미완성		400개	200개	(50% 작업)
				1,100개	1,200개	

(1) 물량흐름 파악

먼저 총작업수량부터 확인을 해야 하는데 당기 완성품이 1,200개, 기말재공품이 400개이므로 총작업수량은 1,600개입니다. ⇒ (당기 완성품 1,200개 + 기말재공품 400개 = 1,600개)
선입선출법이므로 당기 완성품 1,200개를 다시 분석하면 기초재공품을 추가 작업하여 완성한 500개와 당기 착수해 당기 완성한 700개로 나뉩니다. 이를 요약하면 다음과 같습니다.

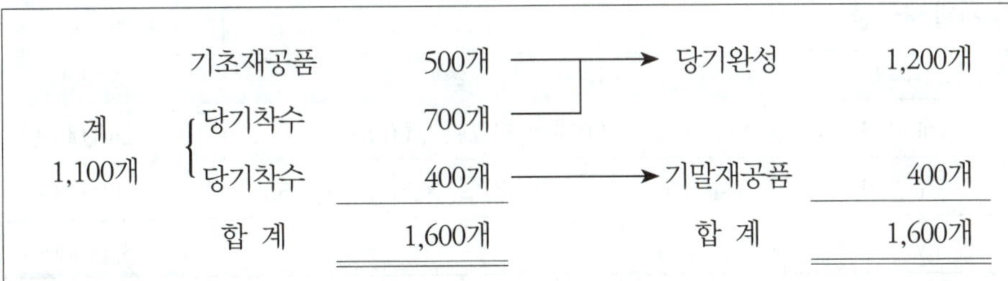

(2) 완성품환산량 계산

재 료 비	가 공 비
당기 착수 1,100개	500개(기초재공품) × (60%)(당기 작업분) + 700개(당기 착수&당기 완성) + 400개(당기착수&기말재공품) × 50%(당기 작업분) = 1,200개

2 완성품 및 기말재공품 원가계산

다음으로 원가계산을 해야 하는데 이 부분이 너무 어려우면 과감해 패스해도 전산세무 2급 합격에는 문제가 없으나 가능하면 이해차원에서 학습하기 바랍니다.

(1) 단위당 원가 필수

구분	재료비	가공비
당기 총제조원가	660,000원	540,000원
완성품 환산량	1,100개	1,200개
단위당 원가	600원	450원

(2) 원가계산 어려우면 Pass

1) 완성품 원가

구분		내 역	금 액
	기초재공품 이월 원가	500,000(재료비) + 300,000(노무비)	800,000원
	기초재공품 추가 가공원가	500개 × 60%(당기작업) × 450원 (가공단가)	135,000원
	기초재공품 완성원가		935,000원
당기 착수 & 당기 완성원가		700개 × (재료단가 600원 + 가공단가 450원)	735,000원
합 계			1,670,000원

2) 기말재공품

구분	내 역	금 액
재 료 비	400개 × 재료단가 600원	240,000원
가 공 비	400개 × 50%(당기 작업) × 가공단가 450원	90,000원
합 계		330,000원

(3) 계산검증

재공품

1. 1. 기초재공품	→ 800,000원	완성품원가	1,670,000원
(재료비 500,000 + 가공비300,000)			
(재료비 660,000 + 가공비 540,000)			
당기총제조원가	→ 1,200,000원	기말재공품	330,000원
합 계	2,000,000원	합 계	2,000,000원

일 치

6 평균법에 의한 종합원가계산

평균법은 "기초재공품을 당기에 다시 작업한다."는 가정 하에 종합원가계산을 합니다. 실제 물량 흐름과 다른 비현실적인 가정이라 이해하기가 어려울 수 있지만 선입선출법 보다 계산이 더 간단한 장점이 있습니다. 아래 기출문제를 통해 평균법을 알아보겠습니다.

이론기출 확인문제　　　　　　　　| **전산세무 2급**, 97회 변형 |

다음 자료를 이용하여 평균법을 적용한 기말재공품원가를 구하시오. 당기완성품은 1,200개이며 기말재공품은 400개(완성도 : 50%)이다. 재료비는 공정초기에 모두 발생하며 가공비는 공정 전체에 균일하게 발생한다.

구분	수량	재료비	가공비	합 계
기초재공품원가	500개[*1]	500,000원	300,000원	800,000원
당기총제조원가	1,100개	660,000원	540,000원	1,200,000원

[*1] 기초재공품의 완성도는 40%이다.

---

1 작업물량 흐름 및 완성품 환산량 [필수]

	물량 흐름		완성품 환산량	
			재료비	가공비
당기 착수	1,600개 →	완성	1,200개	1,200개 (100% 완성)
(당기완성 1,200개		→ 미완성(50%)	400개	200개 (50% 완성)
+ 기말재공품 400개)			1,600개	1,400개

(1) 물량흐름

평균법은 "기초재공품을 당기에 다시 작업한다."라는 가정을 하기 때문에 기초재공품 400개도 모두 당기에 착수한 걸로 보고 원가계산을 합니다. 즉, 총작업수량 1,600개(당기 완성품 1,200개 + 기말재공품 400개)가 모두 당기 착수량이 되는 것입니다.

여기서 한 가지 주의할 점은 기초재공품을 당기에 다시 작업한다고 가정했기 때문에 기초재공품의 이월된 재료비·가공비도 모두 당기에 다시 발생한다는 가정 하에 원가계산을 합니다. 잠시 뒤 다시 설명하도록 하겠습니다.

(2) 완성품환산량 계산

재 료 비	가 공 비
당기 착수 1,600개	1,200개(당기 착수&당기 완성) + 400개(기말재공품) × 50%(당기 작업분) = 1,400개

2 완성품 및 기말재공품 원가계산

(1) 단위당 원가

구분		재료비	가공비
	기초재공품 원가	500,000원	300,000원
	당기총제조원가	660,000원	540,000원
① 총제조원가		1,160,000원	840,000원
② 완성품 환산량		1,600개	1,400개
③ 단위당 원가(① ÷ ②)		725원	600원

평균법이 "기초재공품을 당기에 다시 작업한다."고 가정하기 때문에 기초재공품의 이월된 재료비 500,000원과 가공비 300,000원도 모두 당기에 다시 발생한다는 가정 하에 원가계산을 해야 합니다. 따라서 기초재공품원가와 당기총제조원가를 합쳐 총제조원가를 계산합니다.

(2) 완성품 및 기말재공품 원가 어려우면 Pass

구분	내 역	금 액
완성품 원가	1,200개 × (재료단가 725원 + 가공단가 600원)	1,590,000원
기말재공품 원가	400개 × 재료단가 725원 + 400개 × 50% × 가공단가 600원	410,000원

(3) 계산검증

재공품

1. 1. 기초재공품	→ 800,000원	완성품원가	1,590,000원
(재료비 500,000 + 가공비 300,000)			
(재료비 660,000 + 가공비 540,000)			
당기총제조원가	→ 1,200,000원	기말재공품	410,000원
합 계	2,000,000원	합 계	2,000,000원

일 치

평균법 종합원가계산 흐름을 다시 한 번 정리하면 일단 "기초재공품을 당기에 다시 작업한다."라고 가정하기 때문에 완성품환산량 단위당 원가는 [기초재공품 원가 + 당기 실제 발생원가] ÷ [기초재공품 수량 + 당기 착수수량]으로 계산되는 것입니다.

종합원가계산을 적용할 경우, 다음의 자료를 이용하여 평균법과 선입선출법에 따른 가공원가의 완성품환산량을 각각 계산하면 몇 개인가?

- 기초재공품 : 300개(완성도 20%)
- 당기착수량 : 1,000개
- 당기완성량 : 1,100개
- 기말재공품 : 200개(완성도 60%)
- 원재료는 공정착수 시점에 전량 투입되며, 가공원가는 전체 공정에서 균등하게 발생한다.

	평균법	선입선출법		평균법	선입선출법
①	1,120개	1,060개	②	1,120개	1,080개
③	1,220개	1,180개	④	1,220개	1,160개

정교수 콕콕

📖 정답 및 풀이 ④

- 평균법 : 1,100개(당기완성)+200개(기말재공)×60% = 1,220개
- 선입선출법 : 300개(기초)×80%+800개(당기착수&당기완성)+200개(당기착수&기말재공)×60% = 1,160개

[물량흐름]

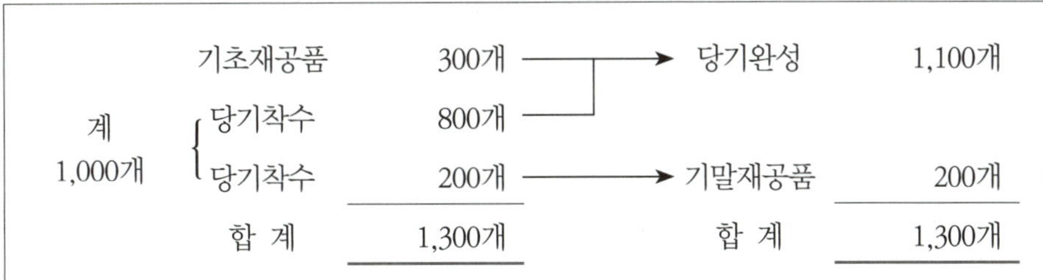

7 기초재공품이 없는 경우 : 선입선출법 Vs 평균법

선입선출법은 기초재공품 먼저 작업한다는 가정이고 평균법은 기초재공품도 당기에 다시 착수하여 작업한다는 가정입니다. 그런데 만약 기초재공품이 없다면 선입선출법과 평균법에 의한 완성품 환산량은 어떻게 될까요? 기초재공품 없이 당기에 1,000개 작업 착수하여 완성수량 800개, 기말재공품 200개라고 가정하면 물량흐름은 다음과 같습니다.

🔍 참고

기초재공품 없을 때
선입선출법 = 평균법

[기초재공품이 없는 경우 물량흐름]

즉, 기초재공품이 없다면 선입선출법으로 계산한 완성품환산량과 평균법에 의한 완성품환산량이 동일해져 원가계산 결과가 같아집니다.

이론기출 확인문제　　　　　　　　　　| 전산세무 2급, 121회 |

다음 중 종합원가계산에 대한 설명으로 가장 옳지 않은 것은?

① 다품종 대량생산하는 조선업, 화학업, 식품가공업 등 업종에 적합하다.
② 완성품환산량 계산이 어려우며, 개별원가계산에 비해 상대적으로 제조원가 계산이 부정확하다.
③ 기초재공품이 없는 경우 종합원가계산에 의한 원가배분 시 평균법과 선입선출법은 결과가 동일하다.
④ 종합원가계산은 원가를 재료원가와 가공원가로 구분하여 계산한다.

33 이론기출 공략하기

[종합원가계산 개념]

난이도 ★★

01 다음 중 종합원가계산에 대한 설명으로 옳은 것은? [필수]　　　　　　　　　　　　[2023년 112회 변형]

① 작업원가표를 근거로 원가계산을 한다.

② 직접원가와 제조간접원가의 구분이 중요하다.

③ 공정별 제품원가 집계 후 해당 공정의 생산량으로 나누어 단위당 원가를 계산하는 방식이다.

④ 주문생산형태에 적합한 원가계산방식이다.

난이도 ★★

02 다음 중 개별원가계산과 종합원가계산에 대한 설명으로 틀린 것은? [필수]　　　　　　　　[2022년 101회]

① 개별원가계산은 직접재료비, 직접노무비, 제조간접비로 구분하여 작업원가표에 집계한다.

② 개별원가계산 중 실제배부율과 예정배부율의 구분은 제조간접비와 관련된 문제이다.

③ 종합원가계산은 당기총제조원가를 당기 중에 생산된 완성품환산량으로 나누어 완성품환산량 단위당원가를 계
산한다.

④ 종합원가계산은 소량으로 주문생산하는 기업의 원가계산에 적합하고, 개별원가계산에 비해서 제품별 원가계산
이 보다 정확하다.

난이도 ★★

03 다음 중 종합원가계산의 절차를 순서대로 바르게 연결한 것은? [필수]　　　　　　　　　　[2018년 81회]

① 원가요소별 완성품환산량 계산 → 완성품환산량 단위당 원가 계산 → 물량 흐름 파악 → 원가요소별 기초재공품
원가와 당기발생원가 집계 → 완성품과 기말재공품에 원가 배분

② 물량 흐름 파악 → 원가요소별 완성품환산량 계산 → 원가요소별 기초재공품원가와 당기발생원가 집계 → 완성
품환산량 단위당 원가 계산 → 완성품과 기말재공품에 원가 배분

③ 원가요소별 완성품환산량 계산 → 완성품환산량 단위당 원가 계산 → 원가요소별 기초재공품원가와 당기발생원
가 집계 → 완성품과 기말재공품에 원가 배분 → 물량 흐름 파악

④ 물량 흐름 파악 → 원가요소별 기초재공품원가와 당기발생원가 집계 → 완성품과 기말재공품에 원가 배분 → 완
성품환산량 단위당 원가 계산 → 원가요소별 완성품환산량 계산

[종합원가계산 방법]

04 난이도 ★★
다음 중 종합원가계산에 대한 설명으로 틀린 것은? [2023년 109회]

① 선입선출법은 실제 물량흐름을 반영하므로 평균법보다 더 유용한 정보를 제공한다.
② 평균법은 당기 이전에 착수된 기초재공품도 당기에 착수한 것으로 본다.
③ 선입선출법이 평균법보다 계산방법이 간편하다.
④ 기초재공품이 없다면 선입선출법과 평균법의 적용 시 기말재공품원가는 언제나 동일하다.

05 난이도 ★★
다음 중 개별원가계산과 종합원가계산에 대한 설명으로 옳지 않은 것은? 필수 [2024년 116회]

① 개별원가계산은 개별적으로 원가를 추적해야 하므로 공정별로 원가를 통제하기가 어렵다.
② 종합원가계산 중 평균법은 기초재공품 모두를 당기에 착수하여 완성한 것으로 가정한다.
③ 종합원가계산을 적용할 때 기초재공품이 없다면 평균법과 선입선출법에 의한 계산은 차이가 없다.
④ 종합원가계산은 개별원가계산과 달리 기말재공품의 평가문제가 발생하지 않는다.

06 난이도 ★★
다음 중 (가중)평균법에 의한 종합원가계산방법을 적용하여 완성품 단위당 원가를 산정할 때 필요하지 않은 자료는 무엇인가? [2023년 110회]

① 기말재공품의 완성도　　　　　　② 당기총제조원가
③ 완성품의 물량　　　　　　　　　④ 기초재공품의 물량

[완성품 환산량]

07 난이도 ★★
다음은 종합원가계산에 따른 물량 흐름에 관한 자료이다. 자료를 이용하여 가공비의 완성품환산량을 계산하면 얼마인가? 필수 [2025년 120회]

> • 재료비는 공정 초에 모두 발생하며, 가공비는 공정 전반에 걸쳐 균등하게 발생한다.
> • 기초재공품 : 2,000개, 당기 착수량 : 8,000개, 당기 완성품 : 6,000개
> • 기말재공품의 가공비 완성도는 37.5%이며, 평균법에 따라 계산한다.

① 6,000개　　　　　② 7,500개　　　　　③ 10,000개　　　　　④ 17,500개

난이도 ★★

08 다음 자료에 의하여 선입선출법에 의한 재료비 완성품환산량을 계산하면 얼마인가? 필수 [2021년 95회]

- 당사는 종합원가계산시스템을 도입하여 원가계산을 하고 있다.
- 재료비는 공정의 초기에 전량 투입되고, 가공비는 공정의 진행에 따라서 균일하게 발생한다.
- 기초재공품 : 400개(가공비 완성도 40%)　　• 당기착수분 : 5,000개
- 기말재공품 : 2,000개(가공비 완성도 50%)

① 3,000개　　　　② 4,000개　　　　③ 4,600개　　　　④ 5,000개

난이도 ★★★

09 기초재공품은 1,000개이고 완성도는 30%이다. 당기투입수량은 6,000개이고 기말재공품은 800개일 경우 선입선출법에 의한 가공원가의 완성품환산량이 6,100개라면, 기말재공품의 완성도는 몇 %인가? (단, 가공원가는 전공정에 걸쳐 균등하게 발생한다.) 필수 [2024년 115회]

① 10%　　　　② 15%　　　　③ 20%　　　　④ 25%

[종합원가계산 단위당 원가]

난이도 ★★★

10 다음 자료를 이용하여 평균법에 따른 종합원가계산을 적용할 경우, 가공원가의 완성품환산량 단위당 원가는 얼마인가? 필수 [2023년 111회]

- 직접재료는 공정 개시 시점에 모두 투입하며, 가공원가는 공정 진행에 따라 균등하게 발생한다.
- 기초재공품 2,500개(완성도 30%), 당기투입량 30,000개, 기말재공품 4,000개(완성도 30%)
- 기초재공품원가 : 직접재료원가 200,000원, 가공원가 30,000원
- 당기제조원가 : 직접재료원가 2,400,000원, 가공원가 1,306,500원

① 25원　　　　② 37원　　　　③ 42원　　　　④ 45원

11 난이도 ★★★

다음은 제조회사인 ㈜가림의 원가 관련 자료이다. 아래의 자료를 바탕으로 구한 평균법에 의한 완성품 단위당 제조원가는 얼마인가? 단, 모든 제조원가는 공정 전반에 걸쳐 균등하게 투입된다.　　　　[2022년 106회]

- 기초재공품원가 : 직접재료원가 500,000원, 가공원가 : 500,000원
- 당기제조원가 : 직접재료원가 7,000,000원, 가공원가 : 6,000,000원
- 완성품수량 : 5,000개
- 기말재공품수량 : 2,500개(완성도 80%)

① 1,500원　　　　② 1,700원　　　　③ 1,800원　　　　④ 2,000원

[종합원가계산 기말재공품·제품제조원가 계산]　어려우면 Pass

12 난이도 ★★★

㈜수정은 종합원가계산제도를 채택하고 있다. 다음 자료에 의한 당기 기말재공품의 원가는 얼마인가?

[2021년 100회]

- 원가흐름의 가정은 선입선출법을 선택하고 있으며, 모든 원가는 전 공정에서 균등하게 발생한다.
- 기초재공품은 7,800단위이며 완성도는 50%이다.　· 당기 중 45,000단위를 추가로 투입하였다.
- 기말재공품은 5,500단위이며 완성도는 50%이다.　· 당기 총발생원가는 1,615,250원이다.

① 82,500원　　　　② 96,250원　　　　③ 165,000원　　　　④ 192,500원

13 난이도 ★★★

평균법에 의한 종합원가계산제도에서 다음의 자료를 통해 제품원가를 계산하시오.(재료비는 완성도 50% 시점에 투입되며, 가공비는 공정 전반에 걸쳐 균등하게 발생된다.)

[2018년 82회]

물량흐름				비용	기초재공품 원가	당기 제조원가
기초	100개(완성도 50%)	완성	400개	재료비	80,000원	100,000원
착수	500개	기말	200개(완성도 60%)	가공비	100,000원	160,000원

① 320,000원　　　　② 280,000원　　　　③ 260,000원　　　　④ 180,000원

01 ③ ① 작업원가표는 개별원가계산에서 사용됨. ② 종합원가계산은 직접원가와 가공원가로 원가를 집계함. ④ 주문생산형태에는 개별원가계산을 적용함.

02 ④ 개별원가계산이 종합원가계산 보다 더 정확한 방법임.

03 ② 종합원가계산은 물량흐름 ⇒ 완성품환산량 계산 ⇒ 원가집계 ⇒ 단위당 원가계산 ⇒ 완성품·기말재공품 원가 계산 순서로 이루어짐.

04 ③ 선입선출법이 평균법 보다 더 복잡하게 계산함.

05 ④ ① 공정별로 원가계산을 하는 것은 종합원가계산이며 개별원가계산은 개별적으로 원가를 추적함. ② 평균법은 기초재공품을 당기에 모두 다시 착수하여 작업한다는 비현실적 가정하에 원가 계산함. ③ 기초재공품이 없으면 평균법 = 선입선출법임. ④ 종합원가계산은 기말재공품을 평가해야 원가계산이 완성됨.

06 ④ 평균법은 기초재공품이 모두 당기에 다시 작업된다는 가정이기 때문에 기초재공품 물량에 대한 정보는 필요 없음.

07 ②
- 당기 총작업량: 기초재공품(2,000개) + 당기착수량(8,000개) = 10,000개 ⇒ 당기 완성 6,000개, 기말재공품 4,000개
- 평균법 가공비 완성품환산량: 6,000개(당기완성) + 4,000개(기말재공품) × 37.5% = 7,500개

08 ④ 선입선출법이고 재료비는 공정 초기에 투입되므로 기초재공품은 이미 전기에 재료비를 투입했음. 따라서 당기 착수분 5,000개가 재료비의 완성품 환산량임.

09 ④
- 당기 총작업량 : 기초재공품(1,000개) + 당기착수(6,000개) = 7,000개 ⇒ 기말재공품(800개), 당기완성(6,200개) ⇒ 당기완성(6,200개) : 기초재공품 당기 완성 1,000개 + 당기착수&당기완성 5,200개
- 선입선출법 가공비 완성품환산량(6,100개) = 기초재공품(1,000개) × (1 − 30%) + 당기착수 & 당기완성(5,200개) + 기말재공품(800개) × 완성율(x)% ⇒ 기말재공품 완성율 25%

10 ④
- 당기총작업량 : 기초재공품(2,500개) + 당기착수(30,000개) = 32,500개 ⇒ 기말재공품(4,000개), 당기완성(28,500개)
- 평균법 가공비 완성품환산량 : 당기완성(28,500개) + 기말재공품(4,000개) × 30% = 29,700개
- 평균법 가공비 : 기초재공품 가공원가(30,000원) + 당기 가공원가(1,306,500원) = 1,336,500원
- 평균법 가공비 단위당 원가 : 가공비 총액(1,336,500원) ÷ 가공비 완성품환산량(29,700개) = 45원

11 ④ • 재료비, 가공비 모두 공정 전반에 걸쳐 균등하게 투입됨.
　　• 평균법 완성품환산량 : 5,000개(완성수량) + 기말재공품 2,000개(2,500개 × 80%) = 7,000개
　　• 재료비 단위당 제조원가 : 7,500,000원(기초재공품 직접재료비 500,000원 + 당기 직접재료비 7,000,000
　　　원÷7,000개 = 1,071.43원
　　• 가공비 단위당 제조원가 : 6,500,000원(기초 가공비 500,000원 + 당기 가공비 6,000,000원÷7,000개 =
　　　928.57원
　　• 완성품환산량 단위당 원가 : 재료비(1,071.43원) + 가공비(928.57원) = 2,000원

12 ② • 당기총작업량 : 기초재공품(7,800개) + 당기착수(45,000개) = 52,800개 ⇒ 기말재공품(5,500개), 당기완
　　　성(47,300개) ⇒ 기초재공품 당기완성(7,800개), 당기착수&당기완성(39,500개)
　　• 선입선출법 완성품환산량 : 기초재공품(7,800개) × (1 − 50%) + 당기착수 & 당기완성(39,500개) + 기말
　　　재공품(5,500개) × 50% = 46,150개
　　• 완성품환산량 단위당원가 : 총원가(1,615,250원) ÷ 완성품환산량(46,150개) = 35원/1개
　　• 기말재공품 원가 : 기말재공품(5,500개) × 50% × 35원 = 96,250원

13 ① • 평균법 완성품환산량
　　　− 재료비 : 기초재공품(100개) + 당기착수(500개) = 600개
　　　− 가공비 : 완성수량(400개) + 기말재공품(200개) × 60% = 520개
　　• 평균법 총원가
　　　− 재료비 : 기초재공품원가(80,000) + 당기원가(100,000) = 180,000원
　　　− 가공비 : 기초재공품원가(100,000) + 당기원가(160,000) = 260,000원
　　• 평균법 단위당
　　　− 재료비 : 총원가(180,000) ÷ 완성품환산량(600개) = 300원
　　　− 가공비 : 총원가(260,000) ÷ 완성품환산량(520개) = 500원
　　• 제품원가 : 완성수량(400개) × (재료비 단위당원가 300원 + 가공비 단위당원가 500원) = 320,000원

공손

학습내용 / 공부방향

· 공손의 개념　　· 공손수량 계산

1년에 1 ~ 2문제씩 출제되는데 공손의 개념과 공손수량 계산문제를 알아야 하는데 주로 공손수량 계산 문제가 출제되고 있음. **개념만 알면 쉽게 풀 수 있으니** 이해를 바탕으로 학습해야 함.

1 공손의 개념

1 기본개념

공손품이란 공정상 실수나 재료의 하자 등으로 품질, 규격 등이 정상품에 미치지 못하는 불합격품으로 추가 작업을 수행하더라도 정상품으로 판매할 수 없습니다.

2 정상공손 Vs 비정상공손 `필수`

정상공손은 기술력의 한계 등으로 제품 생산에 필연적으로 발생하는 공손으로 예측은 가능하지만 단기적으로 통제는 할 수 없습니다. 이에 반해 비정상공손은 작업자 부주의, 기계고장 등과 같이 제조활동을 효율적으로 수행하면 방지할 수 있는 공손입니다. 따라서 정상공손은 제조원가에 포함시키고 비정상공손은 영업외비용으로 처리 합니다.

정상공손원가	비정상공손원가
제조원가에 포함	영업외비용 처리

2 정상공손의 배부 방법

정상공손은 제조원가에 포함시켜야 하는데 공손의 발생시점에 따라 제조원가에 포함시키는 방법이 달라지는데 구체적인 사례를 통해 설명하면 다음과 같습니다.

이론기출 확인문제　　　|　전산세무 2급, 113회 변형　|

㈜한국은 선입선출법에 의한 원가계산을 적용하고 있으며, 당기 생산 관련 자료는 아래와 같다. 품질검사는 완성도 50% 시점에서 이루어진다. (기초재공품은 없다고 가정할 것.)

물량흐름	· 당기착수량 2,000개	· 당기완성품 1,500개
	· 기말재공품 300개(완성도 70%)	· 공손수량 200개

정교수 콕콕

핵심체크

공손★★★
· 공손: 정상품으로 판매할 수 없는 불합격품
· 정상공손: 제조원가
· 비정상공손: 영업외비용

이상 물량의 흐름을 도표에 표시하면 다음과 같습니다.

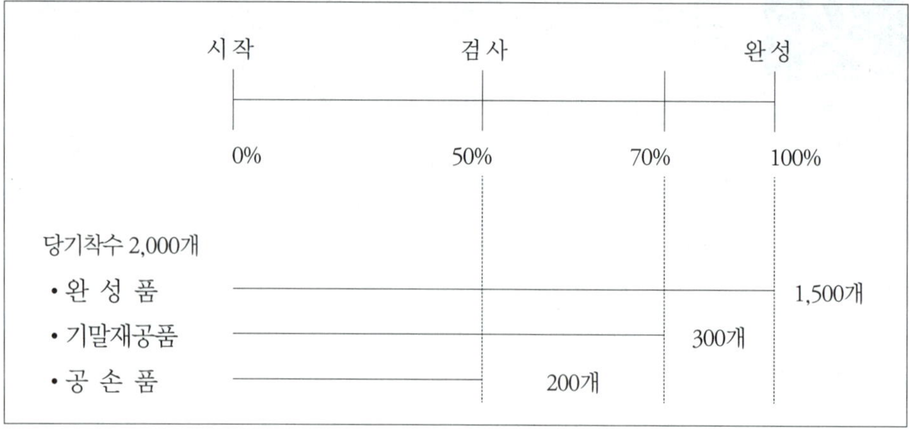

검사 시점이 50% 시점이기 때문에 완성품 1,500개와 기말재공품 300개는 모두 검사를 통과한 상태입니다. 즉, 기말재공품이 검사 시점을 통과했기 때문에 공손품 200개의 공손원가를 완성품과 기말재공품에 물량기준으로 안분하여 배부해야 합니다.

그런데 만약 검사시점이 80%라면 기말재공품이 검사 시점을 통과하지 않았기 때문에 공손원가는 모두 완성품에만 배부되는 것입니다.

[정상공손원가 배부] 필수

기말재공품이 검사 전(검사시점 미통과)	기말재공품이 검사 시점 통과
완성품에만 배부	완성품과 기말재공품에 배부

이 내용은 계산문제까지 풀기에는 다소 어려울 수 있으니 개념을 확실히 이해하고 혹시 계산문제가 출제되면 과감히 패스해도 전산세무 2급 시험 합격에는 지장이 없습니다.

3 공손수량의 계산 필수

전산세무 2급 시험에 정상공손과 비정상 공손수량을 계산하는 문제가 종종 출제되는데 내용을 확실히 이해하지 못하면 풀기가 어렵습니다. 너무 어려우면 과감히 포기해도 합격에는 지장 없지만 한번만 제대로 이해하면 어렵지 않게 풀 수 있으니 학습해보길 권합니다.

다음 기출문제를 통해 구체적으로 알아보겠습니다.

공손수량 계산★★★
• 총작업수량=기초재공품+당기착수
• 공손수량=총작업수량−완성수량−기말재공품 수량

다음은 ㈜한국의 제조활동과 관련된 물량흐름 관련 자료이다. 완성품의 10%가 정상공손일 경우 정상공손수량과 비정상공손수량을 계산하시오.

물량흐름	• 기초재공품 : 500개 • 기말재공품 : 300개	• 당기착수량 : 5,000개 • 공손품수량 : 700개

1 물량의 흐름

• 기초재공품	500개	• 완성수량	x개
• 당기 착수	5,000개	• 기말재공품	300개
		• 공손품	700개
합 계	5,500개	합 계	5,500개

: 완성수량은 4,500개(5,500개 − 기말재공품 300개 − 공손품 700개)

2 정상공손·비정상공손 수량 계산

정상공손은 완성품의 10%라고 문제에서 주어졌으므로 공손품 700개는 다음과 같이 나눌 수 있습니다.

• 정상공손 : 완성품(4,500개) × 10%	=	450개
• 비정상공손 : 공손수량(700개) − 정상공손(450개)	=	250개
• 총 공손수량		700개

4 작업폐물 필수

작업폐물은 투입된 원재료를 가공하는 과정에서 생기는 부스러기나 조각으로 대표적인 사례가 철판 가공과정에서 발생하는 철스크랩입니다. 철스크랩 같은 작업폐물은 판매가 가능한데 정상적으로 발생한 작업폐물은 매각가치(순실현가치)을 제조원가(제조간접비)에서 차감하고, 비정상적인 작업폐물은 영업외수익으로 처리합니다.

정상 작업폐물	비정상 작업폐물
제조원가(제조간접비)에서 차감	영업외수익 처리

핵심체크

작업폐물★★
• 작업폐물: 가공하는 과정에서 생기는 조각
• 정상작업폐물: 제조원가에서 차감
• 비정상작업폐물: 영업외수익

[공손 개념]

난이도 ★★

01 다음 중 공손에 대한 설명으로 틀린 것을 고르시오. 필수   [2024년 114회]

① 정상품을 생산하는 과정에서 불가피하게 발생하는 계획된 공손을 정상공손이라고 한다.

② 정상공손은 예측이 가능하며 단기적으로 통제할 수 없다.

③ 비정상공손은 능률적인 생산조건 하에서는 발생하지 않을 것으로 예상되며 예측할 수 없다.

④ 비정상공손은 통제가능한 공손으로서 제품원가에 가산한다.

난이도 ★★

02 다음 중 공손 또는 작업폐물 관한 설명으로 옳지 않은 것은? 필수   [2023년 110회 수정]

① 정상적인 생산과정에서 필수불가결하게 발생하는 정상공손원가는 제조원가에 포함된다.

② 주산품의 제조과정에서 발생한 원재료의 부스러기 등 작업폐물의 순실현가치는 제조원가에서 차감한다.

③ 작업자의 부주의 등에 의하여 발생하는 비정상공손원가는 발생한 기간의 영업외비용으로 처리한다.

④ 정상공손수량과 비정상공손수량은 원가흐름의 가정에 따라 다르게 계산된다.

난이도 ★★

03 다음 중 공손 및 작업폐물의 회계처리에 대한 설명으로 틀린 것은?   [2023년 108회]

① 정상적이면서 모든 작업에 공통되는 공손원가는 공손이 발생한 제조부문에 부과하여 제조간접원가의 배부과정을 통해 모든 작업에 배부되도록 한다.

② 비정상공손품의 제조원가가 80,000원이고, 처분가치가 10,000원이라면 다음과 같이 회계 처리한다.

(차)	공손품	10,000원	(대)	재공품	80,000원
	공손손실	70,000원			

③ 작업폐물이 정상적이면서 모든 작업에 공통되는 경우에는 처분가치를 제조간접원가에서 차감한다.

④ 작업폐물이 비정상적인 경우에는 작업폐물의 매각가치를 제조간접원가에서 차감한다.

난이도 ★★

04 다음 중 제품 생산과정에서 발생하는 비정상적인 공손품원가를 처리하는 항목으로 가장 타당한 것은? 필수

[2019년 87회]

① 제조원가

② 영업비용

③ 영업외비용

④ 판매관리비

[공손 수량 계산]

난이도 ★★

05 다음은 ㈜미래의 제조활동과 관련된 물량흐름에 대한 자료이다. 이와 관련된 설명으로 옳은 것은? 필수

[2025년 119회]

| • 기초재공품 : 900개 | • 기말재공품 : 600개 | • 당기착수량 : 3,000개 | • 공손품 : 300개 |

① 완성품은 3,300개이다.

② 공손품은 완성품의 15%이다.

③ 완성품의 10%가 정상공손품이면 비정상공손품은 없다.

④ 완성품의 7%가 정상공손품이면 비정상공손품은 210개이다.

난이도 ★★★

06 ㈜한국은 선입선출법에 의한 종합원가계산을 적용하고 있으며, 당기 생산 관련 자료는 아래와 같다. 품질검사는 완성도 30% 시점에서 이루어지며, 당기에 검사를 통과한 정상품의 3%를 정상공손으로 간주한다. 당기의 정상공손수량은 몇 개인가?

[2024년 113회]

[물량흐름]	기초재공품	500개	(완성도 70%)
	당기착수량	2,000개	
	당기완성량	2,000개	
	기말재공품	300개	(완성도 50%)

① 51개　　　　② 54개　　　　③ 60개　　　　④ 75개

07 ㈜세계는 공손품 중 품질검사를 통과한 정상품의 10%만을 정상공손으로 간주하며, 나머지는 비정상공손으로 간주한다. 다음 설명 중 틀린 것은?

[2020년 94회 수정]

재 공 품			
기초재공품	2,000개(완성도 40%)	당기완성품	6,000개
당기투입분	8,000개	공 손 품	1,500개
		기말재공품	2,500개(완성도 25%)
계	10,000개		10,000개

① 품질검사를 공정의 60%시점에서 한다고 가정하였을 경우에 정상공손품은 600개이다.

② 품질검사를 공정의 20%시점에서 한다고 가정하였을 경우에 정상공손품은 850개이다.

③ 품질검사를 공정의 60%시점에서 한다고 가정하였을 경우에 정상공손원가는 당기완성품원가에만 배부하여야 한다.

④ 비정상공손원가는 품질검사시점과 상관없이 제조원가에 반영되어서는 안된다.

01　④　비정상공손은 통제 가능한 공손이지만 제품원가가 아닌 영업외비용 처리함.

02　④　정상공손수량과 비정상공손수량은 원가흐름(선입선출법, 평균법)과 관계없이 동일하게 검사시점에 따라 달라짐.

03　④　① 정상공손원가는 제조원가(제조간접비)에서 차감함.
　　　② 비정상공손원가는 순실현가치를 제외한 금액을 영업외비용(공손손실 등 계정과목 사용)으로 처리함.
　　　③, ④ 정상 작업폐물은 제조원가(제조간접비)에서 차감하고, 비정상 작업폐물은 영업외수익 처리함.

04　③　비정상공손원가는 영업외비용 처리함.

05　③　• 당기총작업수량 : 기초재공품(900개) + 당기착수량(3,000개) = 3,900개
　　　• 당기총작업수량(3,900개) = 당기완성수량(x) + 기말재공품(600개) + 공손수량(300개) ⇒ 당기완성수량은 3,000개
　　　• 공손율 : 300개(공손수량) ÷ 3,000개(완성수량) = 10%
　　　• 완성품의 10%가 정상공손 : 300개(공손수량) − 300개(정상공손, 완성품 3,000개 × 10%) = 비정상공손 0개
　　　• 완성품의 7%가 정상공손 : 300개(공손수량) − 210개(정상공손, 완성품 3,000개 × 7%) = 비정상공손 90개

06　②　• 선입선출법이므로 당기완성품 : 기초재공품 500개 + 당기착수&당기완성 1,500개 = 2,000개
　　　• 검사시점이 완성도 30%이므로
　　　　검사 통과한 정상품 : 당기착수&당기완성 1,500개 + 기말재공품 300개 = 1,800개
　　　• 정상공손수량 : 당기 검사를 통과한 정상품(1,800개) × 3% = 54개

07　②　① 검사시점을 공정의 60%시점 가정 : 기초재공품(기초완성율 40%), 당기투입&당기완성품이 검사를 통과함. ⇒ 검사를 통과한 정상품 : 기초재공품(2,000개), 당기투입&당기완성(4,000개) = 6,000개 ⇒ 정상공손은 검사통과 정상품(6,000개) × 10% = 600개
　　　② 검사시점을 공정의 20%시점 가정 : 당기투입&당기완성품, 기말재공품(완성도 25%)이 검사를 통과함. ⇒ 검사를 통과한 정상품: 당기투입&당기완성(4,000개) + 기말재공품(2,500개) = 6,500개 ⇒ 정상공손은 검사통과 정상품(6,500개) × 10% = 650개
　　　③ 검사시점이 공정 60%시점이라면 기말재공품(완성도 25%)은 아직 검사시점을 통과하지 못했으므로 정상공손원가는 모두 당기 완성품에만 배부함.
　　　④ 비정상공손원가는 영업외비용으로 계상함.

QPASS

콕콕 정교수

전산세무 2급

- KcLep 실습 프로그램 완벽 반영
- 이해 중심의 대화식 교재 구성
- 한 권으로 완성하는 이론·실무·기출
- 출제위원급 공인회계사 저자의 명쾌한 강의 제공

콕콕 정교수

전산세무 2급

공인회계사·세무사
정성진 지음

기출문제

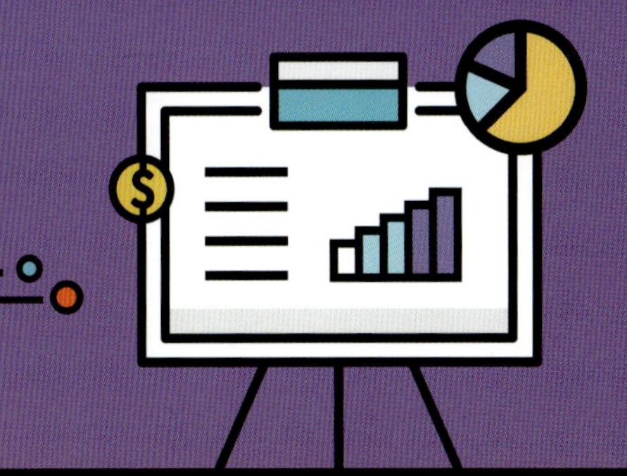

다락원

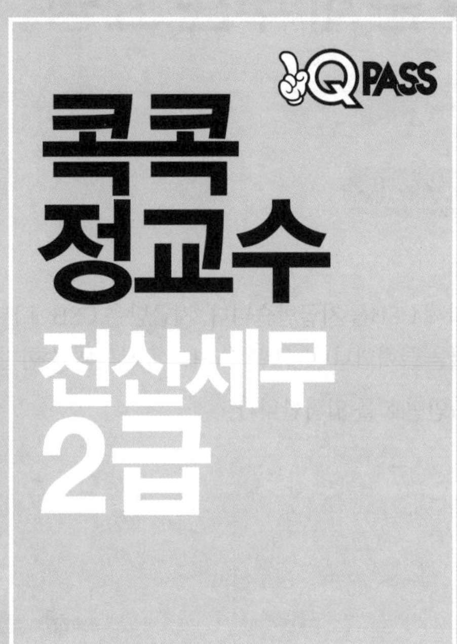

공인회계사 · 세무사 **정성진** 지음

다락원

실전, 시험 당일 문제 푸는 요령

1. Tax.exe 시험 데이터 설치

시험 당일 감독관으로부터 시험지와 함께 USB를 지급받습니다. 지급받은 USB에 본인의 수험번호를 정확히 기재한 후 컴퓨터에 꽂아 그 안에 있는 'Tax.exe' 파일을 클릭합니다. 그런 후 여기에 본인의 수험번호, 성명, 문제유형(A형 또는 B형)을 입력한 후, 감독관이 불러주는 '감독관 확인번호'를 입력합니다.

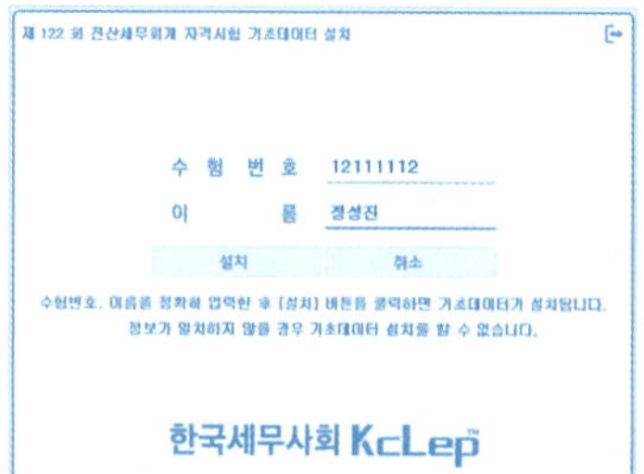

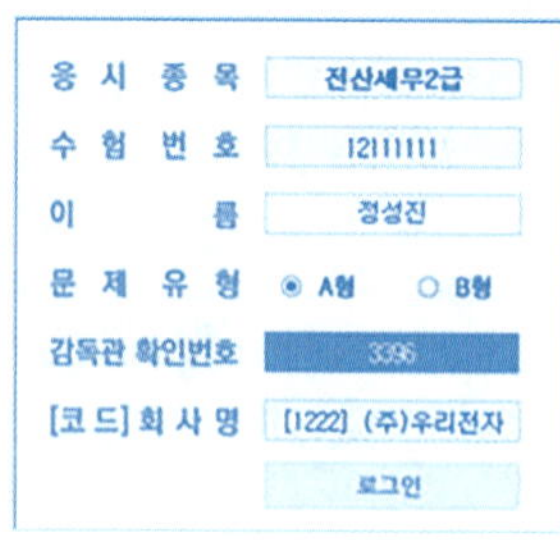

2. KcLep 메인 화면에 정답 입력 후 답안저장

이렇게 입력하면 다음과 같이 [이론문제 답안작성], [답안저장] 버튼이 추가된 KcLep 메인 프로그램 화면이 나타나는데, 이론 15문제는 [이론문제 답안작성] 버튼을 클릭한 후 입력하면 되며, 실기문제는 KcLep 프로그램에 입력한 후 [답안저장] 버튼을 클릭하면 됩니다.

📝 02 문제 푸는 순서 : 실무 ⇒ 이론

실력이 충분한 학생이라면 시험 당일에 이론, 실기 중 어느 것을 먼저 풀던지 상관없습니다. 하지만 실기가 배점이 높고 단순 입력이기 때문에 이론 보다 실기 문제를 먼저 푸는 것이 좋습니다.

1. 전산세무 2급 시험 문제 구조

이론문제 [30점]		실무문제 [70점]	
구 분	출제 문제수	구 분	출제 문제수
회계기초·자산	2문제	일반전표	5문제
부채·자본	2문제	매입매출전표	5문제
수익·비용, 회계변경	1문제	부가가치세 신고서 및 부속서류	2문제
부가가치세	3문제	결산정리	5문제
원가회계	5문제	부양가족 등록·급여내역 입력 등 연말정산 및 전자신고	3문제
소득세	2문제		
계	15문제	계	20문제
최소 11문제, 22점 획득 필요		최초 15문제, 52점 획득 필요	

2. 실무 문제 푸는 요령

실기문제는 매년 5가지 유형이 반복적으로 출제되기 때문에 어느 정도 공부를 마쳤으면 최소 10회 안팎 기출문제를 풀면서 이 5가지 유형을 몸에 익혀야 합니다.

[유형1] 일반전표 입력 (5문제, 15점)

회계원리 전반에 걸쳐 매년 5문제 출제되기 때문에 암기 보다는 충실한 기초 공부를 통해 이해를 위주로 한 공부 필요

[유형2] 매입매출전표 입력 (5문제, 15점)

매년 5문제가 출제되는데 매출전표 2문제, 매입전표 3문제로 매입 부분이 좀 더 비중이 높음. 해당 매입매출이 어느 유형의 매입매출인지 분류하는 것이 핵심

[유형3] 부가가치세 신고서 및 부속서류 (2문제, 10점)

부가가치세 신고서 입력 시 매출세액, 매입세액 관련 기본 정보 입력은 아주 쉬운 수준이나 대손세액공제, 매입세액불공제, 예정신고기간 누락 분, 가산세 관련 내용은 약간 어려운 내용이므로 정확한 입력법을 익혀야 함. 그리고 부속서류는 9가지 유형의 입력법만 익히면 어렵지 않게 맞출 수 있음.

[유형4] 결산정리 (5문제, 15점)

매년 5문제가 출제되는데 자동분개(기말재고자산, 대손상각비, 감가상각비, 퇴직급여충당부채, 미지급세금)와 수동분개(선급비용, 미수수익, 외화환산손익, 계정재분류)가 출제되는데 수동분개는 무조건 12월 31일로 입력해야 함. 대부분 전산회계 1급과 비슷한 수준이니 반복 연습을 통해 반드시 맞춰야 함.

[유형5] 근로소득자 연말정산 (3문제, 15점)

근로자의 부양가족 등록·급여내역 입력 후 소득공제·세액공제 항목을 입력해 연말정산 후 전자신고하는 내용임. 부양가족의 나이·소득을 따져 공제 대상인지 판단하는 것과 주어진 소득공제·세액공제 항목을 KcLep 입력창에 정확히 입력하는 것이 관건임. 주요 출제 유형을 익힌 뒤 KcLep에 반복 입력 연습을 하면 충분히 맞출 수 있음.

03 이론 문제 푸는 요령

이론문제는 통상 재무회계 5문제(10점), 부가가치세 3문제(9점), 원가회계 5문제(10점), 소득세 2문제(4점)으로 공부량 대비 원가회계의 출제비중이 큰 편입니다. 총 15문제 중 10문제는 어느 정도 공부하면 풀 수 있는 중급 수준의 문제가 출제되지만, 5문제 정도는 다소 어려운 문제가 출제되고 있습니다. 평소 암기가 필요한 항목은 별도로 표시 또는 정리를 해두었다가 시험 직전에 체크하고 시험장에 가시기 바랍니다.

[재무회계] 회계기초, 자산·부채·자본, 수익·비용, 회계변경·오류수정

워낙 넓은 범위에서 골고루 출제되고 있기 때문에 차변, 대변의 기본원리를 바탕으로 각 계정과목별로 자주 출제되는 핵심 내용과 그 내용의 분개를 익혀야 함.

[부가가치세]

부가가치세 특징, 사업자등록, 간이과세자, 과세대상, 공급시기, 세금계산서, 영세율 특징, 면세 대상 , 매입세액불공제항목, 부가가치세 신고납부에서 출제되는데, 3문제 중 2문제는 전형적인 빈출 유형이 출제되고 1문제는 다소 어렵게 출제됨. 평소 공부할 때 빈출 내용은 반드시 익혀야 함.

[원가회계]

원가종류, 원가계산, 보조부문 원가배분, 개별원가계산, 종합원가계산, 공손이 반복적으로 출제되는데 공손을 제외한 나머지 내용은 전산회계 1급과 거의 유사하되 계산문제 출제 빈도가 좀 더 높은 정도임. 공부 분량 대비 5문제나 출제되기 때문에 계산문제 까지 반드시 풀 수 있어야 함.

[소득세]

소득세 개념과 과세체계, 계산구조, 종합소득의 종류와 수입시기, 소득공제·세액공제, 소득세 원천징수와 신고·납부 내용이 출제되는데 공부량 대비 2문제 밖에 출제되지 않아 비중이 낮은 편임. 속성으로 공부하는 학생은 KcLep 연말정산 입력에 필요한 내용만 집중적으로 공부하고 나머지는 과감히 포기해도 합격에는 지장이 없음.

한 가지 더 주의할 점은 전산세무시험의 이론문제와 실기문제는 별개의 내용이 아니라 [재무회계 이론] ⇒ [일반전표 입력] ⇒ [결산정리]로 이어지고, [부가가치세 이론] ⇒ [매입매출전표] ⇒ [부가가치세 신고서 및 부속명세서 작성]으로 이어집니다. 또한 [소득세 이론] ⇒ [연말정산 입력]으로 이어지기 때문에 이론과 실기를 연계한 학습이 반드시 필요합니다.

교재 부록 기출문제의 KcLep 데이터는 아래 네이버 카페에 업로드 되어 있으니 다운받아 10회 안팎의 기출문제를 실제 시험장과 동일한 환경에서 반드시 풀어봐야 합니다.

cafe.naver.com/eduacc ⇒ 전산세무2급 ⇒ 기출문제 다운로드 ⇒ 기출문제 데이터 설치

부록 # 전산세무 2급 기출문제

지금까지 학습한 「소득세 이론 근로소득자 연말정산」 ⇒ 「회계원리 일반전표 입력 기말결산」 ⇒ 「부가가치세 이론 매입매출전표 입력 부가가치세 신고서 및 부속서류 입력」 ⇒ 「원가회계」 내용을 아래 시험 구조에 맞춰 최소 10회 안팎 실제 시험과 똑같이 반복 연습해야 합니다.

시험시간 90분

구분		문항수	점수
이론문제	회계기초, 유동자산, 비유동자산, 부채, 자본, 수익·비용, 회계변경·오류수정, 부가가치세, 원가회계	15	30
실무문제	일반전표	5	15
	매입매출전표	5	15
	부가가치세 신고서 및 부속서류	2	10
	결산정리	5	15
	부양가족 등록·급여내역 입력 등 연말정산 및 전자신고	3	15
합 계		35	100

다음 문제를 보고 알맞은 것을 골라 이론문제 답안작성 메뉴에 입력하시오. (객관식 문항당 2점)

─── [기 본 전 제] ───

문제에서 한국채택국제회계기준을 적용하도록 하는 전제조건이 없는 경우, 일반기업회계기준을 적용한다.

01 다음 중 금융부채에 대한 설명으로 틀린 것은?

① 금융부채는 최초 인식 시 공정가치로 측정하는 것이 원칙이다.

② 양도한 금융부채의 장부금액과 지급한 대가의 차액은 기타포괄손익으로 인식한다.

③ 금융부채는 후속 측정 시 상각후원가로 측정하는 것이 원칙이다.

④ 금융채무자가 재화 또는 용역을 채권자에게 제공하여 금융부채를 소멸시킬 수 있다.

02 아래의 자료는 시장성 있는 유가증권에 관련된 내용이다. 이에 대한 설명으로 옳은 것은?

- 2022년 08월 05일 : A회사 주식 500주를 주당 4,000원에 매입하였다.
- 2022년 12월 31일 : A회사 주식의 공정가치는 주당 5,000원이다.
- 2023년 04월 30일 : A회사 주식 전부를 주당 6,000원에 처분하였다.

① 단기매매증권으로 분류할 경우 매도가능증권으로 분류하였을 때보다 2022년 당기순이익은 감소한다.

② 단기매매증권으로 분류할 경우 매도가능증권으로 분류하였을 때보다 2022년 기말 자산이 더 크다.

③ 매도가능증권으로 분류할 경우 처분 시 매도가능증권처분이익은 500,000원이다.

④ 매도가능증권으로 분류할 경우 단기매매증권으로 분류하였을 때보다 2023년 당기순이익은 증가한다.

03 다음 중 회계변경으로 인정되는 정당한 사례로 적절하지 않은 것은?

① 일반기업회계기준의 제·개정으로 인하여 새로운 해석에 따라 회계변경을 하는 경우

② 기업환경의 중대한 변화에 의하여 종전의 회계정책을 적용하면 재무제표가 왜곡되는 경우

③ 동종산업에 속한 대부분의 기업이 채택한 회계정책 또는 추정방법으로 변경함에 있어서 새로운 회계정책 또는 추정방법이 종전보다 더 합리적이라고 판단되는 경우

④ 정확한 세무신고를 위해 세법 규정을 따를 필요가 있는 경우

04 다음 중 무형자산에 대한 설명으로 가장 옳지 않은 것은?

① 개발비 중 연구단계에서 발생한 지출은 발생한 기간의 비용으로 인식한다.
② 합리적인 상각방법을 정할 수 없는 경우에는 정률법으로 상각한다.
③ 일반기업회계기준에서는 무형자산의 재무제표 표시방법으로 직접상각법과 간접상각법을 모두 허용하고 있다.
④ 무형자산의 내용연수는 법적 내용연수와 경제적 내용연수 중 짧은 것으로 한다.

05 다음 중 자본에 대한 설명으로 틀린 것은?

① 자본은 기업의 자산에서 모든 부채를 차감한 후의 잔여지분을 나타낸다.
② 주식의 발행금액이 액면금액보다 크면 그 차액을 주식발행초과금으로 하여 이익잉여금으로 회계처리한다.
③ 납입된 자본에 기업활동을 통해 획득하여 기업의 활동을 위해 유보된 금액을 가산하여 계산한다.
④ 납입된 자본에 소유자에 대한 배당으로 인한 주주지분 감소액을 차감하여 계산한다.

06 ㈜하나의 제조간접원가 배부차이가 250,000원 과대배부인 경우, 실제 제조간접원가 발생액은 얼마인가? 단, 제조간접원가 예정배부율은 작업시간당 3,000원이며, 작업시간은 1일당 5시간으로 총 100일간 작업하였다.

① 1,000,000원　　　　② 1,250,000원　　　　③ 1,500,000원　　　　④ 1,750,000원

07 ㈜연우가 2023년에 사용한 원재료는 500,000원이다. 2023년 초 원재료 재고액이 2023년 말 원재료 재고액보다 50,000원 적을 경우, 2023년의 원재료 매입액은 얼마인가?

① 450,000원　　　　② 500,000원　　　　③ 550,000원　　　　④ 600,000원

08 다음 중 제조원가명세서를 작성하기 위하여 필요한 내용이 아닌 것은?

① 당기 직접노무원가 발생액　　　　② 당기 직접재료 구입액
③ 당기 기말제품 재고액　　　　④ 당기 직접재료 사용액

09 ㈜푸른솔은 보조부문의 원가배분방법으로 직접배분법을 사용한다. 보조부문 A와 B의 원가가 각각 1,500,000원과 1,600,000원으로 집계되었을 경우, 아래의 자료를 바탕으로 제조부문 X에 배분될 보조부문원가는 얼마인가?

사용부문 제공부문	보조부문		제조부문		합계
	A	B	X	Y	
A	–	50시간	500시간	300시간	850시간
B	200시간	–	300시간	500시간	1,000시간

① 1,150,000원　　　　② 1,250,000원　　　　③ 1,332,500원　　　　④ 1,537,500원

10 다음 중 종합원가계산에 대한 설명으로 틀린 것은?

① 선입선출법은 실제 물량흐름을 반영하므로 평균법보다 더 유용한 정보를 제공한다.

② 평균법은 당기 이전에 착수된 기초재공품도 당기에 착수한 것으로 본다.

③ 선입선출법이 평균법보다 계산방법이 간편하다.

④ 기초재공품이 없다면 선입선출법과 평균법의 적용 시 기말재공품원가는 언제나 동일하다.

11 다음 중 부가가치세법상 용역의 공급시기에 대한 설명으로 틀린 것은?

① 임대보증금의 간주임대료는 예정신고기간 또는 과세기간의 종료일을 공급시기로 한다.

② 폐업 전에 공급한 용역의 공급시기가 폐업일 이후에 도래하는 경우 폐업일을 공급시기로 한다.

③ 장기할부조건부 용역의 공급의 경우 대가의 각 부분을 받기로 한 때를 공급시기로 한다.

④ 용역의 대가의 각 부분을 받기로 한 때 대가를 받지 못하는 경우 공급시기로 보지 않는다.

12 다음 중 부가가치세법상 면세 대상이 아닌 것은?

① 항공법에 따른 항공기에 의한 여객운송용역

② 도서, 신문

③ 연탄과 무연탄

④ 우표, 인지, 증지, 복권

13 다음 중 부가가치세법상 재화의 공급에 해당하는 거래는?

① 과세사업자가 사업을 폐업할 때 자기생산 취득재화가 남아있는 경우

② 사업장별로 그 사업에 관한 모든 권리와 의무를 포괄적으로 승계시키는 경우

③ 법률에 따라 조세를 물납하는 경우

④ 각종 법에 의한 강제 경매나 공매에 따라 재화를 인도하거나 양도하는 경우

14 다음 중 소득세법상 과세방법이 다른 하나는?

① 복권 당첨금

② 일용근로소득

③ 계약금이 위약금으로 대체되는 경우의 위약금이나 배상금

④ 비실명 이자소득

15 다음 중 근로소득만 있는 거주자의 연말정산 시 산출세액에서 공제하는 세액공제에 대한 설명으로 틀린 것은?

① 저축성보험료에 대해서는 공제받을 수 없다.

② 근로를 제공한 기간에 지출한 의료비만 공제 대상 의료비에 해당한다.

③ 직계존속의 일반대학교 등록금은 교육비세액공제 대상이다.

④ 의료비세액공제는 지출한 의료비가 총급여액의 3%를 초과하는 경우에만 적용받을 수 있다.

cafe.naver.com/eduacc ⇒ 전산세무2급 ⇒ 기출문제 다운로드 & 데이터 설치 ⇒ KcLep 입력

㈜천부전자(회사코드:1092)는 제조 및 도·소매업을 영위하는 중소기업으로, 당기(제16기) 회계기간은 2023.1.1.~ 2023.12.31.이다. 전산세무회계 수험용 프로그램을 이용하여 다음 물음에 답하시오.

─── [기 본 전 제] ───
• 문제에서 한국채택국제회계기준을 적용하도록 하는 전제조건이 없는 경우, 일반기업회계기준을 적용하여 회계처리 한다.
• 문제의 풀이와 답안작성은 제시된 문제의 순서대로 진행한다.

문제1　[일반전표입력] 메뉴를 이용하여 다음의 거래자료를 입력하시오. (15점)

─── [입력 시 유의사항] ───
• 일반적인 적요의 입력은 생략하지만, 타계정 대체거래는 적요 번호를 선택하여 입력한다.
• 채권·채무와 관련된 거래는 별도의 요구가 없는 한 반드시 기등록된 거래처코드를 선택하는 방법으로 거래처명을 입력한다.
• 제조경비는 500번대 계정코드를, 판매비와관리비는 800번대 계정코드를 사용한다.
• 회계처리 시 계정과목은 별도의 제시가 없는 한 등록된 계정과목 중 가장 적절한 과목으로 한다.

[1]　01월 22일　㈜한강물산에 제품을 8,000,000원에 판매하기로 계약하고, 판매대금 중 20%를 당좌예금 계좌로 송금받았다. (3점)

[2]　03월 25일　거래처인 ㈜동방불패의 파산으로 외상매출금 13,000,000원의 회수가 불가능해짐에 따라 대손처리하였다(대손 발생일 직전 외상매출금에 대한 대손충당금 잔액은 4,000,000원이었으며, 부가가치세법상 대손세액공제는 고려하지 않는다). (3점)

[3]　06월 30일　업무용 승용자동차(5인승, 2,000cc)의 엔진 교체 후 대금 7,700,000원을 보통예금 계좌에서 지급하고 현금영수증을 수령하였다(단, 승용자동차의 엔진 교체는 자본적지출에 해당한다). (3점)

[4] 07월 25일　이사회에서 2023년 07월 12일에 결의한 중간배당(현금배당 100,000,000원)인 미지급배당금에 대하여 소득세 등 15.4%를 원천징수하고 보통예금 계좌에서 지급하였다(단, 관련 데이터를 조회하여 회계처리할 것). (3점)

[5] 11월 05일　액면가액 10,000,000원(3년 만기)인 사채를 10,850,000원에 할증발행하였으며, 대금은 전액 보통예금 계좌로 입금되었다. (3점)

문제2　[매입매출전표입력] 메뉴를 이용하여 다음의 거래자료를 입력하시오. (15점)

────── [입력 시 유의사항] ──────

- 일반적인 적요의 입력은 생략하지만, 타계정 대체거래는 적요 번호를 선택하여 입력한다.
- 채권·채무 관련 거래는 별도의 요구가 없는 한 반드시 기등록된 거래처코드를 선택하는 방법으로 거래처명을 입력한다.
- 제조경비는 500번대 계정코드를, 판매비와관리비는 800번대 계정코드를 사용한다.
- 회계처리 시 계정과목은 등록된 계정과목 중 가장 적절한 과목으로 한다.
- 입력화면 하단의 분개까지 처리하고, 세금계산서 및 계산서는 전자 여부를 입력하여 반영한다.

[1] 07월 18일　취득가액은 52,000,000원, 매각 당시 감가상각누계액은 38,000,000원인 공장에서 사용하던 기계장치를 ㈜로라상사에 매각하고 아래와 같이 전자세금계산서를 발급하였다(당기의 감가상각비는 고려하지 말고 하나의 전표로 입력할 것). (3점)

전자세금계산서					승인번호			20230718-000023-123547		
공급자	등록번호	130-81-25029		종사업장번호		공급받는자	등록번호	101-81-42001		종사업장번호	
	상호(법인명)	(주)천부전자		성명	정지훈		상호(법인명)	㈜로라상사	성명	전소민
	사업장주소	인천시 남동구 간석로 7					사업장주소	경기도 포천시 중앙로 8		
	업태	제조, 도소매	종목	전자제품			업태	제조업	종목	자동차부품

작성일자	공급가액	세액	수정사유	비고
2023.07.18.	11,000,000	1,100,000	해당 없음	

월	일	품목	규격	수량	단가	공급가액	세액	비고
07	18	기계장치 매각				11,000,000	1,100,000	

합계금액	현금	수표	어음	외상미수금	
12,100,000				12,100,000	이 금액을 (**청구**) 함

[2] 07월 30일　영업부에 필요한 비품을 ㈜소나무로부터 구입하고 법인 명의로 현금영수증을 발급받았다. 법인의 운영자금이 부족하여 대표자 개인 명의의 계좌에서 대금을 지급하였다(단, 가수금(대표자)으로 처리할 것). (3점)

현금영수증

● 거래정보

거래일시	2023년 7월 30일 13:40:14

● 거래금액

공급가액	부가세	봉사료	총 거래금액
600,000	60,000	–	660,000

● 가맹점 정보

상호	㈜소나무
사업자번호	222-81-12347
대표자명	박무늬

[3] 8월 31일　제2기 부가가치세 예정신고 시 누락한 제조부의 자재 창고 임차료에 대하여 아래와 같이 종이 세금계산서를 10월 30일에 수취하였다(단, 제2기 확정 부가가치세신고서에 자동 반영되도록 입력 및 설정할 것). (3점)

세금계산서(공급받는 자 보관용)

공급자	등록번호	113-55-61448		공급받는자	등록번호	130-81-25029	
	상호(법인명)	오미순부동산	성명(대표자) 오미순		상호(법인명)	㈜천부전자	성명(대표자) 정지훈
	사업장주소	경기도 부천시 신흥로 111			사업장주소	인천시 남동구 간석로 7	
	업태	부동산업	종목 임대업		업태	제조 외	종목 전자제품

작성				공급가액										세액								비고
연	월	일	빈칸 수	조	천	백	십	억	천	백	십	만	천	백	십	일	천	백	십	억	천	백	십	만	천	백	십	일	
23	08	31	6						1	5	0	0	0	0	0						1	5	0	0	0	0	

월	일	품목	규격	수량	단가	공급가액	세액	비고
08	31	자재창고 임차료				1,500,000	150,000	

합계금액	현금	수표	어음	외상미수금	
1,650,000				1,650,000	이 금액을 (청구) 함

[4] 09월 28일 제품의 제작에 필요한 원재료를 수입하면서 인천세관으로부터 아래의 수입전자세금계산서를 발급받
고, 부가가치세는 보통예금 계좌에서 지급하였다(단, 재고자산에 대한 회계처리는 생략할 것). (3점)

		수입전자세금계산서				승인번호		20230928-16565842-11125669			
세관명	등록번호	135-82-12512		종사업장번호		수입자	등록번호	130-81-25029		종사업장번호	
	세관명	인천세관		성명	김세관		상호(법인명)	㈜천부전자		성명	정지훈
	세관주소	인천광역시 미추홀구 함구로					사업장주소	인천시 남동구 간석로 7			
	수입신고번호						업태	제조, 도소매	종목	전자제품	
납부일자		과세표준		세액		수정사유		비고			
2023.09.28.		20,000,000		2,000,000		해당 없음					
월	일	품목	규격	수량		단가		공급가액		세액	비고
09	28	수입신고필증 참조						20,000,000		2,000,000	
합계금액			22,000,000								

[5] 09월 30일 영업부에서 거래처에 추석선물로 제공하기 위하여 ㈜부천백화점에서 선물세트를 구입하고 아래의 전
자세금계산서를 발급받았다. 대금 중 500,000원은 현금으로 결제하였으며, 잔액은 보통예금 계좌에서
지급하였다. (3점)

		전자세금계산서				승인번호		20230930-100156-956214			
공급자	등록번호	130-81-01236		종사업장번호		공급받는자	등록번호	130-81-25029		종사업장번호	
	상호(법인명)	㈜부천백화점		성명	안부천		상호(법인명)	㈜천부전자		성명	정지훈
	사업장주소	경기도 부천시 길주로 280 (중동)					사업장주소	인천시 남동구 간석로 7			
	업태	소매	종목	잡화			업태	제조	종목	전자제품	
작성일자		공급가액		세액		수정사유		비고			
2023.09.30.		2,600,000		260,000		해당 없음					
월	일	품목	규격	수량		단가		공급가액		세액	비고
09	30	홍삼선물세트		10		260,000		2,600,000		260,000	
합계금액		현금		수표		어음		외상미수금		이 금액을 (영수) 함	
2,860,000		2,860,000									

 부가가치세 신고와 관련하여 다음 물음에 답하시오. (10점)

[1] 아래의 자료를 이용하여 2023년 제1기 부가가치세 확정신고기간의 [수출실적명세서]를 작성하시오(단, 거래처코드와 거래처명은 조회하여 불러올 것). (3점)

거래처	수출신고번호	선적일	환가일	통화	수출액	기준환율	
						선적일	환가일
B&G	11133-77-100066X	2023.04.15.	2023.04.10.	USD	$80,000	₩1,350/$	₩1,300/$
PNP	22244-88-100077X	2023.05.30.	2023.06.07.	EUR	€52,000	₩1,400/€	₩1,410/€

[2] 다음의 자료만을 이용하여 2023년 제1기 부가가치세 확정신고기간(4월 1일~6월 30일)의 [부가가치세신고서]를 작성하시오(단, 기존에 입력된 자료 또는 불러온 자료는 무시하고, 부가가치세신고서 외의 부속서류 작성은 생략할 것). (5점)

구분	자료
매출	1. 전자세금계산서 발급분 제품 매출액 : 200,000,000원(부가가치세 별도) 2. 신용카드로 결제한 제품 매출액 : 44,000,000원(부가가치세 포함) 3. 내국신용장에 의한 제품 매출액(영세율세금계산서 발급분) : 공급가액 40,000,000원 4. 수출신고필증 및 선하증권으로 확인된 수출액(직수출) : 5,000,000원(원화 환산액)
매입	1. 세금계산서 수취분 일반매입 : 공급가액 120,000,000원, 세액 12,000,000원 2. 세금계산서 수취분 9인승 업무용 차량 매입 : 공급가액 30,000,000원, 세액 3,000,000원 　※ 위 1번의 일반매입분과 별개이다. 3. 법인신용카드매출전표 수취분 중 공제 대상 일반매입 : 공급가액 10,000,000원, 세액 1,000,000원 4. 제1기 예정신고 시 누락된 세금계산서 매입 : 공급가액 20,000,000원, 세액 2,000,000원
비고	1. 제1기 예정신고 시 미환급세액은 1,000,000원이라고 가정한다. 2. 전자신고세액공제는 고려하지 않도록 한다.

[3] 다음의 자료를 이용하여 2023년 제1기 부가가치세 예정신고기간(1월 1일~3월 31일)의 [부가가치세신고서] 및 관련 부속서류를 전자신고하시오. (2점)

1. 부가가치세신고서와 관련 부속서류는 마감되어 있다.
2. [전자신고] → [국세청 홈택스 전자신고변환(교육용)] 순으로 진행한다.
3. [전자신고]의 [전자신고제작] 탭에서 신고인구분은 2.납세자 자진신고를 선택하고, 비밀번호는 "12341234"로 입력한다.
4. [국세청 홈택스 전자신고변환(교육용)] → 전자파일변환(변환대상파일선택) → 찾아보기 에서 전자신고용 전자파일을 선택한다.

5. 전자신고용 전자파일 저장경로는 로컬디스크(C:)이며, 파일명은 "enc작성연월일.101.v사업자등록번호"이다.

6. 형식검증하기 ➡ 형식검증결과확인 ➡ 내용검증하기 ➡ 내용검증결과확인 ➡ 전자파일제출 을 순서대로 클릭한다.

7. 최종적으로 전자파일 제출하기 를 완료한다.

문제4　결산정리사항은 다음과 같다. 관련 메뉴를 이용하여 결산을 완료하시오. (15점)

[1] 기말 재고조사 결과 자산으로 처리하였던 영업부의 소모품 일부(장부가액 : 250,000원)가 제조부의 소모품비로 사용되었음을 확인하였다. (3점)

[2] 기말 재무상태표의 단기차입금 중에는 당기에 발생한 ㈜유성에 대한 외화차입금 26,000,000원이 포함되어 있다. 발생일 현재 기준환율은 1,300원/$이고, 기말 현재 기준환율은 1,400원/$이다. (3점)

[3] 대출금에 대한 이자지급일은 매월 16일이다. 당해연도분 미지급비용을 인식하는 회계처리를 하시오(단, 거래처 입력은 하지 않을 것). (3점)

> 대출 적용금리는 변동금리로 은행에 문의한 결과 2023년 12월 16일부터 2024년 1월 15일까지의 기간에 대하여 지급되어야 할 이자는 총 5,000,000원이며, 이 중 2023년도 12월 31일까지에 대한 발생이자는 2,550,000원이었다.

[4] 기존에 입력된 데이터는 무시하고 제2기 확정신고기간의 부가가치세와 관련된 내용이 다음과 같다고 가정한다. 12월 31일 부가세예수금과 부가세대급금을 정리하는 회계처리를 하시오. 단, 납부세액(또는 환급세액)은 미지급세금(또는 미수금)으로, 경감세액은 잡이익으로, 가산세는 세금과공과(판)로 회계처리한다. (3점)

• 부가세대급금	12,400,000원	• 전자신고세액공제액	10,000원
• 부가세예수금	240,000원	• 세금계산서지연발급가산세	24,000원

[5] 당기분 법인세가 27,800,000원(법인지방소득세 포함)으로 확정되었다. 회사는 법인세 중간예납세액과 이자소득원천징수세액의 합계액 11,000,000원을 선납세금으로 계상하고 있었다. (3점)

[1] 다음은 자재부 사원 김경민(사번 : 101)의 부양가족 자료이다. 부양가족은 모두 생계를 함께하고 있으며 세부담 최소화를 위해 가능하면 김경민이 모두 공제받고자 한다. [사원등록] 메뉴의 [부양가족명세]를 작성하시오(단, 기본공제대상자가 아닌 경우에는 입력하지 말 것). (5점)

성명	관계	주민등록번호	동거 여부	비고
김경민	본인	650213-1234567	세대주	총급여 : 50,000,000원
정혜미	배우자	630415-2215676	동거	퇴직소득금액 100만 원
김경희	동생	700115-2157895	동거	일용근로소득 550만 원, 장애인(장애인복지법)
김경우	부친	400122-1789545	주거형편상 별거	이자소득 2천만 원
박순란	모친	400228-2156777	주거형편상 별거	소득없음
정지원	처남	690717-1333451	동거	양도소득금액 100만 원, 장애인(중증환자)
김기정	아들	951111-1123456	주거형편상 별거	취업준비생, 일용근로소득 500만 원
김지은	딸	031230-4156870	동거	사업소득금액 100만 원

[2] 다음은 진도준(사번 : 15, 입사일 : 2023.01.02.) 사원의 2023년 귀속 연말정산 관련 자료이다. [연말정산추가자료입력]의 [부양가족(보험료, 교육비)] 탭, [신용카드] 탭, [의료비] 탭, [연금저축] 탭을 작성하고, [연말정산입력] 탭에서 연말정산을 완료하시오(단, 근로자 본인의 세부담이 최소화되도록 한다). (10점)

1. 가족사항(모두 동거하며, 생계를 같이한다. 아래 제시된 자료 외의 다른 소득은 없다.)

성명	관계	주민등록번호	소득	비고
본인	진도준	771030 - 1224112	총급여 8,000만 원	세대주
어머니	박정희	490511 - 2148712	종합과세금융소득 2,400만 원	
배우자	김선영	800115 - 2347238	분리과세 선택 기타소득 300만 원	
아들	진도진	140131 - 3165610	소득 없음	초등학생
아들	진시진	170121 - 3165115	소득 없음	유치원생

※ 기본공제대상자가 아닌 경우 기본공제 "부"로 입력할 것

2. 연말정산 자료
  ※ 아래의 자료는 국세청 홈택스 및 기타 증빙을 통해 확인된 것으로, 별도의 언급이 없는 한 국세청 홈택스 연말정
    산간소화서비스에서 조회된 자료이다.

구분	내용
보험료	• 진도준 보장성보험료 : 2,200,000원 • 진도진 보장성보험료 : 480,000원 • 진시진 보장성보험료 : 456,000원
교육비	• 진도준 대학원 수업료 : 8,000,000원 • 박정희 사이버대학 수업료 : 2,050,000원 • 진도진 영어보습학원비 : 2,640,000원 • 진도진 태권도학원비 : 1,800,000원 • 진시진 축구교실학원비 : 1,200,000원(진시진의 축구교실학원비는 국세청 홈택스 연말정산간소화 서비스에서 조회한 자료가 아니며, 교육비세액공제 요건을 충족하지 못하는 것으로 확인되었다.)

의료비	• 진도준 질병 치료비 : 3,000,000원(진도준 신용카드 결제)
	• 진도준 시력보정용 렌즈 구입비용 : 600,000원(1건, 진도준 신용카드 결제)
	  – 구입처 : 렌즈모아(사업자등록번호 105-68-23521)
	  – 의료비증빙코드 : 기타영수증
	• 박정희 질병 치료비 : 3,250,000원(진도준 신용카드 결제)
	  – 보험업법에 따른 보험회사에서 실손의료보험금 2,000,000원 수령

신용카드 등 사용액	• 진도준 신용카드 사용액 : 32,000,000원(전통시장 사용분 2,000,000원 포함) • 진도준 현금영수증 사용액 : 3,200,000원(전통시장 사용분 200,000원 포함) • 진도준 체크카드 사용액 : 2,382,000원(대중교통 사용분 182,000원 포함) • 진도준 신용카드 사용액은 의료비 지출액이 모두 포함된 금액이다. • 제시된 내용 외 전통시장/대중교통/도서 등 사용분은 없다.
기타	• 진도준 연금저축계좌 납입액 : 2,400,000원(2023년도 납입분) – 삼성생명보험㈜ 계좌번호 : 153-05274-72339

다음 문제를 보고 알맞은 것을 골라 이론문제 답안작성 메뉴에 입력하시오. (객관식 문항당 2점)

─── [기 본 전 제] ───

문제에서 한국채택국제회계기준을 적용하도록 하는 전제조건이 없는 경우, 일반기업회계기준을 적용한다.

01 다음 중 재무제표의 작성과 표시에 관한 설명으로 틀린 것은?

① 자산과 부채는 유동성이 낮은 항목부터 배열하는 것을 원칙으로 한다.

② 재무제표는 재무상태표, 손익계산서, 현금흐름표, 자본변동표로 구성되며, 주석을 포함한다.

③ 자산과 부채 및 자본은 총액에 의하여 기재함을 원칙으로 하고, 자산 항목과 부채 항목 또는 자본 항목을 상계하여 그

④ 전부 또는 일부를 재무상태표에서 제외하면 안된다.
　　 자본거래에서 발생한 자본잉여금과 손익거래에서 발생한 이익잉여금을 구분하여 표시한다.

02 다음 자료를 이용하여 유동자산에 해당하는 금액의 합계액을 구하면 얼마인가?

• 매출채권	1,000,000원	• 특허권	1,500,000원
• 선급비용	500,000원	• 상품	2,500,000원
• 당좌예금	3,000,000원	• 장기매출채권	2,000,000원

① 5,500,000원   ② 6,000,000원   ③ 6,500,000원   ④ 7,000,000원

03 다음 중 물가가 지속적으로 상승하는 상황에서 기말재고자산이 가장 크게 계상되는 재고자산의 평가방법은 무엇인가?

① 선입선출법   ② 후입선출법   ③ 총평균법   ④ 이동평균법

04 유형자산을 보유하고 있는 동안 발생한 수익적지출을 자본적지출로 잘못 회계처리한 경우, 재무제표에 미치는 효과로 가장 올바른 것은?

① 자산의 과소계상   ② 부채의 과대계상

③ 당기순이익의 과대계상   ④ 매출총이익의 과소계상

05 다음 중 자본에 대한 설명으로 가장 옳지 않은 것은?

① 자본금은 기업이 발행한 발행주식총수에 1주당 액면금액을 곱한 금액이다.
② 자본잉여금은 주식발행초과금과 기타자본잉여금(감자차익, 자기주식처분이익 등)으로 구분하여 표시한다.
③ 매도가능증권평가손익은 자본조정 항목으로 계상한다.
④ 미처분이익잉여금은 배당 등으로 처분할 수 있는 이익잉여금을 말한다.

06 다음 중 원가에 대한 설명으로 가장 옳지 않은 것은?

① 직접원가란 특정원가집적대상에 직접 추적이 가능하거나 식별가능한 원가이다.
② 고정원가란 관련범위 내에서 조업도 수준과 관계없이 총원가가 일정한 원가 형태를 말한다.
③ 가공원가란 직접재료원가와 직접노무원가를 말한다.
④ 매몰원가란 과거 의사결정에 따라 이미 발생한 원가로 현재의 의사결정에 영향을 미치지 못하는 원가를 의미한다.

07 다음의 원가 자료를 이용하여 직접재료원가를 계산하면 얼마인가?

> • 총제조원가 : 4,000,000원 • 직접노무원가 : 제조간접원가의 2배 • 제조간접원가 : 총제조원가의 25%

① 1,000,000원   ② 1,500,000원   ③ 2,000,000원   ④ 2,500,000원

08 ㈜한국은 직접노무시간을 기준으로 제조간접원가를 예정배부하고 있다. 당기 초 제조간접원가 예산은 2,000,000원이며, 예정 직접노무시간은 200시간이다. 당기 말 현재 실제 제조간접원가는 2,500,000원이 발생하였으며, 제조간접원가 배부차이가 발생하지 않았다면 실제 직접노무시간은 얼마인가?

① 160시간   ② 200시간   ③ 250시간   ④ 500시간

09 다음 중 공손 및 작업폐물에 관한 설명으로 옳지 않은 것은?

① 정상적인 생산과정에서 필수불가결하게 발생하는 정상공손원가는 제조원가에 포함된다.
② 제조과정에서 발생한 원재료의 부스러기 등 정상적인 작업폐물의 순실현가치는 제조원가에서 차감한다.
③ 작업자의 부주의 등에 의하여 발생하는 비정상공손원가는 발생한 기간의 영업외비용으로 처리한다.
④ 정상공손수량과 비정상공손수량은 원가흐름의 가정에 따라 다르게 계산된다.

10 다음 중 가중평균법에 의한 종합원가계산방법을 적용하여 완성품 단위당 원가를 산정할 때 필요하지 않은 자료는 무엇인가?

① 기말재공품의 완성도   ② 당기총제조원가   ③ 완성품의 물량   ④ 기초재공품의 물량

11 다음 중 부가가치세법상 재화의 공급의제(재화의 공급으로 보는 특례)에 해당하는 것은? 단, 일반과세자로서 매입 시 매입세액은 전부 공제받았다고 가정한다.

① 자기의 다른 과세사업장에서 원료 또는 자재 등으로 사용·소비하기 위해 반출하는 경우

② 사용인에게 사업을 위해 착용하는 작업복, 작업모, 작업화를 제공하는 경우

③ 무상으로 견본품을 인도 또는 양도하거나 불특정다수에게 광고선전물을 배포하는 경우

④ 자동차 제조회사가 자기생산한 승용자동차(2,000cc)를 업무용으로 사용하는 경우

12 다음 중 부가가치세법상 영세율제도에 대한 설명으로 가장 옳지 않은 것은?

① 부가가치세의 역진성 완화를 목적으로 한다.

② 완전 면세제도이다.

③ 면세사업자는 영세율 적용대상자가 아니다.

④ 비거주자 또는 외국법인의 경우에는 상호면세주의에 따른다.

13 다음은 부가가치세법상 가산세에 대한 설명이다. 빈칸에 들어갈 내용으로 알맞은 것은?

> 사업자가 재화 또는 용역을 공급하지 아니하고 세금계산서를 발급하는 경우 그 세금계산서에 적힌 공급가액의 (   )를 납부세액에 더하거나 환급세액에서 뺀다.

① 1% 　　② 2% 　　③ 3% 　　④ 10%

14 다음 중 소득세법상 근로소득의 수입시기로 옳지 않는 것은?

① 잉여금처분에 의한 상여 : 결산일 　　② 인정상여 : 해당 사업연도 중 근로를 제공한 날

③ 일반상여 : 근로를 제공한 날 　　④ 일반급여 : 근로를 제공한 날

15 다음의 자료를 이용하여 소득세법상 복식부기의무자의 사업소득 총수입금액을 구하면 얼마인가?

• 매출액	300,000,000원	• 원천징수된 은행 예금의 이자수익	500,000원
• 차량운반구(사업용) 양도가액	30,000,000원	• 공장건물 양도가액	100,000,000원

① 430,500,000원 　　② 430,000,000원 　　③ 330,000,000원 　　④ 300,000,000원

cafe.naver.com/eduacc ⇒ 전산세무2급 ⇒ 기출문제 다운로드 & 데이터 설치 ⇒ KcLep 입력

㈜도원기업(회사코드:1102)은 전자제품의 제조 및 도·소매업을 주업으로 영위하는 중소기업으로, 당기(제18기)의 회계기간은 2023.1.1.~2023.12.31.이다. 전산세무회계 수험용 프로그램을 이용하여 다음 물음에 답하시오.

문제1 [일반전표입력] 메뉴를 이용하여 다음의 거래자료를 입력하시오. (15점)

─────── [입력 시 유의사항] ───────

- 일반적인 적요의 입력은 생략하지만, 타계정 대체거래는 적요 번호를 선택하여 입력한다.
- 채권·채무와 관련된 거래는 별도의 요구가 없는 한 반드시 기등록된 거래처코드를 선택하여 거래처명을 입력한다.
- 제조경비는 500번대 계정코드를, 판매비와관리비는 800번대 계정코드를 사용한다.
- 회계처리 시 계정과목은 별도의 제시가 없는 한 등록된 계정과목 중 가장 적절한 과목으로 한다.

[1] 01월 05일   에코전자의 상장주식 100주를 단기 투자목적으로 1주당 60,000원에 취득하고 대금은 증권거래수수료 30,000원과 함께 보통예금 계좌에서 지급하였다. (3점)

[2] 03월 31일   보유 중인 신한은행의 예금에서 이자수익 500,000원이 발생하여 원천징수세액을 제외한 423,000원이 보통예금 계좌로 입금되었다(단, 원천징수세액은 자산으로 처리할 것). (3점)

[3] 04월 30일   본사 건물 신축공사를 위한 장기차입금의 이자비용 2,500,000원을 보통예금 계좌에서 지급하였다. 해당 지출은 차입원가 자본화 요건을 충족하였으며, 신축공사 중인 건물은 2024년 2월 28일에 완공될 예정이다. (3점)

[4] 07월 10일   당사는 퇴직연금제도를 도입하면서 퇴직연금상품에 가입하였다. 생산부서 직원에 대해서는 확정급여형(DB형) 상품으로 10,000,000원, 영업부서 직원에 대해서는 확정기여형(DC형) 상품으로 7,000,000원을 보통예금 계좌에서 이체하여 납입하였다(단, 하나의 전표로 입력하고 기초 퇴직급여충당부채 금액은 고려하지 말 것). (3점)

[5] 07월 15일   ㈜지유로부터 공장에서 사용할 기계장치를 구입하기로 계약하고, 계약금 5,000,000원을 즉시 당좌수표를 발행하여 지급하였다. (3점)

  [매입매출전표입력] 메뉴를 이용하여 다음의 거래자료를 입력하시오. (15점)

[입력 시 유의사항]

- 일반적인 적요의 입력은 생략하지만, 타계정 대체거래는 적요 번호를 선택하여 입력한다.
- 채권·채무 관련 거래는 별도의 요구가 없는 한 반드시 기등록된 거래처코드를 선택하는 방법으로 거래처명을 입력한다.
- 제조경비는 500번대 계정코드를, 판매비와관리비는 800번대 계정코드를 사용한다.
- 회계처리 시 계정과목은 등록된 계정과목 중 가장 적절한 과목으로 한다.
- 입력화면 하단의 분개까지 처리하고, 세금계산서 및 계산서는 전자 여부를 입력하여 반영한다.

---

[1] 07월 07일 ㈜신화에서 영업부서의 매출처에 선물로 증정할 와인세트 10세트를 1세트당 50,000원(부가가치세 별도)에 구입하고 전자세금계산서를 발급받았다. 대금 550,000원은 현금으로 지급하고, 선물은 구입 즉시 모두 거래처에 전달하였다. (3점)

[2] 07월 20일 공장에서 생산부서가 사용할 선풍기를 ㈜하나마트에서 현금으로 구입하고, 아래와 같이 현금영수증을 발급받았다(단, 소모품비로 처리할 것). (3점)

| ㈜하나마트 | | | T:(02)117-2727 |
| 128-85-46204 | | | 유하나 |

[현금영수증(지출증빙)]

[구매] 2023-07-20 17:27   POS:7901-9979

상품명	단가	수량	금액
맥스파워선풍기	110,000	10	1,100,000
	과 세 물 품		1,000,000
	부 가 세		100,000
	합 계		1,100,000

[3] 08월 16일 미국 UFC사에 제품을 $10,000에 해외 직수출하고, 8월 31일에 수출대금 전액을 달러($)로 받기로 하였다. 일자별 환율은 다음과 같다(단, 수출신고번호 입력은 생략할 것). (3점)

구분	8월 10일(수출신고일)	8월 16일(선적일)	8월 31일(대금회수일)
기준환율	1,150원/$	1,100원/$	1,200원/$

[4] 09월 30일   ㈜명학산업에 제품을 공급하고 아래와 같이 전자세금계산서를 발급하였다. 대금은 8월 31일에 기수령한
계약금 1,800,000원을 제외한 잔액을 ㈜명학산업이 발행한 당좌수표로 수령하였다. (3점)

전자세금계산서					승인번호		20230930-1547412-2014956		
공급자	등록번호	370-81-12345	종사업장번호		공급받는자	등록번호	301-81-45665	종사업장번호	
	상호(법인명)	㈜도원기업	성명	이세종		상호(법인명)	㈜명학산업	성명	김연동
	사업장주소	서울 구로구 안양천로539길 6				사업장주소	세종시 부강면 문곡리 128		
	업태	제조등	종목	전자부품		업태	제조	종목	가전제품

작성일자	공급가액	세액	수정사유	비고
2023/09/30	18,000,000	1,800,000		

월	일	품목	규격	수량	단가	공급가액	세액	비고
09	30	제품				18,000,000	1,800,000	

합계금액	현금	수표	어음	외상미수금	이 금액을 (영수) 함
19,800,000	1,800,000	1,800,000			

[5] 10월 30일   구매확인서에 의하여 ㈜크림으로부터 수출용 원재료(공급가액 6,000,000원)를 매입하고 영세율전자세
금계산서를 발급받았다. 대금은 보통예금 계좌에서 지급하였다. (3점)

[1] 다음의 자료를 이용하여 2023년 제2기 부가가치세 확정신고기간에 대한 [건물등감가상각자산취득명세서]를 작성하시오(단, 아래의 자산은 모두 감가상각 대상에 해당함). (3점)

취득일	내용	공급가액	상호	비고
		부가가치세액	사업자등록번호	
10.04.	회계부서의 컴퓨터 및 프린터 교체	20,000,000원	우리전산	종이세금계산서 수취
		2,000,000원	102-03-52877	
11.11.	생산부서의 보관창고 신축공사비	100,000,000원	㈜튼튼건설	전자세금계산서 수취
		10,000,000원	101-81-25749	
11.20.	업무용승용차(1,500cc) 구입	15,000,000원	㈜빠름자동차	전자세금계산서 수취
		1,500,000원	204-81-96316	
12.14.	영업부서의 에어컨 구입	10,000,000원	㈜시원마트	법인 신용카드 결제
		1,000,000원	304-81-74529	

[2] 아래의 자료만을 이용하여 2023년 제1기 부가가치세 확정신고기간(4월~6월)의 [부가가치세신고서]를 직접 입력하여 작성하시오(단, 부가가치세신고서 외의 부속서류와 과세표준명세의 작성은 생략하며, 불러온 데이터는 무시하고 새로 입력할 것). (5점)

매출자료	• 전자세금계산서 매출액[주1] : 공급가액 320,000,000원, 세액 30,000,000원 [주1] 영세율세금계산서 매출액(공급가액 20,000,000원)이 포함되어 있다. • 해외 직수출 매출액 : 공급가액 15,000,000원 • 현금영수증 매출액 : 공급대가 11,000,000원

매입자료:
• 전자세금계산서를 수취한 매입액[주2] : 공급가액 150,000,000원, 세액 15,000,000원
[주2] 운반용 화물자동차 매입액(공급가액 20,000,000원, 세액 2,000,000원)이 포함되어 있으며, 나머지 금액은 모두 재고자산 매입액이다.
• 신용카드 매입액은 다음과 같다.

구분	내용	공급가액	세액
일반매입	직원 복리후생 관련 매입	8,000,000원	800,000원
	대표자 개인용 물품 매입	1,000,000원	100,000원
고정자산매입	제품 품질 테스트 기계설비 매입	6,000,000원	600,000원
합 계		15,000,000원	1,500,000원

기타자료:
• 예정신고 미환급세액은 900,000원으로 가정한다.
• 전자신고세액공제 10,000원을 적용하여 세부담최소화를 가정한다.

[3] 2023년 제1기 예정신고기간(2023.01.01. ~ 2023.03.31.)의 [부가가치세신고서]를 전자신고하시오. (2점)

> 1. 부가가치세신고서와 관련 부속서류는 마감되어 있다.
> 2. [전자신고] → [국세청 홈택스 전자신고변환(교육용)] 순으로 진행한다.
> 3. [전자신고]의 [전자신고제작] 탭에서 신고인구분은 2.납세자 자진신고를 선택하고, 비밀번호는 "12341234"로 입력한다.
> 4. [국세청 홈택스 전자신고변환(교육용)] → 전자파일변환(변환대상파일선택) → 찾아보기 에서 전자신고용 전자파일을 선택한다.
> 5. 전자신고용 전자파일 저장경로는 로컬디스크(C:)이며, 파일명은 "enc작성연월일.101.v3708112345"이다.
> 6. 형식검증하기 ➡ 형식검증결과확인 ➡ 내용검증하기 ➡ 내용검증결과확인 ➡ 전자파일제출 을 순서대로 클릭한다.
> 7. 최종적으로 전자파일 제출하기 를 완료한다.

문제4 결산정리사항은 다음과 같다. 관련 메뉴를 이용하여 결산을 완료하시오. (15점)

[1] 다음은 2023년 제2기 확정신고기간의 부가가치세 관련 자료이다. 아래의 자료만을 이용하여 부가세대급금과 부가세예수금을 정리하는 회계처리를 하시오. 단 입력된 데이터는 무시하고, 납부세액은 미지급세금으로, 환급세액은 미수금으로, 가산세는 세금과공과(판)로, 공제세액은 잡이익으로 처리하시오. (3점)

- 부가세예수금 : 720,000원
- 전자세금계산서지연발급가산세 : 10,000원
- 부가세대급금 : 520,000원
- 전자신고세액공제 : 10,000원

[2] 돌담은행으로부터 차입한 장기차입금 중 100,000,000원은 2024년 6월 30일에 상환기일이 도래한다. (3점)

[3] 외상매출금 및 미수금에 대하여만 기말잔액에 1%의 대손율을 적용하여 보충법에 의해 대손충당금을 설정하시오. (3점)

[4] 기말 현재 보유하고 있는 무형자산 중 영업권의 전기 말 상각 후 미상각잔액은 16,000,000원이다. 해당 영업권의 취득일은 2022년 1월 1일이며, 회사는 영업권에 대하여 5년간 월할 균등상각하고 있다. (3점)

[5] 결산일 현재 재고자산은 다음과 같다. 결산자료입력을 이용하여 결산을 수행하시오. (3점)

구분	금액	비고
원재료	93,000,000원	선적지 인도기준(FOB)으로 매입하여 운송 중인 미착원재료 2,000,000원 미포함
재공품	70,000,000원	
제품	135,000,000원	수탁자가 보관 중인 위탁제품 5,000,000원 미포함

[1] 다음은 ㈜도원기업의 사무직 사원 김우리(사원코드:100)의 6월 급여자료이다. 아래 자료를 이용하여 [사원등록]의 [부양가족명세] 탭의 부양가족에 대한 기본공제 및 추가공제 여부를 반영하고, [수당공제등록] 및 [급여자료입력]을 수행하시오(단, 근로자 본인의 세부담 최소화를 가정한다). (5점)

1. 부양가족 명세(모두 거주자인 내국인에 해당함)

성명	주민등록번호	관계	동거(생계)여부	비고
김우리	801210-1127858	본인		세대주, 2023년 총급여액 5,200만 원
이현진	821010-2145201	배우자	여	소득없음
김아현	190101-4928325	입양자녀	여	소득없음, 2023년 1월에 입양신고함

※ 제시된 자료 외의 다른 소득은 없다.

2. 6월분 급여자료

이름	김우리	지급일	2023년 07월 10일
기 본 급	3,000,000원	소 득 세	89,390원
식 대	200,000원	지 방 소 득 세	8,930원
자 가 운 전 보 조 금	200,000원	국 민 연 금	166,500원
육 아 수 당	200,000원	건 강 보 험	131,160원
야 간 근 로 수 당	527,000원	장 기 요 양 보 험	16,800원
		고 용 보 험	34,440원
급 여 계	4,127,000원	공 제 합 계	447,220원
		지 급 총 액	3,679,780원

- 식대 : 당사는 현물식사와 식대를 함께 제공하고 있다.
- 자가운전보조금 : 당사는 본인 명의의 차량을 업무 목적으로 사용한 직원에게만 자가운전보조금을 지급하고 있으며, 실제 발생한 교통비를 별도로 지급하지 않는다.
- 육아수당 : 당사는 6세 이하 자녀(입양자녀 포함) 1명당 200,000원씩 육아수당을 지급하고 있다.
- ※ 수당등록 시 월정액 및 통상임금은 고려하지 않으며, 사용하는 수당 이외의 항목은 사용 여부를 "부"로 반영한다.
- ※ 급여자료입력 시 공제항목의 불러온 데이터는 무시하고 직접 입력하여 작성한다.
- ※ 육아수당 비과세는 2023년 기준으로 KcLep 입력된 대로 입력할 것.

[2] 다음은 회계부서에 재직 중인 김갑용(사원코드:101) 사원의 연말정산 관련 자료이다. 다음의 자료를 이용하여 [연말정산추가자료입력] 메뉴의 [부양가족] 탭 및 관련된 탭을 모두 작성하여 연말정산을 완료하시오(단, 근로자 본인의 세부담 최소화를 가정하고, [연말정산입력] 탭은 직접 입력하지 않음). (10점)

1. 가족사항(모두 거주자인 내국인에 해당함)

성명	관계	주민등록번호	동거여부	소득금액	비고
김갑용	본인	830505-1478521		65,000,000원	총급여액(근로소득 외의 소득없음), 세대주
강희영	배우자	840630-2547858	여	10,000,000원	근로소득금액
김수필	부친	561012-1587428	여	900,000원	부동산임대소득금액 : 총수입금액 20,000,000원 필요경비 19,100,000원
김정은	아들	140408-3852611	여	–	초등학생
김준희	딸	191104-4487122	여	–	취학 전 아동

2. 연말정산 관련 추가자료(모든 자료는 국세청에서 제공된 자료에 해당함)

내역	비고
보장성 보험료	• 김갑용(본인) : 자동차보험료 300,000원 • 강희영(배우자) : 보장성보험료 200,000원 • 김수필(부친) : 생명보험료 150,000원(만기까지 납입액이 만기환급액보다 큰 경우에 해당) • 김준희(딸) : 보장성보험료 350,000원
교육비	• 김갑용(본인) : 정규 교육 과정 대학원 교육비 5,000,000원 • 김정은(아들) : 국내 소재 사립초등학교(「교육법」상의 정규 교육기관) 수업료 8,000,000원, 　　　　　　　바이올린 학원비 2,400,000원 • 김준희(딸) : 「영유아보육법」상의 어린이집 교육비 1,800,000원
의료비	• 김갑용(본인) : 시력보정용 안경 구입비용 650,000원 • 김수필(부친) : 질병 치료 목적 의료비 1,500,000원 • 김준희(딸) : 질병 치료 목적 의료비 250,000원
신용카드 사용액	• 김갑용(본인) : 신용카드 사용액 21,500,000원(국세청 자료) 　　　　　　　(신용카드사용분 중 전통시장/대중교통/도서 등 사용분은 없음)
연금저축	• 김갑용(본인) : 2023년 연금저축계좌 납입액 6,000,000원 　　　　　　　(계좌번호 : 농협중앙회 301-02-228451, 당해연도에 가입함)

다음 문제를 보고 알맞은 것을 골라 이론문제 답안작성 **메뉴에 입력하시오. (객관식 문항당 2점)**

01 다음 중 재무제표의 기본가정에 대한 설명으로 가장 옳은 것은?

① 재무제표의 기본가정에는 기업실체의 가정, 계속기업의 가정, 수익·비용 대응의 가정이 있다.

② 기간별 보고의 가정은 자산과 부채의 분류표시를 유동성 순위에 따라 분류하여야 한다는 가정이다.

③ 기업실체의 가정은 기업실체를 소유주와는 독립적으로 보아 기업의 자산과 소유주의 자산을 분리하여 인식하여야 한다는 가정이다.

④ 계속기업의 가정은 기업실체의 지속적인 경제적 활동을 일정한 기간 단위로 분할하여 각 기간별로 재무제표를 작성하는 것을 말한다.

02 물가가 지속해서 상승하는 경제 상황을 가정할 때, 다음 중 당기순이익이 가장 적게 계상되는 재고자산 평가방법은 무엇인가?

① 선입선출법　　　　② 총평균법　　　　③ 이동평균법　　　　④ 후입선출법

03 2023년 10월 1일 ㈜한국은 기계장치를 5,000,000원에 취득하였다. 기계장치의 내용연수는 3년, 잔존가치는 500,000원으로 추정되었으며, 연수합계법으로 상각한다. ㈜한국이 결산일인 2023년 12월 31일에 계상하여야 할 감가상각비는 얼마인가? (단, 월할상각 할 것)

① 416,666원　　　　② 562,500원　　　　③ 625,000원　　　　④ 750,000원

04 다음 중 무형자산에 대한 설명으로 옳지 않은 것은?

① 무형자산의 재무제표 표시방법으로 직접법만을 허용하고 있다.

② 무형자산 상각 시 잔존가치는 원칙적으로 '0'인 것으로 본다.

③ 무형자산은 유형자산과 마찬가지로 매입가액에 취득 관련 부대 원가를 가산한 금액을 취득원가로 처리한다.

④ 무형자산의 상각기간은 독점적·배타적인 권리를 부여하고 있는 관계 법령이나 계약에 정해진 경우를 제외하고는 20년을 초과할 수 없다.

05 다음 중 자본 항목의 자본조정으로 분류하는 것은?

① 자기주식처분손실　　　　② 주식발행초과금　　　　③ 매도가능증권평가손익　　　　④ 감자차익

06 다음 중 원가의 개념에 대한 설명으로 가장 옳지 않은 것은?

① 기회원가 : 자원을 다른 대체적인 용도로 사용할 경우 얻을 수 있는 최대금액

② 매몰원가 : 과거의 의사결정으로 이미 발생한 원가로서 의사결정에 고려하지 말아야 하는 원가

③ 회피가능원가 : 특정한 대체안을 선택하는 것과 관계없이 계속해서 발생하는 원가

④ 관련원가 : 여러 대안 사이에 차이가 나는 원가로서 의사결정에 직접적으로 관련되는 원가

07 다음 중 변동원가와 고정원가에 대한 설명으로 가장 옳지 않은 것은?

① 변동원가는 생산량이 증가함에 따라 총원가가 증가하는 원가이다.

② 고정원가는 생산량의 증감과는 관계없이 총원가가 일정한 원가이다.

③ 생산량의 증감과는 관계없이 제품 단위당 변동원가는 일정하다.

④ 생산량의 증감과는 관계없이 제품 단위당 고정원가는 일정하다.

08 다음 중 제조원가명세서에 대한 설명으로 가장 옳지 않은 것은?

① 제조원가명세서에는 기말 제품 재고액이 표시된다.

② 판매비와관리비는 제조원가명세서 작성과 관련이 없다.

③ 당기총제조원가는 직접재료원가, 직접노무원가, 제조간접원가의 합을 의미한다.

④ 제조원가명세서의 당기제품제조원가는 손익계산서의 당기제품제조원가와 일치한다.

09 캠핑카를 생산하여 판매하는 ㈜붕붕은 고급형 캠핑카와 일반형 캠핑카 두 가지 모델을 생산하고 있다. 모델별 제조와 관련하여 당기에 발생한 원가는 각각 아래와 같다. ㈜붕붕은 직접재료원가를 기준으로 제조간접원가를 배부하고 있으며, 당기의 실제 제조간접원가는 2,400,000원이다. 일반형 캠핑카의 당기총제조원가는 얼마인가?

구분	고급형 캠핑카	일반형 캠핑카	합계
직접재료원가	1,800,000원	1,200,000원	3,000,000원
직접노무원가	1,000,000원	600,000원	1,600,000원

① 2,700,000원 ② 2,760,000원 ③ 4,240,000원 ④ 4,300,000원

10 평균법에 따른 종합원가계산을 적용할 경우, 가공원가의 완성품환산량 단위당 원가는 얼마인가?

- 직접재료는 공정 개시 시점에 모두 투입하며, 가공원가는 공정 진행에 따라 균등하게 발생한다.
- 기초재공품 2,500개(완성도 30%), 당기투입량 30,000개, 기말재공품 4,000개(완성도 30%)
- 기초재공품원가 : 직접재료원가 200,000원, 가공원가 30,000원
- 당기제조원가 : 직접재료원가 2,400,000원, 가공원가 1,306,500원

① 25원 ② 37원 ③ 42원 ④ 45원

11 다음 중 부가가치세법상 면세에 해당하는 것은 모두 몇 개인가?

가. 시외우등고속버스 여객운송용역	라. 식용으로 제공되는 외국산 미가공식료품
나. 토지의 공급	마. 형사소송법에 따른 국선변호인의 국선 변호
다. 자동차운전학원에서 가르치는 교육용역	바. 제작 후 100년이 초과된 골동품

① 5개　　　　　② 4개　　　　　③ 3개　　　　　④ 2개

12 다음 중 부가가치세법상 대손세액공제에 대한 설명으로 가장 옳지 않은 것은?

① 대손 사유에는 부도발생일부터 6개월 이상 지난 어음·수표가 포함된다.

② 회수기일이 6개월 이상 지난 채권 중 채권가액이 30만원 이하인 채권은 대손사유를 충족한다.

③ 재화를 공급한 후 공급일부터 15년이 지난 날이 속하는 과세기간에 대한 확정신고기한까지 대손사유로 확정되는 경우 대손세액공제를 적용한다.

④ 대손세액은 대손이 확정된 날이 속하는 과세기간의 매출세액에서 뺄 수 있다.

13 다음 중 소득세의 특징으로 가장 옳은 것은?

① 소득세의 과세기간은 사업자의 선택에 따라 변경할 수 있다.

② 거주자의 소득세 납세지는 거주자의 거소지가 원칙이다.

③ 소득세법은 종합과세제도에 의하므로 거주자의 모든 소득을 합산하여 과세한다.

④ 소득세는 개인별 소득을 기준으로 과세하는 개인 단위 과세제도이다.

14 거주자 김민재 씨의 소득이 다음과 같을 경우, 종합소득금액은? 단, 이자소득금액은 모두 국내 정기예금이자이다.

• 양도소득금액 : 10,000,000원	• 근로소득금액 : 30,000,000원
• 이자소득금액 : 22,000,000원	• 퇴직소득금액 : 8,700,000원

① 30,000,000원　　　② 52,000,000원　　　③ 54,700,000원　　　④ 74,700,000원

15 다음 중 소득세법상 근로소득의 원천징수 시기가 틀린 것은?

① 2023년 11월 귀속 근로소득을 2023년 12월 31일에 지급한 경우 : 2023년 12월 말일

② 2023년 11월 귀속 근로소득을 2024년 01월 31일에 지급한 경우 : 2024년 01월 말일

③ 2023년 12월 귀속 근로소득을 2024년 01월 31일에 지급한 경우 : 2024년 01월 말일

④ 2023년 12월 귀속 근로소득을 2024년 03월 31일에 지급한 경우 : 2024년 02월 말일

cafe.naver.com/eduacc ⇒ 전산세무2급 ⇒ 기출문제 다운로드 & 데이터 설치 ⇒ KcLep 입력

㈜대동산업(회사코드:1112)은 컴퓨터 및 주변장치의 제조 및 도·소매업을 주업으로 영위하는 중소기업으로, 당기(15기)의 회계기간은 2023.1.1. ~ 2023.12.31.이다. 전산세무회계 수험용 프로그램을 이용하여 다음 물음에 답하시오.

문제1   [일반전표입력] 메뉴를 이용하여 다음의 거래자료를 입력하시오. (15점)

———————————————— [입력 시 유의사항] ————————————————
- 일반적인 적요의 입력은 생략하지만, 타계정 대체거래는 적요 번호를 선택하여 입력한다.
- 채권·채무와 관련된 거래는 별도의 요구가 없는 한 반드시 기등록된 거래처코드를 선택하여 거래처명을 입력한다.
- 제조경비는 500번대 계정코드를, 판매비와관리비는 800번대 계정코드를 사용한다.

[1] 01월 30일   당사가 생산한 제품(원가 50,000원, 시가 80,000원)을 제조부 생산직 직원에게 복리후생 목적으로 제공하였다(단, 부가가치세법상 재화의 공급의제에 해당하지 아니함). (3점)

[2] 04월 01일   미국 LA은행으로부터 차입한 외화장기차입금 $20,000와 이자 $800에 대해 보통예금으로 달러를 구입하여 원금과 이자를 지급하였다. 4월 1일의 기준환율은 1,400원/$이다(단, 외화장기차입금은 거래처원장을 조회하여 회계처리하고, 하나의 전표로 처리할 것). (3점)

[3] 05월 06일   영업부 사무실로 사용하기 위하여 4월 2일에 아래와 같이 ㈜명당과 체결한 부동산임대차계약에 따라 임대차계약서상의 보증금 20,000,000원 중 잔금 18,000,000원을 보통예금 계좌에서 송금하여 지급하고, 사무실의 임차를 개시하였다(단, 관련 계정을 조회하여 처리할 것). (3점)

<table>
<tr><td colspan="3" align="center">부동산임대차계약서</td></tr>
<tr><td colspan="3">제1조   임대차계약에 있어 임차인은 보증금을 아래와 같이 계약금과 잔금으로 나누어 지급하기로 한다.</td></tr>
<tr><td>보증금</td><td>일금</td><td>이천만원정 (₩ 20,000,000)</td></tr>
<tr><td>계약금</td><td>일금</td><td>이백만원정 (₩ 2,000,000)은 계약 시에 지불하고 영수함.</td></tr>
<tr><td>잔금</td><td>일금</td><td>일천팔백만원정 (₩ 18,000,000)은 2023년 05월 06일에 지불한다.</td></tr>
</table>

[4] 08월 20일 전기에 회수불능으로 대손처리한 외상매출금 2,750,000원(부가가치세 포함)을 회수하여 보통예금 계
좌로 입금되었다(단, 당시 대손 요건을 충족하여 대손세액공제를 받았으며, 하나의 전표로 처리할 것).
(3점)

[5] 09월 19일 영업부에서 사용할 업무용 차량의 취득세 1,250,000원을 보통예금 계좌에서 납부하였다. (3점)

문제2 [매입매출전표입력] 메뉴를 이용하여 다음의 거래자료를 입력하시오. (15점)

──────── [입력 시 유의사항] ────────

- 일반적인 적요의 입력은 생략하지만, 타계정 대체거래는 적요 번호를 선택하여 입력한다.
- 채권·채무 관련 거래는 별도의 요구가 없는 한 반드시 기등록된 거래처코드를 선택하는 방법으로 거래처명을 입력한다.
- 제조경비는 500번대 계정코드를, 판매비와관리비는 800번대 계정코드를 사용한다.
- 회계처리 시 계정과목은 등록된 계정과목 중 가장 적절한 과목으로 한다.
- 입력화면 하단의 분개까지 처리하고, 세금계산서 및 계산서는 전자 여부를 입력하여 반영한다.

[1] 04월 02일 제품을 ㈜이레테크에 판매하고 다음과 같이 전자세금계산서를 발급하였다. 3월 2일에 받은 선수금
5,000,000원을 제외한 대금 중 30,000,000원은 ㈜이레테크가 발행한 어음으로 받고 나머지는 외상으로
하였다. (3점)

전자세금계산서					승인번호		20230402-000023123547		
공급자	등록번호	128-81-59325	종사업장번호		공급받는자	등록번호	127-81-32505	종사업장번호	
	상호(법인명)	(주)대동산업	성명	지민아		상호(법인명)	㈜이레테크	성명	이진주
	사업장주소	서울시 서초구 서초대로12길 45				사업장주소	부산시 사상구 대동로 307		
	업태	제조 외	종목	컴퓨터 및 주변장치		업태	제조업	종목	전자제품

작성일자	공급가액	세액	수정사유	비고
2023/04/02	50,000,000	5,000,000	해당 없음	

월	일	품목	규격	수량	단가	공급가액	세액	비고
04	02	제품				50,000,000	5,000,000	

합계금액	현금	수표	어음	외상미수금	
55,000,000	5,000,000		30,000,000	20,000,000	이 금액을 (청구) 함

[2] 04월 09일　　해외 매출거래처인 BTECH에 제품을 3,000,000원에 직수출하고, 대금은 1개월 후에 받기로 하였다 (단, 반드시 수출신고번호는 「1234500123456X」를 입력할 것). (3점)

[3] 05월 29일　　직원회식대로 제조부 660,000원과 영업부 440,000원을 지출하고 침산가든에서 제일카드(법인카드)로 결제하였다. (3점)

신용카드매출전표

카드종류		카드번호	
제일카드		9435-2802-7580-0500	
유효기간		구매자명	
2025/09			
거래일시(취소일시)		거래유형	
2023/05/29 21:32		신용승인	

		백		천		원
금액/AMOUNT		1 0 0 0 0 0 0				
부가세/V.A.T		1 0 0 0 0 0				
합계/TOTAL		1 1 0 0 0 0 0				

공급자정보	카드사 가맹정보
공급자 상호	가맹점명
침산가든	좌동
사업자등록번호	사업자등록번호
106-62-61190	좌동
사업장 주소	가맹점 주소
서울 용산구 부흥로2가 15-2	좌동

[4] 06월 05일　　㈜한라상사로부터 과세사업에는 사용하지 않고 면세사업에만 사용하기 위한 기계장치를 공급가액 100,000,000원(세액 10,000,000원)에 취득하고, 전자세금계산서를 발급받았다. 대금은 보통예금 계좌에서 10,000,000원을 송금하고, 나머지는 당좌수표를 발행하여 지급하였다. (3점)

[5] 06월 15일 제조부가 사용할 청소용품을 일진상사(일반과세자)에서 현금으로 구입하고, 현금영수증을 발급받았다
(단, 소모품비로 회계처리할 것). (3점)

<table>
<tr><td colspan="4" align="center">일진상사</td></tr>
<tr><td colspan="2">211-11-10614
경기도 부천시 신흥로 110</td><td colspan="2">박일문
TEL : 031-117-2727</td></tr>
<tr><td colspan="4" align="center">현금영수증(지출증빙용)</td></tr>
<tr><td colspan="2">구매 2023/06/15 17:27</td><td colspan="2">거래번호 : 11511</td></tr>
<tr><td>상품명</td><td>수량</td><td>단가</td><td>공급가액</td></tr>
<tr><td>청소용품</td><td></td><td></td><td>200,000</td></tr>
<tr><td colspan="3" align="right">과세물품가액</td><td>200,000원</td></tr>
<tr><td colspan="3" align="right">부가가치세액</td><td>20,000원</td></tr>
<tr><td colspan="3" align="right">합계</td><td>220,000원</td></tr>
<tr><td colspan="3" align="right">받은금액</td><td>220,000원</td></tr>
</table>

문제3 부가가치세 신고와 관련하여 다음 물음에 답하시오. (10점)

[1] 아래의 자료를 이용하여 2023년 제1기 부가가치세 확정신고기간의 [수출실적명세서]를 작성하시오(단, 거래처코드
와 거래처명은 조회하여 불러올 것). (3점)

거래처	수출신고번호	선적일	환가일	통화	수출액	기준환율 선적일	기준환율 환가일
제임스사	13065-22-065849X	2023.01.31.	2023.01.25.	USD	$100,000	₩1,000/$	₩1,080/$
랜덤기업	13075-20-080907X	2023.02.20.	2023.02.23.	USD	$80,000	₩1,050/$	₩1,070/$
큐수상사	13889-25-148890X	2023.03.18.	–	JPY	¥5,000,000	₩800/100¥	–

[2] 다음은 2023년 제2기 부가가치세 확정신고기간 귀속 자료이다. 다음 자료만을 이용하여 [부가가치세신고서]를 작성하시오(단, 기존의 입력된 자료는 무시하고, 부가가치세신고서 외의 부속서류 및 과세표준명세 입력은 생략할 것). (6점)

구분	자료
매출	1. 전자세금계산서 발급분(과세분) : 공급가액 500,000,000원, 세액 50,000,000원 2. 신용카드에 의한 매출액 : 공급가액 80,000,000원, 세액 8,000,000원 3. 직수출액 : 150,000,000원 4. 영세율세금계산서 발급분 : 50,000,000원(종이 세금계산서 발급) 5. 2022년 제2기 확정신고 시 대손세액공제 받은 외상매출금 33,000,000원을 전액 회수함.
매입	1. 세금계산서 수취분 일반매입 : 공급가액 550,000,000원, 세액 55,000,000원 　(세금계산서 수취분 매입액 중 520,000,000원은 과세사업의 매출과 관련된 매입액이며, 나머지 30,000,000원은 거래처 접대와 관련된 매입액이다.) 2. 제2기 예정신고 시 누락된 종이 세금계산서 수취분 : 공급가액 20,000,000원, 세액 2,000,000원
기타	1. 예정신고 누락분은 확정신고 시 반영하기로 한다. 2. 홈택스에서 직접 전자신고하여 세액공제를 받기로 한다.

 결산정리사항은 다음과 같다. 관련 메뉴를 이용하여 결산을 완료하시오. (15점)

[1] 관리부가 2023년 9월 1일에 구입한 소모품 중 당기 말 현재까지 미사용한 소모품은 100,000원이다. (단, 비용에 대한 계정과목은 소모품비(판매관리비)를 사용하고, 반드시 해당 거래를 조회하여 적절한 회계처리를 할 것). (3점)

[2] 결산일 현재 보유 중인 매도가능증권(2022년 취득)에 대하여 일반기업회계기준에 따라 회계처리를 하시오(단, 매도가능증권은 비유동자산에 해당함). (3점)

주식명	주식 수	취득일	1주당 취득원가	2022년 12월 31일 1주당 공정가치	2023년 12월 31일 1주당 공정가치
㈜에코	100주	2022.05.23.	10,000원	8,300원	7,000원

[3] 2023년 12월 16일에 차입한 대출금에 대한 이자를 다음 달부터 매월 16일에 지급하기로 하였다. (3점)

> 2023년 12월 16일부터 2024년 1월 15일까지 1개월 동안 지급되어야 할 이자는 3,100,000원이었으며, 이 중 2023년도 12월 31일까지의 발생이자는 1,600,000원이었다.

[4] 당해연도 말 퇴직급여추계액은 생산직 75,000,000원, 관리직 35,000,000원이며, 이미 설정된 퇴직급여충당부채액은 생산직 50,000,000원과 관리직 28,000,000원이다. 당사는 퇴직급여추계액의 100%를 퇴직급여충당부채로 계상한다. (3점)

[5] 2023년 결산을 하면서 당해연도에 대한 법인세 45,000,000원, 법인지방소득세 6,000,000원을 확정하였다. 중간예납세액 23,000,000원, 이자수익에 대한 원천징수세액 3,080,000원이 자산으로 계상되어 있다. (3점)

문제5 2023년 귀속 원천징수자료와 관련하여 다음의 물음에 답하시오. (15점)

[1] 다음 자료는 인사부 박한별 사원(입사일 2023년 6월 1일, 국내 근무)의 부양가족과 관련된 내용이다. 제시된 자료만을 이용하여 [사원등록(사번 : 500)]을 하고, 부양가족을 모두 [부양가족명세]에 등록 후 박한별의 세부담이 최소화되도록 기본공제 및 추가공제 여부를 입력하시오. (6점)

- 박한별 사원 본인과 부양가족은 모두 내국인이며 거주자이다.
- 기본공제 대상자가 아닌 경우 '부'로 표시한다.

관계	성명	주민등록번호	동거(생계) 여부	장애인 여부	소득현황 및 기타사항
본인	박한별	810505-2027818	-	부	근로소득금액 2,500만 원
배우자	김준호	800525-1056931	부	부	소득 없음, 주거형편상 별거
본인의 아버지	박인수	510725-1013119	여	부	장애인복지법상 장애인에 해당함, 소득 없음, 2023년 1월 31일에 사망
아들	김은수	050510-3212685	부	부	분리과세 기타소득 200만 원, 국외 유학 중
딸	김아름	231225-4115731	여	부	소득 없음

[2] 2023년 7월 1일 입사한 김기웅(사번 : 600)의 연말정산 자료는 다음과 같다. [연말정산추가입력]에 전(前)근무지의 내용을 반영하여 [소득명세] 탭, [부양가족] 탭, [신용카드 등] 탭, [연금저축 등] 탭, [연말정산입력] 탭을 작성하시오. (9점)

1. 전(前) 근무지(㈜해탈상사)에서 받은 근로소득원천징수영수증 자료를 입력한다.
2. 2023년 7월에 직장 근처로 이사하면서 전세자금대출을 받았다.

[김기웅의 전(前)근무지 근로소득원천징수영수증]

I 근무처별소득명세	구 분		주(현)	종(전)	⑯-1 납세조합	합 계
	⑨ 근무처명		㈜해탈상사			
	⑩ 사업자등록번호		120-85-22227			
	⑪ 근무기간		2023.1.1.~2023.6.30.	~	~	~
	⑬ 급여		24,000,000			
	⑭ 상여		3,000,000			
	⑯ 계		27,000,000			
II 비과세	⑱ 국외근로					
	⑱-1 야간근로수당	001				
	⑱-2 출산·보육수당	Q01	600,000			
	⑳ 비과세소득 계					

III 세액명세	구분			⑱ 소득세	⑲ 지방소득세	⑳ 농어촌특별세
	⑫ 결정세액			1,255,000	125,500	
	기납부세액	⑬ 종(전)근무지 (결정세액란의 세액을 적습니다)	사업자등록번호			
		⑭ 주(현)근무지		1,350,000	135,000	
	⑮ 납부특례세액					
	⑯ 차 감 징 수 세 액(⑮ - ⑬ - ⑭ - ⑮)			△95,000	△9,500	

(국민연금 1,610,000원 건강보험 1,388,000원 장기요양보험 189,000원 고용보험 235,600원)
위의 원천징수액(근로소득)을 정히 영수(지급)합니다.

[김기웅의 2023년 연말정산자료 : 모든 자료는 국세청에서 제공된 자료에 해당함]

항목	내용
보험료	• 본인 저축성보험료 : 800,000원
교육비	• 본인 야간대학원 등록금 : 3,000,000원
의료비	• 시력보정용 안경구입비 : 600,000원(본인 신용카드 결제) • 본인 질병치료비 : 2,500,000원(실손의료보험금 500,000원 수령)
신용카드 등 사용액	• 신용카드 사용액 : 21,200,000원(대중교통 1,200,000원 포함) • 직불카드 사용액 : 1,300,000원(전통시장 300,000원 포함) • 현금영수증 사용액 : 1,200,000원(도서·공연 200,000원 포함)
주택차입금 원리금상환액	• 이자상환액 : 300,000원 • 원금상환액 : 3,000,000원 ※ 주택임차차입금원리금 상환액 공제요건을 충족한다고 가정한다.

다음 문제를 보고 알맞은 것을 골라 [이론문제 답안작성] 메뉴에 입력하시오. (객관식 문항당 2점)

01 다음 중 유가증권에 대한 설명으로 옳지 않은 것은?

① 유가증권은 증권의 종류에 따라 지분증권과 채무증권으로 분류할 수 있다.
② 단기매매증권은 주로 단기간 내 매매차익을 목적으로 취득한 유가증권을 의미한다.
③ 지분증권은 단기매매증권과 매도가능증권으로 분류할 수 있으나, 만기보유증권으로 분류할 수 없다.
④ 보고기간 종료일로부터 1년 이내 만기가 도래하는 만기보유증권의 경우 단기매매증권으로 변경하여 유동자산으로 재분류하여야 한다.

02 다음의 회계상 거래가 2023년 재무제표에 미치는 영향으로 옳지 않은 것은?

> 영업부의 업무용 차량에 대한 보험료(보험기간 : 2023.07.01. ~ 2024.06.30.)를 2023년 7월 1일에 지급하고 전부 비용으로 회계처리하였다. 2023년 12월 31일 결산일 현재 별도의 회계처리를 하지 않았다.

① 자산 과대　　　　② 비용 과대　　　　③ 당기순이익 과소　　　　④ 부채 영향 없음

03 다음 중 유형자산의 취득 이후 지출에 대한 설명으로 가장 옳지 않은 것은?

① 유형자산의 인식기준을 충족하는 경우에는 자본적 지출로 처리하고, 충족하지 못한 경우에는 수익적 지출로 처리한다.
② 본래의 용도를 변경하기 위한 지출은 자본적 지출에 해당한다.
③ 자산의 원상회복, 수선유지를 위한 지출 등은 자본적 지출에 해당한다.
④ 건물 벽의 도장, 파손된 유리창 대체, 일반적인 소액 수선비는 수익적 지출에 해당한다.

04 다음 중 용역의 제공으로 인한 수익인식의 조건에 대한 설명으로 틀린 것은?

① 용역제공거래의 성과를 신뢰성 있게 추정할 수 있을 때 진행기준에 따라 인식한다.
② 이미 발생한 원가와 그 거래를 완료하기 위해 추가로 발생할 것으로 추정되는 원가의 합계액이 총수익을 초과하는 경우에는 그 초과액과 이미 인식한 이익의 합계액을 전액 당기손실로 인식한다.
③ 용역제공거래의 성과를 신뢰성 있게 추정할 수 없는 경우에는 발생한 비용의 범위 내에서 회수가능한 금액을 수익으로 인식한다.
④ 용역제공거래의 성과를 신뢰성 있게 추정할 수 없고 발생한 원가의 회수가능성이 낮은 경우에는 수익을 인식하지 않고 발생한 원가도 비용으로 인식하지 않는다.

05 다음 중 일반기업회계기준상 보수주의에 대한 예시로 옳지 않은 것은?

① 재고자산의 평가 시 저가주의에 따른다.
② 회계연도의 이익을 줄이기 위해 유형자산의 내용연수를 임의로 단축한다.
③ 물가 상승 시 재고자산평가방법으로 후입선출법을 적용한다.
④ 우발손실은 인식하나 우발이익은 인식하지 않는다.

06 다음 중 원가행태(조업도)에 따른 분류에 대한 설명으로 가장 틀린 것은?

① 고정원가는 조업도의 변동과 관계없이 일정하게 발생하는 원가이다.
② 조업도가 증가하면 총 변동원가도 증가한다.
③ 제조공장의 임차료는 대표적인 고정원가이다.
④ 조업도가 감소하면 단위당 변동원가는 증가한다.

07 ㈜한국은 제조간접원가를 직접노무시간 기준으로 배부하고 있으며 제조간접원가 배부율은 시간당 2,000원이다. 제조간접원가 실제 발생액이 18,000,000원이고, 실제 직접노무시간이 10,000시간이 발생한 경우 제조간접원가 배부차이는 얼마인가?

① 2,000,000원 과대배부
② 2,000,000원 과소배부
③ 3,000,000원 과소배부
④ 배부차이 없음

08 다음은 ㈜한국의 제조활동과 관련된 물량흐름 관련 자료이다. 이에 대한 설명으로 옳은 것은?

• 기초재공품 : 500개	• 기말재공품 : 300개	• 당기착수량 : 5,000개	• 공손품수량 : 700개

① 완성품의 10%가 정상공손이면 완성품수량은 4,200개이다.
② 완성품의 10%가 정상공손이면 정상공손수량은 450개이다.
③ 완성품의 10%가 정상공손이면 비정상공손수량은 280개이다.
④ 완성품의 10%가 정상공손이면 정상공손수량은 420개이다.

09 다음 중 개별원가계산에 대한 설명으로 옳지 않은 것은?

① 작업원가표를 근거로 원가계산을 한다.

② 직접원가와 제조간접원가의 구분이 중요하다.

③ 공정별 제품원가 집계 후 해당 공정의 생산량으로 나누어 단위당 원가를 계산하는 방식이다.

④ 주문생산형태에 적합한 원가계산방식이다.

10 아래의 자료를 이용하여 평균법에 의한 가공원가의 완성품환산량을 계산하면 얼마인가?

구분	수량	완성도
기초재공품	1,000개	50%
당기착수	3,000개	
기말재공품	2,000개	40%

① 2,800개　　　　② 3,800개　　　　③ 4,000개　　　　④ 4,300개

11 다음 중 부가가치세법상 간이과세자에 대한 설명으로 가장 틀린 것은?

① 간이과세자란 원칙적으로 직전 연도의 공급대가의 합계액이 1억 400만 원에 미달하는 사업자를 말한다.

② 직전 연도의 공급대가의 합계액이 4,800만 원 이상인 부동산임대사업자는 간이과세자로 보지 않는다.

③ 간이과세자는 세금계산서를 발급받은 재화의 공급대가에 1%를 곱한 금액을 납부세액에서 공제한다.

④ 직전 연도의 공급대가의 합계액이 4,800만 원 미만인 간이과세자는 세금계산서를 발급할 수 없다.

12 다음 중 부가가치세법상 의제매입세액공제제도에 관한 내용으로 가장 틀린 것은?

① 의제매입세액은 면세농산물 등을 공급받거나 수입한 날이 속하는 과세기간의 매출세액에서 공제한다.

② 의제매입세액공제는 사업자등록을 한 부가가치세 과세사업자가 적용대상자이며, 미등록자는 허용되지 않는다.

③ 면세농산물 등의 매입가액에는 운임 등의 직접 부대비용 및 관세를 포함한다.

④ 면세농산물 등에 대하여 세금계산서 없이도 일정한 금액을 매입세액으로 의제하여 공제하는 것이기 때문에 의제매입세액공제라고 한다.

13 다음 중 소득세법상 근로소득과 관련된 내용으로 틀린 것은?

① 식사나 기타 음식물을 제공받지 않는 근로자가 받는 월 20만원 이하의 식사대는 비과세 근로소득이다.
② 종업원이 지급받은 경조금 중 사회통념상 타당하다고 인정되는 범위 내의 금액은 근로소득으로 보지 않는다.
③ 고용관계에 의하여 지급받은 강연료는 근로소득이다.
④ 근로자의 가족에 대한 학자금은 비과세 근로소득이다.

14 다음 중 소득세법상 과세표준 확정신고를 반드시 하여야 하는 경우는?

① 퇴직소득만 있는 경우
② 근로소득과 사업소득이 있는 경우
③ 근로소득과 퇴직소득이 있는 경우
④ 근로소득과 보통예금이자 150만 원(14% 원천징수세율 적용 대상)이 있는 경우

15 다음 중 소득세법상 종합소득공제에 대한 설명으로 가장 옳지 않은 것은?

① 근로소득금액 5,000,000원이 있는 40세 배우자는 기본공제 대상자에 해당한다(단, 다른 소득은 없다).
② 종합소득금액이 35,000,000원이고, 배우자가 없는 거주자로서 기본공제 대상자인 직계비속이 있는 자는 한부모공제가 가능하다.
③ 부녀자공제와 한부모공제가 중복되는 경우에는 한부모공제만 적용한다.
④ 기본공제 대상자가 아닌 자는 추가공제 대상자가 될 수 없다.

---

cafe.naver.com/eduacc ⇒ 전산세무2급 ⇒ 기출문제 다운로드 & 데이터 설치 ⇒ KcLep 입력

㈜천부전자(회사코드:1092)는 제조 및 도·소매업을 영위하는 중소기업으로, 당기(제16기) 회계기간은 2023.1.1.~ 2023.12.31.이다. 전산세무회계 수험용 프로그램을 이용하여 다음 물음에 답하시오.

――――――――― [기 본 전 제] ―――――――――

• 문제에서 한국채택국제회계기준을 적용하도록 하는 전제조건이 없는 경우, 일반기업회계기준을 적용하여 회계처리 한다.
• 문제의 풀이와 답안작성은 제시된 문제의 순서대로 진행한다.

문제1 [일반전표입력] 메뉴를 이용하여 다음의 거래자료를 입력하시오. (15점)

――――――――― [입력 시 유의사항] ―――――――――

• 일반적인 적요의 입력은 생략하지만, 타계정 대체거래는 적요 번호를 선택하여 입력한다.
• 채권·채무와 관련된 거래는 별도의 요구가 없는 한 반드시 기등록된 거래처코드를 선택하는 방법으로 거래처명을 입력한다.
• 제조경비는 500번대 계정코드를, 판매비와관리비는 800번대 계정코드를 사용한다.
• 회계처리 시 계정과목은 별도의 제시가 없는 한 등록된 계정과목 중 가장 적절한 과목으로 한다.

[1] 06월 12일 단기매매증권으로 분류되는 ㈜단타의 주식 5,000주를 1주당 2,000원에 매입하였다. 매입수수료는 매입가액의 1%이고, 매입 관련 대금은 모두 보통예금 계좌에서 지급하였다. (3점)

[2] 07월 09일 5월분 급여 지급 시 원천징수한 소득세 3,000,000원 및 지방소득세 300,000원을 보통예금 계좌에서 이체하여 납부하였다(단, 소득세와 지방소득세를 합하여 하나의 전표로 입력할 것). (3점)

[3] 07월 21일 대주주로부터 업무용 토지(공정가치 350,000,000원)를 무상으로 기증받고, 같은 날에 토지에 대한 취득세 20,000,000원을 보통예금 계좌에서 납부하였다(단, 하나의 전표로 입력할 것). (3점)

[4] 09월 20일 액면금액 35,000,000원(5년 만기)인 사채를 34,100,000원에 발행하고, 대금은 전액 보통예금 계좌로 입금받았다. (3점)

[5] 10월 21일 전기에 발생한 ㈜도담의 외상매출금 $100,000를 회수하고 즉시 전액을 원화로 환가하여 보통예금 계좌에 입금하였다(단, 전기 결산일에 외화자산 및 부채의 평가는 적절히 반영되었으며, 계정과목은 외상매출금을 사용할 것). (3점)

2022년 12월 31일(전기 결산일) 기준환율	2023년 10월 21일(환가일) 적용환율
1,150원/$	1,250원/$

 [매입매출전표입력] 메뉴를 이용하여 다음의 거래자료를 입력하시오. (15점)

――――――――――――― [입력 시 유의사항] ―――――――――――――

• 일반적인 적요의 입력은 생략하지만, 타계정 대체거래는 적요 번호를 선택하여 입력한다.
• 채권·채무 관련 거래는 별도의 요구가 없는 한 반드시 기등록된 거래처코드를 선택하는 방법으로 거래처명을 입력한다.
• 제조경비는 500번대 계정코드를, 판매비와관리비는 800번대 계정코드를 사용한다.
• 입력화면 하단의 분개까지 처리하고, 세금계산서 및 계산서는 전자 여부를 입력하여 반영한다.

[1] 07월 02일　기계장치의 내용연수를 연장시키는 주요 부품을 교체하고 16,500,000원(부가가치세 포함)을 대보상사에 당좌수표를 발행하여 지급하였다. 이에 대해 종이세금계산서를 수취하였다(단, 부품교체 비용은 자본적지출로 처리할 것). (3점)

[2] 07월 24일　마케팅부서 직원의 야식을 참맛식당(일반과세자)에서 현금으로 구입하고, 현금영수증(지출증빙용)을 발급받았다. (3점)

현금영수증

● 거래정보

거래일시	20230724
발급수단번호	609-81-40259

● 거래금액

공급가액	부가세	봉사료	총 거래금액
80,000	8,000	0	88,000

● 가맹점 정보

상호	참맛식당
사업자번호	356-52-00538
대표자명	강연우

[3] 08월 01일   08월 01일 제품의 영업관리를 위하여 개별소비세 과세대상 승용차(1,500cc)를 ㈜빠름자동차에서 구입
하였다. 대금은 보통예금 계좌에서 3,000,000원을 지급하고 나머지는 외상으로 하였으며, 다음과 같은
전자세금계산서를 발급받았다. (3점)

전자세금계산서					승인번호		20230801-410000012-7c00mk5		
공급자	등록번호	123-81-12147	종사업장번호		공급받는자	등록번호	609-81-40259	종사업장번호	
	상호(법인명)	㈜빠름자동차	성명	김빠름		상호(법인명)	㈜시완산업	성명	신서윤
	사업장주소	서울 강남구 강남대로 256				사업장주소	서울특별시 강서구 가로공원로 173		
	업태	제조	종목	자동차		업태	제조,도소매	종목	전자제품
작성일자	공급가액		세액		수정사유	비고			
2023-08-01	25,000,000		2,500,000		해당 없음				

월	일	품목	규격	수량	단가	공급가액	세액	비고
08	01	승용차(1,500cc)				25,000,000	2,500,000	

[4] 08월 17일   ㈜더뷰상사에게 제품 2,000개를 개당 20,000원(부가가치세 별도)에 판매하고 전자세금계산서를 발급
하였다. 이와 관련하여 공급가액의 30%는 보통예금 계좌로 받고 나머지는 외상으로 하였다. (3점)

전자세금계산서					승인번호		202308172501-45121451215-4212445		
공급자	등록번호	609-81-40259	종사업장번호		공급받는자	등록번호	606-81-95866	종사업장번호	
	상호(법인명)	㈜시완산업	성명	신서윤		상호(법인명)	㈜더뷰상사	성명	김소인
	사업장주소	서울특별시 강서구 가로공원로 173				사업장주소	충북 청주시 흥덕구 청주역로 105		
	업태	제조,도소매	종목	전자제품		업태	도소매	종목	완구
작성일자	공급가액		세액		수정사유	비고			
2023-08-17	40,000,000		4,000,000						

월	일	품목	규격	수량	단가	공급가액	세액	비고
08	17	모니터 외		2,000	20,000	40,000,000	4,000,000	

[5] 11월 30일   미국의 KYM사에 $60,000(수출신고일 11월 27일, 선적일 11월 30일)의 제품을 직수출하였다. 수출대금 중 $30,000는 11월 30일에 보통예금 계좌로 받았으며, 나머지 잔액은 12월 5일에 받기로 하였다. 일자별 기준환율은 다음과 같다(단, 수출신고필증은 정상적으로 발급받았으며, 수출신고번호는 고려하지 말 것). (3점)

일자	11월 27일	11월 30일	12월 05일
기준환율	1,350원/$	1,310원/$	1,295원/$

문제3   부가가치세 신고와 관련하여 다음 물음에 답하시오. (10점)

[1] 다음 자료를 바탕으로 제2기 확정신고기간(2023.10.01.~2023.12.31.)의 [부동산임대공급가액명세서]를 작성하시오(단, 간주임대료에 대한 정기예금 이자율은 2.9%로 가정한다). (3점)

동수	층수	호수	면적(㎡)	용도	임대기간	보증금(원)	월세(원)	관리비(원)
2	1	103	100	사무실	2021.11.01.~2023.10.31.	50,000,000	2,000,000	500,000
					2023.11.01.~2025.10.31.	60,000,000	2,000,000	500,000

- 위 사무실은 ㈜삼정테크(502-86-56232)에게 2021.11.01. 최초로 임대를 개시하였으며, 계약기간 만료로 2023.11.01. 임대차계약을 갱신하면서 보증금만 인상하기로 하였다.
- 월세와 관리비 수입은 모두 정상적으로 세금계산서를 발급하였으며, 간주임대료에 대한 부가가치세는 임대인이 부담하고 있다.

[2] 다음 자료를 이용하여 2023년 제1기 예정신고기간(01.01.~03.31.)의 [부가가치세신고서]를 작성하시오(단, 기존에 입력된 자료 또는 불러오는 자료는 무시하고, 부가가치세 신고서 외의 부속서류 작성은 생략할 것). (5점)

매출자료	(1) 전자세금계산서 발급분 : 공급가액 350,000,000원 세액 35,000,000원 (2) 현금영수증 발급분 : 공급가액 12,000,000원 세액 1,200,000원 (3) [부동산임대공급가액명세서]에서 계산된 간주임대료 과세표준 금액 : 287,600원 　　(단, 임대료에 대한 전자세금계산서는 적법하게 발급되었음)
매입자료	(1) 전자세금계산서 수취분 일반매입 : 공급가액 110,000,000원 세액 11,000,000원 　 - 업무용 토지취득 관련 법무사비용 공급가액 350,000원 세액 35,000원이 포함되어 있다. (2) 전자세금계산서 수취분 고정자산매입 : 공급가액 40,000,000원 세액 4,000,000원 　 - 개별소비세 과세 대상 업무용승용차(5인승, 1,995cc) 매입액이다. (3) 신용카드 일반매입액 : 공급가액 50,000,000원 세액 5,000,000원 　 - 접대 관련 카드사용분 공급가액 5,000,000원 세액 500,000원이 포함되어 있다.
기타자료	・매출 및 매입에 대한 전자세금계산서는 적법하게 발급되었다. ・전자신고세액공제는 고려하지 않는다.

[3] 2023년 제1기 확정 부가가치세신고서의 [전자신고]를 수행하시오. (2점)

> 1. 부가가치세신고서와 관련 부속서류는 마감되어 있다.
> 2. [전자신고] → [국세청 홈택스 전자신고변환(교육용)] 순으로 진행한다.
> 3. [전자신고]에서 전자파일 제작 시 신고인 구분은 2.납세자 자진신고로 선택하고, 비밀번호는 "13001300"으로 입력한다.
> 4. [국세청 홈택스 전자신고변환(교육용)] → 전자파일변환(변환대상파일선택) → 찾아보기
> 5. 전자신고용 전자파일 저장경로는 로컬디스크(C:)이며, 파일명은 "enc작성연월일.101.v6098140259"이다.
> 6. 형식검증하기 ➡ 형식검증결과확인 ➡ 내용검증하기 ➡ 내용검증결과확인 ➡ 전자파일제출 을 순서대로 클릭한다.
> 7. 최종적으로 전자파일 제출하기 를 완료한다.

문제4   결산정리사항은 다음과 같다. 관련 메뉴를 이용하여 결산을 완료하시오. (15점)

[1] 3월 22일에 장기 투자 목적으로 ㈜바른상사의 비상장주식 10,000주를 7,300,000원에 취득하였다. 결산일 현재 해당 주식의 시가는 1주당 850원이다. (3점)

[2] 12월 30일에 장부상 현금보다 실제 현금이 102,000원이 적은 것을 발견하여 현금과부족으로 회계 처리하였으나 기말까지 원인을 파악하지 못했다. (3점)

[3] 결산 시 거래처원장 중 보통예금(우리은행)의 잔액이 (-)35,423,800원임을 발견하였다. 보통예금(우리은행) 계좌는 마이너스 통장으로 확인되었다(단, 마이너스 통장은 단기차입금 계정을 사용하고, 음수(-)로 회계처리하지 말 것). (3점)

[4] 2023년 3월 1일에 영업부 사무실에 대한 화재보험료(보험기간 2023.03.01.~ 2024.02.29.) 1,200,000원을 전액 납입하고, 전액 비용으로 회계처리하였다(단, 음수(-)로 회계처리하지 말고, 월할계산 할 것). (3점)

[5] 퇴직급여추계액이 다음과 같을 때 퇴직급여충당부채를 설정하시오. 회사는 퇴직급여추계액의 100%를 퇴직급여충당부채로 설정하고 있다. (3점)

구분	퇴직금추계액	설정 전 퇴직급여충당부채 잔액
생산부서	300,000,000원	60,000,000원
마케팅부서	100,000,000원	20,000,000원

문제5 2023년 귀속 원천징수자료와 관련하여 다음의 물음에 답하시오. (15점)

[1] 다음 자료를 이용하여 본사 기업부설연구소의 수석연구원으로 근무하는 박정수(사번:102)의 7월분 [급여자료입력]과 [원천징수이행상황신고서]를 작성하시오(단, 전월미환급세액은 150,000원이다). (5점)

> ※ 수당등록 시 월정액 및 통상임금은 고려하지 않으며, 사용하는 수당 이외의 항목은 사용 여부를 "부"로 체크한다.
> ※ 급여자료입력 시 공제항목의 불러온 데이터는 무시하고 직접 입력하여 작성한다.
> ※ 원천징수이행상황신고서의 귀속월과 지급월은 동일하게 매월 작성하여 신고하고 있으며, 박정수의 급여내역만 반영하고 환급신청은 하지 않기로 한다.
> ※ 비과세 요건에 해당하면 최대한 반영하기로 한다.

[7월 급여내역]

이름	박정수	지급일	7월 31일
기본급	2,000,000원	소득세	39,690원
직책수당	300,000원	지방소득세	3,960원
식대	200,000원	국민연금	112,500원
[기업연구소]연구보조비	200,000원	건강보험	88,620원
육아수당	200,000원	장기요양보험	11,350원
		고용보험	23,400원
급여계	2,900,000원	공제합계	279,520원
		지급총액	2,620,480원

• 식대 : 식대 이외에 현물식사도 함께 제공하고 있다.
• [기업연구소]연구보조비 : 연구활동에 직접 종사하는 자에게 지급하고 있다.
• 육아수당 : 사규에 따라 6세 이하 자녀의 보육과 관련하여 자녀 1인당 200,000원의 수당을 지급하고 있다.

[2] 2023년 9월 20일에 입사한 사원 김민수(사번:130, 세대주)의 2023년 귀속 연말정산 관련 자료는 다음과 같다. [연말정산추가자료입력] 메뉴에서 이전 근무지와 관련한 근로소득 원천징수영수증은 [소득명세] 탭, 나머지 연말정산 자료에 따라 [부양가족] 탭, [의료비] 탭에 입력하고, [연말정산입력] 탭을 완성하시오(단, 제시된 자료 외의 소득은 없으며, 본인의 세부담 최소화를 가정한다). (10점)

1. 가족사항 (단, 모두 생계를 같이 하며, 반드시 기본공제대상자가 아닌 경우에는 '부'로 입력할 것)

성명	관계	주민번호	비고
김민수	본인	780205-1884520	
여민지	배우자	810120-2118524	근로소득자(총급여액 : 5,000,000원)
김수지	자녀	100810-4988221	중학생, 일시적인 문예창작소득 50만 원
김지민	자녀	120520-3118529	초등학생, 소득없음.
한미녀	모친	551211-2113251	「장애인복지법」상 장애인, 원천징수 대상 금융소득금액 1,000만 원

2. 김민수의 전(前)근무지 근로소득 원천징수영수증

• 근무처 : ㈜강일전자(205-85-11389)	• 근무기간 : 2023.01.01.~2023.09.19.
• 급여 : 33,250,000원	• 상여 : 8,500,000원
• 국민연금보험료 : 1,822,500원	• 국민건강보험료 : 1,435,680원
• 장기요양보험료 : 183,870원	• 고용보험료 : 364,500원

구분		소득세	지방소득세
세액명세	결정세액	325,000원	32,500원
	기납부세액	370,000원	37,000원
	차감징수세액	-45,000원	-4,500원

3. 연말정산추가자료(모두 국세청 연말정산간소화서비스에서 조회한 자료임)

항목	내용
보험료	• 김민수 자동차 운전자보험료(보장성) : 1,150,000원 • 한미녀 장애인전용보장성 보험료 : 1,200,000원
의료비	• 여민지(배우자) : 국내에서 지출한 질병 치료비 3,000,000원(김민수의 신용카드로 결제함) ※ 실손의료보험금 수령액 1,000,000원 • 김수지(자녀) : 시력보정용 콘택트렌즈 구입비 600,000원(김민수 신용카드로 결제함)
교육비	• 김수지(자녀) : 중학교의 수업료 및 특별활동비 200,000원, 영어학원비 1,000,000원 • 김지민(자녀) : 초등학교 현장학습체험학습비 400,000원, 태권도학원비 700,000원 • 한미녀(모친) : 평생교육법에 따른 대학교 등록금 3,000,000원 (장애인특수교육비에 해당하지 않음)
신용카드등 사용액	• 김민수(본인) 신용카드 사용액 : 32,570,000원(아래의 항목이 포함된 금액임) | 구분	금액	구분	금액
---	---	---	---
전통시장	5,200,000원	대중교통	7,500,000원	 • 여민지(배우자) 직불카드 사용액 : 12,000,000원 • 한미녀(모친) 현금영수증 사용액 : 5,000,000원

다음 문제를 보고 알맞은 것을 골라 이론문제 답안작성 메뉴에 입력하시오. (객관식 문항당 2점)

01 다음 중 재무상태표의 구성요소에 대한 설명으로 틀린 것은?

① 부채는 유동성에 따라 유동부채와 비유동부채로 구분한다.

② 자산과 부채는 유동성이 큰 항목부터 배열하는 것을 원칙으로 한다.

③ 자산은 유동자산과 비유동자산으로 구분하며 유동자산은 당좌자산과 투자자산으로 구분한다.

④ 자본은 자본금, 자본잉여금, 자본조정, 기타포괄손익누계액 및 이익잉여금(결손금)으로 구분한다.

02 다음의 자료를 이용하여 기말 자본잉여금을 구하시오. 단, 기초 자본잉여금은 10,000,000원이다.

당기에 발생한 자본 항목의 증감 내역은 아래와 같다.	
• 주식발행초과금 증가 2,000,000원	• 자기주식처분이익 발생 300,000원
• 이익준비금 적립 3,000,000원	• 자본금 증가 5,000,000원

① 12,000,000원   ② 12,300,000원   ③ 15,000,000원   ④ 17,000,000원

03 다음 중 받을어음의 대손충당금을 과대 설정하였을 경우 재무제표에 미치는 영향으로 올바른 것은?

① 자산의 과소계상   ② 비용의 과소계상   ③ 당기순이익 과대계상   ④ 이익잉여금의 과대계상

04 다음 중 일반기업회계기준에 따른 유형자산에 대한 설명으로 옳지 않은 것은?

① 취득원가는 구입원가 또는 제작원가 및 경영진이 의도하는 방식으로 자산을 가동하는 데 필요한 장소와 상태에 이르게 하는 데 직접 관련되는 원가로 구성된다.

② 취득세, 등록면허세 등 유형자산의 취득과 직접 관련된 제세공과금은 당기비용으로 처리한다.

③ 새로운 상품과 서비스를 소개하는 데 소요되는 원가(예 : 광고 및 판촉활동과 관련된 원가)는 유형자산의 원가를 구성하지 않는다.

④ 건물을 신축하기 위하여 사용 중인 기존 건물을 철거하는 경우 그 건물의 장부금액은 제거하여 처분손실로 반영하고, 철거비용은 전액 당기비용으로 처리한다.

05 다음 중 충당부채에 대한 설명으로 틀린 것은?

① 과거사건에 의해 충당부채를 인식하기 위해서는 그 사건이 기업의 미래행위와 독립적이어야 한다.
② 충당부채는 보고기간말마다 그 잔액을 검토하고, 보고기간말 현재 최선의 추정치를 반영하여 증감조정한다.
③ 충당부채를 발생시킨 사건과 밀접하게 관련된 자산의 예상되는 처분차익은 충당부채 금액의 측정에 고려하지 아니한다.
④ 의무발생사건의 결과로 현재의무가 존재하면 자원의 유출 가능성이 낮더라도 충당부채로 인식해야 한다.

06 ㈜한국은 선입선출법에 의한 종합원가계산을 적용하고 있으며, 당기 생산 관련 자료는 아래와 같다. 품질검사는 완성도 30% 시점에서 이루어지며, 당기에 검사를 통과한 정상품의 3%를 정상공손으로 간주한다. 당기의 정상공손수량은 몇 개인가?

[물량흐름]			
	기초재공품	500개	(완성도 70%)
	당기착수량	2,000개	
	당기완성량	2,000개	
	기말재공품	300개	(완성도 50%)

① 51개　　　　② 54개　　　　③ 60개　　　　④ 75개

07 다음 중 원가회계의 목적과 거리가 먼 것은?

① 내부 경영 의사결정에 필요한 원가 정보를 제공하기 위함이다.
② 원가통제에 필요한 원가 정보를 제공하기 위함이다.
③ 손익계산서상 제품 원가에 대한 원가 정보를 제공하기 위함이다.
④ 이익잉여금처분계산서상 이익잉여금 처분 정보를 제공하기 위함이다.

08 다음은 정상원가계산을 채택하고 있는 ㈜서울의 2024년 원가 관련 자료이다. ㈜서울은 직접노동시간에 비례하여 제조간접원가를 배부한다. 제조간접원가 배부액을 구하시오.

• 제조간접원가 예산 : 39,690,000원	• 실제 제조간접원가 : 44,100,000원
• 예산 직접노동시간 : 90,000시간	• 실제 직접노동시간 : 70,000시간

① 30,870,000원　　　② 34,300,000원　　　③ 47,800,000원　　　④ 51,030,000원

09 다음 중 제조원가의 분류로 잘못 구성된 것을 고르시오.

① 추적가능성에 따른 분류 : 직접재료원가, 간접재료원가, 직접노무원가, 간접노무원가

② 제조원가의 요소에 따른 분류 : 직접재료원가, 직접노무원가, 제조간접원가

③ 원가행태에 따른 분류 : 재료원가, 노무원가, 제조간접원가

④ 발생형태에 따른 분류 : 재료원가, 노무원가, 제조경비

10 다음 중 보조부문원가의 배분 방법에 대한 설명으로 옳은 것은?

① 직접배분법은 보조부문 상호간의 용역수수관계를 전혀 인식하지 않아 항상 가장 부정확하다.

② 상호배분법은 보조부문 상호간의 용역수수관계를 가장 정확하게 배분하므로 가장 많이 이용된다.

③ 단계배분법은 보조부문 상호간의 용역수수관계를 일부 인식하며 배분 순서에 따라 결과가 달라진다.

④ 단계배분법은 우선순위가 낮은 부문의 원가를 우선순위가 높은 부문과 제조부문에 먼저 배분한다.

11 다음 중 부가가치세법상 아래의 수정세금계산서 발급 방법에 대한 수정세금계산서 발급 사유로 옳은 것은?

> (수정세금계산서 발급 방법)
> 사유 발생일을 작성일로 적고 비고란에 처음 세금계산서 작성일을 덧붙여 적은 후 붉은색 글씨로 쓰거나 음의 표시를 하여 발급

① 착오로 전자세금계산서를 이중으로 발급한 경우

② 계약의 해제로 재화 또는 용역이 공급되지 아니한 경우

③ 필요적 기재사항 등이 착오 외의 사유로 잘못 적힌 경우

④ 면세 등 세금계산서 발급 대상이 아닌 거래 등에 대하여 세금계산서를 발급한 경우

12 다음 중 부가가치세법상 공제하지 아니하는 매입세액이 아닌 것은?

① 토지에 관련된 매입세액

② 사업과 직접 관련이 없는 지출에 대한 매입세액

③ 기업업무추진비 및 이와 유사한 비용 지출에 대한 매입세액

④ 세금계산서 임의적 기재사항의 일부가 적히지 아니한 지출에 대한 매입세액

13 다음 중 부가가치세법상 환급에 대한 설명으로 가장 옳지 않은 것은?

① 각 과세기간별로 그 과세기간에 대한 환급세액을 확정신고한 사업자에게 그 확정신고기한이 지난 후 25일 이내에 환급하여야 한다.
② 재화 및 용역의 공급에 영세율을 적용받는 경우 조기환급 신고할 수 있다.
③ 조기환급 신고의 경우 조기환급 신고기한이 지난 후 15일 이내에 환급할 수 있다.
④ 사업 설비를 신설·취득·확장 또는 증축하는 경우 조기환급 신고할 수 있다.

14 다음 중 소득세법상 종합소득에 대한 설명으로 틀린 것은?

① 이자소득은 총수입금액과 소득금액이 동일하다.
② 퇴직소득과 양도소득은 종합소득에 해당하지 않는다.
③ 사업소득, 근로소득, 연금소득, 기타소득에는 비과세 소득이 존재한다.
④ 금융소득(이자 및 배당)은 납세자의 선택에 따라 금융소득종합과세를 적용할 수 있다.

15 다음 중 소득세법상 결손금과 이월결손금에 대한 설명으로 가장 옳지 않은 것은?

① 비주거용 부동산 임대업에서 발생한 이월결손금은 타 소득에서 공제할 수 없다.
② 추계 신고 시에는 원칙적으로 이월결손금을 공제할 수 없다.
③ 해당 과세기간에 일반사업소득에서 결손금이 발생하고 이월결손금도 있는 경우에는 이월결손금을 먼저 다른 소득금액에서 공제한다.
④ 결손금의 소급공제는 중소기업에 한하여 적용 가능하다.

cafe.naver.com/eduacc ⇒ 전산세무2급 ⇒ 기출문제 다운로드 & 데이터 설치 ⇒ KcLep 입력

㈜파도상회(회사코드 : 1132)는 전자제품의 제조 및 도·소매업을 주업으로 영위하는 중소기업으로, 당기(제13기)의 회계기간은 2024.1.1.~2024.12.31.이다. 전산세무회계 수험용 프로그램을 이용하여 다음 물음에 답하시오.

문제1　[일반전표입력] 메뉴를 이용하여 다음의 거래자료를 입력하시오. (15점)

──────── [입력 시 유의사항] ────────

- 일반적인 적요의 입력은 생략하지만, 타계정 대체거래는 적요 번호를 선택하여 입력한다.
- 채권·채무와 관련된 거래는 별도의 요구가 없는 한 반드시 기등록된 거래처코드를 선택하여 거래처명을 입력한다.
- 제조경비는 500번대 계정코드를, 판매비와관리비는 800번대 계정코드를 사용한다.
- 회계처리 시 계정과목은 별도의 제시가 없는 한 등록된 계정과목 중 가장 적절한 과목으로 한다.

[1]　03월 21일 정기 주주총회에서 이익배당을 결의하다. 다음은 정기 주주총회 의사록이며, 실제 배당금 지급일은 4월로 예정되었다(단, 이익배당과 관련된 회계처리를 이월이익잉여금(375) 계정을 사용하여 회계처리할 것). (3점)

제12기 정기 주주총회 의사록

㈜ 파도상회

1. 일시 : 2024년 3월 21일 16시

제1호 의안 : 제12기(2023년 1월 1일부터 2023년 12월 31일까지) 재무제표 승인의 건

　의장은 본 의안을 2023년 결산기가 2023년 12월 31일자로 종료됨에 따라 재무상태표 및 손익계산서를 보고하고 이에 따른 승인을 구한바 참석주주 전원의 일치로 이를 승인가결하다.

제2호 의안 : 제12기 이익배당의 건

　의장은 제12기(2023년) 배당에 관한 안건을 상정하고 의안에 대한 설명 및 필요성을 설명하고 그 승인을 구한바, 만장일치로 찬성하여 다음과 같이 승인 가결하다.

　1) 배당에 관한 사항

　　가. 1주당 배당금 : 보통주 1,000원

　　나. 액면배당률 : 보통주　10%

　　다. 배당총액 : 100,000,000원

　2) 기타사항

　　가. 배당은 현금배당으로 하며, 이익배당액의 10%를 결의일에 이익준비금으로 적립한다.

[2] 03월 28일　남일상사에 대한 외상매입금 15,500,000원 중 7,000,000원은 보통예금 계좌에서 이체하여 지급하였으며 잔액은 대표자 개인 명의의 보통예금 계좌에서 이체하여 지급하였다(단, 가수금 계정을 사용하고, 거래처(00133)를 입력할 것). (3점)

[3] 06월 25일　외부 강사를 초청하여 영업부 직원들의 CS교육을 실시하고 강사료 2,400,000원에서 원천징수세액(지방소득세 포함) 79,200원을 차감한 금액을 보통예금 계좌에서 지급하였다. (3점)

[4] 08월 10일　단기매매차익을 얻을 목적으로 전기에 취득하여 보유하고 있던 ㈜연홍의 주식(취득가액 500,000원)을 모두 1,000,000원에 처분하고 대금에서 거래수수료 등 제비용 50,000원을 차감한 잔액이 보통예금 계좌로 입금되었다. (3점)

[5] 09월 05일　제품 생산에 투입할 원재료로 사용하기 위해 구입하여 보관 중인 미가공식료품을 수재민을 도와주기 위하여 지방자치단체에 무상으로 기부하였다. 단, 취득원가는 2,000,000원이며, 시가는 2,100,000원이다. (3점)

문제2　[매입매출전표입력] 메뉴를 이용하여 다음의 거래자료를 입력하시오. (15점)

[1] 07월 17일　비사업자인 개인 소비자 추미랑에게 제품을 판매하고 대금은 현금으로 받아 아래의 현금영수증을 발급하였다. (3점)

현금영수증

● **거래정보**

거래일시	2024/07/17

● **거래금액**

공급가액	부가세	봉사료	총 거래금액
480,000	48,000	0	528,000

● **가맹점 정보**

상호	㈜파도상회
사업자번호	124-86-94282
대표자명	이도진

[2] 07월 28일　　비사업자인 개인에게 영업부 사무실에서 사용하던 에어컨(취득원가 2,500,000원, 감가상각누계액 1,500,000원)을 1,100,000원(부가가치세 포함)에 판매하고, 대금은 보통예금 계좌로 받았다(단, 별도의 세금계산서나 현금영수증을 발급하지 않았으며, 거래처 입력은 생략할 것). (3점)

[3] 08월 28일　　해외거래처인 LQTECH로부터 제품 생산에 필요한 원재료를 수입하면서 인천세관으로부터 아래의 수입전자세금계산서를 발급받고, 부가가치세는 현금으로 납부하였다(단, 재고자산에 대한 회계처리는 생략할 것). (3점)

<table>
<tr><td colspan="5" align="center">수입전자세금계산서</td><td colspan="2" align="center">승인번호</td><td colspan="3" align="center">20240828-11324560-11134567</td></tr>
<tr><td rowspan="3" align="center">세
관
명</td><td align="center">등록
번호</td><td>135-82-12512</td><td align="center">종사업장
번호</td><td></td><td rowspan="3" align="center">수
입
자</td><td align="center">등록
번호</td><td>124-86-94282</td><td align="center">종사업장
번호</td><td></td></tr>
<tr><td align="center">세관명</td><td>인천세관</td><td align="center">성명</td><td>김세관</td><td align="center">상호
(법인명)</td><td>㈜파도상회</td><td align="center">성명</td><td>이도진</td></tr>
<tr><td align="center">세관주소</td><td colspan="3">인천광역시 미추홀구 함구로</td><td align="center">사업장주소</td><td colspan="3">경기도 부천시 길주로 284, 515호</td></tr>
<tr><td colspan="2" align="center">수입신고번호</td><td colspan="3"></td><td></td><td align="center">업태</td><td>제조업</td><td align="center">종목</td><td>전자제품</td></tr>
<tr><td colspan="2" align="center">납부일자</td><td colspan="2" align="center">과세표준</td><td colspan="2" align="center">세액</td><td align="center">수정사유</td><td colspan="3" align="center">비고</td></tr>
<tr><td colspan="2" align="center">2024/08/28</td><td colspan="2" align="center">5,400,000</td><td colspan="2" align="center">540,000</td><td align="center">해당 없음</td><td colspan="3"></td></tr>
<tr><td align="center">월</td><td align="center">일</td><td align="center">품목</td><td align="center">규격</td><td align="center">수량</td><td align="center">단가</td><td align="center">공급가액</td><td align="center">세액</td><td align="center">비고</td><td></td></tr>
<tr><td align="center">08</td><td align="center">28</td><td align="center">수입신고필증 참조</td><td></td><td></td><td></td><td align="center">5,400,000</td><td align="center">540,000</td><td></td><td></td></tr>
<tr><td colspan="2" align="center">합계금액</td><td colspan="2">5,940,000</td><td colspan="6"></td></tr>
</table>

[4] 09월 02일　　사내 행사를 위하여 영업부 직원들에게 제공할 다과류를 구입하고 법인카드(비씨카드)로 결제하였다. (3점)

2024.09.02.(화) 09 : 30 : 51	
1,100,000원	
정상승인 | 일시불	
결제금액	1,100,000원
공급가액	1,000,000원
부가세	100,000원
가맹점명	과자나라㈜
사업자등록번호	123-86-12346
대표자명	오나라

[5] 09월 11일　공장에서 사용할 목적으로 지난 4월 2일 ㈜오성기계와 체결한 기계장치 공급계약에 따라 절단로봇을 인도받고 시험가동을 완료하였다. 잔금은 보통예금 계좌에서 지급하고 아래의 전자세금계산서를 발급받았다. (3점)

고압제트 절단로봇 공급계약서	
제2조　위 공급계약의 총 계약금액은 22,000,000원(VAT 포함)으로 하며, 아래와 같이 지불하기로 한다.	
계약금	일금　이백만 원정 (₩ 2,000,000)은 계약 시에 지불한다.
잔금	일금　이천만 원정 (₩ 20,000,000)은 2024년 09월 30일 내에 제품 인도 후 시험가동이 완료된 때에 지불한다.

전자세금계산서					승인번호		20240911-31000013-443461111	
공급자	등록번호	130-81-08113	종사업장번호		공급받는자	등록번호	124-86-94282	종사업장번호	
	상호(법인명)	㈜오성기계	성명	유오성		상호(법인명)	㈜파도상회	성명	이도진
	사업장주소	경기도 부천시 길주로 1				사업장주소	경기도 부천시 길주로 284, 515호		
	업태	제조	종목	생산로봇		업태	제조,도소매	종목	전자제품

작성일자	공급가액	세액	수정사유
2024/09/11	20,000,000	2,000,000	

월	일	품목	규격	수량	단가	공급가액	세액	비고
09	11	고압제트 절단 로봇	M701C			20,000,000	2,000,000	

합계금액	현금	수표	어음	외상미수금	이 금액을 (영수) 함
22,000,000	22,000,000				

[1] 이 문제에 한정하여 ㈜파도상회는 음식점업만을 영위하는 법인으로 가정한다. 다음 자료를 이용하여 2024년 제1기 확정신고기간(2024.04.01.~2024.06.30.)에 대한 의제매입세액공제신고서를 작성하시오. (4점)

1. 매입자료

취득일자	공급자	사업자등록번호 (주민등록번호)	물품명	수량	매입가액	구분
2024.04.10.	은성	752-06-02023	야채	250개	1,020,000원	계산서
2024.04.30.	㈜이두식자재	872-87-85496	생닭	300마리	1,830,000원	신용카드
2024.05.20.	김어부	650321-1548905	갈치	80마리	790,000원	농어민 매입

2. 제1기 예정분 과세표준은 80,000,000원이며, 확정분 과세표준은 95,000,000원이다.
3. 제1기 예정신고 시 의제매입세액 75,000원을 공제받았다.
4. 위 자료 1의 면세 매입 물품은 모두 과세사업인 음식점업에 직접 사용하였다.

[2] 다음의 자료를 이용하여 2024년 제2기 부가가치세 확정신고기간에 대한 [건물등감가상각자산취득명세서]를 작성하시오(단, 아래의 자산은 모두 감가상각 대상에 해당함). (4점)

취득일	내용	공급가액	상호	비고
		부가가치세액	사업자등록번호	비고
10.04.	영업부의 업무용승용차(2,000cc) 구입	31,000,000원	㈜원대자동차	전자세금계산서 수취
		3,100,000원	210-81-13571	
11.26.	제조부의 공장 건물 신축공사비 지급	50,000,000원	아름건설	종이세금계산서 수취
		5,000,000원	101-26-97846	
12.09.	제조부 공장에서 사용할 포장기계 구입	2,500,000원	나라포장	법인 신용카드 결제
		250,000원	106-02-56785	

[3] 2024년 제1기 예정신고기간(2024.01.01.~2024.03.31.)의 [부가가치세신고서]를 전자신고하시오. (2점)

1. 부가가치세신고서와 관련 부속서류는 마감되어 있다.
2. [전자신고] → [국세청 홈택스 전자신고변환(교육용)] 순으로 진행한다.
3. [전자신고]의 [전자신고제작] 탭에서 신고인구분은 2.납세자 자진신고, 비밀번호는 "12341234"로 입력한다.
4. [국세청 홈택스 전자신고변환(교육용)] → 전자파일변환(변환대상파일선택) → 찾아보기 에서 전자신고용 전자파일을 선택한다.
5. 전자신고용 전자파일 저장경로는 로컬디스크(C:)이며, 파일명은 "enc작성연월일.101.v3708112345"이다.
6. 형식검증하기 ➡ 형식검증결과확인 ➡ 내용검증하기 ➡ 내용검증결과확인 ➡ 전자파일제출 을 순서대로 클릭한다.
7. 최종적으로 전자파일 제출하기 를 완료한다.

[1] 아래의 자료를 이용하여 정기예금의 당기분 경과이자에 대한 회계처리를 하시오(단, 월할 계산할 것). (3점)

- 정기예금액 : 30,000,000원   • 예금가입기간 : 2024.04.01.~2025.03.31.   • 연이자율 : 3.4%
- 이자는 만기일(2025.03.31.)에 일시 수령한다.

[2] 일반기업회계기준에 따라 2024년 말 현재 보유 중인 매도가능증권에 대하여 결산일의 적절한 회계처리를 하시오(단, 매도가능증권은 비유동자산이며, 2023년의 회계처리는 적절하게 되었다). (3점)

주식명	2023년 취득가액	2023년 말 공정가치	2024년 말 공정가치
㈜엔지	5,000,000원	6,000,000원	4,800,000원

[3] 2024년 11월 중 캐나다 ZF사에 수출한 외상매출금 $100,000은 2025년 1월 15일에 외화 통장으로 회수될 예정이 며, 일자별 기준환율은 다음과 같다. (3점)

구분	수출신고일 : 24.11.03.	선적일 : 24.11.10.	결산일 : 2024.12.31.
기준환율	900원/$	920원/$	950원/$

[4] 기존에 입력된 데이터는 무시하고 2024년 제2기 확정신고기간의 부가가치세와 관련된 내용은 다음과 같다고 가정 한다. 12월 31일 부가세예수금과 부가세대급금을 정리하는 회계처리를 하시오. 단, 납부세액(또는 환급세액)은 미지 급세금(또는 미수금)으로, 경감세액은 잡이익으로, 가산세는 세금과공과(판)로 회계처리한다. (3점)

- 부가세대급금   6,400,000원   • 부가세예수금   8,240,000원
- 전자신고세액공제액   10,000원   • 세금계산서지연발급가산세   84,000원

[5] 결산일 현재 무형자산인 영업권의 전기 말 상각 후 미상각잔액은 200,000,000원으로 이 영업권은 작년 1월 초 250,000,000원에 취득한 것이다. 이에 대한 회계처리를 하시오. 단, 회사는 무형자산에 대하여 5년간 월할 균등 상각 하고 있으며, 상각기간 계산 시 1월 미만은 1월로 간주한다. (3점)

[1] 다음 자료를 이용하여 2024년 5월 귀속 [원천징수이행상황신고서]를 작성하시오. 단, 아래에 주어진 자료만을 이용하여 [원천징수이행상황신고서]를 직접 작성하고, [급여자료입력] 메뉴에서 불러오는 자료는 무시할 것. (5점)

[지급일자 : 2024년 6월 05일]				2024년 5월 귀속 급여대장					(단위:원)
구분	급여내역상세					공제내역상세			
성명	기본급	자격수당	식대	자가운전보조금	합계	4대보험	소득세	지방소득세	합계
김성현	2,600,000	–	200,000	200,000	3,000,000	234,000	90,000	9,000	333,000
서지은	2,700,000	300,000	200,000	–	3,200,000	270,000	– 200,000	– 20,000	50,000
합계	5,300,000	300,000	400,000	200,000	6,200,000	504,000	– 110,000	– 11,000	383,000

1. 위 급여내역 중 식대 및 자가운전보조금은 비과세 요건을 충족한다.
2. 5월 귀속 급여 지급일은 2024년 6월 5일이다.
3. 서지은(중도퇴사자) 관련 사항
   (1) 2024년 5월 31일까지 근무 후 중도퇴사하였다.
   (2) 2024년 1월부터 4월까지의 총지급액은 12,000,000원이라고 가정한다.
   (3) 소득세 및 지방소득세는 중도 퇴사자 정산이 반영된 내역이며, 5월분 급여에 대해서는 원천징수하지 않았다.

[2] 함춘식 대리(사번 : 301, 입사일 : 2024년 04월 21일)의 2024년 귀속 연말정산과 관련된 자료는 다음과 같다. 아래의 자료를 이용하여 [연말정산추가자료입력] 메뉴의 [소득명세] 탭, [부양가족] 탭, [의료비] 탭, [신용카드등] 탭, [월세액] 탭을 작성하고 [연말정산입력] 탭에서 연말정산을 완료하시오(단, 제시된 소득 이외의 소득은 없으며, 세부담 최소화를 가정한다). (10점)

현근무지	• 급여총액 : 40,600,000원(비과세 급여, 상여, 감면소득 없음) • 소득세 기납부세액 : 2,368,370원(지방소득세 : 236,800원) • 이외 소득명세 탭의 자료는 불러오기 금액을 반영한다.
전(前)근무지 근로소득 원천징수영수증	• 근무처 : ㈜솔비공업사(사업자번호 : 956–85–02635) • 근무기간 : 2024.01.01.~2024.04.20. • 급여총액 : 12,200,000원(비과세 급여, 상여, 감면소득 없음) • 건강보험료 : 464,810원 • 장기요양보험료 : 97,290원 • 고용보험료 : 134,320원 • 국민연금 : 508,700원 • 소득세 결정세액 : 398,000원(지방소득세 결정세액 : 39,800원)

<table>
<tr><td rowspan="5">가족사항</td><td>성명</td><td>관계</td><td>주민번호</td><td>비고</td></tr>
<tr><td>함춘식</td><td>본인</td><td>900919 – 1668321</td><td>무주택 세대주임</td></tr>
<tr><td>함덕주</td><td>부</td><td>501223 – 1589321</td><td>일용근로소득금액 4,300만원</td></tr>
<tr><td>박경자</td><td>모</td><td>530807 – 2548718</td><td>복권 당첨소득 500만원</td></tr>
<tr><td>함경리</td><td>누나</td><td>881229 – 2509019</td><td>중증환자 등 장애인으로 소득 없음</td></tr>
</table>

- 기본공제대상자가 아닌 경우 기본공제 여부에 '부'로 표시할 것
- 위의 가족은 모두 내국인으로 생계를 같이 하는 것으로 한다.

<table>
<tr><td rowspan="5">2024년도
연말정산자료</td><td>항목</td><td>내용</td></tr>
<tr><td>보험료</td><td>• 함덕주(부) : 일반 보장성 보험료 50만 원
• 함춘식(본인) : 저축성 보험료 120만 원
• 함경리(누나) : 장애인 전용 보장성 보험료 70만 원</td></tr>
<tr><td>의료비</td><td>• 박경자(모) : 임플란트 비용 200만 원
• 함덕주(부) : 보청기 구입비용 30만 원
• 함경리(누나) : 치료를 위한 한약 30만 원
※ 위 의료비는 모두 함춘식 본인의 신용카드로 결제하였고, 치료 목적으로 지출하였다.
※ 주어진 자료만 고려하여 입력한다.</td></tr>
<tr><td>신용카드등
사용액</td><td>• 함춘식(본인) 신용카드 사용액 : 2,100만 원
– 대중교통 사용분 60만 원, 아파트 관리비 100만 원, 동거가족 의료비 260만 원 포함
• 함덕주(부) 체크카드 사용액 : 800만 원(전통시장 사용분 200만 원 포함)</td></tr>
<tr><td>월세액</td><td>• 임대인 : 이고동(주민등록번호 691126 – 1904701)
• 유형 및 면적 : 아파트, 84m²
• 임대주택 주소지 : 경기도 안산시 단원구 중앙대로 620
• 임대차 기간 : 2024.01.01. ~ 2025.12.31. • 월세액 : 월 60만 원</td></tr>
</table>

※ 위 보험료, 의료비, 신용카드 등 사용액은 모두 국세청 연말정산 간소화 서비스에서 조회된 자료이다.

다음 문제를 보고 알맞은 것을 골라 **이론문제 답안작성** 메뉴에 입력하시오. (객관식 문항당 2점)

[기 본 전 제]

문제에서 한국채택국제회계기준을 적용하도록 하는 전제조건이 없는 경우, 일반기업회계기준을 적용한다.

---

01 다음 중 재무상태표의 목적을 설명한 것으로 옳지 않은 것은?

① 일정시점 현재 기업이 보유하고 있는 경제적 자원에 대한 정보를 제공한다.
② 회계정보이용자들이 기업의 유동성, 재무적 탄력성, 수익성과 위험을 평가하는데 정보를 제공한다.
③ 기업이 보유하고 있는 자산과 부채, 그리고 자본에 대한 정보를 제공한다.
④ 종업원의 실적을 측정하여 근무태도를 평가한다.

02 재고자산의 단가결정방법 중 후입선출법에 대한 설명으로 바르지 않은 것은?

① 실제 물량흐름과 원가흐름이 대체로 일치한다.
② 기말재고가 가장 오래 전에 매입한 상품의 단가로 계상된다.
③ 물가가 상승한다는 가정에는 이익이 과소계상된다.
④ 물가가 상승한다는 가정에는 기말재고가 과소평가된다.

03 다음 중 일반기업회계기준상 거래형태별 수익 인식시점으로 가장 올바른 것은?

① 배당금 수익 : 배당금을 수취한 날
② 상품권 판매 : 상품권을 발행한 날
③ 장기할부판매 : 판매가격을 기간별로 안분하여 수익으로 인식한다.
④ 건설형 공사계약 : 공사 진행률에 따라 진행기준에 의해 수익을 인식한다.

04 다음 중 자본에 대한 설명으로 옳지 않은 것은?

① 상법 규정에 따라 자본금의 1/2에 달할 때까지 금전에 의한 이익배당액의 1/10 이상의 금액을 이익준비금으로 적립하여야 한다.
② 주식배당을 하면 자본금 계정과 자본총액은 변하지 않는다.
③ 자본은 주주의 납입자본에 기업활동을 통하여 획득하고 기업의 활동을 위해 유보된 금액을 가산하고, 기업활동으로 인한 손실 및 소유자에 대한 배당으로 인한 주주지분 감소액을 차감한 잔액이다.
④ 현금으로 배당하는 경우에는 배당액을 이익잉여금에서 차감한다.

05 다음은 시장성 있는 유가증권의 취득 및 처분에 대한 내역이다. 다음 중 아래의 자료에 대한 설명으로 틀린 것은?

> • 2023년 07월 12일 : 주식회사 한세의 주식 10주를 주당 20,000원에 매입하였다.
> • 2023년 12월 31일 : 주식회사 한세의 공정가치는 주당 19,000원이다.
> • 2024년 05월 09일 : 주식회사 한세의 주식 전부를 주당 21,000원에 처분하였다.

① 단기매매증권으로 분류할 경우, 2023년 기말 장부가액은 200,000원이다.
② 매도가능증권으로 분류할 경우, 처분 시 매도가능증권처분이익은 10,000원이다.
③ 단기매매증권으로 분류할 경우, 처분 시 단기매매증권처분이익은 20,000원이다.
④ 매도가능증권으로 분류할 경우, 단기매매증권으로 분류하였을 경우보다 2024년 당기순이익이 감소한다.

06 다음 중 기본원가에 해당하면서 동시에 가공원가에 해당하는 것은?

① 직접재료원가
③ 제조간접원가
② 직접노무원가
④ 직접재료원가와 직접노무원가

07 ㈜미르는 동일한 원재료를 투입하여 동일한 제조공정에서 제품 A, B, C를 생산하고 있다. 세 가지 제품에 공통적으로 투입된 결합원가가 400,000원일 때, 순실현가치법으로 결합원가를 배부하는 경우 제품 B의 제조원가는 얼마인가?

제품	생산량	단위당 판매가격	추가가공원가(총액)
A	200kg	@3,000원	없음
B	250kg	@2,000원	125,000원
C	500kg	@1,200원	75,000원

① 100,000원　　② 165,000원　　③ 200,000원　　④ 225,000원

08 다음 중 제조간접원가 배부차이 조정 방법에 해당하지 않는 것은?

① 매출원가조정법　　② 단계배분법　　③ 비례배분법　　④ 영업외손익법

09 다음 중 개별원가계산에 대한 설명으로 옳지 않은 것은?

① 제조간접원가는 원가대상에 직접 추적할 수 없으므로 배부기준을 정하여 배부율을 계산하여야 한다.
② 조선업이나 건설업 등에 적합한 원가계산 방법이다.
③ 단일 종류의 제품을 연속적으로 대량 생산하는 경우에 적용한다.
④ 실제개별원가계산에서는 제조간접원가를 기말 전에 배부할 수 없어 제품원가 계산이 지연된다는 단점이 있다.

10 다음 중 공손에 대한 설명으로 틀린 것을 고르시오.

① 정상품을 생산하는 과정에서 불가피하게 발생하는 계획된 공손을 정상공손이라고 한다.

② 정상공손은 예측이 가능하며 단기적으로 통제할 수 없다.

③ 비정상공손은 능률적인 생산조건 하에서는 발생하지 않을 것으로 예상되며 예측할 수 없다.

④ 비정상공손은 통제가능한 공손으로서 제품원가에 가산한다.

11 다음 중 우리나라 부가가치세법의 특징에 대한 설명으로 옳지 않은 것은?

① 전단계세액공제법　　　　　　　　　　② 간접세

③ 소비행위에 대하여 과세　　　　　　　④ 생산지국 과세원칙

12 다음 중 부가가치세법상 공통매입세액 안분 계산을 생략하는 경우를 고르시오.

> - 해당 과세기간 중 공통매입세액이 5만원 미만인 경우
> - 해당 과세기간의 총공급가액 중 면세공급가액이 5% 미만이면서, 공통매입세액은 5백만 원 이상인 경우
> - 해당 과세기간 중 공통매입세액이 없는 경우

① 가　　　　　　② 다　　　　　　③ 가, 다　　　　　　④ 가, 나, 다

13 다음 중 부가가치세법상 신고와 납부에 대한 설명으로 옳은 것은?

① 예정신고를 한 사업자는 이미 신고한 과세표준과 납부한 납부세액 또는 환급받은 세액은 각 과세기간의 확정신고에 대한 과세표준과 납부세액 또는 환급세액을 신고할 때 신고하지 아니한다.

② 모든 법인사업자는 예정신고기간의 과세표준과 납부세액을 관할 세무서장에게 신고해야 한다.

③ 신규로 사업을 시작하는 자에 대한 최초의 예정신고기간은 그 날이 속하는 과세기간의 개시일로부터 사업 개시일까지로 한다.

④ 모든 개인사업자는 예정신고를 하고 예정신고기간의 납부세액을 납부할 수 있다.

14 다음 중 소득세법상 과세 방법이 나머지와 다른 하나는 무엇인가?

① Gross-Up 대상 배당소득 2,400만 원　　　　③ 일용근로소득 5,000만 원

② 주택임대소득이 아닌 부동산 임대소득 100만 원　　④ 인적용역을 일시적으로 제공하고 받은 대가 800만 원

15 다음 중 소득세법상 사업소득 총수입금액에 산입하여야 하는 것은?

① 부가가치세 매출세액　　　　　　　　③ 사업용 고정자산 매각액 (복식부기의무자가 아님)

② 사업과 관련된 자산수증이익　　　　④ 자가생산한 제품을 타 제품의 원재료로 사용한 경우 그 금액

cafe.naver.com/eduacc ⇒ 전산세무2급 ⇒ 기출문제 다운로드 & 데이터 설치 ⇒ KcLep 입력

㈜효원상회(회사코드:1142)는 전자제품의 제조 및 도·소매업을 주업으로 영위하는 중소기업으로 당기(제11기)의 회계기간은 2024.1.1. ~ 2024.12.31.이다. 전산세무회계 수험용 프로그램을 이용하여 다음 물음에 답하시오.

문제1　[일반전표입력] 메뉴를 이용하여 다음의 거래자료를 입력하시오. (15점)

─────── [입력 시 유의사항] ───────

- 일반적인 적요의 입력은 생략하지만, 타계정 대체거래는 적요 번호를 선택하여 입력한다.
- 채권·채무와 관련된 거래는 별도의 요구가 없는 한 반드시 기등록된 거래처코드를 선택하는 방법으로 거래처명을 입력한다.
- 제조경비는 500번대 계정코드를, 판매비와관리비는 800번대 계정코드를 사용한다.
- 회계처리 시 계정과목은 별도의 제시가 없는 한 등록된 계정과목 중 가장 적절한 과목으로 한다.

[1]　01월 25일　미지급세금으로 계상되어 있는 2023년 제2기 확정 부가가치세 납부세액 8,500,000원을 국민카드로 납부하였다. 단, 납부대행수수료는 납부세액의 0.8%이며, 세금과공과(판)로 처리한다. (3점)

[2]　01월 31일　제품 판매대금으로 수령한 약속어음을 하나은행에 할인하고, 할인수수료 85,000원을 차감한 잔액이 보통예금 계좌로 입금되었다(단, 매각거래로 회계처리 할 것). (3점)

전 자 어 음

㈜ 효원상회 귀하

금　일천만원정　　　　　　　　　　　　　10,000,000원

위의 금액을 귀하 또는 귀하의 지시인에게 지급하겠습니다.

지급기일	2024년 03월 31일	발 행 일	2023년 12월 31일
지 급 지	국민은행	발 행 지	
지급장소	신중동역 종합금융센터	주　　소	경기도 부천시 길주로 284, 805호
		발 행 인	무인상사(주)

[3] 02월 04일 액면가액 10,000,000원(5년 만기)인 사채를 9,800,000원에 할인발행하였으며, 대금은 전액 보통예금 계좌로 입금되었다. (3점)

[4] 06월 17일 생산부에서 사용할 소모품을 현금으로 구입하고 아래의 간이영수증을 수령하였다(단, 당기 비용으로 처리할 것). (3점)

<table>
<tr><td colspan="6" align="center">영수증(공급받는자용)</td></tr>
<tr><td>No.</td><td colspan="5">㈜효원상회 귀하</td></tr>
<tr><td rowspan="4">공급자</td><td>사 업 자 등 록 번 호</td><td colspan="4">150-45-51052</td></tr>
<tr><td>상   호</td><td colspan="2">나래철물</td><td>성   명</td><td>이나래 (인)</td></tr>
<tr><td>사 업 장 소 재 지</td><td colspan="4">서울시 강남구 도곡동</td></tr>
<tr><td>업   태</td><td colspan="2">도소매</td><td>종   목</td><td>철물점</td></tr>
<tr><td colspan="2" align="center">작성년월일</td><td colspan="3" align="center">공급대가 총액</td><td>비고</td></tr>
<tr><td colspan="2" align="center">2024.06.17.</td><td colspan="3" align="center">20,000원</td><td></td></tr>
<tr><td colspan="6" align="center">위 금액을 정히 영수(청구)함.</td></tr>
<tr><td>월일</td><td>품목</td><td>수량</td><td>단가</td><td colspan="2">공급가(금액)</td></tr>
<tr><td>06.17.</td><td>청소용품</td><td>2</td><td>10,000원</td><td colspan="2">20,000원</td></tr>
<tr><td colspan="3" align="center">합계</td><td colspan="3" align="center">20,000원</td></tr>
</table>

[5] 09월 13일 매입처인 ㈜제주상사로부터 일시적으로 차입한 50,000,000원에 대하여 이자를 지급하였다. 이자 200,000원에 대한 원천징수세액은 55,000원이다. 당사는 이자에서 원천징수세액을 차감한 금액을 보통예금 계좌에서 송금하였다. (3점)

문제2 [매입매출전표입력] 메뉴를 이용하여 다음의 거래자료를 입력하시오. (15점)

[1] 07월 08일 내국신용장에 의하여 ㈜한빛에 제품을 22,000,000원에 판매하고, 영세율전자세금계산서를 발급하였다. 판매대금 중 계약금을 제외한 잔금은 ㈜한빛이 발행한 약속어음(만기 3개월)으로 수령하였으며, 계약금 7,000,000원은 작년 말에 현금으로 받았다(단, 서류번호 입력은 생략할 것). (3점)

[2] 07월 15일 회사 사옥을 신축하기 위하여 취득한 토지의 부동산중개수수료에 대하여 ㈜다양으로부터 아래의 전자
세금계산서를 수취하였다. (3점)

전자세금계산서					승인번호		20240715-10454645-53811338		
공급자	등록번호	211-81-41992	종사업장번호		공급받는자	등록번호	651-81-00898	종사업장번호	
	상호(법인명)	㈜다양	성명	오미인		상호(법인명)	㈜효원상회	성명	오미자
	사업장주소	서울시 금천구 시흥대로 198-11				사업장주소	경기도 용인시 처인구 경안천로 2-7		
	업태	서비스	종목	부동산중개		업태	제조 외	종목	전자제품

작성일자	공급가액	세액	수정사유
2024/07/15	10,200,000	1,020,000	

월	일	품목	규격	수량	단가	공급가액	세액	비고
07	15	토지 중개수수료				10,200,000	1,020,000	

합계금액	현금	수표	어음	외상미수금	이 금액을 (청구) 함
11,220,000				11,220,000	

[3] 08월 05일 생산부 직원들의 단합을 위한 회식을 하고 식사비용 275,000원(부가가치세 포함)을 현금으로 지급하
였으며, 일반과세자인 ㈜벽돌갈비로부터 지출증빙용 현금영수증을 적법하게 발급받았다. (3점)

현금영수증

● 거래정보

거래일시	2024-08-05 20:12:55

● 거래금액

공급가액	부가세	봉사료	총 거래금액
250,000	25,000	0	275,000

● 가맹점 정보

상호	㈜벽돌갈비
사업자번호	123-81-98766
대표자명	심재은

[4] 08월 20일　영업부에서 사용하던 업무용 승용자동차(12고1234)를 헤이중고차상사㈜에 5,500,000원(부가가치세 포함)에 처분하고 전자세금계산서를 발급하였다. 대금은 전액 보통예금 계좌로 지급받았으며, 해당 차량은 20,000,000원에 취득한 것으로 처분일 현재 감가상각누계액은 16,000,000원이다. (3점)

[5] 09월 12일　제조공장의 임대인으로부터 다음의 전자세금계산서를 발급받았다. 단, 비용은 아래의 품목에 기재된 계정과목으로 각각 회계처리하시오. (3점)

<table>
<tr><td colspan="5" style="text-align:center">전자세금계산서</td><td>승인번호</td><td colspan="4" style="text-align:center">20240912-31000013-44346111</td></tr>
<tr><td rowspan="4">공
급
자</td><td>등록
번호</td><td colspan="2">130-55-08114</td><td>종사업장
번호</td><td rowspan="4">공
급
받
는
자</td><td>등록
번호</td><td colspan="2">651-81-00898</td><td>종사업장
번호</td><td></td></tr>
<tr><td>상호
(법인명)</td><td colspan="2">건물주</td><td>성명</td><td>편미선</td><td>상호
(법인명)</td><td colspan="2">㈜효원상회</td><td>성명</td><td>오미자</td></tr>
<tr><td>사업장
주소</td><td colspan="3">경기도 부천시 길주로 1</td><td>사업장
주소</td><td colspan="3">경기도 용인시 처인구 경안천로 2-7</td></tr>
<tr><td>업태</td><td colspan="2">부동산업</td><td>종목</td><td>부동산임대</td><td>업태</td><td>제조 외</td><td>종목</td><td colspan="2">전자제품</td></tr>
<tr><td>작성일자</td><td colspan="2" style="text-align:center">공급가액</td><td colspan="3" style="text-align:center">세액</td><td colspan="4" style="text-align:center">수정사유</td></tr>
<tr><td>2024/09/12</td><td colspan="2">3,000,000</td><td colspan="3">300,000</td><td colspan="4" style="text-align:center">해당 없음</td></tr>
<tr><td>월</td><td>일</td><td>품목</td><td>규격</td><td>수량</td><td>단가</td><td colspan="2">공급가액</td><td colspan="2">세액</td><td>비고</td></tr>
<tr><td>09</td><td>12</td><td>임차료</td><td></td><td></td><td></td><td colspan="2">2,800,000</td><td colspan="2">280,000</td><td></td></tr>
<tr><td>09</td><td>12</td><td>건물관리비</td><td></td><td></td><td></td><td colspan="2">200,000</td><td colspan="2">20,000</td><td></td></tr>
<tr><td colspan="3" style="text-align:center">합계금액</td><td colspan="2">현금</td><td>수표</td><td>어음</td><td colspan="2">외상미수금</td><td colspan="2" rowspan="2">이 금액을 (청구) 함</td></tr>
<tr><td colspan="3">3,300,000</td><td colspan="2"></td><td></td><td></td><td colspan="2">3,300,000</td></tr>
</table>

문제3　부가가치세 신고와 관련하여 다음 물음에 답하시오. (10점)

[1] 아래의 자료를 이용하여 2024년 제1기 부가가치세 확정신고기간의 [수출실적명세서]를 작성하시오(단, 거래처코드와 거래처명은 등록된 거래처를 조회하여 사용할 것). (3점)

거래처	수출신고번호	선적일	환가일	통화	수출액	기준환율	
						선적일	환가일
BOB	12345-77-100066X	2024.06.15	2024.04.10	USD	$80,000	1,350원/$	1,300원/$
ORANGE	22244-88-100077X	2024.06.15	2024.06.30	EUR	€52,000	1,400원/€	1,410원/€

[2] 다음의 자료만을 이용하여 2023년 제1기 부가가치세 확정신고기간(4월 1일~6월 30일)의 [부가가치세신고서]를 작성하시오(단, 기존에 입력된 자료 또는 불러온 자료는 무시하고, 부가가치세신고서 외의 부속서류 작성은 생략할 것). (5점)

구분	자료
매출자료	1. 전자세금계산서 발급분 과세 매출액 : 공급가액 155,000,000원, 세액 15,500,000원 2. 종이세금계산서 발급분 과세 매출액 : 공급가액 12,500,000원, 세액 1,250,000원 3. 내국신용장에 의한 영세율 매출액 : 공급가액 100,000,000원, 세액 0원 4. 당기에 대손이 확정(대손세액 공제 요건 충족)된 채권 : 1,320,000원(VAT 포함)

매입자료

1. 전자세금계산서 수취분 매입내역

구분	공급가액	세액
일반 매입	185,000,000원	18,500,000원
일반 매입(접대성 물품)	2,400,000원	240,000원
제조부 화물차 구입	28,000,000원	2,800,000원
합계	215,400,000원	21,540,000원

2. 신용카드 사용분 매입내역

구분	공급가액	세액
일반 매입	18,554,200원	1,855,420원
사업과 관련 없는 매입	1,363,637원	136,363원
비품(고정자산) 매입	2,545,455원	254,545원
예정신고누락분(일반 매입)	500,000원	50,000원
합계	22,963,292원	2,296,328원

구분	자료
기타	1. 당사는 법인으로 전자세금계산서 의무발급대상자이나 종이세금계산서 발급 1건이 있다. 　(위 매출자료의 '2. 종이세금계산서 발급분 과세 매출액') 2. 위 '기타 1.' 외 전자세금계산서의 발급 및 국세청 전송은 정상적으로 이루어졌다. 3. 예정신고누락분은 확정신고 시에 반영하기로 한다. 4. 전자신고세액공제를 받기로 한다.

[3] 다음의 자료를 이용하여 2023년 제1기 부가가치세 예정신고기간(1월 1일~3월 31일)의 [부가가치세신고서] 및 관련 부속서류를 전자신고하시오. (2점)

1. 부가가치세신고서와 관련 부속서류는 마감되어 있다.
2. [전자신고] → [국세청 홈택스 전자신고변환(교육용)] 순으로 진행한다.
3. [전자신고]의 [전자신고제작] 탭에서 신고인구분은 2.납세자 자진신고를 선택하고, 비밀번호는 "12345678"로 입력한다.
4. [국세청 홈택스 전자신고변환(교육용)] → 전자파일변환(변환대상파일선택) → 찾아보기 에서 전자신고용 전자파일을 선택한다.
5. 전자신고용 전자파일 저장경로는 로컬디스크(C:)이며, 파일명은 "enc작성연월일.101.v사업자등록번호"이다.
6. 형식검증하기 ➡ 형식검증결과확인 ➡ 내용검증하기 ➡ 내용검증결과확인 ➡ 전자파일제출 을 순서대로 클릭한다.
7. 최종적으로 전자파일 제출하기 를 완료한다.

문제4　결산정리사항은 다음과 같다. 관련 메뉴를 이용하여 결산을 완료하시오. (15점)

[1] 당기 중 현금 시재가 부족하여 현금과부족으로 처리했던 1,200,000원의 원인이 결산일 현재 다음과 같이 확인되었다(단, 항목별로 적절한 계정과목으로 처리하고, 하나의 전표로 입력할 것). (3점)

내용	금액
불우이웃돕기 성금	1,000,000원
영업부 거래처 직원의 결혼 축의금	200,000원

[2] 제조부의 제품 생산공장에 대한 화재보험료 전액을 납부일에 즉시 비용으로 처리하였다. 결산일에 필요한 회계처리를 하시오(단, 보험료는 월할 계산한다). (3점)

구분	보장기간	납부일	납부액
제조부 제품 생산공장 화재보험료	2024.06.01.~2025.05.31.	2024.06.01.	3,600,000원

[3] 대표자에게 대여한 20,000,000원(대여기간 : 2024.01.01.~2024.12.31.)에 대하여 당좌대출이자율(연 4.6%)로 계산한 이자 상당액을 보통예금 계좌로 입금받았다. (3점)

[4] 당사는 기말 현재 보유 중인 다음의 3가지 채권의 잔액에 대해서만 1%의 대손충당금을 보충법으로 설정하고 있다
(단, 원 단위 미만은 절사한다). (3점)

구분	기말잔액	설정 전 대손충당금 잔액
외상매출금	548,550,000원	4,750,000원
받을어음	22,700,000원	20,000원
단기대여금	50,000,000원	0원

[5] 기말 현재 당기분 법인세(지방소득세 포함)는 8,400,000원으로 산출되었다. 단, 당기분 법인세 중간예납세액과 이자
소득 원천징수세액의 합계액인 5,800,000원은 선납세금으로 계상되어 있다. (3점)

문제5 2024년 귀속 원천징수자료와 관련하여 다음의 물음에 답하시오. (15점)

[1] 다음은 영업부 대리 정기준(사번 : 33)의 급여 관련 자료이다. 필요한 [수당공제등록]을 하고 4월분 [급여자료입력]과
[원천징수이행상황신고서]를 작성하시오. (5점)

1. 4월의 급여 지급내역은 다음과 같다.

이름 : 정기준		지급일 : 2024년 04월 30일	
기 본 급	2,800,000원	국 민 연 금	153,000원
직 책 수 당	400,000원	건 강 보 험	120,530원
야간근로수당	200,000원	장기요양보험	15,600원
(비과세) 식 대	200,000원	고 용 보 험	27,200원
(비과세) 자가운전보조금	200,000원	소 득 세	114,990원
(비과세) 출산보육수당	200,000원	지 방 소 득 세	11,490원
급여 합계	4,000,000원	공제합계	442,810원
		차인지급액	3,557,190원

2. 수당공제등록 시 다음에 주의하여 입력한다.

- 수당등록 시 사용하는 수당 이외의 항목은 사용 여부를 "부"로 체크한다.

   (단, 월정액 여부와 통상임금 여부는 무시할 것)

- 공제등록은 고려하지 않는다.

3. 급여자료입력 시 다음에 주의하여 입력한다.

- 비과세에 해당하는 항목은 모두 비과세 요건을 충족하며, 최대한 반영하기로 한다.

- 공제항목은 불러온 데이터를 무시하고 직접 입력하여 작성한다.

4. 원천징수는 매월하고 있으며, 전월 미환급세액은 601,040원이다.

[2] 다음은 2024.08.01. 홍보부에 입사한 홍상현(사원코드 : 1005, 세대주) 사원의 연말정산 관련 자료이다. 다음 자료를 이용하여 [연말정산추가자료입력] 메뉴의 [소득명세] 탭, [부양가족(보험료, 교육비)] 탭, [신용카드 등] 탭, [의료비] 탭을 작성하여 [연말정산입력] 탭에서 연말정산을 완료하시오(단, 근로자 본인의 세부담 최소화를 가정한다). (10점)

1. 전(前)근무지 근로소득원천징수영수증

- 근무기간 : 2024.01.01.~2024.07.31.　　　　　• 근무처 : 주식회사 두섬(사업자등록번호 : 103-81-62982)
- 소득명세 : 급여 26,000,000원, 상여 1,000,000원(비과세 급여, 비과세 상여 및 감면소득 없음)

세액명세	소득세	지방소득세		건 강 보 험 료	905,300원
결 정 세 액	340,000원	34,000원	공제보험료 명세	장기요양보험료	115,900원
기 납 부 세 액	460,000원	46,000원		고 용 보 험 료	243,000원
차감징수세액	- 120,000원	- 12,000원		국민연금보험료	1,170,000원

2. 가족사항 : 모두 동거하며, 생계를 같이함

성명	관계	주민번호	비고
홍상현	본인	860314-1287653	현근무지 총급여액 15,000,000원
이명지	배우자	860621-2044775	총급여액 6,000,000원
홍라율	자녀	190827-4842416	소득 없음
홍천운	부친	580919-1287035	소득 없음

※ 기본공제대상자가 아닌 경우, 기본공제 "부"로 입력할 것

3. 연말정산추가자료

(안경 구입비용을 제외한 연말정산 자료는 모두 국세청 홈택스 연말정산간소화서비스 자료임)

항목	내용
보험료	• 홍상현(본인) − 자동차운전자보험료 800,000원 • 이명지(배우자) − 보장성보험료 800,000원 • 홍라율(자녀) − 일반보장성보험료 500,000원
의료비	• 홍상현(본인) − 질병치료비 300,000원 　　　　　　　　− 시력보정용 안경 구입비용 700,000원 　　　　　　　　　(상호 : 모든안경, 사업자등록번호 : 431−01−00574) • 홍라율(자녀) − 질병치료비 400,000원 • 홍천운(부친) − 질병치료비 8,000,000원
교육비	• 홍상현(본인) − 정규 교육 과정 대학원 교육비 7,000,000원 • 홍라율(자녀) − 「영유아보육법」상의 어린이집 교육비 2,400,000원
신용카드 등 사용액	• 홍상현(본인) − 신용카드 사용액 23,000,000원(대중교통 사용분 1,000,000원 포함) 　　　　　　　　− 현금영수증 사용액 7,000,000원(전통시장 사용분 4,000,000원 포함) • 홍상현의 신용카드 사용액은 위 의료비 지출액이 모두 포함된 금액이다. • 제시된 내용 외 전통시장/대중교통/도서 등 사용분은 없다.

다음 문제를 보고 알맞은 것을 골라 **이론문제 답안작성** 메뉴에 입력하시오. (객관식 문항당 2점)

───────────────── [기 본 전 제] ─────────────────

문제에서 한국채택국제회계기준을 적용하도록 하는 전제조건이 없는 경우, 일반기업회계기준을 적용한다.

01 다음 중 재무제표의 기본가정에 해당하지 않는 것은?

① 기업실체를 중심으로 하여 기업실체의 경제적 현상을 재무제표에 보고해야 한다.
② 기업이 계속적으로 존재하지 않을 것이라는 반증이 없는 한, 기업실체의 본래 목적을 달성하기 위하여 계속적으로 존재한다.
③ 기업실체의 지속적인 경제적 활동을 인위적으로 일정 기간 단위로 분할하여 각 기간마다 경영자의 수탁책임을 보고한다.
④ 회계정보가 유용하기 위해서는 그 정보가 의사결정에 반영될 수 있도록 적시에 제공되어야 한다.

02 다음의 자료를 통해 2024년 12월 31일 결산 후 재무제표에서 확인 가능한 정보로 올바른 것은?

2022년 1월 1일 기계장치 취득	
• 매입가액	20,000,000원
• 취득에 직접적으로 필요한 설치비	300,000원
• 2022년에 발생한 소모품 교체비	600,000원
• 2022년에 발생한 본래의 용도를 변경하기 위한 제조·개량비	4,000,000원
• 내용연수는 6년, 정액법으로 매년 정상적으로 상각함(월할계산할 것), 잔존가치는 없음.	

① 기계장치의 취득원가는 24,000,000원으로 계상되어 있다.
② 손익계산서에 표시되는 감가상각비는 4,150,000원이다.
③ 재무상태표에 표시되는 감가상각누계액은 8,300,000원이다.
④ 상각 후 기계장치의 미상각잔액은 12,150,000원이다.

03 다음 중 일반기업회계기준상 무형자산 상각에 대한 설명으로 옳지 않은 것은?

① 무형자산의 상각대상 금액은 그 자산의 추정 내용연수 동안 체계적인 방법에 의하여 비용으로 배분된다.
② 제조와 관련된 무형자산의 상각비는 제조원가에 포함한다.
③ 무형자산의 상각방법으로는 정액법만 사용해야 한다.
④ 무형자산의 잔존가치는 없는 것을 원칙으로 한다.

04 다음 중 사채에 대한 설명으로 가장 옳지 않은 것은?

① 사채할인발행차금은 사채의 발행금액에서 차감하는 형식으로 표시한다.

② 액면이자율보다 시장이자율이 큰 경우에는 할인발행된다.

③ 사채할증발행차금은 사채의 액면금액에서 가산하는 형식으로 표시한다.

④ 액면이자율이 시장이자율보다 큰 경우에는 할증발행된다.

05 다음 중 회계정책, 회계추정의 변경 및 오류에 대한 설명으로 옳지 않은 것은?

① 회계정책의 변경은 기업환경의 변화, 새로운 정보의 획득 또는 경험의 축적에 따라 지금까지 사용해 오던 회계적 추정치의 근거와 방법 등을 바꾸는 것을 말한다.

② 회계추정의 변경은 전진적으로 처리하여 그 효과를 당기와 당기 이후의 기간에 반영한다.

③ 회계변경의 효과를 회계정책의 변경효과와 회계추정의 변경효과로 구분하는 것이 불가능한 경우 회계추정의 변경으로 본다.

④ 회계추정 변경의 효과는 당해 회계연도 개시일부터 적용한다.

06 다음 중 원가 집계과정에 대한 설명으로 옳지 않은 것은?

① 당기제품제조원가(당기완성품원가)는 원재료 계정의 차변으로 대체된다.

② 당기총제조원가는 재공품 계정의 차변으로 대체된다.

③ 당기제품제조원가(당기완성품원가)는 제품 계정의 차변으로 대체된다.

④ 제품매출원가는 매출원가 계정의 차변으로 대체된다.

07 다음 중 개별원가계산과 종합원가계산에 대한 설명으로 옳지 않은 것은?

① 개별원가계산은 주문받은 개별 제품별로 작성된 작업원가표에 집계하여 원가를 계산한다.

② 종합원가계산은 개별 제품별로 작업원가표를 작성하여 원가를 계산한다.

③ 개별원가계산은 각 제조지시별로 원가계산을 해야하므로 많은 시간과 비용이 발생한다.

④ 조선업, 건설업은 개별원가계산이 적합한 업종에 해당한다.

08 다음 중 제조원가명세서와 손익계산서 및 재무상태표의 관계에 대한 설명으로 옳지 않은 것은?

① 제조원가명세서의 기말원재료재고액은 재무상태표의 원재료 계정에 계상된다.
② 제조원가명세서의 기말재공품의 원가는 재무상태표의 재공품 계정으로 계상된다.
③ 제조원가명세서의 당기제품제조원가는 재무상태표의 매출원가에 계상된다.
④ 손익계산서의 기말제품재고액은 재무상태표의 제품 계정 금액과 같다.

09 다음의 자료를 이용하여 직접노무시간당 제조간접원가 예정배부율을 구하시오.

• 제조간접원가 실제 발생액 : 6,000,000원 　　　 • 제조간접원가 배부차이 : 400,000원(과대배부) • 실제 직접노무시간 : 50,000시간

① 112원 　　　　② 128원 　　　　③ 136원 　　　　④ 146원

10 기초재공품은 1,000개이고 완성도는 30%이다. 당기투입수량은 6,000개이고 기말재공품은 800개일 경우 선입선출법에 의한 가공원가의 완성품환산량이 6,100개라면, 기말재공품의 완성도는 몇 %인가? (단, 가공원가는 전공정에 걸쳐 균등하게 발생한다.)

① 10% 　　　　② 15% 　　　　③ 20% 　　　　④ 25%

11 다음 중 부가가치세법상 과세기간에 대한 설명으로 옳지 않은 것은?

① 일반과세자의 과세기간은 원칙상 1년에 2개가 있다.
② 신규로 사업을 개시하는 것은 과세기간 개시일의 예외가 된다.
③ 매출이 기준금액에 미달하여 일반과세자가 간이과세자로 변경되는 경우 그 변경되는 해에 간이과세자에 관한 규정이 적용되는 과세기간은 그 변경 이전 1월 1일부터 6월 30일까지이다.
④ 간이과세자가 간이과세자에 관한 규정의 적용을 포기함으로써 일반과세자로 되는 경우에는 1년에 과세기간이 3개가 될 수 있다.

12 다음 중 부가가치세법상 재화의 공급에 해당하는 것은?

① 담보의 제공　　　　　　　　　　　　② 사업용 상가건물의 양도

③ 사업의 포괄적 양도　　　　　　　　　④ 조세의 물납

13 다음 중 소득세법상 근로소득이 없는 거주자(사업소득자가 아님)가 받을 수 있는 특별세액공제는?

① 보험료세액공제　　　② 의료비세액공제　　　③ 교육비세액공제　　　④ 기부금세액공제

14 다음 중 소득세법상 수입시기로 가장 옳지 않은 것은?

① 비영업대금의 이익 : 약정에 의한 이자 지급일

② 잉여금 처분에 의한 배당 : 잉여금 처분 결의일

③ 장기할부판매 : 대가의 각 부분을 받기로 한 날

④ 부동산 등의 판매 : 소유권이전등기일, 대금청산일, 사용수익일 중 빠른 날

15 다음 중 소득세법상 기타소득에 대한 설명으로 가장 옳지 않은 것은?

① 「공익법인의 설립·운영에 관한 법률」의 적용을 받는 공익법인이 주무관청의 승인을 받아 시상하는 상금 및 부상과 다수가 순위 경쟁하는 대회에서 입상자가 받는 상금 및 부상의 경우, 거주자가 받은 금액의 100분의 60에 상당하는 금액을 필요경비로 한다.

② 고용관계 없이 다수인에게 강연을 하고 강연료 등 대가를 받는 용역을 일시적으로 제공하고 받는 대가는 기타소득에 해당한다.

③ 이자소득·배당소득·사업소득·근로소득·연금소득·퇴직소득 및 양도소득 외의 소득으로서 재산권에 관한 알선수수료는 기타소득에 해당한다.

④ 이자소득·배당소득·사업소득·근로소득·연금소득·퇴직소득 및 양도소득 외의 소득으로서 상표권·영업권을 양도하거나 대여하고 받는 금품은 기타소득에 해당한다.

cafe.naver.com/eduacc ⇒ 전산세무2급 ⇒ 기출문제 다운로드 & 데이터 설치 ⇒ KcLep 입력

㈜은마상사(회사코드:1152)는 전자제품의 제조 및 도·소매업을 주업으로 영위하는 중소기업으로 당기(제17기)의 회계기간은 2024.1.1.~2024.12.31.이다. 전산세무회계 수험용 프로그램을 이용하여 다음 물음에 답하시오.

문제1　[일반전표입력] 메뉴를 이용하여 다음의 거래자료를 입력하시오. (15점)

──────── [입력 시 유의사항] ────────
- 일반적인 적요의 입력은 생략하지만, 타계정 대체거래는 적요 번호를 선택하여 입력한다.
- 채권·채무와 관련된 거래는 별도의 요구가 없는 한 반드시 기등록된 거래처코드를 선택하여 거래처명을 입력한다.
- 제조경비는 500번대 계정코드를, 판매비와관리비는 800번대 계정코드를 사용한다.
- 회계처리 시 계정과목은 별도의 제시가 없는 한 등록된 계정과목 중 가장 적절한 과목으로 한다.

[1] 04월 11일　당사가 보유 중인 매도가능증권을 12,000,000원에 처분하고 처분대금은 보통예금 계좌로 입금받았다. 해당 매도가능증권의 취득가액은 10,000,000원이며, 2023년 말 공정가치는 11,000,000원이다. (3점)

[2] 06월 25일　당사의 거래처인 ㈜은비로부터 비품을 무상으로 받았다. 해당 비품의 공정가치는 5,000,000원이다. (3점)

[3] 08월 02일　㈜은마상사의 사옥으로 사용할 토지를 비사업자로부터 다음과 같이 매입하였다. 그 중 토지 취득 관련 지출은 다음과 같다. 취득세는 현금으로 납부하고 토지대금과 등기수수료, 중개수수료는 보통예금 계좌에서 이체하였다. (3점)

• 토지가액	300,000,000원	• 토지 취득 관련 법무사 등기수수료	300,000원
• 토지 관련 취득세	13,000,000원	• 토지 취득 관련 중개수수료	2,700,000원

[4] 08월 10일　당기분 퇴직급여를 위하여 영업부서 직원에 대한 퇴직연금(DB형) 5,000,000원과 제조부서 직원에 대한 퇴직연금(DC형) 3,000,000원을 보통예금 계좌에서 이체하였다. (3점)

[5] 12월 13일 자기주식(취득가액 : 주당 58,000원) 120주를 주당 65,000원에 처분하여 매매대금이 보통예금 계좌로 입금되었다. 처분일 현재 자기주식처분손실 200,000원이 계상되어 있다. (3점)

문제2 [매입매출전표입력] 메뉴를 이용하여 다음의 거래자료를 입력하시오. (15점)

───── [입력 시 유의사항] ─────

- 일반적인 적요의 입력은 생략하지만, 타계정 대체거래는 적요 번호를 선택하여 입력한다.
- 채권·채무 관련 거래는 별도의 요구가 없는 한 반드시 기등록된 거래처코드를 선택하는 방법으로 거래처명을 입력한다.
- 제조경비는 500번대 계정코드를, 판매비와관리비는 800번대 계정코드를 사용한다.
- 회계처리 시 계정과목은 등록된 계정과목 중 가장 적절한 과목으로 한다.
- 입력화면 하단의 분개까지 처리하고, 세금계산서 및 계산서는 전자 여부를 입력하여 반영한다.

[1] 03월 12일 싱가포르에 소재하는 ABC사에 제품을 $30,000에 직수출하였다. 수출대금 중 $20,000가 선적과 동시에 보통예금 계좌에 입금되었으며 나머지 $10,000는 다음달 말일에 수취하기로 하였다(수출신고번호 입력은 생략할 것). (3점)

수출대금	대금수령일	기준환율	비고
$20,000	2024.03.12.	1,300원/$	선적일
$10,000	2024.04.30.	1,250원/$	잔금청산일

[2] 10월 01일 업무용으로 사용할 목적으로 거래처 달려요로부터 업무용승용차(990cc)를 중고로 구입하였다. 대금은 한 달 후에 지급하기로 하고, 다음의 종이세금계산서를 발급받았다. (3점)

세금계산서(공급받는 자 보관용)

	등록번호	1 0 6 - 1 1 - 5 6 3 1 8					등록번호	688-85-01470		
공급자	상호 (법인명)	달려요	성명 (대표자)	정화물		공급받는자	상호 (법인명)	㈜은마상사	성명 (대표자)	박은마
	사업장 주소	경기도 성남시 중원구 성남대로 99					사업장 주소	경기도 평택시 가재길 14		
	업태	서비스	종목	화물			업태	도소매	종목	전자제품

작성				공급가액													세액											비고
연	월	일	빈칸 수	조	천	백	십	억	천	백	십	만	천	백	십	일	천	백	십	억	천	백	십	만	천	백	십	일
24	10	01	4						2	0	0	0	0	0	0	0					2	0	0	0	0	0	0	

월	일	품목	규격	수량	단가	공급가액	세액	비고
10	01	승용차				20,000,000	2,000,000	

합계금액	현금	수표	어음	외상미수금	이 금액을 (청구) 함
22,000,000				22,000,000	

[3] 10월 29일   업무용승용차를 ㈜월클파이낸셜로부터 운용리스 조건으로 리스하였다. 영업부서에서 사용하고 임차료
1,800,000원의 전자계산서를 발급받았다. 대금은 다음 달 5일에 지급하기로 하였다. (3점)

[4] 11월 01일   ㈜은마상사는 ㈜진산에 아래와 같은 전자세금계산서를 발급하였다. 제품 대금은 ㈜진산에게 지급해야
할 미지급금(8,000,000원)과 상계하기로 상호 협의하였으며 잔액은 보통예금 계좌로 입금받았다. (3점)

전자세금계산서					승인번호		20241101-1547412-2014956		
공급자	등록번호	688-85-01470	종사업장번호		공급받는자	등록번호	259-81-15652	종사업장번호	
	상호(법인명)	㈜은마상사	성명	박은마		상호(법인명)	㈜진산	성명	이진산
	사업장주소	경기도 평택시 가재길 14				사업장주소	세종시 부강면 부곡리 128		
	업태	도소매	종목	전자제품		업태	건설업	종목	인테리어

작성일자	공급가액	세액	수정사유
2024.11.01	10,000,000	1,000,000	

월	일	품목	규격	수량	단가	공급가액	세액	비고
11	01	전자제품				10,000,000	1,000,000	

합계금액	현금	수표	어음	외상미수금	
11,000,000	3,000,000			8,000,000	이 금액을 (청구) 함

[5] 11월 20일   ㈜코스트코코리아에서 제조부 사원들을 위해 공장에 비치할 목적으로 온풍기를 1,936,000원(부가가치
세 포함)에 구입하고, 대금은 보통예금 계좌에서 이체하여 지급한 후 현금영수증(지출증빙용)을 수취하
였다(단, 자산으로 처리할 것). (3점)

현금영수증

● 거래정보

거래일시	2024-11-20

● 거래금액

공급가액	부가세	봉사료	총 거래금액
1,760,000	176,000	0	1,936,000

● 가맹점 정보

상호	㈜코스트코코리아
사업자번호	107-81-63829
대표자명	조만수

[1] 다음 자료를 보고 제2기 확정신고기간의 [공제받지못할매입세액명세서] 중 [공제받지못할매입세액내역] 탭과 [공통
매입세액의정산내역] 탭을 작성하시오(단, 불러온 자료는 무시하고 직접 입력할 것). (4점)

1. 매출 공급가액에 관한 자료

구분	과세사업	면세사업	합계
7월~12월	350,000,000원	150,000,000원	500,000,000원

2. 매입세액(세금계산서 수취분)에 관한 자료

구분	① 과세사업 관련			② 면세사업 관련		
	공급가액	매입세액	매수	공급가액	매입세액	매수
10월~12월	245,000,000원	24,500,000원	18매	90,000,000원	9,000,000원	12매

3. 총공통매입세액(7월~12월) : 3,800,000원

※ 제2기 예정신고 시 공통매입세액 중 불공제매입세액 : 500,000원

[2] 다음의 자료를 이용하여 2024년 제1기 확정신고기간에 대한 [부가가치세신고서]를 작성하시오(단, 과세표준명세 작
성은 생략한다). (6점)

구분	자료

매출	1. 전자세금계산서 발급 매출 공급가액 : 500,000,000원(세액 50,000,000원)
	  (→지연발급한 전자세금계산서의 매출 공급가액 1,000,000원이 포함되어 있음)
	2. 신용카드 매출전표 발급 매출 공급대가 : 66,000,000원
	  (→전자세금계산서 발급 매출 공급가액 10,000,000원이 포함되어 있음)
	3. 해외 직수출에 따른 매출 공급가액 : 30,000,000원

매입	1. 전자세금계산서 수취 매입(일반) 공급가액 : 320,000,000원(세액 32,000,000원) 2. 신용카드 매입 공급대가 : 12,100,000원 (→에어컨 구입비 3,300,000원(공급대가)이 포함되어 있음) 3. 제1기 예정신고 시 누락된 세금계산서 매입(일반) 공급가액 : 10,000,000원(세액 1,000,000원)
비고	1. 지난해 11월에 발생한 매출채권(5,500,000원, 부가가치세 포함)이 해당 거래처의 파산으로 대손이 확정 되었다. 2. 2024년 제1기 예정신고미환급세액 : 3,000,000원 3. 국세청 홈택스에 전자신고를 완료하였다.

[1]　전기에 은혜은행으로부터 차입한 장기차입금 20,000,000원의 만기일은 2025년 4월 30일이다. (3점)

[2]　10월 01일에 팝업스토어 매장 임차료 1년분 금액 3,000,000원을 모두 지불하고 임차료로 계상하였다. 기말 결산 시
　　 필요한 회계처리를 행하시오(단, 임차료는 월할 계산한다). (3점)

[3]　아래의 차입금 관련 자료를 이용하여 결산일까지 발생한 차입금 이자비용에 대한 당해연도분 미지급비용을 인식하는
　　 회계처리를 하시오(단, 이자는 만기 시에 지급하고, 월할 계산한다). (3점)

• 금융기관 : ㈜중동은행	• 대출기간 : 2024년 05월 01일~2025년 04월 30일
• 대출금액 : 300,000,000원	• 대출이자율 : 연 6.8%

[4]　결산 시 당기 감가상각비 계상액은 다음과 같다. 결산을 완료하시오. (3점)

계정과목	경비구분	당기 감가상각비 계상액
건물	판매및관리	20,000,000원
기계장치	제조	4,000,000원
영업권	판매및관리	3,000,000원

[5] 결산일 현재 재고자산은 다음과 같다. 아래의 정보를 반영하여 결산자료입력을 수행하시오. (3점)

1. 기말재고자산
　 • 기말원재료 : 4,700,000원　　　• 기말재공품 : 800,000원　　　• 기말제품 : 16,300,000원

2. 추가정보(위 1.에 포함되지 않은 자료임)
　 • 도착지 인도조건으로 매입하여 운송 중인 미착원재료 : 2,300,000원
　 • 수탁자에게 인도한 위탁제품 14,000,000원 중에 수탁자가 판매 완료한 것은 9,000,000원으로 확인됨.

[1] 다음은 영업부 사원 김필영(사번 : 1001)의 부양가족 자료이다. 부양가족은 모두 생계를 함께하고 있으며 세부담 최
　소화를 위해 가능하면 김필영이 모두 공제받고자 한다. 본인 및 부양가족의 소득은 주어진 내용이 전부이다. [사원등
　록] 메뉴의 [부양가족명세] 탭을 작성하시오(단, 기본공제대상자가 아닌 경우도 기본공제 '부'로 입력할 것). (5점)

관계	성명	주민등록번호	동거 여부	비고
본인	김필영	820419-1234564	세대주	총급여 8,000만원
배우자	최하나	841006-2219118	동거	퇴직소득금액 100만원
아들	김이온	120712-3035892	동거	소득 없음
딸	김시온	190103-4035455	동거	소득 없음
부친	김경식	450103-1156778	주거형편상 별거	소득 없음, 「국가유공자법」에 따른 상이자로 장애인, 2024.03.08. 사망.
모친	이연화	490717-2155433	주거형편상 별거	양도소득금액 1,000만원, 장애인(중증환자)
장모	한수희	511111-2523454	주거형편상 별거	총급여 500만원
형	김필모	791230-1234574	동거	일용근로소득 720만원, 「장애인복지법」에 따른 장애인

[2] 다음은 회계부서에 재직 중인 이철수(사원코드 : 102) 사원의 연말정산 관련 자료이다. 아래의 자료를 이용하여 [연말
　정산추가자료입력] 메뉴의 [부양가족] 탭, [신용카드 등] 탭, [의료비] 탭을 입력하여 [연말정산입력] 탭을 완성하시오
　(단, 근로자 본인의 세부담 최소화를 가정한다). (10점)

1. 가족사항(모두 거주자인 내국인에 해당함)

성명	관계	주민등록번호	동거 여부	소득금액	비고
이철수	본인	830505-1478521		48,000,000원	총급여액(근로소득 외의 소득 없음), 세대주
강희영	배우자	840630-2547858	여	10,000,000원	양도소득금액
이명수	부친	561012-1587428	여	900,000원	부동산임대소득금액:총수입금액20,000,000원 필요경비　19,100,000원
이현수	아들	140408-3852611	여	−	초등학생
이리수	딸	191104-4487122	여	−	취학 전 아동

※ 기본공제대상자가 아닌 경우도 기본공제 '부'로 입력할 것

2. 연말정산 관련 추가자료(모든 자료는 국세청에서 제공된 자료에 해당하며, 표준세액공제가 더 클 경우 표준세액공제를 적용한다.)

내역	비고
보장성 보험료	• 이철수(본인) : 자동차보험료 300,000원 • 강희영(배우자) : 보장성보험료 200,000원 • 이명수(부친) : 생명보험료 150,000원(만기까지 납입액이 만기환급액보다 큰 경우에 해당) • 이현수(아들) : 보장성보험료 350,000원
교육비	• 이철수(본인) : 정규 교육 과정 대학원 교육비 5,000,000원 • 이현수(아들) : 국내 소재 사립초등학교(「초·중등교육법」상의 정규 교육기관) 수업료 8,000,000원 　　　　　　　　바이올린 학원비 2,400,000원 • 이리수(딸) : 「영유아보육법」상의 어린이집 교육비 1,800,000원
의료비	• 이철수(본인) : 질병 치료 목적 의료비 1,050,000원 • 이리수(딸) : 질병 치료 목적 의료비 250,000원 • 이명수(부친) : 질병 치료 목적 국외 의료비 1,500,000원
신용카드 사용액	• 이철수(본인) : 신용카드 사용액 32,500,000원 　(신용카드사용분 중 전통시장/대중교통/도서등 사용분 없음)

이론과 실무문제의 답을 모두 입력한 후 답안저장 (USB로 저장) 을 클릭하여 저장하고, USB메모리를 제출하시기 바랍니다.

다음 문제를 보고 알맞은 것을 골라 이론문제 답안작성 **메뉴에 입력하시오. (객관식 문항당 2점)**

―――――――― [기 본 전 제] ――――――――

문제에서 한국채택국제회계기준을 적용하도록 하는 전제조건이 없는 경우, 일반기업회계기준을 적용한다.

---

01 다음 중 현금 및 현금성자산에 포함되지 않는 것은?

① 자기앞수표   ② 배당금지급통지서

③ 직원가불금   ④ 취득 당시 만기일이 3개월 이내인 환매 조건부 채권

02 다음의 자료를 이용하여 유동부채에 해당하는 금액의 합계액을 구하면 얼마인가?

• 미지급금 : 3,000,000원	• 외상매입금 : 3,500,000원
• 선수금 : 1,000,000원	• 유동성장기부채 : 1,500,000원
• 장기차입금 : 2,000,000원	• 퇴직급여충당부채 : 2,500,000원

① 7,500,000원   ② 8,000,000원   ③ 8,500,000원   ④ 9,000,000원

03 다음 중 일반기업회계기준상 유형자산이 아닌 것은?

① 사업용 건물을 신축하기 위하여 매입한 토지
② 부동산매매업자가 판매목적으로 매입한 건물
③ 부동산임대업자가 임대목적으로 소유하고 있는 토지와 건물
④ 제품 제조에 사용하기 위해서 취득한 기계장치

04 다음 중 사채의 발행에 대한 설명으로 옳지 않은 것은?

① 사채의 액면이자율이 유효이자율보다 큰 경우에는 발행가액이 할증된다.
② 사채가 할인발행 되는 경우 사채의 장부가액은 매년 감소한다.
③ 사채가 할증발행 되는 경우 액면이자는 매년 일정하다.
④ 사채가 할인발행 되는 경우 유효이자는 만기까지 매년 증가한다.

05 다음 중 자본에 영향을 미치는 거래에 해당하지 않는 것은?

① 사옥으로 사용하기 위해 건물을 구입하고 거래대금을 보통예금으로 지급했다.
② 보통주 10,000주를 주당 11,000원(액면가액 5,000원)에 증자했다.
③ 광고대행사로부터 광고대행용역을 제공받고 수수료로 10,000,000원을 지급했다.
④ 사업에 사용하던 차량을 10,000,000원(장부가액 15,000,000원)에 매각했다.

06 다음 중 아래의 그래프가 표시하는 원가행태로 가장 적절한 것은?

① 그래프(가) : 변동원가
② 그래프(나) : 준고정원가
③ 그래프(가) : 준고정원가
④ 그래프(나) : 고정원가

07 다음 중 의사결정 관련성에 따른 원가분류에 대한 설명으로 가장 옳지 않은 것은?

① 관련원가는 이미 발생한 과거의 원가로서 의사결정과정에 영향을 주지 못하는 원가이다.
② 기회원가는 차선의 대체안을 선택할 경우 얻을 수 있었던 기댓값을 의미한다.
③ 회피가능원가는 특정 대체안을 선택할 경우 발생되지 않는 원가이다.
④ 차액원가는 두 의사결정 대체안 간의 총원가의 차액, 즉 증분원가이다.

08 다음 중 제조원가명세서의 당기제품제조원가에 영향을 미치지 않는 회계거래는?

① 당기에 투입된 원재료를 과대계상 하였다.
② 기말의 제품을 과대계상 하였다.
③ 당기의 기초재공품원가를 과소계상 하였다.
④ 공장 직원의 임금을 판매관리비로 계상하였다.

09 다음 중 종합원가계산의 선입선출법과 평균법에 대한 설명으로 옳지 않은 것은? 단, 원재료는 공정 착수 시점에 전량 투입되며, 가공원가는 공정 전반에 걸쳐 균등하게 투입된다.

① 선입선출법과 평균법의 수량 차이는 기초재공품의 완성품 환산량의 차이이다.

② 기말재공품의 완성도는 선입선출법과 평균법의 원가배분에서 차이가 없다.

③ 기말재공품의 완성도를 실제보다 높게 평가한 경우 평균법에 의한 완성품원가는 실제보다 높게 계산된다.

④ 선입선출법과 평균법에서 공손품은 검사시점에 측정된다.

10 당사는 2개의 제조부문을 가지고 제품 A와 B를 생산·판매하고 있으며 당해 제조부문별 예산제조간접원가는 제조부문 1이 1,024,000원, 제조부문2는 3,000,000원이다. 제품 A의 생산량은 300개, 제품 B의 생산량은 400개이다. 제품 1개당 생산에 투입된 직접노동시간은 다음과 같다. 직접노동시간을 기준으로 제조부문1의 노동시간당 예정배부율은 얼마인가?

직접노동시간	제품A	제품B
제조부문1	4시간	5시간
제조부문2	6시간	5시간

① 285원   ② 292원   ③ 320원   ④ 340원

11 다음 중 부가가치세법상 세금계산서 발급 의무가 면제되지 않는 경우는?

① 구매확인서에 의해 공급되는 재화

② 미용업자가 공급하는 재화 또는 용역

③ 택시운송사업자가 공급하는 재화 또는 용역

④ 부동산임대업자의 부동산임대용역 중 간주임대료

12 다음 중 부가가치세법상 의제매입세액공제를 적용받을 수 있는 사업자는?

① 빵을 판매하는 간이과세자

② 한정식집을 운영하는 법인사업자

③ 수산물을 판매하는 면세사업자

④ 소매업을 운영하는 일반과세자

13 다음은 2022년 1월에 간이과세자로 카페를 개업한 최민준씨의 연도별 공급대가이다. 일반과세자로 변경되는 시점으로 옳은 것은?

• 2022년 : 70,000,000원	• 2023년 : 90,000,000원	• 2024년 : 120,000,000원

① 2024년 1월 1일　　　② 2024년 7월 1일　　　③ 2025년 1월 1일　　　④ 2025년 7월 1일

14 다음 중 소득세법상 기타소득에 대한 설명으로 옳지 않은 것은?

① 저작자가 저작권의 양도 또는 사용의 대가로 받는 금품은 기타소득이다.
② 뇌물은 기타소득이다.
③ 고용관계 없이 다수인에게 강연을 하고 강연료로 12만원을 받았다면 소득세를 과세하지 않는다.
④ 기타소득금액은 해당 과세기간의 총수입금액에서 이에 사용된 필요경비를 공제한 금액으로 한다.

15 거주자 김소희씨의 2024년 소득금액은 다음과 같다. 다음의 자료를 이용하여 2024년 귀속 종합소득금액을 계산하면 얼마인가?

• 근로소득금액 : 4,000,000원	• 퇴직소득금액 : 5,000,000원 ・ 사업소득금액(건설업) : 8,000,000원
• 사업소득금액(주거용 부동산임대업) : △3,000,000원	• 사업소득금액(비주거용 부동산임대업) : △1,000,000원

① 8,000,000원　　　② 9,000,000원　　　③ 11,000,000원　　　④ 13,000,000원

cafe.naver.com/eduacc ⇒ 전산세무2급 ⇒ 기출문제 다운로드 & 데이터 설치 ⇒ KcLep 입력

㈜중동상회(회사코드 : 1182)는 전자제품의 제조 및 도·소매업을 주업으로 영위하는 중소기업으로 당기(제12기)의 회계기간은 2024.1.1.~2024.12.31.이다. 전산세무회계 수험용 프로그램을 이용하여 다음 물음에 답하시오.

─── [기 본 전 제] ───

• 문제에서 한국채택국제회계기준을 적용하도록 하는 전제조건이 없는 경우, 일반기업회계기준을 적용하여 회계처리 한다.
• 문제의 풀이와 답안작성은 제시된 문제의 순서대로 진행한다.

문제1 [일반전표입력] 메뉴를 이용하여 다음의 거래자료를 입력하시오. (15점)

─── [입력 시 유의사항] ───

• 일반적인 적요의 입력은 생략하지만, 타계정 대체거래는 적요 번호를 선택하여 입력한다.
• 채권·채무와 관련된 거래는 별도의 요구가 없는 한 반드시 기등록된 거래처코드를 선택하는 방법으로 거래처명을 입력한다.
• 제조경비는 500번대 계정코드를, 판매비와관리비는 800번대 계정코드를 사용한다.
• 회계처리 시 계정과목은 별도의 제시가 없는 한 등록된 계정과목 중 가장 적절한 과목으로 한다.

[1] 01월 05일 영업부에서 거래처와의 관계 유지를 위해 거래처와 식사하고 식사 대금 475,000원을 국민카드로 결제하였다. (3점)

[2] 04월 30일 2023년 귀속 법인세 신고 시 결손금이 발생하여 2023년에 원천징수된 이자소득에 대한 원천징수금액 150,000원을 보통예금 계좌로 환급받았다. 단, 관련 계정과목을 조회해서 입력하기로 한다. (3점)

[3] 08월 14일 당사는 주식의 안정적인 수급을 위하여 보통주 5,000주를 주당 5,500원(액면가 주당 5,000원)에 감자하고 대금은 보통예금 통장에서 지급하였다. (3점)

※ 감자 전 자본내역 : 1. 감자차익 1,800,000원	2. 매도가능증권평가이익 8,000,000원

[4] 10월 01일 ㈜하나의 상품매입대금 197,000,000원 전액을 외환은행의 외화 보통예금 통장에서 송금하여 결제하고 수수료는 현금으로 지급하면서 다음과 같은 거래계산서를 발급받았다. 단, 수수료는 판관비로 처리하기로 하며, 하나의 전표로 처리하시오. (3점)

<table>
<tr><td colspan="5" align="center">환전/송금/금매매 거래계산서</td></tr>
<tr><td colspan="3">거래일 : 2024년 10월 1일</td><td colspan="2" align="right">고객명 : ㈜중동상회</td></tr>
<tr><td colspan="5">거래종류 : 국내자금당발이체 실행(청구)</td></tr>
<tr><td align="center">구분</td><td align="center">통화</td><td align="center">외화금액</td><td align="center">환율</td><td align="center">원화금액</td></tr>
<tr><td align="center">외화대체</td><td align="center">USD</td><td align="center">150,000$</td><td align="center">1,300원/$</td><td align="center">195,000,000원</td></tr>
<tr><td colspan="2">당발이체수수료 : 20,000원
수취인 : ㈜하나</td><td colspan="2">내신외화금액 : USD 150,000</td><td>내신원화금액 : 20,000원</td></tr>
</table>

[5] 10월 05일 당사는 금융기관의 퇴직연금상품에 가입하였으며, 당해 연도 퇴직급여로서 생산직 직원에 대해서는 확정급여형(DB형) 상품으로 25,000,000원, 판매직 직원에 대해서는 확정기여형(DC형) 상품으로 15,000,000원을 보통예금 계좌에서 이체하였다. 단, 하나의 전표로 입력하시오. (3점)

문제2　[매입매출전표입력] 메뉴를 이용하여 다음의 거래자료를 입력하시오. (15점)

[1] 01월 06일　새로 출시한 상품 홍보를 위하여 판매부서에서 광고대행사인 ㈜방방곡곡에게 홍보물(영상콘텐츠) 제작을 의뢰하여 배포하고 전자세금계산서를 발급받았다. 대금은 2월 말일에 지급하기로 하였다(단, 부채계정은 미지급금 계정을 사용할 것). (3점)

<table>
<tr><td colspan="4" align="center">전자세금계산서</td><td align="center">승인번호</td><td colspan="4" align="center">20240106-12548678-95552149</td></tr>
<tr><td rowspan="4" align="center">공
급
자</td><td align="center">등록
번호</td><td>120-81-50045</td><td align="center">종사업장
번호</td><td rowspan="4" align="center">공
급
받
는
자</td><td align="center">등록
번호</td><td>130-81-25029</td><td align="center">종사업장
번호</td><td></td></tr>
<tr><td align="center">상호
(법인명)</td><td>㈜방방곡곡</td><td align="center">성명</td><td align="center">왕홍보</td><td align="center">상호
(법인명)</td><td>㈜중동상회</td><td align="center">성명</td><td align="center">황재하</td></tr>
<tr><td align="center">사업장
주소</td><td colspan="3">경기도 하남시 미사강변중앙로 7</td><td align="center">사업장
주소</td><td colspan="3">서울특별시 강동구 천호대로 1005</td></tr>
<tr><td align="center">업태</td><td>서비스</td><td align="center">종목</td><td>광고대행</td><td align="center">업태</td><td>도소매 외</td><td align="center">종목</td><td>전자제품</td></tr>
<tr><td align="center">작성일자</td><td colspan="2" align="center">공급가액</td><td colspan="2" align="center">세액</td><td align="center">수정사유</td><td colspan="3" align="center">비고</td></tr>
<tr><td align="center">2024.01.06</td><td colspan="2" align="center">1,600,000</td><td colspan="2" align="center">160,000</td><td></td><td colspan="3"></td></tr>
<tr><td align="center">월</td><td align="center">일</td><td align="center">품목</td><td align="center">규격</td><td align="center">수량</td><td align="center">단가</td><td align="center">공급가액</td><td align="center">세액</td><td align="center">비고</td></tr>
<tr><td align="center">01</td><td align="center">06</td><td>광고대행수수료</td><td></td><td></td><td></td><td align="center">1,600,000</td><td align="center">160,000</td><td></td></tr>
<tr><td colspan="2" align="center">합계금액</td><td align="center">현금</td><td align="center">수표</td><td align="center">어음</td><td colspan="2" align="center">외상미수금</td><td colspan="2" rowspan="2" align="center">이 금액을 (청구) 함</td></tr>
<tr><td colspan="2" align="center">1,760,000</td><td></td><td></td><td></td><td colspan="2" align="center">1,760,000</td></tr>
</table>

[2] 02월 02일   ㈜정성상회에 제품을 공급하고 아래와 같은 전자세금계산서를 발급하였다. 대금은 계약금으로 받은 20,000,000원과 ㈜정성상회가 배서양도 받은 ㈜한일무역 발행 약속어음(만기일 2월 15일) 60,000,000원과 보통예금 30,000,000원으로 지급받았다. (3점)

<table>
<tr><td colspan="5" rowspan="2" align="center">전자세금계산서</td><td colspan="2">승인번호</td><td colspan="3">20240202-41000094-70120519</td></tr>
<tr></tr>
<tr><td rowspan="4">공급자</td><td>등록
번호</td><td colspan="2">130-81-25029</td><td>종사업장
번호</td><td></td><td rowspan="4">공급받는자</td><td>등록
번호</td><td colspan="2">158-81-15887</td><td>종사업장
번호</td><td></td></tr>
<tr><td>상호
(법인명)</td><td colspan="2">㈜중동상회</td><td>성명</td><td>황재하</td><td>상호
(법인명)</td><td colspan="2">㈜정성상회</td><td>성명</td><td>이재규</td></tr>
<tr><td>사업장
주소</td><td colspan="4">서울시 강동구 천호대로 1005</td><td>사업장
주소</td><td colspan="4">경기도 남양주시 경춘로 1037, (금곡동)</td></tr>
<tr><td>업태</td><td colspan="2">도소매, 제조</td><td>종목</td><td>전자제품</td><td>업태</td><td colspan="2">도소매</td><td>종목</td><td>플라스틱 제품</td></tr>
</table>

작성일자	공급가액	세액			수정사유		
2024/02/02	100,000,000	10,000,000			해당 없음		

월	일	품목	규격	수량	단가	공급가액	세액	비고
02	02	플라스틱 제품				100,000,000	10,000,000	

합계금액	현금	수표	어음	외상미수금	
110,000,000	50,000,000		60,000,000		이 금액을 (**청구**) 함

[3] 04월 18일   ㈜대한으로부터 수출용 원재료(공급가액 5,000,000원)를 매입하고 구매확인서에 의하여 영세율전자세금계산서를 발급받았다. 대금은 4월 18일 현재 지급되지 않았다. (3점)

[4] 06월 05일   당사는 제품 홍보를 확대할 목적으로 사용할 개별소비세가 과세되는 소형승용차(2,000cc)를 ㈜달라자동차에서 구입하고, 전자세금계산서를 수취하였다. 대금 중 3,100,000원은 현금으로 지급하고 나머지는 미지급하였다. (3점)

<table>
<tr><td colspan="5" rowspan="2" align="center">전자세금계산서</td><td colspan="2">승인번호</td><td colspan="3">20240202-41000094-70120519</td></tr>
<tr></tr>
<tr><td rowspan="4">공급자</td><td>등록
번호</td><td colspan="2">111-81-12144</td><td>종사업장
번호</td><td></td><td rowspan="4">공급받는자</td><td>등록
번호</td><td colspan="2">130-81-25029</td><td>종사업장
번호</td><td></td></tr>
<tr><td>상호
(법인명)</td><td colspan="2">㈜달라자동차</td><td>성명</td><td>김달려</td><td>상호
(법인명)</td><td colspan="2">㈜중동상회</td><td>성명</td><td>황재하</td></tr>
<tr><td>사업장
주소</td><td colspan="4">서울 서초구 강남대로 265</td><td>사업장
주소</td><td colspan="4">서울특별시 강동구 천호대로 1005</td></tr>
<tr><td>업태</td><td colspan="2">제조</td><td>종목</td><td>자동차</td><td>업태</td><td colspan="2">도소매 외</td><td>종목</td><td>전자제품</td></tr>
</table>

작성일자	공급가액	세액			수정사유		
2024/06/05	21,000,000	2,100,000			해당 없음		

월	일	품목	규격	수량	단가	공급가액	세액	비고
06	05	승용차(2,000cc)		1	21,000,000	21,000,000	2,100,000	

합계금액	현금	수표	어음	외상미수금	
23,100,000	3,100,000			20,000,000	이 금액을 (**청구**) 함

[5] 06월 20일　싱가포르에 소재하는 랜드로바에게 제품을 $30,000에 중계무역 방식으로 수출하였다. 대금은 다음과 같이 받기로 하고, 선적한 당일 $18,000가 보통예금에 입금되었다(단, 이와 관련하여 적용된 환율은 아래의 표와 같다. 6월 20일의 회계처리를 하시오). (3점)

판매대금	대금수령일	결제방법	비고
$18,000	6월 20일	외화통장으로 입금	선적일
$12,000	7월 15일	외화통장으로 입금	잔금청산일
기준환율	・6월 20일 : 1$당 1,200원		・7월 15일 : 1$당 1,300원

문제3　부가가치세 신고와 관련하여 다음 물음에 답하시오. (10점)

[1] 다음은 2024년 제2기 부가가치세 예정신고기간(7월 1일~9월 30일)의 신용카드 매출, 매입자료이다. 아래 자료를 이용하여 [신용카드매출전표등발행금액집계표] 및 [신용카드매출전표등수령명세서(갑)]를 작성하시오(단, 매입처는 모두 일반과세자이며, 매입세액공제 가능한 사항만 반영한다). (4점)

1. 신용카드 매출

거래일자	거래내용	공급가액	부가가치세	합계	비고
7월 10일	제품매출	2,000,000원	0원	2,000,000원	영세율 매출
8월 20일	제품매출	4,000,000원	400,000원	4,400,000원	일반과세 매출
9월 30일	제품매출	1,000,000원	0원	1,000,000원	면세 매출

2. 신용카드 매입

거래일자	상호	사업자번호	공급가액	부가가치세	비고
7월 12일	우리	315-21-12311	90,000원	9,000원	영세율 매출과 관련된 소모품 구입
8월 13일	㈜만물	415-80-51339	70,000원	7,000원	일반과세 매출과 관련된 소모품 구입
9월 14일	㈜종합	515-85-12344	50,000원	5,000원	면세 매출과 관련된 소모품 구입

※ 매입 관련 카드번호 : 1001-2002-3003-5001(우리카드), 법인명의의 사업용카드에 해당함.

[2] 당사는 직전 과세기간의 공급가액이 100,000,000원으로서, 소규모영세법인사업자에 해당하여 예정 부가가치세 신고를 하지 않았다고 가정한다. 다음의 자료를 보고 2024년 제2기 확정 부가가치세 신고서를 작성하시오. 부가가치세 신고서 이외의 과세표준명세 등 기타부속서류의 작성은 생략한다. 단, 제시된 자료 이외의 거래는 없다. (6점)

구분	내용
매출자료	• 전자세금계산서 발급 과세 매출액 : 400,000,000원(부가세 별도) • 현금영수증 매출액 : 55,000,000원(부가세 포함) • 직수출액 : 100,000,000원 • 2023년 제1기 확정신고 시 대손세액공제를 받았던 외상매출금 11,000,000원(부가세 포함)을 전액 회수하였다.
매입자료	• 세금계산서 일반 매입액 : 300,000,000원(부가세 별도)
기타	• 제2기 예정고지세액(소규모영세법인) : 2,000,000원 • 당사가 직접 부가가치세 전자신고를 수행하였다.

문제4 결산정리사항은 다음과 같다. 관련 메뉴를 이용하여 결산을 완료하시오. (15점)

[1] 10월 3일에 판매부서에서 사용할 화일철 10박스를 200,000원에 구입하고 소모품으로 회계처리 하였다. 결산일 현재 판매부서에는 2박스의 화일철이 남아 있다. (3점)

[2] 2024년 5월 1일에 입금된 임대료(영업외수익) 2,400,000원은 2024년 5월 1일부터 2025년 4월 30일까지의 기간에 대한 임대료이다(단, 음수(−)로 회계처리 하지 말고, 월할계산 할 것). (3점)

[3] 당사는 2023년 9월 20일에 단기 시세차익의 목적으로 시장성이 있는 주식 2,000주를 주당 10,000원에 취득하였고 취득 관련 수수료 500,000원을 지급하였다. 당사는 결산일 현재 해당 주식을 전량 보유하고 있다. (3점)

항목	2023.12.31.	2024.12.31.
결산일 현재 공정가치	주당 9,000원	주당 9,500원

[4] 당사의 비화폐성 외화자산 및 화폐성 외화부채의 결산일 현재의 환율은 다음과 같다. 당사는 일반기업회계기준에 따라 회계처리 하며 외화환산손실과 외화환산이익을 각각 인식한다. 단, 선급금과 장기차입금에 대한 거래처 코드 입력은 생략하기로 한다. (3점)

계정과목	발생일	발생일 현재 환율	2023년 12월 31일 환율	2024년 12월 31일 환율
선급금($5,000)	2024년 7월 1일	1,250원/$	1,200원/$	1,300원/$
장기차입금($20,000)	2023년 10월 3일	1,340원/$		

[5] 결산일 현재 재고자산을 실사 평가한 결과는 다음과 같다. 관련하여 결산에 반영하시오(각 기말재고자산의 시가와 취득원가는 동일한 것으로 가정한다). (3점)

구분	취득단가	장부상 기말재고	실사한 기말재고	수량 차이 원인
원재료	5,000원/개	5,000개	4,800개	정상감모
제품	15,000원/개	4,500개	4,500개	
상품	20,000원/개	1,500개	1,300개	비정상감모

문제5 2024년 귀속 원천징수자료와 관련하여 다음의 물음에 답하시오. (15점)

[1] 다음은 생산직 근로자인 박지은(사번 : 101)과 최수지(사번 : 102)의 3월분 급여내역이다. 아래의 자료를 이용하여 [사원등록], [수당공제등록], [급여자료입력]을 작성하시오(단, [수당공제등록]의 불러온 자료는 무시하고 아래의 자료에 따라 입력하되, 사용하는 수당 외의 항목은 "부"로 체크하고, 월정액은 그대로 둘 것). (6점)

1. 박지은 3월 급여내역(3월분 급여는 3월 31일에 지급함)

이름	박지은	지급일	3월 31일
기본급	3,000,000원	소득세	107,660원
식대	100,000원	지방소득세	10,760원
자가운전보조금	200,000원	국민연금	150,750원
야간근로수당	200,000원	건강보험	118,750원
자격수당	150,000원	장기요양보험	15,370원
		고용보험	26,800원
		사내대출금원리금상환액	266,560원
급여 합계	3,650,000원	공제 합계	696,650원
		차인지급액	2,953,350원

2. 최수지 3월 급여내역(3월분 급여는 3월 31일에 지급함)

이름	최수지	지급일	3월 31일
기본급	1,900,000원	소득세	17,180원
식대	100,000원	지방소득세	1,710원
자가운전보조금	200,000원	국민연금	85,500원
야간근로수당	200,000원	건강보험	67,350원
		장기요양보험	8,720원
		고용보험	15,200원
급여 합계	2,400,000원	공제 합계	195,660원
		차인지급액	2,204,340원

- 식대 : 당사는 현물 식사를 별도로 제공하지 않는다.
- 자가운전보조금 : 본인 명의의 차량을 업무 목적으로 사용한 직원에게 자가운전보조금을 지급하고 있으며, 실제 발생한 교통비를 별도로 지급하지 않는다.
- 야간근로수당 : 정규 업무시간 외에 추가 근무를 하는 경우 매월 20만 원까지 야간근로수당을 지급하며, 생산직 근로자가 받는 연장근로수당 등은 세법상 요건을 갖춘 경우 비과세로 처리한다(직전 과세기간의 총급여액 : 박지은 2,400만 원, 최수지 2,800만 원).
- 자격수당 : 회사가 요구하는 자격증을 취득하는 경우 자격수당을 지급한다.
- 사내대출금원리금상환액 : 당사는 직원을 대상으로 최저 금리로 사내대출을 해주고 그에 해당하는 원리금을 매달 급여에서 공제함(공제소득유형 : 대출).

[2] 다음은 류선재(사번 : 111, 입사일 : 2021.01.01.) 사원의 2024년 연말정산 관련 자료이다. [연말정산추가자료입력] 메뉴의 [부양가족] 탭을 입력하고, [신용카드 등] 탭, [의료비] 탭, [연금저축 등] 탭, [연말정산입력] 탭을 작성하시오 (단, 근로자 본인의 세부담이 최소화되도록 한다). (9점)

1. 가족사항(모두 동거하며, 생계를 같이한다. 제시된 자료 외의 다른 소득은 없다.)

관계	성명	주민등록번호	소득	비고
본인	류선재	901030-1224118	총급여 6,180만 원	세대주
어머니	안현주	620511-2047719	일용근로소득 총급여 3,800만 원	
배우자	임솔	900115-2374239	양도소득금액 150만 원	
아들	류도	150131-3165617	소득 없음, 장애인(복지카드)	초등학생
아들	류진	180121-4165115	소득 없음	유치원생

※ 기본공제대상자가 아닌 경우도 기본공제 "부"로 입력할 것

2. 연말정산 자료

※ 국세청 홈택스 및 기타 증빙을 통해 확인된 자료이며, 별도의 언급이 없는 한 국세청 홈택스 연말정산간소화서비스
　　에서 조회된 자료이다.

구분	내용
보험료	• 류선재 : 보장성보험료 940,000원　　　　• 임솔 : 보장성보험료 1,980,000원 • 류도 : 보장성보험료 1,200,000원(일반 700,000원, 장애인 전용 500,000원)
교육비	• 류선재 : 대학원 박사과정 수업료 4,280,000원　• 류도 : 영어학원비 3,300,000원 • 안현주 : 고등학교 수업료 2,400,000원
의료비	• 임솔 : 질병 치료비 3,000,000원(류선재 명의의 신용카드로 결제) 　－「보험업법」에 따른 보험회사에서 실손의료보험금 2,500,000원을 지급 받음(2024년 귀속분) • 안현주 : 질병 치료비 3,220,000원(류선재 명의의 신용카드로 결제) • 류진 : 질병 치료비 1,520,000원(류선재 명의의 신용카드로 결제)
신용카드 등 사용액	• 류선재 : 신용카드 사용액 26,520,000원(전통시장/대중교통/도서 등 사용분 없음) • 류선재 : 현금영수증 사용액 1,252,000원(전통시장/대중교통/도서 등 사용분 없음) • 임솔 : 체크카드 사용액 8,823,000원(전통시장/대중교통/도서 등 사용분 없음) • 안현주 : 신용카드 사용액 6,020,000원(전통시장/대중교통/도서 등 사용분 없음) • 류선재의 신용카드 사용액은 의료비 지출액이 모두 포함된 금액이다. • 제시된 내용 외의 전통시장/대중교통/도서 등 사용분은 없다.
기타	• 류선재 연금저축계좌 : 1,800,000원 (2024년도 납입분, 삼성생명보험㈜ 계좌번호 : 153-05724-73285)

다음 문제를 보고 알맞은 것을 골라 [이론문제 답안작성] 메뉴에 입력하시오. (객관식 문항당 2점)

─── [기 본 전 제] ───
문제에서 한국채택국제회계기준을 적용하도록 하는 전제조건이 없는 경우, 일반기업회계기준을 적용한다.

01 다음 중 재무상태표의 분류가 나머지와 다른 하나는 무엇인가?

① 보통예금　　　　　② 우편환증서　　　　　③ 배당금지급통지서　　　　　④ 당좌차월

02 다음 중 일반기업회계기준상 거래형태별 수익 인식시점으로 가장 옳지 않은 것은?

① 입장권 판매 : 입장권을 판매하는 시점에 수익으로 인식한다.
② 수강료 수익 : 강의 기간에 걸쳐 수익으로 인식한다.
③ 배당금 수익 : 배당금을 받을 권리와 금액이 확정된 날 수익으로 인식한다.
④ 설치 및 검사조건부판매 : 구매자에게 재화가 인도되고 설치와 검사가 완료되었을 때 수익으로 인식한다.

03 다음 중 유형자산의 감가상각에 대한 설명으로 옳지 않은 것은?

① 감가상각방법은 해당 자산으로부터 예상되는 미래경제적효익의 소멸 형태에 따라 선택하고, 소멸 형태가 변하지 않는 한 매기 계속 적용한다.
② 감가상각방법 중 체감잔액법과 연수합계법은 자산의 내용연수 동안 감가상각액이 매 기간 증가하는 방법이다.
③ 내용연수 도중 사용을 중단하고 처분 예정인 유형자산은 사용을 중단한 시점의 장부금액으로 표시한다.
④ 내용연수 도중 사용을 중단하였으나, 장래사용을 재개할 예정인 유형자산에 대해서는 감가상각을 하되, 그 감가상각액은 영업외비용으로 처리한다.

04 회계정보의 질적특성 중 목적적합성과 신뢰성의 사례로 옳지 않은 것은?

	구분	목적적합성	신뢰성
①	수익인식방법	진행기준	완성기준
②	자산의 평가방법	시가법	원가법
③	손익인식방법	발생주의	현금주의
④	정보의 보고시점	결산재무제표	분기, 반기재무제표

05 아래의 자료에서 기말재고자산에 포함해야 할 금액은 얼마인가? 단, 창고재고금액은 고려하지 않는다.

- 도착지 인도조건으로 매입한 미착상품 : 4,000,000원
- 담보로 제공한 저당상품 : 6,000,000원
- 기말 현재 구매자의 구매의사표시가 없는 시송품 : 3,000,000원
- 고객에게 인도된 할부로 판매하는 상품(대금이 전액 회수되지는 않았다.) : 2,000,000원

① 9,000,000원   ② 10,000,000원   ③ 8,000,000원   ④ 7,000,000원

06 다음의 원가자료를 이용하여 기초(기본)원가를 계산하면 얼마인가?

- 직접재료원가는 당기총제조원가의 40%이다.
- 당기총제조원가는 15,000,000원이다.
- 제조간접원가는 직접노무원가의 50%이다.

① 9,000,000원   ② 10,000,000원   ③ 11,000,000원   ④ 12,000,000원

07 다음 설명 중 옳은 것은?

① 기말재공품이 기초재공품보다 크다면 당기총제조원가가 당기제품제조원가보다 크다.
② 기본원가는 직접노무원가와 제조간접원가의 합을 의미한다.
③ 제조원가명세서에는 기말 제품 재고액이 표시된다.
④ 당기총제조원가는 직접재료원가, 직접노무원가, 가공원가의 합을 의미한다.

08 보조부문에서 발생한 변동제조간접원가는 3,000,000원, 고정제조간접원가는 4,000,000원이 발생했다. 이중배부율법에 의해 보조부문의 제조간접원가를 제조부문에 배부할 경우 조립부문에 배부할 제조간접원가는 얼마인가?

구분	실제기계시간	최대기계시간
절삭부문	250시간	600시간
조립부문	500시간	400시간

① 2,600,000원   ② 3,000,000원   ③ 3,400,000원   ④ 3,600,000원

09 다음 중 개별원가계산에 대한 설명만 선택한 것은?

> 가. 항공기 제조, 선박 제조, 특수기계 제조업 등이 대표적인 적용 업종이다.
>
> 나. 작업원가표를 작성하여 원가를 집계한다.　　　다. 다품종 소량생산을 하는 기업에 적합한 원가계산방법이다.
>
> 라. 기말재공품의 평가가 필요하다.　　　마. 상대적으로 원가계산과정이 복잡하나 정확성은 높다.
>
> 바. 원가를 재료원가와 가공원가로 분류한다.

① 가, 나, 다, 라, 마, 바　　② 나, 다, 라, 바　　③ 가, 나, 다, 마　　④ 나, 라, 마, 바

10 다음은 ㈜미래의 제조활동과 관련된 물량흐름에 대한 자료이다. 이와 관련된 설명으로 옳은 것은?

> • 기초재공품 : 900개　　　　　　　　　• 당기착수량 : 3,000개
>
> • 기말재공품 : 600개　　　　　　　　　• 공손품 : 300개

① 완성품은 3,300개이다.

② 공손품은 완성품의 15%이다.

③ 완성품의 10%가 정상공손품이면 비정상공손품은 없다.

④ 완성품의 7%가 정상공손품이면 비정상공손품은 210개이다.

11 다음 중 부가가치세법상 세금계산서 발급시기에 대한 설명으로 가장 틀린 것은?

① 기한부 판매의 경우 기한이 지나 판매가 확정되는 때에 세금계산서를 발급하여야 한다.

② 재화의 공급시기 전에 대가의 일부를 받은 때에 그 대가의 전부에 대하여 세금계산서를 발급할　수 있다.

③ 재화의 이동이 필요하지 아니한 경우 재화가 이용가능하게 되는 때에 세금계산서를 발급하여야 한다.

④ 거래처별로 달의 1일부터 말일까지의 기간 내에서 사업자가 임의로 정한 기간의 공급가액을 합하여 그 기간의 종료일
　을 작성연월일로 하여 재화의 공급일이 속하는 달의 다음 달 10일까지 세금계산서를 발급할 수 있다.

12 다음 자료를 이용하여 부가가치세가 과세되는 토지의 임대면적을 구하면 얼마인가?

> • 주택과 점포로 겸용되는 1층 건물을 임대하고 있다.
>
> • 주택 면적 : 60m^2, 점포 면적 : 140m^2, 건물의 부수토지 면적 : 1,000m^2
>
> • 이 건물은 도시지역 안에 소재하고 있다.

① 60m^2　　　　② 140m^2　　　　③ 300m^2　　　　④ 700m^2

13 다음 중 부가가치세법상 간이과세자에 대한 설명으로 옳은 것은?

① 법인도 신규 법인에 한해서는 간이과세자가 가능하다.

② 간이과세자도 의제매입세액 공제를 받을 수 있다.

③ 간이과세자는 해당 과세기간에 대한 공급대가가 4,800만 원 미만인 경우 납부 의무가 면제된다.

④ 간이과세자의 경우 납부세액은 공급가액에 업종별부가가치율을 곱한 후 다시 10퍼센트를 곱하여 계산한다.

14 다음의 자료를 이용하여 종합소득 산출세액을 계산하면 얼마인가?

• 금융소득금액(국내은행이자) : 15,000,000원	• 사업소득금액 : 42,000,000원
• 기타소득금액(종합과세대상) : 10,000,000원	• 종합소득공제 : 7,500,000원
• 종합소득세액공제 : 1,200,000원	

※ 종합소득세 세율
- 1,400만 원 이하 : 6%(누진공제액 : 0원)
- 1,400만 원 초과 5,000만 원 이하 : 15%(누진공제액 : 1,260,000원)
- 5,000만 원 초과 8,800만 원 이하 : 24%(누진공제액 : 5,760,000원)

① 4,215,000원　　　　② 5,415,000원　　　　③ 7,320,000원　　　　④ 8,520,000원

15 다음 중 소득세법상 인적공제에 대한 설명으로 옳은 것은?

① 배우자와 직계존속은 항상 생계를 같이하는 부양가족으로 본다.

② 추가공제는 해당 거주자의 기본공제를 적용받는 경우에만 공제할 수 있다.

③ 형제자매의 배우자는 공제대상 부양가족에 포함한다.

④ 과세기간 종료일 전에 사망한 경우 사망일의 상황에 따라 공제여부를 판단한다.

cafe.naver.com/eduacc ⇒ 전산세무2급 ⇒ 기출문제 다운로드 & 데이터 설치 ⇒ KcLep 입력

㈜미래테크(회사코드 : 1192)는 전자제품 등의 제조 및 도·소매업을 주업으로 영위하는 중소기업으로 당기(제18기)의 회계기간은 2025.1.1.~2025.12.31.이다. 전산세무회계 수험용 프로그램을 이용하여 다음 물음에 답하시오.

문제1   [일반전표입력] 메뉴를 이용하여 다음의 거래자료를 입력하시오. (15점)

—————— [입력 시 유의사항] ——————

- 일반적인 적요의 입력은 생략하지만, 타계정 대체거래는 적요 번호를 선택하여 입력한다.
- 채권·채무와 관련된 거래는 별도의 요구가 없는 한 반드시 기등록된 거래처코드를 선택하여 거래처명을 입력한다.
- 제조경비는 500번대 계정코드를, 판매비와관리비는 800번대 계정코드를 사용한다.
- 회계처리 시 계정과목은 별도의 제시가 없는 한 등록된 계정과목 중 가장 적절한 과목으로 한다.

[1] 01월 20일 원재료 보관창고로 사용하기 위해 다음의 부동산임대차 계약을 하고 계약금을 보통예금 계좌에서 이체하여 지급하였다. (3점)

<table>
<tr><td colspan="8" align="center">부 동 산 임 대 차 계 약 서</td></tr>
<tr><td rowspan="2">부동산의 표시</td><td>소재지</td><td colspan="6">경기도 수원시 팔달구 월드컵로 800</td></tr>
<tr><td>구 조</td><td colspan="2">철근콘크리트조</td><td>용도</td><td>창고</td><td>면적</td><td>100m²</td></tr>
<tr><td colspan="2">임차보증금</td><td colspan="6">금 100,000,000원 / 월임대료 1,000,000원 (VAT 별도)</td></tr>
<tr><td colspan="8">제 1 조 위 부동산의 임대인과 임차인 합의 하에 아래와 같이 계약함.
제 2 조 위 부동산의 임대차에 있어 임차인은 보증금을 아래와 같이 지불하기로 함.</td></tr>
<tr><td colspan="2">계 약 금</td><td colspan="6">20,000,000원은 계약 시에 지불하고</td></tr>
<tr><td colspan="2">잔 금</td><td colspan="6">80,000,000원은 2025년 3월 20일에 지불함.</td></tr>
<tr><td colspan="8">제 3 조 위 부동산의 명도는 2025년 3월 20일로 함.
제 4 조 임대차 기간은 2025년 3월 20일로부터 (24)개월로 함.
 – 중략 – </td></tr>
<tr><td colspan="8" align="center">관리비는 임대인과 협의하여 결정하는 것을 원칙으로 하며 최초 1년간은 월 200,000원(VAT 별도)으로 한다.</td></tr>
<tr><td colspan="8" align="center">위 계약조건을 확실히 하기 위하여 본 계약서를 작성하고 각 1통씩 보관한다.
2025년 1월 20일</td></tr>
<tr><td rowspan="2">임 대 인</td><td colspan="2">주   소</td><td colspan="5">경기도 수원시 팔달구 월드컵로 810</td></tr>
<tr><td colspan="2">사업자등록번호</td><td>110-81-12345</td><td>전화번호</td><td>031-200-1004</td><td>성명</td><td>㈜우리 ㊞</td></tr>
<tr><td rowspan="2">임 차 인</td><td colspan="2">주   소</td><td colspan="5">경기도 수원시 팔달구 월드컵로 310</td></tr>
<tr><td colspan="2">사업자등록번호</td><td>110-86-79977</td><td>전화번호</td><td>031-100-0077</td><td>성명</td><td>㈜미래테크 ㊞</td></tr>
</table>

[2] 06월 07일 영업부서 직원의 당기분 퇴직연금 20,000,000원을 보통예금 계좌에서 이체하였다. 당사는 확정기여형 (DC형) 퇴직연금에 가입하였다. (3점)

[3] 06월 15일 영업부서 차량에 대한 자동차세 250,000원과 제조부서에서 사용하는 트럭에 대한 자동차177,000원을 보통예금 계좌에서 납부하였다. 단, 하나의 전표로 입력할 것. (3점)

[4] 07월 12일 매입거래처인 ㈜배정산업이 당사에 외상매입금 15,000,000원에 대한 상환을 요구하면서 어려운 업계 상황을 고려하여 해당 채무에 대한 40%를 면제해 주기로 하였다. 당사는 잔액을 보통예금 계좌에서 지급하였다. (3점)

[5] 08월 01일 생산부서 직원들의 작업복을 1,000,000원에 구입하였다. 200,000원은 보통예금 계좌에서 지급하였으며, 나머지 잔액은 대표이사 개인 명의의 보통예금 계좌에서 이체하여 지급하였다. 단, 가수금계정을 사용하며 거래처명을 대표이사로 사용할 것. (3점)

문제2 [매입매출전표입력] 메뉴를 이용하여 다음의 거래자료를 입력하시오. (15점)

[1] 07월 12일 제품을 비사업자에게 현금으로 판매하고 다음의 현금영수증을 발급하였다. (3점)

현금영수증

● **거래정보**

거래일시	2025-07-12

● **거래금액**

공급가액	부가세	봉사료	총 거래금액
700,000	70,000	0	770,000

● **가맹점 정보**

상호	㈜미래테크
사업자번호	110-86-79977
대표자명	이미래

[2] 08월 01일   업무용으로 사용할 목적으로 ㈜아름자동차로부터 업무용승용차(7인승, 2,050cc)를 구입하고 전자세금계산서를 발급받았다. 해당 구입 건에 대하여 7월 10일에 3,000,000원을 선지급하였고, 나머지는 당일에 보통예금 계좌에서 지급하였다. (3점)

<table>
<tr><td colspan="4" rowspan="2" align="center">전자세금계산서</td><td>승인번호</td><td colspan="5">20250801-11526849-58167894</td></tr>
<tr><td rowspan="5">공급자</td><td>등록
번호</td><td colspan="2">851-81-01236</td><td>종사업장
번호</td><td rowspan="5">공급받는자</td><td>등록
번호</td><td colspan="2">110-86-79977</td><td>종사업장
번호</td><td></td></tr>
</table>

	등록번호	851-81-01236	종사업장번호			등록번호	110-86-79977	종사업장번호	
공급자	상호(법인명)	㈜아름자동차	성명	김아름	공급받는자	상호(법인명)	㈜미래테크	성명	이미래
	사업장주소	서울시 도봉구 방학동 15-3				사업장주소	경기도 수원시 영통구 월드컵로 120		
	업태	금융업	종목	리스 외		업태	도소매 외	종목	전자제품

승인번호: 20250801-11526849-58167894

작성일자	공급가액	세액	수정사유	비고
2025.08.01.	50,000,000원	5,000,000원		7인승, 배기량 2,050cc차량

월	일	품목	규격	수량	단가	공급가액	세액	비고
08	01	165너2050				50,000,000원	5,000,000원	

합계금액	현금	수표	어음	외상미수금	
55,000,000원	55,000,000원				이 금액을 (영수) 함

[3] 08월 02일   ㈜정성전자에 제품을 공급하고 아래와 같은 전자세금계산서를 발급하였다. 대금 중 500,000원은 현금으로 수령하고 나머지는 외상으로 하였다. (3점)

전자세금계산서   승인번호: 20250802-41000012-71008709

	등록번호	110-86-79977	종사업장번호			등록번호	130-81-41562	종사업장번호	
공급자	상호(법인명)	㈜미래테크	성명	이미래	공급받는자	상호(법인명)	㈜정성전자	성명	이재규
	사업장주소	경기도 수원시 영통구 월드컵로 120				사업장주소	경기도 부천시 길주로 275, 504호 (중동, 중동프라자)		
	업태	도소매, 제조	종목	전자제품		업태	도소매	종목	전자제품 외

작성일자	공급가액	세액	수정사유	비고
2025.08.02.	5,000,000원	500,000원	해당 없음	

월	일	품목	규격	수량	단가	공급가액	세액	비고
08	02	전자제품				5,000,000원	500,000원	

합계금액	현금	수표	어음	외상미수금	
5,500,000원	500,000원			5,000,000원	이 금액을 (영수) 함

[4] 08월 31일　기계장치를 운용리스로 리스하여 생산부서의 제품 생산에 사용하고 다음과 같이 전자계산서를 발급받았다. 단, 당사는 리스료를 임차료로 분류하며 대금은 다음 달에 지급하기로 하였다. (3점)

전자세금계산서				승인번호		20250831-10007890-00007894			
공급자	등록번호	116-81-36535	종사업장번호		공급받는자	등록번호	110-86-79977	종사업장번호	
	상호(법인명)	㈜삼정캐피탈	성명	김수금		상호(법인명)	㈜미래테크	성명	이미래
	사업장주소	서울특별시 중구 세종대로 13				사업장주소	경기도 수원시 영통구 월드컵로 120		
	업태	서비스	종목	리스운용사		업태	도소매 외	종목	전자제품

작성일자	공급가액	수정사유	비고
2025.08.31.	1,450,000원		

월	일	품목	규격	수량	단가	공급가액	세액	비고
8	31	운용리스료				1,450,000원		

합계금액	현금	수표	어음	외상미수금	이 금액을 (청구) 함
1,450,000원				1,450,000원	

[5] 09월 08일　영업부서 직원들의 점심 식사를 위해 안양도시락(일반과세자)에서 도시락을 주문하고, 현금영수증(지출증빙용)을 발급받았다. 대금은 현금으로 즉시 지급하였다. (3점)

현금영수증

● **거래정보**

거래일시	2025.09.08

● **거래금액**

공급가액	부가세	봉사료	총 거래금액
250,000	25,000	0	275,000

● **가맹점 정보**

상호	안양도시락
사업자번호	195-55-59532
대표자명	김명수

| 문제3 | 부가가치세 신고와 관련하여 다음 물음에 답하시오. (10점) |

[1] 해당 회사는 제조업을 영위하는 중소기업 법인이며 의제매입세액공제 대상이 되는 재화를 생산, 판매하는 것으로 가정한다. 다음의 자료를 이용하여 2025년 제1기 부가가치세 확정신고기간(2025.04.01.~2025.06.30.)에 대한 [의제매입세액공제신고서]를 작성하시오. (3점)

(1) 매입자료

취득일자	공급자	사업자등록번호 (주민등록번호)	물품명	수량	매입가액	구분
2025.05.15.	아름통상	756-11-02562	야채	1	39,000,000원	계산서
2025.05.31.	㈜원투식자재	123-85-02424	과일	1	28,600,000원	현금영수증
2025.06.15.	김길동	701213-1617851	쌀	1	13,000,000원	농어민 매입

(2) 제1기 예정신고 시 과세표준(1월~3월)은 60,000,000원이며, 제1기 확정신고 시 과세표준(4월~6월)은 100,000,000원이다.

(3) 법인의 의제매입세액공제한도는 과세표준의 50%이다.

(4) 제1기 예정신고 시 의제매입세액공제액은 없다고 가정한다.

(5) 위의 (1) 매입자료의 면세 매입 물품은 모두 과세사업인 제조업에 직접 사용하였다.

[2] 다음의 자료를 이용하여 2025년 제2기 부가가치세 확정신고기간(2025.10.01.~2025.12.31.)의 [부가가치세신고서]를 작성하시오. (5점)

구분	자료
매출 자료	• 전자세금계산서 발급분(과세분) : 공급가액 700,000,000원, 세액 70,000,000원 • 신용카드 매출전표 발행금액 : 공급가액 30,000,000원, 세액 3,000,000원 – 신용카드 매출전표 발행금액 중 세금계산서 발급분(과세분) 공급가액 5,000,000원, 세액 500,000원이 포함되어 있다. • 상가 임대보증금에 대한 간주임대료 과세표준 금액 : 357,000원 • 전자세금계산서 발급분(영세분) : 공급가액 100,000,000원, 세액 0원 • 직수출액 : 50,000달러(선적일 환율 : 1,400원/달러)

매입
자료
	• 전자세금계산서 수취분 매입 : 공급가액 420,000,000원, 세액 42,000,000원
	  – 전자세금계산서 수취분 매입 중 고정자산 매입(공급가액 100,000,000원, 세액 10,000,000원)이 포함되어 있다.
	  – 전자세금계산서 수취분 매입 중 거래처 접대와 관련된 매입(공급가액 2,000,000원, 세액 200,000원)이 포함되어 있다.
	• 신용카드 매입 : 공급가액 30,000,000원 세액 3,000,000원
	  – 신용카드 매입 중 고정자산 매입(공급가액 9,000,000원, 세액 900,000원)이 포함되어 있다.

<table>
<tr><td rowspan="5">기타
자료</td><td>• 해당 법인은 홈택스를 통해 전자적인 방법으로 부가가치세 신고를 직접 한다.</td></tr>
<tr><td>• 2025년 제2기 부가가치세 예정신고 시 미환급된 세액 2,000,000원이 있다.</td></tr>
<tr><td>• 세부담이 최소화되도록 작성한다.</td></tr>
<tr><td>• 기존 입력된 자료는 무시하고 문제에 제시된 자료만 직접 입력한다.</td></tr>
<tr><td>• 부가가치세 신고서 외의 부속서류 및 과세표준명세 입력은 생략한다.</td></tr>
</table>

[3] ㈜미래테크(회사코드 : 1192)의 제1기 부가가치세 예정신고서가 작성 및 마감되어 있다. 가상홈택스에서 부가가치세 신고를 수행하시오. (2점)

1. 부가가치세신고서와 관련 부속서류는 마감되어 있다.
2. [전자신고] → [국세청 홈택스 전자신고변환(교육용)] 순으로 진행한다.
3. 전자신고용 전자파일 제작 시 신고인 구분은 2.납세자 자진신고로 선택하고, 비밀번호는 "12341234"로 입력한다.
4. 전자신고용 전자파일 저장경로는 로컬디스크(C:)이며, 파일명은 "enc작성연월일.101.v사업자등록번호"이다.
5. 최종적으로 국세청 홈택스에서 전자파일 제출하기 를 완료한다.

문제4 결산정리사항은 다음과 같다. 관련 메뉴를 이용하여 결산을 완료하시오. (15점)

[1] 다음은 2025년 제2기 부가가치세 확정신고와 관련된 내용이다. 12월 31일 부가세예수금과 부가세대급금을 정리하는 회계처리를 하시오. 단, 납부세액(또는 환급세액)은 미지급세금(또는 미수금)으로, 경감공제세액은 잡이익으로, 가산세는 잡손실로 회계처리 한다. (3점)

• 부가세대급금 : 23,000,000원	• 부가세예수금 : 21,500,000원
• 세금계산서 지연발급 가산세 : 510,000원	• 전자신고세액공제액 : 10,000원

[2] 결산일 현재 단기매매증권으로 ㈜현대전기의 주식 1,000주(취득일 : 2025.11.30, 주당 취득원가 : 12,550원)를 보유하고 있다. 2025년 12월 31일 1주당 공정가치는 15,650원이다. 필요한 회계처리를 하시오. (3점)

[3] 전기에 우리은행에서 차입한 $20,000가 결산일 현재 외화장기차입금으로 남아 있으며, 일자별 기준환율은 다음과 같다. (3점)

• 차입일 현재 환율 : 1,450원/$	• 전기 말 현재 환율 : 1,200원/$	• 당기 말 현재 환율 : 1,500원/$

[4] 당기 중 실제 현금보다 장부상 현금이 10,000원 많아 현금과부족으로 처리했던 금액 중 결산일에 현금 4,000원은 책상 서랍에서 발견되었으나, 나머지 6,000원은 결산일 현재까지도 그 원인을 알 수 없었다. 결산자료를 입력하여 결산을 완료하시오. (3점)

[5] 결산일 현재 재고자산은 다음과 같다. 결산자료입력을 이용하여 결산을 수행하시오. (3점)

구분	원재료	재공품	제품
금액	82,000,000원	65,000,000원	105,000,000원
비고	선적지 인도기준에 따라 선적되어 매입 운송중인 미착 원재료 2,000,000원 불포함		수탁자가 보관 중인 위탁품 5,000,000원 불포함

문제5 2025년 귀속 원천징수자료와 관련하여 다음의 물음에 답하시오. (15점)

[1] 다음 자료를 이용하여 경리부서의 부장으로 근무하는 고현석(사번 : 103)의 11월(지급일 : 12월 5일)의 [수당공제등록] 및 [급여자료입력]과 [원천징수이행상황신고서]를 작성하시오. (5점)

※ 수당등록 시 월정액 및 통상임금은 고려하지 않으며, 사용하는 수당 및 공제 이외의 항목은 사용 여부를 '부'로 반영한다.

※ 급여자료입력 시 공제항목의 불러온 데이터는 무시하고 직접 입력하여 작성한다.

※ 원천징수이행상황신고서는 매월 작성하며, 전월미환급세액은 220,000원이다.

[11월 급여내역]

이름	고현석	지급일	12월 05일
기본급	3,000,000원	국민연금	141,750원
직책수당	100,000원	건강보험	121,270원
식대	200,000원	장기요양보험	15,700원
야간근로수당	300,000원	고용보험	27,600원
보육수당	200,000원	소득세	94,880원
자가운전보조금	250,000원	지방소득세	9,480원
급여합계	4,050,000원	공제합계	410,680원
		지급총액	3,639,320원

• 식대 : 해당 회사는 현물 식사를 별도로 제공하지 않는다.
• 보육수당 : 6세 이하 자녀의 보육과 관련하여 자녀 1인당 200,000원의 수당을 지급하고 있다.
• 자가운전보조금 : 직원 본인 명의의 차량을 소유하고 있고, 그 차량을 업무수행에 이용하는 경우에 자가운전보조금을 지급하고 있으며, 별도의 시내교통비 등을 정산하여 지급하지 않는다.

[2] 다음은 영업부서에 재직중인 윤지원(사원코드 : 105) 사원의 연말정산 관련 자료이다. 아래의 자료를 이용하여 [연말정산추가자료입력] 메뉴의 [부양가족] 탭, [신용카드 등] 탭, [의료비] 탭, [월세액] 탭을 입력하고 [연말정산입력] 탭을 입력하시오. (10점)

1. 가족사항(거주자, 내국인) ※ 기본공제대상자가 아닌 경우에는 기본공제를 '부'로 입력할 것

성명	관계	주민등록번호	동거 여부	비고
윤지원	본인	781210-1111216	-	세대주, 근로소득 외 소득 없음(총급여 8,000만 원)
강모친	모친	591210-2121816	부	배당소득금액 2,500만 원, 주거형편상 별거중
이아림	배우자	831215-2611816	여	일용근로소득금액 500만 원
윤지아	자녀	071005-4116817	여	고등학생, 「장애인복지법」에 따른 장애인
윤수아	자녀	071005-4116913	부	국외유학중
윤지수	자녀	250105-3671817	여	취학전아동

2. 연말정산 관련 추가자료(모든 자료는 국세청에서 제공된 자료라고 가정함)

내역	비고
보장성 보험료	• 윤지원(본인) : 실손보험료 800,000원　　　　• 강모친(모친) : 자동차보험료 1,500,000원 • 윤지아(자녀) : 장애인보험료 1,000,000원
교육비	• 강모친(모친) : 대학원 교육비 3,000,000원 • 윤지아(자녀) : 교복구입비 200,000원, 체험학습비 350,000원, 장애인특수교육비 1,200,000원 • 윤수아(자녀) : 국외 교육비(「고등교육법」에 따른 국내 고등학교에 해당하는 국외교육기관 지출액) 　　10,000,000원
의료비	• 이아림(배우자) : 질병 치료비 1,000,000원, 산후조리원비용 2,500,000원 • 윤수아(자녀) : 질병치료 목적 국외의료비 3,000,000원 (국외소재 의료기관)
신용카드등 사용액	• 윤지원(본인) : 신용카드 사용액 38,200,000원(보장성보험료 800,000원 포함) • 이아림(배우자) : 직불카드 5,000,000원(질병 치료비 1,000,000원 포함) • 신용카드등 사용액 중 전통시장/대중교통/도서 등 사용분은 없음
월세액	• 무주택 세대주인 윤지원(본인, 임차인)의 연간 월세 지급액 10,800,000원 • 임대인 인적사항 : 김민수(701011 - 1661819), 아파트(면적 : 83㎡), 임차기간 : 　　2025.01.01.~2025.12.31., 임대차주소지 : 서울시 강동구 양재대로123, 102동 　　302호

다음 문제를 보고 알맞은 것을 골라 이론문제 답안작성 메뉴에 입력하시오. (객관식 문항당 2점)

───── [기 본 전 제] ─────

문제에서 한국채택국제회계기준을 적용하도록 하는 전제조건이 없는 경우, 일반기업회계기준을 적용한다.

01 다음 중 주식 수와 자본총계의 변동에 대한 설명으로 옳지 않은 것은?

구분	주식 수	자본총계
① 주식분할	증가	변동없음
② 주식배당	증가	증가
③ 자기주식 취득	변동없음	감소
④ 유상증자	증가	증가

02 다음 중 재무제표에 대한 설명으로 옳지 않은 것은?

① 재무상태표는 일정시점의 재무상태를 보고하는 보고서이다.

② 손익계산서는 일정시점의 경영성과를 보고하는 보고서이다.

③ 현금흐름표는 일정기간동안 영업활동, 투자활동, 재무활동으로 나누어서 현금의 유출과 유입에 관한 정보를 보고하는 보고서이다.

④ 자본변동표는 일정기간동안 소유주의 투자와 분배에 관한 정보를 보고하는 보고서이다.

03 다음 자료를 이용하여 2025년도 손익계산서에 표시할 감가상각비를 계산하면 얼마인가?

• 2007년 1월 1일에 건물을 100,000,000원에 취득하여 2024년 12월 31일까지 정액법(내용연수 20년, 잔존가치 0원)으로 감가상각했다.

2024.12.31. 재무상태표

건물	100,000,000원
감가상각누계액	(90,000,000원)

• 2025년 1월 1일 위 건물의 감가상각방법을 정액법에서 연수합계법으로 변경하면서 잔존가치는 1,000,000원 그리고 향후 5년을 더 사용할 수 있을 것으로 예상했다.

① 5,000,000원　　　② 3,000,000원　　　③ 2,000,000원　　　④ 1,800,000원

04 다음 자료를 이용하여 2025년 손익계산서상 매출원가를 구하면 얼마인가?

• 기초재고액 : 80,000원	• 매입환출액 : 40,000원	• 당기매입액 : 240,000원	• 매입할인 : 30,000원
• 기말재고액 : 50,000원	• 타계정대체액 : 10,000원(불우이웃 돕기 기부)		

① 190,000원　　　　　② 200,000원　　　　　③ 210,000원　　　　　④ 230,000원

05 다음 중 충당부채 및 우발부채에 대한 설명으로 가장 잘못된 것은?

① 충당부채는 최초인식시점에서 의도한 목적과 용도에만 사용하여야 한다.
② 충당부채는 보고기간 말마다 그 잔액을 검토하고, 보고기간 말 현재 최선의 추정치를 반영하여 증감 조정한다.
③ 당해 의무를 이행하기 위하여 자원이 유출될 가능성이 높지 않은 경우에도 충당부채 인식은 가능하다.
④ 우발부채는 부채로 인식하지 아니한다.

06 다음에 제시된 원가의 행태에 따른 분류와 그래프를 가장 적절하게 표시한 것은?

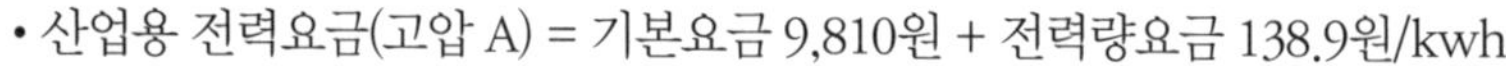

• 산업용 전력요금(고압 A) = 기본요금 9,810원 + 전력량요금 138.9원/kwh

① 준고정원가

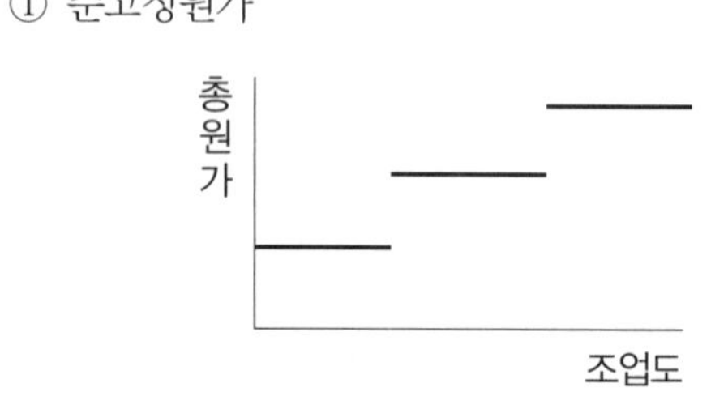

② 고정원가

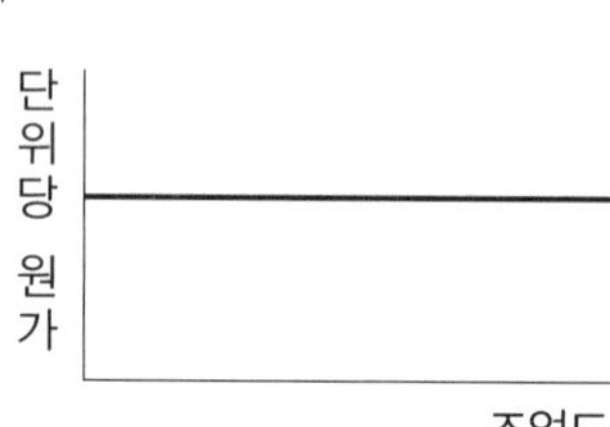

③ 준변동원가

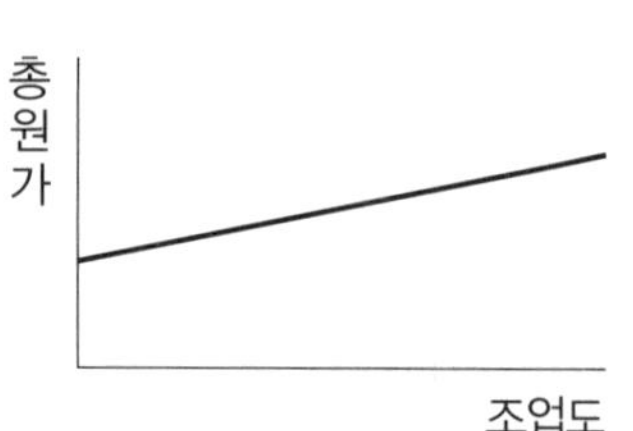

④ 변동원가

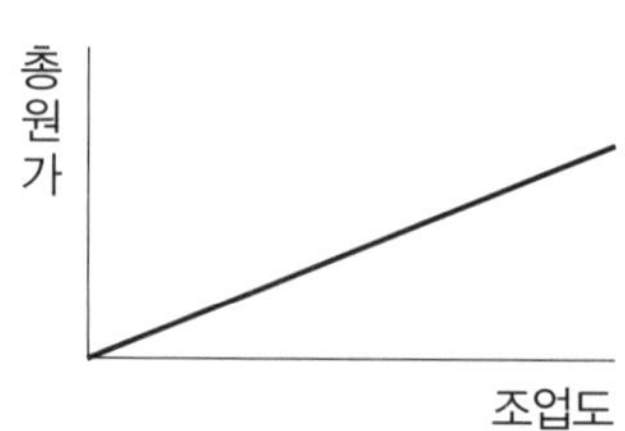

07 다음 중 변동비에 대한 설명으로 옳은 것만 선택한 것은?

가. 조업도의 증가에 따라 단위당 원가는 감소한다.　　　　나. 조업도의 증감에 따라 원가 총액이 증감한다.
다. 조업도 대비 단위당원가를 나타내는 그래프는 우하향하는 형태로 나타난다.
라. 조업도 대비 총변동비를 나타내는 그래프는 우상향하는 형태로 나타난다.
마. 전력비, 기계장치 감가상각비, 생산직원의 인건비 등이 대표적인 변동비의 예시이다.
바. 단위당 원가는 조업도의 변동에 관계없이 일정하다.

① 가, 나, 다, 라　　　　② 가, 나, 라, 마　　　　③ 나, 다, 마　　　　④ 나, 라, 바

08 시계를 제작하여 판매하는 ㈜똑딱은 두 가지 종류의 시계를 제작하고 있다. 제조와 관련하여 발생한 직접원가는 아래와 같고, 직접노무원가를 기준으로 제조간접원가를 배부하고 있다. 실제제조간접원가는 2,500,000원이다. 산업용 시계의 총제조원가를 계산하면 얼마인가?

구분	산업용 시계	가정용 시계	합계
직접재료원가	800,000원	200,000원	1,000,000원
직접노무원가	3,500,000원	1,500,000원	5,000,000원

① 4,800,000원 ② 5,050,000원 ③ 6,050,000원 ④ 6,300,000원

09 다음 중 부문공통비와 배부기준의 연결이 가장 옳지 않은 것은?

	부문공통비	배부기준		부문공통비	배부기준
①	운반비	부문별 운반거리	②	간접노무비	부문별 직접노동시간
③	전력비	부문별 전력소비량	④	기계의 감가상각비	부문별 면적

10 다음은 종합원가계산에 따른 물량 흐름에 관한 자료이다. 자료를 이용하여 가공비의 완성품환산량을 계산하면 얼마인가?

- 재료비는 공정 초에 모두 발생하며, 가공비는 공정 전반에 걸쳐 균등하게 발생한다.
- 기초재공품 : 2,000개, 당기 착수량 : 8,000개, 당기 완성품 : 6,000개
- 기말재공품의 가공비 완성도는 37.5%이며, 평균법에 따라 계산한다.

① 6,000개 ② 7,500개 ③ 10,000개 ④ 17,500개

11 다음 중 부가가치세법상 영세율에 대한 설명으로 가장 옳은 것은?

① 비거주자는 어떠한 경우에도 영세율을 적용받을 수 없다.

② 영세율이 적용되면 부가가치세의 납세의무가 면제된다.

③ 재화의 수출은 내국물품을 외국으로 반출하는 것으로서 내국물품에는 대한민국 선박에 의해 채집된 수산물을 제외한다.

④ 국내에 해당 사업장이 있는 사업자가 국외에서 공급하는 용역에 대하여는 영세율을 적용한다.

12 다음 중 부가가치세법상 세금계산서 수수에 대한 설명으로 옳지 않은 것은?

① 세금계산서는 원칙적으로 재화 또는 용역의 공급시기에 발급하여야 한다.

② 재화를 단기할부판매로 공급하는 경우에는 대가의 각 부분을 받기로 한 때 각각 세금계산서를 발급해야 한다.

③ 사업자가 재화 또는 용역의 공급시기가 되기 전에 세금계산서를 발급하고 그 세금계산서 발급일로부터 7일 이내에 대가를 받으면 해당 세금계산서를 발급한 때를 공급시기로 본다.

④ 수탁자가 재화를 인도하는 경우에는 위탁자의 명의로 세금계산서를 발급하고 비고란에 수탁자의 사업자등록번호를 부기한다.

13 다음은 계속사업자인 ㈜국민의 과세매출에 대한 공급가액 자료이다. 부가가치세 예정고지 대상기간으로 옳은 것은?

2024년				2025년				2026년	
1월~3월	4월~6월	7월~9월	10월~12월	1월~3월	4월~6월	7월~9월	10월~12월	1월~3월	4월~6월
1억 원	8천만 원	1억 원	2억 원	7천만 원	6천만 원	1억 원	6천만 원	8천만 원	1억 원

① 2024년 제2기 예정   ② 2025년 제1기 예정

③ 2025년 제2기 예정   ④ 2026년 제1기 예정

14 다음 중 소득세법상 원천징수시기에 대한 설명으로 잘못된 것은?

① 12월분 급여를 다음 연도 2월 말일까지 미지급한 경우 다음 연도 2월 말일에 지급한 것으로 보아 소득세를 원천징수한다.

② 7월분 급여를 12월 31일까지 미지급한 경우 12월 31일에 지급한 것으로 보아 소득세를 원천징수한다.

③ 11월분 급여를 12월 31일까지 미지급한 경우 12월 31일에 지급한 것으로 보아 소득세를 원천징수한다.

④ 1월분 급여를 6월 30일까지 미지급한 경우 6월 30일에 지급한 것으로 보아 소득세를 원천징수한다.

15 다음 중 소득세법상 근로소득이 있는 거주자의 특별소득공제 대상에 해당하는 것은?

① 개인연금저축   ② 국민연금보험료

③ 신용카드등 사용액   ④ 장기주택저당차입금이자상환액

cafe.naver.com/eduacc ⇒ 전산세무2급 ⇒ 기출문제 다운로드 & 데이터 설치 ⇒ KcLep 입력

㈜한양상사(회사코드 : 1202)는 전자제품의 제조 및 도·소매업을 주업으로 영위하는 중소기업으로 당기(제20기)의 회계기간은 2025.1.1.~2025.12.31.이다. 전산세무회계 수험용 프로그램을 이용하여 다음 물음에 답하시오.

문제1　[일반전표입력] 메뉴를 이용하여 다음의 거래자료를 입력하시오. (15점)

────────────── [입력 시 유의사항] ──────────────

- 일반적인 적요의 입력은 생략하지만, 타계정 대체거래는 적요 번호를 선택하여 입력한다.
- 채권·채무와 관련된 거래는 별도의 요구가 없는 한 반드시 기등록된 거래처코드를 선택하여 거래처명을 입력한다.
- 제조경비는 500번대 계정코드를, 판매비와관리비는 800번대 계정코드를 사용한다.
- 회계처리 시 계정과목은 별도의 제시가 없는 한 등록된 계정과목 중 가장 적절한 과목으로 한다.

[1]　03월 30일 당사는 ㈜엘에스의 상장주식 500주를 단기간 내의 매매차익을 목적으로 주당 40,000원에 매입하고, 대금 수수료 20,000원을 포함하여 법인 보통예금 계좌에서 전액 지급하였다. (3점)

[2]　07월 13일 사용중인 공장건물을 새로 신축하기 위해 기존건물을 철거하였다. 철거당시 건물의 취득가액은 300,000,000원(철거 당시 감가상각누계액 250,000,000원)이며, 건물철거비용으로 8,000,000원을 보통예금 계좌에서 지출하였다. 단, 건물철거비용은 간이과세자로부터 영수증을 수취하였으며, 가산세는 고려하지 말 것. (3점)

[3]　07월 26일 제조부 공장건물에 대한 다음의 재산세 고지서를 수령하고, 보통예금 계좌에서 이체하여 지급하였다. (3점)

납세자보관용	2025년 07월(건물분)	재산세	도시지역분 지방교육세	고지서

전자납부번호		
12300-1-12300-123001		

구　분	납기 내 금액	납기 후 금액
합　계	1,000,000	1,030,000
납부기한	2025.07.31.까지	2025.08.31.까지

납 세 자	㈜한양상사
주 소 지	서울시 마포구 98길 1-1
과세대상	서울시 마포구 98길 1-2

위의 금액을 납부하시기 바랍니다.

2025년 7월 10일

[4] 08월 30일 신축중인 본사건물을 건설하기 위해 장기차입금 이자 2,500,000원을 보통예금 계좌에서 이체하여 지급
하였다. 본사건물은 2026년 1월 31일 완공 예정이며, 해당 지출은 자본화 요건을 충족한 것으로 본다. (3점)

[5] 12월 11일 경리부서 직원들의 직무교육 목적으로 외부전문강사를 초빙하여 교육한 후 강의료 800,000원에서 원천
징수세액(지방소득세 포함) 26,400원을 차감한 금액을 보통예금 계좌에서 지급하였다(단, 예수금의 경우 소득세와
지방소득세를 합한 전체금액을 기재하시오). (3점)

  [매입매출전표입력] 메뉴를 이용하여 다음의 거래자료를 입력하시오. (15점)

[1] 10월 27일   매출목표를 초과달성한 영업부는 회식을 하고 식사비용을 법인카드로 결제하고 다음의 영수증을 받았
다. (3점)

신용카드매출전표

카드종류	:	하나카드
결제방법	:	일시불
매 출 액	:	2,000,000원
부 가 세	:	200,000원
합계금액	:	2,200,000원
사업자등록번호	:	153-81-15320
가 맹 점 명	:	㈜맛집

[2] 10월 31일   업무용승용차를 ㈜아주캐피탈로부터 운용리스 조건으로 리스하였다. 제조부서에서 사용하고 리스료
1,500,000원은 전자계산서를 발급받았다. 대금은 다음 달 10일에 지급하기로 하였다(단, 리스료는 임
차료 계정과목을 사용할 것). (3점)

전자세금계산서					승인번호	20251031-10000002-00041587			
공급자	등록번호	123-81-89535	종사업장번호		공급받는자	등록번호	125-81-55574	종사업장번호	
	상호(법인명)	㈜아주캐피탈	성명	김아주		상호(법인명)	㈜한양상사	성명	김한양
	업태	금융보험	종목	운용리스업		업태	제조업외	종목	전자제품

작성일자	공급가액	수정사유	비고
2025.10.31.	1,500,000		185오 7809

월	일	품목	규격	수량	단가	공급가액	세액	비고
10	31	185오 7809				1,500,000		

합계금액	현금	수표	어음	외상미수금	
1,500,000				1,500,000	이 금액을 (청구) 함

[3] 11월 30일 아래와 같이 ㈜오성기계와 체결한 계약서에 따라 로봇(기계장치)을 인도받아 시험가동을 완료하고 잔금을 보통예금 계좌에서 이체하여 지급하고 전자세금계산서(공급가액 10,000,000원, 세액 1,000,000원)를 발급받았다. 계약금은 11월 1일에 보통예금에서 이체하였다. (3점)

다관절 로봇 공급계약서

제2조 위 공급계약의 총 계약금액은 11,000,000원(부가세 포함)으로 하며, 아래와 같이 지불하기로 한다.

계약금	일금 일백만원정 (₩ 1,000,000)은 계약 시에 지불하고 영수함.
잔금	일금 일천만원정 (₩ 10,000,000)은 2025년 11월 30일까지 시험가동이 완료된 때 지불한다.

[4] 12월 01일 수출업체인 ㈜세계로상사에 제품을 같은 날짜로 받은 구매확인서에 의해 납품하고 다음의 영세율 전자세금계산서를 발급하였다. 대금 중 20,000,000원은 어음으로 받고, 나머지는 외상으로 하였다. 단, 서류번호 입력은 생략함. (3점)

<table>
<tr><td colspan="4" rowspan="2">영세율전자세금계산서</td><td>승인번호</td><td colspan="5">20251201-10000013-00001259</td></tr>
<tr><td colspan="10"></td></tr>
<tr><td rowspan="5">공급자</td><td>등록
번호</td><td colspan="2">125-81-55574</td><td>종사업장
번호</td><td></td><td rowspan="5">공급받는자</td><td>등록
번호</td><td colspan="2">180-81-38077</td><td>종사업장
번호</td><td></td></tr>
<tr><td>상호
(법인명)</td><td colspan="2">㈜한양상사</td><td>성명</td><td>김한양</td><td>상호
(법인명)</td><td colspan="2">㈜세계로상사</td><td>성명</td><td>이세계</td></tr>
<tr><td>사업장
주소</td><td colspan="4">서울특별시 마포구 효창원로 98길 1-1</td><td>사업장
주소</td><td colspan="4">인천광역시 남동구 논현동 348</td></tr>
<tr><td>업태</td><td colspan="2">제조업 외</td><td>종목</td><td>전자제품</td><td>업태</td><td colspan="2">도소매</td><td>종목</td><td>컴퓨터 및
주변장치 외</td></tr>
</table>

작성일자	공급가액	세액	수정사유
2025.12.01.	35,000,000	–	해당 없음

월	일	품목	규격	수량	단가	공급가액	세액	비고
12	01	A제품				35,000,000	0	

합계금액	현금	수표	어음	외상미수금	
35,000,000			20,000,000	15,000,000	이 금액을 (청구) 함

[5] 12월 08일   ㈜한국기업에 제품을 8,000,000원(부가가치세 별도)에 판매하고 전자세금계산서를 발급하였다. 대금
은 당사가 ㈜대한상사에 지급할 외상매입금 3,000,000원을 ㈜한국기업이 지급하기로 하였으며 나머지
는 보통예금 계좌에 입금되었다. (3점)

<table>
<tr><td colspan="7" style="text-align:center">전자세금계산서</td><td>승인번호</td><td colspan="4">20251208-459300015-7225864</td></tr>
<tr><td rowspan="5">공
급
자</td><td>등록
번호</td><td colspan="2">125-81-55574</td><td>종사업장
번호</td><td></td><td rowspan="5">공
급
받
는
자</td><td>등록
번호</td><td colspan="2">123-85-85968</td><td>종사업장
번호</td><td></td></tr>
<tr><td>상호
(법인명)</td><td colspan="2">㈜한양상사</td><td>성명</td><td>김한양</td><td>상호
(법인명)</td><td colspan="2">㈜한국기업</td><td>성명</td><td>김한국</td></tr>
<tr><td>사업장
주소</td><td colspan="4">서울특별시 마포구 효창원로 98길 1-1</td><td>사업장
주소</td><td colspan="4">서울시 관악구 난곡로 8길 30</td></tr>
<tr><td>업태</td><td colspan="2">제조업 외</td><td>종목</td><td>전자제품</td><td>업태</td><td colspan="2">제조업</td><td>종목</td><td>전자제품</td></tr>
</table>

작성일자	공급가액	세액	수정사유
2025.12.08.	8,000,000	800,000	해당 없음

월	일	품목	규격	수량	단가	공급가액	세액	비고
12	08	B제품		1	8,000,000	8,000,000	800,000	

합계금액	현금	수표	어음	외상미수금	이 금액을 (영수) 함
8,800,000	8,800,000				

    부가가치세 신고와 관련하여 다음 물음에 답하시오. (10점)

[1] 다음 자료를 이용하여 제2기 예정신고기간(2025.7.1.~2025.9.30.)의 [부동산임대공급가액명세서]를 작성하시오(단,
간주임대료에 대한 정기예금 이자율은 3.1%로 가정한다). (3점)

1. 임차인 : ㈜하늘전자(890-81-70776)

동수	층수	호수	면적(㎡)	용도	임대기간	보증금	월세	관리비
1	1	5	100	사무실	2023.08.01.~2025.07.31.	80,000,000원	2,500,000원	300,000원

2. 임차인 : ㈜대한상사(120-81-66663)

동수	층수	호수	면적(㎡)	용도	임대기간	보증금	월세	관리비
1	1	5	100	사무실	2025.08.01.~2027.07.31.	100,000,000원	3,000,000원	400,000원

• 기존 임차인인 ㈜하늘전자와의 계약이 만료되고 새로운 임차인인 ㈜대한상사와 임대차 계약을 하였다.
• 월세와 관리비 수입은 모두 정상적으로 전자세금계산서를 발급하였으며, 간주임대료에 대한 부가가치세는 임대인이
부담하고 있다.

[2] 다음 자료를 이용하여 2025년 제1기 확정신고기간의 [부가가치세신고서]만을 작성하시오(단, 불러오는 데이터 값은 무시하고 새로 입력할 것). (5점)

구분	자 료
매출자료	1. 전자세금계산서 발급분 과세 매출 : 공급가액 180,000,000원, 세액 18,000,000원 2. 종이세금계산서 발급분 과세 매출 : 공급가액 9,000,000원, 세액 900,000원 3. 구매확인서에 의한 영세율 매출 : 공급가액 20,000,000원, 세액 0원 4. 사업상증여 해당금액 : 공급대가 22,000,000원 5. 2025년 제1기에 대손세액공제요건이 충족된 외상매출금 : 11,000,000원(부가가치세 포함)

매입자료

1. 전자세금계산서를 발급받은 매입내역

구분		공급가액
일반 매입	150,000,000원	15,000,000원
사업 무관 매입(고정자산 아님)	10,000,000원	1,000,000원
기계장치 구입	15,000,000원	1,500,000원
합계	175,000,000원	17,500,000원

2. 신용카드 사용분 매입내역

구분		공급가액
일반 매입	16,000,000원	1,600,000원
고정자산 매입	2,000,000원	200,000원
예정신고 누락분(고정자산 아님)	1,000,000원	100,000원
합계	19,000,000원	1,900,000원

구분	자 료
기타	1. 예정신고 누락분은 확정신고 시에 반영하기로 한다. 2. 해당 법인은 홈택스를 통해 전자적인 방법으로 부가가치세 신고를 직접 한다. 3. 세부담이 최소화되도록 작성한다. 4. 기존 입력된 자료는 무시하고 문제에 제시된 자료만 직접 입력한다. 5. 부가가치세 신고서 외의 부속서류 및 과세표준명세 입력은 생략한다.

[3] 다음의 자료를 이용하여 2025년 제1기 부가가치세 예정신고기간(1월 1일~3월 31일)의 [부가가치세신고서] 및 관련 부속서류를 전자신고 하시오. (2점)

> 1. 부가가치세신고서와 관련 부속서류는 마감되어 있다.
> 2. [전자신고] → [국세청 홈택스 전자신고변환(교육용)] 순으로 진행한다.
> 3. [전자신고]의 [전자신고제작] 탭에서 신고인구분은 2.납세자 자진신고를 선택하고, 비밀번호는 "12345678"로 입력한다.
> 4. [국세청 홈택스 전자신고변환(교육용)] → 전자파일변환(변환대상파일선택) → 찾아보기 에서 전자신고용 전자파일을 선택한다.
> 5. 전자신고용 전자파일 저장경로는 로컬디스크(C:)이며, 파일명은 "enc작성연월일.101.v사업자등록번호"이다.
> 6. 형식검증하기 ➡ 형식검증결과확인 ➡ 내용검증하기 ➡ 내용검증결과확인 ➡ 전자파일제출 을 순서대로 클릭한다.
> 7. 최종적으로 전자파일 제출하기 를 완료한다.

문제4 결산정리사항은 다음과 같다. 관련 메뉴를 이용하여 결산을 완료하시오. (15점)

[1] 장부에 계상한 이자수익 중 450,000원은 2026년의 이자수익이다(단, 음수(−)로 회계처리하지 말 것). (3점)

[2] 영업부서에서 사용하는 본사 사옥에 대한 건물화재보험료 전액을 납부일에 즉시 비용으로 처리하였다. 결산일에 필요한 회계처리를 하시오(보험료는 월할 계산할 것). (3점)

구분	보장기간	납부일	납부액
영업부 본사 사옥 화재보험료	2025.08.01.~2026.07.31.	2025.08.01.	1,800,000원

[3] 기말에 파악된 제품의 재고현황은 다음과 같다. 제품과 관련한 감모손실을 [일반전표입력] 메뉴에 입력하고, [결산자료입력] 메뉴에 기말제품재고액을 반영하여 전표를 추가하시오. (3점)

구분	금액	비고
장부상 재고	2,000원/개×10,000개	확인된 감모손실 중 85%는 정상감모손실로 파악되었다.
실사상 재고	2,000원/개×8,750개	

[4] 2025년 결산을 하면서 법인세 15,700,000원, 법인지방소득세 3,500,000원을 확정하였다. 중간예납세액 7,240,000
원은 자산으로 계상되어 있다. (3점)

[5] 당기(2025년)의 이익잉여금 처분은 다음과 같이 결의되었다. 이익잉여금처분계산서에 다음의 내용을 입력하고 전표
를 추가하시오. (3점)

• 당기처분 예정일 : 2026년 3월 25일	• 전기처분 확정일 : 2025년 2월 28일
• 보통주 현금배당 : 30,000,000원	• 보통주 주식배당 : 30,000,000원
• 이익준비금 : 현금배당액의 10%	• 사업확장적립금 : 10,000,000원

문제5 원천징수와 관련된 다음의 물음에 답하시오. (15점)

[1] 다음은 퇴사자 이영주 사원(사번 : 130)의 2025년 5월 급여이다. [사원등록] 메뉴에서 퇴사연월일을 반영하고, 5월의
[급여자료입력] 메뉴와 [원천징수이행상황신고서]를 작성하시오(단, 반드시 [급여자료입력] 메뉴의 [F7 중도퇴사정
산]을 이용하여 중도 퇴사자 정산내역을 급여자료에 반영할 것). (5점)

• 5월 급여자료(이영주 관련 급여자료만 입력할 것.)

이름 : 이영주(입사 : 2024년 1월 1일)		지급일 : 2025년 5월 31일	
기　　　본　　　급	4,200,000원	국　민　연　금	218,250원
직　책　수　당	500,000원	건　강　보　험	171,930원
식　　　대	250,000원	장 기 요 양 보 험	22,260원
자 가 운 전 보 조 금	300,000원	고　용　보　험	43,650원
		중 도 정 산 소 득 세	-603,320원
		중 도 정 산 지 방 소 득 세	-60,310원
급여 합계	5,250,000원	공제총액	-207,540원
		차인지급액	5,457,540원

• 퇴사일은 2025년 5월 30일이고, 5월 급여는 2025년 5월 31일 지급되었다.

• 식대를 지급하면서 별도의 식사 제공은 없다.

• 본인 차량을 업무에 사용하고, 별도 여비를 지급하지 않는다.

• 수당 및 공제항목은 중도 퇴사자 정산과 관련된 부분을 제외하고 추가 및 변경하지 않기로 하며, 사용하지 않는 항목
은 그대로 둔다.(단, 사용하지 않는 항목을 '부'로 변경하여 입력한 답안도 정답으로 인정)

[2] 다음은 이기준(사번 : 15, 입사일 : 2025.06.01.) 사원의 2025년 연말정산 관련 자료이다. 아래의 자료를 이용하여 [연말정산추가자료입력] 메뉴의 [부양가족] 탭, [신용카드 등] 탭, [의료비] 탭, [연금저축] 탭을 입력하여 [연말정산입력] 탭을 완성하시오(단, 근로자 본인의 세부담 최소화를 가정한다). (10점)

1. 전(前)근무지 근로소득원천징수영수증
- 근무기간 : 2025.01.01.~2025.05.31.
- 근무처 : 주식회사 세종(사업자등록번호 : 130−86−61113)
- 소득명세 : 급여 20,000,000원, 상여 5,000,000원(비과세 급여, 비과세 상여 및 감면소득 없음)

세액명세	소득세	지방소득세		건강보험료	407,200원
결정세액	140,000원	14,000원	공제보험료 명세	장기요양보험료	106,900원
기납부세액	420,000원	42,000원		고용보험료	252,000원
차감징수세액	−280,000원	−28,000원		국민연금보험료	1,125,000원

2. 가족사항(모두 생계를 같이 하는 부양가족에 해당한다. 제시된 자료 외의 다른 소득은 없다)

관계	성명	주민등록번호	소득	비고
본인	이기준	831030−1224111	현근무지 총급여액 65,000,000원	세대주
어머니	편미선	530511−2047718	국내 예금 이자소득 5,000,000원	
배우자	김미진	860115−2374234	일용근로소득 12,000,000원	
아들	이도진	170131−3165611	소득 없음	초등학생
딸	이시진	210121−4165112	소득 없음	유치원생

※ 기본공제대상자가 아닌 경우에는 기본공제를 "부"로 입력할 것

3. 연말정산 자료

※ 국세청 홈택스 및 기타 증빙을 통해 확인된 자료이며, 별도의 언급이 없는 한 국세청 홈택스 연말정산간소화서비스
  에서 조회된 자료라고 가정한다.

구분	내용
보험료	• 이기준 보장성보험료 : 360,000원 • 이도진 보장성보험료 : 540,000원
교육비	• 이기준 : 정규 교육 과정 대학원 교육비 3,000,000원 • 이도진 : 국내 소재 사립초등학교(「교육법」상의 정규 교육기관) 수업료 9,000,000원 • 이시진 : 「영유아보육법」상의 유치원 교육비 2,600,000원

의료비	• 이기준 시력보정용 렌즈 구입비용 : 650,000원(이기준 신용카드 결제)
	  - 구입처 : 신세계백화점(사업자등록번호 210-81-32199)
	  - 의료비 증빙코드는 기타영수증으로 입력할 것
	• 편미선 질병 치료비 : 6,000,000원(이기준 신용카드 결제)
	  - 「보험업법」에 따른 보험회사에서 실손의료보험금 2,500,000원을 지급 받음
	• 이시진 질병 치료비 : 3,250,000원(이기준 신용카드 결제)

신용카드 등
사용액
	• 이기준 신용카드 사용액 : 22,520,000원(전통시장/대중교통/도서 등 사용분 없음)
	  ※ 이기준 신용카드 사용액은 의료비 지출액이 모두 포함된 금액이다.
	  ※ 이기준 신용카드 사용액에는 재직 중인 ㈜한양상사의 비용을 본인 신용카드로 결제한 금액
	    2,000,000원이 포함되어 있다.
	• 이기준 현금영수증 사용액 : 2,300,000원(전통시장/대중교통/도서 등 사용분 없음)
	• 김미진 신용카드 사용액 : 26,020,000원(전통시장/대중교통/도서 등 사용분 없음)

기타	• 이기준 개인연금저축(삼성생명) : 3,000,000원(2025년도 납입분, 계좌번호 : 153-05724-72999)

다음 문제를 보고 알맞은 것을 골라 **이론문제 답안작성** 메뉴에 입력하시오. (객관식 문항당 2점)

[기 본 전 제]

문제에서 한국채택국제회계기준을 적용하도록 하는 전제조건이 없는 경우, 일반기업회계기준을 적용한다.

---

01 다음 중 자본에 대한 설명으로 가장 옳지 않은 것은?

① 자기주식을 처분하는 경우 처분금액이 장부금액보다 크다면 차액을 자기주식처분이익으로 하여 영업외수익으로 회계처리 한다.

② 주식으로 배당하는 경우 발행주식의 액면금액을 배당액으로 하여 자본금의 증가와 이익잉여금의 감소로 회계처리 한다.

③ 기업이 매입 등을 통하여 취득하는 자기주식은 취득원가를 자기주식의 과목으로 하여 자본조정으로 회계처리 한다.

④ 주식을 이익으로 소각하는 경우에는 주식의 취득원가에 해당하는 이익잉여금을 감소시킨다.

02 다음 중 퇴직연금부담금이 정상적으로 납부된 경우 일반기업회계기준상 퇴직급여에 대한 설명으로 가장 옳은 것은?

① 확정급여형 퇴직연금제도(DB형)를 설정하는 경우에는 당해 회계기간에 대하여 기업이 납부하여야 할 부담금은 퇴직급여(비용)로 인식한다.

② 확정급여형 퇴직연금제도(DB형)를 설정하는 경우에는 근로자가 직접 적립금을 운용하여 퇴직급여가 장래에 달라지는 제도이다.

③ 확정기여형 퇴직연금제도(DC형)를 설정하는 경우에는 회사는 매년 퇴직급여를 비용으로 회계처리 한다.

④ 확정기여형 퇴직연금제도(DC형)를 설정하는 경우에는 운용되는 자산은 회사가 직접 보유하고 있는 것으로 보아 회계처리를 한다.

03 ㈜도일건설은 부천시와 주차타워 신축공사 도급계약을 체결하였다. 도급금액은 1,200,000,000원이고 2024년까지 발생된 누적공사원가는 400,000,000원이다. 2024년까지 누적공사진행률이 40%라면 2025년 발생된 공사원가가 250,000,000원일 때 다음의 설명 중 옳지 않은 것은?

① 총공사예정원가는 1,000,000,000원이다.

② 2024년까지 인식한 누적공사수익은 480,000,000원이다.

③ 2025년 인식할 공사이익은 300,000,000원이다.

④ 2025년말 누적공사진행률은 65%이다.

04 다음 중 유가증권에 대한 설명으로 옳지 않은 것은?

① 단기매매증권은 주로 단기간 내 매매차익을 목적으로 취득한 유가증권을 의미한다.
② 단기매매증권, 매도가능증권, 만기보유증권은 모두 공정가치로 평가한다.
③ 유가증권은 증권의 종류에 따라 지분증권과 채무증권으로 분류할 수 있다.
④ 단기매매증권과 매도가능증권은 지분증권으로 분류할 수 있으나 만기보유증권은 지분증권으로 분류할 수 없다.

05 다음 중 무형자산에 대한 설명으로 옳지 않은 것은?

① 다른 자산과의 교환으로 취득하는 경우 교환으로 제공한 자산의 공정가치로 원가를 측정한다.
② 내부적으로 창출한 영업권은 자산으로 인식하지 않는다.
③ 공정가치가 증가하는 경우 원가와의 차액 부분을 반영하여 상각한다.
④ 상각은 자산이 사용가능한 때부터 시작한다.

06 다음 중 변동원가와 고정원가에 대한 설명으로 가장 옳은 것은?

① 고정원가는 조업도 증감에 반비례하여 총원가가 증감하는 원가이다.
② 변동원가는 조업도와 관계없이 총원가가 일정한 원가이다.
③ 준변동원가는 조업도의 변화에 관계없이 총원가가 일정한 고정원가와 조업도에 비례하여 총원가가 증가하는 변동원
가의 두 부분으로 구성된 원가를 의미한다.
④ 준고정원가는 특정 범위를 벗어나도 총원가가 일정한 원가이며, 혼합원가라고도 한다.

07 가구를 제작하여 판매하는 ㈜튼튼이 2025년 가구 제작에 사용한 원재료는 800,000원이다. 2025년 말 원재료 재고
액이 2025년 초 원재료 재고액보다 70,000원 크다면 2025년의 원재료 매입액은 얼마인가?

① 660,000원　　　　　② 730,000원　　　　　③ 800,000원　　　　　④ 870,000원

08 제조간접원가는 기계작업시간을 기준으로 예정배부한다고 가정할 때, 다음 자료에 의해 제조간접원가 배부액과 제조원가를 계산하면 얼마인가?

> • 제조간접원가 총액(예정) : 2,000,000원 • 직접재료원가 : 5,000,000원
> • 실제기계작업시간 : 10,000시간 • 직접노무원가 : 3,500,000원 • 예정기계작업시간 : 8,000시간

	제조간접원가 배부액	제조원가		제조간접원가 배부액	제조원가
①	1,600,000원	10,100,000원	②	2,000,000원	10,500,000원
③	2,500,000원	10,500,000원	④	2,500,000원	11,000,000원

09 ㈜부천은 두 개의 제조부문 '대한'과 '민국', 그리고 두 개의 보조부문 'R', 'M'을 두고 있다. 각 보조부문 'R'과 'M'의 당월 배분 전 원가가 각각 1,500,000원과 2,400,000원이라면, 상호배분법에 따라 제조부문 '민국'에 배분될 보조부문의 원가는 얼마인가?

사용부문 제공부문	보조부문		제조부문	
	R	M	대한	민국
R	−	0.5	0.2	0.3
M	0.2	−	0.5	0.3

① 1,020,000원 ② 1,710,000원 ③ 1,800,000원 ④ 2,190,000원

10 다음 중 종합원가계산에 대한 설명으로 가장 옳지 않은 것은?

① 다품종 대량생산하는 조선업, 화학업, 식품가공업 등 업종에 적합하다.
② 완성품환산량 계산이 어려우며, 개별원가계산에 비해 상대적으로 제조원가 계산이 부정확하다.
③ 기초재공품이 없는 경우 종합원가계산에 의한 원가배분 시 평균법과 선입선출법은 결과가 동일하다.
④ 종합원가계산은 원가를 재료원가와 가공원가로 구분하여 계산한다.

11 아래의 세금계산서 발급 및 오류내용에 따른 수정세금계산서의 발급방법으로 옳은 것은?

세금계산서 발급내용				
작성연월일	품목	공급가액	세액	비고
2025. 05. 31.	제품판매	3,000,000원	90,000원	영수필

오류발견내용
2025년 7월 15일에 제품판매(공급가액 3,000,000원(부가세 별도)) 세금계산서의 세액이 공급가액의 10%가 아님을 발견했다.

①

작성일자	공급가액	세액		수정사유	비고		
2025.05.31.	−3,000,000	−90,000					
월	일	품목	규격	수량	단가	공급가액	세액	비고

월	일	품목	규격	수량	단가	공급가액	세액	비고
5	31	제품판매				−3,000,000	−90,000	

작성일자	공급가액	세액	수정사유	비고
2025.05.31.	3,000,000	300,000		

월	일	품목	규격	수량	단가	공급가액	세액	비고
5	31	제품판매				3,000,000	300,000	

②

작성일자	공급가액	세액	수정사유	비고
2025.05.31.	0	210,000		

월	일	품목	규격	수량	단가	공급가액	세액	비고
5	31	제품판매				0	210,000	

③

작성일자	공급가액	세액	수정사유	비고
2025.07.15.	−3,000,000	−90,000		당초 2025.05.31.

월	일	품목	규격	수량	단가	공급가액	세액	비고
7	15	제품판매				−3,000,000	−90,000	

작성일자	공급가액	세액	수정사유	비고
2025.07.15.	3,000,000	300,000		당초 2025.05.31.

월	일	품목	규격	수량	단가	공급가액	세액	비고
7	15	제품판매				3,000,000	300,000	

④

작성일자	공급가액	세액	수정사유	비고
2025.07.15.	0	210,000		

월	일	품목	규격	수량	단가	공급가액	세액	비고
7	15	제품판매				0	210,000	

12 다음 중 부가가치세에 대한 설명으로 옳지 않은 것은?

① 부가가치세는 학교와 같은 비영리단체는 납세의무자가 될 수 없다.

② 부가가치세는 재화나 용역이 최종소비자에게 도달할 때까지의 모든 거래 단계마다 부가가치세를 과세하는 다단계거래세이다.

③ 부가가치세는 국제거래되는 무역상품에 대한 이중과세 방지를 위해 소비지국과세원칙을 채택하고 있다.

④ 부가가치세는 납세의무자와 실질적인 담세자가 일치하지 않는 간접세이다.

13 다음 중 부가가치세가 면세되는 재화·용역의 공급에 해당하는 개수는?

• 신문(광고는 제외)	• 단순한 의약품의 판매	• 복권	• 토지의 매매
• 주택임대용역	• 우표(수집용 우표 제외)	• 영유아용 기저귀	• 항공기에 의한 여객운송용역

① 4개   ② 5개   ③ 6개   ④ 7개

14 다음의 빈칸에 들어갈 내용으로 바르게 짝지어진 것은?

직전 연도의 상시고용인원이 (㉠) 이하인 원천징수의무자는 원천징수세액을 그 징수일이 속하는 반기의 마지막 달의 다음달 10일까지 납부할 수 있다. 다만, (㉡)에 대한 원천징수세액은 반기 납부 대상이 아니다.

	㉠	㉡		㉠	㉡
①	10명	연말정산 사업소득	②	10명	비거주자의 국내원천 기타소득
③	20명	비영업대금의 이익	④	20명	법인세 신고 시 처분된 상여

15 다음 중 소득세법상 지급명세서 및 간이지급명세서에 대한 설명으로 옳지 않은 것은?

① 사업소득 간이지급명세서는 지급일이 속하는 달의 다음 달 말일까지 제출하여야 한다.

② 7월~12월의 지급분 근로소득 간이지급명세서는 다음연도 1월 31일까지 제출하여야 한다.

③ 이자·배당지급명세서는 지급일이 속하는 연도의 다음연도 3월 10일까지 제출하여야 한다.

④ 폐업하는 경우에는 폐업일이 속하는 달의 다음다음 달 말일까지 지급명세서를 제출하여야 한다.
　　(단, 일용근로소득, 지급은 없다고 가정.)

cafe.naver.com/eduacc ⇒ 전산세무2급 ⇒ 기출문제 다운로드 & 데이터 설치 ⇒ KcLep 입력

㈜옥이전자(회사코드 : 1212)는 컴퓨터 및 주변장치의 제조 및 도·소매업을 주업으로 영위하는 중소기업으로 당기(제17기)의 회계기간은 2025.1.1.~ 2025.12.31.이다. 전산세무회계 수험용 프로그램을 이용하여 다음 물음에 답하시오.

문제1   [일반전표입력] 메뉴를 이용하여 다음의 거래자료를 입력하시오. (15점)

─── [입력 시 유의사항] ───

- 일반적인 적요의 입력은 생략하지만, 타계정 대체거래는 적요 번호를 선택하여 입력한다.
- 채권·채무와 관련된 거래는 별도의 요구가 없는 한 반드시 기등록된 거래처코드를 선택하여 거래처명을 입력한다.
- 제조경비는 500번대 계정코드를, 판매비와관리비는 800번대 계정코드를 사용한다.
- 회계처리 시 계정과목은 별도의 제시가 없는 한 등록된 계정과목 중 가장 적절한 과목으로 한다.

[1] 01월 25일 ㈜죽암전자 장기대여금에 대한 이자 1,500,000원 중 원천징수세액 412,500원을 차감한 잔액 1,087,500원이 보통예금으로 입금되었다. 단, 원천징수세액은 자산으로 처리하시오. (3점)

[2] 02월 21일 제조부서 강하나 과장의 급여가 보통예금에서 지급되었다. 임금과 상여금 계정을 사용하여 분개하기로 하며, 예수금은 하나의 계정으로 처리하시오. (3점)

이름	강하나	지급일	2월 21일
기본급	3,000,000원	소득세	91,460원
식대	100,000원	지방소득세	9,140원
상여	1,000,000원	국민연금	135,000원
		건강보험	106,350원
		장기요양보험	13,770원
급여계	4,100,000원	공제합계	355,720원
		지급총액	3,744,280원

[3] 04월 15일 회사가 제조한 제품(제조원가 1,000,000원)을 무상으로 지방자치단체에 기부하였다. (3점)

[4] 07월 01일 ㈜성남으로부터 매출대금으로 수령한 아래의 약속어음을 거래은행에서 할인하고 할인료 500,000원을 차감한 잔액을 보통예금으로 수령하였다. 단, 당해 어음할인은 매각거래로 간주한다. (3점)

전 자 어 음

㈜옥이전자 귀하

금 일천만원정   <u>10,000,000원</u>

위의 금액을 귀하 또는 귀하의 지시인에게 지급하겠습니다.

지급기일 2025년 12월 1일	**발행일** 2024년 12월 1일
지 급 지 기업은행	**발행지**
지급장소 서초지점	**주 소** 서울특별시 성동구 마장로 10
	발행인 ㈜성남

[5] 08월 15일 업무용승용차를 구입하기 위하여 액면금액 1,800,000원의 10년 만기 무이자부 국공채를 액면금액으로 취득하고 대금은 보통예금 계좌에서 지급하였다. 당 회사는 해당 국공채를 만기까지 보유할 예정이며, 보유할 수 있는 의도와 능력이 충분하다. 구입 당시 만기보유증권의 공정가액은 800,000원이다. (3점)

문제2 [매입매출전표입력] 메뉴를 이용하여 다음의 거래자료를 입력하시오. (15점)

[1] 07월 20일   제품의 제작에 사용할 원재료를 수입하면서 부산세관으로부터 다음의 수입전자세금계산서를 발급받고, 부가가치세를 보통예금 계좌에서 이체하여 지급하였다. (3점)

수입전자세금계산서					승인번호		20250720-11122233-55577788		
세관명	등록번호	780-83-15335	종사업장번호		수입자	등록번호	126-85-01287	종사업장번호	
	세관명	부산세관	성명	부산세관장		상호(법인명)	㈜옥이전자	성명	김여울
	세관주소	부산광역시 중구 중앙대로 10				사업장주소	대전광역시 서구 계룡로 491번길 20		
	수입신고번호	1234567891011M				업태	제조업 외	종목	컴퓨터 및 주변장치

납부일자	과세표준	세액	수정사유	비고
2025.07.20	35,000,000원	3,500,000원	해당 없음	

월	일	품목	규격	수량	단가	공급가액	세액	비고
07	20	수입신고필증 참조				35,000,000원	3,500,000원	
합계금액		38,500,000원						

[2] 08월 01일 업무용으로 사용하던 아래의 5인승 승용차(2,250cc)를 스타자동차에 처분하고 전자세금계산서를 발급
하였다. 처분대가는 월말에 지급 받을 예정이다. (3점)

차량운반구 취득일	2022년 7월 1일
차량운반구 취득가액	50,000,000원
처분일 현재 감가상각누계액	20,000,000원

전자세금계산서

	승인번호	20250801-10000005-00004158

	공급자			공급받는자		
등록번호	126-85-01287	종사업장번호		등록번호	123-11-87892	종사업장번호
상호(법인명)	㈜옥이전자	성명	김여울	상호(법인명)	스타자동차	성명	김스타
사업장주소	대전광역시 서구 계룡로 491번길 20			사업장주소	서울시 서초구 서초대로85번길12	
업태	도소매 외	종목	컴퓨터 및 주변장치	업태	금융업	종목	차량리스외

작성일자	공급가액	세액	수정사유	비고
2025.08.01.	25,000,000원	2,500,000원		배기량 2,250cc차량, 5인승

월	일	품목	규격	수량	단가	공급가액	세액	비고
08	01	125너7894				25,000,000원	2,500,000원	

합계금액	현금	수표	어음	외상미수금	
27,500,000원				27,500,000원	이 금액을 (**청구**) 함

[3] 08월 30일 ㈜코스트코리아에서 제조부 사원들을 위해 공장에 비치할 목적으로 에어컨을 3,300,000원(부가가치세
포함)에 구입하고, 대금은 보통예금에서 계좌이체 한 후 현금영수증(지출증빙용)을 수취하였다(단, 자산
으로 처리할 것). (3점)

㈜코스트코리아

107-81-63829   조만수
경기도 부천시 길주로 284   TEL 1899-9900

현금영수증(지출증빙용)

구매 2025/08/30/13:27   거래번호 : 2025-07200119

상품명	수량	단가	금액
에어컨	3	1,100,000원	3,300,000원
		과세물품가액	3,000,000원
		부가가치세액	300,000원
		합계	3,300,000원

[4] 09월 05일　미국 스토브사에 제품을 $5,000에 해외 직수출하고, 수출대금 전액을 9월 25일 USD($)로 받기로 하였다. 수출과 관련된 내용은 다음과 같다(단, 수출신고번호는 생략함). (3점)

일자	9월 3일(수출신고일)	9월 5일(선적일)	9월 25일(대금회수일)
기준환율	1,300원/$	1,200원/$	1,350원/$

[5] 09월 10일　영업부서 업무용승용차의 수리를 위해 ㈜서울모터스에서 아래의 전자세금계산서를 발급받았다(단, 해당 차량은 개별소비세 과세대상에 해당하고, 수리비는 차량유지비로 회계처리하며 대금은 전액 보통예금 계좌에서 즉시 지급하였다). (3점)

전자세금계산서					승인번호	20250910-15126689-00004158		
공급자	등록번호	129-85-84235	종사업장번호		공급받는자	등록번호	126-85-01287	종사업장번호	
	상호(법인명)	㈜서울모터스	성명	신민아		상호(법인명)	㈜옥이전자	성명	김여울
	사업장주소	서울시 강남구 강남대로 15길				사업장주소	대전광역시 서구 계룡로 491번길 20		
	업태	제조업, 서비스업	종목	차량수리		업태	제조업 외	종목	컴퓨터 및 주변장치

작성일자	공급가액	세액	수정사유	비고
2025.09.10.	1,000,000원	100,000원	해당 없음	

월	일	품목	규격	수량	단가	공급가액	세액	비고
09	10	차량수리비				1,000,000원	100,000원	

합계금액	현금	수표	어음	외상미수금	이 금액을 (영수) 함
1,100,000원	1,100,000원				

문제3　부가가치세 신고와 관련하여 다음 물음에 답하시오. (10점)

[1] 다음 자료를 보고 2025년 제1기 부가가치세 예정신고기간의 [수출실적명세서]를 작성(거래처코드 입력할 것)하고, [영세율매출명세서]에 추가로 반영하시오. 단, 매입매출전표입력은 생략할 것. (3점)

거래처	수출신고번호	선적일	환가일	통화	수출액	적용환율	
						선적일	환가일
브링사	13031-10-031807X	2025.1.15.	2025.1.18.	USD	$100,000	1,100원/$	1,150원/$
조인상사	13085-20-019870X	2025.2.10.	2025.2.7.	USD	$150,000	1,200원/$	1,100원/$
혼마상사	13073-30-268371X	2025.3.13.	2025.3.19.	JPY	￥2,000,000	750원/100￥	800원/100￥

[2] 다음의 자료를 이용하여 2025년 제1기 부가가치세 확정신고(2025.04.01.~2025.06.30.)의 [부가가치세 신고서]를 작성하시오. 단, 불러오는 자료는 무시할 것. (5점)

매출자료	• 세금계산서 발급분 : 공급대가 550,000,000원, 모두 전자세금계산서 발급분이다. • 현금영수증 매출 발행분 : 공급대가 33,000,000원 • 대손이 확정된 외상매출금(공급대가 2,200,000원)에 대하여 대손세액공제를 적용한다.
매입자료	• 수취한 매입세금계산서는 공급가액 200,000,000원, 세액 20,000,000원이다. – 이 중 고정자산 세금계산서 수취분은 공급가액 10,000,000원, 세액 1,000,000원이고, 이 고정자산은 개별소비세 과세대상 승용차 관련 매입분이다. • 현금영수증 상품 매입분 : 공급가액 20,000,000원, 세액 2,000,000원 • 제1기 예정신고 시 누락된 공제가능한 신용카드매출전표(일반매입) : 공급가액 5,000,000원, 세액 500,000원
유의사항	• 매출자료 중 전자세금계산서 지연전송분 : 공급가액 8,000,000원, 세액 800,000원 • 예정신고 누락분은 확정신고 시 반영하기로 한다. • 해당 법인은 홈택스 사이트를 통해 전자적인 방법으로 부가가치세 신고를 직접 한다. • 세부담 최소화를 가정한다. • 불러온 자료는 무시하고 문제에 제시된 자료만 직접 입력한다. • 부가가치세 신고서 이외의 과세표준명세 등 기타 부속서류의 작성은 생략한다.

[3] 다음의 자료를 이용하여 2025년 제2기 확정 부가가치세 신고서 및 관련 부속서류를 전자신고 하시오. (2점)

> • 부가가치세 신고서와 관련 부속서류는 마감되어 있다.
> • [전자신고] → [국세청 홈택스 전자신고변환(교육용)] 순으로 진행한다.
> • 전자신고용 전자파일 제작 시 신고인 구분은 "2.납세자 자진신고"로 선택하고, 비밀번호는 "13001300"으로 입력한다.
> • 전자신고용 전자파일 저장경로는 로컬디스크(C:)이며, 파일명은 "enc작성연월일.101.v사업자등록번호"이다.
> • 최종적으로 국세청 홈택스에서 전자파일 제출하기 를 완료한다.

문제4 결산정리사항은 다음과 같다. 관련 메뉴를 이용하여 결산을 완료하시오. (15점)

[1] 2025년에 ㈜아이마켓에서 차입한 외화장기차입금은 70,000달러이다. 차입일의 기준환율은 1달러당 1,350원이고, 기말 현재 기준환율은 1달러당 1,420원이다. (3점)

[2] 당사는 재평가모형에 따라서 유형자산을 인식하고 있다. 2025년 12월 31일 보유하고 있던 토지에 대한 감정평가를 시행한 결과는 아래와 같이 평가액이 산정되었다. 유형자산의 재평가손익을 반영하시오. (3점)

> • 2025년 1월 20일 토지 매입금액 : 150,000,000원(장부가액)
> • 2025년 12월 31일 토지 감정평가액 : 190,000,000원

[3] 일반기업회계기준에 따라 2025년 말 현재 보유 중인 매도가능증권(2024년 중 취득)에 대하여 결산일의 회계처리를 하시오(단, 매도가능증권은 비유동자산으로 가정함). (3점)

주식명	주식 수	1주당 취득원가	2024년말 1주당 공정가치	2025년말 1주당 공정가치
㈜일성전자	1,000주	50,000원	80,000원	45,000원

[4] 아래의 자료를 이용하여 정기예금의 당기분 경과이자에 대한 회계처리를 하시오(단, 월할 계산할 것). (3점)

> • 정기예금액 : 120,000,000원
> • 연이자율 : 4.2%
> • 예금가입기간 : 2025.12.01.~2026.11.30.
> • 이자는 만기일(2026.11.30.)에 일시 수령한다.

[5] 외상매출금과 미수금의 기말잔액에 대해서만 1%의 대손율을 적용하여 보충법에 의해 대손충당금을 설정하시오. (3점)

문제5 2023년 귀속 원천징수자료와 관련하여 다음의 물음에 답하시오. (15점)

[1] 다음은 총무부 박대영 부장(사번 : 500)의 11월과 12월 급여와 관련된 자료이다. 지급시기별로 [급여자료입력]과 [원천징수이행상황신고서]를 각각 작성하시오. (5점)

[11월 급여자료]

급여항목	금액	공제항목	금액
기 본 급	4,500,000원	국 민 연 금	202,500원
식 대 (비 과 세)	200,000원	건 강 보 험	159,520원
		장 기 요 양 보 험	20,650원
		고 용 보 험	40,500원
		소 득 세	293,150원
		지 방 소 득 세	29,310원
		공 제 총 액	745,630원
지 급 총 액	4,700,000원	차 인 지 급 액	3,954,370원

[12월 급여자료]

급여항목	금액	공제항목	금액
기　본　급	4,500,000원	국　민　연　금	–
식 대 (비 과 세)	200,000원	건　강　보　험	159,520원
		장 기 요 양 보 험	20,650원
		고　용　보　험	40,500원
		소　　득　　세	293,150원
		지　방　소　득　세	29,310원
		공　제　총　액	543,130원
지　급　총　액	4,700,000원	차　인　지　급　액	4,156,870원

※ 유의사항

· 사용하지 않는 급여항목과 공제항목은 그대로 둔다.

· 11월 급여와 12월 급여를 2026년 1월 10일에 지급하였다.

· 소득세법상 1월~11월 귀속 근로소득을 12월까지 지급하지 않은 경우 12월 31일에 지급한 것으로 보고, 12월 귀속 근로소득을 다음 연도 2월까지 지급하지 않은 경우 2월 말일에 지급한 것으로 보아 소득세를 원천징수한다.

[2] 다음은 나현수(사번 : 101, 입사일 : 2020년 1월 1일) 사원의 2025년 귀속 연말정산 관련 자료이다. [연말정산추가자료입력] 메뉴의 [부양가족] 탭, [의료비] 탭, [신용카드 등] 탭, [월세액] 탭을 작성하고 [연말정산입력] 탭에서 연말정산을 완료하시오(단, 제시된 소득 이외의 소득은 없으며, 세부담 최소화를 가정한다). (10점)

	성명	관계	주민번호	소득	비고
가족 사항	나현수	본인	620405-1116801	총급여 8천만원	무주택 세대주
	손나현	배우자	650312-2166805	사업소득금액 3,500만원	
	나일남	부친	400612-1335701	소득없음	
	김옥이	모친	450828-2118971	소득없음	
	나윤솔	딸	990301-2126834	일용근로소득 300만원	대학생
	나윤열	아들	060710-3126876	소득없음	고등학생

· 기본공제대상자가 아닌 경우 기본공제 여부에 '부'로 표시할 것

· 위의 가족은 모두 내국인이며 생계를 같이 하는 동거가족으로, 제시된 자료 외 다른 소득은 없다.

항목	내용
보험료	• 나현수(본인) : 일반 보장성보험료 600,000원 • 나윤솔(딸) : 일반 보장성보험료 500,000원
교육비	• 나현수(본인) : 사이버대학교 학비 3,000,000원 • 나윤솔(딸) : 대학교 학비 8,000,000원 • 나윤열(아들) : 방과후과정 학교수업비 500,000원, 교복구입비 700,000원(교복구입비는 나현수 신용카드로 결제함)
의료비	• 나현수(본인) : 라식수술비 1,500,000원　• 나일남(부친) : 보청기 구입비 1,000,000원 • 김옥이(모친) : 질병 치료비 4,220,000원(나현수 신용카드로 결제) 　– 「보험업법」에 따른 보험회사에서 실손의료보험금 2,500,000원 수령(2025년 귀속분) • 나윤열(아들) : 시력보정용 안경 구입비 800,000원(나현수 신용카드로 결제) 　– 안경 구입처 : 밝은안경(사업자등록번호 233–31–18875) 　– 의료증빙코드는 기타영수증으로 하고, 상호와 사업자등록번호 모두 입력할 것
신용카드 등 사용액	• 나현수(본인) : 신용카드 사용액 20,500,000원(전통시장/대중교통/도서 등 사용분은 없음) • 나윤솔(딸) : 직불카드 사용액 1,500,000원(대중교통분 600,000원 포함) ※ 나현수(본인) 신용카드 사용액에는 의료비 지출의 결제액이 포함되어 있다.
월세액/ 주택임차 차입금 원리금 상환액	※ 월세 관련 정보 • 임대인 : 김주택(주민등록번호 650426–1834704) • 유형 및 면적 : 아파트, 84.19㎡ • 임대주택 주소지 : 경기도 하남시 미사강변북로 373, 301호 • 임대차 기간 : 2025.01.01.~2026.12.31. • 임차보증금 : 100,000,000원 / 연간 월세액 : 12,000,000원 ※ 주택임차차입금원리금 상환액 공제요건을 충족한다고 가정한다(대출기관으로부터 차입). • 이자상환액 : 400,000원　• 원금상환액 : 4,000,000원

2025년도 연말정산 자료

※ 국세청 홈택스 및 기타 증빙을 통해 확인된 자료이며, 별도의 언급이 없는 한 국세청 홈택스 연말정산간소화서비스에서 조회된 자료이다.

※ 부양가족의 소득공제 및 세액공제 내용 중 나현수(본인)이 공제받을 수 있는 내역은 모두 나현수가 공제받는 것으로 한다.

다음 문제를 보고 알맞은 것을 골라 [이론문제 답안작성] 메뉴에 입력하시오. (객관식 문항당 2점)

01 다음 중 재무상태표의 작성기준에 대한 설명으로 가장 옳지 않은 것은?

① 자산과 부채는 유동성이 높은 계정부터 배열하여 작성해야 한다.
② 자본거래에서 발생한 잉여금과 손익계정에서 발생한 잉여금은 구분하여 표시해야 한다.
③ 자산 항목과 부채 또는 자본 항목을 상계함으로써 순액으로 표시해야 한다.
④ 자산·부채·자본 중 중요하지 않은 항목은 성격 또는 기능이 유사한 항목에 통합하여 표시할 수 있다.

02 다음 중 부채에 대한 설명으로 옳지 않은 것은?

① 충당부채는 일정한 요건을 충족한 경우에 재무제표에 부채로 인식한다.
② 부채는 보고기간 종료일로부터 1년 이내에 만기상환일이 도래하는지 여부에 따라 유동, 비유동부채로 분류한다.
③ 부채는 과거의 거래나 사건의 결과로 현재 기업실체에 부담이 있고, 미래에 자원의 유출이 예상되는 의무이다.
④ 우발부채는 자원의 유출가능성이 아주 낮은 경우에도 주석에 기재한다.

03 다음 중 차량운반구의 감가상각비와 감가상각누계액이 과소 계상되었을 경우 재무제표에 미치는 영향으로 옳은 것은?

① 자산의 과소계상　　　　　　　　　② 비용의 과대계상
③ 당기순이익의 과대계상　　　　　　④ 이익잉여금에는 영향이 없다.

04 다음 중 재무상태표에 표시될 자본에 대한 설명으로 옳지 않은 것은?

① 자본금은 보통주자본금과 우선주자본금으로 구분하여 표시한다.
② 자본잉여금은 주식발행초과금과 기타자본잉여금(감자차익, 자기주식처분이익 등)으로 구분하여 표시한다.
③ 주식할인발행차금, 자기주식 등은 기타자본조정으로 통합하여 표시할 수 있다.
④ 이익잉여금은 법정적립금, 임의적립금 및 미처분이익잉여금으로 구분하여 표시한다.

05 다음 중 거래형태별 일반기업회계기준에 따른 수익인식 시기로 옳지 않은 것은?

① 위탁판매 : 수탁자가 적송품을 판매한 시점　　② 시용판매 : 고객이 구매의사를 표시한 시점
③ 공연입장료 : 행사의 표를 판매하는 시점　　　④ 일반적인 상품 및 제품의 판매 : 상품 및 제품을 인도하는 시점

06 다음의 원가 중 기초원가이면서 가공원가에 해당하는 것은?

① 직접재료원가　　　　　② 직접노무원가　　　　　③ 변동제조간접원가　　　　　④ 고정제조간접원가

07 다음 중 제조원가와 판매비및관리비로 적절하게 구분되지 않은 것은?

	제조원가	판매비및관리비		제조원가	판매비및관리비
①	제조공장 재산세	영업부서 직원급여	②	제조 외주가공비	광고선전비
③	제조공장 전력비	이자비용	④	제조부서 차량 감가상각비	영업부서 차량보험료

08 다음 중 개별원가계산의 특징에 대한 설명으로 옳지 않은 것은?

① 제조지시서를 통해 개별 제품별로 제조를 지시한다.
② 다품종 소량생산에 적합하다.
③ 제조간접비 배부율로 무엇을 사용하는지에 따라 실제개별원가계산과 정상개별원가계산으로 구분할 수 있다.
④ 정유업, 시멘트공업에 적합하다.

09 ㈜미래는 정상원가계산을 채택하고 있고, 제조간접원가를 직접노무시간을 기준으로 배부하고 있다. 다음은 ㈜미래의 원가 관련 자료이다. 제조간접원가의 배부차이를 계산하면 얼마인가?

• 제조간접원가 예산 : 5,000,000원	• 예산 직접노무시간 : 1,000시간
• 실제 제조간접원가 : 6,000,000원	• 실제 직접노무시간 : 1,200시간

① 1,000,000원 과소배부　　　　　② 1,000,000원 과대배부
③ 1,200,000원 과대배부　　　　　④ 배부차이 없음

10 다음 자료를 이용하여 비정상공손수량을 계산하시오. 단, 정상공손은 당기 완성품의 5%로 가정한다.

• 기초재공품 : 250개	• 기말재공품 : 100개	• 당기착수량 : 700개	• 당기완성량 : 800개

① 5개　　　　　② 10개　　　　　③ 15개　　　　　④ 20개

11 다음 중 현행 부가가치세법에 대한 설명으로 가장 옳지 <u>않은</u> 것은?

① 부가가치세 납세의무자는 영리목적 유무와 관계없이 과세대상 재화·용역을 공급하는 사업자와 과세대상 재화를 수입하는 자이다.
② 폐업의 경우 해당 과세기간 개시일부터 폐업일까지를 과세기간으로 보며, 폐업일이 속하는 달의 다음달 25일까지 부가가치세를 신고·납부해야 한다.
③ 직매장과 하치장은 부가가치세법상 사업장으로 보지 않는다.
④ 사업자등록 신청은 원칙적으로 사업장마다 사업개시일부터 20일 이내에 해야 한다.

12 다음의 빈칸에 들어갈 금액을 옳게 나열한 것은?

> 부가가치세법상 직전 연도의 공급대가의 합계액이 (㉠)에 미달하는 개인사업자는 간이과세를 적용받을 수 있다. 다만, 부동산임대업의 사업자는 직전 연도의 공급대가의 합계액이 (㉡) 이상인 경우는 간이과세자를 적용받을 수 없다.

	㉠	㉡		㉠	㉡
①	104,000,000원	48,000,000원	②	104,000,000원	36,000,000원
③	80,000,000원	48,000,000원	④	80,000,000원	36,000,000원

13 다음 중 개인사업자의 부가가치세법상 전자세금계산서 의무발급대상자 기준금액으로 옳은 것은?

① 직전 연도의 사업장별 총수입금액이 1억 원 이상
② 직전 연도의 사업장별 총수입금액이 8천만 원 이상
③ 직전 연도의 사업장별 총수입금액이 5천만 원 이상
④ 직전 연도의 사업장별 총수입금액이 4천 8백만 원 이상

14 다음 중 소득세법상 인적공제에 대한 설명으로 옳지 <u>않은</u> 것은?

① 직계비속은 만 20세가 되는 날이 속하는 과세기간까지 기본공제대상자에 포함한다.
② 기본공제대상자가 70세 이상인 경우 1명당 연 100만 원을 추가 공제한다.
③ 기본공제대상자 판정의 기준이 되는 소득금액은 종합소득금액을 말한다.
④ 부녀자공제와 한부모공제가 중복으로 해당되는 경우에는 한부모공제만 적용한다.

15 다음의 자료를 이용하여 세부담을 최소화한 2025년 종합소득금액을 계산하면 얼마인가?

> • 사업소득금액(상가 임대업) : 5,000,000원 　　　 • 사업소득금액(커피 전문점) : 20,000,000원
> • 일용근로소득금액 : 700,000원
> ※ 2023년 상가 임대업에서 발생한 결손금은 10,000,000원이며, 이 중 2024년 종합소득금액 계산 시 이월결손금공제(2,000,000원)를 적용하였다.

① 17,000,000원 　　　 ② 17,700,000원 　　　 ③ 20,000,000원 　　　 ④ 20,700,000원

cafe.naver.com/eduacc ⇒ 전산세무2급 ⇒ 기출문제 다운로드 & 데이터 설치 ⇒ KcLep 입력

㈜우리전자(회사코드 : 1222)는 전자제품의 제조 및 도·소매업을 주업으로 영위하는 중소기업으로 당기(제18기)의 회계기간은 2025.1.1.~2025.12.31.이다. 전산세무회계 수험용 프로그램을 이용하여 다음 물음에 답하시오.

문제1 [일반전표입력] 메뉴를 이용하여 다음의 거래자료를 입력하시오. (15점)

────────────── [입력 시 유의사항] ──────────────

- 일반적인 적요의 입력은 생략하지만, 타계정 대체거래는 적요 번호를 선택하여 입력한다.
- 채권·채무와 관련된 거래는 별도의 요구가 없는 한 반드시 기등록된 거래처코드를 선택하여 거래처명을 입력한다.
- 제조경비는 500번대 계정코드를, 판매비와관리비는 800번대 계정코드를 사용한다.
- 회계처리 시 계정과목은 별도의 제시가 없는 한 등록된 계정과목 중 가장 적절한 과목으로 한다.

[1] 01월 15일 ㈜전산에게 빌려준 대여금의 이자수입에 대해 원천징수세액 275,000원을 차감한 나머지 725,000원을 보통예금 계좌로 입금받았다. 단, 원천징수세액은 자산계정으로 처리한다. (3점)

[2] 05월 25일 마케팅부서에서는 인터넷쇼핑몰 통신판매업 신고를 하면서 등록면허세 40,500원을 보통예금 계좌에서 지급하였다. (3점)

[3] 08월 30일 ㈜경기로부터 토지(공정가치 7,000,000원)를 증여받고 취득세로 280,000원을 현금으로 지출하였다. 단, 하나의 전표로 입력할 것. (3점)

[4] 09월 12일 단기투자 목적으로 시장성이 있는 주식 1,000주를 주당 5,000원에 매입하고, 매입수수료 150,000원을 포함하여 전액 보통예금에서 지급하였다. (3점)

[5] 09월 30일 장기차입금(우리은행) 70,000,000원을 상환하기로 하고, 이자를 포함하여 70,670,000원을 보통예금 계좌에서 지급하였다. 단, 하나의 전표로 입력할 것. (3점)

[1] 10월 10일   당사가 ㈜톡톡유통에 외상으로 판매한 제품의 공급계약이 해제되어 아래와 같이 수정전자세금계산서를 발급하였다. (3점)

수정전자세금계산서					승인번호		20251010-15368456-85621483			
공급자	등록번호	856-80-11218	종사업장번호		공급받는자	등록번호	150-88-48909	종사업장번호		
	상호(법인명)	㈜우리전자	성명	하누리		상호(법인명)	(주)톡톡유통	성명		이영웅
	사업장주소	경기도 성남시 분당구 분당로 190				사업장주소	광주광역시 광산구 광산로 108			
	업태	제조, 도소매	종목	전자제품		업태	도소매	종목		잡화
작성일자	공급가액		세액		수정사유	비고				
2025.10.10.	-3,000,000		-300,000		계약해제	2025.10.09				

월	일	품목	규격	수량	단가	공급가액	세액	비고
10	10	제품				-3,000,000	-300,000	

합계금액	현금	수표	어음	외상미수금	이 금액을 (청구) 함
-3,300,000				-3,300,000	

[2] 10월 17일   영업부서에서 사용하는 개별소비세 과세대상 자동차(7인승, 2,500cc)의 수리비를 전자세금계산서로 다음과 같이 발급받았다. 대금은 한달 후에 지급할 예정이다. (단, 자동차 수리비를 차량유지비로 처리할 것.) (3점)

전자세금계산서					승인번호		20251017-12548678-95438408			
공급자	등록번호	385-25-73519	종사업장번호		공급받는자	등록번호	856-80-11218	종사업장번호		
	상호(법인명)	달려라붕붕	성명	빈수레		상호(법인명)	㈜우리전자	성명		하누리
	사업장주소	부산시 부산진구 서면중앙로 15				사업장주소	경기도 성남시 분당구 분당로 190			
	업태	서비스	종목	차량수리업		업태	제조, 도소매	종목		전자제품
작성일자	공급가액		세액		수정사유	비고				
2025.10.17.	750,000		75,000							

월	일	품목	규격	수량	단가	공급가액	세액	비고
10	17	차량수리비				750,000	75,000	

합계금액	현금	수표	어음	외상미수금	이 금액을 (청구) 함
825,000				825,000	

[3] 10월 30일   다음의 전자세금계산서를 발급받고 대금 중 30%는 현금으로 지급하고 잔액은 다음 달에 지급하기로
하였다. (3점)

전자세금계산서					승인번호		20251030 – 11053773 – 60701232		
공급자	등록번호	817-80-12342		종사업장번호	공급받는자	등록번호	856-80-11218		종사업장번호
	상호(법인명)	㈜으뜸	성명	오으뜸		상호(법인명)	㈜우리전자	성명	하누리
	사업장주소	서울특별시 종로구 계동길 5				사업장주소	경기도 성남시 분당구 분당로 190		
	업태	도매업	종목	전자부품		업태	제조, 도소매	종목	전자제품

작성일자	공급가액	세액	수정사유	비고
2025.10.30.	20,000,000	2,000,000		

월	일	품목	규격	수량	단가	공급가액	세액	비고
10	30	원재료				20,000,000	2,000,000	

합계금액	현금	수표	어음	외상미수금	이 금액을 (청구) 함
22,000,000	6,600,000			15,400,000	

[4] 11월 13일   수출업체인 ㈜두일무역에 제품(공급가액 53,000,000원)을 동일자로 받은 구매확인서에 의해 납품하고
영세율전자세금계산서를 발급하였다. 대금은 전액 다음 달 말일에 입금될 예정이다. 단, 서류번호입력
은 생략한다. (3점)

[5] 12월 27일   원재료를 수입하면서 부산세관으로부터 수입전자세금계산서를 발급받았고, 부가가치세는 보통예금에
서 지급하였다. 단, 재고자산(원재료) 관련 회계처리는 생략한다. (3점)

수입전자세금계산서					승인번호		20251227-14511412-20345858		
세관명	등록번호	121-83-00561		종사업장번호	수입자	등록번호	856-80-11218		종사업장번호
	세관명	부산세관	성명	세관장		상호(법인명)	㈜우리전자	성명	하누리
	세관주소	부산광역시				사업장주소	경기도 성남시 분당구 분당로 190		
	수입신고번호	20251227789154				업태	제조, 도소매	종목	전자제품

납부일자	과세표준	세액	수정사유	비고
2025.12.27.	3,000,000	300,000	해당 없음	PX-01278

월	일	품목	규격	수량	단가	공급가액	세액	비고
12	27	수입신고필증 참조		10	300,000	3,000,000	300,000	

합계금액	3,300,000

[1] 다음의 자료만을 이용하여 2025년 제2기 부가가치세 예정신고기간(2025.7.1.~2025.9.30.)에 취득한 자산에 대하여 [건물등감가상각자산취득명세서] 및 [공제받지못할매입세액명세서]를 작성하시오. 취득 시 모두 전자세금계산서를 발급받았다. 단, 불러온 데이터 값을 무시하고 새로 입력할 것. (4점)

일자	내역	공급가액	부가가치세	상호	사업자 등록번호
07.01.	공장 이전 부지 매입과 관련하여 발생한 정지비용	9,000,000원	900,000원	㈜대영건설	210-81-96723
07.20.	공장 건물 매입	60,000,000원	6,000,000원		
09.08.	영업부서 개별소비세 과세 대상 승용차 (5인승, 2,000cc) 구입	20,000,000원	2,000,000원	㈜하나상사	561-85-31723

[2] 다음 자료를 이용하여 2025년 제1기 부가가치세 확정신고기간(2025.4.1.~2025.6.30.)의 [부가가치세신고서(과세표준명세 포함)]를 작성하시오. 단, 기존 입력된 자료는 무시하고 문제에 제시된 자료만 직접 입력할 것. (6점)

구분	자료
매출자료	• 전자세금계산서 발급분 과세 매출액 : 공급가액 570,000,000원, 세액 57,000,000원 • 전자세금계산서 발급분 영세율 매출액 : 공급가액 50,000,000원, 세액 0원 • 전자계산서 발급분 면세 매출액 : 공급가액 1,000,000원, 세액 0원 • 신용카드 매출전표 발행금액 : 공급가액 10,000,000원, 세액 1,000,000원 (※ 신용카드 매출전표 발행금액은 전부 전자세금계산서 발급분에 이미 포함된 금액이다.)

매입자료

• 전자세금계산서를 발급받은 매입내역

구분			공급가액
일반 매입	사업 관련	250,000,000원	25,000,000원
	사업 관련 없는	10,000,000원	1,000,000원
고정자산 매입	사업 관련	100,000,000원	10,000,000원
합계		360,000,000원	36,000,000원

• 신용카드 사용분 매입내역

구분		공급가액	세액
일반 매입	사업 관련	9,000,000원	900,000원
	사업 관련 없는	1,000,000원	100,000원
고정자산 매입	사업 관련	5,000,000원	500,000원
합계		15,000,000원	1,500,000원

기타	• 매입자료는 모두 과세 매출과 관련된 매입이다. • 전자세금계산서의 발급 및 전송은 정상적으로 이루어졌다. • 2025년 제1기 부가가치세 예정신고 시 미환급된 세액 2,000,000원이 있다. • 해당 법인은 홈택스를 통해 부가가치세를 직접 전자신고 한다. • 세부담이 최소화되도록 작성하고 부가가치세 신고서 외의 부속서류 입력은 생략한다. • 과세표준명세("수입금액제외"에 해당하는 금액은 없음)를 반드시 작성하기로 한다.

문제4　결산정리사항은 다음과 같다. 관련 메뉴를 이용하여 결산을 완료하시오. (15점)

[1] 영업부서에서 구입 시 전액 소모품비(판매관리비)로 처리한 소모품 중 미사용액은 3,500,000원이다. (단, 회사는 미사용액에 대하여 자산 처리함.) (3점)

[2] 당기 중 장부상 현금보다 실제 현금이 50,000원이 적어 현금과부족으로 처리했던 금액 중 결산일에 영업부서 직원 식대 간이영수증 30,000원을 발견하였으나, 나머지 금액은 결산일 현재까지도 그 원인을 알 수 없었다. (3점)

[3] 당기 말 현재 보유하고 있는 매도가능증권(비유동자산)의 내역은 다음과 같다. (3점)

• 매도가능증권 취득일 : 2025.02.19.　　　　　• 매도가능증권 취득 주식 수 : 2,000주 • 1주당 취득가액은 5,000원이었으며, 기말 현재 1주당 공정가치는 5,500원이다. • 매도가능증권 취득 시 거래비용으로 600,000원이 발생하였다.

[4] 당해 연도 말 퇴직급여추계액 및 설정 전 퇴직급여충당부채액이 다음과 같을 때 퇴직급여충당부채를 설정하시오. 회사는 퇴직급여추계액의 100%를 퇴직급여충당부채로 설정하고 있다. (3점)

구분	퇴직급여추계액	설정 전 퇴직급여충당부채액
제조부서	220,000,000원	200,000,000원
영업부서	130,000,000원	100,000,000원

[5] 당기 무형자산에 대한 상각비는 다음과 같다. 무형자산상각비에 대하여 회계처리를 하시오. 전표 입력 시 하나의 전표로 입력할 것. (3점)

• 특허권 상각비 : 5,000,000원　　　　　• 개발비 상각비 : 8,000,000원

 2023년 귀속 원천징수자료와 관련하여 다음의 물음에 답하시오. (15점)

[1] 다음은 직원 김재열(사번 : 101)의 부양가족 자료이다. 부양가족은 생계를 함께하고 있으며 세부담 최소화를 위해 가능하면 김재열이 모두 공제받고자 한다. 본인 및 부양가족의 소득은 주어진 내용이 전부이다. [사원등록] 메뉴의 [부양가족명세] 탭을 작성하시오. 단, 기본공제대상자가 아닌 경우에도 '부'로 입력하도록 한다. (3점)

성명	관계	주민등록번호	동거 여부	비고
김재열	본인	840213-1345675	–	근로소득 총급여 50,000,000원
박효정	배우자	880415-2215679	동거	일용근로소득 6,000,000원
이혜영	모친	610228-2156771	주거형편상 별거	• 2025년 5월 사망 • 주권상장 A사 배당소득금액 15,000,000원
김창열	형	820717-1333456	동거	•「장애인복지법」에 따른 장애인 • 분리과세 신고한 주택임대소득 10,000,000원
김재민	아들	180822-3123458	동거	소득 없음(이란성 쌍둥이 첫째)
김재은	딸	180822-4123451	동거	소득 없음(이란성 쌍둥이 둘째)

※ 제시된 소득 중 원천징수 대상 소득에 대한 원천징수는 정상적으로 이루어졌다.

[2] 이미 작성된 [원천징수이행상황신고서]를 조회하여 마감하고, 국세청 홈택스에 전자신고를 하시오. (2점)

[전산프로그램에 입력된 소득자료]

귀속월	지급월	소득구분	신고코드	인원	총지급액	소득세	비고
11월	11월	근로소득	A01	2명	8,333,320원	434,640원	매월(정기)신고

[유의사항]

1. 위 자료를 바탕으로 [원천징수이행상황신고서]가 작성되어 있다.

2. [원천징수이행상황신고서] 마감 → [전자신고] → [국세청 홈택스 전자신고변환(교육용)] 순으로 진행한다.

3. [전자신고] 메뉴의 [원천징수이행상황제작] 탭에서 신고인구분은 2.납세자 자진신고를 선택하고, 비밀번호는 "555777000"을 입력한다.

4. [국세청 홈택스 전자신고변환(교육용)] → 전자파일변환(변환대상파일선택) → 찾아보기 에서 전자신고용 전자파일을 선택한다.

5. 전자신고용 전자파일 저장경로는 로컬디스크(C:)이며, 파일명은 "작성연월일.01.t사업자등록번호"다.

6. 형식검증하기 ➡ 형식검증결과확인 ➡ 내용검증하기 ➡ 내용검증결과확인 ➡ 전자파일제출 을 순서대로 클릭한다.

7. 최종적으로 전자파일 제출하기 를 완료한다.

[3] 다음은 영업부에 재직 중인 김민지(사원코드 : 102, 입사일 : 2022.01.01.) 사원의 2025년 귀속 연말정산 관련 자료
이다. 아래의 자료를 이용하여 [연말정산추가자료입력] 메뉴의 [부양가족] 탭, [신용카드 등] 탭, [의료비] 탭, [연금저
축 등 I] 탭을 입력하고 [연말정산입력] 탭을 완성하시오. 단, 근로자 본인의 세부담이 최소화되도록 한다. (10점)

1. 가족사항(모두 거주자이고 내국인에 해당한다. 모두 동거하며, 생계를 같이한다.)

성명	관계	주민등록번호	소득	비고
김민지	본인	870123-2835344	총급여 65,700,000원	세대주
강백호	배우자	830221-1832013	총급여 100,000,000원	
한미자	김민지의 모	570403-2837378	양도소득금액 50만 원	
강한	자녀	150902-3111374	소득 없음	초등학생
강해	자녀	251012-3112275	소득 없음	둘째

※ 제시된 소득이 전부이며 기본공제대상자가 아닌 경우도 기본공제 '부'로 입력할 것.

2. 연말정산 자료(모든 자료는 국세청 홈택스 연말정산간소화서비스에서 조회된 자료이다.)

구분	조회된 자료 내용
보험료	• 김민지(본인) : 보장성보험 500,000원　　• 강백호(배우자) : 자동차보험료 1,700,000원 • 한미자(모) : 보장성보험 200,000원　　• 강한(자녀) : 보장성보험 200,000원 • 강해(자녀) : 보장성보험 100,000원
교육비	• 김민지(본인) : 대학원 등록금 3,000,000원 • 강한(자녀) : 국내 소재 초등학교(「초·중등교육법」상의 정규 교육기관) 방과후 수업료 400,000원
의료비	• 김민지(본인) : 질병 치료목적 3,570,000원　• 김민지(본인) : 산후조리원비용 3,000,000원 • 한미자(모) : 허리디스크 수술(치료 목적) 1,300,000원(실손의료비 700,000원 수령) • 강한(자녀) : 질병 치료 목적 530,000원　　• 강해(자녀) : 질병 치료 목적 600,000원 　※ 의료비는 전액 김민지의 신용카드로 결제하였다.
신용카드등 사용액	• 김민지(본인) : 신용카드 22,300,000원(대중교통 사용금액 300,000원 포함) • 한미자(모) : 직불카드 5,000,000원(전통시장 사용금액 1,000,000원 포함) • 강백호(배우자) : 신용카드 5,000,000원 • 강한(자녀) : 직불카드 1,700,000원(대중교통 사용금액 500,000원 포함) ※ 김민지(본인)의 신용카드 사용액은 의료비 지출액이 모두 포함된 금액이다.
퇴직연금	• 김민지(본인) : 본인 퇴직연금 계좌 2025년 납입분 3,000,000원 ※ 퇴직연금계좌는 KEB하나은행에 가입하였고, 계좌번호는 323-910522-32701이다.

전산세무 2급 기출문제 정답 및 해설

[제109회 기출문제 – 이론]

01 ② ② 양도한 금융부채의 장부금액과 지급한 대가의 차액은 손실이 발생한 것이므로 기타포괄손익(자본)이 아닌 당기손익으로 인식함. ①, ③ 금융부채는 최초 공정가치로 인식한 뒤 추후 상각후 원가로 측정하는 것임.

02 ④ • 2022년 주식평가액 증가 : 500주 × (5,000원 – 4,000원) = 500,000원

　가. 단기매매증권으로 분류: 영업외수익 500,000원 발생 ⇒ 당기순이익 500,000원 증가.

　나. 매도가능증권으로 분류: 기타포괄손익(자본) 500,000원 발생 ⇒ 당기순이익 변동 없음.

　⇒ 단기매매증권으로 분류하면 당기순이익 500,000원 증가. 주식가액(자산)은 동일함.

　• 2023년 주식 처분

　가. 단기매매증권으로 분류: 처분이익 500,000원 발생. 500주 × (6,000원 – 5,000원)

　나. 매도가능증권으로 분류: 처분이익 1,000,000원 발생. 500주 × (6,000원 – 4,000원)

　⇒ 매도가능증권으로 분류하는 것이 당기순이익 500,000원 증가

03 ④ 세법 규정을 따르기 위한 회계변경은 정당한 회계변경이 아님.

04 ② 무형자산은 합리적인 상각방법이 없으면 정액법으로 상각함.

05 ② 주식발행초과금은 이익잉여금이 아니라 자본잉여금임.

06 ② • 제조간접비 배부액 : 5시간 × 100일 × 3,000원 = 1,500,000원

　• 제조간접비 250,000원 과대 배부

　• 제조간접비 실제 발생액 : 배부액(1,500,000원) – 과대배부(250,000원) = 1,250,000원

07 ③ 원재료 사용액(500,000) = 기초원재료(x) + 당기 원재료 매입액(y) – 기말원재료(x + 50,000원) ⇒ 당기 원재료 매입액은 550,000원

08 ③ 기초제품, 기말제품은 손익계산서에 표시됨.

09 ④ • A 배부액 : 1,500,000원 × 500시간/(500시간 + 300시간) =　　937,500원

　• B 배부액 : 1,600,000원 × 300시간/(300시간 + 500시간) =　　600,000원

　　　　　　　　　　　　합　계　　　　　　　1,537,500원

10 ③ 평균법은 기초재공품을 모두 당기에 재작업 한다는 가정이므로 선입선출법 보다 적용이 더 간편함.

11 ④ 대가의 각 부분을 받기로 한 때 대가를 받지 못해도 공급시기로 봄.

12 ① 항공기 여객운송용역은 일반과세임.

13 ① 폐업시 잔존재화는 간주공급에 해당함.

14 ③ ①, ②, ④는 분리과세이고 ③ 계약금이 위약금으로 대체되는 경우는 종합 과세함

15 ③ 직계존속의 교육비는 세액공제 받을 수 없음.

[제109회 기출문제 – 실무]

01

[1] 계약금 수령액은 선수금 처리. 8,000,000원 × 20% = 1,600,000원

01.22	(차) 당좌예금	1,600,000	(대) 선수금((주)한강물산)	1,600,000

[2] 대손충당금 부족액 9,000,000원은 대손상각비(판매관리비) 처리

03.25	(차) 대손충당금(외상매출금)	4,000,000	(대) 외상매출금((주)동방불패)	13,000,000
	대손상각비(판매관리비)	9,000,000		

[3] 자본적 지출액은 차량운반구에 가산

06.30	(차) 차량운반구	7,700,000	(대) 보통예금	7,700,000

[4] 예수금 : 100,000,000원 × 15.4% = 15,400,000원

07.25	(차) 미지급배당금(유동부채)	100,000,000	(대) 예수금(유동부채)	15,400,000
			보통예금	84,600,000

[5] 사채 할증발행 금액 850,000원은 사채할증발행차금 처리

11.05	(차) 보통예금	10,850,000	(대) 사 채	10,000,000
			사채할증발행차금	850,000

02

[1] 유형: '11.과세', 세금계산서 발행하면서 과세 재화 공급

유형: 11.과세, 공급가액: 11,000,000원, 부가세: 1,100,000원, 거래처: ㈜로라상사, 전자: 여, 분개: 혼합				
07.18	(차) 감가상각누계액(기계장치)	38,000,000	(대) 기계장치	52,000,000
	미수금((주)로라상사)	12,100,000	부가세예수금	1,100,000
	유형자산처분손실(영업외비용)	3,000,000		

※ 처분손실: 처분가액 11,000,000원 − 장부가액 14,000,000원(52,000,000 − 38,000,000) = 3,000,000원

[2] 유형 : '61.현과', 현금영수증 수취하면서 과세 재화 구입

유형 : 61.현과, 공급가액 : 600,000원, 부가세: 60,000원, 거래처 : ㈜소나무, 전자 : −, 분개 : 혼합				
07.30	(차) 비 품	600,000	(대) 가수금(대표자)	660,000
	부가세대급금	60,000		

[3] 유형: '51.과세', 세금계산서 발급 받으면서 과세 용역 구입

유형 : 51.과세, 공급가액: 1,500,000원, 부가세: 150,000원, 거래처: 오미순부동산, 전자: 부, 분개: 혼합				
08.31	(차) 임차료(제조원가)	1,500,000	(대) 미지급금(오미순부동산)	1,650,000
	부가세대급금	150,000		

※ 예정누락: [SF5 예정누락분]을 클릭하거나 Shift + F5 눌러 확정신고 개시연월 2023년 10월 입력

[4] 유형: '55.수입', 인천세관에 수입부가가치세 지급

유형 : 55.수입, 공급가액 : 20,000,000원, 부가세 : 2,000,000원, 거래처 : 인천세관, 전자 : 여, 분개 : 혼합				
09.28	(차) 부가세대급금	2,000,000	(대) 보통예금	2,000,000

[5] 유형 : '54.불공', 거래처 선물 구입은 매입세액 불공제

유형 : 54.불공, 공급가액 : 2,600,000원, 부가세 : 260,000원, 거래처 : ㈜부천백화점, 전자 : 여, 분개 : 혼합			
불공제사유 : ④기업업무추진비 및 이와 유사한 비용 관련			
09.30	(차) 기업업무추진비(판매관리비) 2,860,000	(대) 현 금	500,000
		보통예금	2,360,000

03

[1] 수출실적명세서

| 조회기간 | 2023 년 04 ∨ 월 ~ 2023 년 06 ∨ 월 | 구분 : 1기 확정 | 과세기간별입력 |

구분	건수	외화금액	원화금액	비고
⑨합계	2	132,000.00	176,800,000	
⑩수출재화[=⑫합계]	2	132,000.00	176,800,000	
⑪기타영세율적용				

No	□	(13)수출신고번호	(14)선(기)적일자	(15)통화코드	(16)환율	(17)외화	(18)원화	거래처코드	거래처명
1	□	11133-77-100066X	2023-04-15	USD	1,300.0000	80,000.00	104,000,000	00159	B&G
2	□	22244-88-100077X	2023-05-30	EUR	1,400.0000	52,000.00	72,800,000	00160	PNP

※ USD: 선적일 전에 환가했으므로 환가일 환율 1,300원/$ 적용

[2] 부가가치세 확정 신고서

| 일반과세 | 간이과세 |

| 조회기간 | 2023 년 4 월 1 일 ~ 2023 년 6 월 30 일 신고구분 | 1.정기신고 |

		구분			금액	세율	세액
과세표준및매출세액	과세	세금계산서발급분	1		200,000,000	10/100	20,000,000
		매입자발행세금계산서	2			10/100	
		신용카드·현금영수증발행분	3		40,000,000	10/100	4,000,000
		기타(정규영수증외매출분)	4				
	영세	세금계산서발급분	5		40,000,000	0/100	
		기타	6		5,000,000	0/100	
	예정신고누락분		7				
	대손세액가감		8				
	합계		9		285,000,000	㉑	24,000,000
매입세액	세금계산서수취분	일반매입	10		120,000,000		12,000,000
		수출기업수입분납부유예	10-1				
		고정자산매입	11		30,000,000		3,000,000
	예정신고누락분		12		20,000,000		2,000,000
	매입자발행세금계산서		13				
	그 밖의 공제매입세액		14		10,000,000		1,000,000
	합계(10)-(10-1)+(11)+(12)+(13)+(14)		15		180,000,000		18,000,000
	공제받지못할매입세액		16				
	차감계 (15-16)		17		180,000,000	⑭	18,000,000
납부(환급)세액(매출세액㉑-매입세액⑭)						⑮	6,000,000
경감공제세액	그 밖의 경감·공제세액		18				
	신용카드매출전표등 발행공제등		19				
	합계		20			㉒	
소규모 개인사업자 부가가치세 감면세액			20-1			㉣	
예정신고미환급세액			21			㉪	1,000,000
예정고지세액			22			㉯	
사업양수자의 대리납부 기납부세액			23			㉰	
매입자 납부특례 기납부세액			24			㉱	
신용카드업자의 대리납부 기납부세액			25			㉲	
가산세액계			26			㉳	
차가감하여 납부할세액(환급받을세액)㉮-㉯-㉪-㉫-㉬-㉭-㉮-㉯+㉰			27				5,000,000

12.매입(예정신고누락분)					
예	세금계산서	38	20,000,000		2,000,000
	그 밖의 공제매입세액	39			
	합계	40	20,000,000		2,000,000

14.그 밖의 공제매입세액					
신용카드매출	일반매입	41	10,000,000		1,000,000
수령금액합계표	고정매입	42			

- 9인승 소형승용차는 매입세액 공제 받을 수 있으므로 공제 받지못할 매입세액 칸에 입력하면 안됨.
- 예정신고기간 미환급세액 1,000,000원 입력

[3] 부가가치세 신고서 전자신고(1기 예정) : 비번 12341234

전자신고(전자신고 제작) → 국세청 홈택스 전자신고변환(교육용) → 전자파일 변환(파일선택 → 형식검증 → 전자파일 제출)

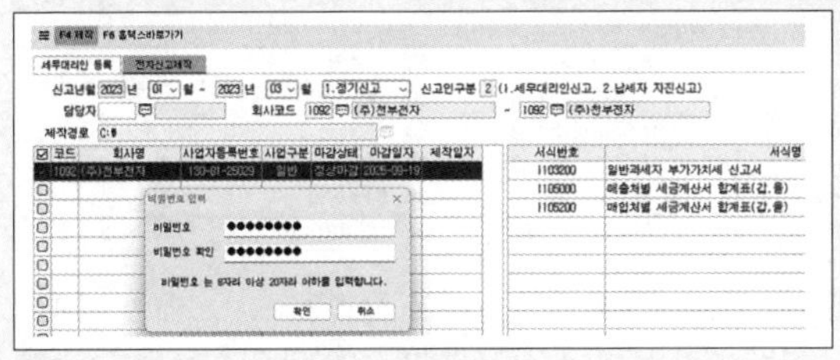

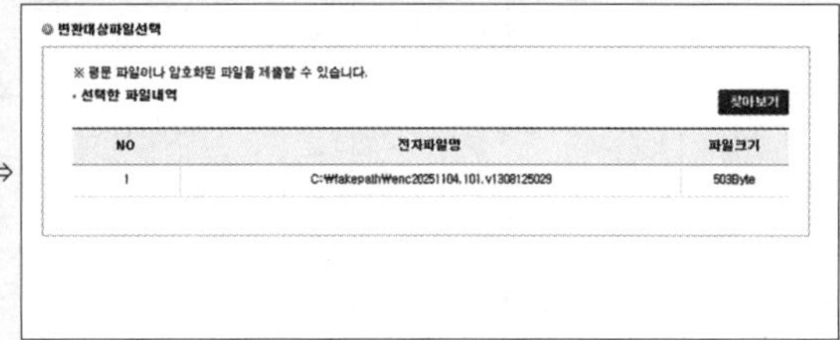

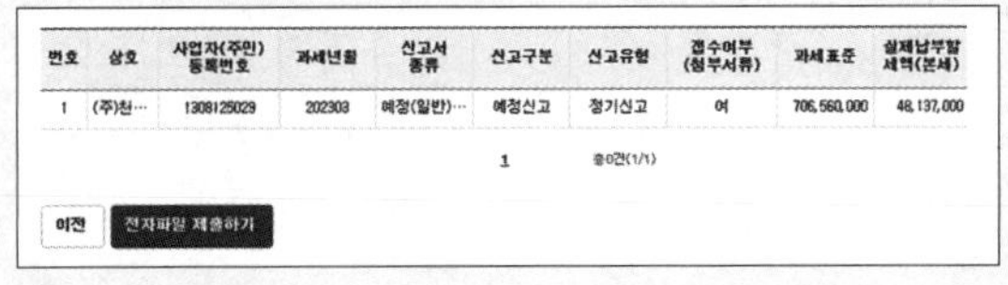

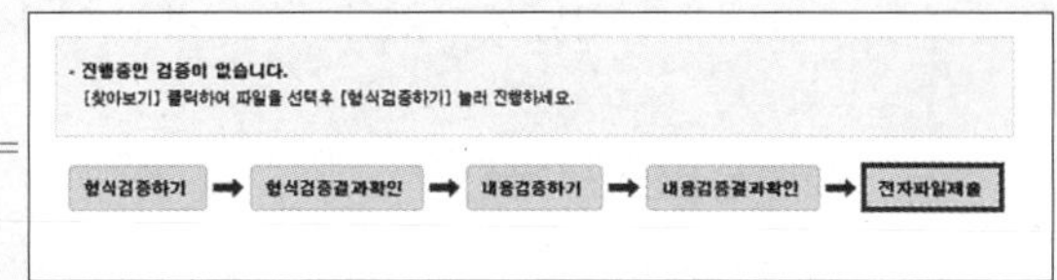

04

[1] 제조부서 소모품비 인식

12.31	(차) 소모품비(제조원가)	250,000	(대) 소모품(재고자산)	250,000

[2] 환율 상승에 따른 외화환산손실: $20,000×(1,300−1,400)=2,000,000원

12.31	(차) 외화환산손실(영업외비용)	2,000,000	(대) 단기차입금((주)유성)	2,000,000

※ 당초 달러 외화차입금: 26,000,000원÷1,300원 = $20,000

[3] 미지급한 당해 연도 이자비용 인식

12.31	(차) 이자비용(영업외비용)	2,550,000	(대) 미지급비용(유동부채)	2,550,000

[4] 환급받을 부가가치세 : 부가세대급금(12,400,000) − 부가세예수금(240,000) + 전자세액공제(10,000) − 가산세(24,000) = 12,146,000원

12.31	(차) 부가세예수금	240,000	(대) 부가세대급금	12,400,000
	세금과공과(판매관리비)	24,000	잡이익(영업외수익)	10,000
	미수금	12,146,000		

[5] [결산자료입력] ⇒ 법인세등 부분의 선납세금 칸에 11,000,000원 입력, 추가 계상액에 16,800,000원 입력 후 F3 전표추가 클릭 또는 아래 수동 분개 입력

12.31	(차) 법인세등	27,800,000	(대) 선납세금(당좌자산)	11,000,000
			미지급세금(유동부채)	16,800,000

05

[1] 부양가족 등록: 김경민

□	사번	성명	주민(외국인)번호	나이
□	15	진도준	1 771030-1224112	46
■	101	김경민	1 650213-1234567	58

| 기본사항 | 부양가족명세 | 추가사항 |

연말관계	성명	내/외국인	주민(외국인)번호	나이	기본공제	부녀자	한부모	경로우대	장애인	자녀	출산입양	위탁관계
0	김경민	내	1 650213-1234567	58	본인							
3	정혜미	내	1 630415-2215676	60	배우자							
6	김경희	내	1 700115-2157895	53	장애인				1			
1	김경우	내	1 400122-1789545	83	60세이상			○				
1	박순란	내	1 400228-2156777	83	60세이상			○				
6	정지원	내	1 690717-1333451	54	장애인				3			
4	김기정	내	1 951111-1123456	28	부							
4	김지은	내	1 031230-4156870	20	20세이하					○		

※ 소득금액 100만 원까지는 기본공제 적용(정혜미, 정지원, 김지은), 일용근로소득/연 2,000만 원 이하 금융소득은 무조건 분
   리과세로 기본공제 적용(김 경우, 김경희), 김기정(20세 초과해 공제 ×)

[2] 연말정산 : 진도준

(1) 부양가족 등록

□	사번	사원명	완료
■	15	진도준	×
□	101	김경민	×

| 소득명세 | 부양가족 | 신용카드 등 | 의료비 | 기부금 | 연금저축 등Ⅰ | 연금저축 등Ⅱ | 월세액 | 연말정산입력 |

연말관계	성명	내/외국인	주민(외국인)번호	나이	기본공제	세대주구분	부녀자	한부모	경로우대	장애인	자녀	출산입양
0	진도준	내	1 771030-1224112	46	본인	세대주						
1	박정희	내	1 490511-2148712	74	부							
3	김선영	내	1 800115-2347238	43	배우자							
4	진도진	내	1 140131-3165610	9	20세이하						○	
4	진시진	내	1 170121-3165115	6	20세이하							

(2) 보장성보험료/교육비

- 박정희(어머니) 교육비 : 기본공제 대상 아닐 뿐 아니라(금융소득 연 2,000만 원 초과) 직계존손 교육비는 공제 ×
- 진도진 사설학원비(취학 후 사설학원비는 공제 ×), 진시진 사설학원비(취학 전 사설학원비는 공제 가능하나 증빙 등 요건 불충
  족이므로 공제 ×)

① 진도준

자료구분	보험료				의료비					교육비	
	건강	고용	일반보장성	장애인전용	일반	실손	선천성이상아	난임	65세,장애인	일반	장애인특수
국세청			2,200,000		3,000,000 1.전액					8,000,000 4.본인	
기타	3,199,270	640,000			500,000						

② 진도진

자료구분	보험료				의료비					교육비	
	건강	고용	일반보장성	장애인전용	일반	실손	선천성이상아	난임	65세,장애인	일반	장애인특수
국세청			480,000								
기타											

③ 진시진

자료구분	보험료				의료비					교육비	
	건강	고용	일반보장성	장애인전용	일반	실손	선천성이상아	난임	65세,장애인	일반	장애인특수
국세청			456,000								
기타											

(3) 의료비

소득명세	부양가족	신용카드 등	의료비	기부금	연금저축 등I	연금저축 등II	월세액	연말정산입력

2023년 의료비 지급명세서												14.산후조리원
의료비 공제대상자					지급처			지급명세				
성명	내/외	5.주민등록번호	6.본인등해당여부	9.증빙코드	8.상호	7.사업자등록번호	10.건수	11.금액	11-1.실손보험수령액	12.미숙아선천성이상아	13.납입여부	
진도준	내	771030-1224112	1	0	1				3,000,000		X	X	X
진도준	내	771030-1224112	1	0	5	렌즈모아	105-68-23521	1	500,000		X	X	X
박정회	내	490511-2148712	2	0	1				3,250,000	2,000,000	X	X	X

(4) 신용카드

소득명세	부양가족	신용카드 등	의료비	기부금	연금저축 등I	연금저축 등II	월세액	연말정산입력

내/외관계	성명생년월일	자료구분	신용카드	직불,선불	현금영수증	도서등신용	도서등직불	도서등현금	전통시장	대중교통
내	진도준	국세청	30,000,000	2,200,000	3,000,000				2,200,000	182,000
0	1977-10-30	기타								

(5) 연금저축

2 연금계좌 세액공제 — 연금저축계좌(연말정산입력 탭의 38.개인연금저축, 60.연금저축)						크게보기
연금저축구분	코드	금융회사 등	계좌번호(증권번호)	납입금액	공제대상금액	소득/세액공제액
2.연금저축	405	삼성생명보험 (주)	153-05274-72339	2,400,000	2,400,000	288,000

(6) F8 부양가족탭 불러오기

근로소득금액	66,250,000	・그밖의소득공제	2,572,800	・특별세액공제	
종합소득공제		과세표준	50,237,930	보장성보험료	120,000
・기본공제	6,000,000	산출세액	6,297,103	의료비	352,500
・추가공제	–	세액공제		교육비	1,200,000
・연금보험료공제	3,600,000	・근로세액공제	500,000	연금저축	288,000
・특별소득공제	3,839,270	・자녀/출산공제	150,000	결정세액	3,686,603

구분		소득세	지방소득세	농어촌특별세	계
73.결정세액		3,686,603	368,660		4,055,263
기납부세액	74.종(전)근무지				
	75.주(현)근무지	8,425,200	842,430		9,267,630
76.납부특례세액					
77.차감징수세액		-4,738,590	-473,770		-5,212,360

[제110회 기출문제 – 이론]

01 ① 자산, 부채는 유동성이 높은 항목부터 배열함.

02 ④ 당좌자산: 매출채권(1,000,000) + 상품(2,500,000) + 당좌예금(3,000,000) + 선급비용(500,000) = 7,000,000원

03 ① 물가 상승 시 기말재고자산이 크기 위해서는 가격이 저렴할 때인 기초에 취득한 재고가 판매 되어야 함. ⇒ 선입선출법

04 ③ 수익적 지출(비용)을 자본적 지출(자산)으로 처리: 비용 과소 ⇒ 당기순이익 과대 ⇒ 이익잉여금(자본) 과소, 자산 과대. 부채와는 상관없음.

05 ③ 매도가능증권평가손익은 자본조정이 아니라 기타포괄손익누계임.

06 ③ 가공원가 = 직접노무비 + 제조간접비

07 ① • 제조간접비 : 총제조원가(4,000,000) × 25% = 1,000,000원
　　 • 총제조원가 4,000,000원 = 직접재료비 x원 + 직접노무비 2,000,000원(1,000,000원×2배) + 제조간접비 1,000,000원 ⇒ 직접재료비는 1,000,000원

08 ③ • 제조간접비 배부율: 제조간접비 예산(2,000,000) ÷ 예정 직접노무시간(200시간) = 10,000원/시간
　　 • 제조간접비 배부차이가 없으므로 제조간접비 배부액은 2,500,000원
　　 • 실제 노무시간(x) × 10,000원 = 제조간접비 배부액(2,500,000) ⇒ 실제 노무시간은 250시간

09 ④ 정상공손과 비정상공손은 원가흐름이 아니라 검사 시점에 따라 다르게 계산됨.

10 ④ 평균법은 기초재공품을 당기에 모두 다시 계산한다는 가정이므로 기초재공품 물량은 계산에 필요하지 않음.

11 ④ 매입세액 공제를 받은 원재료로 만든 자동차를 판매하지 않고 자기 업무에 사용하면 매출세액이 발생하지 않으므로 자가공급, 즉 간주공급에 해당함.

12 ① 부가가치세 역진성 완화를 위한 것은 면세임.

13 ③ 세금계산서 가공발급 가산세는 공급가액의 3%임.

14 ① 급여는 근로제공한 날이 공급시기이며, 잉여금처분에 의한 상여는 법인의 잉여금처분 결의일이 수입시기임.

15 ③ 사업소득 총수입금액 : 매출액(300,000,000) + 사업용 차량운반구 양도가액(30,000,000) = 330,000,000원. 복식부기 의무자가 사업용 자산 양도시 총수입금액에 포함하되, 공장 토지/건물 양도는 양도소득임. 또한 이자수익는 이자소득임.

01

[1] 단기매매증권 취득 수수료는 당기 비용(영업외비용) 처리. 100주 × 60,000원 = 6,000,000원

01.05	(차) 단기매매증권	6,000,000	(대) 보통예금	6,030,000
	수수료비용(영업외비용)	30,000		

[2] 원천징수 당하여 납부한 소득세는 선납세금 처리

03.31	(차) 보통예금	423,000	(대) 이자수익(영업외수익)	500,000
	선납세금(당좌자산)	77,000		

[3] 공사 중 건물의 자본화 이자는 건설중인자산 처리. 완공 후 건물로 대체

04.30	(차) 건설중인자산	2,500,000	(대) 보통예금	2,500,000

[4] 확정급여(DB)형 납부액(퇴직연금운용자산 처리), 확정급여(DC)형 납부액(퇴직급여 처리)

07.10	(차) 퇴직연금운용자산(투자자산)	10,000,000	(대) 보통예금	17,000,000
	퇴직급여(판매관리비)	7,000,000		

[5] 계약금 지급액은 선급금 처리. 당좌수표 발행하면 당좌예금 감소

07.15	(차) 선급금((주)지유)	5,000,000	(대) 당좌예금	5,000,000

02

[1] 유형 : '54.불공', 거래처 접대 목적 지출은 매입세액 불공제

유형 : 54.불공, 공급가액 : 500,000원, 부가세 : 50,000원, 거래처 : ㈜신화, 전자 : 여, 분개 : 혼합				
불공제사유 : ④ 기업업무추진비 및 이와 유사한 비용 관련				
07.07	(차) 기업업무추진비(판매관리비)	550,000	(대) 현 금	550,000

[2] 유형 : '61.현과', 현금영수증 수취하면서 과세 재화 구입

유형 : 61.현과, 공급가액 : 1,000,000원, 부가세 : 100,000원, 거래처 : ㈜하나마트, 전자: –, 분개 : 혼합				
07.20	(차) 소모품비(제조원가)	1,000,000	(대) 현 금	1,100,0000
	부가세대급금	100,000		

[3] 유형 : '16.수출', 직수출은 선적일 환율 적용. $10,000 × 1,100원 = 11,000,000원

유형 : 16.수출, 공급가액 : 11,000,000원, 부가세 : 0원, 거래처 : 미국UFC, 전자 : –, 분개 : 혼합				
영세율구분 : ① 직접수출(대행수출 포함)				
08.16	(차) 외상매출금(미국 UFC)	11,000,000	(대) 제품매출	11,000,000

[4] 유형 : '11.과세', 세금계산서 발행하면서 과세 재화 공급. 당좌수표는 곧장 사용 가능해 현금 처리

유형 : 11.과세, 공급가액 : 18,000,000원, 부가세 : 1,800,000원, 거래처 : ㈜명학산업, 전자 : 여, 분개 : 혼합				
09.30	(차) 선수금((주)명학산업)	1,800,000	(대) 제품매출	18,000,000
	현 금	18,000,000	부가세예수금	1,800,000

[5] 유형 : '52.영세', 구매확인서에 의한 수출용 원재료 구입

유형 : 52.영세, 공급가액 : 6,000,000원, 부가세 : 0원, 거래처 : ㈜크림, 전자 : 여, 분개 : 혼합				
10.31	(차) 원재료	6,000,000	(대) 보통예금	6,000,0000

03

[1] 건물등 감가상각자산 취득명세서

조회기간 2023 년 10 ∨ 월 ~ 2023 년 12 ∨ 월   구분 2기 확정

◉ 취득내역

감가상각자산종류	건수	공급가액	세 액	비 고
합　　계	4	145,000,000	14,500,000	
건물 · 구축물	1	100,000,000	10,000,000	
기 계 장 치				
차 량 운 반 구	1	15,000,000	1,500,000	
기타감가상각자산	2	30,000,000	3,000,000	

거래처별 감가상각자산 취득명세

No	월/일	상호	사업자등록번호	자산구분	공급가액	세액	건수
1	10-04	우리전산	102-03-52877	기타	20,000,000	2,000,000	1
2	11-11	(주)튼튼건설	101-81-25749	건물,구축물	100,000,000	10,000,000	1
3	11-20	(주)빠름자동차	204-81-96316	차량운반구	15,000,000	1,500,000	1
4	12-14	(주)시원마트	304-81-74529	기타	10,000,000	1,000,000	1

[2] 부가가치세 확정 신고서

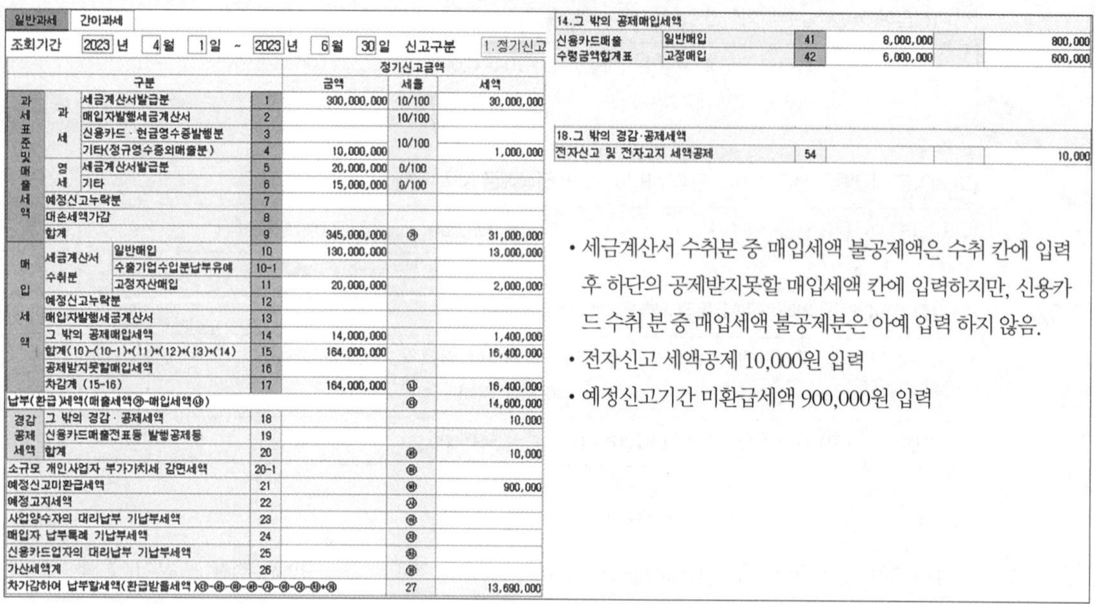

일반과세 | 간이과세

조회기간 2023 년 4 월 1 일 ~ 2023 년 6 월 30 일 신고구분 1.정기신고

구분				정기신고금액		
				금액	세율	세액
과세표준및매출세액	과세	세금계산서발급분	1	300,000,000	10/100	30,000,000
		매입자발행세금계산서	2		10/100	
		신용카드 · 현금영수증발행분	3		10/100	
		기타(정규영수증외매출분)	4	10,000,000		1,000,000
	영세	세금계산서발급분	5	20,000,000	0/100	
		기타	6	15,000,000	0/100	
	예정신고누락분		7			
	대손세액가감		8			
	합계		9	345,000,000	㉮	31,000,000
매입세액	세금계산서수취분	일반매입	10	130,000,000		13,000,000
		수출기업수입분납부유예	10-1			
		고정자산매입	11	20,000,000		2,000,000
	예정신고누락분		12			
	매입자발행세금계산서		13			
	그 밖의 공제매입세액		14	14,000,000		1,400,000
	합계(10)-(10-1)+(11)+(12)+(13)+(14)		15	164,000,000		16,400,000
	공제받지못할매입세액		16			
	차감계 (15-16)		17	164,000,000	㉯	16,400,000
납부(환급)세액(매출세액㉮-매입세액㉯)					㉰	14,600,000
경감공제세액	그 밖의 경감 · 공제세액		18			10,000
	신용카드매출전표등 발행공제등		19			
	합계		20		㉱	10,000
소규모 개인사업자 부가가치세 감면세액			20-1		㉲	
예정신고미환급세액			21		㉳	900,000
예정고지세액			22		㉴	
사업양수자의 대리납부 기납부세액			23		㉵	
매입자 납부특례 기납부세액			24		㉶	
신용카드업자의 대리납부 기납부세액			25		㉷	
가산세액계			26		㉸	
차가감하여 납부할세액(환급받을세액)㉰-㉱-㉲-㉳-㉴-㉵-㉶-㉷+㉸			27			13,690,000

14.그 밖의 공제매입세액

			금액		세액
신용카드매출수령금액합계표	일반매입	41	8,000,000		800,000
	고정매입	42	6,000,000		600,000

18.그 밖의 경감·공제세액

전자신고 및 전자고지 세액공제	54			10,000

- 세금계산서 수취분 중 매입세액 불공제액은 수취 칸에 입력 후 하단의 공제받지못할 매입세액 칸에 입력하지만, 신용카드 수취 분 중 매입세액 불공제분은 아예 입력 하지 않음.
- 전자신고 세액공제 10,000원 입력
- 예정신고기간 미환급세액 900,000원 입력

[3] 부가가치세 신고서 전자신고(1기 예정) : 비번 12341234

전자신고(전자신고 제작) → 국세청 홈택스 전자신고변환(교육용) → 전자파일 변환(파일선택 → 형식검증 → 전자파일 제출)

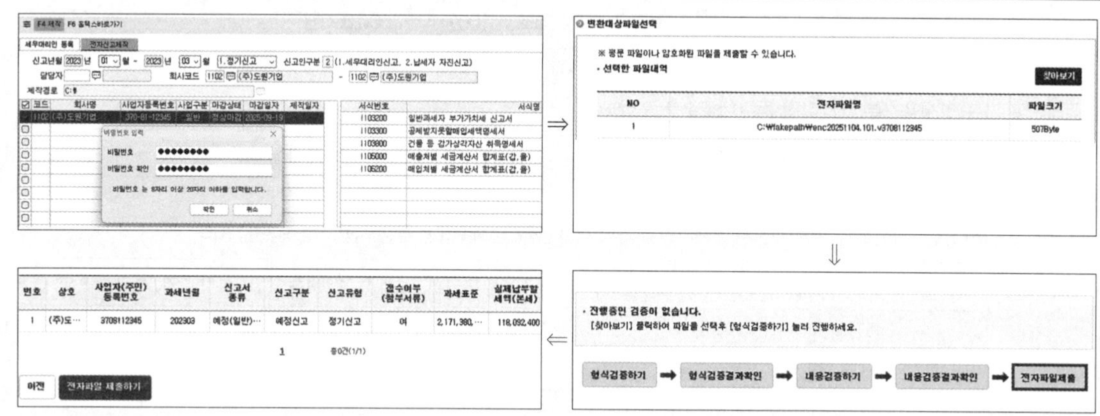

04 [1] 납부할 부가가치세: 부가세예수금(720,000) − 부가세대급금(520,000) + 가산세(10,000) − 전자세액공제10,000) = 200,000원

12.31	(차) 부가세예수금	720,000	(대) 부가세대급금		520,000
	세금과공과(판매관리비)	10,000	잡이익(영업외수익)		10,000
			미지급세금(유동부채)		200,000

[2] 상환기일 1년 이내 도래한 장기차입금 ⇒ 유동성장기부채 계정재분류

12.31	(차) 장기차입금(돌담은행)	100,000,000	(대) 유동성장기부채(돌담은행)	100,000,000

[3] 다음 3가지 방법 중 하나 선택

① [결산자료입력] ⇒ 판매관리비 부분 대손상각비 중 외상매출금 칸에 3,334,800원, 영업외비용 부분 기타의대손상각비 중 미수금 칸에 230,000원 입력 ⇒ F3 전표 추가 클릭

- 외상매출금 대손상각비 필요액: 583,480,000원×1% − 2,500,000원 = 3,334,800원
- 미수금 대손상각비 필요액: 23,000,000원×1% = 230,000원

② [결산자료입력] ⇒ F8 대손상각 클릭 ⇒ 대손율 1% 확인 ⇒ 받을어음·선급금 추가설정액 0원 입력 후 [결산반영] 클릭 ⇒ F3 전표 추가 클릭

③ 수동분개 입력

12.31	(차) 대손상각비(판매관리비)	3,334,800	(대) 대손충당금(외상매출금)	3,334,800
	기타의대손상각비(영업외비용)	230,000	대손충당금(미수금)	230,000

[4] 잔존 연수 4년이므로 영업권 상각액은 16,000,000÷4년=4,000,000원임. [결산자료입력] ⇒ 판매관리비의 무형자산상각비 중 형업권 칸에 4,000,000원 입력 후 F3 전표추가 클릭 또는 아래 수동분개 입력

12.31	(차) 무형자산상각비(판매관리비)	4,000,000	(대) 영업권	4,000,000

[5] [결산자료입력] ⇒ 매출원가의 기말원재료 칸에 95,000,000원, 기말재공품 칸에 70,000,000원, 기말제품 칸에 140,000,000원 입력 ⇒ F3 전표 추가 클릭

- 기말원재료: 95,000,000원(93,000,000 + 선적지 인도조건 미착원재료 2,000,000)
- 기말재공품: 70,000,000원 • 기말제품: 140,000,000원(135,000,000 + 미판매 수탁품 5,000,000)

05 [1] 부양가족 등록 / 6월 급여 입력 : 김우리

(1) 부양가족등록

□	사번	성명	주민(외국인)번호	나이
■	100	김우리	1 801210-1127858	43
□	101	김갑용	1 830505-1478521	40
□				
□				
□				
□				

기본사항 **부양가족명세** 추가사항

연말관계	성명	내/외국인	주민(외국인)번호	나이	기본공제	부녀자	한부모	경로우대	장애인	자녀	출산입양	위탁관계
0	김우리	내	1 801210-1127858	43	본인							
3	이현진	내	1 821010-2145201	41	배우자							
4	김아현	내	1 190101-4928325	4	20세이하						첫째	

※ 김아현(자녀)를 당해 연도 입양했으므로 첫째 출산/입력을 "첫째"로 입력. 또한 8세 미만은 자녀세액공제 미적용.

(2) 6월 급여 입력

수당등록	신규 등록(식대−과세, 보육수당−비과세, 야간근로−과세), 사용여부 "부" 처리(상여, 직책수당, 월차수당, 식대−비과세, 야간근로−비과세)

귀속년월 2023 년 06 ∨ 월   지급년월일 2023 년 07 ∨ 월 10 일 ⊡   급여

□	사번	사원명	감면율
■	100	김우리	
□	101	김갑용	
□			
□			
□			
□			
□			
□			
□			
	총인원(퇴사자)		2(0)

급여항목	금액
기본급	3,000,000
자가운전보조금	200,000
육아수당	200,000
야간근로수당	527,000
식대	200,000
과　　세	3,827,000
비 과 세	300,000
지 급 총 액	4,127,000

공제항목	금액
국민연금	166,500
건강보험	131,160
장기요양보험	16,800
고용보험	34,440
소득세(100%)	89,390
지방소득세	8,930
공 제 총 액	447,220
차 인 지 급 액	3,679,780

※ 사무직 직원: 야간근로수당(과세), 현물식사 제공(식대 과세), 육아수당(2023년이라 10만 원만 비과세)

[2] 연말정산

(1) 보장성보험료/교육비

- 강희영(배우자) : 기본공제 대상자가 아니므로 보장성보험료 공제 ×
- 김정은(아들) : 취학 후에는 사설학원비 공제 ×

① 김갑용

자료구분	보험료				의료비					교육비	
	건강	고용	일반보장성	장애인전용	일반	실손	선천성이상아	난임	65세,장애인	일반	장애인특수
국세청			300,000		500,000 (1.전액)					5,000,000 (4.본인)	
기타	2,599,350	520,000									

② 김수필

자료구분	보험료				의료비					교육비	
	건강	고용	일반보장성	장애인전용	일반	실손	선천성이상아	난임	65세,장애인	일반	장애인특수
국세청			150,000						1,500,000		
기타											

③ 김준희

자료구분	보험료				의료비					교육비	
	건강	고용	일반보장성	장애인전용	일반	실손	선천성이상아	난임	65세,장애인	일반	장애인특수
국세청			350,000		250,000 (2.일반)					1,800,000 (1.취학전)	
기타											

(2) 의료비

소득명세	부양가족	신용카드 등	의료비	기부금	연금저축 등Ⅰ	연금저축 등Ⅱ	월세액	연말정산입력

2023년 의료비 지급명세서												
의료비 공제대상자				지급처		지급명세						14.산후조리원
성명	내/외	5.주민등록번호	6.본인등해당여부	9.증빙코드	8.상호	7.사업자등록번호	10.건수	11.금액	11-1.실손의료보험수령액	12.미숙아선천성이상아	13.난임여부	
김갑용	내	830505-1478521	1	0	1				500,000		X	X	X
김수필	내	561012-1587428	2	0	1				1,500,000		X	X	X
김준희	내	191104-4487122	3	X	1				250,000		X	X	X

※ 시력보정 안경: 연 50만 원 한도 공제

(3) 신용카드

소득명세	부양가족	신용카드 등	의료비	기부금	연금저축 등 I	연금저축 등 II	월세액	연말정산입력

내/외 관계	성명 생년월일	자료 구분	신용카드	직불,선불	현금영수증	도서등 신용	도서등 직불	도서등 현금	전통시장	대중교통
내	김갑용	국세청	21,500,000							
0	1983-05-05	기타								

④ 김정은

자료구분	보험료				의료비					교육비	
	건강	고용	일반보장성	장애인전용	일반	실손	선천성이상아	난임	65세,장애인	일반	장애인특수
국세청										8,000,000 2.초중고	
기타											

(4) 연금저축

2 연금계좌 세액공제 - 연금저축계좌(연말정산입력 탭의 38.개인연금저축, 60.연금저축)						크게보기
연금저축구분	코드	금융회사 등	계좌번호(증권번호)	납입금액	공제대상금액	소득/세액공제액
2.연금저축	190	농협중앙회 및 산하기관	301-02-228451	6,000,000	6,000,000	720,000

(5) F8 부양가족탭 불러오기

근로소득금액	52,000,000	• 그밖의소득공제	787,500	• 특별세액공제	
종합소득공제		과세표준	39,168,150	보장성보험료	96,000
• 기본공제	6,000,000	산출세액	4,615,222	의료비	45,000
• 추가공제	–	세액공제		교육비	1,470,000
• 연금보험료공제	2,925,000	• 근로세액공제	660,000	연금저축	720,000
• 특별소득공제	3,119,350	• 자녀/출산공제	150,000	결정세액	1,474,222

구분		소득세	지방소득세	농어촌특별세	계
73.결정세액		1,474,222	147,422		1,621,644
기납부 세액	74.종(전)근무지				
	75.주(현)근무지	6,643,000	664,300		7,307,300
76.납부특례세액					
77.차감징수세액		-5,168,770	-516,870		-5,685,640

[제111회 기출문제 – 이론]

01 ③ ① 재무제표 기본가정은 기업실체 가정, 계속기업 가정, 기간별보고 가정, 3가지임. ② 기간별보고 가정은 재무제표 보고를 기간별, 예를 들어 1년마다 나누어 보고한다는 가정임. ④ 계속기업 가정은 기업이 망하지 않고 지속된다는 가정에 재무제표가 작성된다는 가정임.

02 ④ 물가가 지속 상승하는데 당기순이익이 적게 계상될려면 가격이 비싼 연말에 취득한 재고가 팔려 매출원가가 높아야 함. ⇒ 즉, 나중에 구입한 것이 먼저 팔려야 하는데 이는 후입선출법임.

03 ② • 연수합계 : 1 + 2 + 3 = 6
　　　• (5,000,000원 − 500,000원) × (3/6) × 3개월/12개월 = 562,500원

04 ① 무형자산 상각은 직접 차감법, 상각누계액 설정법, 둘 다 인정하되 통상 직접 차감법을 사용하고 있음.

05 ① 자본조정은 주로 자본 차감항목으로 ① 자기주식처분손실이 이에 해당함. ② 주식발행초과금 : 자본잉여금, ③ 매도가능증권평가손익 : 기타포괄손익누계, ④ 감자차익 : 자본잉여금

06 ③ 회피가능원가는 특정 대체안을 선택하면 회피 할 수 없는 원가가 아니라 회피할 수 있는 원가임.

07 ④ 고정원가는 생산량과 관계없이 총원가가 동일함 ⇒ 따라서 생산량이 증가하면 단위당 원가는 하락함.

08 ① ① 기말제품은 손익계산서에 표시되고 제조원가명세서에는 기말재공품이 표시됨. ② 판매관리비는 손익계산서에 표시됨. ③ 총제조원가 = 직접재료비 + 직접노무비 + 제조간접비 ④ 제조원가명세서의 당기제품제조원가가 손익계산서의 당기제품제조원가로 이동되는 것임.

09 ② • 배부기준 : 2,400,000원(제조간접비) ÷ 3,000,000원(직접재료비) = 0.8원/직접재료비
　　　• 일반형 캠핑카 제조간접비 : 1,200,000원(일반형 캠핑카 직접재료비) × 0.8원 = 960,000원
　　　• 일반형 캠핑카 총제조원가 : 직접재료비(1,200,000원) + 직접노무비(600,000원) + 제조간접비(960,000원) = 2,760,000원

10 ④ • 당기 완성품 : 기초재공품(2,500개) + 당기투입(30,000개) − 기말재공품(4,000개) = 28,500개
　　　• 가공비 완성품 환산량 : 28,500개(완성수량) + 1,200개(기말재공품 4,000개 × 30%) = 29,700개
　　　• 총가공원가 : 30,000원(기초재공품 가공원가) + 1,306,500원(당기 가공원가) = 1,336,500원
　　　• 완성품 환산량 단위당 원가 : 1,336,500원 ÷ 29,700개 = 45원

11 ③ • 면세 : 미가공식료품(국내산/외국산 모두 면세), 토지 공급, 국선변호인 변호사비
　　　• 과세 : 토지 임대, 일반 변호사비, 자동차운전학원 교육비(일반 학원은 면세), 골동품(서화등은 면세)

12 ③ 대손세액공제는 재화·용역 공급일로부터 10년이 지난날이 속하는 과세기간에 대한 확정신고기한 까지 적용받을 수 있음.

13 ④ ① 소득세 과세기간은 소득세법에 의해 1.1 ~ 12.31로 정해져 있음. ② 소득세 납세지는 주소지가 원칙임. ③ 소득세는 모든 소득을 합산하는 것이 아니라 종합소득(이자 + 배당 + 사업 + 근로 + 연금 + 기타), 퇴직소득, 양도소득으로 나누어서 과세함.

14 ② • 종합소득금액 : 이자소득금액(22,000,000원) + 근로소득금액(30,000,000원) = 52,000,000원
　　　• 이자소득금액이 연 2,000만 원을 초과하므로 종합 과세되며, 양도소득/퇴직소득은 분류하여 별도로 과세함.

15 ② • 1월 ~ 11월 근로소득을 12월 31일까지 미지급된 경우 원천징수 : 12월 31일
　　　• 12월분 근로소득을 다음연도 2월말까지 미지급된 경우 : 2월 말일
　　　⇒ ① 11월 급여가 12.31까지 미지급된 경우 12.31을 원천징수일로 하므로 12.31에 지급해도 12.31이 원천징수일임. ② 11월 급여를 다음연도 1.31에 지급하면 12.31이 원천징수일임. ③ 12월 급여를 다음연도 1.31에 지급하면 지급일인 1.31이 원천징수일임. ④ 12월 급여를 다음연도 2월말까지 미지급하면 2월 말일이 원천징수일임.

01

[1] 제품을 제조부 직원 복리후생 목적으로 사용하면 복리후생비(제조원가) 처리하고 "적요8. 타계정으로 대체" 반드시 입력. 복리후생비 금액은 원가 50,000원 적용.

01.30	(차) 복리후생비(제조원가)	50,000	(대) 제 품(적요8.타계정으로 대체)	50,000

[2] 총 지급액 : $20,800 × 1,400원 = 29,120,000원, 이자비용 : $800 × 1,400원 = 1,120,000원

04.01	(차) 외화장기차입금(미국 LA은행)	26,000,000	(대) 보통예금	29,120,000
	이자비용(영업외비용)	1,120,000		
	외환차손(영업외비용)	2,000,000		

※ 4월 외화장기차입금 조회금액: 26,000,000원

[3] 4월 2일 지급한 계약금 2,000,000원은 선급금으로 계상되어 있음.

05.06	(차) 임차보증금((주)명당)	20,000,000	(대) 선급금((주)명당)	2,000,000
			보통예금	18,000,000

[4] 대손세액공제 받았으므로 회수한 시점에 다시 부가세예수금 인식

08.20	(차) 보통예금	2,750,000	(대) 대손충당금(외상매출금)	2,500,000
			부가세예수금	250,000

[5] 차량 취득세는 차량 취득원가에 가산함.

09.19	(차) 차량운반구	1,250,000	(대) 보통예금	1,250,000

02

[1] 유형 : '11.과세', 세금계산서 발행하면서 과세 재화 판매

유형 : 11.과세, 공급가액 : 50,000,000원, 부가세 : 5,000,000원, 거래처 : ㈜이레테크, 전자 : 여, 분개 : 혼합				
04.02	(차) 선수금((주)이레테크)	5,000,000	(대) 제품매출	50,000,000
	받을어음((주)이레테크)	30,000,000	부가세예수금	5,000,000
	외상매출금((주)이레테크)	20,000,000		

[2] 유형 : '16.수출', 직수출로 수출신고번호 입력할 것

유형 : 16.수출, 공급가액 : 3,000,000원, 부가세 : 0원, 거래처 : BTECH, 전자 : -, 분개 : 혼합				
영세율구분 : ① 직접수출(대행수출 포함), 수출신고번호 : 12345-00-123456x				
04.09	(차) 외상매출금(BTECH)	3,000,000	(대) 제품매출	3,000,000

[3] 유형 : '57.카과', 신용카드로 결제하면서 과세 재화 구입

유형 : 57.카과, 공급가액 : 1,000,000원, 부가세 : 100,000원, 거래처 : 침산가든, 전자 : -, 분개 : 혼합				
신용카드사 : 제일카드				
05.29	(차) 복리후생비(제조원가)	600,000	(대) 미지급금(제일카드)	1,100,000
	복리후생비(판매관리비)	400,000		
	부가세대급금	100,000		

[4] 유형 : '54.불공', 면세 사업에만 사용하는 기계장치는 매입세액공제 안됨.

유형 : 54.불공, 공급가액 : 100,000,000원, 부가세 : 10,000,000원, 거래처 : ㈜한라상사, 전자 : 여, 분개 : 혼합				
불공제사유 : ⑤ 면세사업 관련				
06.05	(차) 기계장치	110,000,000	(대) 보통예금	10,000,000
			당좌예금	100,000,000

[5] 유형 : '61.현과', 현금영수증 발급 받으면서 과세 재화 구입

유형 : 61.현과, 공급가액 : 200,000원, 부가세 : 20,000원, 거래처 : 일진상사, 전자 : –, 분개 : 혼합				
06.15	(차) 소모품비(제조원가)	200,000	(대) 현 금	220,000
	부가세대급금	20,000		

03 [1]

(1) 수출실적명세서

조회기간 2023 년 01 ∨ 월 ~ 2023 년 03 ∨ 월 구분 : 1기 예정   과세기간별입력

구분	건수	외화금액	원화금액	비고
⑨합계	3	5,180,000.00	232,000,000	
⑩수출재화[=⑫합계]	3	5,180,000.00	232,000,000	
⑪기타영세율적용				

No	□	(13)수출신고번호	(14)선(기)적일자	(15)통화코드	(16)환율	(17)외화	(18)원화	거래처코드	거래처명
1	□	13065-22-065849X	2023-01-31	USD	1,080.0000	100,000.00	108,000,000	00801	제임스사
2	□	13075-20-080907X	2023-02-20	USD	1,050.0000	80,000.00	84,000,000	00802	랜덤기업
3	□	13889-25-148890X	2023-03-18	JPY	8.0000	5,000,000.00	40,000,000	00901	큐수상사

(2) 영세율매출명세서

조회기간 2023 년 01 ∨ 월 ~ 2023 년 03 ∨ 월   1기 예정

부가가치세법　　조세특례제한법

(7)구분	(8)조문	(9)내용	(10)금액(원)
		직접수출(대행수출 포함)	232,000,000
		중계무역·위탁판매·외국인도 또는 위탁가공무역 방식의 수출	
	제21조	내국신용장·구매확인서에 의하여 공급하는 재화	
		한국국제협력단 및 한국국제보건의료재단에 공급하는 해외반출용 재화	
		수탁가공무역 수출용으로 공급하는 재화	

[2] 부가가치세 확정 신고서

일반과세	간이과세				

조회기간	2023 년 10 월 1 일 ~ 2023 년 12 월 31 일	신고구분	1.정기신고

구분				정기신고금액		
				금액	세율	세액
과세표준및매출세액	과세	세금계산서발급분	1	500,000,000	10/100	50,000,000
		매입자발행세금계산서	2		10/100	
		신용카드 · 현금영수증발행분	3	80,000,000	10/100	8,000,000
		기타(정규영수증외매출분)	4			
	영세	세금계산서발급분	5	50,000,000	0/100	
		기타	6	150,000,000	0/100	
	예정신고누락분		7			
	대손세액가감		8			3,000,000
	합계		9	780,000,000	㉮	61,000,000
매입세액	세금계산서수취분	일반매입	10	550,000,000		55,000,000
		수출기업수입분납부유예	10-1			
		고정자산매입	11			
	예정신고누락분		12	20,000,000		2,000,000
	매입자발행세금계산서		13			
	그 밖의 공제매입세액		14			
	합계(10)-(10-1)+(11)+(12)+(13)+(14)		15	570,000,000		57,000,000
	공제받지못할매입세액		16	30,000,000		3,000,000
	차감계 (15-16)		17	540,000,000	㉯	54,000,000
납부(환급)세액(매출세액㉮-매입세액㉯)					㉰	7,000,000
경감공제세액	그 밖의 경감 · 공제세액		18			10,000
	신용카드매출전표등 발행공제등		19			
	합계		20		㉱	10,000
소규모 개인사업자 부가가치세 감면세액			20-1		㉲	
예정신고미환급세액			21		㉳	
예정고지세액			22		㉴	
사업양수자의 대리납부 기납부세액			23		㉵	
매입자 납부특례 기납부세액			24		㉶	
신용카드업자의 대리납부 기납부세액			25		㉷	
가산세액계			26		㉸	500,000
차가감하여 납부할세액(환급받을세액)㉰-㉱-㉲-㉳-㉴-㉵-㉶-㉷+㉸			27			7,490,000

12.매입(예정신고누락분)					
예	세금계산서	38	20,000,000		2,000,000
	그 밖의 공제매입세액	39			
	합계	40	20,000,000		2,000,000

구분		금액	세율	세액
16.공제받지못할매입세액				
공제받지못할 매입세액	50	30,000,000		3,000,000
18.그 밖의 경감·공제세액				
전자신고 및 전자고지 세액공제	54			10,000
25.가산세명세				
사업자미등록등	61		1/100	
지연발급 등	62	50,000,000	1/100	500,000

- 종이계산서 발급분 50,000,000원을 가산세의 지연발급 등 칸에 입력: 가산세 500,000원 자동 계산됨.
- 이미 대손세액공제 받은 금액을 다시 회수했으므로 대손세액가감 칸에 (+)3,000,000원 입력
- 전자신고 세액공제 10,000원 입력

04

[1] 9.1 매입매출전표 또는 재무상태표 조회하면 구입한 소모품 1,000,000원을 전액 소모품(자산) 처리하였음. 미사용액이 100,000원 이므로 당기 사용액 900,000원임.

12.31	(차) 소모품비(판매관리비)	900,000	(대) 소모품(재고자산)	900,000

[2] 새로운 매도가능증권평가손실: 100주×(7,000−8,300) = 130,000원

12.31	(차) 매도가능증권평가손실(기타포괄)	130,000	(대) 매도가능증권(투자자산)	130,000

[3] 발생한 이자비용 중 미지급 분 인식

12.31	(차) 이자비용(영업외비용)	1,600,000	(대) 미지급비용	1,600,000

[4] [결산자료입력] ⇒ 매출원가 부분 퇴직급여(전입액) 칸에 25,000,000원, 판매관리비 부분 퇴직급여(전입액) 칸에 7,000,000원 입력 ⇒ F3 전표 추가 클릭 또는 아래 수동분개 입력

12.31	(차) 퇴직급여(제조원가)	25,000,000	(대) 퇴직급여충당부채	32,000,000
	퇴직급여(판매관리비)	7,000,000		

[5] [결산자료입력] ⇒ 법인세등 부분의 선납세금 칸에 26,080,000원 입력, 추가 계상액에 24,920,000원 입력 후 F3 전표추가 클릭 또는 아래 수동 분개 입력

12.31	(차) 법인세등	51,000,000	(대) 선납세금(당좌자산)	26,080,000
			미지급세금(유동부채)	24,920,000

[1] 사원등록 및 부양가족 등록 : 박한별 신입사원

(1) 사원등록

□	사번	성명	주민(외국인)번호	나이
□	600	김기웅	1 800706-1256785	43
■	500	박한별	1 810505-2027818	42
□				
□				
□				
□				

기본사항	부양가족명세	추가사항

1. 입사년월일   2023 년 6 월 1 일

2. 내/외국인   1 내국인

3. 외국인국적   KR 한국   체류자격

4. 주민구분   1 주민등록번호   주민등록번호 810505-2027818

(2) 부양가족 등록

□	사번	성명	주민(외국인)번호	나이
□	600	김기웅	1 800706-1256785	43
■	500	박한별	1 810505-2027818	42
□				
□				
□				
□				
□				
□				

기본사항	부양가족명세	추가사항

연말관계	성명	내/외국인	주민(외국인)번호	나이	기본공제	부녀자	한부모	경로우대	장애인	자녀	출산입양	위탁관계
0	박한별	내	1 810505-2027818	42	본인	○						
3	김준호	내	1 800525-1056931	43	배우자							
1	박인수	내	1 510725-1013119	72	장애인			○	1			
4	김은수	내	1 050510-3212685	18	20세이하					○		
4	김아름	내	1 231225-4115731	0	20세이하						둘째	

※ 박한별(배우자 있는 여성이므로 "부녀자" 항목 체크), 김아름(둘째 자녀 출산이므로 출산에 "둘째" 체크)

[2] 연말정산

(1) 전 근무지 소득 입력

소득명세	부양가족	신용카드 등	의료비	기부금	연금저축 등I	연금저축 등II	월세액	연말정산입력

	구분		합계	주(현)		납세조합	종(전) [1/2]
소	9.근무처명			(주)대동산업			(주)해탈상사
	9-1.종교관련 종사자			부			
	10.사업자등록번호			129-81-59325		___-__-_____	120-85-22227
	11.근무기간			2023-07-01 ~ 2023-12-31		____-__-__ ~ ____-__-__	2023-01-01 ~ 2023-06-30
	12.감면기간			____-__-__ ~ ____-__-__		____-__-__ ~ ____-__-__	____-__-__ ~ ____-__-__
득	13-1.급여(급여자료입력)		66,000,000	42,000,000			24,000,000
	13-2.비과세한도초과액						
	13-3.과세대상추가(인정상여추가)						
명	14.상여		3,000,000				3,000,000
	15.인정상여						
	15-1.주식매수선택권행사이익						
	15-2.우리사주조합 인출금						
세	15-3.임원퇴직소득금액한도초과액						
	15-4.직무발명보상금						
	16.계		69,000,000	42,000,000			27,000,000
	18.국외근로						
	18-1.야간근로(연240만원)	001					
	18-1.식대(월20만원)	P01					
	18-2.출산·보육(월10만원)	Q01	600,000				600,000
공제보험료명세	직장	건강보험료(직장)(33)	2,876,900	1,488,900			1,388,000
		장기요양보험료(33)	379,680	190,680			189,000
		고용보험료(33)	571,600	336,000			235,600
		국민연금보험료(31)	3,203,000	1,593,000			1,610,000
	공적연금보험료	공무원 연금(32)					
		군인연금(32)					
		사립학교교직원연금(32)					
		별정우체국연금(32)					
세	기납부세액	소득세	5,651,200	4,396,200			1,255,000
		지방소득세	565,120	439,620			125,500

(2) 보험료 : 보장성보험료만 공제되며 저축성보험료는 공제되지 않음.

(3) 교육비

자료구분	보험료				의료비					교육비	
	건강	고용	일반보장성	장애인전용	일반	실손	선천성이상아	난임	65세,장애인	일반	장애인특수
국세청					3,000,000 1.전액	500,000				3,000,000 4.본인	
기타	3,256,580	571,600									

(4) 의료비

소득명세	부양가족	신용카드 등	의료비	기부금	연금저축 등I	연금저축 등II	월세액	연말정산입력

2023년 의료비 지급명세서													14.산후조리원
의료비 공제대상자					지급처			지급명세					
성명	내/외	5.주민등록번호	6.본인등 해당여부	9.증빙코드	8.상호	7.사업자등록번호	10.건수	11.금액	11-1.실손 보험수령핵	12.미숙아 선천성이상아	13.난임여부	
김기용	내	800706-1256785	1	0	1				500,000		X	X	X
김기용	내	800706-1256785	1	0	1				2,500,000	500,000	X	X	X

(5) 신용카드

소득명세	부양가족	신용카드 등	의료비	기부금	연금저축 등I	연금저축 등II	월세액	연말정산입력

내/외 관계	성명 생년월일	자료구분	신용카드	직불,선불	현금영수증	도서등 신용	도서등 직불	도서등 현금	전통시장	대중교통
내	김기용	국세청	20,000,000	1,000,000	1,000,000			200,000	300,000	1,200,000
0	1980-07-06	기타								

(6) 주택차입금 원리금상환액

주택임차차입금 원리금상환액	①대출기관	불입액의 40%	3,300,000	1,320,000
	②거주자(총급여 5천만원 이하)			
2.주택차입금원리금상환액(①~②)		1+2 ≤ 연 400만원	3,300,000	1,320,000

(7) [F8] 부양가족탭 불러오기

근로소득금액	55,800,000	• 그밖의소득공제	1,672,500	• 특별세액공제	
종합소득공제		과세표준	44,276,320	보장성보험료	–
• 기본공제	1,500,000	산출세액	5,381,448	의료비	64,500
• 추가공제	–	세액공제		교육비	450,000
• 연금보험료공제	3,203,000	• 근로세액공제	660,000	연금저축	
• 특별소득공제	5,148,180	• 자녀/출산공제	–	결정세액	4,206,948

구분		소득세	지방소득세	농어촌특별세	계
73.결정세액		4,206,948	420,694		4,627,642
기납부세액	74.종(전)근무지	1,255,000	125,500		1,380,500
	75.주(현)근무지	4,396,200	439,620		4,835,820
76.납부특례세액					
77.차감징수세액		-1,444,250	-144,420		-1,588,670

[제112회 기출문제 - 이론]

01 ④ ④ 만기보유증권이 1년 이내 만기가 도래하면 유동자산으로 분류하되 계정과목 명칭은 그대로 만기보유증권으로 함. 즉, 만기보유증권은 유동자산, 비유동자산에 모두 있음.

02 ① 7.1 ~ 12.31치만 보험료(비용)으로 인식해야 하는데 1년치를 모두 비용으로 인식함. 즉, 다음 분개를 누락함.
(차) 선급비용(당좌자산) ××× (대) 보험료(비용) ××× ⇒ 비용 과대계상, 선급비용(당좌자산) 과소 계상 ⇒ 당기순이익 과소 계상

03 ③ 건물 벽의 도장, 파손 유리교체와 같은 자산의 원상회복, 수선유지를 위한 소액 지출은 수익적 지출로 당기 비용 처리함.

04 ④ ① 용역의 수익은 진행기준으로 인식하되 ② 원가(발생 + 추정)가 수익을 초과할 때는 그 초과액을 당기손실로 인식함. ③ 용역성과 추정 불가 & 발생원가 회수가능성 높은 경우: 비용 범위 내에서 회수가능 금액을 수익 인식 ④ 용역성과 추정 불가 & 원가 회수가능성 낮은 경우: 수익은 인식하지 않고 발생한 원가를 비용 인식

05 ② ①,③,④는 모두 당기순이익을 줄여 보수주의에 해당하지만 ② 이익을 줄이기 위해 임의로 유형자산 내용을 연수를 단축하는 것은 기업회계기준 위반임. 보수주의를 적용하더라도 유형자산의 적정한 내용연수를 적용해야 함.

06 ④ 변동원가는 조업도와 관계없이 단위당 원가는 동일함.

07 ① • 제조간접비 배부액 : 10,000시간(직접 노무시간) × 2,000원(시간당 배부율) = 20,000,000원
• 제조간접비 실제 발생액 18,000,000원
• 제조간접비 과대배부 : 배부액(20,000,000원) − 실제 발생액(18,000,000원) = 2,000,000원

08 ② ① 당기 완성수량 : 기초재공품(500개) + 당기착수(5,000개) − 기말재공품(300개) − 공손품(700개) = 4,500개
②,④ 정상공손 : 완성품(4,500개) × 10% = 450개
③ 비정상공손 : 총공손(700개) − 정상공손(4,500개 × 10%, 450개) = 250개

09 ③ 공정별 원가를 공정의 생산량으로 나누어 단위당 원가를 계산하는 것은 종합원가 계산 방식임.

10 ① • 평균법은 기초재공품도 모두 당기에 재가공한다는 가정임.
• 당기완성수량 : 기초재공품(1,000개) + 당기착수(3,000개) − 기말재공품(2,000개) = 2,000개
• 가공비 완성품 환산량 : 2,000개 + 2,000개 × 40% = 2,800개

11 ③ ③ 간이과세자는 매출세액(공급대가 × 업종별 부가율 × 10%) − 매입세액(공급대가 × 0.5%)로 계산함. ② 직전 연도 공급대가 4,800만 원 이상 부동산임대업자는 간이과세자 불가 ④ 직전 연도 공급대가 4,800만 원 미만 간이과세자는 세금계산서를 발급할 수 없음.

12 ③ 의제매입세액은 운임 등의 부수비용을 제외하여 계산함.

13 ④ 일정 요건을 만족시킨 근로자 본인의 학자금은 근로소득세 비과세이지만, 근로자 가족에 대한 학자금은 근로소득세 과세대상임.

14 ② 다음연도 5월에 종합소득세 신고로 소득세가 달라지는 경우에만 확정신고를 하는 것임. ① 퇴직소득만 있는 경우 : 퇴직금 수령 시 원천징수를 당했으므로 5월에 확정신고 할 필요 없음. ② 근로소득 + 사업소득 : 종합과세 시 소득세가 달라지므로 확정신고 해야 함. ③ 근로소득 + 퇴직소득 : 근로소득과 퇴직소득은 합산하지 않고 분류하여 따로 과세함. ④ 이자소득 150만 원은 분리과세이므로 확정신고 필요 없음.

15 ① 「근로소득금액 = 총급여 − 근로소득공제」이므로 근로소득금액이 500만 원이면 총급여는 500만 원 보다 큼. 총급여 500만 원 이하까지만 기본공제 대상임.

01

[1] 단기매매증권 취득 수수료는 당기비용(영업외비용) 처리

06.12	(차) 단기매매증권	10,000,000	(대) 보통예금	10,100,000
	수수료비용(영업외비용)	100,000		

※ 취득금액: 5,000주×2,000원 = 10,000,000원, 취득수수료: 10,000,000×1% = 100,000원

[2] 원천 징수한 예수금 납부 처리

07.09	(차) 예수금(유동부채)	3,300,000	(대) 보통예금	3,300,000

[3] 증여 받은 토지 공정가액을 취득가액으로 하며, 취득세는 토지 가액에 가산함.

07.21	(차) 토 지	370,000,000	(대) 자산수증이익(영업외수익)	350,000,000
			보 통 예 금	20,000,000

[4] 할인 발행이므로 사채할인발행차금 인식

09.20	(차) 보통예금	34,100,000	(대) 사 채	35,000,000
	사채할인발행차금	900,000		

[5] 외상매출금 환전액 : $100,000×1,250원 = 125,000,000원 ⇒ 외환차익 발생

10.21	(차) 보통예금	125,000,000	(대) 외상매출금((주)도담)	115,000,000
			외환차익(영업외수익)	10,000,000

※ 전기 결산일 외상매출금: $100,000×1,150원 = 115,000,000원

02

[1] 유형 : '51.과세', 세금계산서 수취하면서 과세 재화 구입

유형 : 51.과세, 공급가액 : 15,000,000원, 부가세 : 1,500,000원, 거래처 : 대보상사, 전자 : 부, 분개 : 혼합				
07.02	(차) 기계장치	15,000,000	(대) 당좌예금	16,500,000
	부가세대급금	1,500,000		

[2] 유형 : '61.현과', 현금영수증 수취하면서 과세 재화 구입

유형 : 61.현과, 공급가액 : 80,000원, 부가세 : 8,000원, 거래처 : 참맛식당, 전자 : –, 분개 : 혼합				
07.24	(차) 복리후생비(판매관리비)	80,000	(대) 현 금	88,000
	부가세대급금	8,000		

[3] 유형 : '54.불공', 전자세금계산서를 수취하면서 매입세액불공제 비영업용 소형승용차 취득

유형 : 54.불공, 공급가액 : 25,000,000원, 부가세 : 2,500,000원, 거래처 : ㈜빠름자동차, 전자: 여, 분개 : 혼합				
불공제사유 : ③ 비영업용승용자동차 구입·유지 및 임차				
08.01	(차) 차량운반구	27,500,000	(대) 보통예금	3,000,000
			미지급금((주)빠름자동차)	24,500,000

[4] 유형 : '11.과세', 세금계산서 발행하면서 과세 재화 판매

	유형 : 11.과세, 공급가액 : 40,000,000원, 부가세 : 4,000,000원, 거래처 : ㈜더뷰상사, 전자 : 여, 분개 : 혼합			
08.17	(차) 보통예금	12,000,000	(대) 제품매출	40,000,000
	외상매출금((주)더뷰상사)	32,000,000	부가세예수금	4,000,000

※ 외상매출금 : 공급가액(40,000,000원) × 40% = 12,000,000원

[5] 유형 : '16.수출', 직수출은 선적일자 환율 적용. $60,000 × 1,310원 = 78,600,000원

	유형 : 16.수출, 공급가액 : 78,600,000원, 부가세 : 0원, 거래처 : KYM사, 전자 : −, 분개 : 혼합 영세율구분 : ①직접수출(대행수출 포함)		
11.30	(차) 보통예금	39,300,000	(대) 제품매출 78,600,000
	외상매출금(KYM)	39,300,000	

03

[1] 부동산임대 공급가액명세서

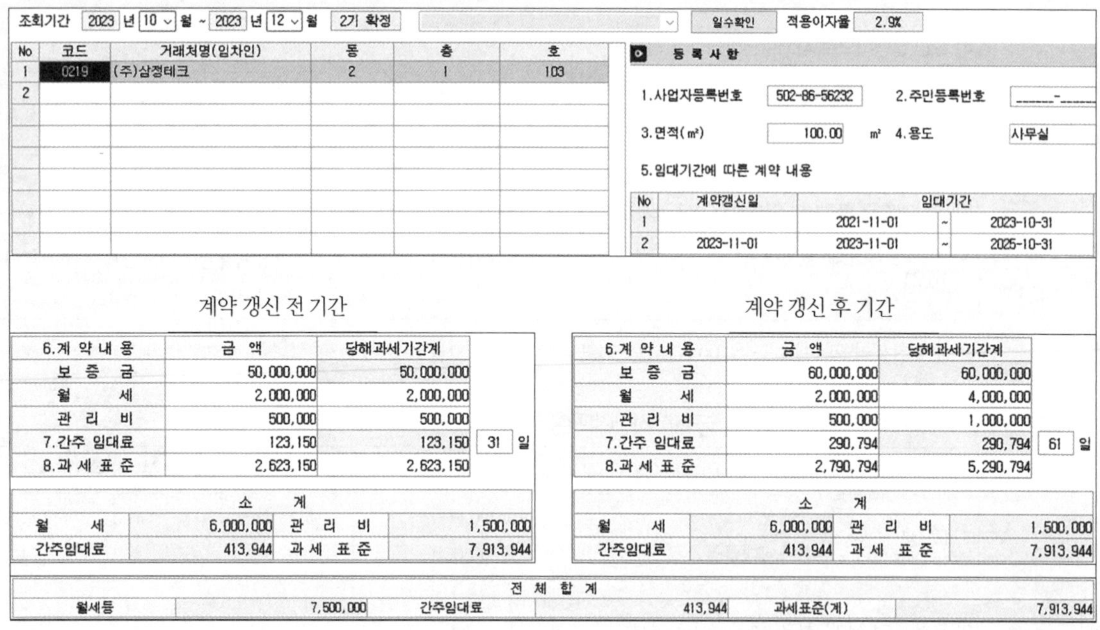

조회기간 2023 년 10 월 ~ 2023 년 12 월 2기 확정	일수확인	적용이자율 2.9%

No	코드	거래처명(임차인)	동	층	호
1	0219	(주)삼정테크	2	1	103
2					

등록사항

1.사업자등록번호 502-86-56232 2.주민등록번호 _______-_______

3.면적(㎡) 100.00 ㎡ 4.용도 사무실

5.임대기간에 따른 계약 내용

No	계약갱신일	임대기간	
1		2021-11-01 ~	2023-10-31
2	2023-11-01	2023-11-01 ~	2025-10-31

계약 갱신 전 기간

6.계 약 내 용	금 액	당해과세기간계	
보 증 금	50,000,000	50,000,000	
월 세	2,000,000	2,000,000	
관 리 비	500,000	500,000	
7.간주 임대료	123,150	123,150	31 일
8.과 세 표 준	2,623,150	2,623,150	

소 계			
월 세	6,000,000	관 리 비	1,500,000
간주임대료	413,944	과 세 표 준	7,913,944

계약 갱신 후 기간

6.계 약 내 용	금 액	당해과세기간계	
보 증 금	60,000,000	60,000,000	
월 세	2,000,000	4,000,000	
관 리 비	500,000	1,000,000	
7.간주 임대료	290,794	290,794	61 일
8.과 세 표 준	2,790,794	5,290,794	

소 계			
월 세	6,000,000	관 리 비	1,500,000
간주임대료	413,944	과 세 표 준	7,913,944

전 체 합 계					
월세등	7,500,000	간주임대료	413,944	과세표준(계)	7,913,944

[2] 부가가치세 확정 신고서

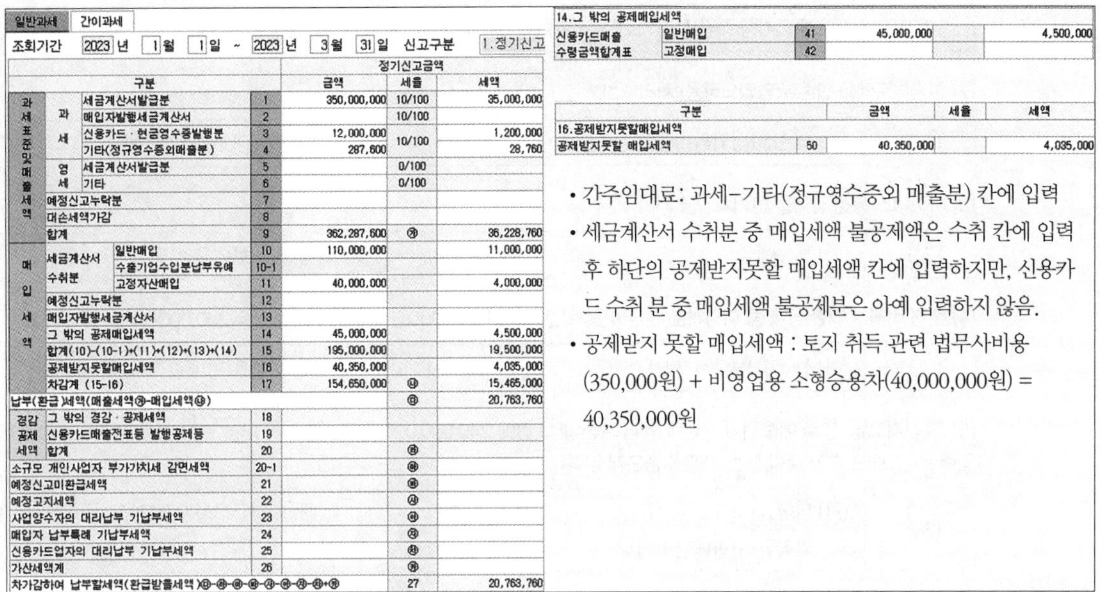

일반과세	간이과세

조회기간 2023 년 1 월 1 일 ~ 2023 년 3 월 31 일 신고구분 1.정기신고

구분				정기신고금액		
				금액	세율	세액
과세표준및매출세액	과세	세금계산서발급분	1	350,000,000	10/100	35,000,000
		매입자발행세금계산서	2		10/100	
		신용카드·현금영수증발행분	3	12,000,000	10/100	1,200,000
		기타(정규영수증외매출분)	4	287,600		28,760
	영세	세금계산서발급분	5		0/100	
		기타	6		0/100	
	예정신고누락분		7			
	대손세액가감		8			
	합계		9	362,287,600	㉒	36,228,760
매입세액	세금계산서수취분	일반매입	10	110,000,000		11,000,000
		수출기업수입분납부유예	10-1			
		고정자산매입	11	40,000,000		4,000,000
	예정신고누락분		12			
	매입자발행세금계산서		13			
	그 밖의 공제매입세액		14	45,000,000		4,500,000
	합계(10)-(10-1)+(11)+(12)+(13)+(14)		15	195,000,000		19,500,000
	공제받지못할매입세액		16	40,350,000		4,035,000
	차감계 (15-16)		17	154,650,000	㉏	15,465,000
납부(환급)세액(매출세액㉒-매입세액㉏)					㉎	20,763,760
경감공제세액	그 밖의 경감·공제세액		18			
	신용카드매출전표등 발행공제등		19			
	합계		20		㉣	
소규모 개인사업자 부가가치세 감면세액			20-1		㉤	
예정신고미환급세액			21		㉥	
예정고지세액			22		㉦	
사업양수자의 대리납부 기납부세액			23		㉧	
매입자 납부특례 기납부세액			24		㉨	
신용카드업자의 대리납부 기납부세액			25		㉩	
가산세액계			26		㉪	
차가감하여 납부할세액(환급받을세액)㉎-㉣-㉤-㉥-㉦-㉧-㉨-㉩+㉪			27			20,763,760

14.그 밖의 공제매입세액

신용카드매출 수령금액합계표	일반매입	41	45,000,000		4,500,000
	고정매입	42			

구분	금액	세율	세액
16.공제받지못할매입세액			
공제받지못할 매입세액	50	40,350,000	4,035,000

- 간주임대료: 과세–기타(정규영수증외 매출분) 칸에 입력
- 세금계산서 수취분 중 매입세액 불공제액은 수취 칸에 입력 후 하단의 공제받지못할 매입세액 칸에 입력하지만, 신용카드 수취 분 중 매입세액 불공제분은 아예 입력하지 않음.
- 공제받지 못할 매입세액 : 토지 취득 관련 법무사비용 (350,000원) + 비영업용 소형승용차(40,000,000원) = 40,350,000원

[3] 부가가치세 신고서 전자신고(1기 확정) : 비번 13001300

전자신고(전자신고 제작) → 국세청 홈택스 전자신고변환(교육용) → 전자파일 변환(파일선택 → 형식검증 → 전자파일 제출)

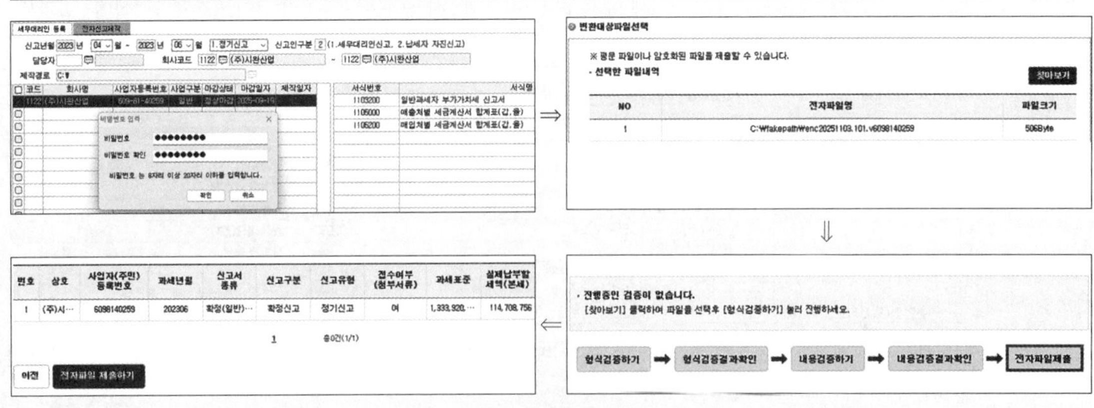

04

[1] 매도가능증권 평가이익 발생: 취득(7,300,000원) − 기말(8,500,000원, (10,000주 × 850원)) = 1,200,000원

12.31	(차) 매도가능증권(투자자산)	1,200,000	(대) 매도가능증평가이익(기타포괄손익누계)	1,200,000

[2] 현금부족액을 잡손실(영업외비용) 처리

12.31	(차) 잡손실(영업외비용)	102,000	(대) 현금과부족	102,000

[3] 마이너스 통장 잔액을 단기차입금 처리

12.31	(차) 보통예금	35,423,800	(대) 단기차입금(우리은행)	35,423,800

[4] 전액 비용 처리한 금액 중 미경과분 선급비용(자산) 처리. 1,200,000원×(2개월/12개월) = 200,000원

12.31	(차) 선급비용(당좌자산)	200,000	(대) 보험료(판매관리비)	200,000

[5] [결산자료입력] ⇒ 매출원가 부분 퇴직급여(전입액) 칸에 240,000,000원, 판매관리비 부분 퇴직급여(전입액) 칸에 80,000,000원 입력 ⇒ F3 전표 추가 클릭 또는 아래 수동분개 입력

12.31	(차) 퇴직급여(제조원가)	240,000,000	(대) 퇴직급여충당부채	320,000,000
	퇴직급여(판매관리비)	80,000,000		

05

[1] 급여자료 & 원천징수이행상황신고서 작성 : 박정수

(1) 급여자료 입력 그림 112-4-1, 112-4-2

수당등록	신규 등록(식대−과세, 보육수당−비과세), 사용여부 "부" 처리(상여, 월차수당, 식대−비과세, 자가운전보조금, 야간근로수당)

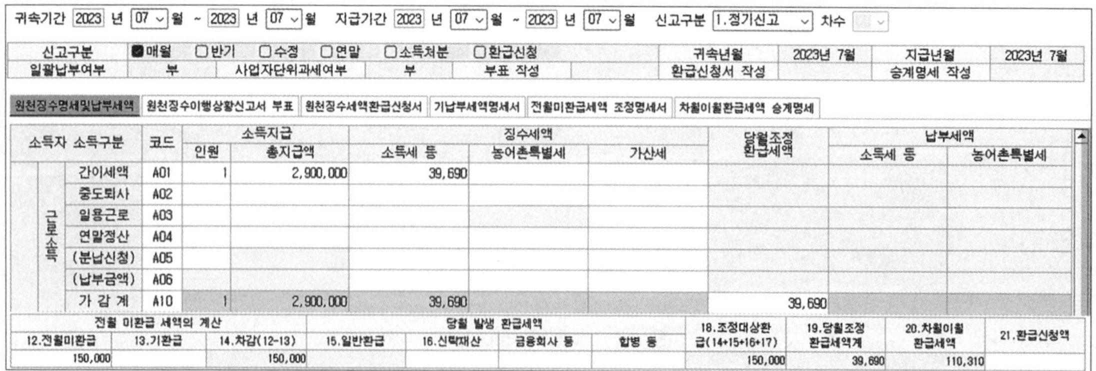

귀속년월 2023 년 07 월 지급년월일 2023 년 07 월 31 일 급여

□	사번	사원명	감면율
■	102	박정수	
□			
□			
□			
□			
□			
□			
□			
	총인원(퇴사자)	1(0)	

급여항목	금액
기본급	2,000,000
직책수당	300,000
식대	200,000
육아수당	200,000
[기업연구소] 연구보조비	200,000
과 세	2,600,000
비 과 세	300,000
지 급 총 액	2,900,000

공제항목	금액
국민연금	112,500
건강보험	88,620
장기요양보험	11,350
고용보험	23,400
소득세(100%)	39,690
지방소득세	3,960
공 제 총 액	279,520
차 인 지 급 액	2,620,480

※ 현물식사를 제공받으므로 식대는 과세임. 보육수당 비과세는 20만 원이나 112회 기출 당시엔 비과세 금액이 10만 원이어서 10만 원이 비과세 처리되었음.

(2) 원천징수이행상황신고서

귀속기간 2023 년 07 월 ~ 2023 년 07 월 지급기간 2023 년 07 월 ~ 2023 년 07 월 신고구분 1.정기신고 차수

신고구분	■매월 □반기 □수정 □연말 □소득처분 □환급신청		귀속년월	2023년 7월	지급년월	2023년 7월
일괄납부여부	부	사업자단위과세여부 부	부표 작성	환급신청서 작성	승계명세 작성	

원천징수명세및납부세액 | 원천징수이행상황신고서 부표 | 원천징수세액환급신청서 | 기납부세액명세서 | 전월미환급세액 조정명세서 | 차월이월환급세액 승계명세

소득자 소득구분		코드	소득지급		징수세액			당월조정환급세액	납부세액	
			인원	총지급액	소득세 등	농어촌특별세	가산세		소득세 등	농어촌특별세
근로소득	간이세액	A01	1	2,900,000	39,690					
	중도퇴사	A02								
	일용근로	A03								
	연말정산	A04								
	(분납신청)	A05								
	(납부금액)	A06								
	가 감 계	A10	1	2,900,000	39,690			39,690		

전월 미환급 세액의 계산				당월 발생 환급세액				18.조정대상환급(14+15+16+17)	19.당월조정환급세액계	20.차월이월환급세액	21.환급신청액
12.전월미환급	13.기환급	14.차감(12-13)	15.일반환급	16.신탁재산	금융회사 등	합병 등					
150,000			150,000					150,000	39,690	110,310	

[2] 연말정산

(1) 전 근무지 소득 입력

소득명세	부양가족	신용카드 등	의료비	기부금	연금저축 등I	연금저축 등II	월세액	연말정산입력

	구분	합계	주(현)	납세조합	종(전) [1/2]
소득명세	9.근무처명		(주)시완산업		(주)강일전자
	9-1.종교관련 종사자		부		
	10.사업자등록번호		609-81-40259	___-__-_____	205-85-11389
	11.근무기간		2023-09-20 ~ 2023-12-31	_____-__-__ ~ _____-__-__	2023-01-01 ~ 2023-09-19
	12.감면기간		___-__-__ ~ ___-__-__	_____-__-__ ~ _____-__-__	_____-__-__ ~ _____-__-__
	13-1.급여(급여자료입력)	50,750,000	17,500,000		33,250,000
	13-2.비과세한도초과액				
	13-3.과세대상추가(인정상여추가)				
	14.상여	8,500,000			8,500,000
	15.인정상여				
	15-1.주식매수선택권행사이익				
	15-2.우리사주조합 인출금				
	15-3.임원퇴직소득금액한도초과액				
	15-4.직무발명보상금				
	16.계	59,250,000	17,500,000		41,750,000
공제보험료명세	직장 건강보험료(직장)(33)	2,056,052	620,372		1,435,680
	직장 장기요양보험료(33)	263,310	79,440		183,870
	직장 고용보험료(33)	504,500	140,000		364,500
	직장 국민연금보험료(31)	2,610,000	787,500		1,822,500
	공적연금보험료 공무원 연금(32)				
	공적연금보험료 군인연금(32)				
	공적연금보험료 사립학교교직원연금(32)				
	공적연금보험료 별정우체국연금(32)				
세액	기납부세액 소득세	1,301,080	976,080		325,000
	기납부세액 지방소득세	130,100	97,600		32,500
	기납부세액 농어촌특별세				

(2) 부양가족 등록

소득명세	부양가족	신용카드 등	의료비	기부금	연금저축 등I	연금저축 등II	월세액	연말정산입력

연말관계	성명	내/외국인	주민(외국인)번호	나이	기본공제	세대주구분	부녀자	한부모	경로우대	장애인	자녀	출산입양
0	김민수	내	1 780205-1884520	45	본인	세대주						
1	한미녀	내	1 551211-2113251	68	장애인					1		
3	여민지	내	1 810120-2118524	42	배우자							
4	김수지	내	1 100810-4988221	13	20세이하						○	
4	김지민	내	1 120520-3118529	11	20세이하						○	

※ 여민지(총급여 500만 원까지 기본공제 대상), 김수지(일시적 문예창작소득은 기타소득금액 300만 원 이하까지 기본공제 대상),
　한미녀(금융소득 연 2,000만 원 이하는 분리과세이므로 기본공제 대상)

(3) 보장성 보험료/교육비 : [부양가족] 탭에 각 개인별로 입력

　한미녀(모친) 교육비는 공제 ×

① 김민수

자료구분	보험료				의료비					교육비	
	건강	고용	일반보장성	장애인전용	일반	실손	선천성이상아	난임	65세,장애인	일반	장애인특수
국세청			1,150,000								
기타	2,319,362	504,500									

② 한미녀

자료구분	보험료				의료비					교육비	
	건강	고용	일반보장성	장애인전용	일반	실손	선천성이상아	난임	65세,장애인	일반	장애인특수
국세청				1,200,000							
기타											

③ 김수지

자료구분	보험료				의료비					교육비	
	건강	고용	일반보장성	장애인전용	일반	실손	선천성이상아	난임	65세,장애인	일반	장애인특수
국세청					500,000 2.일반					200,000 2.초중고	
기타											

※ 취학 후 사설학원비는 공제 ×

④ 김지민

자료구분	보험료				의료비					교육비	
	건강	고용	일반보장성	장애인전용	일반	실손	선천성이상아	난임	65세,장애인	일반	장애인특수
국세청										300,000 2.초중고	
기타											

※ 체험학습비: 연 30만 원 한도 공제, 취학 후 사설학원비는 공제 ×

(4) 의료비

소득명세	부양가족	신용카드 등	의료비	기부금	연금저축 등I	연금저축 등II	월세액	연말정산입력

2023년 의료비 지급명세서

의료비 공제대상자					지급처		지급명세					14.산후조리원
성명	내/외	5.주민등록번호	6.본인등해당여부	9.증빙코드	8.상호	7.사업자등록번호	10.건수	11.금액	11-1.실손보험수령핵	12.미숙아선천성이상아	13.난임여부	
여민지	내	810120-2118524	3	X	1			3,000,000	1,000,000	X	X	X
김수지	내	100810-4988221	3	X	1			500,000		X	X	X

※ 시력보정 안경: 1인당 연 50만 원 한도 공제

(5) 신용카드

소득명세	부양가족	신용카드 등	의료비	기부금	연금저축 등I	연금저축 등II	월세액	연말정산입력

내/외관계	성명생년월일	자료구분	신용카드	직불,선불	현금영수증	도서등신용	도서등직불	도서등현금	전통시장	대중교통
내	김민수	국세청	19,870,000						5,200,000	7,500,000
0	1978-02-05	기타								
내	한미녀	국세청			5,000,000					
1	1955-12-11	기타								
내	여민지	국세청		12,000,000						
3	1981-01-20	기타								

(6) F8 부양가족탭 불러오기

근로소득금액	46,537,500	• 그밖의소득공제	6,000,000	• 특별세액공제	
종합소득공제		과세표준	25,603,638	보장성보험료	270,000
• 기본공제	7,500,000	산출세액	2,580,545	의료비	108,375
• 추가공제	2,000,000	세액공제		교육비	75,000
• 연금보험료공제	2,610,000	• 근로세액공제	660,000	연금저축	
• 특별소득공제	2,823,862	• 자녀/출산공제	300,000	결정세액	1,167,170

구분		소득세	지방소득세	농어촌특별세	계
73.결정세액		1,167,170	116,717		1,283,887
기납부 세액	74.종(전)근무지	325,000	32,500		357,500
	75.주(현)근무지	976,080	97,600		1,073,680
76.납부특례세액					
77.차감징수세액		-133,910	-13,380		-147,290

[제113회 기출문제 - 이론]

01 ③ 유동자산은 당좌자산, 재고자산으로 구분됨. 투자자산은 비유동자산임.

02 ②
- 자본잉여금 : 주식발행초과금, 자기주식처분이익
- 기말 자본잉여금 : 기초 자본잉여금(10,000,000원) + 주식발행초과금 증가(2,000,000원) + 자기주식처분이익 발생(300,000 원) = 12,300,000원

03 ① 대손충당금 과대 설정 ⇒ ② 비용 과대 계상 ⇒ ③ 당기순이익 과소 계상 ⇒ ④ 이익잉여금 과소 계상, ①「받을어음 – 대손충 당금」으로 표시되므로 대손충당금이 과대 계상되면 자산 과소 계상됨.

04 ② 유형자산 취득 관련 취득세 등 제세공과금은 취득원가에 가산해야 함.

05 ④ 충당부채는 자원의 유출가능성이 높아야 부채로 인식함.

06 ②
- 공손수량 : 기초재공품(500개) + 당기착수(2,000개) – 당기완성(2,000개) – 기말재공품(300개) = 200개
- 당기착수 & 당기완성 수량 : 당기 완성(2,000개) – 기초재공품(500개) = 1,500개
- 완성도 30% 통과한 수량 : 당기착수 & 당기 완성품(1,500개) + 기말재공품(300개) = 1,800개
- 정상공손 : 검사 통과수량(1,800개) × 3% = 54개

07 ④ 이익잉여금처분계산서상 이익잉여금 정보를 제공하는 것은 재무회계임.

08 ①
- 제조간접비 배부율 : 제조간접비 예산(39,690,000원) ÷ 예산 직접노동시간(90,000시간) = 441원/직접 노동시간
- 제조간접비 배부액 : 실제 직접 노동시간(70,000시간) × 441원 = 30,870,000원

09 ③ 원가행태(조업도에 따른 종류)에 따라 원가를 분류하면 변동비, 고정비, 준변동원가(혼합원가), 준고정원가(계단원가)로 구분됨.

10 ③ ① 단계배부법이 보조부분 배부 순서를 잘못 정하면 직접 배부법 보다 부정확 할 수도 있음. ② 상호배부법은 복잡해 사용빈도 가 떨어짐. ④ 단계배부법은 우선 순위가 높은 부문 원가를 우선 순위가 낮은 부분과 제조부문에 먼저 배부함.

11 ②
- 사유 발생일을 수정세금계산서 작성일로 하는 경우 : 세금계산서 발행 이후 수정 사유가 발생하는 경우 ⇒ ② 계약의 해지
- 당초 작성일을 수정세금계산서 작성일로 하는 경우 : 처음부터 필요적 기재사항 등을 잘못 기재한 경우 ⇒ ① 세금계산서 이 중 발급, ③ 필요적 기재사항 착오 기재, ④ 면세로 세금계산서 발급하면 안됨에도 발급

12 ④ 세금계산서 필요적 기재사항이 오류인 경우는 매입세액을 공제받을 수 없으나 임의적 기재사항이 잘못된 경우에는 매입세액 공제를 받을 수 있음.

13 ① 부가가치세 일반환급은 확정신고기한이 지난 후 30일 이내이고 조기환급은 15일 이내임.

14 ④ ① 이자소득은 필요경비를 인정하지 않으므로 총수입금액 = 소득금액임. ② 퇴직소득, 양도소득은 종합소득과 분류하여 따로 과세함. ④ 금융소득은 연 2,000만 원을 초과하면 무조건 종합 과세됨.

15 ③ 사업소득에서 당해 연도 결손금이 발생하고 이월된 결손금이 있는 경우 : 당해 연도 발생한 결손금을 타 소득과 먼저 공제함.

01

[1] 배당총액(100,000,000) × 10% = 이익준비금

| 03.21 | (차) 이월이익잉여금 | 110,000,000 | (대) 미지급배당금(유동부채) | 100,000,000 |
| | | | 이익준비금 | 10,000,000 |

[2] 거래처 00133 조회하면 "대표자"

| 03.28 | (차) 외상매입금(남일상사) | 15,500,000 | (대) 보통예금 | 7,000,000 |
| | | | 가수금(대표자) | 8,500,000 |

[3] 강사료 원천징수액은 예수금 처리

| 06.25 | (차) 교육훈련비(판매관리비) | 2,400,000 | (대) 예수금(유동부채) | 79,200 |
| | | | 보통예금 | 2,320,800 |

[4] 처분 수수료는 별도의 비용 처리하는 것이 아니라 취득가액에서 차감하여 처분손익 계산

| 08.10 | (차) 보통예금 | 950,000 | (대) 단기매매증권 | 500,000 |
| | | | 단기매매증권처분이익(영업외수익) | 450,000 |

※ 처분이익 : 처분금액(1,000,000) − 취득가액(500,000) − 취득수수료(50,000) = 450,000원

[5] 원재료를 본래 목적인 제조에 쓰지 않고 타 용도로 사용할 경우 반드시 "적요8.타계정으로 대체액" 입력

| 09.05 | (차) 기부금(영업외비용) | 2,000,000 | (대) 원재료 | 2,000,000 |
| | | | (적요8.타계정으로 대체액) | |

02

[1] 유형 : '22.현과', 현금영수증 발행하면서 과세 재화 공급

유형 : 22.현과, 공급가액 : 480,000원, 부가세 : 48,000원, 거래처 : 추미랑, 전자 : -, 분개 : 혼합				
07.17	(차) 현 금	528,000	(대) 제품매출	480,000
			부가세예수금	48,000

[2] 유형 : '14.건별', 정규증빙을 발행하지 않고 과세 재화 공급

유형 : 14.건별, 공급가액 : 1,000,000원, 부가세 : 100,000원, 거래처 : -, 전자 : -, 분개 : 혼합				
07.28	(차) 감가상각누계액(비품)	1,500,000	(대) 비 품	2,500,000
	보통예금	1,100,000	부가세예수금	100,000

※ 처분이익 : 처분가액 1,000,000원 − 장부가액 1,000,000원(2,500,000 − 1,500,000) = 0원

[3] 유형 : '55.수입', 세관에 수입부가세 납부. 부가가치세만 분개 처리됨.

| 유형 : 55.수입, 공급가액 : 5,400,000원, 부가세 : 540,000원, 거래처 : 인천세관, 전자 : 여, 분개 : 혼합 | | | | |
| 08.28 | (차) 부가세대급금 | 540,000 | (대) 현 금 | 540,000 |

[4] 유형 : '57.카과', 신용카드 매출전표 수취하면서 과세 재화 구입. 미지급금 거래처 비씨카드 입력

유형 : 57.카과, 공급가액 : 1,000,000원, 부가세 : 100,000원, 거래처 : 과자나라(주) 전자 : −, 분개 : 혼합				
신용카드사 : 비씨카드				
09.02	(차) 복리후생비(판매관리비)	1,000,000	(대) 미지급금(비씨카드)	1,100,000
	부가세대급금	100,000		

[5] 유형 : '51.과세', 전자세금계산서 수취하면서 과세 재화 구입.

유형 : 51.과세, 공급가액 : 20,000,000원, 부가세 : 2,000,000원, 거래처 : ㈜오성기계 전자 : 여, 분개 : 혼합				
09.11	(차) 기계장치	20,000,000	(대) 선급금((주)오성기계)	2,000,000
	부가세대급금	2,000,000	보통예금	20,000,000

03

[1] 의제매입세액신고서

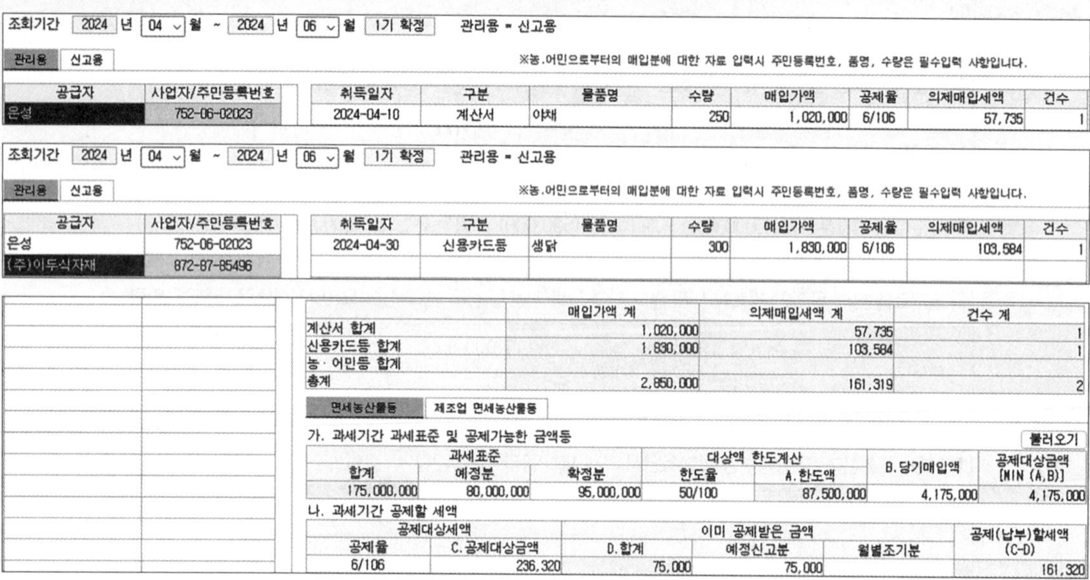

조회기간 2024 년 04 월 ~ 2024 년 06 월 1기 확정 관리용 = 신고용

관리용 신고용 ※농.어민으로부터의 매입분에 대한 자료 입력시 주민등록번호, 품명, 수량은 필수입력 사항입니다.

공급자	사업자/주민등록번호	취득일자	구분	물품명	수량	매입가액	공제율	의제매입세액	건수
은성	752-06-02023	2024-04-10	계산서	야채	250	1,020,000	6/106	57,735	1

조회기간 2024 년 04 월 ~ 2024 년 06 월 1기 확정 관리용 = 신고용

관리용 신고용 ※농.어민으로부터의 매입분에 대한 자료 입력시 주민등록번호, 품명, 수량은 필수입력 사항입니다.

공급자	사업자/주민등록번호	취득일자	구분	물품명	수량	매입가액	공제율	의제매입세액	건수
은성	752-06-02023	2024-04-30	신용카드등	생닭	300	1,830,000	6/106	103,584	1
(주)이두식자재	872-87-85496								

		매입가액 계	의제매입세액 계	건수 계
계산서 합계		1,020,000	57,735	1
신용카드등 합계		1,830,000	103,584	1
농·어민등 합계				
총계		2,850,000	161,319	2

면세농산물등 | 제조업 면세농산물등

가. 과세기간 과세표준 및 공제가능한 금액등 불러오기

과세표준			대상액 한도계산		B.당기매입액	공제대상금액 [MIN (A,B)]
합계	예정분	확정분	한도율	A.한도액		
175,000,000	80,000,000	95,000,000	50/100	87,500,000	4,175,000	4,175,000

나. 과세기간 공제할 세액

공제대상세액		이미 공제받은 금액			공제(납부)할세액 (C-D)
공제율	C.공제대상금액	D.합계	예정신고분	월별조기분	
6/106	236,320	75,000	75,000		161,320

※ 김어부(농어민)로부터 직접 매입한 것은 법인이 제조업에 사용하지 않아 의제매입세액공제 ×

※ 예정기간 매입액 : 75,000원(예정기간 의제매입세액) ÷ (6/106) = 1,325,000원

※ 당기 매입액 : 예정기간 매입액(1,325,000원) + 확정기간 매입액(2,850,000원) = 4,175,000원

[2] 건물 등 감가상각자산 취득명세서

조회기간 　2024 년 [10 ∨] 월 ~ 2024 년 [12 ∨] 월　　구분 2기 확정

취득내역

감가상각자산종류	건수	공급가액	세 액	
합　　　계	3	83,500,000	8,350,000	
건물 · 구축물	1	50,000,000	5,000,000	
기 계 장 치	1	2,500,000	250,000	
차 량 운 반 구	1	31,000,000	3,100,000	
기타감가상각자산				

No		거래처별 감가상각자산 취득명세					
	월/일	상호	사업자등록번호	자산구분	공급가액	세액	건수
1	10-04	(주)원대자동차	210-81-13571	차량운반구	31,000,000	3,100,000	1
2	11-26	아름건설	101-26-97846	건물,구축물	50,000,000	5,000,000	1
3	12-09	나라포장	106-02-56785	기계장치	2,500,000	250,000	1

[3] 부가가치세 신고서 전자신고(1기 예정) : 비번 12341234

전자신고(전자신고 제작) → 국세청 홈택스 전자신고변환(교육용) → 전자파일 변환(파일선택 → 형식검증 → 전자파일 제출)

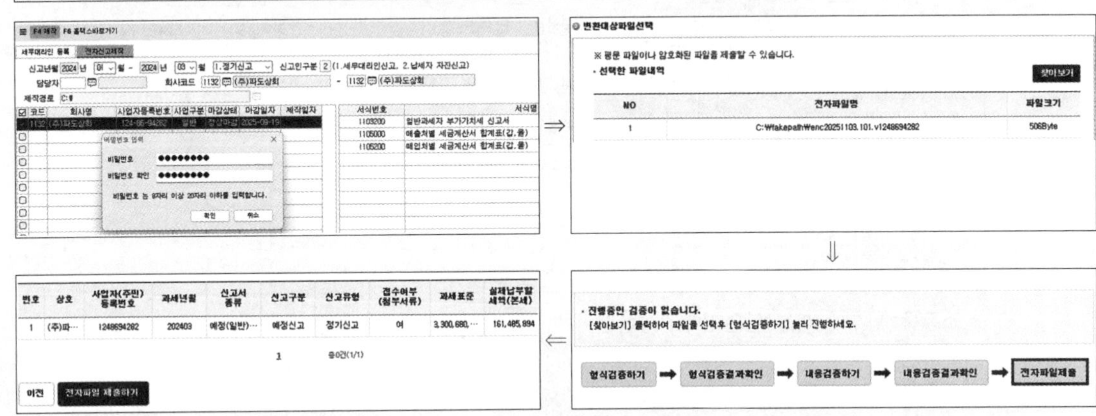

04 **[1]** 정기예금 발생액 미수수익 인식 : 30,000,000 × 3.4% × (9개월/12개월) = 765,000원

12.31	(차) 미수수익(당좌자산)	765,000	(대) 이자수익(영업외수익)	765,000

[2] 기존 매도가능증권 평가이익 1,000,000원(6,000,000 - 5,000,000) 먼저 차감

12.31	(차) 매도가능증권평가이익(기타포괄)	1,000,0000	(대) 매도가능증권(투자자산)	1,200,000
	매도가능증권평가손실(기타포괄)	200,0000		

※ 당해 연도 평가손실 : 1,200,000원(6,000,000 - 4,800,000)

[3] 외화환산이익 : $100,000×(950 - 920) = 3,000,000원

12.31	(차) 외상매출금(캐나다 ZF)	3,000,0000	(대) 외화환산이익(영업외수익)	3,000,000

[4] 납부할 부가가치세 : 부가세예수금(8,240,000) − 부가세대급금(6,400,000) + 가산세(84,000) − 전자세액공제10,000) = 1,914,000원

12.31	(차) 부가세예수금	8,240,000	(대) 부가세대급금		6,400,000
	세금과공과(판매관리비)	84,000	잡이익(영업외수익)		10,000
			미지급세금(유동부채)		1,914,000

[5] 영업권 상각액 : 250,000,000 ÷ 5년 = 50,000,000원

12.31	(차) 무형자산상각비(판매관리비)	50,000,000	(대) 영업권		50,000,000

05

[1] 원천징수이행상황신고서

간이세액	김성현·서지은 급여총액(6,200,000) − 자가운전보조금(200,000) = 6,000,000원
중도퇴사	서지은 1 ~ 5월 급여 : 12,000,000(1 ~ 4월) + 3,200,000(5월) = 15,200,000원

※ 간이세액 칸(5월 급여 항목 입력), 중도퇴사 칸(중도퇴사 자의 1~5월분 입력)

귀속기간 2024 년 05 월 ~ 2024 년 05 월 지급기간 2024 년 06 월 ~ 2024 년 06 월 신고구분 1.정기신고 차수

신고구분	■매월	□반기	□수정	□연말	□소득처분	□환급신청		귀속년월	2024년 5월	지급년월	2024년 6월
일괄납부여부	부	사업자단위과세여부		부	부표 작성			환급신청서 작성		승계명세 작성	

원천징수명세및납부세액 │ 원천징수이행상황신고서 부표 │ 원천징수세액환급신청서 │ 기납부세액명세서 │ 전월미환급세액 조정명세서 │ 차월이월환급세액 승계명세

| 소득자 소득구분 | | 코드 | 소득지급 | | 징수세액 | | | 당월조정
환급세액 | 납부세액 | |
			인원	총지급액	소득세 등	농어촌특별세	가산세		소득세 등	농어촌특별세
근로소득	간이세액	A01	2	6,000,000	90,000					
	중도퇴사	A02	1	15,200,000	−200,000					
	일용근로	A03								
	연말정산	A04								
	(분납신청)	A05								
	(납부금액)	A06								
	가 감 계	A10	3	21,200,000	−110,000					

※ 소득세 : 납부액 90,000원은 전액 김성현 분이며 (−)200,000원은 전액 서지은(퇴자사) 분임.

[2] 연말정산

(1) 전 근무지 소득 입력

소득명세	부양가족	신용카드 등	의료비	기부금	연금저축 등I	연금저축 등II	월세액	출산지원금	연말정산입력

		구분	합계	주(현)	납세조합	종(전) [1/2]
소 득		9.근무처명		(주)파도상회		(주)슬비공업사
		9-1.종교관련 종사자		부		
		10.사업자등록번호		124-86-94282	___-__-_____	956-85-02635
		11.근무기간		2024-04-21 ~ 2024-12-31	____-__-__ ~ ____-__-__	2024-01-01 ~ 2024-04-20
		12.감면기간		____-__-__ ~ ____-__-__	____-__-__ ~ ____-__-__	____-__-__ ~ ____-__-__
		13-1.급여(급여자료입력)	52,800,000	40,600,000		12,200,000
공 제 보 험 료 명 세	직장	건강보험료(직장)(33)	1,904,000	1,439,190		464,810
		장기요양보험료(33)	283,640	186,350		97,290
		고용보험료(33)	459,120	324,800		134,320
		국민연금보험료(31)	2,335,700	1,827,000		508,700
	공적 연금 보험료	공무원 연금(32)				
		군인연금(32)				
		사립학교교직원연금(32)				
		별정우체국연금(32)				
세	기납부세액	소득세	2,766,370	2,368,370		398,000
		지방소득세	276,600	236,800		39,800

(2) 부양가족 등록

소득명세	부양가족	신용카드 등	의료비	기부금	연금저축 등ⅠⅠ	연금저축 등ⅠⅠ	월세액	출산지원금	연말정산입력

연말관계	성명	내/외국인		주민(외국인)번호	나이	소득기준 초과여부	기본공제	세대주 구분	부녀자	한부모	경로우대	장애인	자녀	출산입양
0	함춘식	내	1	900919-1668321	34		본인	세대주						
1	함덕주	내	1	501223-1589321	74		60세이상					○		
1	박경자	내	1	530807-2548718	71		60세이상					○		
6	함경리	내	1	881229-2509019	36		장애인					3		

※ 일용근로소득, 복권당첨금 : 모두 분리과세 소득으로 함덕주(부), 박경자(모) 기본공제 ○

(3) 보장성 보험료 : [부양가족] 탭에 각 개인별로 입력

- 보장성보험료: 함춘식(본인) 저축성보험료는 보장성보험이 아니므로 공제 ×

① 함덕주

자료구분	보험료				의료비					교육비	
	건강	고용	일반보장성	장애인전용	일반	실손	선천성이상아	난임	65세,장애인	일반	장애인특수
국세청			500,000						300,000		
기타											

② 함경리

자료구분	보험료				의료비					교육비	
	건강	고용	일반보장성	장애인전용	일반	실손	선천성이상아	난임	65세,장애인	일반	장애인특수
국세청				700,000					300,000		
기타											

(4) 의료비

소득명세	부양가족	신용카드 등	의료비	기부금	연금저축 등ⅠⅠ	연금저축 등ⅠⅠ	월세액	출산지원금	연말정산입력

2024년 의료비 지급명세서

	의료비 공제대상자			6.본인등 해당여부	9.증빙코드	지급처		지급명세					14.산후조리원
	성명	내/외	5.주민등록번호			8.상호	7.사업자 등록번호	10.건수	11.금액	11-1.실손 보험수령액	12.미숙아 선천성이상아	13.난임 여부	
☐	박경자	내	530807-2548718	2	0	1				2,000,000		X	X	X
☐	함덕주	내	501223-1589321	2	0	1				300,000		X	X	X
☐	함경리	내	881229-2509019	2	0	1				300,000		X	X	X

※ 임플란트, 보청기, 치료용 한약 : 공제 ○

(5) 신용카드

소득명세	부양가족	신용카드 등	의료비	기부금	연금저축 등ⅠⅠ	연금저축 등ⅠⅠ	월세액	출산지원금	연말정산입력

	성명 생년월일	자료구분	신용카드	직불,선불	현금영수증	도서등 신용	도서등 직불	도서등 현금	전통시장	대중교통	소비증가분 2023년	소비증가분 2024년
☐	함춘식	국세청	19,400,000							600,000		20,000,000
	1990-09-19	기타										
☐	함덕주	국세청		6,000,000					2,000,000			8,000,000
	1950-12-23	기타										

※ 아파트 관리비 100만 원: 공제 ×

(6) 월세

| 소득명세 | 부양가족 | 신용카드 등 | 의료비 | 기부금 | 연금저축 등I | 연금저축 등II | 월세액 | 출산지원금 | 연말정산 |

1 월세액 세액공제 명세(연말정산입력 탭의 70.월세액)

임대인명 (상호)	주민등록번호 (사업자번호)	유형	계약 면적(㎡)	임대차계약서 상 주소지	계약서상 임대차 계약기간		연간 월세액	공제대상금액	세액공제금액
					개시일	~ 종료일			
이고동	691126-1904701	아파트	84.00	경기도 안산시 단원구 중앙대로 620	2024-01-01 ~ 2025-12-31		7,200,000	7,200,000	820,731

(7) F8 부양가족탭 불러오기

근로소득금액	40,410,000	• 그밖의소득공제	5,040,000	• 특별세액공제	
종합소득공제		과세표준	20,387,540	보장성보험료	165,000
• 기본공제	6,000,000	산출세액	1,798,131	의료비	152,400
• 추가공제	4,000,000	세액공제		교육비	–
• 연금보험료공제	2,335,700	• 근로세액공제	660,000	월세	820,731
• 특별소득공제	2,646,760	• 자녀/출산공제	–	결정세액	–

	구분	소득세	지방소득세	농어촌특별세	계
73.결정세액					
기납부 세액	74.종(전)근무지	398,000	39,800		437,800
	75.주(현)근무지	2,368,370	236,800		2,605,170
76.납부특례세액					
77.차감징수세액		-2,766,370	-276,600		-3,042,970

[제114회 기출문제 – 이론]

01 ④ 재무회계는 자산, 부채, 자본, 수익, 비용에 대한 정보를 제공할 뿐 종업원의 근무태도 관련 정보를 제공하지는 않음.

02 ① ① 후입선출법은 나중에 구입한 것을 먼저 판매한다는 가정으로 실제 물량 흐름과 반대임. ③ 물가 상승 시 후입선출법은 비싸게 구입한 것이 먼저 판매 : 매출원가 과대 계상 ⇒ 당기순이익 과소 계상 ④ 기말재고는 기초에 구입한 저렴한 것이 남음 : 기말재고 과소 평가

03 ④ ① 배당금 : 배당금 확정된 날, ② 상품권 : 판매 시점이 아닌 상품권이 회수되어 재화·용역이 공급된 시점 ③ 장기할부판매 : 인도시점

04 ② 주식배당은 배당을 주식으로 함 : 이익잉여금 감소, 자본금 증가 ⇒ 자본총계는 변동이 없음.

05 ①
- 단기매매증권 분류 : 2023년 기말장부가액 190,000원(10주 × 19,000원), 2023년 평가손실 10,000원[10주 × (20,000원 – 19,000원)], 2024년 처분이익 20,000원[10주 × (21,000원 – 19,000원)]
- 매도가능증권 분류 : 2024년 처분이익 10,000원[10주 × (21,000원 – 20,000원)], 매도가능증권으로 분류하면 기말에 기타포괄손익누계(매도가능증권평가손실)로 처리했다가 처분 시 이 금액을 먼저 차감하고 처분손익 계산하므로 처분 시 (처분가액 – 취득가액)으로 처분손익 계산함.
- 2024년 이익 : 단기매매증권(처분이익 20,000원), 매도가능증권(처분이익 10,000원) ⇒ 매도가능증권으로 분류하는 것이 단기매매증권으로 분류할 때 보다 당기순이익 10,000원 감소

06 ② 기본원가와 가공원가에 동시에 해당하는 것은 직접노무원가임.

07 ④
- 순실현가치 : A 600,000원(200kg × 3,000원), B 375,000원(250kg × 2,000원 – 125,000원) C 525,000원 (500kg × 1,200원 – 75,000원)
- B 결합원가 : 400,000원 × 375,000원/(600,000원 + 375,000원 + 525,000원) = 100,000원
- B 제조원가 : 결합원가(100,000원) + 추가 가공원가(125,000원) = 225,000원

08 ② 제조간접비 배부차이는 매출원가조정법, 비례배분법, 영업외손익법이 있음. 단계배분법은 보조부문 원가배분 방법임.

09 ③ 단일 종류 제품을 연속 대량 생산하는 경우에는 종합원가계산이 적합함.

10 ④ 비정상공손은 제품원가에 가산하지 않고 영업외비용 처리함.

11 ④ 부가가치세는 수출품에 영세율을 적용해 소비지국과세가 특징임.

12 ③ 총공급가액 중 면세공급가액 5% 미만이고 공통매입세액이 5백만 원 미만인 경우에만 공통매입세액 안분계산을 생략함.

13 ① ② 직전 과세기간 공급가액 1억 5천만 원 미만 법인사업자는 예정고지로 납부할 수 있음. ③ 신규사업자는 사업개시일 ~ 예정신고기간 종료일까지가 예정신고기간임. ④ 실적 부진자만 예정신고 하고 나머지는 고지받아 납부함.

14 ② 분리과세(② 일용 근로소득), 종합과세[① 연 2,000만 원 초과 금융소득, ③ 주택 이외 임대소득(주택임대는 연 1,800만 원 이하는 분리과세), ④ 연 300만 원 초과 기타소득금액(일시 인적소득은 기타소득으로 60% 필요경비 차감하면 320만 원이므로 종합과세)]

15 ② 사업 관련 자산수증이익은 총수입금액에 가산해 과세함.

01

[1] 납부 대행수수료 : 8,500,000 × 0.8% = 68,000원, 상거래 이외 외상 대금은 미지급금 처리

01.25	(차) 미지급세금(유동부채)	8,500,000	(대) 미지급금(국민카드)	8,568,000
	세금과공과(판매관리비)	68,000		

[2] 매각 거래 시 어음 할인수수료는 매출채권처분손실 처리

01.31	(차) 매출채권처분손실(영업외비용)	85,000	(대) 받을어음(무인상사(주))	10,000,000
	보통예금	9,915,000		

[3] 할인발행 시 사채할인발행차금 인식

02.04	(차) 보통예금	9,800,000	(대) 사 채	10,000,0000
	사채할인발행차금	200,000		

[4] 구입금액 전액 소모품비 처리

06.17	(차) 소모품비(제조원가)	20,000	(대) 현 금	20,000

[5] 원천징수액은 예수금 처리

09.13	(차) 이자비용(영업외비용)	200,000	(대) 예수금	55,000
			보통예금	145,000

02

[1] 유형 : '12.영세', 내국신용장에 의한 내국 수출

유형 : 12.영세, 공급가액 : 22,000,000원, 부가세 : 0원, 거래처 : ㈜한빛, 전자: 여, 분개: 혼합				
영세율구분 : ③ 내국신용장·구매확인서에 의하여 공급하는 재화				
07.08	(차) 선수금((주)한빛)	7,000,000	(대) 제품매출	22,000,000
	받을어음((주)한빛)	15,000,000		

[2] 유형 : '54.불공', 면세인 토지 취득 관련 매입세액은 불공제

유형 : 54.과세, 공급가액 : 10,200,000원, 부가세 : 1,020,000원, 거래처 : ㈜다양, 전자 : 여, 분개 : 혼합			
불공제사유 : ⑥토지의 자본적 지출 관련			
07.15	(차) 토 지	11,220,000	(대) 미지급금((주)다양)	11,220,000

[3] 유형 : '61.현과', 현금영수증 수취하면서 과세 재화 소비

유형 : 61.현과, 공급가액 : 250,000원, 부가세 : 25,000원, 거래처 : ㈜벽돌갈비, 전자 : -, 분개 : 혼합			
08.05	(차) 복리후생비(제조원가)	250,000	(대) 현 금	275,000
	부가세대급금	25,000		

[4] 유형 : '11.과세', 전자세금계산서를 발급하면서 과세 재화 공급

유형 : 11.과세, 공급가액 : 5,000,000원, 부가세 : 500,000원, 거래처 : 헤이중고차상사(주), 전자 : 여, 분개 : 혼합					
08.20	(차) 감가상각누계액(차량운반구)	16,000,000	(대) 차량운반구	20,000,000
	보통예금	5,500,000	부가세예수금	500,000
			유형자산처분이익(영업외수익)	1,000,000

※ 유형자산처분이익 : 처분가액 5,000,000원 − 장부가액 4,000,000원(20,000,000−16,000,000) = 1,000,000원

[5] 유형 : '51.과세', 전자세금계산서를 수취하면서 과세 용역 구입

유형 : 51.과세, 공급가액 : 3,000,000원, 부가세 : 300,000원, 거래처 : 건물주, 전자 : 여, 분개 : 혼합					
09.12	(차) 임차료(제조원가)	2,800,000	(대) 미지급금(건물주)	3,300,000
	건물관리비(제조원가)	200,000		
	부가세대급금	300,000		

03

[1] 수출실적명세서

조회기간 2024 년 04 ∨ 월 ~ 2024 년 06 ∨ 월 구분 : 1기 확정 과세기간별입력				
구분	건수	외화금액	원화금액	비고
⑨합계	2	132,000.00	176,800,000	
⑩수출재화[=⑫합계]	2	132,000.00	176,800,000	
⑪기타영세율적용				

No	□	(13)수출신고번호	(14)선(기)적일자	(15)통화코드	(16)환율	(17)외화	(18)원화	거래처코드	거래처명
1	□	12345-77-100066X	2024-06-15	USD	1,300.0000	80,000.00	104,000,000	00178	BOB
2	□	22244-88-100077X	2024-06-15	EUR	1,400.0000	52,000.00	72,800,000	00179	ORANGE

[2] 부가가치세 확정 신고서

- 전자신고세액공제: 전자신고세액공제 10,000원을 화면 우측의 "18.그밖의 경감·공제세액"의 「전자신고 및 전자고지 세액공제 칸에 입력
- 세금계산서 수취분 중 매입세액 불공제액은 수취 칸에 입력 후 하단의 공제받지못할 매입세액 칸에 입력하지만, 신용카드 수취 분 중 매입세액 불공제분은 아예 입력하지 않음.
- 가산세 : 종이세금계산서 발급 공급가액을 지연발급칸에 입력, 가산세 125,000원 자동 입력

일반과세 / 간이과세

조회기간 2024 년 10 월 1 일 ~ 2024 년 12 월 31 일 신고구분 1.정기신고

		구분		정기신고금액 금액	세율	세액
과세표준및매출세액	과세	세금계산서발급분	1	167,500,000	10/100	16,750,000
		매입자발행세금계산서	2		10/100	
		신용카드·현금영수증발행분	3		10/100	
		기타(정규영수증외매출분)	4			
	영세	세금계산서발급분	5	100,000,000	0/100	
		기타	6		0/100	
	예정신고누락분		7			
	대손세액가감		8			-120,000
	합계		9	267,500,000	㉮	16,630,000
매입세액	세금계산서수취분	일반매입	10	187,400,000		18,740,000
		수출기업수입분납부유예	10-1			
		고정자산매입	11	28,000,000		2,800,000
	예정신고누락분		12	500,000		50,000
	매입자발행세금계산서		13			
	그 밖의 공제매입세액		14	21,099,655		2,109,965
	합계(10)-(10-1)+(11)+(12)+(13)+(14)		15	236,999,655		23,699,965
	공제받지못할매입세액		16	2,400,000		240,000
	차감계 (15-16)		17	234,599,655	㉯	23,459,965
납부(환급)세액(매출세액㉮-매입세액㉯)					㉰	-6,829,965
경감공제세액	그 밖의 경감·공제세액		18			10,000
	신용카드매출전표등 발행공제등		19			
	합계		20		㉱	10,000
소규모 개인사업자 부가가치세 감면세액			20-1		㉲	
예정신고미환급세액			21		㉳	
예정고지세액			22		㉴	
사업양수자의 대리납부 기납부세액			23		㉵	
매입자 납부특례 기납부세액			24		㉶	
신용카드업자의 대리납부 기납부세액			25		㉷	
가산세액계			26		㉸	125,000
차가감하여 납부할세액(환급받을세액)㉰-㉱-㉲-㉳-㉴-㉵-㉶-㉷+㉸			27			-6,714,965

12.매입(예정신고누락분)					
예정		세금계산서	38		
		그 밖의 공제매입세액	39	500,000	50,000
		합계	40	500,000	50,000
	신용카드매출 수령금액합계	일반매입		500,000	50,000
		고정매입			

14.그 밖의 공제매입세액					
신용카드매출 수령금액합계표	일반매입	41	18,554,200	1,855,420
	고정매입	42	2,545,455	254,545

구분		금액	세율	세액
16.공제받지못할매입세액				
공제받지못할 매입세액	50	2,400,000		240,000
18.그 밖의 경감·공제세액				
전자신고 및 전자고지 세액공제	54			10,000
25.가산세명세				
사업자미등록등	61		1/100	
세 금 지연발급 등	62	12,500,000	1/100	125,000

[3] 부가가치세 신고서 전자신고 : 비번 12345678

전자신고(전자신고 제작) → 국세청 홈택스 전자신고변환(교육용) → 전자파일 변환(파일선택 → 형식검증 → 전자파일 제출)

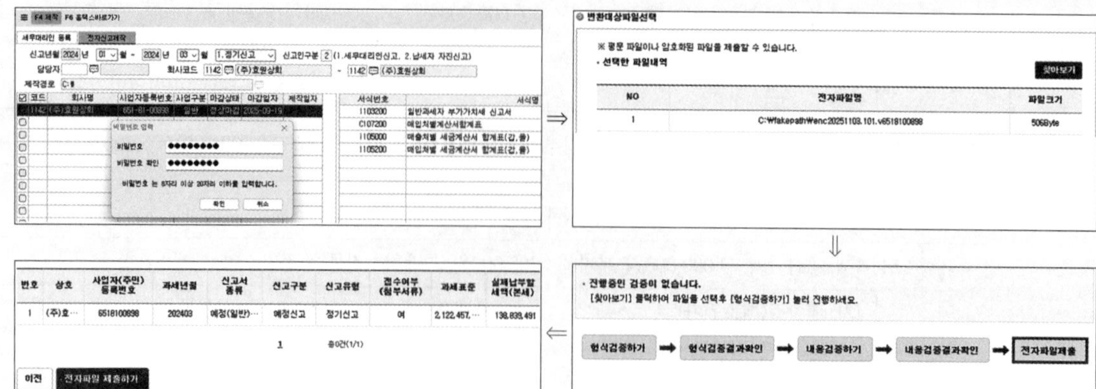

04 [1] 불우이웃돕기성급(기부금 – 영업외비용), 영업부 거래처 축의금(기업업무추진비 – 판매관리비)

12.31	(차) 기부금(영업외비용)	1,000,000	(대) 현금과부족	1,200,000
	기업업무추진비(판매관리비)	200,000		

[2] 보험료(비용) 미 경과분 선급비용(자산) 인식. 3,600,000원 × (5개월/12개월) = 1,500,000원

12.31	(차) 선급비용(당좌자산)	1,500,000	(대) 보험료(제조원가)	1,500,000

[3] 이자수익 : 20,000,000원 × 4.6% = 920,000원

12.31	(차) 보통예금	920,000	(대) 이자수익(영업외수익)	920,000

[4] 다음 2가지 방법 중 하나 선택

① [결산자료입력] ⇒ 판매관리비 부분 대손상각비 중 외상매출금 칸에 735,500원, 받을어음 칸에 207,000원, 영업외비용 부분
기타의대손상각비 중 단기대여금 칸에 500,000원 입력 ⇒ F3 전표 추가 클릭

- 외상매출금 대손상각비 필요액 : 548,550,000×1% − 4,750,000 = 735,500원
- 받을어음 대손상각비 필요액 : 22,700,000×1% − 20,000 = 207,000원
- 단기대여금 대손상각비 필요액 : 50,000,000×1% − 0 = 500,000원

② 수동분개 입력

12.31	(차) 대손상각비(판매관리비)	942,500	(대) 대손충당금(외상매출금)	735,500
	기타의대손상각비(영업외비용)	500,000	대손충당금(받을어음)	207,000
			대손충당금(단기대여금)	500,000

[5] [결산자료입력] ⇒ 법인세 등 부분의 선납세금 칸에 5,800,000원 입력, 추가 계상액에 2,600,000원 입력 후 F3 전표추가 클릭 또
는 아래 수동 분개 입력

12.31	(차) 법인세 등	8,400,000	(대) 선납세금(당좌자산)	5,800,000
			미지급세금(유동부채)	2,600,000

[1] 급여자료 입력 ⇒ 원천징수이행상황신고서 : 정기준

(1) 급여자료 입력

| 수당등록 | 신규 등록(출산보육수당−비과세), 사용여부 "부" 처리(상여, 월차수당) |

귀속년월 2024 년 04 월   지급년월일 2024 년 04 월 30 일 📋   급여

□	사번	사원명	감면율	급여항목	금액	공제항목	금액
☑	33	정기준		기본급	2,800,000	국민연금	153,000
□				직책수당	400,000	건강보험	120,530
□				식대	200,000	장기요양보험	15,600
□				자가운전보조금	200,000	고용보험	27,200
□				야간근로수당	200,000	소득세(100%)	114,990
□				보육수당	200,000	지방소득세	11,490
□				과 세	3,400,000		
□				비 과 세	600,000	공 제 총 액	442,810
	총인원(퇴사자)	1(0)		지 급 총 액	4,000,000	차 인 지 급 액	3,557,190

(2) 원천징수이행상황신고서

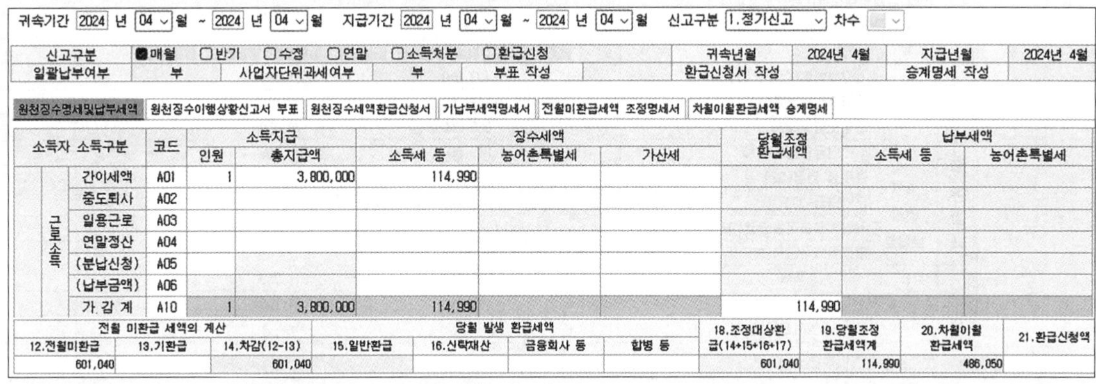

귀속기간 2024 년 04 월 ~ 2024 년 04 월   지급기간 2024 년 04 월 ~ 2024 년 04 월   신고구분 1.정기신고   차수

신고구분	■매월 □반기 □수정 □연말 □소득처분 □환급신청			귀속년월	2024년 4월	지급년월	2024년 4월
일괄납부여부	부	사업자단위과세여부	부	부표 작성	환급신청서 작성	승계명세 작성	

원천징수명세및납부세액 원천징수이행상황신고서 부표 원천징수세액환급신청서 기납부세액명세서 전월미환급세액 조정명세서 차월이월환급세액 승계명세

소득자 소득구분		코드	소득지급		징수세액			당월조정환급세액	납부세액	
			인원	총지급액	소득세 등	농어촌특별세	가산세		소득세 등	농어촌특별세
근로소득	간이세액	A01	1	3,800,000	114,990					
	중도퇴사	A02								
	일용근로	A03								
	연말정산	A04								
	(분납신청)	A05								
	(납부금액)	A06								
	가 감 계	A10	1	3,800,000	114,990			114,990		

전월 미환급 세액의 계산			당월 발생 환급세액				18.조정대상환급(14+15+16+17)	19.당월조정환급세액계	20.차월이월환급세액	21.환급신청액
12.전월미환급	13.기환급	14.차감(12-13)	15.일반환급	16.신탁재산	금융회사 등	합병 등				
601,040		601,040					601,040	114,990	486,050	

[2] 연말정산

(1) 전 근무지 소득 입력

소득명세	부양가족	신용카드 등	의료비	기부금	연금저축 등I	연금저축 등II	월세액	출산지원금	연말정산입력

	구분		합계	주(현)	납세조합	종(전) [1/2]
소 득 명 세	9.근무처명			(주)효원상회		주식회사 두섬
	9-1.종교관련 종사자			부		
	10.사업자등록번호			651-81-00898	---_--_---	103-81-62982
	11.근무기간			2024-08-01 ~ 2024-12-31	----_--_-- ~ ----_--_--	2024-01-01 ~ 2024-07-31
	12.감면기간			----_--_-- ~ ----_--_--	----_--_-- ~ ----_--_--	----_--_-- ~ ----_--_--
	13-1.급여(급여자료입력)		41,000,000	15,000,000		26,000,000
	13-2.비과세한도초과액					
	13-3.과세대상추가(인정상여추가)					
	14.상여		1,000,000			1,000,000
	15.인정상여					
	15-1.주식매수선택권행사이익					
	15-2.우리사주조합 인출금					
	15-3.임원퇴직소득금액한도초과액					
	15-4.직무발명보상금					
	16.계		42,000,000	15,000,000		27,000,000
공 제 보 험 료 명 세	직장	건강보험료(직장)(33)	1,437,050	531,750		905,300
		장기요양보험료(33)	184,750	68,850		115,900
		고용보험료(33)	363,000	120,000		243,000
		국민연금보험료(31)	1,845,000	675,000		1,170,000
	공적 연금 보험료	공무원 연금(32)				
		군인연금(32)				
		사립학교교직원연금(32)				
		별정우체국연금(32)				
세 액	기납부세액	소득세	711,750	371,750		340,000
		지방소득세	71,150	37,150		34,000
		농어촌특별세				

(2) 부양가족 등록

소득명세	부양가족	신용카드 등	의료비	기부금	연금저축 등I	연금저축 등II	월세액	출산지원금	연말정산입력

연말 관계	성명	내/외국인	주민(외국인)번호	나이	소득기준 초과여부	기본공제	세대주 구분	부녀 자	한부 모	경로 우대	장애 인	자녀	출산 입양
0	홍상현	내	1 860314-1287653	38		본인	세대주						
1	홍천운	내	1 580919-1287035	66		60세이상							
3	이명지	내	1 860621-2044775	38	○	부							
4	홍라율	내	1 190827-4842416	5		20세이하							

※ 이명지: 총급여 500만 원 초과해 기본공제 ×

(3) 보장성/교육비 : [부양가족] 탭에 각 개인별로 입력

> • 보장성보험료: 이명지(배우자) 기본공제 대상자 아니므로 공제 ×

① 홍상현

자료구분	보험료				의료비					교육비		
	건강	고용	일반보장성	장애인전용	일반	실손	선천성이상아	난임	65세,장애인	일반		장애인특수
국세청			800,000		300,000					7,000,000	4.본인	
기타	1,621,800	363,000			500,000	1.전액						

② 홍라율

자료구분	보험료				의료비					교육비		
	건강	고용	일반보장성	장애인전용	일반	실손	선천성이상아	난임	65세,장애인	일반		장애인특수
국세청			500,000						400,000	2,400,000	1.취학 전	
기타												

(4) 의료비

소득명세	부양가족	신용카드 등	의료비	기부금	연금저축 등I	연금저축 등II	월세액	출산지원금	연말정산입력

2024년 의료비 지급명세서

	성명	내/외	5.주민등록번호	6.본인등해당여부	9.증빙코드	8.상호	7.사업자등록번호	10.건수	11.금액	11-1.실손보험수령액	12.미숙아선천성이상아	13.난임여부	14.산후조리원
☐	홍상현	내	860314-1287653	1	0	1				300,000		X	X	X
☐	홍상현	내	860314-1287653	1	0	5	모든안경	431-01-00574	1	500,000		X	X	X
☐	홍라율	내	190827-4842416	2	0	1				400,000		X	X	X
☐	홍천운	내	580919-1287035	2	0	1				8,000,000		X	X	X

(5) 신용카드

소득명세	부양가족	신용카드 등	의료비	기부금	연금저축 등I	연금저축 등II	월세액	출산지원금	연말정산입력

	성명 생년월일	자료구분	신용카드	직불,선불	현금영수증	도서등신용	도서등직불	도서등현금	전통시장	대중교통	소비증가분	
											2023년	2024년
☐	홍상현	국세청	22,000,000		3,000,000				4,000,000	1,000,000		30,000,000
	1986-03-14	기타										

(6) F8 부양가족탭 불러오기

근로소득금액	30,450,000	• 그밖의소득공제	6,000,000	• 특별세액공제	
종합소득공제		과세표준	16,120,200	보장성보험료	120,000
• 기본공제	4,500,000	산출세액	1,158,030	의료비	401,114
• 추가공제	–	세액공제		교육비	–
• 연금보험료공제	1,845,000	• 근로세액공제	636,916	연금저축	
• 특별소득공제	1,984,800	• 자녀/출산공제	–	결정세액	–

구분		소득세	지방소득세	농어촌특별세	계
73.결정세액					
기납부세액	74.종(전)근무지	340,000	34,000		374,000
	75.주(현)근무지	371,750	37,150		408,900
76.납부특례세액					
77.차감징수세액		-711,750	-71,150		-782,900

[제115회 기출문제 - 이론]

01 ④ 재무제표 기본가정은 기업실체 가정, 계속기업 가정, 기간별보고 가정, 3가지임. ④ 회계정보의 적시성은 재무제표 기본가정이 아니라 회계정보의 특성임.

02 ④ • 취득원가 : 매입가액(20,000,000원) + 설치비(300,000원) + 용도변경 개량비(4,000,000원) = 24,300,000원
　　　• 감가상각비 : 24,300,000원 ÷ 6년 = 4,050,000원
　　　• 2024년 감가상각누계액 : 1년 감가상각비(4,050,000원) × 3년 = 12,150,000원
　　　• 미상각 잔액 : 취득가액(24,300,000원) − 감가상각 누계액(12,150,000원) = 12,150,000원

03 ③ 무형자산 상각은 합리적인 방법으로 선택 할 수 있으나 통상 정액법을 사용함.

04 ① 사채할인발행차금은 사채의 발행가액이 아니라 액면금액에서 차감하여 표시함.

05 ① 회계적 추정치를 변경하는 것은 회계정책 변경이 아니라 추정의 변경임.

06 ① 당기제품제조원가는 제품계정의 차변으로 대체됨.

07 ② 작업원가표는 개별원가계산에 사용됨.

08 ③ 당기제품제조원가는 손익계산서의 매출원가 계산 시 당기제품제조원가에 계상됨.

09 ② • 제조간접비 예정배부액 : 실제 발생액(6,000,000원) + 과대 배부(400,000원) = 6,400,000원
　　　• 예정배부율 : 6,400,000원 ÷ 50,000시간 = 128원

10 ④ • 당기 완성수량 : 기초재공품(1,000개) + 당기착수(6,000개) − 기말재공품(800개) = 6,200개
　　　• 당기 착수 & 당기 완성 : 완성수량(6,200개) − 기초재공품(1,000개) = 5,200개
　　　• 가공비 완성품 환산량(6,100개) = 기초재공품(1,000개 × 70%) + 당기 착수&당기 완성(5,200개) + 기말재공품(800개 × x%) ⇒ 기말재공품 완성도는 25%임.

11 ③ ① 과세기간은 1기(1 ~ 6월), 2기(7 ~ 12월)로 나뉨. ② 신규사업자는 사업개시일~과세기간 종료일이 과세기간임. ③ 일반과세에서 간이과세로 변경되면 절차상 시간이 필요해 변경 후 7.1 ~ 그 다음연도 6.30까지 간이과세를 적용함. ④ 간이과세를 포기하면 간이과세기간, 일반과세 예정기간, 일반과세 확정, 이렇게 3개 과세기간이 됨.

12 ② ① 담보제공, ③ 사업 포괄양도, ④ 조세물납은 부가가치세 재화 공급이 아님.

13 ④ ① 보장성보험료 세액공제, ② 의료비 세액공제, ③ 교육비 세액공제는 근로자 및 성실신고세액공제 대상 사업자만 적용 가능함. ④ 기부금 세액공제는 종합소득이 있는 거주자는 누구나 공제 가능

14 ③ 장기할부판매는 인도일이 수익인식 시기임. 단, 부가가치세의 공급시기는 대가의 각 부분을 받기로 한 때임.

15 ① 공익법인이 주무관청의 승인을 받거나 순위 경쟁 대회에서 시상하는 상금과 부상, 주택입주 지체상금은 필요경비 80% 인정함.

01

[1] 기존 매도가능 매도가능증권평가이익 1,000,000원(11,000,000 - 10,000,000). 처분 시 먼저 차감.

04.11	(차) 매도가능증권평가이익(기타포괄)	1,000,000	(대) 매도가능증권(투자자산)	11,000,000
	보통예금	12,000,000	매도가능증권처분이익(영업외수익)	2,000,000

[2] 공정가치를 자산수증이익 처리

06.25	(차) 비 품	5,000,000	(대) 자산수증이익(영업외수익)	5,000,0000

[3] 토지 취득 시 부대비용은 모두 취득원가에 가산

08.02	(차) 토 지	316,000,000	(대) 현 금	13,000,000
			보통예금	303,000,000

[4] 확정급여(DB)형 납부액(퇴직연금운용자산 처리), 확정급여(DC)형 납부액(퇴직급여 처리)

08.10	(차) 퇴직연금운용자산(투자자산)	5,000,000	(대) 보통예금	8,000,000
	퇴직급여(제조원가)	3,000,000		

[5] 처분시점 자기주식처분손실 200,000원을 먼저 상계 처리

12.13	(차) 보통예금	7,800,000	(대) 자기주식(자본조정)	6,960,000
			자기주식처분손실(자본조정)	200,000
			자기주식처분이익(자본잉여금)	640,000

※ 처분금액 7,800,000원(120주 × 65,000원), 자기주식 취득가액 6,960,000원(120주 × 58,000원)

02

[1] 유형 : '16.수출', 달러 수취하는 직수출. 선적일 환율 적용. $30,000 × 1,300원 = 39,000,000원

유형 : 16.수출, 공급가액 : 39,000,000원, 부가세 : 0원, 거래처 : ABC사, 전자 : -, 분개 : 혼합				
영세율 구분 : ① 직접수출(대행수출 포함)				
03.12	(차) 보통예금	26,000,000	(대) 제품매출	39,000,000
	외상매출금(ABC)	13,000,000		

※ 보통예금 입금액: $20,000 × 1,300원 = 26,000,000원

[2] 유형 : '51.과세', 전자세금계산서 수취하면서 과세 재화 구입. 1,000cc 이하는 매입세액공제 적용

유형 : 51.과세, 공급가액: 20,000,000원, 부가세: 2,000,000원, 거래처: 달려요, 전자: 부, 분개: 혼합				
10.01	(차) 차량운반구	20,000,000	(대) 미지급금(달려요)	22,000,000
	부가세대급금	2,000,000		

※ 상거래 이외 외상 구입은 미지급금 처리

[3] 유형 : '53.면세', 전자계산서 수취하면서 면세 리스용역 구입

유형 : 53.면세, 공급가액 : 1,800,000원, 부가세 : -, 거래처 : ㈜월클파이낸셜, 전자 : 여, 분개 : 혼합				
10.29	(차) 임차료(판매관리비)	1,800,000	(대) 미지급금((주)월클파이낸셜)	1,800,000

[4] 유형 : '11.과세', 전자세금계산서 발행하면서 과세 재화 판매

유형 : 11.과세, 공급가액 : 10,000,000원, 부가세 : 1,000,000원, 거래처 : ㈜진산, 전자 : 여, 분개 : 혼합				
11.01	(차) 미지급금((주)진산)	8,000,000	(대) 제품매출	10,000,000
	보통예금	3,000,000	부가세예수금	1,000,000

[5] 유형 : '61.현과', 현금영수증 수취하면서 과세 재화 구입

유형 : 61.현과, 공급가액 : 1,760,000원, 부가세 : 176,000원, 거래처 : ㈜코스트코코리아, 전자 : -, 분개 : 혼합				
11.20	(차) 비 품	1,760,000	(대) 보통예금	1,936,000
	부가세대급금	176,000		

03

[1] 공제받지못할 매입세액명세서

(1) 공제받지 못할 매입세액내역

조회기간 2024 년 10 ∨ 월 ~ 2024 년 12 ∨ 월　　구분　2기 확정

| 공제받지못할매입세액내역 | 공통매입세액안분계산내역 | 공통매입세액의정산내역 | 납부세액또는환급세액재계산 |

매입세액 불공제 사유	세금계산서		
	매수	공급가액	매입세액
①필요적 기재사항 누락 등			
②사업과 직접 관련 없는 지출			
③개별소비세법 제1조제2항제3호에 따른 자동차 구입·유지			
④기업업무추진비 및 이와 유사한 비용 관련			
⑤면세사업등 관련	12	90,000,000	9,000,000

(2) 공통매입세액안분

조회기간 2024 년 10 ∨ 월 ~ 2024 년 12 ∨ 월　　구분　2기 확정

| 공제받지못할매입세액내역 | 공통매입세액안분계산내역 | 공통매입세액의정산내역 | 납부세액또는환급세액재계산 |

산식	구분	(15)총공통매입세액	(16)면세 사업확정 비율			(17)불공제매입세액총액 ((15)×(16))	(18)기불공제매입세액	(19)가산또는 공제되는매입세액((17)-(18))
			총공급가액	면세공급가액	면세비율			
1. 당해과세기간의 공급가액기준		3,800,000	500,000,000.00	150,000,000.00	30.000000	1,140,000	500,000	640,000

[2] 부가가치세 확정 신고서

| 일반과세 | 간이과세 |

조회기간 2024 년 4월 1일 ~ 2024 년 6월 30일　신고구분　1.정기신고

	구분		정기신고금액		
			금액	세율	세액
과세표준및매출세액	과세	세금계산서발급분	1	500,000,000	10/100	50,000,000
		매입자발행세금계산서	2		10/100	
		신용카드·현금영수증발행분	3	50,000,000	10/100	5,000,000
		기타(정규영수증외매출분)	4			
	영세	세금계산서발급분	5		0/100	
		기타	6	30,000,000	0/100	
	예정신고누락분		7			
	대손세액가감		8			-500,000
	합계		9	580,000,000	㉘	54,500,000
매입세액	세금계산서수취분	일반매입	10	320,000,000		32,000,000
		수출기업수입분납부유예	10-1			
		고정자산매입	11			
	예정신고누락분		12	10,000,000		1,000,000
	매입자발행세금계산서		13			
	그 밖의 공제매입세액		14	11,000,000		1,100,000
	합계(10)-(10-1)+(11)+(12)+(13)+(14)		15	341,000,000		34,100,000
	공제받지못할매입세액		16			
	차감계 (15-16)		17	341,000,000	㉯	34,100,000
납부(환급)세액(매출세액㉘-매입세액㉯)					㉰	20,400,000
경감공제세액	그 밖의 경감·공제세액		18			10,000
	신용카드매출전표등 발행공제등		19			
	합계		20		㉱	10,000
소규모 개인사업자 부가가치세 감면세액			20-1		㉲	
예정신고미환급세액			21		㉳	3,000,000
예정고지세액			22		㉴	
사업양수자의 대리납부 기납부세액			23		㉵	
매입자 납부특례 기납부세액			24		㉶	
신용카드업자의 대리납부 기납부세액			25		㉷	
가산세액계			26		㉸	10,000
차가감하여 납부할세액(환급받을세액)㉰-㉱-㉲-㉳-㉴-㉵-㉶-㉷+㉸			27			17,400,000

12.매입(예정신고누락분)

			금액	세액
예	세금계산서	38	10,000,000	1,000,000
	그 밖의 공제매입세액	39		
	합계	40	10,000,000	1,000,000

14.그 밖의 공제매입세액

			금액	세액
신용카드매출수령금액합계표	일반매입	41	8,000,000	800,000
	고정매입	42	3,000,000	300,000

18.그 밖의 경감·공제세액

		금액	세액
전자신고 및 전자고지 세액공제	54		10,000

25.가산세명세

			금액	세율	세액
사업자미등록등		61		1/100	
세 그	지연발급 등	62	1,000,000	1/100	10,000

- 전자신고세액공제 : 전자신고세액공제 10,000원을 화면 우측의 "18.그밖의 경감·공제세액"의 「전자신고 및 전자고지 세액공제 칸에 입력
- 가산세 : 지연발급 칸에 1,000,000원 입력

04 [1] 만기가 1년 이내 도래한 장기차입을 유동성장기부채로 계정 재분류

| 12.31 | (차) 장기차입금(은혜은행) | 20,000,000 | (대) 유동성장기부채(은혜은행) | 20,000,000 |

[2] 전액 비용 처리한 임차료 중 미경과 선급비용(자산) 인식. 3,000,000원 × (9개월/12개월) = 2,250,000원

| 12.31 | (차) 선급비용(당좌자산) | 2,250,000 | (대) 임차료(판매관리비) | 2,250,000 |

[3] 이자 발생액: 300,000,000원 × 6.8% × (8개월/12개월) = 13,600,000원

| 12.31 | (차) 이자비용(영업외비용) | 13,600,000 | (대) 미지급비용(유동부채) | 13,600,000 |

[4] [결산자료입력] ⇒ 매출원가의 기계장치 감가상각 칸에 4,000,000원 입력, 판매관리비의 건물 감가상각 칸에 20,000,000원, 무형자산상각비의 영업권 칸에 3,000,000원 입력 ⇒ F3 전표추가 클릭 또는 아래 일반전표 입력

12.31	(차) 감가상각비(제조원가)	4,000,000	(대) 감가상각누계액(건물)	20,000,000
	감가상각비(판매관리비)	20,000,000	감가상각누계액(기계장치)	4,000,000
	무형자산상각비(판매관리비)	3,000,000	영업권	3,000,000

[5] [결산자료입력] ⇒ 매출원가의 기말원재료 칸에 4,700,000원, 기말재공품 칸에 800,000원, 기말제품 칸에 21,300,000원 입력 ⇒ F3 전표 추가 클릭

- 기말원재료 : 4,700,000원(도착지 인도조건은 미착원재료는 도착 전까지는 재고자산에 포함시키지 않음.)
- 기말재공품 : 800,000원 • 기말제품 : 21,300,000원(16,300,000 + 미판매 수탁품 5,000,000)

05 [1] 부양가족 등록 : 김필영 사원

| 기본사항 | 부양가족명세 | 추가사항 | | | | | | | | | | | |

연말관계	성명	내/외국인	주민(외국인, 여권)번호		나이	기본공제	부녀자	한부모	경로우대	장애인	자녀	출산입양	위탁관계
0	김필영	내	1	820419-1234564	42	본인							
1	김경식	내	1	450103-1156778	79	장애인			○	2			
1	이연화	내	1	490717-2155433	75	부							
2	한수희	내	1	511111-2523454	73	60세이상			○				
3	최하나	내	1	841006-2219118	40	배우자							
4	김이온	내	1	120712-3035892	12	20세이하					○		
4	김시온	내	1	190103-4035455	5	20세이하							
6	김필모	내	1	791230-1234574	45	장애인				1			

※ 최하나(배우자, 소득금액 100만 원 이하: 기본공제 ○), 김경식(부친, 사망 연도까지 기본공제 ○), 이연화(모친, 소득금액 100만 원 초과: 기본공제 ×), 한수희(장모, 총급여 500만 원까지 기본공제 ○), 김필모(형, 일용소득 분리과세: 기본공제 ○)

[2] 연말정산 : 이철수 사원

(1) 부양가족 등록

| 소득명세 | 부양가족 | 신용카드 등 | 의료비 | 기부금 | 연금저축 등I | 연금저축 등II | 월세액 | 출산지원금 | 연말정산입력 | | | | | | | |

연말관계	성명	내/외국인	주민(외국인)번호		나이	소득기준 초과여부	기본공제	세대주구분	부녀자	한부모	경로우대	장애인	자녀	출산입양
0	이철수	내	1	830505-1478521	41		본인	세대주						
3	강희영	내	1	840630-2547858	40	○	부							
1	이명수	내	1	561012-1587428	68		60세이상							
4	이현수	내	1	140408-3852611	10		20세이하						○	
4	이리수	내	1	191104-4487122	5		20세이하							

※ 강희영(배우자, 소득금액 100만 원 초과: 기본공제 ×), 이명수(부친, 소득금액 100만 원 이하: 기본공제 ○)

(2) 보장성/교육비 : [부양가족] 탭에 각 개인별로 입력

- 보장성보험료: 강희영(배우자) 기본공제 대상자 아니므로 공제 ×
- 교육비: 이현수(아들) 취학 후 사설학원비 공제 ×

① 이철수

자료구분	보험료				의료비					교육비	
	건강	고용	일반보장성	장애인전용	일반	실손	선천성이상아	난임	65세,장애인	일반	장애인특수
국세청			300,000		1,050,000 1.전액					5,000,000 4.본인	
기타	1,921,920	384,000									

② 이명수

자료구분	보험료				의료비					교육비	
	건강	고용	일반보장성	장애인전용	일반	실손	선천성이상아	난임	65세,장애인	일반	장애인특수
국세청			150,000								
기타											

③ 이현수

자료구분	보험료				의료비					교육비	
	건강	고용	일반보장성	장애인전용	일반	실손	선천성이상아	난임	65세,장애인	일반	장애인특수
국세청			350,000							8,000,000 2.초중고	
기타											

④ 이리수

자료구분	보험료				의료비					교육비	
	건강	고용	일반보장성	장애인전용	일반	실손	선천성이상아	난임	65세,장애인	일반	장애인특수
국세청									250,000	1,800,000 1.취학전	
기타											

(3) 의료비

소득명세	부양가족	신용카드 등	의료비	기부금	연금저축 등I	연금저축 등II	월세액	출산지원금	연말정산입력

2024년 의료비 지급명세서

	성명	내/외	5.주민등록번호	6.본인등해당여부	9.증빙코드	8.상호	7.사업자등록번호	10.건수	11.금액	11-1.실손보험수령핵	12.미숙아선천성이상아	13.난임여부	14.산후조리원
							의료비 공제대상자 → 지급처 → 지급명세						
☐	이철수	내	830505-1478521	1	0	1				1,050,000		X	X	X
☐	이리수	내	191104-4487122	2	0	1				250,000		X	X	X

(4) 신용카드

소득명세	부양가족	신용카드 등	의료비	기부금	연금저축 등I	연금저축 등II	월세액	출산지원금	연말정산입력

	성명 생년월일	자료구분	신용카드	직불,선불	현금영수증	도서등신용	도서등직불	도서등현금	전통시장	대중교통	소비증가분	
											2023년	2024년
☐	이철수	국세청	32,500,000									32,500,000
	1983-05-05	기타										

(5) F8 부양가족탭 불러오기

근로소득금액	35,850,000	· 그밖의소득공제	4,000,000	· 특별세액공제	
종합소득공제		과세표준	21,384,080	보장성보험료	96,000
· 기본공제	6,000,000	산출세액	1,947,612	의료비	–
· 추가공제	–	세액공제		교육비	1,041,612
· 연금보험료공제	2,160,000	· 근로세액공제	660,000	연금저축	
· 특별소득공제	2,305,920	· 자녀/출산공제	150,000	결정세액	–

구분		소득세	지방소득세	농어촌특별세	계
73.결정세액					
기납부 세액	74.종(전)근무지				
	75.주(현)근무지	2,351,520	235,080		2,586,600
76.납부특례세액					
77.차감징수세액		-2,351,520	-235,080		-2,586,600

[제118회 기출문제 - 이론]

01 ③ 직원가불금은 대여금임. ① 자기앞수표, ② 배당금지급통지서, ④ 취득 당시 만기 3개월 이내 환매조건부 채권은 현금처럼 사용 가능하므로 현금 및 현금성자산임.

02 ④ 미지급금(3,000,000원) + 외상매입금(3,500,000원) + 선수금(1,000,000원) + 유동성장기부채(1,500,000원) = 9,000,000원, 장기차입금과 퇴직급여충당부채는 비유동부채임.

03 ② 판매 목적으로 매입한 건물은 유형자산이 아닌 재고자산임. ① 건물용 토지는 유형자산, ③ 임대용 부동산은 투자자산, ④ 제품 제조용 기계장치는 유형자산

04 ② ② 사채할인 발행 시 사채에서 차감 표시되는 사채할인발행차금이 매년 감소하므로 사채 장부가액은 증가함. ① 액면이자율 〉 유효이자율(시장이자율)이면 시장 보다 이자를 많이 지급하므로 할증발행됨. ③ 사채는 액면발행·할인발행·할증발행 관계없이 액면이자는 동일함. ④ 사채 할증발행 시 사채할인발행차금 상각액이 매년 증가함에 따라 총이자(유효이자)는 매년 증가함.

05 ① ① 건물 구입(자산 ⇑), 보통예금 지급(자산 ⇓) ⇒ 자산 변동 없음. ② 유상 증자 ⇒ 자본금 증가 ③ 수수료 지급하면 당기순이익 감소 ⇒ 자본 감소 ④ 차량을 손실보며 매각 시 당기순이익 감소 ⇒ 자본 감소

06 ③ (가)는 계단원가(준고정원가)이며 (나)는 변동원가임.

07 ① 이미 과거에 발생해 의사결정에 영향을 주지 않는 것은 매몰원가임.

08 ② ② 기말 제품을 과대계상하면 매출원가에 영향을 미침. ① 원재료 투입액, ③ 기초재공품, ④ 공장 직원 임금은 모두 당기 제조원가에 영향을 미침.

09 ③ 기말재공품 완성도를 실제 보다 높이면 전체 원가 중 기말재공품이 원가가 더 많이 배분됨에 따라 완성품원가는 실제보다 낮아짐.

10 ③ • 제조부문1 직접노동시간 : 제품A(300개 × 4시간) + 제품B(400개 × 5시간) = 3,200시간
　　• 제조부문1 예정배부율 : 1,024,000원(제조부문1 제조간접비예산) ÷ 3,200시간 = 320원

11 ① 구매확인서·내국신용장에 의한 내국수출은 세금계산서를 발행해야 함.

12 ② 의제매입세액은 면세농산물을 구입하여 가공 후 과세 재화를 판매하는 경우임. 보기에는 한정식집 운영 법인사업자가 의제매입세액공제를 받을 수 있음.

13 ④ 공급대가가 1억 400만 원 넘는 연도(2024년)의 다음 연도인 2025.7.1. ~ 2026.6.30.에 간이과세 적용

14 ① ① 저작자가 저작권 양도로 금품을 받으면 사업소득임. 저작권자 이외 자의 저작권 양도는 기타소득임. ③ 강연료 12만 원의 60% 필요경비 인정. 기타소득금액은 48,000원(12만 원 × 40%)임. 건당 5만 원 이하 기타소득금액은 과세하지 않음.

15 ② • 비주거용 부동산임대업은 타 소득과 결손금을 통산하지 않으며 퇴직소득은 별도로 분류 과세
　　• 종합소득금액 : 근로소득금액 4,000,000원 + 사업소득금액(건설업) 8,000,000원 + 사업소득금액(주거용 부동산임대업) △3,000,000원 = 9,000,000원

01

[1] 거래처와 식사비용(기업업무추진비), 상거래 이외 외상대금(미지급금)

01.05	(차) 기업업무추진비(판매관리비)	475,000	(대) 미지급금(국민카드)	475,000

[2] 원천징수 된 세금은 선납세금 처리

04.30	(차) 보통예금	150,000	(대) 선납세금(당좌자산)	150,000

[3] 감자 자본금 25,000,000원(5,000주×액면 5,000원), 감자 시 지급액 27,500,000원((5,000주 × 액면 5,000원)

08.14	(차) 감자차익(자본잉여금)	1,800,000	(대) 보통예금	27,500,000
	자본금	25,000,000		
	감자차손(자본조정)	700,000		

※ 감자 시 감자차익 잔액 1,800,000원을 먼저 없애야 함.

[4] 외상매입금 197,000,000원 상환에 보통예곰 195,000,000원 지급으로 2,000,000원의 외환차익 발생

10.01	(차) 외상매입금((주)하나)	197,000,000	(대) 보통예금	195,000,000
	수수료비용(판매관리비)	20,000	외환차익(영업외수익)	2,000,000
			현 금	20,000

[5] 확정급여(DB)형 납부액(퇴직연금운용자산 처리), 확정급여(DC)형 납부액(퇴직급여 처리)

10.05	(차) 퇴직연금운용자산(투자자산)	25,000,000	(대) 보통예금	40,000,000
	퇴직급여(판매관리비)	15,000,000		

02

[1] 유형 : '51.과세', 전자세금계산서 수취하면서 과세 재화 취득

유형 : 51.과세, 공급가액 : 1,600,000원, 부가세 : 160,000원, 거래처 : ㈜방방곡곡, 전자 : 여, 분개 : 혼합				
01.16	(차) 광고선전비(판매관리비)	1,600,000	(대) 미지급금((주)방방곡곡)	1,760,000
	부가세대급금	160,000		

[2] 유형 : '11.과세', 전자세금계산서 발급하면서 과세 재화 판매

유형 : 11.과세, 공급가액 : 100,000,000원, 부가세 : 10,000,000원, 거래처 : ㈜정성상회, 전자 : 여, 분개 : 혼합				
02.02	(차) 선수금((주)정성상회)	20,000,000	(대) 제품매출	100,000,000
	받을어음((주)한일무역)	60,000,000	부가세예수금	10,000,000
	보통예금	30,000,000		

[3] 유형 : '52.영세', 구매확인서에 의한 수출용 원재료 매입

유형 : 52.영세, 공급가액 : 5,000,000원, 부가세 : 0원, 거래처 : ㈜대한, 전자 : 여, 분개 : 혼합				
04.18	(차) 원재료	5,000,000	(대) 외상매입금((주)대한)	5,000,000

[4] 유형 : '54.불공', 매입세액 불공제 되는 비영업용 소형승용차 취득

유형 : 54.불공, 공급가액 : 21,000,000원, 부가세 : 2,100,000원, 거래처 : ㈜달라자동차, 전자 : 여, 분개 : 혼합			
불공제사유 : ③ 개별소비세법 제1조 제2항 제3호 따른 자동차 구입·유지 및 임차			
06.05	(차) 차량운반구　23,100,000	(대) 현 금	3,100,000
		미지급금((주)달라자동차)	20,000,000

[5] 유형 : '16.수출', 달러 수취하는 직수출은 선적일 환율 적용해 매출액 계산

유형 : 16.수출, 공급가액 : 36,000,000원, 부가세 : 0원, 거래처 : 랜드로바, 전자 : 여, 분개 : 혼합		
영세율구분 : ② 중계무역·위탁판매·외국인도 또는 위탁가공무역 방식의 수출		
06.20	(차) 보통예금　21,600,000	(대) 제품매출　36,000,000
	외상매출금(랜드로바)　14,400,000	

※ 제품매출($30,000 × 1,200원 = 36,000,000원), 현금회수($18,000 × 1,200원 = 21,600,000원)

03　[1] 신용카드 매출전표등

(1) 신용카드 매출전표등 발행금액 집계표 : 공급대가 입력

2. 신용카드매출전표 등 발행금액 현황				
구 분	합 계	신용·직불·기명식 선불카드	현금영수증	직불전자지급 수단 및 기명식선불 전자지급수단
합　계	7,400,000	7,400,000		
과세 매출분	6,400,000	6,400,000		
면세 매출분	1,000,000	1,000,000		

(2) 신용카드 매출전표등 수령명세서(갑)(을) : 매입세액 공제 가능 거래만 입력

조회기간 : 2024 년 07 ∨ 월 ~ 2024 년 09 ∨ 월　　구분 2기 예정

2. 신용카드 등 매입내역 합계			
구분	거래건수	공급가액	세액
합　계	2	160,000	16,000
현금영수증			
화물운전자복지카드			
사업용신용카드	2	160,000	16,000
그 밖의 신용카드			

3. 거래내역입력									
No	□	월/일	구분	공급자	공급자(가맹점) 사업자등록번호	카드회원번호	그 밖의 신용카드 등 거래내역 합계		
							거래건수	공급가액	세액
1	□	07-12	사업	우리	315-21-12311	1001-2002-3003-5001	1	90,000	9,000
2	□	08-13	사업	(주)만물	415-80-51339	1001-2002-3003-5001	1	70,000	7,000

[2] 부가가치세 확정 신고서

> • 대손세액 가산 : 대손세액공제 받았던 금액을 다시 회수했으므로 회수한 부가세를 (+)1,000,000로 입력
> • 전자신고세액공제 : 전자신고세액공제 10,000원을 화면 우측의 "18.그밖의 경감·공제세액"의 「전자신고 및 전자고지 세액
>   공제 칸에 입력
> • 예정고지 받아 납부한 금액 2,000,000원을 예정고지세액 칸에 입력

일반과세	간이과세						

조회기간 2024 년 10 월 1 일 ~ 2024 년 12 월 31 일 신고구분 1.정기신고

	구분			정기신고금액 금액	세율	세액
과세표준및매출세액	과세	세금계산서발급분	1	400,000,000	10/100	40,000,000
		매입자발행세금계산서	2		10/100	
		신용카드·현금영수증발행분	3	50,000,000	10/100	5,000,000
		기타(정규영수증외매출분)	4			
	영세	세금계산서발급분	5		0/100	
		기타	6	100,000,000	0/100	
	예정신고누락분		7			
	대손세액가감		8			1,000,000
	합계		9	550,000,000	㉙	46,000,000
매입세액	세금계산서수취분	일반매입	10	300,000,000		30,000,000
		수출기업수입분납부유예	10-1			
		고정자산매입	11			
	예정신고누락분		12			
	매입자발행세금계산서		13			
	그 밖의 공제매입세액		14			
	합계(10)-(10-1)+(11)+(12)+(13)+(14)		15	300,000,000		30,000,000
	공제받지못할매입세액		16			
	차감계 (15-16)		17	300,000,000	㉺	30,000,000
납부(환급)세액(매출세액㉙-매입세액㉺)					㉣	16,000,000

	구분		세율	세액
경감공제세액	그 밖의 경감·공제세액	18		10,000
	신용카드매출전표등 발행공제등	19		
	합계	20	㉤	10,000
소규모 개인사업자 부가가치세 감면세액		20-1	㉦	
예정신고미환급세액		21	㉧	
예정고지세액		22	㉨	2,000,000
사업양수자의 대리납부 기납부세액		23	㉩	
매입자 납부특례 기납부세액		24	㉪	
신용카드업자의 대리납부 기납부세액		25	㉫	
가산세액계		26	㉬	
차가감하여 납부할세액(환급받을세액)㉣-㉤-㉦-㉧-㉨-㉩-㉪-㉫+㉬		27		13,990,000
총괄납부사업자가 납부할 세액(환급받을 세액)				

18.그 밖의 경감·공제세액				
전자신고 및 전자고지 세액공제	54			10,000

04 [1] 구입 시 전액 자산 처리한 금액 중 사용액을 소모품비 인식. 200,000원 × (8박스/10박스) = 160,000원

12.31	(차) 소모품비(판매관리비)	160,000	(대) 소모품(재고자산)	160,000

[2] 월세 수령액 중 미경과분 선수수익 인식. 2,400,000원 × (4개월/12개월) = 800,000원

12.31	(차) 임대료(영업외수익)	800,000	(대) 선수수익(유동부채)	800,000

[3] 단기매매증권 주가 상승 : 2,000주 × (9,500원 − 9,000원) = 1,000,000원

12.31	(차) 단기매매증권(당좌자산)	1,000,000	(대) 단기매매증권평가이익(영업외수익)	1,000,000

[4] 선급금은 비화폐성 자산이라 외화환산 필요 없음. 장기차입금 환율상승: $20,000 × (1,300 − 1,200) = 2,000,000원

12.31	(차) 외화환산손실(영업외비용)	2,000,000	(대) 장기차입금	2,000,000

[5] 비정상 감모액 수정분개 입력 후 [결산자료입력] ⇒ 매출원가 부분의 원재료, 제품, 상품 칸에 기말재고 실제 금액 입력 ⇒ F3 전표
추가 클릭

(1) 비정상감모 인식 : 200개 × 20,000원 = 4,000,000원

12.31	(차) 재고자산감모손실(영업외비용)	4,000,000	(대) 상 품 (적요8.타계정으로대체액)	4,000,000

(2) 결산자료입력: 실제 재고금액 입력

원재료	제 품	상 품
4,800개×5,000원=24,000,000원	4,500개×15,000원=67,500,000원	1,300개×20,000원=26,000,000원

(3) 손익계산서 상 매출원가 부분

상품매출원가		제품매출원가	
기초상품재고액	×××	기초제품재고액	×××
당기상품매입액	×××	당기제품제조원가	×××
타계정으로 대체액	(−)4,000,000	타계정으로 대체액	−
기말상품재고액	(−)26,000,000	기말제품재고액	(−)67,500,000
상품매출원가	×××	제품매출원가	×××

※ 비정상감모액을 타계정대체 처리하여 당기 매출원가에서 차감했으므로 기말상품은 실제 재고액 입력. 결국 비정상감모액은 매출원가에 포함됨.

05 [1] 수당등록 및 급여자료 입력

(1) 생산직 연장근로수당 비과세 적용 위한 입력 : 생산직등여부·연장근로비과세(1.여), 전년도 급여 입력

□	사번	성명		주민(외국인)번호	나이
■	101	박지은	1	881201-2100588	36
□	102	최수지	1	900128-2155616	34
□	111	류선재	1	901030-1224118	34

기본사항 | 부양가족명세 | 추가사항

1.입사년월일　2023 년 1 월 1 일
2.내/외국인　1 내국인
3.외국인국적　KR 대한민국　　체류자격
4.주민구분　1 주민등록번호　　주민등록번호 881201-2100588
5.거주구분　1 거주자　　6.거주지국코드 KR 대한민국
7.국외근로제공　0 부　　8.단일세율적용 0 부　　9.외국법인 파견근로자 0 부
10.생산직등여부　1 여　　연장근로비과세 1 여　　전년도총급여 24,000,000

□	사번	성명		주민(외국인)번호	나이
□	101	박지은	1	881201-2100588	36
□	102	최수지	1	900128-2155616	34
□	111	류선재	1	901030-1224118	34

기본사항 | 부양가족명세 | 추가사항

1.입사년월일　2023 년 1 월 1 일
2.내/외국인　1 내국인
3.외국인국적　KR 대한민국　　체류자격
4.주민구분　1 주민등록번호　　주민등록번호 900128-2155616
5.거주구분　1 거주자　　6.거주지국코드 KR 대한민국
7.국외근로제공　0 부　　8.단일세율적용 0 부　　9.외국법인 파견근로자 0 부
10.생산직등여부　1 여　　연장근로비과세 1 여　　전년도총급여 28,000,000

(2) 급여자료 입력

수당등록	신규 등록(자격수당), 사용여부 "부" 처리(상여·직책수당·월차수당)
공제등록	신규 등록(사내대출금원리금상환액−유형 "대출"), 사용여부 "부" 처리(학자금상환)

① 박지은

귀속년월 2024 년 03 월　지급년월일 2024 년 03 월 31 일　급여

□	사번	사원명	감면율
✓	101	박지은	
□	102	최수지	
□	111	류선재	
□			
□			
□			
□			
□			
□			
	총인원(퇴사자)	3(0)	

급여항목	금액	공제항목	금액
기본급	3,000,000	국민연금	150,750
식대	100,000	건강보험	118,750
자가운전보조금	200,000	장기요양보험	15,370
야간근로수당	200,000	고용보험	26,800
자격수당	150,000	사내대출금원리금상환액	266,560
		소득세(100%)	107,660
		지방소득세	10,760
과　세	3,350,000		
비　과　세	300,000	공 제 총 액	696,650
지 급 총 액	3,650,000	차 인 지 급 액	2,953,350

② 최수지

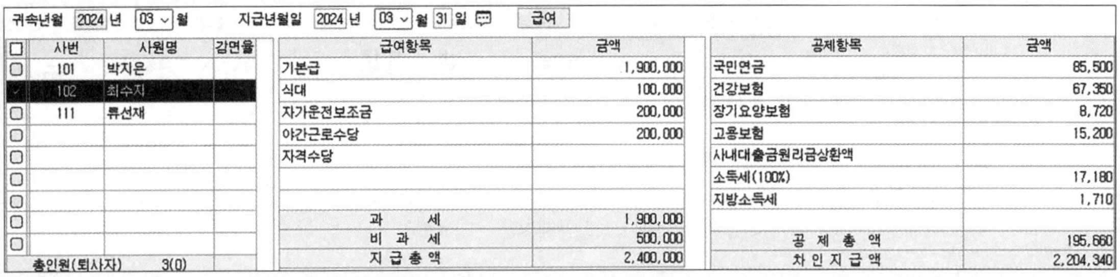

	사번	사원명	감면율	급여항목	금액	공제항목	금액
□	101	박지은		기본급	1,900,000	국민연금	85,500
✓	102	최수지		식대	100,000	건강보험	67,350
□	111	류선재		자가운전보조금	200,000	장기요양보험	8,720
□				야간근로수당	200,000	고용보험	15,200
□				자격수당		사내대출금원리금상환액	
□						소득세(100%)	17,180
□						지방소득세	1,710
□				과　　세	1,900,000		
□				비 과 세	500,000	공 제 총 액	195,660
	총인원(퇴사자)　　3(0)			지 급 총 액	2,400,000	차 인 지 급 액	2,204,340

귀속년월 2024 년 03 월　지급년월일 2024 년 03 월 31 일　급여

[2] 연말정산 입력

(1) 부양가족 등록 : F3 전체사원 클릭 후 류선재 선택

	사번	사원명	감	완
□	101	박지은		×
□	102	최수지		×
■	111	류선재		×
□				
□				
□				
□				

소득명세 | **부양가족** | 신용카드 등 | 의료비 | 기부금 | 연금저축 등I | 연금저축 등II | 월세액 | 출산지원금 | 연말정산입력

연말관계	성명	내/외국인	주민(외국인)번호	나이	소득기준 초과여부	기본공제	세대주구분	부녀자	한부모	경로우대	장애인	자녀	출산입양
0	류선재	내	1 901030-1224118	34		본인	세대주						
2	안현주	내	1 620511-2047719	62		60세이상							
3	임솔	내	1 900115-2374239	34	○	부							
4	류도	내	1 150131-3165617	9		장애인					1	○	
4	류진	내	1 180121-4165115	6		20세이하							

※ 임솔(배우자) : 양도소득금액 100만 원 초과하여 기본공제 ×, 안현주(어머니) : 일용소득은 무조건 분리과세로 기본공제 O

(2) 보장성/교육비 : [부양가족] 탭에 각 개인별로 입력

> • 보장성보험료 : 임솔(배우자)은 기본공제 대상 아니므로 공제 ×
> • 교육비 : 류도(취학 후) 사설학원비 공제 ×, 안현주(어머니) 직계존속 공제 ×

① 류선재

| 자료구분 | 보험료 | | | | 의료비 | | | | | 교육비 | |
	건강	고용	일반보장성	장애인전용	일반	실손	선천성이상아	난임	65세,장애인	일반	장애인특수
국세청			940,000							4,280,000 4.본인	
기타	2,474,500	494,400									

② 류도

| 자료구분 | 보험료 | | | | 의료비 | | | | | 교육비 | |
	건강	고용	일반보장성	장애인전용	일반	실손	선천성이상아	난임	65세,장애인	일반	장애인특수
국세청			700,000	500,000							
기타											

(3) 의료비

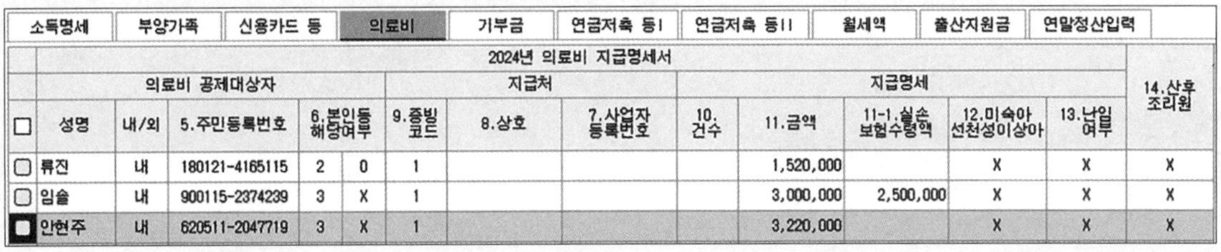

소득명세 | 부양가족 | 신용카드 등 | **의료비** | 기부금 | 연금저축 등I | 연금저축 등II | 월세액 | 출산지원금 | 연말정산입력

							2024년 의료비 지급명세서						
	의료비 공제대상자					지급처			지급명세				14.산후조리원
□	성명	내/외	5.주민등록번호	6.본인등 해당여부	9.증빙코드	8.상호	7.사업자 등록번호	10.건수	11.금액	11-1.실손 보험수령핵	12.미숙아 선천성이상아	13.난임 여부	
□	류진	내	180121-4165115	2	0	1				1,520,000		X	X	X
□	임솔	내	900115-2374239	3	X	1				3,000,000	2,500,000	X	X	X
■	안현주	내	620511-2047719	3	X	1				3,220,000		X	X	X

※ 기본공제 대상 아니어도 의료비는 공제 가능 : 임솔(배우자) 의료비 공제 적용

(4) 신용카드

소득명세	부양가족	신용카드 등	의료비	기부금	연금저축 등 I	연금저축 등 II	월세액	출산지원금	연말정산입력

	성명 생년월일	자료 구분	신용카드	직불,선불	현금영수증	도서등 신용	도서등 직불	도서등 현금	전통시장	대중교통	소비증가분 2023년	소비증가분 2024년
☐	류선재	국세청	26,520,000		1,252,000							27,772,000
	1990-10-30	기타										
☐	안현주	국세청	6,020,000									6,020,000
	1962-05-11	기타										

※ 임솔(배우자) 사용액: 기본공제 대상아니므로 공제 ×

(5) 연금저축

2 연금계좌 세액공제   - 연금저축계좌(연말정산입력 탭의 37.개인연금저축, 60.연금저축)   크게보기

연금저축구분	코드	금융회사 등	계좌번호(증권번호)	납입금액	공제대상금액	소득/세액공제액
2.연금저축	405	삼성생명보험 (주)	152-05724-73285	1,800,000	1,800,000	216,000

(6) F8 부양가족탭 불러오기

근로소득금액	48,960,000	• 그밖의소득공제	4,000,000	• 특별세액공제	
종합소득공제		과세표준	31,210,100	보장성보험료	195,000
• 기본공제	6,000,000	산출세액	3,421,515	의료비	507,900
• 추가공제	2,000,000	세액공제		교육비	642,000
• 연금보험료공제	2,781,000	• 근로세액공제	660,000	연금저축	216,000
• 특별소득공제	2,968,900	• 자녀/출산공제	150,000	결정세액	1,050,615

	구분	소득세	지방소득세	농어촌특별세	계
73.결정세액		1,050,615	105,061		1,155,676
기납부 세액	74.종(전)근무지				
	75.주(현)근무지	5,467,300	546,700		6,014,000
76.납부특례세액					
77.차감징수세액		-4,416,680	-441,630		-4,858,310

[제119회 기출문제 – 이론]

01 ④   ④ 당좌차월은 단기차입금임. ① 보통예금, ② 우편환증서, ③ 배당금지급통지서는 현금및현금성자산임.

02 ①   입장권은 판매시점이 아니라 해당 행사·공연이 실행되는 때 수익을 인식함.

03 ②   체감잔액법, 연수합계법은 기간이 지날수록 감가상각액이 감소함.

04 ④   분기·반기 재무제표(빨리 발표하면 목적에 적합), 결산재무제표(사업연도 종료 후 발표하므로 신뢰성 증가)

05 ①   • 담보제공 상품(6,000,000원) + 구매의사 표시 없는 시송품(3,000,000원) = 9,000,000원
 • 도착지 인도조건 매입상품(도착 후 재고에 포함), 할부 판매상품(인도시점에 재고자산에서 제외)

06 ④   • 직접재료비 : 총제조원가(15,000,000원) × 40% = 6,000,000원
 • 총제조원가(15,000,000원) = 직접재료비(6,000,000원) + 직접노무비(x) + 제조간접비($0.5x$) ⇒ 직접노무비(x)는 6,000,000원
 • 기본원가 : 직접재료비(6,000,000원) + 직접노무비(6,000,000원) = 12,000,000원

07 ①   ① 기초재공품 + 당기 총제조원가 − 기말재공품 = 당기 제품제조원가이므로 (기초재공품 < 기말재공품)이면 등호 좌측과 등호 우측이 같아지기 위해서는 (당기 총제조원가 > 당기 제품제조원가) 이어야함. ② 기본원가 = 직접재료비 + 직접노무비, ③ 기말제품은 손익계산서에 표시됨. ④ 총제조원가 = 직접재료비 + 직접노무비 +제조간접비

08 ④   • 이중배부율법 : 변동제조간접비 − 실제 사용량, 고정제조간접비 − 최대 사용량으로 배부함.
 • 조립부문 제조간접비 : 변동제조간접비(3,000,000원) × 500시간/(250시간 + 500시간) + 고정제조간접비
   (4,000,000원) × 400시간/(600시간 + 400시간) = 3,600,000원

09 ③   (라)기말재공품 평가, (바)원가를 재료원가와 가공원가로 분류하는 것은 종합원가계산임. ⇒ (가)(나)(다)(마)가 개별원가계산에 대한 설명임.

10 ③   • 당기총작업수량 : 기초재공품(900개) + 당기착수량(3,000개) = 3,900개
 • 당기총작업수량(3,900개) = 당기완성수량(x) + 기말재공품(600개) + 공손수량(300개) ⇒ 당기완성수량은 3,000개
 • 공손율 : 300개(공손수량) ÷ 3,000개(완성수량) = 10%
 • 완성품의 10%가 정상공손 : 300개(공손수량) − 300개(정상공손, 완성품 3,000개 × 10%) = 비정상공손 0개
 • 완성품의 7%가 정상공손 : 300개(공손수량) − 210개(정상공손, 완성품 3,000개 × 7%) = 비정상공손 90개

11 ②   재화 공급 시기 전에 대가 일부를 받은 때는 전부가 아닌 대가를 받은 부분에 대해서만 세금계산서를 발급 할 수 있음.

12 ④   • 주택에 부수되는 토지의 임대는 면세이나 점포(일반건물)에 부수되는 토지의 임대는 과세임.
 • 주택 부수토지 최대 한도 : 주택 면적의 5배 ⇒ 60m² × 5배 = 300m²
 • 주택 부수토지 : 1,000m² × 주택면적(60m²) / 총면적(주택 60m² + 점포 140m²) = 300m²
 • 점포 부수 토지 : 1,000m² − 300m² = 700m²

13 ③   ① 법인은 신규사업자라도 간이과세 적용 안됨. ② 간이과세자는 의제매입세액 적용 안됨. ④ 간이과세자는 공급가액이 아닌 공급대가에 업종별 부가율과 10%를 곱함. ⇒ 매출세액 = 공급대가 × 업종별 부가율 × 10%

14 ②   • 금융소득은 연 2,000만 원 미만으로 분리과세함.
 • 종합소득금액 : 사업소득금액(42,000,000원) + 기타소득금액(10,000,000원) = 52,000,000원
 • 과세표준 : 종합소득금액(52,000,000원) − 종합소득공제(7,500,000원) = 44,500,000원
 • 산출세액 : 과세표준(44,500,000원) × 15% − 1,260,000 = 5,415,000원

15 ②   ① 항상 생계를 같이 하는 것으로 보는 것은 배우자와 직계비속임. ③ 형제자매의 배우자는 공제 받을 수 없음. ④ 사망한 경우 사망일 전일 상황으로 판단함.

01

[1] 계약금 지급은 선급금 처리

01.20	(차) 선급금((주)우리)	20,000,000	(대) 보통예금	20,000,000

[2] 확정기여형(DC)형 계좌는 직원 계좌이므로 입금 시 퇴직금 지급 처리

06.07	(차) 퇴직급여(판매관리비)	20,000,000	(대) 보통예금	20,000,000

[3] 세금과공과 처리 하되 판매관리비(250,000원), 제조원가(177,000원) 처리

06.15	(차) 세금과공과(판매관리비)	250,000	(대) 보통예금	427,000
	세금과공과(제조원가)	177,000		

[4] 채무면제이익 : 15,000,000원 × 40% = 6,000,000원

07.12	(차) 외상매입금((주)배정산업)	15,000,000	(대) 보통예금	9,000,000
			채무면제이익(영업외이익)	6,000,000

[5] 작업복은 복리후생비 처리

08.01	(차) 복리후생비(제조원가)	1,000,000	(대) 보통예금	200,000
			가수금(대표이사)	800,000

02

[1] 유형 : '22.현과', 현금영수증 발행하면서 과세 재화 판매

유형 : 22.현과, 공급가액 : 700,000원, 부가세 : 70,000원, 거래처 : −, 전자: −, 분개 : 혼합				
07.12	(차) 현 금	770,000	(대) 제품매출	700,000
			부가세예수금	70,000

[2] 유형 : '54.불공', 매입세액 불공제 되는 비영업용 소형승용차 구입

유형 : 54.불공, 공급가액 : 50,000,000원, 부가세 : 5,000,000원, 거래처 : ㈜아름자동차, 전자 : 여, 분개 : 혼합				
불공제사유 : ③ 개별소비세 제1조 제2항 제3호에 따른 자동차 구입·유지 및 임차				
08.01	(차) 차량운반구	55,000,000	(대) 선급금((주)아름자동차)	3,000,000
			보통예금	52,000,000

[3] 유형 : '11.과세', 세금계산서 발행하면서 과세 재화 판매

유형 : 11.불공, 공급가액 : 5,000,000원, 부가세 : 500,000원, 거래처 : ㈜정성전자, 전자 : 여, 분개 : 혼합				
08.02	(차) 현 금	500,000	(대) 제품매출	5,000,000
	외상매출금((주)정성전자)	5,000,000	부가세예수금	500,000

[4] 유형 : '53.면세', 전자계산서 수취하면서 면세 리스용역 구입

유형 : 53.면세, 공급가액 : 1,450,000원, 부가세 : −, 거래처 : ㈜삼정캐피탈, 전자 : 여, 분개 : 혼합				
08.31	(차) 임차료(제조원가)	1,450,000	(대) 미지급금((주)삼정캐피탈)	1,450,000

[5] 유형 : '61.현과', 현금영수증 수취하면서 과세 재화 구입

	유형 : 61.현과, 공급가액 : 250,000원, 부가세 : 25,000원, 거래처 : 안양도시락, 전자 : −, 분개 : 혼합				
09.08	(차) 복리후생비(판매관리비)	250,000	(대) 현금		275,000
	부가세대급금	25,000			

03

[1] 의제매입세액공제신고서

(1) 아름통상으로부터 매입 입력

조회기간 [2025] 년 [04 ∨] 월 ~ [2025] 년 [06 ∨] 월 [1기 확정] 관리용 = 신고용

[관리용] [신고용]

※농.어민으로부터의 매입분에 대한 자료 입력시 주민등록번호, 품명, 수량은 필수입력

공급자	사업자/주민등록번호	취득일자	구분	물품명	수량	매입가액	공제율	의제매입세액	건수
아름통상	756-11-02562	2025-05-15	계산서	야채	1	39,000,000	4/104	1,500,000	1

(2) ㈜원투식자재로부터 매입 입력

조회기간 [2025] 년 [04 ∨] 월 ~ [2025] 년 [06 ∨] 월 [1기 확정] 관리용 = 신고용

[관리용] [신고용]

※농.어민으로부터의 매입분에 대한 자료 입력시 주민등록번호, 품명, 수량은 필수입력

공급자	사업자/주민등록번호	취득일자	구분	물품명	수량	매입가액	공제율	의제매입세액	건수
아름통상	756-11-02562	2025-05-31	신용카드등	과일	1	28,600,000	4/104	1,100,000	1
(주)원투식자재	123-85-02424								

(3) 길길동(농어민)으로부터 매입 입력

조회기간 [2025] 년 [04 ∨] 월 ~ [2025] 년 [06 ∨] 월 [1기 확정] 관리용 = 신고용

[관리용] [신고용]

※농.어민으로부터의 매입분에 대한 자료 입력시 주민등록번호, 품명, 수량은 필수입력

공급자	사업자/주민등록번호	취득일자	구분	물품명	수량	매입가액	공제율	의제매입세액	건수
아름통상	756-11-02562	2025-06-15	농어민매입	쌀	1	13,000,000	4/104	500,000	1
(주)원투식자재	123-85-02424								
김길동	701213-1617851								

※ 제조업 법인이 농어민으로부터 직접 매입한 경우 의제매입세액공제 가능. 중소기업 제조업은 의제매입세액 공제율 4/104 적용

(4) 의제매입세액 입력 결과

	매입가액 계	의제매입세액 계	건수 계
계산서 합계	39,000,000	1,500,000	1
신용카드등 합계	28,600,000	1,100,000	1
농·어민등 합계	13,000,000	500,000	1
총계	80,600,000	3,100,000	3

[면세농산물등] [제조업 면세농산물등]

가. 과세기간 과세표준 및 공제가능한 금액등　　　　　　　[불러오기]

과세표준			대상액 한도계산		B. 당기매입액	공제대상금액 [MIN (A,B)]
합계	예정분	확정분	한도율	A. 한도액		
160,000,000	60,000,000	100,000,000	50/100	80,000,000	80,600,000	80,000,000

나. 과세기간 공제할 세액

공제대상세액		이미 공제받은 금액			공제(납부)할세액 (C-D)
공제율	C.공제대상금액	D. 합계	예정신고분	월별조기분	
4/104	3,076,923				3,076,923

[2] 부가가치세 확정 신고서

일반과세

조회기간 | 2025 년 | 10 월 | 1 일 ~ | 2025 년 | 12 월 | 31 일 | 신고구분 | 1.정기신고

구분				정기신고금액		
				금액	세율	세액
과세표준및매출세액	과세	세금계산서발급분	1	700,000,000	10/100	70,000,000
		매입자발행세금계산서	2		10/100	
		신용카드·현금영수증발행분	3	25,000,000	10/100	2,500,000
		기타(정규영수증외매출분)	4	357,000		35,700
	영세	세금계산서발급분	5	100,000,000	0/100	
		기타	6	70,000,000	0/100	
	예정신고누락분		7			
	대손세액가감		8			
	합계		9	895,357,000	㉓	72,535,700
매입세액	세금계산서수취분	일반매입	10	320,000,000		32,000,000
		수출기업수입분납부유예	11			
		고정자산매입	12	100,000,000		10,000,000
	예정신고누락분		13			
	매입자발행세금계산서		14			
	그 밖의 공제매입세액		15	30,000,000		3,000,000
	합계(10)-(11)+(12)+(13)+(14)+(15)		16	450,000,000		45,000,000
	공제받지못할매입세액		17	2,000,000		200,000
	차감계 (16-17)		18	448,000,000	㉔	44,800,000
납부(환급)세액(매출세액㉓-매입세액㉔)					㉕	27,735,700
경감공제세액	그 밖의 경감·공제세액		19			10,000
	신용카드매출전표등 발행공제등		20			
	합계		21		㉖	10,000
소규모 개인사업자 부가가치세 감면세액			22		㉗	
예정신고미환급세액			23		㉘	2,000,000
예정고지세액			24		㉙	
수시부과세액			25		㉚	
사업양수자의 대리납부 기납부세액			26		㉛	
매입자 납부특례 기납부세액			27		㉜	
신용카드업자의 대리납부 기납부세액			28		㉝	
가산세액계			29		㉞	
차가감하여 납부할세액(환급받을세액)㉕-㉖-㉗-㉘-㉙-㉚-㉛-㉜-㉝+㉞			30			25,725,700

14.그 밖의 공제매입세액

			금액		세액
신용카드매출수령금액합계표	일반매입	44	21,000,000		2,100,000
	고정매입	45	9,000,000		900,000

구분			금액	세율	세액
16.공제받지못할매입세액					
공제받지못할 매입세액		53	2,000,000		200,000

18.그 밖의 경감·공제세액					
전자신고 및 전자고지 세액공제		57			10,000

- 전자신고세액공제: 전자신고세액공제 10,000원을 화면 우측의 "18.그밖의 경감·공제세액"의 「전자신고 및 전자고지 세액공제」칸에 입력
- 세금계산서 발급액 중 신용카드매출전표 발행금액(5,000,000원): 세금계산서 발급 칸에 입력
- 간주임대료(357,000원): 기타(정규영수증외 매출분) 칸에 입력

[3] 부가가치세 신고서 전자신고 : 비번 12341234

전자신고(전자신고 제작) → 국세청 홈택스 전자신고변환(교육용) → 전자파일 변환(파일선택 → 형식검증 → 전자파일 제출)

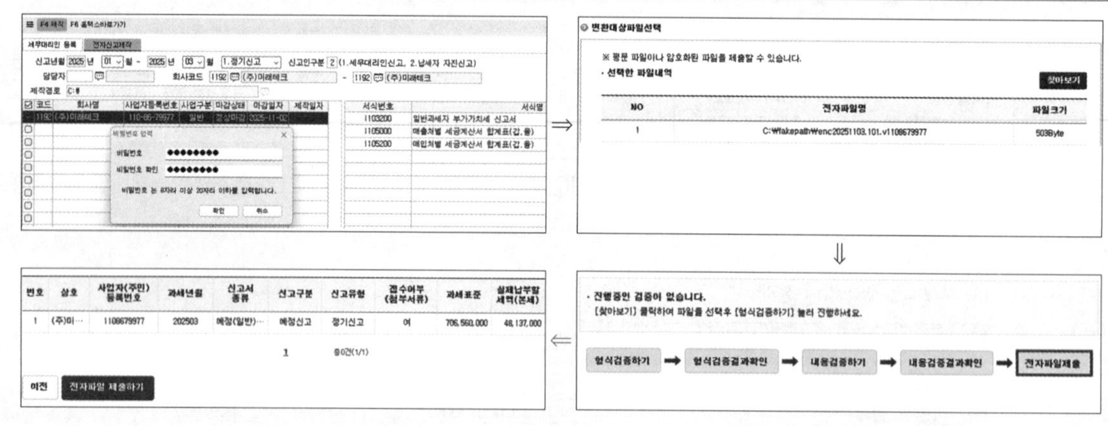

04

[1] 부가세대급금(23,000,000) − 부가세예수금(21,500,000) − 가산세(510,000) + 전자세액공제(10,000) = 2,000,000원(환급받을 세금)

12.31	(차) 부가세예수금	21,500,000	(대) 부가세대급금	23,000,000
	잡손실(영업외비용)	510,000	잡이익(영업외수익)	10,000
	미수금(당좌자산)	1,000,000		

[2] 단기매매증권 평가이익: 1,000주×(15,650 − 12,550) = 3,100,000원

12.31	(차) 단기매매증권	3,100,000	(대) 단기매매증권평가이익(영업외수익)	3,100,000

[3] 외화환산손실: $20,000×(1,500 − 1,200) = 6,000,000원

| 12.31 | (차) 외화환산손실(영업외비용) | 6,000,000 | (대) 외화장기차입금(우리은행) | 6,000,000 |

[4] 현금 대신 있던 현금과부족을 대변에 없애고 원인을 차변에 표시

| 12.31 | (차) 현 금 | 4,000 | (대) 현금과부족 | 10,000 |
| | 잡손실(영업외비용) | 6,000 | | |

[5] 원재료(82,000,000 + 선적지 인도조건 매입 2,000,000 = 84,000,000원), 재공품(65,000,000원), 제품(105,000,000 + 위탁품 5,000,000 = 110,000,000원)을 [결산자료입력]의 매출원가 부분 해당 칸에 입력 후 F3 전표 추가 클릭

05

[1] 수당등록 및 급여자료 입력

(1) 수당 등록 : F4 수당공제 클릭 그림 119-4-1

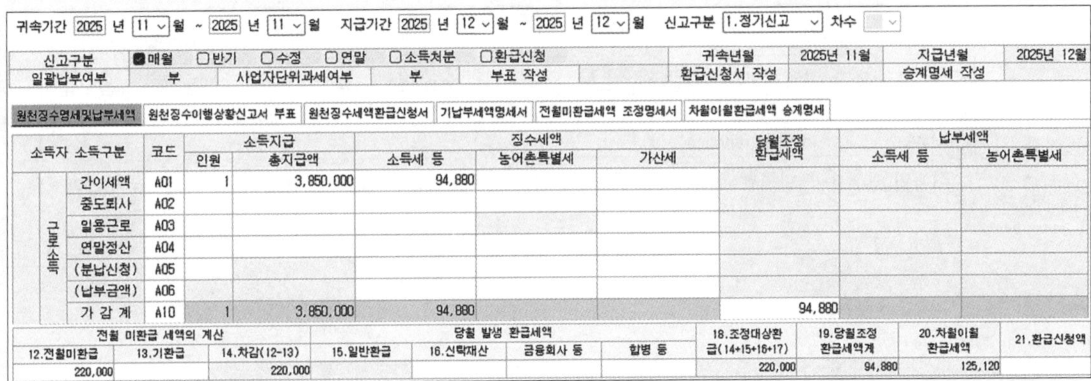

- 경리부서 근무로 야간근로수당도 과세
  ⇒ 야간근로수당(과세) 등록
- 보육수당(비과세) 등록
- 사용치 않는 항목들은 모두 사용 여부 "부"로 변경

(2) 급여자료 입력

(3) 원천징수이행상황신고서 작성

소득자 소득구분		코드	소득지급		징수세액			당월조정 환급세액	납부세액	
			인원	총지급액	소득세 등	농어촌특별세	가산세		소득세 등	농어촌특별세
근로소득	간이세액	A01	1	3,850,000	94,880					
	중도퇴사	A02								
	일용근로	A03								
	연말정산	A04								
	(분납신청)	A05								
	(납부금액)	A06								
	가 감 계	A10	1	3,850,000	94,880			94,880		

전월 미환급 세액의 계산			당월 발생 환급세액				18.조정대상환급(14+15+16+17)	19.당월조정 환급세액계	20.차월이월 환급세액	21.환급신청액
12.전월미환급	13.기환급	14.차감(12-13)	15.일반환급	16.신탁재산	금융회사 등	합병 등				
220,000		220,000					220,000	94,880	125,120	

[2] 연말정산 입력

(1) 부양가족 등록 : F3 전체사원 클릭 후 윤지원 선택

	사번	사원명	감	완
	103	고현석		×
	105	윤지원		×

| 소득명세 | 부양가족 | 신용카드 등 | 의료비 | 기부금 | 연금저축 등Ⅰ | 연금저축 등Ⅱ | 월세액 | 출산지원금 | 연말정산입력 |

연말관계	성명	내/외국인	주민(외국인)번호	나이	소득기준초과여부	기본공제	세대주구분	부녀자	한부모	경로우대	장애인	자녀	출산입양	혼인세액
0	윤지원	내	1 781210-1111216	47		본인	세대주							
1	강모친	내	1 591210-2121816	66	○	부								
3	이아림	내	1 831215-2611816	42		배우자								
4	윤지아	내	1 071005-4116817	18		장애인					1	○		
4	윤수아	내	1 071005-4116913	18		20세이하						○		
4	윤지수	내	1 250105-3671817	0		20세이하							셋째	

※ 강모친(금융소득 2,000만 원 초과해 종합과세로 기본공제 ×), 윤지아·윤수아(자녀공제 ○), 윤지수(출산-셋째)

(2) 보장성/교육비 : [부양가족] 탭에 각 개인별로 입력, 강모친(모친) 보장성보험료, 교육비는 공제되지 않음.

① 윤지원

자료구분	보험료				의료비					교육비	
	건강	고용	일반보장성	장애인전용	일반	실손	선천성이상아	난임	65세,장애인	일반	장애인특수
국세청			800,000								
기타	3,203,200	640,000									

② 윤지아

자료구분	보험료				의료비					교육비	
	건강	고용	일반보장성	장애인전용	일반	실손	선천성이상아	난임	65세,장애인	일반	장애인특수
국세청				1,000,000						500,000 2.초중고	1,200,000
기타											

※ 교복구입(50만 원 한도), 체험학습비(30만 원 한도) : 20만 원 + 30만 원 = 50만 원

③ 윤수아

자료구분	보험료				의료비					교육비	
	건강	고용	일반보장성	장애인전용	일반	실손	선천성이상아	난임	65세,장애인	일반	장애인특수
국세청										10,000,000 2.초중고	
기타											

※ 300만 원 한도로 입력해도 무방

(3) 의료비

	2025년 의료비 지급명세서												
	의료비 공제대상자				지급처			지급명세					14.산후조리원
	성명	내/외	5.주민등록번호	6.본인등해당여부	9.증빙코드	8.상호	7.사업자등록번호	10.건수	11.금액	11-1.실손보험수령액	12.미숙아선천성이상아	13.난임여부	
	이아림	내	831215-2611816	3	X	1				1,000,000		X	X	X
	이아림	내	831215-2611816	3	X	1				2,000,000		X	X	0

※ 이아림(배우자-일반의료비와 산후조리원 구분 입력, 산후조리원은 200만 원 한도 공제), 국외치료비(공제 ×)

(4) 신용카드

소득명세	부양가족	신용카드 등	의료비	기부금	연금저축 등I	연금저축 등II	월세액	출산지원금	연말정산입력

	성명 생년월일	자료 구분	신용카드	직불,선불	현금영수증	도서등 신용	도서등 직불	도서등 현금	전통시장	대중교통	합계
☐	윤지원	국세청	37,400,000								37,400,000
	1978-12-10	기타									
☐	강모친	국세청									
	1959-12-10	기타									
☐	이아럼	국세청		5,000,000							5,000,000
	1983-12-15	기타									

※ 보장성보험료 신용카드결제(보장성보험료 세액공제 되므로 신용카드공제 ×),

(5) 월세공제

소득명세	부양가족	신용카드 등	의료비	기부금	연금저축 등I	연금저축 등II	월세액	출산지원금	연말정산입력

1 월세액 세액공제 명세(연말정산입력 탭의 70.월세액)

임대인명 (상호)	주민등록번호 (사업자번호)	유형	계약 면적(㎡)	임대차계약서 상 주소지	계약서상 임대차 계약기간		연간 월세액	공제대상금액	세액공제금액
					개시일 ~ 종료일				
김민수	701011-1661819	아파트	83.00	서울시 강동구 양재대로 123, 102동 302호	2025-01-01 ~ 2025-12-31		10,800,000	10,000,000	1,500,000

(6) F8 부양가족탭 불러오기

근로소득금액	66,250,000	• 그밖의소득공제	2,500,000	• 특별세액공제	
종합소득공제		과세표준	46,806,800	보장성보험료	246,000
• 기본공제	7,500,000	산출세액	5,761,020	의료비	90,000
• 추가공제	2,000,000	세액공제		교육비	705,000
• 연금보험료공제	3,600,000	• 근로세액공제	500,000	연금저축	1,500,000
• 특별소득공제	3,843,200	• 자녀/출산공제	1,250,000	결정세액	1,470,020

구분		소득세	지방소득세	농어촌특별세	계
73.결정세액		1,470,020	147,002		1,617,022
기납부 세액	74.종(전)근무지				
	75.주(현)근무지	9,595,000	959,500		10,554,500
76.납부특례세액					
77.차감징수세액		-8,124,980	-812,490		-8,937,470

[제120회 기출문제 - 이론]

01 ② ② 주식배당 : 이익잉여금 감소, 자본금 증가 ⇒ 주식 수는 증가하되 자본총계 변함없음. ① 주식분할 : 주식 수만 증가하고 자본총계는 변함없음. ③ 자기주식 취득 : 주식 수는 변동 없되, 자기주식(자본조정) 발생하여 자본총계 감소 ④ 유상증자 : 자본금 증가하여 주식 수와 자본총계 모두 증가

02 ② 손익계산서는 일정 시점이 아니라 일정 기간의 경영성과를 보고하는 보고서임.

03 ② • 연수합계 : 1 + 2 + 3 + 4 + 5 = 15년 • 변경 전 장부가액 : 10,000,000원
- 감가상각비 : (잔존가액 10,000,000원 − 잔존가치 1,000,000원) × 5년/15년 = 3,000,000원

04 ① • 매입환출, 매입할인은 당기 매입액에서 차감해야 하며, 기부로 사용한 재고는 타계정대체로 기말재고에서 차감해야 함.
- 매출원가 : 기초재고(80,000원) + 당기 매입(240,000원) − 매입환출(40,000원) − 매입할인(30,000원) − 기말재고(50,000원) − 타계정대체(10,000원) = 190,000원

05 ③ 충당부채는 자원 유출 가능성이 높은 경우에만 인식하며 우발부채는 부채로 인식하지 않고 주석으로만 기재함.

06 ③ 전기요금, 통신요금과 같이「기본요금(고정비) + 변동원가」로 구성된 원가는 준변동원가(혼합원가)임.

07 ④ 변동비 : 단위당 원가는 정해져 있어 조업도가 증가해도 단위당 원가는 일정한 형태 그래프, 생산량(조업도) 증가하면 총원가도 증가해 우상향 하는 형태 그래프

08 ③ • 제조간접비 배부 비율 : 3,500,000원 ÷ (3,500,000원 + 1,500,000원) = 70%
- 산업용시계 제조간접비 : 실제 제조간접비(2,500,000원) × 70% = 1,750,000원
- 산업용시계 총제조원가 : 직접재료비(800,000원) + 직접노무비(3,500,000원) + 제조간접비(1,750,000원) = 6,050,000원

09 ④ 기계 감가상각비는 기계 사용량, 사용시간, 또는 생산량에 따라 배부하는 것이 합리적임.

10 ② • 평균법은 기초재공품도 모두 당기에 재작업 한다는 가정임.
- 기말재공품 : 기초재공품(2,000개) + 당기 착수(8,000개) − 당기 완성(6,000개) = 4,000개
- 가공비 완성품환산량 : 당기 완성 6,000개 + 기말재공품 4,000개 × 37.5% = 7,500개

11 ④ ① 비거주자도 국가간 상호 약정이 있으면 영세율을 적용 받을 수 있음. ② 영세율이라 하더라도 세율을 0% 적용할 뿐 부가가치세 신고의무가 있어 면제되는 것은 아님. ③ 대한민국 선박에 의해 잡힌 수산물도 수출하면 영세율을 적용할 수 있음. ④ 국외 공급 용역도 영세율 적용 대상임.

12 ② 장기할부판매인 경우 대가의 각 부분을 받기로 한 때가 공급시기이고 단기할부판매는 재화의 인도시점이 공급시기임. 즉, 단기할부판매는 공급시점에 세금계산서를 발급해야 함.

13 ③ • 법인은 직전 과세기간 공급가액이 1억 5천만 원 미만인 경우 직접 신고하지 않고 예정고지 받아 납부할 수 있음.
- 과세기간별 공급가액 : 2024년 1기(1억 원 + 8천만 원 = 1억 8천만 원), 2024년 2기(1억 원 + 2억 원 = 3억 원), 2025년 1기(7천만 원 + 6천만 원 = 1억 3천만 원), 2025년 2기(1억 원 + 6천만 원)
- 1억 5천만 원 미만 과세기간은 2025년 1기 ⇒ 2025년 2기 예정기간(2025.7 ~ 9월)이 예정 고지 받을 수 있는 기간임.

14 ④ • 근로소득은 지급일이 원천징수일임.
- 1월 ~ 11월 근로소득을 12월 31일까지 미지급된 경우 원천징수 : 12월 31일
- 12월분 근로소득을 다음연도 2월말까지 미지급된 경우 : 2월 말일
  ⇒ 1월분 급여를 6월 30까지 미지급한 경우는 기다렸다가 12월말까지 미지급해야 12월 31일에 지급한 것으로 보아 원천징수 하는 것임.

15 ④ ① 개인연금저축, ② 국민연금보험료는 거주자면 누구나 소득공제 가능, ③ 신용카드 사용액은 근로자만 적용받는 조세특례제한법상 소득공제, ④ 장기주택저당차입금 이자상환액은 근로자만 적용받는 특별소득공제 항목임.

01

[1] 단기매증권 취득 수수료는 당기 비용(영업외비용) 처리

| 03.30 | (차) 단기매매증권 | 20,000,000 | (대) 보통예금 | 20,020,000 |
| | 수수료비용(영업외비용) | 20,000 | | |

[2] 건물 철거 시 잔존가액(취득가액 300,000,000 – 감가상각누계액 250,000,000 = 50,000,000원)과 철거비용은 유형자산처분손실 처리

| 07.13 | (차) 감가상각누계액(건물) | 250,000,000 | (대) 건 물 | 300,000,000 |
| | 유형자산처분손실(영업외비용) | 58,000,000 | 보통예금 | 8,000,000 |

[3] 제조부 재산세 : 납기 내 금액을 세금과공과(제조원가) 처리

| 07.26 | (차) 세금과공과(제조원가) | 1,000,000 | (대) 보통예금 | 1,000,000 |

[4] 건설중인 건물에 대한 자본화 이자는 건설중인자산 처리

| 08.30 | (차) 건설중인자산 | 2,500,000 | (대) 보통예금 | 2,500,000 |

[5] 경리직원 교육비 : 교육훈련비(판매관리비)

| 12.11 | (차) 교육훈련비(판매관리비) | 800,000 | (대) 예수금 | 26,400 |
| | | | 보통예금 | 773,600 |

02

[1] 유형 : ‘57.카과’, 카드로 과세 비용 지출, 영업부 회식비용(복리후생비(판매관리비)), 상거래 이외 외상이므로 미지급금 처리하고 거래처는 하나카드 선택

유형 : 57.카과, 공급가액 : 2,000,000원, 부가세 : 200,000원, 거래처 : ㈜맛집, 전자 : –, 분개 : 혼합				
신용카드사: 하나카드				
10.27	(차) 복리후생비(판매관리비)	2,000,000	(대) 미지급금(하나카드)	2,200,000
	부가세대급금	200,000		

[2] 유형 : ‘53.면세’, 전자계산서 수취하면서 면세 리스용역 구입

| 유형 : 53.면세, 공급가액 : 1,500,000원, 부가세 : –, 거래처 : ㈜아주캐피탈, 전자 : 여, 분개 : 혼합 | | | | |
| 10.31 | (차) 임차료(제조원가) | 1,500,000 | (대) 미지급금((주)아주캐피탈) | 1,500,000 |

[3] 유형 : ‘51.과세’, 전자세금계산서 수취하면서 과세 재화 취득

유형 : 51.과세, 공급가액 : 10,000,000원, 부가세 : 1,000,000원, 거래처 : ㈜오성기계, 전자 : 여, 분 : 혼합				
11.30	(차) 기계장치	10,000,000	(대) 선급금((주)오성기계)	1,000,000
	부가세대급금	1,000,000	보통예금	10,000,000

[4] 유형 : '12.영세', 구매확인서에 의한 내국수출

유형 : 12.영세, 공급가액 : 35,000,000원, 부가세 : 0원, 거래처 : ㈜세계로상사, 전자 : 여, 분 : 혼합				
영세율구분 : ③ 내국신용장, 구매확인서에 의하여 공급하는 재화				
12.01	(차) 받을어음((주)세계로상사)	20,000,000	(대) 제품매출	35,000,000
	외상매출금((주)세계로상사)	15,000,000		

[5] 유형 : '11.과세', 전자세금계산서 발급하면서 과세 재화 매출

유형 : 11.과세, 공급가액 : 8,000,000원, 부가세 : 800,000원, 거래처 : ㈜한국기업, 전자 : 여, 분 : 혼합				
12.08	(차) 외상매입금((주)대한상사)	3,000,000	(대) 제품매출	8,000,000
	보통예금	5,800,000	부가세예수금	800,000

03   [1] 부동산임대공급가액명세서

(1) ㈜하늘상사

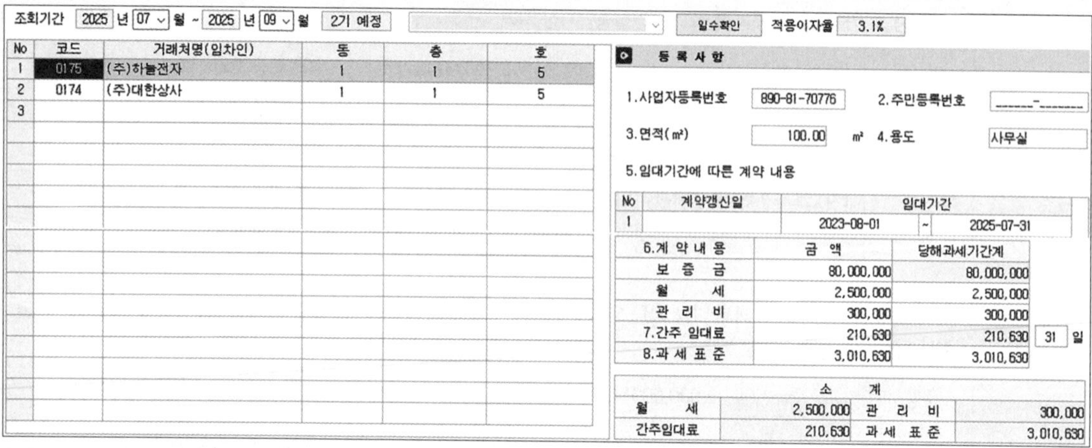

(2) 대한상사

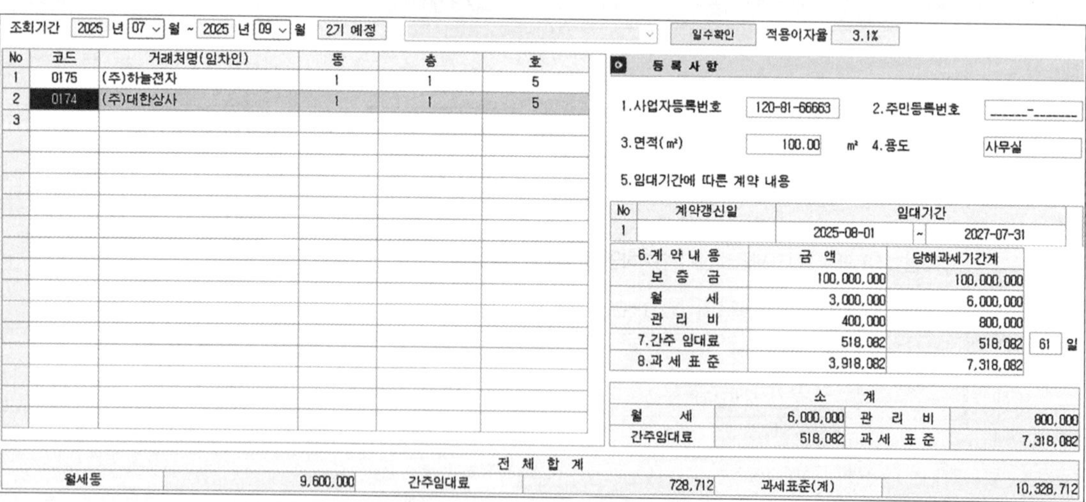

[2] 부가가치세 확정 신고서 그림 120-2-1, 120-2-2, 120-2-3, 120-2-4, 120-2-5, 120-2-6

일반과세

조회기간 2025 년 4 월 1 일 ~ 2025 년 6 월 30 일 신고구분 1.정기신고

구분				정기신고금액 금액	세율	세액
과세표준및매출세액	과세	세금계산서발급분	1	189,000,000	10/100	18,900,000
		매입자발행세금계산서	2		10/100	
		신용카드·현금영수증발행분	3		10/100	
		기타(정규영수증외매출분)	4	20,000,000		2,000,000
	영세	세금계산서발급분	5	20,000,000	0/100	
		기타	6		0/100	
	예정신고누락분		7			
	대손세액가감		8			-1,000,000
	합계		9	229,000,000	㉘	19,900,000
매입세액	세금계산서수취분	일반매입	10	160,000,000		16,000,000
		수출기업수입분납부유예	11			
		고정자산매입	12	15,000,000		1,500,000
	예정신고누락분		13	1,000,000		100,000
	매입자발행세금계산서		14			
	그 밖의 공제매입세액		15	18,000,000		1,800,000
	합계(10)-(11)+(12)+(13)+(14)+(15)		16	194,000,000		19,400,000
	공제받지못할매입세액		17	10,000,000		1,000,000
	차감계 (16-17)		18	184,000,000	㉯	18,400,000
납부(환급)세액(매출세액㉘-매입세액㉯)					㉰	1,500,000
경감공제세액	그 밖의 경감·공제세액		19			10,000
	신용카드매출전표등 발행공제등		20			
	합계		21		㉱	10,000
소규모 개인사업자 부가가치세 감면세액			22		㉲	
예정신고미환급세액			23		㉳	
예정고지세액			24		㉴	
수시부과세액			25		㉵	
사업양수자의 대리납부 기납부세액			26		㉶	
매입자 납부특례 기납부세액			27		㉷	
신용카드업자의 대리납부 기납부세액			28		㉸	
가산세액계			29		㉹	90,000
차가감하여 납부할세액(환급받을세액)㉰-㉱-㉲-㉳-㉴-㉵-㉶-㉷-㉸+㉹			30			1,580,000

12.매입(예정신고누락분)

예정누락분	세금계산서		41		
	그 밖의 공제매입세액		42	1,000,000	100,000
	합계		43	1,000,000	100,000
	신용카드매출수령금액합계	일반매입		1,000,000	100,000
		고정매입			
	의제매입세액				
	재활용폐자원등매입세액				
	과세사업전환매입세액				
	재고매입세액				
	변제대손세액				
	외국인관광객에대한환급세액				
	합계			1,000,000	100,000

14.그 밖의 공제매입세액

신용카드매출수령금액합계표	일반매입	44	16,000,000	1,600,000
	고정매입	45	2,000,000	200,000

16.공제받지못할매입세액

공제받지못할 매입세액	53	10,000,000	1,000,000

18.그 밖의 경감·공제세액

전자신고 및 전자고지 세액공제	57		10,000

25.가산세명세

사업자미등록등		64		뒤쪽	
세규	지연발급 등	65	9,000,000	1/100	90,000

- 전자신고세액공제: "18.그밖의 경감·공제세액"의 「전자신고 및 전자고지 세액공제」 칸에 10,000원 입력
- 종이세금계산서 발급분: 화면 우측의 "25.가산세명세"의 「지연발급등」 칸에 900만원 입력

[3] 부가가치세 신고서 전자신고 : 비번 12345678

전자신고(전자신고 제작) → 국세청 홈택스 전자신고변환(교육용) → 전자파일 변환(파일선택 → 형식검증 → 전자파일 제출)

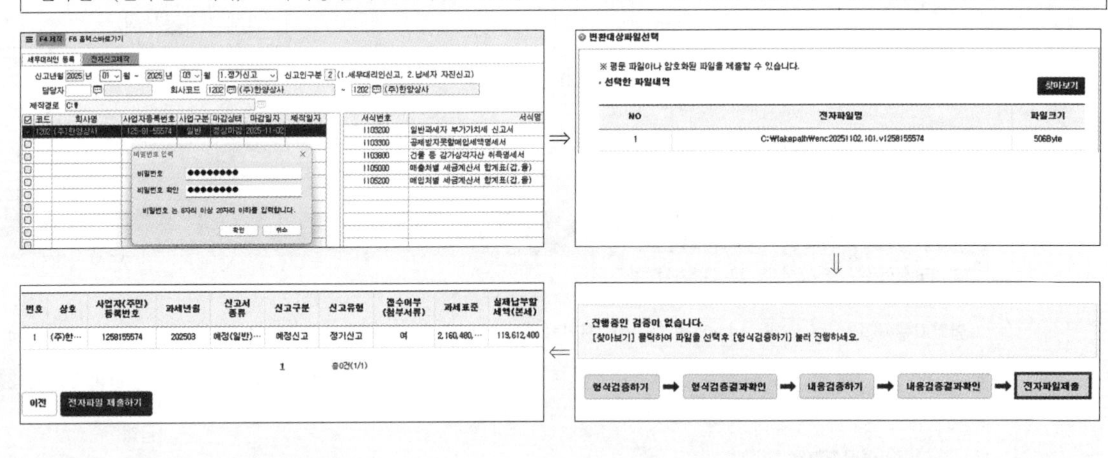

04

[1] 내년도 이자를 미리 수취: 선수수익

12.31	(차) 이자수익(영업외수익)	450,000	(대) 선수수익(유동부채)	450,000

[2] 전액 비용 처리한 보험료 중 미경과분 선급비용 인식: 1,800,000×(7개월/12개월) = 1,050,000원

12.31	(차) 선급비용(당좌자산)	1,050,000	(대) 보험료(판매관리비)	1,050,000

[3] 비정상 감모액 수정분개 입력 후 [결산자료입력] ⇒ 매출원가 부분의 제품 칸에 기말재고 실제 금액 입력 ⇒ ⒡ 전표추가 클릭

(1) 비정상감모 인식 : 총감모액 2,500,000원[2,000원×(10,000개-8,750개)] ⇒ 비정상감모 375,000원(2,500,000원×15%)

12.31	(차) 재고자산감모손실(영업외비용)	375,000	(대) 제 품	375,000
			(적요8.타계정으로 대체액)	

(2) 결산자료입력: 실제 재고금액 17,500,000원(2,000원×8,750개) 입력

(3) 손익계산서 상 제품 매출원가 부분

<table>
<tr><td>기초제품재고액</td><td align="right">×××</td><td rowspan="5">비정상감모액 375,000원을 타계정대체 처리하여 당기 매출원가에서 차감했으므로 기말상품은 실제 재고액 17,500,000원 입력. 결국 비정상감모액은 매출원가에 포함됨.</td></tr>
<tr><td>당기제품제조원가</td><td align="right">×××</td></tr>
<tr><td>타계정으로 대체액</td><td align="right">(−)375,000</td></tr>
<tr><td>기말제품재고액</td><td align="right">(−)17,500,000</td></tr>
<tr><td>제품매출원가</td><td align="right">×××</td></tr>
</table>

[4] [결산자료입력] ⇒ 맨 밑의 9.법인세등의 "선납세금" 칸에 7,240,000원, "추가계상액" 칸에 11,960,000원 입력 ⇒ ⒡ 전표추가 클릭 또는 아래 수정분개 입력

12.31	(차) 법인세등	19,200,000	(대) 선납세금(당좌자산)	7,240,000
			미지급세금(유동부채)	11,960,000

※ 총법인세: 15,700,000 + 3,500,000 = 19,200,000원

[5] [결산/재무제표] ⇒ [이익잉여금처분계산서] 클릭

이익잉여금처분계산서　　　　　　　1202 (주)한양상사

⊗ 닫기　⑦ 도움　💬 코드　🗑 삭제　🖨 인쇄　🔍 조회　▾

☰ F3 영어계정　F4 칸추가　F6 전표추가

당기처분예정일 [2026]년 [3]월 [25]일　전기처분확정일 [2025]년 [2]월 [28]일　　< F4 삽입, F5 ˢ

과목		계정과목명	제 20(당)기 2025년01월01일~2025년12월31일	
			제 20기(당기)	
			금액	
Ⅲ.이익잉여금처분액				73,000,000
1.이익준비금	0351	이익준비금	3,000,000	
2.재무구조개선적립금	0354	재무구조개선적립금		
3.주식할인발행차금상각액	0381	주식할인발행차금		
4.배당금			60,000,000	
가.현금배당	0265	미지급배당금	30,000,000	
주당배당금(률)		보통주		
		우선주		
나.주식배당	0387	미교부주식배당금	30,000,000	
주당배당금(률)		보통주		
		우선주		
5.사업확장적립금	0356	사업확장적립금	10,000,000	

[1] 중도 퇴사자 정산

(1) 중도 퇴사처리

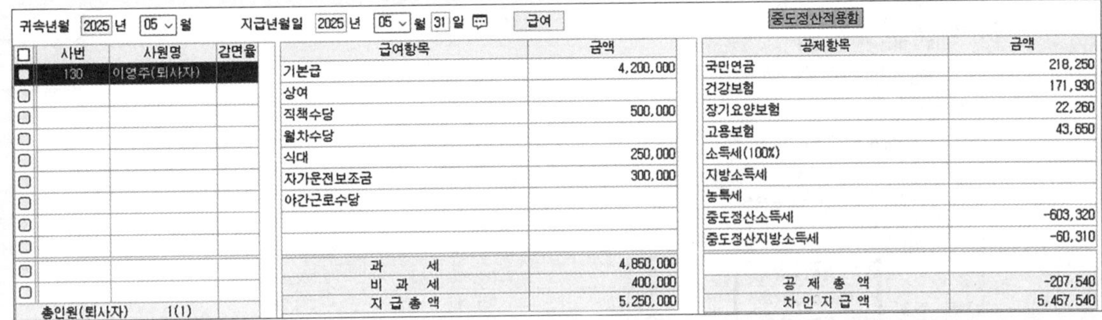

	사번	성명	주민(외국인)번호	나이
☐	15	이기준	1 831030-1224111	42
■	130	이영주	1 811111-2642514	43
☐				
☐				

기본사항 | 부양가족명세 | 추가사항

1.입사년월일　2024 년　1 월　1 일　퇴사

16.퇴사년월일　2025 년　5 월　30 일 (이월 여부 0 부) 사유

(2) 중도퇴사자 정산 처리 : F7 중도퇴사자정산 ⇒ [급여반영] 클릭

귀속년월 2025 년 05 월　　지급년월일 2025 년 05 월 31 일　급여　　　　중도정산적용함

	사번	사원명	감면율
■	130	이영주(퇴사자)	
☐			
☐			
☐			
☐			
☐			
☐			
☐			
☐			
☐			
	총인원(퇴사자)	1(1)	

급여항목	금액
기본급	4,200,000
상여	
직책수당	500,000
월차수당	
식대	250,000
자가운전보조금	300,000
야간근로수당	
과　　　세	4,850,000
비　과　세	400,000
지　급　총　액	5,250,000

공제항목	금액
국민연금	218,250
건강보험	171,930
장기요양보험	22,260
고용보험	43,650
소득세(100%)	
지방소득세	
농특세	
중도정산소득세	-603,320
중도정산지방소득세	-60,310
공　제　총　액	-207,540
차　인　지　급　액	5,457,540

상단의
F7 중도퇴사자정산
클릭 후

하단의
[급여반영(Tab)]
클릭

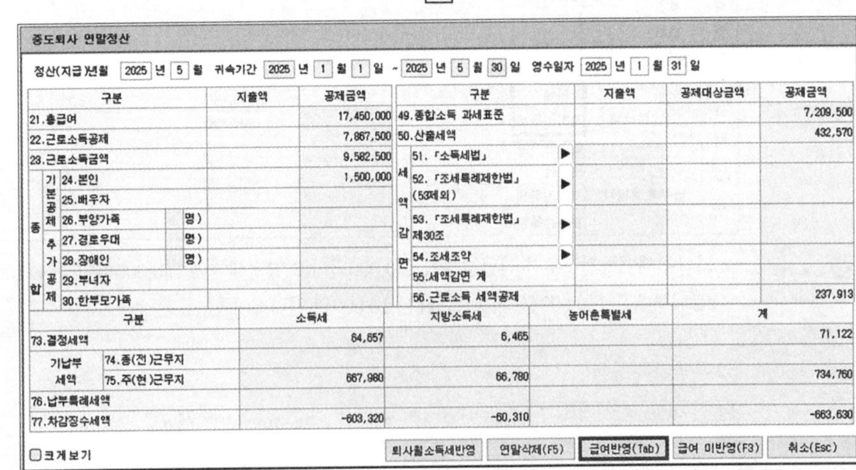

중도퇴사 연말정산

정산(지급)년월 2025 년 5 월 귀속기간 2025 년 1 월 1 일 ~ 2025 년 5 월 30 일 영수일자 2025 년 1 월 31 일

구분	지출액	공제금액
21.총급여		17,450,000
22.근로소득공제		7,867,500
23.근로소득금액		9,582,500
기본공제 24.본인		1,500,000
25.배우자		
종 추가공제 26.부양가족 명)		
27.경로우대 명)		
28.장애인 명)		
합 29.부녀자		
공제 30.한부모가족		

구분	지출액	공제대상금액	공제금액
49.종합소득 과세표준			7,209,500
50.산출세액			432,570
세액 51.「소득세법」 ▶			
52.「조세특례제한법」(53제외) ▶			
53.「조세특례제한법」 제30조 ▶			
감면 54.조세조약 ▶			
55.세액감면 계			
56.근로소득 세액공제			237,913

구분	소득세	지방소득세	농어촌특별세	계
73.결정세액	64,657	6,465		71,122
기납부 세액 74.종(전)근무지				
75.주(현)근무지	667,980	66,780		734,760
76.납부특례세액				
77.차감징수세액	-603,320	-60,310		-663,630

☐ 크게 보기　　　　회사월소득세반영 | 연말삭제(F5) | 급여반영(Tab) | 급여 미반영(F3) | 취소(Esc)

(3) 5월 원천징수이행상황신고서

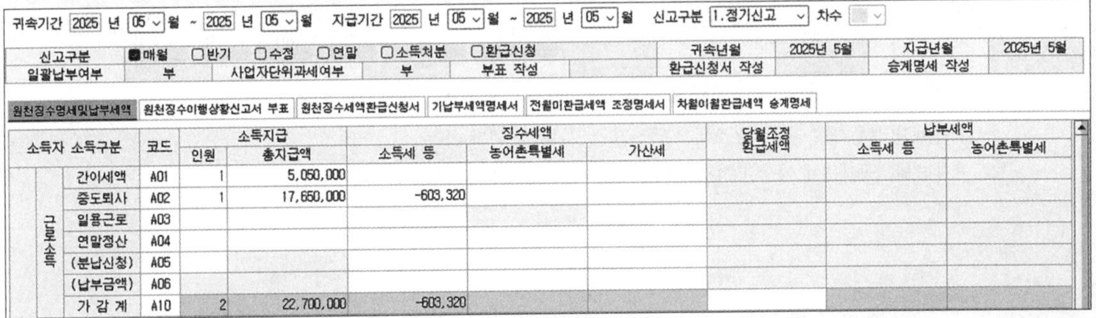

귀속기간 2025 년 05 월 ~ 2025 년 05 월　지급기간 2025 년 05 월 ~ 2025 년 05 월　신고구분 1.정기신고　차수

신고구분	■매월 ☐반기 ☐수정 ☐연말 ☐소득처분 ☐환급신청	귀속년월 2025년 5월	지급년월 2025년 5월
일괄납부여부　부　사업자단위과세여부　부　부표 작성		환급신청서 작성	승계명세 작성

원천징수명세및납부세액 | 원천징수이행상황신고서 부표 | 원천징수세액환급신청서 | 기납부세액명세서 | 전월미환급세액 조정명세서 | 차월이월환급세액 승계명세

소득자 소득구분		코드	소득지급		징수세액			당월조정 환급세액	납부세액	
			인원	총지급액	소득세 등	농어촌특별세	가산세		소득세 등	농어촌특별세
근로소득	간이세액	A01	1	5,050,000						
	중도퇴사	A02	1	17,650,000	-603,320					
	일용근로	A03								
	연말정산	A04								
	(분납신청)	A05								
	(납부금액)	A06								
	가 감 계	A10	2	22,700,000	-603,320					

[2] 연말정산

(1) 종전 근무지 급여 내역 입력 : F3 전체사원 클릭 후 이기준 선택

소득명세	부양가족	신용카드 등	의료비	기부금	연금저축 등I	연금저축 등II	월세액	출산지원금	연말정산입력

	구분	합계	주(현)		납세조합	종(전) [1/2]
소 득 명 세	9.근무처명		(주)한양상사			주식회사 세종
	9-1.종교관련 종사자		부			
	10.사업자등록번호		125-81-55574		———-——-————	130-86-61113
	11.근무기간		2025-06-01 ~ 2025-12-31		————-——-—— ~ ————-——-——	2025-01-01 ~ 2025-05-31
	12.감면기간		————-——-—— ~ ————-——-—		————-——-—— ~ ————-——-——	————-——-—— ~ ————-——-—
	13-1.급여(급여자료입력)	85,000,000	65,000,000			20,000,000
	13-2.비과세한도초과액					
	13-3.과세대상추가(인정상여추가)					
	14.상여	5,000,000				5,000,000
	15.인정상여					
	15-1.주식매수선택권행사이익					
	15-2.우리사주조합 인출금					
	15-3.임원퇴직소득금액한도초과액					
	15-4.직무발명보상금					
	16.계	90,000,000	65,000,000			25,000,000
공 제 보 험 료 명 세	직장 건강보험료(직장)(33)	2,711,390	2,304,190			407,200
	직장 장기요양보험료(33)	405,240	298,340			106,900
	직장 고용보험료(33)	836,990	584,990			252,000
	직장 국민연금보험료(31)	4,049,950	2,924,950			1,125,000
	공적연금보험료 공무원 연금(32)					
	공적연금보험료 군인연금(32)					
	공적연금보험료 사립학교교직원연금(32)					
	공적연금보험료 별정우체국연금(32)					
세 액 명 세	기납부세액 소득세	8,995,840	8,855,840			140,000
	기납부세액 지방소득세	899,570	885,570			14,000
	기납부세액 농어촌특별세					
	납부특례세액 소득세					
	납부특례세액 지방소득세					
	납부특례세액 농어촌특별세					

※ 기납부세액 : 전근무지 기납부세액 420,000원이고 결정세액이 140,000원이라 280,000원을 환급받았음. 즉, 전근무지 소득세 납부액은 140,000원, 지방소득세는 14.000원 입력해야 함.

(2) 부양가족 등록

	사번	성명	주민(외국인)번호	나이
✓	15	이기준	1 831030-1224111	41
	130	이영주	1 811111-2642514	43

기본사항	부양가족명세	추가사항

연말관계	성명	내/외국인	주민(외국인, 여권)번호	나이	기본공제	부녀자	한부모	경로우대	장애인	자녀	출산입양
0	이기준	내	1 831030-1224111	42	본인						
1	편미선	내	1 530511-2047718	72	60세이상			○			
3	김미진	내	1 860115-2374234	39	배우자						
4	이도진	내	1 170131-3165611	8	20세이하					○	
4	이시진	내	1 210121-4165112	4	20세이하						

- 편미선(모) : 이자소득 5,000,000원은 연 2,000만 원 이하로 분리과세이므로 공제 가능
- 김미진(배우자) : 일용근로소득은 무조건 분리과세로 공제 가능
- 자녀세액공제(8세 이상만 적용) : 이도진(자녀, 8세) 적용 ○, 이시진(자녀, 4세) 적용 ×

(3) 보장성/교육비 : [부양가족] 탭에 각 개인별로 입력

① 이기준

자료구분	보험료				의료비					교육비	
	건강	고용	일반보장성	장애인전용	일반	실손	선천성이상아	난임	65세,장애인	일반	장애인특수
국세청			360,000			1.전액				3,000,000	4.본인
기타	3,116,630	836,990			500,000						

② 이도진

자료구분	보험료				의료비					교육비	
	건강	고용	일반보장성	장애인전용	일반	실손	선천성이상아	난임	65세,장애인	일반	장애인특수
국세청			540,000							9,000,000	2.초중
기타											고

③ 이시진

자료구분	보험료				의료비					교육비	
	건강	고용	일반보장성	장애인전용	일반	실손	선천성이상아	난임	65세,장애인	일반	장애인특수
국세청									3,250,000	2,600,000	1.취학
기타											전

(4) 의료비

소득명세	부양가족	신용카드 등	의료비	기부금	연금저축 등I	연금저축 등II	월세액	출산지원금	연말정산입력

2025년 의료비 지급명세서													14.산후조리원
의료비 공제대상자						지급처		지급명세					
	성명	내/외	5.주민등록번호	6.본인등 해당여부	9.증빙 코드	8.상호	7.사업자 등록번호	10. 건수	11.금액	11-1.실손 보험수령핵	12.미숙아 선천성이상아	13.난임 여부	
☐	이기준	내	831030-1224111	1	0	5	신세계백화점	210-81-32199	1	500,000		X	X	X
☐	편미선	내	530511-2047718	2	0	1				6,000,000	2,500,000	X	X	X
☑	이시진	내	210121-4165112	2	0	1				3,250,000		X	X	X

(5) 신용카드

소득명세	부양가족	신용카드 등	의료비	기부금	연금저축 등I	연금저축 등II	월세액	출산지원금	연말정산입력

	성명 생년월일	자료 구분	신용카드	직불,선불	현금영수증	도서등 신용	도서등 직불	도서등 현금	전통시장	대중교통	합계
☐	이기준	국세청	20,520,000		2,300,000						22,820,000
	1983-10-30	기타									
☐	편미선	국세청									
	1953-05-11	기타									
☐	김미진	국세청	26,020,000								26,020,000
	1986-01-15	기타									

(6) 개인연금저축

2 연금계좌 세액공제 - 연금저축계좌(연말정산입력 탭의 37.개인연금저축, 60.연금저축)						크게보기
연금저축구분	코드	금융회사 등	계좌번호(증권번호)	납입금액	공제대상금액	소득/세액공제액
1.개인연금저축	405	삼성생명보험 (주)	153-05724-72999	3,000,000		720,000
개인연금저축				3,000,000		720,000

(7) F8 부양가족탭 불러오기

근로소득금액	75,750,000	• 그밖의소득공제	3,220,000	• 특별세액공제	
종합소득공제		과세표준	56,026,430	보장성보험료	108,000
• 기본공제	7,500,000	산출세액	7,686,343	의료비	682,500
• 추가공제	1,000,000	세액공제		교육비	1,290,000
• 연금보험료공제	4,049,950	• 근로세액공제	500,000		
• 특별소득공제	3,953,620	• 자녀세액공제	250,000	결정세액	4,855,843

구분		소득세	지방소득세	농어촌특별세	계
73.결정세액		4,855,843	485,584		5,341,427
기납부 세액	74.종(전)근무지	140,000	14,000		154,000
	75.주(현)근무지	8,855,840	885,570		9,741,410
76.납부특례세액					
77.차감징수세액		-4,139,990	-413,980		-4,553,970

[제121회 기출문제 – 이론]

01 ① ① 자기주식처분이익 : 영업외수익이 아니라 자본잉여금임. ② 주식배당 : 발행주식의 액면금액을 배당하는 것으로 처리 ③ 자기주식 : 자본조정 ④ 이익소각은 주식을 취득해 이익잉여금과 상계 처리해 없애는 것임. 즉, 주식 취득금액 만큼 이익잉여금이 감소함.

02 ③ ①, ②확정급여형(DB) 퇴직연금은 회사 소유 금융계좌로 평소 회사가 관리하다가 근로자 퇴직 시 DB형에서 인출하여 퇴직금 지급함. DB형에 입금한 금액은 비용이 아니라 「퇴직연금운용자산(투자자산)」임. ③, ④확정기여형(DC) 퇴직연금은 근로자 소유 금융계좌로 근로자가 직접 관리하며 매년 발생한 퇴직금을 회사가 입금함으로써 퇴직금이 지급된 효과 발생. 즉, 매년 DC형 퇴직연금에 입금한 금액이 퇴직급여(비용)임.

03 ③ • 총공사 예정원가 : 총공사원가(x) × 공사진행율(40%) = 4억 원 ⇒ 총공사원가는 10억 원
• 2024년 공사수익 : 계약금액(12억 원) × 공사진행율(40%) = 4억 8천만 원
• 2025년까지 공사진행율 : (2024년까지 공사원가 4억 원 + 2025년 공사원가 2.5억 원) ÷ 10억 원 = 65%
• 2025년 공사수익 : 계약금액(12억 원) × 추가 공사진행율(25%, 65% – 40%) = 3억 원
• 2025년 공사이익 : 공사수익(3억 원) – 공사비용(2.5억 원) = 5천만 원

04 ② ② 만기보유증권(채권)은 공정가치로 평가하지 않고 원가로 평가 또는 상각후 원가로 평가함. ④ 지분증권 : 단기매매증권, 매도가능증권, 채무증권 : 만기보유증권

05 ③ 무형자산은 취득가액으로 장부 계상 후 감가상각하며 가치 증가분을 추가로 무형자산으로 하여 증액하지 않음.

06 ③ ① 고정원가 : 조업도와 관계없이 총액이 정해져 있어 생산량이 증가할수록 단위당 원가는 감소함. ② 변동원가 : 단위당 원가가 일정해 생산량이 증가할수록 총원가는 증가함. ③ 준변동원가(혼합원가) : 기본요금(고정원가) + 변동원가로 구성, 전력요금·통신요금이 대표적 ④ 준고정원가(계단원가) : 고정원가 + 고정원가, 생산량이 특정 범위를 초과하면 추가 고정비가 발생

07 ④ 원재료 사용액(800,000원) = 기초원재료(α) + 원재료 매입액(β) – 기말원재료(α +70,000원) ⇒ 원재료매입액(β) = 870,000원

08 ④ • 제조간접비 배부율 : 예정 제조간접비(2,000,000원) ÷ 예정 기계작업시간(8,000원) = 250원/시간
• 제조간접비 배부액 : 실제 기계작업시간(10,000시간) × 250원 = 2,500,000원
• 제조원가 : 직접재료비(5,000,000원) + 직접노무비(3,500,000원) + 제조간접비(2,500,000원) = 11,000,000원

09 ② • R = 1,500,000원 + 0.2M, M = 2,400,000원 + 0.5R ⇒ R = 1,500,000원 + 0.2 × (2,400,000원 + 0.5R) ⇒ R = 2,200,000원, M = 3,500,000원
• 민국에 배분되는 보조부문 원가 : R(2,200,000원) × 0.3 + M(3,500,000원) × 0.3 = 1,710,000원

10 ① 종합원가계산은 소품종 대량생산에 적합하며, 조선업은 개별원가계산에 적합함.

11 ① 필요적 기재사항은 착오 기재하여 수정세금계산서를 발급하는 경우 : 최초 제품 판매일(5.31)을 수정세금계산서 발행일로 하여 기존 착오금액은 (–)로 없애고, 신규 올바른 금액을 다시 기재함.

12 ① 부가가치세는 소비자가 공급가액에 더하여 사업자에게 지급한 것으로 사업자는 잠시 보관하다가 대신 납부하는 간접세임. 따라서 학교(비영리단체)가 부가가치세 과세 재화를 공급하는 경우라면 부가가치세 납세의무자가 됨.

13 ③ 단순의약품(일반의약품), 항공기 운송용역은 부가가치세가 과세됨.

14 ④ 반기별 납부 승인 받은 소규모 사업자(고용인원 20명 이하)는 원천징수 소득세를 해당 반기의 마지막 달의 다음달 10일 납부 가능. 단, 법인세 신고 시 처분된 상여는 예외임.

15 ③ 이자·배당지급명세서는 지급일이 속하는 연도의 다음연도 2월 말일까지 제출하여야 함.

01

[1] 원천징수 당한 금액은 선납세금 처리

01.25	(차) 보통예금	1,087,500	(대) 이자수익(영업외수익)	1,500,000
	선납세금(당좌자산)	412,500		

[2] 급여 지급 시 원천징수액은 예수금 처리

02.21	(차) 임금(제조원가)	3,100,000	(대) 예수금(유동부채)	355,720
	상여금(제조원가)	1,000,000	보통예금	3,744,280

[3] 제품을 타 용도로 사용한 경우 "적요8.타계정으로 대체액" 반드시 입력

04.15	(차) 기부금(영업외비용)	1,000,000	(대) 제 품	1,000,000
			(적요8. 타계정으로 대체액 손익계산서 반영분)	

[4] 매각거래 처리 시 할인료는 매출채권처분손실(영업외비용) 처리

07.01	(차) 보통예금	9,500,000	(대) 받을어음((주)성남)	10,000,000
	매출채권처분손실(영업외비용)	500,000		

[5] 차량 취득 시 의무 취득 채권의 공정가치 손실액은 차량 취득가액에 가산

08.15	(차) 만기보유증권(투자자산)	800,000	(대) 보통예금	1,800,000
	차량운반구	1,000,000		

02

[1] 유형 : '55.수입', 부산세관에 수입부가가치세 납부

유형 : 55.수입, 공급가액 : 35,000,000원, 부가세 : 3,500,000원, 거래처 : 부산세관, 전자 : 여, 분개 : 혼합				
07.20	(차) 부가세대급금	3,500,000	(대) 보통예금	3,500,000

[2] 유형 : '11.과세', 세금계산서 발행하면서 과세 물품 판매, 상거래 이외 외상대금은 미수금 처리

유형 : 11.과세, 공급가액 : 25,000,000원, 부가세 : 2,500,000원, 거래처 : 스타자동차, 전자 : 여, 분개 : 혼합				
	(차) 감가상각누계액(차량운반구)	20,000,000	(대) 차량운반구	50,000,000
08.01	미수금(스타자동차)	27,500,000	부가세예수금	2,500,000
	유형자산처분손실(영업외비용)	5,000,000		

※ 유형자산처분손실 : 처분금액(25,000,000원) − 장부가액(30,000,000원) = 5,000,000원

[3] 유형 : '61.현과', 현금영수증 수취하면서 과세 물품 취득

유형 : 61.현과, 공급가액 : 3,000,000원, 부가세 : 300,000원, 거래처 : ㈜코스트코리아, 전자 : −, 분개 : 혼합				
08.30	(차) 비 품	3,000,000	(대) 보통예금	3,300,000
	부가세대급금	300,000		

[4] 유형 : '16.수출', 해외 직수출은 선적일 환율 적용. $5,000 × 1,200원 = 6,000,000원

유형 : 16.수출, 공급가액 : 6,000,000원, 부가세 : −, 거래처 : 미국 스토브사, 전자 : −, 분개 : 혼합				
영세율구분 : ① 직접수출(대행수출 포함)				
09.05	(차) 외상매출금(미국 스토브사)	6,000,000	(대) 제품매출	6,000,000

[5] 유형 : '54.불공', 비영업용 소형승용차 수리비는 매입세액공제 불가

유형 : 54.불공, 공급가액 : 1,000,000원, 부가세 : 100,000원, 거래처 : ㈜서울모터스, 전자 : 여, 분개 : 혼합				
불공제 사유 : ③ 개별소비세법 제1조 제2항 제3호에 따른 자동차 구입·유지 및 임차				
09.10	(차) 차량유지비(판매관리비)	1,100,000	(대) 보통예금	1,100,000

※ 상거래(원재료, 상품 매입) 이외 외상은 미지급금 처리

03 [1] 부가가치세 신고서 부속서류 작성

(1) 수출실적명세서

조회기간 [2025] 년 [01 ∨] 월 ~ [2025] 년 [03 ∨] 월 구분 : [1기 예정] [과세기간별입력]

구분	건수	외화금액	원화금액	비고
⑨합계	3	2,250,000.00	290,000,000	
⑩수출재화[=⑫합계]	3	2,250,000.00	290,000,000	
⑪기타영세율적용				

No		(13)수출신고번호	(14)선(기)적일자	(15)통화코드	(16)환율	(17)외화	(18)원화	거래처코드	거래처명
1	☐	13031-10-031807X	2025-01-15	USD	1,100.0000	100,000.00	110,000,000	00169	브링사
2	☐	13085-20-019870X	2025-02-10	USD	1,100.0000	150,000.00	165,000,000	00170	조인상사
3	☐	13073-30-268371X	2025-03-13	JPY	7.5000	2,000,000.00	15,000,000	00171	혼마상사

※ 조인상사 : 선적일 전에 외화를 받아 환가(환전)한 경우에는 환가일 환율(1,100원/$) 적용

(2) 영세율매출명세서

조회기간 [2025] 년 [01 ∨] 월 ~ [2025] 년 [03 ∨] 월 [1기 예정]

부가가치세법 조세특례제한법

(7)구분	(8)조문	(9)내용	(10)금액(원)
	제21조	직접수출(대행수출 포함)	290,000,000
		중계무역·위탁판매·외국인도 또는 위탁가공무역 방식의 수출	
		내국신용장·구매확인서에 의하여 공급하는 재화	
		한국국제협력단 및 한국국제보건의료재단에 공급하는 해외반출용 재화	
		수탁가공무역 수출용으로 공급하는 재화	
(11) 부가가치세법에 따른 영세율 적용 공급실적 합계			290,000,000
(12) 조세특례제한법 및 그 밖의 법률에 따른 영세율 적용 공급실적 합계			
(13) 영세율 적용 공급실적 총 합계(11)+(12)			290,000,000

[2] 부가가치세 확정 신고서

조회기간 2025년 4월 1일 ~ 2025년 6월 30일 / 신고구분 1.정기신고

구분			번호	금액	세율	세액
과세표준및매출세액	과세	세금계산서발급분	1	500,000,000	10/100	50,000,000
		매입자발행세금계산서	2		10/100	
		신용카드·현금영수증발행분	3	30,000,000	10/100	3,000,000
		기타(정규영수증외매출분)	4		10/100	
	영세	세금계산서발급분	5		0/100	
		기타	6		0/100	
	예정신고누락분		7			
	대손세액가감		8			-200,000
	합계		9	530,000,000	㉮	52,800,000
매입세액	세금계산서수취분	일반매입	10	190,000,000		19,000,000
		수출기업수입분납부유예	11			
		고정자산매입	12	10,000,000		1,000,000
	예정신고누락분		13	5,000,000		500,000
	매입자발행세금계산서		14			
	그 밖의 공제매입세액		15	20,000,000		2,000,000
	합계(10)-(11)+(12)+(13)+(14)+(15)		16	225,000,000		22,500,000
	공제받지못할매입세액		17	10,000,000		1,000,000
	차감계(16-17)		18	215,000,000	㉯	21,500,000
납부(환급)세액(매출세액㉮-매입세액㉯)					㉰	31,300,000
경감공제세액	그 밖의 경감·공제세액		19			10,000
	신용카드매출전표등 발행공제등		20			
	합계		21		㉱	10,000
소규모 개인사업자 부가가치세 감면세액			22		㉲	
예정신고미환급세액			23		㉳	
예정고지세액			24		㉴	
수시부과세액			25		㉵	
사업양수자의 대리납부 기납부세액			26		㉶	
매입자 납부특례 기납부세액			27		㉷	
신용카드업자의 대리납부 기납부세액			28		㉸	
가산세액계			29		㉹	24,000
차가감하여 납부할세액(환급받을세액)㉮-㉯-㉱-㉲-㉳-㉴-㉵-㉶-㉷-㉸+㉹			30			31,314,000
총괄납부사업자가 납부할 세액(환급받을 세액)						

12.매입(예정신고누락분)		번호	금액	세율	세액
예정	세금계산서	41			
	그 밖의 공제매입세액	42	5,000,000		500,000
	합계	43	5,000,000		500,000
	신용카드매출 일반매입		5,000,000		500,000
	수령금액합계 고정매입				

14.그 밖의 공제매입세액		번호	금액	세율	세액
신용카드매출	일반매입	44	20,000,000		2,000,000
수령금액합계표	고정매입	45			

16.공제받지못할매입세액	번호	금액	세율	세액
공제받지못할 매입세액	53	10,000,000		1,000,000
공통매입세액면세등사업분	54			
대손처분받은세액	55			
합계	56	10,000,000		1,000,000

18.그 밖의 경감·공제세액	번호	금액	세율	세액
전자신고 및 전자고지 세액공제	57			10,000

25.가산세명세		번호	금액	세율	세액
사업자미등록등		64		뒤쪽	
세금계산서	지연발급 등	65		1/100	
	지연수취	66		5/1,000	
	미발급 등	67		뒤쪽	
전자세금	지연전송	68	8,000,000	3/1,000	24,000

- 전자신고세액공제 : "18.그밖의 경감·공제세액"의 「전자신고 및 전자고지 세액공제 칸에 10,000원 입력
- 매출 중 전자세금계산서 지연전송분 : 공급가액 8,000,000원을 "25.가산세명세"의 「지연전송」칸에 입력

[3] 부가가치세 신고서 전자신고

전자신고(전자신고 제작) → 국세청 홈택스 전자신고변환(교육용) → 전자파일 변환(파일선택 → 형식검증 → 전자파일 제출)

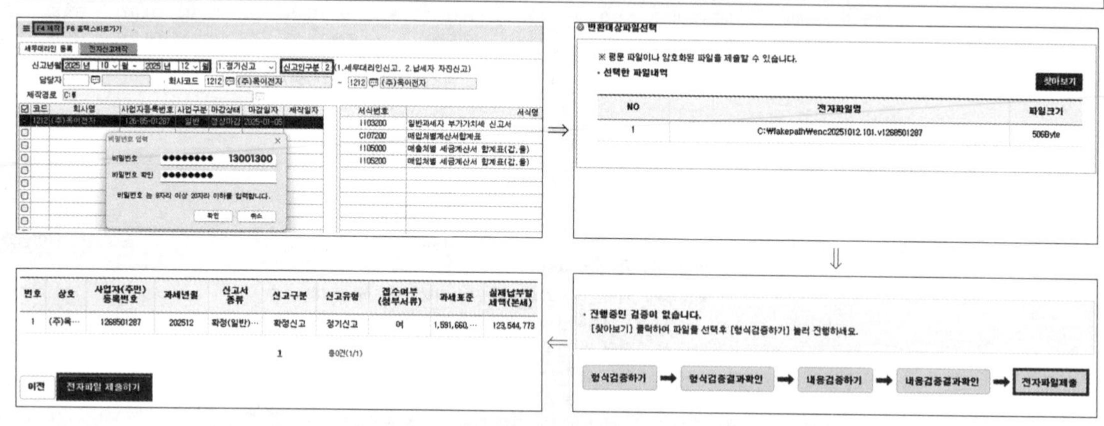

04

[1] 환율 1,350원 → 1,420원 : 70원 상승, 외화환산손실 발생 : $70,000 × 70원 = 4,900,000원

12.31	(차) 외화환산손실(영업외비용)	4,900,000	(대) 외화장기차입금((주)아이마켓)	4,900,000

[2] 유형자산 재평가차익은 기타포괄손익누계의 "재평가차익" 처리

12.31	(차) 토 지	40,000,000	(대) 재평가차익(기타포괄손익누계)	40,000,000

[3] 2024년말 : 매도가능증권평가이익 30,000,000원[1,000주 × (80,000원 − 50,000원)] ⇒ 2025년말 : 매도가능증권평가손실 35,000,000원[1,000주 × (45,000원 − 80,000원)]

| 12.31 | (차) 매도가능증권평가이익(기타포괄) | 30,000,000 | (대) 매도가능증권(투자자산) | 35,000,000 |
| | 매도가능증권평가손실(기타포괄) | 5,000,000 | | |

※ 매도가능증권평가손실 35,000,000원 발생 시 기존의 매도가능증권평가이익 30,000,000원을 먼저 없앰.

[4] 기간경과 이자 : 120,000,000원 × 4.2% × (1개월/12개월) = 420,000원

| 12.31 | (차) 미수수익(당좌자산) | 420,000 | (대) 이자수익(영업외수익) | 420,000 |

[5] 대손충당금 추가 설정액 계산

계정과목		추가 설정액
외상매출금	판매관리비	925,039,000 × 1% − 2,220,000 = 7,030,390원
미수금	영업외비용	40,000,000 × 1% − 0 = 400,000원

[결산자료] 입력 창의 판매관리비 부분 대손상각비의 외상매출금 칸에 7,030,390, 영업외비용 부분 기타의대손상각비의 미수금 칸에 400,000원 입력 후 F3 전표 추가 클릭

※ F8 대손상각 입력 클릭 후 대손율 1% 입력 후 외상매출금칸, 미수금 칸만 남기고 나머지 칸에는 0원 입력 후 [결산반영] ⇒ F3 전표 추가 클릭해도 됨.

단, 아래와 같이 12.31자 일반전표로 입력해도 무방함.

| 12.31 | (차) 대손상각비(판매관리비) | 7,030,390 | (대) 대손충당금(외상매출금) | 7,030,390 |
| | 기타의대손상각비(영업외비용) | 400,000 | 대손충당금(미수금) | 400,000 |

05 [1] 급여자료 입력 후 원천징수이행상황신고서 작성

(1) 11월 급여 : 11월 급여 미지급 시 12.31 지급한 것으로 봄.

귀속년월 2025 년 11 월	지급년월일 2025 년 12 월 31 일	급여		

□	사번	사원명	감면율	급여항목	금액	공제항목	금액
□	101	나현수		기본급	4,500,000	국민연금(60세이상)	202,500
■	500	박대영		상여		건강보험	159,520
□				직책수당		장기요양보험	20,650
□				월차수당		고용보험	40,500
□				식대	200,000	소득세(100%)	293,150
□				자가운전보조금		지방소득세	29,310
□				야간근로수당		농특세	

(2) 12월 급여 : 2월 급여 미지급 시 다음연도 2월말 지급한 것으로 보는데 그 전인 1.10에 지급했으므로 1.10 입력.

귀속년월 2025 년 12 월	지급년월일 2026 년 01 월 10 일	급여		

□	사번	사원명	감면율	급여항목	금액	공제항목	금액
□	101	나현수		기본급	4,500,000	국민연금(60세이상)	
■	500	박대영		상여		건강보험	159,520
□				직책수당		장기요양보험	20,650
□				월차수당		고용보험	40,500
□				식대	200,000	소득세(100%)	293,150
□				자가운전보조금		지방소득세	29,310
□				야간근로수당		농특세	

(3) 원천징수이행상황신고서

| 귀속기간 2025 년 11 ∨ 월 ~ 2025 년 11 ∨ 월 지급기간 2025 년 12 ∨ 월 ~ 2025 년 12 ∨ 월 신고구분 1.정기신고 ∨ 차수 ∨ |

신고구분	■매월 □반기 □수정 □연말 □소득처분 □환급신청				귀속년월	2025년 11월	지급년월	2025년 12월
일괄납부여부	부	사업자단위과세여부	부	부표 작성	환급신청서 작성		승계명세 작성	

원천징수명세및납부세액 원천징수이행상황신고서 부표 원천징수세액환급신청서 기납부세액명세서 전월미환급세액 조정명세서 차월이월환급세액 승계명세

소득자 소득구분		코드	소득지급		징수세액			당월조정환급세액	납부세액	
			인원	총지급액	소득세 등	농어촌특별세	가산세		소득세 등	농어촌특별세
근로소득	간이세액	A01	1	4,700,000	293,150					
	중도퇴사	A02								
	일용근로	A03								
	연말정산	A04								
	(분납신청)	A05								
	(납부금액)	A06								
	가 감 계	A10	1	4,700,000	293,150				293,150	

| 귀속기간 2025 년 12 ∨ 월 ~ 2025 년 12 ∨ 월 지급기간 2026 년 01 ∨ 월 ~ 2026 년 01 ∨ 월 신고구분 1.정기신고 ∨ 차수 ∨ |

신고구분	■매월 □반기 □수정 □연말 □소득처분 □환급신청				귀속년월	2025년 12월	지급년월	2026년 1월
일괄납부여부	부	사업자단위과세여부	부	부표 작성	환급신청서 작성		승계명세 작성	

원천징수명세및납부세액 원천징수이행상황신고서 부표 원천징수세액환급신청서 기납부세액명세서 전월미환급세액 조정명세서 차월이월환급세액 승계명세

소득자 소득구분		코드	소득지급		징수세액			당월조정환급세액	납부세액	
			인원	총지급액	소득세 등	농어촌특별세	가산세		소득세 등	농어촌특별세
근로소득	간이세액	A01	1	4,700,000	293,150					
	중도퇴사	A02								
	일용근로	A03								
	연말정산	A04								
	(분납신청)	A05								
	(납부금액)	A06								
	가 감 계	A10	1	4,700,000	293,150				293,150	

[2] 연말정산

(1) 부양가족등록 : ⒡3 전체사원 클릭 후 나현수 선택

| 소득명세 | **부양가족** | 신용카드 등 | 의료비 | 기부금 | 연금저축 등Ⅰ | 연금저축 등Ⅱ | 월세액 | 출산지원금 | 연말정산입력 |

연말관계	성명	내/외국인	주민(외국인)번호	나이	소득기준초과여부	기본공제	세대주구분	부녀자	한부모	경로우대	장애인	자녀	출산입양	혼인세액
0	나현수	내	1 620405-1116801	63		본인	세대주							
3	손나현	내	1 650312-2166805	60	○	부								
1	나일남	내	1 400612-1335701	85		60세이상				○				
1	김옥이	내	1 450828-2118971	80		60세이상				○				
4	나윤솔	내	1 990301-2126834	26		부								
4	나윤열	내	1 060710-3126876	19		20세이하						○		

※ 나윤솔(딸) 일용근로소득은 무조건 분리과세

(2) 보장성/교육비 : [부양가족] 탭에 각 개인별로 입력

① 나현수(본인)

자료구분	보험료				의료비					교육비	
	건강	고용	일반보장성	장애인전용	일반	실손	선천성이상아	난임	65세,장애인	일반	장애인특수
국세청			600,000							3,000,000 4.본인	
기타	3,203,190	719,920									

② 나윤솔(딸)

자료구분	보험료				의료비					교육비	
	건강	고용	일반보장성	장애인전용	일반	실손	선천성이상아	난임	65세,장애인	일반	장애인특수
국세청										8,000,000 3.대학생	
기타											

※ 나윤솔(딸) 기본공제 대상자가 아니므로 보장성보험료는 공제 안됨.

③ 나윤열(아들)

자료구분	보험료				의료비					교육비	
	건강	고용	일반보장성	장애인전용	일반	실손	선천성이상아	난임	65세,장애인	일반	장애인특수
국세청										1,000,000 2.초중고	
기타											

※ 교복: 50만 원 한도 교육비 공제

(3) 의료비

	의료비 공제대상자					지급처		지급명세					14.산후조리원
	성명	내/외	5.주민등록번호	6.본인등해당여부	9.증빙코드	8.상호	7.사업자등록번호	10.건수	11.금액	11-1.실손보험수령핵	12.미숙아선천성이상아	13.난임여부	
☐	나현수	내	620405-1116801	1	0	1				1,500,000		X	X	X
☐	나일남	내	400612-1335701	2	0	1				1,000,000		X	X	X
☐	김옥이	내	450828-2118971	2	0	1				4,220,000	2,500,000	X	X	X
☐	나윤열	내	060710-3126876	3	X	5	밝은안경	233-31-18875	1	500,000		X	X	X

※ 안경: 50만 원 한도 의료비 공제

(4) 신용카드

소득명세	부양가족	신용카드 등	의료비	기부금	연금저축 등I	연금저축 등II	월세액	출산지원금	연말정산입력

	성명 생년월일	자료구분	신용카드	직불,선불	현금영수증	도서등신용	도서등직불	도서등현금	전통시장	대중교통	합계
☐	나현수	국세청	20,500,000								20,500,000
	1962-04-05	기타									
☐	나일남	국세청									
	1940-06-12	기타									
☐	김옥이	국세청									
	1945-08-28	기타									
☐	나윤슬	국세청		900,000						600,000	1,500,000
	1999-03-01	기타									

※ 신용카드 소득공제는 나이요건 적용 ×

(5) 월세

1	월세액 세액공제 명세(연말정산입력 탭의 70.월세액)										크기

임대인명 (상호)	주민등록번호 (사업자번호)	유형	계약면적(㎡)	임대차계약서 상 주소지	계약서상 임대차 계약기간			연간 월세액	공제대상금액	세액공제금액
					개시일	~	종료일			
김주택	650426-1834704	아파트	84.19	경기도 하남시 미사강변북로 373, 301호	2020-01-01	~	2026-12-31	12,000,000	10,000,000	1,500,000

(6) 주택임차차입금 원리금 상환

주택임차차입금 원리금상환액	①대출기관	납입액의 40%		4,400,000	1,760,000
	②거주자(총급여 5천만원 이하)				
2.주택차입금원리금상환액(①~②)		1+2 ≤ 연 400만원		4,400,000	1,760,000

근로소득금액	66,250,000	· 그밖의소득공제	585,000	· 특별세액공제	
종합소득공제		과세표준	48,381,970	보장성보험료	72,000
· 기본공제	6,000,000	산출세액	5,997,295	의료비	348,000
· 추가공제	2,000,000	세액공제		교육비	1,800,000
· 연금보험료공제	3,599,920	· 근로세액공제	500,000	연금저축	1,500,000
· 특별소득공제	5,683,110	· 자녀/출산공제	250,000	결정세액	1,527,295

구분		소득세	지방소득세	농어촌특별세	계
73.결정세액		1,527,295	152,729		1,680,024
기납부 세액	74.종(전)근무지				
	75.주(현)근무지	10,904,310	1,090,350		11,994,660
76.납부특례세액					
77.차감징수세액		-9,377,010	-937,620		-10,314,630

[제122회 기출문제 - 이론]

01 ③ 자산, 부채, 자본 항목은 상계처리 하지 않고 총액으로 표시해야 함.

02 ④ 우발부채는 자원 유출 가능성이 높은 경우에만 주석으로 표시함.

03 ③ 감가상각비 과소 계상 ⇒ 비용 과소 ⇒ 당기순이익 과대 ⇒ 이익잉여금 과대 ⇒ 자산(차량운반구 − 감가상각누계액) 과대 표시됨.

04 ③ 자본조정 중 자기주식은 반드시 별도 표시하여야 함.

05 ③ 입장권은 판매 시점이 아닌 해당 공연·행사가 개최되는 시점에 수익을 인식함.

06 ② 기초원가 = 직접재료비 + 직접노무비, 가공원가= 직접노무비 + 제조간접비 ⇒ 기초원가·가공원가에 모두 포함되는 것은 직접노무비임.

07 ③ 이자비용은 판매비및관리비가 아니라 영업외비용임.

08 ④ 정유업, 시멘트공업과 같이 컨베이어벨트에서 대량으로 생산되는 경우는 종합원가계산 적용

09 ④ • 제조간접비 배부율 : 제조간접비 예산(5,000,000원) ÷ 직접노무시간 예산(1,000시간) = 5,000원/시간
 • 제조간접비 배부 : 실제 직접노무시간(1,200시간) × 5,000원 = 6,000,000원
 • 실제 제조간접비 6,000,000원 ⇒ 배부차이 없음.

10 ② • 당기 완성수량(800개) = 기초재공품(250개) + 당기 착수량(700개) − 기말재공품(100개) − 공손수량(x) ⇒ 공손수량은 50개
 • 정상공손: 완성수량(800개) × 5% = 40개 • 비정상공손 : 총공손(50개) − 정상공손(40개) = 10개

11 ③ 하지장(보관만 하는 장소)은 사업장이 아니지만 직매장(판매가 이루어지는 곳)은 사업장임.

12 ① 직전 연도 공급대가 합계액이 1억 400만 원 미만인 개인사업자는 간이과세를 적용 받을 수 있음. 단, 직전 연도 공급대가 합계액 4,800만 원 이상 부동산임대사업자는 간이과세 적용 불가

13 ② 직전 연도 사업장별 총수입금액 8천만 원 이상 개인사업자는 전자세금계산서를 의무 발행해야 함.

14 ③ 기본공제대상 판단의 기준 소득금액은 「종합소득금액 + 퇴직소득금액 + 양도소득금액」 합계액임.

15 ③ • 부동산임대에서 발생한 결손금은 이월하여 부동산임대에서 발생한 소득에서만 차감할 수 있음.
 • 부동산임대 이월결손금 잔액 : 10,000,000원(2023년) − 2,000,000원(2024년 적용) = 8,000,000원
 • 2025년 부동산 사업소득금액 : 5,000,000원 ⇒ 전액 이월결손금과 차감
 • 2026년으로 이월되는 부동산 사업소득 이월결손금 : 8,000,000원 − 5,000,000원 = 3,000,000원
 • 일용근로소득은 무조건 분리 과세함.
 • 2025년 종합소득금액 : 커피전문점 사업소득금액 20,000,000원

01

[1] 원천징수 당한 금액은 선납세금 처리

01.15	(차) 보통예금	725,000	(대) 이자수익(영업외수익)	1,000,000
	선납세금(당좌자산)	275,000		

[2] 마케팅부서 등록면허세는 판매관리비의 세금과공과 처리

05.25	(차) 세금과공과(판매관리비)	40,500	(대) 보통예금	40,500

[3] 증여받은 토지 공정가치(7,000,000)를 자산수증이익 처리하고 취득세는 토지 가액에 가산함.

08.30	(차) 토 지	7,280,000	(대) 자산수증이익(영업외수익)	7,000,000
			현 금	280,000

[4] 단기매매증권 취득 수수료는 당기 수수료비용(영업외비용) 처리

09.12	(차) 단기매매증권	5,000,000	(대) 보통예금	5,150,000
	수수료비용(영업외비용)	150,000		

[5] 장기차입금은 채무이므로 거래처 우리은행 입력

09.30	(차) 장기차입금(우리은행)	70,000,000	(대) 보통예금	70,670,000
	이자비용(영업외비용)	670,000		

02

[1] 유형 : '11.과세', 과세 재화 판매하면서 세금계산서 발행한 건을 수정하는 경우 (−)로 입력

유형 : 11.과세, 공급가액 : (−)3,000,000원, 부가세 : (−)300,000원, 거래처 : ㈜톡톡유통, 전자 : 여, 분개 : 혼합				
10.10	(차) 외상매출금	(−)3,300,000	(대) 제품매출	(−)3,000,000
			부가세예수금	(−)300,000

[2] 유형 : '54.불공', 비영업용 소형승용차 수리비는 매입세액공제 불가

유형 : 54.불공, 공급가액 : 750,000원, 부가세 : 75,000원, 거래처 : 달려라붕붕, 전자 : 여, 분개 : 혼합				
불공제 사유 : ③ 개별소비세법 제1조 제2항 제3호에 따른 자동차 구입·유지 및 임차				
10.17	(차) 차량유지비(판매관리비)	825,000	(대) 미지급금(달려라붕붕)	825,000

※ 상거래(원재료, 상품 매입) 이외 외상은 미지급금 처리

[3] 유형 : '51.과세', 전자세금계산서 수취하면서 원재료(과세 물품) 매입

유형 : 51.과세, 공급가액 : 20,000,000원, 부가세 : 2,000,000원, 거래처 : ㈜으뜸, 전자 : 여, 분개 : 혼합				
10.30	(차) 원재료	20,000,000	(대) 외상매입금((주)으뜸)	15,400,000
	부가세대급금	2,000,000	현 금	6,600,000

[4] 유형 : '12.영세', 구매확인서에 의한 내국 수출

유형 : 12.영세, 공급가액 : 53,000,000원, 부가세 : –, 거래처 : ㈜두일무역, 전자 : 여, 분개 : 혼합				
영세율구분 : ③ 내국신용장·구매확인서에 의해 공급하는 재화				
11.13	(차) 외상매출금((주)두일무역)	53,000,000	(대) 제품매출	53,000,000

[5] 유형 : '55.수입', 부산세관에 수입부가가치세 납부

유형 : 55.수입, 공급가액 : 3,000,000원, 부가세 : 300,000원, 거래처 : 부산세관, 전자 : 여, 분개 : 혼합				
12.27	(차) 부가세대급금	300,000	(대) 보통예금	300,000

03　[1] 부가가치세 신고서 부속서류 작성

(1) 건물 등 감가상각자산 취득명세서

조회기간　2025 년 07 ∨ 월 ~ 2025 년 09 ∨ 월　　구분 2기 예정

◇ **취득내역**

감가상각자산종류	건수	공급가액	세 액
합　　계	2	80,000,000	8,000,000
건 물 · 구 축 물	1	60,000,000	6,000,000
기 계 장 치			
차 량 운 반 구	1	20,000,000	2,000,000
기타감가상각자산			

No	거래처별 감가상각자산 취득명세						
	월/일	상호	사업자등록번호	자산구분	공급가액	세액	건수
1	07-20	(주)대영건설	210-81-96723	건물,구축물	60,000,000	6,000,000	1
2	09-08	(주)하나상사	561-85-31723	차량운반구	20,000,000	2,000,000	1

※ 감가상각 되지 않는 토지 구입내역은 입력하지 않음.

(2) 공제받지 못할 매입세액명세서

조회기간 2025 년 07 ∨ 월 ~ 2025 년 09 ∨ 월　구분　2기 예정

| **공제받지못할매입세액내역** | 공통매입세액안분계산내역 | 공통매입세액의정산내역 | 납부세액또는는환급세액재계산 |

매입세액 불공제 사유	세금계산서		
	매수	공급가액	매입세액
①필요적 기재사항 누락 등			
②사업과 직접 관련 없는 지출			
③개별소비세법 제1조제2항제3호에 따른 자동차 구입·유지 및 임차	1	20,000,000	2,000,000
④기업업무추진비 및 이와 유사한 비용 관련			
⑤면세사업등 관련			
⑥토지의 자본적 지출 관련	1	9,000,000	900,000

[2] 부가가치세 확정 신고서

(1) 과세표준 및 매출세액

> • 과세 : 세금계산서 발급 칸에 공급가액 570,000,000원 입력
> • 영세 : 세금계산서 발급 칸에 공급가액 50,000,000원 입력
> • 신용카드 발급분 : 이미 세금계산서 금액에 포함되어 있으므로 별도로 입력하지 않음

(2) 매입세액

> • 세금계산서 수취분 : 공제가능, 공제불가능 금액을 모두 일반매입/고정자산매입 구분 입력 후 불공제액 차감 입력
> • 그밖의 공제매입세액(신용카드매입액) : 공제가능 금액만 입력. 공제불가능 금액은 아예 입력하지 않음.

(3) 기타정보입력

> • 부가가치세 미환급세액 2,000,000원 입력 • 전자신고세액공제: 전자신고세액공제 10,000원 입력

(4) 과세표준명세 : F4 과세표준명세 클릭

> • 부가세 신고서상 과세표준금액 620,000,000원 입력 • 면세 매출금액 1,000,000원을 면세수입금액/계산서 발급 칸에 입력

일반과세

조회기간 2025 년 4 월 1 일 ~ 2025 년 6 월 30 일 신고구분 1.정기신고

구분				정기신고금액 금액	세율	세액
과세표준및매출세액	과세	세금계산서발급분	1	570,000,000	10/100	57,000,000
		매입자발행세금계산서	2		10/100	
		신용카드·현금영수증발행분	3		10/100	
		기타(정규영수증외매출분)	4			
	영세	세금계산서발급분	5	50,000,000	0/100	
		기타	6		0/100	
	예정신고누락분		7			
	대손세액가감		8			
	합계		9	620,000,000	㉒	57,000,000
매입세액	세금계산서 수취분	일반매입	10	260,000,000		26,000,000
		수출기업수입분납부유예	11			
		고정자산매입	12	100,000,000		10,000,000
	예정신고누락분		13			
	매입자발행세금계산서		14			
	그 밖의 공제매입세액		15	14,000,000		1,400,000
	합계(10)-(11)+(12)+(13)+(14)+(15)		16	374,000,000		37,400,000
	공제받지못할매입세액		17	10,000,000		1,000,000
	차감계 (16-17)		18	364,000,000	㉯	36,400,000
납부(환급)세액(매출세액㉒-매입세액㉯)					㉰	20,600,000
경감공제세액	그 밖의 경감·공제세액		19			10,000
	신용카드매출전표등 발행공제등		20			
	합계		21		㉴	10,000
소규모 개인사업자 부가가치세 감면세액			22		㉵	
예정신고미환급세액			23		㉶	2,000,000
예정고지세액			24		㉷	
수시부과세액			25		㉸	
사업양수자의 대리납부 기납부세액			26		㉹	
매입자 납부특례 기납부세액			27		㉺	
신용카드업자의 대리납부 기납부세액			28		㉻	
가산세액계			29		㉾	
차가감하여 납부할세액(환급받을세액)㉰-㉴-㉵-㉶-㉷-㉸-㉹-㉺-㉻+㉾			30			18,590,000

14.그 밖의 공제매입세액

			금액	세율	세액
신용카드매출 수령금액합계표	일반매입	44	9,000,000		900,000
	고정매입	45	5,000,000		500,000

구분		금액	세율	세액
16.공제받지못할매입세액				
공제받지못할 매입세액	53	10,000,000		1,000,000
공통매입세액면세등사업분	54			
대손처분받은세액	55			
합계	56	10,000,000		1,000,000
18.그 밖의 경감·공제세액				
전자신고 및 전자고지 세액공제	57			10,000

과세표준명세

신고구분 : 2 (1.예정 2.확정 3.영세율 조기환급 4.기한후과세표준)
국세환급금계좌신고   은행   지점
계좌번호 :
폐업일자 : ____-__-__   폐업사유 :

	업태	종목	코드	금액
31	제조,도소매	전자제품	292203	620,000,000
32				
33				
34	수입금액제외			
35	합계			620,000,000

면세사업수입금액

	업태	종목	코드	금액
84	제조,도소매	전자제품	292203	1,000,000
85				
86	수입금액제외			
87	합계			1,000,000
계산서발급 및 수취명세	88.계산서발급금액			1,000,000
	89.계산서수취금액			

04

[1] 전액 소모품비(판매관리비) 처리한 금액 중 미사용액 3,500,000원을 선급비용(당좌자산) 처리

12.31	(차) 소모품(당좌자산)	3,500,000	(대) 소모품비(판매관리비)	3,500,000

[2] 현금 대신 차변에 잡았던 현금과부족 없애고 복리후생비와 잡손실로 교체

12.31	(차) 복리후생비(판매관리비)	30,000	(대) 현금과부족	50,0000
	잡손실(영업외비용)	20,000		

[3] 매도가능증권 취득가액 : 2,000주 × 주당 5,000원 + 600,000(거래비용) = 10,600,000원

12.31	(차) 매도가능증권(투자자산) 400,000	(대) 매도가능증권평가이익(기타포괄손익누계) 400,000

※ 기말 공정가액 : 2,000주 × 주당 5,500원 = 11,000,000원 ⇒ 매도가능증권 평가이익 400,000원 발생

[4] [결산자료입력] 클릭 후 1 ~ 12월 입력 ⇒ 「매출원가」 – 「퇴직급여(전입액)」 칸에 20,000,000원, 「판매관리비」 – 「퇴직급여(전입액)」 칸에 30,000,000원 입력 후 F3 전표추가 클릭 또는 아래 분개 수동 입력

12.31	(차) 퇴직급여(제조원가) 20,000,000 퇴직급여(판매관리비) 30,000,000	(대) 퇴직급여충당부채 50,000,000

[5] [결산자료입력] 클릭 후 1 ~ 12월 입력 ⇒ 「판매관리비」 – 「무형자산상각비」」 특허권 칸에 5,000,000원, 개발비 칸에 8,000,000원 입력 후 F3 전표추가 클릭 또는 아래 분개 수동 입력

12.31	(차) 무형자산상각비(판매관리비) 13,000,000	(대) 특허권 5,000,000 개발비 8,000,000

05 [1] [사원등록] ⇒ [부양가족명세]에 부양가족 등록

- 배우자 : 일용근로소득은 무조건 분리과세이므로 연 100만 원 소득금액 계산시 제외 ⇒ 기본공제 O
- 모친 : 사망하더라도 당해 연도 까지 공제 적용. 연 2천만 원 이하 금융소득은 분리과세 ⇒ 기본공제 O
- 형 : 분리과세 신청한 주택임대 소득만 있음. ⇒ 기본공제 O

기본사항	**부양가족명세**	추가사항

연말관계	성명	내/외국인	주민(외국인, 여권)번호	나이	기본공제	부녀자	한부모	경로우대	장애인	자녀	출산입양	위탁관계
0	김재열	내	1 840213-1345675	41	본인							
3	박효정	내	1 880415-2215679	37	배우자							
2	이혜영	내	1 610228-2156771	64	60세이상							
6	김창열	내	1 820717-1333456	43	장애인				1			
4	김재민	내	1 180822-3123458	7	20세이하							
4	김재은	내	1 180822-4123451	7	20세이하							

※ 자녀는 모두 8세 미만이므로 자녀세액공제 적용 안되므로 자녀 칸에는 "부" 입력

[2] 근로소득 [원천징수이행상황신고서] 전자신고

[원천징수이행상황신고서] 클릭 후 마감 → [전자신고] 클릭 후 파일 작성 → [국세청 홈택스 전자신고변환] 클릭 후 전자파일 제출

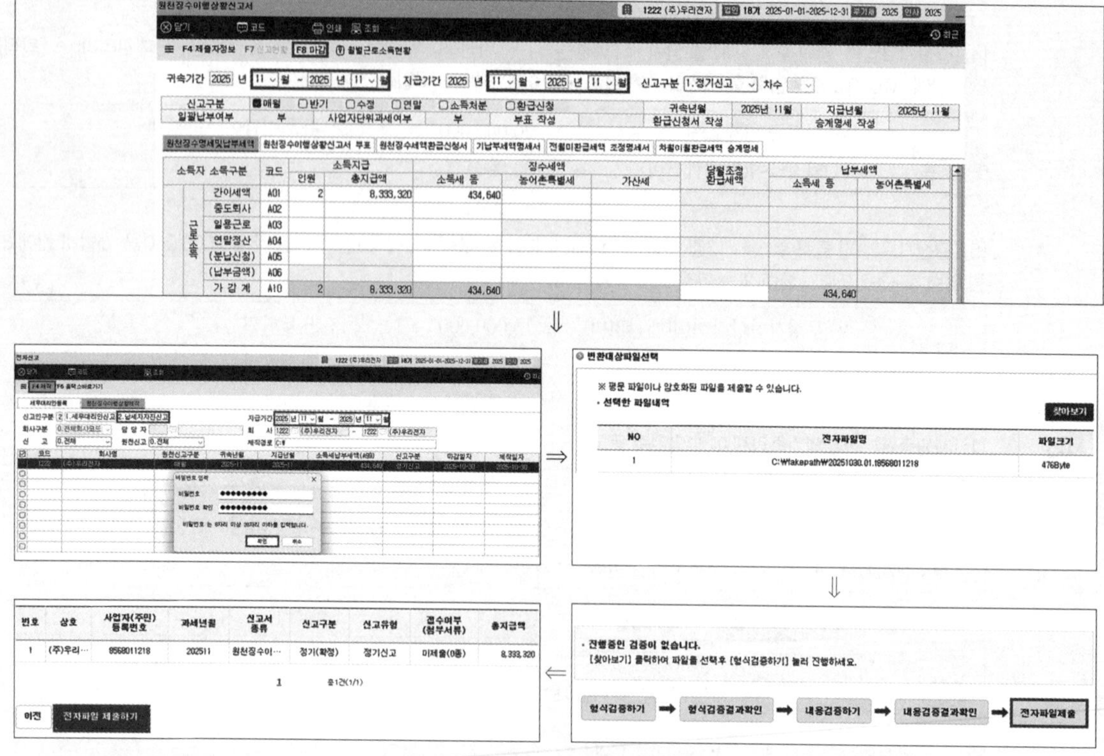

[3] 연말정산 자료 입력

(1) 부양가족 등록 : F3 전체사원 클릭 후 김민지 선택

소득명세	부양가족	신용카드 등	의료비	기부금	연금저축 등I	연금저축 등II	월세액	출산지원금	연말정산입력

연말관계	성명	내/외국인		주민(외국인)번호	나이	소득기준 초과여부	기본공제	세대주 구분	부녀자	한부모	경로우대	장애인	자녀	출산입양	혼인세액
0	김민지	내	1	870123-2835344	38		본인	세대주							
1	한미자	내	1	570403-2837378	68		60세이상								
3	강백호	내	1	830221-1832013	42	○	부								
4	강한	내	1	150902-3111374	10		20세이하							○		
4	강해	내	1	251012-3112275	0		20세이하								둘째	

※ 한미자(모), 강한(자녀), 강해(자녀)를 공제가능으로 변경하고 강한(자녀)는 자녀세액공제, 강해(자녀)는 출산공제 칸에 둘째 입력. 강백호(배우자)는 총급여 500만 원을 초과해 기본공제 대상 안됨.

(2) 보장성/교육비 입력 ⇨ [부양가족] 탭에 각 개인별로 입력 (배우자 강백호 보험료는 공제 불가능)

① 김민지

자료구분	보험료				의료비						교육비	
	건강	고용	일반보장성	장애인전용	일반	실손	선천성이상아	난임	65세,장애인		일반	장애인특수
국세청			500,000		5,570,000 1.전액						3,000,000 4.본인	
기타	2,630,490	525,560										

② 한미자

자료구분	보험료				의료비					교육비	
	건강	고용	일반보장성	장애인전용	일반	실손	선천성이상아	난임	65세,장애인	일반	장애인특수
국세청			200,000			700,000			1,300,000		
기타											

③ 강한

자료구분	보험료				의료비					교육비	
	건강	고용	일반보장성	장애인전용	일반	실손	선천성이상아	난임	65세,장애인	일반	장애인특수
국세청			200,000		530,000 2.일반					400,000 2.초중고	
기타											

④ 강해

자료구분	보험료				의료비					교육비	
	건강	고용	일반보장성	장애인전용	일반	실손	선천성이상아	난임	65세,장애인	일반	장애인특수
국세청			100,000						600,000		
기타											

(3) 신용카드

소득명세	부양가족	신용카드 등	의료비	기부금	연금저축 등I	연금저축 등II	월세액	출산지원금	연말정산입력

	성명 생년월일	자료구분	신용카드	직불,선불	현금영수증	도서등신용	도서등직불	도서등현금	전통시장	대중교통	합계
□	김민지	국세청	22,000,000							300,000	22,300,000
	1987-01-23	기타									
□	한미자	국세청		4,000,000						1,000,000	5,000,000
	1957-04-03	기타									
□	강벽호	국세청									
	1983-02-21	기타									
□	강한	국세청		1,200,000						500,000	1,700,000
	2015-09-02	기타									

(4) 의료비

소득명세	부양가족	신용카드 등	의료비	기부금	연금저축 등I	연금저축 등II	월세액	출산지원금	연말정산입력

2025년 의료비 지급명세서

	의료비 공제대상자					지급처		지급명세					14.산후조리원
□	성명	내/외	5.주민등록번호	6.본인등해당여부	9.증빌코드	8.상호	7.사업자등록번호	10.건수	11.금액	11-1.실손보험수령핵	12.미숙아선천성이상아	13.난임여부	
□	김민지	내	870123-2835344	1	0	1				3,570,000		X	X	X
□	김민지	내	870123-2835344	1	0	1				2,000,000		X	X	0
□	한미자	내	570403-2837378	2	0	1				1,300,000	700,000	X	X	X
□	강해	내	251012-3112275	2	0	1				600,000		X	X	X
□	강한	내	150902-3111374	3	X	1				530,000		X	X	X
	합계									8,000,000	700,000			
	일반의료비(본인)		5,570,000	6세이하,65세이상인건강보험산정특례자장애인		1,900,000	일반의료비(그 외)			530,000	난임시술비			
											미숙아.선천성이상아			

※ 산후조리원에 "1.해당" 입력하면 금액이 한도인 200만 원으로 자동 변경됨.

(5) 연금저축

소득명세	부양가족	신용카드 등	의료비	기부금	연금저축 등Ⅰ	연금저축 등Ⅱ	월세액	출산지원금	연말정산입력

1 연금계좌 세액공제   - 퇴직연금계좌(연말정산입력 탭의 58.과학기술인공제, 59.근로자퇴직연금)   크게보기

퇴직연금 구분	코드	금융회사 등	계좌번호(증권번호)	납입금액	공제대상금액	세액공제금액
1.퇴직연금	305	KEB 하나은행(구. 주식회사	323-910522-32701	3,000,000	3,000,000	360,000
퇴직연금				3,000,000	3,000,000	360,000

(6) F8 부양가족탭 불러오기

근로소득금액	52,665,000	과세표준	37,436,310	• 연금계좌세액공제	360,000
종합소득공제		산출세액	4,355,446	• 특별세액공제	
• 기본공제	6,000,000	세액공제		보장성보험료	120,000
• 연금보험료공제	2,956,390	• 근로세액공제	660,000	의료비	799,350
• 특별소득공제	3,156,050	• 자녀세액공제	250,000	교육비	510,000
• 그밖의소득공제	3,116,250	• 출산공제	500,000	결정세액	1,156,096

구분		소득세	지방소득세	농어촌특별세	계
73.결정세액		1,156,096	115,609		1,271,705
기납부 세액	74.종(전)근무지				
	75.주(현)근무지	7,160,630	716,040		7,876,670
76.납부특례세액					
77.차감징수세액		-6,004,530	-600,430		-6,604,960

메모

원큐패스 콕콕 정교수 전산세무 2급

지은이 정성진
펴낸이 정규도
펴낸곳 (주)다락원

1판 1쇄 발행 2026년 2월 27일

기획 권혁주, 김태광
편집장 이후춘
편집 윤성미, 박소영

디자인 하태호, 김희정

다락원 경기도 파주시 문발로 211
내용문의: (02)736-2031 내선 291~296
구입문의: (02)736-2031 내선 250~252
Fax: (02)732-2037
출판등록 1977년 9월 16일 제406-2008-000007호

ISBN 978-89-277-7573-7 13320

- 원큐패스 카페(http://cafe.naver.com/1qpass)를 방문하시면 각종 시험에 관한 최신 정보와 자료를 얻을 수 있습니다.

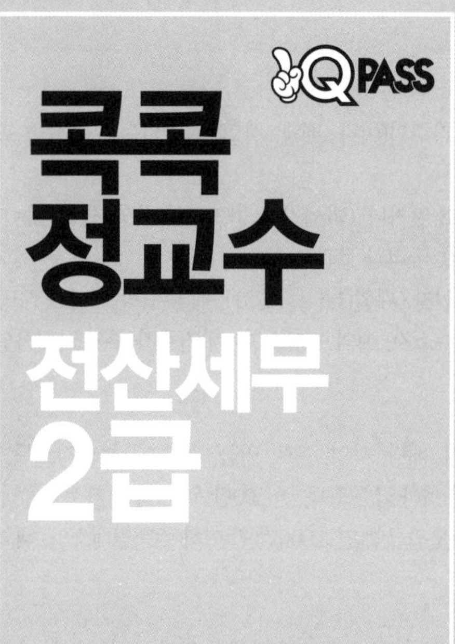

공인회계사·세무사 **정성진** 지음

다락원

제1부 핵심체크

Ⅰ 소득세 이론

01 소득세 개념 빈출

- 특 징 : 국세, 직접세, 열거주의(이자·배당·사업·연금소득은 유형별 포괄주의), 신고납세, 개인별과세, 누진과세(6 ~ 45%)
- 납세의무자 : 거주자(주소 있거나 1과세기간 중 183일 이상 거소 있는 자, 국내 + 국외소득에 과세), 비거주자(국내 소득만 과세), 국적과 무관
- 과세기간 : 원칙·신규사업자·폐업(1.1 ~ 12.31), 예외(사망 : 1.1 ~ 사망일, 출국 : 1.1 ~ 출국일)
- 납세지 : 거주자(원칙 – 주소지, 예외 – 거소지), 비거주자(주된 국내사업장 소재지)

02 소득세 과세체계 빈출

- 분류과세 : 종합소득(이자, 배당, 사업, 근로, 연금, 기타소득), 퇴직소득, 양도소득
- 분리과세 : 연 2,000만 원 이하 금융소득, 연 300만 원 이하 기타소득금액(총수입금액 - 필요경비), 복권당첨금, 분리과세 신청한 총수입금액 연 2,000만 원 이하 주택임대소득. 해외금융소득 – 무조건 종합 과세

03 종합소득세 계산 빈출

- 종합소득금액 : 필요경비 공제 후 소득금액 전체를 합쳐 계산. 단, 분리·비과세 소득은 제외
- 필요경비 : 이자·배당은 필요경비 인정 × , 사업소득(장부상 금액), 근로소득(근로소득공제), 연금소득(연금소득공제), 기타소득(실제 금액 또는 일정액 인정)
- 통산 : 결손금 : (근 → 연 → 기 → 이 → 배), 이월결손금(사 → 근 → 연 → 기 → 이 → 배), 비주거용 임대소득은 타소득과 통산 ×
- 중소기업 결손금 소급공제 : 당해 연도 결손 시 전년 납부액 환급, 부동산 임대업은 적용 ×
- 주의 : 결손금 + 이월결손금(당기 결손금 먼저 공제), 여러 차례 이월결손금(먼저 발생 이월결손금 먼저 공제), 추계신고(이월결손금 공제 안됨)

04 종합소득 종류 어려우면 패스

- 이자소득 : 예적금 이자, 채권증권 이자, 환매조건부 채권 매매차익, 10년 미만 저축성 보험차익, 직장공제회 초과반환금, 비영업대금 이익
- 배당소득 : 잉여금 분배, 의제배당, 인정배당, 집합투자기구 이익, 공동사업 투자 분배금
- 사업소득 : 비과세 사업소득(곡물·식량재배업, 1주택 임대소득(12억 원 이하), 농가부업소득), 총수입금액 포함(장려금, 사업 관련 무상 수령 자산가액, 사업용자산 보험차익, 재고 가사용 소비, 복식부기의무자의 사업용 고정자산 매각), 총수입금액 불포함(환입된 물품가액·매출에누리, 무상 받은 자산 중 이월결손금 보전액, 복식부기의무자 아닌 자의 사업용 고정자산 매각), 필요경비 불포함(소득세, 벌금, 가사비용, 일반과세자 VAT 매입세액, 선급비용, 사업자 급여·퇴직금, 업무용승용차 비용 한도초과액, 사적기부금), 주택임대 총수입금액[월세 + 간주임대료, 간주임대료 – 3주택 이상 + 보증금 3억 원 초과(부부합산)], 주택임대 총수입금액 연 2,000만 원 이하(분리과세 가능)

- 근로소득 : 주총 결의 상여, 법인세법 상여처분, 대주주인 출자임원의 무상 사택 제공, 주택 구입 등 무상·저리 대여(중소기업 종업원은 비과세), 주식매수선택권 행사이익(근로소득 : 근무기간 중 행사, 기타소득 : 퇴직 후 행사)
- 기타소득 : 상금, 복권당첨금, 승마투표권 환급, 광업권·영업권·어업권 양도·대여, 저작자 이외 자의 저작권 양도, 계약 위약금 + 이자, 고용관계 없는 일시 강연료, 뇌물, 지역권/지상권 대여, 일시적 문예창작소득, 연금계좌에서 연금이외 형태 수령(예 연금 해약), 종교인 종사자 소득
- 비과세 기타소득 : 상훈법 상금, 퇴직 후 종업원 직무발명보상금 연 700만 원
- 기타소득 필요경비 : 80%(주택입주 지체상금), 60%(무형자산 양도, 원고료, 강연료)
- 기타소득 과세체계 : 무조건 종합(뇌물), 무조건 분리(복권당첨금(20%), 연금계좌 연금형태 이외 수령(15%)), 조건부 분리(기타소득금액 연 300만 원 이하) 빈출

05 종합소득 수입시기 어려우면 패스

- 이자소득 : 원칙(지급받는 날), 예외(약정일 – 기명채권 이자, 비영업대금 이익, 환매조건부 매매차익, 직장공제회 초과반환금)
- 배당소득 : 원칙(지급받는 날), 예외(잉여금처분 배당 – 잉여금처분 결의일, 인정배당 – 결산확정일)
- 근로소득 : 원칙(근로 제공일), 예외(잉여금처분에 의한 상여 – 처분결의일)
- 연금소득 : 공적연금(지급받기로 한 날), 이외(지급받은 날)

06 소득세 원천징수·중간예납

- 원천징수 세액계산 : 무형자산 양도·원고료, 강연료[(지급액 – 지급액 × 60%) × 20%], 주무관청 승인을 받은 대회에서 시상하는 상금, 주택입주 지체상금[(지급액 – 지급액 × 80%) × 20%]
- 원천징수 세율 : 이자소득(14%, 비영업대금이익 25%), 배당소득(14%), 프리랜서 사업소득(3%), 일용근로자(6%), 기타소득(20%, 복권당첨금 중 3억 원 초과분 30%, 연금계좌 일시금 수령15%), 퇴직소득(기본세율 : 6 ~ 45%)
- 원천징수 대상 아닌 것 : 알선(배임)수재 금품, 뇌물, 일반 사업소득
- 일용직 과세체계 : 산출세액[(일당 – 15만 원) × 6%], 납부세액(산출세액 – 산출세액 × 55%)
- 원천징수 세액 납부 : 원칙(다음달 10일), 소규모 사업자(반기 마지막 날의 다음달 10일)
- 근로소득 원천징수 의제 : 1월 ~ 11월 급여를 12.31까지 미지급(12월 31일), 12월 급여를 익년도 2월말까지 미지급(2월 말일) 빈출
- 중간예납 : 기한(1.1 ~ 6.30 기간에 대해 11.30까지 납부. 단, 신규사업자·보험모집인·분리과세 주택임대소득자는 중간예납 ×), 전년 납부세액의 1/2 고지 받아 납부
- 중간예납 예외 : 당기 중간예납기간 실적기준 신고납부(강제 – 전년 납부실적 × , 선택 – 가결산 세액이 중간예납기준액의 30% 미달)
- 확정신고 : 기한(다음연도 5.1 ~ 5.31), 확정신고 하지 않는 예외(근로소득만 있는 자, 퇴직소득만 있는 자, 공적연금소득만 있는 자, 분리과세 소득만 있는 자 등 확정신고로 세액 변동하지 않는 경우) 빈출
- 분납 : 1천만 원 초과 시 적용, 2천만 원 이하(1천만 원 초과금액), 2천만 원 초과(50% 이하 금액)

07 연말정산 KcLep 입력

• 비과세 근로소득 빈출

항 목	내 용	항 목	내 용
식대 월 20만원 이하 (현물식사는 금액 제한 ×)	별도 식사 제공받으면 과세	해외근로소득 월 100만 원 이내 금액	건설현장 · 원양어선은 월 500만 원
자가운전보조금 월 20만 원 이하	근로자 소유 차량을 회사 업무에 사용. 단, 출퇴근 용도 또는 유류비등 추가로 지급 받으면 과세	출산 · 보육수당 월 20만 원 이하	6세 이하 양육(자녀 1명당 적용), 근로자 · 배우자의 출산. 부부 각각 적용
연구보조비 월 20만 원 이내 금액	대학 등 교원, 기업부설연구소 직접 종사자	근로자 본인의 학자금 전액	지급 규정 만족 시 적용. 단, 자녀 학자금 수령은 과세
생산직 근로자의 야간근로수당 등 연 240만 원 이내 금액		직전연도 총급여가 3,700만 원 이하로서 월정액급여 260만 원 이하	

• 인적공제 요건 빈출

	기본공제		추가공제
근로자 본인	근로자가 여성인 경우 부녀자공제 추가	경로우대	70세 이상
배우자	소득요건 ○, 나이요건 ×	장애인	소득요건 ○, 나이요건 ×
부양가족	소득요건 ○, 나이요건 ○ 직계존비속은 형편상 별거 : 공제 ○, 해외거주 직계존속 : 공제 ×	부녀자	종합소득금액 연 3,000만 원 이하 여성 근로자
자녀세액	8 ~ 20세 자녀 적용	한부모	부녀자 · 한부모 중복 시 한부모공제 적용

– 12월 31일 기준으로 판단(단, 사망 시 사망 전일 기준으로 판단)

– 형제자매의 배우자 : 기본공제 ×

– 장애인 : 상이자 및 중증 치료환자 포함

– 소득금액 불포함 : 연 2,000만 원 이하 이자 + 배당소득, 복권당첨금, 일용근로소득, 연 500만 원 이하 총급여, 연 300만 원 이하 기타소득금액(총수입금액 – 필요경비)

• 소득공제 : 특별공제, 조세특례제한법 공제 빈출

구분	내용		KcLep 입력방법
주택임차차입금 원리금 상환액 등	무주택 세대주의 국민주택규모 이하 주택((85m²)의 임차차입금 원금+이자 상환액 등		금액 전액 입력
신용카드 사용액	공제 불가능	해외 사용, 각종 보험료, 교육비 세액공제 대상 교육비 결제, 국세 · 지방세, 신규 자동차 구입, 공공요금(전기수도료 · 아파트관리비 · 전화료 · 고속도로통행료 등),	공제 가능 대상금액만 입력
	공제 가능	의료비 결제액, 취학 전 자녀 사설학원비 결제액	

• 세액공제 항목 `빈출`

구분	내용		KcLep 입력방법
연금저축 납입액	개인연금저축, 연금저축, 퇴직연금 계좌 납입액		3가지로 구분해 총금액 입력
보장성 보험료	피보험자 본인·기본공제대상자만 공제		공제대상 보험료 전액을 일반·장애인전용 구분 입력
의료비	소득요건 × , 나이요건 ×		공제대상 의료비 전액을 인별 입력
	공제 불가능	외국 치료비, 미용·성형시술비, 건강증진용 의약품(보약 등), 비보험 의약품 구입	
	공제 가능	건강진단비, 질병예방비, 라식수술, 임플란트, 장애인보장구(보청기 등), 시력보정 안경·렌즈(1인당 연 50만 원), 산후조리원(200만 원 한도)	
교육비	일반교육비(소득요건 × , 나이요건 ×), 장애인 특수교육비(소득요건 × , 나이요건 ×)		인별로 교육비 전액 입력
	직계존속 교육비(공제 ×), 대학원(근로자 본인만 공제), 사설학원비(취학전 아동만 공제하되 예체능 교육비는 9세 미만 / 초등학교 2학년 이하 한정 허용), 체험학습비(30만 원), 교복(50만 원)		
월세지급액	총급여 8,000만 원 이하 무주택 세대주		공제대상인 경우 금액 전액 입력
기부금	소득요건 ○, 나이요건 ×		기부금 종류별로 입력
결혼	혼인 신고 한 해에 50만 원 세액공제(2026년까지 적용)		혼인 시 입력

• 근로자만 적용되는 공제 `빈출`
소득공제(주택 관련 공제 – 임차·저당차입금, 신용카드), 세액공제(보장성보험료, 의료비, 교육비, 월세)
⇒ 기부금 세액공제는 타 소득자도 적용 (단, 사업자는 필요경비 처리)

▌Ⅱ 회계 기본원리

01 재무제표 5가지 종류 `빈출`
• 재무상태표(특정 시점의 자산·부채·자본 현황), 손익계산서(일정 기간 경영성과), 자본변동표(일정기간 자본변동), 현금흐름표(일정기간 영업활동, 투자활동, 재무활동의 현금흐름), 주석(재무제표가 일반기업 회계기준에 따라 작성되었다는 사실, 재무제표 작성에 적용된 중요한 회계처리 방침, 우발채무와 약정사항 등), 주기는 재무제표 아님.
• 자산·부채·자본·수익·비용은 중요 항목은 구분표시 하되, 중요치 않은 항목은 통합 표시 가능

02 재무제표 작성기준 (빈출)

- 재무상태표 : 유동성 배열, 총액표시(순액 ×), 양계 연도 표시, 미결산항목 표시 금지
- 손익계산서 : 총액표시, 발생주의(현금주의 ×), 수익비용 대응, 양계년도 표시, 매출·매출총이익·판매관리비 등 구분 표시(제조업, 판매업, 건설업은 의무)
- 포괄 당기순이익 : 당기순이익 + 기타포괄손익(매도가능증권 평가손익, 해외사업 환산차손익, 현금흐름위험회피 파생상품평가손익, 재평가잉여금 등)
- 현금흐름표 : 현금주의로 작성, 기업의 현금지급능력, 재무적 탄력성, 수익성, 위험 등 평가
- 재무제표 한계 : 과거에 발생한 정보, 추정에 의한 측정치 포함
- 재무제표 작성 기본가정 : 기업실체가정, 계속기업가정, 기간별 보고가정
- 보수주의 : 재무제표를 보다 튼튼하게 표시하고자 자산·수익은 작게, 부채·비용은 높게 회계 처리 ⇒ 재고자산의 저가 평가, 우발손실의 인식 등이 이에 해당

03 회계정보 특성

- 신뢰성 : 중립성, 검증가능성, 표현의 충실성
- 목적적합성 : 적시성, 예측가능성, 피드백가치
- 목적적합성 Vs 신뢰성 : 목적적합성 ⇑(시가법, 진행기준, 발생주의, 중간 재무제표), 신뢰성 ⇑(원가법, 완성기준, 현금주의, 연차보고서)
- 부차적 특징 : 비교가능성 ⇒ 계속성(기간별 비교), 통일성(기업 실체간 비교)

Ⅲ 자산

01 현금및현금성자산 (빈출)

- 현 금 : 통화(지폐, 동전), 통화대용증권(은행 발행 자기앞수표, 타인 발행한 수표(당좌수표), 우편환증서, 만기도래 타인발행 약속어음, 만기도래 채권이자표, 배당금 지급통지서)
- 요구불예금 : 보통예금, 당좌예금
- 현금성자산 : 취득일로부터 만기가 3개월 이내로 큰 거래비용 없이 사용이 용이한 금융상품
- 현금및현금성자산이 아닌 것 : 우표·수입인지, 만기 미도래 타인발행 약속어음, 선일자수표, 당좌거래 개설보증금, 사용이 제한된 예금
- 당좌수표 수령(차변에 현금 처리), 당좌수표 발행(대변에 당좌예금 처리)

02 매출채권 (빈출)

- 받을어음 추심수수료 : 수수료비용(판매관리비)
- 받을어음 배서 : 최초 어음발행 거래처 입력
- 받을어음 매각거래 할인료 : 매출채권처분손실(영업외비용)
- 받을어음 차입거래 할인료 : 이자비용(영업외비용)

03 대손충당금 〔빈출〕

- 회계연도 말 설정 : 부족 시(대손상각비 ×××/ 대손충당금 ×××), 남는 경우(대손충당금 ××× / 대손충당금환입(판매관리비) ×××)
- 기타 채권(선급금, 미수금 등) : 부족 시(기타의대손상각비(영업외비용) ×××/ 대손충당금 ×××), 남는 경우(대손충당금 ××× / 대손충당금환입(영업외수익) ×××)
- 이미 대손 처리한 매출채권 회수 : 보통예금 ×××/ 대손충당금 ×××
   부가세예수금 ×××

04 유가증권 〔빈출〕

구 분	내 용	구 분	내 용
단기매매증권	1년 이내 처분 목적 주식·채권(당좌자산)	만기보유증권	만기까지 보유 목적 채권(투자자산)
매도가능증권	1년 이후 처분 목적 주식·채권(투자자산)	지분법적용투자주식	지분율 20% 이상 투자 주식(투자자산)

- 취득수수료 : 단기매매증권(당기비용), 매도가능증권·만기보유증권(취득원가)
- 평가손익 : 단기매매증권(영업외손익), 매도가능증권(기타포괄손익누계),
- 매도가능증권평가손익(기타포괄손익누계) : 기말 평가·처분 시 기존에 있는 매도가능증권평가손익 잔액을 먼저 제거 ⇒ 매도가능증권 처분 손익 : 처분가액 - 최초 취득가액
- 만기보유증권 기말평가 : 회계기간 말 공정가치 평가 않고 상각후원가로 평가
- 유가증권 손상차손 : 만기보유증권, 매도가능증권, 지분법적용투자주식이 회수 가능액 보다 작을 경우 투자자산손상차손(영업외비용) 처리

05 재고자산 〔빈출〕

- 개 념 : 반드시 판매 목적. 임대용 토지/건물(투자자산), 업무에 사용 중 토지 건물(유형자산)
- 취득원가 : 매입가격 + 매입부대비용 – 매입할인 – 매입환출및에누리
- 기말재고 평가 : 수량(실지재고조사법, 계속기록법, 혼합법) × 단가(개별법, 선입선출법, 후입선출법, 평균법, 성격·용도 유사 재고자산에는 동일 단위원가 결정방법 적용)
- 물가 상승 시 기말재고 : 선입선출법 〉 평균법 〉 후입선출법
- 특수 형태 기말재고 포함 여부 : 구매의사 표시없는 시용품(포함), 미판매 위탁품(포함), 할부판매(불포함), 선적지 인도조건 매입(포함), 도착지 인도조건 매입(불포함), 저당상품(포함), 반품률 높은 상품(반품률 추정가능 : 불포함, 반품률 추정 불가능 : 포함)
- 재고자산 감모손실 : 정상감모(매출원가), 비정상감모(영업외비용), 비정상 감모손실 KcLep 입력 시 "적요8. 타계정으로 대체액 손익계산서 반영분" 반드시 입력)
- 재고자산 평가손실 : 재고자산평가손실(매출원가) ××× / 재고자산평가충당금(재고자산 차감) ×××

06 유형자산 （빈출）

- 취득원가 : 취득금액 + 정상가동까지 필요한 각종 부수비용
- 취득원가에 가산되는 부수비용 : 취득세, 거래비용, 국공채 매입가액과 현재가치 차이, 최초 운송비용, 중개수수료, 자산해체비용, 자본화 차입금이자, 설치 준비비, 조립비용, 시운전비, 토지구획비용
- 특수형태 유형자산 취득 : 토지·건물 일괄취득(공정가치로 안분), 건물 취득 후 구건물 철거 신축(취득가액 + 철거비용이 토지 취득원가), 사용 중 건물 철거 후 신축(철거하는 건물 잔존가액 + 철거비용을 유형자산처분손실 처리), 부동산 현물출자(공정가치), 동종자산 교환(처분손익 인식 × ⇒ 제공 자산의 장부가액이 취득원가), 이종자산 교환(처분손익 인식 ○ ⇒ 제공 자산의 공정가액이 취득원가)
- 자본적 지출 Vs 수익적 지출 : 자본적 지출(가치 증가 거액 지출, 취득원가 가산), 수익적 지출(현상 유지 소액 지출, 당기 비용 처리)

07 감가상각비 （빈출）

- 감가상각 않는 자산 : 토지, 건설중인자산, 투자부동산
- 정액법 : (취득원가 − 잔존가치) ÷ 내용연수
- 정률법 : 미상각잔액(취득원가 − 감가상각누계액) × 상각률
- 연수합계법 : (취득원가 − 잔존가치) × (잔여내용연수/내용연수합계)
- 사용중단 유형자산 : 처분예정(투자자산으로 분류 후 감가상각 중지), 사용 재개예정(감가상각해 영업외비용 처리)

08 유형자산 폐기·시가 평가

- 유형자산 폐기 : 잔존 장부가액을 유형자산처분손실 처리
- 원가모형 : 유형자산 경제가치가 장부가액 보다 현저히 하락 시에만 유형자산손상차손(영업외비용) 처리하고 유형자산에서 차감 표시. 또한 유형자산 가치가 회복하면 유형자산손상차손환입액(영업외수익) 처리
- 재평가모형 : 상승 시(재평가차익 − 기타포괄손익누계), 하락 시(재평가손실 − 영업외비용)

09 무형자산 （빈출）

- 종 류 : 영업권(타인으로부터 구입한 경우만 허용), 산업재산권(특허권, 실용신안권, 상표권, 의장권), 개발비, 소프트웨어, 임차권리금, 광업권, 어업권. (임차보증금·전세권은 기타비유동자산)
- 감가상각 : 상각방법(통상 정액법), 상각기간(법령·계약에서 따로 정한 경우 이외엔 20년), 잔존가치(0원), 통상 직접 차감, 사용 중지 무형자산(상각 중지하고 투자자산으로 재분류)

10 개발비 （빈출）

- 연구단계 : 경상연구개발비(당기비용)
- 개발단계 : 성공가능성↑(개발비, 무형자산), 성공가능성↓(경상연구개발비, 당기비용)
- 연구단계와 개발단계 구분이 어려운 경우 : 모두 연구단계로 봐 당기 비용 처리

Ⅴ　수익·비용

01　재화 수익인식 기준 : 원 칙(인도시점) 　빈출

	구 분	수익 인식시점	구 분	수익 인식시점
특수경우	시용판매	구매의사 표시 시점	선적지 인도조건 판매	선적시점
	위탁판매	수탁자 판매 시점	도착지 인도조건 판매	도착 후 인수시점
	상품권	상품권 회수 시점	수강료	강의기간에 걸쳐 인식
	(장기)할부판매	인도시점	공연입장료	행사 개최시점
	광고 매체수수료	대중에게 전달 시점	주문형 소프트웨어	진행기준
	광고 제작수수료	진행기준	출판물 정기 구독	발송기간에 걸쳐 인식
	배당금	권리·금액 확정된 날		

02　용역 수익인식 기준 : 진행기준 　어려우면 패스

- 용역 성과 추정 × + 발생원가 회수 가능 ○ : 발생 비용 범위 내에서 회수 가능한 금액 수익 인식
- 용역 성과 추정 × + 발생원가 회수 가능 × : 수익 인식 × , 발생 원가 비용 인식
- 공사진행기준 : 공사진행율(발생원가 ÷ 총원가), 공사수익(계약금액 × 공사진행율)

03　매출 조정항목

- 순매출액 : 총매출액 − 매출할인 − 매출환입및에누리
- 매출할인 : 매출채권 조기회수로 깎아주는 금액
- 매출환입및에누리 : 물품의 하자 등으로 물건값을 깎아주는 금액

04　매입 조정항목

- 순매출원가 : 총매출원가(기초 + 당기매입 − 기말재고) − 매입할인 − 매입환출및에누리 − 관세환급금 − 타계정대체
- 타계정대체 : 적요8. 타계정으로 대체액 손익계산서 반영분 입력

05　주요 판매관리비·영업외손익 　빈출

- 판매관리비 : 복리후생비(임직원 복지), 여비교통비(국내외 출장경비), 기업업무추진비(거래처 선물·경조사비 등), 세금과공과(재산세, 자동차세, 교통위반과태료 등), 보험료, 차량유지비, 교육훈련비, 도서인쇄비(명함, 책 구입), 소모품비, 수수료비용, 광고선전비 ⇒ 필요한 경우 일괄 표시 가능
- 영업외손익 : 이자수익, 배당금수익, 임대료, 자산수증이익, 채무면제이익, 잡이익, 이자비용, 기부금, 재해손실, 잡손실

Ⅵ　회계변경 · 오류수정

01　회계정책 · 회계추정 변경　빈출

회계정책 변경	회계추정 변경
회계정책을 다른 회계정책으로 바꾸는 것	회계 추정치 근거와 방법을 바꾸는 것
재고자산 평가방법, 유가증권 취득단가 결정방법, 유형자산 평가모형 변경	감가상각방법 · 내용연수 · 잔존가액, 대손설정비율, 재고자산 진부화 여부 판단, 금융자산 · 금융부채 공정가치, 우발부채 추정 변경

: 세법 규정 따르기 위한 회계변경은 정당한 회계변경 아님.

02　회계변경 처리방법　빈출

회계정책 변경	회계추정 변경
소급법(예외적으로 전진법 적용)	전진법
공시되는 비교 목적의 전기 또는 그 이전의 재무제표 재작성	당기와 당기 이후의 기간에 반영

- 회계정책 변경 누적효과를 결정하기 어려운 경우 : 전진법 적용
- 회계정책 변경효과와 회계추정 변경효과를 구분하기가 불가능한 경우 : 회계추정의 변경

03　오류수정　빈출

원 칙(중대하지 않은 오류)	예 외(중대한 오류)
당기 일괄처리법	소급법
당기 손익계산서의 영업외손익 중 전기오류수정손익 처리	비교 표시되는 전기재무제표 재작성

Ⅶ　부가가치세

01　부가가치세 특징　빈출

전단계세액공제법, (일반)소비세, 간접세, 국세, 다단계거래세, 단일세율(비례세율), 소비지국과세

02　간이과세자　빈출

- 요 건 : 직전 연도 공급대가 1억 400만 원 미만 개인사업자
- 간이과세 불가 : 법인, 간이과세 적용되지 않는 다른 사업장 보유 사업자, 직전 연도 공급대가 합계액이 4천 800만 원 이상 부동산임대업 · 과세유흥장소 사업자, 제조업, 도매업, 건설업, 부동산매매업, 변호사 · 변리사 · 공인회계사 등 전문서비스업
- 부가가치세 계산 : 매출세액(공급대가 × 업종별 부가가치율 × 10%) − 매입세액(공급대가 × 0.5%) ⇒ 매입세액이 매출세액보다 커도 환급 불가, 의제매입세액 적용 불가, 공급대가 4,800만 원 미만은 세금계산서 발급 불가
- 과세 기간 : 1.1 ~ 12.31, 해당 과세기간 공급대가 합계액 4,800만 원 미만 시 납부의무 면제
- 예정 납부 : 직전 연도 납부세액의 50% 고지 받아 납부 (단, 50만 원 미만인 경우 예정고지 ×)
- 확정 신고 : 다음 연도 1.25(단, 폐업 시 폐업일이 속하는 날의 다음달 25일까지 신고납부)

03 간이과세자 ⇔ 일반과세자, 간이과세 포기

- 일반과세 → 간이과세 : 일반과세자 공급대가가 연 1억 400만 원 미만이 되면 간이과세자로 자동 전환 (간이과세 적용기간 : 다음 연도 7월 1일 ~ 그 다음 연도 6월 30일)
- 간이과세 → 일반과세 : 간이과세자 공급대가가 연 1억 400만 원 이상이 되면 일반과세로 자동 전환 (일반과세 적용기간 : 다음 연도 7월 1일 ~ 그 다음 연도 6월 30일) `빈출`
- 간이과세 포기 : 영세율 적용 위해 일반과세를 적용받고 싶으면 일반과세 적용받으려는 달의 전달 마지막 날까지 간이과세포기신고서 제출. 한번 포기하면 3년간 일반과세 적용

04 사업자등록 `빈출`

- 사업자등록 신청 : 사업개시일로부터 20일 이내 사업장 마다 신청(사업개시 전 가능)
- 사업장 : 제조업(제품 완성장소), 무인자판기(업무총괄장소), 건설업·부동산매매업(법인 등기부상소재지), 부동산임대업(부동산 등기부상소재지)
- 사업자등록증 변경 사유 아닌 것 : 개인대표 변경, 사업증여, 법인 자본금 변경
- 사업자 미등록 : 미등록가산세(공급가액의 1%), 매입세액 불공제

05 총괄납부 Vs 사업자단위 과세 : 과세기간 개시 20일 전 신청 `빈출`

총괄납부	사업자단위 과세
사업장마다 사업자등록, 주사업장이 납부만 총괄	주사업장만 사업자등록, 모든 의무 주사업장이 수행

06 부가가치세 과세대상 `빈출`

- 재화의 공급, 용역의 공급, 재화의 수입 (용역 수입 – 부가가치세 과세 ×)
- 화폐대용증권(수표·어음·상품권), 유가증권(주식·채권) : 과세대상 재화 ×
- 재화 실질공급 : 과세 ○(매매계약, 가공계약, 교환계약, 경매, 수용, 현물출자), 과세 × (국세징수법 공매, 민사집행법 경매, 세금 물납, 단순 담보제공, 국가 무상제공, 사업 포괄양도)
- 재화 간주공급 : 매입세액공제 받은 후 자가공급, 개인적 공급, 사업상증여, 폐업 시 잔존재화
- 간주공급 아닌 것 : 직원복지(무상 지급 작업복, 직장체육에 사용, 인당 연간 10만원 이내 경조 사용), 광고선전(무상제공 견본품/광고선전품 등)
- 간주공급 주의 사항 : 과세가액(시가), 세금계산서 발급의무 없음. (단, 판매목적 타사업장 반출은 세금계산서 발급)
- 용역 무상공급 : 고용관계 근로제공(용역공급 아님), 용역 무상공급(간주공급 아님), 특수관계인에 부동산 무상임대(간주공급 과세)

07 부수 재화·용역 공급 `어려우면 패스`

- 주된 거래에 부수되는 공급 : 주된 거래 면세이면 부수거래도 면세 (예 어학용 도서에 부수된 CD)
- 주된 사업에 부수되는 공급 : 주된 사업이 면세이면 부수거래도 면세 (예 출판사(면세)가 업무용 트럭 일시 판매)

08 영세율 `빈출`
- 특 징 : 소비지국 과세원칙(이중과세 방지), 수출촉진, 완전면세 (비거주자는 상호주의 적용)
- 적용대상 : 해외 직수출, 내국수출(내국신용장, 구매확인서), 용역 국외공급, 외국 항행용역, 기타 외화 획득
- 영세율 사업자의무 : 부가가치세 신고, 내국수출(내국신용장, 구매확인서)의 경우 세금계산서 발행

09 면세 `빈출`
- 특징 : 역진성 완화, 부분 면세
- 적용대상 : 기초생활필수품(미가공식료품, 수돗물, 연탄, 생리대·기저귀·분유, 여객운송용역, 주택 임대, 국민주택 공급), 국민후생(의료보건용역, 허가받은 교육용역), 문화(도서, 신문, 방송, 예술창작품, 도서관·박물관), 부가가치 구성(토지 공급, 금융보험용역, 인적용역(저술/학술연구/국선변호)), 기타(우표, 복권)
- 면세 × : 고급운송(항공기, 우등고속, 고속철도, 전세버스, 택시), 미용성형, 일반의약품, 자동차학원, 광고, 토지 임대, 전문직 인적용역, 수집용 우표
- 면세 포기 : 사유(면세품의 영세율 적용, 학술단체의 무상·실비 재화 공급), 적용기간(면세 포기 신고한 날부터 3년간 일반과세 적용), 절차(신고사항으로 지체 없이 사업자등록증을 정정)

10 세금계산서 `빈출`
- 필요적 기재사항 : 공급하는 자의 등록번호·성명, 공급받는 자의 등록번호, 공급가액·부가가치세액, 작성 연월일
- 매입자발행 세금계산서 : 건당 5만 원 이상, 과세기간 종료일로부터 1년 이내 세무서장에게 거래사실 확인 후 발급
- 발급 시기 : 원칙(재화·용역 공급시점), 예외(세금계산서 발급 시점 : 세금계산서 선발급, 월합계 세금계산서(다음달 10일) 발급)
- 전자세금계산서 의무발행 : 모든 법인사업자, 직전연도 사업장별 재화·용역 공급가액(면세공급가액 포함) 합계액 8,000만 원 이상 개인사업자
- 수정세금계산서 작성일 : 당초 작성일(필요 기재사항 착오기재), 사유 발생일(계약해제, 공급재화 환입)

11 세금계산서 발급의무 면제 `빈출`
재화 간주공급(자가공급, 개인적 공급, 사업상증여, 폐업시 잔존재화), 부동산 임대보증금에 대한 간주임대료, 해외 직수출, 신용카드/체크카드 결제 매출, 택시, 노점상, 무인자동판매기, 목욕·이발·미용업
(단, 내국신용장·구매확인서에 의한 내국수출은 국내 간 거래로 세금계산서 발급해야 함.)

12 재화 공급시기 `빈출`
- 원 칙 : 재화의 인도 시점 또는 이용 가능 시점
- 특수한 경우 : 할부판매(인도시점), 상품권 판매(상품권 회수시점), 자가공급·개인적 공급·사업상증여(사용, 증여되는 때), 폐업 시 잔존재화(폐업일), 반환조건부(조건 성취, 반환기한 경과시점), 수출 재화(선적일), 장기할부판매·완성도기준 지급조건부(대가 각 부분 받기로 한 때), 판매목적 타사업장 반출(반출일), 무인판매기(현금 인출시점), 위탁판매(위탁자 판매시점)

13 용역 공급시기 `빈출`

- 원칙 : 역무제공 완료 시점 또는 재화가 사용되는 때
- 특수한 경우 : 간주임대료 공급시기(예정신고기간·과세기간 종료일)

14 부가가치세 매출세액

- 매출세액 : 과세(10%) + 영세율(0%) + 예정신고누락분 ± 대손세액
- 과세표준 가액 : 금전 수령(금전가액), 금전 이외 수령(공급한 재화의 시가), 자가공급·개인적공급·사업상 증여·폐업 시 잔존재화(시가), 타사업장반출(취득원가)
- 과세표준 불포함 : 매출할인, 매출환입및매출에누리, 도달 전 파손, 연체이자, 반환조건 용기대금, 재화 공급 관련 없는 국고보조금
- 과세표준 포함 : 대가 받은 용기대금·운송비·포장비, 할부금에 포함되어 있는 이자
- 별도 비용등 처리 : 대손금(매출세액에서 차감 표시), 금전 지급 판매장려금(별도 비용), 하자보증금(보증기간 종료 후 반환)
- 수출 시 환율 적용 : 원칙(선적일 환율), 공급시기 전 환가(환가한 금액), 공급 시기 이후 환가(선적일 환율)
- 마일리지로 결제 : 제3자로부터 보전받은 금액을 과세표준에 포함
- 특수한 경우 과세표준 : 부동산임대(임대료 + 관리비 + 간주임대료), 재화수입(관세과세가격 + 관세 + 개별소비세 + 주세 + 교육세 + 농어촌특별세 + 교통·에너지·환경세)

15 대손세액공제 `빈출`

- 인정 사유 : 부도발생일부터 6개월 이상 지난 어음·수표, 부도 발생 이전 중소기업 외상매출금(저당권 설정 시 제외), 채무자 파산·강제집행·형의 집행·사업 폐지·사망·실종, 회수기일 6개월 이상 경과한 30만 원 이하 소액채권, 회수기일 2년 이상 지난 중소기업 외상매출금(특수관계인에 대한 채권 제외)
- 대손 신청절차 : 확정신고 시에만 신청 가능, 재화 공급일로부터 10년이 지난 날이 속하는 과세기간의 확정신고기한까지 적용
- 주 의 : 대여금은 대손공제 대상 채권 아님, 간이과세자는 적용 ×

16 부가가치세 매입세액

- 매입세액 : 세금계산서 수취분 + 신용카드 매출전표 및 현금영수증 수취분 + 의제매입세액 − 공제받지 못할 매입세액
- 공제 불가능 신용카드전표 : 직전 연도 공급대가 합계액이 4,800만 원 미만 간이사업자가 발행한 신용카드 매출전표, 간이과세자인 신규사업자
- 의제매입세액공제 : 공제율(개인 음식점 − 9/109, 제조업 − 4/104), 농산물 구입 부수비용은 제외, 면세 농산물 공급받은 증빙서류 제출(단, 제조업 사업자가 농어민으로부터 직구입 시는 신고서만 제출), 간이과세자는 적용 × `빈출`
- 매입세액 불공제 : 세금계산서 등 미수취, 매입처별 세금계산서 합계표 미제출/부실기재, 업무무관 지출, 면세사업 관련 지출, 기업업무추진비 관련 지출, 토지 취득·조성 위한 지출, 비영업용소형승용차(1,000cc 초과 & 8인승 이하) `빈출`
- 매입세액 불공제 항목의 KcLep 입력 : 세금계산서 수취하면서 지출(매입매출전표 "54.불공"으로 입력), 신용카드·현금영수증으로 지출(일반전표 입력)

17 공통매입세액 안분 `어려우면 패스`

- 면세사업 관련 매입세액 : 공통매입세액 × (해당 과세기간의 면세공급가액/해당 과세기간의 총공급가액)
- 안분계산 않고 전액 매입세액공제 하는 경우 : 면세공급가액이 5% 미만 & 공통매입세액 500만 원 미만, 공통매입세액 5만 원 미만, 신규 사업자

18 부가가치세 신고·납부 `빈출`

- 신고납부기한 : 1기 예정(4.25), 1기 확정(7.25), 2기 예정(10.25), 2기 확정(다음 연도 1.25)
- 특수한 경우 과세기간 : 신규사업자(사업개시일 ~ 당해 과세기간 종료일), 폐업(과세기간 개시일 ~ 폐업일, 폐업일 속한 달의 다음 달 25일 이내 신고·납부), 간이과세자(1.1 ~ 12.31)
- 예정신고 고지납부 : 대상(개인사업자, 소규모법인 – 직전 과세기간 공급가액 1억 5천만 원 미만), 고지납부(직전 과세기간(6개월) 납부세액의 1/2 고지 받아 납부. 단, 50만 원 미만 시 예정고지 ×), 직접 신고(예정신고기간 실적이 직전 과세기간 대비 1/3에 미달, 예정신고기간 분에 대해 조기 환급 받으려는 경우), 간이과세자(직전 연도 1/2 고지 받아 납부)
- 부가가치세 환급 : 일반환급(확정신고기한 경과 후 30일 이내), 조기환급(예정·확정·조기 환급신고기한 후 15일 이내), 조기환급 사유(영세율 적용, 사업설비 취득, 재무구조개선계획 이행)

19 신용카드 매출전표발행 세액공제

- 대상 사업자 : 간이과세자(직전연도 공급대가 4,800만 원 미만), 영수증 발급 개인사업자(직전연도 공급가액 10억 원 이하 – 소매업, 음식점업 등 일부 업종만 적용), 법인·사업장별 10억 원 초과 개인사업자는 적용 ×
- 세액공제 금액 : 발급액 × 1.3%(연 1,000만 원 한도)

20 부가가치세 가산세

세금계산서 가공 발급(공급가액 × 3%), 과소신고(과소신고 세액 × 10%), 과소신고 가산세 감면(1 ~ 3개월 이내 자진신고 시 75%)

VIII 원가회계

01 원가구성과 종류 `빈출`

- 총제조원가 = 직접재료비 + 직접노무비 + 제조간접비

기본원가　　가공원가
(직접원가)　(전환원가)

- 통제가능성에 따른 분류 : 통제가능원가 Vs 통제불능원가
- 의사결정 관련성 따른 분류 : 매몰원가(비관련 원가) Vs 기회비용(관련 원가)

02 원가행태(조업도)에 따른 원가 분류 `빈출`

- 변동원가 : 직접재료비, 직접노무비
- 고정원가 : 임차료, 감가상각비, 재산세
- 준변동원가(혼합원가) : 전기요금, 통신요금
- 준고정원가(계단원가) : 추가 공장 임차료

03 원가계산 `빈출`
- 재고 흐름 : 원재료 ⇒ 재공품 ⇒ 제품 ⇒ 매출원가
- 직접재료비 = 기초재료비 + 당기매입액 − 기말재료비
- 직접노무비 = 전월말 노무비 미지급액 + 당월 노무비 발생액 − 전월 노무비 선급액 − 당월말 노무비 미지급액
- 총제조원가 = 직접재료비 + 직접노무비 + 제조간접비
- 당기 제품제조원가 = 기초재공품 + 당기 총제조원가 − 기말재공품
- 당기 매출원가 = 기초제품 + 당기 제품제조원가 − 기말제품
- 제조원가명세서 Vs 손익계산서 : 제조원가명세서(기초원재료, 기말원재료, 기초재공품, 기말재공품, 총제조원가, 제품제조원가), 손익계산서(기초제품, 제품제조원가, 기말제품, 매출원가)

04 원가흐름과 T계정 `어려우면 패스`
- 총제조원가 집계 : 직접재료비·직접노무비·제조간접비(T계정 대변 금액) ⇒ 재공품(T계정 차변)
- 제품제조원가 집계 : 재공품(T계정 차변 금액) ⇒ 제품(T계정 차변)
- 매출원가 집계 : 제품(T계정 대변 금액) ⇒ 매출원가(T계정 차변)

05 보조부문 원가배부(배분) `빈출`
- 원가 배분 순서 : 보조부문 ⇒ 제조부문 ⇒ 제품
- 주요 원가배분 기준 : 건물감가상각비·공장임차료·재산세(면적), 기계감가상각비(사용시간), 전기요금(전기사용량), 수선비(수선횟수), 복리후생비·노무관리·식당·공장인사관리(종업원수), 구매(주문횟수)
- 직접배부법 : 보조부문 상호 간 용역 수수관계를 완전히 무시하고 보조부문 원가를 제조부문에 직접 배부, 장점(가장 간단), 단점(정확한 원가계산 어려움)
- 단계배부법 : 정해진 순서로 단계적으로 보조부문원가를 다른 보조부문과 제조부문에 배부, 장점(직접배부법 보다는 좀 더 정교), 단점(배부 순서를 잘못 정할 경우 오히려 직접배부법 보다 왜곡된 배부)
- 상호배부법 : 보조부분 간 용역 수수관계 상호 완벽 반영, 장점(가장 정교), 단점(시간·노력 많이 소요)
- 이중배분율법 : 변동비(실제 사용량 기준 배부), 고정비(최대 사용가능량 기준 배부)
- 정확도 : 상호배부법 〉 단계배부법 〉 직접배부법

06 개별원가계산 `빈출`
- 다품종 소량생산, 주문생산 : 조선업, 건설업, 기계제조업, 항공기
- 직접원가 집계를 위한 작업지시서(작업원가표) 관리가 핵심 ⇒ 제품별 정확한 원가계산
- 원가 구성 : 직접재료비 + 직접노무비 + 제조간접비 배부액
- 실제개별원가계산 : 배부기준 실제 발생량 × 실제 배부율, 실제 배부율(실제 제조간접비 ÷ 배부기준), 장점(간편), 단점(제조간접비 집계까지 시간 소요, 월별 제품단가 차이 발생)
- 정상개별원가 : 배부기준 실제 발생량 × 예정 배부율, 예정 배부율(제조간접비 예산 ÷ 배부기준), 장점(언제든 배부 가능), 단점(실제 발생액과 차이 발생. 배부차이 조정해야 함.)
- 배부 차이 조정 : 비례배분법(기말재공품, 제품, 매출원가에 가감), 매출원가조정법, 영업외손익법

07 종합원가계산　`빈출`

- 동종제품 대량생산, 주문생산 : 철강업, 화학약품제조업, 석유정제업, 식품가공업, 시멘트산업 등
- 공정별로 원가 집계 + 완성품 환산량 계산 ⇒ 원가집계 쉽고 공정별 원가집계가 핵심
- 원가 구성 : 직접재료비 + 가공비
- 원가계산 순서 : 물량흐름 ⇒ 완성품환산량 ⇒ 완성품환산량 단위당 원가 계산 ⇒ 완성품·기말재공품 원가계산

08 완성품 환산량　`빈출`

선입선출법	평균법
• 재료비 : 당기 투입수량 • 가공비 : 기초재공품 × 당기 작업률 + 당기투입&당기완성 + 기말재공품 × 당기 작업률	• 재료비 : 당기 총작업수량(기초 재공품 + 당기투입) • 가공비 : 당기완성수량 + 기말재공품 × 당기 작업률

(*) 기초재공품 없을 경우 완성품 환산량 : 선출입선출법 = 평균법

09 공손 & 작업폐물　`빈출`

- 공손(정상품으로 판매할 수 없는 불합격품), 정상공손(제조원가), 비정상공손(영업외비용)
- 공손수량 계산 : 총작업수량 = 기초재공품 + 당기착수, 공손수량 = 총작업수량 − 완성수량 − 기말재공품 수량
- 작업폐물(가공하는 과정에서 생기는 조각) : 정상작업폐물(제조원가에서 차감), 비정상작업폐물(영업외수익)

제2부 빈출 130제

I 소득세 이론

01. 다음 중 소득세의 특징으로 가장 옳은 것은? [111회]

① 소득세의 과세기간은 사업자의 선택에 따라 변경할 수 있다.

② 거주자의 소득세 납세지는 거주자의 거소지가 원칙이다.

③ 소득세법은 종합과세제도에 의하므로 거주자의 모든 소득을 합산하여 과세한다.

④ 소득세는 개인별 소득을 기준으로 과세하는 개인 단위 과세제도이다.

02. 다음의 자료를 이용하여 소득세법상 복식부기의무자의 사업소득 총수입금액을 구하면 얼마인가? 어려우면 패스 [110회]

• 매출액 300,000,000원	• 원천 징수된 은행 예금의 이자수익 500,000원
• 공장건물 양도가액 100,000,000원	• 차량운반구(사업용) 양도가액 30,000,000원

① 430,500,000원　　　② 430,000,000원　　　③ 330,000,000원　　　④ 300,000,000원

03. 거주자 김소희씨의 당해 연도 소득금액은 다음과 같다. 다음의 자료를 이용하여 당해 연도 귀속 종합소득금액을 계산하면 얼마인가? [118회]

• 근로소득금액 : 4,000,000원	• 퇴직소득금액 : 5,000,000원	• 사업소득금액(건설업) : 8,000,000원
• 사업소득금액(주거용 부동산임대업) : △3,000,000원	• 사업소득금액(비주거용 부동산임대업) : △1,000,000원	

① 8,000,000원　　　② 9,000,000원　　　③ 11,000,000원　　　④ 13,000,000원

04. 다음 중 소득세법상 사업소득에 대한 설명으로 가장 옳지 않은 것은? [116회]

① 간편장부대상자의 사업용 유형자산 처분으로 인하여 발생한 이익은 사업소득에 해당한다.

② 국세환급가산금은 총수입금액에 산입하지 않는다.

③ 거주자가 재고자산을 가사용으로 소비하는 경우 그 소비·지급한 때의 가액을 총수입금액에 산입한다.

④ 부동산임대와 관련 없는 사업소득의 이월결손금은 당해 연도의 다른 종합소득에서 공제될 수 있다.

05. 다음 중 소득세법상 기타소득에 대한 설명으로 옳지 않은 것은? [118회]

① 저작자가 저작권의 양도 또는 사용의 대가로 받는 금품은 기타소득이다.

② 뇌물은 기타소득이다.

③ 고용관계 없이 다수인에게 강연을 하고 강연료로 12만 원을 받았다면 소득세를 과세하지 않는다.

④ 기타소득금액은 해당 과세기간의 총수입금액에서 이에 사용된 필요경비를 공제한 금액으로 한다.

***
06. 다음 중 소득세법상 수입시기로 가장 옳지 않은 것은? [115회]

① 비영업대금의 이익 : 약정에 의한 이자 지급일

② 잉여금 처분에 의한 배당 : 잉여금 처분 결의일

③ 장기할부판매 : 대가의 각 부분을 받기로 한 날

④ 부동산 등의 판매 : 소유권이전등기일, 대금청산일, 사용수익일 중 빠른 날

*
07. 다음 중 소득세법상 근로소득과 관련된 내용으로 틀린 것은? [112회]

① 식사나 기타 음식물을 제공받지 않는 근로자가 받는 월 20만 원 이하의 식사대는 비과세 근로소득이다.

② 종업원이 지급받은 경조금 중 사회통념상 타당하다고 인정되는 범위 내의 금액은 근로소득으로 보지 않는다.

③ 고용관계에 의하여 지급받은 강연료는 근로소득이다.

④ 근로자의 가족에 대한 학자금은 비과세 근로소득이다.

***
08. 다음 중 소득세법상 근로소득 원천징수시기에 대한 설명으로 잘못된 것은? [120회]

① 12월분 급여를 다음 연도 2월 말일까지 미지급한 경우 다음 연도 2월 말일에 지급한 것으로 보아 소득세를 원천징수한다.

② 7월분 급여를 12월 31일까지 미지급한 경우 12월 31일에 지급한 것으로 보아 소득세를 원천징수한다.

③ 11월분 급여를 12월 31일까지 미지급한 경우 12월 31일에 지급한 것으로 보아 소득세를 원천징수한다.

④ 1월분 급여를 6월 30일까지 미지급한 경우 6월 30일에 지급한 것으로 보아 소득세를 원천징수한다.

**
09. 다음 중 소득세법상 인적공제에 대한 설명으로 옳은 것은? [119회]

① 배우자와 직계존속은 항상 생계를 같이하는 부양가족으로 본다.

② 추가공제는 해당 거주자의 기본공제를 적용받는 경우에만 공제할 수 있다.

③ 형제자매의 배우자는 공제대상 부양가족에 포함한다.

④ 과세기간 종료일 전에 사망한 경우 사망일의 상황에 따라 공제여부를 판단한다.

**
10. 다음 중 소득세법상 종합소득공제에 대한 설명으로 가장 옳지 않은 것은? [112회]

① 근로소득금액 5,000,000원이 있는 40세 배우자는 기본공제 대상자에 해당한다.(단, 다른 소득은 없다)

② 종합소득금액이 35,000,000원이고, 배우자가 없는 거주자로서 기본공제 대상자인 직계비속이 있는 자는 한부모공제가 가능하다.

③ 부녀자공제와 한부모공제가 중복되는 경우에는 한부모공제만 적용한다.

④ 기본공제 대상자가 아닌 자는 추가공제 대상자가 될 수 없다.

★★
11. 다음 중 소득세법상 근로소득이 없는 거주자(사업소득자가 아님)가 받을 수 있는 특별세액 공제는?　　[115회]

① 보험료세액공제　　　② 의료비세액공제　　　③ 교육비세액공제　　　④ 기부금세액공제

★★
12. 다음 중 소득세법상 과세표준 확정신고를 반드시 하여야 하는 경우는?　　[112회]

① 퇴직소득만 있는 경우

② 근로소득과 사업소득이 있는 경우

③ 근로소득과 퇴직소득이 있는 경우

④ 근로소득과 보통예금이자 150만 원(14% 원천징수세율 적용 대상)이 있는 경우

▮ 회계원리

★
13. 다음 중 재무상태표의 작성기준에 대한 설명으로 가장 옳지 않은 것은?　　[122회]

① 자산과 부채는 유동성이 높은 계정부터 배열하여 작성해야 한다.

② 자본거래에서 발생한 잉여금과 손익계정에서 발생한 잉여금은 구분하여 표시해야 한다.

③ 자산 항목과 부채 또는 자본 항목을 상계함으로써 순액으로 표시해야 한다.

④ 자산·부채·자본 중 중요하지 않은 항목은 성격 또는 기능이 유사한 항목에 통합하여 표시할 수 있다.

★★
14. 다음 중 재무제표의 기본가정에 해당하지 않는 것은?　　[115회]

① 기업실체를 중심으로 하여 기업실체의 경제적 현상을 재무제표에 보고해야 한다.

② 기업이 계속적으로 존재하지 않을 것이라는 반증이 없는 한, 기업실체의 본래 목적을 달성하기 위하여 계속적으로 존재한다.

③ 기업실체의 지속적인 경제적 활동을 인위적으로 일정 기간 단위로 분할하여 각 기간마다 경영자의 수탁 책임을 보고한다.

④ 회계정보가 유용하기 위해서는 그 정보가 의사결정에 반영될 수 있도록 적시에 제공되어야 한다.

★★
15. 회계정보의 질적특성 중 목적적합성과 신뢰성의 사례로 옳지 않은 것은?　　[119회]

	구분	목적적합성	신뢰성
①	수익인식방법	진행기준	완성기준
②	자산의 평가방법	시가법	원가법
③	손익인식방법	발생주의	현금주의
④	정보의 보고시점	결산재무제표	분기, 반기재무제표

★
16. 다음 중 자산, 부채의 분류가 잘못 연결된 것은?　　　　[117회]

① 임차보증금 – 비유동자산　　　　　② 사채 – 유동부채
③ 퇴직급여충당부채 – 비유동부채　　　④ 선급비용 – 유동자산

★★
17. 다음 중 현금 및 현금성자산에 포함되지 않는 것은?　　　　[118회]

① 자기앞수표　　　　　　　　　② 배당금지급통지서
③ 직원가불금　　　　　　　　　④ 취득 당시 만기일이 3개월 이내인 환매 조건부 채권

★★
18. 다음 중 유가증권에 대한 설명으로 옳지 않은 것은?　　　　[121회]

① 단기매매증권은 주로 단기간 내 매매차익을 목적으로 취득한 유가증권을 의미한다.
② 단기매매증권, 매도가능증권, 만기보유증권은 모두 공정가치로 평가한다.
③ 유가증권은 증권의 종류에 따라 지분증권과 채무증권으로 분류할 수 있다.
④ 단기매매증권과 매도가능증권은 지분증권으로 분류할 수 있으나 만기보유증권은 지분증권으로 분류할
　수 없다.

★★
19. 물가가 지속해서 상승하는 경제 상황을 가정할 때, 다음 중 당기순이익이 가장 적게 계상되는 재고자산 평가방법은 무엇인
가?　　　　[111회]

① 선입선출법　　　　② 총평균법　　　　③ 이동평균법　　　　④ 후입선출법

★★
20. 아래의 자료에서 기말재고자산에 포함해야 할 금액은 얼마인가? 단, 창고재고금액은 고려하지 않는다.　　　　[119회]

> • 도착지 인도조건으로 매입한 미착상품 : 4,000,000원
> • 담보로 제공한 저당상품 : 6,000,000원
> • 기말 현재 구매자의 구매의사표시가 없는 시송품 : 3,000,000원
> • 고객에게 인도된 할부로 판매하는 상품(대금이 전액 회수되지는 않았다.) : 2,000,000원

① 9,000,000원　　　　② 10,000,000원　　　　③ 8,000,000원　　　　④ 7,000,000원

★★
21. 다음 중 일반기업회계기준에 따른 유형자산에 대한 설명으로 옳지 않은 것은?　　　　[113회]

① 취득원가는 구입원가 또는 제작원가 및 경영진이 의도하는 방식으로 자산을 가동하는 데 필요한 장소와
　상태에 이르게 하는 데 직접 관련되는 원가로 구성된다.
② 취득세, 등록면허세 등 유형자산의 취득과 직접 관련된 제세공과금은 당기비용으로 처리한다.
③ 새로운 상품과 서비스를 소개하는 데 소요되는 원가(예 : 광고 및 판촉활동과 관련된 원가)는 유형자산
　의 원가를 구성하지 않는다.
④ 건물을 신축하기 위하여 사용 중인 기존 건물을 철거하는 경우 그 건물의 장부금액은 제거하여 처분손실
　로 반영하고, 철거비용은 전액 당기비용으로 처리한다.

★★
22. 다음 자료를 통해 2024년 12월 31일 결산 후 재무제표에서 확인 가능한 정보로 올바른 것은? [115회]

> • 2022년 1월 1일 기계장치 취득 : 매입가액 20,000,000원
> • 취득에 직접적으로 필요한 설치비 : 300,000원
> • 2022년에 발생한 소모품 교체비 : 600,000원
> • 2022년에 발생한 본래의 용도를 변경하기 위한 제조·개량비 : 4,000,000원
> • 내용연수는 6년, 정액법으로 매년 정상적으로 상각함(월할 계산 할 것), 잔존가치는 없음.

① 기계장치의 취득원가는 24,000,000원으로 계상되어 있다.
② 손익계산서에 표시되는 감가상각비는 4,150,000원이다.
③ 재무상태표에 표시되는 감가상각누계액은 8,300,000원이다.
④ 상각 후 기계장치의 미상각잔액은 12,150,000원이다.

★★
23. 다음 중 유형자산의 감가상각에 대한 설명으로 옳지 않은 것은? [119회]

① 감가상각방법은 해당 자산으로부터 예상되는 미래경제적효익의 소멸 형태에 따라 선택하고, 소멸 형태가 변하지 않는 한 매기 계속 적용한다.
② 감가상각방법 중 체감잔액법과 연수합계법은 자산의 내용연수 동안 감가상각액이 매 기간 증가하는 방법이다.
③ 내용연수 도중 사용을 중단하고 처분 예정인 유형자산은 사용을 중단한 시점의 장부금액으로 표시한다.
④ 내용연수 도중 사용을 중단하였으나, 장래사용을 재개할 예정인 유형자산에 대해서는 감가상각을 하되, 그 감가상각액은 영업외비용으로 처리한다.

★★
24. 당해 연도 10월 1일 ㈜한국은 기계장치를 5,000,000원에 취득하였다. 기계장치의 내용연수는 3년, 잔존가치는 500,000원으로 추정되었으며, 연수합계법으로 상각한다. ㈜한국이 당해 연도 결산일인 12월 31일에 계상하여야 할 감가상각비는 얼마인가? (단, 월할상각 할 것.) [111회]

① 416,666원 ② 562,500원 ③ 625,000원 ④ 750,000원

★★
25. 다음 중 무형자산에 대한 설명으로 옳지 않은 것은? [111회]

① 무형자산의 재무제표 표시방법으로 직접법만을 허용하고 있다.
② 무형자산 상각 시 잔존가치는 원칙적으로 '0'인 것으로 본다.
③ 무형자산은 유형자산과 마찬가지로 매입가액에 취득 관련 부대 원가를 가산한 금액을 취득원가로 처리한다.
④ 무형자산의 상각기간은 독점적·배타적인 권리를 부여하고 있는 관계 법령이나 계약에 정해진 경우를 제외하고는 20년을 초과할 수 없다.

26. 다음 중 퇴직연금 부담금이 정상적으로 납부된 경우 일반기업회계기준상 퇴직급여에 대한 설명으로 가장 옳은 것은? [121회]

① 확정급여형 퇴직연금제도(DB형)를 설정하는 경우에는 당해 회계기간에 대하여 기업이 납부하여야 할 부담금은 퇴직급여(비용)로 인식한다.

② 확정급여형 퇴직연금제도(DB형)를 설정하는 경우에는 근로자가 직접 적립금을 운용하여 퇴직급여가 장래에 달라지는 제도이다.

③ 확정기여형 퇴직연금제도(DC형)를 설정하는 경우에는 회사는 매년 퇴직급여를 비용으로 회계처리 한다.

④ 확정기여형 퇴직연금제도(DC형)를 설정하는 경우에는 운용되는 자산은 회사가 직접 보유하고 있는 것으로 보아 회계처리를 한다.

27. 다음 중 충당부채 및 우발부채에 대한 설명으로 가장 잘못된 것은? [120회]

① 충당부채는 최초인식시점에서 의도한 목적과 용도에만 사용하여야 한다.

② 충당부채는 보고기간 말마다 그 잔액을 검토하고, 보고기간 말 현재 최선의 추정치를 반영하여 증감 조정한다.

③ 당해 의무를 이행하기 위하여 자원이 유출될 가능성이 높지 않은 경우에도 충당부채 인식은 가능하다.

④ 우발부채는 부채로 인식하지 아니한다.

28. 다음 중 사채의 발행에 대한 설명으로 옳지 않은 것은? [118회]

① 사채의 액면이자율이 유효이자율보다 큰 경우에는 발행가액이 할증된다.

② 사채가 할인발행 되는 경우 사채의 장부가액은 매년 감소한다.

③ 사채가 할증발행 되는 경우 액면이자는 매년 일정하다.

④ 사채가 할인발행 되는 경우 유효이자는 만기까지 매년 증가한다.

29. 다음 중 재무상태표에 표시될 자본에 대한 설명으로 옳지 않은 것은? [122회]

① 자본금은 보통주자본금과 우선주자본금으로 구분하여 표시한다.

② 자본잉여금은 주식발행초과금과 기타자본잉여금(감자차익, 자기주식처분이익 등)으로 구분하여 표시한다.

③ 주식할인발행차금, 자기주식 등은 기타자본조정으로 통합하여 표시할 수 있다.

④ 이익잉여금은 법정적립금, 임의적립금 및 미처분이익잉여금으로 구분하여 표시한다.

30. 다음 중 자본에 대한 설명으로 옳지 않은 것은? [114회]

① 상법 규정에 따라 자본금의 1/2에 달할 때까지 금전에 의한 이익배당액의 1/10 이상의 금액을 이익준비금으로 적립하여야 한다.

② 주식배당을 하면 자본금 계정과 자본총액은 변하지 않는다.

③ 자본은 주주의 납입자본에 기업활동을 통하여 획득하고 기업의 활동을 위해 유보된 금액을 가산하고, 기업활동으로 인한 손실 및 소유자에 대한 배당으로 인한 주주지분 감소액을 차감한 잔액이다.

④ 현금으로 배당하는 경우에는 배당액을 이익잉여금에서 차감한다.

★★
31. 다음 중 일반기업회계기준상 거래형태별 수익 인식시점으로 가장 올바른 것은? [114회]

① 배당금 수익 : 배당금을 수취한 날

② 상품권 판매 : 상품권을 발행한 날

③ 장기할부판매 : 판매가격을 기간별로 안분하여 수익으로 인식한다.

④ 건설형 공사계약 : 공사 진행률에 따라 진행기준에 의해 수익을 인식한다.

★★★
32. 다음 자료를 이용하여 손익계산서상 매출원가를 구하면 얼마인가? [120회]

• 기초재고액 : 80,000원	• 매입환출액 : 40,000원	• 당기매입액 : 240,000원	• 매입할인 : 30,000원
• 기말재고액 : 50,000원	• 타계정대체액 : 10,000원(불우이웃 돕기 기부)		

① 190,000원　　　　② 200,000원　　　　③ 210,000원　　　　④ 230,000원

★★
33. 다음 중 회계정책, 회계추정의 변경 및 오류에 대한 설명으로 옳지 않은 것은? [115회]

① 회계정책의 변경은 기업환경의 변화, 새로운 정보의 획득 또는 경험의 축적에 따라 지금까지 사용해 오던 회계적 추정치의 근거와 방법 등을 바꾸는 것을 말한다.

② 회계추정의 변경은 전진적으로 처리하여 그 효과를 당기와 당기 이후의 기간에 반영한다.

③ 회계변경의 효과를 회계정책의 변경효과와 회계추정의 변경효과로 구분하는 것이 불가능한 경우 회계추정의 변경으로 본다.

④ 회계추정 변경의 효과는 당해 회계연도 개시일부터 적용한다.

★★
34. 다음 중 일반기업회계기준상 오류수정에 대한 설명으로 옳지 않은 것은? [117회]

① 오류수정은 전기 또는 그 이전의 재무제표에 포함된 회계적 오류를 당기에 발견하여 수정하는 것을 말한다.

② 당기에 발견한 전기 또는 그 이전 기간의 오류 중 중대한 오류가 아닌 경우에는 영업외손익 중 전기오류 수정손익으로 보고한다.

③ 전기 이전 기간에 발생한 중대한 오류의 수정은 발견 당시 회계기간의 재무제표 항목을 재작성한다.

④ 중대한 오류는 재무제표의 신뢰성을 심각하게 손상시킬 수 있는 매우 중요한 오류를 말한다.

Ⅲ　부가가치세

★
35. 다음 중 부가가치세에 대한 설명으로 옳지 않은 것은? [121회]

① 부가가치세는 학교와 같은 비영리단체는 납세의무자가 될 수 없다.

② 부가가치세는 재화나 용역이 최종소비자에게 도달할 때까지의 모든 거래 단계마다 부가가치세를 과세하는 다단계거래세이다.

③ 부가가치세는 국제거래되는 무역상품에 대한 이중과세 방지를 위해 소비지국과세원칙을 채택하고 있다.

④ 부가가치세는 납세의무자와 실질적인 담세자가 일치하지 않는 간접세이다.

***

36. 다음 중 부가가치세법상 간이과세자에 대한 설명으로 가장 틀린 것은? 　[112회]

① 간이과세자란 원칙적으로 직전 연도의 공급대가의 합계액이 1억 400만 원에 미달하는 사업자를 말한다.

② 직전 연도의 공급대가의 합계액이 4,800만 원 이상인 부동산임대사업자는 간이과세자로 보지 않는다.

③ 간이과세자는 세금계산서를 발급받은 재화의 공급대가에 1%를 곱한 금액을 납부세액에서 공제한다.

④ 직전 연도의 공급대가의 합계액이 4,800만 원 미만인 간이과세자는 세금계산서를 발급할 수 없다.

***

37. 다음은 2022년 1월에 간이과세자로 카페를 개업한 최민준씨의 연도별 공급대가이다. 일반과세자로 변경되는 시점으로 옳은 것은? 　[118회]

・2022년 : 70,000,000원	・2023년 : 90,000,000원	・2024년 : 120,000,000원

① 2024년 1월 1일　　　② 2024년 7월 1일　　　③ 2025년 1월 1일　　　④ 2025년 7월 1일

***

38. 다음 중 부가가치세법상 주사업장총괄납부와 사업자단위과세제도에 대한 설명으로 옳지 않은 것은? 　[117회]

① 법인의 경우 총괄납부제도의 주사업장은 분사무소도 가능하다.

② 총괄납부의 신청은 납부하려는 과세기간 종료일 20일 전에 신청하여야 한다.

③ 사업자 단위로 본점 관할세무서장에게 등록 신청한 경우 적용 대상 사업장에 한 개의 등록번호만 부여된다.

④ 사업자단위과세를 적용할 경우 직매장반출은 재화의 공급의제에서 배제된다.

***

39. 다음 중 부가가치세법상 재화의 공급에 해당하는 것은? 　[115회]

① 담보의 제공　　　　　　　　　　② 사업용 상가건물의 양도

③ 사업의 포괄적 양도　　　　　　　④ 조세의 물납

***

40. 다음 중 부가가치세법상 재화의 공급의제(재화의 공급으로 보는 특례)에 해당하는 것은? (단, 일반과세자로서 매입 시 매입세액은 전부 공제받았다고 가정한다.) 　[110회]

① 자기의 다른 과세사업장에서 원료 또는 자재 등으로 사용·소비하기 위해 반출하는 경우

② 사용인에게 사업을 위해 착용하는 작업복, 작업모, 작업화를 제공하는 경우

③ 무상으로 견본품을 인도 또는 양도하거나 불특정다수에게 광고선전물을 배포하는 경우

④ 자동차 제조회사가 자기생산한 승용자동차(2,000cc)를 업무용으로 사용하는 경우

***

41. 다음 중 부가가치세법상 영세율에 대한 설명으로 옳지 않은 것은? 　[117회]

① 사업자가 비거주자인 경우에는 그 해당 국가에서 대한민국의 거주자에 대하여 동일하게 면세하는 경우에만 영세율을 적용한다.

② 영세율이 적용되는 사업자는 부가가치세 납세의무가 면제된다.

③ 국내에서 계약과 대가의 수령이 이루어지지만 영세율이 적용되는 경우도 있다.

④ 내국물품을 외국으로 반출하는 것은 수출에 해당하므로 영세율을 적용한다.

42. 다음 중 부가가치세법상 면세에 해당하는 것은 모두 몇 개인가? [111회]

가. 시외우등고속버스 여객운송용역	나. 토지의 공급
다. 자동차운전학원에서 가르치는 교육용역	라. 식용으로 제공되는 외국산 미가공식료품
마. 형사소송법에 따른 국선변호인의 국선 변호	바. 제작 후 100년이 초과된 골동품

① 5개　　　　② 4개　　　　③ 3개　　　　④ 2개

43. 다음 중 부가가치세법상 세금계산서 발급 의무가 면제되지 않는 경우는? [118회]

① 구매확인서에 의해 공급되는 재화
② 미용업자가 공급하는 재화 또는 용역
③ 택시운송사업자가 공급하는 재화 또는 용역
④ 부동산임대업자의 부동산임대용역 중 간주임대료

44. 다음 중 부가가치세법상 세금계산서 발급 시기에 대한 설명으로 가장 틀린 것은? [119회]

① 기한부 판매의 경우 기한이 지나 판매가 확정되는 때에 세금계산서를 발급하여야 한다.
② 재화의 공급시기 전에 대가의 일부를 받은 때에 그 대가의 전부에 대하여 세금계산서를 발급할 수 있다.
③ 재화의 이동이 필요하지 아니한 경우 재화가 이용가능하게 되는 때에 세금계산서를 발급하여야 한다.
④ 거래처별로 달의 1일부터 말일까지의 기간 내에서 사업자가 임의로 정한 기간의 공급가액을 합하여 그 기간의 종료일을 작성연월일로 하여 재화의 공급일이 속하는 달의 다음 달 10일까지 세금계산서를 발급할 수 있다.

45. 다음 중 부가가치세법상 아래의 수정세금계산서 발급 방법에 대한 수정세금계산서 발급 사유로 옳은 것은? [113회]

[수정세금계산서 발급 방법]
사유 발생일을 작성일로 적고 비고란에 처음 세금계산서 작성일을 덧붙여 적은 후 붉은색 글씨로 쓰거나 음의 표시를 하여 발급

① 착오로 전자세금계산서를 이중으로 발급한 경우
② 계약의 해제로 재화 또는 용역이 공급되지 아니한 경우
③ 필요적 기재사항 등이 착오 외의 사유로 잘못 적힌 경우
④ 면세 등 세금계산서 발급 대상이 아닌 거래 등에 대하여 세금계산서를 발급한 경우

46. 다음은 부가가치세법상 전자세금계산서에 대한 설명이다. 틀린 것은? [68회]

① 전자세금계산서는 원칙적으로 발급일의 다음날까지 국세청에 전송해야 한다.
② 후발급 특례가 적용되는 경우 재화나 용역의 공급일이 속하는 달의 다음달 10일까지 세금계산서를 발급할 수 있다.
③ 전자세금계산서 발급대상 사업자가 적법한 발급기한 내에 전자세금계산서 대신에 종이세금계산서를 발급한 경우 공급가액의 1%의 가산세가 적용된다.
④ 당해 연도의 사업장별 재화와 용역의 공급가액의 합계액이 8,000만 원 이상인 개인사업자는 반드시 전자로 세금계산서를 발행하여야 한다.

★★
47. 다음 중 부가가치세법상 공급시기로 옳지 않은 것은?　　　　　　　　　　　　　　[117회]

① 내국물품을 외국으로 수출하는 경우 : 수출 재화의 선적일

② 폐업 시 잔존재화의 경우 : 폐업하는 때

③ 위탁판매의 경우(위탁자 또는 본인을 알 수 있는 경우에 해당) : 위탁자가 판매를 위탁한 때

④ 무인판매기로 재화를 공급하는 경우 : 무인판매기에서 현금을 꺼내는 때

★★★
48. 다음 중 부가가치세법상 대손세액공제에 대한 설명으로 가장 옳지 않은 것은?　　　　　[111회]

① 대손 사유에는 부도발생일부터 6개월 이상 지난 어음·수표가 포함된다.

② 회수기일이 6개월 이상 지난 채권 중 채권가액이 30만원 이하인 채권은 대손사유를 충족한다.

③ 재화를 공급한 후 공급일부터 15년이 지난 날이 속하는 과세기간에 대한 확정신고기한까지 대손사유로
　확정되는 경우 대손세액공제를 적용한다.

④ 대손세액은 대손이 확정된 날이 속하는 과세기간의 매출세액에서 뺄 수 있다.

★★★
49. 다음 중 부가가치세법상 의제매입세액공제제도에 관한 내용으로 가장 틀린 것은?　　　　[112회]

① 의제매입세액은 면세농산물 등을 공급받거나 수입한 날이 속하는 과세기간의 매출세액에서 공제한다.

② 의제매입세액공제는 사업자등록을 한 부가가치세 과세사업자가 적용대상자이며, 미등록자는 허용되지
　않는다.

③ 면세농산물 등의 매입가액에는 운임 등의 직접 부대비용 및 관세를 포함한다.

④ 면세농산물 등에 대하여 세금계산서 없이도 일정한 금액을 매입세액으로 의제하여 공제하는 것이기 때
　문에 의제매입세액공제라고 한다.

★★
50. 다음 중 부가가치세법상 매입세액공제가 가능한 경우는?　　　　　　　　　　　　　　[116회]

① 면세사업과 관련된 매입세액

② 기업업무추진비 지출과 관련된 매입세액

③ 토지의 형질변경과 관련된 매입세액

④ 제조업을 영위하는 사업자가 농민으로부터 면세로 구입한 농산물의 의제매입세액

★★★
51. 다음 중 부가가치세법상 과세기간에 대한 설명으로 옳지 않은 것은?　　　　　　　　　[115회]

① 일반과세자의 과세기간은 원칙상 1년에 2개가 있다.

② 신규로 사업을 개시하는 것은 과세기간 개시일의 예외가 된다.

③ 매출이 기준금액에 미달하여 일반과세자가 간이과세자로 변경되는 경우 그 변경되는 해에 간이과세자에
　관한 규정이 적용되는 과세기간은 그 변경 이전 1월 1일부터 6월 30일까지이다.

④ 간이과세자가 간이과세자에 관한 규정의 적용을 포기함으로써 일반과세자로 되는 경우에는 1년에 과세
　기간이 3개가 될 수 있다.

***

52. 다음은 계속사업자인 ㈜국민의 과세매출에 대한 공급가액 자료이다. 부가가치세 예정고지 대상기간으로 옳은 것은?　[120회]

2024년				2025년				2026년	
1 ~ 3월	4 ~ 6월	7 ~ 9월	10 ~ 12월	1 ~ 3월	4 ~ 6월	7 ~ 9월	10 ~ 12월	1 ~ 3월	4 ~ 6월
1억 원	8천만 원	1억 원	2억 원	7천만 원	6천만 원	1억 원	6천만 원	8천만 원	1억 원

① 2024년 제2기 예정　　② 2025년 제1기 예정　　③ 2025년 제2기 예정　　④ 2026년 제1기 예정

53. 다음 중 부가가치세법상 환급에 대한 설명으로 가장 옳지 않은 것은?　[113회]

① 각 과세기간별로 그 과세기간에 대한 환급세액을 확정 신고한 사업자에게 그 확정 신고기한이 지난 후 25일 이내에 환급하여야 한다.

② 재화 및 용역의 공급에 영세율을 적용받는 경우 조기환급 신고할 수 있다.

③ 조기환급 신고의 경우 조기환급 신고기한이 지난 후 15일 이내에 환급할 수 있다.

④ 사업 설비를 신설·취득·확장 또는 증축하는 경우 조기환급 신고할 수 있다.

54. 당해 연도 3월 발생한 신용카드 매출전표 발급분 매출 3,300,000원(공급대가)이 1기 예정신고 시 단순 누락되어 이를 확정 신고 시 반영하기로 한다. 신고불성실(과소신고) 가산세를 계산하면 얼마인가?　[100회 수정]

① 300,000원　　　　② 30,000원　　　　③ 7,500원　　　　④ 5,000원

Ⅳ　원가회계

55. 다음의 원가자료를 이용하여 기초(기본)원가를 계산하면 얼마인가?　[119회]

> · 직접재료원가는 당기총제조원가의 40%이다.　· 제조간접원가는 직접노무원가의 50%이다.
> · 당기총제조원가는 15,000,000원이다.

① 9,000,000원　　　　② 10,000,000원　　　　③ 11,000,000원　　　　④ 12,000,000원

56. 다음 중 변동원가와 고정원가에 대한 설명으로 가장 옳은 것은?　[121회]

① 고정원가는 조업도 증감에 반비례하여 총원가가 증감하는 원가이다.

② 변동원가는 조업도와 관계없이 총원가가 일정한 원가이다.

③ 준변동원가는 조업도의 변화에 관계없이 총원가가 일정한 고정원가와 조업도에 비례하여 총원가가 증가하는 변동원가의 두 부분으로 구성된 원가를 의미한다.

④ 준고정원가는 특정 범위를 벗어나도 총원가가 일정한 원가이며, 혼합원가라고도 한다.

★★
57. 다음 중 아래의 그래프가 표시하는 원가행태로 가장 적절한 것은?   [118회]

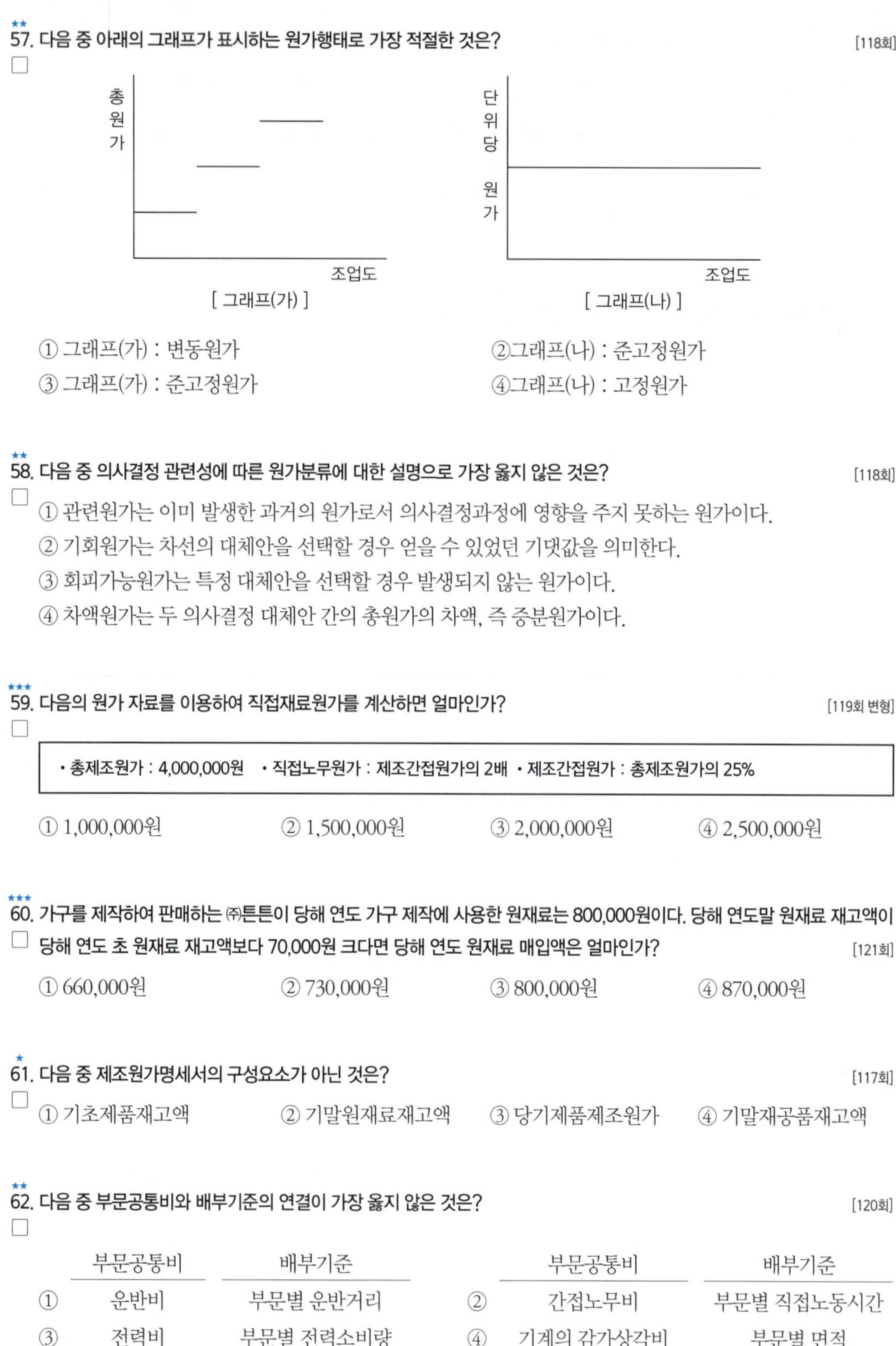

① 그래프(가) : 변동원가   ② 그래프(나) : 준고정원가
③ 그래프(가) : 준고정원가   ④ 그래프(나) : 고정원가

★★
58. 다음 중 의사결정 관련성에 따른 원가분류에 대한 설명으로 가장 옳지 않은 것은?   [118회]

① 관련원가는 이미 발생한 과거의 원가로서 의사결정과정에 영향을 주지 못하는 원가이다.
② 기회원가는 차선의 대체안을 선택할 경우 얻을 수 있었던 기댓값을 의미한다.
③ 회피가능원가는 특정 대체안을 선택할 경우 발생되지 않는 원가이다.
④ 차액원가는 두 의사결정 대체안 간의 총원가의 차액, 즉 증분원가이다.

★★★
59. 다음의 원가 자료를 이용하여 직접재료원가를 계산하면 얼마인가?   [119회 변형]

• 총제조원가 : 4,000,000원   • 직접노무원가 : 제조간접원가의 2배 • 제조간접원가 : 총제조원가의 25%

① 1,000,000원   ② 1,500,000원   ③ 2,000,000원   ④ 2,500,000원

★★★
60. 가구를 제작하여 판매하는 ㈜튼튼이 당해 연도 가구 제작에 사용한 원재료는 800,000원이다. 당해 연도말 원재료 재고액이 당해 연도 초 원재료 재고액보다 70,000원 크다면 당해 연도 원재료 매입액은 얼마인가?   [121회]

① 660,000원   ② 730,000원   ③ 800,000원   ④ 870,000원

★
61. 다음 중 제조원가명세서의 구성요소가 아닌 것은?   [117회]

① 기초제품재고액   ② 기말원재료재고액   ③ 당기제품제조원가   ④ 기말재공품재고액

★★
62. 다음 중 부문공통비와 배부기준의 연결이 가장 옳지 않은 것은?   [120회]

	부문공통비	배부기준		부문공통비	배부기준
①	운반비	부문별 운반거리	②	간접노무비	부문별 직접노동시간
③	전력비	부문별 전력소비량	④	기계의 감가상각비	부문별 면적

63. 다음 중 보조부문원가를 배분하는 방법에 대한 설명으로 옳지 않은 것은? [116회]

① 상호배분법은 보조부문 상호 간의 용역수수관계를 완전히 반영하는 방법이다.

② 단계배분법은 보조부문 상호 간의 용역수수관계를 전혀 반영하지 않는 방법이다.

③ 직접배분법은 보조부문 상호 간의 용역수수관계를 전혀 반영하지 않는 방법이다.

④ 상호배분법, 단계배분법, 직접배분법 중 어떤 방법을 사용하더라도 보조부문의 총원가는 제조부문에 모두 배분된다.

64. ㈜부천은 두 개의 제조부문 '대한'과 '민국', 그리고 두 개의 보조부문 'R', 'M'을 두고 있다. 각 보조부문 'R'과 'M'의 당월 배분 전 원가가 각각 1,500,000원과 2,400,000원이라면, 상호배분법에 따라 제조부문 '민국'에 배분될 보조부문의 원가는 얼마인가? [121회]

제공부문 \ 사용부문	보조부문		제조부문	
	R	M	대한	민국
R	–	0.5	0.2	0.3
M	0.2	–	0.5	0.3

① 1,020,000원　　② 1,710,000원　　③ 1,800,000원　　④ 2,190,000원

65. 다음 중 개별원가계산에 대한 설명만 선택한 것은? [119회]

> 가. 항공기 제조, 선박 제조, 특수기계 제조업 등이 대표적인 적용 업종이다.
> 나. 작업원가표를 작성하여 원가를 집계한다.
> 다. 다품종 소량생산을 하는 기업에 적합한 원가계산방법이다.
> 라. 기말재공품의 평가가 필요하다.
> 마. 상대적으로 원가계산과정이 복잡하나 정확성은 높다.
> 바. 원가를 재료원가와 가공원가로 분류한다.

① 가, 나, 다, 라, 마, 바　　② 나, 다, 라, 바　　③ 가, 나, 다, 마　　④ 나, 라, 마, 바

66. 시계를 제작하여 판매하는 ㈜똑딱은 두 가지 종류의 시계를 제작하고 있다. 제조와 관련하여 발생한 직접원가는 아래와 같고, 직접노무원가를 기준으로 제조간접원가를 배부하고 있다. 실제제조간접원가는 2,500,000원이다. 산업용 시계의 총제조원가를 계산하면 얼마인가? [120회]

구분	산업용 시계	가정용 시계	합계
직접재료원가	800,000원	200,000원	1,000,000원
직접노무원가	3,500,000원	1,500,000원	5,000,000원

① 4,800,000원　　② 5,050,000원　　③ 6,050,000원　　④ 6,300,000원

67. ㈜미래는 정상원가계산을 채택하고 있고, 제조간접원가를 직접노무시간을 기준으로 배부하고 있다. 다음은 ㈜미래의 원가 관련 자료이다. 제조간접원가의 배부차이를 계산하면 얼마인가? [122회]

> • 제조간접원가 예산 : 5,000,000원   • 실제 제조간접원가 : 6,000,000원
> • 예산 직접노무시간 : 1,000시간   • 실제 직접노무시간 : 1,200시간

① 1,000,000원 과소배부   ② 1,000,000원 과대배부
③ 1,200,000원 과대배부   ④ 배부차이 없음

68. 다음 중 제조간접원가 배부차이 조정 방법에 해당하지 않는 것은? [114회]

① 매출원가조정법   ② 단계배분법   ③ 비례배분법   ④ 영업외손익법

69. 다음 중 종합원가계산에 대한 설명으로 가장 옳지 않은 것은? [121회]

① 다품종 대량생산하는 조선업, 화학업, 식품가공업 등 업종에 적합하다.
② 완성품환산량 계산이 어려우며, 개별원가계산에 비해 상대적으로 제조원가 계산이 부정확하다.
③ 기초재공품이 없는 경우 종합원가계산에 의한 원가배분 시 평균법과 선입선출법은 결과가 동일하다.
④ 종합원가계산은 원가를 재료원가와 가공원가로 구분하여 계산한다.

70. 종합원가계산을 적용할 경우, 다음의 자료를 이용하여 평균법과 선입선출법에 따른 가공원가의 완성품환산량을 각각 계산하면 몇 개인가? [116회]

> • 기초재공품 : 300개(완성도 20%)   • 당기착수량 : 1,000개
> • 당기완성량 : 1,100개   • 기말재공품 : 200개(완성도 60%)
> • 원재료는 공정착수 시점에 전량 투입되며, 가공원가는 전체 공정에서 균등하게 발생한다.

	평균법	선입선출법		평균법	선입선출법
①	1,120개	1,060개	②	1,120개	1,080개
③	1,220개	1,180개	④	1,220개	1,160개

71. 다음 중 종합원가계산의 선입선출법과 평균법에 대한 설명으로 옳지 않은 것은? 단, 원재료는 공정 착수 시점에 전량 투입되며, 가공원가는 공정 전반에 걸쳐 균등하게 투입된다. [118회]

① 선입선출법과 평균법의 수량 차이는 기초재공품의 완성품 환산량의 차이이다.
② 기말재공품의 완성도는 선입선출법과 평균법의 원가배분에서 차이가 없다.
③ 기말재공품의 완성도를 실제보다 높게 평가한 경우 평균법에 의한 완성품원가는 실제보다 높게 계산된다.
④ 선입선출법과 평균법에서 공손품은 검사시점에 측정된다.

★★
72. 다음 중 공손에 대한 설명으로 틀린 것을 고르시오. [114회]

① 정상품을 생산하는 과정에서 불가피하게 발생하는 계획된 공손을 정상공손이라고 한다.

② 정상공손은 예측이 가능하며 단기적으로 통제할 수 없다.

③ 비정상공손은 능률적인 생산조건 하에서는 발생하지 않을 것으로 예상되며 예측할 수 없다.

④ 비정상공손은 통제가능한 공손으로서 제품원가에 가산한다.

★★
73. 다음 자료를 이용하여 비정상공손수량을 계산하시오. 단, 정상공손은 당기 완성품의 5%로 가정한다. [122회]

> • 기초재공품 : 250개   • 기말재공품 : 100개   • 당기착수량 : 700개   • 당기완성량 : 800개

① 5개　　　　　　　　② 10개　　　　　　　　③ 15개　　　　　　　　④ 20개

Ⅴ　일반전표

★★
74. 받을어음 할인(매각거래)

㈜성남으로부터 매출대금으로 수령한 아래의 약속어음을 거래은행에서 할인하고 할인료 500,000원을 차감한 잔액을 보통예금으로 수령하였다. 단, 당해 어음할인은 매각거래로 간주한다. [121회]

> • 금 액 : 10,000,000원   • 발행인 : (주)성남   • 지급기일 : 20X5.12.1   • 발행일 : 20X4.12.1

★★★
75. 대손 처리한 매출채권 회수

전기에 회수불능으로 대손 처리한 외상매출금 11,000,000원(부가가치세 포함)을 보통예금으로 회수하였다(단, 당시 대손요건을 충족하여 대손세액공제를 받았음). [117회]

★★
76. 선납세금 발생

㈜전산에게 빌려준 대여금의 이자수입에 대해 원천징수세액 275,000원을 차감한 나머지 725,000원을 보통예금 계좌로 입금 받았다. 단, 원천징수세액은 자산계정으로 처리한다. [122회]

★★
77. 단기매매증권 취득

단기투자 목적으로 시장성이 있는 주식 1,000주를 주당 5,000원에 매입하고, 매입수수료 150,000원을 포함하여 전액 보통예금에서 지급하였다. [122회]

★★
78. 단기매매증권 처분

단기매매차익을 얻을 목적으로 전기에 취득하여 보유하고 있던 ㈜연홍의 주식(취득가액 500,000원)을 모두 1,000,000원에 처분하고 대금에서 거래수수료 등 제비용 50,000원을 차감한 잔액이 보통예금 계좌로 입금되었다. [113회]

79. 매도가능증권 처분

☐ 당사가 보유 중인 매도가능증권을 12,000,000원에 처분하고 처분대금은 보통예금 계좌로 입금 받았다. 해당 매도가능증권의 취득가액은 10,000,000원이며, 전년도말 공정가치는 11,000,000원이다.　　　　[115회]

80. 토지 취득 시 지방채 매입

☐ 당사는 공장신축용 토지를 취득한 후 취득세 18,000,000원과 지방채 12,000,000원(액면가 12,000,000원, 공정가치 10,500,000원, 만기 5년, 무이자부)을 보통예금 계좌에서 지급하였다. (단, 지방채는 매도가능증권으로 분류할 것.)　　　　[116회]

81. 차량운반구 취득 시 국공채 매입

☐ 업무용승용차를 구입하기 위하여 액면금액 1,800,000원의 10년 만기 무이자부 국공채를 액면금액으로 취득하고 대금은 보통예금 계좌에서 지급하였다. 당 회사는 해당 국공채를 만기까지 보유할 예정이며, 보유할 수 있는 의도와 능력이 충분하다. 구입 당시 만기보유증권의 공정가액은 800,000원이다.　　　　[121회]

82. 건설 중인 자산

☐ 신축 중인 본사건물을 건설하기 위해 장기차입금 이자 2,500,000원을 보통예금 계좌에서 이체하여 지급하였다. 본사건물은 2026년 1월 31일 완공 예정이며, 해당 지출은 자본화 요건을 충족한 것으로 본다.　　　　[120회]

83. 유형자산 처분

☐ 사용 중인 공장건물을 새로 신축하기 위해 기존건물을 철거하였다. 철거당시 건물의 취득가액은 300,000,000원 (철거 당시 감가상각누계액 250,000,000원)이며, 건물철거비용으로 8,000,000원을 보통예금 계좌에서 지출하였다. 단, 건물철거비용은 간이과세자로부터 영수증을 수취하였으며, 가산세는 고려하지 말 것.　　　　[120회]

84. 임차보증금 지급

☐ 영업부 사무실로 사용하기 위하여 4월 2일에 아래와 같이 ㈜명당과 체결한 부동산임대차계약에 따라 임대차계약서상의 보증금 20,000,000원 중 잔금 18,000,000원을 보통예금 계좌에서 송금하여 지급하고, 사무실의 임차를 개시하였다.(단, 관련 계정 조회 결과 선급금 2,000,000원이 있음.)　　　　[111회]

<table>
<tr><td colspan="3" align="center">부동산임대차계약서</td></tr>
<tr><td colspan="3">제1조　　임대차계약에 있어 임차인은 보증금을 아래와 같이 계약금과 잔금으로 나누어 지급하기로 한다.</td></tr>
<tr><td>보증금</td><td colspan="2">일금　　이천만원정 (20,000,000원)</td></tr>
<tr><td>계약금</td><td colspan="2">일금　　　이백만원정 (2,000,000원)은 계약 시에 지불하고 영수함.</td></tr>
<tr><td>잔금</td><td colspan="2">일금 일천팔백만원정 (18,000,000원)은 05월 06일에 지불한다.</td></tr>
</table>

85. 예수금 수취 [**]

제조부서 강하나 과장의 급여가 보통예금에서 지급되었다. 임금과 상여금 계정을 사용하여 분개하기로 하며, 예수금은 하나의 계정으로 처리하시오. [121회]

이름	강하나	지급일	2월 21일
급 여	3,100,000원	소득세 등	100,600원
상 여	1,000,000원	4대 보험료	255,120원
급여계	4,100,000원	공제합계	355,720원
		지급총액	3,744,280원

86. 예수금 납부 [*]

5월분 급여 지급 시 원천징수한 소득세 3,000,000원 및 지방소득세 300,000원을 보통예금 계좌에서 이체하여 납부하였다(단, 소득세와 지방소득세를 합하여 하나의 전표로 입력할 것). [112회]

87. 퇴직연금 납입 [**]

당사는 금융기관의 퇴직연금상품에 가입하였으며, 당해 연도 퇴직급여로서 생산직 직원에 대해서는 확정급여형(DB형) 상품으로 25,000,000원, 판매직 직원에 대해서는 확정기여형(DC형) 상품으로 15,000,000원을 보통예금 계좌에서 이체하였다. 단, 하나의 전표로 입력하시오. [118회]

88. 사채 할인발행 [**]

액면가액 10,000,000원(5년 만기)인 사채를 9,800,000원에 할인발행하였으며, 대금은 전액 보통예금 계좌로 입금되었다. [114회]

89. 사채할인발행차금 상각 [**]

12월 31일, 다음 제시된 자료를 토대로 당초 할인 발행한 사채의 이자비용에 대한 회계처리를 하시오.(단, 하나의 전표로 입력할 것.) [72회]

구분	금액	비고
당해 연도 귀속 사채 액면이자	10,000,000	보통예금으로 이체됨. 이자지급일 12.31
당해 연도 귀속 사채할인발행차금 상각액	1,423,760	

90. 주식 할인발행 [**]

주주총회에서 결의된 내용에 따라 유상증자를 실시하였다. 1주당 6,000원(액면가액 : 1주당 5,000원)에 10,000주를 발행하고, 대금은 보통예금으로 입금 받았다. (단, 재무상태표 확인 결과 주식할인발행차금 잔액은 3,000,000원임.) [117회]

**91. 주식 감자

당사는 주식의 안정적인 수급을 위하여 보통주 5,000주를 주당 5,500원(액면가 주당 5,000원)에 감자하고 대금은 보통예금 통장에서 지급하였다.　[118회]

> 감자 전 자본내역 : 감자차익 1,800,000원, 매도가능증권평가이익 8,000,000원

**92. 자기주식 처분

자기주식(취득가액 : 주당 58,000원) 120주를 주당 65,000원에 처분하여 매매대금이 보통예금 계좌로 입금되었다. 처분일 현재 자기주식처분손실 200,000원이 계상되어 있다.　[115회]

**93. 현금배당 결의

정기 주주총회에서 이익배당을 결의하다. 다음은 정기 주주총회 의사록이며, 실제 배당금 지급일은 4월로 예정되었다.(단, 이익배당과 관련된 회계처리를 이월이익잉여금(375) 계정을 사용하여 회계처리할 것.)　[113회]

> 제2호 의안 : 제12기 이익배당의 건
>
> 의장은 제12기 배당에 관한 안건을 상정하고 의안에 대한 설명 및 필요성을 설명하고 그 승인을 구한 바, 만장일치로 찬성하여 다음과 같이 승인 가결하다.
>
> 　1) 배당에 관한 사항
> 　　가. 1주당 배당금 : 보통주 1,000원　　나. 액면배당률 : 보통주 10%　　다. 배당총액 : 100,000,000원
> 　2) 배당은 현금배당으로 하며, 이익배당액의 10%를 결의일에 이익준비금으로 적립한다.

*94. 자동차세 납부

영업부서 차량에 대한 자동차세 250,000원과 제조부서에서 사용하는 트럭에 대한 자동차세 177,000원을 보통예금 계좌에서 납부하였다.(단, 하나의 전표로 입력할 것.)　[119회]

*95. 작업복 구입

생산부서 직원들의 작업복을 1,000,000원에 구입하였다. 200,000원은 보통예금 계좌에서 지급하였으며, 나머지 잔액은 대표이사 개인 명의의 보통예금 계좌에서 이체하여 지급하였다.(단, 가수금계정을 사용하며 거래처명을 대표이사로 사용할 것.)　[119회]

*96. 거래처 식사비용 카드결제

영업부에서 거래처와의 관계 유지를 위해 거래처와 식사하고 식사 대금 475,000원을 국민카드로 결제하였다.　[118회]

97. 토지 기부 받아 취득

☐ ㈜경기로부터 토지(공정가치 7,000,000원)를 증여받고 취득세로 280,000원을 현금으로 지출하였다.(단, 하나의 전표로 입력할 것.) [122회]

98. 외환차익 발생

☐ ㈜하나의 상품매입대금 197,000,000원 전액을 외환은행의 외화 보통예금 통장에서 송금하여 결제하고 수수료는 현금으로 지급하면서 다음과 같은 거래계산서를 발급받았다.(단, 수수료는 판관비로 처리하기로 하며, 하나의 전표로 처리하시오.) [118회]

환전/송금 거래계산서				
구분	통화	외화금액	환율	원화금액
외화대체	USD	150,000$	1,300원/$	195,000,000원

당발이체수수료 : 20,000원, 내신외화금액 : USD 150,000, 내신원화금액 : 20,000원

99. 제품 기부

☐ 회사가 제조한 제품(제조원가 1,000,000원)을 무상으로 지방자치단체에 기부하였다. [121회]

VI 매입매출전표

부 가 세 유 형											
매출						매입					
11. 과세	과세매출	16. 수출	수출	21. 전자	전자화폐	51. 과세	과세매입	56. 금전	금전등록	61. 현과	현금과세
12. 영세	영세율	17. 카과	카드과세	22. 현과	현금과세	52. 영세	영세율	57. 카과	카드과세	62. 현면	현금면세
13. 면세	계산서	18. 카면	카드면세	23. 현면	현금면세	53. 면세	계산서	58. 카면	카드면세		
14. 건별	무증빙	19. 카영	카드영세	24. 현영	현금영세	54. 불공	불공제	59. 카영	카드영세		
15. 간이	간이과세	20. 면건	무증빙			55. 수입	수입분	60. 면건	무증빙		

100. 전자세금계산서 발행 제품매출

☐ ㈜한국기업에 제품을 8,000,000원(VAT 별도)에 판매하고 전자세금계산서를 발급하였다. 대금은 당사가 ㈜대한상사에 지급할 외상매입금 3,000,000원을 ㈜한국기업이 지급하기로 하였으며 나머지는 보통예금 계좌에 입금되었다. [120회]

101. 업무용 차량운반구 처분

☐ 업무용으로 사용하던 5인승 승용차(2,250cc)를 스타자동차에 처분하고 전자세금계산서를 발급하였다. 처분금액은 25,000,000원(VAT 별도)이며 전액 월말에 지급 받을 예정이다. (차량 취득원가는 50,000,000원, 처분일 현재 감가상각누계액은 20,000,000원임.) [121회]

★★ 102. 구매확인서에 의한 내국 수출

☐ 수출업체인 ㈜두일무역에 제품(공급가액 53,000,000원)을 동일자로 받은 구매확인서에 의해 납품하고 영세율전자세금계산서를 발급하였다. 대금은 전액 다음 달 말일에 입금될 예정이다. 단, 서류번호입력은 생략한다.
[122회]

★★ 103. 무증빙 매출

☐ 비사업자인 개인에게 영업부 사무실에서 사용하던 에어컨(취득원가 2,500,000원, 감가상각누계액 1,500,000원)을 1,100,000원(부가가치세 포함)에 판매하고, 대금은 보통예금 계좌로 받았다.(단, 별도의 세금계산서나 현금영수증을 발급하지 않았으며, 거래처 입력은 생략할 것.)
[113회]

★★ 104. 미국에 직수출

☐ 미국 스토브사에 제품을 $5,000에 해외 직수출하고, 수출대금 전액을 9월 25일 USD($)로 받기로 하였다. 수출과 관련된 내용은 다음과 같다(단, 수출신고번호는 생략함).
[121회]

일자	9월 3일(수출신고일)	9월 5일(선적일)	9월 25일(대금회수일)
기준환율	1,300원/$	1,200원/$	1,350원/$

★★ 105. 현금영수증 발급하는 제품 매출

☐ 제품을 현금 770,000원(VAT 포함)에 비사업자에게 판매하고 현금영수증을 발급하였다.
[119회]

★★ 106. 매출 취소로 인한 수정 세금계산서 발급

☐ 당사가 ㈜톡톡유통에 외상으로 판매한 제품의 공급계약이 해제되어 수정전자세금계산서를 발급하였다.(최초 공급가액 3,000,000원, VAT 300,000원 이며 전액 외상 매출이었음.)
[122회]

★★ 107. 세금계산서 수취하면서 원재료 매입

☐ ㈜으뜸으로부터 전자세금계산서를 발급받고 대금 중 30%는 현금으로 지급하고 잔액은 다음 달에 지급하기로 하였다.(공급가액 20,000,000원, VAT 2,000,000원임.)
[122회]

★★ 108. 수출용 원재료를 구매확인서로 구입

☐ ㈜대한으로부터 수출용 원재료(공급가액 5,000,000원)를 매입하고 구매확인서에 의하여 영세율전자세금계산서를 발급받았다. 대금은 4월 18일 현재 지급되지 않았다.
[118회]

★★★ 109. 승용차 리스료 지급하고 계산서 수취

☐ 업무용승용차를 ㈜아주캐피탈로부터 운용리스 조건으로 리스하였다. 제조부서에서 사용하고 리스료 1,500,000원은 전자계산서를 발급받았다. 대금은 다음 달 10일에 지급하기로 하였다.(단, 리스료는 임차료 계정과목을 사용할 것.)
[120회]

110. 비영업용 승용차 수리비 지급

영업부서에서 사용하는 개별소비세 과세대상 자동차(7인승, 2,500cc)의 전자세금계산서를 수취하면서 달려라붕붕에서 수리하였다. 대금 750,000원(VAT 별도)은 한 달 후에 지급할 예정이다. (단, 자동차 수리비를 차량유지비로 처리할 것.) [122회]

111. 거래처 접대용품을 구입하고 세금계산서 수취

가공육선물세트를 구입하여 영업부 거래처에 접대를 목적으로 제공하고 전자세금계산서를 수취하면서 대금은 보통예금 계좌에서 지급하였다. 구입처는 ㈜롯데백화점이며 공급가액은 7,100,000원, VAT 710,000원이다. [116회]

112. 토지 중개수수료 지급하고 세금계산서 수취

회사 사옥을 신축하기 위하여 취득한 토지의 부동산중개수수료에 대하여 ㈜다양으로부터 전자세금계산서를 수취하였다. (공급가액 10,200,000원, VAT 1,020,000원이며 대금은 다음 달에 지급 예정임.) [114회]

113. 세관에 수입부가가치세 지급

원재료를 수입하면서 부산세관으로부터 수입전자세금계산서를 발급받았고, 부가가치세는 보통예금에서 지급하였다. (공급가액 3,000,000원, VAT 300,000원 이며 재고자산(원재료) 관련 회계처리는 생략함.) [122회]

114. 회식비용을 법인카드로 결제

매출목표를 초과달성한 영업부는 (주)맛집에서 회식을 하고 식사비용을 하나카드로 결제하고 신용카드매출전표를 받았다. (매출액 2,000,000원, 부가세 200,000원임.) [122회]

115. 비품 구입하고 현금영수금 수취

㈜코스트코에서 제조부 사원들을 위해 공장에 비치할 목적으로 에어컨을 3,300,000원(부가가치세 포함)에 구입하고, 대금은 보통예금에서 계좌이체 한 후 현금영수증(지출증빙용)을 수취하였다. (단, 자산으로 처리할 것.) [121회]

VII 기말결산

116. 매출원가 인식

기말에 파악된 제품의 재고현황은 다음과 같다. 제품과 관련한 감모손실을 [일반전표입력] 메뉴에 입력하고, [결산자료입력] 메뉴에 기말제품재고액을 반영하여 전표를 추가하시오. [120회]

구 분	금 액	비 고
장부상 재고	2,000원/개 × 10,000개	확인된 감모손실 중 85%는 정상감모손실로 파악되었다.
실사상 재고	2,000원/개 × 8,750개	

117. 대손충당금 설정

외상매출금과 미수금의 기말잔액에 대해서만 1%의 대손율을 적용하여 보충법에 의해 대손충당금을 설정하시오. (12월말 재무상태표 조회 결과 내역은 다음과 같음.)　　　　[121회]

구 분	금 액	구 분	금 액	구 분	금 액
외상매출금	925,039,000원	받을어음	173,760,000원	미 수 금	40,000,000원
대손충당금	2,220,000원	대손충당금	0원	대손충당금	0원

118. 유형자산 감가상각

다음은 ㈜선진테크의 유형자산 명세서이다. 기존에 입력된 데이터는 무시하며 다음의 유형자산만 있다고 가정하고 감가상각과 관련된 회계처리를 하시오.　　　　[116회]

계정과목	자산명	당기분 감가상각비	상각방법	내용연수	사용 부서
건물	공장건물	10,000,000원	정액법	20년	제조부
기계장치	초정밀검사기	8,000,000원	정률법	10년	제조부
차량운반구	그랜져	7,000,000원	정액법	5년	영업부
비품	컴퓨터	3,000,000원	정률법	5년	영업부

119. 무형자산 상각

당기 무형자산에 대한 상각비는 다음과 같다. 무형자산상각비에 대하여 회계처리를 하시오. 전표 입력 시 하나의 전표로 입력할 것.　　　　[122회]

• 특허권 상각비 : 5,000,000원	• 개발비 상각비 : 8,000,000원

120. 미지급 법인세 인식

결산을 하면서 법인세 15,700,000원, 법인지방소득세 3,500,000원을 확정하였다. 중간예납세액 7,240,000원은 자산으로 계상되어 있다.　　　　[120회]

121. 퇴직급여충당금 설정

당해 연도 말 퇴직급여추계액 및 설정 전 퇴직급여충당부채액이 다음과 같을 때 퇴직급여충당부채를 설정하시오. 회사는 퇴직급여추계액의 100%를 퇴직급여충당부채로 설정하고 있다.　　　　[122회]

구분	퇴직급여추계액	설정 전 퇴직급여충당부채액
제조부서	220,000,000원	200,000,000원
영업부서	130,000,000원	100,000,000원

122. 소모품비 정산
★★

영업부서에서 구입 시 전액 소모품비(판매관리비)로 처리한 소모품 중 미사용액은 3,500,000원이다. (단, 회사는 미사용액에 대하여 자산 처리함.) [122회]

123. 선급비용 인식
★★

영업부서에서 사용하는 본사 사옥에 대한 건물화재보험료 전액을 납부일에 즉시 비용으로 처리하였다. 결산일에 필요한 회계처리를 하시오.(보험료는 월할 계산할 것.) [120회]

구분	보장기간	납부일	납부액
영업부 본사 화재보험료	당해 연도 8.1.~내년 7.31.	당해 연도 8.1.	1,800,000원

124. 미수수익 인식
★★

아래 자료를 이용하여 정기예금의 당기분 경과이자에 대한 회계처리를 하시오. (단, 월할 계산할 것.) [121회]

> • 정기예금액 : 120,000,000원   • 예금기간 : 당해 연도 12.1.~내년 11.30.   • 연이자율 : 4.2%
> • 이자는 만기일(내년 11.30.)에 일시 수령한다.

125. 선수수익 인식
★★

장부에 계상한 이자수익 중 450,000원은 내년도의 이자수익이다. (단, 음수(-)로 회계처리하지 말 것.) [120회]

126. 현금과부족 처리
★★

당기 중 장부상 현금보다 실제 현금이 50,000원이 적어 현금과부족으로 처리했던 금액 중 결산일에 영업부서 직원 식대 간이영수증 30,000원을 발견하였으나, 나머지 금액은 결산일 현재까지도 그 원인을 알 수 없었다. [122회]

127. 부가가치세 납부
★★

다음은 당해 연도 제2기 부가가치세 확정신고와 관련된 내용이다. 12월 31일 부가세예수금과 부가세대급금을 정리하는 회계처리를 하시오. 단, 납부세액(또는 환급세액)은 미지급세금(또는 미수금)으로, 경감공제세액은 잡이익으로, 가산세는 잡손실로 회계처리 한다. [119회]

> • 부가세대급금 : 23,000,000원   • 세금계산서 지연발급 가산세 : 510,000원
> • 부가세예수금 : 21,500,000원   • 전자신고세액공제액 : 10,000원

** 128. 토지재평가

당사는 재평가모형에 따라서 유형자산을 인식하고 있다. 당해 연도 12월 31일 보유하고 있던 토지에 대한 감정평가를 시행한 결과는 아래와 같이 평가액이 산정되었다. 유형자산의 재평가손익을 반영하시오. [121회]

> • 당해 연도 1월 20일 토지 매입금액 : 150,000,000원(장부가액)
> • 당해 연도 12월 31일 토지 감정평가액 : 190,000,000원

VIII 부가가치세 신고서

*** 129. 신고서 작성 [(주) 우리전자(회사코드 : 1222)]

다음 자료를 이용하여 제1기 부가가치세 확정신고기간(4.1~6.30)의 [부가가치세신고서(과세표준명세 포함)]를 작성하시오. [122회]

매출 자료	• 전자세금계산서 발급분 과세 매출액 : 공급가액 570,000,000원, 세액 57,000,000원 • 전자세금계산서 발급분 영세율 매출액 : 공급가액 50,000,000원, 세액 0원 • 전자계산서 발급분 면세 매출액 : 공급가액 1,000,000원, 세액 0원 • 신용카드 매출전표 발행금액 : 공급가액 10,000,000원, 세액 1,000,000원 (신용카드 매출전표 발행금액은 전부 전자세금계산서 발급분에 이미 포함된 금액임.)

매입 자료

• 전자세금계산서를 발급받은 매입내역

구분		공급가액	세액
일반 매입	사업 관련	250,000,000원	25,000,000원
	사업 관련 없는	10,000,000원	1,000,000원
고정자산 매입	사업 관련	100,000,000원	10,000,000원
합계		360,000,000원	36,000,000원

• 신용카드 사용분 매입내역

구분		공급가액	세액
일반 매입	사업 관련	9,000,000원	900,000원
	사업 관련 없는	1,000,000원	100,000원
고정자산 매입	사업 관련	5,000,000원	500,000원
합계		15,000,000원	1,500,000원

유의 사항	• 매입은 모두 과세 매출 관련 매입이며 전자세금계산서 발급·전송은 정상적으로 이루어졌음. • 제1기 부가가치세 예정신고 시 미환급된 세액 2,000,000원이 있다. • 해당 법인은 홈택스를 통해 부가가치세를 전자신고 하며, 세부담 최소화되도록 작성한다. • 과세표준명세("수입금액제외"에 해당하는 금액은 없음)를 반드시 작성하기로 한다.

Ⅸ　연말정산

★★★ 130. 부양가족 등록 및 연말정산 신고서 작성 [(주) 옥이전자(회사코드 : 1212)]

☐　나현수(사번 : 101, 입사일 : 2020년 1월 1일) 사원의 당해 연도 귀속 연말정산 관련 자료이다. [연말정산추가자료입력] 메뉴의 [부양가족] 탭, [의료비] 탭, [신용카드 등] 탭, [월세액] 탭을 작성하고 [연말정산입력] 탭에서 연말정산을 완료하시오. (단, 제시된 소득 이외 소득은 없으며, 세부담 최소화를 가정한다.)　　　[121회]

	성명	관계	주민번호	소득	비고
가족 사항	나현수	본인	620405 – 1116801	총급여 8천만 원	무주택 세대주
	손나현	배우자	650312 – 2166805	사업소득금액 3,500만 원	
	나일남	부친	400612 – 1335701	소득없음	
	김옥이	모친	450828 – 2118971	소득없음	
	나윤솔	딸	990301 – 2126834	일용근로소득 300만 원	대학생
	나윤열	아들	060710 – 3126876	소득없음	고등학생

기본공제대상자가 아닌 경우 기본공제 여부에 '부'로 표시하며, 위 가족은 모두 내국인이며 생계를 같이 하는 동거가족으로, 제시된 자료 외 다른 소득은 없다.

	항목	내용
연말 정산 자료	보험료	• 나현수(본인) : 일반 보장성 보험료 600,000원 • 나윤솔(딸) : 일반 보장성 보험료 500,000원
	교육비	• 나현수(본인) : 사이버대학교 학비 3,000,000원 • 나윤솔(딸) : 대학교 학비 8,000,000원 • 나윤열(아들) : 방과후과정 학교수업비 500,000원, 교복구입비 700,000원(교복구입비는 나현수 신용카드로 결제함)
	의료비	• 나현수(본인) : 라식수술비 1,500,000원 • 나일남(부친) : 보청기 구입비 1,000,000원 • 김옥이(모친) : 질병 치료비 4,220,000원(나현수 신용카드로 결제) 　– 「보험업법」에 따른 보험회사에서 실손의료보험금 2,500,000원 수령 • 나윤열(아들) : 시력보정용 안경구입비 800,000원(나현수 신용카드로 결제) 　– 안경 구입처 : 밝은안경(사업자등록번호 233 – 31 – 18875) 　– 의료증빙코드(기타영수증), 상호와 사업자등록번호 모두 입력할 것
	신용카드 등 사용액	• 나현수(본인) : 신용카드 사용액 20,500,000원(전통시장/대중교통/도서 등 사용분은 없음) • 나윤솔(딸) : 직불카드 사용액 1,500,000원(대중교통분 600,000원 포함) ※ 나현수(본인) 신용카드 사용액에는 의료비 결제액이 포함되어 있음.
	월세액 등	※ 월세 관련 정보 • 임대인 : 김주택(주민등록번호 650426 – 1834704) • 유형 및 면적 : 아파트, 84.19m² • 임대주택 주소지 : 경기도 하남시 미사강변북로 373, 301호 • 임대차 기간 : 2025.01.01. ~ 2026.12.31. • 임차보증금 : 100,000,000원 / 연간 월세액 : 12,000,000원 ※ 주택임차차입금원리금 상환액 공제요건 충족(대출기관으로부터 차입) 　: 이자상환액(400,000원), 원금상환액(4,000,000원)

• 별도 언급이 없는 한 국세청 홈택스 연말정산간소화서비스에서 조회된 자료임.
• 나현수(본인)이 공제받을 수 있는 내역은 모두 나현수가 공제받는 것으로 함.

빈출문제 정답

01 ④	02 ③	03 ②	04 ①	05 ①	06 ③	07 ④	08 ④	09 ②	10 ①	11 ④	12 ②	13 ③	14 ④	15 ④
16 ②	17 ③	18 ②	19 ④	20 ①	21 ②	22 ④	23 ②	24 ②	25 ①	26 ③	27 ③	28 ②	29 ③	30 ②
31 ④	32 ①	33 ①	34 ③	35 ①	36 ③	37 ④	38 ②	39 ②	40 ④	41 ④	42 ④	43 ①	44 ②	45 ②
46 ④	47 ③	48 ③	49 ③	50 ④	51 ④	52 ③	53 ①	54 ③	55 ④	56 ③	57 ③	58 ①	59 ①	60 ④
61 ①	62 ④	63 ②	64 ②	65 ③	66 ③	67 ④	68 ②	69 ①	70 ④	71 ③	72 ④	73 ②		

74

(차) 매출채권처분손실	500,000	
보통예금	9,500,000	
(대) 받을어음(㈜성남)		10,000,000

75

(차) 보통예금	11,000,000	
(대) 대손충당금(외상매출금)		10,000,000
부가세예수금		1,000,000

76

(차) 선납세금	275,000	
보통예금	725,000	
(대) 이자수익		1,000,000

77

(차) 단기매매증권	5,000,000	
수수료비용(영업외비용)	150,000	
(대) 보통예금		5,150,000

78

(차) 보통예금	950,000	
(대) 단기매매증권		500,000
단기매매증권처분이익		450,000
(영업외수익)		

79

(차) 보통예금	12,000,000	
매도가능증권평가이익	1,000,000	
(기타포괄손익누계)		
(대) 매도가능증권(투자자산)		11,000,000
매도가능증권처분이익		2,000,000
(영업외수익)		

80

(차) 토지	19,500,000	
매도가능증권(투자자산)	10,500,000	
(대) 보통예금		30,000,000

81

(차) 차량운반구	1,000,000	
만기보유증권(투자자산)	800,000	
(대) 보통예금		1,800,000

82

(차) 건설중인자산	2,500,000	
(대) 보통예금		2,500,000

83

(차) 감가상각누계액(건물)	250,000,000	
유형자산처분손실	58,000,000	
(대) 건물		300,000,000
보통예금		8,000,000

84

(차) 임차보증금(㈜명당)	20,000,000	
(대) 보통예금		18,000,000
선급금(㈜명당)		2,000,000

85

(차) 임금(제조원가)	3,100,000	
상여금(제조원가)	1,000,000	
(대) 예수금(유동부채)		355,720
보통예금		3,744,280

86

(차) 예수금(유동부채)	3,300,000	
(대) 보통예금		3,300,000

87

(차) 퇴직연금운용자산(투자자산)	25,000,000	
퇴직급여(판매관리비)	15,000,000	
(대) 보통예금		40,000,000

88

(차) 보통예금	9,800,000	
사채할인발행차금	200,000	
(대) 사채		10,000,000

89

(차) 이자비용(영업외비용)	11,423,760	
(대) 보통예금		10,000,000
사채할인발행차금		1,423,760

90

(차) 보통예금	60,000,000	
(대) 자본금		50,000,000
주식할인발행차금		3,000,000
주식발행초과금		7,000,000

91

(차) 자본금	25,000,000	
감자차익	1,800,000	
감자차손	700,000	
(대) 보통예금		27,500,000

92	(차) 보통예금 7,800,000 　　(대) 자기주식 6,960,000 　　　　자기주식처분손실 200,000 　　　　자기주식처분이익 640,000	93	(차) 이월이익잉여금 110,000,000 　　(대) 미지급배당금(유동부채) 100,000,000 　　　　이익준비금 10,000,000
94	(차) 세금과공과금(판매관리비) 250,000 　　　세금과공과금(제조원가) 177,000 　　(대) 보통예금 427,000	95	(차) 복리후생비(제조원가) 1,000,000 　　(대) 보통예금 200,000 　　　　가수금(대표이사) 800,000
96	(차) 기업업무추진비(판매관리비) 475,000 　　(대) 미지급금(국민카드) 475,000	97	(차) 토지 7,280,000 　　(대) 자산수증이익 7,000,000 　　　　현금 280,000
98	(차) 외상매입금(㈜하나) 197,000,000 　　　수수료비용(판매관리비) 20,000 　　(대) 보통예금 195,000,000 　　　　외환차익(영업외수익) 2,000,000 　　　　현금 20,000	99	(차) 기부금(영업외비용) 1,000,000 　　(대) 제품 1,000,000 　　(적요 8. 타계정으로 대체)
100	유형 : 11.과세, 공급가액 : 8,000,000원, 부가세 : 800,000원, 거래처 : (주)한국기업, 전자 : 여, 분개 : 혼합 (차) 외상매입금(㈜대한상사) 3,000,000 　　　보통예금 5,800,000 　　(대) 부가세예수금 800,000 　　　　제품매출 8,000,000	101	유형 : 11.과세, 공급가액 : 25,000,000원, 부가세 : 2,500,000원, 거래처 : 스타자동차, 전자 : 여, 분개 : 혼합 (차) 감가상각누계액(차량운반구) 20,000,000 　　　미수금 27,500,000 　　　유형자산처분손실(영업외비용) 5,000,000 　　(대) 부가세예수금 2,500,000 　　　　차량운반구 50,000,000
102	유형 : 12.영세, 공급가액 : 53,000,000원 , 부가세 : 0원, 거래처 : (주)두일무역, 전자 : 여, 분개 : 혼합 영세율구분 : ③내국신용장·구매확인서에 의해 공급하는 재화 (차) 외상매출금 53,000,000 　　(대) 제품매출 53,000,000	103	유형 : 14.건별, 공급가액 : 1,000,000원, 부가세 : 100,000원, 거래처 : –, 전자 : –, 분개 : 혼합 (차) 보통예금 1,100,000 　　　감가상각누계액(비품) 1,500,000 　　(대) 부가세예수금 100,000 　　　　비품 2,500,000
104	유형 : 16.수출, 공급가액 : 6,000,000원, 부가세 : 0원, 거래처 : 미국 스토브사, 전자 : –, 분개 : 혼합 영세율구분 : ①직접수출(대행수출 포함) (차) 외상매출금 6,000,000 　　(대) 제품매출 6,000,000	105	유형 : 22.현과, 공급가액 : 700,000원, 부가세 : 70,000원, 거래처 : –, 전자 : –, 분개 : 혼합 (차) 현금 770,000 　　(대) 부가세예수금 70,000 　　　　제품매출 700,000
106	유형 : 11.과세, 공급가액 : –3,000,000원, 부가세 : –300,000원, 거래처 : (주)톡톡유통, 전자 : 여, 분개 : 혼합 (차) 외상매출금 –3,300,000 　　(대) 제품매출 –3,000,000 　　　　부가세예수금 –300,000	107	유형 : 51.과세, 공급가액 : 20,000,000원, 부가세 : 2,000,000원, 거래처 : (주)으뜸, 전자 : 여, 분개 : 혼합 (차) 부가세대급금 2,000,000 　　　원재료 20,000,000 　　(대) 현금 6,600,000 　　　　외상매입금 15,400,000
108	유형 : 52.영세, 공급가액 : 5,000,000원, 부가세 : 0원, 거래처 : (주)대한, 전자 : 여, 분개 : 혼합 (차) 원재료 5,000,000 　　(대) 외상매입금 5,000,000	109	유형 : 53.면세, 공급가액 : 1,500,000원, 부가세 : –, 거래처 : (주)아주캐피탈, 전자 : 여, 분개 : 혼합 (차) 임차료(제조원가) 1,500,000 　　(대) 미지급금 1,500,000

110	유형 : 54.불공, 공급가액 : 750,000원, 부가세 : 75,000원, 거래처 : 달려라붕붕, 전자 : 여, 분개 : 혼합 불공제사유③ 개별소비세법 제1조 제2항 제3호에 따른 자동차 구입·유지 및 임차	**111**	유형 : 54.불공, 공급가액 : 7,100,000원, 부가세 : 710,000원, 거래처:(주)롯데백화점, 전자 : 여, 분개 : 혼합 불공제사유 : ④기업업무추진비 및 이와 유사한 비용 관련
	(차) 차량유지비(판매관리비)　　825,000 　　(대) 미지급금　　　　　　　825,000		(차) 기업업무추진비(판매관리비)　7,810,000 　　(대) 보통예금　　　　　　7,810,000
112	유형 : 54.불공, 공급가액 : 10,200,000원, 부가세 : 1,020,000원, 거래처 : (주)다양, 전자 : 여, 분개 : 혼합 불공제사유 : ⑥토지의 자본적 지출 관련	**113**	유형 : 55.수입, 공급가액 : 3,000,000원, 부가세 : 300,000원, 거래처 : 부산세관, 전자 : 여, 분개 : 혼합
	(차) 토지　　　　　　11,220,000 　　(대) 미지급금　　　　　11,220,000		(차) 부가세대급금　　　　300,000 　　(대) 보통예금　　　　　　300,000
114	유형 : 57.카과, 공급가액 : 2,000,000원, 부가세 : 200,000원, 거래처 : (주)맛집, 전자 : –, 분개 : 혼합 신용카드사 : 하나카드	**115**	유형 : 61.현과, 공급가액 : 3,000,000원, 부가세 : 300,000원, 거래처 : (주)코스트코, 전자 : –, 분개 : 혼합
	(차) 부가세대급금　　　　200,000 　　복리후생비(판매관리비)　2,000,000 　　(대) 미지급금(하나카드)　　2,200,000		(차) 부가세대급금　　　　300,000 　　비품　　　　　　　3,000,000 　　(대) 보통예금　　　　　3,300,000
116	(차) 재고자산감모손실　　　375,000 　　(영업외비용) 　　(대) 제품　　　　　　　375,000 　　　（적요8.타계정으로 대체액）	**117**	(차) 대손상각비(판매관리비)　7,030,390 　　기타의대손상각비(영업외비용)　400,000 　　(대) 대손충당금(외상매출금)　7,030,390 　　　대손충당금(미수금)　　　400,000
	그런 다음 [결산자료입력] 창의 「2.매출원가 부분의 ⑩기말 제품 재고액 칸」에 17,500,000원 입력 ⇒ F3 전표추가 클릭		또는 [결산자료입력] 창의 「판매관리비 부분 대손상각비의 외상매출금 칸」에 7,030,390원, 「영업외비용 부분 기타의대손상각비의 미수금 칸」에 400,000원 입력 후 F3 전표 추가 클릭 또는 F8 대손상각 입력 클릭 후 대손율 1% 입력 후 외상매출금칸, 미수금 칸만 남기고 나머지 칸에는 0원 입력 후 [결산반영] ⇒ F3 전표 추가 클릭
118	(차) 감가상각비(제조원가)　　18,000,000 　　감가상각비(판매관리비)　10,000,000 　　(대) 감가상각누계액(건물)　　10,000,000 　　　감가상각누계액(기계장치)　8,000,000 　　　감가상각누계액(차량운반구)　7,000,000 　　　감가상각누계액(비품)　　3,000,000	**119**	(차) 무형자산상각비(판매관리비)13,000,000 　　(대) 특허권　　　　　　5,000,000 　　　개발비　　　　　　　8,000,000
	또는 [결산자료입력] 창의 「매출원가 – 일반 감가상각비」 부분의 건물 칸에 10,000,000원, 기계장치 칸에 8,000,000원, 판매관리비 부분의 차량운반구 칸에 7,000,000원, 비품 칸에 3,000,000원 입력 후 F3 전표 추가 클릭		또는 [결산자료입력] 창의 「판매관리비 – 무형자산상각비 부분」의 특허권칸에 5,000,000원, 개발비 칸에 8,000,000원 입력 후 F3 전표 추가 클릭
120	(차) 법인세등　　　　19,200,000 　　(대) 미지급세금　　　11,960,000 　　　선납세금　　　　　7,240,000	**121**	(차) 퇴직급여(제조원가)　　20,000,000 　　퇴직급여(판매관리비)　30,000,000 　　(대) 퇴직급여충당부채　　50,000,000
	또는 [결산자료입력] 창의 9.법인세등의 "선납세금" 칸에 7,240,000원, "추가계상액" 칸에 11,960,000원 입력 후 F3 전표 추가 클릭		또는 [결산자료입력] 창의 매출원가 – 퇴직급여(전입액) 칸에 20,000,000원, 판매관리비 – 퇴직급여(전입액) 칸에 30,000,000원 입력 후 F3 전표 추가 클릭
122	(차) 소모품　　　　　3,500,000 　　(대) 소모품비(판매관리비)　3,500,000	**123**	(차) 선급비용(당좌자산)　　1,050,000 　　(대) 보험료(판매관리비)　1,050,000

No.	분개		
124	(차) 미수수익(당좌자산)	420,000	
	(대) 이자수익(영업외수익)		420,000
125	(차) 이자수익(영업외수익)	450,000	
	(대) 선수수익(유동부채)		450,000
126	(차) 복리후생비(판매관리비)	30,000	
	잡손실(영업외비용)	20,000	
	(대) 현금과부족		50,000
127	(차) 부가세예수금	21,500,000	
	잡손실(영업외비용)	510,000	
	미수금	1,000,000	
	(대) 부가세대급금		23,000,000
	잡이익(영업외수익)		10,000
128	(차) 토지	40,000,000	
	(대) 재평가차익(기타포괄손익누계)	40,000,000	

129

일반과세

조회기간 2025 년 4 월 1 일 ~ 2025 년 6 월 30 일 신고구분 1.정기신고

구분				금액	세율	세액
과세표준및매출세액	과세	세금계산서발급분	1	570,000,000	10/100	57,000,000
		매입자발행세금계산서	2		10/100	
		신용카드·현금영수증발행분	3			
		기타(정규영수증외매출분)	4		10/100	
	영세	세금계산서발급분	5	50,000,000	0/100	
		기타	6		0/100	
	예정신고누락분		7			
	대손세액가감		8			
	합계		9	620,000,000	㉮	57,000,000
매입세액	세금계산서수취분	일반매입	10	260,000,000		26,000,000
		수출기업수입분납부유예	11			
		고정자산매입	12	100,000,000		10,000,000
	예정신고누락분		13			
	매입자발행세금계산서		14			
	그 밖의 공제매입세액		15	14,000,000		1,400,000
	합계(10)-(11)+(12)+(13)+(14)+(15)		16	374,000,000		37,400,000
	공제받지못할매입세액		17	10,000,000		1,000,000
	차감계 (16-17)		18	364,000,000	㉯	36,400,000
납부(환급)세액(매출세액㉮-매입세액㉯)					㉰	20,600,000
경감공제세액	그 밖의 경감·공제세액		19			10,000
	신용카드매출전표등 발행공제등		20			
	합계		21		㉱	10,000
소규모 개인사업자 부가가치세 감면세액			22		㉲	
예정신고미환급세액			23		㉳	2,000,000
예정고지세액			24		㉴	
수시부과세액			25		㉵	
사업양수자의 대리납부 기납부세액			26		㉶	
매입자 납부특례 기납부세액			27		㉷	
신용카드업자의 대리납부 기납부세액			28		㉸	
가산세액계			29		㉹	
차가감하여 납부할세액(환급받을세액)㉰-㉱-㉲-㉳-㉴-㉵-㉶-㉷-㉸+㉹			30			18,590,000

14.그 밖의 공제매입세액

구분		금액	세율	세액
신용카드매출수령금액합계표	일반매입	44	9,000,000	900,000
	고정매입	45	5,000,000	500,000

구분		금액	세율	세액
16.공제받지못할매입세액				
공제받지못할 매입세액	53	10,000,000		1,000,000
공통매입세액면세등사업분	54			
대손처분받은세액	55			
합계	56	10,000,000		1,000,000
18.그 밖의 경감·공제세액				
전자신고 및 전자고지 세액공제	57			10,000

과세표준명세

신고구분 : 2 (1.예정 2.확정 3.영세율 조기환급 4.기한후과세표준)
국세환급금계좌신고 [💬] 은행 지점
계좌번호 :
폐업일자 : ＿＿＿＿-＿＿-＿＿ 폐업사유 :

과세표준명세				
	업태	종목	코드	금액
31	제조,도소매	전자제품	292203	620,000,000
32				
33				
34	수입금액제외			
35	합계			620,000,000
	면세사업수입금액			
	업태	종목	코드	금액
84	제조,도소매	전자제품	292203	1,000,000
85				
86	수입금액제외			
87	합계			1,000,000
계산서발급 및 수취명세	88.계산서발급금액			1,000,000
	89.계산서수취금액			

130

1. 부양가족 등록

소득명세	부양가족	신용카드 등	의료비	기부금	연금저축 등I	연금저축 등II	월세액	출산지원금	연말정산입력

연말관계	성명	내/외국인	주민(외국인)번호	나이	소득기준초과여부	기본공제	세대주구분	부녀자	한부모	경로우대	장애인	자녀	출산입양	혼인세액
0	나현수	내 1	620405-1116801	63		본인	세대주							
3	손나현	내 1	650312-2166805	60	○	부								
1	나일남	내 1	400612-1335701	85		60세이상				○				
1	김옥이	내 1	450828-2118971	80		60세이상				○				
4	나윤솔	내 1	990301-2126834	26		부								
4	나윤열	내 1	060710-3126876	19		20세이하						○		

2. 보장성보험료/교육비

나현수(본인)	자료구분	보험료				의료비					교육비	
		건강	고용	일반보장성	장애인전용	일반	실손	선천성이상아	난임	65세,장애인	일반	장애인특수
	국세청			600,000							3,000,000	
	기타	3,203,190	719,920									4.본인

나윤솔(딸)	자료구분	보험료				의료비					교육비	
		건강	고용	일반보장성	장애인전용	일반	실손	선천성이상아	난임	65세,장애인	일반	장애인특수
	국세청										8,000,000	3.대학생
	기타											

나윤열(아들)	자료구분	보험료				의료비					교육비	
		건강	고용	일반보장성	장애인전용	일반	실손	선천성이상아	난임	65세,장애인	일반	장애인특수
	국세청										1,000,000	2.초중고
	기타											

(*) 나윤솔은 기본공제 대상 아니므로 보장성보험료는 공제 안되며, 교복은 50만원 한도 교육비 공제

3. 의료비 : 안경은 50만원 한도 공제

					2025년 의료비 지급명세서									
	의료비 공제대상자					지급처				지급명세				14.산후조리원
	성명	내/외	5.주민등록번호	6.본인등해당여부	9.증빙코드	8.상호	7.사업자등록번호	10.건수	11.금액	11-1.실손보험수령액	12.미숙아선천성이상아	13.납입여부	
☐	나현수	내	620405-1116801	1	0	1				1,500,000		X	X	X
☐	나일남	내	400612-1335701	2	0	1				1,000,000		X	X	X
☐	김옥이	내	450828-2118971	2	0	1				4,220,000	2,500,000	X	X	X
☐	나윤열	내	060710-3126876	3	X	5	밝은안경	233-31-18875	1	500,000		X	X	X

4. 신용카드 : 나이요건 적용 ×

소득명세	부양가족	신용카드 등	의료비	기부금	연금저축 등I	연금저축 등II	월세액	출산지원금	연말정산입력

	성명 / 생년월일	자료구분	신용카드	직불,선불	현금영수증	도서등신용	도서등직불	도서등현금	전통시장	대중교통	합계
☐	나현수	국세청	20,500,000								20,500,000
	1962-04-05	기타									
☐	나일남	국세청									
	1940-06-12	기타									
☐	김옥이	국세청									
	1945-09-28	기타									
☐	나윤솔	국세청		900,000						600,000	1,500,000
	1999-03-01	기타									

5. 월세

| 1 월세액 세액공제 명세(연말정산입력 탭의 70.월세액) | | | | | | | | | 크기 |

임대인명 (상호)	주민등록번호 (사업자번호)	유형	계약 면적(㎡)	임대차계약서 상 주소지	계약서상 임대차 계약기간 개시일	~ 종료일	연간 월세액	공제대상금액	세액공제금액
김주택	650426-1834704	아파트	84.19	경기도 하남시 미사강변북로 373, 301호	2020-01-01	~ 2026-12-31	12,000,000	10,000,000	1,500,000

6. 주택임차차입금 원리금상환

주택임차차입금 원리금상환액	①대출기관	납입액의 40%		4,400,000	1,760,000
	②거주자(총급여 5천만원 이하)				
2.주택차입금원리금상환액(①-②)		1+2 ≤ 연 400만원		4,400,000	1,760,000

7. F8 부양가족탭 불러오기

근로소득금액	66,250,000	· 그밖의소득공제	585,000	· 특별세액공제	
종합소득공제		과세표준	48,381,970	보장성보험료	72,000
· 기본공제	6,000,000	산출세액	5,997,295	의료비	348,000
· 추가공제	2,000,000	세액공제		교육비	1,800,000
· 연금보험료공제	3,599,920	· 근로세액공제	500,000	월세액	1,500,000
· 특별소득공제	5,683,110	· 자녀세액공제	250,000	결정세액	1,527,295

구분		소득세	지방소득세	농어촌특별세	계
73.결정세액		1,527,295	152,729		1,680,024
기납부세액	74.종(전)근무지				
	75.주(현)근무지	10,904,310	1,090,350		11,994,660
76.납부특례세액					
77.차감징수세액		-9,377,010	-937,620		-10,314,630